ISBN 978-0-259-40410-1
PIBN 10657623

JOANNIS KEPLERI

ASTRONOMI

OPERA OMNIA.

VOLUMEN OCTAVUM. PARS SECUNDA.

JOANNIS KEPLERI

ASTRONOMI

OPERA OMNIA.

EDIDIT

D^r. CH. FRISCH.

VOLUMEN VIII. PARS II.

FRANCOFURTI A. M.
HEYDER & ZIMMER.
MDCCCLXXI.

Typis Jul. Kleeblatt, Stuttgartiae.

INSUNT HUIC VOLUMINI

Folio

1. Historia Astronomiae Seculo XVI. 563
2. Kepleri Vita 668
3. De Kepleri Familia 934
4. De Amicis et Fautoribus Kepleri 945
5. Kepleri literarum studia et doctrina 988
6. Index rerum et auctorum.

CONSPECTUS EPISTOLARUM KEPLERI

QUAE INSUNT VOLUMINI VIII. II.

Folio

Ad Anonymam feminam s. d. et l. (1613) 811
„ Avum Sebaldum, d. Leobergae d. 24. Jul. 1593 829
„ Berneggerum dat. Lincii d. 29. Aug. 1620 874
„ „ „ Tubingae d. 31. Maj. 1621 879
„ „ „ Sagani Cal. Mart. 1629 912
„ „ „ Goerlicii d. 10. Apr. 1629 913
„ „ „ „ d. 22. Jul. 1629 914
„ „ „ Sagani d. 4. Sept. 1629 916
„ „ „ „ d. 15. Febr. 1630 917
„ „ „ „ d. 6. Maj. 1630 919
„ „ „ Lipsiae d. 21. Oct. 1630 920
„ Braheum, dat. Gratii d. 13. Dec. 1597 697
„ „ „ Pragae s. d. (1600) 729
„ „ „ „ d. 17. Oct. 1600 734
„ Brenggerum, dat. Pragae d. 30. Nov. 1607 776
„ Cameram aulicam, dat. Viennae a. 1624 889
„ Consiliarios aulicos, dat. Gratii s. d. (1594) 680
„ Galilaeum, s. l. et d. (1611) 799

	Folio
Ad Hafenrefferum, dat. Pragae 18. Aug. 1610	792
„ „ „ Lincii 28. Nov. 1618	854
„ „ „ „ 11. Apr. 1619	858
„ Joergerum, s. l. et d. (c. a. 1619)	972
„ Ludovicum filium, dat. Cal. Jan. 1624	885
„ Maestlinum, dat. Pragae 31. Mart. 1606	770
„ Matthiam Imperatorem, dat. Lincii 27. Oct. 1612	806
„ Nobilem Styriacum s. l. et d. (Gratii 1594)	681
„ Odontium, dat. Pragae d. 30. Sept. 1606	626
„ Ordines Austriacos, dat. Lincii a. 1618	834
„ „ „ „ s. l. et d. (1626)	898
„ „ Styriacos, dat. Gratii 1. Aug. 1594	679
„ „ „ „ „ 12. Apr. 1597	689
„ Roffenium, dat. Pragae 15. Cal. Maj. 1617	662
„ Schickardum, dat. Ulmae 26. Dec. 1626	903
„ „ , „ 19. Apr. 1627	904
„ „ , „ 19. Nov. 1627	905
„ Senatum Ecclesiasticum Gratiensem, dat. Gratii 17. Jan. 1597	690
„ „ Noribergensem (Ratisbon) dat. Lincii 30. Apr. 1620	778
„ „ Tubingensem, dat. Tubing. Junio 1590	674
„ „ „ „ „ 1. Maj. 1596	688
„ „ „ „ Pragae 12. Dec. 1604	759
„ Sibyllam, duciss. Württemb., dat. Pragae 19. Mart. 1611	801
„ Stralendorfium, dat. Eferdingae 23. Oct. 1613	815
„ Theologorum Collegium Tubingense, Tub. Febr. 1594	677
„ uxorem Barbaram, dat. Gratii 30. Maj. 1601	740
„ Württembergiae Ducem Joh. Fridericum, dat. Stuttg. Majo 1609	782
„ „ „ „ „ „ Stuttg. Majo 1609	784
„ „ „ „ Pragae 19. Mart. 1611	802

Nota. Epistolas Kepleri, quas e prioribus voluminibus partim integras partim excerptas desumsimus, omisimus in praemisso Catalogo.

VITA JOHANNIS KEPLERI.

I.

HISTORIA ASTRONOMIAE SECULO XVI.

Quam astronomiae colendae docendaeque rationem ex seculo XVI. traditam acceperit Keplerus, enarratur.

Quantum in artibus et literis augendis uni cuidam viro tribuendum sit, si alios illi vel aetate proximos vel aequales, qui idem literarum genus coluerunt, comparaveris, facilius apparebit. Quam ob rem et utile et jucundum fore judicavimus, si Kepleri in provehendis literis laudes illustraturi, quam ille deprehenderit astronomiae aliarumque, quae aliqua necessitudine illam attingunt, disciplinarum rationem, ostenderimus. Haec autem qui legent ut quanta incrementa ceperit hoc literarum genus quantaque decora viri studia illa colentes pepererint judicare sciant, quidquid in evolvendis illius aetatis libris memoratu dignum visum est, nos ipsis scriptorum verbis reddemus, incorruptum et liberum servaturi eorum, qui astronomiae historiam cognoscendam sibi sumserunt, judicium. — Hanc igitur viam ingressi, ut non unum Keplerum, sed alios quoque adiremus scriptores, quantopere Keplerus de hoc literarum genere meruerit virosque aetate superiores antecesserit, quantis denique astronomiam incrementis auxerit, dilucide explanasse nobis videmur. Eadem via incedentes qui nostra legerint, majore quam vulgo credunt virorum, qui literas auxerint, proventu seculum XVI. floruisse, astronomiam a Purbachio inde et Regiomontano ad Keplerum usque uno tenore provectam esse, res a Keplero detectas, quibus quae hodie est astronomia nititur, nisi vir ille vestigiis secutus esset viros tempore superiores, detegi non potuisse intelligent.

Complectitur autem haec enarratio tempus ab anno 1543 ad finem usque seculi XVI, ut repetita a Copernico ad *Prodromum* Kepleri descendat. Et astronomorum quidem prae ceteris mentione injecta etiam mathematicam et theoreticam et practicam, quantum ad astronomiam valet, nec non astrologiam, in qua plurimi illius aetatis astronomi operam studiumque posuerunt, paucis, ubi opus erit facto, attingemus. Ut vero illustriorum scriptorum opera diligentius excutientur, ita aliorum quoque scripta laudabuntur, cum, quae minus accurate rem aestimantibus nihil momenti facere videntur, haud ita raro res in amplioribus operibus omissas minusve explanatas illustrent. Temporum autem ordine quam poterit maxime servato, nisi rebus magis in uno conspectu positis opus fuerit, non recedemus.

Astronomorum, quos habuit praevios, operibus quasi fundamentis usus Copernicus opus illud exegit aere perennius, quo emendata et correcta veterum astronomia, quae astronomorum ante eum offusae erant animis discussit tenebras. Qui ipsi melioribus quibus hodie astronomi gaudent auxiliis, et quae 'coelo sideribusque cognoscendis inserviunt instrumentis destituti, necdum perfecta satis mathematica, ut fieri non potuit, quin plurima inchoata et manca relinquerent, ita mirum est, quanto ingenii acumine difficultates veterum expedierint, planetarum motus definierint tabulisque coeli rationes retulerint. Quis enim est, qui nisi sit earum rerum prorsus rudis Purbachios, Mülleros (Regiomontanum dico), Stöfleros, Apianos, Schoneros aliosque ignoret? Illorum quidem virorum libros, Copernico multis de causis fere neglecto, astronomi seculi XVI. consulebant, iisdem viris auctoribus coeli dimetiendi studium regebant aliarumque rerum rationes inibant. Praeter hos etiam priorum astronomorum auctoritatem secutos esse, qui in colenda astronomia studium ponerent, documento sunt v. g. Joannis de Sacro Bosco libri, seculo XVI. sexcenties typis expressi, per omnes fere scholas literarumque universitates divulgati. Nam Copernici praecepta quo minus vulgarentur, multa impedimento fuerunt. Dominabatur illa aetate astrologia, cujus in servitutem dati astronomi, quum circa ea, quibus auxilia quaererentur astrologiae, haererent, Ptolemaicam rationem, qua nitebatur astrologia, non poterant non anteferre Copernicanae. Inde factum, ut astrologi quibuscunque poterant armis Copernicanam rationem impugnarent virosque opibus et auctoritate florentes in illam incitarent. Quorum societatem, alienis alias ab astrologia animis, non aspernabantur catholicae ecclesiae defensores. Romana enim curia, quum continuis ictibus peteretur, ne res novae latius grassarentur, irruentibus in formulam antiquitus traditam adversariis ne transversum quidem digitum cedendum esse censebat. Quam ob rem quoquoversus dispositi speculabantur custodes, qui, sicubi erectioris animi liberiorisque judicii signa emicarent, tanquam ad commune incendium restinguendum concurrerent mollioribusque ab animis illius pestilentiae contagionem defenderent. Infixam esse Terram loco suo qui negaret, eum pro homine nefario, extremis suppliciis afficiendo habendum esse tam rigide edixerat Pontifex Romanus, ut Copernicus, idem ille catholicorum sacrorum interpres, cui cum principibus ecclesiae Romanae viris insignis gratia et necessitudo esset, multis familiarium adhortantibus, diu a se impetrare non posset, ut quae evigilasset profiteretur. Quod quum diu cunctatus faceret (eodem autem quo obiit anno, qui erat 1543 ante diem nonum Calendas Junias, primum libri sui exemplum typis expressum accepit), editor libri Revolutionum, ne infamia Copernici nomini adspergeretur cavendum esse judicavit, sic praefatus: *Non dubito, quin eruditi quidem, vulgata jam de novitate hypotheseon hujus operis fama, vehementer sint offensi putentque disciplinas liberales recte jam olim constitutas turbari non oportere. Verum si rem exacte perpendere volent, invenient auctorem hujus operis nihil quod reprehendi mereatur commisisse..... Cum variae hypotheses sese offerant, astronomus eam potissimum arripiet, quae comprehensu sit facillima. Philosophus fortasse verisimilitudinem magis requiret, neuter tamen quicquam certi comprehendet aut tradet, nisi divinitus illi revelatum fuerit etc.* (Cfr. vol. I. p. 286) Praemissa quidem Nicolai Schonbergii, Cardinalis Capuani, epistola (d. Romae Calendis Novembris 1536), etiam atque etiam orat vehementer, ut inventum suum studiosis auctor communicet. Copernicus autem libro Paulo III. Pontifici maximo dedicato a clericorum invidia et criminibus tutum se praestare studuit, dicens: *ut pariter docti atque indocti viderent, me nullius omnino subterfugere judicium, malui tuae Sanctitati quam cuiquam alteri has meas lucubrationes dedicare, ut facile tua authoritate et judicio calumniantium morsus reprimere possis, etsi in proverbio sit, non esse remedium adversus sycophantae morsum..... Mathemata mathematicis scribuntur, quibus et hi nostri labores, si me non fallit opinio, videbuntur etiam reipublicae ecclesiasticae conducere aliquid, cujus principatum tua Sanctitas nunc tenet.*

Nec magis evangelicae formulae interpretes Copernicanam rationem probabant, librorum sacrorum, quibus Terram non moveri doceretur, auctoritate usi. Qui cum in eos, qui dissentirent, non ut in impios animadvertendum esse censerent, tamen qui evangelicorum formulam profitebantur astronomi, suae ecclesiae de istis rebus placita impugnare veriti, aut unum probabant Ptolemaeum aut Copernicanam rationem, quippe quae pariter ac prior ratio coelo sideribusque cognoscendis inserviret, viris in astronomia colenda versantibus non insuper habendam esse concedebant, et ne novarum rerum studiosi esse dicerentur, Ptolemaeum vulgo non negligendum esse suadebant nec nisi astronomos ad cognoscendam Copernicanam rationem compellere studebant.

Ut vero Copernicana ratio non omnibus probaretur, ipsius maxime Copernicani operis indole factum est. Astronomia jam primum in disciplinae formam rationemque redacta leviorisque momenti rebus, per totum seculum cultis, purgata, ab astrologorum somniis aliisque rationi sanae minus consentaneis opinionibus prorsus abhorrens suamque regulam constantissime servans, tanta in rebus causisque indagandis subtilitate utebatur, ut astronomorum plurimi res a summo viro excogitatas et evigilatas aegerrime animo assequerentur aut in usum suum converterent. Philosophia autem Aristotelica, qua omnis tunc doctrina continebatur, cum Terrae motum rationi suae accommodare non posset, errores scilicet Pythagoricos repudiabat, Copernicum eodem loco habens quo Pythagoraeos Aristarchum, Philolaum, Heraclidem, Ecphantum, quibus quidem, quamvis rem nondum arte concludentibus aut explanantibus, primam suae rationis cogitationem animo injectam se debere Copernicus non negavit. Etiam quae manca inerant Copernicanae rationi, haud scio an quo minus vulgaretur obstiterint. Nam quae viri aetate superiores et Copernicus ipse observaverant rationibusque ineundis et subducendis dimensi erant, cum meliorum instrumentorum usu essent destituti, minus erant exacta, quam quibus probabilis argumentatio superstrui posset; quid? re accuratius considerata, multa, quum accessisset usus perfectior, a vero longe aberrasse apparuit. Denique nova quoque ratio habuit, quae secum pugnantia non dirimeret quaeque obscuriora non illustraret. „Inaequalitatibus“ enim in planetarum motu ut nodo inexplicabili Copernicus expedire se nesciebat; qua quidem difficultate, nisi suam rationem post Ptolemaicam relinqui vellet, quia expediri necesse erat, hanc unam viam invenit, ut Ptolemaeum ipsum secutus auctorem planetas excentricis circulis et epicyclis orbes suos volvere diceret. Quo facto quoniam praeter nova, oculorum judicio repugnantia, etiam priora, sed eadem jam intellectu difficiliora in auxilium vocanda erant, in his solis acquiescere malebant et morem antiquitus traditum servare.

Haec in causa fuisse videntur, ut Copernicanam rationem multi quidem veram esse intelligerent, eam vero probare dubitarent eamque pauci secuti sint. Per totum fere seculum XVI. paucos invenimus astronomos, qui libere cum illo viro facere ausi sunt. Nam cum plurimi ingenii illius acumen in colendaque mathematica subtilitatem admirarentur rebusque ab eo inventis uterentur, praeter Joachimum Rhaeticum ante Keplerum nemo fuit, qui in libris suis novam rationem ingenue et libere probaret. Erasmus Reinholdus quidem, celeberrimus ille Prutenicarum tabularum auctor, cum tabulas suas ad Copernicanam rationem retulisset, utri faveret rationi incertum reliquit. Casparus Peucerus contra, „praetermissis“, inquit, „Copernici hypothesibus, ne novitate offendantur aut conturbentur tirones, Terrae mediam mundi sedem attribuimus“; alio loco: „in Copernico absurditas offendit, aliena a vero.“ Maurolycus autem dignitatis suae adeo immemor est, ut dicere non dubitet: „toleratur et Nicolaus Copernicus, qui scutica potius aut flagello quam reprehensione dignus est.“ Tycho Braheus vero, Ramus (cfr. vol. III. p. 136), aliique plurimi, ut Copernicum optime meruisse de astronomia non negant, ita de repudianda illius ratione uno ore consentiunt. Maestlinus denique, quo praeceptore usus est Keplerus, ut discipulos novae rationis cognitione imbuit et habita in Italia oratione Galilaeo Copernicanam rationem veram esse persuasisse perhibetur, ita in scriptis suis priorem rationem sequitur. Contra Jordanum Brunum philosophum aperte cum illo fecisse et libris suis novam rationem divulgare ejusque causam agere instituisse constat, non minus autem, Brunum propter hanc et alias opiniones, quae contra fidem catholicam esse videbantur, supplicio extremo (anno 1600) affectum fuisse.

Haec sunt quae de Copernico iisque qui eum sequebantur temporum successu praemittenda censuimus, priusquam ipsum Copernici opus adiremus; reliquum est, ut ea, quae notatu digniora nobis in hoc opere occurrunt, lectoribus proponamus.

Inscriptum est Copernici opus: Nicolai Copernici Torinensis De Revolutionibus orbium coelestium libri VI. Norimbergae apud Joh. Petreium anno 1543. Recusum est anno 1566 Basileae, addita „Rhaetici Narratione", et denuo editum Amstelodami („excudebat Wilh. Jansonius, sub Solari aureo") anno 1617. hanc prae se ferens inscriptionem: Nic. Copernici Torinensis Astronomia instaurata, libris sex comprehensa, qui de Revolutionibus orbium coelestium inscribuntur. Nunc demum post 75. ab obitu authoris annum integritati suae restaurata notisque illustrata opera et studio D. Nicolai Mulerii, Med. et Math. Professoris ordinarii in nova academia, quae est Groeningae.*)

Argumenta in libro primo fere omnia insunt, quibus Terram esse sphaericam eamque moveri et veterum opinionem de Solis motu falsam esse demonstratur, quae hodie passim in libris astronomicis nobis occurrunt (cap. 1—3). Capite 4. demonstratur, „quod motus corporum coelestium sit aequalis et circularis, perpetuus, vel ex circularibus compositus". Rationes, quas Copernicus affert, ut hunc motum circularem (sicut figuram mundi sphaericam) stabiliat, innituntur ex parte sententiis veterum, quibus circulus (et sphaera) perfectissimae sunt figurae. Ad motum Terrae circularem (cap. 5.) stabiliendum in auxilium vocantur Pythagoraei Heraclides, Ecphantus, Nicetas et Philolaus, quibus hanc suam addit sententiam Copernicus: „si motus aliquis Terrae deputetur, ipse in universis, quae extrinsecus sunt, idem apparebit, sed ad partem oppositam, qualis est revolutio quotidiana in primis. Haec enim totum mundum videtur rapere praeterquam Terram. Atqui si coelum nihil de hoc motu habere concesseris, Terram vero ab occasu in ortum volvi, invenies haec sic se habere. Si quis neget, centrum mundi Terram obtinere, nec tamen fateatur, tantam esse distantiam, quae ad non errantium stellarum sphaeram comparabilis fuerit, sed insignem et evidentem ad Solis aliorumque siderum orbes, putetque propterea, motum illorum apparere diversum, tanquam ad aliud sint regulata centrum quam sit centrum Terrae, non ineptam forsitan poterit diversi motus apparentis rationem affere. Quod enim errantia sidera propinquiora Terrae et eadem remotiora cernuntur, necessario arguit, centrum Terrae non esse illorum circulorum centrum. Quo minus etiam constat, Terrane illis, an illa Terrae annuant et abnuant. Nec adeo mirum fuerit, si quis praeter illam quotidianam revolutionem alium quendam Terrae motum opinaretur, nempe Terram volvi atque etiam pluribus motibus vagantem et unum esse ex astris." Capite 6.

---

*) In „Tabulis Frisicis" (1611) idem editor Copernici Müllerus prorsus rejicit Copernici de mundo rationem. „Mundus est formae sphaericae, in cujus medio consistit Terra puncti instar, ubi ex Aristotelis et omnium pene philosophorum sententia loco suo naturali conquiescit et immota permanet. . . . . . Tanta est apud nos auctoritas S. Scripturae, ut contra apertam sententiam illius in sententiam Pythagoraeorum descendere non audeamus. In libro qui inscribitur „Institutiones novae" (1616) itidem legimus: „argumentis pro et contra per 25 annos diu et multum examinatis nondum cognoscere possum causam idoneam et satis validam, quae me a sententia tot tantisque viris approbata recedere cogeret. Ipse Copernicus, dum absurditatum scopulos vitare vult, incurrit in ἄτοπα haud minus enormia prioribus. Cogitur enim mundo centrum tribuere immane et enorme, comprehendens tria corpora Solem, Lunam et Terram." Libentius, addit, se in Copernici sententiam descendere potuisse, si Terrae in medio mundi permanenti unum motum diurnum assignasset.

demonstratur, magnitudinem Terrae ad coelum collatam prorsus evanescere, eo quod horizon coeli sphaeram bifariam secet, quod observationibus per dioptram pateat. Capitibus 7. et 8. rationes veterum (praesertim Ptolemaei et Aristotelis) pro loco Terrae in mundi medio ejusque immobilitate recensentur refutanturque.

Quaestionem aggressus, „an Terrae plures possint attribui motus“ (cap. 9.), hanc affert Copernicus sententiam de gravitate: „Equidem existimo, gravitatem non aliud esse quam appetentiam quandam naturalem, partibus inditam a divina providentia, ut in unitatem integritatemque suam sese conferant, in formam globi coëuntes. Quam affectationem credibile est etiam Soli, Lunae ceterisque errantium fulgoribus inesse, ut ejus efficacia in ea qua se repraesentant rotunditate permaneant, quae nihilominus multis modis suos efficiunt circuitus. Si igitur et Terra faciat alios, necesse erit, eos esse, qui similiter extrinsecus in multis apparent, in quibus invenimus annuum circuitum.“ Hinc concludit Copernicus, coeli motum apparentem assumto Terrae motu et Soli immobilitate concessa excusari posse.

Capite 10. adit Copernicus ordinem orbium coelestium, primus inter omnes demonstrans rationibus physicis et philosophicis illum ordinem planetarum, quem hinc inde ad nostra usque tempora ut verum assumserunt astronomi sinceri nec opinione falsa in aliam viam deducti. Motum Terrae tribuit triplicem Copernicus (cap. 11.), „primum νυχθημερινον, diei noctisque circuitum proprium circa axem“; secundum motum centri annuum circa Solem. Tertius Terrae motus dicitur „motus declinationis, contra motum centri annua revolutione reflectens“, quo efficiatur dierum et noctium inaequalitas et anni temporum diversitas. „Sic ambobus invicem aequalibus fere et obviis mutuo evenit, ut axis Terrae et in ipso maximus parallelorum aequinoctialis in eandem fere mundi partem spectent, perinde ac si immobiles manerent. Motus ille circa axem superficiem insumit conicam, in centro Terrae habentem fastigium, basin vero circulum aequinoctiali parallelum. Patet igitur, quomodo occurrentes invicem bini motus, centri inquam et inclinationis, cogunt axem Terrae in eodem libramento manere ac positione consimili et apparere omnia, quasi sint solares motus“. Hunc tertium Terrae motum Copernicanum Keplerus ad eam reduxit, quae re vera est, immobilitatem quasi axis per circuitum annuum, inclinati ad eclipticam, axemque sibi ipsi semper parallelum manentem (ut hic aequinoctiorum praecessionem intactam praetermittamus).

Capitibus 12. 13. libri I. proponit Copernicus doctrinam triangulorum planorum et sphaericorum addita tabula sinuum.

Libro II. astronomiae sphaericae dicato, praemissis (cap. 1.) definitionibus circulorum in sphaera, adit Copernicus eclipticae obliquitatem (cap. 2.), docet qua ratione illa inveniatur hisque haec subjungit: Ptolemaeus igitur intervallum hoc inter limitem boreum et austrinum deprehendit 47° 42′ 40″, dimidium 23° 51′ 20″. „Existimavit Ptolemaeus, invariabiliter sic se habere et permansurum semper. Verum ab eo tempore inveniuntur haec continuo decrevisse ad nos usque. Reperta est enim jam a nobis et aliis quibusdam coaetaneis nostris distantia tropicorum 46° 57′ fere et angulus sectionis 23° 28$\frac{2}{5}$′, ut satis jam pateat, mobilem esse etiam signiferi obliquationem, illamque nunquam majorem fuisse 23° 52′ nec unquam minorem futuram quam 23° 28′,“ quod libro III. cap. 2. probare vult Copernicus testimoniis observationum inde a Timochare Alexandrino usque in annum 1525 institutarum (cfr. vol. III. p. 54, VI. p. 68). Libri II. capitibus 3—14 insunt definitiones ad astronomiam sphaericam pertinentes et problemata theoremataque, quae illis innituntur, eadem fere quae in libris Ptolemaei et Albategnii deprehendimus. Subjunctae sunt tabulae declinationum „signiferi“, differentiarum ascensionum obliquarum, ascensionum rectarum et obliquarum, denique longior fixarum catalogus, qui per longam annorum seriem astronomis usque ad emendatiorem Tychonicum unicus fere fons et norma fuit.

Libro III. insunt disquisitiones de aequinoctiorum solstitiorumque anticipatione. Hipparchum, ait Copernicus, virum mirae sagacitatis, primum animadvertisse, annum sidereum majorem esse anno tropico, eoque stellis fixis tribuisse motum in consequentia, „sed lentulum adeo nec statim perceptibilem". Hunc motum inde ab illis temporibus factum esse evidentissimum eumque inaequalem reperiri. Causam hujus aequinoctiorum anticipationis dicit Copernicus quaerendam esse in motu aequatoris in praecedentia, qui obliquus sit plano zodiaci (eclipticae) immobili, ad modum inclinationis axis Telluris. „Nemo forsitan causam mutationis aequinoctiorum obliquitatisque signiferi meliorem afferet, quam axis Terrae et polorum circuli aequinoctialis deflexum quendam. Si motus axis Terrae conveniret cum motu centri, nulla penitus appareret aequinoctiorum conversionumque praeventio. At cum inter se differant, sed differentia inaequali, necesse fuit etiam solstitia et aequinoctia inaequali motu praecedere loca stellarum. Binos omnino polorum motus reciprocos, pendentibus similes librationibus, oportet intelligi, quoniam poli et circuli in sphaera sibi invicem cohaerent et consentiunt. Alius igitur motus erit qui inclinationem permutat illorum circulorum, polis ita delatis sursum deorsumque circa angulum sectionis, alius qui solstitiales aequinoctialesque praecessiones auget et minuit, hinc inde per transversum facta commotione. Hos autem motus librationes vocamus, eo quod pendentium instar sub binis limitibus per eandem viam in medio concitatiores fiunt, circa extrema tardissimi. Differunt etiam suis revolutionibus, quod inaequalitas aequinoctiorum bis restituitur sub una obliquitatis restitutione. Sicut autem in omni motu inaequali apparente medium quiddam oportet intelligi, per quod inaequalitatis ratio possit accipi, ita sane et hic medios polos mediumque circulum aequinoctialem, sectiones quoque aequinoctiales et puncta conversionum media necesse erat cogitare, sub quibus poli circulusque aequinoctialis terrestris hinc inde deflectentes statis tamen limitibus motus illos aequales faciant apparere diversos. Itaque binae illae librationes concurrentes invicem efficiunt, ut poli Terrae cum tempore lineas quasdam describant corollae intortae similes." (Cfr. vol. VI. p. 521.)

Haec postquam verbis et delineationibus, quibus epicyclos deprehendimus aliis epicyclis innixos, latius demonstravit Copernicus, conclusum esse censet, inaequalem esse praecessionem, ad hanc opinionem deductus calculis et observationibus Ptolemaei parum fide dignis. Annuum motum praecessionis ponens 50″ 12‴ 5⁗ annectit tabulas „motus praecessionis aequinoctiorum" in annis, diebus et sexagenis dierum. Minorem tribuit fidem Copernicus Ptolemaeo in constituenda anni solaris magnitudine (cap. 13.): „non audiendus est Ptolemaeus in hac parte, qui absurdum et impertinens existimavit, annuam Solis aequalitatem metiri ad aliquam stellarum fixarum restitutionem, nec magis congruere, quam si a Jove vel Saturno hoc faceret aliquis." Neque simplicem neque facilem esse cognitu rationem annuae aequalitatis. Ad resolutionem hujus nodi respiciendum esse ad quatuor inaequalitatis causas, quae sunt 1) inaequalis praecessio aequinoctiorum, 2) quod Sol inaequales eclipticae partes intercipere videtur (eccentricitas Solis), 3) quia etiam hanc variat (secunda diversitas), 4) quod mutat apsides centri Terrae summam et infimam. „Ex his secunda solummodo nota Ptolemaeo, quae sola non potuisset inaequalitatem annalem producere, sed ceteris implicata magis id facit." Ut has causas explicet praemittit Copernicus „prototheorema" (cap. 15.), usus eccentrico circulo et epicyclo Ptolemaei, quibus demonstratur, assumta inter Solem et Terram distantia, „quae ad immensitatem stellarum fixarum sphaerae non possit existimari", Solem ad quamcunque stellam fixam aequaliter moveri, inaequalem vero esse motum Solis, quod motus centri ac annuae revolutionis Terrae non sit omnino circa Solis centrum. Capite 16. inquirit Copernicus, secutus Ptolemaeum, Solis eccentricitatem invenitque ejus rationem ad distantiam a Terra ut 0,0323 ad 1; locum apogaei ponit in 6° 40′ ♋. Capite 20. legimus: „Equidem fateor, in nulla parte esse majorem difficultatem, quam in apprehendendo Solis apogaeo, ubi per minima quaedam et vix apprehensibilia magna ratiocinamur, quoniam circa perigaeum et apogaeum totus gradus duo solummodo scrupula permutat in prosthaphaeresi, circa medias vero apsidas sub uno scrupulo 5 vel 6 gradus praetereunt, adeoque modicus error potest sese in immensum propagare.“ Quam ob rem Copernicus satis accurate rem inquirit, neque solum „instrumentis horoscopis“ confisus, sed Solis etiam et Lunae defectus in subsidium vocans et observationes suas cnm Hipparchicis, Ptolemaicis aliisque comparans. Ut demonstret „secundam et duplicem differentiam, quae circa Solem propter apsidum mutationem contingit“, iterum redit Copernicus ad circulos eccentricos et epicyclos Ptolemaei. Circa centrum eccentrici describatur circellus, qui non comprehendat Solem; in circumferentia hujus circelli moveatur centrum revolutionis annuae centri Terrae in praecedentia, circellus ipse in consequentia, utrumque motu admodum tardo. „Invenietur aliquando ipsum centrum orbis annui in maxima distantia a Sole, aliquando in minima, et illic in tardiore motu, hic in velociore, ac in mediis orbiculi curvaturis accrescere et decrescere facit illam distantiam centrorum cum tempore summamque apsidem praecedere ac alternatim sequi eam apsidem, sive apogaeum, quod est sub linea apsidum, tanquam medium contingit.“ Per epicycli epicyclum sic demonstrat Copernicus apogaei motum: „Sit mundo ac Soli homocentrus AB, centrum C, et facto in A centro epicyclus describatur DE, ac rursus in D centro epicyclium FG, in quo Terra versetur, omnia in plano zodiaci. Sit epicycli primi motus in succedentia ac annuus fere, secundi D similiter annuus, sed in praecedentia, amborumque ad AC lineam pares sint revolutiones. Rursus centrum Terrae ex F in praecedentia addat parumper ipsi D. Ex hoc manifestum est, quod cum Terra fuerit in F,

Fig. 1.

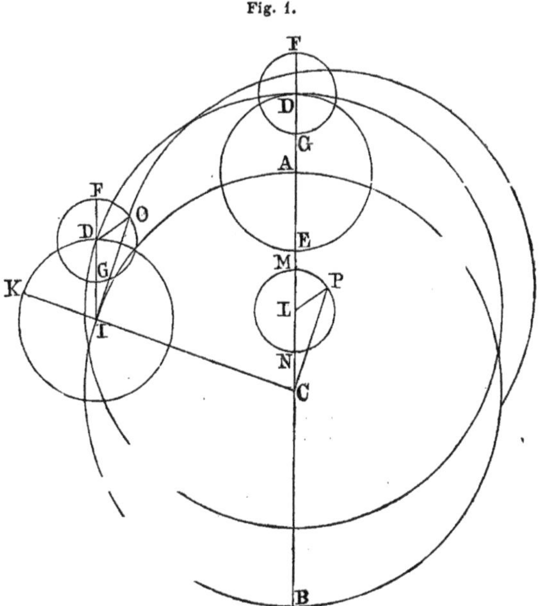

maximum efficiet Solis apogaeum, in G minimum, in mediis autem circumferentiis ipsius FG faciet ipsum apogaeum praecedere vel sequi, auctum diminutumve, majus aut minus, et sic motum apparere diversum. Capiatur autem AI circumferentia et in I centro resumatur epicyclus, et connexa CI extendatur in K, eritque KID = ACI, propter revolutionum paritatem. Igitur D describet eccentrum homocentro AB aequalem in L centro, ac distantia CL, quae ipsi DI fuerit aequalis, F quoque suum eccentrum secundum distantiam CM et G similiter secundum IG et CN aequales. Interea si centrum Terrae jam emensum fuerit utcunque FO circumferentiam secundi ac sui epicycli, jam ipsum O non describet eccentrum, cui centrum in AC contingat, sed in ea, quae ipsi DO parallela fuerit, qualis est LP. Quodsi etiam conjungantur OI et et CP, erunt et ipsae aequales, minores autem ipsis IF et CM, et angulus DIO = LCP, et pro tanto videbitur Solis apogaeum in CP linea praecedere ipsam CA. Hinc etiam manifestum est, per eccentrepicyclum idem contingere, quoniam in praeexistente solo eccentro, quem descripserit D epicyclium circa L centrum, centrum Terrae volvatur in FO circumferentia praedictis conditionibus, h. e. plus modico, quam fuerit annua revolutio. Superinducet enim alterum eccentrum priori circa P centrum accidentque prorsus eadem. Cumque tot modi ad eundem numerum sese conferant, quis locum habeat haud facile dixerim, nisi quod illa numerorum ac apparentium perpetua consonantia credere cogit, eorum esse aliquem.“

Medium aequalem motum apogaei computat Copernicus 10° 41′ in annis mediis Aegyptiis 1580 (ab anno a. Ch. 64, quo assumit aequationem fuisse = 0, ad annum 1515) indeque annuum 24″ 20‴ 14⁗. Haec subtracta ab annuo motu simplici 359° 44′ 49″ 7‴ 4⁗ (capite 14. inventi), relinquunt annuum anomaliae motum aequalem 359° 44′ 24″ 46‴ 50⁗, qui divisus per 365 exhibet diurnum motum 59′ 8″ 7‴ 22⁗. Ad inveniendum verum Solis locum construit Copernicus tabulas „motus Solis aequalis simplicis“ et „prosthaphaereseon Solis“ (cap. 14. et 24.) et capite 25. explicat earum usum: „quaerendus est verus aequinoctii verni locus cum anomalia simplici sua prima, medius motus centri Terrae simplex ac annua annomalia, quae addantur. Cum anomalia simplici inventa in tabula invenies anomaliae annuae prosthaphaeresin, quam addito anomaliae annuae vel subtrahe. Quod reliquum aggregatumve fuerit, erit anomalia Solis coaequata, per quam sumito prosthaphaeresin orbis annui, cum excessu, qui semper addatur, fietque ipsa prosthaphaeresis aequata, quae auferatur a medio loco Solis vel addatur. Quod residuum collectumve fuerit, verum Solis locum determinabit a capite Arietis sumtum; cui si demum adjiciatur vera aequinoctii verni praecessio, confestim etiam ab aequinoctio ipso Solis locum ostendet in signis et gradibus circuli“.

Haec illustrat editor Müllerus hoc exemplo ad annum 1515 d. 14. Sept. mane h. ½ post ortum Solis.

Praecessio aequinoctiorum. Radix	5° 32′
25 Sexagenae annorum	20. 55. 2″
15 anni	12. 33. 1‴
4 sexag. dierum	33. 0.
29 dies	3. 59.
17 scrupula	2.
Summa	26. 40. 12. 2.

Anomalia simplex aequinoctii. Radix	6. 45.
25 sexag. annorum	2. 37. 15. 3.
15 anni	1. 34. 21. 2.
4 sexag. dierum	4. 8.
29 dies	29. 58.
17 scrup.	17.

Summa: sexag. 2. 45° 39′ 2″ 17‴ anomalia simplex.

Duplum 5. 31. 18. 4. 34, per quam invenitur prosthaphaeresis aequin. 35′, addenda medio motui 26° 40′: vera praecessio aequinoctii 27° 15′.

Motus ⊙ a prima stella Arietis	4. 32° 30′
	5. 40. 27. 56″
	5. 56. 12. 16. 46‴
	3. 56. 32. 45.
	28. 34. 57. 29.
	16. 45. 19.
Summa:	2. 34. 34. 40. 34.

Anomalia Solis	3. 31. 14.
	5. 30. 19. 30.
	5. 56. 6. 11. 42.
	3. 56. 32. 29.
	28. 34. 55. 33.
	16. 45. 18.
Summa:	1. 23. 3. 51. 33

Cum anomalia aequinoctii simplici (2 sexag. 46°) ingredere tab. prosthaph ⊙, occurret prosth. centri 2° 6′, addenda anomaliae solari, ut sit anomalia coaequata sexag. 1. 25° 10′, simulque dabitur scrupulum proportionale unum, quod jam negligitur.

Denique per anomaliam Solis coaequatam (83°) datur prosthaph. orbis 1° 50′ subtrahenda a medio motu Solis (2 sexag. 34° 35′), vera igitur Solis distantia a prima stella Arietis est sexag. 2. 32° 45′; addatur praecessio aequin. (27° 15′), summa 3 sexag. est distantia Solis ab aequinoctio verno, est igitur in principio Librae.

Capite 26. agit Copernicus de temporis aequatione, praemissis definitionibus dierum, quae apud veteres in usu fuerunt. Hanc aequationem tractat eodem fere modo quo Ptolemaeus, respiciens insuper ad apogaei motus.

Libro IV. quo Lunae motus inquiruntur, haec praemittit Copernicus. „Per Lunam, quae diei noctisque particeps est, loca stellarum praecipue examinantur, Luna sola revolutiones suas, quamvis etiam diversas, ad centrum Terrae confert estque Terrae cognata maxime. Nos quidem in explicatione cursus lunaris non differimus a priscorum opinionibus in eo, quod circa Terram fit, attamen alia quaedam adducemus, quam quae a majoribus nostris accepimus, magisque consona, quibus lunarem quoque motum quantum possibile est certiorem constituemus.“ (Müllerus in calce: Luna haud immerito coelestis disciplinae prima magistra appellatur. Quare sedulo nobis incumbendum est in Lunae astronomiam, ut per eam reliqua nobis plana ac facilia reddantur.)

Capitibus 1 et 2. refert Copernicus, quae veteres (Ptolemaeus) de Lunae theoria edixerint, ostenditque „earum assumtionum defectum“. Lunae motum, inquit, inaequalem esse in eccentrico, deinde parallaxes Lunae veterum non consentire observationibus. Maximam Lunae a Terra distantiam esse $64\frac{1}{6}$ semidiametrorum Terrae, „mathematicorum omnium consensu“. minimam (in quadraturis) a veteribus falso assumi 33 earundem, quo eveniret, ut Lunae corpus in quadraturis duplo majus appareret, quam in apogaeo.

Fig. 2.

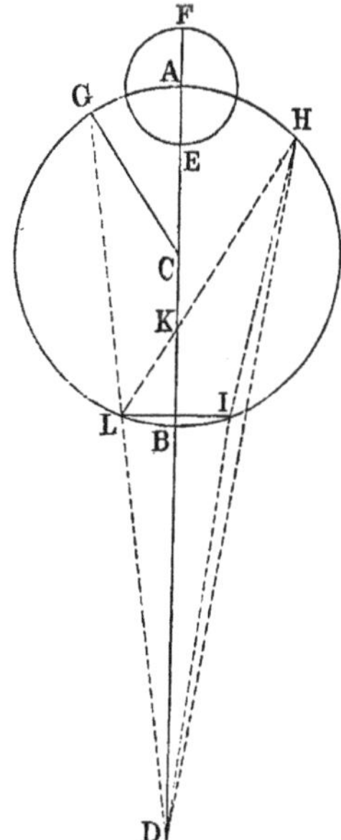

Capite 3. suam ipsius de Lunae motu sententiam prodit Copernicus: „Sit epicyclus AB, centrum Terrae D, in A aliud epicyclium describatur EF. Moveatur C in consequentia, A in praecedentia et Luna ab F in superiori parte ipsius EF in consequentia, eo servato ordine, ut dum linea DC fuerit una cum loco Solis medio, Luna semper proxima sit centro C, h. e. in E signo, sub quadraturis autem atque in F remotissima. Luna bis in mense circumcurret epicyclium EF, quo tempore C semel redierit ad Solem, videbiturque nova et plena minimum agere circulum, nempe cujus semidiameter fuerit CE, in quadraturis autem maximum, secundum distantiam CF. Sic illic minores, hic majores aequalitatis et apparentiae differentias efficiet sub similibus sed inaequalibus circa C circumferentiis; cumque C in homocentro Terrae circulo semper fuerit, non adeo diversas parallaxes exhibebit, sed ipsi epicyclo solum

conformes. Atque in promtu causa erit, cur etiam corpus lunare sibi simile quodammodo videätur atque cetera omnia, quae circa lunarem cursum cernuntur, sic evenient.“ Cum, pergit, per instrumenta non sit observabilis Lunae locus, adhibendos esse defectus ejus, qui ubique Terrarum sibi similes sint, et quibus locus Lunae Soli oppositus cognoscatur. Esse propterea lunares defectus aptissimos, quibus certissima ratione cursus Lunae deprehendatur. In hunc finem capite 5. tres Ptolemaei observationes talium defectuum cum tribus ab ipso Copernico observatis comparantur, praemittitur vero (cap. 4.) inquisitio motuum Lunae mediorum duce Metone et Hipparcho. (Prodit motus Lunae aequalis, quo differt a motu terrestri, annuus 129° 37′ 22″ 36‴ 25⁗, anomaliae motus 88° 43′ 9″ 7‴ 15⁗, motus latitudinis 148° 42′ 45″ 17‴ 21⁗, quibus numeris innixae sunt tabulae motus Lunae, capiti 4. subjunctae.)

Eclipses Lunae Ptolemaicae, quas eligit Copernicus, sunt prima anni p. Ch. 133. 6. Maji (medium Frueburgi h. 1. 45′ ante mediam noctem), secunda anni 134. 13. Nov. (2 h. a. m. n.), tertia anni 136. 6. Martii (3 h. p. m. n.). Eclipses quas ipse observavit Copernicus evenerunt anno 1511. d. 6. Oct. (30′ 5″ p. m. n.), 1522. 5. Sept. (h. 1. 20′ p. m. n.), 1523. 25. Aug. (h. 3. 55′ p. m. n.).

Sint loca trium Ptolemaei eclipsium in epicyclo Lunae (fig. 2.) signata punctis G, H, I, GH = 110° 21′, HI = 81° 36′, IG = 168° 3′. Calculus trigonometricus prodit GA = 45° 43′ „quae est distantia Lunae a summa apside epicycli in primo deliquio, sive anomalia“. Hinc AH = 64° 38′ (anomalia in secundo deliquio) et AHI = 146° 14′, „ad quam tertium deliquium incedebat.“ Angulus CDG = 3° 22′, „quae est prosthaphaeresis, quam addit anomalia in prima eclipsi“; GDH = 7° 42′, quare ADH = 4° 20′; HDI = 1° 21′, IDB = 2° 49′, „ablativa prosthaphaeresis ipsius AHI circumferentiae in tertia eclipsi. Erat ergo medius Lunae locus, h. e. C centri, in prima eclipsi 9° 53′ ♏, eo quod apparens ejus locus esset in 13° 15′ ♏, in secunda 29° 30′ ♈, in tertia 17° 4′ ♍. Distantiae Lunae a Sole inveniuntur 177° 33′, 182° 47′, 185° 20′. Hoc modo Ptolemaeus“. Ad eclipses ab ipso observatas prodit Copernicus motus Solis medios in 24° 13′ ♎, 23° 49′ ♍, 13° 2′ ♍ et adhibita simili priori delineatione computat loca Lunae media in 22° 3′ ♈, 26° 50′ ♓, 13° ♓, at annuos Lunae medios motus 170° 50′, 182° 51′, 179° 58′, anomalias 183° 51′, 71° 27′, 21° 10′, semidiametrum epicycli (eccentricitatem) computat ex eclipsibus Ptolemaicis 8706 (DC = 100000), ex suis 8604. Ex differentiis distantiae Lunae et Solis et anomaliarum in secundis eclipsibus elicitur (cap. 6.) defectus motuum Lunae Ptolemai et Hipparchi 26′, anomaliae 38′, „quae nostris accrescunt consentiuntque numeris, quos exposuimus“. Capite 8. constituit Copernicus rationem semidiametrorum epicyclorum ut 1097 ad 237, qualium DC = 10000 („secunda differentia“). Capite 9.: „Reliqua differentia, qua Luna a summa apside epicycli inaequaliter moveri videtur“ per calculum trigonometricum et numeros 1097 et 237 elicitur 12° 28′. Hanc maximam differentiam, qua Luna a summa apside variet, contingere dicit, „quando Luna medio motu a linea medii motus Terrae ante et pone distiterit 38° 46′.

Ad probanda praemissa observatio Hipparchi (Ptol. V. 5.) locorum Solis et Lunae eligitur (cap. 10). Calculus prodit aequationem lunarem 1° 29′, qua correctus motus Lunae a Sole 45° 5′ evadit 46° 34′. Huic addito motu Lunae medio 102° 3′, prodit motus verus 28° 37′ ♌, a quo ablatus motus Solus verus 10° 40′ ♋, relinquit distantiam angularem veram 47° 57′. Hipparchi vero observatio exhibet 48° 6′, differentia 9′, quae redit ad 2′, observando reductionem ad eclipticam efficere 7′. „Sic illa secundum Hipparchum distantia luminarium, quam per instrumentum acceperat 48° 6′, consensu mirabili et quasi ex condicto supputationi nostrae convenit.“ His innixus Copernicus cap. 11. condit tabulam „prosthaphaeresium sive aequationum lunarium“, et cap. 12. proponit ejus usum.

Ad examinandum et demonstrandum Lunae motum in latitudinem eligit Copernicus (cap. 13.) duas eclipses lunares, alteram anno 7. Ptolemaei Philometoris, „qui erat annus 150. Alexandri", alteram ab ipso observatam anno 1509 Cracoviae 4. nonas Junias; Solis loca 6° ♉ et 21° ♊, Lunae distantia a Terra eadem, Sol in apogaeo, defecerunt in priore digiti 7, in posteriore digiti 8, differentia dig. 1 = 2½' fere, „quibus orbi obliquo Lunae circa sectiones eclipticas congruit $^1/_2$° fere, quo in secunda eclipsi remotior fuerit Luna a sectione ascendente, quam in prima a descendente sectione, quo liquidissimum est, latitudinis Lunae verum motum fuisse post completas revolutiones partes 179½. Sed anomaliae lunaris inter primam et secundam eclipsin addit aequalitati 21', quibus prosthaphaereses se invicem excedunt. Habebimus igitur aequalem latitudinis Lunae motum post integros circulos 179° 51', Tempus autem inter utrumque deliquium erant anni 1683 dies 88 h. 22. 35' tempore apparenti, in quo completis revolutionibus aequalibus sunt partes 179. 51' quae congruunt nostris, quas jam exposuimus". Capite 14. assumuntur bini alii defectus, „ut hujus cursus loca firmemus ad praeassumta principia", priorem observatum a Ptolemaeo anno 19. Adriani; Sol in 25° 10 ♎ (secundus defectus eorum, qui cap. 5. exstant), posteriorem ab ipso Copernico Romae a. 1500 observatum post nonas Novembris; Sol in 23° 11' ♏; quantitas utrinque 10 digiti, quod aequalem significat latitudinem Lunae ejusque a sectionibus distantiam aequalem, „hic scandentem, illic subeuntem". Intervallum anni 1366 d. 358 h. 4. 20', in quibus motus latitudinis est 159° 55'.

Maximam Lunae latitudinem ponit Copernicus Ptolemaeum secutus 5°, et describit cap. 15. „instrumentum parallactium", quo Ptolemaeus hanc latitudinis quantitatem deprehenderit (Almag. V. 12.). Ad Ptolemaei distantias Lunae a Terra (cfr. cap. 2.) redit Copernicus cap. 16. iisque adjungit inquisitionem parallaxium Lunae Ptolemaicarum (53' 34" et 1° 43') quas falsas esse demonstrat adhibitis duabus observationibus (1522. 5. Oct. et 1524. 7. Idus Aug.) Frueburgi habitis, cujus poli altitudinem ponit 54° 19', indeque elicit parallaxes horizontales 50' et 65'. (Vide infra correctam per Tychonem Frueburgi poli altitudinem.)

Capite 17. inquiritur distantia Lunae a Terra ope parallaxium modo proditarum, et per Lunae distantias a vertice annis 1522 et 1524 observatas (82° 50', 81° 55'), maxima 68⅓, minima 55 scrup. 8 semid. Terrae. Ad inveniendas Solis et Lunae distantias a Terra et eorum ac umbrae diametros adhibetur Hipparchi „diagramma" duce Ptolemaeo (cfr. vol. III. p. 515—521). Solis parallaxes crescunt a 2' 53" ad 3' 7", ejus diameter apparens a 31' 48" in 33' 34"; diameter Lunae a 28' 45" ad 37' 33" (cap. 18—25.), in subjunctis vero tabulis parallaxes proponuntur Solis a 10" ad 3', Lunae a 2' 46" ad 62' 21", diametri Solis a 31' 40" ad 33' 54", Lunae a 30' ad 35' 38". Capite 26. docet Copernicus, quomodo parallaxes longitudinis et latitudinis discernantur. Ad confirmationem eorum, quae praemisit de parallaxibus Lunae, affert Copernicus observationem, ab ipso factam Bononiae 7. Idus Martii anno 1497: „consideravimus enim stellam, quam Palilicium vocant Romani, applicatam parti corporis Lunae tenebrosae jamque delitescentem inter cornua Lunae in hora 5. noctis, propinquiorem vero austrino cornu per trientem, quasi diametri Lunae. Stella erat in 2° 52' ♊, lat. austr. 5° 10', eam centrum Lunae praecedebat dimidio diametri, et idcirco locus ejus visus in longitudine 2° 36', in latitudine 5° 2' fere. Motus Lunae aequalis a Sole 74°; anomalia aequata 111° 10', locus Lunae verus 3° 24' ♊, lat austr. 4° 35', nam motus latitudinis verus erat 203° 41'. Tunc Bononiae ascendebat 26° ♏, cum angulo 59½°, et erat Luna a vertice 84°, et angulus sectionis circulorum altitudinis et signiferi fere 29°, parallaxis Lunae 1°, longitudinis 51', latitudinis 30', quae admodum congruunt observationi, quo minus dubitaverit aliquis, nostras hypotheses et quae ex iis prodita sunt recte se habere."

Capitibus 28—30 tradit präecepta (ad Ptolemaei modum) ad inveniendas oppositiones et conjunctiones Solis et Lunae veras et medias, capite 30. ad discernendum, num illae eclipticae sint necne, cap. 31. ad definiendam quantitatem defectus ejusque durationem, et his finem facit libri quarti: „Haec de Luna modo sufficiant, quae apud alios sunt latius pertractata; festinamus ad reliquorum quinque siderum revolutiones, quae in sequentibus dicentur.“

Libro quinto quasi praefationis loco afferuntur denominationes planetarum ex Platonis Timaeo: „Saturnus denominatur Phaenon, quasi lucentem vel apparentem diceres; latet enim minime ceteris citiusque emergit occultatus a Sole. Jupiter a splendore Phaëton. Mars Pyrois ab igneo candore. Venus quandoque φωσφορος quandoque ἑσπερος, h. e. Lucifer et Vesperugo, prout eadem mane vel vespere fulserit. Denique Mercurius a micante vibranteque lumine Stilbon.

Caput 1. „De revolutionibus planetarum et mediis motibus. Bini longitudinis motus plurimum differentes apparent in ipsis. Unus est propter motum Terrae, alter cujusque proprius. Primum non injuria motum commutationis dicere placuit, cum ipse sit, qui in omnibus illis stationes, progressiones et regressus facit apparere, non quod planeta sic distrahatur, qui motu suo semper procedit, sed quod per motum commutationis sic appareat, quam efficit motus Terrae pro differentia et magnitudine illorum orbium. Patet igitur, quod Saturni, Jovis et Martis vera loca tunc tantummodo nobis conspicua fiunt, quando fuerint ἀκρονυκται, coincidunt enim tunc medio loco Solis in lineam rectam, illa commutatione exuti. Inferiores planetae absque commutatione hac nunquam inveniuntur. Est ergo privatim cujusque planetae sua revolutio commutationis; quoniam vero tales periodi commutationum reperiantur inaequales, differentia manifesta, cognoverunt prisci, illorum quoque motus siderum esse inaequales et apsides habere circulorum, ad quas inaequalitas illorum reverteretur, easque rati sunt perpetuas habere sedes in non errantium stellarum sphaera. Recensuit Ptolemaeus hos circuitus (medios motus et restitutionem planetarum) sub numero annorum solarium, prout ab Hipparcho fatetur se recepisse. Annos autem solares vult intelligi, qui ab aequinoctio vel solstitio capiuntur. Sed jam patuit, tales annos (tropicos) admodum aequales non esse, illis propterea nos utemur, qui a stellis fixis capiuntur, quibus etiam emendatiores horum 5 siderum motus a nobis sunt restituti, prout hoc nostro tempore invenimus defecisse aliquid ex eis vel abundasse.“ — Haec sequuntur tabulae motuum „commutationis“ planetarum, deinde cap. 2. „aequalitatis et apparentiae ipsorum siderum demonstratio opinione priscorum“ et cap. 3. „generalis demonstratio inaequalitatis apparentis propter motum Terrae“, qua retinet Copern. circulos eccentricos veterum, in quibus quidem circumeunt planetae Solem, sed respicientes ad punctum (centrum circuli), in quo Sol non est. (Cfr. vol. VI. p. 441, 452. mutatis mutandis.) Capite 4. inaequalitates motuum planetarum sic explicantur. „Quod prisci unum motum in duobus eccentricis posuerunt, nos duos esse motus censemus aequales, quibus inaequalitas apparentiae componitur, sive per eccentri eccentrum, sive per epicycli epicyclum, sive etiam mixtim per eccentrepicyclum, quae eandem possunt inaequalitatem efficere.“ Sit D centrum orbis terreni ON. AF sit $\frac{1}{3}$ CD, GC $\perp$ AB; in epicycli EF perigaeo (F) constituatur planeta, „illiusque motus per AB eccentrum in consequentia, planetae vero in circumferentia epicyclii superiori similiter in consequentia, in reliqua in praecedentia, ac utriusque epicyclii et planetae paribus invicem revolutionibus. Inde fit ut cum epicyclium in summa apside fuerit eccentri et planeta in perigaeo epicyclii ex opposito, permutentur ad invicem in contrarias partes, cum utrumque suum peregerit hemicyclium; at in quadrantibus utrisque mediis utrumque apsidem suam mediam habebit. Sidus hoc motu composito non describit circulum per-

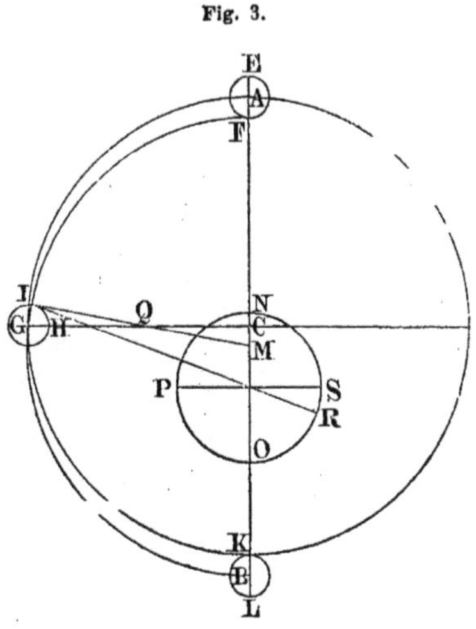

Fig. 3.

fectum. Sit CM = $\frac{1}{3}$ CD = AF, GI, BK; IM secet GC in Q: triangula GIQ et QCM erunt aequiangula et quia GI = MC, erit IQ = MQ, GQ = CQ, quare IM > GC. Sed FM, ML, AC, GC sunt aequales, circulus igitur ex M per F, B signa secabit LM lineam idem eveniet in altero quadrante: „planeta igitur per aequales motus epicyclii in eccentro et ipse in epicyclio non describit circulum perfectum, sed quasi.“

Ductis lineis IDR et PDS (parallela CG), erit IR linea veri motus planetae, GC medii et aequalis, in R verum Terrae apogaeum ad planetam, S medium. Angulus enim RDS sive IDP est utriusque differentia inter aequalem apparentemque motum, nempe inter angulos ACG et CDI. „Elegimus hic eccentri epicyclum, eo quod manente semper inter Solem et C centrum, D interim mutasse reperitur. Cui quidem mutationi ceteris pariter non obsequentibus, necesse est in illis aliquam sequi differentiam, quae, tametsi permodica sit, in Marte tamen et Venere percipitur.“

A capite 5. usque ad finem libri V. motus singulorum planetarum demonstrantur, in usum arcessitis trinis acronychiis locis ex Ptolemaeo desumtis et trinis a Copernico observatis. In Saturno sic procedit Copernicus. Sit D centrum eccentrici ABC, E centrum orbis Terrae; A, B, C centra epicycli (ad tempora observationum Ptolemaei) radio = $\frac{1}{3}$ DE descripti. Arcus KN, OL, MP sumantur similes arcubus AF, BF, CF. Tempora observationum (a. C. 127. 7. Apr. h. 17 a. m. n., 133. 3. Non. Jun. h. 11 a. m. n. et 136. 8. ante Idus Julii) dant AB = 75° 39′, BC = 37° 53′; angulus NEO = 68° 23′, OEP = 34° 34′. Hinc et ex Ptolemaei calculo verboso invenit Copernicus DE = 854, et epicycli semidiametrum 285, radio DF = 10000 posito, AF = 57° 1′, FB = 18° 37′, FC = 56° 30′. Jam in △ EAD dantur ED, AD et EDA, quare DEA = 53° 6′, DAE = 3° 55′, AE = 10489; KAN = ADF, ergo NAE = 57° 1′ + 3° 55 = 60° 56′. His datis in △ NAE computatur AEN = 1° 22′ et NED (= AED—AEN) = 51° 44′. Eadem ratione in triangulis BOE et PCE computantur anguli BEO et CEP, unde BED = 16° 39′, CED = 52° 36′ et tandem ex

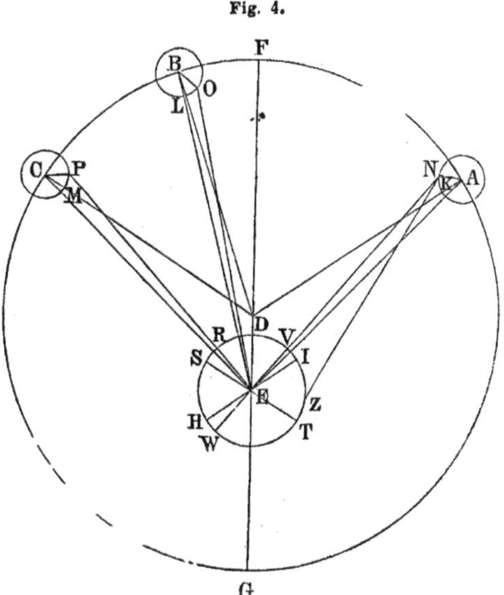

Fig. 4.

his OEN = 68° 23', OEP = 34° 35', „qui consentiunt observatis. Et F summae apsidis locus eccentri ad 226° 20' pertingit a capite Arietis, quibus si adjiciantur 6° 40' praecessionis aequinoctii verni, proveniret ad 23° ♏ juxta Ptolemaei sententiam."

Terrae orbis annuus SRT secet PE in R et ducatur ST parallela CD, „erit SER angulus differentiae et prosthaphaeresis inter apparentem mediumque motum (CDF—PED = 5° 16') atque eadem inter medium verumque motum commutationis, quae demta a semicirculo relinquit RVT 174° 44', motum aequalem commutationis a signo T sumto principio, id est a media conjunctione Solis et stellae usque ad hanc tertiam noctis extremitatem, sive veram stellae et Terrae oppositionem. . . . Cum autem supputatio a Ptolemaeo tradita haud parum discrepet nostris temporibus, neque statim potuerit intelligi, in qua parte lateret error, coacti sumus novas observationes adhibere." Hae observationes factae sunt: prima anno 1514. 3. Nonas Maji h. $1\frac{1}{5}$ ante med. noctis, ♄ in 205° 24', secunda anno 1520. 3. Idus Julii in meridie, ♄ in 273° 25', tertia a. 1527. 6. Idus Oct. h. 6° 24' a media nocte, ♄ in 7' ♈. Apparens motus in primo intervallo (anni aegypt. 6. d. 70. scrup. 33) 68° 1', in secundo (anni 7. d. 89 scrup. 46.) 86° 42'; medius motus 75° 39', 88° 29'. Sit primum ABC eccentricus Ptolemaei, in quo planeta aequaliter moveatur, A, B, C loca acronychia planetae, erit BDC = 86° 42' et BDE 93° 18', BED = $\frac{1}{2}$BC = 44° 14' 30"; hinc DBE = 42° 27' 30". Sic ex datis BDA et BDC prodit ADE = 25° 17', AED = $\frac{1}{2}$ CBA = 82° 4' et hinc DAE = 72° 39'. Ex his angulis per longiorem calculum pervenit Copernicus ad quantitatem arcus BAE (103° 7') et linearum CD et CE. Jam quia CD × DE = GD × DH et GD × DH + DF² = FH², erit DF² = FH²—CD × DE, quare DF = 1200, vel ad quantitatem radii Ptolemaici (60) reducta eccentricitas = part. 7 scrup. 12, „quae parum distant a Ptolemaeo". Jam ducta FL perpendiculari ad CE, in triangulo DKF ad K rectangulo dantur latera DF et DK indeque computatur angulus HFL = 32° 45', et quia CHE = 168° 26' et CL = LE, erit CH („ab acronychio tertio ad perigaeum") 51° 28', unde CG („a summa apside ad acronychium tertium") 128° 32', BG = 40° 3', AG = 35° 36'.

Fig. 5.

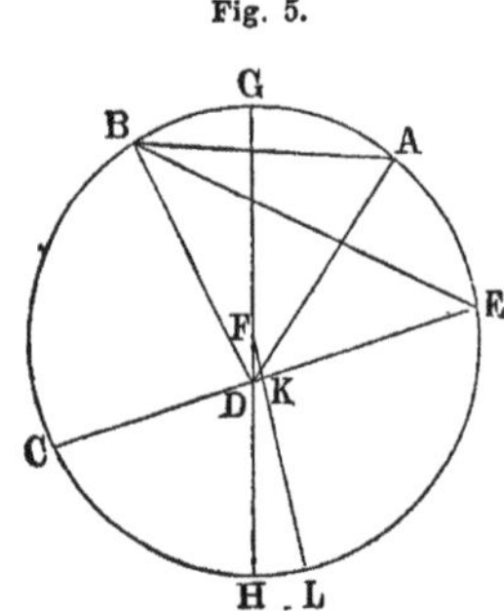

Jam redit Copernicus ad epicyclos (fig. 4. parum mutata, ita ut C ponatur infra ad G distantia c. eadem a G, qua B ab F), ponens AF = 35° 36', BF = 40° 3' et FC = 128° 32', radium FD = 1200, DE = 900; AN = BO = CF = 300. His datis repetito calculo invenit „loca nonnihil discrepantia" a prioribus, angulum NEO = 67° 35', OEP = 87° 12': „at tunc solum quadrare invicem comperimus, si promoto aliquantulum apogaeo constituerimus AF = 38° 50' et FB = 36° 49', FBC = 125° 18', centrorum quoque distantiam DE = 854 atque eam quae ex centro epicycli = 285, quarum FD = 10000, quae fere consentiunt Ptolemaeo". Inde elicit Copernicus AE = 10679, BE = 10697, EC = 9532, OEN = 68°, CED = 121° 5' etc. Ex his concludit, anno 1527. Saturni motum anomaliae a summa apside eccentri fuisse 125° 18', motum commutationis 174° 29', locum summae apsidis 240° 21' a prima stella Arietis; annis Aegyptiacis 1392 diebus 75 scrup. 48 „locum summae apsidis promotum esse 13° 58' sub non errantium sphaera, quem credebat Ptolemaeus eodem modo fixum; at nunc apparet, ipsum moveri in 100 annis per 1° fere". Motus commutationis Saturni annis 135 d. 222. scr. 27 a Christo est 328° 55'; (360° + 174° 44') — 328° 55' = 205° 49' „locus distantiae medii loci Solis a medio Saturni"; sic ad principium Olympiadum 134° 54', ad Alexandrum 148° 1', ad Caesarem 35° 21' in „media nocte ad Cal. Jan.

Ad eliciendam distantiam Saturni a Terra adhibet Copernicus observationem factam 6. Cal. Mart. 1514, quo die visus est Saturnus „in linea recta stellarum, quae sunt in fronte Scorpii 2. et 3.“ Solis motus medius annis 1514 d. 67 scr. 13 est 315° 41′, anomalia commutationis ♄ 116° 31′, locus ♄ medius 199° 10′. Sit (fig. 4) HZ 116° 31′, HI ⧺ AD, AF = 41° 10′, ADE = 138° 50′, DE = 854 (AD = 10000). Hinc computatur AE = 10667, DEA = 38° 9′, EAD = 3° 1′, quare EAN = 44° 11′. In △ NEA computatur NE = 10465 et AEN = 1° 5′, hinc EAD + AEN = 4° 6′ (prosthaphaeresis inter medium et verum locum stellae). „Quam ob rem si Terrae locus in V vel W fuisset, apparuisset ♄ in 203° 16′ ab Ariete stellato, tamquam ex E centro. Jam vero in Z existente Terra, visus est in 209°: differentia 5° 44′ sunt commutationes (parallaxis annua) penes angulum ENZ. At HZ = 116° 31′, a qua sublata HW prosthaphaeresi remansit WZ 112° 25′, cujus complementum ZV = 67° 35′, quibus etiam constat angulus VEZ.“ In triangulo NEZ datis angulis et latere EN (110465), computatur EZ = EV = 1090, ED vero est 854, quare EF = 10854 et GE = 9146. „Sed quoniam epicyclium in F semper aufert celsitudini planetae partes 285, in G vero totidem addit, erit maxima distantia ♄ ab E centro 10569, minima 9431“ (media DF = 10000). „Secundum hanc rationem Saturno apogaeo sunt partes 9 scrup. 42 altitudinis, quarum quae ex centro orbis Terrae fuerit pars 1, perigaeo partes 8 scrup. 39.“

Simili ratione progressus apud reliquos planetas, invenit Copernicus eccentricitatem ♃ 687, radium epicycli 229, „maximam commutationem in apogaeo“ 10° 35′, in perigaeo 11° 35′, distantiarum rationem 10000 ad 1916. Martis eccentricitas prodit 1460, distantia 9428, epicycli radius 500, commutatio 35° 9′. In Venere prodit eccentricitas 208, dist. 7193. In Mercurio Ptolemaei et Noribergensium Waltheri et Regiomontani observationibus innixus per combinationem eccentricorum cum epicyclis theoriam suam salvare studet Copernicus, monens: „Hanc sane viam hujus stellae cursum examinandi prisci nobis praemonstrarunt, sed coelo adjuti sereniori, nempe ubi Nilus, ut ferunt, non spirat auras quales apud nos Vistula. Nobis enim rigentiorem plagam inhabitantibus illam commoditatem natura negavit, ubi tranquillitas aëris rarior ac insuper ob magnam sphaerae obliquitatem rarius sinit videre Mercurium. Quamvis in maxima Solis distantia, siquidem in Ariete et Piscibus, non oritur conspectui nostro, nec rursus occidit in Virgine et Libra, sed neque in Cancro vel Geminis se repraesentat quoque modo, quando crepusculum noctis solum vel diluculum est, nox vero nunquam, nisi Sol in bonam partem Leonis recesserit. Multis propterea ambagibus et labore nos torsit hoc sidus, ut ejus errores scrutaremur.“

Libro sexto Copernicus agit de latitudinibus planetarum, earumque disquisitioni haec praemittit: „Reliquum est, ut circa transitus illorum siderum, quibus in latitudinem digrediuntur, occupemur ostendamusque, quomodo etiam in his eadem Terrae mobilitas exercet imperia legesque praescripsit illis etiam in hac parte. · · · Assumendum est in quinque errantibus stellis, orbes earum ad planum signiferi inclinari, quorum sectio communis sit per diametrum ipsius signiferi, inclinatione variabili sed regulari. Quotiescunque Terra proxima fuerit planetae, nempe acronycho, maxima continget orbis planetae inclinatio, in opposito minima, in medio mediocris: ut cum fuerit planeta in limite maximae latitudinis boreae sive austrinae, multo major apparet ejus latitudo in propinquitate Terrae, quam ejus maxima distantia. Et quamvis haec sola posset esse causa hujusce diversitatis inaequalis Terrae distantia, secundum quod propinquiora majora videntur remotioribus, sed majori differentia excrescunt deficiuntque harum stellarum latitudines, quod fieri non potest, nisi etiam orbes illarum in obliquitate sua librentur. Sed in his quae librantur oportet medium quoddam extremorum accipere.“ Dein quantitates inclinationum singulorum circulorum inquiruntur, „quas per eum, qui per polos est circuli inclinati et ad rectos angulos ei, qui per medium signorum est descriptus, maximum circulum ratiocinamur, ad quem secundum latitudinem transitus considerantur. His praeceptis via cognoscendarum cujusque latitudinum aperietur". Rem clarius explicat addita delineatione, hac fere ratione usus: AB sit sectio communis zodiaci et circuli ad rectos angulos signorum circulo, CD ejusdem cum eccentro cujuslibet trium superiorum planetarum sectio, per maximos austrinos et boreales limites, E centrum zodiaci, FEG magni orbis Terrae dimetiens, D latitudo austrina, C borealis. Ex dato angulo BGD (maxima lat. austr.) et ratione EG ad ED, provenit angulus GED (inclinatio eccentri maxima austrina ad zodiaci planum); simili ratione datur angulus DFE (minima inclinatio austrina). Inde eliciuntur anguli AFC et EGC, „qui si observatis consenserint, nos minime errasse significabunt. Exemplificabimus autem de Marte: Angulus BGD = 6° 50′, inde GED = CEF = 1° 51′ fere, et angulus CFA = 4° 30′, existente planeta acronycho. Similiter in opposito loco, dum cum Sole currit, si assumserimus DFE = 5′, ex DE et EF datis lateribus cum angulo EFD, habebimus EDF et exteriorem DEG = 9′ prope minimae inclinationis, qui etiam aperiet nobis CGE, boreae latitudinis, scrup. prope 6. Cum ergo rejecerimus minimam inclinationem a maxima, h. e. 9′ ab 1° 51′, relinquitur 1° 41′, estque libratio hujus inclinationis et dimidia scrup. $50\frac{1}{2}$ fere." Simili modo aliorum duorum superiorum anguli inclinationum cum latitudinibus eliciuntur: Jovis inclinatio maxima 1° 42′, minima 1° 18′; Saturni 2° 44′ et 2° 16′, „et abscessus latitudinis a signorum circulo Saturni 3° 3′, Jovis 1° 6′". Eadem ratione agit Copernicus de latitudinibus planetarum inferiorum, quas tribus dicit involutas esse evagationibus, quae appellantur declinatio, obliquatio et deviatio, et redeunt ad latitudinem geocentricam, heliocentricam et eam, quam effectam censet Copernicus ex involutione circulorum eccentricorum cum epicyclis. Hic quoque sicut in prioribus deprehendimus Copernicum insistentem vestigiis Ptolemaei, a quo quam minime recedendum esse censet. Editor operis Copernici, Nicolaus Mullerius, ad caput ultimum libri VI. ex tabulis, quas inseruit textui Copernicus, sequens „exemplum" adjicit ut, quamvis tabularum usus satis dilucide a Coperrnico tradatur, res dilucidior fiat.

Fig. 6.

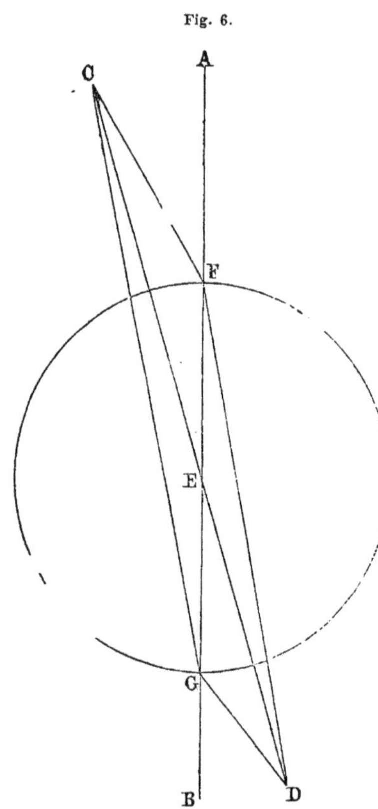

Anno Christi 1620. Cal. Aprilis Juliani ipso meridie Cracoviae Polonorum erunt

Loca planetarum.	Anom. coaeq. per prosthaph. eccentri.	Anom. coaeq. commutat.
♄ 17° 42′ ♊	2 sex. 48°	5 sex. 2°
♃ 25. 38 ♈	3. 18. 32′ . . .	5. . 54.
♂ 2. 35 ♉	4. 3. 37. . . .	5. 47.
♀ 20. 31 ♉	5. 4. 33. . . .	1. 13.
☿ 24. 3 ♈	2. 16.	0. 23. 24′.

„Copernicus ad anomaliam eccentri ♄ addit 50°, ab eadem ♃ subtrahit 20°, quare supra proditae anomaliae fiunt ♄ 218°, ♃ 178° 32′, ♂ anomalia manet 244° proxime, e quibus numeris colligitur latitudo australis, quia singulae anomaliae sunt in parte perigaea eccentri, h. e. majores quadrante circuli et minores dodrante, quae regula est perpetua in superioribus planetis. Ergo ♄ anomalia habet scrup. proport. 48, ejusdem anomalia commutationis habet lat. austrinam 2° 13′, cujus latitudinis pars congruens dictis scrupulis est 1° 40′ aust., tanta est lat. ♄ in austrum. Similiter ♃ anomalia eccentri dat scr. 59½ et anom. commutationis lat. 1° 5′, quae tota servatur, quia scr. sunt 60 fere. Denique ♂ anomalia eccentri dabit scr. 27, anom. commutationis lat. 0. 6 in austrum, cujus pars debita scr. 27 est 0. 3 fere; tantula est ♂ lat. austr. In ♀ anom. commut. docet declinationem esse 0. 23, obliquationem 1° 35′, deviationem 0. 9. Anomalia eccentri e canone priore excerpit scr. 33 aequandae obliquationi, e canone posteriori scr. 18 aequandae deviationi. Postremo, si anom. 304 adjeceris quadrantem circuli et e summa 394° subduxeris circulum totum, cum residuo 34° invenies in priore canone scr. 50 aequandae declinationi inservientia. E quibus conficiuntur latitudines coaequatae: declinatio = 19′ austr., obliquatio 52′ bor., deviatio 3′ bor. Duae boreales faciunt 55′, unde sublatis 19′ in austrum vergentibus, restat latitudo borealis 0° 36′ juxta hasce Copernici tabulas.

Postremo ☿ anomalia commutationis 23° vel 24° declinationem suppeditat 1° 40′ austr., obliquationem 42′ bor., cui addenda est pars decima, ut sit 46 vel 47′; additur, inquam, pars decima, quia anomalia eccentri 136° est major quadrante et minor dodrante; denique dicta anomalia commutationis dat deviationem ☿ 0° 34′ austr. Scrupula proportionalia inveniuntur, sicut in ♀ dictum est, per anomaliam eccentri 136°, et 226° auctam quadrante.

			Scrup. prop.	Pars prop.
Mercurii	declinatio	1° 40′ . . .	42. . . .	1. 10. austr.
	obliquatio	0. 47. . . .	42. . . .	0. 33. bor.
	deviatio	0. 34. . . .	30. . . .	0. 17. austr.

Duae australes additae faciunt 1° 27′, unde sublata boreali 33′, remanet latitudo ☿ austr. 0. 54. —

His, quae e Copernici opere celebri desumsimus, subjungendus est Joachimus Rheticus (cfr. vol. I. p. 8.), qui ante editos „Revolutionum“ libros novarum Copernici inventionum summam ad Joannem Schonerum scripsit anno 1539, hanc de Copernico praemittens sententiam: „Principio statuas velim, doctissime D. Schonere, hunc virum, cujus nunc opera utor, in omni doctrinarum genere et astronomiae peritia Regiomontano non esse minorem, libentius autem eum cum Ptolemaeo confero, non quod minorem Regiomontanum Ptolemaeo aestimem, sed quia hanc felicitatem cum Ptolemaeo praeceptor meus communem habet, ut institutam astronomiae emendationem divina adjuvante clementia absolveret, cum Regiomontanus (heu crudelia fata!) ante columnas suas positas e vita migrarit.“ — Alio loco ita Copernicum cum Ptolemaeo comparat Rheticus: „Ptolemaei indefatigabilem calculandi diligentiam, quasi supra vires humanas observationum certitudinem et vere divinam rationem, omnes motus et apparentias perscrutandi exequendique, ac postremo tam ubique ipsius inter se consentientem docendi et demonstrandi methodum nullus, cui quidem Urania est propitia, satis admirari et praedicare potest. In hoc autem Copernico major quam Ptolemaeo labor incumbit, quod seriem et ordinem omnium motuum et apparentiarum, quem observationes 2000 annorum, tanquam praestantissimi duces in latissimo astronomiae campo explicant, in certam sibique mutuo consentientem rationem seu harmoniam colligere cogitur: cum Ptolemaeus vix ad quartam tanti temporis partem veterum observationes, quibus se tuto committeret, haberet. Copernico itaque non tam instauranda est astronomia, quam de integro exaedificanda. Ptolemaeus potuit plerasque veterum hypotheses ad seriem omnis diversitatis motuum, quae sibi ex tantillo observationum tempore elapso nota erat, satis concinne accommodare; ideo recte et prudenter eas elegit hypotheses, quae et rationi nostrisque sensibus magis consonae esse videbantur, et quibus summi ante eum artifices usi fuerant. Cum autem omnium artificum observationes et coelum ipsum ac mathematica ratio nos convincant, quod Ptolemaei et communes hypotheses nequaquam ad perpetuam sibique invicem consentientem colligationem et harmoniam rerum coelestium demonstrandam et in tabulas ac praecepta colligendam sufficiant, necesse fuit, ut D. Praeceptor meus novas hypotheses excogitaret, quibus positis tales motuum rationes geometrice et arithmetice bona consequentia deduceret, quales veteres et Ptolemaeus olim τῳ θειῳ ψυχης ὀμματι in altum elevati deprehenderunt, qualesque hodie veterum vestigia colligentibus in coelo esse diligentes observationes edocent. Sic in posterum videbunt studiosi, quem Ptolemaeus et reliqui veteres auctores usum habeant, quo eos hactenus tanquam ex scholis exclusos revocent et in pristinum honorem restituant.“ Sub finem epistolae Rheticus, quasi excusans Copernicum et defendens illum contra suspicionem novitatis studii, sic loquitur: „Velim te de D. D. meo praeceptore hoc statuere, apud eum nihil prius nec antiquius esse quicquam, quam vestigiis Ptolemaei ut insistat et veteres sequatur. Dum autem τα φαινομενα, quae astronomum regunt, et mathematica se cogere intelligeret, quaedam praeter voluntatem etiam ut sumeret, satis interim esse putavit, si eadem arte in eundem scopum cum Ptolemaeo tela sua dirigeret, etiamsi arcum et tela ex longe alio materiae genere quam ille assumeret. Ceterum, quod alienum est ab ingenio boni cujuslibet, maxime vero a natura philosophica, ab eo ut qui maxime abhorret D. Praeceptor meus, tantum abest ut sibi a veterum sententiis, nisi magnis de causis ac rebus ipsis efflagitantibus, studio quodam novitatis temere discedendum putarit. Alia est aetas, alia morum gravitas doctrinaeque excellentia, alia denique ingenii celsitudo animique magnitudo, quam ut tale quid in eum cadere queat, quod quidem est vel aetatis juvenilis vel ardentium ingeniorum, quae a quolibet vento suisque affectibus moventur ac reguntur. Neque vero D. Praeceptor bonorum et doctorum virorum judicia unquam abhorrebit, quae subire ultro cogitat.“ —

De opere Copernici haec refert Rheticus: „D. D. Praeceptor meus sex libros conscripsit, in quibus ad imitationem Ptolemaei singula μαθηματικως et geometrica methodo docendo et demonstrando totam astronomiam complexus est. Priores tres libros perdidici, quarti generalem ideam concepi, reliquorum vero hypotheses primum animo complexus sum. Quantum ad priores duos attinet, nihil tibi scribendum putavi, quod doctrina primi mobilis nihil a recepta ratione discedit, nisi quod tabulas declinationum, ascensionum rectarum etc. ita de integro construxit, ut observationibus omnium aetatum per partem proportionalem accommodari possint. Quae in tertio libro tradit, tibi dilucide recitabo. — Cum D. Doctor meus Bononiae non tam discipulus, quam adjutor et testis observationum doctissimi viri Dominici Mariae, Romae autem (c. a. 1500) natus annos plus minus 27 (natum Copernicum referunt d. 19. Febr. 1473) professor mathematum in magna scholasticorum frequentia et corona magnorum virorum et artificum in hoc doctrinae genere, deinde hic Warmiae suis vacans studiis summa cura observationes annotasset, elegit eam, quam anno 1525. de spica Virginis habuit. Constituit autem, eam elongatam fuisse a puncto autumnali 17° 21′ fere, cum ipsius declinationem meridianam 8° 40′ deprehenderet. Deinde conferens omnes observationes auctorum cum suis, invenit revolutionem anomaliae seu circuli diversitatis esse completam nosque nostra aetate, a Timochare usque, in secunda revolutione esse.“ His dicit Rheticus motum medium stellarum fixarum inaequalem, quae tempore Timocharis annis 72 per unum gradum progressae fuerint, ab Hipparcho ad Menelaum ännis 100, a Menelao ad Ptolemäeum annis 86, ab hoc ad Albategnium ännis 66, äb illo ad Copernicum ännis 70, et Copernici tempore annis 100, quo itaque tempore de novo incipiat quasi circulus motuum etc. „Haec autem, pergit Rheticus, D. Praeceptor ut ad certam rationem redigeret, constituit motum diversum in 1717 annis Aegyptiis compleri, maximam aequationem 70', motum medium stellarum in anno Aegyptio 50″ fere esse, atque integram motus medii futuram revolutionem in 25816 annis.“ De aequinoctiorum motu dicit, statuendum esse, puncta aequinoctialia moveri in praecedentia et nequaquam stellas secundum signorum consequentiam progredi. Imaginandum esse aequinoctium medium, quod procedat a prima stella Arietis, aequäli mötu postponendo stellas fixas et ab hoc verum aequinoctium motu diverso et regulari discedere. „Ut autem hujus rei gustum aliquem tibi, doctissime Schonere, praebeam, en computavi tibi praecessiones aequinoctiorum veras: anno a. Ch. 295 (tempore Timocharis) 2° 20', a. Ch. 128 (tempore Hipparchi) 4°, p. Ch. 139 (Ptolemaei tempore) 6° 40', anno 880 (Albategnii tempore) 18° 10', anno 1076 (tempore Arzahelis) 19° 37', anno 1525: 27° 21'.“

Ad descriptionem theoriae Copernicanae de mutatione maximae declinationis eclipticae et apsidum et eccentricitatis planetarum earumque restitutione addit Rheticus „vaticinium aliquod“: omnes monarchias incepisse, cum centrum eccentrici in aliquo insigni loco fuerit, idque contigisse ait tempore, quo romanum imperium ad monarchiam declinaverit, quo lex mahometica data fuerit .... „jam 100 annis, cum minima futura est eccentricitas, hoc quoque imperium suam conficiet periodum. Centro autem eccentrici ad alterum terminum mediocrem perveniente, speramus adfuturum Dominum nostrum Jesum Christum; nam hoc loco circa creationem mundi fuit. Ita apparet, hunc parvum circulum (in quo centrum eccentrici moveri statuitur) verissime rotam illam fortunae esse, cujus circumactu mundi monarchiae initia sumant atque mutentur“.

Theoria Solis Copernicana, praecessionis aequinoctiorum etc. explicata Rheticus ad planetarum theorias transit, integram vero „tractationem“ eorum motuum, cum opus sibi nimis excrescere videat, „ad peculiarem hac de re narrationem“ referendam esse censet. Dicit his „secundam narrationem“, cum libellum suum „prima narratio“ inscripserit; sed secunda haec narratio nön in publicum prodiit. Ceterum „praeceptoris“ sui commenta satis fideliter refert eaque cum veterum theoriis ubique confert, semper Copernico palmam tribuens. Lunae motus secundum Copernicum innituntur circulo „deferente“, cujus centrum sit centrum Terrae, corpus vero Lunae movetur „epicyclo epicycli homocentrici, hoc est primo, qui fere inter conjunctiones vel oppositiones et quadraturas medio tempore apparet, epicyclo alium parvum Lunae corpus deferentem epicyclum affingit“. „Circulus deferens movetur regulariter et aequaliter super suo centro, epicyclus primus etiam super suo centro uniformiter, parvi et secundi epicycli centrum in superiori parte in antecedentia, in inferiori in consequentia circumvolvitur, Luna in hujus circumferentia etiam regulariter et aequaliter movetur, ab apogaeo vero parvi epicycli discedens. Atque hujus motus haec est regula, ut ipsa Luna bis in suo hoc minore epicyclo in una deferentis periodo revolvatur, quo tamen in omni conjunctione et oppositione in perigaeo parvi epicycli, in quadraturis autem in apogaeo ejusdem reperiatur. Haec est machinatio seu hypothesis, qua D. Praeceptor omnia inconvenientia excludit.“ Magni facit Rheticus, quod Copernicus „aequantem“ veterum rejecerit, sicut in Luna, sic etiam in omnibus planetis, ejusque loco substituerit eccentricum et unum epicyclum in superioribus, eccentricum eccentrici in inferioribus.

Copernicum, sex tantum orbes mobiles circa Solem statuentem, his excusät Rheticus: „Senario numero quis commodiorem alterum et digniorem elegerit? Is namque cum in sacris Dei oraculis, tum a Pythagoraeis reliquisque philosophis maxime celebratur. Quid autem huic Dei opificio convenientius, quam ut primum hoc et perfectissimum opus primo et eodem perfectissimo numero includatur? Ad haec, ut ita a praedictis sex orbibus mobilibus harmonia coelestis perficiatur, ubi orbes omnes sibi eo pacto succedant, ut et nulla ab altero ad alterum intervalli immensitas relinquatur et quisque geometria septus suum locum in hunc tueatur modum, ut si quemcunque loco movere tentes, simul etiam totum systema dissolvas."

Hinc transit Rheticus ad quatuor motus, quos Copernicus Terrae tribuit: 1) quotidianum circa axem, 2) annuum circa Solem, 3) „motum aequatoris et axis Terrae ad planum eclipticae inclinati convertibilem et contra motum centri reflexum, ita ut ubicunque sit centrum Terrae, aequinoctialis et poli Terrae propter talem axis Terrae inclinationem et stellati orbis immensitatem ad easdem mundi partes semper ferme respiciant; quod fiet, si quantum Terrae centrum ab orbe magno in consequentia ducatur, tantum axis Terrae extremitates, qui poli Terrae, singulis diebus fere in antecedentia procedere intelligantur, circa axem et polos, axi et polis orbis magni aut eclipticae aequidistántes, circulos parvos describendo"; 4) motum, qui binis polorum librationibus perficitur. Posteriores duos motus his explicare studet Rheticus: „quoniam aequinoctialis planum propter polorum suorum motum ab eclipticae pláno in collatione ád Solem reflectitur et declinat, sub iisdem fere eclipticae locis eadem aequinoctialis ab ecliptica redit declinatio ipsique poli diurnae revolutionis semper sub eodem quasi stellatae sphaerae situ versantur. Deinde in maximis declinationibus aequinoctialis ab eclipticae plano ad Solem linea ex centro Solis exiens ad Terrae centrum sectione conica Terrae globum, diurna revolutione circumvolutum, dissecat tropicosque describit. Praeterea, quando aequinoctialis planum ab eclipticae plano ad Solem maxime reflectitur, in universa Terra aequinoctium contingit. Polares (circulos) D. Praeceptori poli eclipticae aequidistantes circa aequinoctialis polos depingunt. Qua ratione stellae fixae a punctis aequinoctialibus et solstitialibus elongari videantur et maxima Solis obliquitas variari, ex motu declinationis et binis sibi invicem occurrentibus librationibus dependere, D. Praeceptor collegit. A polis, eclipticae polis aequidistantibus, utrinque 23° 40′ numerentur ibique duo notentur puncta, quae polos aequinoctialis medii referant, et delineentur coluri solstitiorum et aequinoctiorum in orbiculo, globum Terrae continente. Centro autem Terrae inter Solem et stellas Virginis commorante, reflectatur seu obliquetur aequinoctialis medius ad Solem, et linea veri loci Solis per communem sectionem plani eclipticae, aequinoctialis medii et coluri, distinguentis aequinoctia media, transeat. Ab hoc loco Terrae centro aequali motu ad stellas fixas singulis diebus 59′ 8″ 11‴ procedente, punctum vernale medium tantundem in praecedentia super Terrae centro conficiat et paulo velociori gressu incedens, 8‴ fere angulum majorem describat. Sed crescente subinde angulo, qui a puncto vernali aequinoctialis medii super Terrae centro designatur, priusquam centrum Terrae ad locum eclipticae, unde digressum, revertatur denuo, linea veri loci Solis in aequinoctium medium incidet et stellae videbuntur nobis medio seu aequali aliquo motu in consequentia, pro anticipationis ratione, progredi."

Libratione priori obliquitas eclipticae variatur, polis Terrae in coluro solstitiorum mediorum 24′ ascendentibus et descendentibus, posteriori vero praecessio punctorum aequinoctiorum inaequalis efficitur, polis Terrae a coluro solstitiorum versus latera mundi deflectentibus, quo veri aequatoris cum ecliptica sectio a media 70 scrupulis utrinque váriatur.

Orbis Terrae cur m a g n u s appelletur a Copernico, his explicat Rheticus: „si imperatores propter res feliciter bello gestas aut gentes devictas *Magnorum* accepere cognomenta, dignus certe et hic orbis erat, cui augustissimum attribueretur nomen, cum ipse quasi solus legum coelestis politiae participes nos faciat omnesque errores motuum emendet, cumque in gradum suum pulcherrimam hanc philosophiae partem reponat. Ideo autem est dictus orbis magnus, quia tam ad superiorum planetarum orbes quam ad inferiorum magnitudinem notabilem habet, quae praecipuarum apparentiarum fit occasio. Porro in latitudinibus planetarum primum est videre, quam recte deferenti centrum Terrae *magni* nomen tribuatur, quod eo insuper majorem admirationem meretur, quo veterum hac de re praecepta perplexiora obscurioraque esse constat. In latitudinibus planetarum ejus utilitates, ceu in illustri quodam loco positae, magis sunt conspicuae, cum ipse, nusquam eclipticae plano discedens, praecipua tamen causa omnis diversitatis apparentiarum in latitudinem existat. Tu vero, doctissime D. Schonere, ideo summo amore orbem hunc prosequendum et amplectendum vides, quod totam motus in latitudinem doctrinam breviter tamque dilucide, omnibus propositis causis, ob oculos ponat."

Planetarum theorias Copernicanas Rheticus quam brevissime explicare conatur, qua brevitate saepius rem magis involvit, quam clariorem efficit, semper respiciens ad „alteram narrationem", qua Copernici hypotheses „quam primum justo adhibito studio totum D. Praeceptoris opus evolverit", in claram lucem producentur. —

In appendice, quem inscripsit *Borussiae Encomium*, Rheticus praemissis laudibus Borussiae ejusque ducum et civium, prae aliis dicit Tidemannum Gysium, Episcopum Culmensem, qui „ante non destitit adhortari Copernicum ad hanc provinciam suscipiendam, quam impulit. D. Praeceptor facile amici precibus cessit et recepit tabulas astronomicas se compositurum. At quoniam jam olim sibi esset perspectum, observationes suo quodammodo jure tales hypotheses exigere, quae non tam eversurae essent hactenus de motuum et orbium ordine disputata et excussa, quam etiam cum sensibus nostris pugnaturae, judicabat, Alphonsinos potius quam Ptolemaeum imitandum et tabulas sine demonstrationibus proponendas. Sic futurum, ut nullam inter philosophos moveret turbam: vulgares mathematici correctum haberent motuum calculum, veros autem artifices ex numeris propositis facile perventuros ad principia et fontes, unde deducta essent omnia. Sic fore, ut doctis liquido constarent omnia, neque tamen astronomorum vulgus fraudaretur usu, quem sine scientia solum curat et expetit". Haec Gysium non sufficere censuisse, neminem perventurum ad veram hypothesin, nec hic locum habere, quod saepius in publicis negotiis fiat, ut aliquamdiu consilia occultentur, donec subditi fructu percepto spem nequaquam dubiam faciant, fore ut ipsi consilia sint approbaturi; imperfectum futurum id munus reipublicae, nisi fundamenta tabularum proponentur, Ptolemaeum imitandum esse Copernico, neque Alphonsum etc. „His et aliis multis, ut ex amicis rerum omnium consciis comperi, eruditissimus Praesul tandem apud D. Praeceptorem evicit, ut polliceretur, se doctis et posteritati de laboribus suis judicium permissurum. Quare merito studiosi mathematum rev. D. Culmensi magnas habebunt gratias, quod hanc operam reipublicae praestiterit."

His finem facit Rheticus: „Haec habui, clarissime Vir, quae ad te in praesens de D. Doctoris mei hypothesibus, Prussia et Maecenatibus meis scribenda putavi. Bene vale, Vir doctissime, et studia mea tuis consiliis gubernare ne dedignere etc. Ex Musaeo nostro Warmiae IX. Cal. Oct. 1539.

Ad haec, quae ex Copernico et Rhetico excerpsimus, monemus, Keplerum in libris suis, quos praemissa volumina collectionis nostrae exhibent, semper ad utrumque respexisse eorumque placita cum in usum suum vertisse, tum ea, quae minus firmis fundamentis insistere visa sunt, in melius vertisse. In „Prodromo" Keplerus Copernici opus ipsum minus in re praesenti cognovisse videtur, quam praeceptoris Maestlini adjumento usus esse, nec non Rhetici „Narrationem" secutus. (Passim invenimus Rhetici verba apud Keplerum, praecipue vol. I. p. 63, 107, 167 etc.)

Eodem fere tempore, quo Copernici opus, prodiit Franzisci Maurolyci, Abbatis Messanensis (nat. anno 1495, mort. 1575) „Cosmographia, in tres dialogos distincta, in quibus de forma, situ numeroque tam coelorum quam elementorum aliisque rebus ad astronomica rudimenta spectantibus satis disseritur". — Sub finem legimus: Completum opus Messanae die Jovis 21. Oct. 1535, quo die Carolus Caesar V. ab Africana expeditione reversus Messanam venit. — Geographiam deprehendimus mathematicam, Ptolemaeo innixam; usitatis rationibus confirmare studet auctor, coelum esse sphaericum ejusque motum circularem, Terram esse rotundam atque in centro sitam et firmamento collatam quasi punctum, „nec necesse fuisset astronomis, aliud circa Terram fundare principium, nisi opinionum diversitas et humana mobilitas adeo crevisset, ut dubitatum sit, ne crederet forte quispiam diceretque Terram coelo quiescente super axem versari". Hanc opinionem acriter impugnat, omissis nominibus eorum, qui ista contenderant. Quae supra (p. 565) citata sunt verba leguntur in libro „de sphaera", qui inest „Opusculis mathematicis" (Ven. 1575). — Quomodo Terrae ambitum dimetiri veteres conati sint, recenset, suamque rationem, quam ipse dicit „me hercle ingeniosissimam" explicat. „Eligendus est inprimis mons quam editissimus, unde maris prospectus late pateat. Existimo Aetnam huic negotio aptissimum, nam ex ejus apice per plura quam 200 passuum millia in pelago visus protenditur totusque insulae ambitus circumspicitur. Per quadratum altimetrum exquirenda est Aetnae altitudo, deinde ex ipso montis apice metiemur, quantumcunque prospiciemus pelagi spatium ad peripheriam usque horizontis extremi marisque contactum. Quod intervallum etsi rectum non sit, a recto tamen sensibili diversitate non discrepat ob exiguam circumferentiam." Ex cognita montis altitudine et intervallo horizontis contactus cum maris superficie ab ipso monte per Eucl. I, 47 trianguli deprehenditur hypotenusa, indeque per Eucl. III, 37 et subtractione montis altitudine Terrae diameter elicitur. (Cfr. vol. VI. p. 133.) Hinc ad astronomica abit, Ptolemaeum plane secutus, et his verbis raptim interrupta disputatione libri finem facit: „sed nescio, quem tumultum ac turbarum quasi clangorem audire videor. Suspicor Mamertinum senatum exiisse in occursum Caroli Caesaris, quem a coenobio D. Placidi, quo heri appulerat, digressum jam urbi appropinquare fama est. Itaque monet hora, ut coepto sermoni finem imponentes aggrediamur visuri festivum ac triumphalem urbis tantum principem excipientis apparatum". — Opus hoc magni fecisse aequales, testantur complures ejus editiones annis 1540, 1543, 1558, 1575, 1626 et 1681. — Idem Maurolycus confecit opus de instrumentis astronomicis (Opuscula mathematica) in quo astrolabium describit Jordanum Nemorarium secutus (c. a. 1200), instrumentum armillare seu astrolabium Hipparchi sphaeramque solidam. In „Sphaericorum libris II", quos junctim cum Theodosii, Menelai, Autolyci aliorumque de iisdem scriptis Messanae inprimendos curaverat a. 1558, primum deprehendimus usum „secantium". Notandum videtur theorema de cosinibus inter duo latera trianguli obliquanguli sphaerici et baseos segmenta, quae arcus a vertice ad angulos rectos in illam demissus format; sinus angulorum ad verticem proportionales esse angulorum ad basin cosinibus; quo theoremate calculum compendiosiorem reddi affirmat auctor. Praeterea notandum est Maurolyci opus opticum inscriptum: Photismi de lumine et umbra, ad Prospectivam et radiorum incidentiam facientes. Ven. 1575. (rec. Messanae et Lugduni 1613, additis notis Chr. Clavii). Plurima hic e Vitellione desumta deprehendimus geometrice demonstrata. De illuminatione sphaerici corporis per sphaericum, de inversione umbrae et de inversione imaginum per foramen in planum radiantium accuratius agit, unde colligit, elongatione plani, in quod radii incurrant, imagines paulatim coire: „quo magis a lucido per qualecunque foramen radiante processerint radii, eo magis in planum, quod lucido parallelum est, profectum lumen ad ipsius lucidi similitudinem accedit et tandem, sensu decepto, ipsi simile videtur et in situ conversum, velut ex radiorum intersectione patet. Hinc illud sequitur, ut Sole per qualecunque foramen radiante, quo longius a foramine radii processerint, eo magis in planum circulo, qui terminus est radiantis superficiei, parallelum projecta lux ad ejusdem circuli formam propius accedat ac tandem perfecte circularis appareat: quandoquidem foramen respectu solaris magnitudinis insensibilis sit quantitatis.“ De reflexione haec profert: propter levitatem radius in superficiem cadens expellitur. Radius perpendicularis in se ipsum reflectitur, obliquus ad aequalem inclinationis angulum reflectitur. Radii a concavo speculo reflexi in punctum concurrunt. In Catoptrica pleraque ex Euclide seu Vitellione desumsit. Affirmat, angulos inclinationum esse infractionum angulis proportionales, quam rationem ita demonstrat, ut orbem concludendo eum volvisse dicas. Radii per diaphanum globosum transeuntes fracti non concurrunt intra globum, si ex uno puncto exeunt seu antea paralleli fuerant, contrarium evenit, si radii paralleli intra globum diaphanum ab eo exeunt. De iride varia Vitellione duce proponit, v. c. solares radios in roridam nubem cadentes ad angulum, qui recti dimidium est, undique ad oculum refractos iridem generare atque ideo iridem circularem videri. Colores oriri multiplici refractione radiorum, qua radii validiores fiant. Quatuor colores praecipuos iridis destinguit, quibus accedant tres alii medii colores, quasi binorum praecipuorum connexiones. „Organi visualis“ structuram auctore Andrea Vessalio Bruxellensi describit. Humorem crystallinum praecipuam sedem visus esse contendit, et imagines exterorum objectorum lente frangi et in retinam rejici; lentem autem crystallinam comparat cum vitris perspicillorum. Myopiam deducit a lentis convexitate plus quam justa, qua radii in nervo visus tam prope convergant, ut visus obscurus fiat; qui vero pupillam de majori sphaera sumtam habeant, iis expansiores radios ad longius spectandum ferri, concursu jam protelato. Diversitatem visus adolescentium ac senum oriri ex pupillaris formae mutatione, siquidem in senibus humoris remissio remittat nonnihil in pupilla tumoris. Addita sunt his disquisitionibus problemata quaedam ad perspectivam et iridem spectantia, e quibus unum tantum eligimus, in quo de coloribus iridis hoc asseritur: „Colorum varietas non provenit, nisi propter multimodam, reciprocam ac pluries repetitam radiorum repercussionem, uti fit in quibusdam guttulis herbarum et in diaphanis vitreis aut crystallinis politis corporibus, in quibus radii ingredientes franguntur, et ingressi ultro citroque ab intrinsecis faciebus missi ac remissi vicissim ac saepius quasi a speculis reflectuntur. Quodsi per pennam candidam columbae sive alterius avis oculo oppositam perspicias lumen candelae non ita longe positum, videbis inter plumarum lineas ac surculos illos crucem quandam mira colorum varietate, quales in iride sunt, distinctam, qui non aliter fiunt, quam per lucem inter floccorum canaliculos receptam ac multiplicatam et successive incedentem et alternis repercussam.“ — (Conferantur cum his ea, quae Keplerus prodit de visu et refractione, vol. II. p. 176 ss., 226 ss.) — Non omittenda hic sunt Maurolyci studia partim ad restituendos veteres mathematicos (Theodosium, Apollonium, Archimedem) pertinentia, partim mathematicam theoreticam spectantia. In Arithmetica (1575 impressa, absoluta autem a. 1557) de numeris praecipue polygonalibus disserit, „de quibus neque apud nostros neque apud Graecos satis scripsit quispiam“. Sub finem libri I. literarum usus nobis occurrit, quibus eadem fere ratione utitur, qua posteriores Vieta et Harriotus. Verbi causa: „ponatur unitas *a*, quilibet autem numerus *b*, ipse autem *c* unitate major quam *b*. Deinde *b* in se faciat *d*, *b* in *c* faciat *e*“ et sic porro, donec haec evadat aequatio: „aggregatum ex *m q* quadruplo ipsorum *ap* et ex ipsius *o* sexcuplo est secundus quadratus totius *b c*“, quam ut usitatiore et tritiore forma ita interpretamur: $(b + c)^4 = b^4 + 4b^3c + 6b^2c^2 + 4bc^3 + c^4$. Notanda quoque est Maurolyci peculiaris ratio radicem quadratam extrahendi, in qua speciem quandam fractionum decimalium deprehendimus.

Interim dum Copernicus opus suum mente praeparavit et discipulus gratissimus Rheticus laudem magistri literis publicis evulgavit, astronomus veteri scholae addictus, Petrus Apianus, Ingolstadiensis professor (cfr. vol. III. p. 476) edidit anno 1524. Cosmographiam, per totum hoc seculum celeberrimum et usitatissimum geographiae compendium, plane innixum geographiae et astronomiae Ptolemaei (recus. a. 1529, 1530, 1533 „jam denuo integritati restitutus liber per Gemmam Frisium", 1540, 1545, 1550, 1551, 1553, eodem anno in linguam batavicam translata, 1564, 1574, 1581, 1584, 1592, 1598). Ex verbis, quae exhibet Cosmographiae caput secundum cognosces mentem auctoris ejusque sectatorum per seculum decimum sextum: „Mundus bifariam dividitur, in elementarem regionem et aethercam. Elementaris quidem, assidue alterationi subjecta, 4 elementa, terram, aquam, aërem et ignem continet, aetherea autem regio (quam philosophi quintam nuncupant essentiam) elementarem sua concavitate ambit invariabilisque substantia semper manens, 10 sphaeras complectitur, quarum major semper proximam minorem sphaerice (eo quo sequitur ordine) circumdat. Imprimis igitur circa sphaeram ignis*) Deus mundi opifex locavit sphaerulam Lunae, deinde Mercurialem, postea Veneream, Solarem, deinde Martiam, Joviam et Saturniam; quaelibet autem istarum unicam tantum habet stellam, quae quidem stellae zodiacum metientes semper primo mobili seu decimae sphaerae motui obnituntur, alioqui sunt corpora diaphana, hoc est omnino pellucida. Mox sequitur firmamentum, quod stellifera sphaera est quaeque in duobus parvis circulis circa principia Arietis et Librae nonae sphaerae trepidat: et iste motus apud astronomos motus accessus et recessus stellarum fixarum appellatur. Illam circumdat nona sphaera, quae, quum nulla in ea stellarum cernitur, coelum crystallinum seu aqueum appellatur. Istas tandem aethereas sphaeras primum mobile, quod et decimum coelum dicitur, suo ambitu amplectitur et continue super polos mundi semel facta revolutione in 24 horarum intervallo ab ortu per meridiem in occasum iterum in orientem recurrendo rotatur, et omnes inferiores sphaeras suo impetu simul circumvolvit; nullaque in eo existit stella. Huic ceterarum sphaerarum motus, ab occasu per meridiem in ortum currentes, reluctantur. Ultra hunc quicquid est, immobile est, et empyreum coelum (quem Deus cum electis inhabitat) nostrae orthodoxae fidei professores esse affirmant.".

Reinerus Gemma Frisius, qui inde ab anno 1533. Apiani Cosmographiam edendam curavit, nihil mutans in his, quae praemisimus, astronomicis deliriis, addidit appendicem de locorum describendorum ratione, de distantiis eorum inveniendis, nec non descriptionem „annuli astronomici", ab ipso inventi seu potius emendati, qui in astrolabii vicem ex parte quidem successit. Constat hic „annulus" ex tribus circulis, quorum exterioris pars quarta in 90° divisa est, duo reliqui, versatiles intra primum, huic affixi sunt ad 0° et 90°. Extimus circulus meridiani vices praebet, secundus aequatoris, divisus in 24 partes aequales, tertio circulo duae affixae sunt pinnulae, ad observandam altitudinem (stellarum vel montium aedificiorumve) destinatae. — Ex libro Gemmae, quem inscripsit: „De principiis astronomiae et cosmographiae" (ed. anno 1530, recus. annis 1548, 1553, 1557) apparet, horologia portatilia ante annum 1530 inventa fuisse, cum in eo describatur ratio longitudinis locorum inveniendae, qua adhibetur tale horologium. Cum autem priorum auctorum nullus eorum inventorum mentionem faciat, non multum ante annum, quem

*) Adjecta huic capiti delineatio circulos exhibet 13 concentricos, aequaliter ab invicem distantes, quorum intimus Terrae globum repraesentat (diametro c. aequali quatuor reliquorum circulorum distantiae simul sumtorum), hunc sequitur circulus, distans a primo c. quarta parte diametri primi, in spatio inter hos circulos nubibus regio aërea depicta est, tertia sphaera flammis repraesentat sphaeram ignis, quam sequitur sphaera Lunae, numero 1. signata etc.

diximus, in usu fuisse verisimile est. Ejusdem auctoris „Arithmeticae practicae methodus facilis“ (Antwerpiae anno 1540 primum edita) vulgatissimam arithmeticae compendium fuit; enumerantur ab anno 1540 in annum 1614 editiones 29. (R. Gemmae observationes et libri vol. II. et III. passim recensentur a Keplero.) Filius Reineri, Cornelius Gemma item in praemissis voluminibus saepius dicitur, celeber fuit observationibus eclipsium et cometarum, stellam novam anni 1572 descripsit; in opere, „Cosmocritices libri“ inscripto, Keplero minus illum placuisse patet ex vol. II. p. 260. In eodem libro redit Cornelius ad stellam novam anni 1572, varia cum vera tum falsa de illa proferens, quae Tycho Braheus in opere suo celebri de hac stella recenset. „Quae de angelis, dicit Tycho, aut etiam Dei ipsius (horresco referens) in forma stellae, apparitione atque ascensu et descensu circularique reditu, divinis mentibus domestico, adducit, prorsus impia sunt, ne dicam blasphema, ex auctore universitatis creaturam aliquam visibilem fingentia. Nec etiam congruit, quod stellam hanc cum ea, quae Magis apparuit, assimilat. Rectius deinde asserit, ex planetarum influentia atque commixtione hanc stellam non fuisse prognatam aut praesignificatam; quod tamen illam cum cometa anni 1556. aliquem habuisse consensum, ex loci unde ille venit atque in quo disparuit analogia existimat, prorsus incongruum est. Circa significationes hujus sideris extricandas sollicite occupatur, ubi nonnihil affectibus nimium indulgere videtur et stellam hanc, toti mundo ostensam, in Belgicos motus speciatim trahere, ac si nihil aliud in mundo sit vel agendum restet, quam quae illic tumultuose agitantur. Eo tandem prolabitur, ut Christi crucifixi imaginem stellis assuere et denuo quasi inter sidera crucifigere non exhorrescat, id nimis superstitiose, ne quid amplius dicam. Sic etiam enses et arcus ex nova hac atque vicinis Cassiopeae fabricat, forte Vulcanum quendam armorum opificem sideribus intrudens. Prophetia Sibyllina, quam allegat, an huc quippiam faciat necne, nunc disquirere nolo.“ Ex his Tychonis verbis iisque quae l. c. Keplerus reprehendit, facile apparebit, quali ingenio Cornelius tractaverit astronomiam physicamque.

Missis his minorum gentium astronomis verus jam astronomus nominandus est, Erasmus Reinholdus Salfeldensis, quem Keplerus in praefatione ad Tabulas Rudolphinas (vol. VI. p. 669) maximis effert laudibus ibique causas dicit, quibus motus Reinholdus, Copernici amplectens hypothesin de mundo, in libris suis illam palam profiteri noluerit. Qui vir quis nescit quantopere de astronomia meruerit et restitutis priorum libris astronomicis, et accuratissime conficiendis tabulis, et observando, quantum in illa scilicet instrumentorum astronomicorum copia et certitudine fieri potuit, siderum cursu. Aequales et posteri scripta viri eruditissimi quam plurimi habebant, donec Keplerus, in melius restituta Copernici astronomia, suis operibus et praecipue „tabulis Rudolphinis“ novam astronomiae studiosis viam aperuit.

Quae exstant Reinholdi opera, quamvis in praemissis voluminibus passim recensita, hic tamen sub unum conspectum ponenda sunt. Anno 1542 Wittebergae prodiit primum Reinholdi opus, inscriptum: *Theoricae novae planetarum Georgii Purbachii Germani, pluribus figuris auctae et illustratae scholiis, quibus studiosi praeparentur ac invitentur ad lectionem ipsius Ptolemaei. Inserta item methodica tractatio de illuminatione Lunae. Typus eclipsis Solis futurae anno 1544.* (Recus. annis 1553, 1580, 1601 Wittebergae, anno 1555 Parisiis.)

In praefatione haec dicit Reinholdus: „Debet libellus hoc nomine a studiosis magni fieri, quod conatus est auctor aptissime ac brevissime tradere summam doctrinae de motibus coelestium corporum et aditum ad μεγαλην συνταξιν cognoscendam patefacere, in qua Ptolemaeus fontes et causas monstrat hujus pulcherrimae artis, atque ex ipsis fundamentis h. e. observationibus, quae fiunt per instrumenta, adhibitis geometricis demonstrationibus exstruit totum illud aedificium artis. Purbachius ita probe calluit

Ptolemaeum, ut non tantum sententias et rem ipsam, sed verba quoque memoria tenuerit; cumque videret, nullam exstare commodam εἰςαγωγήν, etsi in Epitoma satis occupatus esset, tamen non piguit eum haec quoque rudimenta de planetarum motibus conscribere ad promovenda studia astronomica, ac edidit hoc compendium biennio ante suum obitum. Complectitur praecipuos locos et summas disputationum, quae sunt apud Ptolemaeum de motibus stellarum, magno judicio ac prudenter electas. Docet hic libellus, quod sint tres partiales orbes sphaerae Solis, quorum medius existat eccentricus et corpus Solis circumvehat. Item quod in hoc orbe moveatur Sol aequaliter, in zodiaco autem inaequaliter, et esse hujus eccentrici orbis aliquod punctum remotissimum, aliquod proximum Terris, in quibus nulla eveniat aequatio seu discrimen veri ac medii motus Solis, cum in ceteris locis eccentrici omnino sit utendum aequatione. Constituto eccentrico orbe postea physicae rationes cogunt, eidem annectere duos alios orbes, alterum supra, alterum infra, inaequalis spissitudinis, sic ut totalis sphaera mundo fiat concentrica, ne aut necesse sit ponere vacuum, aut corpora coelestia invicem scindi. Haec de pluralitate orbium facile accommodabit etiam studiosus ad reliquos planetas. Auctor prima parte libelli ordine tradit singulorum planetarum motus periodicos, qui fiunt secundum longitudinem totius zodiaci. In posteriori autem parte primum docet varia φαινόμενα, quae propter hypotheses motuum periodicorum et orbium, ut epicyclorum, se nostris oculis alia alio tempore offerunt. Hic pertexit elementarem doctrinam de eclipsibus, deinde texit historiam de motibus planetarum in latitudinem. Ad extremum pertractat octavi orbis ambos motus simul, quibus videlicet cietur et in longitudinem et latitudinem". Reinholdus addidit Purbachii textui annotationes, quibus lucem affundit iis, quae obscuriora ille reliquit, unde factum, ut theoricis Purbachii Reinholdo interpretante per totum fere seculum quicunque ad astronomiam incumbebant optimo auxilio uterentur, illumque quasi fontem repetierint plurimi, qui illa aetate libris editis astronomiam docendam susceperunt. — Ex magna vero annotationum a Reinholdo additarum frequentia referre visum est eam, qua forte Keplerus ad ellipticos planetarum orbes perductus est. De motibus Lunae agens haec dicit Reinholdus: „*Ex ea proportione, quam habent duplices orbes Lunae ad motum Solis, manifestum est, centrum epicycli Lunae describere figuram ovalem singulis mensibus periodicis. Nam propter motum deferentium augem eccentrici centrum epicycli singulis conjunctionibus et oppositionibus redit ad apogeon eccentrici, sicut in geminis quadraturis ad perigaeon ejusdem eccentrici. Hinc necessario efficitur figura ovalis, id est talis superficies, qualis est propemodum ovi per medium dissecti secundum longiorem partem* Similem describit figuram Mercurius, ceterum inter hanc et illam hoc interest, „quod in Luna medii motus Solis linea non est immobilis, ut aux aequantis Mercurii, sed mensis spatio progreditur per integrum fere signum, annuus autem motus perigaei aequantis Mercurii non potest sensu pericipi." Quae quamvis aliena sint a mente Kepleri, qui Martis motum eccentricum conciliare studebat observationibus Tychonicis, quae aliis locis Martem a motus sui centro elongare, aliis illi appropinquare videbantur, nihilo minus tamen Reinholdi sententia eminus consentit hypothesi Keplerianae, initio lucubrationum suarum conceptae, qualis ex epistolis ad Fabricium datis (III. 77) elucet, dum scripsit, orbem Martis quasi *ovalem seu facialem* sibi prodire.

Anno 1549. Wittebergae prodiit *Ptolemäei mathematicae constructionis liber I, graece et latine editus. Additae explicationes aliquot locorum ab E. Reinholt.* Anno 1550 ibidem: *Joannis de Sacro Busto opus de Sphaera, curante Reinholdo, cum praefatione Melanchthonis, additis Reinholdi 90 thematibus, quae continent methodicam tractationem de horizonte rationali et sensibili, deque mutatione horizontium et meridianorum, quibus adjecta sunt paucula de umbris.* Anno 1554. Tubingae:

Primus liber Tabularum directionum, discentibus prima elementa astronomiae necessarius et utilissimus; *his insertus est canon secundus, ad singula scrupula quadrantis propagatus. Item nova tabula climatum, parallelorum et umbrarum, cum appendice canonum secundi libri Directionum, qui in Regiomontani opere desiderantur.* Insunt huic appendici tabulae tangentium, jam primum fere a Reinholdo ad usum trigonometricum adhibitorum. — Opus autem, quo sibi singularem paravit gloriam Reinholdus, per longum tempus astronomis pretiosissimum, editum est anno 1551. inscriptum *Tabulae Prutenicae coelestium motuum.* In privilegio Caesaris longiori enumerata est series librorum, quos edendos sibi proposuerat Reinholdus, qui quo minus ederentur praematura morte est impeditus (decessit Reinholdus anno 1553, annum agens 42). Plurimum Reinholdus in hoc opere tribuit Copernico, quem „Atlantem vel Ptolemaeum alterum" nominat, tabulae vero, quas operi suo ille addiderat, minus Reinholdo placent: „Etsi constitutis observationibus demonstrationes et motuum causas eruditissime tradidit, tamen hunc laborem tabulas construendi adeo defugit, ut si quis computet ex ipsius canonibus, ne quidem ad eas observationes computatio congruat, quibus fundamentum operis innititur. Itaque collatis Copernici observationibus cum Ptolemaeo et Hipparcho, alias tabulas institui, quarum usum mox ostendam. Ego jam annos septem huic labori impendi in his publicis miseriis et hoc tristi patriae bello, aliquantisper exulans cum familia, et exercitatus morbis, luctu domestico et rei familiaris detrimentis, quam augere potuissem, si quaestuosas operas aut divinationes huic utili et erudito labori praeferre voluissem." Desumsisse se ait a Copernico nihil aliud, quam observationes et „demonstrationum vestigia", canones vero aequalium motuum et prosthaphaereseon omnesque reliquos de novo se condidisse, in quorum nonnullis aliam prorsus rationem secutus sit convenientiorem. Prosthaphaeresium tabulas judicat retro et porro ad totam mundi durationem servituras, anni magnitudinem et maximam Solis obliquitatem ex illis ad quodvis tempus supputari posse, eclipses hinc certius praedici nec non retro supputari posse, quam ex prioribus tabulis, aditum denique illas praebituras ad fontes ipsos apud Ptolemaeum et Copernicum intelligendos. — In supputandis prosthaphaeresibus et vera aequinoctiorum praecessione Copernicum sequitur. Hanc tradit regulam computandae praecessionis: „Ad datum tempus collige ex canone aequalium motuum tam aequalem motum praecessionis, quam anomaliae simplicis. Per duplicatam vero anomaliam ingressus canonem prosthaphaeresium aequinoctiorum excerpe prosthaphaeresin ac emenda eam per partem proportionalem, si opus est. Ita vero emendatam aequationem subtrahe vel adde aequali motui, si duplicata anomalia minor vel major exstiterit semicirculo." Calculum maximae Solis obliquitatis secundum Copernicum init, addit autem suam ipsius rationem. Praecessionem mediam ponit 50″ 12‴ 5⁗ 8′′′′′, Solis eccentricitatem maximam computat partium 4170, minimam 3219, qualium semidiameter eccentri Solis est 100000. Annum sidereum ponit 365 d. 6 h 9′ 39″, tropicum medium 365 d. 5 h 49′ 16″. — In calculo reliquorum planetarum Ptolemaei simul et Copernici rationem explicat, illamque praeferre videtur. — Omnibus praeceptis ad usum tabularum juncta sunt exempla, maxima ex parte desumta e vita Alberti, Marchionis Brandenburgensis, Ducis Borussiae, quod imitatus Keplerus in Tabulis Rudolphinis exempla elegit ex vita Imperatoris Rudolphi. Dedicavit Reinholdus opus suum Alberto indiditque Tabulis titulum *Prutenicarum* „ut sciat posteritas, liberalitate Alberti nos adjutos esse et Alberto gratiam ab iis, quibus profuturae sint, deberi." Computatae tabulae sunt ad meridianum Regiomontanum, cujus poli altitudo statuitur 54° 17′. Reinholdus comparat passim Ptolemaei rationem cum Copernicana, neque vero unquam illum deprehendimus plane Copernico consentientem, non eam certe ob causam, quod utri primas deferret dubius haerebat, sed quod astronomi illius aetatis Copernici opus parum perspectum habebant et tabulis suis, si solum ad Copernici rationem relatae essent, nonnisi paucos uti posse intelligebat.

Ut habeat lector, quo rationem procedendi Reinholdi dijudicet, haec ex „praeceptis“, quae sunt numero 73 paginis 132 (in editione Tubingensi anni 1562) contenta, desumsimus.

De aequando tempore ob inaequalitatem dierum naturalium. Duae sunt causae, quare propositum aliquod tempus aequari interdum oporteat: altera est inaequalitas dierum naturalium, altera meridianorum varietas. Perpetua et universalis experientia testatur, non solum quod coelestes motus videantur nobis dissimiles et inaequales in unoquolibet planeta, quemadmodum Sol aequales zodiaci semicirculos haud aequalibus temporum spatiis permeat, verum etiam quod iidem re vera sint constantes, rati et aequabiles, quia manifestum est, periodos seu integras cujusque planetae conversiones aequabilitatem quandam inter se conservare, ut Sol semper annuo, Luna menstruo spatio percurrit eundem signiferum, etsi tamen in una parte orbis interea diutius commoratur quam in alia, quemadmodum in elementis et hypothesibus motuum haec controversia de dissidio aequalis et apparentis motus copiose explicatur. Hanc ob causam astronomi in motuum coelestium inquisitione primum medios seu aequales motus proponunt, apte et concinne distributos in spatia aequalia temporum, deinde vero docent, quantum illis aequalibus motibus alias addendum sit, alias demendum, ut absque labore observationis, quem locum vere transeat stella hoc aut illo tempore, canonum duntaxat et numerorum beneficio cognoscatur. Ad hunc enim prorsus finem astronomicus calculus dirigitur. — Nunc ut institutum agamus, sciat lector, aequales motus tum respondere aequalibus temporibus, tum ex canonibus suis aliter excerpi non posse, nisi aequale fuerit tempus, cui congruens aequalis motus alicujus stellae quaerendus est. Quapropter astronomi tum reliquas temporis species aequales assumunt in computatione motuum, tum vero maxime dies, vulgo naturales, Graecis νυχθημέρους appellatos, qui tamen re vera haudquaquam aequales deprehenduntur, etsi haec inaequalitas seu differentia nec ita magna est, nec subito sentitur, nisi collatis duobus inter se diebus non proximis, sed satis longo invicem intervallo distantibus. Diem enim naturalem aequalem et aptum numerandis motibus definiunt spatium temporis, quo fit integra coeli vel aequinoctialis circuli conversio ac praeterea particulae, aequalis ei, quam Sol in zodiaco a medio aequinoctio aequaliter interea confecit. At verus sive apparens dies naturalis similiter spatium temporis est, quo fit integra aequinoctialis conversio ac praeterea particulae ejusdem aequinoctialis, quae vero motui Solis in zodiaco ab apparenti aequinoctio respondet. Cum autem in toto ambitu aequinoctialis tempora numerentur 360, motus autem Solis diurnus aequalis a medio aequinoctio sit 59′ 8″ 20‴, manifestum est, diem naturalem seu astronomicum aequalem perpetuo constare temporibus 360. 59′ 8″ 20‴, sed verus dies naturalis alias superat hunc medium, alias minor est, propter duas causas: partim quod motus Solis verus quamquam parum, tamen in singulos dies variatur, bis tantum in anno cum aequali motu congruens, partim quod segmentis zodiaci etiam aequalibus non tamen aequalia respondent aequinoctialis circuli segmenta in mundi conversione. Porro cum ascensionum ratio in horizonte multipliciter variet pro sphaerae obliquitate, in meridiano autem sit eadem ubique locorum quae in sphaera recta, placuit astronomis initium diei sumere a meridiano potius quam ab horizonte, ut omnibus in locis uno eodemque modo apparens tempus in aequalitatem commutaretur.. Ceterum hac nostra aetate maxima differentia inter aequales et apparentes dies contracta est in tempora 7 cum 3 quintis unius, quae sane aliquando supra 10 tempora sese potest extendere. Jam ex his omnibus sequitur, cum ad praescriptam aliquam veri diei naturalis horam stellarum in coelo loca investiganda sunt, non simpliciter utendum esse illa hora, sed eam astronomicae aequalitati prius conformandam, ut ad talem inquisitionem sit idonea. Triplicem igitur modum docebimus commutandi apparens tempus in aequale: primum universalem atque omnium rectissimum, ipsis usitatum artificibus Ptolemaeo, Copernico et aliis qui hos sequuntur, inde subjiciemus alios duos modos, quos non injuria dixeris particulares, quia singulis aetatibus novos desiderant canones, repudiatis prioribus.“ Haec sequitur longior explicatio trium horum modorum, adhibitis tabulis, quas exhibet pars posterior libri, additis exemplis ad Ducis Borussiae vitam applicatis.

In „praecepto“ *De Epochis et earum intervallis* legimus: Nulla fuit gens unquam tam barbara, vel adeo sine sensu omni humanitatis, quin vellet originem suam sciri et aliquam sui memoriam propagari ad posteritatem. Quam ob causam tum alia multa sunt a diversis gentibus excogitata, ut insignium rerum ac eventuum praeteritorum notitia quantulacunque perveniret ad posteros, tum vero hoc prudenter et utiliter institutum est, ut vel a rebus gestis alicujus heroici viri, vel ab auspiciis alicujus regni et conditae urbis, vel ab alio quocunque memorabili casu generis humani annorum series deduceretur. Sed ut in ethnicis historiis omnia sunt plena caliginis et confusionis, nec ulla annorum certa et constans ratio, ita sola ecclesia veram atque certam, licet brevem historiae totius mundi seriem in divinis libris notatam habet. Ac primi quidem patres annum numerarunt a mundi creatione, non solum ut mundi aetas ac duratio sciretur ad posteros, etsi hoc sane praeclarum et ingens bonum est, sed multo magis ut et de horribili lapsu primorum parentum et de admiranda Dei misericordia, ostensa in promissione seminis, admonerent universam posteritatem. Quare deinceps et a diluvio, et ab Abrahamo, et a promulgata lege, et a condito templo Salomonis, et a captivitate Babylonica, et ab aliis insignibus seu impiorum poenis seu ecclesiae liberationibus seriem annorum publice annotavit ecclesia. Verum nulla res a condito mundo accidit nec illustrior nec admirabilior nativitate filii Dei, Domini nostri Jesu Christi. Quare ut prima ecclesia annorum seriem continuavit a prima seminis promissione, ita hujus postremi temporis ecclesia recte numerat annos a natali sui regis et liberatoris universae ecclesiae. Hanc igitur consuetudinem nos etiam in computationibus coelestium motuum merito sequimur. .... Sed tamen non a solo initio annorum Christi deducimus tibi aequales motus, verum huic epochae alios 4 adjeci: Olympiadum, Nabonassari, Alexandri et Caesaris, secutus ea in re ut in aliis Nic. Copernicum, virum omnium seculorum memoria dignum, quem apparet non sine gravi consilio haec potissimum tempora elegisse, sed Nabonassari quidem initium maxime ob Ptolemaei lectionem, tum vero omnia tempora simul propter historias graecas et latinas. .... Olympiadum anni sunt lunares, ad Solis tamen cursum utcunque accommodati, quorum initium Attico more semper a meridie primi diei Hecatombaeonis et conversione Solis aestiva proficiscitur. Anni a Nabonassaro et ab obitu Alexandri apud Ptolemaeum sunt Aegyptii, quorum initium non pendet ab aliqua quatuor troporum annui circuitus Solis, sed a meridie primi diei Toth, qui singulis quadrienniis unius diei intervallo anticipans a consequentibus recedit in antecedentes. Anni vero Juliani et Christi nec sunt lunares nec Aegyptii, sed solares civiles, quos C. J. Caesar primum non sine gravi consilio instituit, ita ut alii sint dierum 365, alii autem 366, eam ob causam, ut aequinoctia et solstitia ab iis diebus, quibus semel adhaeserint, nonnisi longo annorum tractu recedant in praecedentia. In primo anno Juliano tria sunt maxime memorabilia: 1) ab initio Olympiadum ad initium annorum Julii sunt pleni anni Aegyptii 730; 2) primus dies Hecatombaeonis Atheniensium congruebat ad primum diem mensis Quintilis, et haec causa est, quod Quintilem voluit a se Julium cognominari. Itaque cum per annos Aegyptios 730 juxta Olympiadum rationem intercalati essent dies 182, totidem etiam dies in hos 6 menses, Januarium, Februarium,

Martium, Aprilem, Majum et Junium, secutus Romanam quandam rationem, conjecit. 3) A prima Olympiade usque in primum diem Quintilis primi anni Juliani dimidium anni του κυνικου Aegyptiorum peractum fuit, qui continet annos Aegyptios 1461, Julianos tantum 1460. Ex his perspicuum est, quod principium Juliani anni magna solertia partim ad Graecum, partim ad Aegyptium annum fuerit accommodatum etc.

Praeceptum *de cognoscendis feriis hebdomadis* sic exorditur: Ideo Deus et condidit genus humanum et infinitam suam sapientiam, justitiam, bonitatem et misericordiam patefecit, ut agnoscatur et celebretur a genere humano in hac vita et in omni aeternitate. Quapropter ecclesia Dei ab initio mundi usque in hunc diem servat dierum hebdomadas, institutas a primis patribus, ut memoria creationis rerum et patefactionis Dei ad omnem posteritatem propagaretur. Nam primi patres ad exemplum creationis dies 6 destinarunt operis rusticis et oeconomicis, septimum vacare omni opere voluerunt totumque Deo et divinis rebus sacrum esse..... Ideo et septimus dies accepit sabbati nomen a quiete, ut admoneamur, relictis aliis rebus et studiis, quae sunt praesentis vitae, certa tempora etiam piis meditationibus et colloquiis de Deo ac de futura vita tribuenda esse, et reliqui 6 dies ad sabbatum velut caput referuntur, vocantur enim prima sabbati, secunda, tertia etc., ut septimo loco sabbatum, velut antecedentium consummatio accedat. Ac sequitur nunc haec postrema ecclesia eandem patrum consuetudinem perpetuo consensu, nisi quod justa de causa sabbatum impiis ac blasphemis Judaeis, verum Messiam aversantibus, relinquit et loco ejus primam feriam celebrat, quam vocamus dominicum diem, quod eo die Christus a morte resurrexerit; inde sequentes dies vocat suo ordine secundam, tertiam etc. feriam.

Saepe igitur fit, cum dies aliquis in anno proponitur, ut gestiat animus scire, in quam feriam hebdomadis incidat etc. (Triplicem proponit Reinholdus methodum inveniendi quaesitum ex „Canone feriarum").

Praecepto *de calculo apparentis magnitudinis tropici anni*, haec legimus: „Tropicus annus est semper tum minor anno sidereo, tum etiam sui dissimilis propter 4 causas, quas primus Nic. Copernicus dexteritate et solertia sua tandem deprehensas enunciavit. Hae sunt inaequalis praecessio aequinoctiorum vel sectionum aequinoctialium, anomalia motus Solis in zodiaco, mutatio denique tum eccentricitatis, tum apogaei, e quibus causis sola anomalia, per se non magni momenti, cognita fuit Ptolemaeo. Quapropter tota posteritas grato animo Copernici nomen celebrabit, cujus labore et studio doctrina ipsa coelestium motuum, propemodum collapsa, iterum restituta est et magna ejus quoque lux accensa inventis et patefactis ab eo multis, quae ad hanc usque aetatem vel ignota fuerant, vel obscura. Circa annum, quo Ptolemaeus anni magnitudinem accurata observatione consideravit (140 p. Ch.), fuit anni apparens magnitudo juxta nostrum calculum d. 365 h. 5. 53′ 58″, quanta fere hoc nostro tempore rursum existit. Nam quod Ptolemaeus anni magnitudinem paulo majorem sua aetate tradidit et quidem arbitratus est, semper manere eandem sine ulla mutatione, videlicet d. 365 h. 5. 55″ 12″, id suam exusationem habet, de qua ab aliis erudite scriptum est. Ceterum tropicus annus aequalis, qui refertur ad medium aequinoctium, est juxta observationes et Copernici hypotheses d. 365 h. 5. 49′ 16″, quemadmodum et Alphonsinae fere tradiderunt." —

Reinholdi aequalis ejusque discipulus Casparus Peucerus („praeceptorem sibi carissimum et perpetua gratitudine celebrandum" dicit Peucerus Reinholdum) non tantum astronomiae laude floruit, sed etiam in aliis doctrinae generibus versatus fuit. Mathematicam docebat Vitebergae ab anno 1554 in 1576, anno 1586 medicus creatus est principis Dessaviae (mortuus est Dessaviae anno 1602, annum agens 77um); socer Melanchthonis cum theologicis se immisceret disceptationibus, per 10 annos (1576 ad

1586) in vincula conjectus est. Opus Peuceri astronomicum, quo singularem sibi paravit famam, inscriptum est *Elementa Doctrinae de circulis coelestibus et primo motu* (ed. Vitebergae 1551, postea saepius recusum), auxilium affert addiscendae astronomiae satis commodum, neque vero ad altiora qui illius artis sunt studiosi diriguntur: „Elementa nos tradere, non exactas omnium φαινομένων causas pervestigare et ostendere volumus, quod alio pertinet." — Definitionibus geometricis inde ab initio conjunguntur definitiones astronomicae; v. c. quaestioni, quid sit punctum geometricum, addit quaestionem, quid sit centrum sphaerae, quid sint poli? Postquam quaesivit, quid sit linea, quaerit: quid sit axis? Deinde: quid sint corpora, quid sit sphaera materialis? etc.

Deprehendimus apud Peucerum omnes errores, quibus illis temporibus astronomi capti tenebantur, e. g. „coelum est corpus orbiculare ex materia purissima (aqua in tenuissimum fusa) et luce perfusa, densatum ac formatum tornatili rotunditate in compagem solidiorem plurium orbium velut excavatorum, octo sunt orbes" (inter Terram et Lunae orbem sunt orbes aëris, aquae et ignis, plane ut apud Gemmam Frisium). „Cometae consistunt in elementari regione; stellae sunt partes suorum orbium, moventur non propriis per se motibus, sed accidentiariis ad motum orbium, quibus inhaerent; medium mundi occupat Terra." De Copernici ratione haec affert Peucerus: „Aristarchus Samius Terram medio mundi exemtam et orbi particulari inclusam intra Martis et Veneris sphaeram collocavit, et motibus circumagi particularibus circa Solem, in medio mundi immotum more stellarum, finxit; similes hypotheses Copernicus, omnium qui post Ptolemaeum de doctrina astrorum scripserunt summus, ad suas demonstrationes assumsit." Veterum vero rationes praeferendas esse Copernicanae censet Peucerus, „ne novitate hypothesium offendantur aut conturbentur tirones". — In capite de eclipsibus affert quaedam de lumine et coloribus Lunae variis, eosque „ex mixtione naturae lucis Lunae atque umbrae" oriri censet.

In libro de *Dimensione Terrae* (1554) auctor has duas, in quibus omnis res vertatur, hypotheses quasi firmas et certas praemittit: 1. Terra est globosa unamque constituit et absolvit convexam superficiem, 2. acumina altissimorum montium vallesque profundissimae, si ad totius globi ex utroque elemento conflati comparentur molem, nec lacunosam eam adeo aut anfractuosam reddunt, ut rotunditatem mutent aut sensus saltem vitient ac corrumpant. Pluribus deinde Eratosthenis rationem explicat et geometricis firmat demonstrationibus. Locorum longitudines latitudinesque Regiomontano duce aggressus, lunaribus utitur eclipsibus, instrumentaque describit astronomica, ad poli altitudinem Solisque locum inveniendum apta. Regiomontani et Copernici utitur trigonometria, perspicue in suum usum versa, qua eadem ii, qui Euclidis geometriam non penitus abjecerunt, uti possent. Finem hujus opusculi facit Peucerus addendo descriptionem locorum Terrae sacrae, auctore „quodam Brocardo monacho", nec non „explicationem aliquot locorum insignium, et historias per Ph. Melanchthonem". Conscripsit porro Peucerus in usum astronomiae studiosorum *Logisticen astronomicam* (1556), in qua absolvit arithmeticae sexagenariae species, dilucidis explicationibus et aptis exemplis usus, demonstrationibus autem justo longioribus, quae nostrae aetati minus probabuntur, cum nimium innixae sint theorematibus geometricis. Annexa est „Logistice regulae Arithmeticae, quam Algebram et Cossam vocant, compendio explicata". Auctor Stifelium sequitur, usque ad gradum secundum procedens; his verbis concludit: „reliqua requirant studiosi una cum fontibus ipsis et demonstrationibus ex Stifelio et Cardani commentariis". — Non tantum astronomiam, sed astrologiam quoque colebat Peucerus; adumbravit diversas illis temporibus usitatas astrologicas rationes libello inscripto: *De variis divinationum generibus* (1560). — Eadem fere, quae in libro de circulis coelestibus deprehendimus, refert Peuceri liber inscriptus: *Hypotyposes orbium coelestium, quas appellant Theoricas planetarum, congruentes cum tabulis Alphonsinis et Copernici, seu etiam tabulis Prutenicis*, 1571. Ediderat hoc opus C. Dasypodius a. 1568, quod se ignoti auctoris manu conscriptum accepisse ingenue fatetur. „Legi, inquit Dasypodius, placuitque primo intuitu, sed cum penitus perspexissem, perplacuit dignumque hunc judicavi librum, quem in vulgus affinis meus (typographus, qui ipsi manuscriptum perlegendum obtulerat) emitteret. Ipse Dasypodius aliique secundum Dasypodium viri doctissimi putaverunt, librum ab E. Reinholdo, tum jam mortuo, conscriptum fuisse, pro certo nihil de auctore confirmare ausi sunt. Peucerus librum ipse edidit anno 1571 et in praefatione queritur, Dasypodio auctorem bene notum, ipsumque manuscriptum a discipulo aliquo ipso inscio descriptum furtim Argentoratum delatum fuisse. —

Passim occurrit historiam mathematicae repetenti nomen Orontii Finaei, qui primus Lutetiae Parisiorum munere regii matheseos professoris fungebatur (1532—1555) et se restituisse matheseos studium ipse gloriatur. — De circuli quadratura, anguli trisectione, duplicatione cubi vana quaedam publice proposuit, concludendo in orbem rediens; rationem diametri ad circumferentiam statuit ut 7 ad $22\frac{2}{9}$ (1 : 3,1746), quam minus accuratam esse vides illa ab Archimede prodita. De conficiendis horologiis solaribus edidit opus, geometriam practicam emendare studuit, nec non Cosmographiam conscripsit, libros plane nullius momenti. In libro „de invenienda longitudinis duorum locorum differentia" pro fixo puncto ad observationes suas assumit Finaeus academiam Parisiensem, cujus longitudinem ponit *fere* 23° 30′, lat. 48° 40′ *circiter*, quamvis paulo ante pronunciaverat, loci fundamentalis longitudinem et latitudinem *ad unguem* exploratam esse debere, unde „locorum longitudines mira et pene incredibili facilitate deprehendantur", adhibito transitu Lunae (desumto ex ephemeride aliqua) per meridianum et loco illius vero. Rite quidem describit rationem procedendi, sed parum proficit, iis, quae ad accuratissimam observationem opus sunt (tabulis, horologio, regulis Ptolemaei parallacticis, globo coelesti etc.), destitutus. —

Non tantum astronomiam, sed praecipue astrologiam coluisse astronomos illius aetatis supra diximus. Inter celeberrimos astrologos illorum temporum nominantur Lucas Gauricus et Hieronymus Cardanus. Natus est Gauricus Geophoni anno 1476, matheseos docendae munere functus Ferrariae, mortuus est episcopus Civitatensis anno 1558. Edidit anno 1553 tabulas Alphonsinas „castigatas", Ephemerides, laudanda diligentia elaboratas, sed easdem refertas superstitione astrologica; conscripsit „Calendarium ecclesiasticum novum" (1552), in quo queritur terminum paschatis contra ecclesiae praecepta falso constitutum; proponit „thema" coeleste tempore creationis indeque censet constitui posse verum creationis tempus; computatis tabulis cyclorum Lunae et Solis, epactarum, festorum mobilium, temporum, quo pascha sit celebrandum ad mentem patrum etc. satisfecisse se opinatur desiderio emendandi calendarii. Plane astrologum agit in libro: „Super omnibus futuris luminarium deliquiis" (1539—1551), sic in libro inscripto: „Tractatus astrologicus, in quo agitur de praeteritis multorum hominum accidentibus" etc., probare conatur, omnia quae hominibus acciderint fata astrologice praenunciata, sic evenire debuisse, planetis hoc vel alio modo tempore nati hominis conjunctis.

H. Cardani (cfr. I. 656.) quum centies occurrant in voluminibus praemissis placita varia, visum est ex ejus scriptis ea excerpere, quibus Cardani ingenium eoque aequalium studia declarari possunt, cum auctoritas medici et astrologi Mediolanensis circa medium seculi XVI. haud parva fuerit cum in Italia, tum in Germania et Gallia. Sententiam suam de astrologia proponit Cardanus in libro, qui editus est Norimbergae anno 1547, inscriptus: „H. Cardani Medici Mediolanensis libelli quinque: 1) De supplemento Almanach, 2) De Restitutione temporum, 3) De Judiciis geniturarum, 4) De

Revolutionibus, 5) De exemplis 100 geniturarum. Additis insuper Tabulis äsc. rectarum et obliquarum eclipticae, et stellarum et radiorum, usque ad latitudinem 8 partium. Ejusdem, antea non edita, Aphorismorum astronomicorum segmenta VII. Opusculum incomparabile.“ In praefatione alloquitur episcopum summique pontificis vicarium Philippum Archintum, referens: „Quae de astrologia ad hanc usque diem scripta sunt, Ptolemaei exceptis monimentis, tantum a veritate abhorrent, ut fabulis potius similia videantur. Quam ob rem cum artem sic traditam, praeterquam quod nulla esset, professores etiam ridiculos facere conspexissem, ab ejus studio semper abstinui, donec tuis adhortationibus, quasi jam illam tenerem, impulsus rem arduam ac incredibilem aggressus sum, industriamque quantam potui adhibui. Quibus factum est, ut qui unicus erat tum inveniendi tum tradendi disciplinam modus, ut scilicet illius principia philosophiae principiis, ejus decreta cum experimentis annecterem, eum me assecutum existimem. Scripseram haec omnia 10 libris ab initio, jam quae diffuse scripta erant, in dissectas brevesque sententias redegi, sic ut nihil omnino praeceptorum in arte desiderari posset. Nec piget laborum, cum unum perfecerim, quod ad me attinebat, inventionem quidem atque absolutionem artis..... Postquam astrologiam e tenebris erui, metoposcopiam inveni ac in artem redegi, arithmeticam perfeci, medicinam magna ex parte dilucidavi, geometriam auxi in immensum novis undique inventionibus excogitatis, multaque alia praeclara in libros varii generis contuli; postquam nullum opus egregium nunc in lucem editur, quod non de nobis honestam faciat mentionem, postquam nostra legi desiderarique ab omnibus vidi impressoribus: nunc omni dissimulatione deposita mortales perfidiae aemulorum commonefeci, tum etiam principes atque potentes admonui, ne occasioni juvandi mortales propagandique in posterum nominis sui deesse vellent ac simul ab avaritiae ac negligentiae vel etiam ignorantiae suspicione se ipsos vindicarent“ etc.

De astrologia dicit: „Si qua est in humanis usibus ars necessaria disciplinave utilis, aut contemplatio jucunda vel divina sapientia, Astrologia certe non solum talis est, verum etiam omnium aliarum tum artium tum scientiarum praestantissima, quippe cum sola et ante alias omnes astrorum primo cursus, dignitates, tempora, atque hinc Deos ipsos etiam esse docuerit.“ .... „Astrologiam utiliorem fore omni alia disciplina, quis dubitat, cum et futura, si prospera sint, sequi doceat, si adversa, vel vitare vel aequius ferre? Nam quae diu quisque ante praeviderit, lenius feret, etiam si minuere nequeat. Porro quam jucunda sit futurorum scientia, ostendit tum etiam praeteritorum tum praesentium cognitio, quae adeo nos oblectat, ut nihil horum causa non praetermittamus.“ .... In „Commentariis in Ptolemaei de àstrorum judiciis libros“ (Bas. 1554) haec deprehendimus: „Astrologia nobilissima disciplina ab innumerabili turba nebulonum foedata est, unde factum est, ut ipsius Ptolemaei liber squalore jacuerit et ipso situ foedatus per 1400 annos ita abjectus, ut nisi nomen auctoris illum defendisset, maxima cum jactura bonarum literarum periisset.“ Veram esse *artem*, Cardanus multis e vita sua et aliorum desumtis argumentis probare vult; ecclesiae et politiae edictis non astrologiam, sed vaticinia, magiam, augurium interdicta esse. Legem illam Romanorum de „mathematicis“ illos spectare, qui per puncta et numeros notasque divinaverint. Inter eos, quorum genituras pluribus refert in his „Commentariis“ (in libro quem prius diximus insunt 100 genituræ ex parte hominum celebrium, v. c. Petrarcae, Caroli V, Ciceronis, Lutheri, Erasmi, Neronis etc.), quibus astrologiae vim demonstrari putat, deprehendimus Christum. Objectionem, impium esse, quod hanc nativitatem inseruerit, his refellere studet: nihil in hac genitura non mirificum, non castum, pium, sanctum, illustre esse et in hunc scopum illam esse allatam, ut ii, qui Mohametem adorent, intelligant, „nostros mores nostraque instituta esse pietatis, sanctitatis et justitiae, sua vero violenta et crudelia et ab omni pietate aliena;

nostram legem, ut prophetarum testimoniis multo antea pronunciatam, ita aeterna astrorum lege ordinatam atque praefixam, ut quemadmodum elementa et arbores, belluae et daemones illi paruerunt, ita etiam astra" etc.

Cardanus astronomica secutus Ptolemaeum in usum astrologiae vertit, nec quidquam profert, quo se astronomiae peritiorem exhibeat, quam alii astrologi suae aetatis fuerunt. Quae astronomica occurrunt in libris Cardani infra paucis dicemus, jam de astrologica ejus ratione quaedam ex libro ejus excerpimus, quibus lectores ea, quae Origanum secuti vol. I. p. 293 s. proposuimus, penitius intelligant et ex Cardani astrologia judicium ferre possint de astrologorum seculi XVI. deliriis, quibus (sicut ex parte quidem etiam Keplero) Cardanus dux et norma erat. *Naturam* planetarum sic describit Cardanus: „Saturnus frigidus est maxime orientalis, siccus maxime occidentalis, malus, terrae motus, nives et pruinas, pestes, annonae penuriam, servitutem, invidiam, mores malos ostendit, proprius mortis significator. Jupiter calidior quam humidior est, calorem auget occidentalis, humiditatem orientalis; bonus, ventos et aëris salubritatem ostendit, incolumitatem, quietem, bonos mores, abundantiam victus; proprius religionum et divitiarum significator est. Mars siccior longe quam calidus, orientalis calorem, occidens siccitatem auget; malus, fulgura, tempestates et siccitates ostendit, cometas, iras, mortes repentinas, crudelitatem; est autem proprius significator infirmitatum violentarum, ut vulnerum et contusionum. Sol calidus valde, bonus, serenitatem et ubertatem, fidem, magnanimitatem, splendorem, justitiam, bonos mores ostendit, proprius vitae significator est. Significat etiam bonos principes, judices et legum administratores. Venus humida plurimum, calida paululum; bona, significat tempora humida, leves pluvias et ubertatem, otium, intemperantiam et modicam sapientiam. Propria significatrix est voluptatum et deliciarum; cum Saturno significat venena ac libidines turpes. Mercurius siccus, temperatus in activis, orientalis modice calidus; cum Saturno summam infidelitatem, cum Sole supremam fidem, cum Marte maximam proditionem et violentiam. Cum Venere et Jove non bene sociatur; cum Jove facit advocatos et patronos, exterius quidem auctoritate et moribus graves, ambitione et summa avaritia interius laborantes; cum Venere autem industriosos, musicos, at nihil flagitii praetermittentes. Dat grandines et sterilitates, apparitiones igneas; facit lusores et fures, non est amicus vitae. Luna humida vehementer, calida paululum; pluvias multas et magnas ostendit, fructuum corruptionem, morbos, in his insaniam. Est amica vitae, propria significatrix popularitatis, servitutis; auget fortunam maxime cum Jove, plurimas autem cum Marte ostendit infelicitates et oculorum passionem.

De Domibus (cfr. I. 293). Prima domus significat corpus et animam, II. fructum vitae, id est divitias, III. ea quae sunt ad illas itinera et labores, IV. quae post nos sunt, igitur et praedia et domos, et famam, et patrem, ut rem antiquiorem, V. filios, VI. aerumnas, morbos, bestias, servos, quae omnia in posterum propagandi causa vel nomen vel genus nobis aut necessaria sunt, aut nobis nolentibus eveniunt, VII. mortem, quia opponitur I, quae significat vitam, et genus, hostes, inimicos, uxorem, VIII. haereditates et funus et qualitatem cadaveris post mortem, IX. significat itinera et legem, nam homines propter mortem de lege cogitant, et iter suscipiunt propter motum aut contentionem, nam itinera divitiarum causa III. significat, quae I. et II. inservit. Sic X. significat statum vitae ut I., vitam igitur, XI. quae sequuntur ad vitae statum, scilicet amicos et gaudia, et XII. quae ad haec sunt, sc. labores, tristitias; haec enim quasi necessaria sunt ad statum vitae continendum aut parandum.

De planetis in singulis domibus. Saturnus solertiam significat, Jupiter prudentiam, ambo animum magis regunt, Mars robur corporis et Sol agilitatem, Venus gratiam circa mores, Mercurius actiones, Luna famam et divitias; et sic fortuna maxime ab his inferioribus regitur. Si fuerit in I. vel Saturnus, animum gravem habebunt et ad magna intendentem, optimum in principibus, malum in privatis; si Solem et Martem, erunt robusti corpore; si ibi fuerit Mercurius vel Venus, in agendis gratiam, optimum in privatis, malum in principibus. Saturnus in X. aerumnas et labores semper significat et quanto apici propinquior, eo gravius affligit; dicitur autem stella esse in apice domus, quae illi coascendens non plus tribus partibus distat ad anteriorem locum aut 5 post. Planeta autem per 5^{0} ante vim retinet, post usque ad 25. In XI. dat amicos infidos et segnes parvamque voluptatem; in XII. dat carceres, hostes occultos, pericula magna. In I. autem domo facit laboriosos, segnes, tristes, contumaces; prima aetate multas aerumnas praestat; in secunda indigere facit, in rebus quibusdam avarum et generaliter infortunatum, in tertia vero sycophantas, haereticos et malos affines, aut cum illis litigare cogit; in IV. fundorum custodem et infidam fortunam, in V. filios debilitat, quosdam etiam necat, in VI. graves et diuturnos morbos, pericula ac carceris vim minatur; in VII. haemorrhoidas facit, malum animum, malos hostes; in VIII. avaros, mali animi; in IX. magnos philosophos, maximos deceptores, facit etiam sacerdotes et haereticos. Jupiter in ascendente bonos, benevolos fidosque facit, in II. divitias et omne felicitatis genus, in III. mitigat labores et vitam tranquillam affert; in IV. autem auget patrimonium; in V. felicem dat vitam, et filios et amicos, minora tamen haec sunt quam in XI; in VI. vero morbos denegat aut leves praestat, nisi fuerit dominus ascendentis, jumenta et equos et servos auget et meliora reddit; in VII. felix senium et divitias tunc; in VIII. mortem quietam et haereditates; in IX. christianis sacerdotia pollicetur, sacrorum scientiam honoresque multos decernit et magnos; in X. aetate media felices facit; in XII. inimicorum frangit incommoda. Mars in I. faciet violentos, robustos, fortes, prodigos et libidinem suam explentes; in II. dissipat patrimonium, ad egestatem reducit, periculis objicit; in III. multa itinera ac labores, tum etiam impium, in omnibus autem locis facit lusorem et Deorum contemtorem et laboriosum; in IV. pedum vitia facit, reditus minuit, facit insanos et miseros; melius in V. degit, nam filios licet malos decernit et voluptates; in VI. vero morbos repentinos, infidos servos; in VII. malos mores et animum, et hostes, et uxores violentas, laboriosos, homicidas, conscios multorum scelerum; in VIII. angustias animi, aestum, turbas, finemque acerbum; in IX. sacrilegos, mendaces, impios, peregrinantes, sed circa gloriam non est incommodus, honores namque non tam decernit, quam admittit; in X. potentiam praestat immensam, si ad senectam perveniunt, multa etiam ferentes incommoda mortemque ut plurimum violentam; sed in XI. felix est, cum nihil noceat, et tamen amicos non omnino fidos praestat, in XII. autem infidos servos, carceres, infamiam, debilitatque corpus aliquo periculo. Semper autem Mars in his, in quibus non est proprius significator, egregie nocet, si tamen temperetur a bonis, magna etiam dona decernit. Sol in I. validam decernit vitam, facit justos et dignitatem suam retinentes; in II. divitias dissipat magnificis apparatibus; in III. religiosos et secura itinera; in IV. patri auxiliatur et gloriam post obitum praestat; in V. filios negat, datos tamen servat; in VI. morbos efficit et cordis debilitatem, honoribus infensus; in VII. nobiles dat uxores, potentes inimicos, vitae finem clarum; in VIII. patri brevem vitam plerumque decernit, ipsi nato morbos et detrimenta corporis infligit; in IX. facit sacerdotes, religiosos, praedicendi vim praestat; in X. potestatem magnam declarat; in XI. amicos regum et claros ac fidos viros; in XII. carceres, tristitiam, inimicos, debilitatem corporis, aliis inservientes. Venus in I. facit pulchros, lepore sermonis gratos, sed vitiis non paucis implicat, sed cum his vitiis ingenii divinitatem quandam largitur; in II. divitias et gratiam et voluptates praestat; in III. fidos, dissimulantes tamen, et qui secessibus gaudent; in IV. auget patrimonium, reditus, gloriam; in V. filiis auxiliatur, bonos multos, dat etiam gaudia; in VI. ignobiles dat uxores nec unquam viris morigeras; in VII. facit impuros, obnoxios vitiis, tarde uxores ducentes ac saepe ob ea steriles; in VIII. dat uxorem viduam, degenerem, sterilem vel deformem, aut nullam, semper autem in VII. VIII. aut IX. felicem praestat senectutem, praeter uxorum incommoda; in IX. facit divinos, sacerdotes magnos. Illud decet animadvertere, IX. cum III., VI. cum XII., V. cum XI. semper sic convenire, ut quaecunque in uno loco planeta decernit, licet minus, in opposito etiam positus polliceatur, ergo III. II. I. in pueritia, XII. XI. X. in juventute, IX. VIII. VII. in senio. In X. felicem juventam ac segnem fortunam, tamen bonam, unde plerique in senio miseri degunt; in XI. haec eadem, sed minus; at in XII. turpibus ancillarum meretricumque nuptiis alligat eosque facit, qui foedis amoribus discrucientur. Mercurius in I. facit ad omnia habile ingenium et qui commode cum hominibus versari sciant; in II. malis omnibus modis sibi incrementum substantiae quaerentes; in III. itinera praebet, varios in lege sua cultuque Dei, et divinatores artibus; in IV. variis turbat matrimonium successibus, occultarum scientiarum intellectum largitur, inde etiam obscurarum literarum interpretes; in V. negotiatores facit, qui tamen libenter conquiescant, bonae spei; at in VI. rationem turbat, laboriosos facit, vilibus rebus incumbentes; in VII. studium praeposterum decernit, uxores vitiatas, inimicorum astutia multa damna patietur; in VIII. facit stultos, tardos, malitiosos; in IX. dialecticos, rationales, mathematicos, divinos, varia versantes; in X. facit in arte sua mirabiles; in XI. circa voluptates studiosos, nitidos; in XII. eos, qui in mala re bene versentur, ingenium vero ad latrocinia, ad decipiendum, ad insidias commodum, quod idem praestat quibus planeta dominus ascendentis in eo loco positus fuerit, quamvis sic posito ascendentis domino frequenter contingat dare poenas. Luna in I. mobiles ingenio et instabiles facit, proditores, leves ac ridiculos; in II. patrimonium fluctibus versat innumeris; in III. bonam facit educationem infantis, itinera multa; in IV. fundos paternos vexat varietate sua, aquarum indicat possessionem; in V. multam prolem; in VI. miseros, laboriosos, serviles; in VII. tarde dat uxorem, infinitis vexat periculis et incommodis; in VIII. facit repente mori, mergit aquis libenter; in IX. facit divinos, sed quasi insanos, longa praestat itinera; in X.

turbatam dat juventam variamque fortunam; in XI. prolem amicosque auget, sed non firmos dat, unde etiam qui in V. vel XI. Lunam habent, multos filios sortiuntur, sed de paucis gaudium percipiunt; in XII. tristitiam, brevem vitam. —

In omni genitura est optimus locus X. vel I. si his fortuna vel radius propitius vel alterius luminaris vel stella fortunata jungantur; medium coeli est magni roboris. — Conjunctio Saturni et Jovis, in quo signo et cum quibus stellis et ubi Luna tunc ac Sol fuerint, consideranda, nam haec erit dispositio 20 annorum sequentium generalis. Reversio Solis ad punctum illius conjunctionis indicabit unius anni tempestatem. Ingressus Solis in initia ♈, ♋, ♎, ♑, qualesque fuerint radii planetarum cum Luna, qualis locus luminarium in orbe, talis erit dispositio 3 mensium interceptorum etc.

Missis his astrologicis Cardani vanitatibus alios ejus adimus libros, e quibus multiplex ejus doctrina immixta perversitati ingenii satis elucet, dicimus libros *De Subtilitate* et *De Rerum Varietate*. Quae de physica occurrunt notanda, haec sunt: „Est aliquid in rerum natura sub forma latitans, quod nec per generationem fit, nec corruptione ipsa interit; hoc ipsum ut primum quoddam materiam primam vocamus ingenitam nec unquam interituram. Materia prima actu est, ad formas comparata potentia esse dicitur. Cum ipsa ab initio tota fuisset implessetque hoc concavum orbis, nec posset finiri, vacuum esse non potest. Quod vacuum non sit, folles ostendunt occlusi, qui si nimium distendantur franguntur; nam locus capacior factus cum nec aëre impleri possit, tantam tenuitatem non admittente, nec vacuum dari queat, superest tertium, ut folles disrumpantur. Hujus vacui necessitate aqua ascendit, dum per canalem sugimus, pronaque descendit hauriens situlam ex urceolo. Hac ratione lucerna mirabilis excogitata est, turris forma undique conclusa soloque foramine contenta, per quod oleum infunditur. Cum convertitur, oleum effundi non potest; nam si effunderetur, vacuum relinqueretur. Accenso autem ellychnio oleum consumitur et sic lucerna sensim vacua redditur, quod ignis calefaciendo rarius et tenuius efficit oleum, id rarius factum intumescit et per foramen exuberat, levissimaque ejus pars interim ascendit ad summum lucernae, quae cum multo aëre referta sit, locum aëre complet ac sic sensim augetur, dum oleum effunditur. Materia igitur ubique est; illa vero sine forma esse non potest, quare etiam formam ubique esse necesse est, sed et animam quandam, seu quod ubique fiat generatio, seu quod in quocunque corpore, cum extra locum suum fuerit, motus principium esse videatur. At motus non ab anima, sed a natura est. Quaedam ex corporibus ut levia sursum, alia deorsum feruntur ut gravia, non vero impelluntur nec trahuntur, locus enim accidens est et elementum ipsum non trahit ubique: intimum igitur est, quo movetur elementum aut ab elemento mixtum. Dico mixtum, ut lapidem a terra, quae in ipso est, deorsum moveri, aut aqua, siquidem mixta et ipsa ab elemento aut elementis, quae in ipsis dominantur, moveri solent. Cum vero corpora ipsa ejusdem non fuerint generis, eodem in loco esse non possunt: nam materia illa duas haberet simul formas. Condensari corpus potest, quod similes habet partes, non autem corpora se penetrare possunt. — In universum tres erunt motus: 1) a vacui fuga, sed verius a forma elementi, cum majorem raritatem non admittat, nec materiae partes separari unquam queant. Esse autem hunc motum naturalem, ostendit consensus in hoc universi et obedientia omnium corporum, quae relictis propriis motibus, ut huic satisfaciant, ascendunt sponte gravia descenduntque levia. 2) Motus directo huic contrarius (motus attractionis) specie quidem ut ille a vacuo fit. Hic ne corpora se mutuo penetrent factus videtur, sed verius oppositam priori ob rationem, ne sc. forma plus justo quam debeat materiae primae consequatur. Clarum est, ambos motus motibus omnibus violentis potentiores multo esse. 3) Motus gravium ad inferna, levium ad superna, quem plane omnes naturalem esse fatentur.

Tria sunt elementa: terra, quae densissima est atque gravissima in imoque posita, aër, qui rarissimus, levissimus, in suprema parte collocatur, et aqua, quae medium in omnibus his possidet. Communia omnibus sunt, quod expertia sunt innatae caliditatis, nullus enim calor nisi a coelo atque ideo ab anima vel luce. Omnis lux calida est et omne astrum ob id calidum. Decipiuntur plurimi in elementis ob calorem violentum aut impressum. Nam ex actione astrorum elementorum partes ad mistionem veniunt fiuntque potentia tales, ut piper calidum; sed hoc non est elementum, sed mistum. Ignis etiam, quae lapidum collisione accenditur, est caliditas astrorum in corpore rarefacto. Elementum non voco rem calidissimam, sed illud elementum dico, quod nec pabulo indiget, nec sponte corrumpitur, nec vagatur, sed certam tenet sedem, maximam habens molem ac ad generationem paratum est. Cumque nullum horum igni conveniat, hunc elementum nequaquam appellabimus. Flamma est nihil aliud quam aër accensus, perpetuo movetur, per angustissima foramina ingreditur, ob motum dividit ac scindit, discissa calore immenso urit ac in propriam convertit substantiam. Fumus est duplex, quidam, qui flammae succedit, tenuis est et in aërem celeriter transit atque ob id nec suffocat nec oculos urit, sed solum calefacit et siccat; alter est, qui flammae praeit generationem, hic humidior est ac oculos urit et suffocat, quod in aërem non facile convertitur. Aqua solet vehementer accendere ignes, quoniam humidum ipsum, quod exhalat, pinguius redditur, nec a circumfuso fumo absumitur, sed totum ignis ipse depascitur, quo purior inde factus et simul collectus a frigido alacrior insurgit. — Aër ictibus excipiendis aptissimus esse videtur. Sunt autem motus simplices alii praeter tres superius dictos quatuor: 1) coelestis, qui maxime est naturalis, 2) alius rursus naturalis, qui a quadam obedientia rerum fit, ut aquae ob Lunam, ferri ad herculeum lapidem, 3) voluntarius, qui animalibus convenit, 4) violentus. Principium motus violenti est extra motam rem. Hoc autem non potest esse nisi aër: igitur mota violenter ab aëre moventur. Quae moventur gravia ictu aliquo tria habent, ex quibus conficitur motus: 1) propriam gravitatem, qua deorsum feruntur, 2) medii (aëris) naturalem vim, 3) vim acquisitam, qua partem aliam aëris movent. Cum gravia post ictum ad supremum recta pervenerint, non per circulum nec rectam illico descendunt, sed media quasi linea, quae parabolae ferme imitatur circumambientem lineam, demum fine motus decidunt linea recta ad unguem.

De Luce. Lumen, claritas et color sunt res una diversorum comparatione, diversa nomina et etiam diversam imaginem ac repraesentationem suscipiens. Lux vero qualitas est ex illius tertio genere, utque in perspicuo corpore a luce fit lumen, ita in opaco color. Lumen est lucis similitudo, quae claritas in se, et coloris substantiam adeo habet annexam, ut prope nihil sit aliud; est lucis imago in corpore perspicuo. Perspicuum autem triplex: quoddam aequale, quoddam inaequale seu in partibus suis diversum, et quoddam sola superficie, cujusmodi sunt specula. In primo lumen recta procedit, in secundo frangitur, a tertio reflectitur. Quare tres sunt species luminis: recta, refracta et reflexa. Recta ostendit res ut sunt, refracta mutatas, reflexa debiles. — Crepuscula fiunt, quia pars quae supra Terram et sub umbra Terrae est, a vaporibus condensata radios Solis excipit et ad nos reflectit. Iris fit e nube densa rorida guttulisque scatente. Obscura est nubes, superior ejus pars a Sole illuminatur, cum vero obscurum illuminatur et id politum fuerit, ad colores pro lucis multitudine transit, guttae vero aquae politae lucis varietate colores referunt. Cum autem circulus interior proximior sit obscuritati, caeruleus videtur, medius qui luminosior est, viridis, exterior, qui et maximus ampliori luce illustratur, croceus est. Purpureus vero et xanthus non principales sunt colores, sed cum varietate luminis ex altero in alterum colorem sit transitus, coëuntibus terminis necesse est in medio tenuiter alios colores apparere. Est autem centrum Solis et oculi et iridis in una linea, sic ex cava nebula perpendiculares radii reflectuntur et quamquam nebula ipsa non sit rotunda, soli tamen radii, qui ex parte rotunda reflectuntur, quia soli perpendiculares sunt, Solis imaginem referunt; quae quia debilis est et debiliter reflectitur, colorum speciem repraesentat sub semicirculi forma. Quanto altior Sol, eo minorem portionem unius circuli iridem esse necesse est. — Aër ad coelum usque extenditur puriorque illius pars aethera vocatur; sed neque aether neque aër ob substantiae puritatem sentiri possunt. Si aër coloris particeps esset, omnia ejusdem coloris esse viderentur etc.

Habes specimen physicae, qualem fere immutatam tenebant per seculum XVI. viri rerum naturae studiosi qualemque deprehendit ipse Keplerus. Superest, ut paucà afferamus ex iis, quae Cardanus de stellis prodidit in libro, quo de *Coelo* agitur. De natura stellarum haec affert: Quomodo lumen a sideribus reflectatur, dubitatio non parva est; nam si a sideribus reflectitur, solidum sidus esse oportet; quodsi solidum, cur motu non frangitur et eum a quo movetur, non fatigat? Oportet autem quemadmodum et in corpore animalium animam sponte moveri et alacriter. In coelo cum ubique anima sit, alacritas est sempiterna, ob id anima non fatigatur, quod nullo corpore indigeat auxilio. Sed de Lunae circulo, quod secum aethera rapiat, non adeo clara quaestio est: fatigari enim deberet; melius est dicere, toti aetheri hoc inesse sponte, ut unaquaeque pars feratur ab oriente in occidentem. Lunae lumen non universum a Sole pendet et multo minus siderum reliquorum. Constat enim in deliquiis maximis eam rubere, ut ignis prunam, et hoc illi lumen proprium est, quacunque flamma et candela clarius. Astra scintillare videntur, quoniam coeli substantia cum sit rarissima, radii ad nos venientes saepius, sed tamen semper ad perpendicularem franguntur; ob id cum aër moveatur, sicut lapilli in imo fontis tremere videntur ob motum fluentis aquae, ita illae titubare videntur. Hoc autem in luminibus dicitur scintillare. Stellae autem errantes et Luna non scintillant, quia robustis viribus radii ad nos perveniunt: sunt enim longe nobis fixis propiores. Stellae longe propius abesse videntur quam sunt, quod medium spatium inter nos et illas non comprehenditur; ob id contraria ratione astra omnia dum oriuntur ac occidunt majora videntur quam in coeli medio, quoniam terrae magnitudo intermedia facit, ut oculus ea plus distare existimet, idem facit densitas aëris, non in quo nos sumus, sed qui procul a nobis abest. — Solis corpus ad Terram proportionem habet, quae 166⅜ partibus ad unum, Terrae dimetiens ad Lunae dimetientem quae est 17 ad 5 ratio. — Cometa est globus in coelo constitutus, qui a Sole illuminatus videtur, et dum radii transeunt, barbae aut caudae effigiem formant. Coelum est sideribus pluribus, sed non admodum densis, plenum, quae cum aër siccescit et attenuatur, vel etiam aliis ex causis oculis nostris se subjiciunt. Moventur cometae triplici motu: 1) ab oriente in occidentem, velut sidera omnia reliqua, in 24 horis; 2) ab occidente in orientem, paulo plus minusve parte una coeli, ad similitudinem Veneris; 3) secundum latitudinem maxime, ut incredibili celeritate modo ad boream, modo ad austrum ferantur. Cauda semper ad unguem partem Soli oppositam respicit. Movetur cometa velut splendor quispiam in rota rotae motu, quo fit ut semper ab oriente in occidentem feratur, quod omne coelum taliter fertur, non semper tamen ab occidente in orientem, quoniam cum fuerit in coelo, cujus planeta retrocedat, fueritque in ea orbis parte, quae contra signorum ordinem fertur, cometes contra signorum ordinem tam diu movebitur, quam diu et planeta etc.

De aequinoctiorum planetarumque motibus haec occurrunt partim obscura, partim insulsa: Coelum non movetur nisi secundum partes. Poli vero, qui quiescere videntur, non vere quiescunt, sed et ipsi moventur, et vis illa, quae in maximis est circulis, quasi defluens et cum defluxu illo coelum ipsum circumagit. Ob id sub zona torrida plurima et perfectiora generantur; velut enim animae vis in corde, ita in medio circulo et velut in cerebro sapientiae, ita in astro. Sphaerulae autem dari non possunt, quoniam Veneris sphaerula ad centrum Terrae atque inferius perveniret. Accipiamus manifesta pro suppositis: Solis medius motus, apogaeum et perigaeum, eadem sunt cum his, quae sunt Veneris, Solque ipse semper sub ecliptica octavi orbis defertur, illius mutationes undequaque referens in longitudine latitudineque. Anticiparunt autem aequinoctia semper ab annis 400 ante Christum usque ad Albategnium, qui floruit annis 900 post Christum, semper augendo, post Albategnium autem anticiparunt, sed minuendo. In octavo autem orbe moventur stellae secundum signorum ordinem, ita ut in 100 annis particula una superent, sed tamen inaequaliter. Movetur octavus orbis motu trepidationis ab oriente in occidentem per antarcticum, regrediens in orientem per septentrionem. Cum igitur motus totus sit ad consequentia signorum, necesse est stellas omnes ab Ariete ad Cancrum magis ab aequinoctii circulo removeri ad boream nobisque appropinquare, quae vero sunt ab initio Cancri ad Librae initium, transferuntur ad aequinoctii circulum a nobisque recedunt, quae ab initio Librae ad Capricornum, recedunt ab aequinoctii circulo ad antarcticum, reliquae a Capricorno ad finem Piscium ad aequinoctium appropinquant et ad nos. In 900 igitur annis, quibus celerius fertur, 13 partes superat, 9 quidem motu proprio, 4 trepidationis, semperque motus celerior evadit, ut cum a sectione orientali ad antarcticum fertur; dum vero ab antarctico ad occidentem in 900 aliis annis, 13 partibus similibus motus perpetuo tardior evadit. Quod si ita est, necesse est anno 1800 magnam mutationem facturum esse in Christi lege, quoniam capita motuum octavi orbis non solum in contrariis locis erunt, sed contrario modo movebunt. Necesse est etiam, aequinoctia anticipare eodem ordine, quoniam Sol motum hunc observat. — Luna praeter 3 motus Solis 2 alios habet, movetur autem aequaliter in orbis signorum ordine circulo magno eclipticam secante, cujus poli a polis eclipticae 5° distant; movetur circulus is ab oriente in occidentem. Hoc circulo fit, ut quandoque Luna sub ecliptica, quandoque longius usque ad 5° procedat. Motus vero ejus est ad signorum consequentia per 13° 11′, perigeum autem et apogeum contra successionem 11° 12′. Cum vero Sol ferme parte una feratur juxta signorum ordinem, sequitur ut Solis media linea semper inter Lunam et ipsius apogeum consistat. — Superiores (planetae) omnes hoc habent commune, ut tantum recedant motu anomaliae, quantum Sol perambulat: ita quod cum sunt velocissimi, sunt Soli juncti, cum maxime regrediuntur, sunt Soli oppositi videnturque majores, quasi descenderint, dum sunt veloces et ad Solem accedunt, exigui etiam versus eclipticam feruntur; cum vero in Solis opposito ferme sunt, ab ecliptica recedunt magnamque habent latitudinem. Mars tamen australior fit quam borealis, adeo ut discrimen sit partium duarum cum dodrante, estque ei id peculiare, quod per duos circulos feratur, neque enim super eodem centro duo magni circuli secantes magis in una quam in alia parte inclinari possunt. Mercurius et Venus habent similem Solis motui annoque uno circuitum perficiunt. At cum Luna in mense bis maxima bisque minima apparet, ita Mercurius ter in anno major, semel minor videtur; nam in Geminis et Libra et Aquario velocissime fertur, et si contingat a Sole removeri, distantiam maximam implet, in Ariete vero minimus et tardus, quasi in apogaeo esset. Cum igitur ita sit, neque eccentrici neque epicycli esse possunt, fabulosum vero sit, Terram tanto impetu nobis nescientibus circumagi, ut Copernicus tradit, neque homocentrici orbes, polis ad rectos constitutis, satisfaciant, ut Fracastorius putat, melius est existimare, astra moveri per mobiles polos, ut Averroes etiam censuit. Nam Ptolemaeus non affirmat, eccentricos aut epicyclos esse, sed eam viam ad dignoscendum affectus erraticarum satisfacere. Quae descripta sunt huc usque, majore ex parte a Fracastoreo desumta sunt, quoniam veritati proximiora videbantur. . . . . Constat sane ex his, coelestes motus per orbes centrum idem habentes fieri, aut per simplices lineas, ut in Sole ac Luna ferme, si motus sectionum tollerentur, aut per helices, ut sidera omnia diurno in motu, aut per reflexas, velut superiores et inferiores errones, dum propriis motibus in longitudinem latitudinemque feruntur etc."

Quae Cardanus profecerit in arithmeticis, contentiones in quas inciderit cum Tartalea de inventionibus algebraicis, partim notiora sunt, partim minus attingunt institutum nostrum, quam quae pluribus examinemus. Quam ob rem misso Cardano ad alium astronomum celebrem illorum temporum transimus, Petrum Nonium (Nunnez) Salaciensem (natum 1492, mortuum a. 1577). Professor matheseos in academia Conimbricensi, cosmographus regius, cum priorum scripta et aequalium magno ingenii acumine interpretatus est atque recensuit (Sacrobosci Sphaeram, Purbachii theorica, Werneri Noribergensis observationes et calculos astronomicos, Apiani et Orontii Finaei scripta examinavit multisque additamentis illustravit, Alphonsi tabulas, praecipue Alphonsinos de trepidatione calculos emendavit, Alhazeni Arabis de crepusculis librum edidit), tum suis scriptis astronomiae, mathesi et arti navigatoriae consuluit. (Tratado de Spehra 1537. De arte atque ratione navigandi 1537. De Crepusculis 1542. Opera Nonii edita a. 1566, 1592.) De circuli divisione, cui hodie nomen est „Nonius" (ea qua hodie utuntur non ad Nonium, sed ad Petrum Vernierum, virum inter Gallos mathematica laude florentem, referenda est auctorem (1631), quem quidem ipsum Nonianam divisionem in suam rem convertisse putaveris) haecce in altero libro „problematum geometricorum" deprehendimus relata: „Propter instrumenti parvitatem non possunt ejus partes ulterius in minutias partiri, adeo ut ultra graduum integrum numerum, quantum v. c. altitudini accrescat (quando nautae per quadrantem altitudinem Solis aliorumque astrorum capere velint), aestimare non possis. Juvabit igitur intra instrumenti ambitum in ipsius area 44 circulos super eodem centro describere. Exterioris quadrans in 90 aequales partes secetur, ei propinquior in 89 et qui hunc sequitur in 88 et ita deinceps suo ordine, quemadmodum in libro Crepusculorum docuimus." His addit: „ita enim existimo Claudium Ptolemaeum fecisse." Nuspiam autem invenitur tale quid in Ptolemaei scriptis omnesque consentiunt, Nonio hujus inventae divisionis honorem tribuendum esse. — Quaestioni de crepusculis haec praemittit Nonius: Si luminosum sphaericum aliud sphaericum corpus illuminat, necesse est extremos radios luminosos utramque sphaeram attingere; luminosum sphaericum sphaerici minoris plus quam dimidium illuminat, Sol igitur in mediis longitudinibus Terram illuminat sub arcu maximi circuli, continente 180° 28′ fere. Altitudinem vaporum ponit Nonius ad 1068 seu 1052 passus — „quod quidem cum nautarum observationibus maxime convenit". Crepuscula oriuntur refractione radiorum Solis in aëris vaporibus. Pluribus demonstrat, crepuscula secundum poli altitudinem et borealem declinationem crescere aut minui, nec non crepuscula aequalia esse in utraque aequatoris plaga, declinationibus existentibus aequalibus. Deiu transit ad problema satis difficile, tempus minimi crepusculi inveniendi, quod longius quidem sed rite calculo trigonometrico solvit. — De Copernici ratione haec Nonius affert: „Utrum rationibus illis, quibus Ptolemaeus usus est ad ostendendum, Terram in circulum minime moveri, ipse Copernicus satisfaciat, cum ait, non solum Terram, sed etiam terrea et omnia gravia ubicunque posita fuerint, naturali motu ab occasu in ortum ferri, philosophorum est disputare. Quod autem ad astronomiam attinet, Solis et Terrae loca commutat et ut Solem atque inerrantes stellas immobiles faciat, triplicem motum Terrae tribuit in eccentrico orbe una cum binis librationibus, ut in omni aetate stellarum fixarum observationes sibi invicem congruere possint, instar duarum trepidationum, quas J. Vernerus ob eandem causam finxit. Lunam non sine ratione collocat in epicyclo epicycli, centrum minoris in circumferentia majoris. Ceterum adverto, totum minorem intra majorem includi oportere, ne coelum rumpatur, si id commodum esse putet. Et quoniam eccentricos orbes ponit, alios ponere necesse erit, qui planetarum sphaeras concentricas compleant. Quare judicio meo id solum contendere debuit, quonam videlicet modo ex suis et aliorum observationibus tabulas coelestium motuum exactiores reddere posset, quod quidem assequi poterat octava sphaera mota, Sole etiam moto, Terra tamen in medio mundi immobili existente, ut in communi astronomia. — Quum inter Lusitanos et Hispanos fere unus laudetur Nonius, qui algebraicae rationi operam dederit, insignire lubet librum ejus inscriptum: *Libro de Algebra y arithmetica y geometria. 1567.* (Pluribus de Nonio agit Delambrus in hist. astron. mediae aetatis p. 398—430.)

Circa medium seculi XVI. floruit poëta astronomicus et Medicus celeberrimus Parisiis, Antonius Mizaldus († 1578) cujus exstant quaedam carmina astronomica et cosmographica. (Meteorologia, 1547; Aesculapii et Uraniae conjugium, 1550; Planetologia, 1551; De mundi sphaera seu Cosmographia, 1557. [1571], Zodiacus, Planetae, Asterismi 1553). Conscripsit etiam opuscula quaedam oratione soluta (Ephemerides 1554. Cometographia 1549. etc.).

Opusculum ab auctore „Ephemerides“ inscriptum nil continet praeter tempestatum descriptionem earumque divinationem. Praecepta significationum eadem ferme sunt, quae passim in Calendariis deprehendimus, desumta e Solis stellarumque aspectibus et colore, nec non ex animalium quorundam habitu, immixtis quibusdam de rerum natura perversis judiciis (v. c. fulmen fit, quando halitus siccus et nonnihil viscosus multo motu conciliato aestu in nube percoquitur et in ferream aut lapideam quandam massam coit. Aliter: fulmen est exhalatio ardens, e nube vaporosa deorsum violenter jacta). In Cometographia originem cometarum hanc esse dicit: „Terra una cum aqua Solis ac stellarum radiis pulsata tenuissimos halitus in ambientem aërem emittit, quorum pars altera ardens in aëre inferiore remanet et dracones volitantes etc. nominatur, altera pars in altiorem aërem evehitur, nominatur faces, trabes etc. Spiritus e Terra emergens in suprema aëris regione sub sphaera Lunae incenditur et pabulum cometario incendio idoneum praebet. Quae materia temperamentum a coelo accipit et peculiari motu ab aliqua certa stella regitur et trahitur. Cauda a reliquo corpore nihil differt, nisi quod fortasse minor atque levior existit.“ Ejusmodi ineptiae multae deprehenduntur; adduntur astrologica et catalogus cometarum inde a cometa, qui Xerxis tempore conspectus est, usque ad cometam anni 1539, circa caput Leonis effulgentem. — Amicissimus erat Mizaldus Orontii Finaei ediditque anno 1556 mortuo auctore Finaei opus: *De rebus mathematicis hactenus desideratis libri IV.*, refertum erroribus geometricis, item sicut alia Finaei opera virum nimis sui conscium exhibens; nec tamen non alia rationi magis consentanea deprehendimus, quamquam irrito conatu v. c. circuli aggressus quadraturam, rationem tamen inter diametrum et circumferentiam hanc refert: 1 ad $3\frac{11}{78}$; nec non laudanda est in typis exprimendis diligentia et elegantia, ita ut hoc Finaei opus, quod apparatum attinet, praeferendum sit aliis monumentis typographicis circa hoc tempus editis. Ad Mizaldum redeuntes, hoc tantum priusquam ulterius progredimur notandum censemus, poëmata viri parum praeponenda esse reliquis illius scriptis, ut quae nimis abrupte rem tractent nec nova aut singularia exhibeant.

Bene meruit illis temporibus de astronomia Erasmus Oswaldus Schreckenfuchsius, Austriacus, praecipue edendis priorum astronomorum operibus et scite illustrandis. (Ptolemaei opera edidit 1551, Purbachii 1556, Procli 1561, Regiomontani 1567, S. Bosci 1569.) Nimis autem occupatus in his priorum temporum studiis, parum rationem habuit recentiorum. Copernicum quidem laudat „quasi miraculum mundi, ob mirabiles ejus inventiones" nihil autem refert de rebus ab eo detectis. Ceterum additamenta Schreckenfuchsii, longiora quidem, tironibus haud parum profuisse in percipiendis praeceptis astronomicis haud dubium est, quae faciliora intellectu reddidit additis multis exemplis (praesertim in opere inscripto: Primum Mobile 1567). Ex commentariis in theoricas Purbachii hoc excerpimus: „Theorica trium superiorum planetarum a Solis theorica in hoc differt, quod Solis corpus deferatur a quodam orbe eccentrico, nunquam declinante ab ecliptica, et hoc secundum signorum ordinem, aut in epicyclo, cujus semidiametri quantitas aequat quantitatem lineae, quae est inter duo centra, scilicet mundi et eccentrici, ita ut planum epicycli a plano zodiaci nunquam obliquetur. Talis positio non habet locum in superioribus, siquidem in illorum theoricis alia sit quantitas linearum, quae est inter centra mundi et eccentricorum, item alia diametrorum epicyclorum, planorumque eorum alia deflectio in plano zodiaci, quam planorum deferentium. Differunt etiam a Lunae theorica, quia deferentes augium non contra ordinem signorum sicut in Luna moventur, imo secundum ordinem ad motum octavae sphaerae, auges eorum non modo sub ecliptica, modo extra eclipticam reperiuntur vel versus boreum vel notium polum, quemadmodum in Luna videmus, sed declinant semper a plano zodiaci boream versus; plana epicyclorum horum planetarum deflectunt a planis suorum deferentium; motus epicyclorum et nodorum etiam aliter habent quam in Luna."

Occupabatur commentariis in Purbachium Regiomontanumque (1551, 1552) etiam Cyprianus Leovitius, Bohemus, astrologicis studiis addictus (cfr. vol. II. p. 422). In libro de eclipsibus (1556) supputationem astronomicam ad Alphonsinos refert numeros, arbitrio legentium permittens, utrum Purbachii an Copernici hypothesibus uti velint. Lunae motum ab ipso quam accuratissime censet definitum esse, sed in eclipsibus, inquit, solaribus tantum experientiae non sum assecutus, ut eandem eis certitudinem, quam lunaribus tribuere possim; paucas enim ipse vidi. Proinde praeter meas rationes, quas in Solis eclipsibus adjeci, Purbachianae vel Copernicanae adhiberi poterunt. Eclipsium delineationem et computationem triplici ratione perfectam (ipsius, Purbachii et Copernici) ab anno 1544 usque ad annum 1580 proponit, adjiciens conjecturam astrologicam singulis eclipsibus. Hoc usque ad annum 1606 continuandum sibi proposuerat, sed „ob adversam valetudinem et arduos labores ephemeridum impeditus sum, quo minus illas ad constitutum numerum eclipsium produxerim." Ut ipsius numeri referri possent ad alia ab Augustano meridiano differentia loca, addita est tabula praecipuarum civitatum Europae, continens altitudinem poli, motum Lunae et differentiam meridianorum ab Augustano ad tempus horarium relatam. — Ephemerides Leovitii (1557) maxima ex parte in usum astrologorum sunt conscriptae iisque praemissa est longior astrologiae defensio contra „calumniatores", et introductio in astrologiam, fons uberrimus studiosis astrologiae.

Astrologicis pari modo addictus studiis erat Petrus Pitatus, Veronensis, professor mathematicae in academia Philarmonica. Stoefleri maximi habuit opera astrologica ejusque Ephemerides suis Ephemeridibus adjunxit. (Almanach novum. Venetiis 1544. 1552. Tubingae 1553.) Pitati computationes non plane consentiunt Stoeflerianis, cujus rei causam refert partim aequinoctiorum anticipationem inde a Stoefleri temporibus, partim errores quosdam, quos Stoeflerus in computandis planetarum congressibus et fixarum motibus commiserit. Astrologiae item exhibet longam defensionem ejusque usum ostendit, desumtis a Stoeflero et Regiomontano regulis quibusdam de mutatione aëris. Occurrit in hoc opere laus Venetiae, quam hic adjungimus: „*Urbs illa est auri dives, sed ditior famae, potens opibus, sed virtute potentior, solidis fundata marmoribus, sed solidiore etiam fundamento civilis concordiae stabilita, salsis cincta fluctibus, sed salsioribus tuta consiliis.*"

Astronomi illius aetatis non ignorabant, quibus mendis et difficultatibus superiore tempore magis apertis Calendarium antiquitus traditum laboraret. Qui, quae computassent et dimensi essent, quum opinionibus usitato Calendario traditis saepe repugnare viderent, dudum de emendando Calendario cogitantes alia atque alia suadebant, donec Gregorius Pontifex Romanus dissecto nodo novarum controversiarum auctor exstitit. Pitatus et ipse pro virili parte difficultatibus occurrere conatus summoque ad rem dirimendam studio incensus haud mediocris ingenii et doctrinae specimina edidit, ut opus ejus (Compendium super annua solaris atque lunaris quantitate, Paschalis item sollenitatis juxta veteres Ecclesiae canones recognitione, Romanique Calendarii instauratione. Veronae 1560), haud indignum esset, cujus ad exemplum Gregorius sua mutaret et conformaret; quamquam ut quae operi inerant bona aut non vulgarentur, aut justo minus probarentur, fusiore eodemque impeditiore dicendi genere factum esse negari non potest. Pontificem M. Pium IV. appellat, ut Calendarium emendari jubeat „ut vulgi murmurationes sustuleris Lunamque cornuta facie, quando ecclesia primam pronunciat, nec non lumine deficientem XXV. sive XXVI, quando eadem ecclesia XV. vel XVI. indicat. Hinc Hebraeorum blaterationes obtrudes, ignorantiam atque inscitiam paschalis solennitatis nec temere nobis impingentibus. Quod tu annis his duobus 1561, 1562 diebus 7 in anno, e mensibus totidem dierum 31 clandestine et furtive pene susceptis efficere poteris, de anno 1600 ac reliquis centenis, nec minus de calendarii reformatione annis quibuslibet 19 sive 304 curam ac normam posteris relinquens. Qua ratione aequinoctium non longe a prisca ejusdem sede 25. vel 24. Martii die occurret; verus paschalis solemnitatis canon minime immutetur, a quarta decima Luna primi lunaris mensis ad 21. ejusdem mensis diem celebretur". Insuper addit Pitatus ad usum astronomicum praecepta ad indagandas conjunctiones medias luminarium per calendarium novum, ad exprimendam aetatem Lunae die quolibet mensis, tabulas ortus et occasus stellarum fixarum insigniorum, denique catalogum fixarum secundum Copernicum.

Defensionem rationis Ptolemaicae suscepit Nicolaus Simus, Mathematicus Bononiensis (Theoricae planetarum 1555) et quasi sua refert theoremata fere verbotenus a Purbachio desumta, quae vere sua sunt, nullius plane sunt momenti; versatissimus erat in conscribendis Ephemeridibus (1554. 1556. 1558). Sibi similem habuit in hac arte Joannem Bapt. Carelli, Placentinum (Ephem. 1558), astrologiae strenuum defensorem. — Sicut Simus Purbachii theoricas, ita Scotus quidam Jacobus Bassantin, in Gallia degens, Reinholdi commentarium in Purbachii opus penitus descriptum evulgavit quasi suum, lingua gallica conscriptum (Astronomique discours 1557). Eam partem, quae e Purbachio desumta est, inscripsit: „Theorique des cieus mouvemens et termes practiquez des sept planetes." Sic agens de astronomia practica, describit Apiani „speculum astronomicum", Gemmae Frisii annulum astronomicum, et astrolabii usum docens (Paraphrase de l'Astrolabe. 1555.) penitus Stoefleri opus huc pertinens transscripsit. —

Inter celebriores suae aetatis astronomos nominandus est Johannes Stadius cum propter Ephemerides ab ipso conscriptas (Ephemerides novae et exactae, 1556. 1559. Eph. novae, auctae et purgatae 1570. 1581. 1585), tum ob tabulas astronomicas, ad modum Prutenicarum computatas (Tabulae Bergenses. 1560.) Ephemerides magna ex parte astrologiam spectant, computatae sunt ad longitudinem Antwerpiae, „emporii longe nobilissimi". Tabulis suis nomen Bergensium elegit in honorem Roberti de Bergis, Leodii episcopi. In epistola dedicatoria ad hunc episcopum scripta deprehendimus hoc peculiare dictum: „A Ptolemaeo hucusque Solem devergere 31 terrae semidiametris, et hactenus a condito orbe Solem descendere omnium aetatum statae observationes confirmant, et supersunt vix quinque secula, quum Sol et Terra minimo intervallo coibunt." — Copernicum magni facit ejusque opus his verbis laudat: „opus, quo nihil hic orbis vidit aut exquisitius aut concinnius, cujus arguta concisaque brevitas, immo demonstrationum acumen subtilitasque plerisque usum praeclusit." Calendarii reformationem maxime necessariam esse putat, cum aureus numerus falsus sit (plenilunium 19 annis exactis non penitus ad eosdem dies et horas redire), et aequinoctia sensim in praecedentia sese promoventia instabilem habeant locum. Haec vitia concurrentia gravius serpere si diutius ferantur, exstirpari certe non posse, nisi astronomia arte sua succurrat. — Adjungendus est in his de Calendarii reformatione studiis Stadio et Pitato: Bartholomaeus Schoenborn, Medicinae Doctor Vitebergensis, qui in *Computo Astronomico* (1567, 1579) aegre fert inconvenientiam usitati calendarii, pluribus disserit de temporis divisione et implorat principes, „ut J. Caesaris exemplo anni rationem emendent eamque rite constituant, cum usualis anni magnitudo, superans vertentem annum astronomicum inde ab aetate Julii, tempora aequinoctiorum et solstitiorum satis longo intervallo retro traxerit, quae nunc restituenda locis suis ac sedibus pristinis forent. Verum de his inquirere atque hoc modo disserere licitum est in scholis, sperare autem emendationem justam hoc infelici seculo et tristi rerum omnium confusione vix unquam".

Stadii *Tabulae* desumtae sunt magna ex parte, ut diximus, e Prutenicis eaeque multo minus accuratae et dilucidae. Tabulas, quas vocat mediorum motuum Reinholdus, Stadius nominat aequabiles easque computavit ad normam Alphonsinorum, unde plurima vitiosa prodeunt. Planetarum stationes etc. („passiones") Stadius ducibus modo Ptolemaeo, modo Copernico, modo Reinholdo epicyclorum adjumento explicat. Motui fixarum in longitudinem inaequalitatem quandam inesse putat eamque, Rhetici narrationem secutus, statuit a Timochare ad Hipparchum 40′, ab Hipparcho ad Menelaum 2° 15′, ab hoc ad Ptolemaeum 25′, ad Albategnium 11° 30′, unde aequinoctiorum praecessionem ponit temporibus Timocharis 2° 20′, Hipparchi 4° 2′, J. Caesaris 4° 50′, Christi 5° 16′, Menelai 6° 15′, Ptolemaei 6° 40′, Mahometis Aratensis 18° 10′, Alphonsi 24° 10′, anno 1500. 27° 6′. Rationem longitudinis fixarum ex observata declinatione et latitudine dimetiendae plane eandem proponit, quam Copernicus libro III. cap. 2. Declinationem Spicae deprehendisse se ait „Nonis Julii anni 1559. 8° 48′, quam Copernicus anno 1525 invenit 8° 40′. Schemate eodem quo Copernicus utitur, mutatis literis, et deprehendit Spicae locum 17° 40′ ♎, quem Copernicus computavit 17° 21′ ♎. —

His e Stadii scriptis excerptis elucebit, qua ratione et via vir usus sit, nec non apparebit, eum haud ita multa quae nova essent et propria evigilasse, ita ut mirum non sit, quod illius tabulae prioribus adeo non praeferendae putabantur, ut brevi postquam Tycho observationes suas instituit in oblivionem venirent. (Natus est Stadius anno 1527 Leonhuti in Brabantia, astronomiam docebat Lovanii, Sabaudiae et Parisiis ibique mortuus est anno 1579.)

Cometae qui illis temporibus apparuerunt (1556, 1558.) maxime agitabant astronomos, aeque ac reliquos mortalium. Praeter multa absurda, quae de ortu, natura motuque cometarum longe lateque vulgata erant, pauca tantum notatu digniora deprehendimus. Primi rite de directione caudae cometarum disseruerunt Apianus (Astronomicum Caesareum 1540), Fracastorius (cfr. vol. I. p. 286.), R. Gemma Frisius (Radius astronomicus, 1545) et Cardanus. — Jo. Hommelius*) cometae

---

*) Memmingensis, nat. a. 1518, parochi munere fungebatur in pago prope Memmingam sito; sed quia Caesaris edicto, ne res sacrae ad certum tempus ulterius moverentur, parere recusabat, munere se abdicavit anno 1548. Quum deinde Augustam Vindelicorum se contulisset, mathematicis studiis se dedit et a Carolo V. propter egregiam mathematicae lau-

anno 1556 apparentis radios et corpus ipsum refert in tramite suo mutata esse; radios, qui vesperi in meridiem, post mediam noctem in occasum directos, caudam a Sole tum aversam habuisse, donec a Sole minus quadrante remotus fuerit. — Leovitius et Cornelius Gemma (filius Reineri) eundem cometam describunt accuratius, item illum anni 1558 Joach. Camerarius*) et Cornelius Gemma. Posterior locum ejus constituit d. 17. Augusti in 12° ♍, distantiam ab Arcturo 30° 32′, die 20. ab extremitate caudae Ursae majoris 28° 33′.

Alexander Piccolomini, natus Sienae anno 1508, archiepiscopus Patrassensis († 1578), philosophiae addictus Aristotelicae, Terram infixam suo loco haerere rigide defendit Pythagoraeorumque sententiam refellere studet in libro, anno 1539 edito *(De la sfera del Mondo)*, magni facit Sacrobustum ejusque *Sphaeram* interpretatur. Stellarum magnitudinis rationem hanc refert: Sol Terram amplitudine vincit centies sexagies sexies, stellae fixae magnitudinis primae centies decies quinquies, Jupiter 91ies, Saturnus 95, stellae magn. secundae 86ies, tertiae 72, quartae 50ies etc.; Mars magnitudine sua Terram bis superat, Venus minor est Terra tricies septies, Luna 39ies, Mercurius 3143ies. Testes harum rationum laudantur priores astronomi, nec non Dante in poëmate divina comedia Distantia Terrae a Luna proditur 160427 milliaria, a Mercurio 316528, a Venere 831826, a Sole 6058289, a Marte 6108409, a Jove 44472625, a Saturno 72178444. Comparans quantitatem terrae et aquae in superficie terrena logicis artificiis deducit, quantitatem aquae minorem esse continente. In designandis fixarum constellationibus singularem exhibet rationem, Baierianae similem, cuivis fixae literam apponens *(Delle Stelle fisse. 1570)*. —

Physica quaedam et mechanica theoremata et problemata proponit poëta quidam laureatus Coloniensis, Johannes Taisnerus (nat. 1509.), qui magna arrogantia et impudentia aliorum scripta in suum usum vertit. In libro „De Magnete" (1562) quaedam descripsit ex libro Petri Peregrini Maricurtensis (cfr. vol. II. p. 639), quem ediderat Achilles Gasserus (1558). in quo haud plane absona de natura magnetis, de ratione polos illius inveniendi etc. deprehendimus. Contendit auctor, a polis mundi polos magnetis virtutem recipere, construit instrumentum quo „scitur azimuth Solis, Lunae et cujuslibet stellae in Horizonte". Aliud instrumentum ad perpetuum motum excitandum describit, nullo modo laudabile. Taisnerus haec instrumenta inania suis scilicet laudibus extollens, addit: „si minus ex animi sententia successerit, id non arti, sed ignaviae et tuae negligentiae imputandum erit." Dein affirmat Taisnerus, disputationem ab ipso habitam fuisse Florentiae de Aristotelis erroribus indeque prodiisse tractatum ab ipso editum de proportionibus motuum localium. Si quis autem hunc tractatum accuratius inspexerit, ei apparebit, descriptum esse e Benedicti speculationibus. Tractatum alium de fluxu et refluxu maris idem Taisnerus vindicat suum, at in hoc quoque furem se exhibet, Frid. Delphini (Medici et philosophi Veneti) longam de eadem re disquisitionem (1559) excerpens. Pauca in hac disquisitione, quae sint nova aut graviora, deprehendimus, in rebus mathematicis prorsus caecutiens auctor ea, quae ipse observaverat aut auditu acceperat, miscet. Sacrobosci Sphaeram (1559) et Gemmae Frisii annulum astronomicum (1560) transcripsit

---

dem in locum equestrem promotus et comes palatinus designatus est. Anno 1551. Lipsiae munus suscepit matheseos professoris ibique mortuus est anno 1562. Peucerus hoc de Hommelio feit judicium: „conceperam spem summam etiam de Hommelio, quem ingenio cum Rhetico, diligentia cum Erasmo, doctrina cum utroque conferendum, propter aetatem tertio loco colloco."

*) Natus est e nobili genere Bambergae anno 1500, graecam et latinam linguam profitebatur Tubingae, post Lipsiae, ubi mortuus est anno 1574; Homelius gener erat Camerarii.

Taisnerus et pro suis venditavit; denique palmam quaesivit insaniae edendo immenso fere libro de Chiromantia et Astrologia (1562.), qui proprio an alieno Marte sit conscriptus nescimus.

Breviter commemorandum censemus libellum Abdiae Wickneri, scholae Rotemburgensis ad Tuberim praefecti († 1564), in quo in usum astronomiae studiosorum eorumque, qui loca stellarum cognoscere velint, quamvis non plane imbuti astronomiae mysteriis, quam brevissime definitiones astronomicas et tabulas non plane rejiciendas consignat, eadem fere ratione, qua hodie passim exstant tabulae ad inveniendam altitudinem Solis, ad usum instrumenti, quem vocant sextantem solarem etc. (editus est hic libellus a. 1561). — Item Astronomiam et Cosmographiam in tironum usum conscripsit Michaelis Neander ex Valle Joachimica inscriptam Elementa sphaericae doctrinae, seu de primo motu, Basileae 1561 impressam. Notatu dignum est, delineationes fere omnes ab auctore omissas esse, ut brevius et dilucidius rem pertractare posset. Cum in astronomicis tum in geographicis Ptolemaeum sequitur. Terram non moveri hac ratione probat: naturaliter gravia tantisper deorsum ruunt, donec centrum universi assecuta sint et tandem quiescunt. Terra ergo maxime gravis circa centrum collapsa est et ibi quieta manet ob naturam gravitatis. Adjuvat etiam circumflexus coeli, qui Terrae molem aequalibus velut brachiis attingit, fulcit et sustinet. Deinde quo ruat non habet. Versus coelum enim hinc inde sursum est, qui locus, ut a gravibus aspiretur, natura cavet.

Andreas Schonerus, celebris Johannis filius (nat. 1528, † 1590) innotuit cum editis patris operibus quibusdam, tum conscripto opere de Gnomonica 1562), in quo non tantum ea, quae priores in hoc doctrinae genere profecerunt, enumerat, sed etiam nova quaedam prodit. Quae quum enumerare longum sit, lectores earum rerum curiosos ablegamus ad Delambrum (Hist. Astr. du moyen âge p. 601 ss.).

Inserendum hic censemus Johannis Baptistae Portae opus notissimum, inscriptum *Magia Naturalis*, eadem fere referens, quae Cardani libri de subtilitate et rerum varietate, in quo summa nobis affertur omnium fere librorum cum veterum tum recentiorum, in quibus res ad physicam, mechanicam, opticam, historiam naturalem pertinentes inquiruntur. Praebet hoc Portae opus specimen quasi eorum, quae de rerum natura illis temporibus divulgata erant; miscet, ut vere Keplerus dicit, „manifeste incredibilia probabilibus, res graviores obiter tantum attingit." Legatur praefatio Portae ad editionem anni 1595 (vol. II. p. 402); quae illic profert vera esse videntur, quae aetatem auctoris attinent qua librum suum conscripsit, vera autem et ea, quae sequuntur, quibus aequalium ingenium significatur. Iis quae Keplerus passim in praemissis voluminibus, praecipue vol. II, ex hoc libro excerpsit, haec adjungenda censuimus, ut plenius cognoscatur viri ingenium. Magnes est Portae mixtus ex lapide et ferro, „quasi ferreus lapis vel ferrum lapideum", cui plus insit lapidis quam ferri; „lapides non trahit, quia iis non indiget, quum satis sit in eo lapidis; etsi magnes magnetem trahit, non trahit ob lapidem, sed ob ferrum lapidi inclusum. Polus vim suam in orbem diffundit sicut lumen candelae spargitur undecunque et quanto ab ea longius recesseris, eo languidius splendet". Virtutem magnetis nullo obice impediri, magnetem intra virtutis suae orbem sine contactu eam diffundere, „cujus metimur virtutem libra et ponderibus lanci impositis". Porro: ferrum in aëre pendulum fieri potest sine ullo magnetis contactu, dummodo ab inferiori parte tenui filo cogatur, ne sursum ascendat. Ferri et magnetis mutuus amor efficacior longeque validior est, quam magnetis cum magnete. Animadversum jam diu a nostris est, ferream cuspidem magneti adfrictam non semper super meridianam lineam conquiescere, sed orientem versus 9° ab ea linea declinare, nec ubique locorum eundem situm servare, sed variis in locis varias ostendere declinationes. Sed is error hunc ordinem sequi videtur, quod quanto propinquior orienti fuerit, tanto magis versus orientem ab ipsa meridiana linea deviabit, et quanto occidentem versus porrexeris, eo magis ad occidentem ferrea cuspis verget. Traditur praeterea a viris peregrinationibus insignibus, in Fortunatis insulis unam esse, quae Assoras dicitur, in qua ferrum pyxidi impositum vere super meridianam lineam quiescat. — „In „staticis“ primum obtinet locum *vacuum*, quod „adeo a natura abhorret, ut prius mundi machinam dissolvi contingat, quam illud admittatur“. De celebri Archimedis problemate disserit non magna cum verecundia, idque solvere studet ratione parum convenienti. Refert quaedam metallorum pondera, quae dicuntur specifica, desumta ex Tartalea ex parte minus correcta. — Quae de opticis affert problemata, non theoriam spectant, sed praxin tantummodo. Camera obscura (cfr. vol. II. p. 160) hac ratione ab auctore describitur: Cubiculi fenestris omnibus clausis unum tantum foramen digiti minimi magnitudine aperietur et e regione parietis albi vel papyrus vel alba lintea apponatur. Sic a Sole foris illustrata omnia et deambulantes per plateas spectabis, uti antipodes, quaeque dextra sinistra commutataque omnia videbuntur. Si autem crystallinam lentem foramini appones, jam jam omnia clariora cernes. At si vis majora omnia et clariora videre, e regione speculum apponito, quod colligendo uniat. Si vis ut recta omnia videantur, hoc erit magnum artificium, a multis tentatum, sed non assecutum. Opponito foramini specillum e convexis fabricatum, inde in speculum concavum imago resiliat: sic supra foramen in papyrum albam jaculabit imagines rerum objectarum tam clare et perspicue, ut non satis laetari, non satis mirari possis.“ De „crystallinae lentis affectionibus“ quaedam affert nimis concise, indeque hoc excerpsimus dictum, quo moti quidam Portae inventorum tuborum opticorum gloriam vindicarunt: Concavo longe parva vides, sed perspicua, convexo propinqua majora, sed turbida, si utrumque recte componere noveris, et longinqua et proxima majora et clara videbis. — Theoriam opticae Porta accurate adit in libris de *Refractione* (1583), disserit de structura oculi, de causis, quae pupillae expansionem et diminutionem efficiunt, de ortu colorum in iride etc., permixtis plerumque veris et falsis. — Anno 1588 edidit Porta interpretationem libri I. Magnae Constructionis Ptolemaicae, 1603: Coelestis physignomoniae libros VI, nonnisi astrologica continentes, 1601: *Pneumatica* (rec. et aucta 1606); in secunda editione quaedam affert ad thermoscopiam referenda, nescimus a quo desumta. (Mortuus est Porta anno 1615. Neapoli.)

Emendando Calendario operam impendit Johannes Paduanus, Veronensis, Pitati discipulus, in opere inscripto: *Viridarium Mathematicorum* (1563), in quo calendarii usum monstrat, additis tabulis variis, instrumentorum astronomicorum descriptione, nec non problematibus astronomicis ad calendarii constructionem pertinentibus. Idem occupabatur construendis horologiis solaribus (1582). Refert hic liber tabularum formis altitudines solares, umbrarum longitudines et angulos, quos umbrae efficiunt cum meridiano aut linea horizontali. Anno 1586 ejusdem prodiit *Opus de temporum computatione et divisione*, quo novi calendarii defensorem se in titulo professus non ultra ea, quae in „Viridario“ exstant, procedit. —

Astronomi ad conficiendos suos calculos, nondum detecto calculo per numeros fractos decimales, peculiarem rationem, relatam ad circuli divisionem excogitaverant, cui nomen dederunt logisticam sexagenariam. Quicunque tum temporis evulgavit opus astronomicum, ephemerides aut tabulas, praemittenda censebat praecepta huic calculo inservientia. Ut tironibus et astronomiae studiosis faciliorem ad hanc artem aditum praeberet, conscripsit Sebastianus Theodoricus, ab urbe patria Winshemius (Winshemia in Franconia) nominatus, Wittebergae matheseos, posthac medicinae professor: *Compendium Logisticae astronomiae* (1563) et canonem sexagenarum (1564). Iisdem fere principiis innititur haec „logistica“, quibus exactis aliquot lustris inventa logistica decimalis. („Integrum medium locum obtinet, collectum sexagenaria additione constituit sexagenarum ordinem, divisum vero sexagenaria divisione efficit scrupulorum ordinem.“) Regulas diversis arithmeticae generibus inservientes perbelle proponit auctor, desumtis exemplis ex astronomia, ita ut liber vere fuerit compendium studiosis astronomiae. — Idem faciendum sibi proposuit auctore usus Theodorico Edon Hildericus Jeverensis, Professor matheseos et linguae hebraicae nec non theologiae Altorfii († 1599) in libro, qui et ipse inscribitur: Logistice Astronomica (1568). — Minus Theodor. probandus est in opere, quod ipsam astronomiam attinet (Novae quaestiones sphaerae 1564). Legimus in hoc libro: „Lumen stellarum proprium est et mutuaticium. Illud splendidius redditur a Solis lumine in eas incidente. Stellae moventur motu suorum orbium, quibus adfixae sunt“, quod mira ratione probatur adhibitis logicae regulis; similiter finem facit probans coeli motum, Terrae immobilitatem, figuram et dimensionem stellarum fixarum. Exemplum, qua ratione concludendi auctor utatur, hoc proponimus: „Quidquid sacra scriptura adfirmat, sine ulla dubitatione certum est. S. scriptura adfirmat, Terram esse immobilem et fixam: ergo Terra in medio mundi quiescit nec movetur.“ Cui superaddit: omnia gravia cadunt ad superficiem Terrae secundum rectissimām lineam in eaque quiescunt, et nisi soliditate ejus arcerentur, ad centrum usque prolaberentur. Necesse autem est, superficiem, ad quam corpus grave secundum rectam lineam cadit, esse immobilem, ergo . . . Laudandus est ob eximiam industriam et perspicuitatem Josephus Moletius, Patavii mathematum professor (natus Messanae 1531, mortuus Patavii a. 1588). Edidit Commentarios in geographiam Ptolemaei (1562), Ephemeridas (1564); anno 1580. „Tabulas Gregorianas“ repetitas ex Prutenicis, in usum novi Calendarii Pontificis maximi jussu concinnatas, quibus adjungit propositiones quasdam de Calendario corrigendo.

Temporum ordinem servantes virum dicimus cum in mathematica theoretica tum practica inter celebriores numerandum, Cunradum Dasypodium, cujus exstant permulta opera, quae pertinent ad omnia fere matheseos genera. Anno 1567 prodiit *Compendium Geometriae, Logisticae, Astronomiae et Geographiae* graece et latine conscriptum, in usum scholarum. Opus hoc quemadmodum id agit, ut jungenda in mathematicis studiis latina et graeca lingua legentium animos magis incendat ad cognoscendos veteres colendamque mathematicam, sic auctor libri idem spectavit editis in scholarum usum graecis aliquot mathematicis (Theodosio, Autolyco 1572, Ptolemaeo 1578; Euclide 1557, 1564, 1566, 1571. Lexicon mathematicum edidit anno 1573, quo definitiones mathematicae graece et latine, non ordine alphabetico, sed logice dispositae sunt). Idem simile quid pandectis, quibus juris consulti utuntur, opus amplissimum, quod universam mathematicam complecteretur, conscribere in animum induxerat; quae edita sunt, inscripsit *Institutiones et Pandectas.* (Institutionum Mathematicarum Vol. I. Erotemāta. 1593. Appendix 1596.) Ipse refert, nec non e privilegio Caesareo (Spirae 1570) elucet, in mente ipsi fuisse, omnes disciplinas mathematicas in uno *corpore* mathematico comprehensas edere et veterum scripta mathematica in hoc opere unire. Rem autem non absolvit, „aliis necessariis occupatus negotiis, calamitatibus quoque agitatus non paucis, justo dignoque his disciplinis destitutus patrocinio, mearum etiam rerum tenuitate impeditus, denique ingravescente jam aetate solus absque aliorum opera, tanta tamque varia et multiplicia, laboribus, sumtibus, molestiis plena, congrua delineatione ob oculos ponere, apto delectu discernere, recto quoque ordine disponere, tandem perficere et in lucem proferre: ob causas enumeratas non potui.“ Ea quae libris quos diximus, qui quidem soli hac ratione conscripti prodierunt, insunt, maxima ex parte definitiones tantum exhibent, omissis certe, si quae insunt propositiones, earum demonstrationibus, ita ut eluceat, quod auctor et ipse fatetur, hos libros praecursores tantum fuisse amplioris operis, quod non in lucem prodiit, „et huic tantum inservire, ut integra et plenaria scientiarum et artium mathematicarum divisio cognosci possit ex his pagellis; in Pandectis vero omnia plenius et exactius a me explicabuntur, quae in elementis Institutionum sunt tradita". — Keplerum hoc opus, quod Dasypodius imperfectum reliquit, absolvendum statuisse, supra (p. 146) diximus. In arithmeticis Dasypodius repetit signa numerorum, quae hodie arabica nominantur, a literis graecis, differre dicit illa ab his sola elegantia. In astronomicis utitur non nisi veterum rationibus, lacteum circulum numerat in circulis sphaerae maximis eumque constare contendit ex tenui et nebulosa substantia. In mechanicis celeber est restituto Horologio Argentoratensi annis 1571—74 adscitis idoneis artificibus Argentoratensibus; ipse describit hoc artificium in opusculo inscripto: *Heron Mechanicus*, seu de Mechanicis artibus atque disciplinis. Horologii Astronomici Argentorati in summo templo erecti descriptio. Arg. 1580; eodem anno scriptum hoc ex latino in germanicum sermonem translatum editum est. Annexa sunt poëmata de hoc artificio Nicodemi Frischlini et Xylandri. — (Natus est Dasypodius a. 1530, Mathesin profitebatur in academia Argentoratensi per longam annorum seriem, mortuus est ibidem anno 1601.)

Samuel Siderocrates (Eisenmenger) Brettanus, mathematicae professor Tubingae, dein principum quorundam medicus (nat. 1534, mort. 1585), scripsit quaedam astronomica (de usu partium coeli 1567; ephemerides, prognostica, de methodo Medico-Mathematicorum) nec non libellum Geographicum (1562), locorum numerandi intervalla rationem in lineis rectis et curvis complectentem. Desumta sunt, quae huic insunt libro astronomica magna ex parte e Ptolemaeo, trigonometrica e Regiomontano, Copernico et Peucero, „praeceptore meo colendo"; quae opusculo insunt praecepta, illustravit multis exemplis, v. c. „Romae longitudo = 36° 40′, latitudo 41° 40′ Tubingae long. 29° 45′, lat. 48° 40′. Diff. long. 6° 55′, sinus diff. 12042, sinus minoris lat. 66479, complem. lat. minoris 48° 20′, sinus ejusdem 74702. Complementum latitudinis majoris 41° 20′. Productum ex multiplicatione sinus differentiae in sinum complem. latit. minoris 899553484, a quo 5 postremae figurae abjectae relinquunt 8995. Cujus arcus est 5° 9′. Hic abjectus a 90° relinquit 84° 51′, arcum primi inventi. Sinus ejus est 99596. Productum ex multiplicatione sinus minoris latitudinis in sinum integrum est 6647900000. Divisum per sinum inventi primi producit sinum 66748, cujus arcus est 41° 52′. Hic additus complemento lat. majoris, prodit arcum inventi secundi quadrante minorem, 83° 12′, sinus ejus est 99296. Ex multiplicatione sinus inventi primi in sinum inventi secundi productum est, rejectis 5 figuris postremis, 98894, cujus arcus est 81° 28′, rejectus a 90°, relinquit 8° 32′ arcum differentiae, quibus respondent milliaria 128; et tot sunt inter Tubingam et Romam." —

Astronomiam Purbachii studiosis dilucidiorem exhibere, quae alii addiderant illius theoricis quaeque emendaverant, in unum redigere conspectum bono successu conatus est Christianus Urstisius (Wurstisius) Basileae mathematum etc. professor*) in libro inscripto: *Quaestiones novae in theoricas planetarum Purbachii* (1568. 73. 96). Laudanda est verborum concinnitas demonstrationumque elegantia, novi vero nil huic libro inest, sicut ipse fatetur dicens: „non cujusvis est, artem novam invenire, at amplificare et expolire ea, quae alio praeeunte didiceris, nemini non licet. Non scripsi ista artificibus, inter quorum discipulos me haberi velle fateor, sed in eorum gratiam, qui exquisitas istas demonstrationes, quatenus nondum satis exerci-

*) Nat. 1544 anno 1565 matheseos et anno 1585 docendae theologiae munus suscepit, anno vero 1586. propter eximiam in historicis eruditionem a Basiliensi magistratu civitatis scribae munus ei delatum est, quo usque ad obitum, a. 1588, fungebatur.

tati, respuunt". Ejusdem *Elementa Arithmeticae* (1579) innixa sunt penitus principiis Rameis, in quibus, Ramo duce, plus logicae quam mathematicae tribuit auctor. Petri Rami philosophi celebris studia et fata quis nescit? Quam ob rem et quia parum praestitit in illo doctrinae genere, de quo hic nobis disserendum est, ablegamus lectores ad Kaestnerum (Gesch. d. Math. I, 381. II, 725), qui fusius ea, quae Ramus de re mathematica evulgavit, excerpsit; hoc tantum notamus, magni quidem fecisse Ramum Copernici ingenium (cfr. vol. III. p. 453), neque vero in ejus partes plane pleneque transiisse. (Ramus Parisiis professorem egit philosophiae, interfectus vero est anno 1572 in turbis „nuptiarum Parisiensium" annum agens 57.)

Qualis a Copernico ad Tychonem usque astronomiae colendae ratio fuerit enarrare conati, nisi scriptores, qui verissimam hujus disciplinae imaginem redderent, non consuluimus. Omisimus omnes, qui levioris essent momenti aut sola in astrologia studium operamque ponerent, neque magis alios laudavimus, qui editis classicorum quos vocant aut posteriorum (S. Bosci, Regiomontani, Purbachii aliorumque) astronomorum operibus illud literarum genus auxerunt, nisi simul ad astronomiae perfectionem plus minusve contribuerint. Nam istiusmodi quidem libri medio seculo XVI. fere innumeri editi sunt, quorum numerum quum singulis fere annis novo opere edito auctum esse ex egregia librorum astronomicorum descriptione E. Scheibelii videamus, quam multi ad graecos mathematicos et astronomos tum incumbere coeperint colligimus. His igitur omissis annus post millesimum quingentesimus septuagesimus secundus is videtur esse, unde a nobis astronomiae colendae rationem enarraturis novus ordo statuatur. Illo enim anno apparuisse constat in sidere Cassiopeae stellam illam novam, quam astronomi, relationes priorum comparantes, omnium quae unquam in coelo apparuerunt specierum uno consensu longe excellentissimam describunt et assumtis quae historiae afferunt duobus similibus ostentis (annorum 945 et 1264) *variabilem* nuncupant stellam. Splendidissimi illius coelestis signi, nemine suspicante subito exorti, stupore defigebantur mortales, astronomisque quo res pertineret frustra conjectantibus, astrologi horrendis vaticiniis gentes terrebant. Etiam Tycho de Brahe, tum quidem auspicans coeli dimetiendi studia, diligentissimam operam posuit in cognoscenda illa stella, qua quidem ut intentiore cura in astronomiam incumberet et cognoscendo coelo quantum valeret tribueret se permotum esse ipse profitetur. Operae in cognoscenda illa stella positae fructum habes ex amplo quod evigilavit opere, in quo etiam eorum qui de eadem re scripserunt plurimi (h. e. omnes fere illius temporis astronomi) afferuntur et examinantur. Novum igitur illum quem diximus ordinem ineundum a Tychone, cujus quidem nomen astronomicis observationibus accuratioribus et novis excogitatis in hunc finem instrumentis nobilitatum est, haud scio an recte statuamus, quamquam libri ab illo conscripti excepto uno leviore posteriore demum tempore editi sunt. Volumine I. p. 190 s. ea, quae celeber Gassendus de vita Tychonis refert, quam brevissime enarravimus, quibus jam adjungendam censuimus summam eorum quos conscripsit librorum. Quamquam Keplerus in libris suis quam saepissime Tychonis mentionem facit, observationes ejus et quae in astronomicis nova prodidit diligentissime refert eumque ut ducem praeceptoremque laudat et loquentem inducit, prorsus tamen necessarium videtur, ut hic scriptis viri locum praebeamus, qui alacriore vi erexit astronomiae colendae studia plurimosque, qui post alteram seculi XVI. partem viguerunt astronomos, necessitudine quadam attigit plurimumque valuit ad vitam et studia Kepleri.

Primus liber a Tychone conscriptus, ut ipse dicit, „juvenile ingenium referens", editus est inscriptus: *De nova stella anno 1572. d. 11. Nov. vesperi in asterismo Cassiopeiae circa verticem existente annoque insequenti conspicua, sed mense Majo magnitudine et splendore jam diminuta. Hafniae 1573.* Ipse Tycho in opere majore de stella anni 1572 *(Astronomiae instauratae Progymnasmata. Prima pars, de restitutione motuum Solis et Lunae stellarumque inerrantium et praeterea de admiranda stella anno 1572 exorta. Typis inchoata Uraniburgi Daniae, absoluta Pragae 1602.)* summam eorum, quae prius editum opusculum continet, refert. „Exararam et ego de hac ipsa stella quasdam pagellas statim a primo ejus exordio idque non eo animo, ut in publicum unquam emittendas ducerem. Sed cum apud Stenonem Bille avunculum meum tunc temporis commoratus essem, conscribebam mihi ipsi siderum positus una cum exortibus atque configurationibus variis ad singulos dies, et syzygiarum luminarium praecipuarum constitutiones cum suis directionibus designabam, idque eo praesertim nomine, ut inquirerem, quales meteorologicae impressiones in nostro horizonte ab alia atque alia siderum dispositione prodirent atque ita per experientiam aliquid certi circa hanc per se dubiam mutationum aëriarum cognitionem persentiscerem. Accidit itaque, ut nonnulla ex observationibus in stella hac insolita a me factis geometrice expensa in numeros resolvere et eidem diario praefigere non inconveniens duxerim. Cumque postea (1573. vere) Hafniam excurrissem, inter alios clar. et praest. viro D. Joanni Pratensi diarium illud una cum iis, quae de nova stella adjunxeram, inspiciendum dedi. Is perlustrans diligentius ea, quae de hac stella consignaram, statim hortator fuit, ut publici juris fieri concederem. At ego, qui satis conscius eram, quam festinanter illa concepta essent quamque tenuia pro rei magnitudine atque adhuc quasi immatura, ipsius petitioni renuebam, addens, non aliis sed mihi ipsi saltem haec esse descripta, neque adeo emuncte elaborata, ut digna essent in eruditorum manus venire. Ille tamen pluribus instabat, verum adhuc id ipsum apud me obtinere non potuit. Eram enim tunc communiter recepto plerorumque Nobilium Virorum praejudicio imbutus atque fascinatus, quod videlicet non deceret nobili genere natum, quippiam in artibus scholasticis moliri aut in publicum edere. Adeo siquidem invaluerat morum et judiciorum vulgarium corruptela, ut indecorum putarim, aliquid praeter aliorum consuetudinem factitare. In Scaniam me recepi, ibi tum demum, postquam e Germania allatae essent variorum de hac stella sententiae, quibus relectis (quorum plerique ex ea genuinum quendam cometam fecerant, alii 20, alii 15, alii saltem 12 a Terris remotum semidiametris, adeo ut in vicino aëre consisteret), satis mihi conscius rem longe aliter se habere et in altissimo aethere omnis parallaxeos expertem effulsisse hanc stellam: istas ineptias aversabar atque rejiciebam coepique mea recolligere et pluris quam antea aestimare. Cumque denuo Hafniam excurrissem, optimus ille Pratensis ne tunc quidem, ut scriptulum illud publicari permitterem, adhortari destitit . . . et reverso mihi Knudstorpium per literas efflagitare, quod antea verbis coram obtinere nequiverat, perseveravit; quibus perlectis tandemque in suam sententiam perductus, id quidquid erat de hac stella a me concepti commentariunculi una cum toto diario illi transmisi omniaque ejus arbitrio facienda concessi, qui mox libellum typographo tradidit et imprimi curavit; utque constaret, qua occasione libellus ille prodiret, epistolam suam, qua editionem tandem a me impetraverat, una cum mea responsione scripto illo praeposuit". Sub finem addit Tycho, scriptum se pro majori parte verbotenus subjungere, quia „pauca ejus edita sunt exemplaria et multo pauciora ad exteros (quadam typographi tenacitate) pervenerunt".

Locum stellae novae in hoc libello ex distantiis ab insignioribus Cassiopeae stellis computat Tycho 7° ♉ cum latitudine 53° 59′ boreali, in posteriori opere (Progymn.) iisdem adhibitis stellis locum computat 6° 53′ 57″ ♉, „ubi cum vix 3″ ad minuti integri completionem deficiant, satis praecise disposuerimus, si eam in 6° 54' ♉ absolute constitutam fuisse pronunciaverimus", latitudinem 53° 45'. Primum a Tychone conspectam esse stellam die 11. Novembris supra dictum est, ipse „conjicit probabiliter" (in Progymn.) „circa novilunium, quod 5. Nov. contigit, prima habuisse exordia. Nam ante id temporis nemo (quod sciam) cui tuto fidere liceat hanc animadvertebat". Ibidem legimus, durasse hanc stellam usque in mensem Martium anni 1574. Ex longitudine et latitudine computatur declinatio stellae 61° 59' bor., ascensio recta 0° 17', in Progymn. 61° 46¾' et 0° 26⅗'. Hunc locum servavit toto tempore, ex quo primo conspecta est, „nihil in hanc vel illam partem, quod ullis sensibus dignosci poterat, unquam digrediens".

Distantiam stellae a Terra inquirens adhibito schemate simili illi, quod exstat vol. VII. p. 150, computat parallaxin 58' 30''. „Tantam, addit, habuisset haec stella aspectus diversitatem ab eo loco, quem prope verticem obtinebat, in eum ubi horizonti proxima conspiciebatur, si in proxima concavitate orbis Lunae effulsisset. Id autem per multas et diligentes observationes, factas exquisito et minime fallaci instrumento, falsum invenimus. Unde concludo, hanc stellam longe supra sphaeram lunarem in ipso coelo locum obtinere idque tanto intervallo a Terra, ut semidiameter Terrae non habeat respectu ejus sensibilem quantitatem; unde haec stella in ipso coelo vel in octavo orbe cum reliquis fixis, vel in proxime huic subjectis sphaeris constituetur. Quod autem non in orbe alicujus planetarum existat, hinc patet, quod nullo minuto ab eo loco, in quo primum eam conspeximus, motu proprio progressa sit, quod fieri oportebat, si in aliquo planetarum orbe esset; moveretur enim motu ipsius orbis peculiaris contra primi mobilis rationem, nisi in altero polorum orbium secundi mobilis quiesceret. Toti enim orbes propriis polis revoluti sua circumdant sidera vel ab illis circumaguntur. Nisi quis receptam a philosophis et mathematicis sententiam negare velit solasque stellas immotis orbibus convolvi (quod absurdum est) asserere. Hinc sequitur, hanc stellam non esse aliquam peculiarem cometarum speciem, nec quodvis aliud igneum meteoron, haec enim omnia non in ipso coelo generantur, sed infra Lunam in superiore aëris regione existunt, ut omnes testantur philosophi, nisi quis cum Albumassare statuere velit, cometas non in aëre sed coelo nasci. Quod an fieri possit, nobis nondum constat, sed Deo dante aliquando, si nostra aetate aliquis exstiterit cometa, ejus rei certitudinem inquiremus."

Eundem fere modum adhibet Tycho in „Progymnasmatis" ut comprobet, omni parallaxi caruisse hanc stellam, apparatu vero adscito longe majore et usus instrumentis longe subtilioribus in constituendis fixarum locis, cum quibus comparat locum stellae novae. De cometarum vero loco haec ibi pronunciat: „Cometae nullatenus infra Lunam, ut tam diu nobis peripateticorum arguties et plausibilis conjectatio imposuit, coalescunt, sed re vera in ipso aethere versantur, ut sequentibus libris circa eos, qui proximis aliquot annis apparuerunt, evidentissime convincemus, omnibus quae in contrarium adduci poterint semotis obstaculis." Huic de cometarum loco longe supra Lunam posito theorematí innixus contendit „coelum esse liquidissimum et rarissimum nullisque orbibus realibus (quod tot jam seculis plurimi philosophantium frustra credulis persuaserunt) compactum, neque tamen ob id cum aëre elementari (quae de ignis elemento infra Lunam collocato tam diu Aristotelica schola nugatur prorsus fabulosa, vel ipsa refractionum exilitas, si nihil praeterea, satis superque convincit) naturae ejusdem et substantiae esse". Locum novae stellae supra Saturni „altissimas convolutiones" ponendum esse, certissime demonstrari posse contendit Tycho „sive Ptolemaicam orbium coelestium dispositionem cum eorum juxta Aristotelem realitate, a qua etiam sententia Ptolemaeum ipsum et plerosque veteres non abhorruisse apparet, assumserimus, sive etiam Copernicanam circa motus Terrae anniversarii speculationem, quiescente in medio universi Sole (non considerato, an in hac sphaerae reales, ut Copernicus secundum diu receptam opinionem sensisse videtur, an saltem imaginariae praesupponantur), pro rata admiserimus, seu tandem secundum nostram hypothesium coelestium distributionem, quae orbium realitatem epicyclosque tollit Terramque nihilominus in centro universi quiescere permittit". Tycho hanc quam dicit suam hypothesium coelestium distributionem in Progymnasmatum parte prima, ex qua praemissa desumsimus, ad Saturni tantum motus applicat, ablegans saepius lectores ad librum „sequentem", de cometis, in quo astronomiae cultores „generaliorem quandam explicationem" deprehendant. Hanc proposuimus vol. VII. p. 285, ubi deprehendes „pleniorem explicationem" differri; in fine etiam libri, ad quem lectorem ablegat Tycho, haec explicatio desideratur neque alibi invenitur inter Tychonis scripta. In epistolis ad Rothmannum, strenuum Copernici defensorem, saepius ad illam suam hypothesin redit, quibus Copernicana ratio laboret erroribus, quibus sua praestet virtutibus demonstrat, iterum iterumque respiciens ad locupletius opus, quod nunquam in lucem prodiit. „Occasionem" inquit „has rationes construendi non desumsi ex inversis Copernicanis, verum cum animadvertissem subtili et accurata observatione, praesertim anno 82. habita, Martem acronychium Terris propiorem fieri ipso Sole, et ob id Ptolemaicas diu receptas hypotheses constare non posse; cometas insuper motui Terrae annuo non reddi obnoxios, quamvis haud in tantum distent, ut plane is evanescat, Copernicanam quoque assumtionem collabefieri". Porro: „Non temere has rationes condidi, sed ipsum me coelum ita de se sentire docuit." Quae objici solent Copernico repetit, e. g. lapidem a turre demissum, spatium inter Saturnum et fixas immensum, globum ferreum tormento bombardico versus orientem et occasum emissum (cfr. vol. III. p. 462). Magnum insuper esse argumentum infirmitatis assertionum Copernicanarum, quod eccentricitates Martis et Veneris multo aliter se habeant, quam illae postulent, dum „per minime dubias experimentationes" a Tychone deprehensa sit Martis eccentricitas eadem fere, quam Ptolemaeus illi attribuerit, vel potius major, quam Copernicus aliquanto minorem se adinvenisse affirmaverit. „De quibus alias Deo volente latius." Hac decies repetita promissione Tychonem non stetisse constat; causam non demonstratae hypotheseos Tychonicae Keplerus refert luculentam in Commentariis de motibus Martis (vol. III. p. 173.), nimium complicatos planetarum motus hac ratione fieri demonstrans. Num Tycho Keplerum, ex „Prodromo" ingenium juvenis ad altissima enitentis cognoscens, hunc in finem ad se suaque studia advocaverit, ut rationem suam de planetarum motibus emendaret, non pro certo affirmare ausim, sed ipsius Tychonis verba tale quid significare videntur, scribentis: „hortor ut des operam, ut simile quid nostris hypothesibus applicare possis" (vol. I. p. 44), sicut etiam Keplerus (vol. III. p. 193) morientis Tychonis verba affert, petentis „ut in sua hypothesi omnia demonstrarem".

Redimus ad Tychonis libros de nova stella. „Magnitudinem, lumen et colorem" stellae considerans, praemittit in libello priori quaedam de fixarum magnitudine, quarum maximae plus quam centies quinquies Terram magnitudine excedant; stellam novam initio „plus centenis vicibus molem Terrae excessisse". Lumen stellae esse prae ceteris fulgidum, „ut ab aliquibus in initio etiam juxta meridiei tempus nonnunquam cerneretur". Stellam scintillasse ut reliquas fixas; ab initio albicantem, postea rutilantem apparuisse. In Progymnasmatis legimus, stellam novam initio Jovem acronychium visibili quantitate superasse, Novembri Veneri aequasse, Decembri Jovi, a Januario in Martium 1573. paulo minorem apparuisse Jove, postea stellis primae magnitudinis, sequentibus mensibus stellis secundae, Julio et Augusto tertiae magnitudinis quantitate parem fuisse. Sic paulatim minorem factam mense Martio anni 1574 conspici ulterius prorsus desiisse. De scintillatione et coloribus eadem hic refert Tycho, quae in priore scripto. Comparatur haec stella cum cometis, cum stella Magorum, cum stella ab Hipparcho conspecta referente Plinio (Hist. Nat. II. 6.), cum alia, quam Cyprianus Leovitius anno 1264. conspectam esse refert, neque vero ulli earum (quarum duas ultimas plane dubias esse censet Tycho) similem fuisse probatur. Hinc transit Tycho ad instrumentum, quo utebatur ad observandam stellam; describit „*sextantem*“, quem reversus Augusta Vindelicorum (ubi adhibuit „radium, cui in distantiis stellarum scrupulose illineandis non satis tuto fidendum me diutina monuit experientia“) parari jussit, qui „illucescente ex improviso hac insueta stella absolutus et ad ultimam limam jam deductus esset.“ Regulae hujus instrumenti quadrilaterae (longae 4 cubitos, latae 3 digitos, crassae duos, ex ligno arboris Juglandum, multis annis penitus exsiccato) conjungebantur metallico clavo, circa quem explicari et contrahi posset angulus, instructae ad extremitates pinnacidiis ex orichalco ad rectos angulos adaptatis. Huic descriptioni adjungit Tycho aliam *quadrantis* permagni, quo Augustae degens in altitudinibus stellarum inquirendis usus fuerat. Hoc instrumentum, Geggingae prope Augustam erectum, „tantae molis erat, ut vix a 40 robustis viris in collem, ubi disponendum erat, portari potuerit“. Latera ad rectum angulum erant e robore quercino, longitudine 14 cubitos ad minimum aequabant. „Accidit autem, ut cum per integrum quinquennium illic illaesa infractaque constitisset, tandem superveniente ingenti tempestate corruerit.“ Hujus quadrantis mentionem eam ob causam hoc loco facit, quod amicus Tychonis Paulus Hainzelius, consul Augustanus, per eum altitudines cum stellae novae tum plurium fixarum (stellae polaris, stellarum Ursae majoris, aliquot insigniorum in zodiaco) meridianas constituerat easque Tychoni in Daniam transmiserat, quibus observationibus innituntur calculi ad locum stellae novae spectantes.

De novae stellae vera magnitudine acturus praemittit Tycho conspectum eorum, quae priores astronomi de magnitudine planetarum et fixarum stellarum statuerant, additque suam ipsius sententiam de magnitudine horum corporum. Diametrum Solis visibilem invenit minimam 30′, maximam 32′, distantiam a Terra ponit 1150 Terrae semidiametros, corpus Solis majus Terra 139 vicibus; Lunae a Terra 60 semid. Terrae remotae diametrum visib. ponit 33′, corpus Lunae 42 vicibus minus Terra. Diametros visibiles planetarum hasce exhibet: ☿ $= 2\frac{1}{6}'$, ♀ $= 3\frac{1}{4}'$, ♂ $= 1\frac{2}{3}'$, ♃ $= 2\frac{3}{4}'$, ♄ $= 1\frac{5}{6}'$; distantiam ☿ et ♀ mediam ponit aequalem solari. Martis = 1745 semid. Terrae, Jovis = 3990, ♄ = 10550 earundem; corporum quantitates ad Terram comparatae sunt hae: ☿ est 19, ♀ 6, ♂ 13 vicibus minor Terra, ♃ fere 14ies, ♄ 22ies major. Stellarum fixarum diametri visibiles sunt secundum Tychonem magnitudinis primae 2′, IIae $1\frac{1}{2}'$, IIIiae $1\frac{1}{12}'$, IVae 45″, Vtae 30″, VIae 20″; distantiam stellarum fixarum a Terra assumit 14000 Terrae semidiametros indeque prodire quantitates corporum illarum censet (ordine magnitudinis) 68ies, 28ies, 11ies, ter, paulo plus quam semel majores Terra, illas VIae magn. esse ter proxime minores Terra. Stellae novae diametrum visibilem ponit $3\frac{1}{2}'$ „quasi Jovis et Veneris intermediam“, distantiam a Terra aequalem fixarum distantiae, atque hinc concludit, „corpulentiam ejus excessisse Terrae molem 360 vicibus“. „Verum, pergit, haec potissimum mensem Novembrem respiciunt, quando illustrior emicuit. Nam sequenti tempore quantitatem paulatim re vera imminuit, donec prorsus dissolveretur. Nequaquam itaque admittendum arbitror, stellam hanc eandem perpetuo obtinuisse magnitudinem eamque per discessum ab oculo nostro solummodo altius ascendendo pedetentim imminuisse, prout nonnulli ex Seneca (ut opinor) occasionem sumentes frustra arbitrati sunt. Fuit enim re vera haec stella novum quoddam corpus, uno et eodem tempore in eam quam primitus obtinuit magnitudinem conformatum et donec prorsus disparuit in eodem semper loco permanens. Neque enim ascensus et descensus rectilineus coelestibus competit; et quam alte quaeso attolli debuisset haec stella, antequam retenta sua primitiva magnitudine per solam elongationem ab aspectu nostro prorsus evanesceret? Certe oporteret illam ad minimum 300000 semid. Terrae plus a situ, quem ab initio obtinuit, ascendisse, antequam instar stellae VI. magnitudinis conspiceretur, id est plus quam vicies ultra assumtam octavae sphaerae semidiametrum et adhuc multo altius, si omnem oculorum aciem effugeret. Certum quidem est, omne visibile in ea constitui posse a nobis distántia, ut sensibus oculorum comprehendi nequeat, attamen non ob id nimium licebit in corporibus mundi sensibilis disponendis evagari, quemadmodum Copernicus circa fixarum stellarum immensam quam admisit distantiam deliquisse videtur. Modum enim quendam et proportionem in his servare decet, ne in infinitum res devolvatur" etc.

Hinc transit Tycho in Progymnasmatis, ex quibus praemissa desumta sunt, ad dijudicandam variorum scriptorum de stella nova sententiam, hos primos recensens, qui cum ipso consentientes eam in altissimo fixarum orbe reposuerunt. Hi sunt: Guilielmus, Hassiae Landgravius (cfr. vol. I p. 196), Thaddaeus Hagecius Bohemus, aulae imperatoriae medicus (vol. VII. 246, 266), Paulus Fabricius, professor matheseos Viennae et medicus Caesareus (II. 316, 423), Annibal Raimundus, Cornelius Frangipanus, Bartholomaeus Reisacherus, quorum tres ultimi stellam esse undecimam Cassiopeae (ϰ Bayeri) demonstrare conantur; Michael Maestlinus, Kepleri praeceptor, Paulus Hainzelius, Cornelius Gemma (v. s.). Secundum ordinem tenent ii, qui stellae aliquam parallaxin tribuerunt, sed non tantam, ut hinc sublunaris fieret: Casparus Peucer, Joannes Praetorius Vitebergae, postea Altorfi professor, Philippus Apianus (Prof. Tubingensis, filius Petri), qui stellam „cometae quandam speciem" dicit, Thomas Diggesius Anglus (Alae seu scalae mathematicae), Elias Camerarius, in academia Francofurtina ad Viadrum professor, Erasmus Reinholdus (filius) medicus Salfeldensis. Tertio adit Tycho eos, „qui nihil solidi de hac stella in medium protulerunt quique partim non fuisse novam contendebant, partim cometam quendam, tanquam meteoron sublunare hinc effinxerunt": Cyprianum Leovitium, Davidem Chytraeum Rostochiensem professorem, Andream Nolthium Embeccensem, Georgium Buschium Erfurdensem, Theodorum Graminaeum, Coloniae professorem mathematicum, Adamum Ursinum Noribergensem, Andream Rosam, medicum Svingfurdensem, Leonhardum Thurneiserum.

Horum virorum sententiis examinatis Tycho in fine operis suam de nova stella sententiam repetit, addens: „Si qui praeterea inventi sunt, de hac stella tam perfricta fronte absona et ab omni experientia aliena nugantes, quales fuerunt nonnulli, qui motum titubationis (vere judicio atque oculis titubantes) et nescio quae alia accidentia ei affinxerunt, hos sigillatim enumerare atque illorum nimis insulsos errores detegere et taxare non duco operae pretium. . . . . Restare videntur binae quaestiones, altera de ipsius stellae materia ac procreatione, altera astrologica, de ejusdem effectis et significationibus. De his juxta nostram aestimationem proferam, hac tamen protestatione praemissa, quod conjecturalia solummodo et e probabili versimilitudine allata sint. Materiam hujus stellae existimo omnino coelestem fuisse, a reliquarum stellarum materia non discrepantem. Verum in hoc saltem diversitatem admisit, quod ad tantam perfectionem, quanta in perennibus stellis existit, exaltata non fuerat ideoque etiam ut hae perpetuo durare non sustinebat, sed dissolutioni obnoxia reddebatur. Materia coelestis pro ejus compagine in coelo obviam fuit. Etsi enim coelum tenuissimum quid et motui siderum pervium, prorsus tamen incorporeum nequaquam existit. Haec materia nuspiam copiosius et plenius suppetit, quam juxta viam lacteam, quam substantiam quandam coelestem, a materia reliquarum stellarum non discrepantem, sed diffusam certisque locis expansam, non in unum corpus discretim prout in stellis fit conglobatam esse censeo: hinc factum judico, quod nova haec in ipso galaxiae margine constiterit, idque non obscure insinuabat, eam ex eadem, qua galaxia ipsa praedita est, substantia conformatam fuisse. Quin et adhuc hiatus quidam in eo ipso galaxiae loco cernitur, ubi stella haec suas sedes obtinuit idque ad quantitatem quasi semiplenae Lunae. Quem certe hiatum non recordor me antea quam exstiterat haec stella ibidem deprehendisse, neque etiam ab iis, qui galaxiae ductum antiquitus denotarunt, ejusmodi quid consignatum legimus. Sed sit quicquid velit, certe zonae lacteae substantia materiam huic stellae compingendae satis copiosam suppeditare valuit. . . . . Cometae, quos non minus aethereis sedibus annumerandos evidenter probabimus, ut plurimum juxta galaxiae territoria conformantur, vel cum haec transeunt paulo lucidiores apparentioresque deprehenduntur, quod non minimo indicio est, et haec quoque ascititia coeli sidera plurimum affinitatis cum via lactea obtinere et ut hos sua hinc habere incunabula non immerito suspicari liceat. — Si quis quaerat, quaenam causa efficiens sit, qua haec stella e materia coelesti adeoque eadem cum galaxia ceteris stellis communi concreta fuerit, nostram hac de re censuram, postquam cometarum quoque aliquot praecedentibus annis animadversorum considerationem astronomicam exantlaro, manifestare decrevi. Illic quoque cur stella haec nova dissolutioni obnoxia fuerit, rationes uberius adducam; quare ad alteram de portentis hujus stellae quaestionem me conferam.

Si unquam exstitit difficultas in percipiendis praedicendisque siderum significatis, certe haec stella omnium maxime ambiguitatem et perplexum in suis decretis extricandis laborem remoramque suggerit, praesertim cum nullum ejuscemodi ostentum ex altissimo coelo terrigenis antea conspectum ulla literarum monumenta testentur. Quemadmodum stella haec rarissimum exhibuit miraculum, sic quoque rarissimos et ingentes atque improvisos habituram effectus verisimile est, qui quales in specie futuri sint, nulli equidem mortalium satis perspectum judico. Ex forma autem, quam ab initio prae se ferebat, quae joviali et claro laetoque fulgore emicabat, videtur prosperum pacificumque rerum mundanarum statum praesignificare, nisi quod postmodum martiali tincta rutilantia quippiam turbulenti atque tumultuosi immiscere videatur. Religionum insignem alterationem, si non omnimodam abolitionem ex joviali figura portendere apparet, quod et locus ille coluri aequinoctialis, juxta quem sublimis constitit, innuit. Et quemadmodum ea e superiore coeli parte toti pene terrestri orbi imminebat, sic etiam universalem per plurimas et potissimas Terrae regiones rerum catastrophen impendere credibile est.“ Significationes stellae censet Tycho ex astrologicis regulis ad annos 1583 et 1592 referendas esse, immo etiam ad annum 1632 extendendas, „quando trigoni ignei, cujus haec stella antesignatrix exstitit, vigor et effectus elucescet. Omnia enim stellae hujus portenta cum hac trigonorum periodo magnam sortiri analogiam judico.“ Hanc esse septimam trigonorum ab orbe condito periodum et hanc, numero impari gaudentem, magni cujusdam boni et felicioris status esse praenunciam etc. Addit in fine Tycho: „Sed haec obscuriora sunt et ab intellectu humano remotiora, quam ut dilucide et discrete in apertum diduci queant, nolo his recitandis extricandisque diutius immorari“. — Keplerus *Appendicem* Progymnasmatum (cfr. vol. VI. p. 570) scite terminat: „Certe si nihil aliud stella illa, magnum equidem astronomum significavit et progenuit“, dicens Tychonem Braheum.

Quae in praemissis de stella nova anni 1572 ex Tychonis libris proposuimus, eam ob rem majoris sunt momenti ad dijudicanda Kepleri studia, quia Keplerus non tantum librum suum de nova stella anni 1604 quasi ad normam operis Tychonici adornavit adque illud passim respicit, sed etiam in aliis suis scriptis saepissime ad illud redit. Insunt praemissa capitibus operis tertio usque ad decimum. Priora duo capita continent „restitutiones“ motuum Solis Lunaeque et locorum stellarum fixarum. Cum etiam his disquisitionibus innitatur magna pars astronomiae Keplerianae, earum summam prioribus subjungimus.

Caput I. inscriptum est: *De solaris curriculi, ad nostra secula per recentiores observationes variis et minime fallacibus instrumentis coelitus habitas, accurata designatione.* Paucis dicit Tycho Copernici rationem, „incomparabilis illius astronomi, utut admodum ingeniose et concinne excogitatam, alias sufficienter ostensurus, cur haec ratio re ipsa veritati non correspondeat". Tum mediam in rem ingressus, Solem dicit Terram immobilem inaequali motu ambire, ita ut ab aequinoctio verno ad autumnale dies fere $8\frac{1}{3}$ plus quam in reliquo semicirculo consumat. Causa hujus inaequalitatis refertur ad circulum eccentricum ad Terram, cujus eccentricitatem et locum in eo Solis a Terra remotissimum „e propriis iisdemque certis in solari cursu observationibus" primo loco inquirit Tycho. Assumit magnitudinem anni tropici 365 d. 5 h. 49′, „quanta proxime collatis artificum diutinis animadversionibus reperitur, neque ob aliquantulam inaequalitatem, cui ab aliis atque aliis observatoribus, praesertim vero ab ingenti illo Copernico obnoxia esse statuitur, ita ut pauculis quibusdam scrupulis interdum aliter proveniat, nostrae intentioni quidpiam derogatur." Hinc elicitur Solis diurnus motus 59′ 8″ 19‴ $43\frac{2}{3}$⁗. Ingressus Solis in aequinoctialia puncta ab anno 1584 ad annum 1588, „coelitus accurata diligentia a me conquisitos" ad longitudinem Uraniburgicam 36° 45′ hos exhibet:

Anno	Aequinoctium vernale.	Aequinoctium autumnale.
1584.	Martii d. 9. h. 21. 30′	Septembris d. 12. h. 16. 0.
1585.	„ d. 10. 3. 19.	„ d. 12. 21. 49.
1586.	„ d. 10. 9. 8.	„ d. 13. 3. 38.
1587.	„ d. 10. 14. 56.	„ d. 13. 9. 26.
1588.	„ d. 9. 20. 45.	„ d. 12. 15. 15.

Has observationes accuratissimas esse contendit, adhibitis instrumentis, magnitudine, materiae soliditate, divisionis exacta dispositione insignibus, ita ut in nonnullis sexta pars scrupuli certa deprehensa fuerit; non neglectam esse Solis parallaxin, „quae ab antecessoribus nostris nimis secure in tam subtili inquisitione praetermissa videtur", neque intermittendum se duxisse, refractionis aliquantulae rationem aliquam habere. Refractionem non negligendam esse, deprehendisse se, ait, cum in investiganda poli altitudine cum per Solis altitudinem in utroque solstitio, tum per stellas circumpolares semper differentia circiter 4 scrupulorum prodierit. „Hujus discrepantiae causam diligenter pensitanti succurrebat tandem, id ob refractionem, quam Sol circa solstitium hibernum cum Sol nobis vix 11° elevatur ingerit, evenire." Ut refractionem effugeret, ad constituendam Solis maximam declinationem adhibuit poli altitudinem eandemque Solis in solstitio tantum aestivo, eamque deprehendit 23° $31\frac{1}{2}$′, quam Regiomontanus, Wernerus, Copernicus 23° 28′ proxime invenerant, neglecta refractione et parallaxi. (Cfr. vol. VI. p. 545.)

Ad inquirendam Solis eccentricitatem et apogaeum non sufficere censet Tycho solstitia, „eo quod solstitiales ingressus minime sunt exacte perscrutabiles", quam ob rem in subsidium vocat loca inter solstitialia et aequinoctialia intermedia, scilicet 15° ♉ et 15° ♌, et rem hac ratione aggreditur. Ex tabella supra proposita apparet, Solem ab aequinoctio verno ad autumnale conficere dies 186. $18\frac{1}{2}$ h., a puncto autem vernali ad 15° ♉ exiguntur dies 46. 2 h. 55′, a 15° ♌ ad aequinoctium autumnale dies 46. 9 h. 40′. Sit THLO Solis orbis, Z centrum, E Terra, Solis apogaeum H, perigaeum O, ZE eccentricitas, Q 15° ♉, B 15° ♌; ergo HEQ distantia apogaei a 15° ♉; arcui THL dierum 186 h. $18\frac{1}{2}$ respondent 184° 5′ 24″, cujus arcus complementum LOT = 175° 54′ 36″. Datur insuper angulus TEQ = 45° (Sole a 0° ♈ ad 15° ♉ progresso et ex E Terra inspecto), et arcus TQ, quem metitur angulus ad centrum Z, 45° 27′ 34″ (diurno Solis multiplicato in 46 d. 9 h. 40′). An-

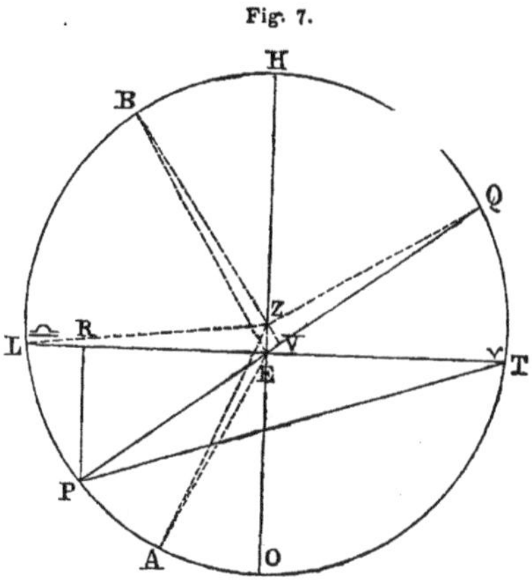

Fig. 7.

gulus vero QPT, eidem arcui insistens cum angulo ad centrum, aequat dimidium anguli 45° 27′ 34″, 22° 43′ 47″, TEP = 135° (complementum anguli TEQ), hinc PTE = 22° 16′ 13″, quare arcus POT = 131° 22′ 10″ (LOT—LP, arcus LP = 2 LTP) et POQ = 176° 49′ 44″ (= QT + POT).. In triangulis rectangulis PER et PTR est PR = PE × sin. PER = PT × sin. PTR, quare PE = $\frac{\text{PT} \times \text{sin. PTR}}{\text{sin. PER}}$. „Anguli POT chorda est linea PT 18225868“ (2 sin. $\frac{1}{2}$ POT), quare PE = 9768210; PQ = 2 sin. $\frac{1}{2}$ POQ = 19992342, hinc EQ = PQ—PE = 10224132. Jam demissa linea ZV ad rectos in lineam PQ, erit PV = VQ, quare EV = $\frac{1}{2}$ PQ—EP = 227961; QZV = $\frac{1}{2}$ POQ = 88° 24′ 52″ et ZV = 1° 35′ 8″. Cognitis in triangulo rectangulo ZEV lateribus EV et ZV, prodit ZE = 358416 (0,0358416, eccentricitas) et ZEV = 50° 30′, „qui metitur distantiam apogaei a puncto Q. Cadit itaque apogaeum Solis, addendo hunc angulum ad 15° ♉, in 5° 30′ ♋.“ Similiter deprehendit Tycho apogaeum Solis, usus puncto B (15° ♌) in 5° 27′ ♋ et eccentricitatem 0,0358388. Differentiam loci apogaei (3′) nullius esse momenti censet et „in hac pragmatia incomprehensibilem“, illumque pro anno 1588 certum assumit 5° 30′ ♋, eccentricitatem 0,03584.

Ex eccentricitate Solis sic constituta deducit Tycho „prosthaphaereses motus Solis ad singulos gradus eccentrici, ut constare posset, quantum addendum demendumve sit medio et aequali motui per totum orbem curriculi solaris, utque ejus locus verus e Terra, centro universi, prodiens innotesceret“. Sint in figura 7 (paululum mutata) B, L et A loca Solis, HB = 30°, AH = 150°. In triangulis BZE, LZE, AZE datur eccentricitas ZE et radii ZB, ZL, ZA (100000) et anguli ad Z; hinc elicitur angulus B = 59′ 44″, L = 2° 3$\frac{1}{4}$′, A = 1° 3′ 33″, qui mensurant differentiam, qua locus Solis aliter videtur ex Z quam ex E, i. e. prosthaphaeresin. Haec maxima evadit in L, ubi linea LE cadit lineae OH ad rectos. Calculo subducto colligitur angulus LZE = 87° 56′ 45″, quare LH, h. e. distantia puncti L ab apogaeo 92° 3′ 15″. „Mutantur tamen hae prosthaphaereses sensim, cum distantia centri eccentrici a centro Terrae aliquantum variet longo tractu annorum.“ Hipparchum et Ptolemaeum, ait, apogaeum Solis constituisse in 5$\frac{1}{2}$° ♊, eccentricitatem prodidisse 4150, Albategnium illud in 22° 17′ ♊, hanc 3465, Copernicum c. annum 1515 apogaeum in 6° 40′ ♋, eccentricitatem 3230 indeque prosthaphaeresin maximam 1° 51′ collegisse. „Verum hic intolerabiliter lapsus est summus ille et alioquin de astronomiae instauratione optime meritus vir. Impossibile enim est, ad nostra tempora tam subito tantum auctam hanc eccentricitatem et apogaeum in antecedentia plus integro gradu repedasse.“ Causam hujus discrepantiae praecipuam Tycho falsam esse censet poli altitudinem et neglectam refractionem. Ut fidem faceret huic opinioni, misit Tycho anno 1584 „studiosum“ Olaum Fruenburgum, ut poli altitudinem Fruenburgicam observaret, quam ille deprehendit 54° 22$\frac{1}{4}$′ „indubitanter“, 2$\frac{3}{4}$′ majorem Copernicana (v. s. p. 573). Hinc patere, dicit, in declinationibus Solis ubique per 2$\frac{3}{4}$′ deviasse Copernicum, quo totidem horis ingressus Solis in puncta aequinoctialia, horis 5$\frac{1}{2}$′ interstitium verni et autumnalis aequinoctii varietur, indeque declinationem Solis maximam 3 proxime minutis debito minorem prodiisse. „Accedit et haec erroris occasio, quod Copernicus ad medias partes ♏ aequinoctiales ingressus retulerit, ubi Sol, satis adhuc in isto horizonte declivis, altitudinem obtinet 19¼°, unde refractioni ad minimum 4′ est obnoxius; quam cum non praecaverit, tantundem declinationem ipsius debito minorem reddit.“ Hoc longitudinem mutari proxime 13′, quae vix 5 horis absolvantur et tantum etiam in ingressu ad 15° ♏ Copernicum abundare.

Jam Tycho anni quantitatem exactius inquisiturus praemittit historica quaedam de anno sidereo priorum astronomorum, eorumque observationibus cum suis collatis constituit annum sidereum dierum 365. h. 6. 9′ 26″ 43½‴, hoc vero non utendum censet, „qui praecessionis aequinoctiorum intricatam rationem enodandam exigit, quod hoc loco nimis prolixum foret (eum laborem usque in integrum instaurationis astronomicae opus reservandum duxi)“, sed potius annum tropicum ex observationibus Waltheri Noribergensis constituendum esse censet. Prodit „vera anni coelestis quantitas ad proxima haec secula“ 365 d. 5 h. 48′ 45″, motus Solis simplex in anno communi 11ˢ 29° 45′ 40″ 38‴ 15⁗. — Quibus constitutis sequuntur tabulae mediorum motuum Solis, quas Keplerus in Tabulis Rudolphinis ut normam secutus accuratius collegit, deinde „tabula prosthaphaeresium solarium, praesupposita eccentricitate 3584 aut partium 2. 9′, qualium semidiameter eccentrici est 100000 aut partium 60“, denique tabula motus diurni et ephemeris Solis ad annos 1572 et 1573. Quibus addita sunt „exempla aliquot, partim ut ratio, ex observata altitudine locum Solis inquirendi et cum nostris numeris conferendi, facilius constet, partim ut veritas correctionis nostrae in itinere solari per aliorum observationes in diversis Terrae partibus certius pateat“. His interpositis sequuntur tabulae refractionum (cfr. vol. II. p. 403), parallaxium, declinationis eclipticae, ascensionum rectarum, quas secutus est Keplerus in Epitome (vol. VI. p. 242 ss.). Quas his tabulis subjungit Tycho „annotationes“ de refractionibus, taxat Keplerus in Optica (vol. II. p. 176 ss). Ad „Declinationum tabulam“ annotat Tycho: „mutari declinationem maximam et ob id quoque reliquas intermedias, diutina temporum serie ab artificibus compertum est; idcirco haec nostra tabula universalis esse nequit, sed huic saltem seculo commode inserviet. De hac autem mutatione, quomodo ad alia atque alia secula salvari possit, alibi (volente Deo) meam expositurus sum sententiam; Copernici siquidem subtilis speculatio vix hic consistere valebit.“ (Cfr. vol. VI. p. 521.) Ex parallaxium tabula computat Tycho distantias Solis a Terra ad quinos gradus distantiae Solis ab apogaeo, quas distantias Keplerus nimias esse contendit, cum Tycho assumat parallaxin nimiam eamque statuat 3′ „quasi demonstratam ex eclipsibus“. Idem Keplerus demonstrat in Comment. de motu Martis, dimidiandam esse Tychonis eccentricitatem (3584, quam extendit ad 3600) indeque deducit distantias Solis a Terra alias, quam Tychonis tabula exhibet. (Cfr. vol. III. p. 295 s. et Tab. Rud. p. 44.) De causis falsae parallaxis Tychonicae relegatur vol. III. p. 219 s. et 474 s.

Quibus de Sole disquisitionibus absolutis Lunam Tycho adit. Ex paginarum significatione turbata et passim occurrentibus auctoris monitis, sicut ex „Appendice“ a Keplero concinnata (cfr. vol. VI. p. 568 s.) apparet, hanc de Lunae motibus disquisitionem post absolutum opus insertam esse. Praemissus est catalogus eclipsium, ab anno 1573 ad annum 1600 observatarum, 21 Lunae, 9 Solis, „quibus lunaris motionis ratio majori ex parte et quoad principaliora innititur“. Haec sequitur *Explicatio hypotheseos Lunae redintegratae.*

„Sit A Terra, centrum universi; assumto B centro extra Terram, describatur ex eo circulus parvus per Terrae ipsius centrum A, in quo centrum eccentrici FPQR moveatur ita, ut in qualibet ☌ et ☍ vera sit in A, hinc ascendat ad duplicatam elongationem Lunae a vero loco Solis, prosthaphaeresi epicyclica correcta per D, ut in omni quadratura sic aequata in C maxima a Terra remotione reperiatur. Sed cum anomalia ☽ per eccentricum cum epicyclo non possit excusari, assumsimus praeter hos duos alium parvum circellum, cujus centrum in circumferentia primi ita moveatur, ut cum ☽ fuerit in apogaeo, in G reperiatur et sic per LH descendendo et I perigaeum transeundo rursus ascendat, donec absoluta una anomaliae revolutione, quod in singulis 27 diebus 13 h. 18′ 35″ accidit, denuo in G apogaeo existat. In assumto hoc circello corpus ☽ refertur ita, ut cum centrum hujus fuerit in G apogaeo, tunc ☽ sit in K, puncto centro F epicycli primi proximo. Hujus autem circelli motus contrarius est et duplus ad motum primi, periodumque unam in 13 diebus h. 18. 39′ 17″ 30‴ conficit: unde, cum centrum ejus fuerit medio loco inter G, I, h. e. prope H vel O, tunc ☽ ipsa reperitur in M, in maxima a centro epicycli primi elongatione. Verum cum per multiplices et accuratas observationes experti simus, hos circulos omnibus apparentiis necdum satisfacere, siquidem in octantibus sive mediis locis inter quadraturas et syzygias ☌ et ☍, cum luminaria sesquisigno inter se distant, adhuc inaequalitas quaedam et differentia satis perceptibilis sese ingerat, necessum videbatur, adhuc alium parvum circellum, per quem haec variatio excusetur, superaddere, in quo centrum epicycli majoris non in circumferentia, sed per diametrum transversam motu quodam librationis, circulari tamen, ut alias apud Copernicum fieri solet, analogo hinc inde transfertur, efficiens prosthaphaeresin quandam, a ☌ et ☍ luminarium usque ad □ □ semper addendam et rursus a □ □ ad ☌ et ☍ subtrahendam a media longitudine ☽ a ⊙, ut verus locus centri epicycli prodeat. Motus autem hujus librationis duplici distantiae verae ⊙ et ☽ commensurabilis est maximamque *variationem* 40′ 30″ in primo et tertio a ☌ octante addendam, in secundo vero et quarto octante subtrahendam procreat. Atque haec est motuum lunarium circularis ex ipsis apparentiis deprehensa compositio, quae tamen varie transformari potest, ita ut omnes illi circelli vel supra juxta circumferentiam orbitae lunaris, vel infra juxta centrum, vel partim supra partim infra, quod ultimum hic eligimus, disponantur. Proportiones vero horum orbium inter se sic habent, ut qualium fuerit radius eccentrici AF 100000, talium FG erit 5800, GM 2900 et BA 2174, denique circelli ad F semidiametrum metitur arcus 40′ 30″, quem subtendit, cum differentia in tanta exilitate sit insensibilis.

Fig. 8.

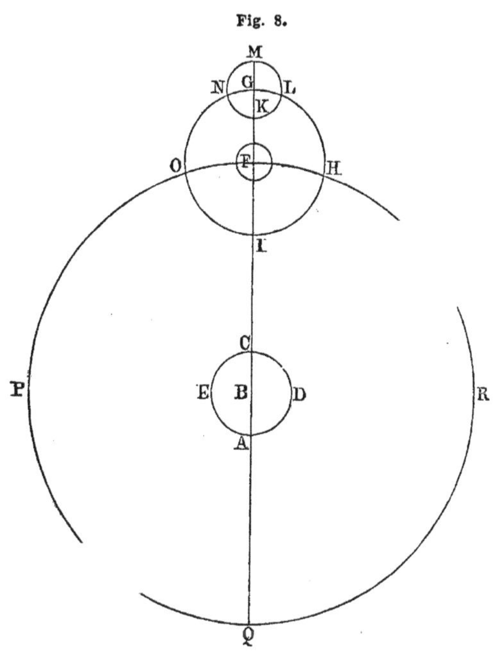

Ex hac orbium dimensione angulus primae inaequalitatis maximus, qui fit in noviluniis et pleniluniis, evadit 4° 58′ 30″, insensibiliter deficiens a Ptolemaeo, maximus autem in quadraturis 7° 28′, quod Ptolemaei assumtione, quam retinuit tam Alphonsus quam Copernicus, quinta gradus parte minus est."

Haec sequuntur *tabulae aequationis temporis*, *epocharum mediorum motuum Lunae*, *et prosthaphaeresium lunarium*, quibus subjuncta est columna, exhibens „variationem".

Ad demonstrandam geometrice Lunae longitudinem hanc Tycho ingreditur viam. Sit anomalia Lunae media DEF 1^s 15° 37′ 39″, cui aequalis GH ejusque duplum NPT. Jam in △ FHT dantur TH = 2900, HF = 5800, angulus FHT = 91° 15′ 18″, hinc TFH = 26° 18′ 43″ et FT = 6541. In △ TFC datis TF, FC (100000) et angulo TFC (2 R — GFT = 2 R — (HFT + HFG), prodit angulus TCF = 3° 29′ 16″. (prosthaphaeresis epicyclica) et TC = 102217. „Medius ☉ addatur longitudini ☽ a ☉, ut habeatur simplex ☽ ab aequinoctio 3^s 1° 3′ 34″, ab hoc subtrahatur 3° 29′ 16″, remanet longitudo coaequata 2^s 27° 34′ 18″. Eadem prosthaphaeresis (TCF) auferatur anomaliae (DEF), ut haec coaequata evadat TCD = 1^s 12°. 8′ 13″." ☽ — ☉ = 2^s 27° 34′ 18″ — 5^s 4° 5′ 12″ = 9^s 23° 29′ 6″, cujus duplum ALIC = 7^s 16° 58′ 12″. In △ CBA est angulus CAB = $\frac{1}{2}$ CBI = 23° 29′ 6″ = ECD; TCD — ECD = TCE = 18° 39′ 7″ (anomalia secundo aequata), quare TCA = 161° 20′ 53″. CVA compl. arcus ALIC = 133° 1′ 48″, CV = $\frac{1}{2}$ CVA = 61° 30′ 54″, cujus sinus CX = 9171634; 100000 : 9171634 = 2174 (radius circelli ALI) : 1994, unde CA = 3988. In △ TCA dantur TC, CA et angulus TCA, unde computatur angulus ATC = 41′ 22″ (prosthaph. eccentricitatis) et TA. 2^s 27° 34′ 18″—41′ 22″ = 2^s 26° 52′ 56″ (locus Lunae).

Fig. 9.

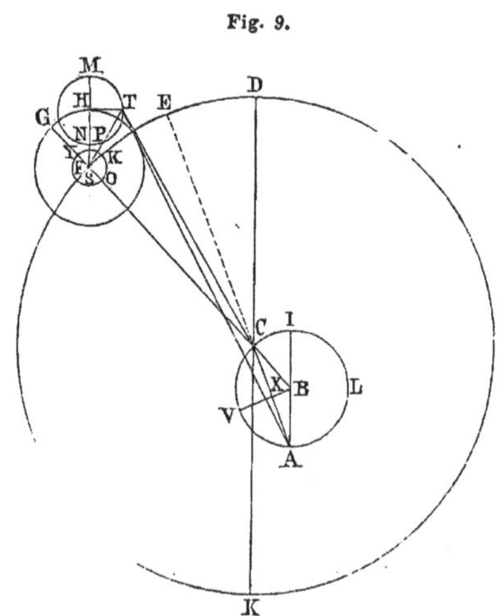

„Motus librationis centri epicycli (variatio) incipit in suo apogaeo et movetur secundum signorum ordinem, commensurabilis duplici distantiae luminarium." Duplex longitudo ☽ a ☉ = 7^s 16° 58′ 12″, sinus excessus ultra semicirculum = 7309965, „ut igitur sin. tot. ad hunc sinum, sic maxima variatio librationis centri epicycli (40′ 30″) ad 29′ 36″ (variationem dictae distantiae verae luminarium competentem)". Hinc verus locus Lunae = 2^s 26° 52′ 56″—29′ 36″ = 26° 23′ 20″ ♊, ad eclipticam vero reductus 26° 22′ 9″ ♊.

Latitudinem Lunae aggressus contendit Tycho, observationibus suis refelli opinionem priorum astronomorum, limites maximae latitudinis sibi perpetuo similes permanere (5°) et nodorum motum aequalem et regularem esse.

Exploratum se habere dicit, Lunae latitudinem in ☌ et ☍ ad 4° 58′ 30″, in quadraturis vero usque ad 5° 17′ 30″ excrescere; sic motum nodorum insensibiliter quidem variari in ☌, ☍ et quadraturis, in intermediis vero locis ad $1\frac{3}{4}^0$ utrinque excrescere posse, „ut ipsa latitudo Lunae ex hac occasione ad sextam fere gradus partem juxta nodos augeri vel minui possit, quorum omnium suo loco et tempore e variis observationibus ulteriorem confirmationem et declarationem, volente Numine, afferemus." Ad declarandam Lunae latitudinem adhibet Tycho schema, in quo polus orbitae lunaris per circellum movetur, cujus centrum est medius Lunae locus, motu duplicis verae distantiae Lunae a Sole, h. e. motu aequali motui argumenti variationis, ita ut in quadraturis inclinatio augeatur arcu distantiae circelli a suo polo, h. e.

maximum ibi angulum efficiat. Quo motu effici dicit, ut orbita Lunae eclipticam in alio atque allo intersecet loco eoque nodi varientur et prius in antecedentia post in consequentia moveantur, atque hinc oriatur variatio latitudinis. Differentia maximae et minimae inclinationis est 19′ (5° 17′ 30″—4° 58′ 30″) eamque esse dicit Tycho diametrum circelli, quam cum observationes tum doctrina triangulorum confirment; maximam nodorum prosthaphaeresin metiri angulum 1° 46′. His praemissis (quibus etiam finiuntur paginae interpositae) proponuntur tabulae prosthaphaeresium nodorum et latitudinis, adjunctis „exemplis, ut omnia rectius intelligi possint". Exemplo quarto hanc adjungit trigonometricam demonstrationem. Sit C (cfr. fig. 2) centrum „circelli", cujus semidiameter CG = 9′ 30″, CD media inclinatio orbitae Lunae ad eclipticam 5° 8′, maxima vera distantia duplicata luminarium numeretur a B per HAG 7^s 14° 36′ 19″, quare angulus DCG = 4^s 15° 23′ 44″, hinc computatur angulus GDC = 1° 12′ 57″ (prosthaphaeresis nodorum) et GD = 5° 14′ 50″ (inclinatio). Prosthaphaeresis absoluta 4° 40′ 14″, motus lat. verus 9^s 0° 57′ 20″ (ex exemplo praemisso), hinc coaequatus 8^s 25° 4′ 9″, cujus complementum (Lunae distantia a nodo) = 3^s 4° 55′ 51″. Jam proportione: sin. tot. ad sin. GD, ut sin. dist. a nodo ad sin. latitudinis: latitudo 5° 13′ 40″ bor.

Distantiam Lunae a Terra contendit Tycho a Ptolemaeo nimium variabilem (variasse inquit per $30\frac{3}{5}$ semidiametros Terrae) assumtam esse. Ipsius accuratas observationes distantiam maximam $60\frac{3}{5}$, minimam $52\frac{2}{5}$ semid. prodidisse, ut sit tota differentia $8\frac{1}{5}$ semid., quam parallaxium observationes potius aliquanto minorem patiantur. Ex Copernici hypothesi hanc differentiam excrescere ad 16 semidiametros. Ad suas illas distantias construxit Tycho tabulam parallaxium ad singulas semidiametros a 52 in 61 et ad omnes gradus quadrantis ab horizonte ad verticem.

Hanc Lunae theoriam Tychonis, parum perspicuam, Keplerus brevi post mortem Tychonis emendare et sibi aliisque dilucidiorem reddere conabatur, cujus studii testimonia habemus in fragmentis libri, quem titulo „Hipparchi" insignire statuerat, nec non in iis, quae Herwarto dedicavit, item non ad calcem perductis (Transformatio hypotheseos Lunae). Conferatur vol. III. p. 520 ss. p. 691 ss. In manuscriptis Pulkoviensibus deprehendimus praeter illa, quae l. c. proposuimus, quaestiones Praetorii de Tychonis hypothesi lunari cum responsionibus Kepleri, quas praemissis adjungendas censuimus.

Caspar Odontius, qui aliquamdiu Kepleri adjutor in calculis fuerat, anno 1606. Praga Altorfium, patriam urbem, reversus est (cfr. vol III. 8 et VI. 637) ibique cum Joanne Praetorio, professore matheseos in academia Altorfiana convenit. Ille Praetorium certiorem fecit de Kepleri et Tychonis studiis astronomicis interque alia de editione Progymnasmatum Tychonis verba fecisse videtur. Praetorius, accuratius inspecta Lunae theoria Tychonica, quae minus placebant vel dubia videbantur collegit et Odontio tradidit in hunc finem, ut Keplerum interpellaret ejusque sententiam provocaret. Simul easdem quaestiones Praetorius Herwarto ab Hohenburg Monachium misit, idem forte spectans. Uterque adiit Keplerum, sententiam ejus expetens. Herwartus scripsit (16. Jan. 1607): „De hypothesi lunari Tychonis kan ich von niemand anderem als dem Herrn bessere Resolution bekommen, also hab ich zu Ihm tanquam lydium lapidem meine Zuflucht genommen." Odontius vero his alloquitur Keplerum:

Nobilis et doctissime Vir, Domine et fautor multis nominibus mihi colende. Cum ab eo usque tempore, ex quo de Domini Tychonis Brahe praeclaris laboribus et utilissimis scriptis aliquid versare coepi, semper mihi nomen ejus magno amori fuit, tum vero, quod hoc seculo de astronomiae instauratione omnium calculo vir sit optime meritus. Verum quae sunt ejus viri nobis relicta Progymnasmata de luminarium motuum restitutione, ea videntur mihi nondum satis concocta (quod tamen venia tanti nominis et famae viri dixerim) ob dubia nonnulla, quibus ipse attentiorem lectorem suspensum tenet, non monstrans plenariam intelligendi rationem, nisi quod in plerisque, praetextu alibi loci et suo tempore de hujus vel illius rei fide facienda, lector sibi satisfactum annuere debet. Praeter nonnulla dubia mihi hoc potissimum ex lectione objicitur, quod in exemplo calculi Lunaris (fol. O. 23) Dominus Tycho tempus observationis aliter atque aliter effert. Anno 1587 die 18. Augusti hor. 17. 25′ a meridie, paulo post subtractis 7′ pro dierum aequatione, numerat die 16. Augusti h. 19. 18′ a meridie. Rursus hoc repetens fol. O. 25: die 18. Augusti h. 7. 25′. Sed ex subsequentibus mediis motibus colligitur, id esse anno currente 1587 d. 16. h. 19. 25′, quod pro Lunae motu ex ipsius mente aequatum efficitur (additione 7′ 36″) h. 19. 32′ 36″ a meridie. Ad hoc enim tempus exacte quadrat media Lunae a Sole elongatio, ex ipsius tabulis deprompta et ab ipso citata, scilicet 9ˢ 25° 13′ 13″. Ad hoc tempus dicit secundum Copernici calculum (fol. O. 24) Lunam esse in 27° 36′ ♊. Hoc num ita se habeat, periculum faciemus ex tabulis Prutenicis, quae ad Copernici mentem sunt compositae. Quoniam tempus Domini Tychonis a meridie numeratur, id ut aptum fiat calculo Prutenico, qui Christi epocham etc. a media nocte deducit, oportet subtrahere de priore apparente tempore 12 horas et pro dierum aequatione subtrahenda 4′ 51″ (posito quod Sol sit in 4° ♍ secundum Tychonem). Nobis igitur hoc tempus erit post completum annum Christi 1586 et Julium completum anni communis, dies 16. h. 7. 20′ 9″ a media nocte. Ad hoc tempus sequuntur medii motus.

His addit Odontius calculos motus Lunae binos (quos infra repetit Praetorius) prodeuntque ipsi diversi numeri. Quare pergit:

Nescio uter erraverit, deest mihi quasi unius diei motus. Non puto in tempore me errasse. Nam probavi, apparens tempus D. Tychonis esse dierum 16. h. 19. 25′ a meridie, quod idem est ac si dicerem die 17 h. 7. 25′ ante merid. sive completo die 16. et h. 7 etc. et post mediam noctem. In initio fol. 56. Tycho dicit epocham motuum sese statuere (scilicet 1. diei meridiem Januarii), a quo ante et retro reliquas ordinavit. Si igitur novo quodam instituto initium diei statuit meridiem primi diei Januarii, ut primus dies Januarii completus intelligatur in meridie secundi diei, tunc ad tabulas Prutenicas fit temporis accommodatio 12 horarum et sic integrum diem minus numerassem.

Si haec mens est Tychonis, ab omnibus astronomis dissentit quos ego novi; qui a meridie numerarunt diei initium, ii coeperunt initium diei illius a meridie diei praecedentis et finem ejusdem meridiei. Ut quoniam in Ephemeridibus ad primum diem Januarii motus Solis vel alterius appositus est, tunc accipitur is motus congruere completo diei primo Januarii: nam initium ejus coepit in meridie diei 31. praecedentis. Copernicus more Romanorum diei naturalis initium statuit in media nocte praecedente (scilicet diem illum artificialem). Nam meridianum tempus 1. diei Januarii ipsi est December, vel annus antecedens completus et insuper 12 horae. Sed quis haec nescit? Puto igitur accuratius attendendum incumbere alicui, qui in Tychonis astronomia versari voluerit, an haec ipsius sit mens et an in temporis prolatione ubique hoc observaverit, et an Ptolemaeum et alios astronomos ita sensisse arbitretur. Immo videor mihi aperte animadvertisse in plerisque locis (ut et in eclipsium observatione fol. O. 2) veterum more eum loquutum esse. Quomodo igitur verba illa fol. 56 intelligenda sint et praesens calculus conciliandus, non sane video. Unum est, quod me maxime torquet: calculavi secundum D. Tychonis mentem eclipsin lunarem subsequentis anni 1607 currentis, mensis Augusti, ad terram Noricam 49° 26′, et invenio tempus correctissimum eclipseos futurae ex tabulis Prutenicis supputatum d. 26. h. 16. 36′ 14″. Collato igitur tempore Tychonis cum Origani, deprehendo differentiam integri diei cum una hora, quanto temporis spatio Tychonicum tempus antevertit Origani.

Cujus ego supputationi diffidere debeam, prorsus dubius haereo, nisi me Tua Praestantia ex hac difficultate liberali sua institutione liberare velit. Saepe namque expertus sum diligentiam Origani, cujus Ephemerides habeo, et haec causa, quare ne nunc quidem diffidere debeam ejus viri supputationi.

Debeo hic nonnullas dubitationes de hypothesi lunari Tychonica addere, quas Dominus Praetorius meae fidei non quidem reprehendendi, sed potius mei informandi causa commisit, ut ad eas quid sentirem responderem. Verum cum sim hospes adhuc in ejusmodi mathematicis quaestionibus solvendis, ego potius tuo sagacissimo quo praeditus es judicio illas diluendas relinquere volui, non interim de tua singulari erga me benevolentia et favore dubitans, quin quae responderi ad eas debeant, mecum primo quoque tempore liberaliter sis communicaturus, quo et Domino Praetorio, meo candidissimo praeceptori, ea de re sufficienter respondere voluisse videar.

Sequuntur Domini Praetorii verba. „I. Tempus apparens existimat (Tycho) ad aequalitatem reduci debere aliter pro motu Solis calculando, aliter pro motu Lunae. Ut in exemplo ab ipso adducto apparens tempus pro Sole aequatur subtractione 7′, pro Luna vero additione 7′ 36″, ut differentia utriusque sit 14′ 36″. Hoc quale sit, divinare non possum, quocunque etiam me vertam. Multis observationibus, inquit, edoctus sum etc., cur non astronomica remedia ad anomalias conciliandas adhibet? cur hoc tam absurdissimo emplastro oblinire conatur vel suos vel coeli errores? Nemo sanus astronomus hoc probabit, nisi forte nesciat, quid sit aequatio dierum et unde proveniat.

II. In omni vera conjunctione et oppositione centrum eccentrici reperitur in A (fig. 9), inde progreditur in circello ALI versus L motu duplicatae distantiae Lunae (per epicyclicam prosthaphaeresin correctae) a vero loco Solis. Duplex dubitatio: tribuit centro eccentrici motum in circello inaequalem, quod non est astronomicum, imo contra principia astronomica, neque vero tueri se potest exemplo Ptolemaei, qui aequantum fictione aequabilitatem motus ad alienum centrum alligavit; nam hoc corrigi potest additione epicycli, quod fecit Copernicus, neque etiam hoc Ptolemaeum ignorasse credibile est, sed placuit ipsi sua inventio, ne multitudo circulorum assumeretur. Deinde non videtur fieri posse, ut per talem duplicatam distantiam Lunae semiveri loci a Solis vero loco restitutio utriusque loci in ☌ et ☍ contingat in A. Nam Lunae motus, per epicyclicam prosthaphaeresin correctus, nondum verus est. Exempli gratia, fieri potest, ut Sol vero motu sit in 3° ♈, Lunae locus per epicyclicam prosthaphaeresin emendatus in 3° ♎. Et hic Lunae motus nondum verus est, deest enim eccentricitatis prosthaphaeresis, item deest illa particula ex circello circa centrum primi epicycli proveniens, deest ad zodiacum relatio. Talis igitur distantia facit semicirculum, quae duplicata efficit, ut centrum eccentrici reperiatur in A, quando scilicet luminum non est vera oppositio etc.

III. Similis dubitatio oritur ex circello circa centrum primum epicycli descripto, in cujus scilicet transversa diametro librari debet centrum primi epicycli, et motus anomaliae similiter similis esse debet verae luminum distantiae duplicatae. Primum igitur hoc quoque loco motus per se inaequalis tali anomaliae tribuitur, deinde tali correctione anomalia potius Lunae emendatur, non verus locus Lunae. Nam eadem talis particula non simul tribui potest ipsi Lunae, alium atque alium situm ratione utriusque epicycli habenti, non certe idem est angulus ad centrum universi circelli circa centrum primi epicycli descripti, ac aequalis circelli circa Lunae centrum descripti; hic enim jam propior, jam remotior esse potest, pro eodem tamen a Tychone sumitur.

IV. Mirum videri potest, quod in hac tota pragmatia neque reflexionis neque parallaxis mentionem fecerit, cum alias ea saepius inculcet: fortassis hanc hypothesin stabilivit antequam reflexionem introduxit.

V. Fol. 0.5 sub finem dicit auctor, per hanc lunarem hypothesin maximum inaequalitatis angulum in ☌ et ☍ evadere 4° 58′ 30″, in quadraturis quinta gradus parte minorem quam Ptolemaeo, Alphonso et Copernico etc., scilicet 7° 28′. Dubitari potest, quomodo hoc fieri possit. Centrum Terrae A, ex quo in ☌ et ☍ eccentricus, cujus semidiameter AF, sit PF; ex F centro ad magnitudinem utriusque semidiametri primi et secundi epicycli (scilicet FM) partium 8700 circulus descriptus sit, quem tangat AM in M; quia ergo earundem FA est 100000, fiet angulus FAM 4° 59′, quod quidem ab auctore parum abest. In quadraturis centrum eccentrici est in I, et sit ad semidiametrum IK (priori AF aequalem) eccentricus XK, ut K sit punctum Terrae proximum, et rursus ut antea KL semidiameter circuli, maximam Lunae elongationem a K repraesentans, et hunc tangat AL, ut KAL sit maximus inaequalitatis angulus in quadraturis. Et quoniam IA est 4348, qualium IK 100000 et KL 8700, ergo earundem erit AK 95652, et qualium AK 100000, erit KL 9095, et ob id angulus KAL 5° 13′, quod longe abest."

Fig. 10.

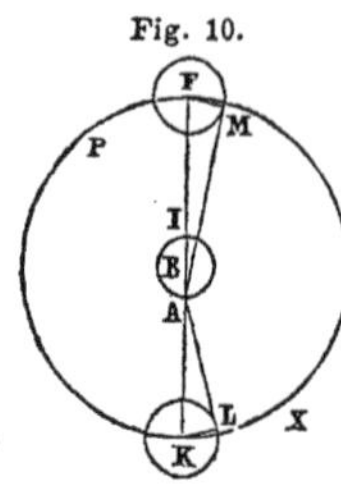

Haec erant, de quibus ad Tuam Claritatem scribendum putavi, quo intelligeret meum desiderium, qualemqualem notitiam mihi comparandi rerum astronomicarum. Saltem hoc relinquitur, ut nisi alios cum Domino Praetorio a Tychone dissentire velis, me errantem in veritatis viam pro tua singulari erga me humanitate reducas. Quodsi tua institutione hoc modo uti mihi liceret, mihi credas, nunquam hujus beneficii, ut et priorum immemorem me futurum. Vale et salve etiam, Clarissime et Doctissime Vir, ex Domino Praetorio meo. Altdorffii ex Musaeo meo die 8. Augusti novi stili 1606.

His respondit Keplerus:

Amicissime Domine M. Odonti. Etsi parum mihi superest otii, qui versor in editione libelli de stella, tamen et tua fidelitas et Domini Praetorii respectus extorserunt mihi responsum, quo in praesens rogo contenti sitis, quod tanto facilius a Domino Praetorio impetravero, si diligenter ipsum edocueris, quam sit Pragae nulla schola, σχολή, qualis Altorfii, sed perpetua anxietas et inquietudo.

Primum oblitus videris istorum, quod dixi, saepe Tychonem incipere a prima Januarii in meridie Huennensi, qua in re non neminem (a) est secutus. Itaque si detur politice tempus, verbi gratia diei 15. Augusti anni 1606, hora 8. antemeridiana, completa tempora erunt Tychoni 1605 Julius d. 13. h. 20. (Praetorius adscripsit: forte 14.) (b). Et epochae sequuntur Prutenicas dimidio *circiter* die.

Secundo, nihil agis, comparans calculum Tychonis cum Prutenico (c). Certo scias, ex Tychonico veniri ad veritatis propinquitatem circiter 5 vel 6 minutorum, cum Prutenicus (nisi fallor) integro interdum gradu aberret (d). Ignosce vero mihi, quod tempore exclusus calculum tibi in exemplis a te positis non demonstro. Fundo ista subito.

Venio ad objectiones Domini Praetorii. Prima objectio mihi cum Domino Praetorio est communis, quod multis collationibus literariis cum variis mathematicis demonstrare possum. Itaque sic censeo: si Braheus, quo tempore tabulas lunares scripsit, scripsisset etiam totum suum librum, fortasse partem aequationis in Luna omissam omisisset etiam in Sole, utpote insensibilem in Sole. Maxima namque Solis aequatio est 2^0, cujus arcus coascendens in tempus resolutus dat 8′ temporis, et in motu Solis 20″. Sed quia paginae de Sole erant impressae a multo tempore, hinc orta haec dissimilitudo (e). Secundo, etsi non probo ipsam partis alterius omissionem, nihil tamen mutare possum temere, quoad in planetis fuero expeditus (f). Nam potest contingere etiam sic invariata Tychonica hypothesi error 6′. Si jam mutem hanc aequandi rationem, accedent alia 4′. Sic interdum posset per meam mutationem error contingere 10′ vel 11′, ita in reprehensionem incurrerem cum mea mutatione. Tertio notandum est, lunaria per Christianum Severini Longomontanum, quem Tycho aluit, in hunc modum esse concinnata, cum Tycho negotiis aulicis, difficultate pecuniaria et ingruente senio impediretur. Saepe dixit Christiano: „haec non possum ferre“, sed respondit Christianus: „Tu ergo ipse aliud inveni, quod cum tuis consentiat observatis“ (g). Cum vero Tycho jam non tanta attentione studia haec tractare posset, necessitate adactus reliquit hoc malum bene conditum (h). Quarto, rei qualitas non valde absurda est seque exemplis defendit, si modo quantitas consentiret. Nam qui dicit, negligendam esse alteram partem aequationis in Luna (ad e), is statuit, Lunae illum motum, qui apud ceteros astronomos est medius, hieme tardum esse, aestate velocem, quia quantum aestate de orbe Lunae volvitur temporibus 360. 57′ aequatoriis, tantundem, non plus, volveretur hieme temporibus 361. 1′. Itaque cum aestate Sol sit remotior ab orbe Lunae quam hieme, posset aliquis cogitare, causam inaequalitatis esse physicam et Solem propiorem impedire nonnihil Lunae motum. Sed, ut dixi, quantitas et proportio reclamant, quia Solis distantiae sic habent: apogaea 1018, perigaea 982, quae proportio est longe diversa a proportione inter $361^0\ 1'$ et $360^0\ 57'$ (i). Quinto, priusquam ego ad Tychonem veni, quo tempore is Witebergae adhuc fuit, coactus fuit praeter tot circellos unum etiam annuum inserere, quando retinuit utramque temporis aequationem, ut observata sua tueri posset. Is ergo annuus circulus profligatus est postea Pragae per omissionem secundae partis aequandi tempus et per neglectionem 5 vel 6 scrupulorum residuorum, quibus calculus adhuc abit ab observatis.

Ad objectionem secundam. Hic motum inaequalem centri concentrici Lunae in epicyclo per Terram ducto (quoad affectum) tueor. Nam si memoriter bene teneo, manet idem inaequalis motus etiam in Ptolemaeo quoad effectum hoc praetextu, quod frustra simus subtiles in insensibilibus. Hoc volo dicere, nullam haberi a Ptolemaeo rationem inaequalitatis menstruae in veris oppositionibus et conjunctionibus Solis et Lunae (k). Copernico hic primum placuit ἀκριβολογεῖν, qui semper adhibet aequationem menstruam, quoties vera ☌ et ☍ differt a media. Ptolemaeus ergo hoc faciens simulat centrum concentrici Lunae in veris ☌ et ☍ esse imo loco, plane ut Tycho (l). Secundo, si vellem contendere, possem hanc motus inaequalitatem etiam astronomice excusare additione adhuc unius circuli menstrui: cur enim mihi non liceret in hac inaequalitate menstrua excusanda, quod Copernico licuit in aequantibus Ptolemaicis excusandis, approbante Praetorio? (m) Tertio causa, cur rem ipsam defendam, est haec, quod causae motuum verissime sunt physicae, ut Deo vitam dante probabo, a Sole ortae, utique igitur ab ipso vero Sole, non a puncto ejus vicario, quod Solem jam antecedit, jam sequitur (n). Quarto, et tamen quantum sudaverim in physicis causis hujus menstrui motus inveniendis, tu ipse ex parte testis es; quoties exclamavi, jam me invenisse? Quodsi res non tam esset abstrusa, posses recensere ex te ipso Domino Praetorio, qua in re adhuc haeream. Dicam. Quando anomalia Lunae est 0° aut 180°, tunc nihilominus potest esse aequatio aliqua, tam addenda quam subtrabenda, scilicet tunc, quando Luna simul est a Sole vel ejus opposito remota 45°. Hic ego putavi, circellum libratorium hos ludos facere, quia ejus aequatio, Tychoni variatio dicta, in hac a Sole distantia est maxima. Sed manifeste sum deceptus. Nam observationes constantissime testantur, quod haec aequatio intermenstrua apud anomaliam 0° vel 180° interdum accumuletur cum variatione, interdum ab ea auferatur, et si memoriae fidendum, interdum ex utriusque implexione composita aequatio est 45′, interdum 2° 7′, non obstante, quod anomalia sit 0° vel 180° et utrinque distantia Lunae a Sole, vel ante vel post ☍, 45°. Hoc solum igitur rationes physicae a me excogitatae non faciunt, ut aequationem in anomalia 0° vel 180° faciant aliquam praeter variationem. Alias cetera egregie concilio. Primo pro variatione dico, inesse in linea, quae per Solem et Terram ducitur, vim intendendi motum Lunae medium, quae vis accrescit Lunae a quadratura venienti ad modulum rectae, ex corpore Lunae in lineam diametralem Solis et Terrae demissae perpendiculariter (o). Deinde pro alteratione eccentricitatis sic*), cum distantiae Lunae a Sole rectilineae circa eccentri longitudines medias incrementa potissima sumant, tunc quando mediae longitudines sunt in □ ☉ et apsides in linea ☉ ♁, incrementa haec sunt majora, Luna fortiter versus Terram vel a Terra movetur in recta linea et sic apogaea a perigaea distantia differt multum; itaque aequatio magna in quadraturis**). Contra si linea apsidum est recta ad lineam ☉ ♁, sic ut longitudines mediae sint in linea ☉ ♁, tunc tardiora sunt incrementa et decrementa rectarum Lunae et Terrae: quare et parva aequatio synodica et non ita magnum discrimen rectarum ☽ ♁ in □ ***). Plane quidem contraria sunt ista circello Tychonico ad Terram, quo fit, ut Luna apogaea in ☌ et ☍ non fiat tam alta, quam in □: sed hoc nihil me impediret, si in effectu longitudinis penitus idem cum hypothesi Tychonica faceret, nam doctrina parallactica Tychonis pulchre mecum est. Portasse olim etiam Lunae quatriduanae (hoc est anomaliae 0° 180°, distantiae a ☉ 45°) consuluero; nam haec physica hypothesis omnibus aliis in locis aequiparat Tychonicam. Hic Dominus Praetorius etiam illud objecit, si per aequationem epicyclicam corrigatur distantia ☽ a ☉, nondum plane correctam esse.

*) Quando ego loquor de eccentricitate Lunae, non intelligo Ptolemaicam, sed quam ipse et Copernicus epicyclo salvant, quem ego in eccentrum muto, ut Luna hic fiat similis planetis ceteris. Et nota, Braheus praeter unicam variationem nullam praeterea aequationem novam constituit, nisi quod in antiquis illis mutavit quantitates parumper, ut et hypothesin. Prima enim inaequalitas Ptolemaeo et Copernico salvatur per simplicem epicyclum, qui esset mihi simplex eccentricus, Tychoni per duplicem epicyclum, qui est mihi eccentricus cum aequante. Secunda inaequalitas salvatur Ptolemaeo per eccentricum, Copernico per epicyclium amplificatorium, Tychoni per idem epicyclium, tantum ad Terram positum. Tertia inaequalitas falcatae et gibbae dicitur Ptolemaeo prosnevsis epicycli, cujus gratia coactus est Ptolemaeus, epicycli apogaeum facere vagum. Copernico et Tychoni non fuit opus novis machinis, nam sequebatur haec tertia aequatio ex epicyclio illo, quod Braheus ad Terram posuit. Itaque verior Tychonis et Copernici hypothesis epicyclii hujus, quam Ptolemaei hypothesis eccentri, quia illa simplicior. Quarta ergo aequatio Tychonis mera est, variatio dicta estque supplementum tertiae.

**) In hoc situ ○ ◯ ○ Luna fortiter movetur versus Terram in anomalia 90 vel 270. Nam etiam diutius moratur in hoc situ ob variationem.

***) In his sitibus ○ ◯ ○ Luna debilius movetur versus Terram in anomalia eadem 90 vel 270; nam et citius exit ex his sitibus ob variationem.

Verum est inter ☌ et □, at in ☌ ☍ ipsa aequatio epicyclica jam est penitus absoluta, in □, etsi distantia ☽ a ☉ per $2^1/_2{}^0$ deficit vel excedit, tamen hoc nihil efficit, cum jam in jugo simus epicycli menstrui et sinus in fine quadrantis non mutentur sensibiliter. Inter ☍ □, ☌ □ pauca scrupula accedunt vel decedunt, prout vera vel epicyclica distantia ☉ a ☽ aequaveris. Et cum alias in hoc situ aliqua scrupula in errore sint, hactenus nondum duxi necessarium ἀκριβολογεῖν.

De tertia objectione. Hic primo variationis libratio ipsa reprehenditur, secundo inaequalitas, tertio identitas ejus in diversa altitudine Lunae a Terra. Haec sunt contrariarum qualitatum objectiones. Fateor, noluisse Tychonem minima etiam sectari et nodum in scirpo quaerere (p), concedendumque est, si variatio mediocris est 41′, maximam posse esse 43′, minimam 39′, quando variatio per circelli diametrum geometrice demonstratur. At ipsa libratio per se contemni nequaquam potuit, cum sit 41′, quae observatio prodit (q). Haec palma in medio est, quomodo simplicior hypothesis haberi possit, quae observationibus satisfaciat. De inaequali motu hujus circelli dico eadem, quae ad objectionem secundam (r).

Objectio quarta. Refractio et parallaxis habentur pro accidentibus, restringuntur enim ad certos locos in mundo et situs Lunae versus horizontem. Et fuit hic Tycho cautissimus, primo in recipiendis observationibus, ex quibus hypothesis est exstructa, deinde in calculanda utraque affectione. Miror, cur hoc illi objiciatur, cum in iisdem tabulis Lunaribus habeantur praecepta et tabulae (s).

Quinta objectio. Non recte instituitur computatio aequationis maximae; crescit enim in □ ☉ non per appropinquationem epicycli*), quae sane major fieri non posset quam 5° 13′, sed crescit per appositionem AB diametri epicycli ad A Terram ad GC, GD vel BE diametrum epicycli in circumferentia. Sed moneo, paulo diutius te exerceas in comprehendenda Tychonis hypothesi, hoc tibi plus proderit, quam longa epistola. Tantum hoc tene, quod fol. 0.5 non expresse, ut debuit, ponitur, lineam AF ex A Terra per F centrum epicycli apud Terram semper manere parallelam lineae apsidum, et cum ea sub zodiaco annis $8\frac{1}{2}$ circumire (t).

Fig. 11.

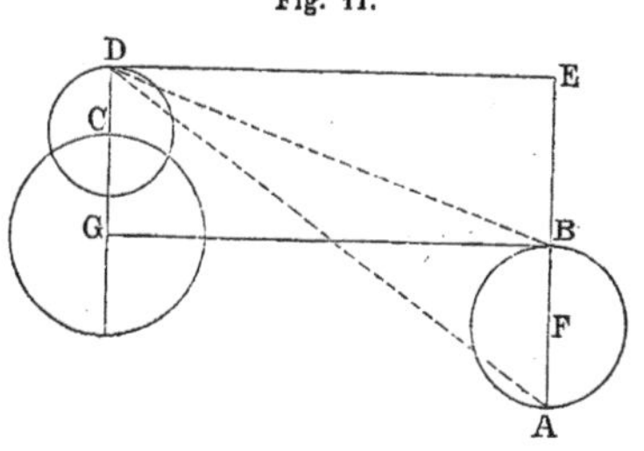

Hae chartae quatuor jam septimanis jacuerunt inter scruta mea una cum tuis literis absconditae. Nam eram in typographicis occupatissimus et confusissimus, vel igitur tandem reperta mitto. Vale et me Domino Praetorio commenda. Si quid quod operae pretium erit dixisse videor idque explicatione clariore indigebit, petenti tibi alio tempore non denegabo. Pragae d. 30. Septembr. 1606.

P. S. Sit B (fig. 12) centrum eccentrici ovalis Lunae, C aequantis, A sit Terra in copulis et AB eccentricitas. E sit Terra in quadris et EB eccentricitas.

---

*) Appropinquatio epicycli non datur, quando in concentrico epicyclus volvitur. Sed dicas, concentricus in □ non manet, cum sit ejus centrum in B? Verum: at sic potius elongatur epicyclus ab A; ADE aequatio maxima in quadraturis.

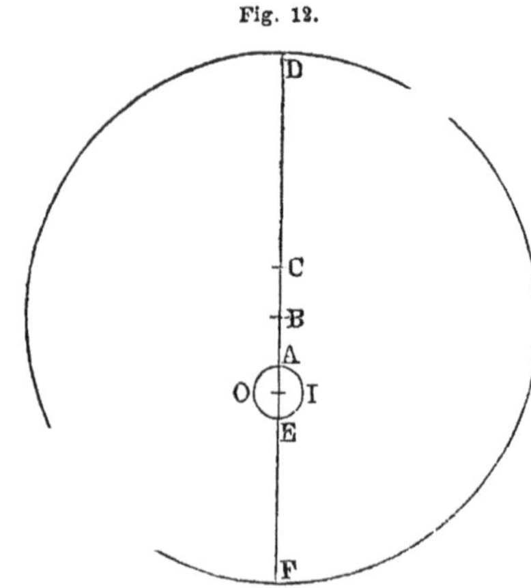

Fig. 12.

O sit Terra in distantia a copula 45°, I sit Terra in distantia a copula 135°. Sit jam E Terra constanter, distantia 0 est A in E, distantia 45° est O in E, distantia 90 est E in E, distantia 135 est I in E. Hoc est BA ex E per IAO circumit. Ergo ab 135 per 180 in 45 motus BA est OEI tardus, sed a 45 per 90 in 135 motus BA per IAO velox. Uterque vero utrumque facit, Lunam et tardam et velocem. Nam per OEI Luna in D fit tarda, in F velox. Sed per IAO Luna in D fit velox, in F tarda. In parva eccentricitate tardatur apogaea, acceleratur perigaea. In magna acceleratur apogaea, tardatur perigaea (u).

Ad Kepleri responsionem Praetorius dubia sua et objecta, quam brevissimis verbis conscripta, Odontio tradidisse videtur, qui illa Keplero transmisit, forte etiam illa Herwarto tradidit, cum subjuncta sint epistolis Herwarti et Kepleri mutuis, quas continet vol. IX. mss. Pulkoviensium. Notavimus in praemissa Kepleri epistola loca, quibus adscripsit Praetorius annotationes suas, literis *a*, *b*, *c* . . ., sicut etiam sequentes responsiones Kepleri ad Praetorii marginalia iisdem literis, item e mss. Pulk. desumtas.

Hic igitur quasi dialogus haec habet:

Ad *a*: Nullum certe Astronomum. Keplerus: Nisi Ptolemaeum, Albategnium et Ephemeridum scriptores omnes.

Ad *b*: Dubito an Tycho talem numerandi rationem in suo volumine sit secutus; utique non observasse certum est. Keplerus: Non opus dubitare.

Ad *c*: Ipsemet confert calculum suum cum Copernici et dicit, Copernico Lunam esse in 27° 36′ ♊. Keplerus: Non exprobro collationem, sed hoc, quod ex Copernici calculo Tychonicum erroris arguebat.

Ad *d*: Hoc puto ex tabulis Prutenicis non sequi, sed multum abesse, ut et in Solis motu. Keplerus: Ex Magino, Maestlino facile erat exscribere, illi ex Prutenicis derivarunt. Astronomus non putat, sed computat.

Ad *e*: Aequationibus dierum opus esse, nemo nescit, praesertim propter Lunam, cujus motus velocior est; quod autem alia sit dierum aequatio in Sole quam in Luna (dicit nempe Solis aequatio est 2°), hoc est absurdissimum. Keplerus: Pungit Tychonem, qui alicubi dixit, praestare ut totum negotium omittatur, quam ut error 5 vel 6 minutorum committatur. Scripsit ista ferocior; postea multiplicibus Lunae inaequalitatibus exercitus, factus est mansuetior et omnino concessit, posse aliquid et tantillum quidem deesse suo calculo. Non omisit aequationem temporis, sed partem ejus. Confundit se ipsum Praetorius ambiguitate vocis „aequatio"; et Sol habet aequationem motus, de qua haec mea notata verba, et Solis motus ad tempus aequatum est computandus. Non ignaro Tychone, sed cum nondum liqueret, transeundum erat hoc paradoxon.

Ad *f*: Hoc non intelligo. Fortassis et reliqui planetae singuli proprias suas habebunt dierum aequationes? Keplerus: Hoc est quod queror. Aequatio temporis duas potissimum habet causas: obliquam ascensionem graduum eclipticae et inaequalitatem motus Solis seu ejus aequationem. Illa parte usus est

Tycho, hac, quae ex aequatione solaris motus fluit, in Luna non est usus. Non bene accipit mea verba, quasi dixissem, me nihil de Luna posse concludere nisi perspectis et reliquis planetis. Ego vero hoc dicebam, tantum mihi occupationis esse in planetis ceteris, ut non vacet examinare illa, quae Braheus jam elaborarat.

Ad *g*: Quid igitur litigamus, si Tychoni quoque non placuit hypothesis? Keplerus: Non quidem de hoc litigamus, Tychoni non placuisse, sed Praetorius totam abjiciendam litigat, ego aut retinendam aut ornatiorem cudendam, quae tamen effectu et consensu cum observatis aut aequet aut superet Tychonicam.

Ad *h*: In autographo Kepleri sequuntur verba Praetorii plane interrupta, quae forte Keplerus ex manuscripto ad juvandam memoriam sibi notaverat. Hic igitur legimus: „sed etiam ad antecedentia .... Keplerus: Nemo dubitat, si fieri possit; at forma hypotheseos primo omnium debet esse utilis epochae nostri temporis, quod observationibus a Braheo factum est instructissimum. Demonstrentur hujus mali tolerati incommoda tam magna in effectu et majora quam aberrantis Copernicaei calculi. Nemo neget, si possit, sed hoc nihil ad mea verba, quae notavit.

Ad *i*: Hoc non intelligo. Non bona computatio. Keplerus: Contraria dicit; quae non intelligit, qui dijudicet? Ego his verbis ostendi, quid sequatur ex omissione partis aequationis, id postea defendo in qualitate exemplis similibus, refuto in quantitate, si scilicet Praetorio pareamus, adhibita etiam illa temporis aequandi parte, quam Braheus omisit. Irascatur igitur coelo et observatis et suo postulato, ut tempus aequetur. Nam hae causae sunt obscuritatis et perplexitatis.

Quod nescit, jam docui in fronte hujus paginae. Errat igitur, secundam partem aequandi tempus putans esse nihil aliud, quam tabulam aequandi tempus. Dicam clarius. Tabula Tychonis prior pro Sole computando continet utramque partem aequationis temporis, tabula posterior, pro Luna facta, continet unam saltem partem aequationis temporis, quae fluit ex inaequalibus et obliquis eclipticae ascensionibus in sphaera recta. Mirum non esse bonam computationem, cum de eadem re utrinque agatur.

Ad *k*: Ptolemaeus vult .... (nil sequitur). Keplerus: Ita est. At ubi ad opus venit, docens computare eclipses, negligit discrimen ortum ex media et vera oppositione ejusque effectum, rationem neglectus addit exilitatem discriminis, unde non ultra 8′ aut 9′ in effectu calculi varientur.

Ad *l*: Si de mediis ☌ et ☍ ... (nil seq.) Keplerus: At quid ego aliud hic dico quam hoc, ipsum vel in ambiguo Brahei circello per Terram ducto vel paulo laxiori aut angustiori circumducere centrum novi circelli, cujus motus se accommodet mediis ☌ et ☍ in hujus novi circelli circumferentia, circumlatum centrum concentrici Lunae rursum aequabili motu restituetur sub veras ☌ et ☍ motu ex utrisque circellis composito.

Ad *m*: Astronomicum hoc non. Keplerus: Mirum si, quae astronomus ex geometria mutuatur, ea sunt astronomica, quae vero ex physica, ea astronomica haberi non debent. Quid si ne hoc quidem sit astronomicum, disputare, quod motus coelorum debeant esse aequabilissimi? quippe axioma ex physica est traductum. Atque vae tibi Keplere, qui si longissimis sudoribus tandem causas motuum physicas inveneris et ex iis tam bene docueris computare, quam bene computamus ex suppositione circulorum, gratitudo haec erit ut negent, te esse astronomum! Dicant igitur physicum.

Ad *n*: Probatione opus est. Non intelligo, explicanda haec apertius. Keplerus: Generale facit de omni distantia, quod ego de distantia 45⁰. Nec ille falso nec ego male loquens de puncto, ubi maxima est haec aequatio. — Pono hic causas motuum physicas, ponunt alii circulos et causas geometricas, nec contentus Praetorius imperat aut morositate hac adigit nos, ut cogamur, praeter tot circellos adhuc etiam plures ponere circellos. Probet ergo Praetorius, causas motuum esse geometricas, nimirum circulos, et ego ipsi approbabo causas motuum esse physicas: puto hic discernemur, uter paucioribus indigeat principiis, quam palmam hic affecto. Pone, menstruas aequationes sic esse ad se mutuo, ut sunt ad invicem sinus distantiae Lunae a Sole, esse vero errorem in distantia Lunae a Sole circiter $2^1/_2{}^0$, ut pro 90^0 sit $87^1/_2{}^0$, erit igitur aequatio menstrua quaesita pro 2^0 30′ (quae jam sit totalis) alia erronea, nimirum 2^0 29′ 52″. Nam ut sinus 90^0 ad sinum $87^1/_2{}^0$ (100000 ad 93905), sic 2^0 30′ ad 2^0 29′ 52″.

Ad *o*: Neque hoc astronomicum est. Keplerus: Non est igitur astronomus Ptolemaeus, qui plurimis in locis indulget compendiis cum damno minimo, imo interdum cum damno 8′—9′. Egregius vero astronomus, qui calculum involvit perplexitatibus non necessariis: quo nomine Prutenicae tabulae a quibusdam morosissime arguuntur.

(Praetorius: Aliud dubium) Imo nihil hic aliud quam supra, cum dicerem, errare posse calculum circiter 5′—6′.

Ad *p*: Eadem mens fuit Ptolemaei et Copernici; cur igitur ipsos non est secutus? Keplerus: En confitentem; sed jam apparet, quid velit. Nimirum hoc contendit: aut reliquendam fuisse astronomiam in errore 1—5 graduum (nam in Venere potest esse error 5^0) aut consectanda fuisse 8″ et reliquas λεπτολογίας.

Ad *q*: Nuda hic requiritur assensio. Keplerus: Assensio requiritur, sed non nudà, verum evicta per demonstrationes aut observationes, quae testantur de hac inaequalitate 41′ a veteribus plane neglecta.

Ad *r*: Postulatur hypothesis astronomica, principiis constans astronomicis. Keplerus: Sic est. Tantum ne astronomo sit interdictum, pulsare fores physices aeque ac geometriae quoties opus fuerit.

Ad *s*: Quaestio erat, cur in toto hoc calculo, alias accurato, non adhibuerit parallaxin et refractionem, sed nullam harum mentionem fecerit? Keplerus: Parallaxis adhiberi intelligitur vel in calculo vel in observatione. Parallaxin et refractionem calculare docuit a fol. 119 in 125 lunarium. (Progymn.) In observatis locis, quae allegat et quae calculo proponit exprimenda, spectasse parallaxin et refractionem inde patet, quod ubique additur vera longitudo, vera latitudo, si remotae fuerunt hae variationes horizontales. At ubi observatio adhuc fuit implicita his, semper addit: „visa latitudo".

Ad *t*: Satis patet ex schemate (11.), lineas apsidum parallelas esse debere lineae AF. Si jam apsidum linea cum ipsa AB dicitur circumire, dicendum est, super quo centro? quod novam ponit considerationem et totius calculi diversitatem; ut et hoc novum videtur, quod circuitio annis $8\frac{1}{2}$ compleri debet. Fortassis voluit dicere $18\frac{1}{2}$, qualis alias tribuitur fere motui nodorum, qui quidem in longitudinis motum se quoque insinuat et suo modo conciliandus est, ut longitudinis considerationem non impediat. Keplerus: Non B sed C est centrum eccentrici Lunae (vel quasi eccentrici). Nimirum ADB est menstrua aequatio, DBG epicylica, cui aequalis BDE, ut tota sit ADE.

Anceps mihi lucta cum Praetorio, cum multa frustra desideravit, unum me desiderantem non fert, at infeliciter, cum ne sic quidem capiat. Non sequitur, si parallelae sunt AF et GD perpetuo, ergo fixus locus apogaei; transeunt enim utraque simul, parallelae manentes, super centris A Terrae et G epicycli, et transeunt in consequentia restituunturque sub fixis annis $8\frac{1}{2}$, minime $18\frac{1}{2}$. Cum anno hoc 1607 Lunam videt apogaeam, quoties in Leonem venit, anno 1608 apogaeam, quoties in Virginem, non dicendum est, transisse Lunam a Leone in Virginem. Revolvat ephemerides, videbit rursum in Leone fieri apogaeam. Novum Praetorio dixisse videor, quia non invenit in Prutenicis titulum de motu apogaei Lunae.

Ad *u*. Praetorius: Astronomiae auctores putarunt, verorum motuum apprehensionem fieri non posse nisi effictis mediis motibus (hi enim imaginarii sunt); mirum igitur videtur, si veri motus per veros (ignota per ignota) inquiri debent. Keplerus: Mirum et hoc erat ab initio et valde absurdum Praetorii similibus oblocutoribus, ad veritatem perveniri non posse nisi per mendacium, ad rem ipsam per imaginationis somnium. Minus mirum est, a motibus imaginariis ad prope veros, a prope veris ad verissimos, a notis ad ignotiora magis magisque perveniri. Alia enim est methodus nostrae mentis ad cognitionem, alia naturae ad efficiendum. Si talis statuatur hypothesis, ex qua ipsi naturae possit hoc objici, omnino validissima futura est objectio, quacum ego sum luctatus in Commentariis de Marte. — Satis de objectis Praetorii.

Supra diximus, Praetorium similia de Tychonis hypothesi lunari Herwarto tradidisse et Herwartum a Keplero petiisse, ut judicium suum de hac re sibi communicaret. Die 6. Martii 1607 Herwartus prioribus literis (v. s. p. 623) haec addit: Die quaestiones super hypothesin Lunae Tychonis hab ich nit selbs movirt; es hat mir aber der Autor begert, das ich solte den Namen suspendiren. Weil er aber nuhmehr dem Hern bewust (literae Kepleri haec referentes desunt), schick ich Ime im Vertrauen, was mir derowegen ulterius instando zukommen, bitt aber, der Herr welle sich dessen anderwerts nit vernehmen lassen, vnd mir diese Beylag wieder zukommen lassen. Responsionem ad posteriores has „dubitationes“ Keplerus cum Praetorii verbis Herwarto remisit, qui die 10. Oct. 1607 respondit: des Hern responsiones auff Praetorii dubia et marginalia haben mir gar gute satisfaction geben. Wäre der Mühe werth, wenn der Inhalt publicirt würde.

Inscripsit examen suum alterum Praetorius: Dubitationes quaedam de Hypothesi Lunari Tychonis Brahe.

I. Tempus apparens dicit (Braheus) aliter in aequale convertendum pro motu Solis, aliter pro motu Lunae calculando. Ut in exemplo ab ipso adducto aequale tempus pro motu Lunae 14′ 36″ posterius est eo, quod pro Sole aequatum est. Et dicit, multis se observationibus ita edoctum esse, ut ita statueret. (1.) Admodum absurdum hoc esse videtur (2.), cur non astronomico remedio anomaliis succurrit? (3.) Cur hoc tam absurdissimo invento sive coeli sive aliunde ortos errores sanare studet? (4.) Adde, quod per verum motum Solis ex diversis tabulis ejusmodi aequationes desumsit. Nemo opinor hoc probabit, nisi qui nesciat, quid sit dierum aequatio et unde ortum habeat. (5.)

II. Centrum eccentrici ponit mobile in ambitu circelli, per centrum universi eunte ea lege, ut in omnibus veris ☌ et ☍ illud reperiatur in A (fig. 9.), inde moveri in antecedentia duplici distantia Lunae, per epicyclicam prosthaphaeresin correctae, a vero loco Solis. Hoc quomodo fieri possit, dubitandum relinquitur, qua n. ratione centrum eccentrici in eundem situm circelli restitui potest, si non verorum locorum duplex distantia sumatur? (6.) Exempli gratia: potest Sol vero motu esse in 1° ♈, Lunae locus per epicylicam prosthaphaeresin emendatus potest esse in 1° ♎ (7.) Hic vero Lunae locus nondum verus est, deest n. eccentritatis prosthaphaeresis (8); item desideratur illa particula, quae ex libratione centri primi epicycli in parvi circelli diametro evenit (9.); item accommodatio loci Lunae ad zodiacum, propter exiguum ejus orbem (10.) In tali ergo casu propter distantiam illam duplicatam reperietur centrum eccentrici in A, contra quam propositum fuit. Nam in veris ☌ et ☍ in A esse debebat. Haec vero distantia semiverum Lunae et verum Solis locum repraesentat (11.).

III. Duplex dubitatio videtur pendere ex motu librationis centri primi epicycli in diametro parvi circelli; prima plane similis est ei, quae proxime notata est (12.), altera, quod ex tali positione Lunae potius anomalia corrigitur (13), non Lunae per se motus (14.). Solis n. particula non similiter loco Lunae attribui potest, quae jam remotior, jam propior a Terra esse potest. Non nempe idem est, ac si ipsa Luna in quocunque situ in ejusmodi circello et ejus diametro reciprocetur (15.).

IV. Mirum videri potest, quod in tota hac pragmatia neque parallaxis neque reflexionis ullam mentionem fecerit, cum tamen alias accurate haec inculcasse solitus sit, et nihilo minus in observationis et calculi concordantia ne in secundis fere scrupulis discrepantia reperiatur (16.). Si in observationis recitatione illarum rerum rationes habuit, non potuit calculus eidem respondere, nisi adhibita quoque parallaxi et reflexione, cujus tamen nulla facta est mentio (17). Si observatio facta est absque illarum rerum consideratione, idem certe absurdum sequi videtur, nam calculus responderet non vero, sed apparenti motui (18). Fortassis hanc Lunae hypothesin stabilivit, antequam refractionem introduxit aut animadvertit? Quid vero de parallaxi? (19.)

V. Folio 0.5 (supra fol. 621) sub finem dicitur, quod hoc modo maximus inaequalitatis angulus in ☌ et ☍ evadat 4° 58′ 30″, in quadraturis autem quinta gradus parte minor quam apud Ptolemaeum, Alfonsum et Copernicum (hi vero statuunt eundem 7° 28′) (20). Haec an ita sint, explorare conabimur. Sit IA circellus (fig. 10.) in quo currit centrum eccentrici et in ☌ et in ☍ ex A eccentricus describatur PFM. In quadraturis autem centrum eccentrici est in I. Ergo ex I quoque ad intervallum IK (priori AF aequale) eccentricus sit KX, et ex F et K circuli describantur maximae elongationis, ut sc. FM et KL, utrobique repraesentent semidiametros primi et secundi simul epicycli. Et ducantur tangentes AM, AL, item FM, KL; maximus igitur inaequalitatis angulus in ☌ et ☍ est FAM, in quadraturis KAL (est n. AF distantia maxima, AK minima), hosce igitur angulos metiri intendimus. Et quum AF est partium 100000, qualium FM 8700 (AF = 100000, AB = 2174, primus epicyclus = 5800, secundus 2900, summa 8700), ergo angulus FAM 4° 59′ 30″ (quod auctoris numerum excedit in 1′, sed non magna jactura). Rursus IK sit 100000 et IA 4348, ergo AK 95652, qualium etiam KL 8700. Sed qualium AK 100000, erit KL 9095, et propterea KAL 5° 13′, qui debebat esse 7° 16′ (21.) Nescio ubi error haereat. Nam obliquitas lunaris circuli ultra 14′ differentiae ingerere non potest, sic et auctoris libratio centri primi epicycli non ultra 40′ 30″ in octantibus, in quadraturis vero nihil.

VI. Folio 0. 23 tempus suae observationis aliter atque aliter affert: 1) anno 1587 die 18. Aug. hor. 17. 25′ a meridie, 2) paulo post (subtractis 7′) die 16. Aug. h. 19. 18′ a. m. 3) sequente folio: die 18. Aug. h. 7. 25′. Ut ex hisce dubiis aliquid elicerem, consideravi propositi temporis Lunae a Sole distantiam mediam, quae ab ipso ponitur 9ˢ 25° 13′ 13″, et reperi tunc motum congruere (ex ipsius tabulis) ad annum curr. 1587 d. 16. Aug. h. 19. 32′ 36″ (22.), postquam scilicet pro Lunae motu ob dierum aequationem adjecit 7′ 36″. Unde constat, apparens tempus fuisse die 16. Aug. h. 19. 25′ a. m. Ad hoc tempus ait Lunae locum secundum Copernicum esse in 27° 36′ ♊, aliquantulum sc. a suo calculo et observatione sua differentem. Conatus sum experiri, an ex Tabulis Prutenicis talis motus elici possit, et ut ad calculum Prutenicum tempus propositum accommodetur, subtraxi 12 horas (23.), ut apparens tempus sit annus completus 1586 et hujus Julius completus, diebus 16. h. 7. 20′ 9″. Nam pro dierum aequatione subtraxi 4′ 21″, posito quod Sol (secundum Tychonem) fuerit in 4° ♍. Et ad hoc tempus reperi:

⊙ simpl.	2ˢ	6°	32′	56″.
☽ a ⊙	4.	42.	39.	3.
duplum	3.	25.	18.	6.
Anom. ☽ media	0.	31.	58.	3.
Et hinc prosthaphaeresis secundi epicycli	0.	4.	24.	33 S.
Scrup. prop.			57.	37.
Anom. vera ☽	0.	27.	33.	30.
Prosthaph. primi epicycli	0.	2.	7.	9 S.
Excessus		1.	2.	23.
De excessu			59.	54
Prosthaph. primi epicycli absoluta	0.	3.	7.	3 S.
Dist. ☽ a ⊙	4.	42.	39.	3.
Verus ☽ a ⊙	4.	39.	32.	0.
Motus medius ⊙	2.	6.	32.	56.
Vera praecessio aequin.		27.	57.	26.
Verus ☽	2.	14.	2.	22.

Ergo Copernico ☽ fuit in 14° 2′ 22′ ♊. Hoc vero a Tychonis motu effato quasi unius diei motu abest. Et si in uno die aberratum existimamus, tamen verba Tychonis non congruunt calculo Copernici (24.).

VII. Attulit mihi quidam calculum eclipsis lunaris, ex Tychonis decretis desumtum, anni curr. 1602 mense Augusto, si is non erravit in calculo (25), tunc similiter uno quasi die abest tempus illud ☍ a Tab. Prutenicis.

VIII. Sub initio fol. 56 videtur Tycho (si modo recte ipsius verba intellexi (26.)) epocham motuum statuere meridiem primi diei Januarii, a quo ante et retro reliquas ordinavit. Notum est, astronomos, qui a meridie dies numerant, intelligere in meridie 1. Jan. eundem diem primum compleri et initium esse secundi diei (27.). Copernicus diem more Romano civili inchoat a media nocte praecedente (diem sc. artificialem). Si Tycho initium 1. Jan. vult esse meridiem ejusdem diei, videtur a communi omnium astronomorum more recedere. Vellem ergo, ut explicentur illa verba citati loci. Puto tamen, evidenter ex ipsius citationibus eum convinci posse, quod in plurimis locis communi astronomorum more loquatur (28.).

Annotationes Kepleri ad „Dubitationes“ de Lunaribus Tychonis.

1) Hoc dicit, se multis observationibus edoctum, Lunae motus non obtemperare aequationi usitatae, nisi quatenus a Solis vero motu dependeant.

2) Tycho absurditatem diluit obscura opinione, hanc secundam aequationis partem fortassis absorberi a Solis vero motu. Itaque non huic opponenti solum, sed longe prius ipsi Tychoni visa est res perabsurda et digna, in cujus causas inquiratur: quod hac vice non accurate praestare potuit, obscuritate rei praepeditus. Itaque uberiorem tractatum pollicitus est alio tempore. Nam in tota hac pragmatia usus est opera Christiani Severini, ex cujus ore loquitur, ipse gravibus curis impeditus fuit.

3) Fecerat id Witebergae. Exstat adhuc impressa illa restitutio, ubi circellus annuus hac de causa praeter eos, quos ultimo retinuit, fuit adhibitus.

4) Quia quantum tunc altera pars aequationis (quam ultimo omisit) addebat, tantum fere circellus annuus vicissim auferebat. Fecit igitur operae, calculi captusque compendium; et in obscuras suspiciones de causa hujus mutuae compensationis inductus fuit.

5) Tycho certe non nescivit, quid esset aequatio temporis. Posuit enim Soli justam temporis aequationem, qualem ratio dictat. Experientia certe ipsum non coegit, in Sole adhibere partem aequationis in Luna omissam; nimium subtile est, quod in Sole per eam efficitur. Quodsi nescisset, quid

esset aequatio, potuisset eandem partem aequationis in Luna omissam etiam in Sole omittere, ut sic una tabula utrique consuleretur. At quia causa rei obscura fuit, voluit hac tabularum diversitate admonere ceteros de causis rei quaerendis, ipse interim hac tabularum diversitate consuluit observatis circa Lunam, ut sine impedimento aliquatenus progredi posset.

6) Rectissime in eundem situm conjunctionis, oppositionis et quadraturarum.

7) Nam omnino per epicyclicam prosthaphaeresin verus Lunae locus in his jam dictis casibus prodit.

8) Nec enim ulla deest prosthapheresis eccentricitatis: in dictis casibus quippe nulla est, sed absorbetur,

9) ut et librationis aequatio in his articulis absorbetur.

10) Nec differentia inter locum orbitae et eclipticum quidquam veritati rei detrahit. Nam quod quadraturas attinet, ductis circulis ad eclipticam rectis, altero per Solem, altero per Lunam, si arcus eclipticae interceptus est quadrans, erit et arcus orbitae Lunae quadrans. Quod vero attinet copulas ☍ et ☌, veritas rei haec est, ut centrum eccentrici sit imo loco, quando Sol et Luna aequaliter absunt a nodo, non obstante, quod locus Lunae eclipticus (id est imaginarius vel relativus) paucis minutis sit ante vel post Solem ejusve oppositum.

Sed aliter objectio informari potest: nempe, utut bene habeat cum his 4 articulis, reliqua certe loca intermedia, praesertim octantes, teneri. Respondeo, si ergo aliquis putat hac ratione peccari notabile aliquid in calculo, is repetat laborem et quas aequationes prius quaesiverat per prosthaphaeresin epicyclicam solam, easdem postea quaerat per omnes prosthaphaereses, jam semel crassiori Minerva adhibitas, ut ego facere sum solitus: inveniet autem plane contemtum quippiam mutari. Nam hae prosthaphaereses menstruae, praesertim libratio, in octantibus sunt maximae, et notum est, quando maximae sunt, tunc eas tarde mutari, ut proxime idem excerpatur per distantiam Lunae a Sole sive 44^0 sive 45^0 sive 46^0. Objicias, inartificiale hoc esse, quasi per regulam falsi operari. Respondeo: certum est, motus Lunae dispensari per causas physicas, itaque esse inaequales etiam illos, qui inaequalitatibus majoribus quaerendis serviunt, quique apud astronomos ceteros aequales sunt; uno verbo, certum est, aequationes menstruas pendere a vera distantia Lunae a Sole. Eat igitur quicunque alius et doceat modum computandi ex his principiis artificiosiorem, et erit mihi magnus Apollonius. Non est in astronomia ita insolens neglectus minimarum particularum. Ptolemaeus etiam a vera Solis distantia suspendit aequationes menstruas. Solus Copernicus cautela hac ostensa, dum delicatos reddit geometras, non satisfacit astronomis observatoribus, ut Tycho expertus est.

11) Demonstratum est, querelam hanc de veris ☌ et ☍, ut quadraturis, injustam esse.

12) Et ad hanc plane respondeo eadem, quae contra num. 10. respondi; jam enim dictum est.

13) Mirum, non videre opponentem, si anomalia corrigitur, etiam veram distantiam Lunae a Sole corrigi.

14) Et cur negat, Lunae per se motum corrigi? Luna quippe distans 45^0 a Sole adhibita libratione distabit $45^0\ 40'$.

15) Vera est haec objectio, at non necessaria. Non necessaria ob subtilitatem effectus; vera geometrice. Nam manente eadem quantitate circelli

libratorii, minor erit librationis apparentia, Luna (et sic etiam circello) in apogaeo versante, major in perigaeo. Itaque Braheus, faciens eandem apparentiam utrinque, inaequales statuit circellos libratorios, majorem in apogaeo, minorem in perigaeo, et uno verbo in quolibet circuitus puncto proprium. Quid igitur? Num Braheus laesae majestatis astronomicae reus est, quod ista ἀγεωμετρήτως introduxit? Quicunque morosius ista fert, se fateatur nullum astronomiae genuinae jam modo nascentis gustum percepisse. Nam ratio physica est bujus librationis eaque nondum satis comperta, quod immediatam causam attinet. Dimensio interim sat certa. Cur igitur geometricis inventionibus Braheus lectorem deluderet, a natura illum abducens ad suas inventiones, cum circulorum vinculis (quod geometrae praeconcipiunt) motus isti non administrentur? Potius igitur fuit calculo rem ipsam persequi, ut veros Lunae motus haberi posset, inquisitionem causae differre in uberiorem tractatum. Si quid peccavit Tycho, in hoc peccavit, quod nimium delicatos habuit geometras illisque studuit satisfacere ostensis circulorum mediis, quibus ista inaequalitas administrari possit. Oportuit interim longissime removere geometras, dum plena causae cognitio patesceret.

16) Opponens quaerat diligentius, separatas inveniet leges et pro parallaxi et pro refractione computanda.

17) Quando cum calculo longitudinis conferatur observatio, ea prius enucleatur, ablata parallaxi et refractione; itaque quoties vera Lunae longitudo vel latitudo profitetur, toties hae horizontales inaequalitates intelliguntur ablatae.

18) Novum hoc monstrum est, in astronomia, praesertim Prutenica, inter apparentem et verum motum distinguere simpliciter. Nam vox *apparentia* vel *visus* sumitur non tantum de varietatibus horizontalibus, sed multo antiquius de ceteris omnibus aequationibus, quibus motus medii alterantur.

19) Opponens non meminit a se lecta Progymnasmata. Refractiones jam anno 1582. animadversae, Lunaria anno 1600. perfecta.

20) Imo Tycho facit eum 7⁰ 28′, ceteri 7⁰ 40′.

21) Hic opponens egregie fallitur. Verum est, in quadraturis centrum eccentrici esse in I, sic ut ABIF sit linea apsidum. At posito epicycli centro in F, linea apsidum, planeta non est in M, sed in epicycli apogaeo, carens omni aequatione epicyclica. Ponat ergo centrum epicycli non in F apogaeo sed in longitudine media, et apparebit fallacia; namque patescet, maximum inaequalitatis angulum augeri in quadraturis non per appropinquationem, sed per appositionem diametrorum epicyclorum ad centrum et in circumferentia.

22) Is est completus. Ergo politice 18. Aug. mane hora 7. $32\frac{1}{2}'$.

23) Addendae fuerunt horae 12.

24) Astronomus aliquis de Tychone non credet, quod vel in suo calculo uno die, vel in allegatione Copernici unius diei motu aberret. Non fuit opus, consulere calculum Copernici, cum exstarent Ephemerides Maestlini et Magini, quaelibet seorsim scripta et consentientes in loco Lunae ad dictum diem.

25) Hallucinatus est ex mala intellectione Tychonis circa epocham.

26) Optime.

27) Hoc secus habet. Ephemerides omnium auctorum et hos secutus Braheus in meridie primi diei politici incipiunt primum astronomicum, et in meridie secundi politici complent primum, inchoant secundum.

28) Communi Ephemeridum more. Interim integro die differt a tabu-

lis resolutis Magini et illorum, quos Maginus est secutus, quibus annus finitur in meridie ultimi Decembris politici. Sic dimidio die differt a Prutenicis et Copernico, quibus annus civilem finem sortitur in media nocte. Cum autem fructus tabularum sint Ephemerides, facile apparet, Brahei epocham esse commodissimam. Interim notandum, quod et in Copernico et aliis omnibus, quantisper calculus operatur, tempora adhiberi completa, calculo peracto ad id quod prodit more Ephemeridum apponi diem currentem. Nam si quid computandum ad 1593. 31. Aug. horam 8. matutinam politice, id est astronomice ad 1593. 30. Aug. horam 20. post meridiem; completo igitur tempore: 1592. Julius, dies 29 horae 20.

His interpositis redimus ad Tychonem ipsum, referentes ex Progymnasmatis ea quae, absoluta theoria Lunae, nova in astronomia evigilavit. Capite secundo ad stellas fixas transit, inscribens hoc caput: *De stellarum inerrantium, quoad earum loca ipsi coelo ad amussim congrua, peculiari ratione instrumentisque exquisitis facta denotatione atque verificatione.* Fixarum stellarum loca, lumen, colorem, magnitudinem numerumque et distributionem earum in coelo non tantum ad rem astronomicam penitius cognoscendam plurimum facere censet, sed etiam, quod in ipsius operibus rarius occurrit, astrologiam hac inquisitione non parum subsidii obtenturam esse. Refert studia veterum, Timocharem, Hipparchum, Ptolemaeum, Albategnium, Alphonsum laudat, denique Copernicum dicit „de arte hac, si quis alius, optime meritum", errores vero ab his commissos queritur, qui saepius ad integrum gradum excrevissent, cum ob instrumentorum, quibus usi sint, exilitatem minusque convenientem structuram, tum quia rationem adhibuerint non omni ex parte comprobandam. His motus causis majora et exactiora instrumenta confici curavit et aliam viam quam priores ingressus est. „Cum, inquit, tot tantisque anfractibus atque impedimentis stellarum inerrantium restitutio obnoxia deprehenderetur, cogitanti et diu multumque contemplanti mihi, qua tandem ratione negotium hoc citra ullam deviationis suspicionem expedire liceret, ecce coelum ipsum quasi ex insperato egregiam atque sufficientem occasionem liberaliter impertiit, idque anno 1582, cum Veneris stella interdiu cum Sole multo tempore tam ante quam post meridianum, tum etiam in hoc sese conspiciendam praebuit. Hanc occasionem nullatenus praetermittendam censui, cum a Sole intermediante Veneris stella affixa sidera verificare, quam per Lunam, ut antea minus dextre factitatum est, longe satius, expeditius et certius ducerem. Venus enim cum in sua visibili diametro parvulum occupet in coelo locum, motu proprio longe tardior sit quam Luna, qui etiam rectius discernitur, nec adeo evidentibus parallaxibus ut haec intricata sit, illam igitur huic operi exantlando praeficiendam commodissimum duximus." Jam refert Tycho, qua ratione in hunc scopum usus sit Venere. Observasse se cum adjutore interdiu distantiam ♀ et ⊙ per sextantem (quem postea pluribus describit), simul adnotasse utriusque altitudinem, azimutha, declinationes; noctu vero remotionem ♀ a fixis praecipuis prope zodiacum existentibus, adhibita declinatione et altitudine; simul tempora singularum observationum diligenter consignavit, „ut habita motionis propriae in ♀ ratione, per ejus locum e Sole diurno tempore correctum, collata interea factae promotionis proportione, stellae propositae locum rectificaremus, idque primum quoad ascensionem rectam, quae adhibita ejus declinatione facile in longitudinem et latitudinem resolvebatur". Constitutis hac ratione locis quarundam fixarum, illas omnes ad „lucidam supra caput ♈" ad annum completum 1585. retulit indeque reliquarum fixarum loca elicuit, quas observationes parallaxibus et refractionibus ⊙ et ♀ adhibitis emendavit.

Rationem suam illustrat Tycho „15 selectis observationibus“ exque his hanc elegimus, ut modus Tychonis clarius appareat. Anno 1582. d. 26. Febr. h. 3. 35' p. m. observata distantia inter ♀ et centrum ⊙ 46° 10½', declinatio ♀ 15° 21⅔' bor., alt. ⊙ 15⅙°, alt. ♀ 48½°. Locus ⊙ 17° 49' 42 ♓, parallaxis altitudinis ⊙ 2' 55'', longitudinis 2' 11'', latitudinis 1' 53'', hinc visus locus ⊙ 17° 47' 31'' ♓, asc. recta visa 348° 47' 30'', declinatio visa 4° 52¼' m.

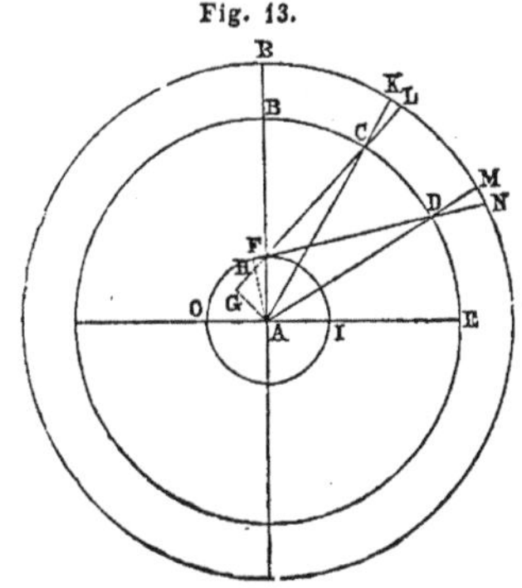

Fig. 13.

Veneris parallaxin inquisiturus describit Tycho ex centro Terrae A circulum BDE, Venerem ponens in C; conjunctis punctis A, F, C lineam AG ad rectos ducit prolongatae lineae CF et computat in triangulo AGF, cognitis AF (Terrae semidiametro = 1) et angulo GFA (= BFC, compl. altitudinis ♀, 41° 30'), latus GA = 0,66262; distantia ♀ a Terra (AC) „juxta hypotheses Copernicanas“ semid. Terrae 815, quare sin. GCA = $\frac{GA}{AC}$ = sin. 2' 48'' „parallaxis altitudinis“. Parallaxin „quoad ascensionem rectam“ computat 0' 32'', usus schemate simili illi, quod vol. VI. p. 507 Keplerus adhibuit, inquirens parallaxes longitudinis et latitudinis; Tychoni est V vertex, P polus aequatoris, RS parallaxis altitudinis, IS eadem asc. rectae. Ad computandam differentiam ascensionalem adhibet Tycho triangulum sphaericum, cujus latera sunt declinationes ♀ et ⊙ (seu earum complementa) 74° 38' 20'' et 94° 52¼' et distantia ♀ a ⊙ 46° 10', hinc angulus ad polum prodit 41° 54' 58'' h. e. differentia asc. rectae; 348° 47' 30'' + 41° 54' 58'' = 30° 42' 28'', visa asc. recta ♀, cui addita parallaxi 0' 32'' et refractione 0' 30'', erit vera asc. recta 30° 43' 30''.

Eodem die h. 7. 5' p. m. distantia inter ♀ et oculum ♉ observata est 30° 59', ♀ declinatio 15° 25' 10'' bor., altitudo 27° 30'. „Alias autem obtinuimus declinationem oculi ♉ e certis observationibus 15° 36'.“ Inde computatur differentia ascensionalis 32° 11' 6''; tunc erat ♀ motus diurnus respectu aequatoris 57', ergo motus horis 3. 30' competens 8' 18'' et ♀ asc. recta jam 30° 43' 30'' + 8' 18'' = 30° 51' 48''. Hinc subtracta parallaxia sc. rectae, simili qua supra inventa ratione, restat asc. recta 30° 49' 41''; 30° 49' 41'' + 32° 11' 6'' = 63° 0' 47'' asc. recta oculi ♉.

Differentia ascensionalis inter Aldebaran et lucidam ♈ ex certis observationibus constat 37° 3' 15'', quare asc. recta posterioris = 63° 0' 47''—37° 3' 15'' = 25° 57' 32''. Huic additis 3' 12'', promotione fixarum annis 3 mensibus 10, prodit asc. recta lucidae super caput ♈ 26° 0' 44'' ad completum annum 1585.

Hac ratione Tycho omnes 15 observationes „selectas“ annis 1582, 1585, 1586, 1587, 1588 habitas cum calculis suis recenset et hinc α Arietis ascensionem rectam, reductam ad annum 1585 et quasi his omnibus intermediam constituit 26° 0' 30''. Quibus addit: „Collocato in lucida super caput ♈ quasi angulari lapide, reliquarum affixarum stellarum quotquot libuerit hinc dispositionem exstruemus, utque id eo competentius solidiusque fiat, primum per totum coeli circuitum juxta zodiacum et aequatorem praesertim quasdam praecipuas eligemus, quae per declinationes atque distantias observatae in differentias ascensionales rectas geometrice deducantur quaeque simul collectae integrum circulum claudant.“ Stellae, quas eligit, sunt: „meridionale caput ♊, spica Virginis, lucida Vulturis volantis, prima et tertia alae Pegasi, cor Leonis, calx bor. ♊, sinistra manus Ophiuchi, Aldebaran, Pollux, Asellus bor., lucida colli ♌, Lanx bor., cor Scorpii, Aquila, prima ♈, medium capitis ♐, praecedens caudae ♑, sin. humerus ♒, lucida in connexu ♓."

Tycho loca fixarum certissime se constituisse affirmans comparat suas observationes cum iis veterum deprehenditque mutationem latitudinum „ab antecessoribus nostris non exploratam". Causam hujus mutationis refert ad mutatam eclipticae obliquitatem (cfr. vol. III. 426 ss., 507 s., vol. VI. 292, 521.). Comparatis observationibus veterum cum suis addit: „cum per enumeratas stellas satis evidentibus testimoniis comprobatum sit, affixarum latitudines secundum exigentiam mutationis eclipticae mutari, necessario consequitur, aut non fuisse tantam aevo veterum obliquitatem maximam eclipticae, quantam illi assignarunt, aut latitudines stellarum pro ejus ad aequatorem propiori accessu re vera mutatas esse. Antiquos autem per tertiam partem in declinatione eclipticae maxima consignanda aberrasse non credibile est, praesertim cum eandem unanimiter (Timochares, Hipparchus, Ptolemaeus) admodum scrupulose statuant: necessario itaque inducitur, mutatas esse fixarum latitudines a veterum temporibus huc usque, idque secundum proportionem variatae obliquitatis eclipticae."

Jam interposita descriptione instrumentorum, quibus usus est in observationibus praemissis (sextantis, lateribus 4 cubitos aequantibus, et „armillae aequatoriae", diametro 6 pedum), paragrapho ultimo ante catalogum stellarum adit „motum proprium affixarum stellarum". Ablegat Tycho lectorem ad caput suum primum, quo annum sidereum continere demonstraverat dies 365 h. 6. 9′ 26″ 43‴, annum vero aequinoctialem dies 365 h. 5. 48′ 45″, diff. 20′ 42″ fere, „quantum requiratur temporis, ut Sol emenso toto circulo stellam aliquam fixam paululum progressam denuo assequatur. Ipsemet vero interea conficit motu suo 51″ exacte: tantilla itaque est stellarum affixarum ad nostra secula annua promotio." Ut hanc quantitatem comprobet, comparat sua observata cum illis Copernici et Ptolemaei. Copernici observatio Spicam anno 1515 ponit in 17° 3′ 30″ ♎, ipse anno 1585 invenit illam in 18° 3′ ♎: promota est Spica annis 70 per 1° „deficiente saltem ½ scrupulo", competunt ergo singulis annis 51″. Ptolemaeus refert anno ab obitu Alexandri 196 Regulum incidisse in 29° 50′ ♋, anno 1585 deprehendit eum Tycho in 24° 5′ ♌, ita ut annis intermediis progressus sit 24¼° et annuatim iterum 51″. Eandem progressionis annuae quantitatem deprehendit Tycho comparatis Albategnii et Hipparchi observationibus, dum illae Timocharis et Ptolemaei produnt 49¼″ et 53¼″, quarum differentia 4″ dimidiata et illic addita hic subtracta iterum exhibet 51″ quam proxime. „Non enim adeo absolutae fuerunt veteres circa hoc negotium animadversiones, quin limitatione atque castigatione decenti indigeant." Anticipationem aequinoctiorum Copernici non recte constare censet Tycho, quod comprobetur loco Spicae, cujus motus in proxime elapsis 70 annis multo celerior reddita sit, quam Copernicus futurum putaverit.

Hic iterum Tycho lectores ablegat „in peculiare astronomiae restituendae opus", quo omnibus temporibus correspondentem octavae sphaerae motum constituturus sit, in quo etiam causa discrepantiae supra propositae inveniatur.

Catalogus fixarum praecipuarum, qui sequitur, loca stellarum exhibet secundum longitudinem et latitudinem computata ad annum completum 1600, quo primo accuratius descripto fundamento usi sunt posteriorum aetatum astronomi, ut et Keplerus in Tabulis Rudolphinis Tychonem secutus est. Huic catalogo (1000) fixarum addidit Keplerus *Fixas illas, quas de vetusto Hipparchi catalogo, a Ptolemaeo repetito et emendato, Tycho omisit. Eas Semi-Tychonicas appellare placet: requisitas enim ex codice Ptolemaei, adhibita etiam versione Trapezuntii, Tubingae* (Basileae?) *ante annos 76 (1551) edita a Schreckenfuxio, reduxi ad annum 1600. additione ad longitudinis loca a Ptolemaeo prodita tanti arcus, quantum Tycho addidit in aliqua vicina clara, latitudini vel additis vel subtractis scrupulis totidem, quot quovis loco major fuisse creditur obliquitas eclipticae sub Ptolemaeo, sic tamen, ut rotundi numeri vicini ratio haberetur. Praestare autem putavi, graecum hic textum Ptolemaei propius sequi, quam cum ceteris Prutenicas, Copernicum et Alphonsinos, qui arabicam Almagesti versionem secuti esse videntur, ut hoc pacto conferendi inter se versiones occasionem subministrarem, et quia incertum est, correxerintne Arabes in Ptolemaicis istis aliqua, an omnis versionum diversitas a transscriptorum incuria sit orta. Paucae sunt, quibus ego manum admovi, vel in libro de Stella Nova vel alias.* (Ex Tab. Rud.)

Tycho refert: „Jacobus Florentius Amstelodamensis misso huc filio suo globum coelestem secundum nostram hanc in affixarum locis verificationem, hactenus usitatos certitudine et solerti elaboratione longe exsuperaturum, adornavit" Wilhelmum Hassiae Landgravium summopere laudat, qui ultra 30 annos stellas observaverit et c. 400 fixarum loca constituerit; aberrare vero in longitudine ubique fere 5 et 6 minutis, dum uterque in latitudine consentiant. Tycho refert causam differentiae in refractionem a Wilhelmo neglectam et quia per azimutha et altitudines emendationem aggressus sit, „quae ratio nimis lubrica est et variis de causis hallucinationi obnoxia"; mirandum esse, ipsum hac ratione ad tantam praecisionem pervenisse. „Laude sempiterna dignum est optimi illius principis studium, quod tam arduo conatu tantaque diligentia fixarum emendationem expedire sustinuerit. Optandum foret, eximium hunc laborem in perpetuam Landgraviani nominis celebrationem mature publici juris reddi, nec ejus rei cupidos suo desiderio nimis diu frustratum iri." (Edidisse constat partem observationum Hassiacarum Willebrordum Snellium Lugd. Bat. 1618.) — Ex catalogo suo elegit Tycho 100 fixas, quas ad annos 1600 et 1700 secundum asc. rectas et declinationes computatas prioribus adjunxit.

Refractiones stellarum aggressus contendit Tycho, deprehendisse se „collatis plurimis praecedentium aliquot annorum animadversionibus", refractiones fixarum 4½′ quam proxime solaribus minores evenire. (Cfr. vol. II. p. 403 s., ubi tabulas Tychonis refractionum Solis, Lunae et fixarum uno in conspectu videre licet.) Causam hujus differentiae nullam affert, referenda vero est in nimiam, quam posuit, Solis parallaxin, cujus erroris causam Keplerus inquirit vol. III. p. 219 illamque inquisitionem repetit vol. VII. p. 271. — Finem facit Tycho hujus capitis, quo stellarum fixarum loca stabiliuntur, trigonometrice inquirens loca 26 stellarum Cassiopeiae ad annum 1572, quae omnes in catalogo stellarum deprehenduntur, additis longitudinibus 24′. Hic iterum repetitum occurrit verbum: „plura de stellis fixis integrum nostrum astronomicae instaurationis opus suppeditabit."

Secundum, aut si annum quo typis expressum est respicimus, primum Tychonis opus emissum est anno 1588 Uraniburgi, inscriptum: *De Mundi Aetherei recentioribus phaenomenis liber secundus, qui est de illustri stella caudata, ab elapso fere triente Novembris anni 1577 usque in finem Januarii sequentis conspecta.* (Eadem editio, novo tantum titulo et praefatione Tengnagelii instructa, annum prae se fert 1603, alia, iterum mutato tantum titulo, annum 1610; editio vere nova prodiit anno 1648 Francofurti.)

Primum animadvertit Tycho cometam in Huenna insula die 13. Nov. paulo ante Solis occasum. Diametrum capitis colligit 5′, longitudinem caudae 22°. Distabat a lucidiore Vulturis 26° 48′ et ab inferiore in cauda ♑ 21° 19′. Quo accuratius locus cometae prodeat, loca harum stellarum aliarumque 10 insigniorum Aquarii, Pegasi et Lyrae exhibet auctor, additis locis earum ex Alphonsinis et Copernici tabulis. Observationes cometae continuatae sunt usque ad 26. Jan. 1578, quo die evanuit. Eadem progressus diligentia, quam deprehendimus in stella nova anni 1572, et qua usus sit observandi ratione pluribus explicans, computat Tycho longitudines et latitudines cometae, item ejus ascensiones rectas et declinationes ad singulos observationum dies, quibus calculis innititur inquisitio arcus circuli, quem motu suo descripsit cometa, ejusque inclinationis cum ad eclipticam tum ad aequatorem, sicut etiam loci intersectionis illius cum his. Sint BC et HI latitudines cometae (diebus 23. Nov. et 2. Jan.), earum complementa GB et GH, angulus BGH differentia longitudinum. Hinc computatur arcus BH et angulus BHG. In triangulo AIH dantur arcus HI, angulus AHI et angulus AIH (90°), unde computantur HAI et AI arcus, qui metitur distantiam puncti intersectionis arcuum AH (cometae) et AE (eclipticae) a puncto I. Comparatis inter se hac ratione septem observationibus earumque medio sumto prodit inclinationis angulus 29° 15′, locus nodi 20° 55′ ♐. Simili ratione computatur inclinatio in aequatorem 33° 45′ et nodus 299° 50′. Quibus absolutis exhibet Tycho ephemeridem cometae a die 9. Nov. 1577 in d. 26. Jan. 1578. omnibusque collectis hanc prodit summam: „cometa motu sibi proprio portionem circuli in sphaera maximi designavit. Angulus inclinationis circuli cometae ad eclipticam semper ejusdem quantitatis mansit. Motum habuit diurnum initio celeriorem, indeque usque ad apparitionis finem regulariter descendentem; diurnus hic motus cursu diurno Lunae vel lentissimo fuit tardior; ob id longe remotiorem a nobis fuisse, quam Lunae orbis existit, circulorum coelestium et motuum postulat harmonia. Denique quadrantem circuli maximi in sphaera absolvisse videtur, quod etiam non parum facit ad persuadendum, coelestem, non elementarem naturam adfuisse huic cometae. Comparato loco cometae cum locis stellarum fixarum, ejus viae vicinarum, comprobatum est, cometam cursum suum versus has fixas non aliter direxisse, quam promotio diurna exigebat, adeo ut motus primi mobilis per altitudinis variationem aut nullum aut admodum exiguum parallaxeos vestigium reliquerit: unde concludimus, cometam hunc minime ortum fuisse infra sphaeram Lunae, sed longe supra ipsam in aethere liquido iter suum absolvisse, in tanta a Terra distantia, ut moles terreni globi non obtinuerit ad istam intercapedinem sensibus admodum incurrentem magnitudinem."

Fig. 14.

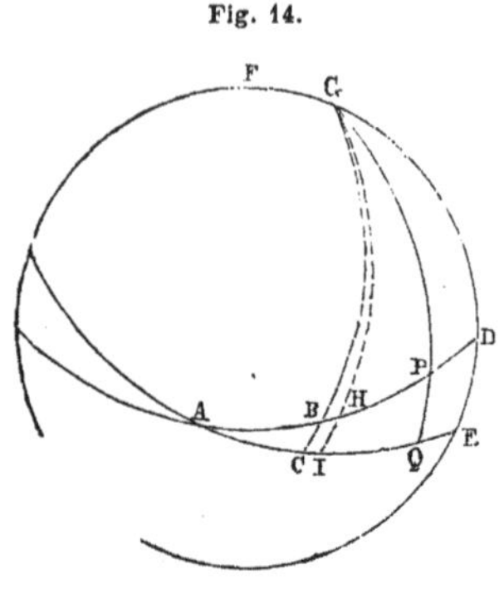

Ea quae insuper addit Tycho de invenienda parallaxi, de curvatura et directione caudae, de aliorum observationibus, de Aristotelicorum erroribus, denique de ipsius de mundo sententia, magna ex parte leguntur adjuncto Kepleri judicio vol. VII. nostrae editionis in libris Kepleri de Cometis et in Hyperaspiste Tychonis. Hic paucis tantum dicenda sunt, quae Tycho de cometa affert: cometam motu inaequali circa Solem ferri, tardius moveri cum in parte orbis sui Terrae propiore versetur (cfr. schema vol. VII. p. 286), velocius in superiore parte; ex schemate illo apparet, Tychonem recipere cometam in hypothesin suam de mundo quasi perpetuum ambulatorem circa Solem. Caudam cometae non a Sole sed a Venere directe aversam fuisse, Tychonis observationes testantur. Diametrum capitis cometae computat ad diem 13. Nov. 368 milliarium fere, longitudinem caudae 96 semid. Terrae. „Ad reliquos dies non lubet hanc calculationem producere, partim quia diameter capitis saltem unico illo 13. die Novembris a me observabatur et caudae apparens longitudo pro ratione aëris intermedii vario modo sese exhibuit neque certum tenorem conservare videbatur, partim quia totum hoc negotium non satis ratam praecisionem admittat."

Anno 1596 Uraniburgi in lucem prodiit *Epistolarum astronomicarum liber*, in quo collegit Tycho ea, quae cum Landgravio Guilielmo et ejus astronomo Rothmanno ab anno 1585 in annum 1596 per literas egit. Quae de secunda epistolarum parte refert Keplerus, leguntur vol. I. p. 191. Multus est Tycho in his epistolis in laudanda sua de mundo ratione, dum Rothmannus Copernicum defendit et Landgravius observationes suas in coelo recenset et a Tychone consilium petit de conficiendis instrumentis astronomicis. Tycho quibus Copernicana laboret ratio erroribus, quibus sua praestet virtutibus demonstrans, iterum iterumque Rothmannum ablegat ad „locupletius opus", quod nunquam absolutum est „Occasionem, inquit, has rationes construendi non desumsi ex inversis Copernicanis, verum cum animadvertissem subtili et accurata observatione, praesertim anno 82. habita, Martem acronychium Terris propiorem fieri ipso Sole et ob id Ptolemaicas diu receptas hypotheses constare non posse, cometas insuper motui Terrae annuo non reddi obnoxios, quamvis haud in tantum distent, ut plane is evanescat, sicut in fixis fit sideribus, Copernicanam quoque assumtionem collabascere: non restabat alia via salvandi apparentias coelestes, quam haec ipsa, quae nuper a me prolata est." His adjungit Tycho enarrationem eorum, quae Raimarum Ursum attingunt quaeque retulimus vol. I. p. 226 ss. Quae objici solent Copernico repetit, quibus censet Copernici sententiam penitus refutatam esse, et cum neque Ptolemaica neque Copernicana ratio veritati congruat, suam rationem eam esse pronunciat, quae in illarum locum succedat. Rothmannus autem haec contra Tychonem asserit: „Quod de supputationibus affers, Terram ea ratione in uno secundo temporis scrupulo revolvi debere sesquicentum passus, quaeso utrum censebitur credibilius et sapientiae naturae, quae semper per pauciora agit, convenientius, an ut sesquicentum passus, an vero ut tot millia non passuum sed milliarium in uno secundo conficiat? Annon id vehementissime cum dicta naturae sapientia pugnabit, si assumto coeli motu per omnium stellarum et planetarum diversos, vehementissimos menteque humana incomprehensibiles cursus efficere cogetur, quod poterat in uno facillime praestare? Annon et hoc, quod ea ratione planetis duplex et sibi contrarius inesset centri motus? Nescio etiam, an fixa sidera in tanta motus pernicitate tam constanter suas ab invicem distantias custodire possent." Tertium Terrae motum, qualem Copernicus exhibeat, „admodum obscurum nec facile perceptibilem esse" contendit. Sufficere dicit motum diurnum et annuum. Axem Terrae non vere reflecti, eumque motu annuo ita circumduci, ut semper sibi ipsi parallelus maneat et versus eandem mundi partem spectet, quae pars quasi unum punctum sit propter parvitatem orbis Terrae annui, qui comparatus cum coeli sphaerae immensitate prorsus evanescat.

His, quae ex epistola Rothmanni anno 1590 data desumsimus, subjungimus ea, quae biennio ante Tychoni scripserat: „Introducit haec inversa Copernici ratio — dicit Braheanam — confusionem in sphaeras planetarum. Etsi enim nulla corporum coelestium illisio inde sequi potest, ut excusare niteris, tamen nulla sphaerarum vera aut determinata distinctio manet, sed omnes inter se confunduntur. At Copernici hypothesis suum unicuique planetae et determinatum spatium attribuit, e quo motu suo egredi non possit. Scis autem, Deum non confusionis sed ordinis auctorem esse naturamque ita condidisse, ut a confusione abhorreat. Haec igitur et alia multa etiam atque etiam considerans, aliud invenire non possum, quam nullam praeter unicam Copernici hypothesin veram esse. ... Hypotheses Copernicaeas autem discentibus non proponendas esse judico, cum ea vix ab artificibus percipiantur, ut nec Maestlinus quidem motum librationis recte intelligit. Quapropter ipse quoque in Elementis meis astronomicis eccentricos in centro mobiles et epicyclos substitui, ut discentes rem eo facilius intelligere possent; ne tamen deessem ingeniosis, ad finem Copernici inversionem subjeci."

Has disceptationes Rothmannus, cum anno 1590 Tychonem invisisset, coram continuavit. Tycho refert: „Literas (d. anno 1590) ipsemet Rothmannus secum attulit, quando me Augusto mense Uraniburgi invisit, ut instrumenta mea perspiceret et de nonnullis ad hanc scientiam plenius excolendam facientibus mecum conferret. Cum per aliquot septimanas mecum ille hic moraretur, subinde hac de re cum eo egi ipsiusque argumenta infregi hominemque, alias in suo proposito admodum perseverantem, tandem eo adegi, ut haesitaret primum nonnihil, postea timidius et minus certo ista assereret, demum se nihil hac de re hactenus in publicum edidisse nec in posterum id facturum, sed saltem disputandi gratia haec mihi proposuisse asseveraret". His subjungit Tycho argumenta quaedam, quibus rationem Copernici refutari opinatur: argumentum de casu plumbi ex altissima turri, illud de „tormento bombardico", quod Keplerus taxat vol. III. p. 152, 458 ss. Denique hoc affert „experimentum": „quidam existimant, telum e navi sursum ejectum casurum in eundem locum mota navi, quam pertingeret hac quiescente; inconsiderate hoc proferunt, cum res longe aliter se habeat. Immo quo velocior erit navis promotio, eo plus invenietur discriminis."

Quamquam hic audimus Tychonem gloriantem, Rothmannum victum his aliisque ejusdem momenti rationibus, victoriam ipsi concesisse, nihilo minus dubitamus, num Rothmannus tum plane acquieverit rationibus Tychonis, cum in epistola a. 1595, post quinque annorum silentium ad Rothmannum missa Tycho eadem fere, quae antea contra Copernicum prodiderat, repetat, hoc tantum pronuncians, sperare se, nunc demum Rothmano se satisfacturum fore. In eadem epistola haec addit: „Est insuper magnum argumentum infirmitatis assertionum Copernicanarum, quod eccentricitas Martis nequaquam ita se habeat, prout illae postulant. Quum enim is Martis eccentricitatem aliquanto minorem quam fert Ptolemaei denotatio se adinvenisse affirmarit, tantum abest quod res ita se habeat, ut Martis eccentricitas a nobis deprehensa sit per minime dubias experimentationes eadem pene, quam Ptolemaeus illi attribuit vel potius nonnihilo major. Ut et de Veneris eccentricitate nihil dicam, quae pariter multo aliter se habet, quam asseveravit Copernicus." Iterum finem facit verbis saepissime recurrentibus: „De quibus alias Deo volente latius."

Reliqua, quae insunt huic epistolarum collectioni, paucis complecti placet. Wilhelmus Landgravius refert observationes a se ipso et adjutoribus suis, inter quos erat celeber ille artifex Justus Byrgius, factas. De Byrgio (cfr. II. 834) hoc fert Judicium: „Vnser Vhrmacher Just Burrji, qui quasi indagine alter Archimedes ist." Tycho Landgravium monet de instrumentis accurate construendis et observationibus rite instituendis, disputat de stella anni 1572 et cometa anni 1577. His accesserunt disquisitiones astronomicorum quorundam problematum, cometarum annorum 1590 (nodus ejus a Tychone ponitur in 339° 45′, inclinatio 42°), et 1585 (parallaxin ei tribuit Tycho 1′); de planetarum natura agens Tycho dicit, inesse illis animam, qua impulsi regularitatem observent motuum. Denique inest libro descriptio instrumentorum, quibus usus est Tycho, et „arcis Uraniburgicae" delineatio. — Cum Rothmanno agit Tycho praeter ea, quae praemisimus, de refractione (cfr. II. 176 ss.); „aërem, dicit Rothmannus, natura ipsa me sic docente, distinguo in crassiorem et exhalationibus terrenis obnoxium, et in purum, qui istis exhalationibus terrenis non inficitur, nec diversa aetheris et aëris diaphana sunt, nec refractiones aliunde, quam a crasso et vaporoso aëre causari possunt." Dum Rothmannus aërem usque ad planetas extensum ponit, aetherem Tycho ab aëre, qui circa Lunae locum evanescat, distinguit. Certum, inquit Rothmannus, spatium aëris (a terrenis vaporibus infecti et crassioris, altitudine semidiametri Terrae) a Solis radiis in crepusculis illuminatur et albescit, ultra illud spatium aër ab illis radiis non illuminari potest, alias essent perpetua crepuscula. Aër ille crassus per se refractionem non causare potest, „sed ob multiplicationem." „Radios tamen Solis aut stellarum vincere crassitiem hanc nec ob identitatem diaphanorum in ea punctum refractionis inveniri posse animadverto, at circa horizontem et in situ decliviori ob duplicationem illius spatii posse. Denotet BCD superficiem Terrae, EFG superficiem extremam crassioris aëris, HIL circulum, in quo feratur stella aliqua tanto intervallo, ut nullam fere sensibilem proportionem

Fig. 15.

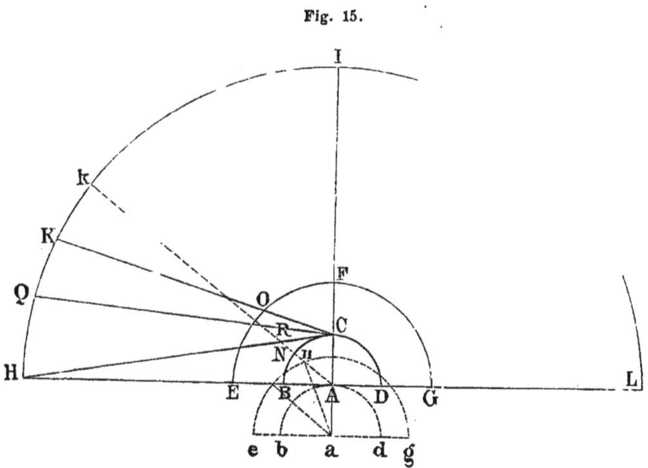

habeat ad AC. Dico, punctum in quo fit refractio longius ab EFG distare, quam distat EFG a BCD, h. e. quam CF vel EB. Oriatur enim stella in H, illis igitur qui in B in simili loci latitudine habitant, stella erit in meridiano aut in tanta altitudine constituta, ut nullam ejus refractionem sentire possint. Cum igitur nos in C constituti refractionem tunc maximam sentiamus, necesse est ut punctum refractionis sit inter B et C ac etiam in longiore distantia ab EFG, quam est EB. Alias enim illi, qui in B habitant, refractionem similiter sentirent. Jam assumam, ut tu vis, refractionem illam durare usque ad 30° ab horizonte. Connectantur H, C puncta, erit angulus HCF fere rectus (cum AC nullam fere sensibilem proportionem habeat ad AH), ac si esset CAH. Jam abscindatur arcus HK = 30°, ducatur KC, quae secet EF in O; ponatur similiter observator in S, cui punctum K distet ab horizonte 29°. Quoniam igitur is, qui in C, nullam amplius invenit refractionem ex hypothesi, necesse est ut nullum etiam refractionis punctum sit inter K et C. At is, qui in S, sentit adhuc refractionem puncti K, cum sit ei K in altitudine 29°. Cum igitur punctum refractionis ei, qui in C, jamjam desierit, ei vero, qui in S, adhuc appareat, necesse est ut illud sit in vertice C. Quare manifestum est, lineam OC determinare quam proxime spatium, quo punctum refractionis distat ab extrema superficie aëris crassioris, et quam longe radii crassum illum aërem absque refractione penetrare possunt. Dum igitur stella est in horizonte in H, erit punctum refractionis in N, dum in Q, erit punctum illud in R, semperque magis ac magis ad C accedet, ut ita in horizonte a C omnium longissime absit. Ex quo (Vitellio X. 14.) sequitur illud, quod in observationibus reperitur, refractiones circa horizontem esse omnium maximas, postea semper magis ac magis diminui, donec puncto refractionis in C constituto prorsus evanescant. Quanquam id etiam esse possit ex diversa aëris crassitie. Ex quibus omnibus manifestissimum, nec diversa aetheris et aëris diaphana esse, nec refractiones aliunde quam a crasso et vaporoso aëre causari posse. Quin hoc ipsum, si nihil aliud, certe diversae in diversis locis refractiones ostendunt. Verissimum enim est, hic non tantas esse refractiones, quantae sunt apud vos.“ His, quae Octobri anni 1587 scripserat, Novembri correctionem addit Rothmannus, pro semidiametro Terrae sexagesimam semidiametri partem pro altitudine aëris sumendam esse et schema ita corrigendum, ut BD lineam HL infra tangat in A (Rothmanni correctionem fig. 15. punctis notavimus). —

Peculiare de instrumentis suis edidit Tycho opus, inscriptum *Astronomiae instauratae Mechanica*, Wandesburgi 1598. Describuntur instrumenta numero 21, enarratis simul rebus quibus inservierant observandis, relatoque tempore, quo excogitaverat Tycho nova seu emendaverat inveterata instrumenta. In num. 2, „quadrante orichalcico azimuthali“, quo usus est in observationibus cometae anni 1577, praeter Nonii subdivisionem deprehendimus illam ipsius Tychonis: singuli totius quadrantis gradus in senas particulas supra et infra dividuntur, quae et ipsae per lineas transversales alternatim ductas in dena aequaliter distantia puncta divisae singula minuta discreta exhibent. „Cujus divisionis demonstratio licet in rectilineis parallelogrammis proprie conveniat, nihilominus arcualibus etiam lineis in tam exili intervallo, quod a linea recta ita ut vix sentias differt, convenienter applicatur.“ Hanc divisionem alios in Germania sibi attribuisse queritur Tycho, quam quidem suae domi conspectam Wittichius una cum pinnacidiorum ratione Cassellis patefecerit et forte etiam pro sua venditaverit. Num. 4. sextantem altitudinibus inservientem excogitatum esse c. a. 1578, licet alii postea ejus inventionem sibi arrogarint formaeque variationem nonnullam effinxerint. Num. 5. quadrans muralis (sive Tychonicus) perbelle excusus est; conspiciuntur observatores, scribae, horologia, ipse Tycho adstans, quasi indicans sociis, quid observandum sit. „Hanc effigiem magna solertia expressit Thomas Gemperlinus, idque tam competenter, ut vix similior dari possit.“ In hac sicut in aliis quae Tychonis referunt effigiem tabulis conspicitur singularis quaedam narium forma, ita ut perspicuum sit, inferiorem partem arte quadam superiori affixam esse, quod idem testatur monumentum Tychonis, quod aere conflatum in aede Pragensi collocatum est. Constat, juveni Tychoni Rostockii anno 1566 commoranti in certamine singulari nocturno nasus partem inferiorem abscissam esse. Philander de Weistritz in vita Tychonis, quam ex lingua Danica Olufi Bangii in germanicam vertit (1756), refert, Tychonem abscissam nasus partem ex auro et argento conflatam et coloribus ad naturam tinctam restituisse, addens: „Wilh. Jansonius, der mit dem Tycho 2 Jahre umgieng, hat erzählet, dass Tycho allezeit eine kleine Schachtel voll mit Leim oder Salbe bey sich trug, welche er allezeit brauchte, auf die Nase zu salben“.

De observationibus suis hoc fert Tycho judicium: Quas Lipsiis in pueritia (1563—1569) peregi, pueriles et dubias appellare soleo. Quas vero postea (1569—1576 Augustae Vindelicorum et in Dania) adeptus sum, juveniles et mediocriter se habentes voco. Tertias autem, quas postmodum Uraniburgi exactissimis illis instrumentis dimensus sum (1576—1597) viriles, ratas et certissimas appello et censeo. Quibus observationibus haec se effecisse praedicat: Solis et Lunae theorias se emendasse erroresque priorum correxisse, fixarum loca summa et infallibili accuratione verificasse. Theoriae Solis et Lunae hoc tantum ad perfectionem deesse, quod omnia nondum pluribus seculis adaptata et universaliora reddita sint; in fixis sideribus nihil aliud desiderari, quam ut eorum motus universalis redditus omnibus mundani aevi seculis adaptetur, et ut observationes accurate instituantur in Terrae meridionali parte; si quis hoc opus suscipere in mente habeat, se, quo minus instrumenta et auxilia huc conducentia subministret, non detrectaturum esse. In planetis nihil aliud „exantlandum“ restare putat, quam ut haec, quae circa longitudines et latitudines atque omnia huc pertinentia aliter se habere, quam ferant usitatae tabulae, accuratis observationibus jam ultra 25 annos coelitus deductis exploratum et constitutum ipse habeat, in novos et competentes canones redacta numeris exponantur. Quae ipse nondum perfecerit, per aliquot calculatores non difficulter compleri posse, et tum omnibus perspicuum fore, motus corporum coelestium ab ipso restitutos ipsis apparentiis congruere et undiquaque recte constare. Contigit Tychoni ejusmodi „calculatorem“ nancisci Keplerum, sed eundem longe alium, ac vir suae gloriolae studio inflatus optabat. Quum ille animum juvenis socii ad altissima enitentem quantum poterat deprimeret, suis scilicet vinculis adstringens, hic iis quae intimo animi sensu conceperat infixus, ut arcana praesagientem mentem agitantia effundat et certa apertaque habeat, studio nunquam intermisso laborat et Tychonis obitu magna observationum copia potitus, se quo tetenderit pervenisse jam exultans gaudio videt. Effecit enim, ut Copernicana ratio in certam munitamque ab omni parte formam redacta, quamquam reluctantibus opinionis antiquitus traditae asseclis, non ita longe post omnibus fere probaretur. — De observationum Tychonicarum fatis earumque editione diximus vol. I. p. 191 et VI. p. 615 s.

Inter illos scriptores, quos Tycho in libris suis de stella anni 1572 et de cometa anni 1577 partim laudans partim increpans recenset, pauci sunt memoratu digni in hac summa historiae astronomiae, quamquam ad unum omnes collecti speciem praebent conditionis hujus scientiae sub finem seculi decimi sexti. Omnes ab observationum Tychonicarum diligentia et subtilitate longe absunt, plurimi nimium addicti inveteratae philosophorum Aristotelicorum de rebus coelestibus sententiae vel etiam astrologicis vanitatibus, repetierunt ea, quae priorum scriptis, excepto Copernico et Reinholdo, accepta ferebant; pauci ingenium horum quae jam diximus luminum astronomiae mente ceperunt illosque duces elegerunt.

In praemissis voluminibus passim occurrunt viri, quos Tycho in libris suis producit, quare superfluum videtur, illos hic repetere. Unum Michaelem Maestlinum, discipulo Keplero celebrem, pluribus dicendum censuimus. Tycho librum Maestlini de nova stella *(Demonstratio astronomica loci stellae novae tum respectu centri mundi, tum respectu signiferi et aequinoctialis)* integrum adjunxit operi suo de nova stella, dicens: „Exile quidem scriptum, modo folia et lineas spectes, at si ea quae continet reique pondus consideres, plerisque multo majoribus amplius atque solidius de hac stella in publicum emisit M. M. Maestlinus, eo tempore in oppido quodam Backnang dicto parochus, postea in academia Heidelbergensi, nunc vero Tubingensi mathematum professor (cfr. vol. I. p. 188). Licet autem in denotandis hujus stellae phaenomenis nulla adhibuerit instrumenta, utpote illis tunc temporis forte destitutus, solius tamen fili ope in dimetiendo ejus loco et parallaxeos carentia tam prope ad veritatis scopum collineavit, ut multi eorum, qui instrumentis nescio quibus usi, longius ab hoc deflexerint.“ Ex libello ipso, qualem Tycho proponit, haec excerpere placet. Stella initio Novembris conspecta est tanta claritate et magnitudine, ut coelo sereno „mediocri visus acumine valenti“ quavis hora diei conspici potuerit. Observationes in superiore et inferiore culminatione eundem plane locum stellae ostendebant; „cum ergo in diurna revolutione nulla motus discrepantia sensu percipi possit, facile ex Ptolemaei Almagesto demonstrabitur, verum ejus motum ab apparenti non differre, et inde, distantiam ejus tantam esse, ut ad eam dimidia Terrae diameter incomparabilis sit.“ Hinc et ex Copernici Reinholdique placitis sequi concludit Maestlinus, stellam hanc in fixarum sphaeram reponendam esse. Immensam autem esse altitudinem fixarum, ad quam distantia Terrae ad Solem evanescat, „ut testatur Copernicus, astronomorum post Ptolemaeum princeps“, ideo neque distantiam hujus stellae a Terra, neque ejus magnitudinem veram certo constitui posse. Ad haec et verba Maestlini: „si orbi alicujus planetae stella haec affixa esset, commutationis motus non expers esset, quod videre licet lib. V. Copernici“, haec annotat Braheus: frustra existimat, orbes planetarum reales et solidos esse, sic etiam commutationis motus immunitas non satis probat, stellam ultra planetarum terminos remotam fuisse, nisi cum

Copernico statuere velimus, Terram annuatim convolvi, quod adhuc longe majore probatione indiget, imo id ita se nequaquam habere, *suo loco luculenter ostendemus.* Quod affixarum stellarum orbem Copernici imitatione adeo vastis interstitiis ultra Saturni sphaeram removet, ut spatium illud, quod est a Sole ad nos, ejus respectu insensibile evadat, non antea ita se habere persuadebit, quam Solem in centro universi re vera quiescentem Terramque circa hunc anniversarie convolvi evicerit. Et si nihil aliud absurditatem in hac Copernicaea revolutionum mundanarum dispositione detegeret, id utique sufficeret, quod adeo immensum spatium intra Saturnum et firmamentum stellarum prorsus sideribus vacuum nullique usui destinatum admitteret.

Maestlinus locum stellae computat adhibens quatuor fixas (5. et 8. Cassiopeae, 8. Cephei, 20. Ursae majoris, ordine Copernicano, secundum denominationem Brahei: genu et lucidam in cathedra Cassiopeae, sinistrum brachium Cephei et lucidam in pede Ursae), quarum longitudines et latitudines ex Copernici catalogo desumsit, indeque deprehendit stellae long. 6° 35′ ♉, lat. 54° bor. Hoc probans Tycho, adhibitis locis et latitudinibus fixarum ab ipso constitutis, locum stellae ex observationibus Maestlini invenit 7° 3′ 8″ ♉, lat. 53° 39′, dum ipsius observationes exhibent 6° 54′ ♉ et lat. 53° 45′.

Libellum Maestlini de cometa anni 1577 paucis diximus vol. I. p. 188, quae his supplemus. Tycho iterum laudans Maestlini in observando subtilitatem his rationem ejus describit: „Observationes suas, destitutus omni instrumentorum copia, iterum per filum tantum perfecit ad oculum applicatum, quod dirigit ad 4 diversas stellas hac ratione, ut sidus observandum in binas incidat rectas, ab illis stellis transversim ductas. Nimis autem securus fuit in constituendis fixarum longitudinibus latitudinibusque partim e Prutenicis deductis, ita ut error in quibusdam integrum gradum excedat eoque minus accurate locus cometae constitui potuerit. Eo magis mirandum est, Maestlinum tam parum a veritate aberrasse in eruendis cometae apparentiis. Locum intersectionis circuli cometae cum ecliptica ponit in 21° ♐, angulum obliquationis maximae statuit 28° 28′. E Copernici hypothesibus investigat orbem quendam circa sphaeram Veneris, qui latitudinibus ejus praeest, cujus commutatio diurna sit 1° 21′ cujusque ductu cometam in consequentia signorum convolutum esse affirmat. Quum autem hic solus orbis apparentiis cometae in longitudinem non sufficiat, addit circellum plano primi orbis ad angulos rectos incumbentem, in cujus diametro librationis quodam motu cometa reciprocetur et progressum in orbe majori nunc inhibeat nunc acceleret, semidiametrum orbis deferentis aequalem assumit semidiametro orbis Veneris partium 8420, qualium semid. orbis terreni annui est 10000; semidiametro circelli tribuit 7° 15′, eccentricitatem orbis ponit earundem partium 246.“ — Reponit Maestlinus cometam in altissimo aethere, aliorum autem innixus auctoritate non negat, priorum temporum cometas sublunares exstitisse, „ab exhalationum materia sursum rapta et inflammata initium duxisse, vago incertoque motu discurrisse.“ Caudam cometae non directe in oppositas Soli partes, sed inde evidenti intervallo declinasse, sicut Tycho vult, non strictis verbis Maestlinus contendit, sed tale quid voluisse, colligere licet ex delineatione opusculo praefixa.

Huic Tychonis enarrationi summae scripti Maestliniani haec addimus. Scite refert Maestlinus aliorum observationes, quae ipsi innotuerunt, eorumque errores refutat. De loco, ortu et natura cometae ingenue fatetur se nil certi pronunciare posse, Aristotelicorum vero auctoritatem, qui coelum nullis mutationibus obnoxium esse contendant, omnes cometas sub Lunam in aërem Terrae detrudant illosque soboles Terrae effingant, modeste quidem sed firmiter, accersitis priorum de cometis relationibus, rejicit. Verum cometae motum et distantiam a Terra inquirens dicit: „cum indefessa meditatione usitatarum hypothesium omnes sphaeras pertractarem et revolverem, nullam ex omnibus inveni, quae qualicunque ratione cometae hujus motum salvaret, iis sepositis ad Copernici, post Ptolemaeum astronomiae vere principis, mundi symmetriam me recepi.“ Ex libro VI. cap. 1. operis Copernici deprehendisse se ait, collatis suis observationibus, cometam exstitisse circa orbem Veneris. Hoc latius demonstrat, haec vero praemittit: „invitus profecto defeci a communi opinione de sphaerarum mundi distributione; sed quid agerem, quandoquidem illa usu recepta opinio a veritate deficit, nec enim ipsa vel Solis vel fixarum stellarum motuum demonstrationum ἀκρίβειαν ullo modo potest ferre, cum interim illa altera his omnibus satisfaciat, et egregie miris modis aequalitatem summam cum apparenti hujus cometae inaequalitate conciliat. Malui ergo in aliorum censuram incidere, quam veritati testimonium non perhibere. Si tamen quis meliora protulerit, certis geometriae demonstrationibus inclusa, in viam me reduci grato animo patiar.“

Anno 1580 alius apparuit cometa, quem Maestlinus a die 2. Octobris in 12. Decembrem observavit observationesque suas Heidelbergae anno 1581 vulgavit. Hic quoque Maestlinus Aristotelicorum auctoritati se opponit idque apertius quam prius, dicens „haec tria hoc octennio nova et insolita in aethere conspecta astra me convicerunt, ut quaecunque peripateticorum fuit sententia de cometis, de aëris et ignis regionibus superioribus etc. mihi suspecta sit, quod illa ex physicis vel ex cerebro suo collectis conjecturis potius, quam rationibus comprobantur, haec vero phaenomena ex naturae penetralibus per certissimam, quam fallere posse impossibile est, parallaxeos doctrinam eruditis demonstrationibus contrarium nos docent“. Quamquam hic Maestlinus virum se praebet liberioris judicii, in aliis tamen temporis et aequalium superstitionis rationem habet, recensens „terribilia aliquot et portentosa chasmata“ (irides, halones, auroram borealem, lances et enses etc.), „quae magno cum membrorum tremore“ intuebatur, quae „longe terribiliora fuerunt, quam quae ullis verbis explicari possint“, „quibus cernimus Dei iram succensam gladiumque ipsius strictum esse, quo feriat omnes longanimitate ejus tanto tempore abutentes“. Sic cometarum significationes aggressus affirmat quidem, se astronomiae potius quam astrologiae studia sua consecrasse, astrologicum judicium nullum sibi arrogare posse, contra „ex praesenti rerum statu et prodigiis aliis“ vaticinatur, „longe maximarum calamitatum, prioribus non comparandarum, longum nexum cometam hunc portendere“. — Observationes hujus cometae non ea subtilitate qua prioris observationes factae sunt, cum die 3. Nov. coactus sit illas partim „propter conjugis et filiolae periculosissime decumbentium adversam valetudinem, partim propter crebras hinc inde profectiones, maxime vero quod ad scholam Heidelbergensem mihi proficiscendum fuit, ut si academiae ejus status locique commoditates mihi probarentur, oblatam mathematum professionem reciperem“. Die 23. Nov. ex Heidelberga discedens iterum vidit cometam, peregrino loco pernoctans, inde usque ad 5. Dec. ob aëris intemperiem cometa non conspici potuit; ultimae observationes factae sunt diebus 6. et 12. Dec. Backnangae, „cum enim sequenti biduo in patriam meam (Göppingam) mihi abeundum, priusquam Heidelbergam commigrarem, et post reditum itineri me accingerem, cum item aër minus clemens tota profectione nec non aliquot diebus post occasiones observandi praeriperet, evenit ut ab ea die cometae positum non amplius notare potuerim“.

Anno 1580. prodierunt Tubingae *Ephemerides novae ab anno 1577 ad annum 1590, supputatae ex Tabulis Prutenicis per M. M. Maestlinum; ad horizontem Tubingensem, cujus longitudo est 29° 45', latitudo vero 48° 24'.* Ex privilegio Caesaris Rudolphi, huic libro praemisso, apparet, Maestlinum propositum habuisse, hos edere porro libros: compendium astronomicum, commentarium in doctrinam sphaericam, arithmeticam, doctrinam triangulorum, commentarium in Cleomedem et in Theodosii libros de sphaera, libros de scioterica et aliis instrumentis ad observationes astronomicas, de revolutionibus orbium coelestium ad imitationem Ptolemaei et Copernici, tabulas motuum coelestium etc. In literis ad senatum Tubingensem datis refert Maestlinus, tabulas huc usque usitatas inniti observationibus falsis, ne Prutenicas quidem apparentiis satisfacere, ita ut v. c. Mars pene 2° a calculo absit et Luna interdum integra hora coelum antevertat; fixas stellas fere omnes „ex eo gradu et scrupulo discessisse“, quem tabulae illis assignent. Eam ob causam tentasse se („quando adhuc Tubingae Sacrarum literarum studio operam dabam“), fixarum et planetarum positus et motus accuratissime observando restituere, confecisse qua potuerit diligentia quadrantem magnum et baculum astronomicum, long. 18 pedum, et pro certo habere, haec duo instrumenta negotio convenire. Cum compertum habuerit, Stadii Ephemerides, in annum 1576 desinentes, non continuari, suas Ephemerides computare coepisse earumque primam anno 1576. rectori et senatui Tubingensi obtulisse, sequentes anno 1577. additurum. „Cum autem eas jamjam volebam proelo committere, ecce tum demum ex Heidelberga ad me scribitur, quod Stadii Ephemerides jam dudum editae fuerint. Quibus visis ego meas non publicandas duxi. Verum cum diutius cunctor, viri aliquot clarissimi ut promissis stare fidemque academiae datam liberare velim, urgere incipiunt. In horum tantorum virorum sententiam concessi eo facilius, quod vidi, Stadii labores istos posteriores paulo negligentius quam priores scriptos et excusos esse.“ Sperare se, addit Maestlinus, astronomiae cultorum odium se non demeriturum, quod hos suos labores eis fruendos proponat, et senatum Tubingensem „has Ephemerides, tanquam exules patriam terram repetentes, solita benevolentia recepturum esse“. (Datae sunt hae literae „in Backnang 11. Cal. Sept. 1580.) Praemittit Maestlinus Ephemeridibus suis Regiomontani „commentarium in Ephemerides“ cum additionibus suis, in quibus hanc rationem affert, cur non locum det Copernici hypothesibus, „etsi multo certiores et veriores sint quam usitatae“, quia consuetus sermo ab omnibus capi possit et quia hic nihil discriminis incidat, utram sententiam quis amplectatur. Plura de his Ephemeridibus non notanda censemus, cum nihilo discrepent ab aliis, quae ab illis temporibus editae sunt, unum fere spectantes usum astrologicum.

Heidelbergae Maestlinus astronomiae rationem et disciplinam conscripsit, quae primo anno 1582 edita (recusa ib. 1588, 1610. Tubingae) inscribitur: *Epitome astronomiae, qua brevi explicatione omnia tam ad sphaericam quam theoricam ejus partem pertinentia ex ipsius scientiae fontibus deducta perspicue per quaestiones traduntur.* Causam librum hunc scribendi hanc dicit Maestlinus: „nullam inter plurimas quae exstant epitomen talem judicare possum, qua tironibus astronomiae cupidis in tradendis veris ejus fundamentis satisfieret. Nam in aliquibus certa methodus desideratur, alii in parergis sunt verbosi, in rebus ipsis muti, alii praeter ullam notionem nudas et concisas divisiones existimant methodicum quid esse, alii non modo nihil ad rem facientia omissis necessariis immiscent, sed et falsa dogmata pro veris tradere solent. Non parum me commovit desiderium plurimorum, qui epitomen aliquam, qua necessaria non omissa nec otiosa immixta essent exoptabant, miserebat me multorum irritorum laborum, quos ego commilitones meos aliquando in describendis nescio quibus quaestionibus insumsisse vidi etc. Rogatus igitur a non paucis, nolui studiosae juventuti dono meo qualicunque divinitus mihi concesso ultra deesse. Quare has quaestiones conscripsi, commodiore methodo pro virili meo sic concinnatas, ut in omnibus astronomiae scientiae fundamentis addiscendis satisfaciant.“ Methodum S. Buschi („non de S. Busto, ut quidam autumant, sed vocula barbara de S. Buscho vel Rubo, de quo Exod. 3, cui vel altare vel sacellum, in quo sacra peragebat priusquam Lutetias ad Matheseos professionem vocaretur, dicatus erat“) ut veritati maxime consentaneam et studiosis gratam omnibus aliis praeferendam esse eamque sibi sequendam censet. — Orbes in sphaera planetae totidem esse affirmat, quot habeat motus; quia autem coram nemo eos videre possit, nos non scire posse, qui qualesve isti aetherei orbes sint; stellam esse densiorem partem sui orbis, lucidam et globosam, orbi suo certo in loco affixam, a quo etiam statis et certis legibus circulariter circumferatur. „Sphaerae coelestes se mutuo veluti tunicae caeparum ambiunt.“ In coelo sunt plures regulares, circulares motus. Figura coeli est sphaerica, Terrae figura globosa. Terra in medio mundi immobilis sita est. Locus in centro his stabilitur argumentis: Terra undique a coelo aequaliter abest, horizon secat omnes coelestes circulos bifariam, gravia descendunt secundum diametrum mundi, centrum ejus appetentia. gravia in Terra appetunt ejus centrum, ergo Terrae centrum mundi centrum est; immobilitas Terrae sic: 1) centrum circuli seu globi in conversione immobile quiescit, Terra centrum mundi est, ergo.... 2) omnes partes Terrae naturaliter feruntur motu recto ad medium ibique moveri desinunt, ergo ibidem et ipsae et tota Terra quiescunt; 3) Terrae toti, quatenus tota est, nec rectus nec circularis motus competit, ergo nullus omnino; nam si moveretur motu recto, ferretur deorsum, unde fieret, ut minus gravia in aëre tanquam suspensa relinquerentur, relinqueret item centrum mundi; sursum vero moveri non potest, cum sit summe gravis; si Terra ab ortu in occasum circulariter ferretur, non acciderent ortus quotidiani, nec essent dierum et noctium vicissitudines, si vero alio quocunque circulari motu cieretur, nubes semper in oppositam partem volare viderentur, projecta sursum nunquam relaberentur in eundem locum, partes Terrae ob insuperabilem celeritatem omnes dispergerentur et tota Terra dissipata jam dudum coelo excidisset. 4) Cum natura simplici corpori nonnisi unum motum simplicem concesserit, Terrae autem competat motus rectus (quod videre est in partibus ejus), ergo circularem motum ipsa sibi vindicare non poterit.

In appendice exhibet Maestlinus Eratosthenis et Posidonii rationem dimetiendi globi terreni et monens, recentiores uni gradui circuli terreni tribuere 15 milliaria germanica, ambitum Terrae dicit esse 5400 milliaria. — Haec sequuntur definitiones circulorum sphaerae materialis consueto ordine et „orbium theoriarum“, quos enumerat: deferentes apogaea, epicyclos, aequantem, eccentricos eccentri et orbes deferentes nodorum, ex quorum definitione et ex adjectis figuris elucet, Maestlinum hos „orbes“ reales et materiales accepisse. In „sphaerica doctrina“ praemittit Maestlinus definitiones astronomicas ascensionum, ortuum et occasuum stellarum, dierum naturalium et artificialium et apparentias explicat pro vario positu sphaerae, quas definitiones sequuntur motus et „passiones“ planetarum duce Ptolemaeo. Eadem fere hic deprehendimus quae in Purbachio et aliis qui tum florebant astronomis, nuspiam vero occurrit mentio Copernici, quasi oblitus sit Maestlinus eorum, quae in scriptis de cometis dixerat. Seculi sui mori pariter atque alii ejus aequales videtur obsecutus esse, ita ut virum non agnoscamus liberioris judicii, qualem se praebuerat in libris, quos modo diximus, et in epistolis ad Keplerum senatumque Tubingensem de Prodromo datis (vol. I. p. 20 ss.). Theologorum auctoritas virum ipsum theologum movisse videtur, ut alia diceret, alia sentiret (cfr. vol. I. p 25. 37), etsi constat et ipse Keplerus testatur, professorem mathematicum Tubingae auditoribus suis Copernici rationem commendasse. Ceterum Tubingae ut prius Backnangae et Heidelbergae diligentissimum semper se gerebat spectatorem coeli siderumque et quaecunque astronomi in coelo detexerant, iis animum advertebat. (Edidit Maestlinus Tubingae praeter Epitomen tertio recusam anno 1610. dissertationes aliquot astronomicas haud parvi momenti ad astronomiam, quas passim memoravimus in voluminibus praemissis.) Discipulos autem, quorum multi magis minusve inclaruerunt, ita sibi devinxit, ut non modo in praesentia illum suspicerent et admirarentur, sed per totam vitam quodam quasi commercio conjuncti de rebus mathematicis et astronomicis aut ipsum adirent aut per literas consulerent. Quod cum ab aliis tum a Keplero factum esse vides in voluminibus praemissis, qui ad mortem usque (magister discipulo superstes fuit) continuo fere literarum commercio cum eo conjunctus fuit, quod Maestlini tantum anxietate interruptum est et eo, quod Kepleri ad altiora enitentis sensa minus minusque animo perceperit Maestlinus. (Cfr. vol. II. 13. 15. III. 56.)

Insigne exstitit Maestlini studium in oppugnando novo calendario, multas tum rixas et disceptationes concitante. (Cfr. vol. IV. p. 4 ss.) Quae Gregorianae reformationi opponebantur, maxima ex parte a Maestlino *(Nothwendige und gründliche Bedencken von dem vralten römischen Calender)*, propugnatore Lutheranorum, proposita, haec fere sunt: 1) Errores Calendarii Juliani „seien allesamt entweder der Red nicht werth, dass man ihrer achten sollte, oder aber so gar nicht schädlich, dass, so mans aufheben vnd verbessern wollte, würde man allen denen, so den Kalender brauchen, vielmehr nothelffen, dann forthelffen. Vnd es ist wol zu erachten; es werde das Aequinoctium nimmermehr in Februarium khommen, dann dieses würde vor 1500 Jaren nicht geschehen, aber der Jüngste Tag wird so lang nicht verziehen." 2) Festorum immobilium constitutionem non tanti esse momenti, ut Calendarium reformetur; quisnam enim possit demonstrare, Christum die 25. Dec. natum esse seu cruci affixum certo die? 3) In suspenso esse, utrum festum paschale sequatur Solis an Lunae statum. 4) Rationem praecipuam, qua moti pontificii calendarium velint instauratum, esse in missalibus, breviariis, martyrologiis, ita institutis, ut congrua ad tempus concilii Niceae habiti recentioribus temporibus non amplius satisfaciant. 5) Anno 1582. comitia Germanica Augustae Vind. habita fuisse, neque Gregorium verbo tetigisse calendarii reformationem, unde satis eluceat, hac reformatione ecclesiae romanae auctoritatem spectari. 6) Novum calendarium adeo scatere mendis, ut ea depravatio potius, quam emendatio veteris nominanda sit. Usos fuisse, qui calendarium instaurarint, tabulis astronomicis minus accuratis, anni quantitatem non prorsus accuratam esse assumtam, aequinoctiorum praecessionem mediam, non veram, quae debuerit adhiberi, in lunationibus similiter postulari veros motus, non medios. „Darum, addit Maestlinus, ist es ein vnmöglich, vnnütz vnd mangelhaftig Ding mit der Bäpstischen Reformation, dann dieses seindt subtilitates mathematicae, welche weder der Bapst noch jemants anders wirt in das politische Jahr bringen können." Maestlinus redit ad calendarium novum impugnandum anno 1586 *(Alterum examen novi pontificialis Gregoriani Calendarii)* jam prorsus usus rationibus mathematicis. Tria praecipue contra novum calendarium proponit et pluribus quam priore libello demonstrat, tabulas, quibus innitatur novum calendarium, falsas esse; correctionem aurei numeri et epactarum non veros dies noviluniorum indicare. „Cur, inquit Maestlinus, ad impossibile et falsum opus pontifex totum orbem christianum adstringit? Et qui fit, ut papa dicat, quod in suo calendario omnia constanti ratione sic restituta sint, ne ulli unquam mutationi fiant obnoxia?" Epactas a vero abhorrere ostendit Maestlinus, illas annexa tabula ad 200 annos digerens et aperte demonstrans, terminum paschalem deficere a vero vel excedere eundem ubi plurimum uno die, aliquando biduo, quin etiam interdum toto mense. Propter epactarum numeros toties a vero aberrantes tertium irrepsisse ait errorem, quod dominica paschalis non raro reponatur in ipsum plenilunium contra ecclesiae praescripta, quo auctor se ipsum, papam et omnes novi calendarii patronos haereticos faciat et efficiat, ut paschalis dominica non modo multoties in postremum prioris anni mensem rejiciatur, sed etiam ut ante ipsum aequinoctii diem retrahatur, quo forte efficiatur, ut in uno anno bis celebretur pascha et in anno mox sequente nunquam omnino. Denique Maestlinus contendit, auctorem bene novisse novi calendarii errores, ob id nondum in lucem editum esse promissum in ipso calendario librum, in quo rationes, fundamenta et hypotheses in hac correctione assumtae in medium essent afferendae; quare novum calendarium non principio anni 1582, sed demum Octobri, neque alio, qui aptior tali reformationi esset anno (1580, 84, 88, 1600) emissum esse; nam si hoc factum esset, „periclitatum fuisset totum opus, partim quod principio anni 82. pascha plenilunio celebrandum fuisset, partim quod, si in posteriores annos bissextiles dilatum fuisset, periculum fuisset, ne interea hujus calendarii nullitas patefieret.“ Refutat denique Maestlinus tres calendarii novi defensores, anonymum quendam (Warer Bericht, warumb das Alt Römisch Calender dieser Zeit nothwendig gebessert worden. Meyntz 1584), „qui nec veteris calendarii lapsus, nec novi reformationem intelligat;“ Joannem Rasch (der new Calender. Monaci 1586) et Jo. Busaeum, Jesuitam Moguntiacum, qui „incertissima per incertiora probat, quae demonstratione egent pro confessis sumit, quae a nostris sexcenties ex sacra scriptura abunde refutata sunt, pro indubitatis habet etc. —

Anno 1588. edidit Maestlinus librum, quem inscripsit: *Defensio alterius examinis adversus Antonii Possevini ineptissimas elusiones, quibus ipse, dum examen illud extenuat et calumniis carpit, non solum imperitiam et vanitatem suam prodit, verum etiam (licet invitus et non cogitans) novam Gregoriani calendarii emendationem magis confundit et funditus evertit.* Retinet Maestlinus ea, quae antea pronunciaverat, affirmat, novum calendarium colluviem esse omnium errorum potius quam reformationem dicendum. Aequinoctia contendit nequaquam aequaliter anticipare; etsi enim annis 134 motu medio uno die ascendant, vero tamen motu interdum 304 annos postulari, interdum 84 annos sufficere, quod in novo calendario cum non observetur, quomodo dies aequinoctii in die 21. Martii perpetuo retineri possit? Aequinoctium inter dies 21. et 27. Martii eventurum esse. Epactas cum coelo rarissime consentire, sed ut plurimum ab eo mirum quantum aberrare; noviluniorum dies a coelo tam mediis quam veris motibus ut plurimum uno die, saepe biduo distare etc.

Contra oppugnatores novi calendarii, praecipue vero contra Maestlinum defensionem calendarii Gregoriani suscepisse Christophorum Clavium diximus vol. IV. p. 5 s. Illis quae l. c. leguntur, haec subjungimus.

„Non solum, inquit Clavius (in „Apologia“ ed. anno 1585), calumniis Maestlini satisfit quam cumulatissime, verum etiam omnibus aliis, qui novum hoc calendarium improbare nonnunquam solent, silentium imponitur. Ceteri autem, qui jam diu novi calendarii rationem diligentius cognoscere expetunt, habent aliquando, unde uberiorem ejus cognitionem petant. Sunt quidem omnia fundamenta restituti calendarii copiosissime explicata in libro novae rationis restituendi Calendarii Romani, sed quia liber ille tum ob intempestivam mortem Gregorii XIII, tum ob alia impedimenta, quae varia exstiterunt, nondum in lucem prodiit (prodiit demum anno 1603), visum est, quam maxima fieri potest brevitate, exponere in hoc responso ea, sine quibus satisfieri cavillationibus Maestlini plene non potest.“

Duobus libris absolvit Clavius rem, primo ea, quae ad aequinoctium spectant, explicans, secundo reliqua (epactas etc.) tractans. Notatu digniora haec fere occurrunt: Consuetudo vetusta ecclesiae catholicae in pascha celebranda motum Lunae et Solis observandi neque stato semper die celebrandi, nullo modo sine gravi causa infringenda videtur („quamvis ecclesia id suo jure utens libere facere posset“). Ecclesia a Judaeorum more in hoc discessit, quod pascha non in ipsa XIV. Luna primi mensis, sed in dominica, quae XIV. Lunam primi mensis proxime consequitur, celebrari jussit. Quoties dies XIV. Lunae primi mensis idem in dominicam cadit, solemnitatem paschae transferri jubet in sequentem diem dominicam, in quam Luna XVI. primi mensis incidit, ne die dominica jejunare cogamur cum haereticis Manichaeis aut ne in Luna XIII. jejunium quadragesimale solvatur. (Eusebius, Ambrosius, Beda, Pius papa et martyr, Victor variaque concilia existunt hujus praecepti testes.) „Constat, pascha semper celebrari posse ac debere in aliquo dierum a 22. Martii usque ad 25. Aprilis atque hos terminos paschales concilii Nicaeni auctoritate constitutos accepimus." „Quum autem aequinoctium vernum ante correctionem calendarii non iisdem diebus contigerit, quibus tempore concilii Nicaeni fiebat, unde multa incommoda orta sunt, necessarium omnino fuit, ut aequinoctium vernum in pristinam sedem restitueretur, nec minus necessaria erat correctio calendarii. Exemtio dierum 10 primum constituta fuit post 4. diem Octobris anni 1582, quia vero nonnullae provinciae ex Octobri anni 1582. nondum decem dies exemerant, quod ad eas tam cito exemplaria novi calendarii perferri non potuerant, optimo consilio factum est, ut anno 1583. non exspectato Octobri 10 dies ex Februario eximerentur, ne diutius populi illi in dierum numeratione ab ecclesia Romana dissentirent." Dein Clavius rationes affert, quibus mota ecclesia posthabitis veris Lunae ac Solis motibus solos medios et aequales consideret: 1) motus veri inaequales sunt, medii autem semper aequales et uniformes; regulae ad investigationem aequinoctii, novilunii ac plenilunii paschalis traditu sunt faciles, quae a quolibet astronomiae etiam omnino rudi et ignaro percipi possint eaedemque sunt faciliores in mediis, quam in veris motibus. 2) Veri motus perpetuam excitarent discordiam inter Christi fideles in paschae celebratione, propter tabularum astronomicarum varietatem. 3) Nullae tabulae conditae sunt ab astronomis, per quas veri stellarum motus ad omne tempus certo inquiri possint et cognosci. In hunc finem recensentur tabulae Ptolemaei, Alphonsinae, Prutenicae („praesertim cum Prutenicae tabulae incertis hypothesibus, nedum absurdis et a communi hominum opinione abhorrentibus et quibus omnes philosophi naturales repugnant, fundatae sint") et Tychonis. „Nec vero haec a me ideo allata sunt, quod putem tabulas astronomicas omnino rejiciendas esse tamquam falsas et futiles, sed solum hoc contendo, ecclesiam non esse ad curiosas astronomorum subtilitates alligandam, cum eaedem tabulae diu durare nequeant, sed aliae atque aliae pro temporum varietate sint adhibendae. Neque vero hoc dignitati ac praestantiae astronomiae nobilissimae scientiae quidquam detrahit, immo eam potius mirifice commendat, quod tam accurate tantam motuum varietatem nobis ob oculos proposuerit, ut quam proxime veritatem ipsam attingamus." 4) Etiamsi tabulae astronomicae exstarent absolutissimae, frustra tamen exquisita illa et curiosa supputatio horarum ac minutiarum secundum veros motus adhiberetur. Nam regionum ac meridianorum varietas efficeret, ut labor ille inutilis ac vanus redderetur. 5) Ex antiquisissima consuetudine medii motus seu potius cycli in ecclesia, veris motibus neglectis, in usu semper fuerunt. 6) Confirmatur idem auctoritate multorum astronomorum omniumque qui de rebus ad calendarium Romanum pertinentibus ex ecclesiae consuetudine scripserunt. (Campanus, Stoeflerus, Paulus a Middelburgo inducuntur testes.) — „Intercalandi rationis, ut aequinoctium propter diem 21. Martii, ad quem est revocatum, retineatur, pontifici duae potissimum viae propositae sunt. Altera quidem, ut prae inaequalitate anni solaris, modo majori intervallo annorum modo minori, dies intercalaris unus eximeretur, prout annus major aut minor ex Copernici calculo existeret; altera vero, ut posthabita anni inaequalitate ratio intercalandi ad annum Alphonsinum, qui inter maximum et minimum medius quodammodo est, accommodaretur. Posterior ratio consilio astronomorum delecta est, quoniam ecclesia in paschae celebratione regulare quid et uniforme, quod statum sit et a vero non longe absit, potius quam accuratam astronomorum supputationem sequi debet et quia ecclesia usa semper est mediis motibus in noviluniis et lunis XIV. ad rectam paschae celebrationem investigandam, veris motibus exquisitiori astronomorum perscrutationi relictis; aequum igitur et consentaneum esse videtur, ut ad aequinoctium in sua sede retinendum adhibeat quoque anni magnitudinem mediam." — De iis agens, quae Maestlinus objicit, aequinoctium vernum, si haec posterior ratio adhibeatur, ex die 21. Martii non ita post multa annorum millia ad 27. usque prolapsurum et ad diem 21. amplius non rediturum, examinat Clavius periodum anomaliae aequinoctiorum et inaequalitatis annorum ex Copernici doctrina et causam erroris Maestlini hanc esse censet, quod hic putaverit, tum demum aequinoctium fieri medium, quando linea medii motus Solis cum puncto medii aequinoctii conjungatur. Falsum hoc esse affirmat Clavius, aliam enim esse lineam aequinoctii medii et aliam conjunctionis vel oppositionis luminarium mediae. Aequinoctium medium fieri, cum primum Sol punctum medii aequinoctii attigerit. Nam si medium fieret aequinoctium, quando Sol medio suo motu sectionem vernam mediam obtineat, non semper simul fierent verum ac medium aequinoctium, quando prosthaphaeresis aequinoctiorum nulla sit, quod raro admodum tunc verus Solis motus a medio non differat. Translationem aequinoctiorum ex 21. Martii in 22. et 23. inaequalitati anni solaris tribuendam esse. Si post longum temporis intervallum aequinoctium plus aequo a vero discesserit, intercalationem extra ordinem adhibendam esse. — De aureo numero et epactis haec affert Clavius (in „Explicatione Romani Calendarii a Gregorio XIII. restituti". Romae 1603.): „Cum veteres comperissent, novilunia transactis 19 annis ad eosdem dies reverti, descripserunt in calendario totidem numeros ab 1 usque ad 19, quos *aureos* dixerunt, juxta eos dies, in quibus quolibet 19 annorum spatio novilunia contingebant. Ex hac descriptione aureorum numerorum emersit inter illos ordo et series ejusmodi, ut in calendario non servent ordinem naturalem numerorum, sed major fere numerus anteat proxime minorem 11 diebus (anni lunaris et solaris differentia)".

Dispositionem autem aurei numeri in veteri calendario non plane veram fuisse astronomi deprehenderunt. Non enim novilunia transactis 19 annis solaribus ad easdem prorsus sedes revertuntur, sed quolibet spatio 19 annorum sedes pristinas praeveniunt h. 1. 27' 31" 55", annis vero 76 horis 5. 50' 7" 40‴ et annis 312½ die fere integro. Itaque ut aurei numeri ante correctionem novilunia recte indicarent, promovendi fuissent omnes per 5 dies, tribus vacuis inter loca antiqua et nova relictis. Ceterum numeri aurei sic correcti perpetuo aut longo tempore novilunia recte indicare non possent, primo quia quotiescunque dies intercalaris ex centesimo aliquo anno auferretur, novilunia omnia uno die tardius contingerent, quam ab aureis numeris indicarentur, deinde quoniam novilunia in 312½ annis uno die sedes suas in calendario antevertunt, efficitur ut aurei numeri post quoslibet annos 312½ promovendi essent versus initia mensium uno die, ut novilunia indicarent. Igitur aureis numeris ex calendario submotis in eorum locum alii numeri succederent, qui perpetuo novilunia monstrarent. Hi autem numeri sunt 30 *epactae*. Hic numerus 30 epactarum colligitur ex 11 diebus, quibus annus lunaris a solari superatur. Nam si primo anno supersunt 11 dies, supererunt 22 secundo, 33 tertio, abjectisque 30, unam lunationem constituentibus, reliqua fiet epacta III, atque sic deinceps, additis semper 11 et abjectis 30, si summa major sit quam 30. Dicuntur autem 30 hi numeri *Epactae* graeca voce, quae latine idem sonat quod dies asciticii vel additicii vel interjecti. Adjunguntur enim in fine ultimi mensis lunaris ad explendum numerum dierum anni solaris et ad inchoandam primam lunationem anni sequentis.

Radix aequationis Lunae statuitur in anno 550, quod tum aurei numeri cyclus rectius novilunia monstrabat et ad festa mobilia celebranda magis accommodate. Et cum anno 1582 dies 10 mensi Octobri sunt ademti, ut aequinoctium vernum ad diem 21. Martii restitueretur, necesse est post hanc detractionem omnia novilunia 10 diebus tardius contigisse, quam epacta illius anni indicabat in calendario. Quia vero etiam aequandus est annus solaris omittendo 3 dies intercalares in 400 quibusque annis, scribendi posthac erunt in tabula aequationis omnes anni centesimi, initio facto ab anno 1600, qui bissextilis est, et juxta quartum quemque ab eo voce *Biss.* apposita.

Varietatem epactarum aequationis sive vitium auctor calendarii (Aloysius Lilius), vel non advertit vel non magni fecit, quod satis esse judicavit, errorem in epactae inventione in multis annorum millibus non committi. Et quia solum 30 literas tabulae expansae (Clavii tabula epactarum ab anno 1582 per centenos annos extensa est ad annum 303300), prae oculis habuit, ratio postulare videbatur, ut per unum solum diem Luna descenderet, quando postponenda esset. Sed (ego) deprehendi, novilunia epactarum a coelestibus noviluniis plus aequo discrepare; cum hujus causam exquirerem atque ut obtrectatoribus satisfacerem, rationem inveni, qua epactae etiam ad secula longissime distantia inveniantur, quarum novilunia a coelestibus non multum dissentiant, ita ut necesse sit, tabulam aequationis epactarum post annum 8100 aliter instituere. ... Ceterum contenti simus, si nostra aequatio usque ad annos 100000 vel etiam 200000 non multum a vero discrepet.

Ad epactam ejus anni, in quo aureus numerus est 19, addendum est non 11 sed 12, quia ex diebus 209, qui annis solaribus 19 conflantur ex 11 diebus, quibus singuli anni solares singulos lunares superant, constituuntur 7 lunationes embolismicae, 6 quidem dierum 30, una dierum 29. Igitur non essent semper abjicienda 30 ex summa conflata per additionem 11 ad epactam antecedentem, quando ea summa major est quam 30 et annus lunaris embolismicus continet 13 lunationes, sed in septimo embolismo, cujus lunatio dies tantum 29 complectitur, auferri deberent tantummodo 29. Cum ergo regula usitata abjiciat semper 30, ut omnes embolismi similes sint, necesse est post ultimum embolismum addere 12 ad epactam, ut sequentis anni epacta conficiatur. Hinc patet ratio, cur quando aureus numerus 19 in usu est, ad dies qui post ultimam lunationem Decembris supersunt, adjiciatur unitas, ut sequentis anni epacta formetur. Quodsi unitas non adderetur, offerrent superflui illi dies epactam una unitate minorem.

Si post aliquot secula ab astronomis alia anni magnitudo deprehendatur, ut annus Alphonsinus non amplius medius sit inter maximum annum et minimum, ac aequinoctium vernum a die 21. Martii recedat, restituendum erit ad hunc diem per intercalationem vel omissionem tot dierum extra ordinem, quot diebus a 21. die discesserit. Deinde innovanda erit aequationis tabula, sic etiam si defectus aliquis in aequatione Lunae deprehensus sit, nulla tamen in ipso calendario mutatio facienda erit. Neque vero ulli nostrum, qui a summo Pontifice ad hoc correctionis munus evocati fuimus, in mentem unquam venit (quod perperam nonnulli, qui omnem occasionem quaerunt ut calendarium Gregorianum calumniis impugnent, nobis affingunt), ut putaremus, calendarium dicendum esse perpetuum propter restitutionem aequinoctii et anni solaris aequationem in eo praescriptam. Nam cum anni magnitudo nondum sit certo explorata, quis affirmare audeat, aequinoctium perpetuo permansurum in ea sede, ad quam revocatum est, etiamsi aequatio anni solaris omni adhibita cautione instituatur? .... Maxima gratia et laus Aloysio Lilio tribuenda est, qui tam artificiosum epactarum cyclum excogitavit, qui ad quamcunque anni magnitudinem tam facile possit accommodari, si nimirum suis temporibus debita aequatio adhibeatur.

Equidem in hac fui semper sententia eandemque nunc teneo, ut existimem, epactas non posse aliter in calendario disponi ac describi, neque aliter earum aequationem institui, quam in calendario Gregoriano factum est, nisi velimus in errores innumeros et intolerabiles incurrere et S. S. Paschae diem frequentissime contra canonem concilii Nicaeni et decreta Patrum peragere ....

Keplerum hoc Clavii opus satis voluminosum (680 paginis forma quam dicunt in folio rem absolvit) accurate cognovisse apparet ex *Dialogo*, quem praemisimus vol. IV. p. 11–57. Praeparationem ad hunc dialogum deprehendimus vol. XXI. Mss. Pulkoviensium, illamque quamvis mancam praemissis adjungendam censuimus.

Explicationis Calendarii Gregoriani perpetui
a Christophoro Clavio scriptae
Emaculatio.

1. Quartadecimanis pro errore vel haeresi tribuit, pascha interdum celebrare cum Judaeis Luna decima quarta. Hic tria dicenda: Primum. Judaei pascha celebrarunt Luna decima quarta non incipiente sed finiente, hora quae est initium azymorum. Secundo. Christiani veteres ceremonias paschales ad imitationem ecclesiae Judaicae inceperunt itidem a vespera antecedente. Tertio. Non est haeresis vel error, pascha interdum celebrare eodem die cum Judaeis, dummodo dies vesperam paschalem Judaeorum sequens sit dies dominica. Illi vero haeretici quartadecimani ideo sic dicti sunt, quod pascha semper cum Judaeis quartadecima Luna finiente celebrandum censuerunt quacunque feria hebdomadis.

2. Veram causam desidero, cur initio bullae Gregorii Calendarium dixerit perpetuum. Nam si vox perpetuum ad solum cyclum epactarum insertum, aureum numerum remotum refertur, multa ergo in illa bulla de aequatione cycli solaris et cycli epactarum erunt, quae non praecipiuntur nisi sub conditione hac, siquidem posterioribus temporibus vera apparitura sint, quae hodie de siderum scientia tenemus. Fatendum, confusius paulo scriptam bullam ab imperitiori, adulantibus quorum erat revidendi opera. Id Clavius honoris causa tacere utique debuit, veniam igitur meretur.

3. Rationes, cur veros motus ecclesia non sequatur, non pugnant; genuina causa est omissa, arbitrium ecclesiae, quae sola et unica causa id factum stabilit, ceterae facile profligari possunt. Deinde affirmatum non debuit esse generale de omnibus veris motibus ejectis; retinetur enim verus motus Solis. Non certe debuit esse generale affirmatum de omnibus mediis motibus retentis, nam in Sole medii motus non tenentur. Nititur emendatio calendarii secundum decretum Nicenae synodi instituenda non motibus coelestibus praecise praescitis, sed voluntate supremi sacrorum antistitis, ad commodum ecclesiae, facilitatem calculi et scandalum vitandum respicientis.

4. Non debuit negare verum aequinoctium aliquando futurum die 27. Martii Gregoriani. Primo non distinguit vocem aequinoctii, quod aliquando est locus sub fixis, aliquando tempus seu terminus temporis, utrumque verum vel medium. Primo significatum aequinoctium non potest dici hoc vel illo die Martii, sed hoc vel illo loco sphaerae fixarum.

<table>
<tr><td rowspan="4">Igitur in aequinoctii loco</td><td rowspan="2">medio est linea motus Solis</td><td>medii</td><td rowspan="2">die Martii ....</td></tr>
<tr><td>veri</td></tr>
<tr><td rowspan="2">vero est linea motus Solis</td><td>medii</td><td rowspan="2">die Martii ....</td></tr>
<tr><td>veri</td></tr>
</table>

Secundo Prutenicas allegat perperam, ut quae non de tempore aequinoctii medii ut Clavius, sed de loco aequinoctii sub fixis loquuntur. Tertio Moletium adducit particulariter loquentem, ac si generaliter loquatur. Estque is jam a partibus Gregorii, quia posterior scripsit et tabulas quidem Gregorianas. Quarto contra ecclesiae voluntatem (siquidem eam recte explicasse concessero) defendit motum Solis verum ejecto medio, idque praesentibus seculis. Quinto futuris seculis neque verum neque medium Solis motum consulit in computatione aequinoctii, sed tantum verum et medium locum aequinoctii. Componitur enim annus ex 2 causis, sibi mutuo vel obviantibus vel se fugientibus: Solis cursoris et termini vel scopi (aequinoctialis loci) motus.

5. Caniculares cum aequinoctiis in Juliano putat ascendere. Oscitat. Nam sidera descendunt, aequinoctia ascendunt. Julianus enim annus est medius fere inter tropicum breviorem et sidereum longiorem.

6. Cycli aurei numeri ratio potest tradi evidentior.

(Numeri 7 et 8 desiderantur.)

9. Commune omnibus, qui reformationi sunt adhibiti, quod coelum non consuluerunt in tabularum delectu.

10. Nihil definiunt de incertitudine astronomiae. Plane hoc est contra gravitatem dignitatemque sedis pontificiae, praecipere ea, quae praecipit calculus. (Aliud est certitudo rei, aliud certitudo calculi.) At hoc faciunt excurrentes in infinitum, quasi ita certo calculo. Oportet Ptolemaicam epocham sumere cum latitudine semihorae in Luna, nostram cum latitudine quadrantis. Hinc annis 1500 variatur proemptosis seleniaca 45 minutis, ut cognitissima sit in medio. Annis 300 sunt $1\frac{1}{4}$ horae, annis 600 sunt 3 horae, annis 4800 est dies incertus.

In Sole oportet Hipparchi observationem sumere cum latitudine 12 horarum, nostram cum latitudine 4 horarum. Incerti sumus de 16 horis annis 1900, die uno annis 2400. Nescibimus annis 2400, num dies 17, 18 an 19 omittendi.

11. Periodus Lunae seu proemptosis seleniaca falsa est. Annis enim ex Braheo 308 dies competit, ipsi $312\frac{1}{2}$ annos sumunt.

12. Falsa est et Solis periodus seu proemptosis, at non multo.

Christiani occidentis pascha celebrarunt VIII. Cal. Apr., id est 25. Martii, qui dies est aequinoctio praefixus in calendario Juliano; caruere lunari, utebantur solari; Alexandrini contra.

Ecclesiasticus: Jejunium quadragesimale abjecimus, missalia ignoramus, officia nostra vobis relinquimus, quorum gratia calendarium corrigitis. Quorsum igitur nobis opus correcto calendario?

Confessarius: Mirum vos non abjicere et festum Paschatis in solidum diemque Nativitatis in solidum, denique omnes dominicarum denominationes. Nonne Evangelia jam pridem magna pars vestrum abjecere?

Ecclesiasticus: Quaero ex vobis, si sequamur motus veros, an excommunicatione teneamur Gregorii, cum propius ad Nicenum concilium accedamus quam vos?

Syndicus: Videmur nobis incommodare, nos hosti reddere contemtibiles, prodito nostro metu, ut quibus non tantum supersit consilii, ut admisso calendario Gregoriano a reliquo ejus jugo tuti esse possimus.

An non gentes ceterae a vicinis suis multa in ratione temporum sunt mutuati citra confessionem obedientiae?

Alphonsus Sarazenos et Mauros audivit. Defendentes manifesta vitia calendarii, calumniae damus occasionem, ac si et alia vitia doctrinae defendamus ob pertinaciam, ac si simus intractabiles. Sequamur, ut videant, nos in ceteris non pro pertinacia pugnare, sed pro conscientia. Multi (Maestlino excepto) adeo turpes se dederunt scribendo contra calendarium, ut turpe sit magistratibus audire, quod personas tam turpes et turbulentas audiant iisque obsecundent. Non parentes Caesari cupienti, produnt nostri magistratus inscitiam. Si scirent, quam stulte contra scripserint aliqui, ob hoc ipsum reciperent calendarium, ne viderentur in talium stultitiam consentire.

Ptolemaeus Astrologus rejectus cum suo Magno Opere a priscis Christianis, susceptus est in Sarazenorum linguam, qui superstitiones non horrebant, tandem Alphonso Sarazenorum vicino innotuit. Ab illo tempore, Ptolemaeo in latinum verso, astronomia ad Christianos venit. (Nil sequitur.)

Longum est enumerare omnes, qui huic disceptationi de novo Calendario se immiscuerunt. Omnes, sive a partibus catholicae fidei sive lutheranae steterunt, simili ratione qua Maestlinus et Clavius magis rem ad doctrinam sacram pertinentem spectabant, quam usum calendarii ad consuetudines vitae et ad astronomiam. Hic quoque liberioris judicii virum se praebuit Keplerus, suadens fidei suae sociis, ut calendarii reformationem acciperent (cfr. vol. IV. p. 6 ss.) et imperatori viam monstrans, qua concordia constitueretur inter partes oppositas (ib. p. 11 ss.).

De Clavio, quem papa Sixtus V. celeberrimum dixit mathematicum (IV. 5.) Franciscus Vieta (cfr. vol. III. 478.) in examine calendarii Gregoriani hoc fert judicium: optimum eum esse mathematicorum elementorum interpretem et eximia facilitate ea, quae ab inventoribus obscurius tradita sint, explicare; quantum ad scientiam, Clavium ita scribere, ut scribendo quae scribat discere videatur nihilque de ingenio suo addat, sed exscribat omnia, nullo operae pretio, nisi quod sparsim confuse et minus dilucide ab aliis scripta ordinet et ita perspicue proponat, ut ex alienis propria efficiat. Clavii Commentarius in „Sphaeram“ Joannis de Sacro Bosco omnibus suae aetatis, qui haud pauci erant, commentatoribus longe praestat et per longum annorum spatium ab astronomiae studiosis adhibebatur. (Ab anno 1570 ad 1618 undecim prodierunt editiones.) Orditur ab elementis eorumque numerum eundem esse contendit, quot sint combinationes qualitatum caliditatis, frigiditatis, siccitatis et humiditatis. Cui disquisitioni adjicit quaestionem de combinationibus mathematicis atque omnino rebus diversissimis annectit quaestiones mathematicas et historicas; v. c. disserens de figura coeli rotunda inquirit figuras isoperimetras, Theonem et Pappum secutus etc. Catalogum fixarum e Copernico desumsit Clavius, rationem vero Copernici de mundo plane rejicit, „cum multis experimentis refragetur et communi omnium philosophorum astrologorumque sententiae .... Tantum abest ut propter doctrinam Copernici tollantur eccentrici et epicycli, ut multo magis propterea ponendi sint. Idcirco astronomi hos orbes excogitarunt, quia deprehenderunt, planetas non ferri semper aequali distantia a Terra, quod libenter Copernicus admittit. Quodsi positio Copernici nihil falsi et absurdi involveret, dubium sane esset utri opinioni, Ptolemaeine an Copernici, potius adhaerendum esset; sed quoniam multa absurda et erronea in Copernici positione continentur, ut quod Terra non sit in medio firmamento moveaturque triplici motu, quod qua ratione fieri possit vix intelligo, et quod Sol in centro mundi statuatur sitque omnis motus expers, quae omnia videntur iis quae sacrae literae docent contradicere, idcirco anteponenda videtur opinio Ptolemaei huic Copernici opinioni.“ Alio loco dicit Clavius: si dicatur, Terram moveri, quemadmodum Copernicus dicit, praeterquam quod in eadem incommoda relaberemur, sequitur, quotidie in una eademque civitate altitudinem poli variam existere, quod falsum est. Concludamus igitur cum communi astronomorum et philosophorum sententia, Terram esse omnis motus localis expertem, coelos autem ipsos circa ipsam continue circumagi, praesertim quia hoc concesso multo facilius omnia phaenomena defenduntur nullumque inconveniens inde consequitur. — Eccentricos et epicyclos necessarios esse dicit Clavius ad explicandas apparitiones in coelo, sed esse omnino fictitios „et possunt fortasse omnes illae apparentiae commodiore via defendi, licet ea nobis adhuc sit ignota; si commodiorem habent viam adversarii hujus rationis, exhibeant illam nobis contentique erimus et illis magnas agemus gratias. Sin autem hoc non possunt, certe acquiescere debent in hac via, ex tam variis φαινομένοις collecta". De circulo lacteo hanc profert sententiam: pars est firmamenti continua et densior aliis partibus coeli, ita ut lumen Solis recipere possit; aliae stellae firmamenti multo densiores sunt et aliter hoc lumen recipiunt. — In astronomicis Clavium veterum magis quam recentiorum placita cognovisse ex hoc etiam apparet, quod anno 1605. Tychonis opera nondum legerat (cfr. vol. II. p. 427).

Pari diligentia qua S. Boscum interpretatus est Clavius Euclidem (1574, 89, 91) et Theodosium (1586), scite disseruit de astrolabio (1593) ejusque usu, theorematibus demonstrationes annectens (cfr. Delambri hist. astr. vol. 2. p. 49 ss.); *in Epitoma Arithmeticae practicae* (1583) regulas, quae passim divulgatae erant, in unum congessit volumen, in usum discentium conscriptum; algebrae regulas et praxin (1608) maxima ex parte desumsit ex Stifelii algebra; *Geometria practica* (1604), undique congesta, luculentam praebet imaginem eorum, quae mathematici passim profecerant in hoc doctrinae genere: descriptionem exhibet circini proportionalis, tum temporis inventi, quadrantis ejusque divisionis, quadrati geometrici, usum horum instrumentorum permultis exemplis adumbrans; praxin docet dimetiendi altitudines ope angulorum, umbrarum vel speculorum, et investigandi superficierum planarum areas, v. c. trianguli ex tribus lateribus (Tartaleam imitatus); rationem diametri ad circumferentiam prodit 71 ad 223 et „propinquiorem quam Ludolphus a Collen et Christophorus Gruenbergerus" 1 ad 3, 141 . . . . usque ad 20 numeros decimales. (Ludolphus rationem hanc anno 1619 computavit ad 32 decimales.) — Immensum fere opus conscripsit Clavius de horologiis, inscriptum *Gnomonices libri VIII.* (1581), quo eodem se exhibet versatum compilatorem, sed loquaciorem, quam gravitate dicendi res illustrantem.

Keplerum libros Clavii, quos modo diximus, et ea quae in observationibus astronomicis Clavius praestitit satis accurate cognovisse, apparet ex iis, quae passim in operibus suis affert de Clavio. Sic ex „Geometria practica" refert Clavii modum computandi corporis truncorum conicorum (vol. IV. p. 569), dolii (ib. 603), demonstrationem areae octogoni (vol. V. p. 96), trisectionis anguli (ib. 110), tabulam „cubicam" (vol. I. p. 177 et V. 606); e Commentario in Sphaeram S. Bosci rationem Clavii exhibet Keplerus metiendae semidiametri Terrae (vol. VI. p. 133), observationem eclipsis solaris anno 1567. refert vol. II. p. 78, 427, eclipsis solaris totalis anno 1560 ib. 309 etc.

Sicut Clavii opera Keplerus passim memorat in libris suis, ita alius astronomi tum temporis celeberrimi, Antonii Magini Bononiensis professoris scripta saepius occurrunt in praemissis voluminibus. Clavius primum ei locum tribuit inter eos, qui „geometriam practicam" tractarunt, dicens: „qui tametsi tantum linearum dimensiones docuit (in libro de triangulis planis et de ratione dimetiendi. 1592.), ea tamen copia, doctrina, perspicuitate cuncta tradidit, ut locum non modo iis, qui ante scripserunt, sed spem posteris aequalis gloriae, nedum majoris, ademisse videatur." Opera Magini recensuimus vol. I. p. 277, quae Keplerus cum Magino per literas egit de Martis motu et de Ephemeridibus leguntur vol. III. p. 37 ss, 494 ss.. VII. 443 ss. Quae Copernicus de astronomia bene meruit, libenter agnoscit Maginus („id praestitit, ut ad astronomiam penitus perficiendam hoc tempore vel nihil omnino videatur deesse vel minima fortasse correctio motuum aequalium"), minime vero in partes transit Copernici. Iis, quae vol. I. p. 284 ex Magino desumsimus, haec addimus. „Cum Copernicus hypotheses excogitaverit, quae licet ab ipsa etiam deflectant verisimilitudine, maxime tamen phaenomenis respondent, nihil non recte deprehendit, quod ad motus et apparentias quasque salvandas foret necessarium. Ceterum quia vel ingenii ostentandi studio, vel suis ita rationibus inductus Niceti, Aristarchi et aliorum de Terrae motu sententiam resuscitavit et receptam mundi hujus constitutionem perturbavit, posito Sole motus experte in mundi centro Terraque circa Solem oberrante, supra Venerem et Mercurium una cum Luna collocata, quod erat in causa, ut multi hanc doctrinam aut in dubium vocarent, aut si prorsus admitterent adhibitas tamen hypotheses portenti instar maxime improbarent: operae pretium me facturum existimavi, si positionibus hujusmodi omnino rejectis Copernici observationibus, nostro huic seculo admodum congruentibus, alias ego causas et rationes accommodarem, quae coelorum veritati essent consentanea.“ Porro: „jam dudum desiderium astronomiae studiosorum fuit, aliquem coelestes motus cum observationibus congruentes non ad absurdas hypotheses, quales Copernicus confinxerit, sed ad eas, quae a vero minime abhorrentes videantur, referre et revocare.“ Se ipsum, censet Maginus, talem esse astronomum, qui huic desiderio satisfacere possit, pauculis tantum in Ptolemaei hypothesi immutatis. Solis, Veneris et Mercurii motus colligendos esse in unum circulum eccentricum, in cujus centro Sol in parvo „epicyclo“ moveatur, magnus vero „epicyclus“ inserviat maximis digressionibus Veneris et Mercurii, minor epicyclus constituatur in eodem illo epicyclo, respondens minoribus digressionibus. Reliquis planetis tribuit circulos Terrae concentricos et epicyclos, quorum centra semper mutent distantias a centro mundi, in his ducem secutus Purbachium; ad explicandas inaequalitates motuum Lunae non necessarii videntur Magino epicycli, quorum loco sex substituit eccentricos, quorum duo, quasi reales orbes, inaequalem habent crassitiem in oppositis partibus. Obliquitas zodiaci (eclipticae) crescit a 23° 28′ usque ad 23° 52′ oriturque haec variatio („trepidatio“) a motu polorum eclipticae in peripheria quatuor circellorum, radio 6′ descriptorum, quorum duo sunt „deferentes“, duo epicycli; motus hic „trepidationis“ absolvitur annis aegyptiis 3434 diebus 10; alius orbis (sphaera nona) inservit librationi eclipticae in longitudinem (annis aeg. 1717 diebus 15), tertius (sphaera octava) praecessioni aequinoctiorum (annis 25816). — Haec ex *Theoricis* Magini, libro satis verboso, desumsimus; lectores judicent, cui rationi tribuenda sit denominatio „absurdae“, Magini an Copernici.

Ephemerides Magini ejusque tabulae diversimode inscriptae maxima ex parte astrologiae inserviunt, quam maximi facit professor Bononiensis. Astrologorum usum spectat etiam scriptis, quibus astronomica studia tradidit. In libro, quem inscripsit *Primum Mobile* (1609), rite quidem docet trigonometriam ad calculos astronomicos transferendam (calculum ibi deprehendimus „prosthaphaereticum“; cfr. vol. II. 439), problemata explicat astronomiae sphaericae satis dilucide et doctrina exquisita, rem vero vertit ad astrologica experimenta. Tabulas astronomicas Magini ephemeridesque „accuratas“ agnoscit Keplerus (vol. VI. p. 587) easque saepius in libris suis adhibet, diligentiam ejus talem habens, ut socium eum in edendis ephemeridibus arcessere voluerit. Studia Magini geographica (edidit Ptolemaei Geographiam anno 1596) haud parvam merent laudem; multa habet haec Ptolemaei editio cum Magini commentario, quae geographiae historiam locupletant, non indigna quae harum rerum cupidis inspicienda commendentur. Quam dicit *Descriptionem Italiae* (vol. VII. p. 445) inspicere nobis non contigit. Minus laudandus est Maginus stans cum adversariis Galilaei, lite in Italia orta de Jovis satellitibus, cum prius deridens Galilaeum ejus observationes in dubium vocet, postea vero in melius versis Galilaei rebus manum dederit. (Cfr. vol. II. p. 453, 460.)

Literas hic inserendas censemus, quibus mortuo Magino **Joannes Antonius Roffenus** (professor philosophiae Bononiae) Keplerum invitat, ut Bononiam in locum Magini succedat, nec non Kepleri responsionem. Roffenius igitur scripsit: Perillustri et Cels° D° J. Keplero, Mathematico Caesareo, plurimum colendo. Non te latet, sapientissime Vir, eum esse virtutis splendorem, ut ignorantiae tenebris delitescentes, ejus tamen aliqua scintillulâ illustratos, ad se vocet et quasi nolentes trahat. Hinc est quod ego, ignotus tibi licet, sapientiae tuae fulgorem ab academia nostra Bononiensi haud facile patiar abesse. Sapientissimus J. A. Maginus, clarissimum mathematicorum lumen, parens ejus quae in me est scientiarum scintillae, elapsis diebus (11. Febr.) ad aeternam astrorum cognitionem, ut putamus, e vivis abductus est. Moeret academia Bononiensis, ademtum sibi lumen luget, novum Apollinem investigat, quem invenerit, opinor, si hoc onus subire non recusaveris: ego enim pro mea virili, ubi tuam ad hanc sedem noveram voluntatem, enitar, ut quae scriptis promo, re ipsa comprobentur. Annue, sapientissime Vir, et innue et si forte binae ejusdem tenoris literae a me tibi redduntur, nulla te capiat admiratio, nosti enim fortunae ludibria, quae vitare mens avida pro viribus non erubescit. Non plura facerem nec te ad majora properantem morarer, ardori tuo ardentem hanc meam cupiditatem adscribe. Ephemeridum, quas ut ex tuis ad Maginum cognovi literis cogitabas, tabulas num typis commiseris, si per te novero, me jam pridem tibi devinctum reddes devinctissimum. Interim hoc sit benevolentiae in te meae pignus aeternum. Vive felix et Vale. Bononiae Cal. Martii 1617.

Perillustri Celsitudini Tuae addictissimus J. A. Roffenius Philosophiae P. P.

His Keplerus respondit: S. P. D. Quas ad me Cal. Martii dedisti literas, Nobilis et Clarissime Vir, eodem exemplo geminas accepi, argumento quidem luctuoso propter amissum summum in professione mathematica virum D. J. A. Maginum mihique amicissimum (cui cum triumphanti beatarum animarum coetu aeternum bene sit), mihi vero perhonorificas ob delatam successionem in illa academiarum Europae omnium metropoli Bononia, vere matre studiorum, quam unice suspicio et colo; qua invitatione simul demonstrasti singularem in me nunquam visum amoris affectum et rebus ipsis addidisti verborum ornatum, tanto beneficio convenientem. Etsi vero constitui, primum atque ad S[ae] C[ae] Majestatis audientiam admissus fuero, tuum, Vir clarissime, hoc est academiae Bononiensis de me judicium exponere, petitionem proponere, dissimulare interim non possum, quid in causa versetur, ne si forsan ob incommodam valetudinem Caesaris mora nonnulla intercedat, ego vel diligentiam tuam in me promovendo superbe contemnere, vel desiderium callide differe videar. Nimirum ego natione animoque Germanus sum, Germanorum moribus imbutus, iis vitae, hoc est (more germanico, inter literatos etiam recepto) conjugii necessitatibus innexus, ut si vel ipse Imperator annuat, nonnisi difficillime domicilium ex Germania sim translaturus in Italiam. Ac etsi me gloria stimulat, ex honestissimo loco, in consessu venerando professorum Bononiensium relucens, et spes profectus apparet, cum publice in professione ob auditorium frequentissimum, tum privatim in augenda re, at vicissim illa vitae pars acta est, quae rebus novis excitari solet, quaeve delicias Italiae vel concupiscat vel diuturnum earum fructum sibi polliceri possit. Accedit, quod a pueris ad hanc usque aetatem Germanus inter Germanos*) ea libertate

*) In adversariis haec delevit Keplerus: .... inter Germanos de Romanae curiae pontificiae institutis et jurisdictione super episcopos Germaniae ea libertate solitus sum loqui, cujus memoria, Germanis Bononiam ventitantibus adhaerens, facile mihi, si non periculum, saltem notam aliquam causari, suspiciones concire meque Coryzeorum delationibus obnoxium reddere posset. Quare etsi cum haeresibus hujus temporis nolo mihi quidquam esse commune, eaque de causa incommodius dego inter ipsos etiam Germanos, quia tamen Bononiae, quae summi Pontificis est clientela, haeresis est, quidquid officit auctoritati et praeeminentiae sedis Romanae, non opinor vitio mihi vertes .....

morum et sermonis sum usus, cujus consuetudo mihi Bononiam transeunti adhaerens facile si non periculum, saltem notam aliquam causari, suspiciones concire meque Coryzeorum delationibus obnoxium reddere posse videtur. Quare non opinor vitio mihi vertes, si comparatione praeteritorum et futurorum cautionem hic, licet forte superflua sit, adhibendam censeam. Quodsi jam per voluntatem Imperatoris ut hactenus sic porro quoque fuerit locus virtuti germanicae demonstrandae, ejus hanc vim esse non ignoras, ut nulla militem belli pericula, nullae literatum propositae conditiones, licet amplissimae, ab Imperatore suo abnuente facile abstrahant. Non tamen despero, quin isthaec tua honorificentissima invitatio mihi bono sit cessura et hoc effectura, ut praefecti fisco Caesaris promtius quam antehac Imperatoris sui voluntatem in me adjuvando sequantur egoque tanto citius Tabulas Rudolphinas Ephemeridasque, quarum delineationem jam a tot annis notam habes, in lucem edere possim: itaque te auctoresve tuos scriptionis hujus, licet in praesens irrita videatur, non poeniteat. Si qua porro in re meam desideras operam, effice quaeso ut materiam habeam demonstrandae meae in te inque florentissimam academiam gratitudinis. Vale. Dabam Pragae (quorsum Lincio sum evocatus a Caesare ante dies non ita multos) 15. Cal. Maias anno aerae vulgaris 1617. Nob. et Clar. Excell. Tuae officiosissimus

S. C. M[tis] Mathematicus
Joannes Keplerus.

Maginus in Ephemeridibus suis mentionem facit litis cum Origano, astronomo Francofurtensi (cfr. vol. I. p. 658), quam litem verbo memoravimus vol. VII. p. 446. ibique pauca retulimus de Origano, cujus Ephemerides aliquoties occurrunt in libris Kepleri. Origanus pariter ac Maginus multum et ipse tribuit astrologiae, cui inserviebant ipsius et Magini Ephemerides, quibus factum esse crediderim, ut Kepleri adhuc temporibus coleretur atque auctoritate floreret astrologia, quam Origanus in primo Ephemeridum volumine quasi ad artem et praecepta revocat. Pauca ex hac „introductione in Ephemeridas“ longiore vol. I. p. 294 proposuimus iisque haec subjungimus. Origanus quum neque in Ptolemaei, neque in Copernici, neque Tychonis acquiescat ratione de mundo, novam excogitavit, quam consentire affirmat cum physicis principiis, tum verbis S. Scripturae. „Si rem, inquit, accuratius expendamus, videmus motum ab occasu in ortum unicum agnoscere naturam eundemque non modo stellis omnibus, sed et Terrae proprie convenire, alterum vero ab ortu in occasum secundum apparentiam tantummodo inesse stellis. Nemo hominum recte judicantium de Terrae rotunditate dubitat, eaque forma hanc potissimum ob causam Terrae concessa est, ut ad motum et circumgyrationem esset aptissima. Cum Terra aërem ex omni parte circumfusum habeat, nihil est quod ejus motum circularem impediat, quando maxime consentaneum est, eam semel a natura in aëre impulsam nunquam propter rotunditatem et aptitudinem illam ad motum quiescere, sed semper moveri. Causa motus praecipua et prima est proprietas et vis illa mirabilis, qua Terra magnetem vel potius Terram ipse magnes imitatur. Geographi testantur, in terrestri globo non humano arbitrio, sed a natura ipsa constituta esse aequatorem, meridianos et polos, quae omnia tacito quidem at unanimi consensu eo tendunt, ut motum naturalem innuant, ita ut motus circumgyrationis Terrae neutiquam denegari possit, praesertim cum naturam nihil incassum, sed certi finis causa moliri et agere videamus .... Inest anima quaedam Terrae movens in circulum super axe et centro suo perpetim fixo, stellarum vero animae stellas tam erraticas quam fixas motu quodam profectionis in circulum agunt, qua agitatione animae hae omnes pulcherrimam hanc motuum harmoniam efformant, ut corpori, quod in angustiori et centro Terrae propiori circulo agitur, brevius tempus, quod in ampliori cietur, longius ad circularis motus completionem attribuant .... Terra, eundem locum in mundi medio tenens, non aliter ac globulus mobilis parieti clavo seu axi affixus circumgyratur." Lunam et Solem Terram, planetas autem Solem ambire (Tychonem secutus) affirmat.

Origani calculos eclipsium comparat Keplerus cum suis in Ephemeridibus annorum 1626 et 1634 (vol. VII. 554, 608) et aliis locis Origani mentionem facit, agnoscens viri studium et industriam; quae cum eo per literas egit de theoria lunari leguntur vol. VII. p. 448.

Qui supersunt scriptores de astronomicis circa finem seculi XVI. alii gravius nil offerunt, quo mereant ut pluribus dicantur, alii eodem quo Keplerus tempore libros suos in publicum emiserunt, ita ut fines quos huic summario constituimus excedant. Omittentes eos, qui de cometis et stellis „novis" scripserunt, reliquorum auctorum libros paucis commemorabimus.

Paulus Gallucius (Venetus) edidit anno 1593 „Speculum Uranicum", quo cum per tabulas tum rotulis mobilibus, satis copiose additis, studiosis liberum aditum ad astronomiae penetralia patefacere studet, quod ipsi, eccentricorum et epicyclorum Ptolemaicorum intricatam turbam mechanicae adjumento aliquantum dilucidiorem reddenti, aliqua ex parte contigisse videtur. Robertus Hues (Anglus) libro de „conficiendis globis" (1594) auxit astronomiae praxin et mechanicam (postea illustrante et augente Pontano saepius recusus gratus fuit hic liber artificibus), multa etiam, quae ad astronomiam et geographiam pertinent, docet. Quaestionem de motu Terrae in dubio relinquit, sed Maurolyci de Copernico insolens judicium (falso Scaligero illud tribuit) ut „iniquius quam par est" rejicit. Adrianus Metius (Alcmariensis), quem interfuisse dicunt observationibus Tychonis (I. 194) in libris quos *Doctrina sphaerica* (1592) et *Universae Astronomiae institutio* (1605) inscripsit, veterum insistens vestigiis Copernici rejicit rationem, desumsit vero ex illo et tabulis Prutenicis definitiones, problemata et theoremata, nec non partem tabularum; itidem observationes et Solis theoriam ex Tychone desumsit, sicut in libris *de globorum usu* (1624) et *de Astrolabio* (1625) plurima ab aliis scriptoribus desumta deprehendimus. Obiter notamus, Adrianum in „Arithmetica et Geometria practica" (1611) inventionem tubi optici tribuere fratri Jacobo, et ex patris relatu (geometrae Belgici) rationem diametri ad circumferentiam circuli posuisse ut 113 ad 355. — Philippi Lansbergii (cfr. vol. I. p. 65) studia astronomica voluminibus III. p. 477, 513 ss. et VII. p. 548 ss. commemorata sunt, sufficiat monuisse, Lansbergium quaedam ex Copernico accepisse, neque vero quae Keplerus emendavit mente cepisse; trigonometriam Lansbergii (1591) Keplerus adhibuit in calculis suis astronomicis, sicut etiam Bartholomaei Pitisci trigonometriam (cfr. vol. III. p. 725).

Finem facientes haec de doctrina de rerum natura, qualis illis temporibus fuerit, addimus. Valebat prisca auctoritate ratio ab Aristotele tradita, quam omnes fere temere sequebantur. Neminem fere videres, qui suo judicio usus diligentius ista inquireret, tradita antiquitus opinio ita valebat, ut quidquid liberiore animo erat conceptum respueretur. Imaginem eorum, quae seculo XVI. in illo literarum genere facta sunt, referunt Cardani et Portae libri, in quibus quae nova deprehendimus longe superantur erroribus innumeris, adeo ut singulae fere illorum paginae tristem superstitionem et caliginem mentibus offusam testentur. Tycho ipse, qui siderum motus liberiori animo observaret, qui reliquorum mortalium sapientia et astronomorum erroribus longe superior sibi esse videbatur, illis suae aetatis erroribus captus tenebatur. Nam alchymiam maxime colebat et astrologiae quamquam dubius plus justo tribuebat.

Denique inter libros illa aetate editos nullum deprehenderis, quo auctorem id spectasse appareat, ut physica aut unam alteramve eorum partem in artis et disciplinae formam redigeret. Trita via primus decedere ausus est et auctor certe exstitit naturae rationis rebus usu cognitis firmandae philosophus Franciscus Baco Verulamus, qui quamvis minus imbutus mathematicis scientiis (Copernici opus revolutionum mente non comprehendit, quare Ptolemaei rationi adhaerebat) rem acu tetigit dicens, astronomos huc usque motibus tantum corporum coelestium invigilasse, philosophos vero motuum horum causas inquisivisse, utrumque neglexisse alterius studia. Hanc falsam rationem deserendam suadet, unius et ejusdem esse observationes et inquisitiones causarum motuum. Eadem ratione tractanda esse censet alia doctrinae genera, historiam naturalem, physicam etc. — Eandem viam ingressus est popularis Baconis, Guilielmus Gilbertus (cfr. vol. I. p. 652), qui in opere suo „de Magnete" naturam magnetis qua potuit diligentia, revocans semper ad experimenta, explicare studet. Nullum contendit corpus adeo simile esse Terrae quam magnetem, illam quasi magnum magnetem dicens. Axis Telluris magneticus a primordiis mundi semper invariabilis permanet, „non enim sine vastissima terrenae molis demolitione immutari naturales termini (poli, aequator) possunt". Globo vero terrestri dicit insitum esse et naturalem motum circa hunc axin, „sine malo aliquo aut periculo volvitur, sine raptu progreditur, nihil est quod renititur, nihil quod cedendo viam dat. Natura semper agit per pauciora magis quam plura, atque magis rationi consentaneum, unum exiguum corpus Telluris diurnam revolutionem facere potius, quam mundum totum circumferri. Reliquorum Terrae motuum rationes praetereo, jam enim agitur tantum de diurno, quo ad Solem revolvitur et naturalem diem efficit." Demonstrans hunc motum Gilbertus verbo attingit quod objicit Braheus: lapidem a turri demissum et globum bombardicum versus Eurum vel Occasum emissum. Decipi dicit, qui hujusmodi argumenta proferant, non animadvertentes, „Terram diurna revolutione non moveri separatione solidioris circumferentiae ejus a circumfusis corporibus, sed circumfusa effluvia omnia et in illis gravia, quovis modo vi pulsa, simul cum Tellure generali cohaerentia uniformiter procedere". Planetas circa Solem moveri adstruit „ex Copernici hypothesibus", Terram $365\frac{1}{4}$ conversionibus annuum cursum absolvere itidem ad mentem Copernici affirmat, neque vero propius rem adit, quare Keplerus vere dicit (vol. III. p. 447), Gilbertum de annuo Terrae motu suspendere sententiam, forte quia astronomus non fuerit. Ipse Gilbertus in libro (posthumo) „De mundo sublunari philosophia nova" (cfr. vol. II. p. 74) inter „mathematicos" se non referre videtur, dicens: maximo honore digni doctissimi illi et laboriosi, qui apparentias observare, motus mensurare satagunt, cursus indicare, syzygias ostendere, geometricis alis in coelum ascendere contendunt, etiamsi variis illi utuntur principiis et fundamentis variisque hypothesibus. Nos vero de natura coeli et superiorum corporum dicturi sumus, non ita tamen quin honos justus maneat mathematicos. Propius accedit Gilbertus in hoc libro ad sententiam Copernici, motum quoque annuum Terrae palam accipiens. Saepius ibidem refert placita Jordani Bruni, infelicis illius philosophi Nolanensis, qui anno 1600. Romae combustus est.

Liberioris judicii virum quam omnes quos in praemissis diximus astronomi se praebuit philosophus hic celeberrimus, cujus de „universo" sententiam paucis exhibuimus vol. II. p. 568. Ex poëmate illo philosophico „De Monade" etc. hos versus addere placet, quibus Copernicum praedicat Brunus:

Heic ego te appello veneranda praedite mente
Ingenium cujus obscuri infamia secli
Non tetigit et vox non est suppressa strepenti
Murmure stultorum, generose Copernice, cujus

Pulsarunt nostram teneros monumenta per annos
Mentem, cum sensu ac ratione aliena putarem,
Quae manibus nunc attrecto teneoque reperta,
Posteaquam in dubium sensim vaga opinio vulgi
Lapsa est et rigido reputata examine digna,
Quantumvis Stagyrita meum nocteisque diesque
Graecorumque cohors Italumque Arabumque sophorum
Vincirent animum, concorsque familia tanta.
Inde ubi, judicium ingenio instigante, aperiri
Coeperunt veri fontes pulcherrimaque illa
Emicuit rerum species (nam me Deus altus
Vertentis secli melioris non mediocrem
Destinat — haud veluti media de plebe — ministrum),
Atque ubi sanxerunt rationum millia veri
Conceptam speciem, facilis natura reperta,
Tum demum licuit quoque posse favore Mathesis
Ingenio partisque tuo rationibus uti.
Ut tibi Timaei sensum placuisse libenter
Accepi, Aegesiae, Nicaetae, Pythagoraeque.
Jam tibi non Tellus tantum media esse negatur,
Quod reliqui potuere satis multo ante videre,
Verum etiam annali gyro circum atria Solis
(Citima ceu reliqua haec septem concentrica) ferri,
Dum raptim circa proprium quoque concita centrum
Mundani specie motus fallitque diurni,
Tantorum unde subit vultus circumque rotantum
Delirae soboles, quae sunt comperta Mathesi.

Haec sequitur oratione soluta explicatio rationis Copernicanae compendiosa, his praemissis: „Mirum, o Copernice, ut e tanta nostri seculi caecitate, quando omnis philosophiae lux cum ea, quae aliarum quoque rerum inde consequentium est, exstincta jacet, emergere potueris, ut ea quae suppressiore voce proxime praecedente aetate in libro de docta ignorantia Nicolaus Cusanus enunciarat, aliquanto proferres audacius, eo nempe clypeo confisus, quod si opinio vera per se ut susciperetur non esset efficax, saltem pro majori quam in supputationibus astronomicis adfert commoditatem sub specie suppositionis admitteretur. Heic quibus te verbis divinus ille tuus genius incitarit, ego referam.“

Jam summam eorum, quae disputavimus, uno conspectu ponere placet. Aetatis quam adumbravimus ingenium hoc esse apparet: vides alios impigro studio intentos; ut artes provehant naturaeque arcana aperiant et illustrent, alios opinionem antiquitus traditam mordicus tenentes. In aliis liberiore utuntur judicio, in aliis ne ab ea, quae quidem tum erat, rerum humanarum divinarumque scientia desciscere videantur, anxie cavent. Iidem, cum plurimum tribuant veteribus mathematicis, quibus hi laborent erroribus, quae habeant manca, magis magisque perspicientes, in emendandis et explendis illis varie versantur. Sed in inquirendis rebus partium studio deducti officiunt integrae disciplinae lumini et si quis erectioris animi est, eum vinculis adstringunt. Quam ob rem Copernicus, re maximi momenti detecta, stat ab omnibus fere relictus, paucis tantum excelsum viri sensum assequentibus et rationem ab eo traditam aperte profitentibus, plurimis aut Ptolemaeum probantibus, aut quod Tychonem et alios fecisse vides, Ptolemaei errores ineptiore modo corrigentibus. Unde factum, ut calendarium restauratum, quo quamquam non omnibus vitiis purgato res promota esse recte dicitur, vehementissime impugnaretur et exspectatione serius probaretur; factum est etiam, ut res telescopii ope detectae ab adversariis sacro impetu furentibus negarentur; factum denique, ut physica et historia naturalis eundem fere locum obtinerent, quem Aristoteles ejusque sectatores inde a medio aevo quasi fixum constituerant. Contra astrologia maxima florebat auctoritate, paucis tantum illius jugum excutientibus; illius oracula pluris erant, quam integrum astronomiae lumen, adeo ut astronomorum nemo, nisi illi esset addictus, stipendio proposito gauderet. Cardani quidem et Portae et Fluddii libri pluris habebantur, quam paucorum, qui liberiore judicio utebantur, opera, aut si quid illi habebant, quod posset probari, res obscuras involvebant verbis obscurioribus et superstitionis somniis obruebant.

Siderum cognoscendorum ars apud plerosque paulo magis quam prisco aut medio aevo erat exculta. Tychonis quidem ingenio excellenti, industria indefessa et grandi quam parandis instrumentis insumebat pecunia siderum observandorum ars mirum in modum aucta est, stellae fixae tabulis descriptae sunt ratione longe accuratiore, quam illae quae occurrunt fere usque ad finem seculi XVI, planetarum cursus magis magisque ad eam normam adacti sunt, qua ad calculos revocari possent. Sed reliqui praeter Tychonem et Landgravium Guilielmum destituebantur his auxiliis, quo factum, ut et arte et exercitatione observandi laborarent. Quid mirum, quod astronomi illa aetate innumeris erroribus implicati sunt, quibus libri eorum disciplinae incremento officerent, quamquam a nonnullis auxiliorum inopiam ingenii subtilitate exsuperatam esse negari non potest. Tale auxilium praebuit astronomis initio seculi XVII. juris consultus Augustanus Joannes Bayerus, stellas fixas tabulis referens, Tychonis catalogum secutus, longe majus vero detectum telescopium, quo Solis rotatio, Jovis satellites et Veneris phases in conspectu ponebantur, quo Copernici ratio novum obtinuit argumentum et quae planetarum motuum lex esset investigandi via aperta est.

In geometricis et arithmeticis ducibus utebantur aevi illius mathematici Graecis, quod apparet ex graecis mathematicis sexcenties editis. Trigonometria ab Arabibus in novam formam redacta, a Regiomontano, Copernico, Rhaetico culta et aucta, inventis fractionibus decimalibus et praecipue logarithmis (1614) expediendis, quae antea fuerant, difficultatibus egregium accepit adjumentum, quo vero Keplerus sero admodum uti potuit, non minus ac forma, quam accepit algebraicus calculus a Vieta et Hariotto, sero admodum Keplero innotuit, ita ut rarissime eo uteretur Keplerus ad calculos suos astronomicos.

II.

Kepleri Vita

servato annorum ordine.

Qualis ea, quae Keplerum proxime antecessit, aetate literarum fuerit status, praemissis his paginis exponere conati sumus. Jam Kepleri ipsius et mores et doctrinam enarrare suscipientes dubii sumus, num ejusmodi enarratio etiamnunc sit necessaria. Tomis enim jam editis omnia collegimus, quae ad explicandam cujusque operis originem reperiri potuerunt. Paucis porro exceptis omnes Kepleri epistolae his tomis insunt et in his epistolis aut in ipsis cujusque operis praefationibus Keplerus enarrat, quibus causis ad scribenda ea sit adductus; his quae addenda fuerint visa, in introductionibus aut annotationibus nostris afferre conati sumus. Saepissime ibi etiam ipsius Kepleri familiaeque ejus fata, quibus usus sit amicis et praepositis, quomodo cum viris ea aetate doctissimis sit versatus, nunciantur. Qui igitur septem hos tomos, quibus Kepleri opera continentur, diligenter perlegerit, ipse sibi imaginem egregii viri, et qui fuerit et quo momento in aequales, componere poterit, et hac sola causa dubitationem nostram justam existimabit.

Accedit quod, ex quo operum Kepleri edendorum initium fecimus, tot viri magis vel minus idonei de Keplero, de ejus vita, vel de singulis ejus fatis et operibus scripserunt, et quae Keplerus de quibusdam disciplinis, de religione, de ecclesia etc. cogitaverit versarunt, ut difficile sit, novi aliquid de eo afferre simulque formam reperire tomis praemissis aptam.

Quum autem ad subscriptionem editionis nostrae invitantes vitam Kepleri additum iri polliciti simus et quum vix liceat exspectare, multos esse operam daturos ut ea, quae per septem tomos dispersa Kepleri vitae imaginem constituere possint, colligant et disponant, quum denique nova aliqua lectoribus nostris offerre possimus, promissis standum esse putamus neque tamen celamus, hanc Kepleri vitam haud aliis paene uti auctoribus, quam qui in collectione epistolarum Kepleri ab Hanschio edita sint praemissi (conf. tom I. p. 59); iis quae ibi de manuscriptis Pulkoviensibus diximus addimus, nos ex illo tempore omnia manuscripta Pulkoviensia et Viennensia Monacensiaque (quibus Herwartiana continentur) tenuisse iisque usos esse. Praeterea hanc vitam tomis jam editis praesertim niti diximus; nonnulla etiam ex Breitschwertii opusculo („Leben und Wirken Keplers". Stuttg. 1831), libro secundum Hanschium magna cum diligentia et fide composito, pauca ex

Gruneri libro (Joh. Kepler. I. Stuttg. 1868), et ex monographia Apelti hausta sunt.

Forma hujus vitae a nobis compositae est haec: Praemisimus ea, quae Keplerus ipse de vita sua scripsit quippe maxima fide digna, quorum partem, ne quid praetermissum videatur, repetimus jam tom. I. p. 311 typis expressam; nonnulla quae addidimus ex epistolis, quae tomis jam editis continentur, hic sunt repetita. Hanc tabellam ut ita dicam statisticam sequitur contemplatio vitae morumque Kepleri, qua fuerit ingenii animique vi; postremo, quae in literis profecerit, exponitur.

Quae Keplerus de vita familiaque sua memoriae tradidit, ex tomo XX. manuscriptorum Pulkoviensium sunt excerpta. Haec omnia manu propria scripta Keplerus deposuit apta fore ratus, ex quibus ad certius quoddam fundamentum astrologiae perveniret, quam nemo nescit jubentibus Rudolpho et Matthia imperatoribus, ordinibus Styriae Austriaeque superioris et Wallenstenio multos per annos ab eo esse cultam, quo potissimum munere res ad vitam necessarias sibi paravit, quum quae literis profecit ea aetate parvi haberentur. Quae pro consiliis astrologicis a privatis accepit dona, haud exigua erant additamenta salarii mediocris, quod Gratii, Pragae, Linzii, Sagani magistratus et fautores pro munere publico vel privato ei promiserant, quibus additamentis saepe sustentatus est, quum haud raro ejus aetatis tumultibus ordinario muneris sui salario careret. Ejusmodi dona erant pecunia, fruges, vestimenta, nummi aurei et argentei, torques, pocula. Jam hic non possumus non affirmare, scriptores quosdam, qui Kepleri vitam enarrarunt (Kästnerus, cujus exemplum multi secuti sunt), lamentantes qua miseria Keplerus fuerit afflictus, — Keplerum fame periisse Kästnerus comminiscitur — valde exaggerasse. Epistolae enim, quibus Keplerus orat rogatque, ut salarium debitum solvatur aut ut ad opera edenda adjuvetur, non nimis sunt habendae, quum graviorum querelarum certiorem esse eventum nemo nesciat. Keplerum nonnunquam pecunia caruisse et inopia vexatum esse non negamus, quum miseriarum belli triginta annorum eum plane expertem fuisse, cum nonnunquam non graviter iis esse afflictum, haud verisimile sit; sed tabulam rerum ab eo relictarum inspicientes (v. infra) haud parvam ei superfuisse pecuniae copiam, majoremque etiam ei debitam fuisse videmus (erant undecim millia florenorum), cujus majorem partem redditam non esse concedimus.

Revertamur ad notas a Keplero astrologiae causa scriptas. Kepleri de astrologia judicium a vulgari plurimorum aequalium superstitione longe abfuisse jam tom. I. p. 291 ss. diximus; quam parvi astrologiam existimaverit, ex operibus ejus astrologicis (tom. I. passim.) saepe apparet; testimonio sunt verba ejus (tom. II. 657 de Stella Nova): „Quid ringeris delicatule philosophe, si matrem sapientissimam sed pauperem stulta filia, qualis tibi videtur, naeniis suis sustentat et alit? si locum debitum illa apud hominum coetus longe stultissimos aliter non invenit, nisi per hujus simplicitatis intercessiones? Nisi enim quispiam alius prius ita credulus fuisset, ut sese ex coelo futura praedicturum speraret, nunquam tu ita sapiens factus esses, ut astronomiam (quippe ignoratam) per se discendam esse censeres. Si nisi per sapientiam ad philosophiam non adducimur, nunquam ad eam adducemur." Quae verba Keplerus in libro „Tertius interveniens" ita vertit (Tom. I. 560): „Es ist wohl diese Astrologie ein närrisch Töchterlein, aber lieber Gott, wo wollt jhr Mutter, die hochvernünfftige Astronomia bleiben, wenn sie diese ihre närrische Tochter nit bette, ist doch die Welt noch viel närrischer vnd so närrisch, dass deroselben zu jhren selbst frommen diese alte verständige Mutter, die Astronomia, durch der Tochter Narrentaydung, weil sie zumal auch einen Spiegel hat, nur eyngeschwatzt vnd eyngelogen werden muss."

Ut astrologici muneris sui aptius quoddam fundamentum reperiret, varios Keplerus expertus est modos. Invenisse enim se putavit, temporum mutationes, quas multos per annos observabat (cf. tom. I. 602. VII. 618), cum certis planetarum inter se positionibus esse conjunctas, sicut hodie etiam multi homines Lunae phasibus aëris mutationes praedici putant; itaque Keplerus in „aspectus" potissimum animum intendit. Hominum consilia petentium fata praedicere coactus haud aliud invenit dubitationis effugium, quam ut sua ipsius familiaeque suae fata cum stellarum conjunctionibus comparare conaretur. Keplerus igitur, seu a prima aetate multum in his rebus versatus superstitionis tum inter omnes pervulgatae non plane fuit expers seu — quamquam oracula nunquam edebat nisi adhibita ambiguitate quadam neque omisso interrogantium statu — vaticinationum eventu inexspectato motus, regulas de ponenda nativitate a se datas cum rebus convenire putavit: Keplerus, dico, exempla colligere incepit, quibus eas examinaret. His exercitiis astrologicis factum est, ut inter Kepleri fata ex ejus natu usque ad annum 1628, quo ejusmodi res notare desiit, vix quidquam incerti nobis sit relictum; Hanschius quoque in eo, quo Kepleri vitam enarravit, opere iis usus est. Praeterea Keplerus has res astrologicas tractans reperisse se putavit, cognatorum constellationes aliqua similitudine inter se esse conjunctas, quas ut inter se comparare posset magna cum diligentia de cognatis suis et quo tempore nati essent et quae eorum fata fuissent comperire et colligere studebat (cf. tom. I. p. 298, II. 646, III. 319, V. 261). Keplerus primum de cognatis suis, deinde de se ipso loquitur, quod exemplum et nos sequimur, omissis vero quaestionibus heraldicis et genealogicis, quas curiosi apud Grunerum reperient.

Quae Keplerus de se ipso, de parentibus, de avis dixit, propriis ejus verbis afferimus, addentes quae in epistolis et operibus de iis reperiuntur. De nobilitate proavorum Kepleri confer vol. VII. p. 472. Norimbergae eos opifices fuisse et Norimberga Wilam transmigrasse ex hac epistola a Keplero ad magistratum Noribergensem missa apparet (scripta esse videtur anno 1620):

Es seind verschinen 4. January alberait 98 Jahr verflossen, das mein Vhrahn Sebald Kepner seinen Geburtsbrieff von einem Ers. Rath zu Nürnberg empfangen, in wöllichem Ime seines Vaters Bruder Hainrich Kepner auch Burger zu Nürnberg, neben andern Zeügen, diesse Kundtschaft gibt, dass er von Sebald Kepnern, Buchbinder, eine lange Zeit in Nürnberg in guettem leimuth beüslich vnd häbig gesessen vnd ehlich geporn. Mit wölchem Geburtsbrieff ermelter mein Vrahn nacher Weil der Statt gezogen, alda mein Ehn Sebald, mein Vatter Hainrich vnd Ich geporen etc.

A v u s S e b a l d u s, consul oppidi imperialis Wilae, natus anno 1521. circa Jacobi. Ex relatu ipsius habeo, circa diem Jacobi editum in hanc lucem et jam agere 75. annum aetatis. Honores in media aetate adeptus est et gravissimis negotiis pro conditione patriae adhibitus. Omnes magistratus gessit, gratus praecipue nobilitati, maximas inde opes in senectute adeptus est fortuito, nempe ex testamento. Propterea Sol in Medium Coeli ponendus erit, ita tamen ut ♃ in ascendente retineatur, cum ob jam dicta, tum ob insignem ejus arrogantiam et superbiam in vestitu. Aut si mavis ♃ cum Spica in secunda retinere, ut sic ☍ ♀ ♂ cadat in horoscopum, nihil repugnavero. Est enim iracundus, pervicax, libidinosum fuisse vultus arguit. Vultus rubeus et carnosus est, barba auctoritatis multum affert. Ipse eloquens pro idiotae conditione, h. e. foecundus et optimorum, sapientissimorum praeceptorum felicior dictator feliciorque exactor, quam expressor. Ab anno 87. imminui coepit cum substantia existimatio.

Avia nata est die Elisabethae, 1522. 19. Nov. Est inquietissima, ingeniosa, mendax, at sacrarum rerum studiosa, gracilis, igneae naturae, vivax, turbarum perpetua summatrix, invidiosa, flagrans odio, violenta, memor injuriarum. Erit igitur ♄ aut in ascendente aut in M. C. Hoc potius, nam est munda. Esto ♄ in VII, iisset in asc. ☉ mariti; ♄ directio pro febri, quae integrum annum duravit. Et omnes liberi habent aliquid . . . (?). Quia liberorum plerisque configuratur ♄, ♂, fortassis igitur in illius genesi fuit ista configuratio, ut sit nata 1518. 19. Novembri. Ipsa quidem dicit se natam 1522, quia dixit, se nupsisse natam annos 18½; at quid si dissimulaverit annos sponsionis plures?

Avi mei progenies. 1540. 9. Apr. sponsalia, 20. Julii nuptiae. Liberi: 1) Sebaldus anno 1542. $^{24}/_{25}$. Junii; mort. 1544. 10. Nov. 2) Joannes, 1544. 10. Mart., mort. 31. Maji ejusdem anni. 3) Sebaldus, 1546. 2. Martii. Et hic mortuus est, sed tamen non videtur recte annotatum tempus, nam sequens perfectus foetus est. 4) Henricus, pater meus, 1547. 19. Januarii. ♄ in trino ♂ circa VII, imo in VII. (nam suspicor maturius editum), omnia corrupit, facinorosum, praefractum, contentiosum, denique malae mortis hominem effecit. ♀ et ☿ malitiam auxerunt, ♃ combustus in cadente pauperem, sed tamen locupletem uxorem. ♄ in VII. bombardarum studiosum, multos hostes, contentiosum conjugium. ♃ cum ☉ male positus falsam et inutilem honorum affectationem et spes irritas circa hos, et peregrinatorem. — Anno 1574. pater meus jam erat in Belgio, 1575. mater abiit in Belgium et cum parente rediit. Pater Villanae civitati renuncians, Leobergam se contulit, aedes emit. 1576. pater rursum fuit in Belgio. 1577. Sol in □ ♃ infelici et cum ♄ forti, patri ingens paravit periculum: cecidit in suspendii periculum. Aedes vendidit, cauponam occoepit, 1578. patri ossea lagena pulveris incensivi ruptura faciem laniavit. 1579. pater Elmendingae celebrem cauponam conduxit. 1583. ♂ dominus in M. C. parenti damnum, nam eo anno ab usufructu bonorum abiit. 1589. 5. Jan. aspectus significant aerumnas causa parentum. Cum utrumque luminare laedatur, et ipse ♄ laesus laedetur regressu, aequum fuit ut pater matrem durissime tractaret tandemque in exilium abiret et moreretur. — 5) Cunigund, 1549. 23. Maji. Pejor situs ☽ esse non potuisset. Mortua est, multorum liberorum mater, veneno ut putant exstincta, anno 1581. 17. Julii. Fuit alias pia et sapiens. 6) Catharina, 1551. 30. Julii. Et haec mortua est. 7) Sebaldus, 1552. 13. Novembris. Magus, Jesuita, sacerdotum primam et secundam ordinationem suscepit; impurissimus in vita; catholicus cum esset, lutheranum simulavit. Denique mortuus est hydropsi post multos morbos in priori vita. Uxorem adeptus est genere nobilem et divitem, sed multorum liberorum. Morbo gallico fuit infectus. Facinorosus erat et exosus suis civibus. 1576. 16. Aug. Wila Spiram abiit, 18. pervenit, 22. Dec. Spira discessit invito domino, Galliam et Italiam pervagatus in extrema mendicitate. Humanus fuit habitus et bonus socius. 8) Catharina, 1554. 5. Augusti. Haec prudens et dextra nupsit (1576. 14. Febr.) infelicissime, vixit splendide, sua prodegit, jam mendica. Mortua 1619 vel 1620. 9) Maria, 1556. 25. Augusti. Haec quoque mortua est. 10) Friederich, 1558. 29. Aprilis. 1578. 30. Maji Esslingam abiit. 11) Ludwig, 1560.

29. Sept. (caupo Wilae. Gruner. Cfr. p. 389). 12) Anna, 1563. Februario. Mortua 1624 (nupsit Marko Hillero, aerario Wilensi. Gr.).

Mater Catharina Guldenman, 1547. 8. Nov. (Melchior Guldenmann, avus maternus [praetor pagi Eltingae] natus 1514, mort. 1601. 7. Jan.) Mater suam genesin ita describit: „3. die ante Martini die Martis anno belli Hispanici." Nihil variat, quam quod pro die ♂ diem ☉ dixit. Fuisse etiam circiter 24 annorum, cum nupsisset. Nupsit autem anno 71, et bellum Hispanicum anno 47 initum. At avus repugnat eo, quod nata sit 3 annos post fratrem, atque is (Joannes) anno belli Hispanici. Sed nulla illi notitia temporum. Et haec est mihi valde cognata et in Wirtenbergia non solebant, praesertim rustici et tam rigidi patres, elocare filias intra 20 annos. — Est parva, macra, fusca, dicax, contentiosa, mali animi (Cfr. vol. V. p. 261.). 1573. ♂ in M. C. projiciens infelicem △ ad M. C., quod ibidem est in ☍ ♄, ejusque domina ♀ ibidem cum ♄ cadens. Cum igitur hac aetate nihil aliud per M. C. significari possit quam mater, significat miserrimum ejus statum, praesertim cum ♄, ♀ sint in loco ☉ ipsius. Igitur durissime habita, haud multum sua pervicacia superavit socrus et mariti inhumanitatem. Mater etiam nasu laboravit hoc vel sequenti anno. 1584. ☉ cum ♂ in VIII, ♄ et ♃ in domo geniturae, ☋ in ascendente significarunt mortis morborumque pericula. Ego vero sanus fui, credo parentibus significabant et ☽ matrem, quae pestilenti febri correpta erat; forsan et mihi, nisi patriam infectam mutassem. 1589. a marito durissime habita. Mater etiam a parentibus affligebatur et valetudine gravi erat et tamen evasit. — Quae matri Kepleri evenerunt fata tristissima, pluribus supra (p. 361 ss.), relata sunt; mortua est d. 13. Apr. 1622. Praemissa ut et ea quae sequuntur usque ad annum 1596 scripsisse se ipse annotat Keplerus annis 1595 et 1596, quo tempore primum propius adire coactus est astrologiam. Quaedam posterioribus temporibus inserta sunt.

Ad nativitatem Joannis Kepleri. Conceptio mea investigata: anno **1571**. Maji d. 16. h. 16. 37′. Cum abortus matris foetusque editi imbecillitas tollat suspicionem anticipatae impraegnationis, recte diem nuptiis postpono, quae fuere die 15. Maji. Cum ☉ in ♊, ☽ in ♊ esset, 5 planetae orientales signabant masculum, ☿ combustus, ut in meteoris vehementes ventos, ita hic debilem et properatum foetum habeat. Sic natus sum extericineus 32 septimanis, post 224. diem horis 10. (1571. 27. Dec. h. 1. 30′). **1575**. Variolis pene enecatus fui; dein duriter habitus, etiam manibus fere truncatus. **1576**. durante cometa nascebatur frater Sebaldus circa Pentecosten. **1577**. primum in ludum literarium germanicum (Leobergam) missus sum. Die natalitio hujus anni dentem amisi, effractum funiculo, quem manibus arripueram. (Ex vol. I. p. 196: De cometa anni 77. plurima audivi, adductus etiam sum in locum altum a matre, ad eum contemplandum.)

1579. autumno ad scholam redii, in secundam classem collocatus sum (Parentibus anno 1579. Elmendingam emigrantibus scholae Leobergensi Joannes per aliquantum temporis interesse nequivit.) Annis **1580—1582** operis rusticis graviter fui exercitus, 1582 profeci per hiemem. (Vol. II. p. 302 dicit: memini cum in Würtembergia puer admodum a parente sub dium vocarer ad contemplationem eclipseos, Luna plane rubicunda apparuit. Circumstantiae arguunt, aliam esse non potuisse, quam quae 31. Jan. 1580 visa est.) **1583**. studiis destinatus, ad tertiam classem et dein varie promotus sum (17. Maji). **1584**. 16. Oct. susceptus sum a Würtembergio in monasterium Adelbergense. **1585**. 86. Per hos duos annos continuis semper cutis vitiis laboravi, saepe duris ulceribus, saepe male medicatis vibicibus reflorescentibus inveteratorum putentium vulnerum in pedibus. In medio digiti dextrae manus vermem, in sinistra ingens ulcus habui. Januario et Februario **1586**. dura passus et curis pene confectus sum. Causa infamia et odium aequalium, quos metu adactus prodideram (cfr. vol. V. p. 482). 6. Oct. promotus sum Mulpronnam, 26. Nov. veni Mulpronnam*). **1587**. 4. Apr. febris me invasit, quo tempore profeci ideoque ira diu laboravi aequalium, quorum cum uno pugnis Martio priore contendi: Collinus accessit ad meam amicitiam, circa bacchanalia percussus a Rebstockio; variae lites cum Collino (l. c.). 4. Oct. carmina deposui. **1588**. 30. Aug. nomen professus sum. (Die 3. Martii Mulpronnae Lunam, cum in medio umbrae versaretur, vix oculis per cinereum colorem deprehendere potui, miratusque sum, cum recordarer ejus quam a. 1580. videram. II. 303.) Ad baccalaurei gradum promotus; Molitorem testem habui iniquissimum et plerosque sodalium infensos.

1589. 5. Jan. Defluit ☽ a □ ♄ et appellit ad ♌. Accedit ad malitiam, quod omnes fere planetae in mundo situm permutant, ☽ etiam in ascensione oppressa incommoda corpori infligit praeter locum, et nominatim cum ♌ in □ ♀ cum corde ♌ ex venenato humore caneret, cum et ♄ in ♀ domo sit et inter Pleiades. Ex sinistra mala exsecta est ein Drüese. Februario merui ut in carcerem irem**). 17. Sept. (puto) veni Tubingam, promotus aliquot diebus antea (philosophicum studium adii). ♃ in ☍ ♂ infelix omnibus modis in II. diminutionem facultatum, quanta vix alias accidit, confirmat ♂ dominus XII. Idem fratrem moriturum significat. Fuit igitur illud ulcus de frigidorum genere, ♄ per ☽ ☍ transeunte et congelante. ♃ tamen ☉, ♂, ☽, uterque M. C. illustrans. Versabantur in manibus juventutis Exercitationes exotericae J. C. Scaligeri, cujus ego libri occasione coepi successive varia comminisci de variis quaestionibus, ut de coelo, de animis, de geniis, de elementis, de ignis natura, de fontium origine, de fluxu et refluxu maris, de figura continentium terrarum interfusorumque marium et similia. (I. 2.)

1590. Graviter coepi aegrotare dolore capitis et consternatione membrorum. Cum ♄ in 24° 40′ ♊ esset, scabies me tenuit. Lis cum duobus amicis et separatio, cum altero inita familiaritas tam diuturna, quam initio desiderata intimis affectibus. Dein morbus siccus et cum eo annuus reditus 13 florenorum vario ambitu comparatur. Cum mihi sit in genitura ♄ auctor intemperantiae et jam accesserit ad □ ☽, intemperantem effecit, praecipue ♀ excipiens moerentem. Jam ☽ sub radiis cadens omni modo in □ ♃ inimico; et ☉ ibidem recipiens ♃ ex mutuis casibus siccum et calidum, significat morbum. Significat hoc idem miseram fratrum conditionem, quorum unus mortuus est eo anno, alter varie de vita periclitatus.

Quae dicit Keplerus „reditus 13 florenorum" spectant sine dubio beneficium annuum, quo fruebatur Keplerus Tubingae per plures annos. Senatus Wilensis his adiit rectorem academiae Tubingensis pro Keplero intercedens:

Edlen Ernvesten Hoch vnd wolgelerten gunstige Hern Insonders lieben vnd gueten Freund, E. Her Ern- vnd gunsten seyen vnser ganzs gevlissen willig vnd freuntlich dinst zuvor, demnach E. Her Ern- vnd gunsten vnss kurz verschinen vmb presentirung ains knaben von hiraus zu dem bewussten Stipendio geschriben, vnd wir

---

*) Constellationes planetarum, quas addidit Keplerus, omisimus; exstant vol. I. p. 311.

**) Exstant literae M. Köllini, praeceptoris monasterii „Blaufontani" d. 12. Februarii, in quibus legimus: „Sed quid audio! Te nescio cujus delatione in carcerem per aliquot horas condemnatum esse! Doleo certe. Rogo tamen te quam possum maxime, ut videas quid agas; strenuam operam in theologia colloces, ut tum te, tum tuos amicos exhilarare possis." —

dermalen khainen darzu taugenlich alhir befinden mögen. Bericht vnss aber Jezund vnser alter Burgermaister Seebald Kepler, Es hab Ime diser tagen seines sons Hainrichen Keplers son, Johannes Kepler genant, der ain Stipendiat zu Tüwingen, zugeschryben, wie das durch E. Her Ern- vnd gunsten ain zedel angeschlagen, welcher deren Stifftung beger, sich bey Iren anzuzaigen vnd nun sey ermelter seines Sonsson vorhabens, bey E. Her Ern- vnd gunsten darumben vnderdinstlich anzusuechen, vnd hat vnss dernhalb an E. Her Ern- vnd gunsten vmb Fürschrifft ganzs vleyssig gebetten, verhoffenlich derselben hoch zugeniessen, dweyll dan ermelten Jungen Johan Keplers Vatter vnsser burger gewessen auch In solchem seinem burgerrechten gedachter Johannes alhir In vnser Statt geborn, gleichwol hernach solcher sein Vatter von vns verückht, vnd sidher sich In kriegs dinst begeben, sein hinderlassen hausfrawen disem Irem son In seinen Studijs nit fürdersam noch beholffen sein khan, vnss aber der Jung zum studirn ganzs taugenlich beruempt wir Ine dernhalb dises gestifften Stipendij Vöhig sein erachten, also haben an E. Her Ern- vnd gunsten wir Ime diss fürschrifft gern mitgethailt, vnd Ist an E. Her Ern- vnd gunsten vnser ganzs vleissig vnd freuntlich bit die wöllen solch Stipendium vnd sovil Immer müglich vff disen Jungen Johannem Kepler ordnen vnd verwenden, damit er in seinen angefangenen Studijs desto bass fürfarn vnd die Continuirn möge vnd sich In dem dermassen erweyssen alss vnser sonder vertrawen stet damit er disser vnser Intercession fruchtbarlich genuss befind, wurdt on allen Zweyffel der Jung petent solchs rüemlich vnd wol anlegen, vnd wöllen, vmb E. Her Ern- vnd gunsten wirs ganzs gevlissen vnd freuntlich verdhienen vnd beschulden, Datum Freytags den 22. May Anno 1590.

Burgermaister vnd Rath
zu Weyl der Statt.

Inscriptio: Den Edlen Ernvesten Hoch- vnd wolgelerten hern Rectori Vice Cancillario vnd Regenten algemainer hohen Schuoll zu Tüwingen vnsern gunstigen hern Insonders lieben vnd guoten Freunden.

Keplerus ipse his literis hanc adjunxit petitionem (datam mense Junio 1590):

Etsi magnifice Domine Rector, Doctor clarissime, in accipiendo beneficio nemo adeo vel promptus vel impudens esse debet, ut brevis alicujus morae impatiens ultro ipse petitum id, quod beneficii loco numerandum erat, veniat, cum, quod sat bene, sat cito fieri vulgus etiam judicet: tamen ubi Amyclas silentio periisse considero, non vereor vel cum veniae periculo Magnificentiam Tuam accedere prospectum rebus meis, ne, quam earum bene gerendarum occasionem mihi praebuit facilitas tua, praepostero meo pudore deterritus e manibus amittam. Sed ne veniam coram M. Tua captando veniae difficiliorem aditum prolixa oratione pariam, summa quae sit epistolae exponam. Quid de Wilensium stipendio cum Tua M. egerim nosti, literas a senatu loci illius, meae patriae, pro me intercessorias prae manibus habes, quid mihi commodo, quid secus veniat, omnia exacte tenes. Sed quia jam mensis abiit et amplius, quo nihil mihi de Senatus academici conventu constat verebarque ut cum petitione spem quoque ejus pecuniae me deposuisse putares: accessi R. D. Doctorem Anastasium Demlerum, avo meo singulari necessitudine devinctum, apud quem tantum obtinuit veteris amici memoria, ut etiam nepoti mihi omnia, quae ad meam salutem spectant, liberaliter promiserit, id hac in re consilii mihi dans: admonerem tuam M. oraremque, ut opus promoveas, et, siquidem citra Senatus Academici molestiam id fieri possit, rem coram eo exponas. Hujus ego viri monitis obsequutus, dum tuam

M. gravioribus negotiis ab hac facili cura semotam instigo rursum, si plus justo videar esse sollicitus: sit ita sane, dumodo et hujus epistolae causa et totius meae petitionis ratio ita tibi constet, ut eam frequenti postea senatui meo nomine exhibere possis. Etenim, ut nihil de exemplo dicam M. Samuelis Ubermanni, qui nomine Parochiae Wissachensis, quam administrabat ejus pater, in possessionem venit hujus stipendii ipse et alumnus Illustrissimi principis et jam Magister (quod mihi communis juris obtinendi spem facere possit), si vel ipsius indigentiae habeatur ratio: non omnino indignus ea stipe censeri debeo. Nam etsi res familiaris non accisa est adeo, ut nihil olim patrimonii mihi sit expectandum: tamen ita turbatae et afflictae sunt omnes ejus rationes, ut quicquid inde proveniat annui reditus, id omne in ejus correctionem restitutionemque sit convertendum. Quodsi Deus propitius annuat, ut aliquando, quibus nunc conflictatur malis, emergat, non dubitarem ultro cedere alicui, qui in majori esset inopia. Qui vero nunc temporis mihi sunt competitores, qui suam petitioni praetendunt inopiam, illos certe non reor hactenus sustentari sine necessario sumtu potuisse. Sive itaque beneficio alterius vivant: ejusdem sunt mecum conditionis, sive propriis utantur sumtibus: jam sunt longe me ditiores, qui, si idem possem, alieno lubens carerem. Nec si illis utro libet modo studia continuare difficile videtur, propterea facile mihi erit, solo Illustrissimi Principis contentum esse stipendio. Non jam dicam, quotusquisque stipendiariorum nihil de suo consumat. Etsi ingens hoc est liberalissimi Principis beneficium, qui sumtus immensos facit, dum tot adolescentes protegit alitque, tamen cum longe major hoc tempore mea sit egestas, non vereor mendicorum pertinacium more, quod res est, dicere. Omnino seni quotannis floreni solent erogari singulis e fisco principis; eam autem pecuniam, quanta quanta est, liquido jurare ausim, vel solos sutores (sit honos auribus) sartores veteramentarios, lotricesque sibi revoluto anno deposcere, nisi quis apprime ad rationes intentus sit. At unde vestis aliqua nova, vel honestior quotidiana? Unde libri, studioso philosophiae necessarii? Unde sumtus assequendis honoribus? Unde reliqua, quae quotidiana flagitat necessitas, quae nemini ita nota esse possunt ac ei, qui hoc tempore studiis operam navat? Quodsi ea fere legatorum omnium mens est et intentio, ut hisce suis sumtibus homines alant, non qui in malos usus eos convertant, sed gloriae divinae commoda promoveant: spero equidem, Deus modo propitius annuat, si quo modo minus indigus aliis fuero possessor, id me egregie posthac industria mea compensaturum, nec unquam quidem eorum decoctorum more dilapidaturum. Id quod ex meorum praeceptorum testimonio malim ipse cognoscas, quam promissis meis temere fidem adhibeas. Haec ego hactenus, nihil postulans, nihil juris mihi arrogans, sed omnia tuae M. collegarumque ejus amplissimorum, doctissimorum virorum arbitrio subjiciens eosque quam possum humillime precans, scripsi. Deus M. tuam incolumem eousque conservet, ut intelligere possit, nec ingrato suam operam, nec immerito hoc beneficii locatum esse. Vale.

Magnificentiae Tuae
Obedientissimus Joannes Keplerus, philosophiae studiosus, Illustrissimi Principis stipendiarius.

Senatus Tubingensis d. 4. Nov. 1591. adiit Wilenses, vice versa petens ut Keplerus hoc „stipendio" in posterum frui posset, „dieweil obgemelter Kepler (so erst newlich in

Magistrum promoviert worden) dermassen eines fürtrefflichen vnnd herrlichen ingenij, das seinethalben etwas sonderlichs zuhoffen, Er auch bey vnss angehalten, Ime zu besserer fortsetzung seiner wolangefangenen Studien solches Stipendium lenger gedeyen zu lassen.... wollten wir vnsers theils Ime Keplern vff sein bittlich anhalten dasselbig auch gern seiner sonderlichen doctrin vnd geschiklichkait halben lenger erstreckhen". Ad haec respondit consul et senatus Wilensis (17. Dec. 1591):.... haben wir mit vermelden, welcher massen gedachter Jung Kepler Qualificirt, mit was trefflichen, herlichen Ingenio er von Got begabt, vnd dernhalb E. E. gedechten, Ime solches Stipendium lenger gedyen zulassen vnd zu dem begern vnsers thaills auch darin zu bewilligen, vernern Inhalts vernommen. Hören vorderst mit besondern fraydeu gern, das angedeuter Jung Kepler (alss der one das alhir noch wollbefreündet, seine voreltern, Altvatter vnd altmutter noch bey vnss In leben) sein fürtrefflich vnd herlich Ingenium also woll vnd Rhüemlich, das seinethalb etwas sonderlichs zuverhoffen, anlegen thuet, darzu wir Ime dan von Got dem Almechtigen glückh, hayl vnd alle wolfarth wünschen etc.

1591. Proditam scabiem frigus inducit. Cum ♀ per VII. iret Ortholpho (I. 296) conciliatus sum, cum rediret, ostendi, cum tertium, adhuc amore sauclus laboravi. 26. Apr. initium amoris. Martio mense domum ahii et cito redii; 25. cum Megerlino Suacium, 26. Murhardam, 31. Halam, 5. Apr. Besicam, 6. Mulpronnam, 8. portam Hercinam, Calvam, 9. Vilam, 10. Tubingam. 10. Augusti bona nova locatio magisterii causa; eram secundus inter 14. 11. Aug. Actus Magisterii.*) Precabar hoc tempore varie. Post ferias natalitias praecedentes e templo e lectione veniens intensissimo frigore sudavi vehementissime. Fuerunt ergo reliquiae morbi, quae erupere in Bacchanaliis, cum paulo ante sisteretur scabies et accessisset commotio corporis et animi per agitationem comoediae, in qua Mariamnem agebam.

1592. Die 24. Decembris avus ad me misit literas commendatitias academiae (v. annum 1590), quo die accepi, ingens mihi lis fuit et aliorum offensio cum Ortholpho, is separationem spectavit, necdum a reditu meo conciliari voluit. Descendi nempe Wilam et lusu perdidi $\frac{1}{4}$ R. Hirsaugium bis, et Cuppingae mihi oblatum conjugium virginis; die Sylvestris difficillimo itinere eo tetenderam. In convivio vesicae tentamina acerrima persensi.

Ortholphus me oderat, ut ego Koellinum (Koellinus semel inita mecum amicitia perpetuo mecum contendit. Ego quidem ipsi nunquam malefacere studui, sed oderam ipsius conversationem. Causa justa fuit, quia, quoad affectum, plus quam amatoria fuit, quoad opera, pura, nullo contaminata flagitio. Non alia cum ullo acrior aut diuturnior contentio), cum ego ipsum contra amarem; sed multiplex haec fuit contentio. Nam et ipsius aemulabar industriam et judicium pene invidebam et exardescebam contra illius maledicentia et suspicacitate. (Ortholphus magisterii titulo ornatus d. 10. Febr. 1591, inter socios 27 tertius ordine.)

Keplerus inde a prima juventute versatissimus erat in conficiendis versibus latinis eamque artem colebat posterioribus temporibus, carmina et epigrammata praemittens libris quos edidit fere omnibus. Tubingae degens carmina confecit duo, quorum prius anno 1590, posterius anno 1592 typis excusum est. Utrumque praemisimus p. 130 ss.

---

*) „Anno Domini 1591. M. Erhardo Cellio, primum decano, die 11. Augusti ad Magisterii honores ascenderunt hoc ordine: 1) M. Jo. Hippolytus Brentius, Tubingensis. 2) M. Jo. Kepplerus, Wilensis" etc. Ex actorum Tub. libro.

1593. Revolutio anni. Cum planctae sint non in locis praecipuis, sufficit ut afflicta accidentiaria valetudo — kephalgia 17. Februarii — et impedimentum honorum, status item parentum infelix significaretur. Novembri vocabar Moempelgardum ad Fundionem.

Tubingae crebro placita Copernici in physicis disputationibus candidatorum defendi, et accuratam *disputationem* de motu primo, quod Terrae volutione accidat, conscripsi, jamque in eo eram, ut eidem etiam Telluri motum solarem physicis, seu mavis metaphysicis rationibus adscriberem.

Consentaneum est, si sunt in Luna viventes creaturae (qua in materia mihi post Pythagoram et Plutarchum anno 1593. Tubingae scripta disputatione ludere placuit) illas ingenium suae provinciae imitari etc. In literis ad Besoldum datis haec occurrunt de illa disputatione verba: Exstat apud me charta pervetus, tua clarissime Besolde manu exarata, cum theses circiter 20 de coelestibus apparentiis in Luna ex meis disputationibus concepisses.

1594. Revolutio anni. Agebatur de alia promotione in Wirtembergia, tandem 18. et post 28. Januarii proposita mihi Graecensis conditio mathematica. Scripserunt Ordines Tubingam de mittendo aliquo. Electus ego sum Februario. Rogavi meos et principem. Quinto Martii dimissionem a principe impetravi, 13. iter ingressus; 21. Aprilis viaticum mihi est restitutum, 25. incidi in febrem Hungaricam per 14. dies. 24. Maji oratio prima. Simul literas Uriae attuleram, quibus mihi conjux destinabatur, ego vero amorem mecum attuleram. Quievi parumper. —

Cum primum per aetatem philosophiae dulcedinem cognoscere potui, universam illam ingenti cupiditate sum complexus, nihil admodum de astronomia in speciem sollicitus. Aderat quidem ingenium, nec difficulter geometrica et astronomica, quae scholarum ordo suppeditabat, capiebam, figuris subnixus et numeris et proportionibus. Sed erant illa necessaria studia, nihil quod inclinationem potissimam ad astronomiam argueret. Cumque sumtibus Ducis Wirtembergici sustentarer, viderem vero commilitones meos, quos princeps interpellatus in exteras nationes mittebat, tergiversari varie amore patriae, durior ego mature admodum mecum concluseram, quocunque destinarer promtissime sequi. Prima se obtulit functio astronomica, ad quam tamen obeundam (vere dicam) extrusus sum auctoritate praeceptorum, non longinquitate loci territus, quem metum in aliis damnaveram (ut dixi), sed inopinato et contemto functionis genere et tenuitate eruditionis in hac philosophiae parte. Hanc igitur adii instructior ab ingenio quam a scientia, multum protestatus, me jure meo ad aliud vitae genus, quod splendidius videbatur, nequaquam cedere. (Ex introductione in partem II. Comment. Martis.)

Ultimo Februarii die his adiit Keplerus collegium theologorum Tubingensium: S. Etsi, Clarissimi Domini Doctores, Praeceptores Reverendi, haec functio, quae mihi a Dignissimo D. Cancellario offertur, multis nominibus honestissima est, adeoque longe amplior, quam illam vel recusare vel multis conditionibus limitatam expetere sine insignis arrogantiae suspicione possim: tamen cum cognatos et parentes, quorum in potestate sum, consulendi causa hactenus abfuerim, existimo me bona vestra gratia, quid illis hac in re visum fuerit, relaturum. Ac initio, quot et quantas commoditates reperiamus, quae ex ea ad me redire possint, non est necessarium prolixius recensere, nisi id peculiariter jubeatis vestraque cura dignum arbitremini. Jusserunt igitur hunc D. D. Cancellarii favorem grato animo agnoscere illumque porro quoque studiorum contentione et vitae integritate demereri. Deinde in oblatam conditionem et ipsi consentiunt mihique suscipiendi itineris auctores et suasores existunt. Unum est, in quo parumper haerent et in quo nihil quidem ipsi statuunt, sed suam tantum sententiam dictantes, rem ipsam Facultatis theologicae arbitrio subjecerunt illiusque consilio stare volunt. Malint nempe, me cum meis aequalibus, inter quos hactenus in hanc spem enutritus sum, in theologiam incumbere operamque olim adultam Ecclesiae offerre. Non loquor de studio sacrarum literarum praecipue, quod mihi usque adeo jucundum fecit divina gratia, ut, quicquid tandem de me fiat, modo ita mihi protector Deus sanam mentem et libertatem proroget, non cogitem illud unquam intermittere. Sed oritur ex collatione duorum vitae generum haec difficultas. Cum enim nemo sibi soli natus sit, sed talentum quilibet acceperit, quo aliis quoque prosit: tutius quidem foeneratur et sincerius, qui iis in rebus est, quibus esse jubetur; majorem tamen gratiam habet, qui decem, quam qui quatuor talenta comparavit. Mihi vero praeterquam quod jure vocationis aditus ad functionem ecclesiasticam patet, insuper etiam Facultas Theologica ante biennium talentum meum aestimavit et honestissimo testimonio in ejus studii prorogandi subsidium de Wilensis stipendii prorogatione providit. Quodsi in hoc vitae genere, Deo juvante, tantos successus sperant avus meus paternus et reliqua propinquitas, quantos eos sperare vult talium virorum auctoritas: arrogantes quidem eos dicere quis possit, et suam potius suorumque quam Dei gloriam et Ecclesiae commodum spectantes; sed certe veniam merebuntur apud eos, qui in humanitatem erga suos humaniter statuunt. Neque tamen haec eo dicta velim, quasi hoc argumento me penitus ab hoc itinere dehortarentur. Existimant enim, cum alioquin etiam haec mea vel aetas vel facies nondum penitus sit apta suggestui, posse mihi facile in literis commendatitiis (quas D. D. Cancellarius procul dubio scribet ad D. Zimmermannum) de exercitio theologico prospici, posse me privatim lectione bibliorum aliorumque scriptorum hoc studium continuare. Quodsi mihi per aliquot annos cum in hoc, tum in omni genere honorum auctorum versato, postquam judicium adoleverit, spes esset adeundi ministerii Verbi, atque mihi diceretur: Spartam nactus es, hanc orna! Deus bone, quam esset haec conditio ex ipsorum sententia. Verum ne videantur pictum ad suum lubitum filio suo postulare statum, ideo super his judicium facultatis theologicae, ut dixi, exspectant. Nam et ingrati futuri sint, si inconsultis vobis mihi quid praescribant in iis studiis, in quibus opitulatores, directores et praeceptores hactenus fuistis; et hoc ipsum consilium, quod scripsi, fatentur ipsi ut illiterati non penitus intelligere, ex re futurum sit nec ne, et fierine possit an non. Suas igitur partes vobis, tanquam alteris meis parentibus committunt, et, sive hoc jam dictum medium, sive aliud probaveritis, ratum habebunt. Pollicentur etiam, se hoc genus beneficii, quacunque data occasione, mutuis officiis pro virili compensaturos. Haec mihi ex illorum sententia referenda erant. Valete.

R. V. E.

subjectissimus
discipulus

M. Joan. Kepler.

Collegium facultatis theologicae intercessisse pro Keplero, ex hoc patet decreto ducis Friderici, d. d. 5. Martii: . . . . Wir haben Vnsers Stipendiarii M. J. Kepplers vnderthänig supplicieren beneben Ewerem Vnderschreiben, auch D. Zimmermanns zu Grätz eingelegten Zedel, die erledigte professionem Mathematices daselbst betreffend, abgelesen, vnd ist vns nit zuwider, das Ir Ime Kepplern hineinzuziehen vnd nach erlernter gelegenhait solche conditionem vergonnen wollet etc.

Keplerum in Styriam comitatus est affinis Jaegerus, pecuniis ad iter necessariis Tubingae mutuo sumtis (fl. 50), quas redditurum se Gratio per Jaegerum illum revertentem promiserat. Ordines Styriaci petenti Keplero assignarunt d. 19. Aprilis 60 florenos *), quos tradidisse Jaegero Keplerum haec testantur ejus verba: Cum comes meus Jaegerus cognatus fidem meam fefellisset, mihi mentiretur, multum de mea pecunia prodigeret, suscepi offensionem biennalem eamque stomachosis literis abunde exercui.

Keplero praeter lectiones mathematicas in gymnasio Gratiensi mandata erant conficienda Calendaria annua, qualia quinque typis tradidit ab anno 1595 in annum 1599. Adjungenda his Calendariis erant „prognostica" in annos sequentes de tempestatibus, frugibus, rerum politicarum statu etc. Simul multi optabant, ut novus astronomus, vel potius, qualem plerique astronomum esse putabant, astrologus sibi futura ex astris significaret. Qui quum magna ex parte essent nobiles et viri in rebus Styriacis graves, non recusare potuit Keplerus munus hoc sibi imperatum, quamquam parum imbutus arte hac astrologica. Ut se exerceret in conficiendis „thematibus genethliacis", collegit Keplerus fata sua, quantum illa memoria tenebat, eaque comparavit cum planetarum aspectibus secundum artis regulas, quas forte e Cardano vel Ptolemaeo desumsit. Hinc nata est series illa *Revolutionum annuarum*, e qua in prioribus et sequentibus annis ea desumsimus, quae ipsi memoratu digniora videbantur.

Calendaria Kepleri ad annos 1595, 96 et 97 plane deperdita videntur, ut diximus vol. I. p. 291, annorum 1598 et 99 exhibuimus ibidem paginis 392 et 401. Codices Pulkovienses exhibent tres epistolas, e quibus apparet, Calendarium in annum 1595 mense Augusto anni 1594 absolutum fuisse. Quarum epistolarum prior, quasi epistola dedicatoria, ad Ordines Styriacos data, praemissa forte fuit typo Calendarii, alteram cum exemplari Calendarii dedit ad consiliarios aulicos a rebus bellicis et Capitaneum provinciae, tertiam ad nobilem quendam (forte Herberstenium?), petens, ut sibi subministraret horas natalitias hominum celebrium, quo aditus sibi fieret ad penitius cognoscendam artem astrologicam, qua petitione initium fecisse videtur Keplerus colligendorum et ad artem construendorum thematum omnimodorum, quae innumera fere continent codices Pulkovienses.

Epistola ad Ordines Styriacos his verbis scripta est:

Wolgeborne, Edle, Gestrenge, Gnedige vnd gebietunde Hern. E. Gnaden vnd Hern wissen sich zu erinnern, wölchermassen Her G. Stadius, Weiland Einer Löbl. Landsch. diss hochlöblichen Herzogtumbs Steür Mathematicus, neben ihme anbefohlenen Berueff bey Löbl. Landsch. Schuel alhie jährlichen ein Calendarium sampt angehängtem prognostico zu stellen, auch selbiges gemeinglich E. G. vnd H. zu dediciren gepflegt. Ob nun wol Ich mich solcher hohen Vernunfft vnd weislicher Bescheidenheitt nicht zu berhüemen, als der Ich gemeltem, seliglich in Gott rhuehendem weder in diser Kunst noch dero Gebrauch zu vergleichen; jedoch vnd demnach E. G. vnd Hern vor wenig Monaten mich gleichwol auch vnwürdigen an ermeltes Hern Stadii bey E. Gn. L. Schuel allhie vacirende Lucken gnedig bedacht vnd verordnet: also hab ich auch hierinnen in sein Stadii Fusstappfen tretten vnd gegenwürtiges mein

*) Hanc petitioni suae adjunxit Keplerus descriptionem pecuniarum erogatarum: „Verzaichnuss des von 24. Martii biss dato (8. Aprilis) mir sampt meinem geferten auffgelauffenen Raisskostens: Von Tübingen vor Zehrung vnd Fuhrlohn etc. 31¼ fl., alhie zu 4 Tagen verzehrt 4½ fl."

erstes Calendarium vnd Prognosticum E. G. vnd H. zu gehorsamer Danckbarkheitt hiemit dediciren sollen, vnderthäniger Bitt, E. G. vnd H. wöllen ihnen dise meine gleichwol ringfüegige, jedoch zur Befürderung gmeines Nutzen fürgenommene Arbaitt gnedig gevallen lassen; auch ob sie nicht durchauss zutreffen würde, zum Theil der noch mangelhafften Kunst zuschreiben, zum Theil aber von mir als erstlich angehenden Practicanten in Bestem an- vnd auffnemen.

Hiemit dero Gnaden mich gehorsamlich bevehlend.

Datum Grätz 1. Aug. 94.

E. G. vnd H.

Vnderthänig gehorsamer

M. Jo. Kepler.

Altera epistola his alloquitur viros rerum bellicarum administratores:

E. Gn. vnd D. seien mein vnderthänige ringfüegige Dienst jeder Zeitt hevor. Demnach in meinem jüngst bevohlnen Calendarium sampt gewonlichem Prognostico auf künfftiges Jahr gestellt, auch darnach gmeinem Brauch nach ich von künfftigem Frid vnd Vnfrid vnd E. E. vnd G. auffgetragenem Kriegswesen etwas vnderschidlichs melden sollen, also hab E. E. vnd G. ich gegenwürtig desselben ein Exemplar zu astrologischer Erinnerung hiemit vnderteniglich zu praesentirn nicht vmbgehen khönnen, der gewissen Vertröstung, Obwolen E. E. G. von zukunfftigen Fällen zu vrtheilen, nicht ausser der astronomischen Kugel, sondern ausser deren, so das Pulver treibt, genüegsame Bericht vor diser Zeitt eingenommen, vnd demnach meines vnverständigen vnd kindischen Bedenckhens nach ohne Nachtheil entperen könten, jedoch werden E. E. vnd G. solliches zum besten vnd in allen Gnaden von mir annemen, in Betrachtung, dass nicht allein dise ringfügige Arbeitt, sondern auch, vnd vil mehr E. G. E. jährliche vnd ehrliche Bestallung zur Befürderung gmeines Nutzens angesehen vnd gemeint seye. Da dergleichen praedictiones sehr zweiffelhafft vnd in wüchtiger Sachen Berhatschlagung wenig ersprieslich (wie dan auch die heilige göttliche Schrifft verbietet, sich zuvil darauff zu verlassen), dass demnach selbige als Spiegel menschlicher Anschläg vnd Händeln E. G. zur Verwunderung göttlicher Werckh vnd mehrerem Lob seines heiligen mechtigen Namens ermuntern vnd anreitzen mügen.

(Inscr. den Herrn Hoffs Kriegsräthen, dem Herrn Landtshauptmann, dem Herrn Lands Obristen.)*)

*) Epistolam hac forma ad eosdem scriptam obliteravit Keplerus:

E. etc. Hab ich neben vnderthäniger Vermeldung meiner geringen Dienste vnd schuldigen Gehorsams gegenwürtiges Exemplar meines erstgestellten Prognostici auff künfftiges Jahr offeriren wöllen

Es würd nicht ohn Vrsach von einem Kriegesrhat erfordert fürsichtigkeit, so die Lateiner prudentiam, quasi providentiam nennen, sintemal der ein Vngluck vorhersiehet, dasselb desto besser weisst zu verhüetten, vnd dem des feindes Rhatschlag fürgesagt würt, der khan selbigem mit guettem Vortheil begegnen. Ob vnd aber gemelte Tugent nicht daheim hindern Offen, sondern zu Feld, nicht ausser der astronomischen Kugel, sondern ausser deren, wölche das Pulver treibt, erlangt vnd gelehrnt würt; yedoch muess ein yeder bekhennen, wan man einen sollichen Mann haben möchte, der alle Sachen, wie sichs im Kriegswesen zu khünfftiger Zeit verhalten würde, vnderschidlicher Weise vnd gewiss wüsste anzumelden vnd vorzusagen, dass ein sollicher nicht allein von Gott zu wünschen, sondern auch mit grossem Gelt durch die Kriegsrhettstuben zu erkauffen wäre. Wiewol aber es den Astrologis vnd Sternseher leider noch weitt fehlet, dass sie zu solcher Fürsichtigkheitt khommen solten, jedoch

Tertia earum quas diximus epistola haec habet:

Wolgeborner, Gnediger Herr.

Demnach ich vff das Jar 1595 ein Prognosticum gestellt, alss hab ich E. G. desselbeu ein Exemplar vnderthönig praesentiren wöllen; erstlich darum, dieweil E. G. für andere als ein sonderer fautor vnd Maecenas deren Künsten berhüemet werden, vnd dann fürs ander, demnach dise edle Künst fürnemlich auff langwüriger Erfahrung vnd allerley Exempeln von fürtrefflicher Leütt Nativitäten gegründet: hab ich mit Vbergebung diss meines Calendarii gleichsam anklopfen vnd E. G. vnderthenig ersuechen wöllen, da selbige etwa fürnehmer Leütt, entweder auss dero adlichem Stammen oder auch sonsten fremder, fürstlicher Personen, sowol der abgeleibten, als noch bey vns im Leben herumwallenden, Geburtsstunden verzeichnet hetten, die wolten mir zur befürderung diser himmlischen Kunst vnd meiner Studien derselben copias gnediglich vergünstigen vnd etwa nach dero Gelegenheit zuzustellen vnbeschweret seyen. Ein solliches von E. G. in anderweg mit meinen ringfüegigen densten zu beschulden, bin ich jeder Zeitt in vndertäniger Bereitschaft. Hiemit dero etc.

Praeceptoribus et amicis Tubingensibus misit Keplerus Calendarium suum adjunctis epistolis ad Maestlinum, Hafenrefferum et Gerlachium, professores in academia Tubingensi, quarum haec tantum ad Gerlachium data superest.

Etsi scio, reverende et clarissime D. Doctor, Praeceptor honorande, Reverentiam Tuam longe gravioribus studiis occupari, quam ut illi adsit otium inspiciendae Ephemeridis et cognoscendi frivolas astrologorum conjecturas, tamen cum neque aliud suppeteret argumentum significandae gratitudinis et ipsa beneficiorum Rev. Tuae memoria me admoneret, ut aliquando specimen aliquod ederem eorum studiorum ejusque muneris, ad quae per illa jam dicta Rev. Tuae beneficia promotus sum, non duxi aliter agendum esse, quam R. T. hoc exemplar mei Prognostici, quod ex officii ratione de futuro anno publicandum fuit, exigui munusculi loco transmitterem. Equidem agnosco paternam R. T. voluntatem, quam in commodanda mihi pecunia declaravit, nec oblitus tam cito sum, quantae commoditati quantoque adjumento mihi fuit illa D. D. Praeceptorum promtitudo, in quibus, a meis desertus, omnem spem reliquam posueram. Vehementer etiam doleo, non licuisse mihi statim aliqua ex parte respondere illi voluntati, dum neque literas eucharisticas scribere potui propter meam aegritudinem, neque imperiale numisma mittere, propterea quod hic Austriacos thaleros magna cum aestimatione acceperam. Quamvis consobrinus meus, qui me comitatus est, et gratias meo nomine agere potuisset et thaleros minimo valore aestimatos reddere, si, quod ego vehementer ab ipso contendi, quodque mihi stipulata manu promisit, perficere ipsi libuisset. Quare R. T. me excusatum habebit et hoc tenue munusculum in praesentia boni consulet. Utinam autem per aliquem meorum familiarium certior fieri possem, quidnam in illo Prognostico R. T. improbet quidque mihi in sequentibus annis (Deo me conservante) cavendum amplius sit. Sed R. T. arbitrio permitto, cui

---

dieweil inen je vnd je etwas gereht, vnd gmeinglich ihr Brauch ist, bösses zu verkündigen, wölches, wiewohl besser vergebene Wacht, dann gefährlicher Schlaff, doch ohne Schaden khan fürgehen; vnd aber ich auch in meinem Prognostico von gefährlicher Zeit prognosticire: also hab ich auch selbiges ein Exemplar zu astrologischer Erinnerung E. G. hiemit presentirn wöllen, der vnderthünigen Bitt, E. G. wöllen solches geringe doch wolgemeinte Werckh von mir zum besten vnd nicht anders, als von einem Astrologo, der nemlich selber nicht zu viel davon helt, an- vnd auffnemmen.

mea studia, nos autem omnes et utrorumque calamitates gravissimas Deo misericordi ardentibus precibus commendo.

Graecii 19. (29.) Oct. 1594.

Reverentiae Tuae
observantissimus discipulus
M. Jo: Keplerus.

Ex responsionibus Maestlini et Hafenrefferi elucet quadamtenus, quid illis scripserit Keplerus. Maestlini literae datae sunt „Calwae d. 14. (24.) Nov. 1594, horis antelucanis, calamo ut vides velocissimo“ et haec habent:

Gratissimae fuerunt mihi, Vir doctissime longeque mihi charissime, literae tuae, quas scriptas 19. Oct. ego 12. Nov. accepi. Eae enim meum desiderium abunde compleverunt, adeo ut jucundius mihi vix quicquam obtingere potuisset. Nam non modo statum rerum tuarum, quem apprime cognoscere exoptabam, exposuerunt, sed et aliarum rerum lectu jucundissimarum refertissimae fuerunt. . . . . Exemplaria Calendarii a te editi distribui iis, quibus inscripta erant. Ea longe gratissima fuerunt, nisi quod stilum novum, apud nos inusitatum, cum veteri nostro conjunctum non habent. Gratias una mecum agunt maximas teque in statione illa tua pergere jubent, nec dubium est, quin ope divina Spartam tuam egregie sis ornaturus. Exemplaria non ligata me initio admodum sollicitum tenuerunt, nam primam paginam desiderare videbantur. Verum heri vesperi M. Emdschodius, similiter de reliquis paginis sollicitus, ad me veniens conquestus est defectum illum; intellexi igitur, primas paginas omnes literis M. Bonfrido inscriptis inclusas fuisse, laetus igitur exemplaria illa completa ei tradidi distribuenda iis, quibus inscripsisti.

De Domino socero meo quae anxie scribere videris tam ad ipsum quam ad me ipse respondere jubet, ut animo quietus sis, te enim in culpa non esse asserit, sed eum ipsum, qui pecuniam tuo nomine restituere debebat. Pecunia enim a te proba missa est, at nescio quis ille, in cujus manus devenit, qui Paulines sive Münchsköpff aliasque monetas (unam etiam improbam penitus) misit. Non enim ipsemet, quod potuisset, dominum socerum meum accedere dignatus est. Verum quod ad te attinet, te innocentem praedicat tibique non succenset, adeo ut nec prolixa excusatione ad ipsum, nec mea intercessione opus fuerit. Exemplar Hohenfelderis inscriptum ego D. Zieglero praeceptori ipsorum, nostro professori physico, dedi, ipsi jam nunc Herrenbergae juris studio operam dant. Non dubito quin gratissimo animo sint id accepturi. Marcus tamen Hohenfelderus cum aliis duobus junioribus fratribus nobiscum Calwae versatur, habitant autem cum D. Müllero, locorum incommoditate ab eo jam exclusi.

Thema affinis mei Joh: Conr. Burckhardi nondum omnino perlegi tempore prohibitus, nec adhuc socero meo exhibui. Is ubi nunc versetur nescio. Superiori Augusto mense Wirtzburgum proficisci volebat, sed a me retentus mansit apud me totum mensem, intra quod tempus desertis studiis (ineptus enim ad illa esse videtur propter ingenii tarditatem et aetatem jam provectiorem) ad scribendum se applicuit. Post meo et fratris consilio hinc profectus est, alibi de conditione prospecturus. Verum ubi nunc vagetur Deus novit.

Libellum G. J. Rhetici, cujus mentionem facis, videre perquam cuperem, si possibile esset. Utinam venia eorum, penes quos inspectio bibliothecae vestrae est, liber ille aut ad me ad fideles manus mitteretur inspiciendus brevique fideliter restituendus, aut meis sumtibus describi permitteretur. Utrum fieri posset, mihi longe gratissimum esset. Te oro atque obsecro, siquidem tuam tute operam offers, ut horum alterutrum procurare velis, pro quo officio ego me similiter ad quaevis offero. Ego jam pro publica lectione triangulorum eorundem doctrinam trado, initio facto a tabularum sinuum et reliquarum constructione, cui nonnulla ante non visa interpono. Sed de his alias.

Quae de novis et de astrologicis rebus scribis, hactenus hoc biduo sufficienti judicio et attentione profecto legere non potui, id quod jam nunc sumto tempore conveniente facere decrevi. Sunt autem illa mihi lectu jucundissima, etiam dum ea obiter saltem perstringo, licet res ipsa sit dolenda et misera. Verum quoniam res ipsa, proh dolor, ita comparata est, gratum mihi est, me quomodo se habeat cognoscere

Quod me tibi succensere putasti ob silentium tuum, animum rogo revoces. Miratus quidem fui, sed succensui nunquam, nam causam silentii facillime divinare potui, nec etiam ea in re frustratus sum nec dubitavi quin silentium et mora illa aliquando foret compensanda, id quod factum est.

Nostrarum rerum status per gratiam Dei bene habet, nisi quod exules sumus ex patrio academiae loco. Res Tubingae male non habent, attamen ibi versari tutum non est, lenta enim pestis lues ibi grassatur, quae non admodum multos homines absumit, semel atque iterum accidit, ut uno die 6 homines obierint, bis terve 5, aliquoties 4, saepius non plures uno, at perquam saepe per aliquot dies nemo vel correptus vel mortuus est. Alioqui paucissima hujus ducatus loca sunt immunia, Stuttgardiae horrendo modo saevit lues illa. Theologica et artium facultates hic Calwae commorantur, ceterae duae Herrenbergae, sed quando Tubingam remigraturi simus, Deus novit.

Hisce vale optime, plurimam eamque officiosissimam salutem rogo nunciare velis D. D. Joanni Papio, inprimis autem Cl. Viro D. D. Zimmermanno. —

Hafenrefferi responsio data est d. 14. Nov. Calwae eamque exhibuimus vol. I. p. 295.

1595. Revolutio anni: Thema est promiscuum. ♄ in □ ☽ significat malum statum matris et intervertendam haereditatem; vicissim ☌ ♃ ♀ in secunda domo divitias. Praeparatio *Prodromi.*

Haec de genesi libri ipse affert Keplerus: Graetii in explicatione principiorum astronomiae magno mihi usui fuerunt omnia illa, quae antea vel a Maestlino audiveram, vel ipse affectaveram. Harum rerum diligens cogitatio cogitationis ulterioris causa fuit, donec tandem anno hoc, cum otium a lectionibus cuperem bene et ex officii ratione transigere, toto animi impetu in hanc materiam (de numero, quantitate et motu orbium) incubui. . . . . Inter Jovem et Martem interposui novum planetam, itemque alium inter Venerem et Mercurium, quos duos forte ob exilitatem non videamus, iisque sua tempora periodica adscripsi. Sic enim existimabam, me aliquam aequalitatem proportionum effecturum. . . . . Aestas pene tota hac cruce perdita. Die $^9/_{19}$. Julii monstraturus auditoribus conjunctionum magnarum saltus per octona signa, inscripsi multa triangula eidem circulo, sic ut finis unius esset alterius initium; igitur quibus punctis latera se mutuo secabant, iis minor circellus adumbrabatur. Proportio inter utrumque circulum videbatur similis illi, quae est inter ♄ et ♃, et triangulum prima erat figurarum, sicut ♄ et ♃ primi planetae. Tentavi quadrangulo distantiam ♂ et ♃, quinquangulo tertiam etc. Cogitavi, hac via nunquam me perventurum ad Solem, neque causam habiturum, cur potius sint 6 quam 20 vel 100 orbes mobiles. Rursum instabam: quid figurae planae inter solidos orbes? Solida potius corpora adeantur. Ecce, lector, inventum hoc et materiam totius hujus opusculi (Mysterii Cosmographici.)

Revolutio: Variae amorum vicissitudines. 17. Decembris primum mihi verbum dixit Vulcanus de mea Venere mecum liganda, 22. Decembris iterum facta mentio cor tetigit. Rector hostis periculosus in fine anni.

Rectoris munere in gymnasio Gratiensi fungebatur ab anno 1586 in 1594 Joannes Papius (cfr. vol. II. 36), initio anni 1595 scholae praefectus est Joannes Regius (Dantiscanus, Gratio abiit anno 1598 Mülhusam indeque Thorunium, ubi rector scholarum et pastor mortuus est anno 1605). De simultatibus cum Regio ipse Keplerus haec refert: Nactus sum hostem Rectorem. Causa odii, quod videbar ipsum ut magistratum non satis honorare et ipsius placita refellere. Itaque mirum in modum me exagitavit. Ego a mutuo quidem facto temperavi, sed tamen passim offensionem et injurias non reticui. Murarium*) adversarium suscepi, quia, ante cum ipsi benefecissem, sumsi mihi libertatem ipsum reprehendendi, quasi id jure possem. Secretarius Ordinum Speidelius rectori cum crederet, meam fortunam labefactare coepit sub auctoritate Ordinum.

Plures exstant hoc anno epistolae Kepleri ad Maestlinum datae, e quibus ea, quae ad vitam Kepleri pertinent, hic repetimus. Ad literas Maestlini, quas ad annum 1594 exhibuimus, haec respondit Keplerus:

Felicissimum annum salutemque temporalem et spiritualem in Chro P.

Quantum et spem et vota mea superet, quod literas a Praeceptore meo, viro clarissimo, accepi, non possum satis aperire manifestumque facere. Nam tempus et otium omne pridem occupavit necessaria scribendi officium, nec opus esse existimo tibi lectori aequo et humanissimo his verborum lenociniis. Gratias ago maximas pro eo, quod exemplaria meo nomine ab H. Tua distributa esse intelligo. Quanquam aliter institutus erat tabellarius, ut scilicet is H. Tuae totum fasciculum exhiberet patereturque selegere, quod ad te spectaret; deinde rogaret in H. Tuae aedibus, ubi stipendiarii et ceteri habitarent, exemplaria ἀκεφαλα nemini, nisi qui primam paginam monstraret, exhiberet. Verum illius negligentiae prospectum est tua cura et sedulitate, quod ut nimium est in discipuli negotio, ita fateor omnem gratiae referendae facultatem superare. Certe si impedire hoc potuissem, nunquam fieri permisissem. Ipsum quidem Calendarium adhuc certum est. Frigus inauditum est his in regionibus. Agasones in Alpibus plurimi frigore pereunt, quidam, ut pro certo narratur, postquam domum appulerint nasum ut mucum emungunt. Putrescunt nempe ipsis membra, frigore tacta. Et Turca his diebus, quibus literas accepi, videlicet Calendis Januariis st. n. omnem regionem, quae infra Viennam est, Neostadium usque incendiis vastavit, mancipia et praedas abegit. Haec illa fuga est, quam hieme ne fiat deprecatus sum. De stylo vero satis excusavi ad D. D. Hafereffcrum. De viatico gaudeo vel tandem mihi exemtam esse curam, quae me pessime habebat. Non possum ferre praeceptorum odia, quorum ex favore salus mea pendet. (Curam injecit mihi quidam meorum sodalium, cujus literae mature scriptae, sed tarde admodum sunt redditae.) De illo vero malefido internuncio alio tempore, cum domum venero, videbo. D. D. Hafereffero scribo hactenus et jam septimam paginam absolvi. Sed quia id adhuc deest, quod potissimum ipsius cognitioni subjicio, exspectabo aliam occasionem. D. M. Müllero quid faciam, nescio. Forsan aegre feret aut in sui contemtum rapiet, quod Calendarium ipsi non misi, qui non minus ac ceteri ad hunc locum me promovit. Sed ita habet, ut dixi praecedentibus literis. Sufficere videbantur singulis domibus singula. Nec eum in numero meorum sodalium habeo, cui rude exemplar mitterem, cum ceteris dominis praeceptoribus ligata obtulerim; forsan n. et hoc in malam partem accepisset. Nunc ita comparatum est, ut et ridiculum futurum sit munus, et difficile com-

*) In relatione de Gymnasio Gratiensi anni 1866 rector D. Peinlich recenset inter praeceptores scholae anno 1595 Simonem Murrium, Württembergensem.

paratu, nisi rude et dissolutum. Typographo enim et mihi non bene convenit. Summa non amplius est operae pretium, nec ille tanti faciet has nugas, ut propterea irascatur. (Illi multam et officiosissimam ascribo salutem.) Pessimum equidem morem affinis tui audio doleoque vicem optimi patris. Sed sancte affirmo, me nihil unquam de eo ne per famam quidem accepisse, nisi stupiditatem, si bene memini. Fortassis putabit Dominus socer, me non ex astris, sed ex fama proferre haec judicia. Libellum petitum descripsit M. Henricus Creberus (olim stipendiarius), qui hic haeret meoque conclavi utitur, obtinendae spe conditionis alicujus. Dedit hoc praeceptoris sui meritis, ut eum, si est, laborem sumeret. Schemata quaedam ego correxi aut construxi. Quid vicissim petam, non opus est conjectura. Tuus auditor esse volo. Si fortasse vox peritura metuitur in tanta distantia, Emdschochii manus internuncia esto. Quod superest, omnibus meis praeceptoribus ceterisque professoribus V. V. Cl. felicissimum annum precor plurimamque salutem impertior, ut et suavissimae tuae conjugi.

Graetii 18. 8. Jan. an. 95. Ex. T. Gratissimus discipulus

M. Jo. Kepler.

Maestlinus respondit (d. $^4/_{14}$. Febr.) .... Habemus jam philosophiae candidatos pauciores (12), in exilio enim studiosorum nostrorum tanta copia non est, quantam domi habuissemus Eorum examen ad finem deductum est, restat ut scriptum componant, quod ego hodie iis, tanquam decanatus officio fungens, proponam. Meditamur item de reditu Tubingam, nam per gratiam Dei intra 6 septimanas nemo ibi peste correptus, nedum mortuus est. Cives oppidani omnes jam nunc ad sedes suas reversi sunt, nostri Herrenbergenses professores ad diem Lunae proximum eodem redire volunt, idcirco et nos non diu hic commorabimur. .... Dabitur, ut spero, commodior respondendi occasio, commodissima foret, si tu ipse (quoniam nobis spem fecisti) hoc vere ad nos venires. Literas tuas heri accepi easque, praesertim quae ad dominum socerum meum spectabant, ei coram legi, qui plurimam salutem nuncians jubet quietissimum esse. M. Müliero tuam excusationem heri indicare non potui, temporis brevitate aliisque occupationibus exclusus. At non est ut de ejus offenso animo sollicitēris, contentus enim fuit superiore excusatione tua, quam ei exposui.

Libellum Rhaetici lubentissime vidi. Is certe hac nocte mihi aliquot horas ademit. Video autem, eum ibi triangulorum rectilineorum, sive ut ipse vocat triquetrorum doctrinam tractare, de sphaericis nihil habet et nititur Canone triangulorum, a se olim edito. Verum non dubito quin libellus is sit jam olim ab ipso conscriptus, antequam quae penitiora hujus scientiae sunt plenius perscrutatus fuerat, nec dubium apud me est quin posterioribus temporibus haud pauca huic scientiae adjecerit inventa.

At quod scribis, te meum auditorem esse velle etc., id obsecro disertius mihi explices, Davus enim sum. Verum enim vero temporis augustia et tabellarii festinatio, qui non recta ad te redire, sed Argentinam et nescio quo alio profecturus est, me urget, ut plura scribere non possim. Tibi vero et M. Crebero pro praestita opera hujus libelli maximas ago gratias. Dabo operam, ut fideliter me compensasse dicas. Hisce vale optime. —

Ad haec Keplerus: S. P. D. Literas tuas, Clarissime Domine Praeceptor, 4. Feb. scriptas, 4. 14. Aprilis accepi et ad eas per Emdschochium respondi, propterea quod humanitatem tuam intricatae meae manus lectione liberatam volebam quodque nihil erat, quod tacendum esset. Nam quae et jam tum hic gerebantur, et hactenus plura acciderunt, quae mutationem status mei spectant, quibus etiam expediendis tuo mihi consilio opus est, illa omnia D.

D. Papio, fautori meo singulari coram recensui et quia ille omnia jam pridem sciebat me ipso longe rectius, atque adeo certius referre tibi oretenus potest, quam ego per literas: ideo ipsum officiosissime oravi, ne mihi, ubi H. Tuam convenisset, hac opera deesset. Qui non solum id se facturum recepit, sed etiam me praesenti et salutari consilio instruxit, adeo ut nihil restet, quam ut H. Tuam majorem in modum rogem, ne dedignetur in mei gratiam ab illo discere, quae me causae moveant, quo minus existimem mihi diutius atque in sequentem annum 96 hic commorandum, deinde vero perpensis iis causis me certiorem reddat, quid consultissimum existimet. Cumque nolim quicquam contra obligationem meam facere, illud etiam scire expeto, consulendane sit curia prius atque hinc me conferam aliorsum. Putat enim D. Papius, posse me honesto salario cum aliquo discipulo in aliquam academiam discedere. Denique si opus habeat H. Tua dilucidiore explicatione atque id mihi significaverit (fortasse etiam sine hoc), ego prolixe scribam. Nondum sane, Praeceptor benevolentissime, tempus est, ut messem tuorum beneficiorum ex mea gratitudine colligas. Quare hanc porro sementem facere ne pigeat, hac certa spe, fore ut cumulate aliquando respondeam, cum Deus mihi facultatem pro sua clementia largitus fuerit. Sed non plura addo, ut vel semel breviter scribam, nec te et tua negotia nimium perturbem. Deo vos omnes commendo. H. Tuae conjugi honestissimae officiosam salutem dico. Erit ubi ad D. praeceptorem Cellium scribam, si quid novi haec aestas produxerit. Nunc omnia coram D. Papius recensebit. Omnibus autem meis praeceptoribus officiosissimam salutem dico.

Vale 7. 17. Maji anno 95. H. T. deditissimus discipulus

M. Jo. Kepler.

Ex literis ad Maestlinum d. 3. Oct. datis (I. 9 ss.) apparet, Keplerum c. medium anni ad eundem de *Prodromo* scripsisse. In „notis ad dedicationem Prodromi antiquam" legimus: Anno 1595. die $^{9}/_{19}$. Julii inveni hoc secretum; statimque ad illud excudendum conversus Octobri sequente in dedicatione prognostici anniversarii (Calendarii in annum 1596), quod erat ex officio scribendum, editionem libelli promisi, ut significarem publice, quam gravis mihi philosophiam amanti esset ista conjectandi necessitas. Ex eo profectus in Wirtembergiam inter domestica negotia nihil aeque pensi habui, ac editionem libelli, quae mihi juvenculo, nulla eruditionis fama publica, typographis sibi de damno metuentibus, plurimum exhibuit molestiarum, et erant, qui absurditate moti dogmatis Copernicani conatibus meis intercederent. Itaque scripta dedicatione ista (I. 97.) Idibus Maji (1596) Stuccardiae, post duos menses reversus sum in Styriam, relicta Maestlino, praeceptori meo, editionis cura pene desperata. —

Quae Keplerus de inventione sua Raimaro Urso (Nov. 1595) scripsit, nimium laudans viri hujus „gloriam", quaeque inde Keplero orta sunt incommoda, ea leguntur vol. I. p. 217 ss.

Die 30. Octobris refert Keplerus Maestlino: Ad diem $^{17}/_{27}$. Octobris hic fuit quidam Baro a Tzernem, qui a superioris Austriae proceribus huc missus est, auxilia sollicitatum adversus rusticos (I. 189). Is me vocat, initium sermonis facit a certitudine mei Calendarii in articulo de seditionibus, inde postulatum inferioris Austriae ordinum (sic ille dicebat) exposuit, qui cupiant *Tabulam Inferioris Austriae Geographicam* a me concinnari. Assensus sum audacter, siquidem id fiat permissu mei magistratus. Nunc igitur, etsi fieri posse dicebat, ut res impediatur (et tamen mihi quasi de re certa gratulatus est), ego tamen omnibus modis mihi prospicio, ne imparatus sim. Peto igitur abs te meo praeceptore, ut si qua in re me monendum, docendum, instruendum censeas, id primo quoque tempore facias. Pro quo quid tibi vicissim debiturus sim, noli putare quasi minus pensi habeam. Statui, si procedat negotium, ex ligno recto triangulum duplex geometricum cum mobilibus forulis struere, 10 pedum longitudinem, 5 altitudinem, cum pede decussato, ut stet ad perpendiculum. Inde promiscue locis praecipuis vel meridianas vel septentrionales stellarum coeli mediationes excipere. Quodsi quas haberes stellarum declinationes certo cognitas, essent mihi usui; non enim potero ubique per 12 horas observare. Duplex triangulum velim, ne ad meridiem convertendo difficultas sit in turbato perpendiculo; triangulum non quadrantem, 1) ut possim quoties opus est destructum mecum portare vel equo vehere, 2) quia lignum constantius est in longitudine, 3) ut sit ejus major usus in latitudinibus quibusdam metiendis, adhibito herculeo lapide. Et tamen hodie modo mihi natum est hoc consilium, cras fortasse displicebit. Longitudines ex posteriori capiendae erunt ex ratione itineraria. Ceterum vulgus minutiorum pagorum ex numero passuum in plano, ex prospectu fastigiorum in altis montibus capiam, ut Munsterus docet. Nec puto necessariam ullam de superficie sphaerica cogitationem in regione, cujus est longitudo 40, latitudo 20 vel 30 milliarium.

Causae, quibus motus Keplerus Gratio discedendum esse censuit, variae fuisse videntur: lites in collegio professorum gymnasii, rector Regius, qui minus Keplero favebat, ordines denique Styriaci, qui initio non cognoscentes Kepleri ingenium, mathematicam, ad quam profitendam illum Gratium advocaverant, parvi habuerunt et alia, quae minus placebant Keplero, docenda ipsi injungere voluerunt. Duae exstant resolutiones ordinum, altera data Decembri anni 1595, altera Januario 1596, in quarum priore haec occurrunt: „Nachdem M. J. Kepler wegen eines auf jezt eingehendes 96. Jar gestellten Kalenders einkhommen, so wollen die Herrn Inspectores erinnern, ob auch der Khepler die Lectura wie seine vorfordern verrichte? Dan solte man ihm allain des Calendermachens halb järlich eine solche Bsoldung, vndt darzu noch auf jede Hereingebung etlicher Exemplar ein sonderbares Extra Deputat raichen, so hies es gar zu teuer erkaufft." Praecessori Stadio pro docenda mathematica adscriptum fuisse salarium annuum 32 florenorum, et auctum in 150 florenos, addita ad mathematicam professione juris et historiarum. „Es solten etwan vnter den Stipendiaten oder promotis praeceptoribus vorhanden seyn, die zum Nottfall dergleichen vmb vil ain ringers gar gern wurden leisten." Inspectores gymnasii, inter quos Zimmermannus, praecipuus Kepleri fautor, rem ejus strenue gerebant, ordinibus respondentes: „Bemeldter M. Keplerus ist vor 2 Jarn hieher vocirt worden, der sich auch anfangs perorando, hernach docendo vnd dann auch disputando dermassen sich erwiesen, dass er bey seiner Jugent ein gelehrter vnd in moribus ein beschaidener vnd dieser Schuel alhie ein wohlanstehender Magister vnd Professor. Wie nit ohn ist, dass er das erste Jar, wie auch M. Stadius seliger, wenig auditores gehabt, diss Jahr hero (scripta haec sunt anno 1595) aber mehren Thaill gar keine auditores gehaben mögen, welches vnsers Wissens nit Ime, sondern denen auditoribus (weil mathematicum studium nit Jedermans thuen ist) zu imputiren. Damit er aber sein Besoldung nit vmbsonst einneme, haben wir Ime auf guethaissen D. Rectoris Arithmeticam, wie auch Virgilium vnd Rhethoricam („ethicam" quoque Keplerum docuisse Papius jocans scribit) sechs stund in der wochen in superioribus classibus zu dociren anbevohlen, dem er auch gehorsamlich thuet nachkhommen, biss etwan auch in mathematicis publice zu profitieren mehre Gelegenhait fürfelt. Wäre derowegen vnser guetachten, E. G. hetten Keplerum in seiner Vocation auch füro erhalten, Ime sein Jarsbsoldung der 150 Gulden, wie auch für Beschreibung der Calendarien järliche 20 Gulden ervolgen lassen, da man gelerter Leuth bey diser Schuell wol bedarff.

1596. Revolutio anni. . . . . Iter septimestre. Negotium cum Wirtembergico dilatum. Publicatio inventi (Prodromi). Hostes potentissimi. Dilatio conjugii toto anno.

Iter in Württembergiam ingressus esse videtur Keplerus initio mensis Februarii. Die 27. Februarii Stuttgartiae adiit ducem Fridericum, supplex offerens picturam machinae astronomicae (cfr. vol. I. p. 74 ss.), quam ut princeps argento conficiendam jubeat et sumtus necessarios in se recipiat petit. Simul cum ducis consiliariis egit de reditu in patriam: „negotium hoc dilatum est". Maestlinus Tubingae consentiente Keplero typum Prodromi curavit et dum liber proelum subiit cum Keplero Stuttgartiae commorante (usque in finem mensis Maji) de iis quae corrigenda essent per literas egit. (I. 21 ss.). Absolutum opus misit die 25. Novembris Gratium. Epistolam dedicatoriam (ad Ordines Styriacos) scripsit Keplerus Stuttgardiae „Idibus Majis", his finem faciens: Accipite hoc grati animi symbolum meque humilem clientem in vestram gratiam suscipite, et denique assuescite inter Caesares, Alphonsos, Rudolphos ceterosque astronomiae promotores accenseri. Ad haec verba annotat in editione secunda: Locum invenit adhortatio mea commodo meo non exiguo. Illustris D. Capitaneus de proprio statim, ceteri, ut erant loco corporis Provincialium, exspectato eorum conventu, anno 1600 mihi magnificam remunerationem impetrarunt.

Senatum Tubingensem Keplerus hoc adiit libello supplici, veniam petens, ut sibi liceat, Tubingae „Prodromum" typis excudere:

Magnifice D. Rector, Spectabiles DD. Decani, Praeceptores perpetuo colendissimi.

Cum superiori Julio, Divina aspirante gratia, Astronomicum sive Cosmographicum quoddam ζήτημα invenissem, quod non tantum ad Dei ex natura cognitionem plurimum facit, sed etiam professionem meam ornat: semper in occasiones ejus publicandi intentus fui, et per occasionem reditus mei in patriam atque morae cum Gruppenbachio de excusione egi, qui promtum se obtulit ad meam petitionem, dummodo Magnificentiae et Spectabilitatum vestrarum cognitio et indulgentia interveniat.

Quod cum intelligerem ex ipso, necessarium existimavi Magn. et Spect. vestras per literas, quia coram hoc tempore non possum, debita cum subjectione orare: si nihil insit in meo proposito damnosum Reip. academicae, si scriptum ipsum, quod praesentibus Magn. et Spect. vestrarum censurae humiliter subjicio, lucem aliquam bonis artibus afferre possit, ut ejus vulgationem vestro calculo juvetis atque in hoc fidem meam penes DD. Ordinarios Styriae, ut quibus ante aliquot menses ejusmodi spem feci, liberare juvetis. Quod si impetravero, in beneficii non exigui parte censebo, simul et operam dabo, ut ea fide, qua civis ego huic obstrictus sum academiae, gratum me demonstrem. Valete, Deo commendati. 1. Maji Ao. 96. Tubingae.

M. et SS. VV. subjectissimus discipulus

M. Jo. Kepler,

Illustrium Styriae Provincialium

Mathematicus.

Inscriptio: Magnificis, Spectabilibus, Reverendis et Clarissimis viris, DD. Rectori et quatuor Decanis almae Universitatis Tubingensis, DD. Praeceptoribus et Patronis suis perpetua gratitudine prosequendis.

Adscriptum est: Commissum DD. 4 Decanis, Decretum 22. Maji 96.

Absentiam Kepleri septimestrem in malam partem acceperunt ordines Styriaci, quam ob rem inspector scholae W. Zimmermannus his Keplerum excusat, petitionem Kepleri tradens: .... Er ist mit vnserm vorwissen vnd erlaubnus die ersten zway monat abwesend gewest, welches wir Ime auch aus denen damals fürgewendten vnd anjetzo widerholten Vrsachen nit weigern haben sollen, vmb das er aber noch fünf monat daruber aussenblieben, weil er sich bey vns schrifftlich entschuldigt vnd seine begründeten Kundschafften jetzo auch fürbringt, kunten wier nicht erachten, das Ime solcher 5 Monat wegen an seiner Besoldung ichtes solte abziehen, in bedenken, das Er in seiner profession für andere sehr gelert vnd erfarn .... auch wurde es dem Herzogen zu wirttemberg seinem Landsfürsten zweifls ohne zu nit geringer Befrembdung bekhumen etc. (Keplerus redux ex patria in gymnasio Gratiensi mathematicam et historiam docuit. Vol. VII. p. 751 ss. exhibuimus fragmentum, quo explicat auditoribus partem Historiae Sleidani.)

Conscripsisse Keplerum hoc anno quaedam de cometis, ex his apparet literis ducis Württembergici ad Maestlinum (d. Stuttg. 28. Dec.), quamquam alias nullibi mentio fiat hujus scripti, jam penitus deperditi.

„Ersamer Lieber getrewer, Wir lassen Euch ein tractatum de natura et significationibus cometarum, welchen M. J. Kepler geschriben, vnd vns dedicirt hat, hiemit zukhomen, vnd weil er denselbigen in offentlichem Truck zu verfertigen begert, so ist vnser gnediger Bevelch, Ir wöllen denselben mit Fleiss lesen, volgends vns ewer judicium darüber zuschicken etc.

Maestlini judicium traditum est principi d. 27. Jan. 1597, quod testantur literae huic forte judicio subjunctae, quae supersunt, sicut etiam responsio principis (d. 1. Febr.), qui nunciat Maestlino, accepisse se Maestlini judicium, „damit Wir dann gnedig wol zufriden seyen vnd den Eventum der Zeit bevelhen thun.“ Maestlinum monet princeps, ut opus Ephemeridum ad finem perducat. „Das seyen wir in gnaden gegen Euch zuerkhennen genaigt, inmassen wir auch vnserm Bebenhausischen Pfleger bevelhen, von vnsertwegen Euch Zehen schöffel Dünkel vs gnaden widerfahren zu lassen.“ Judicium Maestlini sicut scriptum Kepleri desideratur in tabulario Heilbronnensi, ubi Professor Tub. D. R. Roth praemissa deprehendit.

Keplerum non tantum Prodromi edendi, sed etiam nuptiarum causa in Württembergiam reversum esse, varia probant indicia, quamquam neque Stuttgartiae neque Tubingae existunt tabulae ad nuptias pertinentes. Referenda autem haec sunt ad annum sequentem.

1597. Revolutio anni: Februario 9. sponsalia, 27. Aprilis nuptias celebravi calamitoso coelo*). Variae lites causa dotis. Initio anni morbus, bilis

---

*) Die 12. Apr. 1597. Keplerus his adit proceres Styriacos: .... gib Eur gnaden hiemit gehorsamlich zuvernemen, das Ich mich auss sonderer schickhung des Allmechtigen, auch mit Rath meiner befreundten, zu der Erntugenthafften Frauen Barbara, weiland des Ernvessten Herrn Marxen Müllers, einer Er. Landsch. in Steir gewesten Pauzalmaisters seeligen hinterlassene wittib, mit ehelicher Pflicht, biss aufs Priesters Band versprochen. Ich dann meinen hochzeitlichen Erntag auf 27. laufenden Monats Aprili, in des wollgebornen Herrn Herrn Geörg Hartmann v. Stubenberg etc. behaussung alhie in der Stempfergassen (liebts Gott) zu halten entschlossen etc. Proceres ipsum donarunt poculo argenteo, pretio 27 fl. (D. Peinlich, Jahresbericht des Obergymnasiums zu Graz. 1866.)

Idem D. Peinlich (et Gruner in vita Kepleri) refert ex actis tabularii Gratiensis, Keplerum ab anno 1594 in 1597 habitasse in „Collegio“ scholae, post nuptias vero (d. 30. Junii) petiisse: „Demnach mir von Einer Ers. Landschaft in meiner Bestallung freye Wohnung zugesagt, ich auch dieselbe in der Stifft biss zu verschinen Aprilen sampt der Beholzung gehabt, aber von ermelter Zeitt hero in eine andere meiner Hausfrau zuständig Zimmer, wöllches järlichen vmb 52 fl. ausgelassen worden, eininsolita, morositas, ira, audacia. Ascendens cum Corde ♌ in △ ♂ ☿ ♃, in □ ♀, est constellatio valde vehemens, notat periculum a calore igneo cordis, vulnus aut febrim.

Duxi anno 1596 uxorem (h. e. mihi despondi), nec aliud toto semestri sensi, confirmantibus me literis gravissimorum virorum. Laetus redii in Styriam. Ut veni, nemine non gratulante, mihi secreto indicatur, me uxore excidisse. Spes conjugii per semestre radicata moram alterius semestris requisivit, donec rursum eradicaretur atque ego penitus mihi ipsi persuaderem, irritam esse, aliamque vitae rationem inirem. Ubi desperatum penitus est, re jam ad ministerium delata, ecce novam περιπέτειαν. Movit homines ministerii auctoritas et si comparerent, ludibrium suum. Itaque certatim omnes jam viduae, jam parentis animum adorti eos expugnarunt mihique novas confecerunt nuptias. Quo uno impetu corruerunt omnia mea consilia de alia vita ineunda.

Haec desumta sunt ex epistola ad Maestlinum data d. 10. Febr., quibus die 7. Jan. praemiserat: .... Rogo ut pecuniam tantisper custodias, dum quid ea fieri velim rescribam, aut ipse forte veniam, Deo vitam largiente. Causa enim matrimonialis pendet in justitio ecclesiastico. Si solvar decrevi, ut nunc quidem habeo, ad vos redire, nisi aliud suaseritis.

Senatum ecclesiasticum hac adierat Keplerus petitione initio anni 1597:

Edle gestrenge Ehrwürdige, Hochgelehrte, Insonders gross vnd günstige gebiettunde Herrn.

Wöllicher massen Eur Vest. vnd Ehr. ich vor wenig Wochen durch ein Schreiben in bewuster Ehesach vmb eine güetliche erkhantnuss vnderthänig ehrerbietig gebeten, Ewer Vest. vnd Ehr. hierauff bedes Thailes einen Tag ernennet, Derselbige auff des gegen Thailss begehren vnd meinige erfolgte Bewilligung für dasselbmall auffgehaben, dafür privatim gehandelt, der gegen Thail copias meiner fundamenten begert, dieselbe auff genommenen dreytägigen Bedacht ihme Thails erfolget, vnd gegen Thail zwar versprochen inner acht Tagen eine andere privat Handlung ins Werckh zurichten, aber nun 14 ganzer Tag stillschweigender ob denen fundamentis sich berathschlaget: Diess alles ist E. Vest. vnd Ehr. vnverborgen. Weilen aber ich kurzen Tages etlichermassen verstanden, das der Fraw Wittiben Herr Vatter nicht allein in kheine weittere privat Handlung (sintemal er den Fürgang dieses Heyraths einest verschworen) einzuwilligen, sondern auch seine Tochter vor dem Ministerio (als seines Vermainens incompetenti judice) aller Müglichkeit abzuhalten vnd also allerhand Verlängerungen zu suechen, mich damit abzumaten oder mit der hohen Obrigkheit zu schreckhen gesinnet, vnnd aber eine soliche langweilige, auch ernstliche Handlung mir in Verrichtung meiner Schuel vnnd Lehrdienste, fortsetzung meiner Studien, sonderlich aber meiner alberait eingefallenen Leibssschwachheit hoch beschwerlich vnd schädlich: Als gelanget nochmal an E. V. vnd E. mein nothgedrungenes Pitten, Ewer V. vnd E. wollen vnverhofft einiger weiterer güetlicher privat tractation, so vill dieselbe wegen tragenden Ampts rechtlich befüegt, bey der Fraw Wittib vmb eine Antwort auff mein zuegeschicktes schrifftliches Anbringen fürderlich anhalten. Darauss dann abzunemen sein würdt, ob gegen Thail zu compromittirn oder

---

gezogen, darumben dan mir die Haussbesserung vnd was der obrigkhait davon gehöret, sampt Vnderhaltung meines Stiefftöchterle obligt: alss gelangt an E. Gn. etc. mein gehorsames bitten, die wollen mir .... dafür eine gewisse Summe Gelt verordnen. Decreti sunt ad hanc petitionem 50 floreni in singulos annos. —

nicht, oder forum conscientiae gar zu declinirn gesinnet. Vnd was mir in all diese Weg zu Verkürzung des process, oder Entledigung der ganzen Sache bei der höheren Obrigkheit anzubringen, hiebey von Kürz wegen auch auff mein erstes Anbringen in allen Puncten referierende. Auch Euer Vesten vnd Ehr. mich vnderthänig Ehrerbietig befehlende.

Actum 17. Jan. ao. 1597.

E. G. vnd E.

Vnderthäniger
Gehorsamer

M. Johann Kepler
Mathematicus.

Quibus causis mota sponsa Kepleri fidem mutarit, non plane ciarum fit e praemissis et aliis quae supersunt de hac actione testimoniis. Editores „Vitae Kepleri" (Reutlinger et Neumann) sicut et Hanschius in hanc inclinant opinionem, familiam sponsae (pater, Jobst Müllerus, molendinarius et agrorum possessor ad Goessendorf, prope Gratium, dominus erat a Mühleck. et generis nobilis, testibus viris, quos modo diximus) in conjugium illud consentire noluisse, nisi prius Keplerus originis suae nobilitatem demonstrasset, eamque praecipue ob causam Keplerum in patriam anno 1596 rediisse, ut haec testimonia impetraret. Sponsa Barbara Mulleria primo nupta fuit viro locupleti Lorentio, qui ex ea anno 1590 filiam (Reginam) suscepit. Ipse Keplerus haec scripta reliquit: primum conjugium cum divite et splendido initum durabile non fuit; alterum cum morbido et impeditarum rationum et malorum liberorum parente (Mark Müller, Styriorum ordinum „Bauzahlmaister") infelix. Tertium (cum Keplero) cum maximis turbis conjunctum. Nata est mense Junio 1573. Papius Keplero Tubinga Stuttgartiam nunciat (17. Maji): „D. Oberndorfferus et Osius (Gratio) mihi scribunt, se tuam causam sic egisse, ut tibi sponsa sit certa, certum matrimonium, modo matures reditum. Idcirco vide, ne jam tuis ipse obstes commodis diuturniore commoratione." Quae post reditum Kepleri novae ortae sint simultates inter familiam sponsae et Keplerum, nescimus, nisi quod haec Kepleri verba rem obscuram aliquantum illustrant:

Speidelius matrimonio aperte restitit πλεονεξίᾳ quadam; nam viduam ipse cum amplificatione suae gratiae arbitrio proprio elocaturus et benefacere charo alicui voluit. Zeilerus est, in quem maxime exarsi omnium. Causa multiplex. Prima origo, quod insolenter usurparem uxoris ipsius bona. Ibi jam ille mihi colaphos meditabatur. Mihi causa justa, uxoris dotem petere, modus forte minus humanus, irritare petendo. Ille vero injustus, qui utrumque negabat. Ex eo accessere injuriae uxorum, mea dicendi intemperantia. Postea rei compositio ipsa plurimum adjuvit. Demonstravit ille singularem πλεονεξίαν, ego singularem iram contra eam. Cum Müllero causae eaedem. Illius injuria in me contemnendo vel carpendo, quae meam per opinionem major fuit, quam re ipsa. Filiam privignam seducere et abalienare volebat. Hoc pertinebat ad meam injuriam, contra ego irae acerbitate provocavi ipsum, ut mihi extrema quaeque minitaretur. Cum fratre causa rixae primo ipsius vanitas morum, deinde mea reprehendendi libido, ipsius immodica postulata, mea tenacitas. — (Ex „thematis" descriptione, concinnata hoc eodem anno 1597.)

Dum epistolae Kepleri annorum 1595 et 1596 majore ex parte de conscribendo et edendo *Prodromo* agunt, hoc anno Keplerus de distractione libri, de sumtibus pro typo, de „opere argenteo" et de iis cum Maestlino disserit, quae ille libro addenda et in manuscripto corrigenda censuerat. Cfr. vol. I. p. 28—37, 77 ss.

Haud parvi momenti sunt literae Kepleri mense Aprili ad Maestlinum datae, e quibus haec repetimus. Quod tandem aliquando elephas meus peperit, nec interea temporis ulla libello meo difficultas a Scripturae S. defensoribus, quod metuebam, objecta fuit, equidem Deo conditori devote gratias ago. Faxit is ut, quod ego publice quaero, passim apud sanos et copiose sequatur ex jucundissima speculatione, scilicet ut fides de rerum creatione hoc externo adminiculo confirmetur, conditricis mentis natura cognoscatur majorque nobis quotidie fiat inexhausta illius sapientia, atque adeo ut vel tandem homo suae mentis vires justo modulo metiatur et intelligat, cum Deus omnia ad quantitatis normas condiderit in toto mundo, mentem etiam homini datam, quae talia comprehendat. Nam ut oculus ad colores, auris ad sonos, ita mens hominis non ad quaevis, sed ad quanta intelligenda condita est remque quamlibet tanto rectius percipit, quanto illa propior est nudis quantitatibus ceu suae origini; ab his quo longius quidlibet recedit, tanto plus tenebrarum et errorum existit. Affert enim mens nostra suapte natura secum ad divinarum rerum studia notiones suas, in praedicamento quantitatis exstructas; quibus si spolietur, nihil nisi meris negationibus definire potest. Hinc illa Calvinistarum ἔκστασις ad nomen *praesentiae illocalis*. Nam et vox (praesentia) et res intellecta sub voce desumta est ex conditione bujus seculi, loco et tempore constantis, digitumque vel cautissimis ad quantitates intendit. Haec et similia si quilibet ex occasione ex meo libello desumta secum perpenderet, opinor uno gradu propius conventuras partes in religione dissidentes. Sed enim ex musca fiet hoc pacto denique elaphas. Ego quam sim hoc nuncio recreatus, dicere rectius non possum, quam si tibi sollicitudinem mariti pro pariente uxore gaudiumque ex denique nato puero ponam ob oculos. Quamvis haud parum meam festivitatem interturbat remora, quam meus iste partus tuo scripto objecit simulque totius Europae exspectationem de illo diutius suspendit. *)

Et quando quidem in hanc mentionem incidi, quaeso te Praeceptor amantissime per mea et tua quinque corpora, ne aegre feras cogitata mea de Calendario tibi explicantem. Novi equidem, quae tu suscepisti defendenda, ejusmodi firmata esse argumentis, quae non *Clavi* neque cunei, imo ne tota quidem coeli machina solvet. Etiam illud alterum teneo firmiter: parum et minimum quid esse commoditatis ex correctione (si maxime perfectam fingamus) paschatis, nihil omnino ex exemtione 10 dierum sequutae, quo se venditare jure possit Gregorius contra J. Caesarem. Neque sum in illo inani metu, ne mundus eo usque duret, dum pascha in autumnum et coelum in terram cadat. Quin imo hoc esse puto correctionem hanc ordini politico, quod quinta rota currui. Illud etiam cum theologis sentio: circumspiciendum fuisse non frustra, ne qua lateat anguis in herba. Neque me fugit politicum magistratus consilium, qui adversariorum ingenium cognitum habet, et quantus sui tacitus apud illos contemtus ex receptione Calendarii secuturus sit considerat. Mordet enim vel sola cogitatio victi propositi.

Haec cum ita teneam, in ceteris in magna sum haeresi. Quid enim agat

---

*) Maestlinus in literis, ad quas respondit Keplerus, absolutionem typi nunciaverat et huic relationi haec praemiserat: Longa mora fuit, speravi id brevi absolutum iri, ideo passus sum, ut interea meum scriptum differretur idque meo ingenti cum incommodo. Nam inde accidit, ut meum contra Calendarium novum scriptum ante nundinas absolvi non potuerit, cujus gratia in magnam apud senatum amplissimum reprehensionem incidi. Itaque vere mihi accidit secundum illius symbolum: „dum aliis inservio, ego consumor.“

Germaniae dimidium? Quam diu dissidebit ab Europa reliqua? Fastos immutavit Bavaria, Vindelicià, Austria, Styria, Bohemia, meditullium Germaniae, Episcopi universi, Hispania, Gallia, Italia, Hungaria, Polonia. Restant reges septentrionis, mari a nobis divisi. Facillimus nobis est aditus ad novationem, nulla amplior metuenda confusio. Quid exspectamus? Num ut Deus aliquis e machina prodiens omnes illos magistratus Evangelii luce illuminet? Esto, fiat ingens hoc τερας. Num propterea speramus, illos projecturos correctionem semel susceptam? Jam ab annis 150 flagitarunt astronomi, ipse etiam Lutherus auctoritatem politicam ad correctionem hanc. Multi multos descripserunt modos, nescio an quisquam meliorem atque is ipse est, quem Papa instituit; quis porro meliorem (qui inveniri fortasse facile potest) audebit magistratui proponere? Jam enim una correctio facta est, alteram in exigua parte Europae nemo facile et sine turbis introducet. Retinenda igitur erit antiqua forma, aut Gregoriana suscipienda. Quid autem? Jam porro nostrates astronomi os comprimeut? querelas facessent, quas Regiomontanus, Purbachius, Maria, Pitatus, Stoefflerus et duo clapsa secula usitarunt? Cum illi corrigere jusserint, nos jam prohibebimus? Alia, inquis, nostra sunt tempora, theologi enim juxta astronomos pugnant, non indecorum erit astrologis, dissuadere quod religioni perniciosum erat futurum. Video haec ita dici posse. Verum si hoc metu liberi esse, si media reperire possimus, quibus abunde nobis cautum sit, quid tum adhuc differat astronomos, quo minus correctionem ad majorum suorum exemplum urgeant et Gregorianam emendationem jam propagatam approbent, non quidem ut optimam, sed ut non omnino pessimam proximis praesertim seculis: nam remotiorum nos nullus tenet metus.

Quid autem, ais, nos moveat, cur tandem manus demus, cum nulla teneant nostras partes incommoda? Primum jam aliquid hujus dixi. Astronomi non tantum ad utilitatem, sed etiam ad ordinem et pulchritudinem intenti sunt, natura quantitatum ita ferente. Nam si Deo mundum placuit ornare perfectis quantitatibus, cur non et astronomis aliqua etiam perfectio placcat in fastis? Deinde eadem concinnitas movere debebat principes, ut, quoniam omnino jam Christianus orbis suscepit emendationem, ipsi in re media non diutius ab eo dissideant. Faciet nempe ad publici status decentiam conformitas temporum. Sufficiat jam per annos viginti fere demonstrasse Papac libertatem suam. Jam is videt, posse nos et velle etiam, si nobis prosit, retinere antiquos fastos, quod autem emendemus ut ipse emendavit, non cogi, sed ita honum censere.

Tertio etsi nihil adversi nobis hactenus hac de causa contigit, tamen in posterum metuo. Non est hic metus ex eo genere, qualis ille, ne mundus 40000 annos porro duret. Non erunt nobis semper Rudolphi mites atque faciles. Aliquis Lutherianis infensus occasionem arripiet belli ex hoc politico edicto contemto. Praetexet religioni Calendarium et utrumque simul eripiet. Ecce Carolum quintum. Is ut fiduciarios suos ad se attrahat dixit, ire se punitum rebelles, qui Ferdinandum regem repudient: at eo hello Smalcaldico parum abfuit, quin ipsa religio conflagraret. Tale quid porro quoque metuo. Introducta est emendatio sub conjunctione magna Saturni et Jovis, vereor ut expugnari possit et ne aliquando vi propagetur. Satius esset sponte aliquid adire, dum nulla adhuc coactio prae foribus, quam in futurae violentiae metu persistere et posteros prodere. At possis me ridere cum immaturo meo metu atque dicere, differendum hoc negotium tantisper, dum immineat tale aliquid. Ego vero ajo, tum non amplius ita integrum nostris futurum, imo si demum hoc faciant, victi statim praebituros speciem, quam primum imperatum futurum sit. Tum autem et occasio praeterlapsa erit, quae sola me movet, ut hoc tempore scribam. Instat annus 1600 a nato Christo. Possemus eum insignire aliquo memorabili. Possemus justius gloriari, quam papa de anno 1582, quasi in deserto angulo posito. Ille vero 1600 est quasi in trivio aut loco illustri positus. Si moneretur Imperator et promulgaret edictum mere politicum, habito prius evangelicorum consilio, principes autem singuli colligerent suffragia suorum mathematicorum: sic approbaretur non Gregorii bulla, sed illius mathematici consilium. Turpe Germaniae, cum artem corrigendi restaurarit, solam correctione carere. Existimo inter bonos bene agier, quo liberior fui in dicenda mea sententia super negotio Calendarii. Aliam tu fortasse compensationem dilati scripti tui a me exspectasti: sed cogites, me haec ita ad te dicere, nihil ad alios, et si maxime eadem aliis dicerem, tamen in tuos labores non esset injuria mea sententia, cum longe aliis insistat vestigiis.

Quod de offensione senatus academici quereris, opinor te tamen aliquos ex illo habiturum aequos tuorum laborum censores. Memini cum D. D. Superattendentes superiori aestate ex me quaererent, ecquid de isto tuo scripto fieret? respondere me, quod equidem tantum laboris tibi sumas in mea causa, ut partim pudor, partim metus me prohibeat, in tua privata studia curiosius inquirere. Quo illi audito tacuerunt et procul dubio adhuc memores sunt. Non igitur tantopere tibi metuas ab illa senatus reprehensione eamque praeter adhortationem nihil in se continere cogites. Quin ego tuo illi symbolo aliud oppono. Quereris, te consumi aliis inserviendo; at alius regium ait aliis inserviendo male audire. Crede mihi, ex hac consumtione tibi aeterna fama nascitur, cujus quidem me tanto diligentiorem buccinatorem esse convenit, quanto tu plus mihi quam aliis atque adeo in hoc casu tibi ipsi benefecisti. . . . .

En habes epistolam bene longam et longiorem fortasse, quam occupationes meae nuptiales ferre possunt. Optarim autem, ut et per literas petii, aliquos ex vestro Collegio, te praesertim atque M. Millerum hic adesse. Sed quia de te hoc sperare non possum, illud solum te rogo, ut ad diem nuptialem tuis precibus mihi praesto sis. Rerum mearum status porro talis est, ut si moriar intra annum, vix quemquam major infelicitas mortuum sequi possit. Magni sumtus de meo faciendi sunt, solent nempe hic splendidissime apparari nuptiae. Sin autem Deus mihi vitam proroget, certum est, ligatum et constrictum me esse in hunc locum, quicquid tandem de nostra schola fiat. Sunt enim sponsae meae hoc loco praedia, sunt amici, est pater locuples, ut fere salario non magnopere indigere videar post annos aliquot, si mihi hoc decorum esset. Nec mihi patet exitus ex hac provincia, nisi aut publica calamitas aut privata interveniat. Publica, si nempe Lutherano non amplius tuta sit provincia, aut si a Turca propius infestetur, qui quidem jam nunciatur cum sexcentis millibus hominum in procinctu esse. Privata autem calamitas, si mea uxor moriatur. Sic etiam umbram aliquam status mei vides. A Deo plura petere non audeo, quam hoc tempore mihi eveniunt. —

Fama quidem de Turcarum invasione falsa erat, sed quam animo Keplerus praesagivit ejectionem Lutheranorum e Styria, ea proximo anno evenit.

Mense Septembri nunciat Keplerus Maestlino: Ego et mea conjux sicuti optamus conjugialiter valemus; quod verbum quid significet, Sol patefaciet, ubi ad quadratum ab initio locum pervenerit, si Deo placuerit. . . . . Nuper in Italiam misi duo exemplaria mei opusculi (sive tui potius), quae gratissimo et lubentissimo animo accepit Paduanus mathematicus, nomine Galilaeus, Galilaeus, uti se subscripsit. Est enim et ipse in Copernicana haeresi inde a multis annis. Unum exemplar misit Romam et plura habere desideravit. Equidem scire aveo, Gruppenbachius (typographus) qua fortuna sit usus in distractione exemplarium et si quis interea celebris vir in tuam notionem venerit, qui veritati ferat suffragium. — Ursus Praga ad me scripsit, petens exemplaria, cui quamvis minime gravi auctori indulsi tamen, quia caesareus est mathematicus mihique qua prodesse, qua obesse potest. Patet enim in Styriam usque ejus familiaritas. Tychoni nullum adhuc mittere potui. Illius judicium avide exspecto. Wie ich mit dem Büechel ankhomme bey einer Er. Landtschafft, weiss ich noch nicht. Auch hör ich noch von kheim Landtag. Videor mihi voluptate speculationis contentus esse debere nec quicquam ulterius sperare. Sed Deo curae erunt omnia.

De meis studiis quid scribam, non habeo, nam res oeconomicae me perturbant. Unum tamen est, in quo merito H. T. appellam, ut mihi opitulari digneris. Incidi in speculationem quandam, quam nec breviter nec confidenter pronunciavero, ne sc. ridear. Verum ut ab ea me expediam, opus mihi est tuis oculis et magno illo quadrante. Velim sc. ut stella polaris circa $^{18}/_{28}$. Septembris (sed heu mihi jam transiit) culminans, circa $^{16}/_{26}$. Decembris vero eadem culminans et humillima observetur et videatur, utrum inter utramque culminantis altitudinem non sit differentia unius atque alterius scrupuli in quadrante. Hoc enim optarim accidere. Elegi aliam, quamvis huic negotio minus idoneam, solam tamen post polarem, quae mihi nonnihil satisfaciat, eductionem caudae in Ursa majore. Haec si circa $^{9}/_{19}$. Dec. altissima simul et humillima observaretur, mense vero Martio, dum Sol est in quadrato loco, rursum caperetur alterutra ejus altitudo, res mihi et ut opinor astronomiae utilissima esset, praesertim si inter binas altitudines, quas aequales fore speras, aliqua appareret differentia. —

Ex responsione Maestlini (d. d. 30. Oct. v. st.) haec excerpsimus: Te cum conjuge tua suaviter et bene atque conjugialiter valere, ex animo tibi gratulor. Opto ut si Sol hoc posterius patefecerit videas, qui te pietate, virtute, moribus et ingenio feliciter aliquando summa cum tua tuorumque cognatorum et amicorum congratulatione referat. Deus porro vobis omnibus sua benedictione affatim tam in re domestica, quam vacatione operis expediendis clementer adsit. . . . . Spargebatur apud nos fama de duobus scriptis tuo invento contrariis editis, verum nihil eorum ad nos Tubingam venit. Idem etiam nostros theologos nonnihil offendit, auctoritate tamen Principis nostri, cui principale schema dedicatum est (cfr. vol. I. p. 193), moti in medio relinquunt. D. D. Hafenrefferus semel atque iterum (jocose quidem, licet jocis seria etiam intermixta videantur) me adortus et mecum disputaturum se esse testatus est, quam diu auctoritas Scripturae Sacrae esset perstitura. Idem haud ita pridem in publica vespertina concione, in explicatione cap. 1. Geneseos inter alia dixit: „Deum summum creatorem non suspendisse Solem in medio mundi ut laternam in medio atrii.“ Verum jocis illis jocosa opponere soleo, dum joci sunt; si serio res agenda esset, aliter responsurus et ego essem. Pro egregia phantasia et erudito invento idem D. D. Hafenrefferus agnoscit, sed S. Scripturae et ipsi veritati contrariari omnino et simpliciter putat. Verum cum istis, qui principia harum rerum non sufficienter tenent (ceteroquin viris magnis et eruditissimis), satius est similiter jocose agere, dum jocos accipiunt.

De observatione stellae polaris quid velis, intelligo, sed in quem usum, non percipio, nisi quod existimo, te forsan altitudinem stellati orbis inde conjectare et metiri velle. Ego quidem huc usque eam diversis anni partibus non adeo sollicite inquisivi, nisi, quod fateor, superioribus annis mihi nonnullam differentiam intervenisse;

cujus tamen culpam meae negligentiae imputavi. Verum dabo posthac fideliorem operam. Mense Septembri observandi occasio cum fuisset, coelum adeo adversum nobis semper fuit, ut ejus inclementia vindemiae, quae copiosissima fuisset, plurimum nocuerit. Uvae enim non vel vix maturuerunt, vinum satis austerum est. —

Praeter has Maestlino datas ab eoque acceptas epistolas multae ad alios hoc anno datae et acceptae supersunt, quae ex parte ad Prodromum spectant, quem ad homines in literis celebres misit Keplerus, eorum judicium de libro expetens et cum iis de astronomicis, historicis aliisque rebus ad studia altiora pertinentibus agens.

Galilaeus mense Augusto pro donato sibi Prodromo gratias agit. Legisse se ait nihil praeter praefationem, ex qua tamen perceperit, se „in indaganda veritate socium habere et ipsius veritatis amicum." Lecturum se esse librum eo libentius, quod ipse in Copernici sententiam multis abhinc annis venerit, et sic pergit: Ex tali positione multorum etiam naturalium effectuum causae sunt a me adinventae, quae dubio procul per communem hypothesin inexplicabiles sunt. Multas conscripsi et rationes et argumentorum in contrarium eversiones, quas tamen in lucem hucusque proferre non sum ausus, fortuna ipsius Copernici praeceptoris nostri perterritus, qui licet sibi apud aliquos immortalem famam paraverit, apud infinitos tamen (tantus enim est stultorum numerus) ridendus et explodendus prodiit. Auderem profecto meas cogitationes promere, si plures qualis tu es exstarent, at cum non sint, hujusmodi negotio supersedebo.

Kepleri responsio haec est:

Literas tuas, vir humanissime, 4. Aug. scriptas 1. Sept. accepi; quae quidem gemino me affecere gaudio, primum propter amicitiam tecum Italo initam, post propter consensum nostrum in Cosmographia Copernicana. Cum igitur in calce epistolae humaniter me ad crebras epistolas invitasses, neque mihi sponte mea stimuli ad hoc deessent, facere attamen non potui, quin per hunc praesentem nobilem juvenem ad te scriberem. Existimo namque te ab eo tempore, si otium tibi fuit, libellum meum penitius cognovisse. Inde cupido me vehemens incessit censurae tuae percipiendae: sic enim soleo, ad quoscunque scribo, judicia de meis incorrupta efflagitare. Et mihi credas velim, malo unius cordati censuram, quamvis acrem, quam totius vulgi inconsideratos applausus. Utinam vero tibi, tali intelligentia praedito, aliud propositum esset! Nam etsi sapienter tu et occulte proposito exemplari tuae personae mones, cedendum universali ignorantiae, nec sese temere ingerendum vel opponendum vulgi doctorum furoribus (qua in re Platonem et Pythagoram, nostros genuinos magistros, sequeris), tamen cum hoc seculo primum a Copernico, deinde a compluribus et doctissimis quoque mathematicorum immanis operis initium sit factum, neque hoc jam porro novum sit, Terram moveri: praestiterit fortasse, communibus suffragiis semel impulsum hunc currum continenter ad metam rapere, ut, quia rationum pondera vulgus minus librat, auctoritatibus illud magis magisque obruere incipiamus, si forte per fraudem ipsum in cognitionem veritatis perducere queamus. Tua ratione simul laborantes tot iniquis judiciis socios adjutares, dum illi vel solatium caperent ex tuo consensu vel praesidium ex auctoritate. Non enim tui solum Itali sunt, qui se moveri nisi sentiant credere non possunt, sed etiam nos hic in Germania non optimam dogmate isto gratiam inimus. Verum sunt rationes, quibus nos contra has difficultates muniamus.

Primum, ab illa ingenti hominum multitudine separatus sum, nec uno actu tot clamorum strepitum haurio. Deinde, qui mihi sunt proximi, vulgus hominum est, qui cum haec abstrusa, ut aiunt, non capiant, mirantur tamen, nec, credere velint an non, unquam secum ipsi cogitant. Docti mediocriter, quo sunt prudentiores, hoc cautius sese immiscent hisce mathematicorum litibus. Quin imo fascinari possunt, quod expertus loquor, auctoritate matheseos peritorum; ut cum audiunt, quas jam habeamus Ephemerides ex Copernici hypothesibus extructas, quicunque hodie scribant Ephemerides Copernicum omnes sequi, ut cum ab ipsis postulatur, ut concedant, quod nonnisi in mathesi institutis demonstrari possit, phaenomena sine motu Terrae consistere non posse. Nam etsi haec postulata vel pronunciata non sunt demonstrata, sunt tamen a non mathematicis concedenda. Cumque sint vera, cur non pro irrefutabilibus obtruderentur? Restant igitur soli mathematici, quibuscum majori labore agitur. Ii cum nomen inde habeant, non concedunt postulata sine demonstratione. Quorum quo imperitior quisque, hoc plus negotii facessit. Veruntamen et hic remedium adhibere potest solitudo. Est in quolibet loco mathematicus unus; id ubi est, optimum est. Tum si habet alibi locorum opinionis socium, literas ab ipso impetret, qua ratione monstratis literis (quo rursum etiam mihi tuae prosunt) opinionem hanc in animis doctorum excitare potest, quasi omnes undique professores mathematum consentirent. Verum quid fraude opus est? Confide Galilee et progredere. Si bene conjecto, pauci de praecipuis Europae mathematicis a nobis secedere volent: tanta vis est veritatis. Si tibi Italia minus est idonea ad publicationem et si aliqua habiturus es impedimenta, forsan Germania nobis hanc libertatem concedet. Sed de his satis. Tu saltem scriptis mihi communica privatim, si publice non placet, si quid in Copernici commodum invenisti.

Nunc abs te placet aliquid observationum postulare: scilicet mihi, qui instrumentis careo, confugiendum est ad alios. Habes quadrantem, in quo possis notare singula scrupula prima et quadrantes primorum? Observa igitur circa 19. Dec. futurum altitudinem eductionis caudae in Ursa maximam et minimam eadem nocte. Sic circa 26. Dec. observa similiter utramque stellae polaris altitudinem. Primam stellam observa etiam circa 19. Martii anni 98. altitudine nocturna hora 12, alteram c. 28. Sept. etiam hora 12. Nam si, quod opto, differentia quaedam inter binas observationes intercedet unius atque alterius scrupuli, magis si 10 aut 15, rei per totam astronomiam latissime diffusae argumentum erit. Sin autem nihil plane differentiae deprehendemus, palmam tamen demonstrati nobilissimi problematis, hactenus a nemine affectatam, communiter reportabimus. Sapienti sat dictum. Mitto autem duo insuper exemplaria (Prodromi), quia Hambergerus mihi dixerat, te plura desiderare. Cuicunque miseris, ille literis de libello scriptis mercedem solverit.

Vale, clarissime vir, et per epistolam longissimam mutuum mihi repende. Graetii 13. Oct. 1597.

Tychoni Braheo Keplerus de Prodromo suo haec scribit:

Cum te, vir amplissime, mathematicorum omnium non hujus tantum aetatis sed totius aevi monarcham constituerit incomparabilis doctrina judiciique praestantia, iniquum fecero, si opusculo de proportione coelorum nuper in lucem dato (sub titulo: Prodromus dissertationum cosmographicarum) ullam gloriam tuo judicio et commendatione neglecta aucuper, quae me causa movit, ut ignotus ex hoc obscuro Germaniae angulo literas ad te mitterem, oratum per illum ingentem veritatis amorem, quem in te quoque inesse fama tuae magnitudinis praedicat: ut, quid tibi de isthoc videatur negotio, ea sinceritate et humanitate, quae in te praedicatur, explices brevibusque literis significes. O me felicem, si quod Maestlino, idem et Tychoni videbitur, quibus ego duobus propugnatoribus non dubitabo totius orbis jam excitatas insectationes forti animo sustinere. Sin aútem id consecutus fuero, ut quae insunt infirma, inepta et puerilia, qualia mihi per aetatem multa exciderunt, censura volueris notare, an ego non rursum hujusmodi reprehensionem totius mundi, si esset, assensui praeferam? Exemplaria non dubito quin antea habeas, quare facile patior, ut difficultas transmittendi per tantum intervallum a mittendo me avocet. Tuorum autem operum ad nos nihil perfertur, quaeque de te sciebam, ex Maestlino didiceram. Dabis igitur veniam, si quibus in locis tui nominis mentionem faciens injuriam tibi tuaeque hypothesi faciam.

Plura dicturum quaesiturumque reverentia me retinet. Aperi luctanti voci viam scriptis ad me paucissimis, efficies enim ut tibi demonstrem, quanto sim discendi quam laudis cupidior. Vale, Vir nobilissime, meaque tibi studia commendata habe.

Id. Dec. 1597. Nob. et Magn. Tuae reverentissimus
M. J. Keplerus, Ill. Styriae Procerum
in Gymnasio Graecensi Mathematicus.

Raimarus Ursus hoc anno respondit ad literas Kepleri anno 1595 datas (v. p. 686), exemplar expetens Prodromi, simul eo usque progressus est homo gloriae cupidus Tychonisque auctoritati astronomicae magis magisque crescenti invidens, ut literas illas Kepleri praefixerit tractatui suo, quem inscripsit „De Astronomicis hypothesibus." Tycho tractatum hunc simul cum Kepleri epistola ad ipsum data (mense Decembri) accepit et motus Ursi calumniis, quibus refertus est tractatus ille, Keplerum adiit (Aprili 1598) quaerens, quibus motus causis hominem hunc tantis laudibus ornaverit. „Cuperem, inquit, ut primo quoque tempore apud me declaratum relinqueres, an tibi gratum sit, quod sic fecerit (literas Kepleri publicaverit) et quid de scripto isto virulento sentias." Excusatio Kepleri aliaque quae ad Ursum illum pertinent legantur vol. I. p. 220 ss.

Herwartus ab Hohenburg, Bavariae cancellarius, primum hoc anno per literas adiit Keplerum, petens per Jesuitam Grünbergerum, qui Gratii mathemata profitebatur, ut judicium sibi ferret de loco quodam Lucani, in quo astrologica occurrant. Responsiones Kepleri, datae d. 17. Sept. et 24. Dec. 1597, legantur vol. I. p. 60. 61 et vol. IV. p. 73—87; ex posteriore hunc paragraphum repetimus:

Cum accepissem literas Tuas (24. Oct.) et animadvertissem, ut tibi satisfacerem nonnihil mihi laboris esse subeundum, jam tum omissa cura celeriter respondendi coepi mihi otium dispicere. Quibus enim occupationibus (quamvis et privatus et juvenis) distringar, non est operae pretium recensere, nisi ut id summatim dicam, me vix respirare. Cum igitur dedita opera rem in ferias natalitias rejecissem, ut tamen tanto essem paratior postmodum, interea nonnullas horas aliis laboribus, me hercule contemtis et poenitendis, furto quasi ereptas in lectionem Lucani, Caesaris et utriusque Ciceronis epistolarum voluminis insumsi. —

Ex literis prioribus haec tantum notâmus, quae ad Joannem Baptistam Ficklerum pertinent, electoris Maximiliâni I. Bavariae ducis praeceptorem. Petit Keplerus, „ut Herwartus se Doctori Ficklero, viro clarissimo, qui consanguinitate parentes suos attingat, commendet". Vitam hujus Fickleri vide apud Grunerum p. 30 s.

Duae supersunt epistolae Martini Crusii, celebris illius professoris Tubingensis, ad Keplerum annis 1596 et 97 datae, e quibus apparet, illum respondisse Crusio, quaerenti de rebus chronologicis et genealogicis. Die $^{9}/_{19}$. Junii 1596. scribit

Crusius (subscribit: ὁ σος Κρουσιος): Nudius tertius tuäm epistolam accepi, quae mihi pergrata fuit. Erudita enim, humanissima, benevolentissimä. Ad quam quantum necesse est respondebo nunc. Pag. 123. Paraleip. scribo: „oppidum et arx Wicegradum Blindenburgumque." Ita enim mihi relatum erat. Ibi in epistola tua est explicatio plurium locorum aut vocabulorum peregrinorum, pro qua gratias ago. De Mariae Christiernae vero nomine gratias item ago. Aliorum scripta Annam Christinam vel Christianam perhibebant....... Nescio an avus tuus maternus, qui se magnae grandinis anno natum putat, de anni 1509 grandine, an sequente aliqua loquatur, cum se non supra 83. annos natum existimet. Forte 1513. anno, quo magnum frigus pono, natus est. Quaere diligentius. Forte tamen ille 87 annorum est; utinam verum invenirem..... Gaudeo, non reprehendi a te judicium meum de χρυσῳ ὀδοντι, sed id etiam cum Melissi carmine convenire, quod carmen antea nunquam videram. Dabo operam omni modo genesi illius principis comparandae; si accepero mittam. Si tu prior nactus fueris, quaeso mihi etiam mittas et simul tuum de ea judicium. Item num habeat in insignibus tres dentes, sicut his diebus andivi. Hoc juvaret meam expositionem του ὀδοντος του χρυσου. Significa mihi, num etiam aliis M. Ruefus epistolam illam meam legendam dederit et quid judicent. Avum tuum paternum Henricum omnino vere dixisse judico, se et fratrem fuisse equites auratos Romae creatos ab Imperatore Sigismundo. Nam hic 1432 Romae creatus fuit Imperator. Utinam haec suo tempore scivissem de tua antiqua familia; profecto inseruissem operi meo. Sed adhuc faciam, si opus recudetur fortasse; sed forsan non vixero tam diu.

Ex literis Crusii datis d. $^3/_{13}$. Apr. 1597: Tuas literas, in quibus de duobus numismatibus scribis, accepi. De quibus in praesenti nil certi respondere possum, sed dispiciam, nec tacebo, etiamsi nihil reperero. Ut antiquitates Styriae feliciter conquiras, valde opto ac magis, ut feliciter cum honore tuo et multorum gratulatione aliquando prodeant.....

Heri Stutgardiae suspensus est chrysogonus ille celebris, pseudochrysopoëus, aurata veste eductus. Ingens multitudo spectantium fuit, advenientibus etiam a 10 milliaribus. Dextrae manus amputatio decreta fuerat, sed mitigatio Principis duos tantum digitos abstulit.

Christus O. M. intersit nuptiis vestris honestissimis, το ὑδωρ παντοτε ὑμιν οἰνον ποιων. Ἐρρωσο.

1598. Revolutio anni: Trinus ♄ ♃ in radice significat aliquid magnum. En filium! Natus est filius Henricus Kepler d. 2. Februarii. Constellationes largiuntur ingenium nobile, corpus, digitos, manus agiles, mathematicis et mechanicis artibus aptum. Luna in □ ♄ imaginativam vim fortem, industriam, suspicionem, tenacitatem; ex utraque curae, profundae cogitationes, devotio, miseratio, tristitia, — anmüetig. — Ascendens in □ ☉ adjuvat illa, et cum luminosiore ♎ australis in ortu, pertinacem et indomitum significat et magna suscipientem. — Baptizatus a Jo. Seussio; patrimi: H. Osius, concionator in aede evangelica, dicta Stiffts-Kirchen, Amalia Speidlin, secretarii Procerum uxor, nata Himmelreichin.

Vaticinia Kepleri de ingenio et fortuna filioli, quibus se exercebat in rite constituendis thematibus coelestibus, irrita erant; Keplerus Maestlino (d. 11. Jun.) refert: die 1. Apr. aegrotare coepit, mortuus est die 3. Aprilis hora 12 meridiana, dimidio minus dies natus sexaginta. Ex pallore cadaveris in lateribus collegerunt, apostemate capitis exstinctum esse. Desiderium ejus uxori meae nulla dies leniet, mihi illud cordi est, „vanitas vanitatum et omnia vanitas". Pergens in judicio astrologico, quod supra incepit, de se ipso dicit Keplerus: Planetae omnes cadentes ab angulis significant jucundum magis quam felix conjugium, sed amorem, elegantiam.

Calamitates, quas anno 1597 praeviderat Keplerus, hoc anno in Styriacos Lutheri fidei addictos eruperunt. Pergens in literis d. d 11. Junii haec de his nunciat Maestlino: Zimmermanni mortem sequuntur tristia tempora. Ferdinandus princeps in Italiam abiit. Ferrariae ipsum Jupiter Romanus mensa dignatus est. In transitu torrentis alicujus parum abfuit, quin princeps suffocaretur, votum Mariae Lauretanae concepisse dicitur statimque in vado stetisse. Nec minus in mari Veneto periclitatus est. Ferrariae adventanti Jovi et nomine ejus clienti spectacula exhibita ignita sub vesperam, ubi domus flamma ex igne volante concepta, cum pro ludicro spectaretur incendium et negligeretur, conflagravit tota et (quod semel tantum auditum, ab homine tamen fide digno, vix imitari audeo) periere flammis 25 homines, 4 turres, ipsius Jovis palatium metu periculi suum expulit habitatorem.

Omnes reditum Principis trepidant. Dicitur italica auxilia adducere. Senatui civico nostrae confessionis magistratus abrogatus est. Portarum et armentarii urbici custodiae papae confessoribus creditae. Minarum omnia plena. — In epistolis hanc sequentibus Keplerus (per autumnum anni 98) turbas has non tangit, referens de conficiendo „opere argenteo“ et de Prodromo (cfr. I. 89), die vero 9. Dec. haec nunciat Maestlino:

Pandite nunc Helicona Deae cantusque movete. Sed quid cantus posco, cui fletus opus est? Rem breviter accipe. Vix redierat ex Italia princeps, cum accidit, ut picturae quaedam aeneae in papae contumeliam hic distraherentur. Princeps vocato ordinariorum praeside, pacem inquit etsi darem, ipsi respuitis. Ex eo bibliopola, quamvis provincialium minister, jussu principis in carcerem fuit conjectus. Id factum mense Julio. Eodem tempore, cum nostrae confessionis Elemosynarii premerentur vel praeterirentur in communi hospitali, et mortuorum corpora pro sepultura nimis magnum vectigal pendere viderentur, promulgarunt nostri de suggestu, novum coemeterium, novum hospitale pro nostratibus, contributiones Christiano more suaserunt. At cum praestemus numero, magnum quid pontificiis decessurum erat. Sublata itaque est auctoritate principis illa molitio. Mense Augusto praeambulum tragoediae fuit. Archipresbyter urbis pro officii ratione nostris concionatoribus omni exercitio religionis, et administratione sacramentorum benedictionumque conjugialium interdixit, praetenso jure, quod habeat antiquitus, qui loci est archipresbyter, cujus vectigalia minuantur, aliorsum abstractis hisce sacris negotiationibus. Respondere pro ministris nostris ordinarii. Replicavit semel atque iterum, et denique brachium seculare invocavit. Princeps: debere se tutelam non nobis tantum sed et suis religiosis, itaque quod antea facturus erat propria devotione, id nunc imploratum facere et mandare, ut ordinarii intra 14 dies mittant omnes ecclesiae et scholae Gratii et Judeburgae ministros eosque in aeternum haereditariis suis provinciis abstinere sub poena capitis jubeant. Factum 10. 20. Sept. Responderunt, suum esse tueri personas has contra vim, mittere non suum esse, sed totius conventus. Erant tum hic Hispani, sponsam regis comitaturi et post biduum discessuri cum Styriaco comitatu (qui totus ex pontificiis debuit constare) putabantur. Princeps 14. 24. Sept. nobis ipsis imperat, ut intra octavum diem provinciis suis abiremus sub poena capitis. Diu scriptis concertatum principem inter et ordinarios (qui vicinos proceres convocaverant, sed aquarum maximis et insolitis inundationibus, quae etiam mense Augusto fuere, impediti, non ultra 30 convenerunt). Tandem 17. 27. Sept. ante Solis occasum universos nos princeps urbe migrare et post finitos primos 7 dies exire provinciis atrociori commendatione jussit. Itaque de consilio et jussu procerum exivimus, relictis conjugibus, hinc inde dispersi in Ungariae et Croatiae fines, ubi Caesar imperat. Salaria obtinuimus nihilominus, viatica insuper accepimus, jussi hanc sic tolerare fortunam, dum conventus habeatur. Is adhuc speratur. Ego post mensem redii, jussus a principis ministris, qui me exemtum dicebant. Supplicavi tamen, uti, quia generale esset decretum, princeps officium meum neutrale esse exemtum declararet, ne illo decreto veniam in periculum, si morer in provincia. Responsum est his verbis: „Ihr Durchl. wöllen auss sondern gnaden verwilligt haben, dass Supplicant Ungeacht der general ausschaffung etc. noch lenger allhie verbleiben möge. Doch soll er sich allenthalben gebürlicher Beschaidenheit gebrauchen und sich also Vnverweislich verhalten, damit Ir. Durchl. solliche gnad wider aufzuheben nit verursacht werde." Dicitur princeps delectari meis inventionibus, et Manechio quidam consiliarius solet ad me scribere, unde faventem habeo aulam. Quid autem? Manebone? At ex omnibus tribus provinciis exacti ministri publici, latent hinc inde privati in arcibus. At si quis civi principis venienti petenti porrigit sacramentum, et ipse pellitur. Civibus imperata 26. Nov. parochia urbis, a qua petant baptismum, benedictiones conjugiorum „und andere dergleichen heilsame Sacramente und Gottesdienstbesuechungen". Ibo igitur? At uxor adhaeret bonis suis et spei bonorum patriorum. Videntur omnia deserenda, atque ipsa adeo privigna mea 8 annorum, paulo post papatui initianda, si matrem amittat. Tum quis scit, qui status nos sit post haec excepturus. Maturuit vindemia irae Dei etiam apud nos. Tumultuantur omnia. Itaque, quod jam pridem ago, agere pergam. Neque Wirtembergico supplicabo, priusquam penitus extrudar, neque si qua Stuccardia mihi imminet vocatio, impediam aut impeditam optabo. Nam si talis causa horologii vocatio venerit, semper mihi erit integrum, deliberare de amplectenda aut declinanda illa. Nisi aliud tu et Collegae et D. Hafenrefferus consulatis, quorum omnium consilia etsi foeda hac manu et pictura literae ex animo tamen et cum debita reverentia expeto: praestetne me hic agere mathematicum, qualem Tycho (ratione loci non eruditionis) in Dania, solitarium sc. nec nisi scriptis olim loquentem, an vero venari occasiones loquendi de cathedra in aliqua forte academia? Quam quaestionem loco valedictionis et officiosae salutationis omnibus propono. Valete, pro nobis orate. 9. Decem. st. n. 98.

Ex T. Notus *M. Kepler,*

Procerum Styriae Mathematicus.

Herwarto de eadem calamitate scripsit d. 16. Decembris: Quaeris de meis studiis et operam polliceris adjutandis meis observationibus. Et humanitatem hanc jam pridem degustavi, gratus agnosco, nec me hercule contemno aut rejicio. Ceterum in haec tempora incidimus, in quibus hebescere solertissimi cujusque aciem, defervescere ardorem, conatus opprimi necesse sit. Quid enim? in Styria maneam? an discedam? Neque me reprimo, qui studiorum tibi meorum quam penitissimam notitiam aperui, quin et affectus animi patefaciam. Quod tu fortasse gaudes (ut sunt humana), id me dolere acerbissime necesse est. Christianus sum, Augustanam confessionem ex institutione parentum, ex rationibus saepius ad trutinam revocatis, ex tentationum quotidianarum exercitiis hausi, hanc amplector, simulare non didici, seria in religione tracto, non ludicra, quare et serio de religionis exercitio, sacramentorum usu satago. Quid autem? Ejecti sunt hisce provinciis, quibus internunciis hactenus cum Deo egi, quibus aliis agere possem cum Deo, ii non admittuntur. Ad haec salario vivo pro conditione loci perquam tenui; spes erat auctionis in posterum: quis augebit? Proceribus ademti sunt omnes, qui religionem, qui artes magis necessarias tractabant; solus superest mathematicus, quo carere omnium facillime posse persuasum habent. In tanta exacerbatione, tot bonorum virorum exiliis, qua fronte otiosis meis speculationibus amplius quidpiam petiero? Itaque si languent mea studia, si conatus intercidunt, si exoptatissima M. Tuae promtitudine ad promovendas meas observationes et conficienda instrumenta in praesentia uti nequeo, habitationis sc. incertus: culpam omnem in religionis, in familiae curam conferes.

His turbis, quae per annum sequentem durabant, Keplerus non impeditus astronomiam excoluit, observationes astronomicas continuavit et epistolis ad amicos et fautores datis acceptisque solatium petiit in sollicitudine, quam attulerunt res desperatae Styriacorum, Lutheri fidei addictorum. Calendaria quae edidit in annos 1598 et 1599 exhibuimus vol. I. Epistola dedicatoria Calendarii posterioris ad „Styriae provinciales“ data est die 1. Septembris medias inter turbas, quas descripsit Maestlino. Inquirit Keplerus, quod anno priore inceperat, in quantum fidendum sit astrologicis praedictionibus, aegre fert incertitudinem astronomiae in constituendis eclipsium temporibus et ut munus astrologi rite absolvat, e constellationibus planetarum verisimilia deducit de statu futuro exterorum, quasi res in Styria plane placatae existerent. Maestlino refert (9. Dec.) se excusans: Multa sunt in Prognostico meo, quae aut excusanda sunt diligenter, aut meae nocebunt existimationi apud te. Summa haec est: scribo ego non vulgo, neque doctis (nisi paucissimis), sed nobilibus et praelatis, qui scientiam aliquam sibi arrogant rerum, quas nesciunt. Ultra 400 vel 600 exemplaria non distrahuntur, nullum extra limites harum provinciarum effertur. Itaque mihi vel nostro astrologorum coetui a promiscuo vulgo, a doctis per Germaniam non est metuendum. Id unum ago, ut veritatem ego (cujus assertor sum promtus semper, non semper idoneus) ad meum commodum vertam. In omnibus prognosticis id ago, ut de promtis sententiis, quae mihi verae videntur, gustum aliquem jucunditatis et majestatis naturae praebeam illis meis lectoribus, si forte per hoc excitentur ad me tanto majori salario alendum. —

Disquisitiones, quas anno 1597 instigante Herwarto inceperat, hoc anno Keplerus continuavit, multum consumsit temporis in computanda conjunctione Veneris et Mercurii anno 9. p. Ch , ad Lucani locum pertinente, explicat modum observandi stellam polarem et cui inserviat haec observatio graviori scopo (v. s.), recenset observationes suas mense Septembri habitas (16. Dec.). Prius (Aprili mense) longioribus literis ad Herwartum datis egerat 1) de libella nautica et natura magnetis ibique refert, se ante biennium Monachium transiisse et in bibliotheca globum Apiani inspexisse etc. (II. 812). 2) Prodromum suum, refert, id esse quod verbum significet; secuturas *dissertationes cosmographicas de universitate*, *de mobilibus*, *de globis, de relatione coeli et Terrae.* Ad cosmographiam multum interesse scribit, scire num verum sit, quod Copernicus doceat, orbem Terrae habere se instar puncti ad amplitudinem fixarum? Proponit Herwarto experimenta, quibus hoc dubium tolli posse censeat (cfr. I. 63). 3) Comparat ea, quae Ursus, Tycho, Lansbergius, Roeslinus et Maginus de mundi ratione proposuerant et concludit: „hypotheses non novae sunt, sed forma nova, mixtae sc. sunt ex antiquis et novis Copernici.“ Res suas familiares verbo tangit, gratias agens pro munere ab Herwarto sibi transmisso: „quid impediat, indigentiam meam, qua munus tuum augetur, coram te fateri nolle viro tali, cui ubique nemo persuadeat, mathematicos ex aura vivere et sola ingenii gloria contentos esse posse."

Multa sunt et diversissima, quae Keplerus hoc anno cum Maestlino per literas tractavit. Mense Martio observatam a se esse die 7. eclipsin Solis narrat et qua ratione calculum instituerit (II. 16 ss.); simul sententiam suam de iis proponit, quae in astrologia retinenda censet. Specimen astrologiae suae proponit Maestlino, nativitates comparans filii Maestlini et sui, natorum Februario.

De Prodromo refert Maestlino, nondum obtulisse se librum „proceribus", quorum praecipuorum optimis utatur voluntatibus, negotium commisisse Marescalco Honorio a Saurau, qui ipsum dimiserit cum hac voce: „quod differtur non aufertur." Lugens mortuum nunciat scholarum Styrensium inspectorem et theologiae professorem in gymnasio Gratiensi W. Zimmermannum d. $^{1}/_{11}$. Martii, addens: Cum circa eos dies validi perflarent venti, dixerunt adversarii, animam haeretici per aërem circumferri.

In iisdem literis redit Keplerus ad „opus argenteum", quo inventionem suam per automaton coeleste repraesentare voluit, prioribus annis saepius dictum; comparat id opus cum inventionibus veterum in literis germanicis d. 11. Junii et latinis d. 21. Augusti, et sensa sua pluribus explicat (cfr. I. 80 ss.).

Chronologicas quaestiones adiit Keplerus, monitus a Maestlino, initio facto a positu planetarum initio mundi, in literis datis d. 11. Junii, ibidemque refert illi, quae Hafenrefferus (I. 37) de Copernico scripserat. Sententiam suam his proponit verbis: Tota astronomia tanti non est, ut unus ex pusillis Christi offendatur. Cum itaque pars maxima doctorum etiam ad hanc astronomiae sublimitatem intellectu suo non ascendat, age Pythagoraeos imitemur. Privatim nos qui adit, communicemus illi candide nostram sententiam. Publice taceamus. Cur astronomiam astronomia perditum imus? Totus mundus hujusmodi scatet hominibus, qui parati sunt totam astronomiam, si Copernico mere adhaereat, mundo ejicere commodisque artificum obsistere. Artifices vero ex se ipsis vel ex aura vivere non possunt. Quare ita in astronomicis agamus, ut fautores astronomiae retineamus et ut ne esuriamus. Ad Chronologiam redit Keplerus in literis d. 9. Decembris, respondens ad Maestlini dubia de positu planetarum, quem ultimo capite Prodromi inquisiverat Keplerus. Recedere se dixerat Maestlinus a communi chronologorum sententia, inprimis in numero 480 annorum (1. Reg. 11.) et sic concluserat: „in summa, oportet ut calculus astronomicus cum calculo temporum ex sacra historia connexus permaneat et una procedant." Ad haec Keplerus respondit totum se in chronologiae Judicum consideratione collocans, non impeditus temporum difficultate, hanc chronologiam ipsi totos saepe dies, imo septimanas abripere, et collectis ex bibliis plurimis testimoniis (IV. 65 ss.) Maestlini judicium sibi expetit, qui d. 22. Jan. 1599 respondit: „intelligo, quam diligenter pleraque loca notatu digna legeris et me quoque de multis, quae non adeo animadverteram, admones". Quae ad haec responderit Keplerus (26. Febr.) leguntur vol. IV. p. 70.

Quae hoc anno, sicut prioribus annis et sequenti 1599 cum Maestlino et Tychone de Raimaro Urso per literas egit Keplerus, leguntur vol. I. p. 217 ss.; Tychonis judicium de Prodromo, datum mense Aprili, exstat vol. I. p. 43.

Zehentmajerus, secretarius Baronis ab Herberstein („fratris capitanei provinciae Styriae" cui Prodromus dedicatus est), amicus Kepleri, varia cum eo egit per literas, quorum memoratu digniora excerpsimus (Kepleri responsiones omnes desiderautur.). Constitueram, scripsit Zehentmajerus (15. Nov. ex arce Guttenhag), antehac in Ungaria exulantem invisere, sed generosi mei negotia a proposito hoc me retraxerunt. Gäudeo, te Graecium remeasse, quanquam Archiducis etiam sententia relegatis nunquam accensitus fueris. Certe generosus meus aegerrime exilium tuum tulit et propterea, cum nuper Graecii fratri loqueretur, tui imprimis fecit mentionem teque ex Ungaria revocatum serio voluit. Cui frater: „„voluntarie cur exulat? Neque enim princeps ullam missionem ilii decrevit, sed diserte mathematicum excepit et propterea liberum licitumque illi est, redire quocunque voluerit.““ .... Generosus meus tibi bene cupit etc. — Petiit Zehentmajer, ut Keplerus „duorum thematum coeli, quae secundum artem genethliacam tractanda generosus tibi tradidit“, memor sit. Haec accepisse se refert Zehentmajerus d. 24. Decembris: „generosus geneses tuas summopere commendat et affirmat, te rem acu tetigisse in illis judiciis, quae nobilibus in Austria conscripta sunt. Jussit tibi significare, ut dilationem remunerationis patienter ferre velis, usque dum ille Graecium regressus fuerit, tum honorifice tibi satisfiet et ulterius tecum agetur de nonnullis aliis ejus generis laboribus. Generosus promisit, tui in futuris comitiis se memorem fore, ut compensationem pro liberalibus tuis laboribus et dedicatione a proceribus consequi possis. Si probe in negotio tuo excutiantur circumstantiae, non facile poterit mala publici status temperies laudabilibus tuis conatibus detrimentum afferre. Multi mirantur, eruditionem tantam et acumen ingenii posse cadere in hominem ejus aetatis, cujus tu nunc es.“ Excipit Zehentmajerus multos „procerum, qui in crassa versantur rerum ignorantia et quorum judicia a grandi barbarie occupata sunt; propterea literas oderunt et neminem minus curant, quam homines doctos. Dabitur nihilo minus opera a quibusdam cordatioribus, ut tui habeatur ratio et docti tui labores meritum inveniant praemium“. De epistolis Kepleri hoc fert judicium: misces utile dulci et non scribis tantum secundum epistolarem modum vulgatum, sed proponis, erudis, disseris de his, quae artis geographicae studiosum solide informant et rei nauticae magnam lucem afferunt.“ (Petierat Keplerus ut Zehentmajerus ex „itinerario Batavorum in Novam Żemblam“ excerperet loca, in quibus de variatione acus magneticae agitur.)

E praemissis apparet, Keplerum Gratium rediisse c. finem mensis Octobris. Coetu vero discentium et docentium gymnasii dissipato, frui quidém potuit „otio philosophico“ et salarium suum accepit, quibusdam „proceribus“ aegre ferentibus pecuniam frustra expensam. Quare Keplerus, minime securus de statu suo in Styria, occasiones circumspiciebat eligendi sibi familiaeque suae locum, ubi non impeditus curis domesticis studiis suis incumberet astronomicis et philosophicis. Adiit amicos et fautores, consilium sibi expetens, quo se verteret, praecipuam autem spem in Tychone posuit, quem ex Dania in Germaniam proficiscentem audiverat. Quae hunc in finem egit Keplerus, anno seq. 1599 enarrantur.

Ad hunc vero annum 1598 referendae sunt literae Georgii Limnaei, professoris mathematum in academia Jenensi, cui Keplerus Prodromum suum miserat ejusque judicium de Tychone sibi expetierat. Limnaei responsionem (d. d. 24. Aprilis) vol. I. p. 194 exhibuimus, ex qua pauca haec repetimus. Maximi se semper fecisse dicit philosophiam Platonicorum et saepissime optasse duces, qui in hac exercitati sint. Prodromo Kepleri „vetustissimam philosophandi rationem quasi resuscitatam esse“. Gratulor, pergit, Tibi, vir clarissime, de optimis conatibus et precor, ut quemadmodum cursum instituisti feliciter, ita felicius in eo pergas, felicissime eundem conficias. — De Brahe Dano praeterea quaeris. Is est Tycho Brahe, ex nobilissima Daniae familia oriundus, qui regis beneficio obtinuit insulam Huennam, quam alii Scarlatinam vocant, in qua arcem et observatorium construxit, Uraniburgum. Dexterrime eum observationes tractasse, id artifices uno ore omnes fatentur. In lucem edidit, quod equidem sciam, observationes stellae a. 1572, cometae anni 1577 et 78. Exstat etiam germanicum scriptum de signis futurae mutationis aëris etc., alius auctoris nomine, quod tamen Tychonis esse multis mihi persuadeo. —

1599. Revolutio anni: Sol obsessus a maleficis vix aegre se tuetur a periculo illo ☍ ♃; alii aspectus mitigant mala. Sic omnes meae dignitates mihi cum dispendio valetudinis eveniunt. Medium Coeli bene dispositum significat honores, ☊ in M. C. iter honoratum, ♄ cum Spica causam religionis.

Haec scripsi anno 95. Hoc anno nullum iter suscepi, sed veni in multorum notitiam. Jacta fundamenta ad compensationem sumtuum pro 200 thaleris.

Nata filia Susanna mense Junio. Baptisata in suburbano Bairdorff Paulo Odontio concionatore. Patrimi: D. Craus, procerum officialis (Zeugcommissarius), cum uxore. Mortua est apostemate capitis die aetatis 35.

Ad Maestlinum scripsit Keplerus d. 26. Febr.: Mira fortuna mei Mysterii Cosmographici. Nihil accipio pro compensatione et jam desperavi. In comitiis praeteritis mihi petendum fuisset, nisi magna cum sollicitudine pro eo potius mihi laborandum sit, ut salarium retineam. Quare cum diutius te suspendere nequeam, rogo hoc exiguum munusculum aequo animo accipias. Poculum est deauratum pondere 10 Lott et paulo amplius. Id mihi pro aliquot nativitatibus dedit is, cujus in dedicatione nomen expressum est (Herberstenius v. s.). Accipies ultra 6 Ferdinandicos novos, uti eos mihi praeses ordinariorum, frater illius capitanei dono dedit.... Si Deus cuilibet animali dedit instrumenta vitae conservandae, quae invidia est, si eodem consilio astronomo adjungit astrologiam?.... Nitor me adjungere legationi ordinum, ut gratuito Pragam perveniam. Inde Witebergam sunt 30 milliaria, quae meo sumtu conficiam ut Tychonem videam.

Herwarto, qui nunciaverat (mense Augusto), Tychonem quaerere in Bohemia locum commodum, ubi observationibus coelestibus vacet, salario 3000 floren. annuorum ab imperatore receptum esse, et sic finem literarum fecerat: „talem ego tibi conditionem optarem, et quis novit, quid sit in fatis?“ respondit Keplerus mense Septembri: Equidem optarim te fatorum illorum dominum, aut certe interpretem et internuncium me inter et fati dominum. Moderatum et philosophicum in accipiendo animum deprehenderet, quisquis quam speciosissimam exercere liberalitatem satagit. Prima mihi cura, ut quantum fieri potest uxor mea teneat quae habet idque patrimonium ad communes liberos transmittat. Etenim speculationes interitu familiae redimere neque in philosophia honestum est, neque pium in religione. Inde peteretur coena platonica habitusque qui maritum decet. Nam in his duobus capitibus consistit studiorum libertas. Qui eget servit, at vix quisquam sponte servit unquam. Quod nativitates et Calendaria interdum scribo, ea me Christe molestissima mihi servitus est, sed necessaria, ne scilicet ad breve tempus liber, post turpius serviam. Itaque ut salarium annuum, ut titulum et locum defendam, obsecundandum est imperitae curiositati. Quidquid mihi superesset, jurejurando sancirem, in studia philosophiae impensurum. Lectores alerem, ut oculis jam hebescentibus, ut et tempori parceretur. Nuncios hinc inde mitterem pro libris, pro consulendis doctis; instrumenta machinarer, observationibus alios adhiberem, si minus ego sufficerem, sic et computationibus aliqui destinarentur. Nam legendo, computando plurimum effundo spirituum, speculando parum.

Sed haec sane in potestate supremi fatorum domini sita sunt, qui etsi non me attollit altius, facit id procul dubio in meum commodum, ne inepte me pro antesignano aliquo literarum ferre incipiam.

De munere, quod supra dicit Keplerus, sibi transmisso Maestlinus gratias agens d. 22. Aprilis de matre Kepleri refert, illam die 17. Aprilis Leoberga ad se venisse, „matronam vel viduam piissimam.“ Quaesivisse matrem de pecunia, quam Keplerus Maestlino debeat, et neganti, Keplerum unquam aere alieno sibi obstrictum fuisse, respondisse, se in ea persuasione fuisse, ac si Keplerus Maestlino 200 florenos deberet atque se propter dilatam solutionem, quam filii nomine praestare debuisset, male audituram esse. „Ex quo animadvertere videbar, quasi ob alium aliquem finem istud ei persuaseris. Postea protulit candelabrum tibi mittendum atque numeravit hos, quos inclusos invenies, 15 florenos..... Rogavi eam, ut apud me permaneret diutius, praesertim ad prandium. Sed maturavit reditum; inauguravimus tamen poculum, prout ipsa scilicet bibula est.“

Ad haec respondit Keplerus d. 29. Augusti, praemittens astrologica, nativitates comparans filiarum eodem fere tempore natarum: Mortua est filia mea Susanna apostemate capitis. Quam si brevi pater sequatur, nihil illi inopinanti accidet. Cum enim passim in Ungaria cruces sanguineae in hominum corporibus etc. appareant, primus ego in hac urbe, quod sciam, cruciculam in sinistro pede conspicatus sum..... Verum est, aes alienum ad 200 flor. mihi incumbere, quod matri saepius per literas inculcavi. Cur autem te creditorem existimet, causa haec est: quoties aliquid daturam se mihi est pollicita, jussi ut apud te deponeret. Ex candelabro elucet candela maternae benevolentiae, quam amplector.

Haec sequitur longior explicatio studiorum, quibus tunc occupabatur Keplerus, de rationibus harmonicis (cfr. I. 197—203), relatio de lite inter Ursum et Tychonem (I. 234), de Roeslino et M. Crusio (IV. 72), quaestio de refractionibus et magnetis declinatione (II. 412, 815.), denique his finem facit: Non possum praeterire, ut te orem, Praeceptor humanissime, consilium mihi suppedites, si quando usu veniat, ut extrudar ex hoc loco, aut exigar tot incommoditatum objectu: quorsum ergo praecipue animum intendere debeam. Nam hic, etsi vita mihi supersit, non videor diutius haerere posse. Nec mihi plus est respiciendum ad jacturam opum, quam ad ea, quibus natura et instituto vitae destinatus sum, perficienda. Plura non addo, nisi ut hoc te moneam, consilium me petere, non auctoritatem. Nam scio, ut invidia careas, auctor esse non vis. At consultor esse minori metu potes. Ipse de me statuam, tu quae tibi videntur, ea me mone. Sed et hoc monendus es, non posse me gravissimis de causis ecclesiasticum munus obire: quando majori sollicitudine et angore discruciari nunquam possem, quam si jam hac conscientia in illa palaestra essem inclusus. At professionem philosophicam quamcunque spero me cum ornamento academiae in quam venero, si non statim at non multi temporis lapsu facturum. Qua occasione simul animum ad medicinam adjicerem. Sed quia ante menses aliquot commune totius collegii philosophici et ipsius quoque Hafenrefferi consilium ad me perscripsisti, eique consilio nova haec mea sollicitudo adversari et obstrepere videtur: dicendum igitur mihi est, quid me impediat, quo minus illi paream. Placebat vobis, tantisper me in statione hac mea permanere, dum extrema necessitate ab ea detrudar. Argumenta vobis haec tria potissimum fuisse colligo: conscientiam, utilitatem, periculum. Nam quia ceteris exclusis locus mihi soli relictus est, sperabatis, fore ut hujus meae morae esset aliquis usus in ecclesia aut schola. Scripseram etiam, metuere me, ut privigna mea deserenda sit, irretienda paulo post blanditiis adversariorum, et pellicienda in pontificiam religionem. Id quo caveretur, quidvis faciendum censuistis. Deinde, quod utilitatem attinet, in meis literis significavi vobis certissimam jacturam bonorum uxoris meae, si locus sit mutandus. Quia igitur certum penes vos minime erat, inveteraturane sit haec mutatio nec ne, nihil hic temere, nihil vana quadam desperatione corrumpendum esse putabatis, quod nequiret in posterum restitui. Denique monebatis, eventum profectionis meae in incerto esse fierique posse, ut Charybdin vitans in Scyllam incidam. Et haec quidem argumenta tum valuerunt: jam postquam ex hac annua veluti crisi de turbarum harum exitu deque venturis temporibus judicium facere didici, respondendum est aliquid ad oppositas rationes. Quod quidem faciam, exorsus ab ultima. Quaecunque me namque fortuna sequatur alio profectum, certum habeo, atrociorem non futuram, quam quae nobis impendit durante hac Reip. nostrae forma. Ventum est jam ad exilia civium: quae indicta sunt, repraesentari nondum coeperunt, postquam principi cives supplicarunt, responsumque differtur. Qui ex aula in hanc mentionem incidunt, graviora minantur, quorum voces si oracula sint, nunquam commissurus est princeps, ut vel Lutherano locus in urbe sit, vel libera migranti potestas avehendi, commutandi, vendendi bona sua. Confingentur doli, quibus in crimina majestatis implicentur cives, ut rapinae praetextum habeant justitiae. Carceres primo parati erunt, tum multae pecuniariae, quibus illi redimantur; denique bonis dissipatis exilia. Et jam quidem incipiunt irrogare multas pecuniarias. Qui infantem ad verbi ministrum in arce aliqua vicina degentem defert baptismi causa, qui S. Coenam accipit ex institutione Christi, qui conciones Evangelicas adit, majestatem laesit. Qui Psalmum intra urbem cantat, qui postillas, qui Biblia Lutherana legit, urbis territorio meretur arceri. Qui in coemeterio pompam hortatur ad preces, qui morienti consolationem suggerit, gravissime peccat et πολυπραγμων est. Haec enim omnia sunt in decretis. Nullum hic discrimen inter civem et ministrum provincialium in executione servatur. Mihi in vindictam contemti ministerii urbici multa 10 thalerorum indictá est: dimidium precibus redemi, reliquum prius erat praestandum, quam possem filiolam inferre sepulchro. Alius, quod populum erat exhortatus in coemeterio, nulla mentione invidiosae causae, teterrimo carcere detinetur. Summa haec est: ea jam dicta, incepta, facta sunt a principe, ut non possit sine maximo sui despectu vel unum annum ulli verbi ministro in tribus hisce provinciis in ulla arce, quaecunque jura, publica, privata praetendente, locum relinquere. Ac nisi malesanorum hominum conatibus resistat Austriaca clementia, jam in quorundam animis delineata sunt et martyria, nec temperatur ab apertis comminationibus. Nec quisquam dubitat, quin si in cives et in metropolin valeat haec persecutio, singulas quoque nobilium arces ipsosque adeo proceres, nedum ministros, perreptura sit. Habes delineationem aliquam nostratium rerum, qua non ultimo tantum argumento, sed et medio satisfactum puto. Nam ut nunc quidem habent humana praesidia, nulla ne minima quidem spes est in quoquam, nisi in armis. Ad arma autem quis putas veniet? Num nobilitas contra principem? Disputatio infinita est. Nec video, quae mihi privata spes in publica calamitate possit esse. Nunquam salva potest esse res domestica in publicis grassationibus. Filiam meam quod áttinet opinor, hanc esse rerum faciem, ut haud gravate consensuri sint ejus tutores cum uxore mea, quae illam secum abduceret. At officium meum quale fuerit hactenus jam anno vertente, puto te perspicere. Nemini usui sunt opera mea; quodque salarium meum obtinere me patiuntur, faciunt non tam spe sequuturae ex me utilitatis, quam misericordia et metu sinistrae existimationis penes vos in imperio. Ad haec si in schola mihi laborandum erit cum utilitate rebus jam prostratis, nulla mihi nisi valde laboriosa et molesta provincia demandari poterit, qualem forsan et provisores vestri detrectant; cui operae si minus ego propter superbiam, certe propter ingenii volubilitatem et laborum impatientiam ineptus sum, alii rectius adhibebuntur. Non latet inspectores meos res ista, eoque fit, ut ne quidem cogitationibus suis me destinent laboribus scholasticis. Cupiunt me uti hoc otio meo philosophico ad illustrandas disciplinas mathematicas, et si penes ipsos steterit, nunquam mihi salarium meum abrogabitur. Sed fit injuria temporum, ut frui hac ipsorum optima voluntate diu non possim. Si qua vis ex aula ministris procerum ingruit, ei ipsi quoque sunt obnoxii, tantum abest ut me defendant. Ex altera parte sunt inter proceres, qui quod academias adiverint opinionem habent eruditionis, quibus hoc praestat literatura, ut confidentia quadam utantur in contemnendis hisce mathematicis speculationibus; penes quos cum sit rei summa, nescio quam diu me tutatura sit inspectorum auctoritas contra illorum invidiam, qui contra me clamitant vel certe mussitant, non jam tempus esse discendi, sed belligerandi, irem potius in Germaniam, quae non ita prematur incursionibus Turcicis. . . . . Quare, cum non possit esse diuturna haec mea conditio, omnibus modis a te peto, ut super hac mea perquam necessaria consultatione mihi animi tui sensa aperias: tutumne sit et expeditum et cum spe promotionis futurum, si Tubingam me conferam, an praestet in aliam transire academiam? Si minus cetera huc facientia ad me vis perscribere, at illa vulgaria scribe, quod pretium vini, frumenti, qui commeatus cupediarius (non enim assuevit uxor mea fabis victitare), qui modus conducendarum aedium, et in genere quanto sumtu vita 4 vel 5 hominum vulgariter in annum toleretur?

Responsio Maestlini ad has Kepleri literas data est die 25. Jan. 1600. Excusat silentium diuturnum, quod pro sua tenuitate aliorum a quibus edoceretur consilio necesse habuerit. Hos suadere, ut Keplerus per libellum supplicem ducem Württembergiae de regressu sollicitet inque eo mentionem faciat machinae astronomicae, quam aurifaber Stuttgartianus ingenti pretio aestimaverit. Finem facit Maestlinus vana consolatione, Tubingenses Styriorum statum deplorare et Deum implorare pro afflictis illorum rebus. Interim Keplerus, frustra responsionem exspectans, d. 22. Novembris prioribus addit: Provinciarum agens, qui Pragae fuit, huc vinctus ante semestre allatus, superiori mense tortus est. Secretarius Styriorum captivus detinetur. Ferunt, deliberatum de alio principe ideoque capitali supplicio plectendum illum agentem. Interea templa ante paucos annos aedificata evertuntur, qui contra principis mandata ministros detinent cives oppidorum, armis ad obedientiam protrahuntur, vincula injecta 20 numero, qui heri allati sunt desperata sua salute. Hoc decretum et sanctissimo juramento confirmatum est principi, nullum omnino ministrum ecclesiae pati in suis provinciis, ne quidem in arcibus. Cives hujus urbis, qui novum juramentum praestare se posse negant, agentur in exilium, nec licebit ipsis sub nobiles migrare; decimam partem bonorum post se relinquent. Ego omnes occasiones rimor, sine meo sumtu Pragam perveniendi ad Tychonem, inde eo viso mihi forte nascetur occasio deliberandi de eligendo loco, quamvis nemo me expelleret et prudentissimi quique ex ordinibus ament meaque colloquia ad convivia crebro expetant.

Keplerus, quamvis difficillimo rerum suarum statu et malis undique ingruentibus plurimum agitatus hoc anno, nihilo minus studiis suis alacriter incubuit et privatis et publicis. Quae cum Maestlino et Herwarto praeter res suas domesticas in epistolis suis egerit, supra indicavimus iisque addimus, continuàsse studia chronologica (IV. 70.), Herwarto respondisse ad varias quaestiones: Januario mense de eclipsium observationibus et calculis et de loco Lucani, aestate de Urso et Tychone iterumque de eclipsibus, sicut de rationibus harmonicis, mense Septembri de iisdem (V. 20—30). Mense Decembri scripsit Keplerus: Ego etsi hoc periculosissimo statu valde perturbor, ardornavi tamen jam methodum et prima lineamenta libelli, cui titulum faciam *de Harmonice Mundi dissertatio cosmographica.* —

Ex epistolis quibusdam amicorum ad Keplerum datis summa eorum cognoscenda est, quae ipse scripserit. Sic Cunradus Dasypodius Argentinae d. 31. Dec. scribit, „lectis tuis literis tuam in hoc studiorum genere eruditionem atque doctrinam intellexi. Non exigua sunt, quae scribis, requirunt ampliorem responsionem". Joanni Homelio (Lipsiensi quondam mathematicae professori, celebri constructis „organis" mathematicis), jam medico et chymico Marchburgensi, miserat Calendarium suum in annum 1599. Non esse tutum, respondit Homelius (Oct.), si Keplerus particularia exacte noverit, de iis scribere, cum non ignoret, praedictiones hujusmodi pessime cessisse et multis astrologis exitio fuisse. Videre se, in enarratis thematibus perpetuum esse astrorum consensum circa signum Leonis. . . . . Mirari se, quod adeo insurgat in doctrinam Arabum, praesertim in domos planetarum., Esse enim doctrinam astronomicam a primis patribus quasi per manus posteris traditam, nec se dubitare, Noham, Japetum et Semum eam descripsisse. . . . . Iter tuum, pergit, in Bohemiam dissuadeo. Si innotesces imperatori, ut tu es homo apertus, posses tibi malum aliquod conciliare: crede mihi, bene qui latuit, bene vixit. Praeterea hospitia et viae a contagione non sunt tuta; rectius itaque Graecii delitesces. . . . . Quod infers de Tartaris, quare non iidem docti evadant, cum idem nobiscum habeant coelum: ludis opinor, sunt enim et inter ipsos plurimi ingeniosi, prudentes, licet ignorent categorias Aristotelis.

Keplerus adiit L. Baronem Hoffmann (vide infra), petens ut se imperatori vel Tychoni commendet. Obscuris enim verbis hic 13. Dec. scripsit: „quod tibi gratificandi occasionem praebes, equidem gaudeo et gratulor. Mihi quidem, cui accidere nihil potest gratius, quam si tui similibus praeclarissimae hujus scientiae luminibus aliquid conferre possum, quod acceptum sit, tibi vero, quod ingenii et doctrinae specimen Jovi destinaveris et Mercurio plane communi nomine. Illius quidem sub fulmine alisque et mearum Musarum halcedonia esse te velim scire, de alterius propensione experientiam incepimus facere haud mediocrem. Ad austrum vero et subsolanum, mi domine Keplere, vela etiam mihi ex Bohemia adhuc desunt. Quae si venerint, ut ea propediem exspectamus, et temporis et loci rationem tibi exponemus opportune."

Joannis Papii tres supersunt epistolae, datae hoc anno Onoldia mensibus Junio, Augusto et Octobri, in quarum priore de transmisso Prognostico dicit: „placet studium in emendatione astrologicarum praedictionum, ingenii subtilitas perplacet. Styriae statum omnes boni deplorant. Fuerunt nuper aliquot conventus principum Francofurti, Magdeburgi, Goettingae, quibus ego cum Serenissimo meo interfui." E secunda haec excerpsimus: „Acerbum mihi dolorem moverunt tuae literae, dum significarunt tristissimum ecclesiae et scholae vestrae statum. . . . . Quod ita bene collocas hoc otium tuum in mechanica mathematica, rem profecto te dignissimam facis, nec patroni deerunt ingenii progressu temporis. Si Tycho Braheus in aula Caesaris res suas constituet tuque ad eum scripseris Pragam, summum ei desiderium tui injicies." In literis datis d. 21. Oct. legimus: „Tametsi literae tuae tristia nuncient, gratae mihi tamen sunt. . . . . Rectissime faceres, si de occasione inquireres, qua Tychonem Pragae convenire posses, aut si per amicos solum ibi tua scripta atque literas exhiberi curares et prius aliquoties literis cum illo conferres eique familiarior fieres, quam eum accederes."

Zehentmajerus etiam hoc anno pluries cum Keplero per literas collocutus est. Die 2. Aprilis remittit *cantionem* Kepleri, quia aliqua desint; „mallem ut cuncta essent integra, curarem enim describenda, multa sunt in ea notatu digna". Die 20. Aprilis excusat se, quod a Keplero ad coenam invitatus non comparuerit, e qua excusatione, sicut etiam e literis d. 26. Apr. et Majo subsequentibus concludendum est, quo statu fuerint illo tempore Gratii res Lutheranorum. „Cum hora tertia Krugium adirem, ille e vestigio aedes occludit, pallio et gladio me armat, nec prius nisi ingruente jam crepusculo dimisit. Atque hac ratione a tua et aliorum conversatione exclusus sum. Die 26. Apr. refert, proxime se cum „generoso" ad conventum indictum Gratium regressurum, illum vero dubitare, cum nesciat, quid praeterita septimana actum fuerit. — Nativitatem Zehentmajerus expetit filii Herberstenii, dominum suum non ingratum futurum. Die 24. Maji nondum venerat Zehentmajerus Gratium, „quia generosus meus praepeditus curis domesticis et causis aliis maluit domi delitescere, quam in seriis religionis deliberationibus, quae periculo vix carent, ceteris etiam calculum addere. Praepeditus sum variis occupationibus, ut literis tuis rescribere non potuerim et animi sensa exponere de doctissima tua dissertatione de magnete, et altera de sapientia divina in creatione mundi, et causis obliquitatis in zodiaco. Quae sequitur epistola data est die 12. Junii, ex qua ea excerpsimus, e quibus quid voluerit Keplerus his „dissertationibus" quadamtenus apparebit. Haec igitur sunt verba Zehentmajeri: „Ordior ab illa sententia, quam colophonis loco adjecisti, Deum nimirum in conditu mundi eum modum invenisse, qui rationi humanae omnino conveniat. Dum enim priores tres modos, quos ordine recenses, propter varia incommoda, ut sunt nimii aestus et frigora, perpetua item aequalitas dierum et noctium, Sol dimidius apparens circa polos, Deus repudiavit, quartum rationi et universae naturae convenientissimum amplexus est, quo Sol non per totum vel dimidium quadrantem, aut immobilis omnino nihil ab aequatore deflectit, quorum unum secundum tres priores oportebat fieri, sed ad quartam quadrantis partem (22° 30′) inclinat. Hic modus inducit trigam excessus, medii et defectus, constituit inter torridum et frigidum extrema medium temperatum, perbelle convenit cum polis mundi et magnetis, qui invicem 23° 28′ distant; ita quidem, ut punctum illud Terrae, a quo initium sumserunt reliqua, praecise respiciat zodiaci polum et declinationem Solis in quadrante, ut quemadmodum hic ultra 22° 30′ ab aequatore nunquam deflectat et tropicorum limites egrediatur, sic magnetis polus, utpote pars Terrae perfecta et principium globi, ab axe seu polo motus quotidiani eandem distantiam obtineat. Et ut haec conditricis sapientiae vestigia humano captui valde sunt accommoda, sic si speciatim de naturae aliqua parte suscipitur disquisitio, rationis beneficio verum facile erui et judicium minus fallax sumi potest. Cujus rei cum infinita sint exempla, tum praesens de magnete abs te propositum hoc etiam convincit, de cujus materia, vi et situ cum omnes philosophorum libri hactenus tacuerint et nemo unquam hoc mysterium ad physicorum principiorum trutinam appendere sit ausus, tamen eo porrigit tandem humanae mentis acies et diligenti habita inquisitione discussa est omnis obscuritas. Ex his firmiter arguit, divinae rationis rivulos in nobis a fonte ipso minime dissidere, uti prolixe in literis, occasione motae quaestionis de magnete, demonstrasti. . . . . Quod polus magnetis a polo mundi 23° 28′ distet ex primaevo situ Terrae, non levibus rationum momentis mihi visus es approbare, quanquam ex posterioribus literis intellexi, te hanc sententiam mutasse, eo quod in magnete aquae innatante vix 7° declinationem observaveris. Sed quia nullam adhuc dedisti hujus distantiae causam, inde suspicor, te novam hanc opinionem nondum omnino amplecti. Porro et alterum de vi tractoria mihi persuaderi passus sum; quia nempe quaelibet pars Terrae perfecte repetat principium et situm totius Terrae, haud secus ut gravia ad centrum feruntur. Cum magnes principium massae terrenae constituatur et elaboratae

Terrae vim obtineat, hinc fieri, ut cognatae partes propter sympathiam principium suum et originem repetant. Sed hoc tu non satis clare explanare visus es, quando mirabilis et artificiosae structurae molis terrenae meministi et contra aliorum philosophorum sententiam, a bruta et friabili materia assertam, animam eidem vegetantem indidisti, quae operationes suas per filamenta et venas exserat et commode admodum pomo comparari possit, cujus petiolus est in magnetis loco A, altera vero e diametro huic opposita pars in B, quae per venas se mutuo contingant. Ex quo sequi videtur, quod in conditu Terrae duobus in locis, in septentrione et in meridie, Terra ex magnetis materia constituta sit, quae per venas et meatus se mutuo excipiunt, quemadmodum in pomo fit. Et haec tua sententia ex eo etiam deducitur, quod eandem statueris distantiam polorum zodiaci et loci magnetici a polo mundi. Sed quia reclamat experientia, nec unquam compertum, lingulam magneticam, si quis vel circa promontorium bonae spei navigaret, vel ipsius terrae Magellanicae litora legeret, eo inclinare, hinc ergo sequitur, nullum omnino circum polum antarcticum esse magnetem.

Quanquam tu existimas, Deum in primo conditu eadem, quae nos jam decursu Solis et commoditate orbis conditi cogitamus, agitasse consilia, nosque rationalis animae beneficio multa divinae menti conformia arguere posse, cum eundem in modum ratiocinetur et affectus sit, ut nos sumus: tamen in eo non facile tibi assentior..... Disseris tu ex ratione et erudite quidem, cur Deus ultra quadrantis quartam partem Solem evagari non passus sit, nec tamen in aequatoris circulo immobilem stare voluerit, et recenses, si horum quid contigisset, varia incommoda, quae pro diversitate locorum Terrarum incolas afflixissent et habitationi inidoneam Terram reddidissent, hanc autem esse omnium optimam et commodissimam, cum ejusmodi Soli limites sint positi, ut in multis Terrae partibus servetur medium inter frigus et aestum et quod aequalis et commoda facta sit lucis et tenebrarum divisio. Quae omnia non nego, sed interim et hoc dico, Deum aliam aeque perfectam potuisse mundo indere formam“ etc. Sub finem longioris hujus epistolae mentionem facit Zehentmajerus mortis D. Forstmanni et addit: „Jam experiris, te haud vanum insumsisse laborem in scribendo *Epicedio.* Mitte quaeso mihi exemplar et meis sumtibus denuo recudendum cura. (In prioribus literis, mense Martio datis, excusaverat se Zehentmajerus, quod falso Forstmannum mortuum nunciaverit; idem forte dicit, quod supra — 2. Aprilis — *cantionem* Kepleri laudaverat.)

Ad haec statim respondisse Keplerum ex his Zehentmajeri literis (d. 23. Junii) apparet: „Literas tuas 16. Junii exaratas heri accepi..... Epistolam tuam, verius scriptum aut dissertationem philosophicam, avidissime perlegi. Non satis potui exquisitam tuam eruditionem et judicii dexteritatem admirari, qua dubiis meis satisfecisti et insuper judicium vere christianum de praesenti ecclesiae statu suggessisti. Nae tu mihi terque quaterque felix es, qui tam ingentes thesauros humanae et divinae scientiae possides et tanta dexteritate ardua quaeque et communi hominum intellectui abscondita nosti eruere, judicare et scopulos errorum et offendiculi tam caute declinare et virtutem in mediis anfractibus vitiorum tam studiose sequi. Ad eximiam philosophiae cognitionem Deus verae pietatis donum in te contulit, ita quidem, ut humana sapientia exculta in te ratio minime pervertat Christi sensum, et tu ubique judicii dexteritate praeditus genuinam scis sententiam eligere et verum a falso distinguere. Certe adhortatione illa, quam de afflicta ecclesiae conditione et communi scandalo injecisti, mirifice sum affectus et erectus..... In eandem tecum descendo sententiam, Deum non tantum externa salutis organa, puta verbum et sacramenta, quibus visibilis ecclesiae congregatio in unum corpus coaluit, sed omnia etiam magnatum praesidia nobis hunc in finem subtrahere et abolere, ut ipsi soli fidere, verbi vim et virtutem sine ope humana sentire et, ut milites christianos decet, in summa infirmitate auxilio Spiritus Sancti pugnare et vincere discamus. Hoc Dei misericordis beneplacitum, haec voluntas. Jam te cum puerperà et nova nata salvere et valere jubeo."

Ex epistola d. d. 23. Septembris: „Scriptum tuum *de sacra coena* totum legi. Judicium meum alio et commodiore tempore aperiam." Judicium hoc legimus in literis d. d. 13. Oct., in quibus Zehentmajerus refert, Kandelbergerum („provincialium agens, qui Pragae fuit" v. p. 708), virum illum egregium et politicum, in equuleo fuisse immanissime enectum, et secretarium Gabelkoferum exquisito torturae genere excruciatum. „Tu qui sapientiae studiis incumbis et futuros eventus ex astris prospicis, quaeso si quid in siderum positu animadvertisti, quod singulare quid regionibus hisce denunciet, mihi et generoso meo communica. Magnopere desiderat ille ejusmodi speciale prognosticum, inprimis a Te, viro docto et hujus artis perito. Ego sane mentem tuam de ejusmodi singularibus jam ante perspectam habeo: nihil videlicet certi in specie praedici posse aut eventus certos definiri, sed generalem et valde lubricam esse astrologorum notitiam. Sed quia homines, uti nosti, rebus delectantur novis et futurae catastrophes causas ex natura depromtas cupiunt, fac ut aliquid ea de re conscribas mihique mittas. Erit tibi absque periculo et secreto cuncta tenebuntur loco." Deinde pergit: „Scriptum tuum de Coena Domini diligenter et attente legi, promtitudinem et acumen ingenii tui miratus, quod sententiam hanc de perceptione fructus et meriti, non substantiae corporis Domini, argumentis non levis momenti tam in confirmatione, quam refutatione munivisti ..... Tibi sicut et Calvinistis sententia, quam verba et literalis sensus dant de praesentia substantiae, minus arridet, quia varia inde sequuntur absurda et incommoda, et quidem secundum Calvinistas abolentur hac ratione corporis naturalis proprietates, articulus ascensionis venit in dubium, nulla etiam unionis est ratio symbolorum et rei coelestis; tibi vero minus placere vult praesentia substantiae tantopere a nostris jactata, quia per se substantia sine merito considerata prodest nihil et in institutione coenae Christum talibus usum esse verbis, quibus passionis suae fructum potissimum inculcaret et in usu memoriam meriti excitaret..... Faceres mihi rem gratam, si meis sumtibus cuidam studiosorum describendum scriptum tuum, quod hic remitto, traderes; libenter enim exemplar asservarem, propter nonnulla argumenta, quae scite admodum et vere theologice tractasti. —

In nativitatibus illis tribus ante mensem traditis si quid absolvisti, homini huic committe, alia vice honorarium pro labore recepturus es. Dimidium dolium vini Luttenbergici curavi tibi impleri, poteris illud quandocunque vis a sororio meo Balth. Stainer, cive Radkerspurgensi, reposcere et Graecium avehere. De pretio bene conveniemus."

Paulo post Zehentmajerus Keplerum ad respondendum monet, nihil vero dicit de Kepleri scriptis, quae prius tantopere laudaverat. — Aestate anni 1600 gratulatur Keplero, quod salvus ex aula imperatoria redierit; non dubitare se, quin Keplerus „doctis suis conversationibus et sententia, quam de orbibus et motu Terrae foveat, adeo affecerit Tychonem, ut Styriam nostram, alias afflictam et doctorum hominum infecundam, beatam dixerit, utpote cui tale obtigit eruditionis lumen, quo barbariei et confusionis tenebrae dispelli possint." „Non semel", pergit, „perceptum auribus meis, te ob celebrem matheseos scientiam in imperatoris germanici venisse notitiam eumque impense adeo tibi favere coepisse, ut inter aulicos non infimi ordinis te cooptare splendidoque salario te in regia sua alere certe praesumserit...... Scripta, quae legenda de itinere Bohemico dedisti, mecum sumo in arcem (Guttenhag, unde omnes dedit praeter hanc, quae Gratii scripta est, epistolas) ibique evolvam." —

Ultimae, quae supersunt literae Zehentmajeri, datae die 19. Augusti 1600, haec habent: *Deliberationem tuam de mora Bohemica* et reliqua acta et actitata inter te et Tychonem perlegi et ex iis animadverti, Deum per vos aliquid magni moliri animosque nostros sapientia vestra illustrare velle. Utinam affectus inordinatos in utroque vestrum sedáret et comprimeret, quo animi et genii vestri facilius coirent praeclarumque hoc opus, quo haud dubie Europa nostra praestantius vidit nullum, vestro studio et assiduitate ad umbilicum perduci possit. Video, Tychonem te magnifacere et quidem merito, nec enim credo eum alterius ope et auxilio ea tentare posse, quae per te confidit. Animadvertit in te singulare et vere divinum ingenii acumen, quo prae ceteris aptus es Dei mysteria de operibus suis et natura rerum promere. De te et exilio tuo sum sollicitus. Discedens revocavi ad animum propositum tuum, in patriam cum conjuge migrandi, et animadverti, te non sine difficultatibus et periculosa molestia id perfecturum. Maxima itineris pars per adversariorum ditiones conficienda quarum dynastae omnes dicuntur in id conspirasse, ut transeuntes exules ex Styria bonis spolient et carceribus mancipent. Deinde uxor tua itineribus faciendis minus assueta est et ad levem quemque periculi rumorem in perturbationem et animi moerorem summum incideret, praesertim cum jam ante ob filiae detentionem satis afflicta sit. —

Superest in codicibus Viennensibus fragmentum, quo Keplerus partim versibus partim oratione soluta sententiam suam, quam Zebentmajerus supra laudat, de Sacra Coena, profert. His incipit hoc fragmentum:

Esse negat Christi carnem Calvinus ubique,
Et causam vetiti nominis edit: Homo est.
Si nihil est nisi homo, spaciis include locorum,
Sed simul infernum non reparatus adi.
Est caro, divina sed te virtute redemit;
Hoc illi praestans Unio, Sosse, dedit.
Est locus in coelis Carni, sed nutus ubique;
Hoc illi praestans Unio, Sosse, dedit.
Morte opus est illic, constat praesentia Regno.
Elige, utrum levius, an regere anne mori?
Morte Deum media cepit Caro mortua: vivens
Anne Dei ad regnum non queat esse capax?

At vel multiplicat (dicis) praesentia Christum
Immensum vel eum corpus habere facit?
Falleris, et sumptas humano a corpore leges
Niteris autori conciliare Deo.
Quo caret ipsa Deus, non hoc dedit Unio Carni:
Quod tenet, hoc fruitur consociata Caro.
Cernitur in cunctis Jehovae praesentia rebus;
Dum videt, adjutat, dirigit, arcet, amat.
Effectis non clara minus praesentia carnis,
Ipsa quoque adjutat, dirigit, arcet, amat.
Indiga sed Jehovae non sic Natura locorum est,
Exstructos ut non vixerit ante locos,
Utque locis praesens factis nunc omnibus adsit:
Non natura Dei sed locus ipse petit.
Non replet ergo locos Christi caro sancta creatos:
Fusilis exhaustos ut replet unda cados.
Naturas si quaeris, abest: opera aspice, ubique est:
Sic vigil in sacris erudiere libris.
O curas hominum, o quantum est in rebus inane,
Non aliter praesens si sit ubique Deus.

In hac disputatione assumo haec concessa axiomata. Primum, quod Christus etiamnum hodie lege naturae in uno certo et definito loco habitet, ut ajunt, localiter. Itaque ubique est non localiter, vel abest localiter a ceteris locis omnibus. Deinde, quod modum omnipraesentiae acceperit per unionem Naturarum et communicationem idiomatum: scilicet non est alius modus omnipraesentis carnis, quam est omnipraesentis verbi. Hisce positis universa disputatio revolvitur ad modum omnipraesentiae divinae. Illa non est ex Philosophia petenda, sed ex Sacra Scriptura. Quamvis libenter admitto tertiam hanc hypothesin philosophicam, quod Deus sic sit in omnibus, ut simul sit extra omnia. Hoc non est crasse intelligendum, quasi totum mundum multis partibus essentiae suae mole repleat et multis partibus inundet, sed sic, quod quodam respectu sit in omnibus, quodam vero respectu extra omnia. Itaque Sacrae Scripturae fere perpetuus mos est, ut ibi praesentem Deum dicat, ubi operatur et praesentiam pro operatione sumat. Deinde tribuit Deo coelestem regionem, quod testatur consensus locorum. „Coelum coelum domini, terram autem dedit filiis hominum.“ „Pater noster qui es in Coelis“, et Christus orans in Coelum suspexit. Imprimis 3. Reg. 8: „Si oraverint in loco isto, tu exaudies in loco habitaculi tui in coelis“, cum tamen antea negaverit ullum locum sufficientem esse capiendo Deo. Id Theologi ajunt fieri vel ad significandam majestatem Dei, quam figurate coelum et altitudinem dicant S. Litterae: vel quia in coelis illustrior Dei operatio. Tertio sic etiam loquitur fere Johannes: Verbum caro factum est et habitavit in nobis, in quo solo textu stabilitur localis praesentia. Scilicet ut verbum caro factum est, quod videri, palpari poterat, sic illocalis localis factus est in carne locali. Sed in primo et secundo modo nulla adhuc infertur essentiae Dei omnipraesentia. Quarto: si autem quaeras an ullibi in S. Litteris stabiliatur essentiae praesentia, inveniemus 3. Reg. 8. negari primo, Deum habitare in templo Jerosolymitano, deinde in terris, tertio id non de operatione vel gratia sonat. Nam ea ubique est, sonat ergo de Essentia, sed neque de locali praesentia sonat distincte. Cum ergo paulo post negetur, habitare Deum in coelis coelorum, vel in toto mundo, ex hoc videtur non inepte ostendi posse multopere axioma illud philosophicum, Deum ratione essentiae nullibi habitare in mundo. Nam non tantum nullus modus praeter enumeratos recensetur in Scriptura, sed etiam hic textus aperte omnes, qui confingi possent, rejicit. Itaque si omnipotentia et majestas verbi communicata est carni, ut certe est, nullum igitur absurdum sequitur in omnipraesentiam carni datam, quae nil aliud est, quam operatio. Sedens igitur Christus in coelo localiter operatur omnia in omnibus localiter absens, quamdiu Deus sedens nullibi operatur eodem modo localiter... (Haec sequuntur pauca nimis detrita.)

Vol. XXI. Mss. Pulkov. exstat longior tractatus Kepleri (non ad finem perductus) qui his incipit: Mense Martio anni 99. ex lectione Navigationis Batavicae incidi in contemplationem declinationis magnetis, ubi cum diu multumque fatigarer, pertaesus calculi et imperitiŏr paulo illius praxeos, Aprilis initio incidit, non abs re fore, si canon conderetur, qua una opera in universum fere canones sinuum et foecundi antiquarentur, ingenia nobilia ad triangulorum contemplationem et tractationem allicerentur remoto maximo labore multiplicationis et divisionis. Initio 7. Apr. rationem inii magnitudinis libri. Calculo subducto prodeunt Keplero 100 libri, singuli 810 foliorum, quare mutato consilio post varia tentamina reducit canonem ad unum volumen 810 foliorum. Rediit ad idem conamen d. 20. Augusti anni 1601, neque vere ultra initia pervenit, rem imperfectam relinquens. Specimen horum conatuum exhibuimus suprä pag. 226 ss.

1600. Revolutio anni: Hoc anno iter suscepi in Bohemiam; iter ingressus sum 6. Januarii, 3. Februarii veni ad Tychonem, 5. Februarii omnia quae optabam ultro mihi detulit. Aprili nomen meum ád Corraducem (imperii procancellarium) detulit; assentit ille. Junio redii Gratium, deposito hoc proposito. Julio, cum ♃ iret per I. domum, Caesar Tychoni de me vocando assensit. Ego interea in Styria accepi pecuniam — 200 thaleros — pro Mysterio. Utrumque coeptum superiori Decembri et Januario, cum ♃ itidem proxime I. domum staret. Die 7. Augusti secunda vice causa religionis mihi cum familia migrandum. Incidi etiam in quartanam et vehementer attrivi rem familiarem, quamvis paulo prius et auxerim. 30. Septembris iter sum ingressus Pragam.

Quae hic paucis verbis refert Keplerus fata anni 1600, his partim e codicibus Viennensibus et Pulkoviensibus, partim ex iis desumtis, quae nuper in codicibus Basileae conservatis*) deprehendimus, illustrantur. Iter in Bohemiam fecit Keplerus in comitatu Baronis de Hoffmann, qui cum Keplero faveret et Tychonis familiaritate usus fuerit, illum celebri Caesaris astronomo commendavit. Ipse vero Keplerus antea per literas Tychonem adierat, quaerens num aditus ad illum sibi pateat et acceptus sit.

Tycho d. 20. Januarii Benatica haec dedit ad Pragensem amicum: Advenit cum filio inde a litore Balthico quidam e conterraneis nostris, M. Chr. Longomontanus nomine, a me huc vocatus, siquidem is jam antea, dum in Dania morarer, mihi in insula mea Uraniburgica per octennium fuerat domesticus et in exercitiis astronomicis operam diligentem nobis praestiterat. Ille cum bona nostra venia primum in Prussiam navigavit, postea Rostochium venit, ubi cum percepisset, me in arce Ranzoviana consedisse, me ultro accessit et aliquanto temporis isthic mecum moratus me Magdeburgum comitatus est, postea Rostochium reversus, ibi eventum rerum mearum in Bohemia exspectavit. Nunc vero denuo apud me comparuit. Placuit mihi haec ratio, ut meis sumtibus Longomontanus Pragae, donec illi aliter prospexero, vivat et pro me quae praefinivero elaboret. Ad tuum auxilium rem hanc defero ipsumque, qui mihi semper charus et acceptus fuit, tibi commendo, rogans te per amicitiam nostram, velis de habitatione et victu ipsi prospicere, sive id in collegio vestro, sive alibi in propinquo fieri queat. —

Die 26. Jan. haec dat Tycho Hoffmanno: Magno gaudio affectus sum, cum heri vesperi ex meis domesticis, huc (Benaticam) Praga revertentibus percepi, Illustrem Gen. Tuam ex Austria nuper salvam et incolumem rediisse.... Cumque nunc Pragam nobilem et eruditum adolescentem, Franciscum Tengnaglium, mihi domesticum, qui ante paucas hebdomadas ex patria huc reversus est, una cum filio meo natu majore, ex me denominato, certis de causis amandem, non potui intermittere, quin hasce pro felici reditu Ill. Gen. Tuae congratulantes una mitterem atque iis simul injungerem, ut Tuam Ill. Gen. captata opportunitate accedentes ex me officiosissime salutarent. Pergratum vero est, quod Ill. Dominatio Tua excellentem mathematicum D. M. Joannem Keplerum in suo comitatu huc ad nos in Bohemiam adduxerit, qua etiam in parte non obscure elucet Ill. Gen. Tuae erga sublimia illa et a vulgi captu

*) Insunt bibliothecae Basiliensi duo volumina, quorum alterum contiuet epistolas Tychonis ad varios scriptas, alterum epistolas plurimas ad Tychonem datas. Tychonis epistolae omnes, exceptis paucis danica lingua scriptis, non ipsius exhibent manum, sed descriptae sunt a diversis (quaedam bis terve), una etiam scripta est a Keplero Benaticae (Martio mense 1600), multis correcturis (ab alia manu) deformata. Epistolae aliorum ad Tychonem datae manum exhibent scriptorum ipsorum. Nescimus, num verum suspicemur si dicamus, collectionem hanc esse eam, de qua Keplerus (vol. I. p. 191) dicit, dubitandum esse, an sit typus incepti libri II. Epistolarum continuandus.

remota mathematum studia eorumque alumnos singularis et nunquam satis laudandus favor et benignitas, ab omnibus hisce excellentioribus scientiis addictis merito semper depraedicanda. Intercessit mihi cum illo viro, postquam Dania emigravi, nonnulla per literas eademque pergrata familiaritas, quae ex mutua praesentia, quam brevi futuram mihi persuadeo, augeri poterit. Quidquid vero voluptatis et commodi ex hoc nostro congressu promanare poterit, Ill. D[i] Tuae magna ex parte acceptum ferendum grata mente agnosco. (Inscriptio: Ill. Gen. D° D° Joanni Friderico Hoffmann, L. B. in Grüenpuchel et Strechaw, praefecto provinciae Ducatus Styriae et Archiducatus Austriae, Marescalco ubique haereditareo, Burgravio in Steyer, nec non S. C. M. Aulae consiliario et Serenissimi Archiducis Maximiliani Cubiculario.)

Eodem die scripsit Tycho Keplero: Reversi heri vesperi sero ad me domestici illi mei, quos Pragam miseram, tuas eruditissime et amantissime Domine Keplere ex insperato attulere humanissimas literas, quibus lectis te Pragae nunc esse perlubenter comperi. Invite tamen ex iisdem colligebam, te necdum meas, quas ultimis tuis affatim respondentes ante mensem Viennam direxi, accepisse. Quae si interea tibi traditae fuissent, hac reiterata protestatione et excusatione supersedisses atque huc advolasses. (Hae literae leguntur pag. seq. in nota, Kepleri desiderantur.) Quod ut etiamnum facias, te etiam atque etiam rogo. Poteris in eodem vehiculo comitare Tengnaglium, domesticum nostrum et filium meum natu majorem, quos Pragam nunc ablego. De meo isthuc adventu necdum certi quid concludere possum, antequam Caes. Majestatem eo reversum esse intellexero. Neque enim quid alias isthic magnopere agam habeo, nec libenter accedo, nisi a Caes. Majestate clementissime vocor, siquidem id citra temporis aliqualem jacturam, et studiorum, quae prae manibus habeo, remoram fieri nequit.

Explorandi acronychii situs Martis et Jovis, tum quoque ad Mercurium, quem discrete apparentem observavimus, tum quoque ad Venerem eoam, quae interdiu una cum Sole in meridiano existens spectatur, advertendum. Taceo quod Saturnus, non longe a □ ⊙ mane juxta meridianum apparens, pro parallaxi orbis (ut vocat Copernicus) et latitudine sua rimanda non inconvenientem exhibeat occasionem. Accedit et hoc, quod proxime Luna eclipsin patietur, cui etiam attendendum. Vides itaque, mi Keplere, quot et quanta exercitia nostra astronomica ingerant obstacula, nobis tamen haud ingrata, quo minus Pragam tam cito, uti opinatus es, excurrere queam. Tuum itaque erit praevenire meque hic mature invisere. Advenies non tam hospes, quam amicus gratissimus nostrarumque in coelestibus contemplationum spectator et socius acceptissimus. Tunc, volente Numine, coram de pluribus. Vale et gen. D. Baronem Hoffmannum, cui etiam nonnulla congratulationis causa pro felici reditu scripsi, ex me officiosissime resaluta.

Dabantur properanter ex arce Caesareana Benatica d. 26. Jan. 1600.

Tui amantissimus

Tycho Brahe
Mpp. sc.

Hoffmannus respondit ad Tychonis literas hunc in modum (Pragae d. 3. Februarii): Literas Tuas, quibus me tam splendide per egregios juvenes, internuncios tuos, salutas, mei amore et commendatione plenas, accepi. . . . . Quod D. Tengnagelii virtutem et valorem, quem ipsa facies et mores exprimunt, etiam literarum tuarum testimonio apud me augere tibi placuerit, nil miror; est tamen mihi quod gratuler, et tibi, qui tantum adolescentem cognoscendum dederis, gratiam ut referam. Rationem consilii ejus de Bohemica hac ora tui procul dubio causa non tam brevi relinquenda, plurimum etiam nostrorum interesse, approbamus et laetamur, ac ipsi et praecipue filio tuo quam valemus et habemus exilitatem in hac aula nostram fideliter et cum libertate offero.

M. Keplerum, omni praeconio majorem favoreque tuo et patrocinio multis rationibus dignum, tibi jam commendatum amplius nunc non commendo, sed ipsum se spectandum et fruendum potius praemitto, apud te mihi, ut spero, multarum rerum praeconem et conciliatorem. Intermediatoris tamen officium, quod ita amanter et benigne cum gratiarum actione susceperis, ad me pertinet, Domine Tycho, ac facis in eo te certe ac humanitate tua, quin nostra ad te perpetuo amandum et colendum benevolentia haud indignum. Addo id ipsum, nostri gratia quidquid porro accesserit, id omne non tam ad cumulum tuorum in nos meritorum esse referendum, quam alta et grata memoria persequendum. In specie vero, quae de ipsius Kepleri ratione conferenda essent, aliqua in occasionem nostri conventus differre cogimur, quem nobis efficiet Caesar propediem. —

Keplerus eodem quo haec scripta sunt die Benaticam transiit, ipse forte has literas Tychoni tradens. De itinere suo et commoratione apud Braheum ipse Keplerus haec refert: Gratii dissipato nostro coetu discentium, ipse salarium quod capiebam a proceribus provinciae sine opera, bene collocaturus consilium tandem cepi, Tychonem Brahe visitandi toties invitantem*). Venerat ille anno 1598 Witebergam, iturus ad Imperatorem; ubi cum aliquamdiu substitisset, anno sequenti in Bohemiam se contulit, cui Benatica arx regia, 5 milliaribus Praga distans, habitanda concessa fuit. Haec omnia mihi Fr. Hoffmannus L. B. Styrus, qui tunc Praga venerat, retulit, me ad capessendum iter adhortatus est, loco mihi oblato in comitatu suo. Ad Idus Januarii Gratio discessi et cum Pragae per aliquot dies haesissem, tandem Nonis Februarii Benaticam veni, brevique captus Braheanorum laborum vicissimque exhibitis ingenii mei experimentis, pactus conditiones cum ipso commorandi, quas Styriae proceres ratas haberent. Veni ad Tychonem spe planetarum correctas eccentricitates addiscendi. Cum enim primo octiduo didicissem, Braheum adhibere medium motum Solis, ab eo impetravi ut mihi liceret, observationibus meo modo uti. Erat tum Longomontano sub manibus theoria Martis; si alium planetam tractasset, in eundem et ego incidissem. Divina ergo dispositione accidisse puto, quod eodem ego tempore advenerim, quo Marti ille erat intentus, ex cujus motibus omnino necesse est nos in cognitionem astronomiae arcanorum venire, aut ea perpetuo nescire. . . . . Tempus a Februario in Majum sperando et imaginando consumsi; sub pignoris periculo

*) In literis Tychonis, d. d. $^1/_{11}$. Apr. 1598 Wandesburgi in arce Ranzoviana, legimus. . . . „Quantum ego tuis arduis conatibus subvenire potero, me neutiquam habebis difficilem, praesertim si me nunc in Germania degentem et e patria huc cum universa familia, ne totus ille periret thesaurus astronomicus, tot annis, laboribus et sumtibus comparatus, profectum aliquando inviseris et mecum coram de ejuscemodi sublimibus rebus jucunde et grate contuleris." Die 9. Dec. 1599 Tycho „Benachiae sive Venetiis Bohemorum" haec dat Keplero: E stella polari vel quavis alia eruere, an orbis Terrae, a Copernico excogitatus, si is esset, octavae sphaerae stellis aliquantulam insinuet parallaxin, jam ante saepius et diligenter experiri tentavi; verum nihil ejuscemodi comperi. . . . . Quare nihil pro Copernico tuo (cujus concinnam et ingeniosam speculationem alias admirari et depraedicare soleo) tuendo residuum erit solatii. Sed de his atque aliis plenius tecum jucunde et perlubenter agam pluraque ex meis communicabo, si me uti polliceris aliquando inviseris, quod tibi jam minus molestum erit quam antea, cum in Bohemia, non admodum a vobis remota, nunc sedes Uraniae novas fixerim. Nolim tamen, ut fortunae asperitas te nos accedere compellat, sed potius arbitrium proprium et erga communia studia amor et affectio. Quidquid tamen id erit, invenies me non fortunae, qualiscunque illa sit, sed tuum amicum, qui etiam in adversa sorte suo consilio et auxilio tibi nequaquam sit defuturus, sed potius te ad optima quaeque promoturus. Et si mature accesseris, eas forte rationes inveniemus, quibus tibi et tuis in posterum rectius quam antea consultum erit. —

promisi, velle me intra octiduum arcana omnia absolvere. Profeci autem tantum, ut eccentri inaequalitatem mediocriter salvarem (nisi quod una fundamentalium observationum 20 minutis vitiose fuit assumta) et minuendam esse Solis eccentricitatem callerem. — Porro: Inter potissimas causas invisendi Tychonis fuit et haec, ut veriores eccentricitatum proportiones ex ipso discerem. Verum Tycho copiam earum mihi non fecit, nisi quantum obiter et aliud agens inter coenandum jam de apogaeo hujus, jam de illius nodis meminit. Sed cum videret, esse mihi ingenium audax, rectissime fortasse mecum agere se existimabat, indultis ad meum lubitum observationibus ipsis Martis. In hoc tempus trivi nec de aliorum planetarum observationibus fui sollicitus: sperabam quotidie exitum in theoria Martis, post alias quoque habuissem. — A Nonis Februarii usque ad Cal. Junii, si tres circiter septimanas eximas, continuo cum Tychone inque convictu ejus vixi. Invitaverat is me altera vice perquam humanis ad me scriptis literis. Sed eas ego literas die 10. Junii demum Viennae in reditu accepi. Sic ergo non tantum gratus sed exspectatus etiam fuit adventus meus. Et de sumtibus accessus mei cautum esse voluit, si voluissem, et de viatico ad reditum necessario Viennam usque prospexit. Summa vero tractationis nostrae fuit haec, ut procuraret mihi Tycho literas Caesaris, quibus et vocarer in biennium in Bohemiam maturandis Tychonis editionibus, et nihilo minus salarium meum in Styria obtinere possem; suppeditaret et sumtus itineri necessarios ad familiam transferendam. Quibus a me propositis insuper adjecit, curaturum se, ut minimum 100 thaleros accipiam. Post aliquot mensium conversationem reversus Gratium negotium reliqui pendulum.

Brevi postquam Keplerus ad Tychonem Benaticam transiverat et propius inspectis Tychonis ingenio et moribus, nec non qua ratione habiti fuerint domestici illius, consultis forte fautoribus Hoffmanno et Coraducio, nec non medico celebri Jessenio, conscripsit, ut se et familiam ab omni detrimento tutum praestaret, hanc *Deliberationem de mora Bohemica,* quam etiam amicis in Styria legendam et dijudicandam tradidit (v. s. p. 712).

Deliberationis meae capita sunt varia. Primum, ut annum unum atque alterum in Bohemia morer et eventum rerum in Styria eminus contempler, consultum rebus meis adeoque et studiis esse videtur, maxime si quod Tycho pollicetur obtineri queat, ut salarium Styriacum nihilo secius continuetur. Hac occasione tempus mihi suppeditaretur, liberandi fidem meam in promisso automate coelesti (I. 73 ss.), possem paulatim innotescere, ut postmodum in omnem eventum de conditione aliqua mihi non difficile esset prospicere. Forsan et C. M[i] innotescerem conditionemque honestissimam adipiscerer. In studiis meis hoc nomine proficerem, quod particulares dispositiones orbium coelestium, mihi ad mea inventa percolenda scitu necessarias diuque desideratas, successu temporis addiscerem. Speraveram quidem, me ista apud D. Tychonem jam parata inventurum, sed major res est, quam ut tam facile, tam brevi tempore decidatur. Tycho observationes habet optimas, quae instar materiae sunt ad hoc aedificium exstruendum, habet et operarios et quicquid desiderari omnino potest. Unus illi deest architectus, qui his omnibus juxta se utatur. Nam etsi ingenium in ipso felicissimum et plane architectonicum est, ingens tamen varietas et in singulis profundissime latens veritas hucusque diligentissimum Tychonem detinuit, cum jam senectus illi obrepat, ingenium et omnes vires enervans aut non multos post annos enervatura, adeo ut difficulter solus omnia efficere possit. Itaque si fine mei itineris nolo privari, duorum alterum est faciendum: aut describendae mihi privatim ejus observationes (id autem non concedet, et merito, hic enim est ejus thesaurus, in hoc totam vitam et tot opes consumsit), aut una cum ipso annitendum ad maturationem operis. Et profecto C. M^{as}, quae tale quid videtur moliri quale Alphonsus quondam, consulto faceret, si etiam morem Alphonsi servaret et alios Tychoni adjungeret, specie quidem ut Tychoni tantum petenti morem gerat, quo minus offenderetur adductis aemulis (*quisque namque suos patimur manes*, maxime mathematici et tam excellentes), sed re vera ut tanto rectius operi consuleretur utque sint, qui operam collocare velint. Nam et mihi grave esset, missa illustri procerum universitate ad privatum transire. Et quia in hanc mentionem incidi publicorum studiorum, traducam huc reliquum sermonem. Etenim si quid humanitus Tychoni contingat (quod quam diutissime Deus avertat oro), neque sit certus aliquis, qui harum rerum curam gerat, metuendum est, ut observationes ἀγνοίᾳ aut πλεονεξίᾳ quorundam intervertantur aut penitus pereant. Ipse etiam Tycho etsi vivat, tamen hic vel alibi vivat, susque deque fert. Nec enim adhuc exhausit patrimonium suum, et si videat se contemni, non magni faciet novam peregrinationem. Quod si accidat, vix poterit ab interitu laborum Tychonis sejunctum esse; ad minimum in longius adhuc tempus differentur ejus editiones. Itaque consultum est etiam C. Mis proposito in faciendis sumtibus et ipsi Tychoni ejusque famae, ut maturentur ejus opera. Jam ut a publica literatura ad meam personam redeam, si maneam in Bohemia, facile interea discere potero, an gravis sim Ordinibus provinciae. Ut id suspicer, faciunt quorundam ex Proceribus sermones, quos in meam an suae Reip. utilitatem dirigant nescio. Consulunt enim, ut medicinae operam dem neque perpetuo astronomiae indormiam; turpe enim esse, nihil adeo Remp. juvare, cum ingenium mihi non desit. Hoc ergo est unum caput deliberationis meae, in quo parum est, quod me quominus absolute decernam remoretur, quod quidem in sequentibus patebit.

Cum enim hoc mihi semper sit primo loco positum, ut haec mora mea fiat cum consensu magistratus mei, quaeritur, quomodo is consensus sit impetrandus. S. C. Mis auctoritate si id fiat, ea quidem re os obturabitur socero meo, qui contemtui ducit, sic ex Styria cum uxore, filia sua, discedere, quasi me ejiciat inopia, omnium hoc tempore scelerum turpissimum et nocentissimum. Sed et gravabitur in privignae meae (cujus bonorum tutor est, quaque uxor mea carere loco praesertim peregrino non vult) iter consentire, nisi auctoritate aliqua muniatur hoc iter. Vivit enim liber nec nisi Principem agnoscit superiorem socer meus habetque bona provincialia; et privigna mea est sub jurisdictione aulica.

Contra vix videtur impetrari posse a S. C. M^{te}, ut ipsius nomine potius ad Ordines scribatur, quam ad Principem. At Principi si morem hic geram, aut si per illius auctoritatem agam, invidiam in me concitabo Procerum. Atque etiam ipsi Proceres nescio quo animo sint excepturi literas Caesareas. Nam non venient oratum, sed erunt scriptae imperatorie. Tum quis me Caesari commendabit? Tycho? At malim ab alio, nam videtur ipse non satis omnibus quibus necesse est commendatus esse. An ego petam aliquid a Caesare? Religio mihi est; sum enim obstrictus Styrensibus. Ut autem ab aliis proprio motu commender, id petere arrogantis est.

Sed neque ipse satis honesta oratione ad D. Proceres Styriae uti potero, ut hanc moram impetrem. Putabunt, me res privatas agere, lucrum captare, quod quidem secus est, quaero enim salarium, quod ab ipsis habeo, quam optime collocare per hoc interregnum scholasticum. Utinam id perpendant aut a quopiam edoceantur, se magnam partem gloriae, quam C. M^tas aucupatur tribus aut quatuor florenum millibus in annos singulos, nonnisi usitato et hoc exiguo ducentorum stipendio ad se derivare posse. Sed et plus petere videbor, quam meam deceat modestiam. Jam noviter enim literis amici cujusdam mihi relatum est, decretos mihi ducentos thaleros pro editione et dedicatione libelli mei. Itaque tantum abest ut ipse ego consensum ordinum in hanc moram meam petere possim, ut vix aliter infamia carere possim nisi, ultro jussus ab ipsis hic manere, me id aegre facere simulem.

Quodsi solus Tycho scribat ad Proceres, quod se facturum pollicetur, videor non satis multum magistratui meo tributurus, videor nimis neglectam instituturus petitionem, ut scilicet integra universitas privato domino concedat ministrum suum. Quo pacto metuo, ut repulsam feram aut mihi plenaria missio proponatur, quae mihi gravis accideret propter uxorem, socerum et affines in Styria.

Jam vero, ut fingam concedi mihi, quod petiturus sum, non leves sunt difficultates oeconomicae. Deseri uxor integro biennio vel amplius honeste non potest. At si huc adducatur, non erit id sine sumtu. Nec aliter quam honeste et misso curru deducere illam possum. Quis ergo sumtus ad iter suppeditabit, de necessariis ad reditum quis cavebit? Quis, quae domi in praediis uxoris negliguntur, restituet, quis neglectas commoditates et annuum reditum, centum amplius florenis aestimandum, ex donariis faventium mihi procerum compensabit? An solus Tycho omnia? Vix faciet. An ego omnia astronomiae causa negligam? Vellem, si mihi suppeterent aliunde sumtus necessarii ad alendam loco peregrino familiam, si non de uxoris meae bonis ageretur, quorum tutor cum sim, diligentem me custodem esse fama posthuma jubet.

Quodsi mihi constet adducendam uxorem, jam illud dispiciendum, temporine parcam ipse ego et alium qui uxorem adducat conducam ex consanguineis ejus, quod equidem malim, an vero ipse descendam, omnia coram disponam, uxorem honeste praesentia mea comiter, et sic etiam me iterum sistam Proceribus? Fortassis id ita fieri consultum etiam propter meam existimationem, ne putent Ordinarii, meo instinctu fieri ista, sed habeant me excusatum, si quiescens ego domi literis revocer in Bohemiam.

Illud etiam considerandum, quem locum ad habitandum velim eligere. Praga meis studiis apta est, isthic est frequentia nationum, isthic rectissime rebus meis prospicere possem, isthic est aliqua inter homines germanicam linguam callentes amoenitas, qua soletur uxor mea amicorum et cognatorum absentiam. Contra non potest isthic vivi nisi magno sumtu, qui mihi vel non suppetit vel a Tychone non suppeditabitur. Hic in Benatka pauci sunt germani, solitudo hominum, Tychonis vero angustae aedes, magna turba familiae, cui nolim immiscere meos, qui tranquillitati et modestiae assueverunt. Et tamen ut Tychoni crebro praesens sim, studiorum ratio et ipsius Tychonis propositum postulat.

Sed fere omisi, quod primo loco erat perpendendum, praestetne, si fieri possit commode, tantisper in Caesaris servitio vivere et Tychoni ex abundanti operam dare, an a solo Tychone pendere? Illud suadet Caesaris Majestas et aulae splendor, dissuadent haec. Primum vix me recipient nisi totum, renunciata Styrensi functione, aut receptum postea non amplius dimittent. Nec enim rustice clementissimis Caesaris imperiis repugnandum esset. Deinde salaria aulica, ut audio, valde sunt impedita. Conjiceretur ergo familia mea crebro in difficultates, quod uxori meae summae miseriae instar videretur. At si me Tychoni certis conditionibus, quod postulat, obstringam, videtur me sibi nimium mancipaturus, quod nec meae famae studiisve consultum, nec ad magistratum meum excusari posset. Ac posset haec res forte praeveniri forma concessionis Ordinariorum Styriae, qui aliqua in meum commodum exciperent.

Ego sane, si meopte solo judicio decernere vellem (quod nolo), has conditiones peterem:

1. Si vellet uxor mea in Tychonis aedibus habitare, ut hypocaustum et cameram et culinam, quam nunc occupant studiosi, una cum ea parte contignationis sub tecto, quae est supra id hypocaustum, prius ex omni parte ad commode habitandum instructum et maceriebus ubi opus est interseptum, ne cui alii pateat aditus, mihi concedat nec unquam me meosque inde ejiciat, aut alios mihi cohabitatores obtrudat, donec, quod mihi destinat, conclave meridianum fuerit absolutum, non minus habitationi aptum quam illud alterum.

2. Ut de lignis mihi vel ipse per aestatem prospiciat, vel caesarianos id mihi confirmare procuret idque tempori, ut in hieme aridis lignis sufficienter sim instructus.

3. Ut certum corpus nominet victualium, quae ex ejus domestico commeatu carnium, piscium, cerevisiae, vini, panis sim habiturus. Hic quidem, quasi curiose agam et suae liberalitati diffidam, mihi succensebit. Sed ego generalibus pollicitis nequaquam acquiescam et omnino hic certi quid statui volo.

4. Ut praeterquam astronomicis iisque necessariis ad suas editiones non me oneret.

5. Ut nullum neque tempus neque materias studiorum mihi praescribat, sed mihi fidem habeat, praeterquam ea, quae in gratiam Styrorum et si quis hactenus meus fautor fuit, elaboranda sunt, nihil me temporis ejus editionibus subtracturum.

6. Ut Pragam iturum et si quo usus fert non impediat; modo ne nimia sit mora.

Haec si coram teste confirmet, tunc ego de uxore adducenda (ipsius tamen sumtibus, vel parte) cogitabo; sin non, in Styriam ad meos redibo.

7. Ut pro qualitate eorum, quae effecturus sum, omnino tamen aliquam pecuniam redituro in Styriam suppeditet.

8. Cum in multam saepe noctem in Tychonicis laborem, nec stimulo, sed freno opus habeam ad evitandam phthisin: peto vicissim, ut cum interdiu propter incidentia domestica mea negotia interdum et raro quidem in urbem egressus fuero, ne D. Tycho se defraudari putet.

9. Si quid publice sub meo nomine edi voluerit, id peto per omnes apices ita relinquatur, uti mihi audito et expenso D. Tychonis judicio visum fuerit; sin autem: nomen meum supprimatur.

10. Liceat mihi mensam D. Coraducii accedere ibique pernoctare. Id autem fiat salvis iis, quae praemissa sunt. Dabo operam, ut quae tecta D. Tycho voluerit ibi tractans tecta habeam. Nisi enim a D. Coraducio aliquid etiam accedat salarii, certe de ducentis florenis vivere non possum.

11. Pro hac opera D. Tycho numerabit mihi ad singulas anni quartas quinquaginta florenos, uti obtulit, et quidem usque ad proximam Pentecosten eam summam, quae ab eo tempore quo huc veni usque ad Pentecosten pro rato debebitur. Quae interea accepi, non venient in hanc summam. Nam quae in conductas aedes sunt expensa, restituentur a Caesare; reliquos

25 Thaleros loco 30 florenorum, quos inde a superiore anno Rebeneccio debui et D. Tycho solvendos susceperat, mihi remittet. Si pecunia justo tempore numeretur, obstrictus ero ad biennium exactum.

12. Procurabit etiam mihi D. Tycho salarium apud Caesarem quam primum fieri poterit, de quo impetrato et legitime penso pecuniam ipsi restituam, quam quovis tempore dederit mutuo.

Jessenius (vel Hoffmannus?) quosdam paragraphorum posteriorum Tychoni legendos proposuisse videtur; sub finem folii recti enim ultimae paginae adscripta sunt haec verba, quasi ex ore Tychonis: Ad num. 8. „Non est ita suspicax, nec liberalia ingenia tam servilia reddit, cum et ab illiberalibus talia saepe patiatur iisque indulgeat ac patienter ferat.“

Ad num. 9. „De eo dispiciemus prout aequum fuerit. Aequum autem est, ut quicquid sub ipsius nomine prodit, ipso conscio fiat et approbante. Alias agnoscere non potest aut defendere, et fieret illi fraus atque injuria, a quibus semper alienissimus fui.“

Ad num. 10. „Ipsemet cum Domino Coraducio commendavi et aliquoties admonui, ut illum accederet; nunquam minimo verbo ostendi, mihi ingratum fore. Nam ego D. Coraducium suspicio et ipsemet in propria persona talia in ejus gratiam facerem. Accedat igitur, quoties petierit D. Coraducius vel ipsi libuerit Keplero. Quo plus lucri et commodi inde habere potuerit, eo sibi fore gratius. Et ego pro viribus promovebo.“

Ad num. 11. „Dixi me numeraturum illi 200 florenos annuatim et singulis anni quadrantibus soluturum. Hoc praestabo. Et inchoabitur tempus a discessu ejus e Styria, sicuti etiam addixi. Nec pecunia, quam illi interea ex mea concessi, mihi damno esse debet, cum ea ipsa de causa id fecerim absque magno emolumento. Particularia tamen non numero; quae a Caesare illi impetrare potuero, si summam hanc annuatim exsuperant, in ejus id cedat lucrum, sin minus, meum fit damnum: saltem biennium addicat.“

Folio verso ejusdem paginae Keplerus ulterius haec prioribus paragraphis addidit: Conditiones, quibus Magnifico Domino Tychoni Brahe in Astronomicis operam meam collocare possum.

1. Quicquid mihi D. Tycho rerum astronomicarum mandaverit, id quoad per valetudinem licuerit (quae mihi sub aliquo principe damno non est) diligenter expediam. Insuper mea sponte in astronomiae Tychonicae scopum semper intentus ero coque studiosorum ipsius operas, seu absente eo seu praesente, si opus est ita dirigam proponendo et instituendo, ut tempus sine impedimento, si modo velint, bene collocare semper possint.

2. Ad observationes vero sum hebeti visu, ad mechanica inepta manu, ad negotia domestica et politica curiosa et cholerica natura, ad continue sedendum (praesertim ultra justum et statum tempus epularum) infirmo corpore, etiam cum valetudo constat. Crebro mihi surgendum et ambulandum, tenenda constans ratio temporis ad diaetam.

3. Atque cum multa soleant incidere fortuita astronomica negotia, quae moras objiciunt ad scopum tendentibus, D. Tycho mihi hanc libertatem philosophicam indulgebit et mecum partietur diem: ut si placet antemeridianum tempus, per id agam quicquid ipse praescripserit, vicissim post meridiem meum sequar genium et, ut soleo, libere in materiis Tychonicis versabor. Ac ut constet Tychoni, me operari tum ipsi non mihi, paratus ero, ad vesperas singulas rationem transactae diei reddere.

4. Dies feriatos mihi liberrimos relinquet et ad sacra et ad mea privata studia. —

Marginalia Tychonis. Ad num. 2. priorem partem: „Haec nunquam petii nec peto."

Ad num. 3. „Prout voluerit in his faciat, neque opus indicatione hic vel praescriptione ulla, cum ego illi in his non tam stricte omnia urgeo nec ursi unquam. Volo ut libera voluntate omnia fiant pro commoditate loci et temporis, tam quoad me, quam quoad ipsum."

Ad num. 4. „Quando prohibui vel ullam mentionem hac de re feci, cum et studiosis meis id libenter faciam?"

Hos et priores paragraphos pactionis Tychonem inter et Keplerum, sine dubio etiam viva voce actos, intermediantibus Jessenio et Hoffmanno in hanc formam redactos exhibent codices Viennenses: Quibus conditionibus in Tychonis gratiam in Bohemiam cum uxore concedere cogitem.

1. Ante omnia impetrandus est consensus mei magistratus. Nam si hoc non impetretur, sic ut salarium Styriacum nihilo minus retinere possim, omnia quae vel hactenus acta sunt, vel in posterum agentur, irrita sunt.

2. Ut Magnificus et Generosus D. Tycho sumtus itineri necessarios mihi suppeditet, vel si metuit ut nimis sim sumtuosus, dicat ergo aestimatione facta, quantum mihi pecuniae pro itinere conficiendo et uxore, privigna et ancilla cum una rheda et supellectilibus, quantum sub illa rheda per sexaginta milliaria adducenda suppeditare velit, ut deliberare mecum possim, an sufficiant necne.

3. Cum proposuerit mihi G. D. Tycho habitationis loca Pragam, Brandisium, Boleslaviam, Benaticam, suam ipsius domum in arce, etsi propter commoditatem studiorum diu inclinavi in hanc partem, commodissime me in ipsius aedibus habitaturum: tamen re diligentissime deliberata invenio, solam mihi Pragam eligendam. Primum conclave, quod mihi destinat, non est ad commodam habitationem instructum, caret multis requisitis, quae nonnisi cum sumtu comparantur, ut de supellectilibus Praga advehendis nihil dicam. Etsi vero constituit Tycho non solum hoc conclave ad commoditatem instruere, sed novum etiam versus meridiem aedificare pro mea familia, non possum tamen hac conditione quicquam pacisci, quum haec, quae D. Tycho proponit, in multorum aliorum potestate sint, ut fit in aedificationibus. Quare omnino sic paciscar, ut Pragae semper per hoc tempus sim mansurus. Si postea, conclavi aedificato et necessariis supellectilibus instructo, vult alias mecum inire conditiones, id in mea et uxoris potestate erit, velimne acceptare an pristinis inhaerere, quae etiam in eum eventum valere debent. Debet hoc D. Tychoni et illud persuadere, quod facile videt, aut diuturnum aut jucundum convictum nostrum esse non posse, dum hae perpetuae confusiones oeconomicae me ad insaniam et ad dicendi carpendique intemperantiam adigunt. Taceo, quod ad cavendas turbas familiarum nunquam satis conditionum ferri possit. Tertio neque sine commodo Tychonis erit, si Pragae habitem. Conducat pro me conclave, prospiciat mihi de lignis, et quoties Pragam venit ad me divertat, pecuniam det uxori meae pro emendis dum adest victualibus, non ineptam experietur coquam. Emat avenam Boleslaviae, vehat in urbem, prospiciat equis de stabulo. Si quid Pragae effectum velit, mittat ad me vel Danielem vel studiosum aliquem, conveniatur de hebdomadali symposio ibique commoretur tam diu quam est necesse. Ita multos sumtus in anno redimet. Vicissim ego, quoties propter astronomica studia eaque praecipue non amanuensia

necesse mihi vel ipsi videbitur, misso equo Benaticam veniam, sed intra biduum vel triduum Pragam redibo, nisi forte magis solitarius, minus turbulentus mihi sit locus commorandi. Pragae vero necessaria et astronomica studia, quae quovis tempore praecipua esse scivero (quia tempori consulendum est, quod non erit ultra unum vel alterum annum), ea fide et diligentia tractabo, ut apud me summa gloriae Dei, proxima Tychonis, minima meae ratio sit futura, et id mihi imperabo ipsi, quod haud scio an in Germania quisquam alius facere velit.

4. Ineundae erunt ergo conditiones bifariam, primum si mihi ipsi de habitatione et lignis sit prospiciendum, deinde si de utroque mihi, ubi Pragam venero, jam prospectum a D. Tychone sit, quid in utrumque eventum pecuniae mihi (praeter jam datum viaticum, quod in hunc censum venire non debet) sit in annos singulos tributurus. Hic audiam, quid ipse proponat, nullo modo prior ipse petam. Deliberabo vero postea, victumne tolerare possim, si hoc Tychonicum Styriaco salario adjungatur. Etenim quae astronomiae causa facere possem, illa libenter sine compensatione facerem, cum ipse in his studiis profectus per communicatas D. Tychonis observationes operam facile compenset, sed possem illa Graecii perficere, ut non sit necesse, ideo me privare commoditatibus, quae jam a me ipso aestimari nequeunt. Cum ergo itinere Bohemico me illis privem non astronomiae praecipue, sed D. Tychonis gratia, aequum est, mihi parte aliqua illa a D. Tychone compensari. Nec haec lucri causa dicuntur: metus me, non spes lucri huc adigit, nam in Styria omnia in omnia consumo, quae vel ab uxoris bonis vel a meis laboribus habeo.

5. Etsi scio, id agere D. Tychonem, ut Caesaris auctoritate veniam in Bohemiam, peto tamen, et mihi documenta hujus rei literis consignata, quae ad magistratus Bohemicos valitura sint, communicari, ut habeam, si ita ferat usus, ubi jus appellem.

6. Scribendae erunt et solemnibus verbis ad me in Styriam literae D. Tychonis manu propria, quibus conditiones, de quibus hic ante abitum inter nos convenerit, confirmentur, ut ex iis tanto rectius uxori et socero meo hujus mei itineris ratio demonstrari possit.

7. Quia non semper pecuniam e Styria per tantum intervallum habere potero, pollicebitur G. D. Tycho, se mihi interpositis convenientibus cautionibus pecuniam ad necessarios usus domesticos commodato daturum, quam etiam fideliter restituam, sicque non passurum, ut necessariis ad victum aliquando indigeam.

8. Anni principium esto primum atque Pragam venero, itineris vero, primum atque requisitas supra literas (5 et 6) una cum viatico et praesenti pecunia Graecii accepero. Pecunia mihi nulla praesens est Graecii nec sponsionibus iter potero perficere, itaque praesenti pecunia opus erit; nec Magnifici et Gen. D. Hoffmanni opera, quam pollicetur, tanquam mihi, sed tanquam D. Tychoni praestetur, censeatur. Quamvis videatur ille innuere, se subditos suos ad vecturam adhibiturum, ubi nihilominus aliqui D. Tychonis sumtus erunt in symposiis solvendis et remunerandis, ut fert christiana charitas, aurigis inopibus. Neque enim velim, pridem pene oppressos tot Styriacis expeditionibus mea causa ulterius premi.

9. Si, quod nolim, interea D. Tychoni in mentem venerit aliorsum abeundi, conditiones tamen annuae ad finem durabunt usque anni, neque mihi necesse erit aliorsum Praga ire.

10. Exacto tempore, quod mihi indulserit magistratus meus, aut etiam

si quis interea de me casus fiat, pollicebitur M. et G. D. Tycho meae uxori in literis, quas ad me scribet in Styriam, se curaturum, ut honeste illa in Styriam redire possit, eamque ad rem sumtuum certam partem numerabit.

Praemissas Kepleri conditiones haec sequuntur Tychonis annotata:

Quae ad proposita M. Kepleri respondi, mihi a D. D. Jo. Jessenio in ipsius praesentia praelecta*) die 5. Apr. anno 1600.

1. Ad primum sic respondi: Scire ipsum Keplerum, id in mea potestate non esse situm ideoque certo promittere non posse, quod penes me non est, daturum nihilominus operam, ut per alios et quacunque ratione id fieri queat, hoc a Styriacis Dominis impetrari possit, etiam intercessione superiorum, si opus fuerit; sin autem concedere id nolint, me nequaquam cupere, ut mea de causa quippiam sibi creet incommodum aut dispendium faciat rei familiaris. Cum potius ibi maneat, et sint ut ait irrita omnia, quae aut inter nos acta sunt, aut in posterum de migratione in Bohemiam agi poterunt.

2. Sumtus itinerarios, si cum conjuge accesserit et iis de quibus loquitur, me praebiturum jam antea obtuli, in qua etiamnum persisterem sententia; at cum ego nesciam, quid in tali itinere insumendum sit, utpote locorum hominumque et quam care vivatur ignarus, eos sumtus aestimare non possem: rogavi itaque ante dies festos Keplerum, ut ipsemet id consignaret aut mihi oretenus exponeret, quod et nunc liberum ipsi reliqui.

3. Quod proposuerim illi locum habitationis Pragam, quam ab initio nominat, respondi, nunquam id a me factum esse**), idque sancte affirmavi, cum et ipsemet oblatam ab initio isthic habitationem renuerim, quod viderem, me ibi otio non satis frui posse philosophico, tum quoque aliis de causis, et ipsum Keplerum mihi dixisse, Pragam esse multis irrequietudinibus obnoxiam***). Addidi et hoc, mihi perinde esse, sive Pragae sit sive in Styria, si mihi adesse illi non luberet, imo malle me cum ipso in Styria mea, quae in astronomicis habeo, per literas communicare, quam si Pragae degeret, cujus rei meas quasdam haberem rationes. Si tamen omnino illi staret sententia, Pragae cum conjuge habitare, per me id illi licere et tantum abesse, ut id etiam si possem impedire velim, ut potius quantum in me sit ipsum, ut suis votis hac in parte potiatur, mea intercessione juvare constituerim, si forte Caesar illi salarium clementissime concedere velit, quo se commode isthic sustentare queat. At de meo quippiam illi, dum ibi manet, contribuere necdum statuisse, id tamen facturum, ubi aedes illas, quas Caes. Maj. mihi clementissime pollicita est, ibi uti spero nactus fuero, ut gratis in eis habitet. Et si uxor ejus quae dicit praestare voluerit ubi accessero officia, futurum id mihi acceptum et quae requiruntur libenter subministraturum. At quia vix fieri potest, ut sine dispendio tam temporis, quam eorum quae facienda sunt, mature et rite peragantur, nisi simul esse possimus atque inter nos subinde conferre de iis, quae exsequenda sunt, tum quoque ob conversationem mutuam malle me ut hic Benaticae degeret et si ille hic in arce mihi cohabitare suis ductus rationibus aut etiam suspicionibus respueret et camerae illae una cum coquina, quas prius hic pro se ipsemet elegit atque expetiit, neque aliae, quaecunque hic esse possint, commoditates amplius illi placeant, velle me in vicina urbe Benatica de opportunis aedibus illi prospicere, ubi cum conjuge et suis tranquille suoque more vivere

*) Non memini, praelecta haec esse Tychoni a Jessenio in mea praesentia. Tycho quaedam postulata mea partim legit ipse, partim Jessenio legenda dedit. Kepler.

**) Ego vero non aliter sum persuasus et sic et scripsi in Styriam. K.

***) Si hoc dixi, non fuit de mea persona, sed de Tychonis intelligendum. Dixi quidem Pragae carius vivi. Et id argumento est, de Praga disputatum esse inter nos. K.

possit. Dixi nam quidem Boleslaviam me non admodum abhorrere, si ibi esse malit, attamen illic de lignis et carbonibus non ita atque hic ipsi prospicere posse, nec tam saepe inter nos atque opus fuerit conferre sic daretur, multis difficultatibus rem illam involutam esse, nec tamen si admodum indigeat renuiturum De Brandisio me nullam fecisse mentionem, mihi enim id idem ferme videtur, ac si Pragae esset: ubi si aliquando habitaverit, tunc dispiciam, quid in posterum juxta ejus desideriā praestare queam vel secus, quod etiam mihi in omnem eventum liberum reservo. Quae de confusionibus oeconomicis et turbis familiarum infert, replicare me nolle, cum quidvis metuentes sibi mille ejusmodi suspicari et pro lubitu exasperare queant. Si tamen ejuscemodi quid ad me perlatum foret, effecturum pro virili ut emendetur. Existimare autem me, quod nec ego nec quispiam meorum Keplerum, interea dum hic fuit, verbo aut facto ullove modo laeserit. Si autem id contigit, me prorsus inscio et invito factum esse. De iis, quae ipsemet patienter tulerim, nolle quid referre, ne aegre ferre videar aut animum erga ipsum benevolum remittere.

4. Quid illi salarii loco pro suis laboribus in re astronomica annuatim praeter viaticum, de quo antea, tribuere velim, dixi me nihil certi hac de re statuere posse, antequam ab ipso audiam, quid petat, neque enim mihi ipsius res ita perspectas esse aut constare, quibus opus habeat, atque ipsimet: ideoque etiam ante Pascha eum admonuisse, ut hoc pariter notaret, me, etsi eum ditare nequeam, uti neque ego ex hujus orbis tractatione quippiam lucri habuerim aut rem fecerim, sed potius eo majores expensas sustinuerim, nolle tamen ut mea de causa sibi creet incommodum aut dispendium suarum rerum faciat. At si existimaret, in Styria Graecii commodius id efficere posse, per me et illi hoc licere, cum illi quam optime cupiam.

5. Quid egerim ejus de causa Pragae, quo etiam nomine proxime eo simul assumto profectus sum, et quomodo meos de negotio illius in aula sollicitando instruxerim, ipsemet novit. Ad quae cum necdum categorice responsum sit, sed potius spes facta, omnia ex voto successura, nihil certo addicere posse, antequam Daniel, meus domesticus, reversus fuerit, aut a Magn. Domino Coraducio, quas se mihi de singulis rescripturum Tegnaglio nostro dixit, literas acceperim, tum quoque a Domino Barrevitio, si is rescribere voluerit. Si a Caes. M[te] hic receptus fuerit, aut etiam mea de causa tale quid fiet, spero nos media inventuros, ut hic non saltem commode, sed et tuto degat, injuriis aliorum extra jus non expositus, quod et per se aequum est.

6. Literas ipsius uxori, prout expetit, scribere non tergiversaturum, cum et antea id ipsum sponte obtulerim, modo prius inter nos convenisset et plenarie transactum esset, et quae scribenda sint omnimodo constarent.*)

7. Si pecuniis interea dum hic est opus haberet Keplerus, libenter me ei, sicut peteret, mutuo daturum, donec ex Styria quas isthinc exspectat obtinuerit, quod et antea me facturum illi pollicitus essem.

8. Quae octavo loco proponit etiam facile praestare posse, si caetera successerint.

9. Me nonnisi gravibus de causis aliorsum iturum, uti neque patriam leviter reliqui. Si tamen necessitas aliqua sic urserit, nihilominus ipsius indemnitati prospectum iri. At quod de conditionibus usque ad anni finem duraturis adfert, admitti, ut non opus sit ipsum alio quam velit interea concedere.

10. Quae ultimo loco proponit, si ita fieret, aequum esset ut hoc praestarem, etiamsi de eo inter nos actum nunquam fuisset.

Cum hunc in modum ad singula respondissem, dixi conclusionis loco ad Keplerum, qui abitum Pragam versus ad sequentem diem nihilominus urgebat, si ipsi sic

*) Ut uxori meae scribat, non petii, se ipse obtulit: ut indicerem, non opus esse. K.

luberet, consultum mihi videri ut Danielis domestici mei reditum ex aula per triduum vel quatriduum exspectaret*), qui si ante diem lunae huc non reverteretur, posse Keplerum ipso die lunae satis adhuc Pragam venire atque sua isthic negotia expedire, sin autem per pauculos istos dies exspectare nolit, concessurum illi crastina die currum, quo pro suo arbitrio Pragam eat**). Ut autem eo certius perspiceret, me nulla alia de causa id dicere, quam quod vellem plenam resolutionem interea nobis ex aula adferri, ut rectius quid concludere liceret, produxi Tengnaglii mei literas die 27. Martii Pilsnae datas et Keplero legendas tradidi***). Haec cum Keplerus legisset, se tamen altero die Pragam abiturum ajebat et potius cum Daniele rediturum. Ego autem ipsi liberum reliqui facere quae vellet meque obtemperaturum et de curru provisurum, ut postero die una cum Doctore Jessenio, qui nobis adsidebat, Pragam proficisci possit. An vero cum Daniele huc redire velit vel secus, ipsi pariter liberum relicturum.

Tycho Brahe, manu propria.

Haec omnia ita acta esse attestor bona fide Ego D. J. Jessenius qui interfui. Joh. Jessenius a Jessen, illustrisimorum Ducum Saxoniae Med. et professor Witeberg. m. pr. Ao. 1600. Apr. 5.

Elucet e quibusdam cum Kepleri tum Tychonis verbis, rationes inter utrumque non plane easdem fuisse quae initio, quo Keplerus ad Braheum venerat, fuerant. Aegritudinem quandam Tychonis etiam significare videntur hae literae ad Hoffmannum die 6. Martii datae: Ill. et Gen. Vir, Domine et amice honorandissime. Quae M. Keplerus, cujus ingenium et consuetudo mihi perplacet, ut dignum eum censeam, qui ametur et ad optima quaeque promoveatur, oretenus ad me retulit, percepi. Et quantum ad primum attinet, de studioso illo hic alendo et informando, actutum respondi, me non saltem in hoc, sed longe majoribus Ill. Dom. Tuae pro meo modulo gratificaturum. Alterum satis praevidi confici non posse priusquam expressum ab aula Caesarea decretum in Cameram mitteretur, quod jam conscriptum esse intellexi, at ubi haereat, me latet. Quia vero a Tengnaglio cognovi, quod cum Ill. D. Tuam pauculis allocutus sit quodque consilium illud de Keplero atque illo alio, cum illud Ill. D. Tuae paucis exponeret, eidem placuerit deque eo ipsomet mecum ulterius loqui velit, dabo operam ut, quam primum nonnulla, quae pro Caes. M[te] elaboro, confecta fuerint, assumto mecum M. Keplero Pragam excurram, quo apud Ill. Dom. Tuam hac de re, prout ea suaserit, deliberemus et certi aliquid statuamus. Neque enim ipse Keplerus Ill. Dom. Tua inconsulta quicquam concludere voluit, quod et ego probo, siquidem absque ejus consensu et suasu nihil nobis faciendum censeam. Intellexi quidem quodammodo, nonnullas difficultates sese insinuare, quibus tamen (uti spero) ex Ill. Dom. Tuae prudenti provisu facile occurremus iisque medelam adhibebimus. Quare omnia circa hoc negotium, donec cum Ill. Dom. Tua praesentes de eo egerimus, differenda arbitramur.

Keplerus ad Tychonem venerat spe et fiducia plenus, sperans profectum in studiis astronomicis, viribus suis fidens, quibus Tychonis opera promoveret. Qualia ipsius fuerint studia, supra verbis Kepleri exhibuimus, quae vero Tycho ab eo postularit, non quidem plane apparet ex iis, quae scripta reliquit. Keplerus se quasi inspectorem studiosorum Tychonis fore putavit, Tycho vero, ut erat vir nimis sui con-

*) Ante Pascha promissionem fecit, si Daniel interea non redeat, se statim post ferias me dimissurum. Addidit et commendationem constantiae suae. K.

**) Imo ne mihi soli currus attribueretur, eo die ire volui, quo Jessenius erat iturus in curru Tychonis. K.

***) Tengnaglius scribit: Etiamsi Molerus advenerit, Corraducius nihilo secius consentit in petitionem de Keplero et cum ipso agetur per primam opportunitatem.

scius et imperare consuetus, sine dubio Keplerum eodem modo habuit, quo reliquos suos „domesticos", „discipulos", „amanuenses"; testem habemus epistolam, quam supra (p. 715 in nota) paucis diximus, scriptam a Keplero die 6. Martii, dum initio Aprilis pactio inter Tychonem et Keplerum facta fuit. Ex hac epistola, quamquam altera talis non exstat in illis codicibus, non sine verisimilitudine concludere licet, Keplerum a Tychone ad eadem servitia adhibitum esse, ad quae reliqui „studiosi". Quis dubitet, quin gravius id tulerit Keplerus, majora animo moliens? Simul promissum Caesaris salarium de die in diem procrastinabatur; simul „procerum" Styriacorum consensus non allatus est, quo Keplero venia daretur Pragae commorandi, salario Styriaco ulterius fruendi. Haec vel similia in causa fuisse videntur, ut Keplerus relicta Benatica Pragam rediret ad Hoffmannum eoque inconsulto literas dederit Tychoni nimium acerbas et „virulentas", solutionem pacti indicans. Literas has ipsas non in codicibus deprehendimus, sed has Tychonis ad Jessenium datas d. 8. Aprilis: Cum tu hic spectator et auditor fueris eorum, quae a Keplero dicta factaque sunt sub ipsius discessu et simul quomodo postea juxta currum, mihi valedicturus, petulantia quadam coram duce prae se ferret atque ea via, quod affectus suos regere non posset, excusaret, egoque a condonatione non alienus essem tibique in aurem susurravi, ut efficeres, illum Pragae literis ad me datis id ipsum testari, quod male ipsum habeat, se sic exorbitasse cupereque meam in gratiam redire, quod et te facturum ajebas et sponte antea mihi seorsim dixeras, te in itinere ipsum serio admoniturum, imo reprehensurum, quod se tam impotenter et bilose gesserit, contra quam decet virum doctum et honestum, idcirco mitto tibi hic inclusas ipsius literas, quarum effrenem petulantiam et nimis arrogantem dicacitatem nec per meum vinum, nec per meum contemtum, nec quicquid ejusmodi aliud excusare poterit, nisi et tunc furiosus fuit (uti forte hujus morbi semina, etiam cum sibi maxime constare videtur, clam fovet), cum ista composito animo scriberet. Miraberis hominis in malitia citra omne meum meritum pertinaciam, nec forte habebis aliud quid dicas, quam me mea humanitate effecisse, ut iste hominem exueret atque in rapidum canem, quem suo stomacho se aemulari dicere solitus est, transformaretur. Inspice igitur et despice, quod et ego faciam. Quis enim furentem scienter et volenter facile curaret? Si ipsum in via admonuisti et ut rationes inveniret, mecum denuo in amicitiam redeundi, adhortatus es, vide quaeso, quales fructus ediderit tua admonitio. Nolo cum tam procaci lingua praedito, nec modestiae aut virtutis curam habente, contendere verbis. Cum ex his malitiosis literis plus satis percipiam, eum non reversurum, uti etiam non cupio, ipsemet in culpa est, quod pollicitis stare nequeam et super hoc, quod in epistola jam missa jecit fundamentum, vix utar eo tanquam architecto, cui aliquid ex meis observationibus et laboribus superstruatur. Ille ipse me jam magis cautum, quam antea fui, reddidit, genio uti spero bono mei curam habente et omnia sic in meum commodum dirigente. Nolim tamen uti cuipiam has Keplerianas literas ostendas et ne quidem D. Hoffmanno, aut cum ipso Keplero hac de re expostules, sed cum hoc nuncio bene conclusas mihi remittas. Si tamen olefeceris, ipsum apud D. Hoffmannum vel alios me calumniatum esse, fac quod bonum et integrum virum decet. Interim etiam an apud Ursinum (Ursum) istum aliquid in meam contumeliam tacite moliatur, per tertiam vel quartam manum inquire etc.

Ad Hoffmannum d. 6. Aprilis haec dederat Tycho: Illustris et generose vir, Domine et amice honorandissime. Redit nunc Pragam M. Keplerus et licet suasor illi fuerim, ut domestici mei, qui etiamnum Pilsnae est et inter alia in negotio dictum Keplerum concernente sollicitat, reditum, quem intra paucos dies futurum spero, expectaret, ut quid fieri possit certius sciremus, praesertim cum spes aliqua facta sit, suam Caes. Maj. petitionibus meis humillimis clementissime annuere velle, atque demum aliquid rati concludere possemus, tamen cum ipsum nihilominus abitum festinare intelligerem, reliqui hominem suo arbitrio. Quid vero inter nos ventilatum sit, Ill. Dom. Tua e D. Doctore Joanne Jessenio, qui has adfert, seorsim cognoscet: is enim interfuit dum haec gererentur, quare longiore et taediosa eorum commemoratione supersedeo, omnia ad hanc rem facientia Ill. D[is] Tuae prudenti consilio dispicienda ordinandaque etiamnum relinquens. Caeterum de puero, quem Ill. Dom. Tua ad me mittere decrevit, sciat, me libenter eum quandocunque advenerit recepturum, tum quoque laboratorem spagiricum. Et expecto pariter fabrum illum mechanicum, qui e Styria venturus est. Quam primum vero per occupationes licuerit, spero me Pragae futurum, ubi plenius cum Ill. Dom. Tua de iis quae hic omissa sunt agam. Valeat Tua Ill. Dominatio quam optime et diutissime. Dabam ex arce Caesarea Benatica die 6. Aprilis anno 1600. Ill. Generos. Tuae

addictissimus

Tycho Brahe

manu propria.

Jessenius, lectis prioribus et Kepleri literis, Hoffmannum adiit, qui Kepleri animum irritatum placavit et simul Tychonem infensum Keplero conciliare studuit. In „vita" Hoffmanni, ab ipso conscripta, legimus: „Tychoni Braheo Dano amicissimus et in aula patronus exstiti. Ad eum eduxi e Styria Joannem Keplerum; cumque simultate inter ipsos orta divortium fecissent, quod e re astronomica non videbatur futurum, auctor utrisque reconciliationis et Keplero praesentis fortunae (scripta haec sunt anno 1611), qualiscunque ea sit, exstiti reversumque e Styria cum familia hospitio excepi, qui ex eo non destitit me colere mecumque subinde et de suis mathematicis pro meo captu, et de meis mysticis pro suo, conversari." — Jessenio et Hoffmanno instigantibus Keplerus Tychonem adiit, deprecans scriptum suum acerbum, his eum allocutus:

Sons manus, quae nuper ad laedendum celeritate ventos antevertit, quodnam initium faciat ad leniendum vix invenit. Nam quid ego primum commemorem? An meam intemperantiam, cujus acerbissima est recordatio, an tua, Nobilissime Tycho, benefacta, quae jam nec enumerari possunt, nec pro dignitate perpendi? Per duos menses gratuito me victu liberaliter aluisti, toti tuae familiae meam incolumitatem, mea desideria commendasti, omnia humanitatis officia praestitisti, quae habuisti charissima mihi communicasti; nemo me dicto vel facto volens laesit unquam; in summa: non liberis, non uxori, non ipsi tibi plus indulsisti quam mihi. Quae animo praeterea volvebas de me promovendo, ex iis quae mea causa suscepisti facile vidi. Quae omnia cum ita habere sciverim, fassus fuerim, scripto etiam testata reliquerim, magna cum animi consternatione recordor, adeo me a Deo et a Spiritu Sancto meis intemperiis animique morbo fuisse permissum, ut ad tot et tanta beneficia clausis oculis pro modestia trium hebdomadum continuae morositati erga totam familiam, pro gratiarum actione iracundiae praecipiti, pro reverentia audaciae summae erga tuam personam, tam illustri stemmate, tam praestanti eruditione, tanta nominis claritate venerabilem, pro amica valedictione suspiciosissimis imputationibus et acerbissimae scribendi prurigini tantum indulgere potuerim nec me respexerim, nec quam crudeliter tuum animum, qui praeclare semper de me senseras, hac odiosissima ratione sim offensurus, perpenderem. Quae si hostili animo, si nocendi proposito suscepissem, equidem vix vel a Deo petere fuissem ausus, uti te mihi praestaret placabilem, justam et legitimam vindictam impediret.

Sed quia totum hoc impotentis animi furor et cholerae praestitit exuberantia et juvenile vitium curiositas cum praecipitantia judicii, abfuit vel diffamandi animus, et quia non experieris, me unquam cum quoquam mortalium ita de te locutum, uti ad te unum ex falsa imaginatione scripsi, quemadmodum neque in quenquam unquam talia designavi: ex hac qualicunque consolatione post gravissimam poenitudinem animum nonnihil recepi, et quia quae scripsi coram Deo solo teste M. Tuae imputata fuere, primum Deum Opt. Max. veniam exoravi, deinde et pro christiana reconciliatione summe fui sollicitus. Quod nisi me afflicta valetudo, immoderatae affectionis haud dubia stimulatrix, impedivisset, primo quoque tempore Benatikam excurrissem meque M. Tuae ad omnem satisfactionem promtum stitissem. Jam quia fors ita tulit, ut prior M. Tua Pragam veniret, supplex ad M. Tuam venio, per Dei misericordiam orans, uti mihi hanc atrocissimam offensionem christiano animo remittat. Ego contra quae dixi vel scripsi in M. Tuae personam, famam, honorem et doctrinam, vel quocunque alio modo injuriosissima (si nulla valeat in meliorem partem interpretatio) uti (quod ex animo doleo) dixi scripsique quam plurima et plura quam meminerim, omnia et singula revoco, irrita, falsa et probatu impossibilia sponte et ingenue agnosco atque pronuncio. Neque enim ullum facinus patratum, aut ullam partem honestatis a M. Tua unquam violatam vel vidi vel audivi. Si quid suspicionibus etiam indulsi, id omne, ut Christianum decet, ex animo ejiciam, sic ut protestationi christianae acquiescens, temeritatem in suspicando libenter Deo καρδιογνωστῃ fateor.

Promitto etiam bona fide, me in posterum, ubicunque versaturus sim, non tantum hujusmodi malesanis actibus, dictis, factis et literis abstenturum, sed neque ullo pacto M. Tuam injuste et ex proposito offensurum, neque quicquam quod non deceat contra M. Tuam moliturum. Oro autem, quia lubrica est vita hominis, ut si M. T. animadvertat, me imprudentem in tale quid vergere, me mei ipsius admoneat, experietur enim me morigerum. Quin imo polliceor, daturum me operam, quod quidem nunquam adhuc mentis compos intermisi, ut omni genere officiorum M. T. ulterius devinciam et quantum mihi possibile est superiorumque meorum patitur auctoritas, in omnibus honestis rebus quasque M. Tuae gratas intellexero obsequium praestem, et sic ipso facto demonstrem, aliter me in M. Tuae personam esse et semper fuisse affectum, quam ex illa trium septimanarum intemperata dispositione animi et corporis colligi poterat. Et precor, ut ad id praestandum me Deus adjuvet.

Tycho deprecationem hanc libenter accepisse videtur et Keplerus Benaticam rediit post trium hebdomadum absentiam („si tres c. hebdomadas eximas" supra legimus scribentem Keplerum), et per mensem Majum apud Tychonem versabatur. Initio Junii Gratium rediisse Keplerum, ut inde familiam in Bohemiam traduceret, hoc Tychonis testimonio confirmatur.

Ego Tycho Brahe de Knudstrup et Uraniburg in regno Daniae, nunc vero Sacrae Caes. Maj. cliens in arce Bohemiae Beunaticha habitans, notum facio omnibus et singulis hasce litteras inspecturis cujuscunque status dignitatis et conditionis fuerint, earundem exhibitorem ornatissimum et eruditissimum virum M. Keplerum, Ill. Ducatus Styriae Statuum Mathematicum, hoc labente anno epochae christianae 1600 ab initio mensis Februarii usque ad finem Maji, per quatuor nimirum intercedentes menses pro majori parte hic in dicta Caesaris arce Beunaticha mecum fuisse seque interea in meo convictu honeste gessisse et apprime diligentem operam in exercitiis et studiis astronomicis praestitisse, intermediantibus meis justae magnitudinis et conformationis instrumentis et observationibus multiplicibus atque diutinis, mutuaque inter nos de talibus atque aliis ad philosophiam facientibus collocutione: ut omnino mihi persuadeam, illum id temporis non minus frugifere hic collocasse, quam si interea domi desedisset, imo si absque invidia id affirmare liceret, longe utilius. Quo nomine etiam ejus praesentia et conversatio mihi imprimis grata exstitit multoque adhuc gratior futura, si eadem in posterum saepius et diutius concedi poterit.

Quapropter omnibus illustribus praestantibus et cordatis viris praenominatum M. Keplerum de meliore nota quam commendatissimum esse cupio, utque ejus laudabile propositum et conatus egregios in hac sublimi et a vulgi captu semota scientia ulterius et plenius excolenda adjuvent et promoveant, quibus possum precibus obnixe et officiose rogo atque obtestor: fecerint sic meo equidem judicio Reipubl. litterariae, praecipue vero divinae illius Astronomiae totiusque eruditae matheseos alumnis rem admodum utilem atque acceptam, quin et non saltem ipsi M. Keplero commodam, sed et mihi ob conformia studia longe gratissimam ac quocunque per me licuerit officio vicissim compensandam et obsequiosa mente perpetuo recolendam. In quorum omnium evidentiorem et pleniorem testificationem sigillum meum apposui et propria manu subscripsi. Actum in arce Caesarea Bennaticha inchoante mense Junio, Anno 1600.

S. Tycho Brahe manu propria.

Etsi Keplerus consentiente Tychone Gratium redierat et reditum cum familia promiserat, nihilo minus de reditu dubitabat, quod ex his ad Maestlinum datis literis (Gratii d. 19. Sept. 1600.) apparet:

Calendis Junii Benatica discessi Gratium versus; negotium reliqui pendulum. Tardae sunt expeditiones aulicae. Potuissem intercessionibus optimis adjutus in Caesaris servitio stipendium facere, sed me vestigia terruerunt splendida stipendia merentium, vix dimidium ingenti cum difficultate extorquentium. Itaque Tychonem inter et me sic convenit, ut Gratii literas Caesaris exspectarem, quibus efficeretur, ut retento salario Styriaco per unum et alterum annum in Bohemiam migrarem, quibus cum literis mitteretur etiam viaticum. —

Sed ordinem sequor eventuum ideoque jucunda acerbis misceo. Calendis Augusti mille amplius civibus et provincialium ministris in urbe hac, inter hos et mihi, perpetuum est indictum exilium intra dies 45. Vilissima facta est supellex omnis, pecunia nulla nisi minuta Ungarica inter homines exercetur, decimantur bona omnia diligenter. Tu cetera mala conjice. Renunciavi hoc Pragam. Rescripsit Tycho, jam me a se oretenus et nominatum Caesari et approbatum, solas exspectari literas de hac re; at quia perturbata sint consilia propter exspirans salarium Styriacum (renunciavi enim, iturus in patriam et alium dominum quaesiturus libere), suadet vehementer, ut missa Wirtembergia in Bohemiam quam primum venirem. Incertus haereo. Sic tamen meditor, Lincium ire cum familia eaque ibi relicta Pragam petere solus, et quo loco sim futurus, quod habiturus salarium, quam spem ejus extorquendi, provisurus, quantum divina gratia mihi indulserit. At si magna sint incommoda futura, reversus Lincium cum familia per Danubium ad vos contendam, Deo vitam prorogante. Medicinae cursum auspicabor, dabitis mihi fortasse professiunculam, quia mehercule ex divite in spe factus sum pauperrimus re ipsa. Uxorem enim duxi ex locuplete domo, cujus tota cognatio in eadem est navi; at tota ipsorum substantia est in immobilibus, quae sunt vilissima, imo ne quidem vendibilia. Omnes illis inhiant sine pretio. Cautum enim est decreto principis, ne quis ea bona, quae non vendiderit intra 45 dies, alicui pontificio locare possit. — Sunt haec quidem gravia, at non crediderim, adeo dulce esse pro religione, pro Christi honore cum aliquantulo coetu fratrum damna, contumelias pati, domos, agros, amicos, patriam deserere. Si verum martyrium et vitae jactura proportione quadam respondet, ut quo majus damnum hoc major laetitia sit: facile est et mori pro religione. Non cesso tamen luctari et cum incommodis temporalibus, ut banno solvar, ne decimentur bona uxoris meae, argumento a mea restitutione capto (v. s. p. 704) ne sit ea mihi fraudi potius quam bono. Nam si ante biennium non rediissem, decimationem effugissem et multa alia. Sic sunt ἐχθρῶν ἄδωρα δῶρα, et qui amat patriam et bona, amittet illa, quod mihi fas sit in hunc sensum detorquere.

Tycho in epistola quam supra dicit Keplerus (data die 29. Augusti 1600), haec refert Keplero: Paulo postquam Caesar Pilsena relicta huc Pragam reversus esset, me Benatica ad se advocavit. Pauculis diebus postquam hic comparuissem, ad audientiam vocatus sum..... Arrepta aliqua ansa de instrumentis meis et observationibus incidebat mentio, me solum oneri non sufficere, sed collaboratoribus opus habere ajebam. Cum de te quoque huc e Styria accersendo et per unum atque alterum annum sustentando, tuo etiam discrete addito nomine, insinuassem, ipsius majestas mox benignissime annuit, atque ut id D. Barvitio mandatum traderem jussit. Locutus sum postea cum D. Corraducio hac ipsa de re atque rogavi, ut literas a Caes. Maj. impetrare vellet ad Principem tuum et amplissimum Ordinem Styriacum, quibus rogarentur, ut per biennium hic mihi praesto adesse tibi liceret et nihilo minus annuo isthic frui stipendio, quod per Caesaris liberalitatem 100 florenis annuatim augeri exoptarem. Is vero se lubentissime negotium hoc promoturum pollicitus est. Interim ante paucos dies superveniunt literae tuae, e quibus intelligo, salarium Styriacum tibi renunciatum et insuper exilium impositum, nisi decreto isthic promulgato parueris, ut ob id in Wirtenbergensem ducatum, patriam tuam, redire malis. At quia in hac rerum tuarum conturbatione et prioris sententiae frustratione non habeo praesentius consilium, quod ex re nata tibi dem, quam ut postposita omni mora te huc conferas, sive solus ut antea, sive etiam advecta simul conjuge una cum supellectile et rebus necessariis, pro quibus omnibus facile, uti arbitror, viaticum invenies, urgente praesertim sic necessitate instanti. Neque enim tibi deerunt tui Maecenates et fautores, aut si opus fuerit pecuniam, quae ad iter requiritur, alicubi interea mutuo sumes; ubi adveneris, tum praesentes rectius et tutius inter nos agemus et rationes inveniemus, quibus hisce difficultatibus subveniri poterit atque tibi et tuis rebus convenienter prospici. Interim nullam occasionem praeterlabi sinam, quin te, intercedente auctoritate Domini Corraducii et Barvitii, apud S. C. M^{em} ad optima quaeque promoveam et rebus tuis fluctuantibus atque afflictis subveniam. Imo si cetera omnia, quod tamen non spero, frustranea fuerint, ego ipsemet tibi non sum defuturus, sed in ipso effectu ostensurus, ea quae tibi me scripsisse memini, apud me adhuc rata esse et constanter servari. Tu nihil haesita, sed confidenter quantocius poteris advola, tum coram de omnibus quae requiruntur expeditius agemus et tutius quam per literas, nec diffido, quin ubi adveneris viam jam praeparatam inveneris.

Keplerus Gratii, quamquam gravibus agitatus curis, per aestatem anni 1600. haud pauca in astronomicis perfecit. De studiis suis refert Herwarto eique tradidit solutionem problematis: *Ex quatuor acronychiis planetae sitibus et temporum intervallis elicere veram longitudinem* (cfr. vol III. p. 25). Ad observandum deliquium Solis (10. Julii) peculiare sibi paravit instrumentum (cfr. II. 340 ss.). Observationem computans secundum Tychonis theoriam, ea quae sibi visa sunt et alia, quae apud Tychonem nova in astronomicis deprehenderat, describit in literis ad Archiducem Ferdinandum datis paucis ante deliquium illud Solis diebus eam forte ob causam, ut in gratiam principis rediret, quem „delectari suis inventionibus“ audierat (v. s. p. 701). Irritum vero fuisse hunc conatum e praemissis ad Maestlinum datis apparet. His finem facit longioris illius epistolae, quam vol. II. p. 5 ss. exhibuimus: Haec sunt, quae de Tychonis astronomia me recensere jusserunt amor tam multiplicis in tanto principe doctrinae, propensio debita ad humillima servitia et spes haud infirma Serenissimi Tui favoris, qui si me deserat, actum esse de rebus et studiis meis intelligo, sin me clementissime complectatur, propediem vel ipso Tychone judice sub ejus vexillis ad decus aliquod Deo propitio aspiro. Adjunctae propositiones et problemata testantur, Keplerum tum temporis prima fundamenta jecisse *Opticae*, quam anno 1604 in publicum emisit.

In codicibus Pulkoviensibus deprehendimus fragmentum, quod inscriptum est *Collectanea ad Prognosticum Anno 1600*, e quo haec excerpsimus:

Eclipsis Solis in 18° ♋ est in VII. domo Rudolphi, in I. Ferdinandi. Nota eclipsin anno 38. ante Christum. Contemtus atque spretus, ut tunc puer Augustus, magna audebit et efficiet et contemtum diminuet, nam est ♃ cum corde ♌. Terrae motus, pestis, cometa, praecipue post 8. Septembrem, ubi ♄ et ♂ in 26° ♎ coëunt. Rudolphus interibit. Ex genesibus Philippi, Caroli, Maximiliani, Ferdinandi, Rudolphi vilissima est Maximiliani, inde Ferdinandi. Pater Carolus habuit ☉ in ortu; propter ♂ in M. C. aequiparatur Ferdinando in bellicis tumultibus, propter ♄ in VIII. Philippo in contentionibus et defectione. Genesis regis Hispaniae cognata est cum matre. Quatuor summi nostri temporis monarchae hoc anno sunt fere ἄπαιδες, Turca minorennem reliquit, ut fertur, Hispanus nondum nuptias celebravit, Imperator ἄπαις non destinavit successorem, Rex Galliarum ἄπαις, Regina Angliae item. Alberto ♄ erit in M. C. Incertum, an et Maximiliano ista ☌ ♃ ♂ incidat in ortum; incidit in M. C. Philippi II. Ernestus habet M. C. in 9° ♌, et Ferdinandus Insbruggensis et Maximilianus et pater ejus Ferdinandus in 7° ♒, et Rex Galliae in 29° ♋, Carolus et Rudolphus in 16° ♏. ☌ ista attinet domum Austriacam; morietur Philippus III. Margarethae transit ♄ Sept. anni 99. per ☽ et anno 1600. per ☍ ♃ et □ ascendentis. Leonorae nostrae accidit illa ☌ in VII; significat matrimonium. Carolo nostro in loco ☉, Maximiliano in ortu. Sic censeo, nuptias futuras Ferdinandi et Leonorae, sed luctum interventurum aut secuturum ob mortuum regem Hispaniae, aut Rudolphi Caesaris, aut Maximiliani. Ea res Carolo bona erit.

His immixtae sunt geneses aliorum principum, successorum Ferdinandi catholici et Isabellae, partim absolutae partim paucis verbis signatae, calculi eclipsium, sententia dubia de tempestate anni etc., ita ut appareat, simili ratione qua prius in nativitatibus singulorum in iisdem familiarum et cognatorum se exercuisse Keplerum, ut uberiorem nancisceretur cognitionem scientiae astrologicae, in quam inclinare videbat omnes fere humilioris nobiliorisque generis homines. Quale ex his tentaminibus confecerit prognosticum, nescimus.

Cum Maestlinus Tubinga parum solatii praeberet Keplero, Herwartum adiit, d. 12. Julii scribens: Domo discessi cum venia magistratus mei; reditum meum ubi illis significavi, diligentiam quidem collaudarunt, ceterum verbotenus suaserunt, re ipsa sub dimissionis interminatione imperarunt, ut reposita in praesens astronomia medicinam amplecterer animumque a speculationibus pulchris magis quam hoc difficili tempore salutaribus ad curam utilitatis publicae traducerem. Et quia experimento probaveram, posse me domo mea carere, 5 mensibus itinere Bohemico consumtis, suaserunt ut sub autumni tempus in Italiam irem medicinae causa. Si causas omnes explicare vellem, quibus jam in Bohemiam rapior, jam in Italiam, tempus tererem. Summa deliberationis meae haec est: cupio adhuc annos aliquot in astronomicis consumere, propter Tychonem, ditissimum rerum harum possessorem, sive id fiat in Bohemia, sive, quod malim, hic Graetii, interea paulatim in medicina progrederer. Ad hoc institutum opus mihi est continuatione salarii, quod ab ordinibus hujus provinciae habeo, opus et securitate in religionis negotio, quam praestare princeps potest, quali etiam Tycho a Caesare fruitur. A Te vero, magnifice Vir, hoc peto, primum ut consultor mihi optimus esse velis, deinde sive aliud sive hoc, quod ego elegi, suaseris, uti media et indices et subministres, quorum alterum probe nosti, alterum polles illustri loco constitutus, in hac praesertim Monachiensis, Graezensis et Bohemicae aulae mutua connexione et praestantium auctoritate virorum notitia. Quaeris, si quod hic habeo salarium cum caesareo forsan ampliore commutaretur, qui id mihi acceptum futurum? Primum separarer a Styria, cui sum adstrictus multis necessitudinibus, deinde me vestigia terrent. Tycho, vir tanti nominis, tanta Caesaris gratia, annuo suo stipendio maxima cum difficultate vix potitur ac sane nescio, an potitus sit. Quid ergo de me futurum esset? An non me meosque in extremas augustias loco peregrino conjicerem? Haec causa est, cur aut salarium Styriacum quibuscunque tandem modis defendendum, aut si qua necessitas urgeat longius adhuc in Germaniam discedendum statuam.

Herwartus respondit d. 25. Julii, non dubitare se, quin ordines Styriaci ad imperatoris votum salarium soluturi sint, et suadet, ut ad Tychonem transeat Keplerus.

Cum neque ab amicis Tubingensibus, neque ab Herwarto illo dubio rerum suarum statu consilium vel auxilium acceperit, neque diutius in Styria commorari posset, Tychonis tandem adhortationibus motus mense Septembri cum familia Pragam transiit („Tycho me vacillantem in proposito confirmavit“) et inde d. 17. Octobris haec dedit Tychoni: Cum huc usque, Nobilissime et Praestantissime Domine Tycho, partim occupationes Tuae, partim febris mea non passae fuerint, ut rationes adventus mei in Bohemiam Magnificentiae Tuae ex animi sententia recenserem, scripto id rectissime praestitum iri putavi. Duobus potissimum argumentis Magn. Tua in literis ad me in Styriam missis in Bohemiam me vocavit, altero a contractu nostro, quem Majo mense et antea talem inivimus, ut pollicerer, interventu Caesareae voluntatis Magnif. Tuae per biennium adesse laboresque tuos in astronomia, toti Europae jam pridem desideratissimos, quantum in me est maturare et adjuvare; altero argumento, a praesenti mea calamitate deducto, dum me jubes optima spe ad te proficisci, nec dubitare quin vel commendationibus tuis ad M^{em} Caesaream, vel propria opera auxilioque meis incommodis sis consulturus adeoque et viaticum compensaturus. Recte sane de duabus hisce rebus egisti. Nam mihi cum necessitas imponeretur e Styria migrandi, omnino de utraque hac cogitandum fuit. Etsi enim, quod primum attinet, omnis noster contractus exspiravit et annihilatus est sublato fundamento, ut retinerem salarium meum Styriacum (quod interdictu provinciae mihi ademtum est)*), utque magistratus meus ejus temporis con-

---

*) In commentariis D. Grunert, inscriptis: „Archiv der Mathematik und Physik (XLIX. p. 460 ss.) Director Dr. Peinlich ex tabulario Gratiensi haec refert: In den ersten Tagen des Monats August 1600 war die landesfürstliche Reformations-Kommission von ihrer Rundreise im Lande (Steiermark) wieder nach Gratz zurückgekehrt und begann dort ihres Amtes mit allem Ernste zu walten; insbesondere war es nun auf die landschaftlichen Beamten und Bediensteten abgesehen. Einer nach dem andern wurde vor die Reformations-Kommission berufen und zur Erklärung aufgefordert, ob er katholisch werden wolle. Wer diese verweigerte, erhielt den Befehl, binnen 6 Wochen und 3 Tagen seine liegenden Güter zu verkaufen oder zu verpachten und mit Hinterlassung des zehnten Pfenniges die innerösterreichischen Länder zu verlassen.

Unter denjenigen, welche der Verbannung sich zu unterziehen vorzogen, war Kepler. Im Landhausarchive findet sich unter dem 12. August verzeichnet:

„M. Johann Kepler einer ersamen Landschaft in die sieben Jahr lang bestellter Mathematikus suppliciert die Verordneten, weil er von J. Fürstl. Durchl. Religions-Commissären, sentiret (cujus loco cessante officio jam agnosco Principem Wirtembergicum, vigore cum obligationis tum literarum reversalium), tamen cum durante meo

---

um willen daß er sich zur päbstischen Religion nicht bekennen wollte, gänzlich ausgeschafft worden, ihn des Dienstes gnädigst zu erlassen und neben gebührlichen Testimonium mit gnädiger Abfertigung zu bedenken."

„Der Herren Verordneten Bescheid ist hierauf, im Falle der Supplikant über ihr gegen Hof beschehenes Anbringen neben andern einer ehrsamen Landschaft Officieren wider Verhoffen im Lande länger nicht würde können erhalten werden, so solle er auf dies sein gehorsames Anlangen seines bisher gehabten Dienstes wirklich erlassen sein, dem auch zu gänzlicher Abfertigung eine Halbjahrs-Besoldung aus dem Einnehmeramte auf sonderbarem Rathschlag zu richten und das begehrte Testimonium bei der Kanzlei zu fertigen gewilligt ist."

Die Intercession der Verordneten bei Hofe war fruchtlos. Kepler hatte mittlerweile für die Güter seiner Frau einen Pächter gefunden, behob am 30. August die „hinterstellige" vierteljährige Gehaltsgebühr pr. 50 fl und einen halbjährigen Gehalt pr. 100 fl., erhielt am 4. Sept. sein Dienstzeugniß und schied wenige Tage darauf von Gratz für immer. (Note: Einnehmer-Ausgabenbuch im Archive. Laut dieses Buches behob er auch am 9. August eine „Verehrung" von 250 fl., welche ihm der Landtag am 5. Febr. 1600 zur Ergötzung seiner gehabten Mühe in der Druckerei (Tractat über das h. Abendmahl) und sonst auf der verfertigten und offerirten Werk angewendete Unkosten votirt hatte.

M. Johann Keplers Testimonium und Commendationsschreiben.

Wir N. einer ehrsamen Landschaft des Herzogthums Steier Verordnete bekennen und thun hiermit kund vor männiglich, nachdem Fürweiser dieses, der ehrenfeste, wolgelehrte Magister Johannes Keplerus, von wolgedachter steirischer Landschaft in allhiesiger viel lange Zeit her wol bestellt gewesenen Augsburger Confession zugethanen christlichen Kirche und Schule zu einem professore publico und Mathematico wirklich bestellt, an- und aufgenommen worden, hat er M. Kepler neben solcher seiner ordinari ihm anbefohlenen mathematischen, auch historicam und ethicam professionem treues Fleißes und mit stattlicher Dexterität verrichtet, sich auch sonst in vita et moribus so wol verhalten, inmassen einem treuen Professor gebührt, daß eine ehrsame Landschaft und wir in derselben Namen hieran wohl zufrieden, auch ein besonders gnädiges Gefallen gehabt, und allerdings gern gesehen und gewünscht hätten, daß er Kepler bei gemeldeter seiner Profession unbetrübt hätte verbleiben mögen. Weilen aber Ihre F. Durchl. Erzherzog Ferdinand zu Oesterreich rc., unser gnädigster Herr und Landesfürst vorgedachter steirischer Landschaft evangelisches Kirchen- und Schulwesen verschiner Zeit ganz ernstlich eingestellt und neben andern allen Kirchen- und Schul-Officieren und Dienern auch Fürweiser dieses M. Keplerum relegirt und ausgeschafft, so haben wir im Namen oft wol ernenter einer ehrsamen Landschaft Augsb. Confession zugethane ihn Kepler solcher seiner gehabten Schutprofession gleichwol dazumal erlassen müssen, nichts weniger aber bei höchsternannter fürstl. Durchlaucht unserm gnädigsten Herrn ihm salvum redeundi conductum durch gehorsamste Intercession und daß er als einer ehrsamen Landschaft Mathematicus allhier verbleiben möge unterthänigst gebeten und erlangt. Wann er aber jetzt unter der in diesem Lande Steir und desselben fürstlichen Hauptstadt Grätz exercierenden allgemeinen unserer seligmachenden Religion reiner Augsb. Confession betrüblichen Reformation wegen beständiger derselben Religion offener Bekenntniß gleichfalls wieder relegirt und ausgeschafft worden, und uns auch solches seines ehrlichen Abgangs wegen um offene Kundschaft und Intercession zu mehrerer seiner Beförderung gehorsamlich gebeten, demnach haben wir ihm sein billiges Begehren nicht verweigern wollen, sondern es gelangt hierauf an alle und jede was Würden und Standes oder Wesens die sein und mit diesem offenen Schreiben ersucht werden, unser freundliches Ansinnen und Bitten, die wollen von wohlgedachter einer ehrs. Landschaft und unser Bewegen ihnen mehr berührten cruirenden gelehrten Mann und erfahrenen Mathematicum M. Johannem Keplerum bestens befohlen sein lassen, ihm auch seiner Qualitäten wegen alle geneigte Beförderung gnädig und wirklich erweisen, wie solches der mildreiche Gott laut seiner Zusage gewißlich belohnen und wir im Namen einer ehrsamen Landschaft und für unsere Person gegen manniglich eines und anderen Standes und Würden nach in gleichem und mehreren Fällen zu beschulden wolgeneigt erbietig und willig, auch er M. Kepler hinwiederum zu verdienen gehorsam und beflissen sein wird.

Dessen zu wahrem Urkund haben wir dieses Testimonium und offenes Commendations-Schreiben mit unsern hier anhangenden Amtspetschaften und hier untergezogenen Handschriften verfertigt und bekräftigt. Gegeben und beschehen zu Gräz in Steir den 4. Sept. anno 1600.

priore officio res a Magnif. Tua incepta et C^{ae} M^{ti} proposita sit, C^{ea} M^{tas} etiam consenserit: providendum certe mihi fuit, ne imprimis C^{am} M^{tem}, tum etiam Magn. Tuam ludificarer, quin potius vel cum damno meo Pragam irem ibique rem vel penitus confectam (quam spem literae tuae in adventum meum praebuerunt) quantum in me esset amplecterer, quantum vero in Principe meo situm, per legatum ejus D. D. Doldium, qui Pragae esset, expedirem; vel si adhuc praeter opinionem tuam in dubio suspensa futura esset, uti tum vires meas explorarem, sumtuum rationem inirem et quantisper sine pernicie mea incertum in eventum meis impensis, nullo salario exspectare possim perpenderem; ubi, si tantae morae, quantas postulat aula Imperatoria, supra facultates meas essent, negotium ipse praesens legitime et cum Magn. Tuae meique ipsius excusatione penitus desererem.

Quod ad alterum: etsi mihi dubium nunquam neque fuit neque est, quin et impense me ames et optime promotum velis et hujus rei luculentissimas in loco tam splendido, tanta summi Monarchae gratia, habeas occasiones, si moram ego ferre possem, tamen rationes, quibus praesens meum infortunium ope divina sublevem, aliae mihi sunt partim necessariae, partim (ut sunt res meae tenues) magis utiles. Cum enim jure obligatorio tenear, operam meam priore magistratu, cui illam ex concessu Principis mei nutricii addixeram, liberatam, eidem nutricio meo renunciare, rectissime sane mihi consuluissem, si recta via Gratio ivissem in Wirtembergiam. Certum enim habeo, qui eo veniunt exules, maxime si alumni fuerunt Principis, illis et de victu statim et de conditionibus primo quoque tempore prospici. Ego vero praeter haec omnia etiam a praeceptoribus meis in academia Tubingensi jam pridem eas habeo promissiones, ut merito ex conjunctione Principis cum academia magna mihi spes nasci debeat. Atque haec via esset omnium compendiosissima ad mea mitiganda incommoda. Altera est, ut si me causae forsan aliae (qualis est nostra jam tractatio) Pragam deducerent, uti tum in ea urbe, nempe in conventu legatorum ex plerisque provinciis statim mihi prospicerem, primo omnium legatum Wirtembergicum alloquerer, an commode, parvo sumtu, commendationibus ipsius adjutus in Wirtembergiam ire possim, an concessionem mihi ab illo Principe impetraret, commendationibus iterum me juvaret, ut propter redimendum viaticum in propinquiorem academiam, qualis est Witeberga, Jena, Lipsia etc. promoverer. Haec altera via est, Nobilissime Domine Tycho, sublevandis meis miseriis minus quidem splendidas conditiones pollicens, quam ex aula sperantur Imperatoria, sed tamen expeditiores, in praesentia certiores et mihi, qui ob inopiam non par sum sustinendis diuturnis moris, acceptiores.

Explicavi, quid de utroque tuo argumento sentiam; jam quo animo huc venerim hicque jam commorer recensebo. Voluisse me, statim atque in exilium ire sum jussus, Wirtembergiam repetere, jam pridem ex literis meis tenes. Supervenerunt literae tuae, quae et mihi et affinitati amicisque meis satis efficaces sunt visae, quae me permoverint, ut dimisso in M. Tuae et astronomiae gratiam inque meum ipsius, si Deus ita vellet, majus incrementum altero mei juvandi modo, retento vero alterius arbitrio, pro Wirtembergico Bohemicum iter arriperem. Bona vero et uxorem cum privigna visum est in omnem eventum Lincii relinquere, ubi essent in itinere versus Wirtembergiam. Mutavi propositum de uxore et privigna (bona enim, sicut dixi, Lincii reliqui) hoc metu, qui jam in me exit, ne quis ex nobis aegrotaret reliquis absentibus, inter peregrinos. Itaque Pragam veni magno sumtu; 60 expendi in vecturam personarum, 20 in viaticum, 40 amplius in duo vasa, repleta bonis mobilibus sive supellectili, idque tantummodo Lincium usque. Taceo quanto jam in aere sim hospitis mei. Restant mihi impensae non plures, quam quibus ad moram quatuor hebdomadum et deinde ad iter aliud (breve tamen) indigeo. Intra has quatuor hebdomadas exspectabo eventum nostri negotii. At nihilo minus, dummodo per valetudinem liceat, in omnem eventum mihi apud legatos principum de commoda conditione legitime circumspiciam, sic tamen, ut si quid interea M. Tua effecerit, id ratum, cetera irrita sint. Ubi hoc tempus transierit atque M. Tua postulaverit a me, ut diutius maneam, id non aliter mihi possibile est, nisi aut viaticum mihi a M. Tua pro vectura et victu restituatur, ut duo vasa mea huc advehantur, ne quae convasata sunt situ pereant, aut M. T. praedem se praestet pro me apud illos, a quibus necessaria mihi ad victum coëmenda sunt. Quorum illud si praestetur, ad semestre usque, Deo vitam propagante, exspectare potero, sin hoc autem, tantisper durare potest mora mea, dum id M. Tuae et creditoribus allubescat. Interea astronomia et labores M. Tuae tantae mihi curae erunt, quantam fert valetudo mea. Quin etiam, si negotium ex animi sententia apud C^eam^ M^tem^ conficias viaticumque, uti spem fecisti, impetres, ab eo summam eam, quae interea mihi a M. Tua commodata fuerit, demtam M. Tuae restituam. Quin etiam id intra 4 septimanas operam dabo, ut aliquis alius mihi id salarium, quod Graecii habui, in hoc biennium pendat, pro quo obligatus illi sim, exacto tempore in ejus servitium transire.

Habet igitur M. Tua summam consiliorum meorum, quae ut mihi inopi et deserto et exuli non in pejorem partem interpretetur obnixe rogo. Vale.

Magnificentiae et Nobilitatis Tuae
officiosissimus
M. Joannes Keplerus.

Maestlino d. 16. Decembris etiamtum Pragae haerens refert Keplerus: Cum me quartana invaserit in itinere, dici non potest, quam melancholicum mihi paroxysmum effecerint tuae literae, quod omnem adeo spem in academia vestra prociderunt*). Nam hic Pragae inveni omnia incertissima et de meo vivo; manendum vero dum convalescam aut moriar. Omnia quadruplo sunt pretio; tantum uxoris meae miseret, quam mecum habeo. Pragam vero ivi, aut ut praestarem Tychoni quod promisi, si victus detur, aut ut praecipuarum observationum compos fierem. Id ad minimum spero. Obsecro te Praeceptor honorande, enitere ut si qua conditio apud vos vacet, in eam ego succedam. Ubique ita me geram, ut gratum discipulum decet. Crede mihi, si Tubingam mature venero, multos Styrenses nobiles eo attraxero, qui aliorsum concederent. Tycho mire philosophatur (de observando Solis deliquio aestimandaque quantitate obscurationis). Demonstratio totius rei cum sit pulchra et artificiosa, videtur mihi digna, quam typis mandem. Itaque si sit typographus, curabo imprimi.

In praefatione ad Tabulas Rudolphinas dicit: Anno 1600. Octobri, cum jam discessisset Longomontanus, Tychoni me cum familia Pragae stiti praesentem, sed inutilem, quippe quartana me in itinere corripuerat detinuitque

*) Qualem Maestlini responsionem his dicat Keplerus, nescimus. Una superest Maestlini epistola hoc anno data (15. Jan.), in qua ad quaestionem Kepleri de mora Tubingensi respondit (v. s. p. 708), item parum praebens solatii. Eam quam dicit Keplerus epistolam neque in manuscriptis Stuttgartiensibus neque Pulkoviensibus deprehendimus.

usque ad solstitium anni sequentis, nec ante deseruit, quam Gratium recurrissem (v. annum seq.). Reversus Pragam mense Septembri 1601, duos non amplius menses Tychonis conversatione frui potui, cum mors illum die 24. Octobris rapuisset.

Longomontanus mense Augusto ad Keplerum Gratium scripsit, colligere se ex literis d. 20. Junii Gratii datis, Keplerum „vagabundam nostram Lunam curare"; ipsum ab ejus abitu hypothesin Lunae „super principio tibi coram ostenso" stabilivisse etc. Keplerus (anno demum 1605) haec respondit: Anno 1600 a Februario in Majum primam potissimum partem sperando et imaginando consumsi. A Junio in Octobrem sum peregrinatus et familiam transtuli. Ab Octobri 1600. in Augustum 1601. quartana me tenuit. Interim scripsi contra Ursum (I. 217 ss.) jubente Tychone et alia ipsius studia pro ipsius arbitrio et meis viribus adjuvi. Speculatus sum indignante Tychone in Venere, Mercurio, Luna, in illis utiliter, in Luna plane frustra. Speculatus sum et in Marte, correxi inaequalitatem primam, correcta vitiosa fundamentali observatione, etiamque ab Aprili in finem Augusti (1601) peregrinatum abii in Styriam relicta Pragae uxore. —

1601. Revolutio anni: Constellatio significat exilium ob religionem, nam pessimus erat status verae religionis. — Haec scripsi anno 95. Sed anno priori eventus respondit. Hoc anno plura decoxi, febri laboravi quartana, iter inutile habui. Die 26. Octobris, biduo post mortem Tychonis, jussus sum exspectare salarium Caesaris. Id nondum confirmatum est hoc 1. Octobris 1602, quo haec scribo.

Die 8. Febr. Praga nunciat Keplerus Maestlino: Consolatione egeo, qui quartana etiamnum laboro et insuper periculosa tussi, non sine suspicione hectices, hoc est ipsius vitae cum periculo; jam et uxor aegrotat; jam nondum quarto penitus praeterito mense centum thaleros Pragae expendi, adde viaticum: parum certe mihi superest. Multa Tycho promittit, quae si essent ita in ipsius potestate, nemo esset me contentior. Itaque nisi haec mea festinatio et paschalis temporis destinatio mortis circa id tempus ingruentis omen est, migrandum erit omnino ad pascha. Ad vos me rapit amor patriae, quaecunque sit ejus futura fortuna. Rebus pereuntibus jam semel interfui, impavido sum animo. — Tycho suarum observationum parcus est admodum, mihi tamen earum copia quotidiana; modo descriptioni sufficerem. Electione igitur opus. Tu scribe, quae potissimum notanda et excerpenda tibi videantur. Hoc unum hanc Pragensem moram solatur. —

Jam Keplerus pluribus refert Maestlino, quae Tycho in theoria Lunae agitet („puto brevi lucem videbit lunaris hypothesis") et his finem facit: Morbus me obscurum facit, antea plus satis hoc obscuritatis dono praeditum. Mihi ipsi non satisfacio; sed existimo te videre, plus difficultatis esse in una Luna, quam in omnibus planetis. Ego per hunc meum morbum nihil aliud, quam quod contra Ursum scribo, ubi nihil tango, nisi quae attinent scientiam. — Aegre fero, te usque adeo tacere, nec cum Tychone literas conferre. Consultissimum sane faceres, si studeres observationes ei suas extorquere. Nam mire hominem fortuna exagitat. Semper perdito similis utcunque tamen eluctatur, absurdo eventu, si media ad perniciem potius comparata respicias. Mitteres nonnulla ex tuis observationibus, credo, ut est in magna morum varietate, humanissimus tamen, mitteret ad te si qua et tu postulares. Nam etsi omnia mihi patent, obliganda tamen prius fides fuit ad celationem, quam ego quidem pollicitus sum praestiturum, quantum philosophum decet.

Maestlinus more consueto non respondit, Hafenrefferus vero, a quo ut ad scribendum impelleret Maestlinum Keplerus petierat, respondit „pridie passionis Dominicae, magna se diligentia et studio res Keplerianas conficere conatum esse“. Tua, inquit, mecum dormit mecumque vigilat incolumitas et salus. Quid in mathematica professione in academia nostra mutari possit, una tecum non video. Dein suadet Hafenrefferus, ut Keplerus cum aliquot nobilibus Tubingam transeat, hinc alias occasiones exspectandas esse.

Keplerus in Saxoniam eadem fere quae Maestlino scripsit et non minus irrita, cum Polycarpius Lyserus, a sacris principis orator Dresdae, d. 19. Jan. 1601, scribat: Literarum tuarum finem esse video hunc, quod honestam aliquam functionem inquirere cupis. Ego certe optarim me medium esse posse, per quod et tibi et aliis bonis prospiceretur. Si Pragae nullam mansionem invenire possis, non dissuaderem, ut tentandae fortunae causa Wittebergam te conferres. In nostra aula non video, quid sperare possimus. (Inscriptio: D. M. J. Keplero, mathematum et medicinae candidato.)

Quae Keplerus illo anno apud Tychonem egerit, supra ad annum 1600. e literis ad Longomontanum datis exhibuimus.

Fragmentum literarum Kepleri ad uxorem et literae integrae uxoris ad maritum, datae dum Keplerus Gratii versabatur, eodem fere die scriptae, quas deprehendimus inter adversaria Kepleri in tergo impletas calculis astronomicis, adumbrare videntur quadamtenus rationem domesticam Kepleri, nec non ex iis cognoscatur, qua familiaritate usa fuerit uxor apud Tychonem.

Haec igitur uxor dat marito: „Meinem lieben hausswierdt M. Johannes Kepler zu überantworden. Graez.“

griess euch gott Mein herzlieber Hausswierd. Vnd eriner euch das ich von heren Maissl eur schreiben empffangen hab vor achtagen, vnd Euer gesuntheit darinen vernumen weliches mich freit das jer des fiebers los seit vnd sage Gott dem Allmechtigen lob vnd dankh das er euch gesunt hat gemächt. heut dem 31. Mai bin ich vnd die rögel (Regina privigna Kepleri) auf die khlaine seiten gangen im Lhaufen ist mier der her friterich Dirclach (?) begegtn, vnd hat mier gesagt jer het mier gelt geschieht es sey noh zu wien es wer balt hernach khumen, ich het gern mer mit jm geröth er ist gar geschwint darvon gangen, er hat mier auch gesagt das jer gar frisch vnd woll auf seit welches ich gern gehört hab. Der hanss Miller (hucusque Tychonis amanuensis, posthac Mathematicus electoris Brandenb.) ist den 29. Mai mitt seiner frau darvon vnd haim, der diho Prei (Tycho Brahe) hat jm abgefördigt vnd hat jm göben wass er jm hat zuegesagt, aber vom khaiser ist jhm khain heler niht worten. Der Diho hat jm sein hantl verdörbt beim khaiser er het sonst woll ein guette Verehrung bekhumen so hat ehr des Diho müessen engelten. Der franz vnd der Diho sint witer einss sie rihten iezt zu der hochzeit zue, der franz (Tegnaglius, Tychonis gener) hat mier noh khein gelt göben, der diho hat ein khramer gefunden, der jm hat warn sorgt, er hat iezt 3 schneiter die auf die hohzeit arbeiten achtage noch Pfinsten wierdt die hohzeit gar gewiss. Die Junkfrawen plagn mih ih soll inen helfen nän auf die hohzeit sie göben mier nuer zu nän das sie niht mögen. Die hanss Millerin hats fein angeweist auf mih sie laufen jmer herauf zu mier ih gib jnen imer wol zuverstehen das ih jne nit gern näh. Der Diho hat ein Matematiguss aufgenumen von annspach es ist ein lötiger gesöll, er hat auch ein Disputirer aufgenumen, der Diho hat noh khain beschait vom Kaiser. Der rinkscheit (?) ist am sontag mit seiner frau vnd dochter bei dem diho brei zu gäst gewösen er hat mier etwass bevohlen, das ich euch soll von seint wögen anzaigen wen jer haim khumbt, er ist schon hie weckh, er zeucht an den Marckh hinein. der amprosius (Rhodius) der stutent fragt mih stäz ob jer mier nihts geschrieben håbt ob jer jm jm steirmärch khient jnn diensten vnterhelfen. ih wais niht ob ih soll holz khaufen oder niht ih wais niht wass ih dain soll mier geschiht so hart das ih niht waiss wåran ih bin ih khäufet gern ein Pöt (lectum) ih hab schon ettliche gefailt es sint für war schlehte Pöt zu 12 vnd 15, 16 auch 18 gulten miht nuer ein Polster darzue schreibt mier doch wass ih dain soll es geht alss gar vill gelt auf, wover jer jnn die stat khumbt so seht zu unsern Pöten vnd zu alem haussrath, seht wie vill Pöt sint vnd wass mier jnn der Daillung zuekhumbt, schreibts ales auf. schreibt mier wan jer witter herauss welt raisen seht euch wol fier das jer niht jn Vnglickh khumbt ih bit euch gar dreulich ih bin aleweil jnn engsten deswögen bit euch gar freundlich schreibt wie es drinen steht vnd bit euch auch last euch vnsser sachen ale dreulich bevolchen sein jer seht das ales gar deuer ist zu kaufen. seht das ales jnn guete verwarung khumbt seht auch gen weingart hinauf wie es steht griesst dem wein zörl vnd sein weib vnd dass sie fleisig vnd dreu sint griest die frau muetter vnd die ganze freundtschaft auch ietermän vnd griest die haussleit sover jer drein khumbt jnss hauss, hietet euch damit jer mier niht in Vnglickh kumbt bit euch gar schön. ih bin mit der rögel innss khaiser garten gewösen bin beim lusthauss auh gewösen wo die istrament (instrumenta astronomica Tychonis) sint gestanten wier sind die garten ale aussgangen, es ist fierwar ein schener garten der khaiser geth ale Dag vmb 3 vr drein der gertner hats vnss gesagt. mier sint zuu leben (leones) gangen haben sie auch geschaut wier haben 3 leben gesehen sie haben gar häslich prillt, das hauss hat ales zitert wan sie prilt haben, wier haben sonst auch seltzame Diere gesehen. ich hab die hans millerin pöten, das sie ist mit mier hinauf gangen ins khaisser garten. Vns ale inn dem Schutz des Almechtigen bevelche ich bit auch schön khauft mier ein schwarz chäter girtel ich hab khain girtel umzubinten khauft mier ein sauberen mein girtel ist auf khleine strichlen zubrechen jezt sint mier die gräzerischen girtel selzumb vnd sint von mir vnd der rögel freuntlich gegriest gott befolchen schreibt mier wiess mit der zeillerin stoht. Datum den 31. Mai jm 1601 Jaer.

Barbara Keplerin.

Fragmentum literarum Kepleri ad uxorem.

„Der Ehrentugenthafften frawen Barbara Kheplerin meiner lieben Haussfrawen Behaim.

..... gefahr derfft eüch nichts mehr besorgen. Bin yberal gast, der Niednauss schilt mich drumb auss; lig in seim Hauss. Die Wein seind gar sauer, hab Im die drey stärtin ein für 18 fl. gelassen, er würdt mit mir wegen des weingart costen abraitten vnd das yberig herauss geben: von dem Gelt würdt eüch Sten von Wien auss berichten. Wan eüch Tycho Brahe Gelt gibt, so mögt Ir wol Holtz khauffen, aber floss weiss, befehlt es dem Michel Balbierer. Den Rebenmichl derfft Ihr alsdan nit zahlen, biss ich das geltt für die clagkleid bring. Gibt er euch khein geltt, so schawt wie Ir Holtz von Inen zu leih bekhommet vnd last es anschreiben, khaufft doch die notdurft zu einzel darneben. Ir habt noch nie geschriben, wie Ir lebet, ob Ir nachts die Zimmermännin oder Ir Dienl bey eüch habet oder nit. Man sagt wol hie auch vom friden, aber die Tartarn ligen nur vier Meilen von Ratckherspurg, brennen vberal, biss vber limbach, das sie auch ausbrennt haben. Man helt nichts drauff.

Die (?) lassen eüch alle grüessen, die lisl hatt es gleich geschehen lassen, das Ich gesagt, Ich well eüch schreiben, sie sey ein brautt mit dem Grynaeo, sie ist hüpsch gesund vnd munter vmb den Kopff. Die frantzin ist gar andächtig worden, geht biss gehn Zell vnd lasst Ir die gutsche nachgehen. Sie sagen die hochzeit hab nur an speissen yber 1000 fl. gecostet vnd sey doch schlim zugegangen. Muess schliessen, der Niednauss will essen. Gott befohlen. Grüesst die Regerl vnd auch andre bekhanten in der statt, die studenten, auch die Millerin, vnd haltet die Regerl zum nähen, schreibt auch mir, ob sie gros sei die braut.*)

Grätz den 30. Maji ao. 1601.

E. L. G.

M. Johann Kepler.

Quae uxor verbo de re pecuniaria tangit in literis suis, in prioribus apertius retulisse videtur Keplero. Exstant enim literae Joannis Ericksen, „domestici" Tychonis (cfr. I. 655), datae d. 13. Junii, e quibus apparet, Keplerum, morbo forte paulo fervidiorem, animo irritato ad Tychonem scripsisse de pecunia non soluta. Ericksen scribit (ex mente Tychonis): „Quas 30. Maji ad Dominum meum Tychonem dedisti literas, 13. Junii recte curatas accepit et cum ipsi otium non sit respondendi, sponsalitiis enim filiae Elisabethae, quae proximo die Solis celebrabuntur, distinetur, mihi ut facerem injunxit. Miror tam ego quam alii, quod tam asperis et mordacibus verbis in eum, non male hactenus de te meritum et in posterum adhuc melius mereri satagentem, uti volueris. Quae causa tam impotentis animae et tantae acerbitatis? Nullas scilicet pecunias uxor tua interim accepit. Rogasti discedens Tychonem, ut 20 thaleros in tua absentia illi traderet quando iis opus haberet, quod in se recepit facturum eamque sibi commendatam fore addixit. Cum vero illa aliquo tempore post tuum abitum nihil indicasset, se egere ulla pecunia, misit nihilo minus D. Tycho filiam suam ad eam motu proprio, quae indicaret, se decem Joachimicos ilii traditurum, si requireret, et postea plures primo quoque tempore. Quum primum deinde uxor tua, interjecto pauco tempore, me rogavit, ut a Tychone pecuniam suo nomine expeterem, statim me jussit decem Joachimicos illi numerare, quamvis certo scirem, non multum tunc in pecuniis residui habere. Cumque post 14 c. dies illa denuo idem per me fieri cuperet, Tycho sex Joachimicos ei tradi fecit, addens, se brevi uberius ilii prospecturum. Testari etiam possum, illum haec promto animo fecisse neque quicquam obmurmurasse, uti etiam alias eam una cum filia tam ipse, quam gynaeceum ejus omnesque domestici humane habent et quidvis officii libenter praestant. Non debuisses itaque tam acriter in tuum benefactorem immerentem et inauditum invehi ac veteres non leves injurias novis inconsiderate accumulare. Aegerrime fert, suam fidem et pactum abs te in dubium vocari. Jo. Müllero hinc discessuro de proprio solvit ultra quam sperarat, quamvis Caesar eum huc vocarat et honorarium addixerat; unde vides, quod non tam fluxae sit fidei, uti eum insimulare videris, nulla causa subest, cur pacti violati eum accuses. Ait, pactionis articulos, a te ipso conscriptos, quibus ille responsum ex tempore in margine annotari curavit, ea conditione, ut te mox resolveres atque reversam (uti loquuntur) restitueres, non esse plenarie ante tuum discessum consummatos, neque quicquam illi redditum, quo niti posset: nihilo minus omnia candide et ingenue interpretatur; nihilo minus accusatur quasi malae fidei et promissorum non tenax. Cogita ipse, quo jure id fieri possit et quomodo tam importuna verba a te unquam meruerit. Haec conscio et sic volente Tychone ad te scribo, ut te placide admoneam, ne tui commodi sincere satagentem et studiis astronomicis im-

*) Verba ultima, „ob sie" etc. occultis scripta sunt literis, quibus usus est Keplerus saepius in scriptis suis privatis, praecipue in multis astrologicis judiciis. D. Otto Struve, comparatis his signis in plurimis talibus scriptionibus, „clavem" eorum nobis communicavit.

pense addictum per tam importunas literas alieniorem et minus faventem reddas, sed in posterum te prudentiorem et moderatiorem exhibeas praesertim erga eum, qui jam antea erga te magna patientia est usus et tibi tuisque quam optime ex animo cupit." —

Difficultates hae inter Tychonem et Keplerum iterum ortae post reditum Kepleri (mense Augusto) compositae esse videntur; in gratiam Tychonis receptus est et ea, quae Tycho ipsi elaboranda commisit, fideliter peregit, libellos conscripsit contra Ursum et Craigium (p. I. 217 ss. et 280), quibus Tychonem defendit contra Ursi calumnias, et Craigii sententiam de cometis refutat. Haec ipse refert Keplerus: A Septembri inquisivi eccentricitatem Solis, in quo labore Tycho mortuus est. Mensis nobis eo curando dum aegrotaret et sepeliendo mortuo consumtus. Inde usque ad ferias natalitias relegi *Progymnasmata,* scripsi indicem, concepi notas, quarum aliquae, privatae monitionis causa scriptae, postmodum per simultates nostras me non amplius consulto fuerunt ita ruditer et cruditer, ut erant a me conceptae, citra omnem necessitatem impressae, consilio, ut ajunt, ne haberem ego quo calumniarer. — Mortuo Tychone Barwitius mihi 26. Octobris ultro salarium Caesareum annunciavit; id ut confirmaretur petendum erat, donec tandem 9. Martii 1602. primam accepi pecuniam. — Tycho Braheus in ulnis D. Erici Brahe aspectante me exspiravit. Moriens a me, quem in Copernici sententia esse sciebat, petiit, uti in sua hypothesi omnia demonstrarem.

Mortuum Tychonem Keplerus prosecutus est *Elegia in obitum Tychonis Brahe,* quam fol. 138 ss. praemisimus.

Tychone etiamtum vivo Pragam venit initio anni 1601. Davides Fabricius ex Frisia orientali, literas secum ferens commendatorias Eberhardi Schele, orientalis Frisiae „secretarii" (cfr. III. 727), qui postea (Id. Junii) haec dedit ad Tychonem „ex arce Auricana": „Non dubito, meas una cum latore, D. Fabricio nostro, te accepisse. Non potui quin te hac schedula inviserim, sciscitaturus, num salvus ac incolumis ad vos pervenerit. Multa nempe metuebat atque ut mihi videbatur sibi persuadebat, quasi non sine periculo hoc iter perficere posset. Persuasum vero habeo, Fabricium incolumem ac salvum huc reversurum" etc. — Pragae versans Fabricius Keplerum frustra visitare voluit absentique literas dedit aegre ferens illius absentiam (cfr. I. 305), quas brevi sequebantur aliae ex Frisia, unde orta est familiaritas inter utrumque, per totum decennium non intermissa. (Rollenhagius d. 15. Maji 1601 Tychoni nunciat, Fabricium ex itinere suo, quod ad illum instituerit, rediisse, Tychonis studia, ut mereantur, commendasse observationesque suas coram ostendisse, et his finem facit: „Dolui profecto, Ganymedem tam elegantem Frisios potius boves pascere, quam ab aquila Joviali raptum Diis in coelo ministrare.")

Amici et fautores Kepleri mortem Tychonis in bonum augurium vertebant. Sic theologus Hafenrefferus scribit (14. Nov. 1601): De morte Tychonis non sine magno dolore audivi..... Lenivit dolorem spes, quae eum nobis superstitem fecit, qui divina adjutus ope imperfecta Tychonis opera perficere potest. Quae res ita me refecit, ut quantum doloris immaturus ille Tychonis obitus mihi attulisset, tantum gaudii et congratulationis haec fida successoris dexteritas felicissime sperata superadderet. — Herwartus (2. Decb.): .... kan ich Im gar nit rathen, dass Er an einig ander Ort weckh trachtet, dann ich für vnzweifelig halte, Er werde dieses Orts in Kurzem zu grossem Aufnehmen kommen, da ich dann, so viel an mir, treulich furdern helfen will. Allein seie er caute et circumspecte, dass er bei den Erben in kein Mistrauen komme. So wolle sich der Herr mit der Besoldung nit so gering vnd eingezogen beschlagen lassen, sondern eine starke austrägliche Besoldung praetendiren vnd dieselb nit pro quantitate corporis et tenuitate victus, sed pro magnitudine animi sui et rei subjectae aestimiren vnd dahin trachten, dass man Im eine Anzahl Gelts jetz als gleich in die Hand gebe. Ich will auch selbs nach Salzburg zu des Herrn Ertzbischovens Hof raisen, dan in so beschafenen sachen viva vox viel mehr als mille literae verrichten können. Vnderdessen wil Ich durch Mittelspersonen des Herrn qualitates bei Herrn D. Barwitio rühmen machen, dem Barwitio selbsten aber, ehe ich waiss wie der Herr Ertzbischof gesint, nicht schreiben, cum propter certos respectus longe consultius existimem, rem adhuc integram ad D. Archiepiscopum deferre. Sobald ich aber wäiss, wo Er diesfals hinauss welle, wil Ich mich des Herrn sachen so starckh Ich vermag bei Im Barwitio anehmen. — Wie Ich die traurig Zeitung von Tychonis Ableiben vernomen, haben mich seine hinterlassne Wittib vnd Erben nit wenig bedauert. Ich vnd andere mehr haben Im offt geraten, das er seine opera bei Zeit an Tag geben solle. Jetz ist es Mühe vber Mühe vnd wan nit der Herr das beste darbey thut, werden sie schwehrlich die Sachen dahin richten khönen, das sie ein recht ussträglichen Nutzen davon haben, dann ausserhalb des Herrn waiss ich in Teutschland niemand, der den Verstand zur Genüge darauff hette .... Epistolarum tomum II. betreffent wil Ich darfür halten, es werden diejenigen Sachen, so ich Ime ex tempore et uti in buccam venerant zuegeschriben, nit getrukt werden. — Die 31. Dec. prioribus addit Herwartus: Zu Salzburg hab Ich den Herrn Iro hochfürstlichen Gnaden also commendirt, dass mir nit zweiffelt, es werd nit ohne Frucht abgehen. Dem Hern Barwitio schrieb ich darumb noch nit, weil Ich gar nit muetmassen khan, was der Herr seithero mit jm mag abgehandlet haben, darnach Ich mich in etwas reguliren möchte. Bitt mich allain zu verstendigen, in quem finem et scopum Ich jme schreiben möchte, soll es alles Fleiss beschehen. — 24. Febr. 1602: dem Hern Barbitio hab ich also zuegeschriben, wie die beiliegende Abschrift zuerkhennen gibt: „Nachdem ich seider des Tychonis Brahe Ableiben von dem Herrn Mag. J. Kepler, so mir per scripta sua woll bekant, so vil verstanden, wie es darauff stehe, das Er in J. Mt. dienst khommen solle, vnd Ich als der sachen kundig weiss, dass der Zeit nit einer zufinden, der et ingenio et fundamentis artis mathematicae disem M. Keplero zuvergleichen, geschweigen zu praeferirn, dass mir nit zweifelt, dass J. Mt. ihn vmb vil Gelts nit wurden von sich lassen. Vnderdessen aber nimm ich wahr, dass ihm vil auffgangen vnd noch täglich vil auffgehet, alsso dass er sich gar auffzert et indigentiam suam erubescit. Disem nach gelangt an den Herrn mein Bitten, er woll ihn wie bisher im Besten bevohlen sein lassen vnd die Sachen dahin dirigirn, dass er seiner Zehrung allerehist würcklich ergötzt etc. Ich wüste ime D. Kepler auf der Hochschul zu Lauingen einen zimlichen Anstand vnd condition mit einer Professur Matheseos, es ist aber weder J. Kais. Mtt. noch reipublicae literariae, noch auch Ime Keplero zu rathen, sich an andere Orte zu begeben. So wusst ich in Warheit keinen Mathematicum in Europa fürzuschlagen, qui consideratione ad omnes hujus rei circumstantias adhibita ad complenda Magni illius Tychonis Brahe opera tauglich vnd fürstendig." Ich habe die Original auch einschliessen wellen, damit Ir es vberantworten mögt zu Eurer Gelegenheit. Ich vermein, wenn Ir es vberantwortet, es solte nit ohne Frucht abgehen. — Rollenhagius (22. Febr. 1602): Tychone mortuo gratulor arti et mihi de successori tali, qui et artem ipsam amat et intelligit, et arguta oratione tradere ea et explicare potest.*)

Maestlino refert Keplerus (20. Dec.): Tychonem inaudisti mortuum. Caesar curam instrumentorum et imperfectorum Tychonis studiorum mihi imponere

---

*) Falsa suspicione Rollenhagius hanc affert causam mortis Tychonis in his literis: Tycho per Ursianum venenum periit, tantum enim symptoma ex retentione urinae in tam vegeto corpore existere prorsus nequit.

decrevit, salarium denunciavit, petere jussit aliquam summam. Usus ego consiliis aliorum, quod meam quidem personam attinet, summam arbitrio Caesaris commisi, quod vero perfectionem operum Tychonis, quorum potissimo vivus Tabularum Rodolphaearum nomen fecit, dimidiam Tychonis summam, sc. 1500 florenos annuos petii, pollicitus, si Caesar totos 3000 Tychonicos det, me bene collocaturum adscitis collegis et calculatoribus et exquisitis doctorum consiliis. Responsum quodnam futurum sit, tempus patefaciet. Ego plenus spe sum. Nam si mihi de potiori Deus prospexit, de materia sc. exercendi ingenii, utique et de sumtibus prospiciet. Adeoque si Deo curae est astronomia, quod credere pium est, jam ego spero, me in ea aliquid praestiturum, cum videam, quam fataliter me Tychoni Deus adjunxerit, nec gravissimis incommodis ab eo divelli passus sit. Quae Tycho praestitit, ante annum 97. praestitit, ab eo tempore res ejus in pejus ruere, ipse curis immanibus distineri, puerascere. Patria inconsiderate deserta ipsum afflixit, aula haec plane perdidit. Non enim erat is, qui cum quoquam vivere sine gravissimis offensionibus posset, nedum cum tantae amplitudinis viris, sui sibi consciis, regum et principum arbitris. . . . .

Dum vixit Tycho haec praestiti: Theoriam Martis exstruxi, ut sensus subtilitatem facile adaequaturus sit calculus. . . . . Simplicissima fit, constans unico circulo in periodos singulas. Theoria Solis vel Terrae ipsi plane fit similis. Cum in duobus planetis successerit ex meris observationibus, mediantibus demonstrationibus, jam spe devoravi planetas ceteros venturos ad easdem leges. In Lunae hypothesi perquam dubius sum, cum enim in Terra et Marte constet, dimidiae aequationis maximae sinum esse planetae eccentricitatem, credo idem et de Luna. Sed causam physicam nescio quomodo applicem. De obliquitate eclipticae scribe quid sentias, et quot eclipses vel inveneris in veteribus vel computaveris. Catalogum modo desidero, scio laboriosum esse, describere calculum. . . . . Mitto exemplaria orationis funebris, ubi meum carmen est. Errata sunt aliqua et in nomine meo ex incuria *M.* est omissum, ne id putetis studio et contemtim factum.

Ad Maginum mense Junio scripsit Keplerus: Tycho ut in Bohemiam venit, me ad sese suaque studia visenda invitavit: iter suscepi, vidi, probavi, admiratus sum, concupivi, haesi denique. Movit me potissimum quod, quam jam diu meditor, *Harmonicen Mundi* perficere, nisi restaurata per Tychonem astronomia aut comparatis ejus observationibus, non possum. Premit Tycho pleraque; labora inquit tu quoque, credo quod Copernicanae hypotheseos defensorem, alius ipse sententiae, spectare constituit. Quae in Marte jam olim perfecit, ea profert; his observationibus potitus jam annum integrum Copernici hypotheses examino, in Marte praecipue.

Finem facit Keplerus epistolae hujus longioris (III. 37—46) petens, ut Maginus observet Lunam quoties possit in nonagesimo gradu et observationes sibi communicet, curaturum se, ut Tychonicas observationes Maginus vicissim habeat; ita futurum, ut Luna interdum simul utroque loco observetur sicque ejus in variis anomaliae locis altitudines innotescant etc.

Ex epistolis Hafenrefferi et Herwarti ad Keplerum hoc anno datis de studiis Kepleri praeter ea, quae supra ipse recensuit, haec insuper occurrunt. Hafenrefferus scribit: „Quae ad me et de astronomiae statu et de cogitationibus tuis de populorum propagatione" (dicit forte disquisitionem *de Origine Gentium*, quam vol. VII. p. 788 ss. e codicibus Pulkoviensibus desumtam exhibuimus), „tanto mihi jucundiora fuerunt, quanto utriusque studii ardentiore flagro desiderio. Sed ad haec justa responsa perscribere jăm non licet, sed dabitur commoda nobis de istis rebus conferendi occasio". Herwartus initio Decembris petit a Keplero, ut sibi theoriam Lunae Tychonicam explicet, et ultimo Decembris die gratias agit pro Kepleri in hac quaestione consumta opera. „Hab mich fürnehmlich erfreut, dass ich aus des Herrn Schreiben (vom 10. dieses datirt) vernommen, dass er die von mir designirte eclipses Solis (ante Chr. 183 et 180) secundum Tychonis mentem et tabulas supputirt mir ehestens welle zukommen lassen." Hunc calculum misisse Keplerum initio anni 1602 Monachium retulimus vol. III. p. 692, nec non alia, quae per annum 1602 egit Keplerus cum Herwarto de similibus quaestionibus. — Ante acceptas Herwarti literas d. 8. Nov. Lunae theoriam aggressus est Keplerus; exstat vol. III. p. 644 ss.

In *Optica* (II. 360) refert Keplerus, observasse se Pragae eclipsin Solis die 9. Decembris; adhibuisse horologium Tychonicum et quadrantes magnos. Ibidem et alibi deprehendimus observationes quasdam, ex parte ad priores annos pertinentes, quas hic colligendas censuimus: Jovem a Marte totum eclipsatum vidit Maestlinus Tubingae et cum eo ego anno 1591. 9. Januarii. Anno 1598. 7. Martii observatio eclipsis Solis. 8. Aprilis Gratii vidi Lunam junctam occidentalibus in quadrilatero Pleiadum. Sequenti 27. Junii Luna transierat Pleiadas. 21. Febr. Luna deficiens observata est Gratii, 16. Aug. prope Gratium Luna orta in tenebris; nubibus hiantibus emicuit dimidio c. corpore clarissima per ruborem, dimidio vix conspicua, cum tota tamen in umbra esset. Insuetus ego hujus ruboris mirabar etc. Anno 1599. inter 9. et 10. Febr. vidi eclipsin Lunae Gratii; rubore suo tota videbatur, quamvis umbrae immersa. 8. Junii Gratii diligentissime respiciens ad Venerem, nullum tamen vidi Mercurium. Analogia motus diurni et praecedentes observationes omnino Mercurium proxime Veneri statuunt. (Dubius est, num conjunctio corporalis fuerit.) Anno 1601. mense Decembri vidi Jovis et Spicae distincta lumina per eandem fenestram in eodem albo pariete. Non impossibile existimo, Veneris, Jovis aliarumque stellarum azimutha et altitudinem per sua in parietes illecta lumina metiri. Cogitet de hac re studiosus observationum coelestium. Stellae, quam putavit esse novam, in Cygno locum inquirens monet, meminisse se eam vidisse Novembri 1601, statim post mortem Tychonis. Maestlino describens methodum suam observandi altitudinem stellae polaris, refert, observationes se instituisse 2. Oct., 26.—28. Dec. 1597, 28. Martii et 25. Sept. 1598. Diebus 20. 21. Maji 1599 observavi Mercurium sine instrumentis, collatione ad Venerem instituta. Anno 1600. mense Junio Gratii dimensus Solis diametrum inveni 31′, 25. Julii ibidem 29′ 30″; 17. Augusti in confinibus Styriae et Ungariae vidi Lunam cum corde Scorpii conjungi. 1601. 20. Maji eram in parte Styriae, quam Colles Germanico vocabulo indigetant, ad occasum sunt montes altissimi. Sol occidit sine ullis radiis, lumen ejus valde debilitatum, ut Sol umbram circumscribere nullam posset. Secuta est triduo decumana pluvia et eluvies illorum locorum perniciosa. — Cum in Styriam rediissem negotioli causa, ascendi aestivo die in montem insignis altitudinis, Schekel dictum, Stubenbergiorum ditionis, terrarum orbem ex binis montibus appensa libella mensurus. Montem supra vertices alterius montis, qui habet arcem Wildanum impositam, attolli 5 turrium Argentinensium altitudine demonstravi etc. (v. vol. II. p. 287 et I. 321.)

1602. Revolutio anni: Constellationes significant jacturam substantiae, captivitatem. Haec scripsi anno 95. Sed annis superioribus eventus respondit. Hoc anno nata mihi filia Susanna, 9. Julii Pragae. Baptisata in aedibus a me conductis in novae urbis foro boario e regione Emauntis a ministro sub utraque, pastore ad Stephanum. Patrimi: D. Lud. a Dietrichstein L. B., D. D.

Weichardus, Herwardus et Theodoricus ab Aursperg fratres, L. B. B. Frau Bschornin, Hatschier-Furierin, so hernach Elias Schiffin, Hofkammerdienern geheurathet vnd endlich Wittib zu Wien gestorben. Frau Schlagin, Hatschierin, hernach zu Prag gestorben. Salarium constitutum. (Initio anni edita *Astrologiae fundamenta.*)

Duos integros menses stando consumsi in equestri palatio salarii impetrandi causa. 9. Martii primam accepi pecuniam. — Lites me inter et Tychonianos*), observationum non oratus custos, quas citra ullam controversiam tradidi. Jubebar nominare studia seu opera, quae susciperem perficienda pro salario meo (florenorum in singulos menses 41⅔. Cfr. vol. III. p. 10). Factum id mense Septembri. Nuncupavi *Astronomiae partem opticam* ad sequentia natalitia, et *Commentaria de motibus Martis* ad sequens pascha. Seposito igitur Marte sumsi Optica et cum jam de excusione agerem, tum demum coepi de novo concinnare opus. (Ex epistola ad Longomontanum.)

Herwartus his Keplero gratulatur de obtento munere: Ich hab vorders gern gehört, dass der Herr von Irer Kais. Mtt. mit 500 Gulden Besoldung zu I. Mtt. Mathematico allergnädigst auf- vnd angenommen, dabey Ich wünschen wollte, dass Ir auch dieser Besoldung zu rechter Zeit würklich habhaft werden möchtet. (28. Junii.)

Quas supra retulimus conditiones a Keplero imperatori propositas illum ad effectum adducere voluisse ex his apparet Joannis Mülleri (qui anno 1601 apud Tychonem fuerat) verbis, qui scripsit 21. Junii: certior fieri a me cupis, an et quibus conditionibus Caesari posthac vellem inservire. Ad id me promtum et paratum declaro.... Veruntamen ne absque filo ingredi videar, consulo ut tu interea rem eo dirigas, quo postea in omnem eventum securi et tranquilli possumus vivere; alias vix quicquam audebo. — Die 17. Oct. ad alteras Kepleri literas respondit Müllerus: Cunctationem illam aulicam et dilationem redimendorum instrumentorum Tychonis aegre fero, siquidem interea observationes negligantur, instrumenta ipsa rubigine inficiantur et restitutio motuum intermittatur librique in occulto lateant. Quapropter Caesari haec non cordi esse suspicor vel consiliariis displicere. Si serio res ageretur competentique modo institueretur, a proposito meo tibi antea indicato non deflecterem. — Herwartus ultimo Julii redit ad dubitationes de salario scribens: Ich wünsch Euch gleichwoll nochmahlen Glück zu disem Kaiserlichen Dienst vnd Anstand, Ich

*) In libro memoriae amicorum sacro haec deprehendimus:

Prodigit Ars nummos, penetrantque in gaudia curae.
O curas hominum; o quantum est in rebus inane!

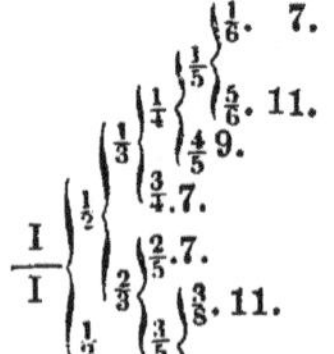

Haec sunt animae Mundanae elementa, unde Musica, Astronomia, Astrologia fluxerunt.

Nobili, Generoso et literatissimo juveni, Domino Othoni Brahe, Equiti Dano etc. obsequii debiti causa scripsi haec Pragae Bohemorum M. Joannes Keplerus, Mathematicus. Nonis Februariis, anno 1602.

wolt aber darbey wünschen, dass Ir des Salarii würckhlich yeder Zeit habhafft wurdet, geschweigens anderer Sachen. — Es wär jetzt, si unquam alias, Zeit vnd Gelegenheit gewesen, die observationes weil. Tycho Brahes zu continuiren, bey J. Mtt. mit Nachtruck zu sollicitirn vnd würcklich zu erlangen. Aber alweilen es nit geschicht, werd Ich in meiner Opinion gestärkt, dass dise gantze Observationssache algemach schwinden, fallen vnd letztlich ob ihr selbst versigen werde. Wie Ich den niemand sehe, der sich diser Sachen mit rechtem Eiffer anneme. — 24. Septembris: Ich trag sorg, die Sach werde noch lang yber langen verzug haben, alles mit einander ob ime selbsten ligen pleiben vnd der Herr, quod doleo, darüber auch mitleiden vnd vmb so vil weniger fruchtbarliche expedition erlangen. (Responsionem Kepleri vide vol. III. p. 11, quo loco etiam e quaestorum aulicorum ratione videre licet, Keplerum inde a Junio 1602 usque ad Augustum 1608 salarium a Caesare constitutum raro accepisse, cum die 25. Augusti restarent 1195 fl. 20 kr.)

Keplerum hoc anno cum amicis praeter ea, quae supra praemissa sunt, multa eaque diversissima egisse, e sequentibus apparebit. Mense Martio Ambrosius Rhodius (cum Keplero Tychoni inserviens, tum Witebergae mathematicis studiis incumbens, postea ibidem professor mathematicae) haec dat Keplero: Jam tibi transmisissem expeditum laborem a te mihi praescriptum, sed veritus sum, ut frustra laborarem, quod nescirem an Copernicaeis epochis an aliis uterer. Forsan ego non recte intelligo verba haec: „ponerentur ergo omnes in suis apogaeis et esset ⊙, ☽ in 0° ♉, ♂ motu medio in 0° ♊, ♃ in 0° ♌, ♄ in 0° ♎, ☿ in 0° ♐, ♀ in 0° ♒." Non poenitebit me illius laboris, si quo te juvare potero, saltem ut vel in schemate vel verbis brevissimis addito exemplo res adumbretur. Imo hunc ipsum laborem suscipiam, si ipse mihi epochas et anomalias commutationis correctas transmiseris. — De „Thesibus astrologicis" Kepleri dicit Rhodius: Quis spiritus Rameus videtur te incessisse, qui tam inclementer tractas antiquos astrologos, viros bonos. — In epistolis quae priores sequebantur non redit Rhodius ad „laborem praescriptum", quare non habemus, quod de illo negotio dicamus, nisi quod quaestionem attineat, quam Keplerus posthac (sicut prius in Prodromo) pluries animo volvebat, de situ planetarum in ortu mundi. (Cfr. I. 184.)

Davides Origanus in literis d. d. 25. Julii a Keplero petit, ut ipsi Tychonicam motuum Lunae hypothesin communicet, „cum certe sciam, posteriorem emendationem in tuis versari manibus." Keplerum respondisse ad hanc petitionem haec testantur Origani verba (ex epistola d. anno 1605): Quod literis tuis ante triennium ad me scriptis non respondi, causa est, quod materia idonea ad scribendum caruerim etc.

Joannes Papius, veteri amicitia Keplero conjunctus, Augusto mense scribit Onoldia: Post obitum Tychonis res tuas meliore loco esse collocatas, plane existimo. — Circa finem Novembris ad Kepleri literas (deperditas) respondens, migraturum se in Borussiam nunciat, et sperare se addit, amorem in Keplerum declaraturum, cum illum portum attigerit, ad quem jam contendat. „De te mihi polliceor, te brevi observationes Tychonis magna cum laude tua et excellentis ingenii declaratione editurum. Quod si feceris, magna philomathematicos molestia liberabis, immortalitati tuum nomen consecrabis multosque magnos tibi patronos conciliabis, rem familiarem praeter spem et existimationem mirifice augebis."

Duae supersunt epistolae Kepleri ad Davidem Fabricium datae mensibus Octobri et Decembri hujus anni, e quibus haec excerpsimus. Quaerenti Fabricio, qui factum sit, ut simultates inter Keplerum et Franciscum Tengnagelium, generum Tychonis, orerentur, respondit: Occasio contentionum cum Tengnaglio ex malis familiae Tychonicae moribus et suspicacitate, et mea vicissim impotentia et insultandi libidine. Possidebam observationes, negaveram me ea possessione cessurum haeredibus; eram in spe salarii, ipsi vicissim ex aula nihil accipiebant. Sed illud peccavit Franciscus, quod post omnem satisfactionem non acquievit, sed me, terroribus illatis ad levicula aliqua quae mihi restabant praestanda, nunquam prius monitum ex abrupto adigere contendit, perinde ac si vile mancipium fuissem.

Haec tantum attinent vitam Kepleri privatam, reliqua spectant astrologiam et meteorologiam, ex parte etiam opticam (I. 306 ss. II. 95), stellam in Cygno (II. 752), navigationem Hollandorum in regiones septentrionales refractionemque ibi observatam insolitam (II. 413) et theoriam Martis (III. 64 ss.). Ex iis, quae astrologiam attinent, haec elegimus, ut cognoscatur, quo animo Keplerus has nugas, quas publice colere coactus erat, privatis literis acceperit. Fabricio, „geneses" petenti, respondit: Cum certitudini artis in singularibus parum tribuam, negligentior esse soleo, nec te hic multum juvare possum. Vide, ne ars te ludificetur, majora enim humanis viribus ista mihi videntur, certitudinem inde petere, ubi nulla esse potest .... Thema revolutionis mundi sisyphium puto lapidem pro excruciandis astrologorum ingeniis, quo nihil proficitur..... Nihil ego puto in Terris, cui seorsim aliquis planeta collocatus sit in coelo..... De „parte fortunae" ut et de domibus judico, confictam ad formanda responsa ad omne genus quaestionum etc.

Ex epistolis Kepleri et Herwarti mutuis haec prioribus adjungimus. Simultates inter Keplerum et haeredes Tychonis Herwartus aegre ferens scripsit: Ich finde, dass es zwischen den Erben vnd dem Herrn allein vm Misstrauen vnd aemulationem zu thun, was der Hauptsache vnd beiden zu Nachtheil gereicht. Keplerus respondit (Oct. 7): Nescio an cuiquam in aula innotuerit nos dissidere, praeter unum D. Pistorium. Quod etsi factum fuerit, non tamen puto otium esse ceteris de hisce leviculis cogitare. Tengnaglius se ingerit in maturationem Tabularum Rodolphaearum. Ita forsitan habent res ipsius hoc Westphaliae statu, ut opus ipsi sit his praesidiis. Excusaturus suum propositum seu velaturus ejus causam (inopiam), fingit ad aulicos, sibi curae esse honorem parentis seu soceri, metuere ut praeclare capta studia contra ipsius propositum perficiantur, scire, quid is fieri voluerit. Haec speciem habent, quia ego et olim et jam vivo et conscio Tychone, Copernici sequor hypotheses. Itaque aut diversum ab eo quod sentio in philosophia defendendum, aut a Tengnaglio discedendum erit. Atque illud nunquam feci nec porro admittam, hoc ita faciam, ut dissidere, non odisse dicar. — Jam refert Keplerus quae mutanda censeat in Tychonis hypothesibus (III. 28, 693 ss. II. 77) et haec subjungit: Praeterea non desinam undique conquirere, quae ad negotium eclipsium amplius tractandum requiruntur, et huic negotio in parte serviet peculiariter *Astronomiae pars optica,* quam adornare cogito usque ad ferias natalitias.

Die 12. Nov. haec nunciat Keplerus Herwarto: Cum animadvertissem, meam diligentiam in dubium vocari, in me recepi duo opera, alterum usque ad Pascha futurum sunt *Commentaria in theoriam Martis,* alterum intra 8 septimanas absolvendum est *Astronomiae pars optica.* Cum ergo his carceribus me adstrinxerim. ipse, intelligis sane, quidquid extra has metas erit positum jam non amplius a me in M. T. gratiam suscipi posse, donec opera illa absolvantur. De Optice constat, te theoria Martis jubeo te bene sperare. — Fabricio refert mense Decembri, „adornare" se Opticam. —

Quod ut promissum (Caesari aut consiliariis caesareis) narrat Longomontano et Herwarto, absoluturum se brevi tempore opus de Marte et Opticam, huic non stetit

Keplerus; Optica prodiit anno demum 1604, Comment. Martis anno 1609; initium certe factum est utriusque operis annis prioribus, utrumque sub finem anni 1602 prope ad calcem perductum. Causas dilatae editionis invenies annis sequentibus. — Partim e manuscriptis, partim e libris publicis Kepleri haec de studiis et observationibus desumsimus. Observat instrumentis Tychonis, „adjuvante studioso Matthia Seiffardo, a Tychone relicto“ d. 28. Febr. Martem ejusque locum satis bene constituit. Martio „pertexitur capitalis demonstratio motuum Martis“. Orbem Martis „ovalem“ esse demonstratur. Observata eclipsis Lunae 4. Junii adhibito horologio Tychonico, „minuta et secunda indicante.“ 4. Julii: Deliberatio astrologica de rege Galliae, „occasione colloquii cum Seepachio“.*)

Augusto mense in publicum emissa est „*Progymnasmatum Tychonis pars prima*, quae editio maxima ex parte curae Kepleri mandata fuerat ab haeredibus Tychonicis; confecit Keplerus indicem et appendicem libri, quam exhibuimus vol. VI. 568. Die 20. Augusti constituit Keplerus locum „novae“ stellae in Cygno, „adjuvante Joanne Eriksen, qui nuper cum Tengnaglio redierat in Bohemiam“, in observationibus usus sextante ferreo, a L. B. Hoffmanno usibus Kepleri permisso. Quae cum Herwarto egit de hac stella leguntur vol. II. p. 755; historica de Mercurio in Sole viso ib. p. 789.

Keplerus ab anno 1597 huc usque, occasione capta a lectione Portae Magiae naturalis et Heronis „Spiritalium“, multum operis consumsit in praxi et theoria artis aquaeductoriae. Herwartus Novembri 1602 scripsit: Es hat mir D. Pistorius vermeldet, dass Ire Mtt. sich in pneumaticis delectiren, vnd dass der Herr, was der Porta derowegen jüngst aussgehen lassen, zu korrigiren im Werck sey. Keplerus refert de his studiis Herwarto d. 12. Jan. 1603: Quaeris de pneumaticis. Ea in narratione agnosco R. D. Pistorii quo me complectitur favorem. Anno 97. prodiit Magia Portae, ego converti me ad ea, quae videbantur digna speculatione, periclitanda, ubi Portae errorem et simul artificium deprehendi. Pistorio hic (Pragae) in Herone eosdem errores monstravi. Paulo post nactus est Pistorius peculiarem Portae libellum, anno 1600 editum, ubi suos et Heronis errores corrigit, at quo ego gloriabar invento, id pulchre locupletatum proponit. Quodsi mihi licet indulgere ei affectui, quo Tycho magister meus exercebatur, equidem non sine probabilitate asseverarim, Portam ex me edoctum. Nam exemplar artificii Graetii exhibui D. a Dietrichstein, praesidi camerae, cui cum Istriacarum fodinarum praefecto Adlero multa necessitudo, cui cum Porta literarum consuetudo intercedit et mihi promisit, se meum *Mysterium* (Prodromum) prima occasione ad Portam transmissurum, de aquatilibus tacuit. Res tamen ipsi curae fuit et omnino mihi persuadeo, instigasse Portam, ut hanc rem ad usum transferat .... Percommode admoneor rei necessariae: inventionem habeo exprimendae aquae comparatam perquam utilem. Cum jam ab anno 97. hoc saxum volvam, tandem incidi in Augustanum artificem, qui accepta pecunia pollicitus est, se perfecturum exemplar. .... Rogo M. Tuam, ut ad collegium opificum perscribat, ut opus inspiciant etc. (Pactionem cum opifice initam et descriptionem artificii vide vol. V. p. 633 ss.) De eodem artificio scripsit Keplerus ad Fabricium (Dec. 1603): Petis artem aquae ducendi. Confirmo tibi, Belgis tuis fore utilissimam exhauriendis subito navibus. Est sipho (Pumpen)

*) Mense Augusto uxor Kepleri aegrotavit, teste Philippo Brosamer, „Röm. Kay. Mtt. Hoffmedicus“, qui medicamentorum rationem „dem Ernvest vnnd wolgelert Herr Magister J. Kepler“ misit „für Säfftlein, ein lindt Trüncklein, Oell zum schmieren, Kraftküechlein Summa thuett 4 fl. 22 kr. Item für Genng Mühe vnd Arbeytt wirt sich der Herr der Gebür wie billich wissen zu verhalten“. Keplerus adscripsit: daran geben zwen Ducaten den 14. September.

circularis, non qui sit ex duobus intermittentibus compositus, sed unus continuus. In fodinis non puto magno usui futuram. J. Byrgius machinae exemplar confecit, cum artifex Augustanus promissis non staret; Keplerus rem post annos aliquot abjecisse videtur, cum inde ab anno 1605 ejus nuspiam mentio facta sit usque ad annum 1625, quo a Berneggero petit, ut ab horologiorum artifice „Maetthaeo Löschero", qui artificium suum Tubingae imitatus sit et inde Argentoratum transierit, quaerat, num illud ad usum quendam transtulerit. Respondit Berneggerus, venire paratum esse Loescherum, modo sumtus itineri suppeditentur. Virum esse bonum et ingeniosum.

1603. Inde ab hoc anno usque ad annum 1610 vacant annotationes Kepleri ad schemata „revolutionum". Schemata tantum exstant diligenter delineata ad modum astrologorum usitatum, adscriptis planetarum locis ad diem 5. Januarii singulorum annorum. Hoc deficiente adminiculo ea, quae his annis Keplero evenere, desumenda sunt ex epistolis ad amicos datis et acceptis, inter quas majoris momenti sunt epistolae ad Herwartum ejusque responsiones.

Novembri anni 1602. Herwartus duobus se proxime subsequentibus epistolis haec nunciaverat Keplero: „Ich hab den Herrn dem Andre Hanniball, Reichshofrath, J. Kay. Mt. Gesandten, der bei mir gewesen, empfohlen. Der hat sich erboten, wann Ime der Herr vermelden werde, ob, was Gestalt vnd in Was Sachen er Im liebs vnd guets erzeigen könte, dasselb treulich vnd fleissig zu verrichten." Porro: „Als D. Pistorius hier durchgeraist, hab ich nit vnderlassen, gebürende officia vnd Erklärungen zu thun, so seiner Zeit nit ohne frucht abgehen werden. Wegen des Herrn bestimter Besoldung bin ich, vielleicht ohne genugsame Vrsach, der Entrichtung halben sorgfeltig gewesen. Es ist mir aber disfals nochmalen nit gering Zweifel, vnd wolt ich dem Herrn wünschen, dass es also dennoch zimblichermassen richtig, wie man es machet. Ich trag aber Beysorg, aulicos et res aulicas verursachen vill ein anderst, bevorab mittler Zeit vnd wan man es wenigst besorgt. Sed tacebo, ne audiam *μαντι κακων, οὐ πωποτε μοι το κρηγυον είπας*, melde es allein darum, quoniam praevisa tela minus nocent, das verhoffentlich der Sachen in ander Weeg etlicher massen, da man sich dergleichen zu besorgen, rath vnd mittel zu suchen." His addit Herwartus d. 31. Decembri: „Wie es dem Herrn geht, verlangt mich zu wissen vnd bleib Ime darneben angeneme gefällige dienst zu erweisen willig vnd genaigt, mit wünschung des eingehenden vnd vill nachfolgenden glückseligen Jaren."

Ad haec respondit Keplerus d. 12. Jan. 1603: S. P. et felicia anni auspicia. Binas abs te, Magnifice Vir, accepi literas, proximis inter se diebus scriptas. Beneficiis me cumulas, ut ex utrisque intellexi, more tuo. Et tibi quidem copia est inveniendae subinde novae rationis me promovendi, mihi vero novae subinde gratiarum actionis comminiscendae non perinde copia suppetit. Accedant itaque ista quoque ad pristinum cumulum, pro quibus nihil aliud dicere possum, quam me diligenter haec quoque in catalogum referre.

Quae in prioribus abs M. Tua de meo statu suggesta mihi sunt, attente legi: cetera, quae non debent a me exspectari ut a te dicantur apertius, ex me ipso conjicere potui. Vera mones et quae me cum alias, tum vero maxime postquam a te inculcata sunt, maxime sollicitum tenent; sed frustra. Quid prodest enim sollicitudo sine consilio? Sane eo ipso tempore, quo literas accepi, in difficilibus versabar cogitationibus, suspectam habens omnem hanc promissionem, quod non numeraretur e vestigio. Numerata tamen est ex dimidio ea summa, de reliquo certa mihi spes in proximos dies facta.

Neque tamen desino ita leviter, quin omnes circumstantias hujus aulae et praesentium negotiorum diligenter expendam. Utinam ita in promtu mihi sit aliqua et providentia. Ac ego tua verba sane non tantum ut monentis accipio, sed etiam ut consilium deferentis, non obscura, si quidem id ego sim concepturus. Quare tibi significandum aperte est, me paratum esse et attentum ad percipiendum abs te, quonam modo rebus meis in futuros casus rectissime prospectum iri censeas, neque tantum paratus sum ad audiendum, sed et ad sequendum, qua mihi licet, si quod tibi non consilium tantum, sed junctum auxilium sit in manibus. Ego de mea tenuitate addam, quae ad formandam deliberationem hanc pertinere arbitratus fuero. Quaedam sunt majora, quam ut providentia possint averti, et ubi deprecationibus magis agendum. Nam si coelum ruat, quis in Terris tutus esse poterit? At si haec ratis, in qua cum aliqua manu hominum navigo, superum ira mergatur, jam de natatione, tabulis et portu cogitandum. Natationem jam semel difficillimam sum expertus; tabulae mihi et remi, hoc est substantia, dos et haereditas uxoris omnis pene adhuc est in Styria. De portu scio te rectissime consulturum, qui sat nosti, nec omnem mihi licere adire et expedire meis studiis, ut quam minimum talibus inundationum procellis feriatur, in quem me sum recepturus. Sed de illis meis remis, hoc est de dilecta pecunia dicam plura. Mortuus est ante biennium socer meus, relictis bonis immobilibus sane non contemnendis uno milliari infra Graetium. Nam uxori meae pro quinta parte summa trium millium ex aestimatione haeredum debetur. Bona dividi non possunt seu conditione sua, seu pertinacia meorum affinium. Si vendantur, pretium vile erit in tanta penuria emtorum hoc tempore, quamvis huc ego inclinem, si magistratum haberem faventem ad impetrandam divisionem. Nam communio perniciosa est; sunt enim molendina. Quonam igitur pacto bona ista quam fieri potest minimo damno in meam potestatem redigam, diu jam sed frustra delibero. Video mihi adjumento futuram hanc meam conditionem aulicam et si quid inceptarem commendationes inde, sed consilium ipse formare et principium agendi invenire in re tam perplexa non possum. Nulla quidem privata invidia gravor in aula Graecensi et spero, si unum aliquem ex praecipuis, praesertim ex regiminis, haberem per cujuscunque mei fautoris privatam commendationem a meis partibus astronomiae una faventem, posse negotium confici, pro quo ego non essem ingratus. Alter vero major me scrupulus urget. Privigna mihi est hic quidem Pragae apud matrem suam (quod in beneficii parte agnosco ita permissum esse), cujus bona in Styria sub tutoribus sunt non minoris aestimata decem millium de potiori parte praesentis pecuniae. Propter alimenta ejus privignae debentur mihi quotannis ad 70 florenos praesentis pecuniae et praeterea usus fructus vineae et aedium in urbe. Hic non tantum uxor mea sollicite instat, ut vel saltem aliquam portionem extra limites Styriae tutores deponant propter securitatem: aequum enim esse, ut ipsa quoque in parte tutelae sit, neque absens et omnino a conscientia hujus administrationis remota, olim neglectae maternae providentiae accusari possit, praesertim cum constet, alterum tutorum aliquot millia hujus praesentis pecuniae mutuo sumsisse et praedia pro se emisse non admodum tuta; sed etiam ipse ego tale quid percupio fieri, ut si quo longius a Styria abeam, expeditiorem habeam pensionem illam, de qua modo dixi. Nam hoc quidem tempore cogitationes meae distrahuntur, ut ita intentus esse ad studia non possim, jam pro dote uxoris sollicitus, jam curam agens aedium privignae, jam vineae culturam tractans, jam alimenta crebris literis reposcens.

Haec omnia negotia multiplicabuntur, fient omnia difficiliora expeditu, si Praga discessero. Miserum me, cui haec olim satis splendida jam nulli sunt usui, quam ut difficiliorem reddant oeconomiam utque uxorem et privignam lauta olim in re sumtuosius alam.

Haec itaque, ut initio dixi, ad formandum consilium pertinere sum arbitratus. Tempus, ut ad pulcherrima nostra studia sermonem transferam.

His addit Keplerus: Opticam non aliter tractabo, nisi quatenus ad doctrinam eclipsium adeoque ad solas fere diametros luminarium faciunt. Nam inter prima fundamenta cognitio haec refertur. (Quae sequuntur legantur vol. II. p. 78, sicut ea, quae in his literis refert Keplerus „de pneumaticis et machina hydraulica, retulimus supra p. 749). Hinc abit Keplerus ad „magnetica" et multus est in describendo opere Gilberti de magnete, quod „ante biennium in febri sua quartana" legit (cfr. vol. III. p. 443 ss.) Finem facit longioris hujus epistolae his verbis: De meo statu nihil amplius occurrit, quam quod spero, me brevi commigraturum in locum editiorem et observationibus commodum. Haec occupatio me in Opticis impediet. Mitto et hoc rejectamentum studiorum meorum (Prognosticum), indignum Magn. Tua, sed mittendum tamen, ne te tam sollicitum de meis studiis quidquam eorum lateat.

Herwartus respondit (d. 18. Febr.) gratias agens pro transmisso Prognostico. Monet Keplerum, ut opus de Marte primo quoque tempore perficiat „das sich einmal mit Nutz et cum profectu wohl wird sehen lassen vnd Ime dem Herrn einen solchen Namen machen, dass man nunmehr von Ime dasjenig zu gewarten, so man von weyland Tycho Brahe verhofft gehabt". — Die 24. Febr. redit Herwartus ad Prognosticum („so ich gar gern gelesen, etlichen communicirt, vnd ob ich wohl, die Wahrheit zu melden, auf dergleichen wenig halte, hat es doch bishero starckh zugetroffen"), dubia quaedam proferens de historicis quibusdam, quae Keplerus immiscuerat (cfr. IV. p. 89). De rebus Gratii peragendis refert Herwartus: „Zu Gretz weiss ich mich jezt keiner mir sonderbar Bekannten, die Im in seinen negotia privata nutzen könten, zu erinnern, ausser dass mir der Herr Bernhardin von Herberstein, Irer Durchl. Stallmaister bekannt. Da ich dem Herrn durch diesen khan nutzlich erscheinen, hat er mich willig vnd genaigt...... Tychonis Brahe instrumenta wie mich bedünkt in utramque aurem dormiunt. Ich hab cum D. Pistorio davon geredt; wann nit die gantze disposition dem Herrn vntergeben würt, halt ich für mein Thail nichts darvon, vnd wird ohne zweiffel der effect den expensis nit correspondiren vnd per consequens algemach res ipsa labascieren.

Ex responsione Kepleri (quae non integra superest, data c. mensem Majum) haec ad vitam pertinent: ... Ad literas duas, quas ad me dedisti, quo minus hactenus responderim, causa fuit primum negotium domesticum, dum uxorem in Styriam emitto et instruo, deinde (adjectae) hae tabulae lunares (cfr. vol. III. p. 691 ss.).... In meis negotiis domesticis res ita habet: haeredes uxori meae diem divisioni dixerunt S. Georgii. Misi uxorem instructam, commendatam filiis Caesaris. Jam in eo res vertitur, ut ea commendatio si ab aliquo mihi favente suscipiatur, qui quicquid in meam gratiam facit, id his imputare velit. Cum itaque modernus Cancellarius ex Bavaria eo descenderit, spero tantam inter Vos futuram notitiam, ut abs Magn. Tua commendatio utilis esse possit..... Instrumenta quod scribis dormiunt equidem, sc. haeredum est rationem reddere. De expensis mihi plane nihil constat. Quiesco et in meo salario acquiesco, cujus subsidio in operibus meis paulatim procedo. Spinosam Optices doctrinam suscepi et plus de Paralipomenis ad Vitellionem, quam astronomiae parte optica sum sollicitus. Locus imaginis mihi negotium facessebat: vici. Natura lucis rimanda fuit: hanc tractavi mediocriter. Oculus secundus erat: perlustravi anatomos. Refractiones metiendae: hic haereo. Deus bone, quam occulta ratio! Devoranda prius erant universa Apollonii Conica, quae jam pene absumsi. . . . . . Prognosticum meum illud erravit, quod tempus (Martio mense) pluvium dixi, cum siccae existerent exhalationes. Id displicebit eis, qui definita in coelo quaerunt. Mihi hoc satis est, qui nil invenio in coelo nisi stimulum, in Terra vero materiam et ejus circuitum coecum.

De „tabulis lunaribus“ haec paucis notamus. Herwartus anno 1601 petiit a Keplero, ut sibi explicaret hypothesin Tychonis de Lunae motibus, quod fecisse Keplerum testantur Herwarti literae sub finem anni datae, quibus gratias agit pro explicatione. Anno 1602 monet Keplerum, ut colligat Tychonis observationes sibique accurate describat rationem, qua loca Solis et Lunae rite constituantur etc. Huic petitioni satisfecit Keplerus constituens tabulas illas, quas accepisse se refert Herwartus initio mensis Junii 1603, scribens: Kan gar nit wissen, wo sie so lang verlegen. Hab sie gar gern gesehen vnd hat der Herr den studiosis Matheseos hieran gewisslich ein sonders beneficium gethan. Ich halt auch für gewiss, dass wenn diese dilucidatio tabularum gedruckt vnd den Progymnasmàtis beygefügt, es werde zu besserem Abgang der Progymnasmatum dienstlich seyn. Ich wolt auch nit vnderlassen, quondam Tychonis Brahei haeredes dessen zu avisiren, wann ich wüsste, wie solches geschehen solle; dann ich wer sie eigentlich seyen nit weiss; bitt vm Bericht.

Die 17. Junii refert Herwartus Keplero: Ich hab mit Herrn Pater Casal, Rath vnd Sekretarien I. F. D. Ferdinand von Oesterreich, wegen des Herrn Erbschaftshandlungen geredt. Er hatt sich erbotten, bey den Sachen sein Bestes zu thun. Als wirdt der Herr sein Hausfrauen, auf den Fall sie noch in Gretz, solches wissen lassen, damit sie sich bey ihm melden lassen mögen. Ich will aber dem Herrn nit verhalten, dass er mir in sonderm Vertrauen angedeutet, er halte dafür, der Herr werde schwerlich oder gar nit zu gutem und verhoffendem Ausschlag und endlicher Abhelfung und Verrichtung dieser seiner Handlung gelangen, wann er nit selbsten hinreise, und den Sachen selbsten nachsetze und beiwohne. Nun hat er sich auch erboten, wenn der Herr ihm eine Supplication vm Erlaubung hineinzureisen an Ire Fürstl. Durchl. verlautend zuschicken werde, dass er dem Herrn gar gern dazu helfen wolle, dass Er licentiam, sich im Land auf ein Zeit lang dieser Vrsachen halber aufzuhalten, bekomme.

Keplerus respondit:

Magnifice et Nobilissime Vir, Fautor colende. Binas abs Mag. Tua accepi literas, ultimas 17. Junii, quae de rebus meis domesticis sonant. Scripsi statim ad uxorem meam, ne hanc occasionem in futurum usum negligeret et D. Casalium alloqueretur. Me quod attinet meumque iter, optarim prius cum Mag. Tua colloqui. Nam duo negotia sunt uxori meae, alterum in paterna haereditate, quod mediocriter procedit, ut non videatur indigere majori opera; alterum in bonis privignae, de quibus an Magn. Tua cum Casalio sit locuta, non possum ex literis intelligere. Quodsi mea praesentia hic aliquid salutare possim efficere, equidem non detrectarem iter. Atqui negotium tale est, ut parva mihi in me spes sit, cum sim vitricus nec regionis incola; non est itaque verisimile, mihi collatum iri tutelam, nisi forte aliqui magistratus certorum locorum, in quae translaturus essem bona, pro hac tutela magistratibus Styriacis spondere juxta me velint. An etiam in hac re Casalium promotorem mihi pollicearis, audiam. Nam hoc iter, satis sumtuosum, nisi optima spe non libenter capesserem.

Quod attinet veniam ingrediendi, cum vocatio mea aulica ante reformationem illam suscepta et inchoata consensusque Caesaris impetratus sit, quae denique confirmata seu ratificata fuit penitus, persuasus fere sum, exspirasse illam ejectionem et provinciarum prohibitionem, nec esse refricandam ejus memoriam petitione veniae ingrediendi. Sed verum est, amantes sui ipsorum ipsi sibi fingunt dulcia. Si periculosae sunt hae meae cogitationes, exspecto admonitionem.

In prioribus literis scribis, diu delituisse lunaria mea, quod miror, nec injuria aliquid suspicor; rogo itaque majorem in modum, ut me certiorem faciat Magn. Tua, an in lituris quibusdam agnoscat M. T. meam manum.

Quod haeredes attinet Tychonicos, unus est instar omnium Franciscus Gansneb Tegnagl, nobili genere Westphalus et in praesens Caesareae Majestatis minister aulicus. Mathematicus enim non vult audire. Nihil honoris hac mentione Magn. Tuae impono. Volo ut pro mero arbitrio suo Magn. Tua agat cum his tabulis. . . . . In meis Opticis tandem Dei gratia ad finem perveni, quatenus titulus patet *Astronomiae pars Optica.* Quae additurus sum, usum in exquirenda vera motuum lunarium hypothesi patefacient. Illa vero sunt pars magna astronomiae geometricae, nempe lib. IV, V, VI. Operis Magni Ptolemaei. Jam et de occasionibus edendi et de extorquendo salario meo cogito inque his sum occupatus. In theoria Martis cetera sunt expedita, verba adhuc desunt.

Vale Magn. Vir et me amare perge.

5. Julii 1603. Pragae.

Magn. Nob. Tuae
officiosissimus
Johann Kepler.

Proximae ad Herwartum literae Kepleri datae sunt c. mensem Septembrem (Herwarti responsio ad praemissas literas nulla exstat) illaeque haec habent.

Magnifice et Nobilissime Vir, Fautor colende. Monuit me Nobilis D. Matth. Welser aerarius imperii, ut sibi domum revertenti literarum aliquid ad Magnitudinem Tuam commendarem. Humanissimam hanc invitationem superbum erat contemnere, quaquam nihil jam scriptione dignum occurrit, quod artem nostram attineat. De Opticis quaeque in iis astronomica tracto nondum respondit Caesar. Differtur editio. Interim ea jam tempora ingruunt, quae ante annum providisti. De salario hujus anni, ad cujus finem trimestre est, nihil adhuc accepi. Sat mature monuisti, si sat expedite providere potuissem. Totum hunc annum nihil aliud ago, nisi ut difficultates istas molliam. Uxorem nondum recepi; Casalius diu Graetio abfuit; nihil cum eo uxor mea, nisi quod ad ipsum scripsi. Summa deliberationis meae haec est, ut a Caesare petam aut translationem salarii ad Cameram Bohemicam aut ad aerarium Imperii. Illud infidum, hoc insolens. Cogito et de missione et commendatione ad Wirtembergicum impetranda, nam in ea ditione mihi paucula bona et mater sunt et princeps nutricius. Forsan et absens titulum hunc cum salario in profectiones ad aulam impetrare possim. Barwitius unicus mihi et idem optimus patronus est; Caesar etiam interdum aliquid mihi mandat scribendum, spero me horum aliquid impetraturum.

Rogavi et D. Welserum de consilio, qui tuis exhortationibus fortassis erit facundior. Quaero, si quid alicubi vacet, cujus reditus summam aequet quingentorum florenorum? Nam in hoc cardo vertitur, ut apta Barwitio fiat propositio.

His addit Keplerus summam *Opticae*, jam ad finem perductae (cfr. vol. II. p. 79 s.) et refert, Byrgium „artem aquaeductoriam" in metallo fabricandam in se recepisse. (Cfr. vol. V. p. 632 ss.) Herwartus ad praemissa die demum 13. Novembris respondit, excusans silentium morbo ipsius et morte uxoris. Quaesivisse se Augustae scribit apud typographos de typo tabularum lunarium, neque vero certi quid accepisse. De Welsero dicit: Es hat mir in Augsburg mein Vetter Matheus Welser, angehender Reichspfeningmaister, vermeldet, wie es dem Herrn in der Entrichtung der versprochenen Besoldung ergehe. Das hab ich gleich anfangs wohl Sorg gehabt. Kann ich in diesem was guetts thun, bin ich gern willig.

Rem haereditariam in Styria Ludovicum a Dietrichstein consilio suo adjuvisse ex his apparet verbis, quae desumsimus ex epistolis ad Keplerum („seinen lieben Herrn Gevattern") mensibus Septembri et Octobri datis: Ich werd am 20. October nacher Grätz raissen, danzumal ich bey eurer Haussfrawen, im fall sie noch aldorten anzutreffen, wegen der angedeutten Summe Gelts Anmahnung will thun lassen... Belangent euer liebe Haussfrawen wär mir lieb, da sie ihre Sach alhie zu ihrem gueten Contento vnd wolfart verricht hette. Vnd weil sie mit ihrem Gelt in ander Weg guete gelegenhaitt bekomen, hat es bey mir khein bedenckhen. Da Ich aber Euch dienstlich seyn khan, bin Ich hiezu gantz genaigt vnd willig. In massen Ich dan auch im ybrigen euch wol wünschen wolte, das Ir am Kayserlichen Hoff mit besserer Eurer Glegenhaitt vnd Vnderhaltung als bisshero beschehen zu Eurer billichen Satisfaction dienen khönet. Wan Ich am schluss eures schreibens vernemme, das sich Herr Matthias Welser vmb eur Augspurgischen bewustes Werckh (artem aquaeductoriam) angenommen, so zweiffelt mir nicht, er werd hierin ein gar guetter befürderer seyn.

Keplerus hoc anno saepius jussu imperatoris Rudolphi astrologica tractavit, cum ipsi non tantum editio operum Tychonis, sed etiam munus astrologi caesarei mandatum fuerit. *Judicium de Trigono Igneo* circa medium annum 1603 imperatori tradidit (I. 439 ss. Observationem trium planetarum ☿, ♃ et ♄ Decembri factam describit Keplerus vol. II. p. 648), *nativitatem* imperatoris concinnavit circa finem anni; in utroque scripto abhorrere se dicit ab usitatis astrologorum vanitatibus, infirmitatem praedictionum astrologicarum adstruens hoc singulari exemplo, quod aspectuum effectus alii sint aliis locis. „Das jetz ablauffende Jahr ist bey vns ein trefflich gesundes vnd truckhens Jahr gewest, aber in andern Landen vnbestendig, feücht vnd pestilenzialisch." Simul rejicit distributiones astrologicas regionum singularum inter zodiaci signa, vim a denominationibus trigonorum (igneum, aqueum etc.) deductam, neque concedit, astrologorum *directiones, revolutiones, transitus* etc. unquam per experientiam constitui posse. —

Similiter Keplerus in epistolis ad Davidem Fabricium datis multa rejicit ex astrologia usitata, haud pauca vero retinet suum in usum versa eaque ad principia refert, qualia sibi fingit, ut bono animo munere astrologi fungeretur (cfr. I. 292). Praeter astrologica moverat Fabricius in epistolis annis 1602 et 1603 datis multa alia, partim plane absurda, ad quae omnia Keplerus literis 4. Julii datis aequo animo respondit quaeque leguntur vol. I. a p. 324 in 341; theoriam Martis attinet pars harum literarum (vol. III. p. 77—84), ubi Keplerus queritur, deesse sibi ad compendiosam calculationem genuinae hypotheseos scientiam geometricae generationis viae *ovalis* seu *facialis*, ejusque piani sectionis in data ratione. „Si figura esset perfecta ellipsis, jam Archimedes et Apollonius satisfecissent." Ad ipsam ellipsin etiam initio sequentis anni nondum pervenerat Keplerus, cum scribat (7. Febr.): in ovali compendia multa habeo, quae prope verum veniunt ad 8′ et 6′; quae penitus scopum attingeret ratio a me nondum est inventa. — Die 18. Dec. 1604 vero nunciat Fabricio: Ovalitas mea curtat nimis, circulus prolongat nimis, veritas est in medio, propior tamen ovalitati meae; omnino quasi via Martis esset perfecta ellipsis. Sed nihildum circa hanc exploravi. Octobri demum mense anni 1605 refert, jam, calculo subducto, certum se esse, viam Martis esse ellipsin.

Redimus ad epistolam d. 4. Julii 1603, in qua Keplerus haec refert de Optica Fabricio: Optica, quatenus optica, absolvi; restat ut de usu dicam, id est ut IV. V. VI. Ptolemaei libros pene totos novis problematis exprimam. Impressa non sunt. Magna difficultas imprimendi erit. Ad haec addit 7. Febr. 1604: Optica mea jam penitus absolvi et typos omnes ad 100 sculpsi. Jam deest occasio imprimendi ante nundinas. Detenta per mensem fuerunt apud Caesarem per negligentiam cubiculariorum.

Anglus Edmundus Brutius (Bruce) anno 1602. Florentia Keplerum adierat literis, e quibus apparet, illum dum Pragae versabatur Keplero amicitia conjunctum fuisse. Nunciat in his literis, dedisse se prius Patavii literas ad Keplerum, visitasse Maginum Bononiae et Prodromum illi „ostendisse", qui neget se librum hunc accepisse etc. (Cfr. vol. II. p. 568.) Duae insuper supersunt epistolae Brutii ad Keplerum datae anno 1603 (Patavii 21. Aug. et Venetiis 5. Nov.) e quibus elucet viri liberum judicium, longe praestans aequalium plurimorum tenuitatem. In prioribus literis summa scribit Brutius „laetitia", quod compertum habeat literis ex Germania acceptis, Keplerum vivere et salvum esse. „Nam per annum te pro mortuo habui, et literae meae ad Te missae rursus mihi redditae teque neque Pragae neque usquam inter homines vivos reperiri. Ergo te obtestor rogoque, ut me certum facias de Tua valetudine tuasque literas Augustam mittas ad Ill. Virum D. Marcum Welserum, meum amicissimum, ut eas ad me mittat. Nam si semel tuas literas accipere possim, statim ad te mandarem quaedam inventa corpuscula naturaliter perfecta, etiam forsan egomet ipse ad te volarem, antequam ad meam patriam reverterer. Nam nullus est in toto hoc mundo, cum quo libentior conloquar; nam si scires, quantum et quoties inter omnes literatos totius Italiae de te loquutus sim, diceres me non solum tui amatorem, sed amicum fore. Dixi illis de tua mirabili inventione in arte musica; de observationibus Martis, tuumque Prodromum multis monstravi, quem omnes laudant reliquosque tuos libros avide exspectant. Maginus Prodromum a quodam nobili Veneto pro dono nuperrime accepit, Galilaeus tuum librum habet tuaque inventa tanquam sua suis auditoribus proponit." . . . .

Ex literis datis 5. Nov. apparet, Keplerum respondisse (4. Sept.). Brutius repetit, sperare se Pragam ad Keplerum redire posse „tuo divino consortio gaudere simulque tua coelestia opera observare". His subjungit „dubitationes" suas in astronomia: 1) mundos, opinatur, esse infinitos, 2) Solem vehi velocissime in suo loco circa axem suum, 3) motum hunc sequi planetas, qualis sit etiam Terra; 4) stellas fixas Soles esse „in non minori mundo hoc nostro planetarum"; 5) aërem esse inter Terram et stellas; 6) formam Terrae ad ovalem figuram accedere; 7) Solis et stellarum lumen ex eorum motu procedere, planetas vero a Sole illuminari. „Haec mihi videntur probabilia, sed nunc non est mihi vel tempus vel probandi locus, mihi sat erit, si tuam de his sententiam elicere possim. Interim quaeso ignosce audaciae meae et mitte has literas ad tuum vicinum (Wackherum?) et meum amicum.

Num ad haec responderit Keplerus necne, nescimus. Adscripsit vero d. 5. Apr. 1610: ad 1: Hoc praeambulum obstitit mihi, quo minus essem attentus ad sequentia. Ad 2, 3, 4: Haec quidem semper tenui, sed modum non semper.

Ad 6: Non plane contemnendum. Quid potius mirer? Stuporemne meum, qui patefacta mihi naturae penetralia his literis, cum illas accepissem, introspicere contemsi adeoque oblivione sepelivi, ut ne postea quidem, cum clavem eandem ad haec penetralia quaererem et invenissem, literarum harum fuerim recordatus? An potius mirer vim veritatis, quae duobus sese non una via aperuit? An naturae ingenium, quae quod Brutio dedit occulto instinctu a priori, mihi methodo et numeris et oculis eruendum concessit? His literis apparet compendium quoddam meae physicae coelestis, in Marte proditae.

1604. Opticam Astronomiae partem Cal. Januariis obtuli (imperatori), jam laboro ut recipiam; nisi hoc me impedierit, lucem videbit ad nundinas.

Absolutum opus inscripsit Keplerus imperatori Rudolpho (data est epistola dedicatoria die 5. Augusti 1604), refert summam eorum, quae insunt libro, et haec de origine libri narrat: Mihi, qui opticis contemplationibus nonnihil temporis impenderam, occasionem suppeditavit astronomia Tychonica, cujus me participem vivo etiamnum auctore fecit splendidissima haec Majestatis Tuae aula, ut quaedam optices theoremata, specie exigua, sed rerum maximarum seminaria, percolenda et penitius enucleanda censerem. Quod meum institutum postquam C. M. Tua probavit, summa cum industria persequi coepi, comportatis et in formam libri redactis, quae vel olim in Styria, Provincialium stipendia merens, inveneram, vel inventis erant supperaddenda. . . . . Ut vero hunc meum libellum in conspectum S. C. M. Tuae adducerem cumque sub hujus augusti nominis tutelam commendarem, omnia summa suadebant officia: ut quia hoc tempore M. Tua, bello contra Turcas omnium maximo et sumtuosissimo districta, non tamen indonatam praetermittit astronomiam meque Tychonicae astronomiae devotum liberali salario, cujus ope ista perfeci, hactenus sustentat, ego vicissim quacumque possem ratione gratitudinem meam, imo et justissimum obsequium ostenderem et regiam hanc in liberales artes affectionem venerarer proque mea virili parte ad posteritatem commendarem.

Quodsi quid est in hoc opere, quod mihi fiduciam addere debeat coram M. Tua loquendi, hoc profecto est . . . . quod cum haec, tum quae plura hujusmodi etiamnum sub manibus habeo, suscepi ad ornandam professionem meam, quam hactenus M. Tuae jussu et stipendiis sequor cum dispendio non tantum valetudinis, sed studiorum etiam aliorum, quibus meae senectae, si qua futura est, et familiae praesidium comparare et poteram et amicorum judicio plane debebam. Qua ex re si quid ad me redundat incommodi, id omne mihi leve reddit et jucundum una haec homine Germano digna cogitatio: quod pulchrum sit in tanti principis tam honestis obsequiis etiam mori neque hic vinci virtute a militibus, sed munus demandatum ceu castellum quodpiam strenue propugnare. Quam meam subjectissimam affectionem si M. Tua clementissime probaverit, sat ego me felicem existimabo, ... felicissimum vero, si quam hactenus expertus sum eadem me clementia prosequi pergat. Sic enim metuendum mihi nequaquam erit, ne ab hoc meo munere, ceu ab arce meae fidei creditae, perniciosissimus artium hostis, indigentia, me fame expugnatum dejiciat, neque dubitandum, quin M. Tua eas mihi suppetias et commeatum missura sit in tempore, quo recepto obsidionem tolerare tandemque, omnibus superatis difficultatibus, reliqua mea studia ad gloriam Dei, ad celebrationem Majestatis Tuae et humani generis utilitatem spectantia, absolvere feliciter possim.

Monitione, quam satis modeste Keplerus sub finem movet, factum est ut pro dedicatione munus ab imperatore acciperet, quod his nunciat Herwarto (10. Dec.): Illud satis hilare, quod Magn. Tuae et D. Pistorii commendationibus, quae Barwitio sedent in memoria, tantum apud Caesaream Majestatem effectum est, ut mihi pro dedicatione mei libri 100 thaleri sint donati. . . . Negotium domesticum plane negotiosum est, utpote muliebre. Quid enim turbarum 15 vel 16 mulieres ad meam puerperam vocandae, convivio excipiendae, deducendae etc., quid negotiorum non exhibeant? Natus enim mihi filius 3. Decembris, baptisatus nudius.

Baptisatus 7. Dec. in collegio Wenzeslai in auditorio (nomine Fridericus), ibi enim eram inquilinus D. Reschalii rectoris, a concionatore sub utraque. Patrimi: Herr Steffen Schmid, Reichspfenningmaister, Herr Matthaeus Wagger (Wackherius), Reichshofraths Referendarius, Herr Joseph Hettler, Badischer Gesanter.

Thema genethliacum: Melancholicus et asthmaticus, pumilis erit, quia ☽ in □ ♂, △ ♃, et ♀ in ortu, et ♄ cum ☉.

Item de morbo suo nunciat Keplerus Longomontano et Fabricio scribens: Ab initio anni 1604 redii ad Martem et Commentaria scripsi, et tabulas Martis, adjutus a studioso meo; periclitavimus etiam physicam hypothesin. O immanissimum laborem! Credas mihi, quadragies minimum usu venit, ut per 181 vices eadem operatio traduceretur. Simul autem et operam liberis dedi genuique filiolum Fridericum; simul et bimestri tempore aegrotavi et una uxor; simul nova stella exorta occupationes peperit; simul migravi in nimis longinquas aedes*) et mille alia negotia domestica et in Styriam scriptiones, aulica ex Tengnaglio discas peto; credo quod dimidium temporis eripiant. — In ipsa quadratione ovalitatis meae (in Marte), infero enim eam, ut alii videant, quantae molis fuerit, importunus quidam hospes per arcanos aditus se in meas aedes intulit meque perturbavit 3. Dec. mane, nomine Fridericus Keplerus Pragae. Junio et Julio decubui cum uxore, illa ephemera, ego erratica et bilosa febri, quartum recidiva, cum subinde in diaeta peccarem. 29. Maji adegit me uxor importunitate sua, ut, quia balnea horret, vel tandem aliquando corpus abluerem. Immersit me in labrum aquae bene calefactae, qui calor me afflixit meque coangustavit circa praecordia. 31. Maji purgavi, ex more usus παγχυμαγωγῷ leni. 1. Junii venam secui iterum ex more, non urgente morbo, ne suspicione quidem morbi. Minuto sanguine bene habui per horas aliquot, vespere facto difficilis me somnus invitum in stragula conjecit; praecordia coangustabantur. 2. Junii non optima tempestate, calida tamen, transivi in minorem urbem, ut mihi melius esset motu uso. Biduo hoc rhenano vino perquam generoso eram usus, sed ad hujus diei prandium frugaliter vixi. Circa horam p. m. tertiam horror me excepit, dum domum contendo, et ut fit apud me in omnibus febribus, cerebrum incaluit somno, dormivi inquiete toto pene biduo, nullo usus cibo; subinde vomui bilem admodum corruptam. Paroxysmos nullos vehementes habui. Totus morbus in effusione bilis in ventriculum fuit. Triduo post, nempe 4. Junii, incidit una uxor mea in quotidianam febrem, tanto periculosiorem, quod esset gravida. Reliqua particularia non annotavi, nisi quod ad 6 vel 7 septimanas conflictatus ea sum. Interdum 10 diebus liber, ut sanus crederer, itaque usu vini ad vomitiones bilis redii et ad horrores, cum duraret obstructio alvi. Credo, me ex eorum numero

*) Herwartus inscripsit literas d. 9. Nov. scriptas: „Hern Khepler, in des Königs Wenzeslai collegio bey der Metzg zufinden.“

esse, quibus ex bilis folliculo meatus in ventriculum abit, -qui solent esse βραχυβιοι.

Post absolutam Opticam rediit Keplerus ad Commentaria Martis, quae hoc anno majorem in partem absolvit (cfr. vol. III. p. 7). Martem observavit a d. 27. Febr. ad 10. Martii, ejusque parallaxes inquisivit. Praeter hanc in Martis motibus locatam operam plurimum laboris et temporis consumtum est in observanda describendaque nova stella, quam primum conspexit Keplerus die 17. Octobris.

Descriptio stellae germanica (I. 473 ss.) absoluta est mense Decembri, paulo post missa ad Fabricium cum Optica et Prognostico in annum 1605. Prognostici dedicatio data est d. 23. Octobris. Senatui Tubingensi Opticam tradidit Keplerus his adjunctis literis, desumtis ex tabulario Tubingensi, liberaliter eas nobis concedente professore Tubingensi D. Roth.

Reverendi, Nobiles et Clarissimi Viri, Magnifice D. Rector, ceterique Professores et Praeceptores colendissimi.

Cum superioribus nundinis Francofortensibus specimen officii mei, quo in praesens apud S^am^ C^am^ M^tem^ fungor, Paralipomena scilicet ad Vitellionem seu Astronomiae partem Opticam et in ea tractatum de verissima ratione visionis in publicum dederim: admonet me jucundissima et gratissima Academiae vestrae meorumque in ea positorum tirociniorum, titulorumque et honorum acquisitorum recordatio, ut M. R. VV. exemplar unum, si dignum videbitur, in bibliothecam Vestram inferendum (Francofurto per Cellium Tubingam transportatum), obsequiose offeram atque donem et hoc pacto tanquam ex intervallo mei memoriam apud M. R. V. renovem atque propagem.

Quod meum tenue munusculum si M. R. V. gratum accidisse intellexero, dabit id mihi stimulos ad astronomiae exoptatam omnibus Academiis restaurationem ex summi Viri Tychonis Brahe diligentissimis observationibus continuandam et pro ingenii viriumque mearum a Deo obtento modulo maturandam. Spem enim inde concepturus sum, etsi rei familiaris aliquam jacturam sim facturus, fore tamen mihi in patria mea fautores atque patronos non debiles, qui mei meorumve olim rationem omnino sint habituri, meaque studia principibus viris et sibi ipsis commendaturi et pro temporum locorumque conditione compensaturi.

Versor jam in Commentariis de motibus stellae Martis, in quod opus refero, quae circa hoc sidus intra quinquennium continenti labore exploravi, manuducentibus Braheanis observationibus, et quod jam demum video, plura sunt exploranda. Quae sive inveniam sive non, certo tot jam et talia inventa sunt, ut astronomia plane nova videri possit; quodsi me de hac vita decedere contingat, non publicatis et in discrimen adductis hisce meis laboribus, ad illustrationem admirandae sapientiae divinae pertinentibus, id equidem mihi accidet acerbissimum. At occasionem edendi nondum video: transegi enim cum Nobili D. Francisco Tengnaglio, S. C. M^tis^ Consiliario Bohemicarum Appellationum, utpote Tychonis Brahe p. m. genero, ut ille mihi Braheanas observationes porro quoque impertiret (retinet enim illas, quoad haeredes adhuc sedecim millia a Caesare recipiant), ego vero obligatus sim, nihil sine ipsius consensu edere, priusquam ipse Tabulas Rodolpheas absolvat, ad quas tarde sese comparat. Et periculum est, ut sicut hactenus identidem, sic porro quoque cum ipso contendendum mihi sit, dum ille sui soceri honorem, ego libertatem philosophicam unice spectamus. In hoc casu cautionem hanc mihi suadet fiducia inventorum meorum, ut exemplum Commentariorum apud Academiam patriam deponam, quae, si me contingat mori, editionem eorum procuret. Etsi igitur decuisset me ista per D. Maestlinum tractare, at quia is me per quinquennium jam toties rogatus jucundissimo suo per literas alloquio privavit, nescio quo suo consilio meove merito: circumventus igitur solitudine, M. R. V. ipse mihi advocatus etiam atque etiam rogo, ut mihi rescripto aliquo voluntatem suam super hae re significent, denique me sibi commendatum habeant. Valete 12. Dec. 1604. Pragae.

M. R. VV.

officiosissimus et gratissimus
discipulus et civis
M. Jo. Keplerus.

(Inscriptio: Magnificis, Reverendis, Nobilibus, Clarissimis Doctissimisque Viris, DD. Rectori et Senatoribus inclytae Universitatis Tubingensis, Dn. patronis et praeceptoribus meis colendissimis etc. Tubingen.

(Responsio senatus ad has literas legitur vol. II. p. 34.)

Ex epistolis Kepleri et amicorum datis redditisque sequentia desumsimus. Paulus Virdungus mense Februario accepisse se refert Kepleri literas, c. finem anni 1603. datas: „quoniam aliquammulta minimeque vulgaria literis tuis continentur, veniam mihi dabis, si ad singula paulo fusius respondeam. Primum a te vehementer contendo, ne Papio succenseas, quod is mihi partem literarum tuarum, in quibus de motu Martis disserueras, communicavit. . . . . Quaenam Dasypodius, olim patronus et fautor meus, animo versaverit, ex scheda adjuncta videre licet.“ (Mauritianarum Institutionum mathematicarum libri XV. etc. Cfr. Hanschium p. 213.) His subjungit Virdungus plura de vita Dasypodii, qui res familiares vario modo afflictas expertus esse dicitur. „Arcana quaedam vis fati videtur, ut qui studia haec tam excellentia tractant, cum multis adversitatibus conflictari necesse habeant, quae illorum labores retardant vel impediunt prorsus, quibus Tychonem exercitum fuisse ac te etiamnum exerceri videam“. . . . . . „Saepenumero optavi, ut tandem aliquando Tycho inventa sua publicaret. Cujus quidem voti cum ex parte jam sim compos factus et fundamenta praecipua jacta videam, tanto magis ad ea, quae perficienda restant, anhelo. Qua in parte te plurimorum desideriis satisfacturum haud vane speramus, optantes ut difficultates, quibus es circumseptus, removeantur et tuorum laborum ratio habeatur. Simultates tibi cum haeredibus Tychonis intercedere, invitus intelligo, quas sopitas et exstinctas cuperem. Rationes satis ponderosas agnosco, quibus inductus ea, quae propalanda nondum sunt, intra privatos adhuc parietes retineas. . . . . . Vehementer optarim, ut amanuensi tuo prospicere de commoda conditione possem; sed quoniam nunc in loco minus ad eam rem promovendam apposito haereo, doleo, me id quod maxime velim praestare re ipsa perficere minime posse. . . . . Quod lunares hypotheses et tabulas a Tychone constructas in formam faciliorem redegeris, non poenitendam operam te locasse judico. Ardenter expeto, ut illâ tua compendiosa ratio una cum Commentariis in Martem, Vitellione nova accessione locupletato ceterisque ex politissima ingenii tui officina prodeuntibus primo quoque tempore lucem adspiciant.“ Kepleri responsionem datam esse mense Aprili 1604, ipse refert Virdungus in literis posterioribus, quae vero nihil habent, ex quo quid responderit Keplerus appareat.

Jacobus Christmannus, professor Heidelbergensis, describit in literis (d. d. 11. Apr.) speculam astronomicam Heidelbergensem et petit a Keplero „ut de observationibus coelestibus et de modo astronomiam promtam ac facilem certamque condendi per literas disserere non gravetur.“ His addit professor linguarum scilicet orientalium: „Gratum etiam mihi fuerit, si quos scrupulos concepisti, ex quibus te penitus evolvere nequeas, eosdem mihi communices; dabo enim operam, ut consilium sanum et salutare inveniam, si non plenam resolutionem suggerere valeam.“ Judicium Kepleri de libro Christmänni (Observationes Solares) in Optica (vol. II. p. 324), eodem forte tempore scriptum quo accepit literas Christmanni, haud sane dubium relinquit, Keplerum non respondisse. (Cfr. vol. II. p. 431 ss.)

Adiit hoc anno Keplerum „Anselmus Hagenlojus" (Hagenlochus), pastor tum temporis Ratisbonae, petens ut sibi transmittat themata genethliaca imperatoris Rudolphi ejusque fratrum. „Dabis", addit in subsidium petitionis suae, „hoc communi nostrae patriae. Ego enim Böblingae, tu (quod ex avo tuo paterno Wilae me anno 1594 audivisse memini) Magstadii natus es". Quibus verbis motus Breitschwertus in *Vita Kepleri* locum quo natus sit Keplerus non Wilam, sed Magstadium esse quasi certum constituit, hoc addens, Hagenlochum anno 1594 diaconum fuisse Leobergae, quare testimonium hujus viri omnem dubitationem tollere. Nos plane abhorremus ab hac sententia, quae nulli alii testimonio innititur, quam hujus viri, quum contra ipse Keplerus Wilae se natum esse dicat et scripta publica varia Wilam, neque ullibi Magstadium patriam esse testentur. Leobergae insuper Hagenlochus versabatur anno 1581 tantum a festo pentecostes in diem Michaelis, quo die Stuttgardiam, anno 1586 Laubhemium et 1591 Ratisbonam „translatus" est (ipso teste Hagenlocho). — Mentionem facit Hagenlochus „genituras Rudolphi nostri et archiducis Maximiliani, una cum Turcae Mahumetis", quam Paulus Sutorius Noribergensis paucis pagellis in publicum emisit. Keplerus hoc Sutorii scriptum examini subjecit, quod p. 300 ss. exhibuimus.

Initio anni retulit Keplerus Conrado Gerhardo medico*) de studiis suis, qui Donauverdae Novembri respondit: Literae tuae Januario hujus anni datae et alterae ante biennium scriptae mihi fideliter sunt redditae. Quapropter ea te cura nunc libero, quam de interceptione in proximis literis gerebas. De restauratione totius astronomiae quod scribis, vehementer placuit et rogo, pergas inchoatum opus ad perfectionem deducere suam, despectis ab alto ceteris, si qui vel ab aula vel a genere praedecessoris tibi obicem ponere nituntur. Nemo magnus sine invidia factus est unquam. Provocas me praeterea in arenam et certamen offers de certitudine artis astronomiae et chymiae, sive etiam medicinae..... Mitte mihi opera tua omnia, inprimis aveo videre prognosticum tuum in annum futurum. Hujus enim anni prognosticum, quod mihi principio anni miseras, ob certas tempestatum praedictiones prae ceteris omnibus mihi placuit; quodsi futuri anni tale erit, veteranum te facies et Caesium novitium.

Praemissa ex epistolis ad Keplerum datis desumta adumbrant quadamtenus ea, quae hoc anno in studiis profecit et quo alii ipsum coluerint amore vel reverentia. In epistolis, quae supersunt, ab ipso hoc anno scriptis, haec occurrunt notatu digniora. Cum Fabricio tractavit Martis theoriam, magis magisque quo exitus pateat cognoscens (cfr. annum 1603 et vol. III. p. 87 ss.); qualis ipsi fuerit ratio cum Tychonis haeredibus, his refert: Tengnaglius accipit quotannis mille; hic vellet, me meis

---

*) Gerhardus, Württembergensis, cum Keplero Tubingae literas tractavit; a principe Kirchhemium et Teckium vocatus et thermis Bollae praefectus est. Simul chymiam colebat quam ob rem Stuttgartiam arcessitus est, „ut adesset, quo praecipue in chymicis princeps pro consiliario uteretur" (1598—1603). Cum Theologis Württembergensibus ob fidem suspectus esset, princeps eo adactus est, ut eum ab officio suo removeret. Keplero scripsit anno 1603, petens, „ut tantum veteri nostrae amicitiae tribuas et nuncies, si munus medici Pragae vacaret aut imperator medicum desideraret versatum in rebus chymicis. Neque illibenter tali in loco essem, ubi in religione nulla movetur difficultas". Paulo post nunciat Keplero, se Donauwerdae functionem medici consecutum esse. Qualis fuerit chymicus, ex his patebit: „Stuttgartiae retulit mihi unus ex laborantibus principis, equitem Malthensem Millefels invenisse pulvisculum, quod quantitate pisi ex 4 marcis plumbi effecerit 4 marcas auri. Habes hic certitudinem chymiae, quae ex astronomia refutari non potest." Joecherus refert Gerhardum anno 1616 Argentoratensem medicum.

inventis ipsius salarium tueri. Sed quia his mille solus frui vult, ego quoque non possum pro his mille spondere et cogor, privatim meum salarium defendere, quod et feci tradita Optica, ephemeride Martis et transformatione tabularum lunarium calendis Januarii. Hoc ille videns praetextum quaerit, me Tychonis placita convellere, nolle se me armare observationibus. At verior causa: cupit me impediri, ut tempus habeat aliquid elaborandi; profitetur enim, se sperare profectum, sed hoc valde inconstanter, subinde enim interjicit, hanc non esse suam professionem. Ego sancta fide tibi juro, me nihil in ipsum aut ipsius salarium tentare. Hoc solum ago, ut observationes habere possim quas cupio, deinde ut me commemoratione veritatis defendam contra disseminatas criminationes, sicubi mihi indicantur. Acceperunt de 20000 partem quintam, de reliquo in spe sunt. (Cfr. annum 1603.)

In literis, in quibus omni animi impetu res gravissimas inquisivit, neque leviora abnuit Keplerus, ad innumeras respondens Fabricii quaestiones, serio vel jocis illas tractans, quae majori ex parte astrologiam attinebant. „Dirigendi“ modum suum declarans addit: Amicitias magnorum tibi sincero homini sine utilitate contigisse, nihil est mirum aut insolens; quaerunt sua gaudia, non tua commoda. Impossibile est ut magni sint et parvos sublevent omnes, magni hominis magnus hiatus oris. . . . . Observationes nostrae frigent, instrumenta in horto Caesaris sub dio putrescunt. Utor sextante et quadrante parvo ex Hofmanni liberalitate. Die 25. Dec. (1603) vidi ☿, ♃, ♄, statim ad Caesarem retuli, me vidisse trigonum igneum, quia triangulum fecerunt. (II. 648) . . . . Ego impedior ab observationibus; catarrhus me bilosus his diebus a 1. Junii tenet (scripta haec sunt d. 18. Decembris). Sic a 12. in 22. Februarii fuit defluxus interscapilium, brachiorum motum impediens. Tu si videres aspectus ☉, ♄ etc. in tuo exortu vel occasu, metu contabesceres. Ego caveo et tempero a periculosis actionibus, libertate sermonis, suspectis scriptionibus de rebus principum. Excuso astra, scio, nos quocunque vivendi genere nihil aliud quam mori. — Filii tui genesin cur tractem, cum tu jam a tribus annis induci non possis, ut de mea transmissa genesi judicium feras, metuens scilicet id quod res est, ne irretiam te in dogmatibus astrologicis? . . . . Rediens ad *directiones*, tres dirigendi modos proponit Fabricio iisque subjungit: Sed mihi ipsi non satisfacio, quin potius in speculationibus physicis suspiciones concipio, quasi vana sit magna pars directionum . . . . . Totum negotium Lunae ut significatricis dirigendae suspectum redditur etc. Miseret me infelicis tuae industriae, dum in iis rebus ordinandis et disponendis versaris, quas natura ipsa confundit. Quin potius hoc agas, ut mecum de internis Telluris conditionibus disputes, quod identidem facio in prognosticorum praefationibus et in ultimo hujus anni feci, si unquam alias, liberali manu. Res non est de nihilo, non somnium, sed verissima: habet Tellus quasdam periodos humoris siccitatisque, aliis partibus alias. Tu quaeris cum vulgaribus astrologis, an certi planetae certorum sint ventorum motores, quasi influxus planetarum tam sint particulares et curam agant distinctarum Terrae partium. Equidem tam est parva Tellus, tam remota haec nostra quae fiunt a planetarum sensibus, si quos illi habent, ut omnino Deos esse necesse sit, si harum rerum habent notitiam. . . . Ego in sententia maneo, in Tellure esse facultatem aspectuum perceptricem, et quoties incidunt aspectus, naturaliter instigari hanc ad exsudandum id quod habet, qua parte habet. Sudorem pluvia ejus loci, pluviam venti circumcirca sequuntur, ventos circumjacentium regionum tempestas. Ut autem Terra intus jam humeat, jam areat, non magis ex coelo est, quam ut homo jam sitiat, jam bibat, jam quiescat .... Recte mones, ut chronica adeam, quae meteora consignarunt, indeque experientiam hauriam. Faciam id, ubi plus otii habuero. At non cum coelo tantum comparabo, sed Terram secum ipsam. ... Ad verba Fabricii: „ego in mea genesi directionem ☉ ad ♂ plurimum timeo", respondit Keplerus: O te miserum et infelicem! qui tot jam meis instructionibus nondum liberari potes a metu directionis, quin et orandum tibi putas, ne animo noceat. Benefaciat Deus tuae animae, ceterum ut impediat directionem, ne illi noceat, nihil est necesse.

Desumta haec sunt ex epistolis datis 7. Februarii 1604 et 11. Oct. 1605, quae manu Kepleri satis minutis literis scriptae complent totas 54 paginas in folio. Insunt his epistolis praeter praemissa alia multa, quorum partem his recensemus: de natura cometarum, de meteorologia, de animis, de magnete; apogaeum Saturni, Lunae theoria, Solis eccentricitas; „an calor et lux sit vehiculum virtutum sideralium"? quaedam de motibus Veneris et Mercurii, de Ptolemaeo. (Inspiciatur vol. I. p. 342—357, III. 87—107.)

Maestlinum (ab anno 1600 huc usque silentem) bis adiit Keplerus hoc anno (20. Jan. et 14. Dec.). In prioribus literis petit a Maestlino, ut ad se mittat „quotcunque partiales defectus Lunae consignatos habeat", quibus ipsi opus sit ad reformandam Lunae theoriam Tychonicam. In posterioribus scribit: In Commentariis de motibus Martis si meos labores cerneres, opinor id diceres, quod res est quodque etiam de Opticis dicere te non dubito, me scilicet non raro nodum in scirpo quaerere. Cur ergo non communicas mecum per literas? Saepe mihi non cogitanti inepta multa obveniunt, quae per literas ventilata facile agnoscerem. Omnis meus labor in hoc est, ut jam porro ex genuinis causis tam aequationes eccentri justas, quam distantias exstruam. Profeci autem per Dei gratiam eo usque, ut non plus aberrem in uno quam in altero certusque sim, utrumque ab eadem hypothesi proficisci, ac proinde non posse esse vana, quae de virtutibus motricibus disputo .... Tabularum rationem jam inivi. Habeo Martis tabulas, ex quibus uno die ephemerida conficit diligens aliquis...... Puto me aliquid consecutum, et cum interdum de valetudine angar, consilium cepi opus, quod edere vetor, apud academiam deponere. (v. s. p. 757.) Refertum est creberrimis et lectissimis Tychonis observationibus. Si levissima spes esset de Tengnaglio, quod aliquid sit perfecturus, nihil opus esse putarem meo consilio Tychonicis observatis. At crede mihi, non abs re metuo, ne quo pacto desertae pereant. Quaeso quid tibi animi, si Tychonis loco esses et ista cerneres, an etiam succenseres mihi hoc ausuro quod agito?

Maestlinus respondit (Jan. 1605): Etsi hactenus per aliquot annos ego in scribendo segnior fuerim, tui tamen animi perseverantia, pietas amorque candidus, quamquam ad eam gradus et honorum eminentiam sis evectus, unde me despicere si velles posses, non elanguerunt, sed firmis nituntur fulcris. Quam amoris constantiam utique multus praedico. Verum quae impedimenta literas meas hactenus interceperint, nolo recensere, hoc excepto, quod quae tibi mathematico excellentissimo condigne responderem, ut plurimum non habui. Verbi causa eclipses observatas a me petiisti. Verum quam paucae illae sint, dolet et ferme pudet me dicere. Deinde fateri cogor, tu nonnunquam sublimiora, quam quibus ingenium et eruditio mea satisfacere valent, quaerebas. In libris tuis sublimiora continentur, quam de quibus ego judicium mihi sumere aussim. Ego pleraque cum delectatione lego tuamque insignem eruditionem et eruendae veritatis pertinax desiderium felicemque successum admiror..... Gratulor vehementer et gaudeo, Martis motum huc usque a te constrictum teque ipsum prope debellasse. In ceteris consilium tuum probo.

1605. Per hunc annum occupatus erat Keplerus in observanda describendaque Nova Stella et conquirendis undequaque testimoniis de tempore exortus et loco stellae. (Edidit germanicam descriptionem stellae, inscriptam: *Bericht von einem vngewohnlichen Stern* etc.) Simul theoriam Martis et quae prioribus annis de Marte conceperat fundamenta excoluit et limavit. Rediit ad studia chronologica, Josephum Scaligerum mense Julio allocutus longioribus literis, hortante Matthaeo Wackherio (IV. 94 ss.); mense Augusto et Decembri ab Herwarto revocatus est ad locum Lucani, de quo ab anno 1597 saepius per literas cum Herwarto egerat, remque absolvit c. finem anni, absolutum calculum Herwarto mittens initio anni 1606 (IV. 90 ss.). Eclipsin Solis (d. 12. Octobris) in Optica astronomis bis (II. 288 et 353) observandam commendaverat et post editam Opticam adiit viros in astronomia claros privatis literis, ut studiose observando inquirerent res ad decidendam quaestionem de luce Lunae propria ejusque eccentricitate facientes. Publica epistola petitionem hanc repetiit, inscripta: *Ad rerum coelestium amatores universos etc. de Solis deliquio etc. Pragae Bohemorum Martinalibus anni 1605.* Vol. III. p. 726 exhibuimus nomina eorum, quibus misit Keplerus hanc *Epistolam*, et paginis sequentibus epistolas eorum, qui responderunt, p. 736 s. epistolam et observationem Kepleri ipsam, quam itidem typis exscribi curavit. Circa finem anni ad petitionem Ernesti, episcopi Coloniensis, conscripsit Keplerus *Judicium de mensurarum aequatione.* (Cfr. vol. V. p. 616 ss) *Prognosticum* in annum 1605, cujus dedicatio data est mense Octobri 1604, annum editionis prae se fert 1605.

Keplerus hoc anno cum amicis haec per literas egit. Herwartus Novembri anni 1604 Keplero nunciaverat, Opticam se delaturum esse ad ducem Bavariae et episcopum Salisburgensem, addens: „Es ist aber einmal an dem, dass nit allein vnser gnädigster Fürst vnd Herr, sondern auch sonst niemand dieser Orten; der sich mit dergleichen studiis delectierte. So kauft man der Zeit vnd schon von vielen Jahren her nichts in die fürstliche Bibliothek. Trotzdem möchte der Herr 1 oder 2 Exemplare dem Durchl. Herzog Maximilian in Bayrn einschliessen vnd praesentirn. Ich will es in allweg selbs praesentirn vnd den Vervolg berichten. Dem Herrn Erzbischoff von Salzburg, wie auch dem Herrn Philipp Ed. Fugger, tanquam Matheseos peritis solte der Herr auch Exemplaria mit Missiv vnd Sendschreiben verschlossen vberschickhen vnd sich gegen Inen in optima forma zuerbietten vnd respective zu offeriren vnd bevehlen.“ Keplerus misit Herwarto quatuor exemplaria libri (Dec. 1604) eaque accepta refert Herwartus d. 22. Jan. 1605: dessen Schreiben samt Buch hab ich seiner Fürstl. Durchlaucht samt mundirter Supplikation vnterthänig praesentirt. Die haben es gern vernommen, in dem Buch gelesen vnd nach etlich Tagen bevohlen, dem Herrn 12 fl. zuzuordnen..... Bitte der Herr wölle mich berichten, weil Er selbsten einen mathematicum bey vnd vnter Ime hat, ob ich nicht möchte etliche calculos eclipsium ex Tabulis Prutenicis bekommen. Ich wolte gern vmb einen jeden calculum ein benandtes verehren. Schliesslich bin ich mit Verlangen erwartend, wie es der Herr mit der theoria Martis, quam omnes a te expectamus et optamus, machen werde etc. Keplerus respondit d. 10. Februarii praemissa gratiarum actione pro transmissis „6 ducatis“ et correctione libelli supplicis: ... Quod calculum attinet eclipsium, quo minus in praesens meam ipsius operam M. T. ultro offeram, nemo me te ipso excusabit rectius, qui de Marte tam diligenter ex me quaeris. Studiosus quo sum usus me deseruit*) et vere quidem instar manus habet,

*) Tychone mortuo Pragae aliquamdiu remanserunt Tychonis quondam „studiosi“ Ambrosius Rhodius, Matthias Seiffardus et Joannes Ericksen, adjuvantes Keplerum in edendis „Progymnasmatibus“; Ericksen etiam, anno 1602. Pragam reversus, et Seiffardus adfuerunt

quae quoad corpori adhaeret est utilissima, resecta moritur. Sic de ipso nil possem polliceri, nisi mecum sit. Proposui ipsi legendas M. T. literas; promta videtur esse voluntate, metuo ut suo more temerarius M. T. fiducia sese in iter conjiciat. Jam pridem enim abiturit.

Commentaria de motibus Martis et una tabulas computandi hunc planetam facillimas, sed prolixas, Natalitiis tradidi Caesari, sed non plane descripta, et capita quaedam desunt adhuc, quae paulatim pertexo. Capita sunt jam 51. Explico omnes meos conatus, ut tanto melius constet, cur hanc potissimum viam iverim. Multus sum in causis physicis indagandis. Scopus meus hic est, ut coelestem machinam dicam non esse instar divini animalis, sed instar horologii, ut in qua pene omnis motuum varietas ab una simplicissima vi magnetica corporali, uti in horologio motus omnes a simplicissimo pondere. . . . . . Ceterum edere sine consensu Tengnaglii non possum: audiit nempe M. Tua forsan ex D. Pistorio de nostra conventione et obligatione mutua. Qui si difficilis est futurus, exemplaria scriptis communicabo (ne opus morte destituam), si quis sumtus in descriptionibus est collocaturus. Verum et hoc reticendum, ne forsan et hic se opponere velit. In physica parte astronomica directe pugnant cum Tychonica forma, et nolim ipsum censorem ferre Tengnaglium, atque aliquid publice dicere, quod privatim aliter sentirem.

Quaeris de reliqua mea fortuna. Mediocris est. Caesar praeter omnem meam spem ob dedicationem libri (Opticae) nuncupavit 100 thaleros. Sed et hi et alii 400 floreni ex superiori anno sunt apud quaestorem. Carissime hic vivitur. Et prole auctus sum, quae sumtuosa res est. Si credenda sunt, quae Nuncius Apostolicus mihi dixit, gratulaberis Tengnaglio, quod Catholicus sit factus. Est praeterea confirmatus in officio appellationum consiliarii. Haec omnia fiduciam mihi addunt, fore ut astronomia in meos humeros remissa nihil me velit impedire in meis editionibus.

Die 28. Martii Keplerus Herwarto pluribus explicat hypothesin Copernicanam et quaestionem de Luna, meridici tempore prope Solem visa (II. 85 ss.), ad quam redit literis d. 27. Aprilis datis (II. 93), haec praemittens: Laurentii scriptum, ita ut petisti remitto. Nam etsi quidem Italicae linguae peritiam non magnam habeo, satis tamen quid velit percepi. Excutient ista Itali et tempus operamque sument exagitandi ejus errores crassissimos etc. In libro de *Stella nova* (II. 670) Keplerus hos errores gravissime increpat et postea librum Politiani, „de numero, ordine et motu coelorum" (ed. 1606) pluribus taxat (II. 825 ss.).

Herwartus mensibus Augusto, Novembri et Decembri anni 1605 plures movit quaestiones, ad quas Keplerus die demum 13. Jan. 1606 respondit, his se excusans quod jam demum respondeat: Literas tuas 6. Augusti scriptas legi 27. Sept., cum praecedente nocte demum e Styria revertissem. . . . . In gratiam M. T. quaestionem antiquam (loci Lucani. IV. 90) calculo subduxi. Hic calculus huc usque me detinuit, quo minus responderem. Hanc enim epistolam Octobri mense scribere coepi. Successit eclipsis Solis observatio, finita observatione successit

---

observationibus Kepleri. Anno 1604 et initio anni 1605 Joannes Schulerus officio „amanuensis" Kepleri fungebatur. Mense Martio 1605 nunciat Keplerus Herwarto: „De adjutore docto ex Altorfio spes accepi bonas; quem si obtinuero, pro viribus consuletur tuis eclipsibus."

In bibliotheca Basiliensi hanc deprehendimus Kepleri epistolam:

S. P. D. Accepi literas tuas, Molinari suavissime, easque geminas; alteras cum exemplari Ungarici lexici, quod mihi est gratum ob auctorem, etsi optarim, te id in meliorem tuum usum convertisse. Sed dummodo ad tuos usus tibi alia suppetant

alius labor conscribendi programma de eclipsi et observatione, cujus exemplaria duo tradidi agenti Bavarico. Multa occupatio in typographia, neque enim hic fervent officinae. Crede mihi, quatuordecim dies dilatus sum. Interim quotidie mihi eundum fuit ad Palatinum, qui me honorifice habuit et donavit. Eo discedente nova successit occupatio commendandi exemplaria legatis et procuratoribus principum magna temporis jactura. Interim feriae appropinquantes admonuerunt me de Calendario deque Ephemeride Solis, Lunae Martisque concinnanda. Simul bini dies ex singulis septimanis dandi literis in Styriam amandandis, quia negotia imperfecta relinquenda fuerunt. Neque immunis fui ab extraordinariis ministeriis Caesari praestandis, quorum causa crebro in arcem fuit eundum. Cum jam defunctus esse omni labore viderer (de salario extorquendo nihil dicam), ecce Coloniensem Electorem, qui me per octiduum amplius exercuit in quaestione mathematica (V. 616) donataque aurea sua imagine cum poculo trium marcarum necessitatem mihi imposuit, identidem officii causa comparendi. Habes excursum, quid me, sexcenties ad calculum expediendum considentem, subinde revocaverit causamque praebuerit responsum tantisper differendi, cum erubescerem sine perfecto calculo respondere .... Respondi ad literas 6. Aug. et 1. Dec., quas praecesserunt 21. Novembris prodromi, quibus indicabatur, me has literas 1. Dec. scriptas a D. Wenzin accepturum. Is vero Noribergae ab Electore discesserat, nec interea huc rediit. — Primum atque de Electoris (Coloniensis) praesentia didici, librum Opticorum Tuis excitatus literis obtuli invenique Electorem paratum ad me ultro accersendum etc. Quartae secutae literae 13. Dec. scriptae, quas ego vix lectas inter eundum, detractione chirothecae cui condideram,

---

pergratum habebo. Gratias tibi ago de procurato meo negotio: id sic recte habet. Cum Suendero enim videbatur mihi nimia properatio et poenitudine ductus retinui literas; de hoc vero Odontio in magnas spes erectus sum negotii cum utriusque emolumento et academiae vestrae honori conficiendi. Leges ipse, quae ad ipsum scripsi. Exemplaria tua cetera sunt curata, puto te responsum accepisse. Salutes inter notos tuo voto divisi, quae gratae fuerunt eandemque tibi renunciare jussus sum.

Omnia vestra Wackerius vultu cognomine suscepit, rectiore nempe quam δυαδα, sed tamen et digna judicavit, in quae insurgeret contrariis versibus et suggillationibus poëticis. Haydones hic metuo ut meo dicterio rectissime habituri fuerint, si primo quoque tempore essent oppressi. Nam Caesar in ipsos se parat et dissentiunt invicem. Et Boczkayum cum pecunia deseruit autoritas ut ferunt, et capitaneos suos ipse interficit. Etiam de Walachiae Wayvoda Radullo narrabatur, quod arcem ipsius occuparit 4 miliaribus a Warradino, Petzumque liberarit. Deus piorum rationem habeat in his turbis. Vale et me ama atque bonis viris commenda. 13. Febr. 1605. T. A.

Officiosus

J. Keplerus.

P. S. Cum Doctore Hoer locutus ipse. Cupit se conveniri et ab Odontio et ab ejus commendatore, liberalissime est pollicitus, puto jam esse in itinere domum versus. Ergo quod estis facturi statim aggredimini, ne domi illum non inveniatis. Etiam Tengnaglius cupit sibi adesse aliquem in arte nostra excellentem, pollicetur salarium honestissimum, splendidius fortasse, quam professoris alicujus.

(Inscr.: Doctrina et pietate praestanti viro D. Alberto Molnar Ungaro, literarum studiis in academia Altorfiana operanti. D° et amico meo colendo.)

Adjutor hic, Joannes Odontius, paulo post advenit, cum d. 18. Julii 1605 Keplero, Gratii versanti, nunciaverit de literis, quae interim advenerant Pragam. Is per annum 1605 ad describenda et partim calculanda Martis commentaria adhibitus anno 1606 abiit (d. 16. Nov. 1606 scripsit Keplerus: „truncum nodosum [Odontium], quo utebar concessu Noribergensium, remisi academiae suae Altorfianae"). Anno 1607 usus est Keplerus opera Victorini Eichleri, filii pastoris Goerlicensis, et Seiffardi 1609, 1612 Benj. Ursinus, 1617 s. Janus Gringalletus „egregiam praestabant operam."

aliud agens et cum aliis colloquens, amisi. Hoc retineo, quaesisse te perquam amanter et honorifice de meis studiis. Ego vero, ex quo ad M. T. ultimo scripsi, nihil praestiti. Nam per tres menses abfui in Styria, ubi singularem D. Casalii benevolentiam expertus sum, quam tibi ascribo acceptamque fero. Jam accingo me ad descriptionem stellae novae et quia mihi res est futura cum philosophis, de fato, fortuna, casu, dum expendo mirabilem concursum conjunctionis magnae et stellae, ideo coepi legere Augustinum *de Civitate Dei.*

Theoria Martis exspectat aliquem, qui sumtus in opus conferat. D. Pistorius in spem me erexit, nuncupata Caesari summa octingentorum, qua opus habeam, quae spes utinam mihi non damnosa et temporis jactura fiat. Quodsi etiam pecunia in promtu sit, prius mihi Tengnaglii consensus erit impetrandus, cui obstrictus sum. Ad *Hipparchum* igitur meum sum propensior. In Saturno puto jam prope peractam rem. In Jove parva difficultas. Veneris epicyclus (mihi eccentricus) moderatam habet eccentricitatem. In Mercurio aliquid tentare cogito: eo succedente jam Ephemerida in sequentem annum animo concepi, Deo vires et otium largiente. Laboravi in Hespero nonnihil ex quo redii, sic et in Luna, ubi novas cudi tabulas, ut Luna ceteris fiat similis. Ex iis jam est facta Ephemeris opera studiosi. Saturni et Veneris tabulas prosthaphaereseon orbis annui generales inchoavi ante discessum intereaque dum absum per studiosum pene perfeci. In Lunae motibus ad causas physicas referendis multum sudo. Est enim Luna dissimilis Marti in ea re, quod duas habet inaequalitates reales, Mars unam solum realem, reliquam opticam ex orbe annuo. Sed tamen et hic magis nuper in una hora perfeci, quam quinque praecedentibus annis. Exspecto tamen, ut consentientia sibi mutuo deprehendam. — Habes abunde satis verborum. Vale etc.

Maestlino Keplerus respondit ad literas, quas supra (p. 763) proposuimus, d. 5. Martii 1605: Quanto me gaudio tuae affecerint literae, Praeceptor colende, tute ipse aestima, qui toties pulsatus meis importunis literis tandem respondisti. Ordiar autem responsum meum a refutatione tuae εὐσχημονιας. Gradus et honorum eminentia penes me nulla est, vivo in theatro orbis privatus; si quid de meo salario ex aula extorqueo, laetor me non in solidum de meo vivere. De cetero sic me comparo, ac si non Caesari sed generi humano posterisque serviam, qua fiducia et gradus et eminentias omnes cum ipsis, si opus est, auctoribus occulto supercilio contemno; mihi hunc unum ob oculos honorem pono, quod divina dispositione ad observationes Tychonis promotus sum.

Eclipsium observationes qualesquales videre tamen gestio, saltem quantitates obscurationis maximae..... Jam in tuo aere sum, qui senatui debitum (Optices) exemplar instruxisti ut par fuit. Rogo moram exiguam feras, satisfaciam tibi per meam matrem, quae hic eo nomine habet literas, ut mittat, quod et Besoldo reponas.

De Martis motu scribam clarius...... Distantiae a Sole non ut in circulo perfecto, sed ut in ovali, cujus tandem post infinitos labores descriptio inventa est..... Hoc jam opus, hic labor fuit, reducere duas falsas hypotheses in unam veram, ubi verti me in mille formas, quarum aliquas forte in superioribus perscripsi. Nec aliter fieri potuit, nisi naturalibus causis investigatis..... Saepius jam usu venit, ut triumpharem ante victoriam, quod deprehendi, ubi ad plures observationes veni. Nunc tandem, si quae tentaverim, quae excesserint, quae defecerint, quomodo haec novissima ratio in mediocritate illorum versetur, perpendo, spero denique debellatum esse.

Quae insunt his Kepleri literis gravioribus, quibus propius adit ad speculationes suas, leguntur vol. III. p. 56 ss.; sub finem petit a Maestlino, ut calculum anomaliarum planetarum in se suscipiat: „spero, inquit, quidquid laboris hoc erit, compensari posse“. Maestlinus vero iterum obmutuit; anno demum 1610. proximae ejus occurrunt literae.

Matthias Hafenrefferus initio anni 1605 Tubinga haec dedit Keplero: „Vidi et legi cogitationes tuas de stella nova, quae multo mihi jucundissimae fuere, quod cum mea Epiphanias concione in puncto difficultatis dividendi examussim congruebant (cfr. vol. I. p. 475). Proximis insecutis diebus vidi incluto scholae senatui offerri exemplar Paralipomenon in Vitellionem et simul audivi literas recitari ea de causa exaratas (v. s. p. 759). Ad illas quidem gratam senatus voluntatem declaraturus D. Rector respondebit etc. (Vide vol. II. p. 34, ubi etiam deprehendes Besoldi literas itidem de Optica agentes.)

Anno 1604 adiisse Keplerum medicum Kaufburnensem Jo. G. Brenggerum, adjuncto forte opere de Optica, ex his Brenggeri verbis elucet: . . . . . „Amicus meus M. Prechlerus humanitatem tuam adeo praedicavit, ut decreverim, tandem aliquid ad te dare. Sed ecce optato nunc advolant literae tuae, quae quo minus a me exspectatae eo gratiores mihi obtigerunt. Video, te libere philosophari et rerum naturalium causas ex ipsis rationis fontibus potius, quam ex priscorum philosophorum rivulis, nonnunquam turbidis, haurire constituisse etc.“ Pluribus jam agit Brenggerus de opticis, de loco imaginis per reflexionem apparentis, de speculis planis, convexis et concavis, de refractionibus (Batavorum observationem explicare studet), de luce, crepusculis, aëris pondere, de stella nova etc. (Literae datae sunt d. 10. Jan. 1605 et integrae, sicut Kepleri responsio, d. d. 17. Januarii, leguntur vol. II. a pag. 37 ad 60.) Ex hac Kepleri responsione haec tantum hic repetenda censuimus, quibus initium fecit literarum: Plurimum me delectarunt tuae literae, cum propter alia multa, tum maxime quod libertatem in philosopho tantopere commendas. Nihil poteras magis ad meam sententiam exprimendam, nam contra adversarios hujus instituti ne disputandum quidem censeo. Sed et necessaria est moderatio a te dicta, ne liberi esse velint, quos natura servos creavit, neu libertas juste arrepta rebellionis convincatur; est modus in rebus, nec raro usu venit, ut intemperantia festinandi existimationem nostram prostituat. Expertus loquor, multa mussitavi mecum diutissime contra antiquitatem, quae postquam denique vel serio a me sub rationis calculos vocata fuere, vel tempore maturuere, deprehensa sunt verissima. Atque id passim in meo opere, praecipue sub finem, sum ultro fassus (II. 381). Vitium sane mihi agnatum et celeritati ratiocinandi comes individuus. In sententiis quidem veterum taxandis nihildum invenio a me peccatum in Optica, sed tamen deest sufficiens veterum lectio.

Mense Februario scripsit Anglus Christophorus Heydonus ad Keplerum, maximis illum laudibus ornans, quaerit de nova stella, de Lunae theoria Tychonica et astrologia, simul verba facit de „theoria Martis“, quam „numeris suis absolutam“ propediem pollicitus sit Keplerus. Responsio Kepleri (de rebus astrologicis) exstat vol. I. p. 369 ss. De Tychonis observationibus etc. haec respondit. Non diffiteor me Tychone mortuo, haeredibus vel absentibus vel parum peritis, observationum relictarum tutelam mihi confidenter et forsan arroganter usurpasse, adversis haeredum voluntatibus, non obscura tamen jussione imperatoris, qui cum curam instrumentorum mihi demandasset, ego, late accepto mandato, observationes potissimum recepi curandas. Multae ex eo controversiae me inter et haeredes, dum ego publicum commodum respicio, ipsis de privato suo a

Caesare lente admodum satisfieret. Tandem puduit belli, cui adhaerebat calumnia spoliationis, itaque iniqua pactione, ne quid meo labore inde concinnatum citra consensum haeredum ederem, tandem rem eo adduxi, ut observationum mihi copia secundis ipsorum voluntatibus relinqueretur. Ex eo itaque patrocinium lucubrationum Tychonis mihi non arrogo, sed id lubens humeris Fr. Gansneb dicti Tengnagl remitto. Quae quisque effecerit, tempus ostendet. Quod itaque pollicitus sum commentaria de motibus Martis, id factum ante pactiones nostras; jam eo res deducta, ut nisi ipse assensum, Caesar sumtus praebuerit, edi non possint. .... Ut fundamenta restitutae theoriae lunaris edam, meum non est, sed haeredum, quos ut faciant monere non desisto; spem in propinquo nullam video. .... Quod fixas attinet, exstat apud haeredes opus 1000 fixarum. Haeredum arbitrium est illud edere. — De stella nova edidi tumultuaria opera breve scriptum germanicum; in latino adornando pleniori lente progredior. (Dies qua haec scripta sunt deest.)

In annotatione (p. 766) diximus, Odontium Keplero in Styriam profecto scripsisse; refert, accepisse se Moguntia literas Nicolai Serarii, et quaerit, quid respondendum sit. His addit: „Quod attinet supplicis libelli tui tradendi rationem, eam ex praescripto Domini secutus fui, quod tradi illum oporteret domino janitori Schoenfeld, qui post una convenientibus D. Barwitio et Jacobo de Morlar tuo nomine supplex offerret, quem tamen a me accipere recusabat, superaddens, mearum esse partium, praesens ipse ut dictis dominis illum offerrem, quem etiam tertio post die a tuo a nobis hinc commeatu offerre mihi licebat. Post multas ex Barwitio meas percontationes aut sollicitationes de libelli tui sententia, hoc demum responso, nimis re vera moroso, a dicto viro dimissus fui: Dominus tuus libellum supplicem dirigat ad S. Caes. Majestatem."

Keplerus in responsione sua (d. Gratii Styriae nonis Augusti) libellum hunc supplicem non attingit, sed Odontium instruit, quid Serario sit respondendum. Velim ut Serarius hoc resciscat, D. Pistorium eo loco mihi a Caesare constitutum, ut temporis rationem ipsi debeam, quo nomine celare ipsum nihil posse de meae professionis studiis, seu publicum id sit seu privatum. (Cfr. vol. III. p. 444.) Commentaria mea de motibus Martis eo loco sunt, ut primum atque vel Tengnaglius concesserit vel Caesar jusserit, pecunia suppeditata, dum imprimuntur limari et absolvi possint. Tychonis alii tomi epistolarum prodire possent, si id haeredibus placeret etc.

Quae Keplerus hoc anno cum Fabricio per literas egit, supra p. 762 retulimus, iisque addimus, Keplerum scriptum Fabricii de nova stella vertisse in „maternam linguam" (II. 600). A. Rhodius d. 3. Sept. gratias agit Keplero pro „tam gratis quam jucundis proximis ejus literis", sic Wenzeslaus Budowitz a Budowa pro literis, „quibus adeo amice et humaniter judicium de parheliis mecum communicas".

1606. Studia occurrunt hoc anno chronologica, de Luna, de cometis. De Calendariis scripserat (a. 1605) Rhodius: „Bibliopola Helwigius intellexit de tuis Calendariis, quae ad singulos annos a te conficiuntur. Rogat ut per te ipse fiat particeps privilegii ista imprimendi." Posthac refert, respondens ad Kepleri literas deperditas: „Quae per typographum a me expediri voluisti, hoc modo sunt expedita, ut ille totus consentiat in tuum propositum, nisi quod mallet pretium aestimari ex distractionis exemplarium velocitate vel tarditate. Honestum a te nominatum non recusabit praemium, modo ut videat, se inde non plus damni quam lucri sperare cogi. Etiam concedit, ut priores pagellae imprimantur Pragae. Tu quid fieri velis videbis." Intermissum videtur hoc negotium, cum posteriore tempore Rhodius rem non amplius tetigerit. — Absolutus est liber *De Stella Nova* et appendix *Silva Chronologica.*

Primum hoc anno Keplerus in literis ad Maestlinum d. 31. Martii datis mentionem facit sororis (nat. anno 1584), quae posthac pastori Bindero nupsit, scribens: Causa mihi nuncii mittendi talis est, in qua plurimum a te juvari potero. Ambire dicitur Jacobi Kienlini, qui in forensi platea habitat, affinis mei nepos ex fratre sororem meam Margaretham, quae Pragae mecum fuit ante biennium. Patre meo amisso nemo sororem meam propius attinet, et si quid in praejudicium meum pepigit mater mea, quam audio nuper Tubingae fuisse, id quantisper citra sororis assensum factum est, ratum non habeo. At ut consilio et auctoritate sororis negotium agam utiliter, quia notitia hominis ipse careo, cogor eam a fautoribus meis teque imprimis petere. Non possum precibus contendere vehementius, quam a te contendo, ut hominis fortunam, famam animique qualitates, quatenus futurum existimas utile sorori meae, mihi aperias, aut quantum ipse non potes, ab amicis commode potes tuumque, fautor optime, consilium adjungas. Quae omnia uti non opinor aliqua cum molestia vel periculo scribi, ita insuper sancte promitto, me clam habiturum. Opinor autem, tibi notam esse meam integritatem, et vides, nihil me curiose, nihil praeter utilitatem sororis meae quaerere. Nuncius exspectabit responsum. Vale Praeceptor charissime. Pragae. Excell. Tuae gratissimus discipulus J. Kepler. — Maestlinus, uti consueverat hoc tempore, nil respondit, quod, ut scribit Keplerus, ingratam et periculosam dices materiam responsi futuram fuisse. Age, te libero hac molestia, forsan enim jam porro necesse non est.*) At illud peto, ut respondeas de eclipsi Solis et si vis de aliis, quae olim petebam. Aut sume materiam ex Opticis meis. . . . . Jam agam tecum negotium privatum. ♄, ♃, ♂ absoluti sunt, restant duo. Moles mihi tabularum incumbit uni; salarium impeditum est. Nuper tamen vinculo ordinantiae sum ad aulam adstrictus, rebus pereuntibus et navi scopulis imminente, omnibus ad enatandum discinctis. In hac colluvie indigeo studiosis. Rogo H. T. ut privatim et si fieri potest clam agat cum aliquibus stipendiarils, quos idoneos fore putas et agilibus ingeniis praeditos; nil refert, etsi nihil aut parum in mathesi profecerint, solam desidero cupiditatem discendi. Si de tali mihi constet ejusque manum viderem, adirem per literas aulam Principis Württenbergici, rogans ut eum iis sumtibus, qui in ipsum impenduntur Tubingae, apud me vivere pateretur. Insolens, sed promissionem habeo a magno quodam consiliario. Sed cupio prius de certa quadam persona ejusque qualitatibus esse certus, quam res palam fiat. Spero ea te humanitate esse, ut ad hoc saltem punctum censeas respondendum. Vale. 10. Jun. 1606. Cum Maestlinus non rescriberet, Keplerus quoque obmutuit; proxima ipsius ad Maestlinum data, quae superest, epistola, scripta est anno 1613.

Librum de Stella Nova hoc anno editum esse supra diximus. In epistola dedicatoria ad Imperatorem Rudolphum (data „pridie Nonas Septembres") haec de

*) Besoldi quoque auxilium petiisse Keplerum in re matrimoniali sororis, ex hac Besoldi responsione apparet: . . . . Quod cum testimonio certiori una consilium in re tam ardua a me expetis, pro amicitia magis nostra quam prudentia facis, ac ita, quae imprudenter forsan superaddam, ut a candido et optimo profecta animo habe, ac scias, me alutarium illum, qui sororem tuam in matrimonium amat, non intus nec prorsus nisi de facie noscere. Ea pro aetate, quae opportunissima, sat superque elegans, statura procera, corpus vegetum, sed lepos (ut parum elegans formarum sum spectator) in gestu aliquantum deficit, estque nimis ridiculorum morum. Animum haec agrestiorem paulo notare, non est quod te physiognomum moneam. Fortunae, ut puto, tenues, sed ampliores acquirendi ut quidem occasio, ita propter inertiam spes est non ita ampla. Nolim tamen id temere credas, nec enim inspecta et mihimet comperta enuncio, sed ex relatu uxoris meae dico. —

editione legimus: ..... Potui, quod res est, recensere, stellae finem non ante Februarium hujus anni certum fuisse, quaeque prima hujus libelli parte de ea scripta et disputata sunt astronomice, physice, metaphysice, ea sic in parato fuisse, ut praeteritis vernalibus nundinis Francofurtensibus prodire potuerint, nisi me spes adventuri typographi fefellisset. De significationibus vero, quas altera parte complexus huc usque traxi, scribere, rem esse taediosam, perplexam multisque curis et anxietatibus exercitam, ut animus, demonstrationibus geometricis assuetus, considerata fundamentorum vitiositate, diutissime instar jumenti pertinacis restitet, donec plagis et verborum probris adactus pedem in hac lacuna ponat etc.

Maximiliano, Austriae Archiduci, librum offerens scribit: Moras libellus ipse excusat. Stella num exstincta sit, non ante Martium hujus anni sciri potuit. Ex eo ad nundinas vernales angustius fuit spatium, quam ut totum libellum perficere possem. Aestas vero haec quae non exhibuit impedimenta? Itaque vix ad Idus Septembres archetypum perfeci et Francofurtum commendavi tandemque ante triduum exemplaria impressa nactus fui.

Libellos quos Keplerus libro de Stella Nova subjunxit: *De Stella in Cygno Narratio Astronomica* et *De Jesu Christi Vero Anno Natalitio*, inscripsit priorem L. Baroni J. F. Hoffmanno, posteriorem Joanni Barwitio „Imp. Rudolpho a consiliis aulicis et secretis intimis".

In epistola dedicatoria ad Hoffmannum data (non adscripto die) haec ilii Keplerus in memoriam revocat: Quartus hic annus est, ex quo primum ad nos Pragam fama novae stellae in Cygno exortae pervenit (cfr. vol. II. p. 751). Erat tunc recens nobis dolor ex acerbo funere Tychonis Brahei, quem cum alia multa, tum hoc quoque reddebat acerbissimum, quod ab illo tempore pretiosissima illa supellex instrumentorum astronomicorum, quae Braheus in Bohemiam intulerat, quodam inextricabili fato claustris et obicibus positis delitescebat in tenebris. Itaque cum eorum usus esset mihi interclusus, tua tamen liberalitate paulo ante provisum erat meae inopiae. Nimirum praevideras jam ante divino quodam instinctu, quorsum res astronomicae, hoc magistro destitutae, olim vergerent: itaque vivo etiamnum Braheo et vix annum in Bohemia versato, partem curarum ultro in te transtulisti; denique quadrantem azimuthalem et sextantem, ex ferro hunc, illum ex orichalco, tuis sumtibus ad imaginem Braheanorum conformatos nonnullo sumtu comparasti; quae instrumenta Braheo mortuo paulo prius quam de stella audissemus meis usibus abs G. Tua permissa possidebam.

Quae itaque in hac stella hisce tuis instrumentis observaveram quaeque de ea dicenda essent astronomo, illo anno perscripta et paucis aliquibus communicata, cogitabam edere Tuoque Nomini dedicare, quam promissionem meministi me coram facere. .... Quid causae vero fuit, cur id quod erat destinatum intermitteretur? Finem exspectare volebam novi phaenomeni intereaque ad praecipuos mathematicos scripsi, collecturus eorum suffragia. Cum autem neque stella exstingueretur, nec ea promtitudine responderent mathematici quam sperabam, tempus interea lapsum est, donec post biennium et amplius ingens illa nova stella effulgeret in pede Serpentarii; cujus miraculi magnitudo cum luculentam aliquam disputationem poscere videretur, aequum videbatur, ut parva Cygni stella, novitatis non adeo confessae, sicuti claritate cedebat nuperae illi in Serpentario, sic locum etiam ei primum in libro concederet.

Etsi igitur hunc in modum jejuna facta est haec scriptio et pene indigna, quae peculiari inscriptione a libro reliquo separaretur, tamen neque Tua in me merita sunt viliora reddita, postquam jam aliquot annos mihi laetissime fructificant, neque verbum a me dictum revocari indictumque fieri potest multoque minus infectum vanescere debet. Accipe igitur a me hanc meae in Te justissimae voluntatis significationem etc.

Barwitio haec refert Keplerus (VIII. Id. Sept. 1606): Cum superiori aestate in Styriam profectus essem domestici negotii causa, bono quodam studiorum meorum fato accidit, ut venalem Graetii invenirem libellum Laurentii Suslygae Poloni, cui titulum fecit: De Anno ortus et mortis Domini. Cujus libri argumento mirifice delectatus coepi de eo ad meum libellum de Nova Stella Serpentarii, quem tunc meditabar, accommodando cogitare. . . . . Cum igitur descriptionem ipsam Stellae, ex officio scriptam, Suae Caes. Majestati ut debui dedicaverim, hanc unicae hujus circumstantiae temporariae, quoto anno Christi fulserit nostra stella, elucidationem, in illo meo otio Styriaco scriptam, cui potius offeram, quam Ill. Dom. Tuae, ut, sicut illic Suae Majestati officii mei, sic hic otii per Te mihi procurati rationem Tibi reddam? Accedunt Ill. D. Tuae merita cum in artes omnes et potissimum in astronomiam Braheanam, tum vero et in earum cultores meque adeo ipsum, ut quorum patrocinium in hac Augusta Aula sic suscepisti, ut hanc palmam cedas nemini. Atque utinam aliquid a me proficisci possit, quod Tibi tantum pariat voluptatis, quantum ex hac Tua tutela ego sensi utilitatis hactenus. —

Jesuitae Moguntiaci a Pistorio epistolam Kepleri ad Scaligerum (IV. 94) datam anno 1605 legendam acceperunt eamque typis excudendam sibi proposuerunt. Keplerus ad quaestionem Jesuitae Serarii respondit, privatim se ad Scaligerum scripsisse, itaque rogare, siquidem omnino constitutum habeat edere epistolam, ut id Scaligero significet et responsum ab ipso petat, quod epistolae suae subjungatur. Scaligero vero scribit Keplerus, nuncians ilii Serarii propositum: Rescripsi ne faceret, neque enim noveram hominem, neque privata publicis misceri volui. Non abstinuit tamen, quin meo nomine in nuperis nundinis uteretur. Haec igitur ad te, ut scires, me inscio factà, et ne qua remora esset in impetrando abs te negotio, quod hac epistola ago publice, qua lecta quid velim scies etc. Epistola quam dicit Keplerus, data est Octobri anni 1607 et exstat l. c. p. 102 ss. Initium facit petendo, ne sinistre de se Scaliger suspicari incipiat ob „importunam mentionem epistolae ad te scriptae, quam Serarius me inscio nactus est". Ceterum occasionem hanc suum in usum vertit, inde ab eo tempore per complures annos cum Jesuitis Moguntiacis, praecipue Joanne Zieglero, de rebus chronologicis (IV. 111 ss.) et astronomicis (II. 828. VII. 9) conversatus. Zieglerus refert de observationibus eclipsium, de cometis, Romam ad Clavium literas dat, ut Keplerum adjuvet in colligendis piurium eclipsium observationibus. (Occurrit in epistola Ziegleri mira sane Clavii confessio: „de Tychone non possum dicere meam sententiam, cum ejus opera non viderim.") Monenti Zieglero „ne patiaris, exspectando mathematicorum ex orbe Christiano responsa de solari hoc deliquio (v. s. p. 764), Hipparchum tuum diutius publico carere", respondit Keplerus (14. Febr. 1606): Hipparchum meum aequum est quam limatissimum prodire, ne honestissimum titulum paulo callidius et arrogantius susceptum foedet. Simul profitetur se a partibus Copernici stare: Copernicanus totus sum, cum ob concinnitatem positus orbium et Solis φιλοσοφικωτατην, nihil contra proficiente Aristotele libro II. de Coelo, quo loco Aristarchum ex professo refutare nititur sub Pythagoraeorum nomine, tum etiam ob Mysterium Cosmographicum, anno 96. editum, et corpora regularia inter orbes. Ita nihil me parallaxes ignoratae suspensum tenent. . . . Hisce vale, venerabilis vir, meque et has artes ama, majus meo judicio facturus operae pretium in iis, quam in litigiis, nostro aevo tritissimis, quos animi morbos Deus O. M. sanct misericorditer.

Mense Octobri misit Keplero Samuel Hafenrefferus (filius Matthiae, theologi Tubingensis) Maestlini *theses de inaequalitatibus motuum coelestium*, judicium Kepleri sibi expetens de singulis thesibus, praecipue de illa, quae agit de Copernici aliorumque astronomorum hypothesibus de mundo, „quod Maestlinus occasione hujus theseos in gravissimum inciderit bellum cum professoribus“, sine dubio theologis. („Maestlinus“, dicit Hafenrefferus, „a Copernici hypothesibus declinare non vult etc.“ Cfr. introductionem nostram in hist. astr. p. 651.)

Keplerus respondit d. 16. Novembris: Etsi sum occupatissimus, quippe Pragam vix reversus e secessu, pestis causa, jamque eodem reversurus ad familiam*), mira tamen vis consuetarum illecebrarum otium mihi scribendi fecit.... Jam inquirit theses quatuor priores (cfr. vol. II. p. 836) et partem studiorum suorum in planetis recensens addit: Pro adjumento calculi ellipsis adhibetur loco circuli. Nam iter planetae habet figuram ellipsis, non circuli. Neque arcus ellipsis, sed planum ejus computandum. Nam in plano insunt distantiae omnium arcus punctorum, distantiae vero metiuntur vigorem motus seu tempora. Haec impossibilia olim visa, jam per Dei gratiam mihi sunt tritissima, demonstratissima, per tabulas etiam expressa..... In sola Luna haeret mihi aqua. Jam in eo sum, ut typis dem Commentaria de Marte. Ingenioso et industrio adjutore, qui nec descriptionem nonnullorum, nec figurarum delineationem, nec calculum omnifarium, nec correcturam detrectet opus habeo, et qui delectetur comprehensione demonstrationum, quod est unicum δελεαρ κακων. Malo meo fato fit ut legati Wirtembergici Dresdae sint tam diu; jam pridem enim obtinuissem a principe alumnum, qui sumtibus principis mecum esset.

Joannes Papius de Optica Kepleri scribit: „Utinam tam esset perspicua, quam est ingeniosa et subtilis. Mihi per omnem meam vitam nihil tam difficile oblatum est in ulla mathematica, fere dixerim in ulla disciplina philosophica. Des itaque aliquid bonarum horarum amico tuo veteri, jam fere senescenti, meosque mihi scrupulos sic eripe, ut mentem tuam ex verbis claris cognoscam. Nulla fere tua est propositio, de qua non ambigam et dubitem etc.“ Haec ex epistola d. d. 4. Martii desumta sequebantur literae, quibus ad Kepleri literas respondit Papius (1. Sept.), dicens: „Agnosco sane et grata mente agnosco, te primum et solum nobis medicis et philosophis veram videndi rationem commonstrasse; et mitto duobus tuis liberis cuique ducatum, διδακτρον non sane labore tuo, quem in me erudiendo suscepisti, dignum..... Post responsum tuum me philosophice regeneratum esse puto.“

Praeter haec hoc anno Keplerus per literas conversatus est cum Thoma Harrioto de rebus opticis (II. 67 ss.), cum Michaele Coigneto de horologio quodam singulari, quod Hayus Andowerpiensis e soc. Jesu in libello (argumento historico) promittat, „cujus ex umbra improvidus aliquis persuaderi possit, Solem ante meridiem abire a meridiano, post ad eundem accedere“. Haec igitur scripsit Keplerus: Quo super negotio cum non ita pridem S. C. M. consiliarius aulae imperialis

*) Die 18. Oct. scribit Keplerus: „Quia pestis non abit, abeo ego Praga cum familia, jam enim Caesar abiit.“ Coloniae ad Albim in Bohemia aliquantum temporis morabatur, initio Novembris solus Pragam reversus est, „brevi rediturus Brundusium ad familiam. Coloniae coepi Mercurii hypothesin attentare ex meteoris. Ludicrum suavissimum et gloriosissimum si pervicissem. Sed destiti, vocatus a Caesare Brundusium.“

Jo. Matthaeus Wagherius a Wackhenfels ex me sententiam meam quaesivisset atque ego negarem, in hoc genere curam hucusque posuisse, non impossibile tamen existimare, talem struere fallaciam, praesertim si speculum adjungere liceat, et tamen suspicari artificiosius aliquid, neque ludicrum illud, quod Nic. Raim. Ursus in invectiva sua versu complexus est hoc: *Dic, quo vel in orbe locus repedat, quo corporis umbra?* *) Cum enim ex defuncti amico quaesissem explicationem aenigmatis, respondit, solitum esse ostendere calamos arboresve inclinatas in meridiem, sic ut umbra quoque projiceretur in meridiem: haec, inquam, cum in hunc modum dissereremus, placuit Wagherio, ut ad Coignetum hac de re scriberem et solutionem aenigmatis rogarem. Qua in re omnem adhiberem diligentiam, ad tibi persuadendum, nisi scirem, pluribus ad mathematicum opus non esse. Altera et antiquior scribendi causa abs tua industria proficiscitur. Concessit mihi Hispaniarum regis legatus manu ejus, quem hactenus legisti, summi fautoris mei et qui amore artium omnium nemini primas cedit, scriptum tuum breve de eclipsi Solis anni 1605. . . . . . Quae sequuntur exhibuimus vol. III. p. 735. Responsio deest. — De eadem eclipsi agit Keplerus cum Guilielmo Nautonnerio „Mecometriae" scriptore (III. 733) illique observationes suas de magnetis declinatione, Gratii habitas, describit (III. 457 s.) De stellae novae et eclipsis illius Solis significationibus tradidit Keplerus imperatori Rudolpho (Majo mense) judicium astrologicum, haec verba praemittens: „Saepe declaravi, me non existimare, quod coelum se particularibus cum voto immisceat. Sed tamen, quia jubeor, dicenda est ab initio sententia astrologorum." (II. 609.)

Herwarto de studiis suis praeter ea, quae ad annum 1605 praemisimus, haec refert Keplerus: Commentaria de restitutione tabularum et investigationibus motuum Martis jam sesquianno apud me desident. Coepi agere cum Caesare, quia jam non est occasio faciendorum sumtuum, ut mihi permitteret veniam, quaerendi alium operis patronum, neque tamen scio, ad quem potissimum sit eundum. Quam diu mihi stimulus non accedit per publicationem, opus cauda carebit, quae est in hac pecude pinguissima. . . . . Haec ex literis mense Junio scriptis desumta sequuntur ea, quae supra (p. 623 ss.) de Praetorii annotationibus exhibuimus, sententia de „quadratura circuli (IV. 524) et pauca de literis ad Scaligerum deque appendice ad librum de stella nova (ib. 473). Ad idem illud opus redit in literis sequente anno mense Novembri scriptis, dicens: Quod attinet notas ad Lunaria, sequar consilium M. Tuae, ubi anno sequenti ad Hipparchi curam, Deo dante, prius transivero, si modo mihi per editionem Commentariorum de motibus Martis licuerit. Nam etsi Vogelinus (typographus Heidelbergensis) artem intelligit, nescio tamen, an non iter mihi nihilo minus Heidelbergam sit faciendum, quod vel bibliothecae causa alias facerem. . . . . Superius coepi scribere de Comment. Martis quasi ad scientem. Pars pecuniae, quam a Caesare accepi per manus D. Welseri factorum, transmissa est ad Vogelinum, quod nullum scirem typographum magis idoneum: commendatus quippe mihi fuit ab artis intelligentibus. Figurae excusae sunt Pragae et missae Francofurtum mense Augusto, exemplar mense Septembri Lipsiam. Exspecto formam typi ad delibrandum. Pars vero reliqua pecuniae cum multis aliis a me consumta est,

*) Dicit Keplerus libellum Ursi inscriptum: De astronomicis hypothesibus seu systemate mundano. Pragae 1597, de quo pluribus diximus vol. I. p. 217 ss. „Poëma" ex quo versus hic desumtus est, praemittitur textui, inscriptum: „In novam grammaticam meorum Zoilorum", et sic incipit: „Scommatibus misere me agitant Rotzmannus et ille Nobilis astronomus (scilicet ipse) Tycho" et finit 5 distichis, quibus quinque proponit problemata „Zoilis" suis, quorum ultimum verba habet supra a Keplero allata.

cum non fiant justae solutiones aulicae. Itaque jam dudum venter meus famelicus respicit instar canis ad dominum, a quo semel jam fuit pastus. Equidem si D. Welserus pateretur se rursum exorari ad mille vel sesquimille solutionem (tantum enim eoque amplius mihi debetur), quantum inde mihi securitatis accederet, quantum temporis retinerem, totum id impenderem vel in Porphyrium (Harmonica) vel in geographiam, melius fortasse, quam si quaestorum mensas sectatus, aeraria diutissime pulsans, denique nihilo minus eandem summam extorquerem. Nam Caesaris mora nullam partem pensionis deterit, mihi vero tempus consumit.

De Weisero Herwartus Keplero (Novembri 1606) nunciàverat: Ich hab mit dem Herrn Reichspfenningmaister, als meinem sonders lieben Herrn Vettern, des Herrn Sachen vnd Obliegen halber geredt vnd befunden, dass er dem Herrn nach Müglichkeit zu wilfahren genaigt, will auch verhoffen, weil nunmehr der Frieden (cum Transsilvano Botsckai) dermaleneinsten gottlob geschlossen, es werde der Sachen besser Rath zu schaffen seyn.

Anno 1607 mense Junio nunciat Keplerus Pistorio: Caesar mihi dedit 400 florenos in Commentaria Martis. In eo jam labore sum. Exsculpuntur jam typi lignei. A Tengnaglio veniam publicandi opus nondum habeo et Caesar inhibuit distractionem exemplarium ad suum arbitrium. Brenggero mense Octobri: Versor in adornatione Commentariorum de motibus stellae Martis. Excudentur apud Voegelinum, Heidelbergae. Exemplarium distractione mihi est a Caesare interdictum.

1607. Continuantur studia chronologica; multum temporis consumserunt observationes cometae. *Libri tres de Cometis* inchoati, liber germanicus de cometa hujus anni absolutus neque vero typis excusus est. Die 28. Maji observata macula Solis, pro „Mercurio in Sole viso" a Keplero pronunciata.

Ad *Harmoniam Mundi* redit hoc anno Keplerus, quam ab anno 1599 conscribere in mente habuit. Summam eorum, quae de „vocibus" agunt, Januario 1607 Herwarto refert, postea (Aprili et Novembri) in literis ad eundem dàtis sua comparat cum Ptolemaei Harmonia (cfr. V. 30 ss.).

Harmonica sua explicans hoc subjungit exemplum: Parce loquor. Non dico, quaecunque duo cum tertio concordant, inter se concordant, sed addo cautionem, ut ex tribus duo aequent tertium, nec tantum aequent, sed ut tertium ipsum constet ex duobus. Nam neque in aliis scientiis valet ut in jure: Henricus frater meus est, Sebaldus meus frater est, ergo Henricus et Sebaldus inter se sunt fratres. Pater enim Henrici Ernestus genuit ex uxore Waltruda Henricum, quo mortuo uxor Waltruda meo patri Friderico nupsit meque peperit. Qua mortua pater meus Kunigundam duxit exque ea Sebaldum suscepit. Henricus igitur mihi frater est, sed uterinus, Sebaldus frater, sed alia matre: et sic Henricus et Sebaldus inter se fratres non sunt.

De libello de cometa eidem refert: „De Cometà scripsi aliquid; exspecto quid de eo Caesar praecipiat"; quae cum Tanckio, professore Lipsiensi, de cometis egit, leguntur vol. VII. p. 7 ss. Liber secundus et tertius operis de cometis, quod supra diximus, jam illo tempore absoluti fuerunt, quod testantur dedicationes; illa libri secundi data est ad Herwartum Novembri 1607, illa tertii ad Starenbergium Decembri, cum opus integrum prodierit demum anno 1619.

De filio nato haec deprehendimus in collectione nativitatum: Die 21. Decembris natus filius Ludovicus. Baptizatus in aedibus a me conductis („aedes Cramerianae, e regione Jesuitarum ad pontem") a ministro sub utraque. Patrimi;

nomine Ill. Principis Philippi Ludovici patris et Wolfgang Wilhelmi filii C. C. P. P. Neoburgicorum, Dominus Doctor Joannes Tzeschlinus legatus, Dominus Doctor Gödelmannus, legatus Saxonici electoris cum uxore.

Hoc anno frater Kepleri Christophorus (nat. anno 1587), peregrinatus opifex plumbarius, Regiomonti gravi morbo correptus et ab amico Kepleri, medico primario ducissae Borussiae, Joanne Papio sanitati restitutus est. Summam 30 florenorum in aegrotantem consumtam Keplerus anno 1609 restituit. („Apothecario debet 10 florenos et 2 crucigeros, pro vino Rhenensi 10 fl. et aliquid amplius; mensura enim quaelibet hic emitur probi Rhenani 5 bazenis. Hinc discedenti dedi 9 fl. 50 kr.“) Cum eodem Papio egit illo tempore Keplerus de privigna Regina, optare se „maritum juvenem, elegantem, doctum, bene moratum, medicinae doctorem, qui utinam Styrus esse posset.“ Papius ridens proponit filium suum Andream, „pro joco addo, ut erecto utriusque themate perquiras, an par hoc amicorum conjungi possit“. (Cfr. Hansch. p. 82.) Idem spectat Keplerus in literis d. 31. Nov. hujus anni ad medicum Brenggerum datis, scribens: .... Admonet me mentio medicinae (cfr. vol. II. p. 829 s.) rei alicujus domesticae, quam etsi alienam ab amicitia nostra literaria in sinum tuum effundam, spe optima, candide abs te acceptum iri. Quo minus inter nos est notitiae domesticae, hoc tutius tecum agere puto quam cum notiori; facit enim ad silentium, quod mihi de te candido viro candide polliceor. Videre te opinor, qualis sim in oeconomia, qui totus sum in literis. Jam Pragae dego solitarius quodammodo, destitutus adjutoribus: utinam mihi, non dico astronomus ad labores calculi, sed solum medicus aliquis alto ingenio et in philosophia versatus, tui quippe similis, intra lares praesto esset, quocum paulatim de medicis materiis discurrere possem. Nam in astronomia intutum est consenescere, nec enim de perpetuo Maecenate certus sum. Quodsi nosti juvenem aliquem staturae non contemtae, faciei liberalis, morum placidorum, de quo spes sit, ipsum gratiose medicinam facere posse (habent autem hujusmodi physiognomias singulares non melancholicas, sed laetas et quodammodo militares) quique gradum doctoris sive adeptus sit, sive adipisci per doctrinae profectum possit: equidem illi fortasse non contemnenda Pragae occasio pateret ad praxin vel per meam commendationem quadamtenus, et quod caput est, in mea quodammodo potestate est puella annorum 17, cum dote non paucorum millium, orba parente, nec inelegans, cui cum multi inhient, quidam tamen ipsi religionis causa non sunt accepti, cum e Styriacis profugis et ipsa sit, omnes vero vitam sequuntur politicam et curiales naenias aulicasque conditiones, intutas omnes mihique non acceptas. Haec igitur ad te consilii opisque causa perscripsi, hoc tamen addito, si, qui a te venturus est, careat requisitis istis, aut non bene dissimulare possit tenuitatem, quae solet esse philosophorum patrimonium, non scilicet habeat, unde ad tempus vivat, frustra venturum, si bene illam novi.

His intercessionibus Keplerus nihil profecit, ad scopum tamen pervenit anno sequente, ipsa forte Regina sponsum sibi eligente. Fabricio d. 10. Nov. 1608 scribit: Literas ante pascha accepi inter medias occupationes nuptiales. Privignam elocavi Philippo Ehem, cancellarii quondam Palatini p. m. filio, quem opto promoveri ad comitis tui illustris negotia annuumque salarium.

Inde ab eo tempore usque ad annum 1618 nunquam occurrit in Kepleri epistolis nomen Reginae, quo anno fautori Wackhero illam mortuam esse refert.*) Ipsius autem Reginae epistolam infra (ad a. 1613) exhibebimus.

*) Apocham hanc ad privignam pertinentem in codd. Pulk. deprehendimus: Ich

Mensibus Jànuário et Martio Keplerus praeter eä quae supra diximus de *Harmonia* Herwarto respondit ad quaestiones de arte nautica, quamvis: „de arte nautica sollicitus hactenus non fui, quippe latissimae continentis alumnus", deinde de anno Christi natalitio (cfr. IV. 473 ss.), de fluxu et refluxu maris (III. 454) et de hypothesi Copernicana: „non ita absurdum videtur physicis, stare Solem ac moveri Terram"; virtutem, pergit, Solis dicere se *magneticam* intelligentiae et similitudinis causa, *coelestem* dicere se debuisse. Quae de astrologia Herwarto eodem tempore scripsit, leguntur vol. II. p. 584. Mense Novembri quaerenti Herwarto de Terrae ambitu refert Keplerus, quam rationem inierit ad hanc quaestionem solvendam (cfr. V. 43 s.).

Fabricio unam tantum dedit epistolam hoc anno sic finem faciens: Observationes mitte. Ego remissior fieri incipio. Cur enim morientibus instrumentis supervivat mea observandi diligentia? (1. Augusti, cum Martio incepissem intereaque peregrinatus essem in Lusatia.) De Martis theoria agens cum Fabricio dubia ejus de „ovaii vel elliptico" orbe refellere studet: Ellipsis est naturalis hypothesis; circulus ellipsin amplexus est tantummodo numerationis causa. Jam tentavi in Mercurio, cujus est ellipsis evidentissima. Item quaerenti Fabricio, quae causa sit „physicae multiplicationis"? respondit: „dum multiplico eccentricitatis dimidium in sinus anomaliae eccentri, constituo excessum areae supra anomaliam eccentri, et quia area metitur distantias omnes, distantiae moras seu tempus, igitur multiplicatione physica tempus colligo debitum huic anomaliae eccentri. Subtilitatem meam praedicandam putas, si non repugnaret naturae. Ego, mi Fabrici, damno omnem subtilitatem vel repugnantem naturae, vel non necessariam. Dum vero mihi Copernicanam subtilitatem exempli loco ponis ob oculos, inepte facis cum scias, quod tu damnes in Copernico me mirifice approbare. . . . . . . Mirum, quales mihi scribas leges condendae hypotheseos ex tuo cerebro, non ex coelo deductas. Directis verbis ea mihi imperas, quae totidem ego capitibus in Commentariis refutavi. Miseret me tui laboris, qui tot jam annis ἀδυνατα tentas et in genere actum agis. Inventas enim veras motuum causas, quatenus ab homine comprehendi possunt, constantissime assero. . . . . Commentarios ut edam laboro diligenter. Videtur Tengnaglius concessurus, si permittam ipsi quorundam emendationem, quod mihi grave est. . . . . Irasceris valori areae, cum agatur de lineis, caeco quidem impetu. Nam et area geometricum quid est. Quod vero astronomi hactenus nullas areas adhibuerunt, factum est ex ignorantia causarum physicarum, quas in lucem jam protuli. In omni novitate imperiti irascuntur. — Fabricio instanti, Martis motum circularem esse et asserenti, putare se Martem ad latera circuli non ingredi, sed potius excedere, his occurrit Keplerus: Miram tuam audaciam! Tune me provoces confingendis hypothesibus? Cum ego planetam a circulo dicam ingredi, tu paria faciens dicis egredi. Ego mi Fabrici non ingenii volubilitate, non poëtica aut pictoria fingendi licentia sum inductus, sed observationum Braheanarum filum demonstrationesque secutus invictas. . . . . Dico tibi, si centum superessent planetae, dummodo tales ejus observationes haberemus, quales in Marte, meis inventis ad eorum hypotheses perveniri posse, siquidem illi naturam horum 7 planetarum imitarentur.

Johan Keppler, der Röm. Kais. Mtt. Mathematicus bekhen, das der Ehrnvest vnd fürnehm Herr Hanss Nidenauss, Burger zu Grätz vnd rathsverwanter, von denjenigen 1000 Gulden, wölliche Ime auss meiner Stieftochter Regina Lorentzin väterlichem Erbgut dargeliehen worden, das ordentliche Interesse von 2 Jahren, vom 16. Juli 1605 biss 1607 erstreckend, zusamen in einer Summa von 120 Gulden zu meiner sicheren Hand zuegestelt vnd bezalt hatt. Prag den 9. August 1607.

Fabricio denuo quaerenti, quando Commentaria editurus sit, respondit Keplerus: Diligenter hoc ago, ut edam. Impedire minatur Tengnaglius et tamen inter spem metumque relinquit dubium. Haec occupatio causa est, cur gravatim scribam. . . . . De reliquis quaestionibus alias. Unum tamen non possum non addere. Die 28. Maji Mercurius nobis hic Pragae visus est in disco Solis (cfr. II. 106). De Marte vix quidquam amplius, nam in Commentariis expoliendis laborem respondendi impendam.

In codice Pulcoviensi complectuntur hae Kepleri literae 28 folia minutis literis scripta; integras eas exhibuimus, intermixtis Fabricii dubiis et quaestionibus vol. III. p. 108—125, 475, partem earum etiam vol. II. p. 106 et 603.

Quali Keplerus usus sit Pragae vitae ratione, ex his quadamtenus apparebit verbis, cum mense Junio ad Besoldum scriberet, commendans adolescentem J. G. Polzium, filium consiliarii et secretarii primarii, „qui me plurimum diligit, mater vero et tota reliqua familia Pragae austriacas elegantias, urbanitatem morumque honestatem profitentur, adeo ut si quid olim profecero, a quo quidem jam longe absum, id huic familiae sit acceptum ferendum. Praeterea in difficillimis meis negotiis semper mihi hic in promtu sunt optima consilia, nec obstat mihi vel rei domesticae tenuitas vel conditio inferior (cum in nobilium ipsi numero habeantur), quo minus liber mihi quoties volo ad ipsos pateat aditus. His adjungit Keplerus petitionem, ut Besoldus Maestlinum ad respondendum impellat; atque ut, pergit, per te hominem excitem, scribam aliquid, quod vel ipsum Ptolemaeum, tot jam ante secula mortuum, ad scribendum excitet. Superiori 28. Maji visus est nobis hic Pragae Mercurius in ipso disco Solis etc.

Keplerus initio anni cum Mart. Rulando (imperatoris Rudolphi medico primario) de chymica arte per literas egit, quod ex his Rulandi verbis elucet: Rerum chymicarum te non plane ignarum esse, objectiones soleter propositae ostendunt. De medicamentorum chymicorum artificio recte sentis. Certum est, spagyrico labore medicamenta minus virium perdere. Chrysopoeiam non videris tuis argumentis labefactare aut suspectae fidei arguere. „Calore Telluris aurum, argentum solvi et coagulari potest, nostro artificiali non potest: ergo impossibilis chrysopoeia.“ Connexum hoc negatur, ut asyllogisticum. Calore Terrae nullum metallorum solvi nec coagulari potest etc. Ais, tinctura cultri partem anteriorem auream esse effectam, posteriore manente ferrea. Incertum hoc est exemplum et narratum. Elegans est quod appingis de calore ventriculi, medicamenta purgantia dispergente per totum corpus etc. (Ex epistola d. Ratisbonae d. 24. Febr.)

Joannes Pistorius Friburgo d. 14. Martii de anno Christi natali cum Keplero egit, petit „eclipses omnes, quae annis Julianis 43, 44, 45 contigerunt, descriptas. Intercedam pro te ad Caesarem et hujus consiliarios, praesertim ad D. Lichtensteinium“. Certior fieri cupit de Kepleri studiis. Quae Keplerus respondit de morbo Pistorii, immiscens quaedam theologica, leguntur vol. IV. p. 114 ss. De editione Commentariorum Martis eadem fere refert, quae Herwarto et Fabricio, de aliis studiis haec e vol. III. p. 444 repetimus: Ephemeridum nulla in propinquo spes, quia Mars in meo cerebro manibusque tumultuatur. De *Rudolphinis* tandem Tengnaglius videtur spem abjecisse, non ego, si vixero. Si me pactis nostris impediet aliquid evulgare Tengnaglius, excipiam, deceptum me esse, cum promisisset intra 4 annos Rudolphinas edere; huic ego promissioni, quae facta est Caesari, inimicus promisi exspectare, donec prodeant illae tabulae, postmodum libertate philosophica mihi reservata. Jam nullas ille tabulas unquam scribet, irrita ergo pacta nostra, etsi conditionem de 4 annis non continent; sufficit, hos 4 annos Caesari nominatos.

Ea quae hoc anno Keplerus per literas egit cum Augusto, principe Anhaltino, de machina hydraulica, exhibuimus vol. V. p. 614 ss., ea quae cum Marchione Badensi de stella nova, quibus politicum agit, vol. II. p. 606. De filio Samuele cum patre Hafenreffero Keplerum per literas collocutum esse, apparet ex hujus responsione in Hanschio p. 72, qui parvi habet filii ingenium, quod Keplerus praedicasse videtur, et iratus se defendit, quod Keplerus ipsi avaritiam objecerit. (Hinc usque ad annum 1618 nulla occurrit epistola Hafenrefferi ad Keplerum.) Duae supersunt epistolae Kepleri ad Brenggerum hoc anno datae, in quibus de harmonicis et opticis multis agit; majorem harum epistolarum partem invenies vol. II. et III, sic literas ad Harriotum datas d. 2. Augusti de opticis vol. II. p. 72; Ziegleri epistolae (d. Sept. et Oct.) testantur, Keplerum hoc quoque anno per literas cum illo collocutum esse. Quae Keplerus egit cum Jo. Fersio, Calvisio, Herwarto, Deckero, Scaligero de chronologicis, ea exstant in *Eclogis Chronicis*, vol. IV. hujus editionis; epistola ad Scaligerum ibid. p. 102 ss. Circa finem anni ad Musas rediit, „Idyllio" nuptias honorans amici Casp. Dornavii Görlicensis.

1608. Epistolae continuantur de rebus chronologicis (anno Christi natali) mutuae Kepleri et Herwarti, Calvisii, Deckeri; de cometis, Harmonia et Marte Fabricii, Brenggeri, Tanckii; de opticis Harrioti. Thema nativitatis Wallenstenii (v. s. p. 345). De libello de cometis scripsit Keplerus Brenggero Aprili mense: „Cometica sunt in parato, sed infelix sum in edendo. Typum addidi magnum, qui non sculpitur; vix puto impressum iri amplius" (Vide epistolas Tanckii vol. VII. p. 7 ss.). Prodiit liber germanico idiomate scriptus *de cometa anni 1607* c. medium anni, anno sequente *Mercurius in Sole visus,* quem libellum inscripsit Keplerus duci Württembergico Joanni Friderico Cal Martii 1608. — De Commentariis de motu Martis scribit Keplerus Fabricio (Novembri): Mars cum formis et pecunia jam annum integrum haeret Heidelbergae. Hipparchus jam demum incipit ex novo meo incubitu et fotu rursum incalescere; sed lentissime progredior. Herwarto invitanti Keplerum, ut iter Heidelbergam ingressurus per Monachium faceret, respondit: Literas Tuas 13. Sept. scriptas proh dolor 3. Oct. etiamnum Pragae haerens accepi. Viatico inbio hactenus frustra, nec sine eo ire queo. Remissus quidem sum cum trecentis ad Welserum; at nisi ille prius consensisse testetur, hac spe Praga pedem non moveo (cfr. vol. III. p. 10.). Librum c. finem anni prelo subjectum fuisse, apparet ex his Herwarti verbis (5. Dec.): Wegen des Wercks de Marte hab ich den Anfang mit sonderbarem contento gesehen; der machte mir gleich ein mehreres Verlangen nach dem Rest Dabei ich gleich woll vast vngern vernomen, das Er nit werde der Zeit zu mir kommen.

Saepius hoc tempore „turbas" in aula Pragensi Keplerus dicit in epistolis ad amicos datis. Hae „turbae" re vera haud exiguae fuere. Hungari et Moravia fine anni 1607 a Rudolpho ad fratrem Matthiam discessionem fecerunt, „secuta expeditio in Bohemiam anno 1608, Rudolphus, bellum fraternum abominatus, amice transegit, Ungariae diadema, Moraviam et Austriam Matthiae cessit (29. Junii) et Bohemis auctor fuit, ut eundem successorem sibi, si moreretur, declararent". Eodem tempore (4. Maji) principes Germaniae Lutheri fidei addicti foedus fecerunt, „unionem", contra Catholicos, quibus hi (10. Maji 1609) opposuerunt foedus, quod dixerunt „ligam". Qui in Bohemia Lutheri fidem amplectebantur, post multos tumultus ab imperatore extorquerunt licentiam liberi usus sacrorum (Lex Majestatis, 11. Jul. 1609). Hanc spectans legem scripsit Keplerus d. 18. Julii 1609 Tubingam: „Vicimus per Dei gratiam. Habentur publicae conciones germanicae in templis et aedibus."

In epistolis hoc anno datis acceptisque haec notatu digniora occurrunt. Joannes Müllerus, quem supra (p. 746) diximus, initio anni refert, accepisse se Kepleri literas, in quibus ille, instigatus forte ab Herwarto, petierat ut sibi magnetem mittat Müllerus; „vividum et vegetum“ magnetem se non habere dicit, suadet, ut in valle Joachimica in Bohemia requiratur. „Grata, pergit, mihi sunt omnia, quae de tuo tuorumque statu et salute, itemque de conditione haeredum Tychonis scripsisti. Tengnaglius si praestare et efficere id posset, quod tu, tunc merito invideret; tu autem in proposito pergas, aeternum tibi comparabis nomen. De se ipso refert, se librationes aquarum Havilae et Oderae, quos fluvios connectendos statuerit elector Brandenburgensis, instituisse; fungi se architecti et tribuni aerarii munere in hoc negotio, simul in schola „Nova Valle Joachimica“ professorem mathematum agere.

Epistolae Kepleri et Brenggeri mutuae hoc anno scriptae maxima ex parte de optica (II. 60 ss.), de cometis (VII. 12) et harmonicis rationibus agunt (II. 591 ss.). E Kepleri responsione (d. d. 5. Apr.) haec desumsimus.

Credo sane, verum esse quod scribis, teneri te desiderio Commentariorum de motibus Martis. Jam bis enim scripsi, publice venales non fore, tu vero, ut solent amantes, spe contra spem sustentaris, te illos Frankofurto comparaturum. Specimina experientiae de *aspectibus* plurima dare possem, sed non vacat describere observationes meas. Sed nota, nihil aspectibus tribuo, nisi in genere commotionem naturae, quae gignit meteora...... Summa mearum speculationum haec est: musicae et aspectibus hoc esse commune, quod ut quaeque pars circuli geometricoterως secatur, sic et naturam stimulat fortius aspectum conformans, et aures movet evidentius, harmoniam constituens.

Responsionem Kepleri ad quaestionem pastoris Eichleri (d. 4. Jan.) de loco cometarum et aliis vide vol. II. p. 831. In literis ad Joachimum Tanckium datis, quae maxima ex parte harmonica tractant (I. 375 ss.), refert Keplerus, ludere se symbolis et opusculum instituisse *Cabbalam geometricam*, de ideis rerum naturalium in geometria; nihil vero probari symbolis, nihil abstrusi erui in naturali philosophia per symbolas geometricas, tantum ante nota accommodari etc. Idem forte opusculum dicit J. Papius, Aprili mense scribens: „In catalogo nundinarum nondum vidi philosophiam tuam paradoxam, cujus meministi; scribe quaeso, ubi impressa sit.“

Die 10. Novembris Keplerus his alloquitur Fabricium: Silentii mei causae sunt eaedem, quae otii annalis. Astrologus es, videre debuisti, Solem meum a Saturno obsideri, ut de publicis malis nihil dicam. Praecessit omen labantis studii mei: anno 1607. 25. Febr. cum in arcem ascendissem ad Byrgii automatopoeos, rogaturus de apparatu ad postridianam (uti hallucinabar) eclipsin, incidi ex improviso in quaerentes ex me, num attenderim ad eclipsin? Jam enim illa eo die praeterierat..... Prognostica desii scribere..... Narras periculum valetudinis, ex computationibus contractum. Post festum venio, medicinam tamen suadeo. Abstineas a constituenda hypothesi Martis, jam enim est constituta. Ego tantum insumsi laboris, quantum sufficit decem mortibus, et pervici per Dei gratiam pervenique eo, ut contentus esse possim meis inventis et quietus. Antequam acquiescerem inventis, quiescere omnino non potui; ex praesenti igitur quiete argumentare de meis inventis. Ex iis quae scribis colligo, quae causae tibi sint, cur observata tua non mittas. Cupis aliquid et ipse praestare, in qua operis parte non vis habere aemulum.... Ad tua inventa de Marte, quae Pythagorico affectu commendas meque invitas ad ea admiranda, quid dicam non habeo. Ridebo? At meliora meritus es egregio studio et cupiditate inculpata. Magni vero faciam? At minus hoc erit candidum facinus. Hoc solum tibi dico, aut te coincidere in effectu cum operatione mea, aut aberraturum longissime ab observatis. Quid? Tu parum referre putas ad orbis annui aequationes, prolongentur distantiae Martis a Sole circa medias longitudines an decurtentur? Aut ubi ego decurto, tu malis prolongare? O te miserum! Quam parum memor es eorum, quae olim ipse expertus inque literis ad me prolixe datis testatus es.

Jam Keplerus, propius inspectis Fabricii literis, non plane vana et irrita illum produxisse, sed consentire illa quadamtenus cum sua hypothesi, agnoscit, haec vero objicit: Traducet tua hypothesis ad se lectores et philosophos, dabit effugia hostibus physicae coelestis, patronis inscitiae, architectis solidorum orbium, mechanicis crassis, quibus se redimant e vinculis demonstrationum mearum physicarum inque libertatem Deos fabricandi se recipient. Redibitur ad intelligentias duaeque collocabuntur ad duos circulos circa centrum, quibus efficiatur isthaec libratio. Neque tamen sine molestia illam adolescere patiar. Fateberis, te postquam audivisti de via Martis ovali coepisse cogitare de librationibus. . . . . . . Ex hypothesi igitur mea tuam efformasti. Me nuda duxit natura, nullis instructa vestibus hypothesium, tu ex aliquibus ejus membris, quae tibi a me monstrata minus laudabilia videbantur, occasionem cepisti, peregrinam illi vestem induendi, quo minus agnosceretur sincere, quin potius lectores inter membra et vestem hanc tuam non distinguerent, corpus dicerent, quod Fabriciana vestis est, denique ut novo ornatu placeret delicatis, nuditatem fastidientibus, imo vero ut pro natura, generosissima puella, substitueretur spuria tua meretricio ornatu et moribus ad voluptatem comparatis, non ad ingenuitatem, hoc est, Fabricio interprete, ut arti, consuleretur non alienatis philosophis. Sic igitur ipsa inventionis series arguit, peregrinam esse tuam hypothesin, non naturalem.

Fabricius respondit d. 22. Martii 1609: . . . . . Vellem me aliquid in commune adferre posse, quod vero quam sit parum, id sentio et libenter agnosco. Videris mihi nescio quam invidi et minus liberalis animi notam innuere velle, quasi meas observationes tibi communicare nolim. Nego. Egone te in nonnullis aemulum non ferrem aut quidquam celarem, quem in omnibus ut praeceptorem veneror, ut Apollinem ipsum in rebus dubiis consulo, cujus opera et consilio hactenus proficio? Quod meam hypothesin attinet, mirum quam me tua festivitate recreaveris et judicio tuo confirmaveris. Candorem tuum amo et laudo, et ut tu innuis, ex tuis primum profeci etc. In prioribus literis (1605) Keplerus quaerenti Fabricio explicaverat sententiam suam de argumento Tychonis contra motum Terrae; ad eandem quaestionem redit in iisdem literis, quas modo excerpsimus (cfr. vol. III. p. 458, 462). Quae ibidem Fabricio respondit de aequinoctiorum praecessione, leguntur vol. III. p. 506, sic literae Kepleri ad filium Fabricii, eodem datae die quo ad patrem scripsit, p. 452.

Herwartus praeter chronologicas quaestiones (IV, 478 ss.) Keplero aliud imposuit negotium, mere arithmeticum. Conscripserat „Tabulas arithmeticas“ easque ad typum praeparavit. Keplero misit d. 13. Sept. „paginam“, exhibentem specimen operationis arithmeticae, petens: „Er wölle hierüber sein Bedencken vnd Gutachten samt was Im dabei oder darüber zu Gemüth gehet, mir zuschreiben.“ Quae Keplerus ad hanc et posteriores epistolas (d. d. 5. Nov. 2. et 5. Dec.) responderit, leguntur vol. IV. p. 527 ss.; datae sunt Kepleri literae d. 18. Oct. et 12. Decembris anni 1608.

1609. Edita sunt hoc anno: *Astronomia nova seu Commentaria de motibus stellae Martis*, *Responsio ad Röslinum*, et *Phaenomenon singulare seu Mercurius in Sole*. Epistola dedicatoria „Commentariorum“ (ad Rudolphum Imperatorem) data est 4. Cal. Aprilis, illa „Responsionis“ (ad J. G. Gödelmann, consiliarium et legatum electoris Saxoniae) die 8. Septembris, illá denique „Mercurii in Sole" data est jam Cal. Martii anni 1608; liber, curante Tanckio, Lipsiensibus typis exscriptus, „sed valde retardatus est negligentia typographorum" (cfr. vol. II. p. 791).

Keplerum anno 1604 librum de Marte manuscriptum senatui academiae Tubingensis obtulisse, supra (p. 759) retulimus. Quo facto non est dubium, quin Keplerus absolutum opus senatui tradiderit. Rector academiae gratias agens haec respondit:

Vnsser freündtlich Gruss zuvor, Ehrnvester, Hochgelerter, besonders lieber Herr vnnd Freünd.

Es hatt vnns disser tagen der Ehrwürdig vnnd hochgelert Herr Matthias Hafenreffer, der h. Schrifft D. vnnd Professor, vnnser freündtlicher lieber Collega, dess Herrn in offnen Truckh aussgeverttigten Comm. de motibus Stellae Martis praesentiert vnd angezeigt, dass wir selbigen von dess Herrn wegen in gemeiner Universitet Bibliothec zu gutten angedenckhen verwahren vnd vffhallten sollen.

Wann wir dann hierauss dess Herrn gegen vnns habende gutthertzige Affection in Werckh verspüren, allss thun wir vnns solches verehrten Commentarii gantz freündtlich bedanckhen, vnnd demselben hingegen eingeschlossene fünff Ducaten verwahrlich vbersenden, freündtlich bittendt, mit selbigen günstig für lieb zu nemen vnnd dabei mehr vnssern geneigten gutten Willen, dann diess geringe Honorarium zuerwegen vnnd anzusehen, beineben die ohnzweiffeliche Zuversicht zu haben, do wir dem Herrn hinwiderumb angenemes erspriessliches gefallen zuerweissen wissen, dass wir an vnsserm getrewen Vleiss nichts ermangeln lassen wollen. Vnns damit allerseitts Gottes gnadenreicher Protection zu bestendiger gutter gesundheit vnd aller glückhlichen Wolfahrt bevehlendt. Datum den 25. Sept. Ao. 1609.

Rector Cancellarius Doctores vnnd Repetentes
gemeiner hohen Schull zu Tübingen.

Duci Württembergico, Joanni Friederico, Keplerus tradidit librum de Mercurio in Sole viso dum Stuttgartiae versabatur Heidelbergam profecturus, ut typum ibi inceptum operis maturaret, his subjunctis literis :

Durchleüchtiger, Hochgeborner Gnädiger Fürst vnd Herr.

E. F. G. seind mein vnderthänige vnd gehorsame Dienste jederzeitt bevor.

Gnädiger Fürst vnd Herr. Weil die Röm. Kay. Mt. mir allergnädigst erlaubet, die jetz verschine Franckforter Mess nach Franckfort vnd Haidelberg, wegen entlicher Verfertigung meines astronomischen Werckhs zuverraisen, vnd ich gesehen, das solliche Verfertigung sich noch einen Tag acht verweilen werde, hab ich hierzwischen auch mein Vatterland besuchen, vnd sonderlich bey E. F. G. mich vnderthänig als ein gewester alumnus anmelden, auch beyligende Glückwünschung (wölliche ohn mein Verursachen schon ein gantzes Jahr zu Leipzig vngedruckt gelegen, vnd erst die nacht vor meinem Verraisen mir nunmehr gantz vnverhofft zukhommen, vnd in jetziger Franckforter Mess vom Drucker offentlich verkhaufft worden) dermahlen eins gehorsamlich einraichen wöllen. (Epistolam dicit dedicatoriam libri, quem supra diximus.)

Nebens, Gnädiger Fürst vnd Herr, dringt mich die Not, E. F. G. bey diser glegenhait, in gehorsam anzumelden, das man zu Praag in diser Vermuthung stehe, als ob Ire Kay. Mt. etwa in kurtzem Dero weitlauffig Hoffwesen etwas einziehen wurden, dahero Ich wegen meiner bey Irer Mt. habenden bstallung von jährlichen fünffhundert gulden (gleichwol ohne einige von Irer Mt. beschehene signification) ins künfftig etwas im Zweiffel stehe. Gelangt derohalben an E. F. G. mein gehorsames pitten, die geruhen zuerwegen, was grosse beschwärd mir in kurtzer Zeitt, die Ich bey einem so haissen pflaster, ohne einige gewissbaitt in meinem so weit entlegnen Vatterland vnderzukhommen, denstloss sein wurde, besorglich auffwachsen möchte. Vnd demnach E. F. G. Vniversitet Tübingen anjetzo mit einem berüempten Mathematico, auch andern philosophiae professoribus genugsamlich versehen, auch E. F. G. mich vnzweiffel in andern densten (dahin ich mich gleichwol in vnverhofftem fall vnderthänig anerbotten haben will) nit gedenckhen zugebrauchen: als wolten E. F. G. mir meine, dero schuldige Pflichte so vil gnädig remittirn, das ich anjetzo zeittlich von einem oder anderem Potentaten, der mir Bestallung machen wolte, solliche annemen vnd demselben meine dienste in obgesetzten eventum versprechen, auch hernach, vnd wann Ire Mt. mich dimittirn wurde, in solliche dienste würcklich eintretten möge.

Das will vmb E. F. G. Ich mit meinem gebett zu Gott für Dero langwürige gesundthaitt vnd glückhliche regierung, auch in alle andere müglichste wege gehorsamlich vnd danckparlich beschulden.

E. F. G. mich gehorsamlich empfehlend

E. F. G.

Vndertheniger vnd gehorsamer
gewester alumnus
anjetzo
der Röm. Kay. Mt.
Hoff Mathematicus
Johan Keppler.

Inscriptio: An den Durchleüchtigen Hochgebornen Fürsten vnd Herrn, Herrn Johan Friderichen, Hörtzogen zu Würtemberg vnd Teckh etc., Graven zu Mümpelgart etc.

His adscriptum est: der Verordneten des Consistorii bedencken hierüber zuheben. Actum St. 5. Maji a. 1609.

Ex Comm. D. Ducis. Johan Kepplers, der Röm. Kay. Mt. Mathematici vnderthäniges supplicirn.

Obwol die Vniversität Tübingen anjetzo mit einem trefflichen guten Mathematico M. Michäele Maestlino wol versehen, jedoch weil er sich nunmehr alt macht, vnd zu solcher professur man nit jedesmal gnugsam qualificirte Personen haben kan, diser Supplicant aber ein Vornemmer Mathematicus ist, können subsignirte in Vndertheuigkeit nit halten, dass er allerdings seiner obligation zuerlassen, sondern hielten darfür, das Ihme bey andern Herrschafften sich vmb dienst zubewerben gleichwol zugestatten seyn möchte: wan aber vnnser Gnediger Fürst vnd Herr bey der Vniversität zu Tubingen, oder in andere Weg seiner bedürfftig vnd begehren wurde, er sich jedesmalen vff erfordren zu stellen schuldig seyn sollt.

Beygelegten verferttigten vnd dedicirten tractatum belangendt, würdt Ihrer F. Dt. gnedigen resolution vnderthenig heimgestellt, Ihme destwegen ainen gulden acht verehren zu lassen. Actum Stuttgarten 5. May 1609.

Probst Gröninger. Lotter. Binder.
Melch. Jäger, Direktor.

Ein Becher vmb 12 oder 15 fl. were Ime zuverehren. Doch sonsten ist er nicht allerdings von handen zulassen.

His adscripsit Dux: *placet.*

In beywesen vnderzeichneter ist Supplikanten ein Becherlin vmb funffzehen gulden, siben kr. zugestellt vnd nach ausswcissung Ihrer F. Dlt. gn resolution Ihme angezeigt worden, dass man Ihne seiner obligation nit allerdings zuerlassen wisse; es sollt Ihme aber ohnverwehret seyn, bey andern Fürsten vnd Herrn vmb Dienst zubewerben vnd einzulassen, doch dergestalten, dass wen Vnser Gnediger Fürst vnd

Herr seiner bedürfftig seyn vnd begehren wurde, er vff jedesmal erfordern, vermög seiner obligation, sich einzustellen schuldig seyn solle.

Hat sich der Verehrung vnderthenig bedanckt, vnd ebenmessig diser eröffneten gn. resolution zu gehorsamen erpotten, darneben ferrer gebetten, dass er bey Ihrer F. Dt. selbsten Audienz haben möchte.

Ist diser letsten petition halber zu Juncker Melchior Jägern, Geheimen Rhatt, vnd Hern Cammersecretario Johann Sattler gewisen worden. Actum Stuttgart 8. Maji ao. 1609. Resslin. Heller.

Literas modo praemissas, quae in tabulario Stuttgartiensi conservantur, hae sequebantur, quibus Keplerus sententiam suam de rebus theologicis et de litibus, quibus tum agitabantur theologi Württembergici, profitetur.

Durchleüchtiger Hochgeborner, Gnädiger Fürst vnd Herr.

Von E. F. G. hab ich ein schönes von mir gantz vnverdientes praesent für eine so ringfüegige dedication vnd glückhwünschung mit vnderthäniger Dancklibarkhaitt empfangen: nebens auch auss dero fernern gnädigen resolution verstanden, das E. F. G. pro tempore in mein vnderthänig begehrn gnedig einwilligen, vnd mir, da es mein glegenhait bey Irer Kay. Mt. nit lenger sein wolte, mich in anderer Herrschafft dienste einzulassen mir gnedig verstatten, doch mit dem Vorbehalt, das ich mich von jedem ort auss, dahin ich mich begeben möchte, vnderthänig anmelden, vnd alda E. F. G. Vocation, da sie meiner bedürffen wurden, vnderthänig erwarten solle.

Wan dan Ich hierauss etlichermassen zu spüren, das E. F. G. mich etwa künfftig zu einer profession nacher Tübingen erfordern möchten, als will mir pflichthalben gebüren, E. F. Gn. redlich anzuzaigen, was auff sollichen fall von mir zu hoffen, vnd diss darumb gleich jetzo vor dem zutragenden Fall, damit nit hernach, wan Ich jetzo schwige, vnd hierzwischen etwa zu erwünscheten diensten kähme, dise meine danzumahl gebrauchte notwendige erinnerung für einen gesuchten schein vnd Vndanckhbarliche recusation angesehen werde.

Zwar wäre mir nichts erwünschters, Hailsamlichers vnd rhumlichers, dan das Ich dermahlenains meinen geringen profectum zu dienst meinem Vatterland dankbarlich anwenden, auch die meinige bey meinen gefreündten vnd bekhanten vnder E. F. G. gnädigem schutz vnderbringen khönnte, vnd wolte Ich zu einem widerigen, sovil an mir, nit gern Vrsach geben.

Demnach aber disse zway Jahr hero durch etliche der Pfältzischen vnd vnserer Kirchen gethane offentliche aussschreiben die sachen so weit gebracht worden, das sich die Calvinische Sprach in articulis de praedestinatione et providentia Dei, partim etiam de persona Christi fast beginnet zuverändern, vmb wölliches Ich etwa noch mehrern bericht zugeben wuste, wie es zu Haidelberg daher gehe, als man auss Ihren schrifften noch zur Zeitt abzunemen, oder etliche mit gar zu vilem eüffer praeoccupirte Theologi zuhoffen haben, als wölliche ja mainen, es müesste mit der vnainigkhait in allen vnd jeden bisshero disputirten articuln also sein wie es ist, oder aber die Calvinisten müessten schlechtes Wegs vmb Verzeihung bitten, vnd der formulae Concordiae in allen vnd jeden strittigen puncten auff einmahl subscribirn, sonsten man sie gantz vnd gar khainerlay bisshero wider sie geführter clagen befreyen, noch den geringisten schritt gegen der einigkhait thun khönde: da hingegen Ich deren gentzlichen mainung bin, wan man etliche articulos, als de coena Domini etc. beiseitz setzete, vnd biss auff ein andermahl auffsparete, darneben

Inen in vorerwehnten articulis de praedestinatione etc. die Hand raichete, sie glümpfig mehr vnd mehr herauss lockhete, dasjenige für waar vnd ernst annäme, was sie schon alberait, sonderlich in Irem neülichst ausgangenem Anhang bekhennet, vnd darauss das ybrige, darinnen Sie noch verstossen, erinnerungsweise folgerte, Ire mehrere erclärungen drüber erwartete, Sie nit fürn Kopff stiesse, mit fürwerffung dessen, so die alte geschriben, sondern nur schlecht hinweg die contradictorias deroselben Gotslesterungen, ohne meldung, wem solliche contradictoriae zuwider gesetzt seyen, von Inen begehrte (da ohne Zweiffel Ire Churf. Gnaden gern für Sie bürgschafft laisten wurden, das nimmermehr nichts weitters wider solliche einmahl vnderschribene articul gelehrt werden solte) vnd in genere sich deren Mitteln gebrauchete (doch mit Vorbehalt der formula Concordiae für vnsere Kirchen), wölliche sonsten gemainiglich in vertragung anderer weltlicher bösser Hendel angewendet werden, in betrachtung, das ob wol dises gaistliche vnd Gottes sachen, man doch darinnen ebensowol auch weltlicher flaischlicher Weise zustreitten khommen: Als solte auff dise Weisse an jetzo, zum wenigisten der Pfälzischen, aber verhoffentlich successive auch andern calvinischen Kirchen, die Ir auffsehen auff die Pfälzische haben, in erwehnten articulis zurecht vnd den grausamen Irthumben gantz, oder doch zum Thail abgeholffen werden khöndten: darzu dan disses einen grossen vnd gantz augenscheinlichen fürschub gibt, das vnlangst Beza, Tossanus vnd andere hartneckhige Alte gestorben, vnd hingegen anjetzo etliche mehr sitsame Köpffe, als etwa auss Iren schrifften erscheinet, an die statt khommen, die das Werckh treiben: auch allem ansehen nach Pfaltzgraff Churfürst, sampt etlichen räthen, denen bey der grausamkhait disser lehr nit wol ist, in sollichen articulis auff die Theologos dringen. Da im widerigen vnd wan es mit dem regiment eine Veränderung geben solte, bey einem jungen Regenten vnzweivel ybel erger werden vnd vnsere Theologi wegen der versaumpten gelegenhaitt, vnd also wegen weitter einreissender gotslesterungen schwäre verantwortung haben, auch in dem Inen auffgedrochenen verdacht steckhen pleiben wurden, als sey Inen zu erhaltung des Volckhs bey dem articulo de Coena nur wol mit den erroribus de praedestinatione.

Disses alles betrachtet, vnd weil Ich gutter massen zuerachten, das alle vnd jede, so der formulae Concordiae vnderschreiben, hierdurch circumscribirt, von aller fridenshandlung abzuhalten, vnd einer auff den andern zusehen verursachet werden, Ich aber nun vil Jahr lang in Hoffnung stehe, das der Kirchen Gottes dermahlen ains von diser Zwitracht geholffen werden solle, wie nit weniger auch durch die formulam Concordiae selber vil Zänckhe geendet werden:

Als hab Ich zu mehrer befürderung einer sollichen hoffnung, bey meiner person mir einmahl, vnd zwar gewissenshalben fürgenommen, der formulae Concordiae nit anderst als conditionaliter, de non oppugnanda, vnd cum exceptione tractandae Pacis, nochmahlen zu vnderschreiben. In sonderlichem Bedenckhen, das Ich auch sonsten von Jugend auff in articulo de Coena nie befinden khönden, das einer der Calvinischen mainung beygethan (so doch, das er vnserer Kirchen mainung nit lestere, oder für gefahrlich halte, auch sich kainer behelffe gebrauche, als sensus verborum Christi), von diser vngleichen meinung wegen nit solte vnser Bruder in Christo genennet oder gehalten werden, wan er auch gleich ein Lehrer wär.

Doch gedenckh Ich mich inmittels, wie bisshero, also auch füro vnserer Confession Verwanten Kirchen khains wegs zueüssern, sondern mit denen zu communicirn, so lang Sie mich bey jetzerwehnter protestation pleiben lassen, vnd mich nit selber von Irer communion aussschliessen.

Da nun E. F. Gn. mit einer sollichen conditionirten subscription zufriden zusein, vnd eine besagter maassen zum Kirchenfriden genaigte person bey dero Vniversitet, oder in andern politischen geschäfften zugebrauchen willens wären, will Ich mich nochmahlen, wie bievor zu vnderthäniger einstellung, je ehe je besser, gehorsamlich anerbotten haben, vnd wäre ein solliches von Irer Für. Gn. zuerfahren, sonderlich in was sachen Ich gebraucht werden möchte, mir in setzung meines entlichen Datumbs eine nützliche nachrichtung vnd sonderliche hohe Gnad. Im widerigen vnd da E. F. G. schlechthinweg durch kheine andere personen (als wölliche der formulae Concordiae sonder einiger condition, tam ad propugnandum quam ad non oppugnandum vnderschreiben, vnd bey disem offentlichen Kirchenzanckh den Theologis heben vnd legen helffen) bedient zu werden, Iro fürgenommen: so geben E. F. G. selber hiermit Zeügniss, das E. F. G. Ich nit mit Verhaltung aller beschaffenhaitt vnd vergeblicher hoffnung hinter das liecht führen wollen.

Vnd hab ich dise declaration auss beweglichen Vrsachen einig vnd allain gegen E. F. Gn. zum allerersten thun, vnd zu E. F. G. haimstellen wöllen, wem Sie solliches ferners gesinnen anzumelden: deren getrosten Hoffnung, E. F. G. werden diss alles von mir in Gnaden auffnemen, vnd mein Gnädiger Herr vnd Landsfürst pleiben. Dero Ich von dem Almechtigen langwürige gesundthaitt vnd glückliche regierung nochmahlen gewünschet, vnd dem mich zu fernerer gnädiger resolution befohlen haben will.

E. F. Gn.

Vnderthäniger
vnd gehorsamer

(Inscriptio ut supra.)

Johan Keppler
Der Röm. Kay. Mt.
Mathematicus.

His adscriptum est: Main gn. F. vnd Herr lasst es bey des Supplicanten künfftiger Obligation allerdings verbleiben. Actum Stuttgarten den 9. Maji ao. 1609.
placet.

Ex epistola dedicatoria operis de Martis motibus haec excerpsimus, quibus Keplerus causas enarrat retardatae Commentariorum editionis, symbolice locutus de Marte, quasi hoste debellato et captivo imperatori exhibito. . . . . Interim in meis castris quod cladis, quod calamitatis genus non saeviit? Clarissimi ducis (Tychonis) jactura, seditio, pestis, morbi, domestica negotia bona malaque; novus et improvisus et terribilis a tergo hostis (nova stella); alio tempore draco decumanus longissima cauda (cometa anni 1607); militum perfugia et penuria, tironum imperitia et caput omnium, extrema commeatuum angustia. Tandem hostis, ubi me persistere vidit in proposito, animum ad pacis consilia traduxit . . . . et in mea castra transiit. Unum hoc M. Vestram rogat, ut quam primum illos (reliquos planetas) sibi reddat, ad quam rem operam fidelem offero, Caes. M. Vestra aerarii praefectis imperet, ut de nervis belli cogitent novamque mihi pecuniam ad militem conscribendum suppeditent.

In dedicatione Ephemeridis ad annum 1617 Keplerus imperatorem Matthiam sic alloquitur: Octavus annus agitur, ex quo Commentaria mea de motibus Martis Imperatori Rudolpho l. m. publicis typis descripta exhibui aususque sum, animo praeconcipere successum in reliquis planetis, si me sereno vultu respiceret Diva Nummonia. Nec abnuit Imperator magnificentissimus, coelestis scientiae famaeque perennis aestimator sapientissimus, quin aerarii praefectis in mandatis daret, non tantum residua meorum stipendiorum, quae ad 2000 monetae argenteae majoris excreverant, mihi confestim exsolverent, sed etiam alia 2000 adderent, quae mihi, lucrosas artes obsequio M. Suae postponenti, solatio inque recreanda familia, diuturnis damnis afflicta, adjumento essent. Id quo minus fieret, sequentium annorum infelicitate, cum non sufficerent aerarii praefecti tot curis, et denique vitae Imperatoris fine nimium propere appropinquante, effectum est.

Tengnagelius praemittit Commentariis de Martis motibus pauca, in quibus monet lectorem, ne moveat eum Kepleri „a Braheo dissentientis libertas", quae Tabulis Rudolphinis non obstet; Keplerum niti in „fundo" Brahei et opus hoc „prodromum" esse Tabularum et observationum Braheanarum. Excusat se, quod pauca praemittat, impeditus occupationibus politicis et praepropero Kepleri discessu, „hoc ipso momento Francofurtum ituri." In *Introductione* (III. 146—157) Keplerus multa affert ex historia astronomiae, comparat varias de mundo hypotheses, palmam dans Copernico, et inde transit ad „doctrinam de gravitate"; quae ipse praestiterit in restituenda astronomia sibi conscius recenset, non oblitus eorum, quae Tycho in observationibus siderum praestiterit. Insunt huic gravi praefationi fundamenta astronomiae Keplerianae, nec quisquam ea lecta dubius erit de Kepleri ingenio omnes aequales superante eumque dignum censebit nomine, quo hodie celebratur, Restitutoris Astronomiae.

Epistolae Kepleri hoc anno datae ad amicos paucae supersunt. Causam, cur intermiserit ab anno 1608 colloqui cum Fabricio per literas, in Ephemeride in annum 1617 hanc affert Keplerus: Succensuisti conticescenti; sed et fatigasti responsantem, Echo mea germana. . . . . Dolor, luctus, mors, orbitas, bella et lites, migratio et miseria me impedierunt. Crudelis, qui silentium meum, sub quo ceu ligamento quodam vix aegre coalescebant mentis vulnera, publicis machinis admotis nisus es expugnare. (Fabricius in prognosticis suis publico sermone Keplerum adierat.) — Supersunt epistolae ad Harriotum de rebus opticis (II. 75), ad Calvisium de anno Christi natali (IV. 401). In literis Herwarti, datis sub finem anni haec deprehendimus: Mit dem Herrn Kurfürsten von Köln reist als oberster Marschallambts Verwalter der Freiherr von Wenzin, vnser Obrist Jägermaister. Deme hab ich den Hern mündlich vnd widerumb schrifftlich rekommandirt. Wan nun der Herr vielleicht in seinen Obliegen des Hern Kurfürsten gnädigste Intercession bedürfftig, kan der Herr solliches durch yetzgemelten Hern Wenzin an Ire Kurfürstliche Durchlaucht gelangen lassen. — Non irritam fuisse hanc commendationem, haec testantur Kepleri verba, scripta seq. anno: „Archiepiscopus Coloniensis, Elector et Bavariae Dux Ernestus, Vienna redux instrumentum mihi commodavit, quod a Galilaeo sibi missum dicebat." Quod dicit „instrumentum", erat tubus opticus, hoc vel priore anno in Hollandia inventus et a Galilaeo usui astronomico adaptatus, quo ille Jovis satellites etc. primus conspexit.

In codice Pulcoviensi deprehendimus longiorem calculum motuum planetarum, quo Keplerus ea, quae in Marte ad votum successerant, ad alios planetas transferre studet. Incepit hunc calculum die 20. Octobris, sed scriptis aliquot foliis relinquit Keplerus viam, qua ingressus fuerat, dicens: „haec via multum a veritate recedit, consideremus ergo, quid sequatur, cum usurparem proportionem, quae consistit ex $^3/_4$, $^1/_2$, $^4/_5$, usque ad Terram, h. e. ex $^3/_{10}$: nimium descenderunt superiores planetae." Hinc abit ad „harmonica", simili ratione progressus, qua vol. V. p. 288 ss. — Die

22. Novembris aggreditur Keplerus „Restitutionem Mercurii“, adhibito calculo algebraico, alias ipsi minus usitato, rem vero non ad finem perducit.

1610. Hoc anno prodiit Galilaei opus celebre, *Sidereus Nuncius* inscriptum, Venetiis (et Francofurti); literae dedicatoriae Galilaei datae sunt „4.Idus Martii“. Quae Galilaeus in hoc opere refert de rebus per tubum opticum in coelo anno 1609 conspectis, eaque quae Keplerus de Galilaei inventionibus publicis et privatis literis conscripsit, pluribus recensuimus vol. II. p. 499 ss. In *Dissertatione cum nuncio sidereo* (inscripta Juliano Medices 5. Nonas Majas, absoluta vero d. 19. Aprilis) verisimilia esse censet Keplerus, quae Galilaeus de Luna, stellis fixis et Jove in „Nuncio“ suo referat, quamvis ipse, qui eo tempore quo haec scripsit tubum opticum nondum adeptus erat, se ipsum non potuerit testem oculatum proferre; vidisse se Jovis satellites publice profitetur in *Narratione de observatis a se quatuor Jovis satellitibus erroneis,* quam conscriptam d. 11. Septembris 1610 publicis literis edidit anno 1611. Visum se esse, dicit, mane diei 30. Augusti videre stellulam orientalem a Jove, die vero 1. Septembris „primam indubitatam et pulcherrimam observationem Medicaeorum“ adeptum esse. Jovem contemplatus sum d. 30. Augusti praesente Benjamino Ursino (cfr. vol. II. p. 572) astronomiae studioso, qui cum artem amet et exercere philosophando instituerit, nequaquam cogitat fidem, quae astronomo futuro est necessaria, statim a principio falso ullo indicio decoquere. . . . Die 5. Sept. vidit (satellitem unum) Thomas Segethus Britannus, vir jam celebrium virorum libris et literis notus, cui sua ideo nominis existimatio cordi est. Die 7. Sept. mane h. 4. Jupiter visus est cum duobus satellitibus; testis Ursinus; hora 5. vidit et agnovit D. Tengnaglius, Archiducis Leopoldi secretus consiliarius (admonitus). Die 9. Sept. vidimus tres, duos occidentales, clarissimum qui Jovi propior; unus orientalis. Segethus omnes tres vidit et eodem modo disposuit. D. Schultetus, Caesaris Fiscalis per Silesiam, agnovit (sed admonitus) clarissimum occidentalium. Hisce observationibus habitis et fide narratorum Galilaei sufficienter confirmata, cum et discessurus putaretur Elector, restitui instrumentum.

De Galilaei inventionibus et libro primum a se conspecto haec mirabundus refert Keplerus in „Dissertationis“ exordio: Ex inopinato circa Idus Martias celerum opera nunciatum in Germaniam Galilaei de quatuor planetis antea incognitis usu perspicilli duplicati inventis. Quod cum Illustris S. C. M. Consiliarius Matthaeus Wackherius a Wakhenfels de curru mihi ante habitationem meam nunciasset, tanta me incessit admiratio absurdissimi acroamatis consideratione, tanti orti animorum motus (quippe ex inopinato decisa antiqua inter nos liticula), ut ille gaudio, ego rubore, risu uterque, ob novitatem confusi, ille narrando, ego audiendo vix sufficeremus. Augebat stuporem meum Wackherii asseveratio, viros esse clarissimos, doctrina, gravitate, constantia supra popularem vanitatem longissime evectos, qui haec de Galilaeo perscribant, adeoque jam librum sub praelo versari proximisque cursibus affuturum. . . . . . Apparet ex praefatione „Mysterii Cosmographici“, et me tunc quaesivisse plures circa Solem planetas, sed frustra. Quod igitur haec perpendenti incidebat, curriculo ad Wackherium detuli, nimirum: uti Terra unus ex planetis (Copernico) Lunam suam habeat, sic fieri posse, ut Galilaeo quatuor aliae Lunae angustissimis meatibus circa Saturni, Jovis, Martis et Veneris corpora circumvehi videantur. Wackherio contra visum, haud dubie circa fixarum aliquas circumire novos hos planetas. . . . . Sic mihi, sic illi visum, interim dum librum Galilaei cupidine mira legendi exspectamus. Primum exemplum concessu Caesaris mihi contigit inspicere cursimque pervolitare. Video magna longeque admirabilissima spectacula proposita philosophis et astronomis, ni fallor et mihi; video ad magnarum contemplationum exordia omnes verae philosophiae cupidos convocari. . . . . Addebant animum augustissimi Caesaris Rudolphi imperia, qui meum de hac re judicium expetebat. De Wackherio vero quid dicam? Ad quem ut veni sine libro, lectionem tamen ejus professus, invisum mihi, rixatum etiam fuit, denique plane conclusum, ut in hac materia non differrem fieri quam disertissimus."

Jam Galilaeum allocutus sic pergit Keplerus: Quod mihi propria animi propensione, quod amicis placet, quod diligenter ipse rogas, id faciam non nulla spe inductus, me hac epistola id tibi profuturum, si eam censueris ostendendam, ut contra morosos novitatum censores, quibus incredibile aliquid incognitum, profanum et nefandum, quidquid ultra consuetas Aristotelicae angustiae metas, uno proaspide sis processurus instructior. Temerarius forte videri possim, qui tuis assertionibus, nulla propria experientia suffultus, tam facile credam. At qui non credam mathematico doctissimo, cujus vel stilus judicii rectitudinem arguit, qui tantum abest ut sese vanitati dedat seseque vidisse dictitet, quae non viderit, popularem auram captans, ut vel receptissimis opinionibus veritatis amore non dubitet repugnare vulgique vituperia susque deque ferre? Egone ut Patricio Florentino fidem derogem de illis quae vidit? Perspicaci lusciosus? Instrumentis ocularibus instructo ipse nudus et ab hac supellectile inops? An parum hoc fuerit, Magnorum Hetruriae Ducum familiam ludificari Mediceumque nomen figmentis suis praefigere? etc.

Galilaeus per hunc annum ea, quae praeter Jovis satellites nova in coelo deprehendit, gryphi forma Pragam misit ad Legatum Julianum Medices. Epistolas Galilaei Julianus Keplero tradidit, qui frustra hos gryphos solvere conabatur, a Galilaeo vero postmodum (13. Novembri 1610 et 1. Jan. 1611) solutionem accepit hanc: vidisse se Saturnum triplicem (annulum dicit Saturni) et Venerem corniculatam. Epistolas has Keplerus *Dioptricae* praemisit, quas nos vol. II. p. 462 ss. exhibuimus. Keplerus haec de hoc libro nunciat Galilaeo (d. 9. Jan. 1611): Scripsi Dioptricen, quae superiori Septembri venit in manus Serenissimi Electoris (Coloniensis). Puto nihil a me praeteritum, quod non ex suis causis demonstraverim. Equidem campus est exercendi ingenii: prodeat, qui ex aliis demonstret principiis, quam quibus ego usus sum.

Inscripsit Keplerus *Dioptricam* Ernesto Archiepiscopo Coloniensi (data est epistola dedicatoria d. 1. Jan. 1611) eique refert, „honesta quadam Galilaei aemulatione" ductum, se causas lege geometrica demonstrasse, quibus usus tubi optici niteretur. Continuasse se quadam ratione *Opticam* suam, in qua de visionis modo et de perspicillis talia docuerit, quae huc usque stent inconcussa, ostendendo, eadem fundamenta compositioni lentium in unam arundinem ferendae sufficere. „Qua opera, pergit, si non omnem obscuritatem sustuli, spero philosophiae studiosos imbecillitati meae aliquid condonaturos operamque hanc boni consulturos." Causam dedicationis refert hanc, quod Ernestus ipsum, gravibus tum fortunae ictibus afflictum, benevolis adhortationibus erexerit, ejusque mathematicus Zuckmesserus ipsum „jucundissimis et ingeniosissimis machinamentis manuariis et expoliatione vitrorum ingeniosissima" adjuverit adque aemulationem provocaverit.

Eodem hoc anno in lucem prodiit Kepleri *Tertius Interveniens*, inscriptus Marchioni Badensi die 3. Januarii 1610, quo astrologiam, qualem ipse intelligebat, contra oppugnatorem medicum Feselium defendendam suscepit (Cfr. vol I. p. 547 ss.). Conscriptum esse libellum *De Nive* (cfr. vol. VII. p. 715 ss.) anno 1610. testantur literae Veneti cujusdam, qui eum quasi editum libellum a Keplero sibi mittendum petit mense Majo 1610. Typis vero expressus est anno demum 1611.

Cum Magino egit per literas (mensibus Martio et Majo datas) de edendis Ephemeridibus (cfr. vol. VII. p. 443 ss.) et de Martis Commentariis (III. 494 ss.). Sub finem anni 1610. ad anonymum Saxonem scripsit Keplerus de inventione tubi optici, et „quamvis diuturna ingruentis inopiae imaginatione penitus obsoletus et ferias quasdam a studiis agens", rem alacriter et festivitate usus multa aggressus est. Sub finem literarum harum „suavitatis plenarum" addit: Si desertus ab iis, quae sunt fortunae, solam doctrinae anchoram arripuisti, qua navim in portu teneas quoad tibi subveniatur aliunde, in meam concedito familiam ad futurum Pascha meaque frugalitate contentus eandem mecum fortunam experiare. Sin autem genere polles et opibus, quod opto et magis atque magis conjicio, ego si placet ad te transibo Dresdam cum familia tota, quae constat ex uxore, tribus liberis, ancilla et si placet famulo, tecumque vel ibi vel commodioris victus causa Fribergae id temporis exigam, quod spero me a Caes. Majestate impetraturum absentiae meae, interim dum melioribus ventis spirantibus ex aula mihi super pacta jam merita mercede satisfiat. — Hi venti, quos sperabat Keplerus, non meliores spirabant sequenti anno, turbae aulicae Pragae magis magisque invaluere, res domesticae Kepleri iniquissimae fuerunt. (Vide annum 1611.)

Die 3. Dec. 1609. Nicolaus Vicke („S. Caes. M. Dapifer") Halberstadio Keplerum adiit petens, ut dubia quaedam de motu Solis etc. sibi explicaret. Kepleri responsionem (d. 18. Febr. 1610) exhibuimus vol. VII. p. 453 et ex illa haec excerpenda censuimus: .... Perplexitas calculi Tychonis in Luna Chr. Severini (Longomontani) opus est. Ego transposui et faciliorem modum computandi inivi; quod cum didicisset ille, me exagitavit literis, ut qui falcem in alienam mittat messem et tollat, quod ipse consilio reliquit. Ei respondi . . . (vol. III. 32, 704) Correctio motuum Martis et modus computandi meus est in libro edito. In ♄ et ♃ pleraque habeo, in ♀, ☿ tentavi multa, sed nondum usque ad calculum. Difficultas pecuniaria me perturbat, ut a studiis remittam. Paulo post Vickenius petit, ut Keplerus sibi suum „dirigendi" modum communicet. (Responsio Kepleri legatur l. c., epistolam Kepleri d. 8. Febr. 1611 infra dicemus)

Primum anno 1609 adiit Keplerum Petrus Crügerus Dantiscanus, quaerens quaedam de longitudine locorum etc. Cum Keplerus non rescripserit, repetit ille hanc quaestionem in literis d. d. 28. Martii 1610, referens, longitudinem Pragensem diversimode exhiberi, ideo scire se desiderare, cuinam Keplerus astipuletur etc. Ad haec respondit Keplerus anno demum 1615, orta vero inde est consuetudo literas dandi accipiendique, quae usque ad annum 1626 perduravit et plurimum lucis affert ad vitam Kepleri, quare non omittendum censuimus initium hujus commercii literarum per 16 annos datarum. Prima quoque epistola occurrit hoc anno Martini Horkii Bohemi, quem diximus vol. II. p. 452. In hac epistola (d. 12. Jan.) alloquitur Horkius Keplerum ut „Maecenatem sibi aeternum honorandum et amandum", refert, Bononiae se versari apud Maginum „amicum tuum sincerum (ut puto.)"; opus de Marte in Italia care venire (6 aureis vendi), Maginum in responsione contra Origanum laborare, nec non contra Keplerum „amice" scribere, caput 31. Martis oppugnantem. De Keplero dicit Horkius: „unica tu lux et dux solus Bohemiam captivo tuo (Marte) exornas et caput inter nubila condis et omnes mathematicos tantum antecellis, quantum Phoebus minuta sidera" etc. Sub finem petit, ut Keplerus apud nobiles quosdam Pragenses pro se intercedat, „ut se studiis operam navantem annuo aliquo stipendio adjuvent", ad quam petitionem redit saepius in literis suis. Die 31. Martii refert, se Keplero Galilaei *Nuncium sidereum* misisse, et addit: „est res miranda, est res stupenda, vera an falsa, ignoro". In proximis literis (6. Apr.) mentionem facit eorum, quae hoc tempore egit Keplerus cum Magino de edendis Ephemeridibus. De Galilaeo dicit: „mallem contra eum de quatuor fictis planetis calamum movere, sed jam ululandum cum lupis". Paulo post (16. Apr.) cupit „edoceri de quatuor Galilaei planetis". Huc usque Keplerus ad Horkii epistolas non respondit, jam vero advenisse responsionem intelligimus ex Horkii literis d. d. 27. Aprilis, quarum partem, quae Galilaeum attinet, vol. II. p. 453 exhibuimus. De academia Bononiensi haec quaerenti Keplero refert: „Professores non ut in Germania legunt, sed omnia promta memoria perficiunt. Studiosi, si in lectione aliquod dubium, finita lectione eam philosophice oppugnant. Cogitur, cuilibet respondere et lectionem suam defendere, si nequit, rident et sibilant." .... „Magis quam 50 professores jurisprudentiae legunt et studiosorum numerus 5000 superat. Vita dissoluta, gladios vagina vacuos magis quam millies vidi. Quando doctor in cathedra, illi, si lectio non placet, manibus et pedibus pulsant et ex cathedra discedere jubent et imperant. Gladiis in ipsius conspectu se aliquoties enecarunt. Salaria non sunt aequalia: philosophus habet ad minimum 500 ducatones, medicus 800 aureos, aliqui 2000 ducatos, Maginus 500 ducatos, sed exspectat brevi salarii augmentum." Mense Majo (24.) refert Horkius, regem Galliae esse interfectum, deinde, scripsisse se „durissime" contra Nuncium sidereum, mutasse vero consilium lecta *Dissertatione* Kepleri et „formam aliam" elegisse. (Edita est haec dissertatio mense Majo et forte statim Horkio transmissa.) Horkius Kepleri sensa perperam percepisse videtur (sicut et Maestlinus; cfr. vol. II. p. 461), cum verbis Kepleri (II. 506), quasi diceret, Galilaeum deceptum fuisse in observationibus suis, refutationem suam innitendam esse censet (II. 453.). Refutationem suam („Peregrinationem") misit Keplero 30. Junii, qui stomachabundus respondit (9. Aug.) et simul literas ad Galilaeum dedit, laudans hujus inventiones et temeritatem Horkii conquerens (II. 454 s.) — Galilaeus respondit d. 19. Augusti (II. 457) gratias agens, quod Keplerus primus ac fere solus ipsi fidem praebuerit. — Keplerus (25. Oct.) petit a Galilaeo, ne literas suas (9. Aug.) publice describat, cum Horkius ipsum „expugnaverit": „Agnovi temeritatis illecebras, ignovi" etc. Vidisse se, refert, jam bis planetas Mediceos. Finem faciens addit: „audio Florentiae recusam esse Dissertationem meam; cupio ejus exemplum videre. Vale et nos primo quoque tempore desiderio tuae novae inventionis leva. Neminem habes quem metuas aemulum."

Keplerus sub finem anni praecedentis vel initio anni 1610 literas dedit J. Papio, qui Februario mense respondit: „Magno cum gaudio tuas accepi. Afflixerat me nonnihil diuturnum silentium tuum, modo sollicitus eram de tuis fortunis, modo de vita tua, propter istas turbas Bohemicas, quae literis subinde confirmantur." Mense Junio idem scribit: „Utinam credere possis, quanta me voluptate afficiant tuae literae tum propter amicitiam nostram, tum propter acumen ingenii tui, quo quanto magis delector, tanto ardentioribus votis tibi longissimam tuisque studiis optatissimam vitam toto animo precor. Avidissime legi utrumque tuum scriptum a te editum, multa inveni admiranda, mathematico caesareo dignissima. Spero abs te progressu temporis methodum totius astronomiae et opticae. Mitto tibi pro tuis tribus liberis totidem libellos ex succino et ex eodem petitos orbiculos pro uxore, quos omnes ego et mea Anna officiose et amanter salutamus, rogantes, ut exigua munuscula boni consulant. Succinum a principe mihi donatum est; uxor mea addit annulos et corda de ungula alcis."

Quae Keplerus hoc anno chronologica egit cum Calvisio et Gerstenbergio, leguntur vol. IV. p. 413 ss. — Prognostica hoc tempore nulla edidit. Causam, qua motus negotium hoc diu continuatum (1595—1608) omiserit, hanc dicit in libello „Tertius Interveniens": Weil die Astrologi keine besondere Spraach haben, sondern die Wort bey dem gemeinen Mann entlehnen müssen, so wil der gemeine Mann sie nicht anderst verstehen, dann wie er gewohnet, weiss nichts von den abstractionibus generalium, siehet nur auff die concreta, lobt offt einen Calender in einem zutreffenden Fall, auf welchen der author nie gedacht, vnd schilt hingegen auf ihn, wann das Wetter nicht kömpt, wie er ihms eyngebildet, so doch etwa der Calender in seiner müglichen Generalitet gar wol zugetroffen: Welcher verdruss mich vervrsachet, dass ich endtlich hab aufhören Calender zu schreiben.

In Summa, es gebet wie bey den Philosophis Platonicis mit den sensibus vnd mente, wann der Herr im Hauss ein Narr ist, vnd nicht selber besser weiss, wie er eine ansage verstehen vnd auffnehmen solle, so kan ihme kein Bott recht thun, oder gnugsame nachrichtung bringen, dann der Bott selber, der sensus, ist viel zu grob vnd vnverständig hierzu.

Keplerum anno 1609 duci Württembergico sententiam suam de fide Lutherana proposuisse, supra diximus; theologis Wurtembergicis hanc confessionem minus placuisse, infra patebit, sicut etiam ex his ad Matthiam Hafenrefferum datis literis.

Keplerus igitur haec scripsit Hafenreffero.

S. P. D.

Reverende et charissime D. Praeceptor. Cum in hunc tabellarium Marpachensem incidissem, sine literis ad R. T. non censui dimittendum, praesertim quia spem sui reditus fecit intra septimanas sex. Itaque significo, me ad literas tuas, quibus spem responsi ad personae meae objectiones facis, rescripsisse per postam eoque spero te illas recepisse. Quodsi quid interea conceptum est a quoquam tuo vel D. D. Cancellarii hortatu, id, non obstante quicquid acerbitatis forte habeat, modo de cetero Tuae et Cancellarii sententiae sit consentaneum, rogo praesentium latori tradas. Simul autem et hoc rogo, ut quicquid apud R. Tuam reliqui schedarum seu germanico idiomate seu latino, illud jam addas, ut tandem aliquando ad suum dominum revertantur. Nam si earum Tubingae vel Stuccardiae usus esse potuit, eum jam puto exspirasse. Sin autem, ut ex literis cujusdam intellexisse videor, Stuccardiam aliqua de iis ablegata a te fuerunt in meum commodum, ea quocunque pervenerint sarta tecta fore puto, eoque et hoc rogo, ut tabellarium hunc cum scheda ad illa repetenda Pragamque deportanda ableges. Equidem quoscunque illa lectores nacta fuerint, eos hoc reputasse puto, me non reliquisse illa ut iis chartis privarer, quasi mihi domi manus ad urendas defuerint, sed ut scrupulis, quos chartis expressi, promta theologorum institutione liberarer. Sed qui, ut supra dictum, operam hic mihi collocavit, ei de honorario academiae, si repertum et receptum fuerit, pro arbitrio tuo meo nomine aliquid dones. Sin autem periit, dilationem peto dum paulo liberalius mihi ex aula nostra, uti spes nuper facta, fuerit prospectum.

Cum audissem respondisse Heidelbergenses, puduit nonnihil falsi indicii; mihi enim erat dictum, non responsuros. Ut legi, miratus sum illos non potius in solidum tacuisse, quam ut arrectis lectorum sollicitorum animis rebus missis illuderent. Nam quid mihi prodest de factis resciscere personarum, qui medicinam exspecto dogmatum et pacem capto? Vides quantum argumentum aliquid publice scribendi, si cui concederetur ea libertas, quam sibi sumsit conceptum meum germanicum, et si occasio pateret, aliquid edendi suppresso nomine.

Scribo jam exercitii causa contra Hubertum Sturmium, cujus anno 1604 libellus in octava Hanoviae est editus. Ex Zanchio fatalia defendit omnia. Scopus meus fuit, neminem sequi praeter S. Literas, cujusque loci circumstantias pensitare diligenter, sensum eruere ex antecedentibus et consequentibus, loca unius Apostoli plura inter se et cum locis Apostoli alterius, denique cum Christi Servatoris dictis comparare. Quid multis? Ubi ad fastigium montis enixus circumspicio, video me juxta praeceptores meos stare. Gratulatio magna, si nemo esset ex hoc numero, qui tua in continuatione *examinis* responsione super viribus et exemplis non renatorum (numerus foliorum excidit et librum commodato dedi) synergismi et philippismi accusaretur.*) An litem tibi moturus sit ignoro, certe Hutterus in suis disputationibus superiori anno in octavo editis (privata enim colloquia et literae cum auctoribus supprimantur in praesens) Philippo litem intendit, quod docuerit „gratiae Evangelii partem hanc esse, arguere peccata terrore illato et sic tandem perterrefactas conscientias adducere ad Deum". Ex quo intelligis, auctorem hunc non facile concessurum illam praeparationem animorum ad regnum Dei, quam doces in explicatione vocis τεταγμένοι.

Quid vero haec ad me? Tecum enim exclamo, portae inferorum non praevalebunt adversus hanc doctrinam, gratiae praevenientis fuit, ut mitteretur Joannes ad excitandos et sic regno Dei venturo praeparandos homines. Eadem omnium Apostolorum fuit consuetudo: Paulus Athenis auspicatur suam concionem ab inculcatione terribilis judicii vivorum et mortuorum etc.

Occasio de hoc tui libri loco disserendi fuit ex confessione Bohemica, quae in loco de bonis operibus appendicem facit de justitia civili, quam diligenter distinguit contra illa et tribuit nondum renatis, inter ceteros usus ejus hunc ultimo recenset: magistratum ecclesiae addictum debere illam urgere apud subditos, ut tanto aptiores evadant suscipiendo verbo Evangelii et Spiritui Sancto. Deum enim opus suum non velle operari in his, qui contemta civili justitia belluinam vitam agant. Cum in tota confessione nullus occurrat titulus peculiaris de praedestinatione, scripta est enim anno 1573, nondum enatis litibus, hic tamen sufficit ad debellanda illa stoica monstra. Et tamen iis, qui ad hoc debellationis opus conducti sunt nomenque dederunt, non placet hic articulus, accusatur synergismi et cum eo tua etiam *Examinis* continuatio in subsidium adducta. Haec pro.

Contra: Examen meum disputationum Schaeferi occasione praeterita volui mittere Giessam ad Menzerum. Aiebant enim, promtum esse ad hujusmodi examinanda; monuerunt tamen inspicere ejus tomos disputationum. Inspexi ad momentum apud amicum discedentem: videtur omnino idem quod ego sentire; quod si est (inspiciam enim diligentius), impossibile est ut vobiscum per omnia in illo articulo sentiat. Ecce iterum materiam alicui concilio ad sedandas controversias, si impetrari posset, ut non obstantibus subscriptionibus alter alterum pacifice audire suamque sententiam libere profiteri posset.

O sapientem Dei sapientiam, quae nobis dissuasit rabinos audire, id est tali loco haberi, ut dicta nostra sint authentica. Insidiatur humana arrogantia per se, ut nemo videri velit errasse, quanto magis, si habeat praetextum, ut honos loci, ordinis, libri, principis defendatur, ut scandalum vitetur. Quid magis obstat sedi Romanae, quo minus locum det patefactae veritati, quam hoc,

---

*) Examen vnd Gegen-Bericht vber den aussfürlichen Bericht der Calvinischen Theologen zu Heydelberg, wass die reformirte Kirchen in Teutschland glauben. Tubingae 1608. Examinis Continuatio. ib. 1609. Examinis promotio. 1610. Examinis conclusio. 1611.

ne videatur sedes errasse. At mihi omnes istas praestigias depellit (et ut puto depelleret, etiamsi rabinus essem) unica vox Pauli unius: cujusque opus manifestum erit; dies enim domini declarabit, quia in igne revelabitur, et uniuscujusque opus quale sit, ignis probabit, si cujus opus arserit, detrimentum patietur, ipse autem salvus erit, sic tamen quasi per ignem (judicii divini et conspectus Dei omniumque sanctorum) effugiens. Dominus enim veniens illuminabit abscondita tenebrarum et manifestabit consilia cordium; et tunc laus (ad omnem coetum electorum et sic etiam vituperium, si opus arserit) unicuique a Deo.

Cum jam diu verser in examine thesium Wegelini, quae, pace vestra dictum esto, multas continere videbantur novationes, et jam ad ipsum miserim partem examinis, objectiones illi meas jure opponentis offerens, quia locum sibi disputandi sumsit in hac publica orbis academia editis thesibus, quae rediit ad me, nescio an ab illo visa: ecce incido in Gretzeri jesuitae librum scriptum contra Wegelinum, qui totam illi antiquitatem eripit et praesertim ostendit, quam misere ipsum fervor dogmatisandi seduxerit contra trisagium. Sensi vim antiquitatis intus in pectore. Itaque admonitus inde dico vobis, frustra vos me circa personam Christi de studio Calvini suspectum habere (ut audio fieri); nihil in Calvini, qui novus est, gratiam fieret, nisi antiquitas persuaderet. Tunc autem persuadet antiquitas, cum vos mussatis, erraverit hic et ille pater necne, cum haec et illa scriberet, et cum verba ejus a communi usu abducitis et cum sensui, qui Jesuitis et Calvinianis servit, nihil opponitis nisi illam a Luthero anno 26. primum inventam et a Jacobo Andreae et ceteris amplificatam ratiocinationem ab ubiquitate Dei et unione cum carne ad omnipraesentiam carnis. Nam si expressa verba scripturae opponeretis, caro Christi est ubique, citra figuram, caderet apud me antiquitas.

Ignosce mihi, qui toties jam contestor plane radicatam apud me sententiam hanc. Portassis enim si utique respondisses, jam pridem enormia aliqua (neque enim sperare debeo, omnia esse sana) exstirpasses.

Scio non esse commodum tabellariis exspectare tempus, dum respondeant occupati, eoque rogo ut ad minimum schedulam ipsi des testem traditarum literarum et quid vicissim ei petitorum tradideris aut ubi haereant.

De cetero me R. T. commendo et saluto omnes D. D. Praeceptores et Professores officiosissime. Vale. Pragae 18. Augusti 1610.

R. T.

Officiosissimus
Joh. Keppler.

De Zacharia Schaefero quaesivi proximis an viveret? Rogo tabellarium adhorteris ut ipsum adeat.

Etsi misi proximis Dissertationem meam cum Nuncio Sidereo, jam tamen alterum mitto exemplum, si forte illud non pervenerit. Spem facit Galilaeus adhuc multo mirabiliorem; quae cyphris scripsit, ut suo tempore legantur.

Keplerum hoc jam tempore transitum Praga Lincium meditatum esse, ex L. B. Helmhardi Joergeri literis apparet, qui Lincio d. 20. Dec. 1610 haec dat Keplero: Edler, hochgeporner, sehr lieber Herr Kheppler, mit Wüntschung aller wolfart vnd ehrbietung, was ihm von mihr dienst vnd lieb ist, hab ich ihn bey diser Gelegenhaitt vmb Antwort auff mein voriges schreiben anmahnen wollen. Eur Persohn betröffent wär mein rath,. ihr begäbt euch herauss vnd liest euch ihn der Stänt dises Landes dienst ein, hättet damit ein ehrliche condition vnd dürfftet vmb ewre Bestallung wenig sollicitirn. Will alssdan euch gern helffen, vnd da ich allein ewren Willen waiss, das meinige darbey thuen vnd auff ängedeutten Weg richten. Desswegen erclärt euch, was ihr jährlich begehrt. Zweifle nicht, ihr werdet es sehr billig vnd recht thun.

Exercitationes Mauritianas Simonis Stevini khan ich zu Wien nit bekhommen. Da man sie zu Prag hat, well er mirs herausschickhen, darneben auch J. Stöfleri elucidationes fabricae astrolabii.

Als ich mich zu Rom in geometricis delectirt, hab ich vnter anderem modum gesucht, wie man una circuli apertura per sectiones linearum ein modum haben möchte, einen Circul in vnderschidliche partes aequales zu theilen. In welcher speculation ich einen Weg gefunden; ob er wohl an ihme selber gerecht, mangelt mir doch dabey die demonstratio vnd khan demnach mit ihm nicht zufriden seyn. Zu Steyr las ich mir ein kupfferne Kugel zu einem globo schlagen, so 1½ Fuss im diametro hat.

Wüste gern, was ihr derzeit vnter den Händen habt, auch was Adrian de tries (?) hier hat. Den bitt ich zu grüssen.

1611. De fatis anni hujus refert Keplerus amico Crügero anno 1615: Cur non responderim, ex ipsa temporum conditione perspicies, si quae interea facta memoria repetieris, si etiam adjunxeris, quae tibi de meis privatis rebus communicabo. Annus enim 1611 luctuosus undiquaque fuit et funestus. Primum nulla mihi fuit facta solutio aulica. Uxor, publicae famae praeconio celebratissima, melancholica ἀθυμίᾳ correpta tandem sub finem anni 1610 gravissime aegrotavit febri Hungarica et epilepsia et phrenesi. Vix ea convaluit, cum tres mei liberi mense Januario variolis correpti gravissime decubuerunt simul omnes. Interim Leopoldus cum exercitu partem urbis trans flumen occupavit (7. Febr.), quo eodem tempore et mihi filiorum carissimus tandem decessit (Febr.), ille, cujus natalem invenis in libello Stellae Novae (v. a. 1604). Alteram partem urbis cis flumen, in qua ego habitabam, infestabant exercitus Bohemici ex agrestibus conflati, tumultuosi et minaces. Tandem supervenere exercitus Austriaci (11. Martii), contagionem inferentes. Igitur excurri ego in Austriam (sub finem mensis Maji) mihique de loco prospexi, quem nunc obtineo. Reversus mense Junio (23.) inveni uxorem, jam antea desiderio amissi pueri tabescentem, in ipso limine contagiosae febris constitutam eamque post diem 11. a meo reditu amisi (3. Julii). Hinc novae mihi turbae natae, ut solet; dividenda fuit haereditas cum privigna, nec Caesar Rudolphus consentire voluit in meum discessum ex aula: lactatus sum vana spe solutionis ex Saxonia, pecunia consumta et tempus. — Vickenio haec refert Keplerus (c. Julium mensem 1611): Sub finem mensis Maji Lincium exspatiatus sum, die 23. Junii reversus tuas inveni. Interim a die mei reditus coepit aegrotare uxor mea, quae 3. Julii decessit et 5. Julii sepulta est. Ex eo occupor cura liberorum, consignatione bonorum et divisione haereditatis inter ejus haeredes, meos pueros et privignam: intestata enim decessit, nihil mihi relicto. — Iisdem fere verbis nunciat Keplerus Tobiae Sculteto (in epistola dedicatoria „Eclogarum Chronicarum") mortem filioli et uxoris iisque haec subjungit de rebus suis domesticis et studiis inceptis: ... Sublata altum voce significo, me vivere adhuc superis et vescier auris, neque patrocinio renunciare, quamvis Praga nunc Lincium transeam, regis auspicatissimi concessu Maecenates illic habiturus illustres Proceres Austriae ejusdemque Regiae Majestatis stipendia juxta meriturus. Hujus vero vocis nuncium esse jussi libellum hunc Eclogarum Chronicarum, cum ut promissum meum nuperum adimplerem, tum vero maxime, ut Tibi patronorum meorum non postremo perque Te lectoribus ceteris rationem redderem temporis ab editione Commentariorum Martis consecuti. . . . . Refert jam Keplerus tumultus Pragenses et mortem uxoris et his finem facit: Quorsum haec autem? Et num solus ego novercam experior fortunam? Nimirum ut vel ex ipsa oratione recognosceres animum illum, quem sunt qui adhuc mirantur me remisisse ab ea intentione, quam requirunt speculationes astronomicae. Quibus equidem uti non inficior suspensum me hactenus, imo mihi velut e manibus excussum fuisse studium astronomicum, ita demonstrandum putavi hoc libello, quamvis fatigantibus adversis, non omnem tamen studiorum curam fuisse remissam. Quam autem materiam fallendi temporis ingratissimi sub manus sumsissem, nisi ipsa tempora quaestionesque, quas tu Pragae tunc versans incendisti tuisque hortationibus animum prostratum erexisti, ut ad jucunditatem studiorum paulatim respiraret, eaque quae praecedentibus annis inter me et quosdam doctos viros agitata erant, publicae cognitionis causa colligerem, recognoscerem, disponerem, quippe quae jam non plus laboris, quam ferrent vires afflicti animi, requirerent, et quae placitura doctis, ex tuis deliciis experimento capto sperare possem. . . . Porro quoque enitere cum pro te ipso, tum vero et intercessionibus tuis apud D. Nic. a Burghausen, camerae Silesiacae praesidem, ut cum reflorescente mea diligentia in computationibus reflorescat et vestra benevolentia in adnumeratione debiti mei. . . . . Dabam Pragae Id. Apr. 1612 in ipso procinctu migrationis meae.

„Proceres" Austriacos adiit Keplerus, Lincii versatus mense Junio 1611, operam suam offerens. Ad hanc petitionem d. 14. Junii benigne responderunt proceres, liberaliter viaticum 100 florenorum assignarunt et pactionem proposuerunt, annuum salarium 400 florenorum constituentes. (Petitionem Kepleri, responsum Procerum et imperatoris Rudolphi assignationem 2000 florenorum vide vol. IV. p. 518 ss.) Res Linciana dilata est in annum 1612, quia, ut ipse dicit Keplerus, Rudolphus discessum Kepleri ex aula negavit.

Turbas Bohemicas spectans scripsit Vickenius (Majo) Keplero: „Cum videam et experiar, motum hunc contra nostrum Imperatorem retardaturum tabulas Rudolphaeas, quas ego summo cum desiderio exspectavi et exspecto, et fortassis propter infortunium D. Tengnaglii (cfr. II. 811) lucem nunquam visuras: idcirco te diligenter rogo, ut mihi conficias tabulam aliquam. . . . . . . Tuam conditionem jam scire aveo, dubito enim, an jam sis apud Imperatorem mansurus. Instauratio academiae Pragensis mihi videtur ad Calendas Graecas futura. Provideo enim ruinam imminere regno Bohemiae." Ad hac Keplerus: Non male conjecisti: meditor vel discessum vel solutionem debiti mei. Caesariani vero offerunt annuos 800 in chartis, vellem in parato dimidium darent. Eadem spectans Remus scripsit Keplero: „Cum hodie tanta bellorum et pestiferae infectionis periculosa sint tempora (prout et cum magno dolore audivi D. Tengnagelii adversam fortunam), non mirum est, quod artes et Musae sileant." Keplerus respondit: Ex quo D. Tengnaglius adversis fatis animum ad politica transtulit, instrumenta Brahei pereunt egoque solus supersum, qui speculando artem qua possum promoveo. Oculis imbecillibus utor, nec valetudo ad nocturna frigora toleranda sufficit, praesertim solitario. Quid vero Linciana conditio, ad quam jamjam transire constitui rege probante, profutura sit observationibus, tempus dabit. (Ex epistola d. d. 18. Martii 1612.) Quae scripsit Papius, consolatus Keplerum de mortua uxore, leguntur vol. VI. p. 26. Haec his supplemus: „Non est quod excruciet te memoria litigiorum, quae inter conjuges esse solent etiam pios et optime moratos. Ea fert occasio, Satanas subministrat etiam multa per improbos, occupationes nostrae literariae nos etiam morosiores efficiunt. Sed quid amplius? Deus καρδιογνώστης animos nostros perspectos habet et imbecillitatem nostram: satis gravis divina animadversio jam fuit in id, quod tu humanitus deliquisti. Nosti meam uxorem cum tua beata merito comparandam esse pietate omnibusque virtutibus, quae hunc sexum exornant: sed ita me Deus amet, et nostrum conjugium immune penitus non est ab hujusmodi liticulis, nec puto ullius esse mariti et uxoris. Quia sic Domino Deo nostro visum fuit, impatientia quaeso ne tua plus mali accersas. Nosti voluntatem Dei perfecte bonam esse, nec ἐπιχαιρεκακίαν in Deum cadere, sed illam Satanae esse propriam. Onus tibi a Deo cogita impositum, sed et hoc ipsum tuam salutem esse recordare. Imposuit inquam tibi hoc onus Deus idque imposuit in hunc finem, ut fidem atque constantiam tuam in pietate probet et exerceat; non ut te praeclara conjuge orbatum deserat, sed ut ipse jam consoletur voluntatem tuam, tuosque liberos suavissima matre orbatos sua solus gratia refocillet. Theologiam illam jam tuam, cui te juvenis totum tradideras, aut potius animi fortitudinem vere theologicam in medium profer, te virum ostende in doloribus magnis, quod poscit Christiana fortitudo, expugna omnem animi moerorem, ut Christianum militem decet. Illam inquam tu vivus animi magnitudinem per gratiam Spiritus Sancti declara, quam in agonisante tua beata conjuge, ut scribis, manifeste conspexisti. Serva te liberis tuis dulcissimis, qui jam magis tuo consilio et paterna χειραγωγῇ indigent quam unquam antehac, in loco peregrino, in his mundi turbis. Memoriam ex animo tuo ejice et dulcedinum et molestiarum praeteritarum. Deo supplica et confide, ipse providebit tibi ac tuis. Utinam tibi ego et mea Anna propiores essemus, ut aliquam in nos calamitatis tuae partem recipere possimus. Non credis, quantum nos afficiat hic tuus improvisus casus. Lincii te esse optarim; novi ibidem multos bonos viros, quorum consuetudine plurimum posses recreari liberosque tuos rectius fortasse educare quam Pragae." (Regiomonti 23. Sept. 1611.)

Erasmus Baro Starembergius haec dedit Keplero: Clarissime et Doctissime Vir. Non sine animi dolore intellexi ex nuperrimis tuis de obitu inopinato uxoris, cujus amissione te affligi non mirum. Ita enim est constitutum in rebus humanis, ut privatio alicujus boni tum demum majorem nobis dolorem pariat, cum conjunctionem et familiaritatem, qua in felici matrimonio utebamur, penitius animo perpendimus. Dolere et dolere ex animo ob ejusmodi casus, humanum et christianum. Quis enim non lugeat, se dimidia cordis sui parte, ex qua pignora charissima amoris susceperit, privari. Verum erigat animum moerentem et soletur Christianum et pium virum benigna voluntas Numinis divini, sine cujus nutu et arbitrio ne minimus pilus de capite nostro decidit. Si igitur Deo, vitae auctori, ita visum, cur nolis illi iterum restituere, quod ad tempus ipse mutuo concessit? Non est amissa, sed praemissa, cujus consuetudine in altera vita cum majore felicitate es fruiturus; est quidem ex oculis tuis et liberorum ablata, sed brevi restituetur cum majori foenore. Sed quid Christianum et philosophum quidem magnum solor, ipse qui praeceptis philosophiae instructus aliis praecepta consolationis dare et praescribere potest? Amoris est hoc in te mei argumentum et indicium singulare. Novi enim illud Ciceronianum: „dum recte valemus, recta aliis consilia damus." Quare aequi bonique consule, mi Keplere, admonitionem hanc, ex animo sincero profectam.

Ceterum quod patrocinium meum ob moras tibi necessario nectentem requiris, non est quod dubites de meo erga te animo bene de te affecto, imprimis cum pollicearis, te pactis, quantum per Caesarem fieri poterit, staturum. Et cum non videam, qua ratione Caesar, cui non es adeo mancipatus, ut non aliam conditionem, meliorem rebus tuis et utiliorem suscipere possis, impedimentum injicere huic legitimae et divinae vocationi queat, ideo hortor et admoneo, ne desis fidei semel datae. Vereor enim ne male audias apud Proceres hujus provinciae, quibus fide es obstrictus. De longiori interposita mora facilius excusaberis, modo in sententia perstes et de reditu quam primum cogites. Non uni, sed multis es obstrictus (imo toti provinciae), quorum benevolentia et tibi et liberis prodesse potest. Non haec ideo perscribo, ac si de constantia animi dubitarem, novi enim ingenium, pietas eximia mihi tua est perspecta. Cura igitur mi Keplere ut, liberorum et rei familiaris constituta cura, quam primum ad nos redeas et incolumis.

Nos militem nostrum tam equitum ac peditum dimisimus usque ad 300, idem et Moravos fecisse intelligo. Faxit Deus, ut inter Caesarem et Regem nostrum, sublatis fraternis odiis, pax sincera et firma, de qua hic obmurmuratur, constituatur et firmetur ad Nominis Divini gloriam et Christiani orbis utilitatem, quod ardentibus precibus a Deo contendendum. Fratrem Richardum ad Mülhusianum Electorum conventum a Rege ablegari noveris, cum in aula nunc Pragae Regis commoretur. Vereor ne Electoris Saxoniae obitus moram quandam negotiis publicis injiciat. Fratrem Johannem Georgium venatorem hactenus strenuum egisse comperi; inveniet procul dubio in novo regimine venatione digna. Non datur occasio plura nunc scribendi, differo cetera ad alia. Interim te salvere et valere jubeo. Dabantur Lincii d. 20. Julii 1611. —

Keplerus sicut prioribus annis a Fabricio, sic jam a Vickenio ad astrologiam continuis quaestionibus recovatus est. Exstant epistolae Vickenii et responsa Kepleri vol. I. nostrae editionis. In epistola, quam supra paucis diximus, Keplerus infensus refutat superstitionem Vickenii. Explicat rationem „dirigendi" variorum astrologorum suamque ipsius rationem proponit addens: „totum domuum negotium contemno". Responsionem Kepleri Vickenius re vera extorsit, quatuor epistolis brevi se invicem subsecutis iterum iterumque petens, ut ad quaestionem de novem horis et genio, „de qua multos doctissimos viros consului", responsum accipiat. In literis d. d. 6. Julii excerpsit partem literarum Simonis Marii, de tabulis suis, „ante 12 annos publici juris factis" verba facientis, de edendo Euclide etc. Tentare se, addit Marius, aliud opus, in quo immobilitatem Terrae asserat, assumtis argumentis ex S. Scriptura; Venerem dicit a se conspectam esse corniculatam etc. Haec Marii verba Keplerus praefationi ad *Dioptricen* inseruit notisque illustravit (II. 469), Vickenio autem scripsit: De Marii tabulis disceptare ulterius animus mihi non est. Sufficit hoc, quod dixi, incommodas esse usu, quod video auctorem fateri. . . . . . Sequitur in Mario anxia comparatio eorum, quae ipse primus computavit et demonstravit, cum iis, quae me agnoscit reddidisse commodiora, cui subjungitur deprecatio, ne inhumanius ipsum tractem. Nisi fallor, tu illi scripsisti, me publicas adversus ipsum suscepisse inimicitias adeoque jam hostilem, si Deo placet, librum mihi sub manibus esse. At ita mihi bona mens faveat, uti ego nunquam in his apinis, nedum in emendatiunculis ullam gloriae spem ponam, quas illis in chartis (in literis deperditis, d. 17. Maji datis) nunquam attigissem, si absque tua importuna petitione fuisset. Amici charitate, non meo lubitu, scriptas memineris; propere igitur transeamus ad alia. Marius Euclidem docet germanice loqui. Nihil per has turbas ad nos importatur; cuperem inspicere librum, si quid in versione Xylandrica (an Dryandrina?) mutatum sit. Exstat et Schebelii, ni fallor, versio trium librorum VII, VIII, IX. Ego animi causa in iisdem curis versor, sed potissimus mihi scopus, ut termini etiam germanici sint. Pudet parallelas germanice non aliter dici posse, quam parallelas. Hic vero communi cura opus esset, ut termini transirent in usum publicum, neque aliter hic loqueretur, aliter ille. Et puto me in X. libro aliquid hic profecisse. Eadem enim jure, quo Euclides in graeca lingua nova constituit nomina, constitui ego in vernacula.

Hinc transit Keplerus ad „opus aliud, quod Mario sub manibus esse" audiverit, suadet, ut Marius sibi caveat „a personalibus". Plerosque, pergit, mathematicos, philosophos, medicos, non paucos jureconsultos et theologos aliquos „huic haeresi mobilitatis Terrae esse addictos" etc. (Cfr. vol. II. p. 471 s. ubi etiam exstat epistola ad Marium, qua Keplerus Marium, qui notas ad Dioptrices praefationem quas diximus aegre ferebat, mitigat.)

Iniit hoc anno Keplerus familiaritatem cum Joanne Remo, qui primus adiit Keplerum, Romae d. 17. Decembris scribens, in eadem se opinione esse cum Copernico, „in hoc unico moveri sibi scrupulum, quomodo perpetuo sibi similes distantiae stellarum locum habere possint". Majorem partem epistolarum Remi et Kepleri mutuarum per annos 17 exhibuimus vol. VI. p. 51 ss. In epistola ad Galilaeum d. 9. Januarii data, qua petit, ne tertiam suam observationem (Saturni annuli) diutius celet (II. 468), refert Keplerus, scripsisse se *Dioptricen*, quae Septembri anni 1610 Electori Coloniensi, cui librum inscripsit, tradita sit. Typographus vester, addit, *Phaenomenon singulare* decurtavit, priusquam ad rem veniretur. Pro hoc reatu condemno ipsum in multam vitri convexi unius de sphaera diametri pedum 24. Puto te jocanti ignoscere velle, itaque te constituo exactorem. Sumtus fabrices ipse refundat, tu vitrum ex tua mente fabrica. Fragmentum superest epistolae ad Galilaeum scriptae, non vero traditae (II. 460), in qua haec, quae modo praemissa supplent, occurrunt: *Dissertationem* edidi meis sumtibus. Florentinus itaque typographus ad damnum me redegit sua editione. Quodsi mihi juris aliquid esset in typographum, condemnarem illum ad multam hanc, ut tuis operis solveret pro uno bono et lato vitro convexo etc. (ut supra, modo sphaerae diameter ponitur hic 12 pedum). Hic Pragae facile invenirem, qui cavum mihi accommodaret. . . . . Certiorem te facio, scripsisse me superiori Augusto et Septembri *Dioptricen* etc.

Galilaeus literis suis sine nomine scriptis d. 22. Apr. 1611 subjungit hanc Kepleri epistolam, quam diximus vol. II. p. 469.

S. P. D. Hac ipsa discessus postae hora, Galilaee celeberrime, D. Hasdalius mihi retulit, quid per ipsum a me peteres. Quantum igitur potero satisfaciam.

Libellum Sitii (l. c.) ex concessu D. Welseri nactus legi seu pervolitavi potius, idque somnolentius. Titulo „Dianoias Astronomicae" in catalogum venit nundinarum Francofurtensium autumnalium, at jam auctus est titulus hisce verbis: *Qua Nuncii siderei rumor de 4 planetis vanus redditur.* Dedicatur magno Hetruriae Duci*) miro argumento, rem sibi esse cum fretissimo (sic) illius ducis heroe Galilaeo, se vero imbecillem: clientela igitur indigere. Invehitur in Horkium, queritur de injuria accepta, narrat, quid inter ipsos actum. Ostendit, sibi displicere hominis petulantiam jocandi et cavillandi et maledicendi. Re ipsa videtur in Horkii sententiam abire, nisi quod ait, ista se disputare exercitii causa, quod cum titulo quidem male convenit. In genere id agit, quod tu ad Hasdalium scripsisti. Repudiato mundo sensibili, quem nec ipse vidit nec expertis credit, ratiunculis puerilibus spatiatur peripateticus in mundo chartaceo negatque Solem lucere, quia ipse coecus est. Allegat mea scripta saepius honorificentissime, ac si praeceptor ipsi fuissem, et uno loco talibus utitur verbis, ex quibus ignarus colligat, multa illum mecum per literas communicasse, quod factum tamen nunquam te monitum volo. Sitius paulo emendatior est quam Horkius, juveniliter tamen haeret in obscuritatum dumetis. Ratiocinationes suas tingit speculationibus opticis, sed pessimis, at plus illum in hoc genere apprehendisse puto, quam Horkium.

---

*) Editor Operum Galilaei (1847) errare dicit Keplerum. Inscriptum esse librum Joanni Medices, filio naturali Ducis Cosmi I, qui pari ratione infensus fuerit Galilaeo, qua Magnus Dux Cosmus II. illi faverit.

Sed quia commenta sua opponit veritati oculorum, quid aliud exspectabit quam ut cordati omnes dicant, illum cum ratione juveniliter insanire? Neque tamen memini omnium, erunt fortasse multa acriori censura digna, quae si serio librum legero et si tempus ad hanc operam impendere potero, pauculis verbis consignabo. Contumeliosius nihil deprehendi, quam verba tituli supra allegata. Denique talis libellus videtur, qui et sine veritatis jactura negligi et salva gravitate viri cordati refelli publice possit, si talis refutatio suscipiatur instituendi causa juvenem non sane malum, nec indoctum impolitumve, et cum illo multos alios in eodem luto haerentes. Ita mihi visum, plura forte alias.

Tuam incrementorum Veneris decrementorumque observationem ante nostros tumultus magna jucunditate legi, cum literarum et philosophiae cultoribus communicavi etiamque Caesari nunciandum curavi. Cupio spectator esse. Instrumentum habet Ill. Orator cetera optimum et quo heri, dominica Palmarum, vidi, ni fallor, omnes quatuor (satellites Jovis), sed quod non amplius quam septuplicat diametrum. Luna enim nudo oculo visa aequat maximam Lunae maculam in instrumento. Hoc instrumentum non suffecturum puto ad Saturni Venerisque figuras dignoscendas. Inopinata mihi quodammodo fuit tua observatio. Nam propter ingentem claritatem Veneris opinabar, proprium in illa lumen inesse. Itaque multum mecum meditor, quali superficie globum hunc oporteat esse praeditum. Mirum nisi Cinthia tota aurea est, aut, quod Fundamentis Astrologicis dixi, electrina. Atque illa te, nisi tetrico vultu aversaris, blande respiciat. Vale.

L. Baro Joannes Hoffmann Keplero tradidit vitae suae descriptionem, a se ipso conscriptam, ut corrigeret, quae minus apta viderentur, atque ut judicium de ea sibi communicaret. Keplerum huic petitioni fautoris diuturni satisfecisse apparet ex responsione Hoffmanni, data Pragae („ex lecto") d. 28. Decembris 1611. Heri, scribit Hoffmannus, legi partem tuarum notularum. Gratulor de benevolentia mihi et omnia probo. At ignosce, mi Keplere, tibi in omnibus prudenter quidem prospicienti si non ausculto, sed larvam ingenii sequens menti propriae adhuc hic indulgeo. Dum enim mea ista, quae ante annum aegrotans in pagellas quasdam negligenter conjeci, tua nunc excitatione repeto, reperio errata quidem plurima, quae tuis oculis lynceis non mirum si nauseam pariunt et taedium. Cum vero haec eadem vincat humanitas et affectio, video quod succurrere cupis. Hic occurrunt e regione rationes aliquae, ni fallor haud leves, quae meliora tua et bonam intentionem ubique non admittunt. Meliorationes tuae antea a me fassis contradicere, simulationis suspicionem injicere et mendacii arguere videntur, et sic corrigenda integre omnia, vel nihil. Deinde est mihi stilus, quantumvis tenuis et negligens, semper idem et instar innatus. . . . . Me dilucide omnium non dare rationem, quae innuo de literarum studiis, de disciplinis etc., ne te afficiant oro. Attingere tantum leviter ea intentio erat, quae praeterire non potui. . . . . Scribo quaedam, ut stupidis quibusdam cor premam, quod non inconsiderate geminato sensui involvo. Quem volo, capiet, aliorum interest nihil. . . . Haec ad te molestia morbi mei expressit. Si non omnia, ex omni angulo decore et decenter, amanter tamen, mihi crede, et in hunc finem solum, ne si tecum omnino me sentire non conspexeris, aliter hoc accipias aut de libertate tua quicquam remittas. Amo enim illam, unicum amicitiae verum cor. Vale, teque ipsum exspecto, quando erit gratum. — (Inscripta est Hoffmanni Vita „Doucano", eamque Keplerus, forte descriptam, secum retinuit; inest codici Vienniensi, qui continet Epistolas Kepleri aliorumque mutuas, unde desumsit illam Hanschius et collectioni suae inseruit, ubi legitur a p. 151 in 161.)

Edidisse Keplerum hoc anno *Dioptricen* et *Narrationem* de observatis Jovis satellitibus, supra dictum est, simul edendas praeparavit *Eclogas Chronicas.*

In *Revolutione* anni 1611 (prima inde ab anno 1602): Amisi filium Fridericum ante Invocavit. Pepigi cum Noricis Ripensibus. Amisi uxorem. Variae delusiones circa secunda vota.

Ut debitum 2000 thalerorum ad cameram Silesiacam assignatum reciperet, petens adiit Keplerus Ducissam Württembergicam Sibyllam, viduam Ducis Friderici, quae Leobergae vitam agebat ab anno 1610 usque ad mortem anno 1614. Simul repetiit petitionem, ut in patriam redux munus aliquod obtineret, quam descriptam tradidit Ducissae. Theologi vero Württembergenses confessionem Kepleri, quam anno 1609 Joanni Friderico filio Ducis Friderici tradiderat, repetentes, virum Calvinismi suspectum non recipiendum esse censuerunt, quamvis consiliarii Ducis petitionis Kepleri adjutores essent.

Has igitur misit Keplerus petitiones Praga Leobergam:

Durchleüchtige Hochgeborne Gnedige Fürstin vnd Frawe. E. F. Gn. seind mein gehorsame arme Dienste jeder Zeitt bevor.

Gnädige Fürstin vnd Frawe. Auss beyligender abschrifft meiner supplication an meinen Gnedigen Herrn vnd Landsfürsten haben E. F. Gnaden zuvernemen, was Ich bey jetziger meiner Notdurfft für eine sonderliche vnderthänige Zuversicht zu Irer Fürstl. Gnaden zu Jägerndorff etc. trage: desshalben Ich durch Landsfürstliche Intercession bey Jägerndorff einbefohlen zu werden vnderthänig angesucht.

Weil nun E. F. Gn. durch sondere schickung Gottes diser Zeitt die regierung zu Löwenberg eingeraumet, alda Ich verburgert, auch meine liebe Mutter alda wonhafft habe, derenthalben E. F. Gn. Ich Vatterlands halben meine erste Instanz waiss: Nit weniger Ich leichtlich zuerachten, das E. F. Gn. Intercession bey dero frewlin Tochter vnd dero F. Gn. Gemahel, Fürst Johan Georgen in gebürlichem hohem respect gehalten, auch Iren sonderlichen Effect erraichen wurde:

Als hab Ich mich vnderthäniger Zuversicht zu meines Vatterlands allernächsten Regenten gewagt, an E. F. Gn. gleichsfals vmb ein solliche wolergäbige Intercession gehorsamlich zugelangen.

Vnd weil mein einiger Wunsch ist, dermahleneinest meinem Vatterland zudienen, in massen Ich in berührter supplication auch gemeldet: also erclära E. F. Gn. Ich mein trewhertzige Zunaigung ferners der gestalt, das zum fall meiner in dem yberigen Land Würtemberg nit von nöthen oder begehret, auch mein Gnediger Herr vnd Landsfürst mir gnedig erlauben oder befehlen wurde, Ich alsdan mir für ein besonder glückh schätzen wolte, so E. F. Gn. mich in einerley müglicher Verrichtung (dabey mir doch zum speculirn vnd Bücher schreiben ein wenig Zeit frey plibe) zu Dero Densten gnädig erforderten.

Thue also E. F. Gn. mich zu gnädiger gewehrung gehorsamlich empfehlen. Praag den $^{9}/_{19}$. Martii anno 1611.

E. F. Gnaden

Getrewer vnd gehorsamer
Vnderthaner vnd Bürgerssohn von Löwenberg,
An Jetzo der Röm. Kay. Mt.
Mathematicus
Johan Keppler.

(Inscriptio: An die Durchleüchtige Hochgeborne Fürstin vnd Frawe, Fraw Sibylle, Hertzogin zu Wurtemberg vnd Teckh, Gravin zu Mümpelgart etc. Wittib, Geborne Fürstin von Anhalt etc.)

Ann
den Durchleüchtigen Hochgebornen Fürsten vnd Herrn Herrn Johan Friedrichen Hertzogen zue Würtemberg vnd Teckh, Graven zue Mümpelgart, Herrn zue Haidenhaimb etc.

Durchleüchtiger Hochgeborner Gnädiger Herr vnd Landessfürst. E. F. Gn. seint meine vnterthänige arme dienste Jederzeitt bevor.

Gnädiger Fürst vnd Herr. Demnach Ich nunmehr bei zehen Jahren in der Rhöm. Khay. Mtt. vnsers Allergnädigsten Herrn diensten gewest; vnter welcher Zeit mier an meiner hoffbesoldung wegen allerhandt Verhinterungen beinahe bei drey tausent gulden biss dato hinterstellig verpliben: alss hatt Ire Khay. Mtt. im verschienen Augusto mich mit zwey tausent Thalern oder 2333½ fl. auff dero Schlesische Camer verweisen lassen, welches Khay. Decret aber allererst neülich den 8. Januarii von Irer Mtt. vnderschrieben, vnd volgents von mier durch gewisse Botschafft der Schlesischen Camer eingeantworttet, auch von dero angenomben worden. Dieweill aber auch des orts die anweisungen überheüfft, vnd Ich ohne besondere Befürderung vor andern zue meiner bezahlung zuekomben nit getraw, auch wegen schwehrlicher einbüessung meiner haussfrawen mier zuegebrachten Patrimonii der Zeit nit erwartten khan, vielweniger mier rathsamb sein will, dem zue Prag greusslich wüettenden glückh noch lenger zuetrawen, dieser Vhrsachen bin Ich höchlich genöttiget worden, durch allerhandt Extraordinari mittel dieser meiner anweisung nachzuestreben.

Weil dann der Durchleüchtige Hochgeborne Fürst vnd Herr, Herr Johan Georg Marggraff zue Brandenburg, Fürst zu Jägerndorff, wegen dieses Fürstenthuembs ein Mitgliedt der Schlesischen Landen ist, vnd neben andern in Ihrer Khay. Mtt. Schlesische Camer contribuirt, anjetzo aber, weill die Schlesische Lande mit solcherley anweisungen in etwas beschwehrt werden wollen, bei den Deliberationibus der Schlesischen Stände de moderandis contributionibus Cameralibus, vel promovendis aliquibus, quibus Camera satisfacere debet, ausser alles Zweiffelss ein sonderliches starckes Votum, nicht weniger auch andere mittel haben wirt:

Alss gelangt an E. F. Gn. alss meinem Gnädigen Herrn vnd Landesfürsten mein vnterthänig ganz eüfferiges flehen, die geruehen sich meiner hochbedrangten, in mangel mehrerer ordinari mitteln, sofern vätterlich anzuenemben, vnd mier ein Landsfürstliche wolerspriessliche intercession an Ihre F. Gn. zue Jägerndorff, deren ich sonsten meines wissens vnbekandt, gnädiglich zuertheillen, ob derselbe sich hierdurch gnädig bewegen lassen wolte, meiner, alss E. F. G. vnterthanens, bey der Schlesischen Camer vnd Ständen auff mittel vnd wege, wie Ihre F. Gn. am füglichsten können wirt, sich anzunemben, vnd diese dahero mier gepüehrende bezahlung der 2000 Thalern zuebefürdern.

Es vermehrt mier auch diss orts mein vnterthänige zuversicht, beides zue E. F. G. wegen der gebehtenen intercession, sodann auch zue Ihrer F. G. zue Jägerndorff in puncto promotionis, mein endtliches fürhaben, wann solches beide E. E. F. F. G. G. in gnädiges bedencken ziehen wolten: dass Ich nemblich gesinnet were, vermittelst dieser 2000 Thaler, so Ich deren habhafft werden mögte, mich in mein Vaterlandt zuebegeben, alda (vnangesehen angetragener ausländischer gelegenheitten, vnd von E. F. G. albereit habender erlaubnüss vnd dimission) dannoch E. F. G. vnterthänig auffzuewartten, ob die mich etwa bei fürfallender occasion, es sey ad professionem philosophicam, oder zue einem politischen dienste (bei dem Ich doch ein wenig rhue bette, meine angefangene, insgemein bekante vnd desiderirte philosophica studia zuvolfüebren vnd ans Liecht zuebringen) in meinem Vatterlandt gebrauchen, oder auch Ihrer F. G. zue Jägerndorff vnd dero Fräwlin Gemählin, alss meiner auch gnädigen Fürstin vnd Landesfürstlichen Stammenss (da dieselbe meiner dienste begehren würden) vberlassen vnd zueweissen wolten.

Wie dann pro secundo E. F. G. Ich hiermit meine arme Dienste in obvermelten terminis mitt höchst gebüehrender Vnderthänigkeit angetragen vnd dieselbe vmb gnädig Landtsfürstliche einnam vnd befürderung gehorsamlich gepehten haben will, vnzweiffelender hoffnung, Ihro Khai. Mtt., wofern anderss dero einige Supplication dieser Zeitt einzuereichen, werden mier bei jetzigem Zuestand allergnädigst erlauben, dass Ich mich an ein geruehwiger ortt begebe, alda meine studia, von deren wegen Ihr Mtt. mich einig hiss dato besoldet haben, etwas schleuniger, alss vnter hiesigen vieljährigen Vngelegenheitten beschehen mögen, zuvolfüebren, damit E. F. G. mich in beiden Puncten zue Landtsfürstlicher gnädiger gewehrung gehorsamblich empfehlendt. Prag den $^9/_{19}$. Martii anno 1611.

E. F. Gn.

Gehorsamber Vnderthaner
vnd Bürgerssohn von Löwenberg,
auch gewester Alumnus.
Anjetzo der Rhöm. Khai. Mtt.
Mathematicus
Johan Keppler.

His adscriptum est: Johan Kepplers vnderthäniges supplicirn vmb Intercession an Herrn Marggraff Hans Georgen zu Jägerndorff vnd Dienst im Landt.

Gnediger Fürst vnd Herr. Es ist der Supplikant nicht allein E. F. Gn. alumnus in Dero Stipendio zu Tüwingen gewesen, sondern auch ein Landtkindt vnd von Lewenberg gebürtig, dannenhero Subsignirte in Vnderthönigkheit darfür hieltten, das Ihme nicht allein an Herrn Marggraffen Hanss Georgen zu Jägerndorff, sondern auch Ihro F. Gn. Hertzog Carlen zu Münsterberg, welche bey der Schlesischen Chamer auch in hohem respect, eine intercession zu ertheylen sein möchte, damit er seiner geklagten Extantz der 2000 Thaler, darumb er auff besagte Schlesische Chammer angewisen worden, vmb so vil desto eher vnd füglicher habhafft werden könne.

Was vor das Ander sein Supplicanten vnderthönige Dienstanerbiettung vndt gebettne profession bey der Academi zu Tübingen belangen thuet, wissen zwar Subsignirte nicht, ob anjetzo eine stell vor Ihne ledig, weilen er aber sonsten Ratione Qualitatum also beschaffen, das er eine solche function summa cum laude versehen könte, auch E. F. G. vndt deroselbigen Vniversitet sehr wol anständig sein würde, beneben M. Michael Maestlinus Professor Matheseos in collegio Philosophico der Elteste, alss könte subsignirter vnderthönigem erachten nach dem Supplicanten auff solche stelle wol eine Expectantz gemacht werden. 9. Apr. 1611.

Cantzler Janowitz. D. Roth. D. Daser.

Des andern Punctens halb sollen die Verordnete des Consistorii Ihr bedencken auch geben. Actum St. 13. Apr. a. q. s. Ex Comm. D^ni^ Principis.

Vnderthenig Bedencken, der Röm. Kay. Mtt. Mathematicum Johänn Keppler betreffend.

Wie in beyligenden Actis zusehen, hatt vor vngefahr Zweyen Jahren diser Supplicant Johann Keppler vnderthenig gebetten, da von Ihrer Kay. Maytt. er seiner Dienst erlassen werden sollt, Ihme alss einem noch obligirten Stipendiaten gnedig zubewilligen, bey andern Potentaten vmb dienst sich zubewerben. Darauff Ihme der gestallten willfahrt worden, dass er seiner obligation nit allerdings verlassen, sondern vff jedessmaln abfordern zuerscheinen, vnd Ihren F. G. zuedienen schuldig seyn solle.

Ob er nun wol an jezo seine gehorsame Dienst vnderthenig anbietten thutt, auch von Herrn Obern Rhätten dahin geschlossen worden, Ihme vff die profession Matheseos bey der Vniversität Tübingen eine Expectantz zumachen were: Jedoch weiln er in yber-gebener seiner andern Supplication sich rund vernemmen lassen, da er mit Diensten gnedig bedacht, der formulae concordiae nit anderst, alss conditionaliter, de non oppugnanda vnd cum exceptione tractandae pacis zuvnderschreiben, in sonderlichem bedencken, dass er auch sonnsten von Jugendt auff in articulo de coena nie befinden können, dass einer, der Calvinischer meinung beygethun, von diser vngleichen meinung wegen nit sollte vnnser Bruder in Christo genennet oder gehalten werden: auss welcher erclärung leichtlich abzunemmen, dass er ein verschlagener Calvinist seyn muoss, vnd da er zu einer profession verordnet, nit allein solch Calvinische gifft der Jugendt nach vnd nach eingiessen, sonder andere mehr er in consequentiam ziehen, vndt ebener massen zu subscribiren sich vnderstehen, auch bey der Vniversität, weiln er in philosophia ein opinionist, vil Vnrueh erwecken möchte: auss solchen hochbewegenden Vrsachen, sonderlich aber auch, weiln die statuta vnd nova ordinatio Vniversitatis dess clarlichen Inhalts, dass gemeiner Vniversitet die electio professoris (der reiner Augspurgischer confession seyn, vnd formulae Concordiae categorice subscribiren solte), aber die confirmatio desselben Ihrer F. Gn. zugehörrig, können Subsignirte keines wegs für rhattsam erachten, dass Ihme Kepplern mit obangedeutter Expectanz znwillfahren, sondern abzuweisen were: zweifflen auch gar nit, da die Herrn Obern Rhätt seine erclerung de subscriptione formulae concordiae gewusst, Sie der Vertröstung vf ein dienst einer anderer vnd vnderzeichneter meinung gewest sein wurden. Actum Stuttgarten 25. Aprilis anno 1611.

Johannes Magirns, Erasmus Grüning,
Tobias Lotter, Christoph Binder, Jo. Walch.

His adscripsit princeps: *Placet.*

1612. Revolutio anni. Turbae cum ministerio. Discessi Praga, reliqui liberos in Cunstatt. Veni Lincium, revocatus sum in Cunstatt ad adducendos liberos.

In oratione funebri in obitum Ludovici Kepleri legimus: Caustadii in Moravia a vidua Pauritschiana et anno subsequenti in civitate Welsensi a Jo. Seidenthalero cum sorore educabatur. — Imperator Rudolphus mortuus est 20. Januarii, Keplerus „conductus a successore Matthia*) de novo (18. Martii), permissum tamen ut exiret

*) Matthias, Rudolphi frater natu maximus, die 13. Junii Francofurti imperator creatus est. Keplerus celebravit diem solemnem hoc poëmate.

Votum gratulatorium,

alludens ad Thema coeli, sub quo electus est in Regem Romanorum et Caesarem Serenissimus et Potentissimus Ungariae Bohemiaeque etc. Rex Matthias II. Archidux Austriae etc.

Pauca loquar, non quae Nabathaei oracula vates
Indorumve genus genitali ex sidere firment:

Lincium." Imperatorem Matthiam in praefatione ad Ephemerin anni 1617 sic alloquitur Keplerus: In magna rerum angustia sedulo perrexi, donec Majestas

Fata Deum curae, mihi coelum vota ministret.	
Quamquam etiam Isacides voti sub imagine natis	
Fatorum seriem et longinqua arcana retexit,	
Affirmet mea vota Deus. Consurgere cerno	
Adque sacrum Imperii paulatim accedere culmen	☉ in X.
Titanis claro cinctos Orione cursus;	
Oppositosque Deo vultus Junonis ad unguem	☍ ☉ ☽
Luminis infernum plenos descendere ad axem.	☽ in IV.
Scilicet obsequio Majestas salva Monarchae	
Mutua diffundet subjectae commoda plebi;	
Clarescet Rex Imperio populusque sequendo,	
Totus compositis plaudet concentibus Orbis,	
Firma salutiferae constabunt foedera pacis,	
Justitia jungente manus, dum Jupiter [1]) auctor	1) ♃ cum corde ♌ in XII.
Corde leonino surgit comitatus ab ortu,	significat Arabibus salutem
Sextili aspiciens [2]) fratrem hinc, trino inde sororem [3]).	ex inimicis.
Nec me coeca latent dirae vestigia fraudis:	2) ⚹ ♃ ☉
Inseruitque manus, quadratis [4]) sidera pilis	3) △ ☽ ♃
In diversa trahens populumque a Rege sequestrans	4) □ ♄ ☉
Leucadii livor Senis, oppositumque tuetur. [5])	4) □ ♄ ☽
Occidit ille tamen, primoque initur ortu	5) ♄ in VII.
Jupiter alta petens: Vanescent protinus artes	
Lethiferae; jacta est, spatium at non trajicit, hasta;	
Evadet pietas jurataque jura valescent.	☉ et ☽ defluens a □ ♄
Affundet blandum coeptis Regina favorem,	♀ in ⚹
Caesareos decorans aditus; velut aurea Cypris	M. C.
Ante Jovis rutilos, propior sensim, ambulat ignes.	♀ in 3 ♌ ad Jovem adiens.
Quid vero pater irarum, caedisque cruentae,	□ ♂ ☿
Quid Gradive paras? Cur stricta cuspide divum	
Cum docto ruber exerces Interprete rixas?	☿ Retro.
Cur fugit ille retro? Veniet Germanus ad arma?	♂ in V
Mutuaque adversae pensabunt vulnera partes?	
Credo equidem male compositis turgescere causis	
Semina bellorum, Zephyris animanda reversis.	♂ in ⚹
Non tamen haec justum ferient incommoda Regem,	△ ☽ platico.
Non populum, officii memorem, nec longa furori	☿ a □ ♂ ad ☉ defluit.
Materies; fugit ad solium perterritus Hermes	
Caesarium; Mavors nigro damnabitur Orco,	♂ in VIII. domo mortis.
Eque domo Stygia gelidas descendet in undas.	

Humillimae devotionis documentum a Joanne Keplero, Majestatis suae Mathematico.

D. Hassler in bibliotheca Ulmensi hoc Kepleri poëma deprehendit nobisque liberaliter concessit:

Die anniversario S. Matthiae
A. C. M. DC. XII.
Memoria natalis felicissimi
Serenissimi Potentissimique Principis et Domini
Domini Matthiae II. Regis Hungariae
et Bohemiae etc.

Nixus egentium nomine.

Panno tibi accepta imposuit pro pace Coronam,
Mente tua concors Austria, facta tua est.
Hostibus expulsis mercedem, sceptra tulisti,
Quae cum Marcomanis terra Bohema tremit.
Nunc quoque Caesareis centeno a mense ministris
Debita-si dederis praemia: Caesar eris.

vestra me perculsum jactura Patroni recrearet, per Ill. et Gen. D. a Meckau in proposito meo inque servitiis suis persistere juberet, subsidiis istis, quae Majestatis Vestrae fidelium Austriae superioris Procerum liberalitas mihi roganti superstite Rudolpho tribuisset, probatis, salarium de suo aerario adjiceret, locum habitationi meae idoneum Lincii decerneret omniaque, quae ab Augustissimo Antecessore promissa erant, confirmaret, utque mihi primo quoque tempore exsolverentur, iteratis mandatis urgeret. (Quae Keplerus egit cum haeredibus imperatoris Rudolphi de solvendis 4250 thaleris, quos aerarium aulicum ipsi debebat, leguntur vol. IV. p. 520 s.)

Eadem fere his movit Keplerus literis ad Imperatorum Matthiam ipsum datis d. 27. Oct. 1612: Allerdurchlauchtigster Römischer Kayser, auch zu Vngarn vnd Böheim König etc.

Allergnedigster Herr. Dieweil E. K. May. mich vom 18. Martii des 1612ten Jahres zu dero Mathematico mit monatlichen 25 fl. besoldung an vnd auffgenommen: nebens mir Allergnedigst erlaubt, vmb besserer rhue vnd mehreren nutzens Willen in Dero Ertzhertzoglichen Hauptstadt Lintz zuwohnen: also habe ich dieses Jahr vber nicht allain für meine person bey dem fürhabenden Werckh Tabularum Astronomicarum, sodann auch bey dem Studio Chronologico mein bestes vnd mügliches alberait im Werckh E. K. May. mit einer getruckten antwort auff D. Röslini Zeitrechnung (IV. 201), vnd sonsten in andere Wege mainen profectum zu demonstriren, sondern auch vmb notwendiger hilff vnd befürderung Willen einen tauglichen studiosum zu mir gezogen.

Dahero E. K. May. nunmehr so wol, vnd mehr dan anfangs meiner bestallung zuerachten haben, das Ich der von E. May. mir allergnedigst geordneten besoldung, sonderlich an einem solchen orth vnd bey sollicher Verrichtung, da mir alle mittel etwas extra ordinem zuerwerben abgeschnitten, sehr hochnothturfftig, vnd ohne dieselbe mit dem angefangenen ernst, weniger mit aushaltung nothwendiger gehülffen nicht continuiren würde können.

Gelangt derohalben an E. K. May. mein allervnterthänigstes bitten, die geruhen dero Hoff-Cammer anzubefehlen, das die mir die monatliche 25 fl. (deren Ich biss dato erst vier Monat empfangen) an einen gelegenen orth in E. May. Ertzhertzogthumb Oesterreich anschaffe, vnd allda wegen richtiger ausszahlung gegen meine quittungen genugsame Verordnung thue.

E. K. May. mich in allergnedigster gewehrung gehorsamist empfehlend

E. K. May.

aller vnterthenigster Mathematicus

J. Keppler.

Hanc petitionem haec subsecuta est:

Allergn. Herr. Auff E. K. May. allergn. Befehl hat zwar der Herr Vizdom allhie mir diss Jahr vber ein Zimmer aussgericht vnd mich eine Zeit

---

Explicatus Regis nomine.

Panno mihi imposita gaudet de pace Corona:
 Postquam facta mea est Austria, lite caret.
Me nisi cepisset direpta Bohemia Regem,
 Nondum praedanti libera ab hoste foret.
Nunc prior incipiam dissolvere nomina Fratris:
 Quaerite de reliquo tunc, ubi Caesar ero.

S. R. M[ti]

devotissimus

Joannes Keplerus.

lang mit Holz versehen, weilen aber in E. K. May. befehl khain gewisse summa für Zimmer oder Holzgellt nit gemeldet würdt, dahero es im Vizdom-Ampte allerlay vnrichtigkhaitt abgibt: als gelangt an E. K. May. mein gehorsamistes bitten, die gerhuehen sich auff eine richtige vnd gewisse summa eines jährlichen Zimmer- vnd Holzgelts nach dero gutachten vnd dises orts vnd meiner studien gelegenhaitt zu resolviren. (Subscriptio ut supra.)

Qui haec collegit, C. Oberleitner, addit, assignatos esse Keplero epistola Caesarea, d. d. 20. Julii 1613, 60 florenos annuos pro habitatione et ligno, nec non imperatum esse telonario Lincieusi d. 20. Augusti, ut salarium debitum solveretur ex reditibus portorii.

Iter fecisse videtur Keplerus Lincium per Viennam c. medium mensis Maji, cum in descriptione eclipsis lunaris (14. Maji) referat, fuisse se Selevizii in Moravia (prope Brunnam), 18. Martio vero scribat de transitu Lincium Praga sibi proposito et Idibus Aprilis: „Datum Pragae in ipso procinctu migrationis meae"; Solis defectum observavit d. 30. Maji Lincii. Circa finem anni rediit Keplerus Pragam „dahin ich mich auff ein par Monat verfügen müssen" (10. Nov. scribit „in procinctu reditus Lincium").

Hoc anno in lites incidit Keplerus cum primario templi ministro Daniele Hizlero; „cum enim Keplerus perpetuis scrupulis doctrinam Lutheranam de omnipraesentia carnis Christi verbo unitae lancinaret, nihilo minus vero S. Coena usurus Hizlerum accederet, hic autem suspectarum ejus opinionum adhuc ex academicis studiis grarus eum nollet admittere, Keplerus ea de re literas ad consistorium dedit, Hizlerum accusans. Enim vero consistorium cordate rescripsit, hominem ut scrupulis et subtilitatibus, quas vocabat, nuncium mitteret graviter admonens et Hizleri factum confirmans". (Fischlinus, memoria theologorum Württembergensium.) Quae de rebus theologicis egit Keplerus cum senatu ecclesiastico Württembergico et aliis, infra sequentur; paucis tangit Keplerus hanc litem vol. VI. p. 19. Hizlerum ab officio suspensum esse „impeiiis magistratuum pontificiorum ob societatem criminis rebellionis, ante tres fere annos in ipsum etiam congestum, necdum tamen probatum" refert Crügero anno 1624.*)

Keplerum hoc anno vel jam anno 1611**) cogitasse de altera ducenda uxore, ex epistola priviguae apparet, quam sequenti anno reservavimus, et quadamtenus ex hac Ursini epistola.

---

*) Fischlinus de vita Hizleri haec refert: In lucem editus est Heidenhemii 1576, absoluto Tubingae studiorum cursu diaconus Waiblingensis 1600, ad supremum Lincii pastoratum vocatus anno 1610. Confoederationis Bohemicae conscium adversarii falso apud Caesarem detulerunt, jussu ejus ab Herbersdorffio a. 1621 constrictus, in carcerem maleficorum coujiciebatur per 30 hebdomadas; anno 1622 et urbe et provincia cum omnibus concionatoribus et ludimagistris evangelicis pulsus in patriam recessit, ubi primo Kirchhemo-Teckensi episcopia, deinde praefectus Bebenhusanus (cfr. VI. 633), anno 1632 praepositura Stuttgardiana illi fuit collata. Post cladem Noerdlingensem 1634 Argentinum in exilium ire cogebatur, ubi et miseriarum vitaeque finem invenit anno 1635.

**) In collectione epistolarum Wolfianarum haec exstat epistola Memhardi (rectoris quondam scholae Lincianae) ad Berneggerum d. 16. Oct. 1611 data: Keplerus de matrimonio novo sollicitus est, ne impingat in morosam, suis studiis impedimentum, sed offendat aliquam οἰκουρόν. Est enim tibi notum, quam non bene rem domesticam tractent vel mathematum vel philosophiae studiosi, qui non quod ante pedes est, sed summa contemplantur, quae vel in aere sunt vel in phantasia. Salva pace dico eorum, qui temporaria cum aeternis recte metiri sciunt. Animus erat Keplero, post defunctam priorem conjugem praedivitem ducere puellam. Sed spe dejectus nunc suspensus tenetur, quid agat. Unum autem hoc agere videtur, ut debitum ac promissum salarium, quod se ad 5000 thalerorum extendit, suam in potestatem redigat. Si id impetret, non opulenta, sed casta et pudica opus erit.

Benjamin Ursinus (cfr. vol. II. p. 572) d. 7. Cal. Junii Praga haec dat Keplero: Etsi plus satis doluerim, quod non potuerim tibi et tuis ante abitum valedicere, gratulor tamen tibi de errore tali, qui te illi conciliavit, quae forte lubentiore animo excepit quam ego Vale tuum. Miror interim, qua ratione tui ipsius adeo oblitus sis, ut eam mihi praeripias, quam antea, dum de matre cogitaveras, mihi destinaveras..... De perspicillis quod scribis, gratissimum mihi est auditu. Homo enim morosissimus, instrumenti dominus, non credis quam urgeat ipsum instrumentum; solutionem omnem respuit. Interim me apud Teuffelianos, quos ante ob amorem scis a me alieniores esse, distrahit eosque contra me armat animatque..... Teuffeliani quotidie domini mei aures vellicant mendaciis, obtrectationibus me et herilem filiam lacessunt..... Multo potius tecum esse mallem teque doctore et ductore penetrare in abditiora Uraniae adyta, quam purpuratorum istorum somnos et cavillos pati. — Die 7. Augusti: Quae petis de libris coëmendis efficiam propediem ipseque tibi afferam. — Idibus Sextilis: Plane animo sedet meo, tecum vivere, quam diu Deus et tu ipse volueritis. Injurius tibi essem, si quam spem de me concepisti ea te defraudarem nec e re mea est, diutius hic subsistere, ita plane studiis meis excidi. — Die 11. Septembris: Ad ternas tuas, quas simul hodie accepi, hoc respondeo.... Dabo operam, ut quam cautissime, quam citissime a me curentur. Heri fui cum Wackerio, aegre ille fert absentiam tuam. Dedit mihi librum italicum, Galilaei novum discursum de iis, quae sub aqua accidunt quaeque in ea moventur. Hunc ego proximis diebus latinitati donabo. Interim semper quasdam pagellas per nuncios a me habebis. Absolvi quaternionem, sed ob temporis angustiam describere non licet. Non credis, quam optem tecum esse. — Brevi post Ursinus Lincium profectus esse videtur, cum proximae quae exstant literae Ursini datae sint Lincii d. 15. Februarii 1613 ad Keplerum absentem (vide annum seq.).

Ad literas Remi anno 1611 datas respondit Keplerus d. 18 Martii 1612 (Pragae), dubia illius de hypothesi Copernicana tollere studens (VI. 53). De Calendario, scribit, esse sibi ad manus manuscriptum *Colloquium* lingua teutonica (v. annum seq.) Finem faciens dicit, de motu octavae sphaerae nihil se habere ex suis observationibus, quod Remo contradicat. (Quae sequuntur leguntur supra p. 797)

Ex epistola Marquardi Freheri Francofurti data d. 21. Sept. colligendum, Keplerum scripsisse ad illum de rebus chronologicis; gratias agens pro acceptis literis pergit Freherus: „De Einhardo et Jarma videre lusus tuos aveo. Ego non plane totam fabellam esse censeo, sed aliquid veri inesse." Marcus Welserus misit Keplero d. 22. Oct. „Apellis mei literas", judicium Kepleri (de maculis solaribus) expetens.

Epistola ad S. Marium, quem supra diximus, data est Pragae d. 10. Nov. et praeter ea, quae „marginales" ad Dioptricam attinent, haec habet: De pene summo circulatorum Jovis existimaveram, me paulo minus 8 dies invenisse in ejus periodo, at rariores observationes habui ob oculorum et instrumenti defectum..... Quod tabulas attinet, possem et ego Fabricium amicum praevertere edendo illas, quas habeo paratas. At cui bono? Nimirum ut rursum Origanus aut Maginus aliquas mixtas nobis obtrudat Ephemeridas? Petiit a me Maginus ante biennium meas tabulas, at negavi ei in hunc usum, quin potius obtuli conditionem computandarum in commune Ephemeridum. Maculas Solis inde ab anno observavi pulcherrime. Existimo esse analogon quippiam nubium terrestrium, quod Solis globus, suopte aestu coctus, excernat, materiam forte cometarum, qui forte a Sole prodeunt. — Vidi 30. Maji duos colliculos in interiori speciei solaris circulo, quem formabat Luna corpore; sunt igitur etiam in circumferentia Lunae montes, quibus aegre carere se Galilaeus haud obscure significaverat. (Reliqua quae insunt his literis leguntur vol. II.

p. 475.) Literas Kepleri de „Apellis literis", quas per Wackherum acceperat, integras exhibuimus vol. II. p. 776 ss.; inest his literis sententia Kepleri de natura macularum in Sole.

1613. Revolutio anni. Turbae cum Stehenbokia *). Vena secta suppurationem humeri averti. — Cum novo Caesare ascensus Ratisbonam. Post reditum Caesaris Ratisbona Lincium d. 30. Octobris celebravi nuptias cum virgine indigena.

Keplerus per mandatum, datum Viennae d. 29. Dec. 1612, Ratisbonae ad d. 24. Aprilis adesse jussus est, ut sententiam diceret de reformatione Calendarii, quam proponendam imperator Matthias censuit comitiis imperii Ratisbonae indictis. Ut hoc mandatum ad votum perficeret, conscripsit Keplerus *Dialogum*, monitus forte prius de hac re initio anni 1612, quem correctum Ratisbonam attulit. (Exstat hic dialogus vol. IV. p. 9 ss. Ibid. pag. 6 exhibuimus literas Kepleri ad Maestlinum anno 1597 datas, quibus „cogitata sua" de Calendario Gregoriano explicat illudque Lutheri fidei addictis approbandum esse censet.) Iter imperatoris Ratisbonam versus dilatum est, cum Keplerus Julio demum mense veniam petierit ab ordinibus Lincianis Ratisbonam proficiscendi „mit dero Kays. Mt. Hoffstat; inmassen mir dan 4 Monat an meiner kayserlichen Besoldung auszahlt worden. Weil dan diese Reise zu Zierung meiner profession gedient, indem Ire Kays. Mtt. in dero Ausschreiben des Reichstags auch der Vngleichhaitt der Zeitten vnd festtägen gedacht, nebens aber ich meine von Einer löblichen Landtschafft anbefohlene studia zu continuirn Gelegenhaitt habe: als gelangt an E. Gn. mein gehorsames Bitten, die wöllen Inen dise Absenz nit zuwider sein lassen." .... Huic petitioni adscriptum est: Fiat, doch soll sich Supplicant so ehist so müglich wiederumb in sein dienst einstellen. Den 25. Juli 1613."

Berneggero scripsit Keplerus d. 18. Octobris: Per has 10 septimanas, quibus Lincio absum, quater Ratisbona exspatiatus sum per intervalla non mediocria. Causa est matrimonium initum cum virgine Susanna, Reutlingeri quondam civis et arcularii Eferdingensis p. m. filia, quae per annos 12 in gynaeceo dominae loci, Baronissae Starenbergiae est educata; nuptias paro 28. hujus, die eclipsis Lunae, spiritu astronomico tecto, dum diem festum volo agere.

Literae privignae, quas supra diximus, ad patrem de ineundo novo matrimonio hae sunt:

Edler vndt vöster Insunters lieber her Vatter ich winsch demselben ein gliechselige zeit vnd fiege den hern Vatter zu wisen das ich sein schreiben zu recht emtpfangen vnd het in gern geantwort wie mein her verschikht ist worn so ist es gar zu eilent gewöst vnd habs auch nicht recht gewiss das er nach Prag reisen wer so hab ich dise erntzeit gar fil zu duen es gibt gar vil scharwerkher denen man alen zu ösen geben mus aber khein lon wen eins nicht selbst darpei ist vnd sie anhölt so ist es vergebens mit inen sie arweiten nigz guets der her Vater khan mich wol für entschiltigt halten es ist nicht meins Unfleis schult vnd wen ich schon geschriben het ich den hern Vater wenig raten khenen wögen seiner heirat wie ich wol aus desselben schreiben verstanten das deren gar fil sein zu denen der her Vater lust het weil er

*) Scriptum est hoc nomen literis vel notis obscuris. Ursinus in literis d. d. 12 Dec. 1612 scribit: Grata mihi erant, quae de tuis, quas semper suasi, nuptiis intellexi. Quod de Smelcio et Stehenbokia satis acute contra me dicitur, ita me Deus amet et ego nescio, cur mihi succenseas. Ego nec Smelcii animum tum novi, nec jam scire cupio. Quod dissuasi, feci ideo, quod non videbatur pro tuo esse bono. Minor sum, quam Smelcio consiliarius sim vel te in aliqua re impediam. (Dicit his Ursinus feminam aliquam forte earum, quas taxat Keplerus in literis infra sequentibus.)

aber nur eine nemen darf khan ich wohl leichtlich abnemen das ime die wal we duet wen ich den hern Vater raten sol zu einer so riet ich zu des hern einpaher Tochter mein her sagt mir sie sei gar ein fein mensch wiewol er sie auch nur ein mal gesehen hat ich wolt der paurischen khein guet wort mer göben es wirt sie noch wol rauen das sie es nicht geben hat es wirt schwerlich ein ältman nach ir khumen das sie sich so stolz machen mit ir. Zu der Frau von Starnberg irn menschen rat ich ganz vnd gar nicht ein heirat wers wen der her Vater khein khint het ich hab vermeint die Frau Rauscherin sei so ein feins mensch wie sie pei der gewöst ist aber es ist ganz das witerspil ein mensch das pei einer so statlichen Frauen ist dern gibt man khein genanten lohn, sondern man khleit sie vnd gibt ir ale noturft sie fragen nicht was gilt die rauschen, sie spart nichts wen sie von samt ein khleit het es mues hindurch der man seh siess oder saur; in Warheit es ist gar mislich mit solchen Junkhfraun zu heiraten gerat eine es sein wol huntert die nicht geraten wen ich pei den hern Vater sein sol wolt ich im dern gar fil sagen von fein menschern die auch an vilen orten getient haben aber man hats in zwein Jarn wol gesehen wen sie geheirat haben wies ist hergangen bit den hern Vater ganz freintlich er wole nur der Khinter petengen das sie ein frume mueter bekhumen ein mal rat ich nicht zu der von Starnberg ich sieh wol wie es meins hern Brueter geht er hat auch gesagt sie wer mit einer wasersuben verlieb nemen vnd wer in fil ersparen hiez mag sie khein rintfleisch ösen vnd mues 2 mät haben hat gein Gint ist im gestorben Vor ist sie gern 4 meil wög gangen hiez mag sie nich gern ein halbe meil auf irn hof gen sie ist auch ein mensch gewöst wie ein peschlieserin bei einer Frau het auch nigz sie vermeint sie dörf nur nigz nachgöben ir her sei öben des herkhumen als mein her aber das einkhumen hat er nicht wie gotlob mein her hat khan auch das nicht versehen was mein her khan wen got sein sögen gibt das wir noch ein Jar hie sein hof ich wir wolen das Intörese nicht petörfen das Jar hat es fil gekhost mit fieh vnd antern. wolt nichts mer glagen wen ich nur ein rechte prätig hörn sol wir haben ein pfafen hie das es sint vnd schant ist das er ein Diener gotes sein sol er wirt wol wenig khalfinisch machen wir haben in den ganzen amt nur ein gueten pfarer ist aber weit von vns. zu Sulzbach hat es feine hern vnd ein schene khirchenornung es sieht wol anster aus als in der pfalz es sein khirchen wie ein statl das mir graut hinein zugen mein her sagt oft zu mir ich sol in die khirchen gen sol der gemein khein pes egzembl göben so gib ich in zu der antwort ich will ob Gott wil ein löben firn das sie sich an mir nicht ärgern dörfen wen ich gleich nit in die khirchen geh vnd ist mir nicht ernst so due ich got khein wolgefalen suntern det nur heichle schweigt er den stil vnd lacht mein es gefält in selbst nicht wie sie es hie machen.

lieber her Vatter ich hab von mein hern verstanten das die Kammer von gräz das gelt pei der Nitnausin verpoten hat wie wol ich die schreiben ale gelösen hab die der her Vater hat heraus geschikht ich khan mich nicht genuegsam verwuntern das ein solange zeit ist angestanten vnd istesen nie getacht worn als hiez mein her wirt schon mit den hern Vater geröt haben von der sachen wie ich wol von in verstanten hab wil er des gelt zu steir auf ostern aufkhinten vnd sich hiezwischen eins gewisen ort erkhintigen wir haben vermeint wir wolens gen augspurg anlögen zu khein firsten hat mein her lust gelt zu leihen er hat vergangene ostern zu mir gesagt wen er ein guete gelögenheit wust wolt ers heraus ins reich anlögen er pesorg es wer noch selzam zuegen in östereich so hab ichs nicht haben wolen das ers herausnemen sol, Wer leicht pöser wens geschehen wer weil hiez erst der first den zöhenten pfening haben wil bit also den hern Vater er wole mir schreiben ob er vermeint das es ein glögenheit wer auf augspurg gelt anzulögen vnd bit auch der her Vater wole mein hern ein gueten rat geben der her Vater weis wies der prauch an den ort ist wen sie es zu gräz nicht inen wärn das ich gelt zu steir ligen hab pis es wök khumt darmit sie es nicht auch verpieten wie das die Nitenausin schuldig ist der her Vater wole das pöste pei der sachen duen vnd sich meiner als ein Vater annemen wie ich den das verdrauen zu ime söze er wer mich nicht lasen wen ich solches witer vmb den hern Vater oder die seinigen verdienen khan willichs von herzen gern duen. nicht mehr suntern winsche den hern Vatter samt den Khindern was inen selbst lieb ist vnd sie inen selbst winschen mögen vnd due sie säment den lieben got pefelhen

Datumb pfafen hofen den 23(?) September 1612

Regina Ehem.

Exstat Kepleri epistola ad feminam quandam, scripta circa idem tempus quo vel Pragae vel Lincii quaerebat sociam, in qua se defendit contra malevolos, qui ipsum denunciaverant quasi uxor prior minus aeque ab ipso habita fuerit, in hunc modum.

Edle Ehrntugenthaffte, Grossgünstige Fraw. Dieweil Ich mir in Gottes Namen fürgenommen, alles dasjenige fürzukehren, was zu erraichung meines Intents dienstlich vnd der Vernunfft gemäss, auch gegen Gott verantwortlich ist: also hab Ich der Frauen hiermit vnd für dissmahl schrifftlich wöllen zuverstehen geben, wie Ich vermaine etlichen Einreden oder fürwürfen zu begegnen sein werde.

Erstlich will es gar schimpflich lautten, das eine soll Fraw sternseherin haissen. Antwort. Ich hab ja ein so zart gemüeth zu meiner profession gebracht, als khain Weibsbild nimmermehr haben mag. Mich hatt der leutte vnd sonderlich meiner mitgesellen verspottung sehr geschmertzet. Ich hab aber bedacht, das es ein vnverschulter spott seye, hab derhalben ein Ding gethan, vnd mich selbs also gehaissen. Darmit hab Ich die bursch gestillet, das mir niemand das sternsehen vorderwärtz auffgeropffet, was aber hinderwärtz geschehen, hatt mir nit wehe gethan, ist auch khain schmach gewest.

Sternsehen ist khain böses stuckh; ein sternseher ist doch noch viel besser, dan ein Handwercksmann, besser dan ein Kauffmann, ansehlicher dan ein schulmaister, einem Weibsbild zu einem eheman annämlicher dan ein prediger; den Medicis an ehren gleich, aber vil rhümiger, wan er sein auskommen hat. Vexiren die Schreiber einen Sternseher, die soldaten vnd Befehlshaber vexirn hingegen einen schreiber, haissen Inen einen Plackhen etc. Eines doctors Tochter gedünket sich vil zu hoch darzue, das sie einen schreiber neme. Ein student wan er nit fortkommen khan, gibt er einen schreiber, also gebet das Vexiren auff Vniversitäten. Allhie, da ein Kays. hoffstatt vnd vil Canzleyen, waisst man von nichts bessers, dan von Schreibern. Alzeitt der maiste hauff auff seiner Miste, vexirt den Wenigisten. Vor Zeitten hatt man alle glehrte vexirt, vnd hatt sie *schüler* gehaissen, weil Irer damahlen weniger gewest dan heutt zu Tag. Jetzo vexirt alle Welt einen Sternseher, weil Irer nit so viel sein dörffen als deren Aertzte oder deren Procuratorn oder der Prediger, vnd allhier der Schreiber.

Wan man aber, wie billich, auff Kayser, Könige, Pürsten vnd Herren sehen will, von denen alle stende Ire Würde haben, da gilt ein glehrter sternseher neben einem reichen schreiber seinen pfenning: offt ist Inen ein glehrter sternseher lieber dan alle schreiber. Allain das sie Iro nit entperen khönden.

Vexiren würget nit. Wer sich die Fliegenbiss will Irren lassen, der muss offt nit essen.

Wan der liebe Gott meiner hertzliebsten hausfraw seligen beständigere gesundthaitt des leibes vnd gemüths, vnd mir bessere ausskunfft beschert hette, also das sie das Hertz vnd auch die Mittel gehabt hette, sich besser bekandt zu machen, wolte Ich gern gesehen haben was Ir an Irer ehr durch mein sternsehen wäre abgangen. Ich hab sie nie vil hören Fraw sternseherin haissen, es sey dan im schertz gewest, Ir nam Kepplerin ist Ir alzeit gepliben. Was solt Ich mir grauen lassen bey meiner einsame, würt doch vnser Orden grösser. Der Herr Helmhard Jörger würt schon allberait zu Wien der Junge Keppler genennet, vielleicht auch der Junge sternseher. Ein Weib hatt vnd behelt Ir ehr besonder Irer geburt vnd tugentlichem verhalten nach, sie darff dem Man nit helffen sternsehen: Wie hingegen auch meine Weiber an dem jenigen namen khainen thail haben, den Ich in fernen landen habe, oder nach meinem todt lasse.

Wan man der sach selber nachforschet, warumb die sternseher ein solliches gelächter machen, so findet es sich, das vnder diesen namen mancher ime selbst einbildet ein Wunderthier, das die augen nit wie ander leutte für sich, sondern nur gen himmel richtet, in summa, es lauttet fast als wan man den Nelle nennete (?). Ich bin aber der mainung die Lappen seyen vnder alle Orden ausgethailet, da gehören nit die ohren darzue, wie man einen nenne, sondern die Augen, wie er sich verhalte. Es müst der teüffel sein, das einer das sternsehen nit lehrnen khönte, er wäre dan geschossen.

Ja möcht ains sagen, d i e s t e r n s e h e r m a c h e n a b e r C a l e n d e r, die ligen so vil, das man ein Sprichwort auss Inen macht.

Antwort. O b I c h w o l k h a i n e n C a l e n d e r m a c h e, so beken Ich doch, das diese arbaitt sonsten wol einem sternseher zugehöre, vnd Ich wolt Irer auch machen, wan der Calendermacher nit sonst sovil wären. Dan warum nit? Einen Calender muss man haben, sowol als die decreta vnd mandata, das man sich darnach richten khönde. Das aber die Calender heüttiges tags so verlogen seind, da thuen uns etliche müessige Prediger diesen spott auff, die so vil drein setzen, das nit drein gehört. Sie soltens pleiben lassen, vnd Irer Cantzel obwarten. Item hatt es vnder dem gemeinen Man, ja wol auch vnder den schreibern vnd Hoffleütten so vil grober vnverstendiger knebeln, das sie Immer zu einem sternseher in ohren ligen, vnd mainen sie sollen Inen vil von künfftigen Dingen sagen, geben also den sternsehern Vrsach, das sie sich vnderwinden, Inen Iren fürwitz zu büssen. Gleich als wan die Wercke gottes anderst nit würdig wären, das man sie anschauen vnd Inen nachrechnen solte, sie haben dan alwegen etwas zubedeütten, das sich auff sollicher unverstendiger leütte seltzame humores richten müesse. O du armer David du bist schabab mit deinem sternsehen, das du hin vnd her in deinem psalter einführest, worzu nutzet es? Sagstu doch nit, was es bedeüttc.

Nu wolan Ich bin ein M a t h e m a t i c u s, P h i l o s o p h u s vnd H i s t o r i c u s, der tausente schreiber waisst sich nit zu besinnen, was diss für wörter seind oder wie weit sie raichen, vnd bin von einer Er. Landt. ob der Ens vnder disen dreyen Namen zu einem Diener auffgenommen. Sie gelten sovil als ein Gelehrter, der allerhand sachen gelesen vnd in zimlicher gedächtnuss hatt, derselbigen auch sich gebrauchen kan zum nutzen deren die Ine bestellen.

Die M a t h e m a t i c a gehet sonderlich auff alles was gemessen vnd gerechnet werden mag, die P h i l o s o p h i a gebet auff erfindung der Vrsachen aller Dinge, die da geschehen, item auff gutte sitten vnd Erbarliches Verhalten, auff allerhand vernünfftige behelff zu seliger Verbringung diss zeittlichen gebrechlichen lebens, die H i s t o r i a gebet auff alte geschichten vnd

Kirchenhistori, auch was man Jeder zeitt für lehren geführt habe, darumben die Prediger heüttiges Tags sich weniger annemen den guett ist, sonst wären nit sovil streitte.

Zu der Mathematica gehört erst die Astronomia oder das sternsehen als nur ein Thail: von deren wegen diene Ich dem König vnd haisse sein Mathematicus, vnd soll das berhümte Buch ausmachen zu ehren des verstorbenen Kayser Rudolffs, von wöllichem Buch David im 19. Psalm singet, „die Himmel erzehlen die ehre gottes." An disen Tituln lass Ich mich meins Thails benüegen. Wan Ich aber wuste, das der Kauff alsdan richtig sein wurde, wolt Ich mich mit gar gutten ehren neben einen andern stellen, der da hatt wol lehrnen schreiben vnd schrifften stellen, oder gelt zehlen vnd auffbringen, vnd neben einem sollichen einen Rathstitul begehren dürffen, auch wol getrauen zu erlangen, vnd gleichwol meine rhue zum studirn zu behalten, dan hohe Potentaten bedürffen allerlay leütte. Kan Ich nit sowol schreiben als ein anderer, hingegen hatt ein anderer nit sovil gelesen oder gestudirt als Ich.

Einem Weib thätt Ich diss zu gefallen, was mich selbst belanget, ist mirs nit vonnöthen, villeicht auch nit rathsam. Was wolt Ich mich zihren, wär es doch nur ein lautterer ehrgeitz, vnd nutzete mir mehrers nit dan Jetzo mein Wesen, müeste ein jurament thuen vnd starkh verpunden sein; bin also vil freyer, hab weniger gefahr vnd weniger verantwortung.

Fürs ander merkhe Ich das man mir zumisset Ich hab mein Weib ybel gehalten, sie mit Hochsinnigen Dingen gepeiniget. Antwort. Ein nichts werder mensch muss es sein, der mir nachsagt, das Ich die gantze Zeitt vnser ehelichen beywohnung sie mit dem geringesten Finger angerühret oder mit einem einigen schmachwort zu Irer belaidigung angetastet, oder das auch sie einigem Menschen yber meine Vntreü geklagt habe. Dessen bin Ich in meinem gewissen vnd bey allen bekanten versichert, das sie mich allezeitt gerhüempt, das Ichs treühertzig vnd gutt mit Ir maine, Ir alle mögliche ehr erzaige, sie hertzlich liebe.

Was aber gott gethan, der verhenget hatt dass meine besoldung mir gesperret gewest, vnd dass sie stättigs kraukh vnd mit Melancholey beladen, derowegen sie immer verzagen wöllen an meinem rest vnd mir nit gestattet, dass Ich Ir hauptgutt angreiffe, Ja nit einen einigen Becher wöllen versetzen lassen, Item selbs nit wollen die hand an Ir geringes schatzgeltlin legen, als wurde sie darüber an bettelstab khommen, da kan Ich nit leügnen, das Ich nit allain mein laid an Irer vergeblichen Sparsamkhaidt gesehen, sondern auch offt sey verursachet worden, sie wegen Irer vnweise zu straffen mit zornigen worten. Vnd weil sie nehens stettiger Krankhaitt halber von Irer gedächtnüs kommen, hab Ich Ir mit anmahnungen vnd erinnerungen vil vberdruss angethan, dan sie hatt wöllen vngemaistert sein, vnd hatt es doch nit alweg verstanden. Offt hab Ichs weniger verstanden dan sie, vnd bin auss Vnwissenhaitt auff meinem streit berhuehet. Summa sie ist zorniger art gewest, vnd wan sie eins Menschens wegen stättiger beywohnung gewohnt, hatt sie all Ir begehrn mit zorn fürgebracht, da hab Ich mich hingegen zum streitt auffbringen lassen vnd sie geraitzet, ist mir laid, hab mich wegen meins studirens nit alweg besunnen: hab aber an Ir lehrgelt geben vnd gelehrnet gedult zu haben. Wan Ich gesehen das es ir zu hertzen gehet, vnd nit ein zorn darbey, hett Ich mich ehe in einen finger gebissen, dan das Ich sie solte weitter belaidiget haben. Sie ist nit gegen mir allain, sondern gegen Menschern (ancillas) auch also gewest, wan Ir eins zuwider gewesen: wie sie nie khain bestendig Mensch behalten. Wan Gott der Herr bessere narung, oder nur einen muth etwas einzubüessen bescheret hette, wäre vil vermitten gepliben. Es hatt wol vil beissens vnd zürnens gesetzt, ist aber nie zu khainer feindschaft khommen, khains hatt das andre nie hoch verklagt, wir haben zu baiden Thailen wol gewust, wie vnsere Hertzen gegen einander seyen. Etwa hatt sie in meim beysein gegen Iren bekanten geklagt, Ich neme mich vm Ire sachen an, als klaidung vnd dergleichen, Ich sey wüderwärtig, soll auff meine bücher schauen. Mich aber hatt hingegen gedunckht, sie sehe zu wenig auff sich, es sey mir ein spott zu leiden, hingegen hab Ich gewolt, sie sol villieber an andern orten sparen, nämlich an Kindern, hatt offt auch nit sein khönden.

Das Ich sie mit hochsinnigen fragen solde gequelet haben, khan Ich mich nit genugsam wegen diser nachred verwundern. Villeicht würt sie mir etwa haben müessen helffen rechnen, sternsehen, Calender machen, studiren, oder hab Ich Ir etwa das Taglohn gefrümmet(?), was sie jedesmahls errathen, oder im widrigen nicht essen solde? Mich wundert wöllicher Teüffel dise vnerfundliche sachen aussgeben. Khompt villeicht nur allain daher, das sie geklagt haben mag: Ich sag Ir meine mainung mit gar zu kurzen worten, sie khönde mich nit vernemen, vnd wan sie weitter frag, so antworte Ich nichts mehr. Das ist wol offt geschehen wan Ich gestudirt hab vnd sie mich zun Vnzeitten von haussachen angeredt hatt, dan sie hatt khain ordnung gehalten vnd Ich hab auch streng studiren müessen. Ich glaub die Fraw selber erfahr dergleichen von Irem Herrn, wann er sitzen vnd etwas concipiren solle vnd die Fraw ine jre machet mit haussachen. Ich bin wol offt vngedultig gewest, wan sie etwas nit gmerckt, sondern noch mehr gefragt hatt, hab sie aber nie khain Närrin gescholten, ob sie es wol etwa also von mir auffgenommen haben mag, als halt Ich sie für eine Närrin, dan sie ist gar empfindtlich gewest.

Ich glaub aber beim waren Gott, der Teüffel wolle mir gern ein anders spil zurichten vnd mich in den Verdacht bringen, als hab Ich sie mitt hohen Religionssachen oder gar mit Calvinischen Irthumben von der Vorsehung gottes in Ire Melancholey vnd klägliche gedanckhen gebracht. Dan wie kan es anderst sein (würt etwa ein sollicher Verleümbder sagen), die Fraw Kepplerin ist in schwäre anfechtung gefallen, Ir Hauswürt gebet zu hoch in der Religion, disputirt vil, gewiss würt er sie zerrüttet vnd jre gemacht haben.

So sey die Fraw versichert vnd gewiss, das mein weib vmb meine disputationes nit ein wort Jemals gewust, gehöret oder gelesen; es wäre auch nit schad gewesen, wan sie so vil verstandes gehabt vnd mein gantzes grosses buch wider der Calvinisten lehr von der Vorsehung gelesen bette. Dan Ich beruffe mich auff alle Prediger die es sehen werden, ob ich sollichen Irthumb nit auss dem grund widerlegt, vnd gantz hailsamlich vnd tröstlich aussgeführet habe.

Das Ich sonsten etwa den Predigern eingeredt, hatt sie wol gewust, sich aber nichts angenommen, Ich hab auch nie in meinem haus mit niemand verstendtlich oder teutsch disputirt, das sie es hette anhören könen. Sie hatt auch nie den Kopff gehabt, das sie sich vmb einige schrift bette angenommen, ja auch zu khainer Histori hatt sie nie khainen lust gehabt, wil geschweigen zu etwa einer streittschrift, sondern nur allain in Bettbüchern ist sie tag vnd nacht gesteckhet, vnd hatt sie nit nur von andacht, sondern auch von lust wegen gelesen. Wer waiss, ob mir nit etwa ein sollicher Verdacht durch die Prediger oder Ire fürwizige weiber, die alles wissen müessen, was Ich mit Iren Herren habe, selber doch auss Vnverstand verursachet worden.

Dan also kan es sein, wan sie ist zu Inen kommen, werden sie etwa Ir gesagt haben, das Ich diss vnd Jens mit Iren Herrn babe: wan man also an sie gesetzt, waiss Ich, was Ir brauch gewest, Ich waiss es nit, würt sie gesagt haben, es ist mir zu hoch, er ist mir zu spitzfindig.

Fürs dritte, ist mir schon hievor fürgeworffen, das etliche mich darumb meiden, das Ich solle seltzam in der Religion vnd halb Papstisch halb Calvinisch sein. Antwort: mein disputirn in religionssachen gehet allain dahin, das die Prediger auff der Cantzel zu hoch fahren, vnd nit bey der alten einfalt pleiben, vil disputation erwecken, neue sachen aufbringen, damit die andacht gehindert würt, einander vil fälschlich bezüchtigen, die gemüther der Fürsten vnd Herren in einander hetzen, den Päbstischen vil Dings gar zu böslich deütten, vnd Vrsach geben, das vil wider abfallen, wan einmahl ein Verfolgung angebet. Dessen bin Ich befuegt, dan Ich hab in meiner Jugend zugesagt, solliches zu studirn, vnd hab mehr darinnen gelesen dan vil prediger. Es gehet aber diss die einfalt nichts an: es würt mir auch khain ehrlicher man nachsagen, das Ich mein Weib oder kinder jemahls im wenigsten geirret, oder jnen frembde bücher eingeschoben: das werden mir die prediger allhie selber, wie auch das Ich mit jnen communicire, Zeugnis geben.

Zuvil red ich davon beyn leütten; jch kan es einstellen oder brauchen, so vil mirs vnd den meinigen nutz ist. Es gehört an höhern ort, für Fürsten vnd Herrn. Da kan Ich mich nit verreden, das Ich mich nit mit der Zeitt einmahl wölle brauchen lassen zur ehr gottes vnd zum nutzen seiner kirchen, ob mir wol etwa die Prediger, als die da wöllen vngemaistert vnd vnreformirt sein, ein Paneket(?) drüber schenckhen möchten. Wer waisst, obs nit alberait in diesem handel geschicht. (Nil sequitur.)

Pluribus refert Keplerus conatus suos eligendi uxorem Baroni a Stralendorf in literis his, datis d. 23. Octobris. Illustris et Generose Baro, Domine Gratiosissime.

Quod in principio literarum invitatoriarum Christiani omnes more solenni praefantur, se divina et singulari dispositione matrimonium iniisse: de ea re lubet mihi philosopho tecum, summae sapientiae professore, disserere accuratius illamque et dispositionem Dei in genere, et singularitatem pie creditam in meo fato connubiali contemplari modosque excutere, ut depromtis omnibus illius circumstantiis meisque super ea persuasionibus seu potius opinionibus inter se pugnantibus, tuam decisionem ex intimis animi penetralibus eliciam. Quam ad rem tanto te fore promtiorem spero, quod hoc tempore non tantum eodem in genere rerum, sed multo etiam in graviori et atrociori materia, quae illustris Domus tuae statum et incolumitatem attinet, animum habes exercitatissimum. Quid enim ego dicam? divinane dispositione, an meo vitio factum, ut animum meum per hoc biennium et quod excurrit in tot partes distraxerim, tot conditionibus inhiaverim, de multo pluribus deliberaverim iisque inter sese diversissimis? Si divina dispositione factum: quisnam ejus scopus fuit circa personas actusque singulos? Nihil enim est, quod scrupulosius examinem quodque adeo scire desiderem: si forte Deum, quem in totius universi contemplatione manibus veluti palpo, intra me ipsum etiam invenire possim. Sin, quod secundo loco dixi, meum erat vitium: quodnam igitur illud, cupiditas, an judicii imbecillitas, an ignorantia rerum? Si meum vitium, a me igitur hic sunt etiam aliquae partes dispositionis divinae. Si vitium erat, cur ergo tam splendidae ubique praeluxerunt rationes partim mihi, partim meis consultoribus? cur vicissim nemo fuit, qui hoc consilium approbaret, quod denique secutus sum? cur existimationem amitto aut amittere videor? Quid erat magis rationabile, quam me hominem philosophum, virilis aetatis fastigium supergressum, ea jam vergente, sedatis jam affectibus, corpore natura exsicco et molli, ducere viduam rei oeconomicae gnaram eamque notam mihi meaeque uxori priori, adeoque ab illa mihi non obscure commendatam, nec inopem, tali tamen loco delitescentem, unde sese extrahi inque lucem hominum produci melioremque in fortunam transferri gaudeat, quam ob causam tanto majori in pretio virum habeat? Hanccine ego conditionem non amplectar, quae cum prima arrisisset, statim etiam ultro oblata mihi est a feminae patronis? Cur ergo successum res nullum est sortita? Visa quidem est ab initio consentire, certumque est, deliberasse; tandem modestissime excusavit. Hic ego video rationes aliquas, cur id fieri non debuerit, quamvis optari a me bona cum ratione potuit. Consilium inivit bona femina cum genero suo, invenit se mihi oneri futuram non uno modo, duas enim nubiles filias unumque puerum duodecennem et praeterea elocatam unam habebat; ternae ex ordine imminebant nuptiae, primae matris, reliquae filiarum; bona vero ipsius omnia in potestate erant ejus viri, qui solvendo esset, an non, ne disputandum quidem fuit a clientibus, a quo si discederent, pro patrono debitorem, id est hostem haberent, qui alimenta nec praeberet amplius, praebita prius in beneficii parte reputaret. In me vero homine minime politico, studiis unice dedito, nullum erat praesidium, nulla spes expediendarum rerum. Visum est illis, retinere suam veluti hypothecam et sub specie alumnarum possessionem veluti tueri juris sui in patronum. Accedebat et consideratio valetudinis suspectae in corpore, quamvis bene succulento, ob animae foetorem; accedebat anceps fama de mea religione, res mire ponderosa in dubia electione, aequatis rationibus ceteris. Super ista omnia, profligato jam hoc consilio conspectum feminae nactus (nam a sex annis illam non videram), nullam inveni notam a qua placeret. Haec cum ita habeant, satis apparet, cur succedere non debuerint, et si verum fatear, impertinentia moliebar, quia scilicet misericordia erga ducendam, opus pietatis erga defunctam, bona per se, sed impertinentia, quia uxorem quaerenti aliud agendum et quia majora viribus ausus sum. Etiam pietas, etiam devotio inter caecos affectus est, impetu ruit, consilium spernit. At cur passus est Deus, me occupari hoc consilio, quod succedere non debuit? An ut in hac persona inhaerens cogitationibus, non inciderem in perplexitates alias? An ille non semper concurrit ad formanda nostra consilia, sed praestolatur ex parte effectus formatque successum? An vere hoc est, quod dicit sapiens: hominis esse disponere viam suam, sed Domini dirigere gressus ejus? Et quam vellem hic excurrere in disputationes horridas, nostri seculi infortunia. Sed pergo. Videtur enim nihil mihi accidisse novi, credo omnibus evenire hujusmodi, non tantum unum aliquod, sed aeque magno numero atque mihi; differentiam in eo, quod ceteri vel non reputant, ut ego, obliviscuntur contemnuntque plus quam ego, vel sui continentiores sunt quam ego mei, suaque soli norunt infortunia, vel si minus perplexa illis accidunt, id fit quia minus illi creduli sunt quam ego, qui non tantum indiciis ad rei naturam pertinentibus, sed etiam omnibus interdum confido. An denique hic aliquid possunt astra? Nam fervet circa hos annos directio Medii Coeli ad oppositum Martis et fuit transitus Saturni per locum zodiaci in mea genesi altissimum, eritque rursum Novembri et Decembri sequentibus. At, si hae causae, quomodo agunt? Num locum habent meae explicationes, quas alias usurpo? Nam astris Dei munus, formandi effectus, nequaquam transscribere cogito. Esto igitur in astrorum etiam ratione, sim hoc tempore vehementer in affectibus meae naturae familiaribus, in credulitate, in ostentatione pietatis, misericordiae, in captatione famae ex novis et paradoxis consiliis et singularitate factorum, in sollicita rationum variarum conquisitione, comparatione, excussione, in anxietate animi circa electionem. Sim exemplo et ipse, Deum raro cursum naturae intervertere, et tamen formare atque disponere consiliorum eventus. Agnosco manifestum signum gratiae Dei in hac prima persona, quod non evenit, quod evenire poterat, ut illa mihi nuberet. Sequuntur aliae.

Cum matre mihi sunt propositae duae filiae, malo omine, si honestatis laesio qualiscunque in mali ominis parte ponenda est. Et ratio dictat, malum portendisse, sed malum cognatum, scilicet sinistram abhorrentiam animi a receptione consilii, parum honeste a patronis feminarum oblati. At illud me mirum habet, si malum hoc omen est, cur portenderit malum plane alienum a causa ista laesae honestatis. Ecce enim fortunae ludibrium, nulla mea culpa concitatum. Non tantum initio cum matre filia dotata fuit, sed etiam postea in compensationem matris recusantis: vehementer me perculit deformitas consilii, et tamen coepi de conditione inquirere. Interim dum animum a viduis ad virgines transfero et de absente non ante visa cogito, cepit me aspectus praesentis et probata physignomia. Satis de educatione constabat, splendidam magis esse quam mihi utilem. Deliciis erat enutrita supra fortunam, nec aderat aetas apta curis domesticis. De indole tamen ex vultu judicium ferens optima quaeque sperabam, si etiam sororis accederent admonitiones, feminae optimae. Consului personam utriusque nostrum peritissimam aeque ac studiosissimam. Visum est illi, tentandam puellae matrem. Nam etsi lautiorem generum tam teneriter habitae quaerere videbatur, optare tamen magis quam sperare poterat, ob res accisas et Caesarem mortuum. Etiam mater deliberavit. Mihi hoc erat consilium, rationes meas dissuasorias permittere arbitrio matris, feminae et prudentissimae et filiae amantissimae. Nam si probaret meum consilium, non fore falsam meam spem de indole. Unum hoc a me recte factum; melius tamen fuisset non petere, quod probabile erat, non placiturum matri. Nam mater denique, excussis rationibus, statuit annos filiae plures exspectare, et tute omnia administrata, fama nulla excitata. Mensis abiit per has curas, interimque Praga ego discessi: nam aut sponsam obtinere, aut totum propositum cum ipsa urbe relinquere, visum est edictumque matri. Atque haec secunda est, ad tertiam venio. Non enim noceat repetere, quod Illustri Generositati Tuae jam antea oretenus retuli, scilicet ut ex itinere, quod Lincium institueram, in Moraviam deflexerim, resumto consilio, quod initio propter deformitatem displicuerat. Hic animus calebat, fateor, quaerebat supplementum nuperrimae jacturae, nihil tamen adeo ex calore. Veni in rem praesentem, placuit virgo, erat educata ad commodum meum, mira promptitudine amplexa est liberos meos: id praecipuum erat firmamentum conceptae fiduciae, ex hac propera fiducia, dum uni rei nimium sum intentus, firmandae scilicet sponsioni, in alia re parum cautus fui, non scilicet satis cavi commodis meis. Nam liberos reliqui futurae matri, quos postea cum sumtu accersere fui coactus. De reliquo, ut supra dixi, fortuna in culpa est. Nam bona puella fidem suam ante annum obstrinxerat alii, qui interim scortator evasit filiumque ex pellice susceperat eoque visus est descri posse: grata fuit virgini et matri mea petitio, sed quia sibi metuebant a priori sponso, ideo meam petitionem rejecerunt ad dominum prioris sponsi, cui ille erat praesens. Atqui ego ab illo domino literas habebam commendatitias: quis aliter dicere potuisset, quin haec sponsio rata futura fuerit? Quod hic vel meum vitium, vel consilium Dei in permittendo hoc ludibrio? Impius sim, si ad astra ista referam, quae nullo neque naturae vinculo neque meo evenerunt, aut ab astris nexa sunt. Fortunam vero incusare, est certo quodam genere sermonis uti, ad hoc unum significandum, ludibrium hoc causam nullam habere. Quanquam, si verum excutimus, ut causa ludibrii nulla est, sic ludibrium ipsum etiam nihil est. Nam quis sanus me ideo contemserit? Et tamen sunt in gynaeceis insana et morbosa capita, quae hunc casum in numerum repulsarum referunt: itaque si ludibrium est, imperitiae debetur, non a me tantum, sed ab omnibus ex aequo hominibus. Quodsi accedat mea impotentia animi aut imbecillitas judicii in suscipienda vel aestimanda sinistra aliorum de me existimatione, jam dolor sequitur et turbatio consiliorum ex re, quae sua natura penitus est de nihilo.

Sequitur quarta et Lincensium prima, de qua satis Illustri Generositati Tuae constat ex amico relatu, quae cum forma satis commendaretur et honestate matris, falsa tamen opum jactatione commendatores illius in animum meum rumorum metuentissimum impegerunt. Ac etsi Illustris Generositas Tua dissuasit illam ob inopiam, etsi dissuaserunt alii ob proceritatem et habitum corporis athleticum, inhaesi tamen huic deliberationi et forsan mature conclusissem, nisi amor et ratio, communicatis inter se operis, quintam mihi obtrusissent interim, quae in collationem cum illa quarta ut venit, ancipiti certamine, cum maxime vinceretur honestate familiae, gravitate vultus, tum ob aliquas opes et dotem, tum maxime vicit amore, fide humilitatis, frugalitatis, sedulitatis, amoris privignorum, et placuit in illa orbitas et desertio, quae in alia rejecissem. Nam inopia ejus nullum metum secum trahebat ab egentibus affinibus. Diu multumque conflictatus cum hac molestissima cura, dum Gen. Dom. Helmhardi conjugem exspecto, si forte illa tertiam mihi suaderet, quae harum utramque apud me vinceret; tandem etiam illa audita, coepi pro quarta concludere, aegerrimo animo, quod esset repudianda quinta. Dum id ago jamque prorumpere verbis cogito, ecce fatum: quarta illa cunctationis meae pertaesa fidem dedit alii, qui e multo tempore instanter ejus conjugium expetebat, nec nullam promissionem jactabat. Quantum aegritudinis sensi ex repudio quintae, tantum etiam doluit jactura quartae, quin imo jam sordere et quinta coepit. Hic omnino vitium fuit in meis affectibus, quos cunctando, comparando, ponderando rationes contra positas quotidie accendebam de novo. Neque tamen male mecum actum, quod cum quarta non successit, sic enim utrique melius prospectum esse res ipsa loquitur.

De quinta reliqua est quaestio, cur, cum illa mihi destinaretur, Deus permiserit, ut intra unius anni spatium sex alias aemulas passa sit? Anne aliter inquieto animo consuli non potuit, ut disceret sua sorte esse contentus, nisi esset expertus impossibilitatem votorum suorum in tot aliis, nisi ipsa rei evidentia posset refutare tot dissuasores, tot splendidarum aliarum conditionum suasores? Nam ut pergam, sextam privigna mea cum genero suasere, nec defuerunt amici intercessores, arrisit in ea nobilitas nonnulla opesque. Vicissim defuerunt anni, metuebam a sumtibus nuptialibus, ipsa per se nobilitas suspicionem fecit superbiae. Super omnia misericordia erga quintam, quae jam intellexerat et quid esset de se deliberatum et quid jam ageretur. Cum igitur haberem animum volentis, usus sum verbis nolentis erga intercessorem, scilicet misere metuebam, ne non esset aeque frugalis et humilis sexta, atque de quinta sperabam. Hic divisione mei ipsius inter volentem et nolentem illud quidem boni consecutum est, ut essem suasoribus meis accusatus, illud vero mali, ut dolerem veluti de repulsa. Rursum hic animi vitio peccasse videor: ut si exercitus aliquis in hostem mittatur, male consentientibus inter se consilii secreti auctoribus. Bonum evenisse divina gratia, tu ipse conscius ex relatu necessarii tui: nam feminam mihi descripsit minime meis moribus meisque usibus in re domestica idoneam.

Cum jam quinta mea cum gratulatione sola penes animum adeoque et penes verba mea dominaretur, subito coorta est illi nova aemula, quam septimam numero, suasu illorum quos nosti, qui humilitatem quintae reddebant despectam, in septima commendabant nobilitatem, frugalitatem utrinque eandem jactabant: credo septimam promotam cupiebant. Et erat physiognomia talis, quae amari mereretur. Rursum ego et quintam omittere et septimam eligere paratus eram, siquidem vera dicerentur de septima: id ut diligenter caveretur, petitioni meae tam erga patronos quam erga puellam miscui monitiones explorandi causa ipsius animum, sed dissuadendi vim continentes, rursum in volentem et nolentem divisus. Quid aliud sequi potuit, quam repulsa, cujus ipse veluti suasor eram? Rursum hinc parta ad suasores meos excusatio, mihi dolor, gynaeceis materia. Agnosco excessum hoc tempore meorum affectuum, et in eo vim coeli stimulantis. Alio tempore quietiori animo suscipi debuit haec deliberatio. Bene an male cessisset conjugium nescio. Hoc uno ore omnes conscii clamant, minime mihi consultum cum hac persona futurum fuisse, multoque minus propter numerosam et inopem familiam.

Famam itaque praeventurus aut oppressurus, animo irato gynaeceis eoque non bene defaecato, ad populares sum conversus, in nobilitatem tamen transire meditantes, e quibus suasu amici cujusdam octavam elegi. Jam tum enim patuit, exuendam ex animo hac vice misericordiam, proprii commodi rationem in electione conjugis habendam esse. Hic in aestimatione erat locus meus et conditio; forma in illa non valde commendabatur, mater tamen honestissima, ope frugalis educationis, modesti mores inter augmenta enitebant. Ulta est fortuna meum animum tot dubitationum fluctibus inquietum, objectum personae aeque inconstantis. Initio omnino volebat ipsa et cognati ejus, mox vellet an nollet, non ego tantum, sed ipsa etiam ignorabat. Accessit religionis infamia, quae animum ipsius labentem impulit. Post interpositos aliquot dies composito nonnihil religionis negotio repetita promissio et denique confirmata tertio, cujus quidem confirmationis intra quatriduum illam poenituit eoque deprecata est exequutionem: atque ego illam, omnibus suadentibus, deserui. Morbido quidem animo ad hanc petitionem accessi, nihil tamen ex morbo peccatum in principio, pertinacia se successu temporis miscuit ex metu rumorum, si desererem negotium; hinc multum temporis perditum, tres scilicet menses. Finis vero quin bonus sit secutus, vel ipsa puellae inconstantia testatur. Dubitant tamen, qui illam norunt, bene an male cessum fuerit matrimonium.

Hic tandem ego cautior, reliqua (supersunt enim tres aliae) sub velo tractavi, quod nunc demum Illustri Generositati Tuae detego. Nam usus praetextu octavae, quasi illam nequaquam cogitarem missam facere, secutus ordinem, quo erant mihi post sextam commendatae, cum una, quam nonam numero, tectis verbis locutus, exspectavi, si incauta, promta potius, signum aliquod ultro daret suae benevolentiae: nam non erat mihi consultum, saepius in discrimen venire repulsae. Et omnino successisset, nec forsan male, si vel ego apertius egissem, vel illa pudoris et cautelae minus adhibuisset: certum enim est, matrem consuluisse, atque illa mihi non obscure, sed sero nimis, paratam conditionem ostendit. Nobilitas, forma, experientia rei familiaris aderant, aberant opes, suspecta valetudo, signis vitiosorum pulmonum manifestissimis. Aliqua in hoc erat difficultas, quod nobilem indotatam paulo sumtuosius habendam constabat. At nunc puella sic respondit, ut conjicerem, illam et sensisse, quid vellem, et negasse citra meam confusionem.

Itaque ne periclitarer amplius, ad decimam transii, secutus consilium feminae popularis, mihi amicissimae, quae jam diu se sperni questa erat. Ventum in conspectum, opes erant certae, nobilitas, frugalitas; at physiognomia abhorrentissima, forma etiam popularibus oculis turpis, corporum inaequalitas manifestissima, ego tenuis, exsuccus, gracilis, illa brevis et crassa, ex familia etiam insigni superflua crassitie. Indignitas maxima orta ex comparatione cum quinta, non tamen excitavit amorem erga illam denuo: *fugacior Euro, opes Plutoni devovens.*

Eodem itinere et undecima, jam olim mihi commendata, rursum in scenam producta fuit ab amico, secretorum meorum fido custode, qui decimam dissuaserat. Secutus sum universum ipsius ordinem: veni in conspectum, placuit persona, tectissime tamen omnia gesta. Rursum opes, nobilitas, frugalitas, in aetate desiderabantur aliquot anni; in summa, res per illum gesta, patientia a me praestita in quartum mensem: denique responsum tulimus, videri puellam nondum satis adultam.

Jamque, exhaustis omnibus amicorum consiliis (nisi quod Mannam nunquam sum secutus, metu, ne aeque male succederet), ego in ipso discessu Ratisbonam ad quintam reversus, fidem dedi accepique.

Habes commentarium illorum verborum, a quibus incipiunt invitatoriae literae. Vides, qua dispositione divina in has veluti angustias sim compulsus, ut nobilitatem, opes, cognationem, quorum nihil in hac invenio, contemnere, cetera mediocria aequo animo sequi coactus fuerim. Susannae nomen, parentes Jo. Reuttinger et Barbara, cives oppidi Eferding, opificio arcularius pater, dudum mortui ambo, educatio, quae loco amplissimae dotis sit, in gynaeceo Starenbergico, totius regionis laudatissimae disciplinae; forma, mores, corpus attemperata ad mea, nullus fastus, nulla sumtuositas, laborum patientia, scientia mediocris regendae domus, aetas media*) animusque capax ejus, quod adhuc deest. Cum hac ex dispositione Generosi Domini a Stahrenberg proxime futuro 30. Octobris hora 12. coram coetu Eferdingensi copulabor, nuptiale epulum in aedibus Mauriciae, cujus insigne Leo aureus, praebebitur. Illustrem Generositatem Tuam obsideri scio geminato luctu eoque gravissimo, et qui tuum animum non mediocriter ob varias curas percellat. Id si nihil impedimenti objiceret, summis abs Illustri Generositate Tua precibus contenderem, ut Ipsa nuptiis meis interesset suaque praesentia magnanimitatis in me speciem luculentissimam effigiaret meque et suo vultu in adversis constantissimo recrearet, et ad contemnendam famam popularem confirmaret. At quia novi obstacula, etiam cum Ill. Gen. Tuae legato contentus ero. Vale et utrum exspectem per scribam significa, ut rationes hospiti constent. Eferdingae d. 23. Octobris, tertia a meo reditu.

---

*) In collectione nativitatum deprehendimus Susannam Reuttingeriam (alias Reutlingeram), natam die 25. Dec. 1589.

Proceres Austriae item Keplerus invitaverat ad celebrandas nuptias illique his responderunt: Edler, Hochgelehrter, Lieber freundt Herr Kepler. Euer Schreyben vom vierzehenden diss haben wir empfangen, vnd daraus, das Ir Euch aus sonderer schighkhung Gottes, mit Vorwissen vnd Consens negsten Freundtschafft, vnnd vorgesetzter Obrigkeit, auch zeitigem gueten rath, sonderlich vmb besserer fortsetzung willen, deren von Irer Kay. May. vnserm Aller gnedigisten Herrn, vnd einer Ersamen Landtschafft diss Ertzhertzogthumbs Oesterreich ob der Ens, Euch anbevolhener studien, vnnd damit von deroselben wegen, desto weniger an Aufzucht Eurer in voriger Ehe erzeugter Khinder verabsaumbt werden möchte, zu der Ehrentugenthaften Jungfrawen Susanna, Weilundt Hannsen Reutlingers, gewesten Bürgers zu Eferding, vnnd Barbara, seiner ehelichen Hausfrawen, beder seligen hinnderlassenen Eheleiblichen Tochter, so nach absterben Irer Eltern, vnndter der Wolgebornnen frawen, frawen Elisabeth, frawen von Stahremberg auf Eferding, gebornen Vngnadin, freyin zu Sonegg etc. Christlichen zucht, in das zwölffte Jahr, ausgeharrt, bis auf Priesterliche thrauung, ehelichen verpflücht vnnd versprochen, vnd den Christlichen Kürchgang in der Statt Eferding, auf den Dreissigisten, jetzt Laufenden Monats Octobris, vmb zwölff vhr, wie dann volgundts, die hochzeitliche Ehrenfreud, alda beym gülden Lewen, mit Göttlicher Verleihung zuhalten angestelt, vnd vns darauf In nammen der Löblichen Stenndt diss Landts, durch Abgesanndten darbey zuerscheinen berueffen, mit mehrerm angehört vnnd vernommen; wünschen hierauf Euch, vnnd Euerer Lieben Junggfrawen Brautt, von dem Lieben Gott seinen reichen seegen, glück, hail, vnnd alle wolfarth, vnnd wie wir Euch allen angenemmen willen zuerzeigen geneigt: Als wolten wirs, sonderlich disfals, Eurem Begeren nach, gehrn im werckh erweisen. Weilen es aber aus mehrerley Verhinderung aniezo nit beschehen können: so haben wir aus wolmainender affection, Verordnung gethan, das Euch ein Trinckgschirr, von vierzig, bis jn fünffzig gulden, aus vnserm Einnemmer Ambt zuegestelt werde, das mügt Ihr durch ein Euch selbs auf der hochzeit angenemme Persohn, vnserntwegen praesentiren lassen. Welches wir Euch zur widerantwortt nit verhalten sollen.

Gott mit vnns. Datum Lynnz, den Neun Vnnd Zwainzigisten Octobris, Anno 1613.

N. der 4 Löblichen Stenndt, von Prälathe, Herrn, Ritterschafft, vnd Stötte, in Oesterreich ob der Enns verordnete.

Carmen nuptiale Joannis Seusii (cfr. vol. II. 125) legatur in Hanschio p. 572. Hanschius initium carminis invitatorii ad nuptias, a Keplero ad legatum regis Angliae missi, hoc affert:

Hactenus infandas volvens sub pectore curas
Extendi viduo marcida membra thoro.
Virgo biennalem solvit pulcherrima luctum.
Si quaeris nomen? casta Susanna locat;
Dotem? Nulla fuit, cum fleret utrumque parentem.
Nunc amplam tempus curaque honesta dedit,
Non quam vulgus iners saltem unius aestimet assis,
Sed quam philosophi libera vita probet.

Jam missis nuptiis transimus ad alia. Benjaminus Ursinus, qui prius Pragae Keplero socius fuerat in calculis astronomicis (Maestlinus scribit anno 1613: „in quartum annum tibi a latere est"), initio anni Lincium transiit et usque ad Augustum apud Keplerum versabatur. Mense Februario nunciat Keplero absenti (v. infra): „tui bene valent. Res familiaris, qualem reliquisti, talis hactenus. Vini tamen imbecillior fluxus aliud me foramen heri sub vesperam terebrare jussit. Pecunia hactenus nobis non defuit, jam tamen a Platelio in crastini diei necessaria duos florenos sumsi." Literae Ursini, quae praemissas secutae sunt, datae sunt d. 14. Dec. Sobieslaviae, ubi per annum versabatur, inde Berolinum transiit „mathematicus" electoris Brandenburgensis.

Edidit Keplerus hoc anno librum germanicum *Vom Geburtsjahr Christi*, quem inscripsit imperatori Matthiae, Lincii d. 25. Martii. Conscripsit *Responsionem ad Calvisium*, quam 5. Febr. 1614 Welsio, ubi per aliquas septimanas morabatur, Berneggero Argentoratum misit, ut „primo quoque tempore excudatur", addens: Nundinis Lincianis per mercatores mittam ad typographum *Eclogas Chronicas* cum latino exemplo informationis de anno Christi natali. In codicibus Pulkoviensibus deprehendimus fragmentum inquisitionis geometricae, scriptae d. 4. Decembris „de triangulis sphaericis" (v. s. p. 196), quam sequitur d. 7. Dec. conspectus divisionis numeri 60 in partes suas cum denominationibus illarum. *Stereometriam Doliorum* fine anni inceptam esse, apparet ex his Kepleri verbis (16. Jan. 1614): Cum superiori Novembri mense novam nuptam domum deduxissem tempore tali, quando Austria, vindemia copiosa nec minus generosa collecta, plurimis onerariis adverso Danubio missis opes suas Norico nostro dividebat litusque omne Lincianum vasis vinariis tolerabili pretio venalibus obstructum videbatur: conveniens erat officio mariti bonique patris familias, ut domui meae de necessario potu prospicerem. Doliis igitur aliquot domum illatis et conditis, post dies quatuor venit venditor cum virga mensoria, qua una et eadem cados promiscue omnes exploravit sine discrimine, sine respectu figurae, sine ratiocinatione vel calculo. . . . . Cum igitur didicissem, usum hunc virgae transversalis publica hic auctoritate stabilitum et juratam illi mensorum fidem, visum est non inconveniens novo marito, novum mathematicorum laborum principium, certitudinem hujus compendiosae et ad rem familiarem pernecessariae dimensionis ad leges geometricas explorare fundamentaque, si quae essent, in lucem proferre.

His addit Keplerus Julio 1615: Cum libellus iste manuscriptus per menses 16 apud librarium Augustanum delituisset, commendatus ilii a Marco Welsero, neque tamen typis excuderetur, vix tandem, Welsero jam rebus humanis exemto, libellum meum extorsi detentori postliminioque recepi. (Welserus nunciat Keplero (11. Febr.): „proximis superioribus diebus" se accepisse librum manuscriptum, nulla vero ratione se bibliopolae persuadere potuisse, ut editionem propriis sumtibus in se susciperet; „etsi enim fatetur, illustre apud omnes literatos Kepleri nomen haberi, negabat tamen argumentum libri plausibile et vendibile videri, latina praesertim lingua".

Paucae supersunt epistolae Kepleri hoc anno ad amicos datae. Ex eorum vero responsionibus, quas hic subjungimus, apparent ea, quae cum illis egit.

Keplerum sententiam suam de M. Antonio de Dominis (cfr. vol. I. p. 659) conscripsisse, hae testantur Erasmi a Stahremberg literae: „Admodum me delectarunt literae tuae, Keplere amicissime et doctissime; video enim te ut philosophum animi constantiam et firmitudinem etiam in aulicis procellis fluctuantibus retinuisse, neque mei memoriam plane abjecisse. Perge in posterum nos amare, idem de me quoque tibi pollicearis neque quicquam de meo in te amore dubites. Ea, quae de Archiepiscopo Spalatensi innuis, gratissima fuerunt; pervenit sane antea ad manus epistola illius valde pia, memoranda et docta. . . . . En quam mirabilia sint opera Dei, in meditullio et visceribus Italiae, coram facie Pontificis nasci et exoriri novum sidus et lumen Evangelii, quod in Germania origine natum, per dissensiones et factiones curiosarum, ad salutem minus necessariarum quaestionum, nubibus obscuratum et quasi exstinctum, in ipsa Italia faces hujus evangelicae lucis et veritatis apostolicae iterum accendi viamque harum dissensionum componendarum ostendi." His adjungit Stahrembergius verba Calvini ex variis ejus scriptis desumta et his finem facit: Verba haec Calvini si candide et pie ab adversa parte ponderarentur, quid opus esset tot polemicis scriptis virulentis, quibus charitas destruitur et vera pietas. Colamus pacem et quae pacis sunt sectemur, spiritualia spiritualiter tractantes, non in verborum contentionibus tempus locantes. . . . . Finem imponam teque salvere et ad nos re bene peracta redire jubeo et opto. Dabantur rapto calamo d. 12. Apr. 1613.

Repetiit hoc anno Keplerus diu intermissum colloquium per literas cum Maestlino, qui ad literas Kepleri d. d. 7. Febr. (deperditas) respondit: „intelligo te in examinando scripto D. Röslini laborare. Optima viri voluntas est, sed anne omnia satis prudenter? Sententiam, quam semel animo concepit, mordicus retinet, nec sufficienter rationes audit easque inter se non comparat. Ego jam aliquamdiu a studio chronologico abstinui. Ratio: J. G. Heerwart suis superiori anno editis novae Chronologiae capitibus me dubium reddidit et pene perplexum. . . . . (Quae sequuntur leguntur vol. IV. p. 120.) De maculis in Sole prodierunt aliquot libelli, sed mihi tantum duorum facta est hactenus legendi copia, ut primi earum observatoris Fabricii et libelli „Apellis post tabulam latentis". Cetera hactenus comparare non potui. Ego et mecum alii hic (Hafenrefferus, Sigwartus, Zieglerus et multi ex studiosorum numero) easdem crebro observavimus, partim per tubum opticum mane, mox post ortum Solis, partim per radium illapsum, omnium primo d. 20. Maji 1612 in superiore contignatione templi. Ibi duas liquido vidimus maculas paulo infra centrum. Mihi, ut pace tua dicam, non quales in Terra sunt nubes, sed perpetuata corpora videntur. . . . . . . Oram Solis non perfecta circulari linea terminari observavimus. Vidimus enim pariter magnas eminentias et notabiles hiatus, quales sunt in Terra montes et valles. Num ergo et Solis corpus rudis velut Terra globus est? Certe Lunam Terrae esse simillimam hae novae observationes ut certo asseram cogunt. . . . . (Ex literis d. d. 18./28. Apr. 1613.) Die 20./30. Julii haec scripsit Maestlinus: Literas tuas, d. d. 29. Junii (item ut priores deperditae sunt), ego 12. Julii accepi. Quid Copernicus Basileae agat (dicit Maestlinus novam Copernicani operis de Revolutionibus editionem, quam typographus Basiliensis Henric-Petri meditabatur), scire non possum, quia typographus non respondit. Verendum itaque mihi est, ne ego pariter ac Ursinus tuus operam et oleum perdiderimus. Quae de Rhetici Narratione et tuo Prodromo adjungendo scripsi, eo animo factum non est, ut typographo non petenti obtrudantur. Sed quia noveram, Rhetici Narrationem jam ante aliquot piures annos in editione Basiliensi fuisse appositam, facile autem conjicere possum, typographum eandem Narrationem, utpote quae ad obscuriora in Copernico loca melius intelligenda plurimum conducit, haud dubio denuo appositurum esse, idcirco praemonere volui, ut eam correctius ederet descriptam ex correcto exemplari; quorum cum nullum aliud sciam, quam quod Prodromo tuo adjunctum est (cfr. I. p. 25), suasi ut illo uteretur.. Atque eadem occasione tui Prodromi facta mentione, existimavi non absonum fore, si idem adderetur, praesertim propter divinam (recte me dicere censeo, divinam) quinque corporum regularium cum systemate coelestium corporum harmoniam, quam, quoties in eam speculationem descendo, cum veneratione divinae sapientiae demirari satis non possum. Verum quia tibi de Prodromo aliud videtur, ego ex causis a te allatis facile etiam subscribo. Opus enim redderetur nimis prolixum et in majorem molem excresceret. Sed de Rhetici Narratione res in potestate nostra libere sita non est; editionem priorem ut typographus repetat, penes ipsum est, consultius tamen esset, si emaculatior quam olim ederetur. In Gruppenbachianos (Gruppenbachius, typographus Tubingensis, sumtus fecerat in primam Prodromi editionem) nulla injuria metuenda fuisset. Res eorum male habent; Philippi typographia de statu suo dejecta est, ipse discessit Schorndorfium.

De Roesliniano tuo scripto miror et ego fatum, sperarem tamen fore ut in tuto esset. Ego ut Argentorati imprimeretur non consuluissem, Röslinus nimis illic notus est, ideo ejus fautores facili occasione remoràm interponere potuissent. Fortius ergo ut urgeas vel editionem vel restitutionem tui scripti opus est. Vir est cordatus, sed primo conceptae opinionis nimis tenax, ideo ut se evolvat, undique quascunque rationes colligit. — De chronologico nostro studio tu me nonnihil erigis... (cfr. vol. IV. p. 121).

De maculis in Sole magis magisque turbor. Multum me movet quod scribis de divisione unius in piures et coalitione plurium in unam.... De Lunae inaequalitate quae scribis me magis confirmant praesertim in iis, quae in „Dissertatione" scripsi... (cfr. II. 784).

Ad editionem Copernici redit Maestlinus in literis d. d. 17./27. Maji 1614, respondens ad Kepleri literas, item deperditas, quas ille dederat d. 24. Aprilis. „Quid typographus Basiliensis agat, anne in editione Copernici pergat, nescio. Responsum ad literas, quas ad ipsum dedi anno superiori et proxime praeteritis nundinis, nullum accepi. Rhetici Narrationem editioni omnino adjungendam, intelligo tibi quoque consultum videri, sed typographus persuadendus est, ne eam ex priore olim Copernico Basileae excuso addita editione desumat, ea enim nimis vitiosa est et a mente Rhetici plurimum abest.

D. Roeslinum audio iterum quid moliri. Viri boni voluntas laudanda, sed aberrat a semita veritatis et aegre admodum sententiam mutat. Calvisium miror quid tentet; scriptum ejus nondum vidi. Anne in tanta luce proditis solidis fundamentis lucem non videt, vel anne ipse, qui magnum chronologi nomen et laudem consecutus sibi videtur, jam turpe sibi putat de erroribus admoneri? Epistolam tuam in ipsum editam esse, ex catalogo nundinarum video; eam nondum vidi, laboro tamen ut brevi ex Argentorato habeam. — Nodus Herwarti profecto arte opus habet ut solvatur, puto tamen et ego, sectione non opus esse, licet capita admodum sint recondita. — Galilaei scriptum, quod italico idiomate editum scribis (de maculis solaribus), optarem latine etiam prodiisse, praesertim si in eo, ut dicis, omne tulerit punctum .... (cfr. II. 785). De eclipsi Lunae ego propter coelum nimis nubilum prorsus nihil videre potui. Gratissima mihi fuisset ejus observatio, praesertim quod per eandem ea quam anno 1590 habui repeti potuisset, Luna videlicet deficiente utrumque luminare supra horizontem. Optandum est, ut Deus largiatur sudum coelum die 7. Octobris, qua Luna oriens eclipsabitur. Ea enim egregie ilii in anno 1590. observatae respondere poterit. Etenim sicut haec in anno 1590. fuit matutina in occidente, ita illa in Octobri futura erit vespertina in oriente.

Chronica tua scribis quidem te mittere mihi legenda, sed alia schedula literisque inclusa, te tecum retinuisse, quia D. D. Langjahr de ejus onere questus fuit. Non autem dubito quin doctissime sint chronica illa conscripta. —

Marcus Welserus refert (Julio mense), Galilaeum ad Kepleri sententiam de maculis solaribus longe propius quam ad Apellem accedere videri (cfr. II. 776). His addit: Memini, te aliquando mihi in quaestione ponere, an Porphyrius ipse commentarium suum in Ptolemaei Harmonica imperfectum reliquerit? Ad quod quid responderem neque tunc habui neque nunc habeo. Moneo tamen, in nostrae reipublicae bibliotheca manuscriptum haberi Ptolemaei Harmonicorum libros tres cum Porphyrii enarratione primi et secundi capitum secundi libri, unde facile colliges, anne defectus tui codicis aliqua ex parte juvari possit. Adsunt quoque Aristidis Quintiliani de Musica libri tres, quos fortasse non praeter rem sit Ptolemaeo et Porphyrio adjicere. (Quae de his egit Keplerus cum Herwarto annis 1599 ss., leguntur vol. V. p. 30 ss.)

Ex epistola Simonis Marii, qua d. 26. Augusti respondit ad illam Kepleri, quam vol. II. p. 473 proposuimus, haec illa supplentes desumsimus..... Literae ad

Odontium datae*) non eo animo a me sunt scriptae, ut publici juris fieri vellem, sed privatus privato quod tunc temporis erat meum propositum bono animo detexi. Verum si scivissem, eas perventuras in manus tuas, utpote viri ingenio subtilissimo et acutissimo praediti, longe aliter eas informassem. .... Asseris, ne literam quidem contineri in Sacris, qua physica doceantur, quod apud me valde est ambiguum: quaero ex te, an primum caput Geneseos non physica doceat? Nam in eo capite habetur aliquid, quod nulla ratione, ut opinor, cum mobilitate Terrae conciliari potest. Ceteroquin ego plane admiror tuas divinas et stupendas adinventiones, quas in Commentario de motibus Martis publicasti et vere te virum et astronomum physicum praestitisti. Non ego is sum, qui simpliciter negem, me unquam in astronomiam Aristarchicam consensurum esse, sed hoc saltem dico, nondum omnes scrupulos mihi ademtos esse. ... Arripis observationes meas in motibus quatuor Jovis circulatorum, quos motus sui aequalitate centrum Jovem et per consequens etiam Solem respicere deprehendi, et infers, vel hinc satis constare, Solem non tantum planetarum, sed et totius universitatis centrum existere. (Haec non dixit Keplerus. Cfr. vol. II. p. 475 lin. 6 ss.) At non sequitur: Jupiter cum suis asseclis respicit Solem tanquam centrum, ergo Sol est centrum totius universi. Imo ego existimo, hunc mundum Jovialem refragari opinioni Copernicanae. Quod in parte fit, in Joviali mundo, cur illud in toto, in mundo solari improbemus? Ut ita Jupiter sit quasi alter Sol, et quemadmodum Jupiter est mobilis, quod negari non potest, et nihilominus suos asseclas quatuor secum circumfert ex naturali concomitantia (ut verbo Tychonis utar), ita Sol angustissimum circuitum circa Terram faciens secum circumferat quinque suos satellites, planetas. Praeterea hae meae observationes nullatenus pugnant cum generali hypothesi Tychonis, prout ipsemet facile intelligere potes, ut cui ea est notissima. .... Rumor apud nos est, comitia Noribergam transferenda ob pestem Ratisbonae grassantem. Quod si fit, brevi tecum ero vel tu mecum hic Onoldiae. —

Hoc propositum peregisse Marium, neque vero Noribergae sed Ratisbonae Keplerum visitasse, ipse refert in *Mundo Joviali* sub finem partis primae, de nominibus agens, quae tribuenda sint Jovis satellitibus: non male, inquit, fecisse videor, si primus a me vocetur Jo, secundus Europa, quartus Calisto, feminae virgines, quarum furtivo amore Jupiter captus et potitus est, tertius vero Ganymedes, puer formosus, quem impensius amavit et in coelum transportavit, prout fabulantur poëtae. Huic figmento et propriorum nominum impositioni occasionem praebuit D. Keplerus, quando mense Octobri anni 1613 Ratisbonae in comitiis una eramus. Quare si per jocum et per amicitiam inter nos tunc initam illum compatrem horum siderum salutavero, haud male fecero. —

Ratisbonae versatus Keplerus Solis maculas observavit, haec in *Admonitione ad Astronomos*, qua hortatur observatores, ut intenti sint in Veneris transitum sub

*) Odontius d. 25. Nov. 1611 haec inter alia scripserat Keplero: Marius mihi refert, se finem lunaris eclipsis mense Decembri 1610 exactissime observasse h. 5. 23′ p. mediam noctem instrumento novo Galilaei. Eadem etiam hora vidisse omnes quatuor asseclas Jovis, duos orientales et duos occidentales pulcherrime et exactissime. Qui maximam digressionem a Jove facit, suam periodum absolvere spatio 16 dierum, in horis nondum sibi constare; in ceteris esse observationem intricatiorem, putare tamen sese, eum qui secundum a maxime remoto locum obtinet, 10 vel 11 diebus periodum unam absolvere. Prope Jovem esse celerrimae variationis, at in maxima remotione quasi stare videri. Hinc existimat, eos motu circulari circa Jovem ferri. — Finem faciens petit Odontius: Notum mihi facit catalogus librorum Francofurtensium, librum aliquem te auctore in publicam lucem emissum de motu Martis, cui describendo olim et ego non plane frustraneam, ut opinor, operam locavi; si libro hoc tanquam munere donativo beari possim, spei olim de donatione exemplaris non plane dubiis iudiciis mihi factae abunde satisfactum putarem.

Sole, de illis referens: Servient (observationi) et clericis templa sua, si quos ordo ille habet artis studiosos. Vidi enim anno 1613. Ratisbonae in templo cathedrali monstravique adstantibus notis macularum Solis vestigia in omnibus radiis rotundis, per fenestrarum rimas ex alto delapsis. Ut nihil de ruinosa illa intusque vacua et spatiosa domo dicam, in qua Pragae anno 1607 radium Solis insigni macula tinctum cum deprehendissem, Mercurium in Sole visum libello et carminibus publice editis (vol. II. 804 ss.), sed falso proclamavi. — Quae jocans cum Fabricio egit Keplerus de hac falsa observatione, leguntur vol. II. p. 110.

De operibus Kepleri et de maculis solaribus Jesuita Odo Malcotius haec scripsit Keplero: Notissima mihi sunt opera tua, Dioptrice, Nix sexangula, Dissertatiuncula cum Galilaeo, at prae ceteris opus de stella Martis. Deus bone, quam sublimia et mira in illo latent opere! Et quam bene non modo de Copernico, sed etiam de Tychone et Ptolemaeo eorumque asseclis mereris! Sed nihilne novi Dominationi Tuae circa motum illum Solis in centro suo maculae illae solares aperuerunt? .... Miror, hasce maculas non recurrere eodem situ et ordine, si motu moventur epicyclico, cum tamen sub Sole ad occidentem eadem velocitate tendere videantur. Quaeso D. T. quid de his sentiat et si quid aliud novi occurrat, verbo uno D. Schillero insinuare dignetur.

Kepleri responsionem, datam Lincii d. 18. Julii 1613, exhibuimus vol. II. p. 782 ss., quare summa rerum in his literis contentarum hic sufficiet. Scripsisse se ait sub finem anni 1611, quid de his maculis sentiret. (Num hoc publicis literis an privatis factum fuerit, nescimus. Deprehendimus quidem in catalogis librorum Moguntiae et Hamburgi librum Kepleri nomine insignitum, editum anno 1611 „de maculis solaribus" inscriptum, ipse vero liber desideratur, nec in alia bibliotheca ille nobis occurrit.) Macularum censet materiam esse tale quid, quale sunt nubes et nebulae in Terra. „An autem ex ignitissimo illo solaris corporis titione exspirent atrae hae fuligines, Deus novit, nam analogia ulterius non tuto extendi potest." Sub finem harum literarum petit Keplerus a Malcotio, ut sibi comparet editionem Ptolemaei cum notis Montani, interprete Mercatore. Malcotius Romae tum degens respondit (a. 1614), si literas Kepleri Antwerpiae accepisset, se Ptolemaeum ab amico Italo, nomine Octavio Pisani, „qui vacat Antwerpiae privatis suis studiis", facile impetraturum fuisse. „Si potero, efficiam apud eum, ut vel suum vel aliud simile exemplar Tibi curet transmitti." Idem Pisanus anno 1613 saepius Keplerum adiit per literas, ad problemata optica judicium expetens Kepleri. Has literas cum responsione Kepleri proposuimus vol. II. p. 482, easque his supplemus. Pisanus haec refert Keplero: „Ego construxi novum modum delineandi totum globum in plano in uno circulo et sic chartam cosmographicam construxi novam ac nulli ante visam. Velim scire tuam opinionem, quam ut magistram correctricem exspecto. Construxi astrologiam planisphaericam, qua omnes motus tum in longitudine tum in latitudine simul delineo; simile opus Petrus Apianus Carolo V. inscripsit." His d. 5. Oct. scriptis d. 23. Oct. haec addit: „Tanti est tua fama, tanti sunt tua scripta, ut quemlibet virtutis studiosum non modo alliciant, verum etiam inflamment tui desiderio. Scripta tua de motu Martis perlegens maxima admiratione vagor: captivus enim ipse tuas manus non modo queritur, sed quaerit etiam. Vere dicam, tuam vim magneticam sideribus inesse suppositam miror, admiror et laudo. Ego autem instar apis non quo tu Cygne volas, sed circum frutices Horatiano more vagabor et in hac vagatione novum modum inveni delineandi totum globum in plano in uno circulo. Nam alii quadra figura, alii duobus planisphaeriis, alii ovali figura, nullus tamen uno circulo similitudinem assequutus videtur. Quaesivi diu tuum Mysterium Cosmographicum; non inveni. Quare tuum judicium exspecto etc.

Ad haec Keplerus respondit d. 16. Decembris: Binas abs te literas accepi, quibus amicitiam et literas a me petis, breves utrasque, sed prolixo humanitatis argumento. Judicium meum expetis de tuis studiis .... (vide II. 482).

Qua ratione globi superficiem in figura unius circuli projicias in planum, difficilis conjectura. Anne plani circularis diameter una repraesentat semicirculum meridianum, diameter altera ad illam recta repraesentat integrum circulum? ut quanto minus distrahis atque diducis loca apud polos, tanto magis in angustum contrahas loca sub aequatore? Itaque non ingratum mittes spectaculum, primum atque occasionem mittendi nactus fueris. Astronomia planisphaerica mirum, si praeter Clavii eorumque qui nuper scripsere quicquam habeat novi. Sed enim naturae thesauros nunquam nec nos exhauriemus, nec exhauserunt majores nostri: nunquam itaque et huic tuo operi non faveo..... Literas si quas scripseris postae manda ad aulam Caesaream transmittendas. Quodsi Caesar Viennae vel Pragae fuerit, egoque uti spero Lincii restitero, rectoribus collegiorum societatis Jesu mandatae recte curabuntur, nam hic Lincii sunt ex illa societate, ad quos mittantur a suis contribulibus atque illi ad me non gravatim mittent. — Vale doctissime vir hancque amicitiam ut coepisti colere perge.

P. S. Dum literae hic desident, exspectantes alteram postae occupationem, tertiae tuae advenerunt de 23. Octobris. Nihil habent ultra priores, nisi quod id tangunt, quod tibi in Commentariis de Marte maxime placet: vim in sideribus magneticae similem; quo cariores mihi merito esse debent. Alterum, quod video te suspicari, me geographica in Mysterio Cosmographico tetigisse. Non est ita: tradidi symmetriam sex orbium coelestium, desumtam ex quinque corporibus regularibus, et motum ex harmonia. Cetera ut supra. Vale iterum.

Pisani respondit anno 1614, gratias agens pro Kepleri literis, „astrologiam" suam editam esse, inscriptam Magno Hetruriae Duci „mediante favore" Galilaei. Globum planisphaericum jam diu prodiisse in lucem, modum vero se non invenire mittendi hos libros, allocutum se esse Jesuitas, neque vero illos invenisse „modum" quomodo mitterentur. Astrologia mea, pergit, continet, quod omnes theoricae habent orbium symmetriam delineatam in longitudine et latitudine, quod nullus astrologus huc usque fecit. Continet adhuc hoc, quod ipsae theoriae planisphaericae non sunt aliud, quam ipsamet propositio geometrica planisphaerica ratione delineata, et unico et eodem tempore calculo et demonstro (sic). Kepleri responsio nulla superest.

1614. Revolutio anni. Ventriculi debilitate laboravi ex viscosis humoribus, rugas obsidentibus.

Berneggero scripsit Keplerus „Welsii 5 Februarii": Mitto properata manu tironis imperitissimi inchoatum, autographo vero meo completum exemplum „Epistolae ad Calvisium", quam velim primo quoque tempore excudi. Nundinis Lincianis per mercatores mittam ad typographum „Eclogas Chronicas" cum latino exemplo informationis de anno Christi natali.

Data est epistola ad Calvisium die 16. Februarii, epistola dedicatoria „libri latini" (De vero anno etc.) ad episcopum Cleselium die 8. Aprilis. Die 22. Maji haec dat Keplerus Berneggero: Epistolae meae titulum inveni in catalogo, spero impressam, etsi nihil scribit Tampachius. Consilium cepi mittendi ad te latinum tractatum de natalitio anno, in quo mihi plane satisfeci; spero opusculum absolutissimum esse.

Liber Baro P. H. a Strahlendorff, idem ad quem Keplerus anno 1613. summam „amorum" suorum scripserat, aestate anni 1614. nunciat Keplero, lecta „Dioptrica" coepisse se ex praeceptis Kepleri mechanica experiri. Confecisse se tubum opticum, qui „plana octies majora efficiat“. Difficultatem in hoc consistere dicit, „quod lentem altera parte convexam remotam a puncto concursus radiorum esse debere demonstras atque adeo magni circuli capiundam convexitatem, et ut in puncto uno radii refracti coëant, hyperbolam assumi oportere; quam nulla cura assequi potui..... Juva ergo, Imperator, ductum tuum et auspicia secutum in hac mechanica et praxin expeditam praescribe“. (Responsio Kepleri desideratur.) Anno 1615 (18. Jan.) idem Strahlendorfius Vienna dat Keplero: Literas Decembri ad me datas cum libro (de natalitio anno), et posteriores de 14. Jan. recte accepi..... Jam pridem ad Nellingensem istum praesulem in consilio nostro pro fratre rescriptum Caesareum decretum est, verum illud an praesuli redditum et quid ille responderit, nihildum explorati nobis est. Et tamen in hoc negotium vertitur, vel ut ejus excusationes, si quas justas habet, sciamus, vel, si injustas, rejiciamus. Operâ mea non deerit, non illa solum, qua quosvis miseros muneris ratione et meo privatim affectu amplector, verum et illa, qua in amicorum rebus sollicitus sum, in quibus studiorum et veritatis amor, quem in studiis tuis recognosco, te mihi consecravit. — Harmonica tua scito me exspectare. Quid enim? an harmonicis hisce temporibus mentibus nostris exagitatis potius delinificum sit?

Quae Strahlendorfius de fratre Kepleri et Nellingensi praesule dicit, his forte explicentur. Keplerus vitam fratris Henrici (nat. 1573 d. 14. Julii) inter nativitates familiae sic describit: In prima statim juventute epilepticus, nec mirum, cum non natus sed excussus sit. Mater fulmine territa simul peperit, simul lecto desiliit. (Dubitatur de die; 12. annotatum, at eo die nihil in coelo, quod tonitrua cieret. Die vero 13. sextilis ☉ ♃ aestus, ☍ ☽ ♂ ☿ vehementissimam tempestatem excitare poterat, quae procul dubio in noctem sequentem incidit.) Anno 1578 recidit in pristinum morbum, saepe animi deliquio correptus est, saepe durissime caesus a parentibus, saepissime vulnera impulsu, jactu, a bestiis, casu, verberibus accepit. Demum in perditissimam scabiem relapsus varie aut aegrotabat aut fricabat, inde ab anno 82. semper pessime habitus, hieme sequente frigore pene interiit. Anno 83. aestate aquis parum aberat quin suffocaretur. Sequuta est a. 85. dextri brachii mors. Anno 87. cuidam tonsori pannario traditus et anno sequenti pistori, ut opificium addisceret, ubi ille interim aegrotavit, durissime serviit, crudeliter saepe vapulavit. Anno 89. cum pater ipsi venditionem minaretur, aufugit et abiit in Austriam, ubi initio anni 90. κεφαλγιᾳ semel, dein aquis de vita periclitatus est, cum jam dimidium annum pistori operam dedisset. Ut convaluit ineunte aestate, Stolzingerum militem adeptus abiit in confinia Turcica ibique dimidium anni famulatum strenue esuriens, cum herum amisisset in proelio, circa bacchanalia anni 91. rediit Viennam ibique per dimidium annum cantu operaque pistoria victum paravit, cum eum in suum famulitium ascivit Nobilis a Crocwiz Bohemus. Quocum ille hieme transacta Lincii ante bacchanalia febri correptus (ibi nempe transibant) a domino deseritur. Exactis quinque septimanis cum non rediret herus domum spectavit moxque a comitibus in loco Schlegelleütten dicto spoliatus et vulneratus, Passavium usque pervenit ibique septem septimanarum spatio curatus est in hospitali. Rursus cuidam Nobili Ehrenreich se addixit, quocum ille mendicando Augustam Vindelicorum usque pervenit, inde abdicato domino demum rediit aestate anni 92. Spatio menstruo commeatu et vestitu vix aegre impetrato in Marchionatum descendit statimque cuidam signifero operam addixit. Per hiemem circa Argentoratum tympano ludere didicit, semelque a Lotharingio captus intra quadriduum liberatus est. Anno 93. ante bacchanalia Moguntiae (exauctoratis militibus) transiit ad centurionem Koch, a quo stipendio promisso descendit in Belgium. Nec diu ibi commoratus fugatur cum suis et transita astu hostili et socia terra, paulo infra Coloniam a praedonibus, Hanenfeder dictis, spoliatur. Inde egenus omnium secundum domum redit aestate anni 93, cum jam incepisset annum aetatis 20.

Statim post reditum fratris Keplerus avum adiit, scribens: Kindliche Lieb und trew zuvor, freuntlicher lieber Altvatter. Demnach vnser Herr Pfarrer seinem Versprechen gemäss beede Vögt meins Brueders halber angesprochen, ist er heutt dienstag auff das Rathauss fürgefordert vnd vom Obervogt examinirt worden, der Ihm auch Versprechen gethan, so vil an Ime stehe, In in ein vacirende Lucken anzubringen, auch derhalben ein Supplikation zu stellen, Ine zu vnderschreiben dem Stadtschreiber in sein Heinrichs Beyseyn bevohlen. Dieweil sich aber die Sach ohnzweiffel acht Tag würdt verziehen, vnd es besorglich, derenweilen also möchte verhalten, dass seiner der Obervogt gnueg bette, er auch ohn das zur Muetter nicht daugt, will ich dich kindlich als ein Altvatter gebetten haben, wöllest Ihn biss auff schieristen Beschaid (wie er Versprechung hat) behalten, Ihne nach der brauchen, wie er sich dan anerbeütt, ausszurichten was man Ihn haisse. Wölchs Ich dir guotter Mainung nit verhalten sollen.

Hiemitt Gott bevohlen. Datum 24. Julii anno 93. Löwenberg.

Dein Kindlicher Sohn *M. Jo. Kepler.*

Hinc usque ad annum 1613 Henrici fata dubia sunt. In actione quidem juridica contra matrem Kepleri accusator Reinholdus refert, c. a. 1613 Henricum, tum temporis apud matrem degentem, de illa quasi de saga locutum fuisse. Defensor respondit, „Heinrich mechte vsser gewohnheit, wie die Soldaten pflegen, etliche vngleiche Reden geführt haben, er habe seine Muetter alss er vsser dem Krieg khommen, zue stattlichem essen vnd trinckhen vber ihr Vermügen zwingen wollen etc. .... „„Man solle seiner Muter ein schmach anthuen, dan sie ihm so lang habe hunger leiden lassen."" „Besagter Heinrich Kepler ist im 16. Jahr seines Alters von seinen Eltern, vor endung seiner Lehrjahren, hinweg geloffen, im Kriegswesen vollendt aufwachsen, nach Verfliessung 15 Jahren zu seiner anheimbkunfft mehr bösses alss gutes mit sich gebracht, von der Muter vil haben wollen" etc. — Ipsa mater de filio Henrico haec affert: „er were ein roh- vnd gottloser gesell gewesen, sie köndte hieraus abnemen das er ihr nitt vil gutts nachgeredt haben möchte, weil sie ihme starck verwisen, das er die evangelische Lehr verlaugnet vnd die Catholische Religion angenommen." Ibidem mater Kepleri dicit filiolam a filio Henrico relictam (v. s. p. 433).

His ex libellis actionis publicae contra matrem Kepleri desumtis adjungimus verba Kepleri ipsius, quibus ad rem Nellingensem redit, petens um Erthailung einer Herrenpfründ auff dem Kloster Nellingen, so St. Blasii incorporirt ist, wölches Kloster bievor meinem Bruder Heinrich Kepler seligen, gewesten Trabanten, ist assignirt gewest, der auch dahin gezogen, aber nit angenommen worden, sondern hierüber mehr dan 100 Gulden verzehret, vnd mir schuldig worden, auch mir seine 2 Kind vbern Hals geladen zuversorgen. Wie den ich von dessen meines Bruders Kinder wegen anhalt, dass Herr Apt zu St. Blasii die zum zwaytenmal aufferlegte provision auff Erkantnuss, gemässigt a tempore insinuationis hiss auff seinen zeittlichen Tod, erstatten wölle. (Ex schedula s. d. codd. Pulkov.)

Ad *Harmoniam* hoc tempore rediit Keplerus, Ptolemäei Harmonica Argentorato sibi expetens „meditans editionem"; chronologica studia continuavit (v. a. 1613). De studiis suis refert Keplerus Blancho, se aestate anni 1614, „quae prima mihi domo composita post infortunia et migrationes varias quietem restituere visa est", in motibus stellae Veneris restituendis operam insumsisse. Ursinus operam navavit in computandis planetarum motibus. Excusans se, quod non responderit ad literas Kepleri „prolixas“, refert mense Martio, exspectasse se hactenus frustra tabulas Kepleri et interim se et discipulos suos exercuisse in calculo. Aprili accepta a Keplero refert quibus indiguerit et promittit, missurum se intra mensem „lunaria“ omnia, quae penes ipsum sint, nonnulla etiam de reliquis, brevi tempore et „Martem expeditum“ traditurum; „tabulas anguli, quas desideras, accipe..... De judicio solidissimo et maturrimo tuo super re praedestinaria valde mihi gratulor“. De rebus Kepleri pecuniariis haec suadet Ursinus (in literis d. d. 20. Nov.): „Si tuis rebus consultum vis, non potes meliori occasione, quam si Viennam cito citius te recipias, ubi simul invenies D. Scultetum, Burghusium et G. Rodulphum, capitaneum ducatus Glogoviensis. Quorum in praesentia non dubito, quin tuas res melius quam unquam ante promovere poteris.“ Hac forte admonitione motus Keplerus adiit proceres Lincianos, qui pro ipso intercesserunt apud Burghusium. (Cfr. IV. p. 521.)

Studia, quae hoc anno Keplerus insumsit astronomica, insunt vol. XIII. Mss. Pulkoviensium. Deprehendimus hic Keplerum inquirentem mense Januario „fundamenta harmonica“ (V. 71 ss.), per integros menses Junium et Julium occupatum in theoria Veneris, restituenda ex observationibus Braheanis. Calculos suos extra urbem instituisse videtur, cum in fine foliorum, quae hos calculos referunt, schedula adjecta haec habeat: „Ein gutten Tag. Was jr mit des Mairs pueben herausschicket, das werd Ich essen vnd trincken; wol hab Ich noch Begehr den vorigen Wein. Wans nachmittag schön wäre, möchte der Sebastian bey Herrn Karl Jörgern vnd Herrn Hochfeldern anzaigen, das Ich hieraussen wäre.“ Quae his de Venere disquisitionibus praecedunt in dicto volumine, sicut etiam similia de planetis ceteris, prioribus annis conscripta sunt (cfr. vol. V. p. 6), reliqua partim anno 1616, partim annis 1622 et 1624 elaborata, quibus major pars studiorum priorum corrigitur. —

(Kepleri ingenium laudans tale describit quidam Valesius (mense Augusto) illius corpus: Mirari profecto mecum non satis queo, quinam in tantillo corpusculo tantum solidae eruditionis etc. lateat.)

1615. Revolutio anni. Edidi Stereometriam et Meßkunst. Nata mihi filia Margaretha Regina d. 7. Januarii. Baptisata . . . Patrimi: Freyherr von Staremberg, Fräule von Staremberg, hat geschickht die Fraw D. Moruscha geb. Vogelsberg.

Recepto libello manuscripto (Stereometriae) consilium cepi, libellum quamvis in magna operarum penuria excudendi domi.

In epistolis hoc anno ad Berneggerum datis refert Keplerus, urgere editionem Commentarii Porphyrii in Harmonica Ptolemaei Herwartum, qui exemplar graecum sibi commodaverit, quod desinat in capite 2. libri II., petit ut Berneggerus quaerat in bibliotheca Dasypodiana, num ibi exstet exemplar, et inquirat, quo usque continuetur, quibus addit: „ego per Dei gratiam satis commode dego“. A Berneggero nunciante, idem continere Dasypodianum exemplar quod suum, paulo post petit Keplerus, ut Heidelbergae inquirat, et si ex „Heidelbergensi patuerit, ulterius continuatum a Porphyrio commentarium, tunc omnibus modis peto, ut quod mihi deest suppleas“. Berneggerus, Heidelbergam profectus, ut exemplar corrigeret vel suppleret, rem ad typum paratam esse censuit et „typographum conduxit“. Ad haec Keplerus: Ego non sum totus mei arbitrii, multae etiam morae praeter spem solent interjici, polliceri de tempore nihil possum. Exemplar, quo utor, Herwarti est, sine cujus consensu facere nihil possum. Ille vero sua solet excudere vel Monachii vel Augustae. Sic tamen commendasti tuum typographum, ut laborandum mihi censeam, ut ejus opera aequo Herwarto possimus uti, eritque mihi inter argumenta tuum exemplar auxiliumque praestitum. Commentaria haec Herwartum Keplero jam anno 1607. transmisisse, diximus vol. V. p. 6 (cfr. p. 30), ibique (et annot. 31) invenies causam dilatae editionis usque ad annum 1618, quo plane ad typum paratum fuit opus, certis vero de causis (V. 328) iterum abjectum. E manuscriptis Pulkoviensibus desumtum librum exhibuimus vol. V. p. 335 ss. — Libelli contra Lydiatum fragmentum exstat pag. 220, ubi legimus, „librum Lydiati Septembri hujus anni 15. sum nactus".

Litis cum theologis (v. annum 1612) Keplerus hoc anno iterum mentionem facit, et amicorum quoque monita probant, lites illas nondum compositas fuisse. Sic scribit Papius: „Scripsi animo candido tuique amantissimo, ut a commentatione rerum theologicarum ad illa te studia revoces, in quibus ut hactenus excelluisti, ita deinceps subtilissimo tuo ingenio ita excellere potes, ut aemulatoribus, quotquot in universo terrarum orbe sunt, palmam possis eripere", et Thomas Lansius Tubingensis: „Varia de Kepleri religione judicia; nihilominus longum trahit amicorum agmen et cumprimis vicecancellarius D. Sebastianus Faber, qui Jovis Wirtembergici est Pallas, tibi mirum in modum favet." Ipse Keplerus idem testatur scribens ad Petrum Hoffmannum, promotionem quandam ab ipso petentem: Voluntas tui promovendi mihi nunquam defuit, at postquam a te Lincium veni, turbae me procaces, ut vocem novo sensu usurpem, exceperunt, quarum occasione in lites etiam incidi theologicas excludorque hic a communione. Hinc intellige, quanta mihi facultas vel fuerit vel esse possit tui promovendi in loco, ubi idem et templi primarius minister et scholae inspector notam mihi publicam inussit haereseos, propterea quod in omnibus partibus ea probo, quae verbo Dei consentanea deprehendi, ea fugio, vel saltem protestor, quae in omnibus tribus sectis vel novitatem sapiunt vel antiquam haeresin. (Ex epistola d. Lincii d. 26. Apr.)

Anno 1617. (d. 7. Febr.) adjutorem exspectans Gringalletum haec dat Berneggero: Cum sit Genevensis cumque ad me sit concessurus, qui theologis hujus loci, coloniae Wirtembergicae, sum sudes in oculis, haud facile fieri poterit, ut cujusquam Austriaci liberis praeficiatur, religionis Calvinianae metu.

Quae de fatis suis per annos 1610 ss. refert Keplerus Crügero (in literis d. Lincii Cal. Martii), recensuimus ad annos singulos. Iisdem literis adjungit epistolam ad fratrem uxoris, „qui civis est Dantiscanus opificio arcularius, quem rogo ad te vocatum alloquere meoque nomine saluta et ut literas responsorias tibi credat hortare". Ad quaestionem Crügeri de locorum quorundam longitudine respondit Keplerus, se hactenus geographiam ultra limites astronomiae non attigisse, unam sibi esse curam, ut sciat, quantum distet locus, in quo ipse vel alius fide dignus mathematicus, a meridiano Huennensi. Quae ulterius de constituendis locorum longitudinibus affert, leguntur vol. VI. p. 23. Crügerus respondit (Nonis Sept.), excogitasse se peculiarem modum ad inveniendam locorum longitudinis differentiam, conjungendo usu horologiorum solarium et automatorum. „Erigantur illa in utroque loco tantae magnitudinis, ut umbra Solis ostendat singula minuta horaria; prospiciendum deinde est de automato horas et minuta indicante, exquisite fabrefacto, qualia interdum Dantisci haberi possunt. Automaton rectificetur ad tempus horologii solaris et extemplo capiatur iter ad Elbingam" (eligit Crügerus urbes Dantiscum et Elbingam). „In sciatherico Elbingae locato videatur, quantum differat tempus sciatherici a tempore automati: differentia manifestat quaesitum." De fratre uxoris Kepleri in his literis nihil affert Crügerus, sed mense Aprili 1616 narrat, affinem petere se excusari, quod hac vice nihil scribere posset, circa Pentecosten neglecta compensaturum et simul quaedam pellicea missurum. „Ceteroquin valet cum uxore et liberis. Die 13. Febr. natus est ipsi filius, quem ego baptismate suscepi." Ad modum Crügeri distantias locorum observandi, haec monet Keplerus (17. Junii 1616): bonus est, sed requirit praxin exquisitissimam et fidem eorum, qui horologia custodiunt. Imo sit unum horologium idque transportetur. Sola dubitatio restat, plusne possit errare automaton inaequalis tensionis motusque cum aëre variabilis, an aestimatio distantiae itinerariae. . . . . Affinis ut video cunctator est; literas valde optat uxor mea, frater alter aliquid pecuniolae debitae. Si pellicea mittet eo nomine, ego permutabo nummis. Mea causa non opus est ut laboret seque affligat.

Una tantum superest epistola celebris Jesuitae Christophori Scheineri ad Keplerum data (Ingolstadii d. 10. Apr. 1615), quam hic inserendum censuimus, non quidem quia res contineat majoris momenti, sed ob viri gravitatem. Haec igitur scripsit Scheinerus: Misi nuper, vir clarissime, disceptationes mathematicas discipuli mei, nunc laborem meum non invitus communico. Est phaenomenon solare, parvum mole, effectu vero majus forsitan quam quispiam opinetur.*) Rudem nunc et primam delineationem vides, colores ut spero pulchriores sequentur. Tu si tuam mihi sententiam perscripseris, haud ingratum facies. Post opusculi totius absolutionem Paralipomena tua, jam dudum et diu apud bibliopolas requisita, adeptus avide perlustravi et in iis satis et cum gaudio intellexi tuam illam ratiocinationem, qua ex data refractione colligis Solis contractionem (II. 209.). Interim a te quaero, quid tibi καυματα et χασματα videantur esse? Nam ipsa ignem esse, mihi semper a veritate alienum visum est. Tum an nuperas irides quinas hujus mensis circa Solem videris et quid illas esse judices aut qua ratione defendas? Vale, vir clarissime, et munusculum boni consule. Tuus Chr. Scheiner Soc. Jesu.

Quae Keplerus assecutus est hoc anno in restituendis planetarum motibus, ea leguntur conjuncta cum studiis suis astronomicis anno sequente.

1616. Revolutio anni. Januario iter ad Tzernemelium L. B. per Stiram et Anisam. Viennam ivi. Erupere in me odia, creatum periculum status. Scripsi Ephemeridem et Calendarium. Ivi in Moraviam. Passavium ivi typorum causa. Mater ad me venit 13. Decembri. Filia Margaretha Regina variolis infestata per hiemem, quibus successerunt apostemata in inguinibus, oculorum periclitatio et suppuratio diuturna.

Quae dicit Keplerus „odia", his explicentur. In literis ad Berneggerum datis die 7. Februarii anni 1617. (cfr. p. 831), de statu scholae Linciensis et suis rebus refert Keplerus:

Compinguntur in domum provincialem discipuli, onerantur lectionibus, occupantur horae, ut nemini liceat ad me vel alium foras exire discendae geometriae linguaeve causa. . . . . Deseror a Caesarianis fisci procuratoribus, non solvuntur reliqua mea, videtur astronomiae matri petendum subsidium ab astrologia filia meretricula. . . . . En tibi exemplum horni prognostici. Praefationem lege ut personatam. Certatum scias in comitiis de meo salario, oppugnantibus me plerisque ex equestri ordine, defendentibus baronibus, vicique

*) Libellum dicit inscriptum: „Sol ellipticus, hoc est novum et perpetuum Solis contrahi soliti phaenomenon, quod noviter inventum strenae loco. . , . . Principi ac Domino Maximiliano, Archiduci Austriae, offert, dicat, donat Chr. Scheinerus Soc. Jesu, in alma atque catholica Ingolstadiensi academia Sacrae linguae atque matheseos professor ordinarius. Cum facultate superiorum. Aug. Vind 1615." Liber „discipuli" Scheineri hunc prae se fert titulum: „Disquisitiones mathematicae de controversiis et novitatibus astronomicis, quas sub praesidio Ch. Scheineri, de Soc. Jesu etc. publice disputandas posuit, propugnavit mense Septembri nobilis et doctissimus juvenis Joannes Locherus, Boius Monacensis, Juris studiosus. Ingolstadii 1614." (Scheinerus in hoc libello maxima ex parte sententiam Copernici de mundo refutare studet.)

(rerum ignarus) pluribus votis. Quin etiam in solatium ignominiosae oppugnationis ad Cal. Jan. decretum mihi honorarium pro dedicatione, vereor ut id sit a victoribus ad provocandum dolorem partis victae. Nam nullo velo palliata est invidia meorum adversariorum. Constat inter omnes, religionis esse causam, quaecunque alia praetexant.

His ex literis anni 1617. desumtis adjungimus summam aliarum d. 9. Maji 1616 ad ordines Lincianos datarum, quibus excusat moram in edendis Tabulis Rudolphinis. Refert in his literis, quas integras proposuimus vol. VI. p. 639, tradidisse se ordinibus „Stereometriam“ doliorum, responsum vero sibi esse, velle ordines, ut adeat ea, quae ipsi mandata sint, scilicet mappam geographicam et tabulas. Recensitis iis, quae ad utrumque opus conficiendum necessaria sint ejusque perfectioni obstent, optionem eligendi ordinibus dat, utrum opus perficiendum sibi mandent. — Rescripserunt ordines d. 20. Maji: „Dem Supplikanten wirdt hiemit anbevolhen, er soll alles, was er bisher gearbeitet, zusammenrichten vnd denen Herrn Verordneten vbergeben, damit sie solches den löblichen Stendten vmb derselben Resolution, was er künfftig weiter fürnemen soll, fürbringen können. Quod dicit Keplerus „honorarium“, traditum ipsi est die 16. Dec. his adjunctis literis: die löbl. Stendt verwilligen, das dem bestellten Mathematiko Johanni Kepplero wegen dedicirung seiner vber vorstehendes 1617. Jahr publicirten Astrologischen Praktik, so wol auch wegen vor diesem von Ihme offerirten Stereometriae 150 Gulden erfolgt werden sollen.*) Anno 1615 (20. Oct.) ordines Keplero chirographo caverunt summam 2000 florenorum: „die Herrn Verordneten verwilligen 2000 fl. anzunemben, so er bey der Landtschafft loco cautionis wegen seiner Ersten Kinder Müetterlichen guets anlegen will, vnd dem Supplikanten desswegen ein schultbrief aus dem Einnember Ambt hinauszugeben“. Die 21. Jan. 1616 hoc decretum est: J. Keppler pr. fertigung eines Schultbriefs auf 2000 fl. Ist in des Supplikanten Begern bewilligt vnd solle das datum auf Bartholomei des verwichenen 1615. Jars gesetzt werden.

---

*) In literis Kepleri ad ordines Austriacos, quas supra excerpsimus, hanc deprehendimus particulam: „Ich hatte ein Epitomen Astronomiae Copernicanae verfasset vnd beynahe zu end gebracht, also das sollich Werck durch den hiesigen Druckher vnd durch Hannsen Krügers von Augspurg Verlag in meiner gegenwart gar wol ausgefertigt vnd gedruckht werden möchte. Ein Muster des Druckhs hiebei liegend.“ Cum bibliopola illo Krügero commercium fuisse Keplero haec testatur schedula, Kepleri manu scripta:

Krüeger.

Wenn Krüeger mir gibt für meine Bücher ohne Abzug 438 Thaler vnd pares Gelt auch ohne Abzug 162 Thaler, vnd liefert mir an Büchern in Franckforter Tax ohne Auffgab vnd Abzug nach Lintz 480 Thaler, lest sie mich einer Landtschafft für 600 Thaler einraichen, so verdient er an allen den Fuhrvnkosten, gewinnt an 162 Th. den fünfften Thail, d. i. $32\frac{2}{5}$ Th., das gehet ihm auff Fuhrlohn vnd fellt noch die Gefahr mit dem Vertreiben. Wann er Bücher von mir für 438 Th. annimmt vnd darzuę par 162 Th. vnd gibt mir in Franckfort Bücher ohne Abzug 600 Th., so hatt er 438 Th. mit Gefahr vnd Vertreibung.

Kepler.

Wann Krüeger die Bücher von mir annimmt für 438 Th., vnd par Gelt bezalt 162 Th., Summa 600 Thaler, so mag er dafur alhero bringen für 480 Th. in Franckforter Tax, die gelten ime 600 Thaler. Die bekhompt er zu Franckfort für 438 vnd für $105\frac{2}{5}$ Th., hat nichts darbey, sondern die Gefahr vnd Vertreibung.

Keplerus procurante illo Krügero ad mandatum ordinum Austriacorum libros in bibliothecam Lincianam emisse videtur, quod ex his ordinum decretis apparet: „Die 2. Novembris 1615: dem Johan Keppler pr. 341 fl. 24 kr. Rest wegen der zur Bibliothek zum drittenmal gelieferten Büecher. Fiat wie begert, das Ihme der Rest aus dem Einnember Ampt bezahlt werde“. Die 22. Martii 1618: „dem Keppler sein für dargegebene Büecher, Opera Alphonsi, item prima parte Macrocosmi de Flud 65 fl. 35 kr. aus dem Einnember Ampt zu bezallen bewilligt.

In tabulario Linciensi exstat judicium Kepleri de conficienda charta geographica, datum anno 1618, quod hic inserendum censuimus. Inscriptum est ad ordines Austriacos et haec habet:

Ehrwürdige Wolgeporne,

Herrn Herrn Edle vnd Gestrenge Herrn, Ehrsame, füersichtige vnd weise, Gnädige vnd gepiettende Herrn.

Es haben E. G. auff Abraham Holzwurmbs vnderthäniges Anpringen, den 24. Aprilis dasselbige mir vmb bericht zue zustellen, gnädig decretirt; drauff solches mir 26. dato abends neben drinnen vermelter Landcharta zugestellt worden.

Wan sich dan in dem Anpringen zwen punkte befinden: 1. die praesentirung der Charten, 2. das anerpietten seiner gehorsamer Dienste zu solchen Geometrischen vnd andern Architekturischen sachen: Als bette ich mich zwar leichtlich zu besinnen, das nur allein yber der Landcharta meins Berichts begehrt wurde; wan nit auch die Landcharta in mein bstallung einverleibt, vnd dahero vor zwaien Jahren meiner saumseligkhaitt halben Missverstand vnd Clag fürgefallen wäre, wölche Clag mit Jezigem gnädigen begehren meines Berichts gleichsam berühret sein scheinet: Dahero mir gleichwol auch bey dem anderten punkten gepüren wollen, E. G. mein Gemüth zu dero Nachrichtung gehorsamlich zu entdeckhen.

Was nun die Charten anlanget, beruhet solliche auf vnderschiedlichen punkten. Das Essentiale ist, ob die Orte woll eingetragen? das nechste, ob die gradus longitudinis et latitudinis recht gegeben? das dritte, ob Flüsse vnd Berge wol proportionirt? das vierte, ob die Mappa gross vnd weitlauffig genug, obs wol vnd rain gerissen vnd illuminirt sey?

Vom ersten puncten khan Ich aigentlich nit vrthailen, Ich messe dan auch selber hinnach, oder examinir meine perspectivische Abrisse, so Ich vmb diese refier gehabt, aber noch nit eingetragen, auss Vrsachen der vor zwaien Jahren ervolgten gnädigen Translation dises werkhs auff den verstorbenen Holzwurmb. So mir aber zimliche Weil gelassen, vnd es auch der mühe werth geachtet wurde, möchte diser Bericht mit gegenlegung einer andern Charta leichtlich beschehen. Dem Augenmass nach, hab Ich, so vil Innerhalb des punctirten Feldes begriffen, khaine mengel ausszustellen. Was ausserhalb der puncten ist gegen Efertingen vnd Ascha, dahin ist Holzwurmb messens halben noch nit kommen, derowegen Es auch nit zu verdenkhen, obschon das Land ein wenig anderss beschaffen.

Der anderte punct ist Holzwurmben gar nit zue zumuthen, das er die ware longitudinem vnd latitudinem einpringe. Dan wan zuvor die ganze Land mappa richtig nach dem Ersten puncten, so würt hernach disem Anderten durch einen Astronomum oder Geographum leichtlich geholffen. Derohalben es kain bedenckhen gibt, obschon dissmahls in latitudine bey 10 Minuten abgehen, vilmehr aber ist es an Holzwurmben zu loben, das er auch in disem Puncten sich vmb die fundamenten eufferig anzunemmen begehret.

Der dritte vnd vierte punct hangen aneinander. Dan wan E. G. sich zuvor erklären, wie gross sie die Mappam haben wollen, so mag hernach geurthailt werden, wie die aigentliche proportion getroffen. Soll sie so klain pleiben, wie sie hiermit ybergeben worden, so ist nit wol müglich, die particularia so aigentlich zu entwerffen, so sie es aber grösser haben wollten, alsdan khönte man in der aigentlichen beschaffenhaitt näher kommen, die Berge in proportione klainer, die Flüsse schmäler machen, vnd die Krümmen deroselben aigentlicher einpringen, Inmassen E. G. hiermit Lit. A. in einem andern stuckh Landes, von mir vor vier Jahren eingetragen, zu sehen haben.

Was den fünfften Puncten anlanget, obwohl ja der verstorbene Holzwürmb seliger ein aussbündiger Maister hierzu gewest, vnd diser sein Bruder Ime in disem stuckh noch nit gleichet, so helt man doch dise Malerey nit yberall für eine Notwendigkhaitt, dieweil man einem gepürg nur auf der Einen seitten sein perspectivisches Aussehen geben kann. Darneben vnd weil doch auch sonsten vil Reissens vnd Eintragens erfordert würte, ob wölcher arbaitt nit allain ein gestudirter, wegen Verlierung der Zeit, sondern auch ein Mahler (als wölche einer freyen Hand gewohnet, vnd lieber etwas sichtiges vnd schönes machen) gar bald yberdrüssig würt, als wusste Ich selber zu entlicher Ausstaffirung einer Charta, in wölcher schon alberaitt der Geometra das seinige gethan, vnd alle puncten auffs gewissest eingetragen hätte, dissmahls khain bequemlichere person zufinden: deren Hoffnung, weil sein Vleiss vnd Gedult in dergleichen Arbait erscheinet, wurde er sich von Tag zu Tag drinnen bessern. Vnd so vil von der Charta.

Anlangend den anderten Puncten des Anpringens, ob ein Löbl. Landtschafft seiner Holzwurmbs angepottene dienste zu disem werkh der Landmappa bedürfftig: werden zwar E. G. sich ohne Mieh hierüber zu resolviren haben, sonderlich, weil Er auch der Architecturischen sachen gedenckt, jedoch zu besserer Nachrichtung so vil, das, obwol Ich vor zwaien Jaren hero auss obberüerten Vrsachen mich vmb die Mappen weitter nichts angenommen, auch mich nit eindringe, solches jedoch nit dahin zu deutten, als begehrte Ich fürsätzlich wider disen puncten meiner bestallung zu handlen, vnd allain meines willens den blossen astronomicis ob zuligen; sondern wan vnd so offt ein Löbl. Landtschafft mir gegen versprochener Liferung vnd erthailung Patents (so mir noch nie zugestelt worden) diss werckh wider auffträgt, darinnen eintweder per intervalla temporum, wegen Mitforthelffung meiner Mathematischen Editionum, oder auch vnaussetzlich biss zu end fortzufahren, sonderlich aber, so etwa die bereittung der Gränizen, oder sonsten des Landes vnvmbgengliche Notdurfft es erfortert, meinen Speculationibus vorzuziehen, Ja auch auff einen andern von mir privatim fürgeschlagnen Weg, so offt einer aus denen Herrn vnnd Landleutten, wölche die Landgerichte Innen haben, zu eintragung desselben in die Mappen auff seinen Vncosten meiner begehret: Waiss Ich mich jedesmahl mit schuldigem gehorsam zu erweisen.

Es wäre aber gerathen, auf wölliche Wege es gewolt, so bette Ich doch mich selber vmb dergleichen personen meines eigens Vncostens bewerben müessen, inmassen Ich anstatt einer solichen, dissmahls mich auch vmb einen zun Astronomicis mir tauglichen Gehülffen mit nit klainen Vncosten beworben: vnd so ein solche taugliche person fürkommen wäre, wölcher Glegenhaitt nit gewest wäre, einem privato auffzuwarten, bette Ich selber für dieselbige bey einer Ers. Landtschafft vmb einnembung deren in dero Schutz vnd etwas von Wartgelt, zu denen Zeitten aber, wan man dem werckh (der Occasionum vnd studiorum halben) nachsetzen hette müessen, vmb gnädige erstattung Iren thails Versaumniss anderer arbeitt, gehorsamlich intercediren müssen.

E. G. mit diser meldung in praesenti im Wenigisten nichts fürgeschriben: Denen Ich mich zu beharlichen Gnaden vnderthänig empfehle.

E. G.

vnderthänig vnd gehorsamer
Mathematicus
Johann Kepler.

Georgius Erasmus L. B. de Tschernembel (Tzernemel), quem visitasse se dicit Keplerus, ab anno 1595. in notitiam venerat Kepleri, petens ut conficiat tabulam geographicam inferioris Austriae (cfr. vol. I. p. 19), paulo post (Nov. 95.) petit a Keplero, ut nativitatem suam describat astrologice („natus sum 1567. Jan. d. 26.“). Tycho nunciat Keplero (1600) „Dominus a Tzernemel, qui tibi fecit spem aliquam ante quinquennium, hic Prägäe est, a Caesare citatus, et forte aliquamdiu hic manebit, quod indicandum duxi, ne frustra alibi ab eo opem et promotionem exspectes.“ Tschernemel inter propugnatores dicitur Austriacorum fidei Lutheri addictorum, anno 1608. Posonii, quo Matthias ad accipiendum diadema Hungaricum venerat, et anno 1609. in conventu cum Matthiae legatis Viennae habito, sic anno 1610 Olomutii apud ordines Moravienses, cui alii quoque fautores Kepleri (Jörgerus, Stahrembergius) interfuere, acerrimum se defensorem praebuit juris praecipui ordinum Austriacorum et fidei Lutheranae. Anno 1620. Genevam transiit ibique mortuus est anno 1626. — Schedula exstat sine nomine data jubente Keplero ad uxorem Stira d. 20. Jan. 1616, in qua häec ad iter Kepleri pertinentia legimus: „Meine vnbekante dienst vnd Gruess zuvor. Liebe Frau Kepplerin. Es hatt mich ewer Hausswürth gebetten, euch anzuzaigen, das er biss heutt, donnerstag am Morgen alhie zu Steur verpliben, vnd jetzo von hinnen zu fuess mit eim Botten nach Enz vnd Schweitzberg raise, vermuthe, wan der Herr von Tschernemel daheimen, werde er vor Montag nit nach Hauss khomen khönen.“

Actionem juridicam contra matrem Kepleri integram, qualem tabulae publicae Stuttgartiae conservatae exhibent, praemisimus, quare haec tantum ex illa repetimus. Primum nuncium rei accepit Keplerus d. 29. Dec. 1615, adiit magistratum Leobergensem d. 2. Jan. 1616 protestans contra vim et injuriam. In auxilium vocat Vicecancellarium Württembergicum Faber, cui nunciat, matrem ad se cum fratre Christophoro venisse, filii auxilium imploratum d. 13. Dec. 1616. Aestate anni 1617 abiit Keplerus cum matre Lincio in Würtembergiam ibique manebat usque in autumnum.

Ex epistolis anno 1616 datis acceptisque häec desumsimus. Petrus Crügerus Dantisco nunciat Keplero Aprili, gratias agens pro „donato exemplari Stereometriae“: „de distractione exemplarium verba feci ad bibliopolas nostros, sed non audent tecum mercari, quod pauci sint, quibus vendere talia possint. Et verum est, quaecunque in mathematicis scripta solidiora eduntur, si unum exemplar habet mathematicus Dantiscanus, alterum Regiomontanus, tertium bibliotheca Regiomontana, quartum nobilis quidam Borussus Niewieschinsky, praeterea nullum exemplar in tota Borussia divenditur. Bibliopola noster praeterito autumno unicum exemplar tuae Stereometriae Francofurto accepit, quod quia ego non emerim, adhuc vendere nequit.“ Reliqua quae insunt his literis, sicut etiam Kepleri responsionem d. 17. Junii praemisimus ad annum 1615.

Ex epistola L. B. Erasmi a Stahremberg, d. 16. Maji: Quod serius respondeam ad binas tuas, id occupationibus solennium baptismatis filiae recens natae peragendis tribuas. D. Aulberi novi egregias dotes et satis dignum eum judico, cujus curae et prudentiae nobiles adolescentes committam. Memini non ita pridem Tschernemelium Aulberi conversationem et familiaritatem flagitasse, procul dubio filio de fideli et satis idoneo morum et vitae gubernatore sollicitum. Quid autem nunc mentis sit Tschernemelius ignoro. De patruelibus et ex fratre nepotibus, quorum adventus exspectatur, certi nihil statuere possum, excusatum igitur me habebis, quod nihil certi polliceri nunc audeam et Aulberum meo nomine salutabis, quem alias ut virum doctum et politicum amo satisque dignum judico ad ejusmodi functionem. Vale mi Keplere et reditum felicem et faustum ex animo precor.

Primum hoc anno literas dedit Keplerus Vincentio Blancho (Vol. V. p. 58), respondens Idibus Aprilis 1616. ad illius literas d. Jan. 1615, nimia Keplerum laude onerantes: Video, Exc. Tuae me esse ignotum, dignitatem enim mihi tribuis, qui literas unice tracto, nullas politiae partes, unde dignitates sperari possent, unquam attigi. Humanitatem in ceteris colo, in me quod hic jactem non invenio. Voluntas mihi promta est, gratificandi omnibus philosophiam amantibus, quamcunque fortunam illis turbulentus iste vitae cursus indulserit. . . . . Te, quisquis es, oro atque obsecro, tam exquisito verborum apparatu, tantis laudibus abstineas, neque pessimum exemplum inter philosophos statuas, tibi vero persuadeas ipsi, me sive inferior sim tantis encomiis, vehementer iis offendi, sive par in minima re, tamen ab iis metuere sinceritati philosophandi ipsique adeo pietati, ne dum propter cognitionem operum divinorum nostras ipsorum commemoramus audimusque laudes, laudum verarum, quae sapientissimo tantorum operum auctori debentur, obliviscamur. . Res ipsa quam petis si cum tot blandimentis comparetur, pudendae parvitatis est etc. Deinde refert Keplerus Blancho, quae annis 1614 et 1615 in astronomicis perfecerit, aestate anni 1614. operam insumsisse in motibus Veneris restituendis, succesisse anno 1615. in Mercurio, potissimam vero anni partem consumtam fuisse „in geometricis contemplationibus et Stereometria, ut typographum, qui recens huc accessit, materia magis populari meisque sumtibus juvarem essetque mihi in posterum praesto.“ Blanchi literis instigatum se lunares speculationes resumsisse, totam Lunae hypothesin niti causis physicis et minimum ab hypothesi Tychonica differre in effectu. „Duplex est in Luna inaequalitas: una sui juris ut in planetis ceteris, altera menstrua, quae, ut Luna ipsa incenditur exstinguiturque, sic ipsa ab apogaei nodique circumactu per phases Lunae vel excitatur vel evanescit.“

Joannes Papius, die 30. Julii acceptis Kepleri literis, haec respondit: „prae gaudio propemodum exsilui propter constantiam amici summi in me amando. Una tecum mihi permolestum est, divinum tuum ingenium non in speculationibus gravissimis, quae ceterorum fere hominum omnium ingenia excedunt, esse occupatum, sed distineri calculationibus, quae industrio atque in tuis istis studiis mediocriter exercitato homini potius committendae essent. Chorographia, quam Ill. proceres postulant, etiam plus molestiarum habet in peregrinando et delineando, sicut ante multos annos perspexi et cognovi ex b. Apiano, cum is Bavariam ederet, quae ab omnibus geographis mirifice collaudata fuit. Faxit Deus, ut ejus ἀκρίβειαν superes. Gratiam tibi habeo, quod aperuisti viam, qua paradoxa tua physica possim accedere. . . . . Deus tibi ad Epitomen tuam otium, vires corporis atque animi largiatur et ad perfectam Opticam atque Catoptricam. Lectu jucundissima mihi fuerunt, quae ex nova reformata tua physica addidisti, praesertim de usu partium. Fel et lienem non esse emunctoria, sed officinas necessariorum humorum fellis et sanguinis arterialis ante 10 annos in publica disputatione docui etc.

Florianus Crusius (cfr. vol. I. p. 660) gratias agit d. 29. Julii „pro missis literis“ (datis alteris d. 21. Nov. 1615, alteris d. 27. Febr. 1616). Refert Keplero se ex quo Lincio abierit (Papius Keplero haec de Crusio retulerat: pro filio habui Florianum, qui triennii spatio domi meae id est consecutus, quod fortassis in omni vita sua absque mea institutione non cognovisset. Improbo quidem ejus consilium, quod non aliquid dedit tempori et non diutius commoratus fuit Lincii), Ratisbonam, Ingolstadium, inde Monachium, Augustam et Ulmam se contulisse, postea Tubingam venisse, ubi propter caritatem annonae et quod nullam conditionem manendi commodam nancisci potuerit, Argentoratum d. 17. Julii discesserit. „Hic jam vivo ut solent illi vivere, qui in locis, ubi annonae caritas viget, parum pecuniae habent. Nihilo minus tamen, ut mones, strenue coeptum studium urgebo, nec ante desistam, quam scopum quem intento ässecutus fuero, non enim nisi bene in rebus medicis versatus desistam." — „Gaudeo, viduas et virgines bonas et plurimas apud vos venales esse, unam tamen pro me emas velim, pluribus enim non indigeo et prius de domuncula prospiciatur, ubi eam includere possim, cum venero. At hinc nisi fallor vides, jam te nimis magnum vatem fuisse, qui dixisti futurum, ut aliquando Ursus ille Samogeticus (Ursinum dicit) ita mansuescat, ut serico filo se in Austria alligari patiatur. Tuae benevolentiae, patrone summe, erit consilio et auxilio mihi succurrere. Mitto tibi exemplar scripti, in quo D. Papii theoria lapidis philosophici refutatur et lapis ille aurificus defenditur. I jam, dic chymistas non posse metalla in aurum mutare. Judicium tuum libenter de eo audire vellem." Mense Octobri iterum adit Keplerum Crusius scribens: Epitomen tuam vellem emissam esse. At desunt fortassis adjutores et ministri editionis, qui ad corrigendum subsidio esse possint. Etsi ego jam ad vos proficisci nec possim nec debeam, studiosum tamen mathematices, Gallum natione, paucis abhinc septimanis habebis, qui operam suam lubentissime et in Tabulis Rudolphinis conficiendis tibi afferet; est enim homo satis eruditus et ingeniosus, et celebritate nominis tui inductus tuam amicitiam summe expetit. (Dicit Crusius Gringalletum Sabaudum.) Hac occasione fortassis et plura operum tuorum lucem videre poterunt. Stereometriam tuam D. Berneggerus summis a me precibus extorsit, quapropter rogo, ut exemplar unum germanicum, alterum latinum statim seponas, ut cum ad vos venero inveniam.

Post silentium plus quam biennale Keplerus Maestlino haec dedit d. 5. Maji: Diu jam intermisso inter nos scribendi officio sese offert lator praesentium, M. Jo. Strauss Dantiscanus, qui aliquamdiu collegam egit in schola provinciali, mathematum amans et calculi peritus, etsi quamdiu hic fuit parum me juvare potuit (cfr. vol. VI. p. 15)..... Superiori anno Stereometriam egi ut materia populari typographum, qui tum huc venerat, juvarem, ne ex aula Caesarea resisteretur ejus arti hic instituendae. Scripseram ante sesquiannum ad sex paginas cum typum incepi, verum adeo mihi non satisfecerunt illa, ut novem, proh dolor, integros menses consumserim augendis, germanice vertendis, emendando typo, delineandis rudibus scilicet schematibus. — Anno 1614. per aestatem successit in Veneris theoria, anno 1615. hieme in Mercurio; nihil habent prae ♄, ♃ ♂ peculiare. Omnia efficio orbe magno Telluris et simplici eccentrico, qualem habeo in Marte. Adorno nunc Epitomes Astronomiae Copernicanae editionem, sed dum ad Lunam venio, plus invenio laborum quam unquam, cum tamen potissima a Tychone Braheo sint absoluta. Illa levia sunt, quod diametri luminum et umbrae apud ipsum non correspondent, major est cura aequationis temporis et illius inaequalitatis, quam *Variationem* dixit. Nam quo plures ejus examino observationes, hoc minus Tychonica Variatio respondet observatis, adeo ut ad 12—15′ dissideat. In his adhuc haereo. In ceteris sic se res habet: Luna est quasi duplex corpus habetque duplicem theoriam physicam. Nam in quantum est globus integer, habet sua filamenta magnetica, quibus efficitur ejus motus eccentricus a Terra..., in quantum vero Luna ex dimidio est illuminata, ut et Terra, nanciscitur virtutem aliam temporaneam etc. Die 5. Sept. prioribus haec addit Keplerus: ... Lunae varietates omnes ad causas physicas traduxi; ut igitur certus essem de consensu cum Tychone in effectu, scribenda fuit Ephemeris, sed illa, Hercules, sine sufficientibus tabulis, sine diductione seu expansione. O duram provinciam! Absolvi Lunam, restant quinque planetae. Martis quidem motus intra 8 horas, si annitar, possum conficere, Saturnus et Jupiter parvum eccentrici arcum uno anno conficiunt, in Venere et Mercurio potissimus erit labor, nondum enim absolutae sunt tabulae, agendum per triangula, et in motu commutationis Veneris etiamnum super aliquot scrupulis dubito. Rogo majorem in modum, certiorem me facias, si Tubingae reperiatur aliquis calculi peritus, qui ad me concedere velit per aliquod tempus vel pro communicatione artis vel pro stipendio.

In literis die 22. Dec. 1616. Maestlino datis pluribus disserit Keplerus de refractione, nec non describit observationem eclipsis lunaris d. 27. Aug. 1616 habitam, quae leguntur vol II. p. 31 ss. et vol. III. p. 611 et 724, quo posteriori loco modum observandi et instrumentum exponit quo usus fuerit. De studiis suis haec refert: In Epitome ultra tertiam paginam typi non processerunt, deest nobis sculptor lignarius. Itaque rogo vehementer, vel commodes vel vendas mihi typos ligneos Epitomes tuae, utrumque dicto pretio. . . . De causis physicis salva res est; quicquid de his disputo, id inter principia refertur. . . . . Ego si minus veram hypothesin, saltem mea opinione veram trado causam, quae multo minus (quam Fabriciana, cfr. III 128 ss.) habet absurditatis in computando compendii vel plus vel minus tantundem. Dico enim, librari planetam in linea recta versus Solem appetentia magnetica, quae in diversis fibrarum inclinationibus sit diversae fortitudinis; metior hanc fortitudinem per sinus, effectum per (sinus) versos anomaliae eccentri, pro ratione vero distantiarum ad Solem facio tardum vel velocem re vera. Hypothesis est physica, quia habet exempla physica magnetis, est physica, h. e. naturalis, quia vera et educta ex ipsa natura interna corporum planetae et Solis, est physica, quia modos omnes tenet motionum naturalium; est tamen etiam astronomica, quia compendiosissime potest computari aequatio et distantia planetae. Posita enim anomalia eccentri, datur mihi sinus ejus complementi vel excessus, et ut sinus totus ad hunc, sic libratio dimidia seu eccentricitas tota ad partem librationis illic addendam, hic auferendam a semidiametro orbitae planetae. Demonstratum est solidissime, his librationis simplicissimae legibus effigiari orbitam ellipticam. Sequitur aequatio, cujus sunt partes optica et physica. Optica est ex eccentricitate, physica ex naturali tarditate ob distantiam a Sole auctiorem. Rursum hanc computo facillime. Nam ut est sinus anomaliae eccentri ad totum, sic area (seu potius valor) trianguli aequatorii ad aream (valorem) illius trianguli, quod in anomalia media stat, existens omnium maximum. . . . . In parte reliqua aequationis opticae rursum utor sinu complementi vel excessus anomaliae eccentri, cui addo vel detraho eccentricitatem, et ut distantia planetae a Sole ad hanc factam, sic sinus totus ad sinum complementi vel excessus anomaliae coaequatae. . . . . . Vides, nihil interesse astronomiae, physica sit hypothesis an ficta, dummodo computemus inde.

In literis datis d. 5. Maji quaesiverat Keplerus, quo loco essent Maestlini studia chronologica, suaque illi tradiderat; cum Maestlinus non statim responderet, petit in literis datis mense Septembri, cum nondum certior factus esset, an Maestlino redditae essent „schedae chronographicae" suae, „ut se faciat securum et, si placeat, remittat." Maestlinus respondit ad literas has d. 21. Septembris, avidum se chronologica Kepleri et cum voluptate legisse. Propositum sibi esse, de aliquibus Keplerum monere, esse vero ea nondum descripta, sed proxima occasione se omnia simul missurum. Placere sibi adornationem Epitomes, caute vero agendum esse propter eos, qui pro hypothesibus usitatis defendendis nimium laborent. „De Luna quae scribis, pergit Maestlinus, non plane intelligo, existimo autem, hic a causis physicis abstinendum esse et astronomica astronomice, per causas et hypotheses astronomicas, non physicas, esse tractanda. Calculus enim fundamenta astronomica ex geometria et arithmetica postulat, non conjecturas physicas, quae lectorem magis perturbant quam informant. Sed non dubito, quin pro tua prudentia etiam huic dubitationi occurrere valeas." Occurrit Keplerus huic „dubitationi" in literis praemissis et annotatione ad Maestlini literas, quam vol. VI. p. 18. exhibuimus. De adjutore, quem quaesiverat Keplerus Tubingae, respondit Maestlinus: „extraneorum, h. e. extra illustre stipendium, pauci sunt, et num aliquis eorum in calculo promtus sit, nescio. Qui in ill. stipendio degunt, plures huic studio nonnisi coacti operam dant, ad gradum magisterii tantum adspirant, ut conditiones assequantur." Finem faciens nunciat Maestlinus, Roeslinum nuper obiisse. „Non ergo in chronologicis odiose amplius facesset negotium (v. s. 823). Utinam in vera religione animam suam Christo commendaverit! Singularis enim in religione semper fuit, nulli propemodum certae addictus. Quid in extremis egerit, nescio, ut a Deo fuerit illuminatus, opto." In „additamento" Maestlinus respondit ad quaestionem opticam Kepleri, quam supra paucis diximus.

Ad ultima Maestlini verba, de Roeslini obitu et fide, Keplerus in literarum posteriorum exitu respondit: Domino D. Roeslino, quando Deo ita visum, gratulemur aetatem exactam, quietem partam. Fundamentum ipsum tenuisse, non dubito. Deus misereatur vitiorum mentis etiam nostrae, qui condonat poenitentibus voluntatis pravitates, misereatur vero non tantum singularitatis, sed etiam popularitatis et fiduciae in rabbinis(?) terrestribus. Et tu, charissime Praeceptor, quandoquidem ista non frustra nec frigide, sed consilio bonae admonitionis scripsisse videris, hoc de me habeas, me per Dei gratiam in simplici et plano sensu scripturae acquiescere; quodsi qua est consolatio in consensu hoc litigiosissimo seculo, genere humano in tot studia diversissima diviso, scito amplius, me in Augustana confessione inque opere Chemnitiano contra concilium Tridentinum acquiescere, in universum nullum dogma fovere, quod non vel apud veteres patres vel apud hodiernas partes citra litem reperiatur. Qui me novitatis vel minimae accusat, injuriam facit. Hac una re bilem moveo theologis, quod pacem opto inter reformatos, nec omnes deformationes exaggerationesque dogmatum Calvinianorum approbo, nec videre possum, in fundamento de persona Christi tantum esse discrimen, quia crimina, quae ipsis hic Jesuitis et Calvinianis intentantur, mihi nondum probaverunt, quod non obiter dico, sed examinatis integris libris a capite ad calcem. Accusant quidem nostros haereseos ob phrases; at si nostri illas explicent, ut hic mihi factum, dicunt eadem, quae alias dicunt alteri, et vicissim. Antequam explicarentur mihi, quae sunt in formula concordiae de omnipraesentia carnis, omnino Eutychianismi nostros reos credidi, at nunc accusatione cedo accepta declaratione, at vicissim in sententia confirmor de convenientia in fundamento. Qui me propter ista sacris arcet, rationes utique suas Deo approbabit, quas ego non excutio. Possem omnem litem sedare, si formulae concordiae subscriberem nihil excipiens. At mihi in rebus conscientiae simulare non est integrum: subscribere sum paratus, si admittantur jam positae meae exceptiones. Ira Theologorum communicare nolo, fratres non judicabo, qui sive stent, sive cadant, domini sunt et fratres mei. Praestat me peccare excusando, bene loquendo, in melius interpretando, cum non sim doctor ecclesiae, quam accusando, detrahendo, pervertendo; quibus studiis si quis est deditus, is persecutionem nequit sustinere, nisi si forte spem habet refugii. Expertus loquor. Clamant Jesuitae, clamant Calviniani, sibi in articulo de persona Christi fieri injuriam a libro concordiae, multa sibi imputari, quae ipsi non doceant. Quodsi subscribo non excipiens illa puncta, aut judicem me facio condemnans illos intentati criminis, aut accusator ipsorum fio contra conscientiam meam, quae ipsos potius defendit quam accusat in aliquibus, quia phrases patrum ecclesiae puriorum tenent modumque interpretandi scripturas in hoc articulo.

Satis de hoc adeoque nimium. Vale Charissime D. Praeceptor meque amare perge. Scripsi dudum, conclusi 12./22. Decembris 1616. Lincii.

Ex. Tuae

officiosissimus

J. Kepler.

Ad ea, quae scripsit Maestlinus de „chronologicis", respondit Keplerus in his ipsis literis: Valde mihi gratulor, ea et pervenisse ad te, et tibi curae esse. Censura multo erit gratior. Praevideo aliqua, quae sis desideraturus, modestiam sc. in conjiciendo de locis Scripturae obscuris. At dummodo ultra levem admonitionem, an hoc et illud acciderit textui, non progrediamur, in universum stare nos velle dicamus textus sententia, puto aliquam esse utilitatem hujus audaciae, ut qua praeveniuntur multorum cogitationes multo profaniores, qui ob dissonantiam numerorum totam scripturae auctoritatem habent contemtui, quos multos Pragae vidi et ad mentem revocavi, ostensis occasionibus, quibus vel memoria labi, vel textus corrumpi potuerit.

Quae fuerint studia illa chronologica, nihil certi habemus quod dicamus. Inter ea forte quaerenda sunt, quae vol. IV. a p. 128 in 140 exhibuimus.

Num Calendarium, quod Keplerus hoc anno perfecit, Tubingae typis excudi possit, Straussio inquirendum mandavit, qui mense Octobri 1616 nunciat Keplero, exquisivisse se ex typographis Tubingensibus, num Calendarium Kepleri typis describere vellent. Sed hoc responsi se tulisse, non tam exiguo temporis spatio imprimi posse, cum quoque aliqua temporis pars praeterlabatur, dum exemplar Tubingam mittatur. — Calendarium in annos 1616, 1617, sicut alia priorum annorum nobis non contigit inspicere. Decretum ordinum Austriacorum, quo Keplero honorarium pro Calendario in annum 17. adscriptum est, supra exhibuimus.

Quae de Stereometria medicus Francofurtensis I. H. Beyerus Keplero scripsit, leguntur vol. V. p. 614.

In praefatione ad Ephemeridem anni 1617, data Lincii Cal. Oct. 1616, excusat se Keplerus, quod Davidi Fabricio, „amico uranico", inde ab anno 1608 non responderit. Jocans magnetis lingulam, quasi per spatium inter Lincium et Ostelam, ubi Fabricius pastoris munere fungebatur, fata sua nunciantem „per longinquum hoc occultae virtutis commercium", fingens, causas silentii diuturni affert „dolorem, luctum, mortem, orbitatem, bella et lites, migrationem et miseriam". Crudelis, pergit, qui silentium meum, sub quo ceu ligamento quodam vix aegre coalescebant mentis vulnera, publicis machinis admotis (in prognosticis Fabricius Keplerum silentem ad respondendum hortatus erat) nisus es expugnare linteaque cicatricibus nondum obductis revellere. Verum non est suspicax charitas; ignarus aegritudinum mearum fuisti, veniam meretur amor noster, quam non aliter me tibi probare possum indulsisse, quam si ad publicas tuas provocationes publice quoque respondeam, quod ante editionem hujus Ephemeridis commodo meo facere non potui.

Jam Keplerus examinat ea, quae Fabricius in prognosticis suis, ipsum allocutus, dixerat. Intactum, ait, Fabricium praeterire, quod ipse praestantissimum in profectu in scientiis judicet, „penetrare ad genuinas causas motuum", praeferre illum prognostica et judicia genethliaca et tabulas efflagitare in eorum tantum usum, „utcunque philosophia habeat". Dein excusat Keplerus errorem suum, quod Solis maculam „pro Mercurio sub Sole habuerit". Ad revocationem me videris vocare solennem et publicam. Non exspectavi te, Fabrici. Monuit me bonus quidam genius, ut hanc deformem necessitatem sponte mea praeverterem, primum atque literas Apellis tuique una filii libellum (de maculis solaribus) legerem. Quid? Tune fidiculis opus esse putas ad confessiones hic extorquendas inter eos, qui non pro gloria, sed de veritate certant? Nam quod publicam hujus agnitionis significationem non dedi, causa est quia locus illi non fuit alius nisi hic ipse. Librum peculiarem hoc vili argumento scribere, id fuit insanire. — Dum ais, esse lynceos, qui homines et animalia in Lunae globo degere affirment, quia nullum novi, qui hoc affirmet, nec etiam eo usque se porrigit subtilitas telescopii, hinc cogor suspicari perstrictam esse Dissertationem meam cum Nuncio Sidereo (II. 497). Atqui non affirmavi, me talia videre minuta, sed ex iis, quae vidi majuscula sane, comparatis cum iis, quae hic in Terris fiunt minutissima, audacia sumta ratiocinandi quaesivi joci liberalis et philosophici occasionem, ut praedixeram in praefatione. Maculas Solis a filio tuo longe ante Apellem visas, si harum vindiciarum satagis, et testatus sum Pragae multis et testor etiamnum. His iterum jocans addit Keplerus, rediens ad errorem suum de Mercurio viso in Sole: etiam filius tuus suum mihi cedat honorarium, quia Solis maculas prior ipso detexi idque ante inventum telescopium belgicum; ut quidem passim in delubris obvium est observare has Solis maculas, quod Ratisbonae in templo cathedrali anno 1613. multis ostendi. — Quod Metius, inventor telescopii, pollicetur instrumentum, quo literas ex intervallo trium milliarium legere possis, id pulchrum ausu, impossibile factu puto. Non vidit homo aut non percepit demonstrationes a me proditas. Unciales literas repraesento facile, sed illas, quae non distant multo plus a vitro quam vitrum ab oculo. . . , . Lego tamen et ipse literas ex intervallo trium milliarium, sed inscriptas horologii circulo, pedales et cubitales existentes, nec nisi diis faventibus Junone et Phoebo. . . . . Revolutionem macularum solarium statuis 13 mensium, perinde ac si sit in aethere proxime sub Sole orbis aliquis cancellatus quasi seu contextus infinita macularum serie, cui tribuis motum diurnum 57′ et quod sequitur hinc, evolutionem seu apocatastasin annorum 30. Solertiam agnosco tui ingenii, diligentiae vero et laboris irriti me miseret. Non satis, Fabrici, circumspexisti circumstantias omnes, oblitus es, motum macularum in medio Solis corpore velociorem esse quam in marginibus; nimium facilis es in comminiscendis orbibus et mole hypothesium: crebram hanc in meis epistolis querelam invenies; famam in astronomicis hypothesibus emendandis hoc vitio prostituimus. Nihil hic reliquum tuis vel meis curis fecit accuratissima Galilaei diligentia, cujus epistolas ad Marcum Welserum italico scriptas idiomate suadeo diligenter perlegas; dignae omnino sunt, quae et latine legantur.

De conjunctione Saturni et Jovis (Dec. 1603) litem moves non necessariam super uno scrupulo, quo tibi ipsi totique adeo scientiae praejudicium creas imprudens. Si non prius sunt edendae tabulae, quam unicum minutum assequamur, nunquam edi poterunt neque tuae, quas ostentas, nec meae, quas tantopere efflagitas. . . . . Sed nimirum id egisti, ut a me responsionem hanc exprimeres sciresque, quae spes esset tabularum, quo loco astronomia, utque per indirectum lectoribus commendaretur mirabilis certitudo et consensus tui meique calculorum inter se et cum observatione mea, quem ego consensum non tam ex meis observationibus, non etiam ex tuis, non denique ex posteriorum, quam ex Braheanis aestimari velim, eoque Ephemerides meditor ad annos 30 exactos, meditor et calculum observationum Braheanarum omnium. Interim si recte mones, diffidendum vitae, demus igitur operam uterque, ut de tabulis illa, quae jam sunt in parato, primo quoque tempore exscribamus, editio vero cuique sua citra alterius praeventi offensionem libera est.

Hinc transit Keplerus ad Lunam, quam Fabricius circumdatam esse aëre observationibus suis probari censeat, illumque ablegat ad Opticam suam, ubi demonstratum sit, causas talium apparentiarum ex parte in visus fallaciis quaerendas esse. — Sententiam Fabricii de hypothesi Copernicana aggressus, sic pergit Keplerus: Tandem in Prognostico anni 1617. efferbuit Fabricio meo, ut videtur, diu compressa bilis in aliquam iracundiam, puto non aliam ob causam, quam quia non respondi, ut tandem vel stimulis verborum efficeres, quod tot amicis provocationibus non impetraveras. Ergo motum Telluris, cor et animam meam, incursas magno molimine, verba mea, suppresso tamen meo nomine, ex Commentariis de motu Martis, quibus ad objectionem quandam respondeo, in scenam producta joco traducis, quo etiam sanctum Dei virum intexuisti. Possem, si pie possem, contrarium jocum regerere, cum non tantum in motu Terrae, quod vult Copernicus, sensus oculorum a re ipsa differat, sed etiam, quod tu cogeris fateri, „in medio coeli, in plaga occasus per urbes et valles Palestinae descripta, in casu denique et ascensu Solis“, quae omnia sunt ad visum certi hominis vera, per se vera non sunt remota consideratione visus. Nonne tu ipse negas, „Terram niti columnis“, quod scis affirmare Scripturas ad literam? At non placet mihi tecum, qui astronomus celebris es, de communibus istis, quae ne theologus quidem satis cum dignitate moverit, vitilitigare; frustra exarsisti, non tantum quia nihil ego responsurus sum, sed etiam quia nihil tu proficis apud philosophos, qui plerique post sidereos Galilaei nuncios jam dudum (ut nuper quidam tui similis antiennosigaeus vere scripsit) Copernicoturiunt. Adi et audi Copernicum, Rheticum, Maestlinum, Origanum et meae Epitomes Astronomiae librum primum, si quando bibliopolae, qui sumtus facit, editionem ejus maturare placuerit. . . . . . Quod superest, hanc responsionem meam aequi bonique consule, neque te poeniteat, Ephemeridis hujus vestibulo inseri, de cujus fide nemo te ipso rectius poterit judicare, si volueris diligentiamque hactenus usurpatam ad observandum attuleris. Hac igitur inter primos fruere, coelum et meteora confer, errores, si quos liquido deprehenderis, mihi detege meque et hac et quibus aliis poteris rationibus in emendando Tabularum opere publico sedulo adjuva. Vale.

Nescimus, num Keplerus praefationem hanc seorsim typis exsculptam Fabricio miserit anno hoc 1616; sin minus, Fabricius librum absolutum non accepit, cum anno 1617 a rustico Ostelensi interemtus fuerit, quod Keplerus anno demum 1619 ex Remo comperit (cfr. vol. I. p. 305).

In epistola dedicatoria primae partis Ephemeridum, data Linciis Cal. Nov. 1616, Imperatorem Matthiam allocutus refert Keplerus, Imperatorem Rudolphum aerarii praefectis mandasse, ut residua stipendiorum (ad 2000 fl.) exsolverent et alia 2000 adderent. Id quo minus factum sit, effectum esse infelicitate sequentium annorum et morte Rudolphi. De praesente tempore haec affert: At non ego propterea proposito destiti nec animum despondens ad alia vulgo acceptiora copiisque rerum ad vitae splendorem et luxum abundantiora transii, quin potius, quantum et publica inquietudo et domestici luctus sunt passi, in magna rerum angustia sedulo perrexi, donec M. Vestra me per Ill. et Gen. D. Helffricum a Meckaw, secretiorum consiliorum participem et supremum camerarium, in proposito meo inque servitiis suis persistere juberet, subsidiis istis, quae M. Vestrae fidelium Austriae superioris procerum liberalitas mihi roganti superstite Rudolpho tribuisset, probatis, salarium de suo aerario adjiceret, locum habitationi meae idoneum Lincii decerneret, omniaque, quae ab augustissimo antecessore promissa erant, confirmaret, utque mihi primo quoque tempore exsolverentur, iteratis mandatis urgeret. Quorum ego mandatorum effectum exoptatissimum dum exspecto, spe optima suffultus, tantum mihi virium ingenii, tantum in labore patientiae accessit, ut quamvis mutatione loci difficili, solitudine domus, itineribus, denique morbo diuturno non parum temporis perderetur, tandem tamen eo usque ex profundissimo speculationum et computationum pelago fuerim eluctatus, ut restitutis motibus omnium planetarum animum ad scribendas Ephemeridas annorum 30 praeteritorum et 50 circiter sequentium adjicere, primamque istam in annum 17. computare et sic specimen surgentium Tabularum Rudolphi exhibere potuerim. . . . . Certo promittere ausim, si vel solum ea, quae duo Imperatores jam dudum mihi ad haec studia perficienda destinarunt, aerariorum praefecti, ad quos devolutae sunt istae largitiones, sine mora exponerent, non defuturos mihi adjutores, unum ad calculandas observationes Braheanas, alterum ad computandas reliquas Ephemeridas eodem exemplo, quod ipse in praesenti Ephemeride praeivi, tertium ad descriptiones necessarias, ad correctionem typorum et delineationes: quorum operis ipse sublevatus ad absolvendas et emendandas tabulas, ad adornationem demonstrationum, ad conceptionem et dilucidationem textus, ad lectionem denique librorum, antea in hac materia scriptorum, totum animum applicare et pulcherrima ista duo opera, totius orbis doctorum hominum votis expetitis, Tabulas praecipue, quorundam importunis et pene contumeliosis expostulationibus efflagitatas, intra triennium vel quod minus est in solidum absolvere et accedente Braheanorum haeredum consensu publicis etiam typis exhibere possim. —

Lectorem appellans dicit Keplerus: Cum haec Ephemeris absolveretur, jam tertius ab exacto ejus anno mensis agebatur, currente anno ejus Ephemeridis, quae hanc sequitur, per semestre venalis. Admonendus igitur fuit emtor, decretum mihi, primo quoque tempore perficere et tertiam in annum 1619. eademque uti ratione per subsequentes annos: itaque de iis, quae in usus cujusque anni coëmet, ligandis vel asservandis commodo quisque suo statuat. Quo minus autem jam statim aliquot annorum futurorum Ephemerides simul edam, causas habes in prolegomenis (VII. 492 ss.), itaque te velim credere, moram hanc meam commodo Ephemeridum ipsarum interponi. . . . . Nimirum veris planetarum motibus nunc demum inventis, abripit me occupatque divinissimae contemplationis harmoniarum coelestium voluptas ineffabilis. Itaque si libros Aristotelis de Coelo, si Platonis Timaeum, si Harmonica Ptolemaei et Porphyrii, manca omnia et ipsorum auctorum confessione ad imum gradum consistentia, hactenus in pretio habuerunt academiae et bibliothecae, existent etiam nunc, qui philosophiae de hac parte, nobilissimis inventionibus exculta, gratulentur.

Quae supra Keplerus de salario aulico et de subsidiis imperatoris ad alendos adjutores spe animoque impletus supplicibus verbis exprimit, ea non ad votum successerunt. Adiit quidem viros in aula caesarea graves, illum quem ipse dicit baronem de Meckau, medicum caesaris Mingonium, veterem fautorem Wackherium, J. Hartmannum L. B. Enenkelium, parum autem profecit. Exstat responsio Enenkelii (d. Viennae d. Matthaei 1616), in qua legimus: Recte neque ingratum fecisti, quod literis tuis me compellare voluisti; hac nempe ratione comparavisti tibi amicum, qui rescribet, et typographo tuo patronum, qui de laboribus illi prospiciet. Petitio tua statibus nostris oblata est, sed quia modestior fuit, neque aliquid abs te flagitatum, nihil nunc tibi decerni potuit. Petenti namque datur. Quando vero ad vos ascendero aliam viam tibi monstrabo, qua nostrorum benevolentiam demereri possis etc.

Wackherum his adiit Keplerus anno 1618:

Annus jam circumagitur inchoatae tuae in me novae benevolentiae liberalitatisque, cujus exacti rationes Tibi explicabo, ne silentio diutino causam praebeam suspicandi, tanti Viri memoriam mihi excidisse. Ut primum Praga domum redii, ad Tabularum et Ephemeridum opus redii, utque sumtus ad Ephemeridas duorum annorum expedirem, vile et Calendarium cum Prognostico scripsi, quod paulo admodum honestius est, quam mendicare, nisi quod sic honori Caesaris parcitum, qui me in solidum deserit, ut per ipsius mandata cameralia, quantumvis crebra et recentia, mihi fame perire liceat. Ephemeris anni 1618. excusa fuit novis meis typis, Francofurtum vero non advenit tempori. Ea absoluta coepi ad anni 1617. Ephemerida cum prolegomenis excudendam animum applicare; sed cum matrem meam domum praemisissem (v. s. p. 836) postulabant ipsius negotia et mea pietas, ut interposita commodo loco mora operibus meis, ipse subsequerer. —

Quae de Ephemeridum editione cum Mingonio egit, leguntur ad annum sequentem. Quod ad matrem Kepleri attinet, iis quae l. c. diximus haec adjungimus ex literis ad Maestlinum d. 5. Sept. et 22. Dec. 1616 datis desumta. In prioribus legimus: Tabellarium ad D. D. Besoldum et Straussium ablega et quia tarde revertitur tabellarius Tubingam, rogo apud Besoldum instes, ut literas tuas cum suis (in causa forensi) per celeres ad me vel qua via brevissima potest transmittat. — Die 22. Dec. scripsit Keplerus: Literas tuas legi magna cum voluptate. Etsi vero his adjunctae fuerunt literae meorum, quibus pericula continebantur et calumniae sceleratissimae, et potentia adversariorum et cursus justitiae intercisus, quibus tragicis narrationibus animus abreptus vix ad respondendum se recolligit: tamen quia mittendus est tabellarius, piaculum videbar commissurus, si nihil responderem. (Venit interea frater meus cum matre, itaque non alio tabellario opus habui.) —

Quae insunt codicibus Pulkoviensibus studia Kepleri astronomica hoc anno suscepta, ex parte leguntur in voluminibus praemissis. Mense Martio pluribus inquisivit temporis aequationem, quam inquisitionem, inscriptam De temporis aequatione plenaria et motu octavae sphaerae exhibuimus vol. VI. p. 78 ss. Mense Aprili plurimum operae consumsit in computandis eclipsibus, praecipue annorum 1588 et 1590, his calculis finem faciens: Plurima inde discimus. Primo celeritatem in ipsissima oppositione. Nam frequenter et in nonagesimo et in meridiano est observata a fixis, extricentur ergo parallaxes utcunque et separetur illa acceleratio, quae est ex anomalia. Secundo quantitatem umbrae in transitu eamque gemino quamvis coincidente modo, et per celeritatem seu motum horarium, et per fixas; oportet autem metiri a prima obscuratione ad primam emersionem ex umbra, vel a prima immersione ad finem eclipseos. Tertio: hinc discimus etiam Lunae altitudinem et per consequens parallaxin, seu per fixas, seu per inventam diametrum umbrae. Quarto: A principio ad immersionem, seu ab emersione ad finem discimus diametrum Lunae, consentiente observatione morae ad diametrorum discrimen aestimandum et duratione solius eclipseos ad aggregatum. Quinto probatur aequinoctium Tychonicum seu motus Solis. Haec successive omnia. . . . . Jam repetito calculo exclamat Keplerus: Nisi error alicubi commissus, admirabile quippiam hic exorietur. Nam ab hora 8. $30\frac{1}{2}'$ per horas 3. 23′ horarius est 31′ 2″. Hinc per horas 2. $34\frac{1}{4}'$ est horarius 39′ 15″ Vigilate mathematici, quid hoc rei novae?

Voluminibus VI. (p. 647) et III. (p. 655) exhibuimus ex mss. Pulcov. ea, quae ad restituendam Lunae theoriam Tychonicam (v. s. p. 837) initio anni 1616. tentavit Keplerus: *Quae in Luna restent emendanda. — De Variatione. — Consideratio tertiae partis aequationis temporis. — Comparatio Variationis et hujus aequationis temporis.* Fasciculus, ex quo haec desumsimus, inscriptus est: *Restitutionum Lunarium adversaria,* eidemque inest fragmentum *Hipparchi,* cui inserviunt haec studia lunaria. Librum vero ipsum, Hipparchum inscriptum, illo tempore ad eam formam perfecisse Keplerum, qua eum in codicibus dictis deprehendimus (III. 520—549), haec testantur verba inscriptionis: *Pragae inchoata a multis annis, sic etiam exhibita Imp. Matthiae, petentibus consiliariis. Lincii vero magna ex parte continuata, praesertim anno 1616.*

Jovis etiam theoriam hoc anno demonstrare studebat Keplerus. Inscripsit fasciculum, quo haec studia continentur „Jovialia, seu demonstratio motuum Jovis, cum tabularum parte potissima. Deest adhuc examen accuratius proportionis orbium et pars tabularum inde dependens, scilicet distantiarum Jovis et Solis. Haec sic erant exhibita Pragae consiliariis R. Matthiae. Jam Lincii anno 1616. accesserunt examen proportionis orbium et eccentricitatis absolutum parsque distantiarum.“ Inquisitionem eccentricitatis Jovis adiit Keplerus mense Septembri (adscripti sunt dies 21. 22. Sept.). Sicut ad demonstrationem motuum Jovis, ita etiam ad Saturni adscripsit Keplerus: „Lincii accesserunt anno 1616 ista: revisio eccentricitatis seu ejus de novo investigatio, ut etiam proportionis orbium et pars distantiarum“. Mercurii motus magna ex parte demonstrasse se ait Keplerus Lincii anno 1615, plurimi vero insunt „rudimentis“ harum demonstrationum calculi ex anno 1616, quibus praemittit: „Mercurius raro nec expedite cernitur, itaque demonstrationes hae tarde procedunt et difficillimo conatu, etsi etiam hic tabularum rudimenta quasi jam perfectis demonstrationibus, si forte per tabulas quantumvis falsas juvari possit demonstrationis methodus. Haec Pragae exhibita Imp. Matthiae consiliariis.“ Die 27. Martii 1615 hoc demonstrare tentat theorema: „Datis trium temporum intervallis et trium locorum angulis ad Solem datur eccentricitas et situs aphelii“, adhibitis Tychonis observationibus annorum 1593 (6. Jan. et 12. Maji) et 1595 (d. 15 Sept.). Consumtis plurimis foliis in hoc conatu, his finem facit: Nihil eorum impetramus, quae optabamus. Uterque angulorum est parvus, proportio radiorum major justo. Minuitur autem haec proportio, augentur vero anguli detrudendo puncto observationis tertiae versus perihelium, demto angulo minori, qui hac ratione porro quoque minuetur. Causa hujus inopinati proportio non recte instituta. Angulo vero primo (radiorum inter primam et tertiam observationem) non medemur, nisi minuamus illum uno c. gradu, ut si in ♊ retroageretur per 1^{0}, in ♉ per 1^{0} $20'$. Id utrum ferant observationes, vide. Cum autem anguli tam sint incerti deseramurque ab observationum claro testimonio, operemur igitur per distantias et tempora. Jam per aliquot folia hac ratione calculum continuat indeque concludit: Cum eccentricitas 21000 in ♎ bonum radium ostendat bonumque locum in ♌, jam paulo admodum justo breviorem, locum justum, aliis locis itidem breviorem, augebitur igitur orbium proportio et eccentricitas in particulis proportionis orbium, promovetur aphelium etc. Nulla igitur via facilior, quam si ad diversas eccentricitates exstruantur distantiae et videatur, in qua intervallo temporis hoc data proportio distantiarum exprimatur. Iterum adhibito calculo addit: Quid hic sequemur, quod primae volunt promoveri aphelium, ultima retroagi? Jam seposita per annum hac inquisitione, die 8. Oct. 1616 ad illam redit, ponens eccentricitatem ☿ 21000, proportionem orbium 1:3,8806 et aphelium (anno 1617) in 13^{0} ♐. Adscripta vero ad calculos huc pertinentes voce „Error“, rem plane abjicit usque in annum 1624, quo accersitis aliis observationibus ad verum prope accessit.

1617. Revolutio anni. Edidi Epitomes partem primam. Ivi Pragam. Edidi Ephemerin ad annum 1618. et Calendarium. Nata filia Catharina. 31. Julii. Mortua Margareta Regina; per aestatem tussis, phthisis et denique epilepsia, quae mortem attulit 8. Sept. mane hora 10. Catharina baptisata... Patrimi: Catharina von Herberstein, geporne v. Polheim, Euringa, geporne stetnerin. Sequenti autumno tussire incepit a corrupto lacte, catarrhis mox oppleti pulmones, ut diu difficillime respiraret, ad extremum paucorum dierum atrophiam secuta epilepsia lenis, denique mors 9. Febr. 1618. Ex situ ♀, ☽, ♃ bonam et felicem judicavi genesin, sed valde humidam. — Mortua privigna Regina. Pragam ivi 8. Martii, evocatus a Caesare, redii 26. Maji, octiduo post Gringalletus advenit. Pragae exhibui Ephemerida in annum 1617, secundam vero in annum 1618. post reditum meum perfeci, typis exhibeo meis novis.

Berneggero scripsit Keplerus d. 7. Februarii: Gringalleti ingenium ex transmissa disputatione agnovi amoque hominem nondum visum. Qui si patientiam secum afferet laboris taediosissimi computandarum Ephemeridum ex meis praescriptis, hoc illi praestabo de meo, ut desiderio nullo teneatur instituendi pueros. Statum scholae ipsi describes, ne vana spe ductus sero se deceptum queratur. Cum sit Gringalletus Genevensis cumque ad me sit concessurus, qui theologis hujus loci, coloniae Wirtembergicae, sum sudes in oculis, haud facile fieri poterit, ut cujusquam Austriaci liberis praeficiatur, religionis Calvinianae obstante metu. Forti igitur animo capessendum illi erit studium astronomicum; mensam habebit eandem quam ego, philosophicam. Pecuniae tantum addam, quantum ipsi ad vestem necessariam fuerit opus.... Studia mea liberaliter communicabo..... Ad literas Crusii cur minus in praesens respondeam, in causa est moles negotiorum; scribendum enim in Wirtembergiam in causa forensi matris meae, quam mecum habeo. Salutem illi meam nuncia et quod de Copernicana quaerit Epitoma, in ea lente typographum progredi, nec me posse ad nundinas de ejus industria liquido quicquam polliceri. Octobri mense eidem nunciat Keplerus: Ephemerida in annum 1618. novis typis edidi*) paginarum 4. Sumtuosum opusculum. Itaque si sunt, qui habere cupiunt, iis indices, die 23. Sept. absolutam et hoc die (1. Oct.) Noribergae esse posse apud Abr. Wagenmannum et per eum paulo post Francofurti apud G. Tampach. Introductio debuit addi, sed spes excudendi certa nondum apparet. Cogito annuatim scribere singulas, nam sumtibus non sufficio. Gringalletus egregiam praestat operam.**) — Epitomes meae pars sphaerica misere habita a typographo, sculptoribus, correctore, me Pragae absente, nunc tandem prodit, nisi Crugerus bibliopola, qui sumtus fecit, etiam nunc more suo occasiones negligat exhibendi Francofurti. (Dedicatio partis primae Epitomes (lib. I—III) ad „ordines" Austriae superioris data est Id. Augusti. Ephemerides et Calendaria Keplerus ad amicos misit et librarios, ut quacunque pos-

*) Verba haec „novis typis" saepius repetita significare videntur, Ephemerida in annum 1618. quae ante illam ad annum 1617 edita est, bis excusam fuisse. Neque vero nobis contigit, ut priorem editionem inspiceremus.

**) Crusius nunciat Keplero (Martio mense 1617): Gringalletus ea conditione, quam ipsi obtulisti, maxime esse contentum dicit. Ad nostrum pascha Lincium se conferet. Habebis hominem, ut spero, diligentem et doctum negotioque tuo, in quo versaris, non inutilem. — Cal. Majis scripsit Crusius: Gringalletum tibi mittimus etc.

sent venderent. De librariis nunciat Crusius: Argentinae Calendarii tui exemplaria procul dubio multa possent vendi si adessent, et nostros bibliopolas proxime futuris nundinis coëmturos scio et duplicato pretio hic vendituros, is enim eorum mos, ut omnia tua scripta cariora praetendant, eo quod ipse propriis pleraque sumtibus excudi cures. — Hebenstreitius Ulma refert, 50 exemplaria Ephemeridum Tambachio se misisse. „Ulmani Mercurio nunciario quam literario plus favent, et incidimus nos in mercatores seu negotiatores librarios monetae non optimae, adeo ut cura opus esse putem, quo pro calendariis accipiamus pecuniam; aliquot tamen exemplaria servavi ego, pro quibus quod aequum est numerabo. Gratias etiam maximas ago pro nuperrima Ephemeride; utinam promissam informationem videre possim etc. In scheda (s. d) inserta Mss. Pulk. legimus: Weil ich die Kay. Besoldung zu Linz nit gehaben mag, vnd meine Bücher selber verlegen muess, wöllches einen grossen Vnkosten erfordert, als möchte mir auff zwen Wege etwas geholffen werden, 1) mit Confirmation meines bievor erlangten Privilegii vnd Erlengerung desselben auff das Buch Ephemerides (wöllches langsam abgehet) auff 30 Jar. Item das ich mit solchen meinen aigenen Büchern, die ich gemacht vnd aussgehen lasse, wan ich sie an gelegene Ort verschickhe, den gelehrten vmb einen leidlichen Pfenning mitzutheilen (weil sonderlich Irrer Mtt. Namen hierdurch geehrt vnd dero Lob erweittert würt), zollfrey seyn möchte, doch das ich auff Erforderung schuldig sey zu erweissen, das nichts frembdes darunter. 2) Mit Ertheilung einer Herrenpfründ auff dem Kloster Nellingen . . . v. s. p. 829.

Martio mense advenerunt literae Roffenii, quibus invitatur Keplerus, ut in locum mortui Magini Bononiam succederet; cal. Maji respondit Keplerus, oblatum munus recusans (v. s. p. 662). Die 16. Aug. refert Keplerus, observasse se deliquium Lunae Lincii in arce Caesarea, praesentibus aliquot proceribus et Vice-Capitaneo. Paulo post adiit Thomam Mingonium, medicum imperatoris, auxilium petens in angustiis pecuniariis, qui (Sept.) respondit, moturum se omnem lapidem apud omnes, ut Kepleri „justissimae et honestissimae petitioni“ satisfiat, dum aula Pragam redierit („Caesar non est Pragae, sed Brandais recreationis causa manet“); data prima occasione acturum se cum Cardinali (Khleselio, cfr. vol. I. 660). Novembri haec subsecuta sunt: Negotium Dom. Tuae remissum fuit ad cameram aulicam et ego pluries fui apud D. a Polhaim, ut praecipiatur teloniario Linciensi solutio 300 fl. Dictus a Polhaim est bene informatus. Curabo ut transmittam D. V. literas Caesaris. Interim ego accepi responsum a quodam amico, qui Pataviae degit, ipse emet a D. V. multa exemplaria Ephemeridum, dummodo conveniatur prius de convenienti pretio sub quibusdam conditionibus. Necessaria prius erit facienda conditio aliqua, qua D. V. et emtori, qui multa millia florenorum exponere velit, consulatur opportune. Praeterea vellet libenter eam partem Ephemeridum videre, quae discursus et res philosophicas continet, ne fortasse a theologis aliquod impedimentum et damnum emtori inferatur. Nam in Italia sunt quidam limites philosophis conclusi, extra quos catholicus non potest jure exspatiari, et justissimas ob causas. Transmittenda itaque est illa pars vel saltem argumentum capitis una cum conclusione, ut facilius possit per postam transmitti. Emtor etiam vellet libenter scire, ad quot annos futuros extendentur Ephemerides et quot folia continebunt et quanti divendetur unum folium, vel pro singulo quid petat Dominatio Vestra. Mature cogitet D. Vestra et rescribat ultimum pretium et conveniens, quo divendere posset dicta exemplaria, id est singula, ut possit numerari statim pecuniae pars conventa. Interim ego Dominum camerae praesidem sollicitabo, ut expediantur literae Caesareae ad telonarium istum Linciensem.

Ad haec respondit Keplerus fine anni:

S. P. D. De Ephemeridibus quae sunt necessaria scribam, usus ea brevitate, quam tua mihi praeit epistola, ut rebus necessariis et tempori consulatur.

Prima Ephemeris nondum est excusa, quae est de anno 1617. currente. Praemittitur dedicatio S. C. M[ti], in qua indicatur, quid restet laboris, ut astronomiae restauratio, a Tychone Brahe incepta, absolvatur. Succedit explicatio fundamentorum calculi, in qua ostenditur, quibus in punctis calculi astronomici a Tychone discedam; coelum an Terra moveatur, hoc loco non quaeritur, utriusque quidem sententiae pro re nata fit mentio semel atque iterum, sed ea tantum historica vel hypothetica, non assertiva. Hic jam duae paginae sunt excusae. In fine examinatur dogma Dav. Fabricii, astronomi Frisii, de ampliatione diametri Lunae in eclipsibus luminarium, et hac occasione respondetur ad alia quaedam objecta ejus, praesertim quod mihi exprobravit, me non vidisse Mercurium in Sole, sed maculam. Ultima ejus objectio fuit de motu Terrae, quem ille rejicit dictis scripturae, et me subsannat, quod miser Josuas cogatur nunc demum discere, non Solem, sed Terram stetisse. Hic ego non quidem dissimulo, me motum Terrae defendere, quem sensu philosophico et jocose appello *Cor et Animam meam*, et sine responso ablego ipsum, asserens, indignum esse, his argumentis cum astronomo contendere, quod propter delusionem usurpatam ne theologum quidem deceat. Et quia per ferias natalitias forte nihil excudetur, possem interim a D. Tua Nobilissima moneri, an hic quid sit mutandum. Alterum caput feci explicationem novae formae Ephemeridum, estque loco instructionis in aliis Ephemeridibus usitatae; in hac parte prolixe disputo contra morem addendi horas et minuta ad unumquemlibet aspectum Lunae cum planeta, et hac occasione dico aliqua contra doctrinam electionum, modeste tamen et cum exceptione naturalium, ut in medicina etc.

Ephemeris quaelibet habet paginas 4, prima fere impletur descriptione eclipsium. Ephemeris anni 1617. habet A, B, C, D, et spero brevi absolvendam. Ephemerida anni 1618. habes jam, ea absolvitur paginis E, F, G, H. Ultra nondum est progressum. Jam accingam me ad Ephemerida anni 1619, quae habebit I, K, L, M. Et absolutis tabulis, quae interim surgunt, scribam si vixero alias consequentes usque ad annos 50 futuros, addam et 37 annorum exactorum, sed breviores, et adjungam observationes meteorologicas ad dies singulos per 23 annos, et si fieri poterit sique per haeredes Brahei licuerit, apponam etiam observationes coelestes.

Sunt autem mihi de Ephemeride anni 1618. in promtu 400 exemplaria, sed habeo Francoforti et Noribergae jam distributa. Augustae habet Willerius ad 20, quae posset in Italiam mittere, praeterea nullus mittet.. (nil sequitur.)

Quae respondit Mingonius ad has Kepleri literas, ea referenda sunt ad annum sequentem. Interim Keplerus planetarum motuum vestigia persequebatur, quamvis multis circumventus turbis (mortuae filiae, mater in inquisitione); Mss. Pulkoviensia longiorem exhibent disquisitionem motuum Mercurii (Octobri), „ex qua duae Ephemerides sunt computatae“.

Privignae mors et mātris res forensis impulerunt Keplerum, ut in Württembergiam proficisceretur. Refert ipse Wackhero de hoc itinere: Impulerunt me generi mei literae, quibus mihi mortem uxoris acerbissimam sibi liberisque tribus communibus nunciavit, per omnia sacra obtestans, ut filiam sibi meam, annos jam 15 habentem, ad breve tempus concederem. Sic igitur Octobri mense cum filia profectus sum adverso Danubio (15. Oct. Passavii observavit statum aëris) Ratisbonam usque (20.) lentissimo itinere..... Relicta filia prope Ratisbonam in Walderbach, perrexi eques in Wirtembergiam (30. 31. „ad Nicrum")... Tubingae ad Maestlinum identidem ventitavi (in Württembergia usque ad 7. Dec. versabatur eoque secum ferebat partem Harmoniae: „nihil in parato habui praeter pauculas pagellas, libri tertii materiam rudem complexas, quas monstravi amicis, explicavi scribendi propositum, quae a 20 annis in meditatis habeam quaeque restent inquirenda singula exposui"). Tandem dispositis utcunque domesticis negotiis, mense Decembri per Augustam (8.) et Walderbachium (11.—21.) domum sum reversus (22.). Ex eo tempore curavi editionem Ephemeridis 1617. cum prolegomenis, intereaque ad tabulas et Astronomiae Copernicanae partem alteram respexi. Sed cum puellam filiam domum reversus invenirem catarrhis periclitantem isque morbus tandem in luctum exiret (Febr. 1618), dimissis ego tabulis, quae quietem requirunt, animum ad Harmonica excolenda appuli. (Quae sequuntur summam exhibent eorum, quae de harmonicis Keplerus animo versabatur, eaque leguntur vol. V. p. 45 s)

Dum Keplerus peregrinabatur, Gringalletus typum et distractionem Calendarii curabat, quod nunciat literis datis Cal. Novembris (I. 661).

Ex epistola Georgii Christ. de Schallenberg, data Leobaci d. 2. Jan. 1617, qua magna prosequitur laude Ephemeridem nuper editam, haec desumsimus, e quibus apparet, qualem habuerint tum temporis Keplerum Austriaci, quamquam theologicam fidem ejus in dubium vocarunt: „Altera te voce alloquor, Nobile et clarissimum Austriae nostrae astrum; nuper coram, cum te diu desideratum et magnis ac multis apud exteros mihi nominibus commendatum videndum fuerim consecutus, nunc per literas, cum tuis indigeam officiis et laboribus. Imprimis felicissimum opto anni ingressi auspicium et quamvis, dum communi donario inclutos ordines (quorum socius erat L. B. Adam de Schallenberg, vitricus Georgii) et me affeceris donario, eximiis tuis oblatis Ephemeridibus, iterum tamen pro privata mihi strena posco, ut in posterum saepius familiaria habeamus per literas colloquia." Petit a Keplero prognosticum in annum 1617, „in quo paulo penitius animum tuum introspexi, ut qui mundi vanitates rides, ad sedulam hortaris officii verioris culturam et concordiam, quae quo animo abs te dicta sat novi, alii non item, ut qui partim te atheum, partim haereticum, partim assentatorem, philauton et nescio quid proclamarunt". Keplerum statim rescripsisse ex responsione apparet Schallenbergii (d. d. 12. Jan.), scribentis: „de iis, quae multis ad me nuper scripsisti pagellis, jam loqui tecum festinatio prohibet." Responsio haec Kepleri desideratur.

Keplerus d. 15. Januarii respondit ad quaestiones H. Beyeri de locis quibusdam in „Stereometria", quod e responsione Beyeri colligendum, cujus pars exstat vol. V. p. 615. Jessenium, academiae Pragensis rectorem et cancellarium (cfr. vol. II. p. 415) cogitasse, Bononienses imitantem, de Keplero Pragam vocando, ut profiteretur astronomiam in academia, ex his literulis datis die Andreae 1617 apparet: „Cum proxime in Bohemia degeres, Keplere amice, nunquam mihi tecum esse licuit, praeterquam semel in transitu. Nihilo minus in te colendo et aestimando persevero. Quodsi academicum vitae genus porro placeret, posset in posterum nostra paulatim reviviscens tibi et tui similibus locum praebere. Et hoc unicum est, quod te volebam scire. Alia ex harum prorectore poteris, si voles, discere. Vale." Turbae paulo post in Bohemia ortae vota Jessenii irrita fecerunt, quamvis Keplerus, quod multa ejus dicta testantur, libenter munus obiisset professoris academici.

De editione primae partis Epitomes Astronomiae Copernicanae haec refert Keplerus, in epistola dedicatoria (data Idibus Augusti) allocutus Ordines superioris

Austriae: Cum laboriosae non minus quam sumtuosae sint editiones hujuscemodi, ex una parte solitudo, ex altera tenuis res mea, difficillima fecerunt principia pepigique necessitate compulsus cum bibliopola Augustano, ut exemplum Epitomes hujus ederet suis sumtibus, quod et se facturum recepit et Epitomen hanc nundinarum Francofurtensium catalogo ante duos amplius annos inseruit. Commodum autem supervenit nobis typographus, quo praesente mihi correctione typi et multiplici relectione speravi me perfectiora et emendatiora omnia exhibiturum. Atqui contra bibliopola meus gravari, quod Lincii sumtus essent faciendi et majores et importuno loco, neque tamen remittere mihi pactionem, neque juri suo de libello excudendo renunciare, factumque cunctationibus variis, ut haec solius doctrinae sphaericae editio nec inciperetur ante sesquiannum a pactione nostra et incepta ultra annum alterum traheretur, adeoque, nisi partem sumtuum ipse suppeditassem operasque quam potui commodissimas conduxissem, imperfecta etiamnum exstaret editio.

1618. Mortua filia Catharina. Scripsi et edere coepi Harmoniam. Die 8. Martii animo concepta proportio temporum periodicorum ad proportionem intervallorum, die 15. Maji calculo comprobata est.

Harmoniae liber IV. c. finem anni excusus est. In libro V, scribit Keplerus Blancho initio mensis Decembris, tarde progrediuntur operae; accipe hic primum ejus folium idque cum bibliopolis communica. Tradetur totum opus bibliopolae Francofurtensi distraheturque inter bibliopolas, qui postea pretium in immensum intendunt. Non connivere possum, ut recudatur opus in Italia, non divenditis iis, quae exstant in Germania, nisi me ipsum impensis, quas magnas sustineo, privare velim. Praestaret, jam statim per mercatores Italicos aliquem numerum in Italiam deportari, intercedente praesente pecunia aut sponsione idonea. —

In fine libri V. Harmoniae legimus: Absolutum est hoc opus die 27. Maji, revisus vero liber V. (interim dum in eo typi progrediuntur) 19. Febr. 1619.

De sculpendis figuris ad Harmoniam pertinentibus egit Keplerus per literas (partim deperditas) cum Schickardo per menses Januarium, Martium, Octobrem et Decembrem.

Prognosticum in annos 1618 et 1619 (cfr. vol. I. p. 481 ss.) obtulit Keplerus ordinibus Lincianis, qui pro „dedicirten vnd verehrten Calender" Keplero d. 5. Jan. 50 florenos concesserunt. — Sidera observabat Lincii diebus continuis a 1. Sept. usque ad finem anni; cometae tum tres in coelo apparuerunt. Primum conspexit d. 1. Sept., secundum d. 20. Nov., tertium die 29. Novembris. Per literas egit Keplerus hoc anno cum Pisano de opticis, cum Mingonio (v. s.) de salario; Mingonius mense Maio scribit: ...... „Poterit Dominatio Vestra Lincii 100 fl. recipere, quos, post multos ambitus et preces a camera aulica ad austriacam projectus, tandem a ministris salium in magnae amicitiae et gratiae signum recepi. In nostra aula dea nummonia satis angustas habet manus et voraces, ita ut aliquando ante receptionem evanescat vel absumatur beneficium. Exemplaria (Calendarii) omnia, quae mihi transmisit, recepi et S. M. et reliquis aulicis consignavi nomine Dom. Vestrae. — His Junio addit Mingonius: Pecunias scripserunt quaestores pro salario aulico, cujus solutio apud istos camerae ministros habetur pro maxima gratia. Eo devenimus, ut promeritam mercedem adscribamus beneficio..... Dolui ex corde quod D. V. eo angustiarum fuerit redacta, ut ad regem Angliae et exteros statuerit transmittere opus imprimendum (Harmoniam) etc. (cfr. vol. V. p. 57). Literae Kepleri ad Mingonium desunt. Cum Remo, Crusio, Besoldo et comite Alerani (Blancho) disputavit Keplerus de Harmonia et Epitome, nec non de rebus astrologicis, Juliano Medices thema astrologicum confecit, quod a Septembri in Novembrem inter utrumque pluries discussum est.

Ex his epistolis ea desumsimus, quae ad Kepleri studia et vitam pertinent. Remo, qui nunciaverat, se „pro medico et mathematico Caesareo acceptum esse" atque inter alia quaesiverat, quo statu essent observationes Tychonicae, respondit Keplerus (Dec.), gratulari se non tam Remo, quam astronomiae et sibi ipsi, qui promotore in aula salarii sui suffultus sit. „Nam hactenus aut soli mihi laborandum fuit, aut si calculatorem ascivi, quandoque impensae fuerunt faciendae de meo, cum nihil ex aula solveretur." Dein explicat Remo calculos per logarithmos absolvendos, quos dicit „felicem calamitatem tabularum Rudolphinarum". Reficiendas videri has tabulas et ad logarithmos accommodandas, canone logarithmorum prius exactius computato. Ad dubia Remi, num possit Solis lux ad stellas fixas pertingere et an detur orbis stellatus, respondit Keplerus, demonstrare se ex necessariis, cavum esse spatium, in quo planetae, fixas exterius convectiores invicem; quo usque illae spargantur, se non disputare, „ex sensibus solum analogiam vexo, sed dulcem et multiplicem; infinitum rationibus metaphysicis impugno".

Blanchum interrogat Keplerus, num Harmonia in Italia possit esse venalis? Habet, inquit, sententiam Copernici, qui Terram facit mobilem. Si lis ei intenditur, posset occupare advocatus aliquis libri, illam non poni nisi alternative, scilicet juxta Tychonis Brahe hypotheses, qui Terram facit stare, Solem moveri. Mihi quidem indultu privilegii lex est fixa: ne quid contra catholicam. Verum rogati super hoc consiliarii aulici Caesaris catholici negarunt videri contra catholicam, quod naturalibus rationibus salvis superioribus et supernaturalibus disputatur de motu Terrae, licet haec sententia nuper (anno 1616. Cfr. vol. I. p. 56) notata fuerit aliqua censura, sed quae adhuc sit privata. Ego vero in libro illo meo ne quidem defendo motum Terrae, sed id feci alias, in Commentario Martis, in Optica etc. Est aliud quippiam in libro IV, quod possit alicui scrupulum movere, quod hoc defendo, aut casus fortuitos non significari ab astris, aut si ab iis significentur, oportere ut angeli custodes a genesibus clientum suorum impediantur; movetur dubitatio, nihil asseritur, decisio ad theologos rejicitur. Exspecto igitur super hoc capite responsum et sententiam tuam genuinam, sine blandimentis. In fine epistolae refert Keplerus, mense Novembri duos se vidisse cometas, alterum cujus caput sub horizonte maneat, cauda 40° c. promineat, alterum clarissimum, flavum, subrutilum in 16° ♏ prope Lancem bor. (Ex literis datis pridie Cal. Dec. 1618)

Wilhelmus Schickardus (Nürtingae Januario 1618) „binas" dicit literas Kepleri post discessum Tubinga mense Decembri 1617. ipsi traditas; literas posteriores, Augusta Vindel. datas (c. d. 8. Dec.) prius redditas esse, priores, datas Tubingae c. medium Novembris, accepisse se demum medio Decembris. Contrario dicit sensu esse scriptas has literas, cum in prioribus ipsi mandaverit Keplerus negotium sculpendarum figurarum ad Harmoniam pertinentium, in posterioribus vero jubeat, ut delineatas figuras ad bibliopolam Krügerum Augustam mittat. Obsecutum se esse posterius imperatum et schemata omnia pyro inscripta Krügero transmisisse. Gratias agit Schickardus pro Stereometria, germanica et latina, Ephemeride et Calendario ipsi dono datis, praecipue quod a viro profecta sint, „quem a facie nondum cognitum, sed eruditionis fama notissimum maxime semper feci, nunc vere amo et officiose colo, postquam coram ex conversatione ejus humanitas quoque innotuerit". In hac conversatione collocutos ipsos esse de restitutione globorum, qui Tychonis nomen prae se ferant, et Keplerum sibi, hac in parte aliquid molienti „manus adjutrices aut potius directrices" promisisse et catalogum Tychonis fixarum earum spopondisse, quae in

Progymnāsmatis Tychonis non exstent. Monet Keplerum ut promissis stet: „his cālcar adderes, ut singulos asterismos delinearem, delineatos tibi ad censendum offerrem, censitos vero aeri inciderem et sub auspiciis tuis publicarem". Deinde refert, se occasione illius conversationis de novo ad mathesin animum applicasse et hactenus trigonometria praecipue occupatum fuisse. Hinc ortam sibi esse opinionem, annon sine canone sinuum triangula solvi possint? „Videtur enim misera ars esse, quae hisce tabulis semper indiget atque infelix computator, qui non ubique ad manus habere potest illum canonem, et vulgo ridemus illos, qui artem aliquam jactant, sed illam nonnisi e libro sciunt, libro autem suo destituti obmutescunt."

Accepisse se, respondit Keplerus d. 11. Martii, Schickardi literas a Krügero Idibus Martii. Video me bono genio in te incidisse, qui non, ut ego soleo, in negotiis susceptis ut mus in pice adhaerescas. Bene etiam factum, quod a manu tua ingeniosa delineationes sunt, sculptura ab alio banauso, ne Caesar ad equi pontificii curam descendat. Crede mihi, me non sine dolore abs te petere potuisse sculpturam, cum adhuc de voluntate Crügeri mihi non constaret egoque Tubingensia praela aut Linciensia quidem, sed cum renunciatione Crügeri, exspectarem. Nunc quando mordicus ille tenet jus suum in curando opere, provideat etiam de operis. . . . . De emendatione globi memoriam revocans, magna me voluptate perfudisti. Velim te recordari, me fidem haeredibus Braheanis obstrinxisse de non vulgandis observationibus neque tabulis excudendis, ipsis non consultis. Oporteret igitur et te mihi esse obligatum ad eadem, sic tamen, ut nomen tuum in hac operis parte apponatur. Deinde velim te hoc scire, non esse omnino tutum fidere catalogo fixarum Tychonico. . . . . . . Nos locorum intervalla dividunt, mihi tomos observationum itineris periculis exponere non est integrum, ut exscribam vetor obligatione mea, nisi certissimus sim de restitutione exempli non alias describendi. . . . . O miseram uxorem tuam, o execrabilem illi adventum meum, qui maritum ipsi suum eripuit inque matheseos deserta et invia loca abduxit! Sed serio: tui me miseret, qui tempus a Calendis Januarii huc usque procul dubio perdidisti. Invenio inter mea epichiremata tuis conatibus similia, frustanea et inconsiderata omnia. Nam si certum est, ut est certissimum, sic esse inter se latera triangulorum, sicut sunt inter se sinus angulorum oppositorum, frustra igitur proportionem angulorum ipsorum quaerimus, quae omnino differt a sinuum proportione; recti enim et curvi nulla est proportio effabilis etc. Imitemur igitur Deum, qui cum et infinitatem in immensa illa fixarum sphaera vellet expressam, finitionem vero in angustissima regione mobilium, illa sine cura, sine ordine reliquit, ista proportionibus harmonicis instruxit sapientissime. Et nos igitur doctrinam triangulorum, qua opus habemus ad infinitatem numeri et dispositionis fixarum separationisque omnimodae planetarum a stellis per motum (qui ut informis aliqua quantitas infinitatis est particeps), tractemus per canonem sinuum, qui infinitatem quantitativam repraesentat. At figuras demonstrabiles indeque dependentem doctrinam harmonicam et similia definita et certa revocemus ad regulas memoriae mandabiles, cuique suum tribuentes. Ita fiet ut et ad laborem doctrinae triangulorum, quantum necesse est, sufficiamus, et voluptate divinissima ex contemplatione formarum et archetyporum non defraudemur. Vale.

Num Schickardus has Kepleri literas acceperit necne, non certo affirmare licet, cum proximae Schickardi literae (d. Nürtingae die Passionis Dominicae 1618) nihil habeant, quod ad praemissa pertinet. Doluit, scribit quasi non lecta Kepleri excusatione, illud nonnihil, quod sculpendi labor a me, cui omnium primo concreditus erat, in alium translatus fuit; suspicabar, te forsan de operarum mearum fide et industria subdubitare coepisse, sive quod prototypi deformitate interea fueris offensus, seu quod a Krügero aliter persuasus sis, qui ex illo rudi specimine me nondum penitius cognitum praepropere aestimarit et de me, in monasticis cellulis, non sculptorum officinis educato, minus bene ominatus fuerit. Sed rem rectius perpendenti occurrit verior propositi vestri et mutati consilii causa, scilicet operis maturatio, quam affectabas, propterea lubens statione mea cessi. Sed jam longiores moras nectit Krügerus quam ego traxissem. Doleo vicem non tantum tuam, qui mechanicis artificibus idoneis destitueris, sed etiam totius matheseos et tot nobilissimarum divini ingenii tui inventionum sortem miseror, quae hisce cunctatorum procrastinationibus in editionis cursu retardantur. Ceterum quod illud aegre feras, quod paucos admodum lectores fore animus praesagit, heu quam vereor et ipse, ne vere divines! Non ignoro, quam pauci sint, quos coelestis haec cura tangat, inter mille vix totidem, quot ostia Rheni. Sed utut exigui numero sint, tunc propterea reliquos, quorum etiam nonnulli sunt, hoc bono defraudabis? Erras, si te uni aetati et huic soli seculo scribere credis. Posteritatis rationem habe, inter quam post fata demum merita laude celebraberis. — Die 25. Octobris refert Schickardus, „multas" se successive accepisse epistolas a Keplero, mittere se figuras duorum priorum librorum Harmoniae non sculptas, sed delineatas. Magis sibi arridere aeneas tabellas et offert se figuras illas aeri incidere (illas dicit, quae vol. V. ad p. 116—120 pertinent), „sic enim laboris fiet compendium et omnia elegantius prodibunt". Cum huic consilio consentiret Keplerus (in literis datis 6. Dec., quas accepisse se dicit Schickardus die 26.), Schickardus die 27. respondit, se omnem operam impensurum et sculpendis figuris diligentiam suam comprobaturum esse; cuprum parvi constare, libram 24 crucigeros, Besoldum Tubingae reliqua curaturum esse. . . . . Mirari se, ait, quod Keplerus de duobus cometis scribat, se unum et eundem hactenus putasse. Illum, quem Keplerus sub Ursa conspexerit, se nunquam vidisse, „licet fama ejus excitatus aliquoties ante diem sedulo coelum contemplatus fuerim. Forsan tunc jam evanuerat: aveo scire apparentias ejus". —

De Medico Viennensi Guilielmo Rechperger Remus Keplero haec nunciat: „saepius ille mihi dixit, si Keplerus mecum bonam correspondentiam teneret, ego ipsi faciliter suam provisionem persolvi curarem." Eadem ipse Rechpergerus offert Keplero, die 6. Dec. 1618. scribens: A longo tempore et magno amore tuae Excellentiae et desiderio tuae amicitiae flagro. . . . . Peto ut tua Excellentia descriptionem suam cometae, nunc ab aliquot diebus in horizonte nostro fulgentis, mihi transmittat. . . . . Si quid Viennae sua Excellentia habet vel in aula vel apud cameram vel alibi, quod effectum velit, vicissim obsecro, ut mihi committat. Omnem dabo operam, ut voti compos fiat etc. Num Keplerus viri hujus auxilio usus fuerit vel Mingonio soli res suas Viennae procurandas commiserit, nescimus; responsio certe Kepleri desideratur.

Dum Keplerus Tubingae versabatur (anno 1617), cum theologis Tubingensibus egisse videtur de lite cum Hizlero (v. s. p. 807). In tabellario Tubingensi plures exstant epistolae Kepleri et Hafenrefferi, datae annis 1618 et 1619, in quibus disputant de fide Kepleri; quas, cum inter se cohaereant, ordine continuo hic inseruimus.

Primum adiit Keplerus Hafenrefferum, scribens:

S. P. D.

Dignissime Domine Cancellarie, Reverende et Clarissime D. Doctor, Praeceptor colendissime. Annus circumagitur, ex quo Tubinga discedenti spes est facta secuturae schedulae. Quae quod non mittitur, id humanitati tuae tribuo, qui me amicum non sustines offendere, ratus id quod res est, me vel ex silentio de argumento promissae epistolae conjecturam facere facile posse.

In nomine Dei, agite, fruimini moribus, statutis, exemplis antiquis praedecessorum, nihil in me novi, quod exemplo possit esse ad ccteros, statuite; arcete me vestra communione propter ingenuitatem hanc meam, quod in uno articulo de omnipraesentia carnis Christi ceterisque adeo attributis mihi veterum patrum phrases argumentationesque et scripturae .dictorum explicationes magis probari profiteor, quam vestras in formula concordiae; facite ex sacra Communione notam confessionis vestrae in particularissimis hisce urgenti mihi praeceptum Christi, datum laicis omnibus: „hoc facite in meam commemorationem, annunciate mortem meam", opponite vos (in margine: quod factum est) praeceptum datum ministris et dispensatoribus mysteriorum Dei: „nolite dare sanctum canibus", sim vobis, proh dolor, habearque pro spirituali cane non propter ullum vitae naevum, sed propter hanc unicam, ut vos forte interpretamini, arrogantiam, ut ego profiteor, ingenuitatem meam, quod in hoc unico puncto nolo linguam a mea penitissima mente deflectere ad vestram formulae concordiae, aliudque quam intus sentio foris profiteri obedientiae causa in Praeceptores, ut vos putatis, ut ego vero, simulationis et hypocriseos *αὐτοκατακριτου* fuga; cum sciam *πληροφοριαν* requiri in rebus fidei, quae tamen a me posset proficisci sine. scandalo proximi, ut cui super iisdem mecum punctis multo minus oriretur ulla dubitatio, quam nunc, ubi me videt auditque ob qualemcunque dissensum meum excludi.

At me vicissim Christus supremus pastor animarum nostrarum custodiat, ne his malis exacerbatus ex adverso quidquam in me admittam, quod conscientiam laedat meam, cujus quidem gratia adhuc persevero in caritate, qua omnia Christi membra vosque inter cetera et ante omnes ut spirituales patres in omnibus religionis capitibus ceteris (ut homines tamen) complector: persevero in studio veritatis et detestatione errorum, doleo ex animo vicem Armenianorum in Belgio, quod fraude quorundam in crimen proditionis pertracti sunt; sollicitus sum de ipsis, ne damnati in synodo jam coëunte naufragium patiantur circa veritatem respectu multitudinis hominum. Nam pro veritate ipsa, citra privatorum hominum collabentium respectum, non est opus, ut de providentia Dei dubitem; quod vero hanc exclusionem meam attinet, etsi non censeo amoliendam per confessionem fucatam, non tamen eam contemno nec ea exulto, sed Deum oro, ut spiritu suo sancto mihi adsit, ne quid olim ea dignum in me admittam; sic etiam me comparo, ut in hoc dissensu meo non judex vester, quippe laicus ipse, sed conscientiae privatae mundae custos inveniar, et ut persecutiones bona conscientia feram, si nihil contra eam cum populo et quasi populi studio defendendum suscipiam, secundum saluberrimam et vere apostolicam admonitionem Archiepiscopi Spalatiensis Marci Antonii de Dominis (cfr. vol. I. p. 659); consolor me, quod firmo animi proposito jam a multis annis complexus sum praeceptum illud dicti Episcopi alterum, ut maneamus primum in apertis dictis S. Scripturae, deinde si videantur pugnare loca, ut illa, „vado, et vobiscum sum", in interpretatione SS. Patrum, qui haec contentionum tempora antecesserunt, in quantum illa non potest erroris coargui ab analogia fidei et collatione Scripturae. Pro ecclesiae vero trifariam divisae adunatione ipse cum familia mea quotidiana vota facio existimoque, non omnino ineptum his temporibus obtigisse chirurgum ad ista sananda vulnera, illum quem modo nominavi M. Antonium, nisi quod caro putrida, totum vulnus obsidens, prius recidenda est cultris generalis alicujus belli Germanici super religione, quod nescio an incenderint Bohemi, et igne exurenda tribulationum et afflictionum variarum. Fieri sane potest, quod non voti sed admonitionis causa dico, ut idem contingat Wirtembergiae et Saxoniae, quod nuper Palatinatui Neoburgi, quod Marchiae, quod dudum et Palatinatui Electorali ceterisque ecclesiis: tunc afflictio daret vobis intellectum multarum rerum, quae nunc sunt absconditae ab oculis juventutis vestrae, in ministerio succrescentis. Tunc audiretur ille M. Antonius, divinitus, ut mihi videtur, summissus, ut sit inexcusabilis Germania post hanc visitationem. Satis de hac harmonia, in qua mihi laico solis precibus video laborandum. De Harmonia astronomica nihil scribo, nisi quod titulum hic libri quinti mitto: in hunc enim usum aliquos feci superfluos, ut librum notum facerem plurimosque ad ejus lectionem invitarem. Rogo igitur, des exemplaria bibliopolis vestris affigenda in propatulo. De his duabus harmoniis ut R. Tua ad me scribat, non ambitiose importuneve contendam; acquiesco in distinctione, quam R. Tua fecit inter me mathematicum et me theologum, nec hunc titulum mihi vindico, nec ut ad praemissam inamoenam epistolae partem respondeat, urgeo pertinacius.

Superest vero tertia mea Harmonia Evangeliorum, quam R. T. coram ostendi pervolvendamque dedi, recensui etiam oretenus, quid in ea praestiterim. De ea significo, videri mihi penes R. T. situm esse, ut illa hic Lincii, pedetentim succedentibus operis typographi nostri, non satis adhuc instructi, possit excudi. Est Viennae Austriae coetus numerosus, esset ipsis facillima contributio ad libri excudendi sumtus caque a me non petitur plane gratuito: quin potius, quia bibliothecam illi procul dubio colligunt, omnis repraesentata pecunia refunderetur ipsis in libris expetitis, idque pretio Francofurdano. Esset ipsi etiam coetui honorifica promotio bujus operis, ecclesiae evangelicae Harmoniae Evangeliorum. De hac re cum nuper essem locutus D. Milbergero Pastori in Herrnals (arce Joergeri), censuit R. Tuae commendationem plurimum valituram. Itaque si non contemnis exemplum ecclesiae veteris, quae alius haeretici gnostici Monotessaron in crebro usu habuit, ut videre est in Harmonia D. Chemnitii, et si tibi hae caprarum pelles idoneae videntur ad ornatum exteriorem Tabernaculi Dei: gratificare obsecro laboribus meis diutinis epistolamque ad rectores, tutores, antistites, curatores, eleemosynarios ecclesiae evangelicae in Herrnals totumque adeo corpus ejus scribe, in qua professus, te a me rogatum esse sententiam liberam, quaecunque tibi de temporum locorumque circumstantiis mathematica et historica cura (quia nuspiam ago commentatorem theologum) exquisitis videbuntur, depromc, addita etiam cautione, ne adjungatur epistola tua operi, propter certos respectus; praetendere enim potes, quod est verissimum, sic latius sparsum iri exemplaria etiam inter pontificios et in exteris regionibus; at meum hic praecipuum consilium hoc est, ne R. T. male audiat a collegis suis in ecclesiis superioribus, si hominis suspecti in religione, qualis sum proh dolor, opus commendaverit. Apud ipsos Viennenses nihil tale metuendum est, favent enim mihi, qui me norunt. Paradoxa quae insunt chronologica, ea sunt haec fere, si forte oblitus es. Natalis Christi quinquennio maturior aera nostra. Pascha passionale non 3. Aprilis sed 25. Martii, biennio ante quam hodie computamus, sc. anno aerae hodiernae 31. Ministerium Christi secundum Epiphanium anni 2 solidi cum quadrante aut cum semestri (si baptismus Christi in autumno contigisset). Post traditionem Joannis, item post inquisitionem a Jerosolymitis factam in Baptistam et sic post fugam Joannis, qua se a Jordane subduxit in desertum Enan, ex ditione Herodis Vulpis in ditionem Philippi, uxore Herodiade spoliati a fratre, post hanc inquam proditionem, post insidias Joanni Baptistae tensas, post conspirationem Jerosolymitarum Caesaris subditorum cum Herode Tetrarcha Galilaeae et Peraeae (ante carcerationem) venit Jesus in Galilaeam et adscivit discipulos. Ita pulcherrime coit historia, cum in Epiphanio supersint difficultates. Sed quid haec multis? Exstant libri mei in quarto, *De anno Christi Natali* latine et *eclogae chronicae* epistolares, ex quibus videre est, quid praestem. Plurima Evangelii loca fiunt clariora, extraho ex Isacio Casaubono praecipua, dispono plerasque historias per tempora anni in Calendario Judaico et Romano; nihil transpono, quin aut plures Evangelistae contra pauciores consentiant, aut tacentibus reliquis, unius Evangelistae series textus id suadeat aut rationes evidentes. In summa haec mea fuit intentio, scientiam mathematicam Christianam facere inque ecclesia ostentare. Sed desino, R. D. Tuam vehementer etiam atque etiam rogitans, ut consuetam meam libertatem aequi bonique consulat. Vale in Nestoreos annos. Lincii Austriae anno 1618. 28. Novemb.

R. D. T.

Observantissimus
J. Kepler
Mathematicus.

Inscriptio: Reverendo et Clarissimo Viro, D. Matthiae Hafenreffer SS. Th. Doctori et Professori in Academia Tubingensi, ejusdemque Cancellario Dignissimo, D. Fautori meo colendissimo.

Praesent. 6. Jan. 1619. Tübingen.

Hafenrefferus ad haec respondit:

Salutem in Christo Jesu, Domino et Salvatore nostro.

Clarissime et praestantissime Vir, Domine et Amice, singulariter mihi semper honorande et charissime. In literis tuis, per M. Wagnerum, pastorem Neosolensem mihi redditis, principio metum mihi attribuis, quo praepeditus nihil hactenus literarum ad te dederim, ne te, amicum meum, offenderem; quem si eum intelligis, quasi veritatem amico postponam, nae plurimum falleris. Nam iste mihi semper animus eaque constantissima mens fuit, non offensionem, sed longe maximum beneficium habendum esse, etiam dolentem et restitantem amicum in viam ducere veritatis. Sed proh dolor experior (quod magna et tristi συμπαθείᾳ experior), te non tantum medicam respuere manum, sed acerbissimis quoque verbis excipere auxiliatorem! Sed quid agam, alterius animi nunquam futurus rector? Quod tamen regimen nunquam mihi attribui velim, nec si velim, possim sperare. Meditationes, cognitionem et labores tuos insignes et nobiles non tantum in sublunaribus, sed in superioribus omnibus usque ad supremam Saturni superficiem, semper veneror magnifaciamque semper. Sed quae superiora, quae spiritualiter coelestia sunt, uno verbo quae theologica sunt, hic manum de tabula! Hic stultescere oportet omne humani ingenii acumen. Concordiae formulam sarcastice meam appellas, cujus me, quia fundamentum coelestis veritatis ex scripturis sanctis fundamentaliter tractat, nunquam puduit nec pudebit unquam. Mihi juventutem meam exprobras in ministerio succrescentem. (Noli succensere accommodanti, recte enim mihi ipsi attribuo, quae cum stomacho mihi objectas.) Illud vero mihi dolet, quod de communis nostrae patriae et ecclesiarum Christi Servatoris ruina vaticinaris, quod tamen ego pium libenter metum potius, quam acerbam ἐπιχαιρεκακίαν interpretarer, si reliqua iracundiae verba hanc sensus mitigationem paterentur. Sed maledicant Christo, qui velint, ego capulare silicernium citius me liberatum iri spero, quam ut hostes hoc gaudium vel ecclesia patriaque hanc exitialem ruinam viderint. Bone Jesu serva nos, cohibe omnes hostes tuos et veritatis tuae! Permitte, quaeso, ut justo indulgeam dolori, crudelem medicum facit aeger! Sed hoc unico solatio hunc omnem (dolorem) tempero, si omni subtilitate tua chronologica hujus veritatis aetatem mihi explices: „Et Verbum caro factum est“ Si amas me, si amasti unquam, obliviscere (quos in hac postrema epistola tua induisti) affectuum tuorum et tenta rem, tria verba sunt: 1. verbum, 2. caro, 3. factum; aut stultus et amens ego sum, aut tu deprehendes, quam stulti, amentes et furentes simus in divinis mysteriis nostra stultitiae ratione scrutandis. Sed tantum sufficiat de prima tua Harmonia ἀναρμοστοτάτῳ.

De altera Astronomica Harmonia transmissos titulos distribui et typographo, ut valvis appendat, monitor fui, spero opus bonis omnibus et utile et mirandum futurum. Tu interim sis memor, quod per Christum et salutem tuam te oro, Christianae meae distinctionis inter mathematicum et te theologum, qui titulus in neminem, nisi verbi coelestis discipulum quadrare potest. Ad Harmoniam denique Evangeliorum quod attinet, memini, me illam vidisse et te ipso monstratore praecipua delibasse; suasor quoque esse pergo, ut et usui lucique publicae concedas. Illam vero communicationem ego quomodo promovere possim, non video. Auctor equidem in multo splendidiore lucis coruscatione versatur, quam ego silicernium. Et vino vendibili nihil opus est suspensa hedera! Faxo tamen ut vel ad Herenalsenses, vel ad nostros eo profecturos scribam; opus artificem satis superque commendabit. Tu noli dormitare, sed quae in utilitatem publicam elaborata habes, communica; benedictio futura hoc est locupletior. Sic vale vir, animo meo longe carissime, et excussum tibi credito metum, qui me in offendendo amico salutis causa retardet. Legi etiam admonitionem domesticam de Coena Domini (v. s. p. 124 ss.), in qua non probo, quae de signis panis et vini, non tuam esse additionem, manu tua adsignasti. Nam superioribus et salvatoris verbis contrariantur. Vale et percutientem amicum amare perge. Signatum Tubing. 17. Februarii 1619.

Inscriptio: Nobili, Clarissimo et praestantissimo Viro, Domino Johanni Keplero, S[ae] C[ae] Majestatis nec non statuum superioris Austriae Mathematico nobilissimo, Domino Amico et in Christo Fratri charissimo reddantur. Lintz.

Keplerus Hafenreffero S. P. D.

Dignissime D. Cancellarie, Reverende et Clarissime Vir, Praeceptor et Fautor colendissime. Literas D. Tuae a M. Wagnero accepi, ad quas responderem nec ne, certarunt inter se modestia et pudor: illa parcendum eminentissimo viro, parcendum existimationi meae, ne dicax videar, iste excusanda dictitabat, quae secus quam a me profecta sunt fuerint accepta. Vicit modestiae pudorem dolor ex pudore oriturus, si Virum benevolentissimum mihi in sinistra de meis dictis factisque opinione relinquerem, a quo damnari, id vere perire est. Obsecro, blando vultus lumine epistolam hanc irradies, ut eo fotus et recreatus animus saucius mitescat aliquatenus. Nunquam mihi videor adeo fuisse amens, ut non viderem arrogantissimum facinus, solius delectationis causa Virum amplissimae dignitatis ad commutationem literarum provocare. Itaque longe aliud sibi vult querela mea. Consolationem per hujus anni spatium exspectaveram, non voluptatem curiosam. Illa, illa me hactenus caruisse dolui. Cum Tubingae praesens essem, intercessionem ad hujus loci ministrum primarium Verbi Dei meis ad Dign. Tuam Ampl. scriptis literis expetii, ut ne ille me diutius Sacra Communione excluderet propter unicam exceptionem contra propositam subscriptionem libri Concordiae. Cum vero per id quadriduum, quod morae meae Tubingae adjeci, nihil hujus mihi neque promitteretur neque praestaretur, memini, Dign. Tuam in ipsa ultima valedictione mihi hoc dicere, „cetera, de quibus rogasti, rectius per schedulam expedientur, quam post abitum tuum proxima occasione mittam“ *). Hinc ego spem concepi, fore ut Dign. Tua scriberet D. M. Hizlero, rogavique ipsum semel atque iterum, nihilne abs Dign. Tua literarum accepisset, quibus mei fieret mentio? Cum igitur nihil tale acciperet M. Hizlerus, ex hoc Dign. Tuae silentio conjeci, Dign. Tuam propterea abstinuisse, quia si quid etiam scribendum esset ad D. Hizlerum de hoc exclusionis negotio, id mihi adversum eoque ingratum futurum existimaverit, quia sc. videbat ex mea scheda Tubingae ad se missa, me nolle depelli ab exceptione mea contra librum Concordiae. Perpende occasionem querelae et cognosce obsecro, illam immodestam non fuisse, nec petiisse literas quasi ad me ipsum exarandas, sed profectam esse ex animo saucio, propterea quod spe excidi intercessionis.

Quod igitur dolere te ais, quod auxiliatorem excipiam verbis acerbissimis: acerbitatem ego nullam recognosco, quae directa sit in R. Dign. Tuam, at talem omnino acerbitatem fateor, qua animi mei dolor exprimatur, conceptus ex ratihabitione hujus meae exclusionis. Si falsa imputavi, non renuo plecti; sin vera, quod scilicet theologi, qui formulae concordiae subscribunt, faciant ex S. Coena tesseram particularissimae illius confessionis, quae est comprehensa in libro Concordiae, illa equidem theologis, qui se recte facere arbitrantur, acerbitas aut exprobratio videri non debet, aut si acerbitas ipsis videtur, possunt eam ipsi mitigare, concedentes mihi beneficium illud, quo gaudent plerique laicorum simplicium, qui non jubentur subscribere. Quid pecco prae illis? Stultescere oportet, inquis. Facio, quoties ad sacra me compono, valedico omni acumini humani ingenii. Cur non ut simplex laicus recipior? Si hoc theologis movet suspicionem, quod recuso subscribere, quod non facit simplex laicus: theologi mihi prius suspicionem movent, quod me jubent subscribere, cum non jubeant laicum simplicem. Simplicitas non permittitur ei, a quo judicium requiritur, quod ille testetur subscribendo. Subscriptio praesupponit comprobationem omnium et singulorum, quae sunt in libro perscripta. Atqui multa sunt non directe dogmatica, quae non opus est subscribere nisi illum, qui concionabitur populo, ut caveatur schisma in ecclesia. Sunt etiam plurima, in quibus dubia est constructio, dubiae particulae relativae; de quibus si quaeram, curiosus habeor, si non quaeram, ignoro, qui igitur subscribam. Collegi talium dubiorum 60 ex articulo de persona Christi. Non impedit me haec ignorantia, quominus bona conscientia possim communicare, cum sufficiant verba Christi Bibliorum brevia et pauca numero: at impedit me, ut non debeam subscribere, ut ne videar auctoritati potius subscribere quam veritati.

Celebrat R. Dign. Tua κατα ϑεσιν meam in astronomia cognitionem, ut κατ' ἀρσιν theologiam mihi neget. Utinam etiam illius oblivisceremini; nam videtur illa vobis incentivi loco esse ad me suspectum faciendum. „Quare non vult subscribere? Nimirum quia astronomicas subtilitates in theologia quaerit.“ Obsecro parcite vobis ipsis, ne insontem hic cum exclusione puniatis. Non subtilitas est ingenii, sed aestimatio charitatis fraternae (in qua nulli parcendum est acumini), quod eos, qui cum antiquitate loquuntur et argumentantur (quid enim cum antiquitate sentiat quisque, Deus καρδιογνωστης judicet), damnare nolo, sed illos potius loquendo imitari, quam formulam con-

*) His Hafenrefferus adscripsit: ego exspectavi ipsius literas, ne novarum scriptionum initium facerem.

cordiae (sicubi diversitas est) idque in uno articulo de persona Christi. Scio, quod adversarii vestri contra peccaverint in charitatem, sed id nihil ad me; scio benefaciendum hostibus, amandos odientes, id est examinandas ipsorum phrases, seposito jam respectu laesae ab ipsis charitatis. Si vos theologi hic me non potestis imitari laicum, hic ego vestrum officium rigide non excutiam, et si quid unquam curiose dixi, paratus sum tandem post factam admonitionem omittere silentioque involvere: tantum ne et theologi me laicum impediant in diligendo eo, qui ut ejus antecessor totum coetum laeserat, ejusque phrasibus Scripturae non adversis, antiquitati vero conformibus imitandis, idque non quia ipse illis utitur, sed quia antiquitas illis est usa.

Formulam Concordiae cur vestram vel tuam appellaverim, spero circumstantibus verbis satis fore declaratum: obsecro ne hoc mihi pro sarcasmo imputetur, quod certe non fuit. Interdum studio brevitatis, currente calamo, loquimur minus usitate. Amo librum in quantum, quod scribis, fundamentum coelestis veritatis ex scripturis sanctis fundamentaliter tractat, et in quantum mihi non obstat pro fratribus agnoscenti illos, qui in articulo de persona Christi cum antiquitate loqui malunt; nec me pudebit subscriptionis, si vos vocem istam *in quantum* non rejiceretis a subscriptione tanquam subdolam et illusoriam. Certe hac cautela dissolverentur compendiose omnia mea 60 dubia. Imputat mihi R. Dign. Tua, quod ad illam cum stomacho scripserim: aegro sane scripsi animo, at non ideo stomachanti, differentia est. Rogo autem R. D. T. mihi ignoscat, quod non ita sum moderatus verba, ut facilius esset inter illud et hoc distinguere. Excuso me etiam solenniter, me theologis non exprobrare juventutem, cum professionem faciunt: non id eo pertinet, at ut ratio constet meae recusationis, et ut R. Dign. Tuae obiter injiceretur haec consideratio, num forte hoc ad rem faciat, quod juvenes sine tali cautela subscribunt.

Si dolet vaticinium infaustum de ecclesiis Germaniae legenti, doluit certe et mihi scribenti: sed acerbitas utrinque litigantium tanta est, ut non possit non esse loco mali ominis. Et quis tristissimum illum eventum in ditione Neoburgensi adeo iniquis oculis intuetur, ut non videat, etiam alibi esse homines non minus quam in familia Palatina, et plurimum naturaliter ab uno homine pendere, et Deum eundem esse in Germania conniventem et permittentem ut vult, qui fuit, connixit et permisit in Palatinatu. Nec adeo male sum ominatus, sed ni fallor, bonum eventum, qui Dei mos est, inde sperandum dixi: ut cessent lites. In Styria certe omne mali initium est ortum ex eo, quod Fischerus et Kelling exquisitis acerbitatum aculeis usi sunt in suggestu; et Fischerus quandoque pallium suum de suggestu protendit, rogitans quam hoc decens fuerit, si mulieres sub suum repant pallium, atque longe absurdius monachos pingi sub pallio Mariae. Ita etiam nunc puto me, qui conjector audio et esse jubeor, officio fungi optime, si talia mala vaticiner, talibus moribus oritura, quae emendatis moribus caveri possunt. Hunc meum optimum animum si fueris intuitus, succensere mihi desines male ominanti. Si bellum in Belgio potuit oriri inter ejusdem sectae homines in duas divisos, quid non poterit olim fieri inter Lutheranos et Calvinistas, si, quod nunc aliquibus nutare videtur, Domus Austriaca, Papatui impensissime dedita, sceptris excidat? Interim tecum ego Christum servatorem precabor, ut cohibeat hostes veritatis suae, cohibeat et me ipsum, si in veritatem ejus peccem, non tantum ne publicum dem scandalum, sed etiam ne mihi ipsi noceam; cohibeat et zelum, qui non est secundum scientiam in dicti Fischeri similibus, et aperiat ipsis oculos, ut non minus judicio prosint ecclesiae, quam voluntate optima nituntur. Et quia R. Dign. Tua dolorem fatetur ejusque mitigationem a me petit, dextram explicationem dicti, „Verbum caro factum est", tentabo, faveat ipsum, de quo agimus, Verbum caro factum. *Verbum*, id est intra omnia, non tamen inclusum in illis, extra omnia, non tamen exclusum ab illis; *Caro*, id est aliquid minus puncto. Illud infinitum est ultra circulum, hoc infinitae parvitatis, neutrum igitur circino meo aptum. Hoc verbum totum, non pars una, quia non est partibile, totum quantum quantum est in sua ubiquepraesentia, non deserens ea, quibus erat praesens, sese tamen totum demisit in uterum Virginis (ut me non Keplerus, sed Damascenus loqui docet) nec tamen illum uterum ubique praesentem fecit*): accidit nempe hic aliquid ultra meum captum geometricum, quod fidei oculis intuendum est, quia finitus uterus factus est ad hoc opus infiniti verbi capax. Idem plane verbum, nec magis totum et omnipraesens nec minus, assumsit carnem in unitatem personae**), unitum carni infinitis modis propius quam utero, quae unionis ratio in quo consistat, ne angeli quidem penitus explicaverint, nedum ut per infinitatem praesentiae in et extra creaturas definiatur, et rursum finita carnis circumscriptio facta est infiniti Verbi omnipraesentiae capax. Si rationem geometricam intueor, videor mihi contradictoria dicere, non deserere ubiquepraesentiam et tamen totum in uterum descendere, totum uniri carni circumscriptae, totum Verbum habitare in nobis, totum verbum, etiam quod in coelo est, pendere in una locali cruce pro salute hominum, nec tamen crucem, in qua suffixa omnium peccata, alibi nisi in Judaea defixam. Haec tamen omnia credo, quia praescribit clarum Dei verbum interpretaturque Dei ecclesia, patres ex ordine omnes, non excluso neque Luthero neque Hafenreffero, et si quid etiam adhuc addi potest, quia thesauri verbi Dei sunt inexhausti; tantummodo ne quis meliori allata interpretatione damnet illam, quae longius abest a divitiis veri sensus, neque ex sua interpretatione locutiones ceteras rerum affinium Nestorianismi coarguat, quas adhibuit vetustas; ut cum Gregorius Nazianzenus ait, Christum in cordibus nostris habitare non secundum visibilem naturam, sed secundum invisibilem. Liceat cum Fulgentio dicere, non deseruit coelum, cum in Terra carnem accepit, et carne conscendens in coelum, suos in terra divinitate non deserit. Hoc enim promisit dicens, „ecce ego ero vobiscum". Similia Origenes, Vigilius, Damascenus, Cyrillus. Putabant discipuli, multorum sibi incommodorum causam futuram absentiam Christi, ut hominis dico, Deus enim ubique adest, sed oportebat non solum in carnem Christi, sed etiam in deitatem ejus respicere: ineffabili deitatis potestate semper una cum eis futurus erat, etiamsi carne abesset, liceat cum Vigilio argumentari. Si verbi et carnis una natura est, ut vult Eutyches, quomodo, cum verbum ubique sit, non ubique inveniatur et caro? Namque quando in terra fuit, non erat ubique in coelo etc. Quia verbum ubique est, caro autem ejus ubique non est, apparet, unum eundemque Christum utriusque esse naturae. Talia cum scribant patres, non tamen negant, Filium hominis et de coelo descendisse et in coelo esse. Neque tamen vel Christus vel Apostoli vel patrum ullus geometra fuit, neque nobis ortu posterior: et ecce Keplerus geometra clausis geometriae oculis fide adhaeret scrip-

---

*) Hafenrefferi marginale: Mathematice stultescis.

**) Hafenrefferus: Omnipraesentia ex Unione personali resultat.

turae loquiturque cum illis, qui sancte scripturam sunt interpretati *), seu antiqui sint seu nuperi, ut M. Antonius De Dominis, qui sic scribit: „idem Christus, vivus adhuc et corpore duntaxat non spiritu absens, per ministros regit ecclesiam, neque gubernationem variat aut mutat corporalis ipsius praesentia vel absentia, item solo corpore, non item animo, neque internis monitis et consiliis absens, sed spiritu suo perpetuo praesens“. Hae et hujusmodi patrum locutiones et dictorum scripturae interpretationes si vel insertae essent Formulae Concordiae ut authenticae, vel si liceret illas excipere subscribenti, non renuerem et ego subscribere, quantum opus est subscribere laico: nam damnationes doctoribus relinquerem, ut similia. At subscribendo mihi privato religio est rejicere phrases patrum, imputare illis phrasibus Nestorianismum, quod 15 seculis nulli illarum fuit imputatum, dividere ecclesiam Christi, abalienare illos damnando propter usurpata haec dicta patrum, quos ego privatus charitate complecti debeo etiam errantes.

In pagellis meis de Coena Domini cognosce quaeso integritatem et facti et sensus mei. Impressae sunt Pragae ante duos annos, quando omnes ministri Verbi, qui sunt Lincii, publice pronunciarunt et addiderunt etiam illa verba „und diesen Zaichen die er hie von Christo empfahet“, idque ex formula Agendae Austriacae. Cur ergo ego illo tempore illa verba omitterem, quasi correcturus agendam publicam, cum domesticis meis id inculcarem, quod audiebant in templo? Et cur suspicionem moverem pessimam, qualis R. Dign. Tuae obrepsit, quasi posita sint in contrario sensu verbis prioribus et Christi ipsius, cum possint habere sensum optimum, imo non possint habere malum. Primum enim si maxime panis hic signum diceretur corporis, cum in antecedentibus sit etiam communio realis corporis, quis aliter intelligat, quam de signis exhibentibus? quam ego doctrinam non hausi (ne quaeso me hic respuas cum mea theologia) sub sphaera fixarum ullibi, praeterquam Tubingae in lectionibus theologicis. Corpus n. invisibiliter praesens signo indiget visibili, quo mediante possit sensibus fides fieri de exhibitione. Deinde jam in illo loco sermo est de manducatione spirituali fidei, qua fit, ut maneamus in Christo et Christus in nobis: fides vero habet objectum verba Christi, secundum Lutherum promittentia nobis remissionem peccatorum, cui concioni appensum est totum sacramentum, constans pane et corpore pro signo et sigillo; dicit igitur responsio illa, quod qui et verbis Christi et sacramenti sigillo a Christo accepto (cur a Christo, nisi quia Christus est, qui corpus addit pani?) credit, is in Christo maneat. Ego certe non puto, quod ista sint contraria susperioribus et verbis Christi. Sed spero te ista recogniturum nec improbaturum. Certe si tam attenti fuissent auditores ceteri Lincenses **) in omissionem horum verborum veteris Agendae, quae apparet in nupera Agenda excusa Tubingae pro nostris ecclesiis, quae nunc ea utuntur, ego metuissem, ne omissio rei usitatae, cujus fuit sensus optimus, scandalum apud infirmos pareret.

Sed sufficit de hoc, utinam in prioribus de generali praesentia tantam abs R. Dign. Tua facilitatem sperare possem, quantam hic. Sed forte haeret adhuc suspicio aliqua erroris circa coenam domini ex scheda illa mea, quam ex aedibus Maestlini ante annum ad R. Dign. Tuam misi, super qua memini

*) Hafenrefferus in margine: Quisquis Keppleri somniis ὅμοια λαλεῖ, est sanctus Scripturae interpres.

**) Hafenrefferus: Solus Keplerus attentus.

te in colloquio subsecuto valde scrupulose quaerere, neque tamen quicquam accusare. Repetam igitur: cum in libello Chemnitii exstet integrum caput, adhortans ut verba Christi institutoria scrupulosissime et concisissime per omnes apices consideremus: idem ego quoque faciendum ratus, diligenter notavi, Christum in coena non dicere continua oratione „edite corpus meum", nec „panis est corpus meum"; sed cum prius porrexisset panem et seorsim jussisset, „accipite, edite", tum demum et rursum sejunctim pronunciavit, „hoc est corpus meum" *); et id observavit religiose Paulus, „panem quem frangimus, est communio corporis, poculum benedictum, cui benedicimus, communio sanguinis est". Haec igitur non est scrupulositas mathematica sed origine Chemnitiana, exemplo Paulina, usu vulgaris theologorum Augustanae confessionis, qui ex hoc loco argumentantur contra pontificios: panis coenae, quamvis consecretur, si tamen non edatur ex praecepto Christi, non est sic corpus Christi. Imo Hunnius adhuc scrupulosius loquitur, negat corpus Christi manu ministri ferri de loco in locum, sed dum panis inseritur in os communicantis (hoc est edere), Christus ipse citra loci rationem praesens exhibet una (hoc est communio) corpus suum. Dicimur igitur edere corpus domini, quia si panis iste ex praecepto Christi editur, certo et realiter est communio corporis ejus. Haec erant, quae tunc R. Dign. Tuae suspicionem moverant, quae certe non in meo cerebro nata, sed ex theologorum nostratium scriptis, si non de verbo ad verbum hausta, saltem occasionaliter derivata sunt; curiositas ipsa mea non est. Quanquam non memini te aperte quid reprehendere.

Sed jam concludam. In negotio S. Coenae spero vos nihil habituros, quod in me desideretis**); in articulis ceteris omnibus acquiesco Augustanae confessioni et Formulae Concordiae; in solo articulo de generali praesentia carnis non possum damnare illos, qui loquuntur cum patribus supra citatis, ipseque adeo illis phrasibus utor; si hoc licet excipere, paratus sum subscribere Concordiae ut laicus et qui fateatur, se hinc inde haesitare circa constructionem et relativa vocabula non liquidae relationis. Jam theologi suam conscientiam super functione sua, a Christo sibi commissa, dispensandi illius mysteria, examinent, an jure et ex voluntate Christi me arcere velint a S. Coena. Et quia R. Dign. Tua Tubingae mihi dixit, negotium esse plurium, rogavitque an patiar, id cum illis communicari, spem igitur fecit mihi advocationis apud theologicam facultatem et consistorium***); illa spe fretus ego adhuc insto submisse apud R. Dign. Tuam rogoque ut in sacro negotio propter Christum, cujus corporis membrum uti me esse spero, ita et ab aliis ejus membris haberi cupio, uti hoc patrocinium meum in se suscipiat mihique responsionem impetret, non quae evagetur aliaque crimina cumulet (nam si qua erunt, possunt mihi objici ante definitivam sententiam egoque aut diluam aut deprecabor probata et agnita), sed quae hisce a me confessis et suppositis (in sensu quem verba ferunt et non in alio detorto sumtis) innitatur†). Rogo iterum propter Christum, ut hanc meam exceptionem aequis censeatis oculis, neque superbiam interpretemini contra praeceptores, aut contumaciam contra monitores, aut pertinaciam in errore etiam agnito: cum manifestum sit ex hac mea denunciatione sive promissione, rem agi longe

*) Hafenrefferi marginale: Stulte, quodnam hoc est corpus Christi?

**) Hafenrefferus: Maxime desideramus. Si enim generalis omnipraesentia nulla est, nulla quoque in coena.

***) Hafenrefferus: Erranti pertinaciter nunquam sum Advocatus.

†) Hafenrefferus: Si intelligeret: Verbum Caro factum est, nihil pateretur torturae.

aliam. Ex quo enim non hujus tantum scculi theologos audivi et legi, sed tot concionibus et scriptis refutatoriis in sollicitudinem conjectus et ad antiquitatem etiam audiendam librosque eorum legendos adactus sum: jam porro competentia apud me oritur inter ecclesiam et ecclesiam. Pateor aliquid debere curiositatem meam auctoritati ecclesiae, at illa auctoritas non moritur, ubi divina dispositione exstat illa consignata in scriptis patrum. Debeo aliquid mcis praeceptoribus quos audivi, debeo plus Veteribus, qui erant positi extra aleam nostrarum contentionum. Hoc meum debitum sic dispertior inter illos, ut facile cedam accusatione modernorum, si ipsi protestentur, se non sentire contra patres in fundamento, at vicissim retineam locutiones veterum in hoc uno articulo de persona Christi et carnis omnipraesentia, non curans, quales sint in ceteris dogmatibus, qui iisdem hodie utuntur: cum sciam, patres illos habuisse sua aetate manifestos Nestorianos et Eutychianos, neque tamen in despectum quasi haereticorum aut ad cavendos illos abstinendum sibi censuisse locutionibus illis suis. Itaque per hanc unicam concessionem D. D. Praeceptores mei facile efficient, ut exhibeatur ipsis a me omnis reverentia et obsequium ecclesiae debitum, si me patiantur phrasibus patrum et ecclesiae veteris in hoc uno articulo uti, nec propter hoc me excludant communione. Nam uti sola haec mea exclusio inquietudinis mihi omnis causa est, tranquillissimo alias futuro, ita exclusionis hujus nullam me causam praebere scio aliam praeter hanc exceptionem. Si alia mihi generalibus verbis intentata fuere crimina *), illa neque probata sunt factis dictisve meis, nec qualia sint citra talem probationem ego agnoscere aut cavere possum, et si quid ego vel minimum potui subodorari dictum factumve, quod citra meam intentionem offensionem parare potuit quodque salva hac unica mea exceptione potuit omitti, id hactenus sedulo intermisi speroque, si vel ad hanc horam usque non plane id fecissem, si tamen ex hoc tempore id me facturum promittam, poenitentiae locum iri relictum. Quodsi etiam publica deprecatione opus est, eam non recusabo, dummodo crimen aliquod manifestis meis dictis factisve probetur, et auditores, coram quibus deprecandum sit, de omnibus criminis circumstantiis sufficienter a me possint informari, ne quid meo nomine proponatur ecclesiae, quod ego non agnosco, quae hypocritica deprecatio esset.

Et quia jam anni sunt septem integri, per quos durat haec suspensio, cum semper praetendant hujus loci ministri, se paratos esse me admittere, si a consistorio vel facultate theologica Wirtembergica hoc impetrem, nec unquam mihi categoricum responsum a quoquam theologorum fuerit datum, ex quo scirem, an finaliter exclusus sim necne (nam responsio consistorii Stuccardiani primo anno data (1612), profecta est ex mala informatione, et si quid in ea mihi crimini datum est vere, id spero hactenus emendatum esse), itaque mihi jam iterato responso vel tandem opus erit, neque mihi erit committendum, ut sim perpetuo vivum scandalum, sed occurrendum erit et huic et famae plurium haeresium mediis iis, quae sunt meis conditionibus consentanea.

Ut autem omnis difficultas omnisque perplexitas tollatur, facile potest dividi quaestio. Scio vitam meam non posse examinari in Wirtembergia **), ubi nec accusator nec reus praesens est. Nec de hac quaestio est, sed de hoc solum, ut m e a e p r a e s e n t i s c o n f e s s i o n i s (ut sonant verba rectorum hujus ecclesiae) a p p r o b a t i o n e m (an scilicet stante ea admitti possim)

*) Hafenrefferus: De nullis mihi criminibus constat.

**) Hafenrefferi marginale: Vitam accusare non possum.

ab ecclesia Wirtebergica afferam. Hac obtenta postea hic quaeretur, num quid aliud sit, quod communione me arceat. Illam vero confessionem seu declarationem potius habere poterunt D. D. theologi ex hisce literis, si Rev. Dign. Tua voluerit. Vale clarissime Vir inque amore mei vel unum hunc, licet ingratum aliquatenus, progressum facito, ut sciam, eo me non excidere. Dabam Lincii 11. Aprilis Anno 1619.

R. Dign. Tuae

Observantissimus
Jo. Keplerus.

Inscriptio: Reverendo et Clarissimo Viro D. Matthiae Hafenreffer, SS. Th. Doctori et Professori, Ecclesiae Tubingensis Praeposito, et Cancellario Academiae dignissimo, D. Praeceptori et Promotori meo colend^{mo}.

In margine Hafenrefferus adscripsit: praesent. 2. Maji 1619.
Dominus Johannes Kepplerus qua ratione et in quantum subscribere velit F. C.

Has Kepleri literas Hafenrefferus ordini theologico Tubingensi et per hunc senatui ecclesiastico Stuttgartiensi obtulit, quod ex hac epistola, data ad theologiae professorem Osiandrum, sicut ex Hafenrefferi responsione apparet.

Salutem per Christum plurimam, Reverende et clarissime Domine Doctor, affinis et Frater honorande. Diese beilagen seind im Consistorio durchsehen worden und lassen wirs bei demjenigen intent nochmahlen bewenden, davon Dominus Frater mit mir geredet hat, dass nämlich D. Mentzerus getrewlich admonirt werde, mit bitt afflictissimae Ecclesiae mit solcher neuerung zu verschonen, vileicht er, si rationum pondera videat, durch Gottes gnad sich wenden möchte. Thete ers nicht (so doch Gott verhüte), So haben wir Calvinianis ihre Trennung in Belgio et alibi fürzuruckhen nicht grosse Ursachen etc. Qui autem conturbat Ecclesiam, portabit judicium, quicunque est ille.

Betreffend Kepplerum hat man nunmehr mit selbigem Schwindelhirnlin lang gehandlet, aber vergebenlich, und lasst er ihm nit sagen. Wir haben nit unterlassen wöllen, den Herrn Theologis Tubing. zu communiciren, was ihme vom Consistorio auss vor ettlich jaren eben de hac ipsa materia zugeschrieben worden, ob es den Herrn belieben möchte, ihn auff gleichen schlag abzufertigen, man kann doch keiner anderen meinung umb seines letzköpflins willen werden. Wir hetten aber gern, das uns diss concept ad Acta gehörig wider zugeschickht würde. Möchten hingegen, si ita placeret Dominis nostris, gar gern auch lesen, was dieselbige et D. Mentzero et Kepplero zu antworten gemeint weren. Damit vil gnad und segen von Gott. Stuttg. 1. Julii ao. 1619.

R. D. T.

Studiosissimus
Erasmus Brüning.

Inscriptio: dem ehrwürdigen, hochgelehrten Herrn Lucae Osiandro, der H. Schrifft Doctori und Professori, Ecclesiae Decano, und dess firstl. Stipendii Superintendenten zu Tübingen, meinem günstigen und vertrawten lieben Herrn Schwager und Bruder etc. Tübingen.

Hafenrefferus Keplero Salutem in Christo, Domino et Salvatore nostro.

Procul dubio mirabere, clarissime vir, Amice mihi charissime, tarditatem responsi mei ad literas tuas, quae superiore proximo Maio abs te mihi redditae sunt, sed ponderata tum argumenti, tum reliquarum circumstantiarum gravitate, facile diminui poterit quidquid vel fuit vel est admirationis. Quoniam n. seriam et necessariam ad me perscripsisti petitionem (uti D. T. verba habent), ut totum negocium cum facultate nostra theologica et consistorio Stutgardiano communicem, utique moram aliquam interjici necesse fuit, antequam adornari ad te posset responsum. Legerunt itaque, quicquid in illis ad me perscriptum fuit, Domini mei collegae, cognoverunt idem Domini Consistoriales Stutgardiani, qui communicarunt nobis tum epistolam T. D. quam 10./20. Augusti Anni 1612 ad illos exaraveras, una cum causis negati Sacramenti, inter D. Hizlerum et te eodem anno ventilatis, tum et responsionem suam ad jam dictam epistolam tuam de dato Stutg. 25. Septembr. anno dicto exaratam communicarunt: de qua postea.

Jam ad responsionem tuam ad meas, in qua quidem plurima continentur, ad quae plurima quoque respondere possem, sed illud responsioni deligam, quod et caput rei, et ita comparatum est, ut hoc uno expedito reliqua omnia explicatus suos facile habitura videantur. Quod ipsum caput tu quoque primarium esse statuis, dum ante finem epistolae ita scribis: „in negotio coenae spero vos (Wirtembergenses) nihil habituros, quod in me desideretis, in articulis ceteris omnibus acquiesco Augustanae Confessioni et F. C., in solo articulo de generali praesentia Carnis non possum damnare illos, qui loquuntur cum patribus supra citatis ipseque adeo phrasibus illis utor" etc.

Quod ipsum illud caput est, cujus in praecedente mea epistola fundamentum ante oculos depinxi, dum ut hoc aureum dictum Johannis pressius pensitares, obnixe obtestatus sum: „Et Verbum caro factum est". Quod dum in responsoria tua tentare adnisus es, in duobus quidem prioribus vocibus non improbo, quae es meditatus, sed in tertia (factum est) vel combinando (verbum) Caro factum est: ignosce singularis amici integerrimo candori, haud parum es hallucinatus. Scribis enim (et sane illam non Keppleri, sed Damasceni phrasin esse) totum quidem λογον sese demisisse in uterum virginis, nec tamen illum uterum ubique praesentem fecisse. Quod sane verissimum et aeternum verum esset, si maxime non Damascenus, sed Keplerus et quivis geometra dixisset. Quis enim unquam theologorum sensit, dixit aut scripsit, virgineum Deiparae uterum factum esse ubique praesentem, quia in eodem λογος omnipraesens carnem nostram assumsit? Quis theologorum unquam sensit, dixit aut scripsit, crucem, in qua omnipraesens λογος in Judaea pro omnium hominum peccatis hostia pependit, factam esse ubique praesentem? quam quaestionem paulo post subjicis. Ejusmodi millies mille ἀτοπιας accumulare liceret, si tempus et otium perdere liceret. Nam λογος omnipraesens et infinitus „incarnatus et postea natus Bethlehemi in praesepio" reclinatus et finito purificationis tempore oblatus est patri suo in templo Jerosolymitano: postea inchoante ministerio hospes fuit in aedibus Matthaei, Zachaei, principis Pharisaeorum et sororum Lazari, ex navicula Petri concionem dedit ad turbam littori insistentem; et quis omnes consimiles actus recenseat? quis hominum omnes imaginetur sibi, vel praesaepe vel templum Jerosolymitanum vel Matthaei, Zachaei Pharisaei aut Marthae aedes vel Petri denique naviculam factam esse omnipraesentem! Apage sis cum omnibus ejusmodi phantasiis, quibus dijudicandis et eludendis neque theologorum neque geometrarum acumine opus est: Damascenum igitur in ejusmodi quaestionibus phraseologum citare totum supervacaneum fuit. Illud autem ἀθεολογῳ hallucinationi tuae tribuo, quod tu tibi falsissime imaginaris, eandem rationem esse uteri virginis et unionis personalis, qua infinitus λογος in suae personae unitatem personaliter assumsit carnem humanam. Sed dices forsan: haec tibi praeter mentem et sensum attribui, cum in haec verba scribas: Totum et omnipraesentem λογον in unitatem personae suae assumsisse carnem, et unitum carni eidem infinitis modis propiorem esse, quam utero. Fige pedem Amice, et haec effatus primum intellige, quam infinita sit differentia inter uterum virgineum, in quo λογος carnem adsumsit, et inter ineffabile illud mysterium, quo infinitus λογος intra infinitae suae hypostaseos unitatem, finitam carnem assumsit. Secundo palpa (circini pede fixo) quae, qualis, quanta isthaec sit hallucinatio, ita ratiocinari: Uterus Virgineus finitus non factus est omnipraesens, licet in utero virgineo incarnationis opus perfectum sit; ita quoque finita caro non facta est omnipraesens, licet infinito assumenti λογῳ in unam et infinitam ejusdem ὑποστασιν sit personaliter unita. Jurem, si faciem tuam in polito speculo contemplans non erubescas. Ipse fassus es, inter uterum virgineum, in quo mysterium incarnationis perfectum est, et inter ipsum mysterium, quo finita caro infinito λογῳ personaliter unita est, infinitam differentiam esse: quae igitur amentia (ne dicam furor) est, ex rebus infinitis modis differentibus similitudinem concludere! Quis tandem dicat esse rationem: sicut virgineus uterus non factus est omnipraesens, licet omnipraesens λογος in illo carnem assumserit, et sicut crux Hierosolymitana non omnipraesens facta est, licet omnipraesens λογος pro totius humani generis salute in ea suspensus pependerit, ita quoque finita caro non facta est omnipraesens, licet ab infinito λογῳ in ὑποστασεως infinitae unitatem personaliter sit suscepta? Quae illationis ratio nullam verisimilitudinem prius habitura est, quam rerum infinitis modis differentium eandem rationem esse tibi fueris imaginatus. Quod spero nunquam conabere, licet in quaestionibus theologicis multas tibi res, quarum nulla tamen unquam vel fuit, vel futura est veritas, fortissime tibi imaginari possis! Sed quam graviter hallucinatus fueris, hactenus satis planum atque perspicuum tibi factum esse arbitror.

Jam propius rem aggrediemur. Si cogitationes tuas ad contemplationem mysterii, quod Johannes tribus verbis complexus est, dirigere velis: ὁ λογος σαρξ ἐγενετο, verbum caro factum est, nihil opus est, ut uterum virgineum, in quo Incarnationis mysterium inceptum et perfectum est, aut crucem Golgathanam, in qua λογος, vita aeterna, exaltatus pependit, dimetiare; crassae istae et erroneae geometricae sunt imaginationes, ad quas ipse tu oculos claudendos esse sponte fateris, sed in medio meditationum cursu itentidem tui ipsius oblivisceris; quin potius triverbii istius mysterii (verbum caro factum) D. Apostolum Paulum interpretem audis, ita de illo commentantem: ὁμολογȣμενως μεγα ἐστι το της εὐσεβειας μυστηριον. Θεος ἐφανερωθη ἐν σαρκι, Deus manifestatus est in carne. Quibus verbis mysterium illud, quomodo verbum caro factum sit, nonnihil depingitur. Non ita videlicet, ut falso tibi imaginari posses, ita λογον assumsisse carnem, ut illam quidem in infinitae ὑποστασεως unitatem susceperit, illa vero infinitae personae ejusdemque proprietatum nullatenus facta sit particeps; inde tibi imaginaris, sed falsissime, λογον quidem ut ab aeterno infinitum, in omnibus quidem locis ubique praesentem esse, carnem vero, licet cum infinito λογῳ personaliter unita sit, nonnisi in unico semper loco praesentem fuisse, esse, futuram. Physica tibi imaginaris et geometrica. Magnum illud citra controversiam mysterium, carnem assumtam non ita adsumsit, ut et extra illam esse velit, quod tuae imaginationes somniant: in uno quidem loco esse in carne, ut in utero virgineo, in cruce, in Galilaea, Judaea, in ceteris infinitis locis (quia λογος infinitus) esse extra carnem. Ergone non totus λογος erit incarnatus? Ergo λογος partem habebit extra partem? Ergo alicubi λογον monstrare licebit incarnatum, alicubi non incarnatum? omnia absurda, ἀτοπα, ἀθεολογα! Quin ergo mysterium adoras, carnem sua naturae proprietate esse in uno loco, sed respectu unionis personalis, qua λογος extra suam carnem nunquam et nullibi est, esse omnipraesentem. Lutherus ait: wo du mir Christum Gott hinsetzest, da mustu mir auch Christum den Menschen hinsetzen. Haec n. caro ipsius τȣ λογȣ caro est, et ubi λογος, ibidem ejusdem est caro. Nec soluta est unio personalis et divisus Christus. Sed age sis! Ex universa scriptura S. unicum produc locum, quo probare possis, λογον post incarnationis mysterium vel semel extra carnem suam fuisse! Id quod citius praestare non poteris, quam unionem personalem semel fuisse solutam probaveris: quam probationem nulla unquam visura est aeternitas! Quoniam igitur hac imaginativa tua opinione (quod λογος carnem humanam in infinitae suae ὑποστασεως personalem unionem assumens, nihilominus ille, pro essentiae suae infinitate, ubique praesens; humana autem natura licet infinito λογῳ personaliter unita non ubique praesens, sed in uno tantum certo loco sit) totum incarnationis et unionis personalis, sicut etiam consequenter communionis mysterium totum evacuatum: impossibile namque est (servatis scripturarum fundamentis) vel fingere, λογον extra suam carnem esse, hoc est impossibile est (salva veritate scripturarum) fingere, λογον incarnatum esse ubique, carnem autem λογῳ personaliter unitam in uno certo tantum loco, quae res totum ingenium tuum, rerum sacrarum adorandis mysteriis non subditum, miserandum in modum perturbat. Eam ob causam neque ego, neque Domini collegae et fratres mei absurdas et blasphemas imaginationes tuas approbare possumus, sed potius una cum consistorio Stutgardiano et cum Rev. et clariss. viro D. D. Hoë pie et christiana ex charitate tibi suadentes consulimus; ut abjectis stultae rationis imaginationibus veritatem coelestem vera fide apprehendas, et divina mysteria simplici fide, quod omnes veri christiani faciunt, pio obsequio adores ac venereris; quod si feceris et ecclesiam pio assensu exhilarabis, et tuam ipsius conscientiam restitues tranquillitati: sin fraternis nostris admonitionibus diutius etiam refragabere, nos infelicis istius vulneris (stultitiae humanae rationis gladio tibi inflicti) neque medicinam videmus, nec qua ratione offendiculum ecclesiae sanari possit intelligimus. Qui enim cum ecclesia orthodoxa non eandem fidem et profitetur et colit, quomodo iisdem cum ecclesia, a cujus fide dissentit, sacramentis utatur?

Haec Dom. T. ex amico et christiano corde scribo, sed ne putes, privatas esse cogitationes, scias haec omnia cum D. D. collegis meis me communicasse; qui quod eadem mecum sentiant idemque consilii habeant, ut aut erroneas et multum fallaces imaginationes abjicias, veritatem divinam humili fide amplectaris, aut consortium nostrae ecclesiae et confessionis vites, fraterne suadent et exhortantur. Nam Christus non irridetur, neque idem purissimus ecclesiae suae sponsus cum vanis et blasphemis opinionibus amorem suum partitur. Quem in finem ut in omnibus hisce capitibus pium suum contestentur consensum, hanc ipsam quoque epistolam propriis manuum subscriptionibus communiverunt.

Eandem ob causam hanc communem nostram epistolam consistorio quoque Stutgardiano communicavimus, ut testatum redderemus, nos illorum consilio, quod D. T. 25. Septembr. anno 1612 exararunt, in omnibus consentire.

Conjunctis igitur votis obtestamur, ut rationi, quae in rebus divinis caeca et stulta est, nuncio misso, piscatoriam simplicitatem, quam scriptura sacra nobis dictat, humili corde venerari tandem incipias; quod si feceris, divino verbo debitum honorem, conscientiae tuae tranquillitatem, animae salutem dederis, sin, quod Deus paterne prohibeat, humanas imaginationes (vanas et stultas) tot fraternis piisque admonitionibus praeposueris, metus est, ut a Deo, verbi ipsius protervus contemptor, in reprobum tandem tradare sensum; quae poena infinitis aliis nunquam finiendis malis inexplicabiliter intricata est. Perfer quaeso dolores, quos tibi medica manus fraterno ex affectu denegare non potuit, et ex ipsa interjecta mora responsionis, quanta fidelitate totum negotium pertractare voluerimus, amicam fac conjecturam. Hisce te animamque tuam preciosissimam Christo omnipraesentissimo, tuo salvatori, devotissime commendo. Exaravi Thainaci, cujus loci acidulis tum valetudinis curandae causa utebar. Ultimis Julii Anno 1619.

Inscriptio: Nobili et clarissimo Viro, Domino Johanni Kepplero, Sacrae Caes. quondam Majest. Ordinumque Austriae supra Anisum Mathematico praestantissimo, Domino et Amico suo singulariter colendo.

Responsio senatus ecclesiastici Stuttgartiensis, data d. 25. Sept. 1612, longior est, quam quae integra hic inseratur, eamque exhibuit L. M. Fischlinus in libro quem inscripsit „Supplementa ad Memorias Theologorum Wirtembergensium etc. (Ulmae 1710), e quo illam desumsit Breitschwert in Vita Kepleri p. 184. Quare ratum habuimus, partes tantum graviores ex illa responsione hic inserere. Legimus inter alia, Keplerum die 20. Augusti 1612. adiisse Stuttgartienses petentem, Hitzlero mandarent, ut ipsum ad communionem admitteret. Ad hanc petitionem respondetur: Wenn einer extra confessione vnd mit dem Mund der Wahr-Evangelischen Religion sich berühmet, aber in articulis religionis nicht aller dings richtig ist, sondern a sana doctrina exorbitirt mit vngewissen zweifelhaftigen opinionibus vnd vngereimten speculationibus die rechte Lehr verdunkelt, sich selbst oder auch andere neben ihme verwirret etc., so kan minister ecclesiae einen solchen Menschen ad communionem nicht admittiren, so lang vnd so viel er seine erroneas opiniones nicht fallen lassen..... Dass aber ihr a sana doctrina exorbitirn, mit vngewissen zweifelhaftigen opinionibus euch vnd andere irr machen vnd insonderheit der formulae Concordiae in etlichen Artikuln widersprechen, auch bishero mit vnsern Kirchen in doctrina Euch nicht vergleichen wöllen, ist auss euren vnterschiedlichen Schreiben offenbar..... Derowegen M. Hitzler kein Fehler gethan, sondern recht vnd wol gehandelt hat, dass er euch ad communionem nicht admittiren wollen etc.

Es hat auch Herr D. Hoe (a sacris principis Saxoniae orator) euch einen guten Rath gegeben, dass ihr von angemasster reformatione theologorum vnd von den speculationibus theologicis in solidum abstehen, vnd euer mathematica studia desto ernstlicher treiben, nicht extra limites vocationis schreiten, noch mit ohnnöthigen disputationibus jemand Aergerniss geben vnd also in christlicher Einfalt communiciren soltet..... Dass eure ἑτεροδοξια ohn alle Aergernuss abgehen sollte, weil der Handel eures Bedunkens für den gemeinen Mann viel zu subtil, ist nicht wohl zu glauben. Ihr habt doch allbereit nicht wenig guthertzige Leut mit euern scrupulosis et curiosis quaestionibus offendirt. Wäre auch an dem zuviel vnd auch schwerlich in novissimo die zuverantworten, wann ihr nur ein einigen Menschen mit euren ohnnöthigen subtilitäten ärgern vnd irr machet. In responsione ad M. Hizleri causas negati Sacramenti schreibet ihr also: „hodie Coena Domini est vobis nota confessionis illius, quae scripta est in formula concordiae, nominatim ubiquitatis carnis Christi ex unione resultantis; quae nova est doctrina.“ Tibi cum Calvinianis et Jesuitis nova esse videtur. Wann nun das eure Meynung, ihr auch selber dafür haltet, dass der Gebrauch dess h. Abendmahls bey vnsern Kirchen sey nota Confessionis nostrae, cui tu contradicis, contrarium sentis et defendis: so excludirt ihr euch hiemit selbsten a nostra communione etc. Wir bitten vnd vermahnen euch, besonders lieber Herr, dass ihr bey der reinen gesunden Lehr, in deren ihr singulari clementia et sumtibus Ill. Ducum Wirtembergiorum seyd erzogen worden, beständig verharren wöllet.

Ihr seyd zwar dessen beredt, euere subtilitates seyen dem gemeinen Mann viel zu hoch. Bedencket aber darneben, dass mysteria in scripturis revelata vnermesslich höher vnd euerm Verstand, wann ihr gleich an Scharffsinnigkeit Platoni et Aristoteli, Ptolemaeo et Copernico weit überlegen wären, zu begreifen schlecht vnmüglich seyen. Trauet eurem guten Ingenio nicht zu viel vnd sehet zu, dass euer Glaub nicht auf Menschen Weissheit, sondern auf Gottes Kraft bestehet..... Ihr habt einen ordentlichen Beruff, darbey solt ihr billich bleiben, vnd dessen euch stehts annemmen, was euch Gott befohlen hat.

Welches alles wir treuhertziger Meynung auf euer Bitt euch nicht verhalten wöllen. Hiemit etc.

1619. Revolutio anni. Natus mihi filius Sebaldus 28. Jan. Lincii, cometa exspirante. Baptisatus .... Patrimi: D. Abraham Schwarz, Neoburgici consiliarius et Austriae procerum advocatus. Herr Balthasar Gurald. · Frau Amalia Schötlin, gebohrne Himmelreichin, ist nit khomen.

.... Cur non magnifice me jactem, dum recolo memoria, quod, demonstratis jam planetarum omnium motibus, tandem ad absolvendam telam, ad opus sc. Harmonicum, illo ipso anno, quo Ferdinandus Archidux in regem Bohemiae susceptus est, animum adjecerim, quod anno sequenti 1618, quo anno Ferdinandus diadema regni Ungariae suscepit, ego librum V. Harmonicorum absolverim, quod denique anno 1619, quo Ferdinando summa dignitas imperialis accessit, Harmonicen ipse meam eodem et loco et mense coronationis ejus publicaverim! —

Crügero nunciat Keplerus, mittens „schedas superfluas" ex Harmonia: Quartus liber hodie absolvetur, at nondum sunt excusi primus et secundus. Appendix cum Mysterio Cosmographico accedet Francofurti. Raptim Lincii 11. Martii 1619, quo die fama percrebuit de Caesare mortuo, sed adhuc incerta..... Sola editio Harmonices Mundi me per annum solidum tenuit occupatum; absoluta tamen est favente supremo mundi totius Harmosta, nequicquam fremente et infrendente et horride admodum interstrepente Bellona, ut nisi nos etiamnum vel haec dira obsederit domi forisve, vel Mercurialium tergiversationes destituerint (ut accidit in altera parte Epitomes, in qua typi, non ultra primam paginam progressi, conquieverunt hactenus), exemplaria tam Harmonicorum quam descriptionis cometarum (quae jam in tertium mensem haeret Augustae) his autumnalibus nundinis Francofurto habere possint ii, quibus cordi est, opera manuum Dei mentis lumine collustrata penitius intueri.

Literae dedicatoriae Harmonices Mundi scriptae sunt Id. Februarii, Ephemeridis ad annum 1620. V. Cal. Sextilis, illae librorum III de Cometis Id. Maji, „ad typographum transmissi d. 17. Maji". Observationes cometae continuavit Keplerus usque in 7. Jan.: „vidi splendorem quasi nebulosae convolutionis; an vero cometa esset, certo profiteri non sum ausus"; liber igitur de cometis conscriptus est mensibus Februario, Martio et Aprili, quamquam ea pars, quae agit de cometa anni 1607. et de significationibus astrologicis jam dudum absoluta fuit. (Respice ad annum 1607). Epitomes pars secunda hoc anno non prodiit. Mense Februario scripsit Flor. Crusius ad Keplerum: „Existimaveram, secundam partem proximis nundinis vernalibus exituram in lucem, sed misera adhuc propter ignaviam parentum et tutorum suorum in gurgustio typographi delitescere cogitur. Ecquid typographus agit? Nonne pudet hominem, spatio 7 mensium 50 tantum paginas posse imprimere?..... Exemplar Prognostici tui de tribus cometis usui admittas oro." Conscriptum esse hoc Prognosticum variis temporibus, diximus vol. I. p. 660, forte etiam pars prior Prognostici edita est fine anni 1618, posterior initio anni 1619. Ordines Austriaci haec d. 29. Jan. decreverunt: „die löbl. anwesenden Stend verwilligen dem Kepler für den offerirten Kalender vnd anderen Tractätl mehr 100 Gulden zuverrechnen"; his addiderunt ordines 3. Jan. 1620. 50 florenos pro Calendario anni 1620.

Tempora turbulenta, quae secuta sunt Ferdinandi imperatoris initia, Kepleri sedem in Austria superiore incertam fecerunt. Mense Augusto scripsit Remo: Lincii ego etiamnum haereo, necessitate magis quam voluntate per has turbas. Spero me tutum fore studiorum innocentum honestissima specie et, si qui casus ingruat, tua pro amico uranico vigilantia. Plura possem, sed tempus alienum videtur.... Si in Austria locus eidem censurae (prohibitum esse, scripsit Remus, „librum Kepleri Copernicanum") sit futurus, non tantum in Austria typographum nullum invenirem posthac, sed etiam exemplaria, quae mercator qui sumtus refundit in Austria reliquit, in periculum venirent tandemque damnum in me recideret. Quin imo dabitur mihi intelligendum, renunciandum mihi professioni astronomicae, postquam jam fere consenui in hujus dogmatis doctrina, nemine tam diu contradicente, tandemque renunciandum ipsi provinciae Austriae, si in ea non sit futurus locus libertati philosophicae. . . . Harmonica paginas 83 habebunt. Typographus Francofurtensis, qui sumtus mihi refundit, aestimat exemplar $2^1/_2$ florenis Francofurti. Desunt mihi adhuc pauculi typi inserendi. . . . . Quia Copernici sententia defenditur alternative juxta Tychonicam, et quia superior Austria rea agitur, in cujus servitio perduro necessario, quia nemo quicquam praeterea solvit unde vivam: his de causis dubito, num offeram exemplar (archiduci Leopoldo). Quodsi omnino offerendum, quaero utrum cum dedicatione, quae mihi demum est exspectanda Francofurto cum ipsis etiam typis aeneis, quam audisti ex voto fieri regi Angliae, an potius mittam sine ea? Ephemeris imprimitur, nondum plus una pagina confectum est.

Remus rescripsit, non esse quod sibi timeat Keplerus nec in Italia nec in Austria, „modo se intra limites suos contineat et affectibus propriis imperet". (Cfr. vol. VI. p. 60.) Responsio Kepleri (d. d. 31. Aug.) haec habet:

. . . . . Editio Ephemeridis plus mihi typographicorum exhibet laborum, quam typographis ipsis, quamvis typos proprios habebam domi meae. Alter labor extrusio exemplarium Francofurtum, cujus causa praemisi tres paginas et postridie summisi quartam et cum in navem venissem duobus abhinc milliaribus invenissemque baptisata mea exemplaria a nocturno Jove, triduum siccando inserendisque paginis insumsi, dum interim Aschavium (Aschachium) ventum. . . . . Prognostici ordinarii anni 1619, Decembris penultima absoluti, intra dies 8 fuerunt omnia exemplaria distracta. . . . . . Juvare me potes et arte et intercessionibus; sed ab arte nil peto, at intercessione potes, si de meo aulico salario, seu jam debito seu adhuc currente (nemo enim renunciat) tantum mihi numeretur, unde Gringalletum meum, jam dudum demissum ob difficultatem temporum et nullum salarium, postliminio revocatum, sustentare, unde Epitomes partem theoricam typis excudere possim. Tu si multa mihi exemplaria operis Harmonici distraxeris (nam 100 mihi typographus pro labore reliquit), res meas domesticas sublevabis meque in dote filiae (Susannae) corroganda adjuvabis, quae dudum occultis annorum currentium machinationibus hymenaeum invita etiam ex parte citat arcessitque, nisi me fallit suspicio. . . . Jam puto excusam dedicationem cum titulo generali. . . . . . Exemplar, etsi nondum est completum, mitto tamen, tradendum Leopoldo Archiduci. Si D. Abbas a Cremsmünster posset impelli, ut me urgeret in editione Epitomes, sumtus ipse locaret ad 200 florenorum, id recte et ex commodo meo fieret.

Remus respondit 4. Oct.: Juvare jam te vix licet propter belli sumtus innumeros; vix aliquid ex mea provisione habui, ex Caesarea plane nihil. Loquar tamen cum D. de Meckau tuo nomine, locutus etiam sum cum D. Moschinger, qui promisit ōmnem operam. D. Abbas de Cremsmünster pollicitus est omnem operam, ut petiisti; scribe ipsi, ipse dabit occasionem et omnia requisita et modum. — His addit 11. Oct.: Magno gaudio hodie intellexi ex catalogo nundinarum, tuum librum cometicum prodiisse Augustae.

Kepleri responsio, d. c. finem Octobris, haec habet: D. a Meckau locutus sum hic in transitu; ut loquaris ipsi de studiis meis, non repugno, nam otiosae professiones, qualis haec mea videtur, periclitantur de gratia regum in his bellorum necessitatibus. At ut importune apud ipsum instes de pecuniis, id vereor ut offendiculo sit ejus in me uti spero ceteroqui promtae gratiae. D. Abbas huc veniet ad 4. Nov. Interim scribe, quaeso, num patiaris a te peti sermonis exordium et num illi sis locutus tanquam a me subornatus an tanquam proprio motu.

Ex literis Ulmensis Hebenstreitii apparet, tum temporis Keplerum meditatum esse, librum senatui Ulmensi inscribere, nec non typographum illic quaesivisse, qui exsculperet; spectasse videtur *Canones Pueriles* (cfr. vol. IV. p. 483 ss.), qui anno 1620 (dedicatio data est d. 15. Maji, non vero ad senatum Ulmensem, sed ad Gebhartum quendam, Volkenstorfiensem procuratorem) Ulmae prodierunt. — Amici Tubingenses retulerunt Keplero de „negotio“ matris suae, suaserunt, ut Bidembachium, consiliarium ducis, adiret consiliumque ejus expeteret (Aprili et Junio). Quibus adhortationibus motus Keplerus ipse proximo anno in Württembergiam profectus est et causam matris, jam fere desperatam, ad prosperum exitum perduxit. — Ad labores typographicos, quos opera hoc anno edita exegerunt, et alia multa, quae Keplerum urgebant, supervenere observationes eclipsium, restitutio theoriae lunaris, cui multum insumsit temporis. Neperi logarithmos, primum anno 1618 inspectos (cfr. V. 51. VII. 520) hoc anno propius adiit; epistolas dedit ad Blanchum et Barbavariam Italos de rebus astrologicis et Ephemeridibus, ad Besoldum Tubingam de matre et ad alios, ita ut hic annus laboris plenus appareat.

In epistolis ad Blanchum multa occurrunt, quae ad vitam Kepleri ejusque studia pertinent. Moras excusans librorum quos inceperat edendorum calamitates dicit aulae, turbatum statum regni et mala domestica. Adscriptum sibi salarium non exsolvi, quare raro amanuensem et calculatorem alere possit. Gringalletum, dicit, qui ad calculandas Ephemerides optimam praestiterit operam et illas sequentium annorum calculare posset, non diutius apud se retinere se posse, cum ei non satisfacere possit, „desertus a Caesareanis“. Omnia in se solum recidere, qui neque amicis scribendis epistolis, neque calculationibus sufficere possit. Se ipsum dicit neque ordinem tenere posse, neque calculis suis certo fidere, ita ut „interdum error calculi ex properatione commissus longissimo tempore se remoretur“. Irasci sibi nonnullos ob dilatas tabulas Rudolphinas, sed „suum cuique pulchrum: alii tabulae et materia genesium, mihi flos astronomiae, politia motuum et ornatus placent“. In Remo, qui nuper ad Caesarem transierit a cura corporis ejusque mathematicus audiat, multam se ponere spem, qui partem curarum sibi depoposcerit. Diu illum in Italia fuisse et cum Galilaeo, multos Cardinalium sibi devinxisse. Finem faciens refert Keplerus (literae hae datae sunt 13. Cal. Martias 1619), se in descriptione Cometarum versari, quorum primum mense Augusto, ultimum mense Novembri praecedentis anni observaverit. „Mitto librum de Stella Nova, invenies in eo vivis coloribus depictum M. Antonium de Dominis; qui si ut scribitur occidit, annihilavit et conatus suos magnos et meum Prognosticum.

Blanchus in responso suo (dato prid. Id. Mart. 1619) suadet, ut silentio praetereat Keplerus dubia credulorum et imperitorum de motu Terrae in Harmonia sua. „Tu non vulgaribus hominibus, sed summis viris harmonica mandabis. Si rationes aliorum tuis insererentur, radioli essent subobscuri cum clarissimis tuis luminibus permixti. Cedamus Phoebo et moniti meliora sequamur.“ — „M. Antonius vivit, ut suos conatus et tuum Prognosticum impleat. Prognosticum hoc de aliquo haeresiarcha jam vice oraculi pono.“

Multus erat Keplerus hoc et sequenti anno in observandis eclipsibus et restituenda Lunae theoria; specimina studiorum exhibuimus ex mss. Pulkov. vol. III. p. 617 ss., 632 ss.

1620. Revolutio anni. Edidi Epitomes librum quartum. Dedita provincia ivi sed praecipue matris causa cum familia Ratisbonam, ipse in Sueviam Octobri.

Lib. I. II. Harmonicorum cum figuris aeneis et titulo generali nonis Januariis per supplementa Francofurtensia integratus mihi est. Edidi et Ephemerida in annum 1620. et tractatum triplicem de cometis, librum in Italia vix vendendum, quia salvo apparentias cometae per motum Telluris circa Solem.

Initio anni praeter epistolas occurrunt in Mss. Pulcoviensibus calculi eclipsium Lunae ad „probandam hypothesin Lunae tam longitudinis quam latitudinis"; adscripti sunt his longioribus inquisitionibus dies 5, 9, 10, 11, 15, 16, 23. Aprilis, 6, 15, 18, 23, 25. Maji, 1, 2, 3, 5, 6, 25. Junii, 15. Julii, 24. Augusti, eaque majorem partem vol. XV. Mss. implent.

Gringalletus, quem Augusto superioris anni scribit Keplerus „dudum dimissum", rediisse videtur brevi post, cum Lunae eclipsin d. 20. Dec. 1619. Lincii Keplerum adjuvans observaret (III. 619). Circa initium anni 1620. abiit Gringalletus Lincio, scripsit 4. Febr. Bruna haec politica: „feliciter legati functi sunt sua legatione confoederatioque jam conclusa est; confirmabitur ad mensem Maji. Princeps Gabriel (Bethlen Gabor, Transsilvaniae princeps) die 20. Jan. profectus est Posonio cum toto suo exercitu, constante c. 6000 hominum, quo die et nos post bidui moram profecti sumus cum comite de Hohenloë; inde venimus in urbem Brin. Hodie exspectatur adventus regis Bohemiae, qui homagium a Moravis accepturus est. De urbe Niclesburg spargitur captam urbem, arcem arcte premi, obsessos de redditionis conditionibus tractare. Polonus cum Turca et Moscovita pacem sanxit eo consilio, ut Ferdinando opitulari possit, metusque magnus est ne irruat in Silesiam. Occulte audivi, nos in Transsilvaniam profecturos ad principem Gabriel. Ne otiosus essem in hac peregrinatione, mecum assumsi exemplar tabulae logarithmorum, ex qua jam absolvi tabulam proindicum ☿ et incepi trium superiorum planetarum proindices eadem methodo supputare. — Die 15. Februarii: Venissent literae tuae una die citius, poterant de meliori nota commendari negotia tua apud regiam Mtt. et legatos Silesiacos. Redditae sunt 14. Febr. postridie discessus Silesitarum et 5 horis post abitum regis. Nactus sum occasionem, illas mittendi Olumitium easque commendavi cognato mihi familiarissimo et amicissimo, qui est in servitiis et comitatu D. W. de Rupach, supremi Bohemiae cancellarii et camerarii, qui eas certo tradet iis, quibus opus est. Generosus meus post lectas illas copias hoc responsi dedit, Silesitas quidem pollicitos esse Caesaris debita persolvere, inter quae si hoc tuum repertum fuerit, certo tibi solutum iri; addebat et hoc, velle se auctorem tibi esse de suscipiendo itinere Wratislaviam idque quam citissime, ut possis ibi tum Regiae M^{tt}, tum ordinibus Silesiae tuas res commendare: cum enim quamplurimis officiariis regis notus sis, non dubitat quin cum fructu bono illud iter faceres. — Die 4. Julii proximae Gringalleti datae sunt Wesenuffer pagulo infra Passavium: „Ibi superiorem meum inveni, qui jam manum operi admovebat ideoque etiam non fuit mihi feriandum statimque operam meam adhibui. Aestus et sitis nos miserrime torquent. In summa vere militaris est tractatio; contubernalem habeo coecum illum architectum Antonium, quocum soleo tempus terere.

Ex Hebenstreitii literis ad Keplerum datis a mense Majo in Octobrem apparet, Keplerum Harmoniam suam obtulisse magistratui Ulmensi; responderunt Ulmenses, „mediocri ἀντιδόσεως apparatu" literas instruentes (V. 54.). Septembri refert Hebenstreitius, typographum opusculum (Canones Pueriles) propediem editurum esse. Epistola dedicatoria data est ad Gebhartum d. 15. Maji „inter Musas et muscas notas".

Quae Keplerus cum Maestlino egit de Luna et de logarithmis Martio et Aprili, leguntur vol. III. p. 676 ss. — Epitomes pars secunda, liber IV, prodiit post longas moràs: Fervebat proclum, surgebat opus doctrinae theoricae, curatore ejus legitimo, quem in praeambulo doctrinae sphaericae tetigi (VI. 115.), antiquum obtinente, dormitante an animam forsan agitante, partes vero ejus supplente liberalitate patroni eminentissimi (Abbatis de Cremsmünster, v. s.), cum ecce mihi causam subitam proficiscendi (in Württembergiam) opusque interrumpendi, quo ipso tempore et typi finem libri quarti attigerant et nundinae Francofurtenses adessent. Incidit, rectissime futurum, si liber quartus, qui communiter tam physicis quam astronomis scriptus est, seorsim etiam ederetur, ut pro arbitrio emtoris astronomi vel omitti vel inseri possit in reliquam epitomen. Confer cum his, quae supra (ad annum 1619) de editione Harmoniae etc. proposuimus, quibus haec adjungimus verba Kepleri, Neperum alloquentis: Hoc ipso Julio mense Lincium allato exemplari libri tui (Canonis Log.), ut ad fol. 28 legendo perveni, considerare coepi num fortasse aequationum tabulae penitus possint omitti, quippe quae meris additionibus vel subtractionibus facillime perficiantur. Atqui res habet paulo aliter. Non omnis molestia sublata est, restat etiamnum attentio et cautelae variae etc. Ratio talis mihi fuit ineunda, ut duae essent pro unoquolibet planeta tabulae, altera indicis proportionis datorum laterum summae ad differentiam (in triangulo inter Terram, Solem et planetam), altera anguli (elongationis a Sole). Haec illa pars est Tabularum (Rudolphinarum) ad tuos logarithmos reformanda. . . . . Ita logarithmi tui necessario pars fient Tabularum Rudolphi, prius tamen in officina mea recusi, eritque cur sibi gratulentur astronomi de moris meis (d. Linzii mense Augusto 1619).

Aestate anni belli tumultus in Austriam superiorem ingruerunt. Maximilianus Bavariae dux d. 24. Julii Lincium occupavit et ordines Austriacos, huc usque imperium detrectantes, subegit inque nomen imperatoris Ferdinandi jurare coëgit (10. Augusti). Literis ex Württembergia Keplero nunciabatur, in pejus verti res matris eamque in custodiam datam esse et ad torturam postulatam, quibus motus filius in Württembergiam profectus est, ut matrem coram judice defenderet. Amico Berneggero Keplerus d. 29. Augusti scripsit: S. P. D. Mira et his turbis inusitata via literae tuae cum honorario reip. Argentinensis liberalissimo ad me pervenerunt. Tabellarius Aschavii literas illas obvio dedit, cum ipse abiret aliorsum, hic alii, tandem tamen illaesae ad me pervenerunt. Scripsi gratiarum actionem D. Storckio eamque transmisi ejus filio, Stirae degenti, curandam. Ea si forte nondum esset tradita, rogo tu interim vicariam operam loces, luculentissimas gratias professus. Ill. D. Wotonii non minor erga me humanitas in visitando fuit; doluit praeproperus ejus transitus. Hortatur ut in Angliam transeam. Mihi tamen haec altera mea patria propter ignominiam istam, quam sustinet, deserenda non est ultro, nisi velim ingratus haberi. Interim mihi lamentabile iter in Wirtembergiam incumbit, quod ingrediar Deo volente post mensem. Die 25. Sept. Ingolstadio haec dat eidem: De meo itinere ex comite Gringalleto rescisces. De causa itineris adhucdum ille nescit, utinam ne quid resciscat in transitu Wirtembergiae, melius mecum ageretur. Interim tamen iconem meam mitto. Si bellici motus me non impediverint, cogito Francofurtum adire. Argentinam excurrere sumtuosum; videbo tamen.

Keplerum cum Jesuitis Ingolstadiensibus egisse de edendis Ephemeridibus, diximus vol. VII. p. 452 s., eamque forte ob causam ipse Ingolstadii aliquantisper morabatur, familia Ratisbonae relicta. Gringalletus Augustam percurrens jam die 28. Sept. nunciat Keplero de charta, quam Augustae procuraverit ad Ephemeridum editionem.

Invenisse se, addit, apud bibliopolam tria exemplaria tractatus Cometici, qui 18 crucigeris vendatur. Inde Gringalletus per Ulmam, ubi Hebenstreitium nomine Kepleri salutavit, Tubingam profectus est; iter describit in literis d. Argentinae d. 12. Oct, e quibus haec desumsimus: „Vix opus esse puto, ut multis te alloquar de itinere meo, cum tu mihi semper praesens fueris, cum te humeris ipse gestaverim (dicit „iconem“ Kepleri). Hebenstreitius monstravit mihi literas a te, ni fallor, Esslinga missas, quibus et differri impressionem Ephemeridis Ingolstadii, et maturandum tibi Stuttgartiam ajebas. Tubingae primum Maestlinum salutandum existimavi. Sed quid evenit! Cum ad fores aedium ejus pulsarem, exserit ipse caput e fenestra vidensque adesse aliquem militari indutum veste, jubet uxorem mihi obolum de fenestra offerre; ad quam ego: mendicus non sum, sed studiosus, qui cum D. Magistro loqui opto. Urget illa, eum domi non esse, mihi non esse diutius exspectandum. Exspecto tamen iterumque pulso: illa velut irata rursus negat mariti praesentiam, fugam mihi suadens. Agnovi statim ubi haereret nodus; itaque in hospitium reversus chartaceum mitto famulum, qui et exceptus et lectus maximum Maestlino incussit pudorem Igitur accurrens ad hospitium meum, dici non potest quantis quantis ille se verbis excusaverit, veniam facti deprecans. Potum illico adferri jubeo, cui dum studemus varia de communibus nostris studiis hinc inde disseruimus.“ Deinde refert Gringalletus, Maestlinum et alios quosdam professores ipsum philosophicae facultatis nomine ad splendidum convivium invitasse et quam diu Tubingae manserit „asymbolum“ habitum esse. Argentorati advenisse se d. 8. Oct. et effigiem Kepleri tradidisse Berneggero, qui istam sculptori commiserit. — Imaginem tuam, scripsit Berneggerus anno 1627, quondam a Gringalleto nostro mihi donatam, in publica academiae nostrae bibliotheca dedicavi. Vident illam quotidie, qui istam. vitae curriculum, ut oravi saepius, iterum oro communices. E scriptis tuis id quidem aliquatenus est colligere, verum da hoc quaeso curiositati meae, imo da posteritati, ut abs te de te plenius aliquid habeamus.

E Kepleri responsione (d. Ulmae 6. Apr. 1627.) apparet, ipsi non placuisse imaginem, cum scribat: Quod tetigi του μέλιτος ἄγαν, id vitae meae descriptionem attinet. Ludibrium meum a me ne petieris. Quid? tu omnes ex tuo aestimabis ingenio tuaque in me benevolentia et amore. Velim equidem imaginem meam ab illo loco publico abesse, praesertim cum parum mei habeat. Obsecro illud plagium ad me remittas. Utrum hoc judicium verum sit necne, nescimus. Forte Keplero post 7 annos res ipsa e memoria excidit, et „iconem“ quam Berneggero dono dederat, confudit cum figura aenea, de qua paulo post agemus. Certo, ut erat vir vanae gloriae minime cupidus, minuere voluit exaggerationem amici, imaginem ipsam abjiciens. Berneggerus non obsecutus Kepleri petitioni, loco suo reliquit imaginem (pigmentis oleatis pictam) eaque usque in annum 1870. conservata est Argentinae in aula academiae, his auro pictis verbis: *Joannis Keppleri Math. Caesarei hanc imaginem Argentoratensi Bibliothecae consecr. Matthias Berneccerus Kal. Jan. anno Chr. MDCXXVII.* Nos hanc imaginem, accuratissime descriptam, huic volumini praemisimus. Rationes, quibus moti Berneggerum neque vero Keplerum secuti fuerimus, hae sunt. Supra diximus, Keplerum forte oblitum esse speciem illius imaginis, quam Berneggero miserat; certe si „parum sui“ habuisset, illam Gringalleto non Argentoratum ferendam commisisset. Deinde nullum dubium est, quin Berneggerus imaginem illam, si plane abhorruisset a veritate, publico loco et suo insignitam nomine collocaturus fuerit. Tertio describitur corpus Kepleri molle et parvum, tenue, gracile (v. s.); Martinus Crusius annotat in „Diario“: 1596. Mart. 12. „coena excipimus in domo facultatis nostrae M. J. Keplerum, Graecii mathematicum, qui nova quaedam in astronomicis invenerat, hic excudenda *(Pulcher juvenis!)*. Haec omnia cum imagine Argentoratensi congruunt. Contra omnes in eo consentiunt, imaginem a sculptore pessime expressam fuisse. Schickardus 1621 scripsit Berneggero: Imaginem Keplero dicatam recepi rogatuque tuo mox D. Lansio tradidi, qui eam non pro genuina agnoscit, prout id nec in epigrammate subscripto dissimulat, ibi tamen chalcographi lapsum ingeniosa fictione palliat. Sed et ego cum vivo, quem nunc iterum domi praesentem habeo, contuli parumque congruentiae deprehendo. Utut sit, reperiet tamen haec tabella nihilominus suos emtores, si non depicti studio, at certe ingenua sphalmatis confessione et arguta excusatione. —

Lansii epigrama hoc est:

Keppleri quae nomen habet, cur peccat imago?
Quae tanto errori causa subesse potest?
Sciliçet est Terrae, Keppleri regula, cursus:
Per vim hic sculptoris traxerat erro manum.
Terra utinam nunquam currat semperque quiescat,
Quo sic Keppleri peccet imago minus.

De tempore, quo imago picta est, nihil constat; sine dubio pluribus annis ante annum 1620, quo Kepleri aetas fuit annorum 49, dum imago adolescentis formam repraesentat. (Pictura, quam Gruner vitae Kepleri praemisit, imitatione quadam figuram aeneam Argentoratensem exprimit.)

Jam missa imagine redimus ad Keplerum.

In Württembergia Keplerus rem matris defendendam suscepit. Dum vero res coram judice agebatur, visitavit Keplerus amicos Tubingenses; die 25. Oct. v. st. scripsit Schickardus „Keplero, nunc Stutgardiae divertėnti", adventus sui causam se nescire, condolere vero ex animo. Fama se percepisse, Keplerum ad regem Angliae migraturum, ab illo „non obscurae gratiae signis" invitatum. Die 13. (23.) Nov. haec dat Schickardus Keplero „nunc Güglingae agenti: Proxime cum hic eras, exivi summo mane Lustnaviam, sed ante dimidiam horam te inde profectum fuisse dictitabant". His addit d. 29. Nov. v. st.: „Sed quid de Tua agitur? Nondumne mitius tractamini? Condoleo vobis tota die et meliora ex animo precor. Interim vale et in hoc privato tuo luctu publicae matheseos causae, cujus tu solus es patronus, non obliviscere. Salve quoque a Lansio et Besoldo, qui tibi amice succensent, quod proxime, cum hic esses, te publico potius hospiti quam ipsis, perspectae fidei amicis, concredere malueris." Pudore ob matris causam forensem motus Keplerus clam Tubingam venerat et cum solo Schickardo egit de continuatione Epitomes, qui rem amice suscepit. (Cfr. vol. VI. p. 22.)

Epistolis amicorum, quas supra proposuimus, has adjungendas censuimus, e quibus concludendum, quae ipse ad illos scripserit. Schickardus haec dat Keplero (Tubingae d. 19. Febr. 1620): Literas tuas cum observatione postrema eclipseos et libello quodam Arabico accepi. Descriptum a me exemplar Argentinam misi et exspecto responsum D. Berneggeri, quod ad te mittam; autographum D. Maestlino communicavi, qui pro more suo rem in dies procrastinat, necdum quamvis urgenti et assidue interpellanti quicquam respondit. Instabo tamen ulterius et quid sentiat proxima occasione referam. Arabicum libellum cuidam Reichardo ejus linguae satis perito concredidi. Is nil astronomici inesse dicit etc. — Quam dicit Schickardus responsionem Maestlini, illa data est d. 2. Martii et maxima ex parte refert observationem eclipsis Lunae d. 20. Dec. 1619 (cfr. vol III. p. 618). His exorditur Maestlinus: Quoties epistolam tuam ad Schickardum datam relego, tanto magis involvor, adeo ut quod petis ego nec tibi nec mihi satisfacere possim. Dubitandum mihi num de Lunae parallaxi locoque ejus apparenti quaeras, quia is cum stellis non concordare videatur, an de stellarum illarum (atque inde in universum de omnium stellarum) certis locis dubites, quia cum Lunae apparenti loco non conveniant? Verum tandem puto, de stellis esse quaestionem. Ego vero e contra non de stellis, sed de Lunae parallaxi quaerendum existimarem. Ea enim mihi (ut pace tua dicam) non parum suspecta est. . . . Quae in epistolae tuae ad Schickardum calce addis de judicio meo de nova calculi forma (de logarithmis), id ita habet, quemadmodum me respondisse memini; multa proposuisti per literas, sed diagramma non fuit appositum, ego vero ex nudis literis diagramma conficere non potui nec adhuc possum, ideo judicium ferre non possum. — Ea quae praeterea Maestlinus subjunxit de logarithmis, sicut responsionem Kepleri, datam d. 12. Aprilis, in qua Maestlino rationem et usum logarithmorum explanare studet, exhibuimus vol. III. p 676 ss.

Epistolae, quas per annos 1616 in 1621. Keplerus ad magistratus Württembergicos de re forensi matris dedit, leguntur in fasciculo, quem inscripsimus *Judicium matris Kepleri.*

In bibliotheca Viennensi hanc deprehendimus Kepleri epistolam ad Senatum Noribergensem vel potius Ratisbonensem (v. infra).

Edle, Veste etc. demnach ich von diser Zeit hero, als E. V. W. vnd Günsten mittels etliche nach Prag an den kays. Hoff abgeordnete oder sonsten bey denen Bediente mich alda, wie auch hernacher anno 1616 auff dem Reichstag khenen gelehrnet, vnd mier zu mehrmahlen grossgünstig zuegesprochen, in meiner astronomischen profession, darzue ich von heyden jüngst abgeleibten Kaysern bestelt wardt, die sachen vmb ein guetes weitter gebracht, dann vnsern Vorfahrern bekhand gewest, inmassen aus meinem neulichst in Truckh verfertigten werckh Harmonice Mundi gnuegsamer augenschein fürhanden: dahero zu hoffen, das sollichs ein werckh seyn werde, das auf die nachkhommen gebracht vnd perpetuirt werden solle: inmittels aber vnd anjetzo auss Gottes verhengnuss schwere Kriegsläufte eingefallen, vnd noch mehrere für der Thür, durch welche nicht allein alle Gewerbe gehintert, vnd das Bücherkhauffen bey manchem privato eingestellet würt, sondern auch die authores, scribenten vnd dero gantze werckhe, vnangesehen sie in Truckh gebracht, in Gefahr stehen, sonderlich wan es dergleichen Materien seind, die sonsten nit jedermans Verstand oder erlustigung bequemlich: als habe ich vmb der Ehre Gottes willen, die durch entdeckhung seiner werckhe in meinem Buech gefürtert wirt, für guet geachtet, von demselbigen werckh ein Exemplar auff schreibpapier bey E. V. W. vnd Günsten, als in einer ansehnlichen vhralten des H. Röm. Reichs Statt Bibliothec vnterzuebringen vnd gleichsam zue deponirn. Diss vmb so vil desto mehr, weil es am tag, dass E. V. W. vnd Günsten sich vmb guete Khünsten hoch rüemlich annehmen, mit hochgelehrten Leüthen sich versehen, vnd sonderlich diser Zeit solche haben, die da zue Ablesung vnd vrtheilung dises werckhs neben andern sehr wenigen nit ybel qualificirt seindt.

Gelangt hierauff an E. etc. mein vnderdenstlich bitten, die wellen diss mein wohl gemeint fürhaben mit hohen Günsten erkhennen, vnd dem hiermit vnderdenstlich praesentirten Exemplar ein stell in der Bibliothec vergünnen, auch dero gelehrten anbefehlen, dass sie yber verbesserung vnd erweitterung der so ansehnlichen Materien mir ihre guetachten ertheilen wöllen. Das gereicht zur Ehre Gottes des Schöpfers, zur mehrern dessen erkhentnus auss dem Buch der Natur, zu besserung des menschlichen lebens, zu vermehrung sehnlicher Begiert der Harmonien im gemeinen Wesen, bey jetziger schmerzlich ybel klingenden dissonantz, vnd entlich auch zue E. etc. gebührlichen ruehm, zue dessen erweitterung ich mich jederzeit danckhbarlich geflissen zue seyn schuldig erkhenne.

Hiermit E. etc. zu dem vnüberwindlichen Schutz des allmechtigen Herrens der heerscharen, vnd denselben nebens mich zue hohen Günsten vnderdenstlich einbefehlend.

Datum Linz den 30. Aprilis 1620.

E. V. W. vnd Günsten vnderdenstlich geflissener, weilandt beider Röm. Kays. Mtt. Rudolphi vnd Matthiae, vnd jetzo noch dero löblichen Landtschafft in Oesterreich ob der Enns Mathematikus
Johan Kepler.

Eandem epistolam inseruerunt socii historici Palatinatus superioris et Ratisbonae libello, quem anno 1853 de Keplero ediderunt, quasi ad Senatum Ratisbonensem datam, omiserunt autem auctorem, cui deberent illam epistolam, quam ob rem nescimus, num vera sit inscriptio ad Ratisbonenses necne.

1621. Revolutio anni. Nata mihi est filia Cordula 22. Januarii Ratisbonae. Baptisata Ratisbonae a Minderlin, concionatore reipublicae. Patrimi: D. D. Johann Oberndorffer, reip. et principis medicus, D. Cordula Guraldin geb. Randolffin. Descendi Ratisbonam c. d. 20. Januarii, et rursus in Sueviam initio Maji. Totum annum in causa matris insumsi in imperio.*) Francofurti edidi Epitomes libros V, VI, VII, et Mysterium cum notis et Apologiam Harmoniae. Novembri reversus Lincium, Decembri a Caesare Ferdinando sum adscitus.

Ad Berneggerum Ratisbona d. 15. Febr. haec dat Keplerus: Ratisbonam reversus ad familiam, quae me fuit eo usque secuta, tuas inveni literas. Per tu quidem benigne perque humaniter me invitabas in gratuitum hospitium, at fortuna plus quam crudelis inducias non concessit.

Consilium petens Berneggeri, num in Angliam transeat, hortante Anglo Wottono, haec de familia sua subjungit: Praeter filium Ludovicum, jam 13 annos natum, filia mihi nubilis est, filius ex altero conjugio bimulus, puella infans matre puerpera. Haereditatem maternam liberorum reliquamque meam substantiam pecuniariam tenent status Austriaci, quorum concilio ordinariorum dissoluto, quod agi video, restat ut communitas bonis cedat. Vetuit nuper Bavarus vel obolum erogari cuicunque debitorum et stipendia merentium. Id quidem mollius e re praesenti interpretor, quia molliora fata opto, suspicor tamen interim, quia metuo perpetuum sc. fore. Haec sc. alia est materia, quam scribere de typo imaginis aeneo et similibus. Sed tamen scire vellem, an libelli Prosperi edantur, altera enim charta Plenorii(?) Senecae minoris est momenti.

Gringalletus, ni fallor, libellum tibi (Epitomen) ἀκεφαλον dedit physicae coelestis. Tubinga igitur a professore Hebraeo aut jam submissa est aut pro-

---

*) In librum memoriae sacrum haec scripsit Keplerus:

O curas hominum, o quantum est in rebus inane!
Dominos recipiunt, dum repellunt maxime.

Stephano Lansio, Aniso-Austrio scripsi Joannes Keplerus, ordinum Austriae Supranisanae Mathematicus, publicae calamitatis intuitu privatum moerorem tolerans. Tubingae postr. Cal. Jan. 1621.

Eodem die ad alium amicum:

Haud sentit bene, qui disserit haud bene.
O curas hominum! O proelia inania!

pediem submittetur integratio, titulus sc. cum praeambulo. Hic en tibi lusum extractum ex opere majori, si tamen non etiam hunc dudum habes. Vale.

Die 31. Maji: Reversus Tubingam sum ad mea latrocinia urbana pro tribunali. Nactus subito hunc studiosum Noriberga venientem, salutem tibi per hunc latorem, ipsi forte salutarem, scribere, de Prospero percontari, denique illud te rogare volui, ut si potes Procli Hypotyposeon libellum graecum, Basileae impressum, si qua potes ex bibliotheca mihi vel coëmas vel utendum transmittas, denique uti valeas significes. Plura non sufficit calamus contumax locusque ineptus meditationi et hospes morosus. Vale.

Die 21. Augusti: Annus circumagitur, necdum negotia mea finem habent. Exemplaria libri IV. Epitomes omnino 17 mecum attuli Lincio, quae distracta sunt. Nunc filia mea Ratisbona Lincium descendit, ut proferat e supellectilibus meis exemplaria omnia. Omnino persuasus sum, Gringalletum duo accepisse, ut eorum unum (sine tamen titulo, qui Tubingae impressus) tibi relinqueret. Liber V. VI. VII. Francofurti est apud Tampachium; spero proditurum nundinis. Recudit et Mysterium cum notis meis. Tertio respondi D. de Fluctibus ineptissimo libro, poenitet operae, sed promisi Tampachio; nescio an hoc responsum sit proditurum jam.*)

De Prospero accepi a Schickardo, missum Francofurtum. Non laboro amplius ut edatur, modo ne mihi pereat exemplum. Alteram latinam paginam vereor ne ipsi Prospero sit impedimento, malim omitti illam. De te audio ταλαιπωρεῖσθαι; id si est propter mea verba folio tuo 362, doleo mea vel opera vel indigentia tuam promtitudinem, antea nimium in me προπετῆ, prolicitam in aliquod tui status incommodum. Nudius per studiosum rogavi de Proclo; nunc exemplum nactus eam operam tibi remitto. Multa nox est, desino. Vale.

De editione librorum posteriorum Epitomes haec dicit Keplerus: E praeloquiis Ephemeridum apparet, semel atque iterum mutatam esse formam calculi (motuum Lunae), quippe fluctuante passimque impingente assensu. Hac cruce denique liberavit astronomiam praecipua speculationum mearum felicitas mense Aprili anni 1620. (III. 661 ss.) cum appareret, supervacuum esse alterum Lunae eccentricum. Jamque tempus erat, ultimum colophonem imponendi libro quarto Epitomes, quo facto ad editionem illius operam transtuli media inter arma Bavarica crebrosque morbos et mortes tam militum quam civium. Quin etiam Ephemeris in annum 1621. computata statim fuit ex hoc simplici Lunae eccentrico, verum itineris mei necessitate prohibitus Ephemeridem illam hactenus edere non potui. . . . . Etsi post editum librum IV. (Epitomes) domo absum, nec parum temporis itineribus curisque forensibus insumo, potiori tamen temporis parte mihi licuit interquiescere, atque illam omnem ego in curam hujus editionis impendi. Tubingam ut veni exeunte anno 1620, coepi quaestiones, ut de ceteris planetis, sic etiam de Luna ex hypothesi physica tandem inventa conscribere. Mox ut Ratisbonam ad familiam redii, easdem revidi describendasque dedi. Interim libri VI. partem ultimam, hactenus dilatam, nunc aggressus inveni laboriosam. . . . . Monachii breve mihi tempus constitutione epocharum et computatione eclipsium intercessit. Statimque ut Tubingam redii, etiam partem libri VI. quartam repetito labore interpolandam

---

*) Epistola dedicatoria editionis secundae Mysterii data est ad Ordines Styriacos Francofurti d. 30. Junii 1621, Apologia Harmoniae (contra Fluddium) scripta mense Augusto anno 1621, in titulo habet annum 1622.

vidi. Postremis mensibus Majo et Junio Stuccardia postremum libellum dedit. . . . . Interim fine conspecto operis et submissa Lincio pecunia recreatus, tuae adm. Reverende D. D. Antoni, Praesul in Krembsmünster, benignitatis et fidei argumento, et denique induciis fori, magno quidem meo dolore interpositis, Junium itineri Francofurtano et curae typi dedi. (Ex epistola dedicatoria ad ordines Austriacos d. Francofurti Cal. Julii.)

Ex Ephemeride anni 1621 et Mss. Pulkov. haec desumsimus loca et tempora, quibus hoc anno Keplerus observavit „statum aëris" aequinoctia etc.: Januario in Württembergia et Vindelico; Februario et Martio Ratisbonae; Aprili in Bavaria, Norico, Suevia; Majo in Suevia; Junio in „Charitinis" ad Nicrum et Rhenum; Julio in Wetteravia, Palatinatu, Württembergia; ab Augusto in Octobrem in Charitinis, Suevia, Vindelico; Novembri in Vindelico et Norico ad Danubium; Decembri in Austria superiore.

Die 8. Martii Ratisbonae: Consilium novum pro tabula menstrua. 11. Martii examen praecepti harum duarum tabularum (cfr. vol. VI. p. 651). 20. Martii Ratisbonae observatio aequinoctii vernalis; sub tecto artificiali super tabula lignea vetusta, ad aequilibrium erecta, notavi ab hora 11. usque ad h. 1. viam radii Solis per foramen immissi. Frequentia puncta in utroque ellipsis margine sunt facta. Prodiit alt. Solis meridiana 40° 54′, alt. aequatoris 40° 51′, poli 49° 9′.

2. Aprilis Monachii consideratio longitudinis anni siderei. Calculus eclipsium Babylonicarum, ad constitutionem antiquarum epocharum.

Tubingae Majo: Pro variatione poterunt fieri rotulae; extimus circulus immobilis habet variationes, proximus mobilis integros gradus primo aequatae, tertius, una mobilis, additamenta anomaliae mediae operta, quartus, intimus, immobilis, anomaliam menstruam plenam; hic in capite habet incisuram, ut detegantur scrupula. His additum Lincii mense Novembri: De usu rotulae, varia minus cohaerentia, quorum summam haec habet quaestio: An per distantias Solis ab apogaeo Lunae indicentur justi tituli *add.* et *subt.* pro aequatione menstrua? (Cfr. p. 254 ss.)

Cum 11. Maji Stuccardiae accinctus starem ad observandam eclipsin, subito nubibus coortis toto durationis tempore Solem in nimbo atra tempestas tenuit.

Schickardus refert Berneggero, initio mensis Martii praefationem in librum IV. Epitomes Tubingae excusam esse. Keplerum nuper ultra octiduum suum hospitem fuisse, jam discessisse Ratisbonam ad conjugem puerperam. Circa finem mensis Junii ad aliquot dies Tubinga Stuttgartiam secessisse, neque Tubingam rediisse. „Aiunt Francofurtam abiisse. An Argentinae clam te latitarit, equidem ignoro. Si se abdidit, fecerit certe non amicitiae tuae taedio, sed forte illiberali quodam pudore, quem ipsi desperata matris causa incussit, et praeter me alii quoque in ipso coram reprehendere". —

Permulti eclipsium calculi illo tempore confecti testantur, sicut etiam literae ad Crügerum datae (v. infra), fasciculum eclipsium, quem exhibuimus vol. III. p. 550—613, ex parte quidem in itinere Würtembergico confectum esse.

Ad diem 12. Sept. annotat Keplerus: In arce Kinga (Koengen), quae medio loco inter Tubingam et Stuccardiam deflectit ex itinere ad orientem, in horrea, cujus tectum devexum ad meridiem, porta ad septentrionem, erexi pyramida ex perticis quinque et assere plano loco sexta. Longitudo asseris et duarum perticarum inclinate ascendentium erat $165\frac{1}{2}$ digitorum in singulis. Deinde constitui triangulum horizontale in tali proportione, ut verticibus binorum triangulorum isoscelium super communi base (assere), per rectam connexis, a perpendiculo pyramidis et perpendiculo in basi fieret rectus....... Erecta pyramide feci altitudinem imi marginis de foramine 93 digitos; diameter tota foraminis quinta pars unius digiti..... Inveni in meridie altitudinem centri Solis 45° 24′ 38″; addita parallaxi, Solis alt. centri corr. 45° 25′ 20″, alt. aequatoris 41° 18′ 13″, alt. poli 48° 41′ 47″, posito vero aequinoctio Tychonico. — Observatio solaris altitudinis circa idem aequinoctium d. 27. Sept. Stuccardiae in hortis principis in palatio deliciario; prodit alt. poli 48° 48′ 25″, aliter 48° 48′ 30″, si nihil turbat refractio. Die 22. Nov. vidi hora 8. Joviales sic: (.˙ O .). Infimus aberat sesqui-Jove, superiorum imus duobus Jovibus, secundus 4, summus 6½. Tres superiores lucidissimi. Eclipsin Lunae 29. Nov. observavi Lincii. Lincii a 7. in 14. Dec. investigatio obliquitatis eclipticae.

Matre absoluta d. 10./20. Sept. (praeter exspectationem multorum, scribit Schickardus) rediit Keplerus mense Novembri Lincium, dubius de salario suo. Exstat decretum ordinum Austriacorum, in quo legimus: was die bsoldung betrifft, wird Supplicant biss Gelt vorhanden zur gedult gewisen.

Odontio d. 3. Nov. refert Keplerus Ratisbona: „in reditu ex ἀποδημίᾳ Wirtembergica annali", relinquere se Ratisbonae familiam per hiemem, Lincium solum regressurum.

Ex epistola Cysati (cfr. vol. VII. p. 452) apparet, Keplerum Ratisbona mense Februario rediisse Ingolstadium edendarum Ephemeridum causa, quam editionem ut Jesuitae Ingolstadienses in se reciperent, Herwartus intercessit. Ipse Keplerus cum illis (Ratisbonam reversus) per literas egit et ut eos in suas partes traheret librum IV. Epitomes illis tradendum curavit; eodem tempore Campidunenses adiit, procuraturus chartam ad Ephemerides necessariam; Ulmae edidit narrationem *(Bericht)* de observatis eclipsibus anno 1620 etc. De *logarithmis* ea, quae cum Maestlino egerat per literas (III. 676), Tubingae sermone praesente continuavit: cum passim cum peritis rerum mathematicarum de logarithmis Neperianis contulissem, deprehendi eos, quibus aetas prudentiam addebat, promtitudinem minuebat, super hoc genere numerorum cunctari..... Haec mihi causa fuit, statim tunc concipiendi rudimentum aliquod demonstrationis legitimae, quod posterius, ut primum Lincium reversus sum, excolui diligentius.

Amico Crügero, qui anno 1623. scripserat: „Gavisus ex animo sum, postquam ex affine tuo intellexi, pristinae te professioni et loco restitutum", et: „Quod vivis, quod vales, quod omnia tibi sarta, tecta et felicia, tam gavisus sum, visis tandem literis tua manu exaratis, quam toto hoc quinquennio vicem tuam falsis, ut jam video, coloribus mihi depictam anxie dolui", respondit Keplerus: Quaero qui fiat, cum Straussius apud te transiverit, quod de fortuna mea nihil tibi? Atqui Tubinga et Stuccardia nos junctos dedit anno 1621, et noverat is optime, quibus ego furiis in familiam meam saevientibus in Wirtembergiam essem accitus. An et hoc silentium ex amico pectore, ne si vera reperirentur crimina intentata, dedecus ille forte meum ex domesticis propalaret? Sed et fratrem meum germanum vidisti, non conscium solum omnium, sed praecipuam dolorum meorum partem, ut qui impatientia juvenili, forsan et credulitate, proxime impietatem venit. Sed diluit et illius suspiciones et meas offensiones clarissima lux veritatis, crimina conficta in caput hostium, quamquam non exiguo meo labore sumtuque regesta, liberata domus nostra periculo, nos infamia et ignominia. Falsos illos colores, quibus mea hujus quinquennii fortuna tibi depicta fuit, rogo mihi describas mihique hanc voluptatem ne invideas. Straussium meo nomine saluta et siquidem adhuc haeret in opinione probati criminis, quod meis intentatum novit, secundiori nuncio exhilara. . . . . Quod gaudere te dicis, faciam equidem ut gaudeas amplius, imo potius dolori, quem aliquamdiu te fovisse intelligo, ut supervacaneo irascaris. Nunquam enim nec loco nec conditione sum motus, solus pene hoc sum consecutus, ut de calamitatibus patriae nihil ad me pertingeret, etsi voluptatem ex incolumitate corrumpit dolor ex dedecore, veluti dulcissima patria meum solius commercium aspernante, quacum penitus occumbere bonus quisque optaverit. Sed pensavit felicitatem propriam calamitas alia, longe a bello publico distincta, communis mihi cum fratribus meis, quam privatus nobis hostis atrocissimus intulit, cujus ego conatibus ut socias fraternasque manus opponerem, petita absentiae venia Lincio sum profectus in Wirtembergiam, jussa uxore cum familia me Ratisbonam usque sequi, ut ea et extra periculum incommodorum belli et mihi propior esset; praevideram enim, annuam fore meam absentiam.

Eo in itinere scripsi de eclipsibus. Habeo librum, in quo eclipses omnes ab anno 1572 observatae cum observationibus meis, Tychonis aliorumque et cum calculo restitutionis meae ultimae. Non ulla tamen mihi suppetit occasio imprimendi, priusquam conquiescant hi motus Germaniae. (Ex epistolis datis Julio 1623 et Februario 1624.)

Quae Keplerus hic obscurius significaverat, postea explicavit Crügero, scribenti: Straussius jam nuncio isto de tuis secundiori exhilaratus est anno praeterito a fratre tuo germano. Fuit enim is et Regiomonti et Hafniae et Dantisci, ubi et me liberavit ista sollicitudine. Rogas tibi ne invideam voluptatem videndi falsos illos colores, quibus tua hujus quinquennii fortuna mihi depicta fuit. Quoniam ita vis, facio. Propter austriaca bella dicebaris emigrasse Tubingam, interim dedito Bavaris Lincio, quicquid rerum tuarum in typographia inventum, a militibus direptum, laceratum, von den Schrifften der Druckerey habe man Kugeln, von den Gedruckten vnd geschriebenen Bogen Patronen gemacht, ablatum etiam et obsignatum observationum Tychonicarum thesaurum, quem tamen suscepto ad Bavariae ducem itinere per supplicationem receperis. In patria porro tua sive matrem sive sororem (jam enim excidit) insimulatam et publice accusatam nescio cujus veneficii, quo crimine depellendo tu multis et itineribus et impensis et animi doloribus fueris exagitatus. Haec amico hic meo cuidam literario Tubinga tunc significata. Tantis itaque curis te feliciter defunctum non immerito gavisus sum.

His Keplerus respondit: De mea fortuna per superiores annos certiora omnia et mitiora penes vos, quam in hac ipsa urbe post meum abitum. De periculo quidem typographiae, chartarum, observationum, nihil est. At de matre nimio quam verum.

Haec sequitur descriptio actionis contra matrem institutam, quam supra p. 361 proposuimus. Deinde pergit Keplerus:

At hic per meam absentiam spargebatur, me propter temeritatem Nagelianae similem iram meruisse Caesaris, cumque effugerim (paucissimis enim causam abitus mei credideram), magnam a Caesare summam constitutam in caput meum, quin etiam flammis tradita exemplaria Calendarii omnia, quod tunc fieri non potuit, cum nullum scripserim. Post factum est superiori Decembri (scripta haec sunt d. 9. Sept. 1624) in Styria, nullum ob Prognosticum, sed quia de praecellentia contendunt provinciae. Quae sequuntur legantur ad annum 1624.

1622. „Revolutio" anni nihil habet nisi horoscopum. Initio anni Keplerus cum Henrico a Stralendorf, praeside in consistorio imperiali, de logarithmis egit scribens: „per hiemem solennem rei demonstrationem sum aggressus". Ut primum perfecta fuit *Chilias*, transmissa est Lincio ad Philippum, Hassiae Landgravium, „sed per ambages itinerum, in quibus libellus haesit in tertium annum usque". Referente Schickardo Maestlinus, cui inspiciendum dederat, segnem se praebuit restituendo. Mense Aprili finita est inquisitio „De Origine Gentium" (VII. 788 ss.), continuatae observationes aëris eaeque usque in Augustum et Octobri et Decembri Lincii habitae, Septembri inter Lincium et Passavium, Novembri Styrae et Velsae. Aestate studia astronomica continuata: mense Junio de praecessione aequinoctiorum, de eccentricitate Solis ad tempora antiqua et de longitudine anni tropici; de Jovis epochis constituendis; Julio et Augusto calculus motuum Jovis, calculi varii de eclipsibus; Septembri observatio macularum Lunae; Octobri itidem calculi motuum Jovis, de epochis Saturni ad antiqua tempora; Novembri et Decembri de „prosthaphaeresi orbis magni", praecepta computandi loca planetarum (ad Tab. Rud.); „de tabularum abbreviatione ad legem hypothesis in Epitome."

Epistolae ad Müllerum de Harmonia et Epitome (V. 68 ss., VI. 74 ss.), ad Hebenstreitium de rebus privatis. Hebenstreitius d. 23. Martii scripsit: De caesareo stipendio impense tibi gratulor. De amanuensi scribis; multum diuque de hoc cogitanti supervenit studiosus quidam Jo. Hein e palatinatu Neopurgico, cui literas ad te impertivi, spero gratam ipsius tibi operam futuram..... Tu quidquid ad rem tuam gerendam necessarium fuerit, habeas persuasum, diligentissime a nobis iri accuratum.... Nummi melioris notae a volturiis subducuntur omnes, supponuntur contra asperi cornuti improbissimae materiae. Uncialis imperialis aestimatur 9 florenis, scutatus aureus 14, florenus aureus 10 florenis et 15 cruciatis. duplicatus Hispanicus (Duplon) 26 florenis. (v. s. p. 559.) Ima frumenti (4 simeri Teckiaci), venit 20 fl., mensura vini 6 cruciatis, libra vitulinae 12, bovinae 6, 7 etc. De schola vestrâ scribis; cum primum benignioribus oculis Dominus nos respexerit, certo tibi persuadeas fore, ut a proceribus Lincium voceris. — Aprili: Itiones et reditiones copiarum Imperatoris et Bavaricarum nescio quid portendant; prohibeat το θειον, ne inter sacrum et saxum correpti teneamur. (Res gestae inter Tyllium et Marchionem Badensem; proelium ad Wimpinam d. 8. Maji; Mansfeldii expeditiones) — Octobri: Postremis tuis Heinium virum descripsisti. Testor fidem sinceram, hoc non erat propositum, cum δακρυγελωντα istum mitterem; omnino πολυλαλον se probarat. Verum sperabam futurum, ut operis quotidiana exactione sermocinationis ἀπειρατου μετρον inveniret, praesertim ubi ageretur negotium famelici ventris. Sed haec ita habeant....... Stereometria tua Domino Craftio perjucunda accidit, qui etiam solidam repromisit gratiam. — Epistolae Kepleri omnes interciderunt. Circa finem anni scripsit Keplerus Prognosticum in annum 1623. Ordines Austriaci decreverunt honorarium 40 florenorum „dem Ludwig Kepler für Abschreibung vnd vbergebnes Prognosticum seines Vaters Jo. Kepler."

1623. Revolutio anni. Natus mihi filius Fridmar 24. Januarii Lincii. Baptisatus in aede provinciali a D. rev. Joh. Reu (?) concionatore primario. Patrimi: D. Abraham Schwarz, D. Sebastianus Paumaister, Joergeri aulae magister, cum uxore Catharina geporne Hagenin auss Kärnthen. Filius Sebaldus, variolis pene enectus, decubuit die corporis Christi. Edita Confessio.

Editus *Discurs von der grossen Conjunction etc.* .... Obwol ich in continuatione Ephemeridum auff das 1623. Jahr fortgefahren, auch meine gewönliche Conjecturas naturales zu Papier gebracht, so hat mir doch das Glück so weit nit secundirn mögen, dass ich es zu rechter Zeit in offentlichen Truck bette bringen könden. Dieweil aber etliche Kunstverstendige mich vermahnet, nach der publication zu trachten, als hat sich entlich der hiesige Trucker zu Truckung des Diskurs halber angemeldet. (Ex epistola dedicatoria, data Lincii d. 6. Februarii.) — Vespera diei 14. Aprilis exivi in montem Lincio imminentem, si forte mihi contingeret, utrumque luminare simul spectare in refractionibus, quia Luna deficiens adhuc erat occubitura. Verum orta nubila pene omnem conspectum eclipsis eripuerunt.

Initio anni Keplerus per literas adiit Besoldum; quae scripserit e responsione Besoldi d. 12. Apr. apparet: Certiorem me fecisti de edendo scripto theologico; sed cum petas judicium meum, libere id pronunciabo. Nempe malle me, ut in herba partus ille opprimatur, vereor enim ut futurus sit monstrosus, id est neutri parti placiturus. Ego acquiesco plane in piorum et priscorum Patrum traditione. Putavi, turbas nostras hic suppressas esse, mirorque iterum ad vos a nostratibus literas exaratas, turbarum novarum concitatrices. Graviter hic pugnatur contra Mentzerum etc. (Theol. prof. Giessensem, multis celebrem scriptis theologicis)... De filio nato gratulor tibi; ceterum Viridomarii nomen inter nullos sanctos potui hactenus invenire. Fuit tamen id nomen magnatibus Gotthorum et Francorum non infrequens. Maestlinus ad scribendum adigi nequit.

Idem sine dubio spectat opusculum Keplerus, d. 21. Augusti Berneggero scribens:

S. P. D. Clarissime Vir, amice charissime. Inter turbas nundinales, obrutus praesentia hospitis generosi cum filia, scribo breviter. Interim mitto legendas has chartas, et si potes clam citra incommodum imprimendas meis sumtibus, sic tamen, ut exemplaria non ultra 100, non relicto ullo impressionis vestigio. Si tu vereris operam palam praestare, da negotium tabellario, quid agere debeat, ut bene haec curentur, et tamen ipse nesciat, quae sit materia, et ut portet ipse exemplaria Ulmam usque. Quodsi non omnia poterit portare, tu fidus esto custos reliquorum. Quodsi non imprimetur haec „Apologia“, nec potest imprimi, remitte illam, quia exemplo careo; pecuniam vero ad D. Lansium vel D. Chr. Besoldum Tubingam. Vale.

Berneggerum diligenter exsecutum esse mandatum Kepleri, ex hac ipsius responsione (d. Lincii 4. Dec.) apparet:

S. P. D. Clarissime vir, amicorum ocelle. Paterisne ut cum plebecula Judaeorum exclamem, omnia bene fecit et surdos debitores fecit audire petitionem creditoris et mutas chartas manuscriptas loqui publicis literis. Ad amussim omnia, tantum in 6 tuis exemplaribus ista muta: folio 1. Irrdischen non Jüdischen; alibi: Außlesung so vieler Bücher, non Außlegung. Quid faciam contra? Perpetuone tibi gravis et in officiis mutuis sterilis animo angar? — Quale fuerit hoc scriptum nescimus, neque alii, harum rerum periti, nos edocere potuerunt. Ex correcturis, quas Keplerus supra profert, et voce „Confessio“ in revol. anni et ex literis Besoldi concludere licet, repetiisse Keplerum in hoc scripto litem de sacra coena cum theologis Württembergicis.

Epistolae hoc anno multae occurrunt amicorum, paucae Kepleri. Egit cum Hebenstreitio de typo Rudolphinarum Ulmam transferendo, cum Schickardo de stella in Cygno (cfr. vol. II. p. 758) et de refractione, de edendis logarithmis, cum Philippo Hassiae Landgravio et Anglo Günthero de iisdem, cum Crügero de cometis et aliis rebus astronomicis; Berneggero nunciat, se „lunarem astronomiam“ (Somnium) ut primum Lincium sit reversus, coepisse notis illustrare. In Mss. Pulkov. deprehendimus Ephemerida Mercurii (Aug.), computationem tabulae latitudinum Lunae ad Rudolphinas (20. Sept.); „inquisitio, quorsum recidat apogaeum initio mundi; exploratio, an quaelibet Solis epocharum prolongat mensem“ (23. Oct.); probatio aequinoctii Hipparchi (8. Nov.); „praeceptum locum Solis verum invenire“ (28. Nov.); observationes planetarum et Lunae, adhibito tubo optico (6. Febr. et 17. Julii); die

10. Nov. redit ad inquisitionem obliquitatis eclipticae, anno 1621 inceptam, studens veterum observationes cum recentioribus conciliare.

Decreta ordinum Linciensium: 1) Auf J. Keplers den löblichen Stennden dedicirte vnd jüngst vberraichte Büecher sollen die Herrn Verordneten nach recht vnd findnuss derselbigen Ihme ein gebürliche recompens erfolgen lassen (den 12. May.). 2) Die ausstandige bsoldung soli in Reichsthalern, das Interesse aber, wie andern in guldinern bezahlt werden (26. Aug.). 3) Jo. Kepplers Mathematici petitum: Megiserische stöklein mit dem Kayserl. Bildnuss, so auf die Calender getrukt werden: fiat wie begehrt (19. Oct.).

1624. Revolutio anni. Octobri Viennam Tabularum Rudolphinarum causa. Assignata mihi solutio sex millium

In bibliotheca Tubingensi deprehendimus Biblia Sacra (ed. Noribergae 1527), quibus donavit Keplerus filium Ludovicum, primae paginae libri haec inscribens:

Joannes Keplerus Mathematicus Ludovico filio S.

Calendis Januariis anni novi 1624. dono te codice hoc vetusto Bibliorum ex veteri etiam translatione strena minime, sane nova, ut hoc veluti symbolo te admoneam, tibi in rebus ad animae salutem et ecclesiae Dei exaedificationem pertinentibus antiquitatis purae et primaevae post Apostolos vestigia presse calcanda: ut quamvis religiosus cultus soli divinitati debetur propter ejus superexcellentem praerogativam, tamen et vetustorum ecclesiae doctorum vigilias, labores et operas religiose tibi colendas scias, propter summum in novationibus periculum.

Vale et cum procedente anno simul ipse in cultura ingenii feliciter procede.

Ludovicus ad finem libri adscripsit: Natus sum anno 1607, mense Decembri die Thomae Apostoli, Pragae in ea urbis parte, quae dicitur Altstadt. (De vita Ludovici pauca retulimus ad annum 1627.)

Crügero scripsit Keplerus d. 28. Februarii (cujus epistolae partem praemisimus ad annum 1621): Imprimis gratias ago pro eclipsis solaris observatione. Jam enim per eam ad reformationem tabulae Europae propius aspiro, nec plus quam una talis observatio ex Lusitania mihi deest. Nam Byzantio aut ex Peloponneso tale quid sperare imperiti est. Si tamen ex certo relatu Polonorum vel Russorum, etiamque Moscorum et Lithuanorum aliquas contuleris notitias intervallorum itinerariorum, et quibus anfractibus ad quamque urbem perveniatur, et gratum babebo, et nomen tuum inter auctores meos referam.

De Lunae hypothesi. Longomontanus non vult ferre novationes in hypothesibus orbium et motuum Lunae a se constitutis apud Tychonem. Nam, si nescis, me petunt, tacito meo quidem nomine, probra illa, quae ipse conjicit in eos (in Astr. Danica), qui aliquid in Lunam tentant post ipsum. Sed nihil moveor; scio enim, ubi viderit recusas a me hypotheses Lunae in Epitome numerosque Tabularum Rudolphi tentaverit, ipsum tandem mihi manus daturum. Maestlinus etiam ridere solitus est meos labores, dum omnia, etiam in Luna, ad causas physicas traduco. At hercle hae sunt meae deliciae, laborum solatia et gloriatio praecipua, quod successerit mihi. Quid non dicent in me, qui proportioni orbium antiquae Solis et Lunae assueti viderint a me triplicatum esse intervallum Solis et Terrae, ubi parallaxis Solis non fit major uno minuto. Mihi sufficit hoc, quod haec omnia intervalla (Hipparchi, Ptolemaei), utcunque enormia visa et a priore deducta (ut Nageliana), salvent eclipses ut quod maxime. Quantum ego, Deus bone, laborum hausi! Quoties hypotheses Lunae immutavi, ut eclipses tuerer! Neque tamen unquam successit felicius, quam postquam hypotheses istas a priore constitui. . . . . De numeralibus prophetis exstat libellus chronologicus vernaculo sermone, sed cum titulo frontali *Canones Pueriles*, Ulmae impressus, in quo duos Faulhaberi similes pulso. Nomen vero et sub illo titulo et sub aliis transpositionibus occultavi. (Cfr. vol. IV. p. 173.)

Quaerenti Crügero „Quodnam istud tandem animal generis neutri? Concrede mihi sis in aurem“, spectanti Prognosticum in annum 1619 (I. 479 ss.) his rem Keplerus explicat: Non scripsi de animali generis neutri vanae gloriae causa, sed animo commodandi; quare et secretis literis admonui sedentes in cerebro animalis. Modos quidem infortunii, quod divinabam (I. 486) nulla comprobat rerum consecutio conformis, imminere tamen animali perniciem aliunde, videris et tu augurari. Vicinum animalis, cujus domus jam anno 1617 conflagraverat, intellige in Palatinatu Neoburgico. Fideli illi monitori, Eckard nominato, qui non illud tantum animal de quo ego, sed omnia ejus generis monitum ex Italia advolavit, nomen verum esse censeto M. Antonio de Dominis. Sed quis credit auditui nostro? Non mirum igitur, si Jonas profugiat ex itinere imperato. Ego quidem et illam ipsam, quam tu confirmare videris suffragio, libidinem, factiosos de suggestu verborum et conviciorum spiculis configendi, hunc inquam furorem, citra respectum infirmorum grassantem pertinaciter et authentice, et illud interpretamentum, ministerii et ordinationis partem esse summe necessariam, de suggestu omnis generis haereticos omni tempore refutandi cum vehementia, diesen Amts-Fehl vnd Mangel, item quod nemo plane sibi persuaderi patitur axioma hoc certissimum, publicis debacchationibus instigari et gliscere studia prava, quia nitimur in vetitum (curiosis fricantur aures), item quod illud *importune* sit regula, illud vero *opportune* sit tantum exceptio: inter signa refero imminentis interitus. Nam ex hac temeritate fit progressus in impudentiam, ex hac in impietatem, cum interim pessum it studium vitae Christianae. Sic ego velim retundi enthusiastas, ut parcatur interim verbis Scripturae de mortificatione veteris Adami, de Sabbatho; Du solt von deinem Thun lassen ab, daß Gott sein Werck in dir hab, de novo homine, de perfectione Christiana, de qua Hemmingii pulcher locus, ut non instilletur taedium et odium phrasium scripturae, ut non exstinguatur scintilla tendendi ad perfectionem, ut ad scopum certum, cum satis nobis constet, frustra quidem quemquam aspirare; diversa sunt ista; et ne vulgus assuescat tuae phrasi: Perfectionisten (promiscue omnes) böse Christen. Sed satis.

Lites quidem sunt mihi cum animalis vitulo, quarum ecce hic adjectum documentum. At scito, hanc controversiam privatam nequaquam mihi causam male ominandi praebuisse, etsi audaciam forte dedit, quae alias sentio palam scribendi. („Documentum“ hoc desideratur, sine dubio est „confessio“ vel „apologia“, de qua anno 1623.)

Ad extremum addo Prognosticum et Calendarium hujus anni (item deest), rogoque ut legas praefationem, ut de causa dedicationis honestissima tibi constet. Scito enim, Ordinarios Procerum Styriae, advocato meo mandatario, exemplaria omnia flammis exusisse publice. Dispeream, si tu ex toto libello, vocabulis etiam omnibus in equuleum conjectis, veram causam, ob quam haec in me congesta est ignominia, extorseris, si etiam vel levissima suspiciuncula illam fueris odoratus. Aperiam autem illam proximis literis. Tu interim torquere et torque libellum. Vale.

Crügerus ad haec respondit d. 15. Julii: De animali generis neutri gratias habeo. Quaedam video, sed quasi per nebulam et paulo clarius per istam fidei confessionem. Suspicatus es, quia Rosecrucianos et Perfectionistas nominavi, me fortasse indigitasse eos, qui Jo. Arndo adhaerent. Non eos putavi, sed Nagelianos et tales, quorum pagellae tot annos subinde novae sub nomine Irenaei Agnosti et aliorum, qui se Rosecrucianos appellitarunt, circumferebantur, quibus edebatur, adesse jam seculum, quo Christiani integri vitae scelerumque puri ac re ipsa jam perfecti sint victuri. De cetero plane tecum sum nec theologiam in verbis et altercationibus, sed in informatione ad christiane vivendum censeo positam.

Gratias interim ago pro Calendario. Non equidem causam invenio Vulcano dignam. Forte offenderunt illa verba pag. penult. *mit dem Zwang zu einem verhassten Gottesdienst.* Aliam te mihi literis proximis aperturum dicis; eam igitur exspecto. — Tuas ad me literas dirige Lipsiam ad Lic. Phil. Müllerum, ejus academiae mathematicum, qui communis noster amicus eas non invitus huc curabit.

Quam promisit Keplerus explicationem causae cremati Calendarii, hanc fuisse refert: Hic (Lincii) spargebatur, flammis tradita exemplaria Calendarii omnia, quod tunc fieri non potuit, cum nulla scripserim. Post factum est superiori Decembri in Styria, nullum ob Prognosticum, sed quia de praecellentia contendunt provinciae, quarum in titulo fit mentio, cum ego Supr-Anisanam, cui servio, proposuissem. Hic privati aliqui, antequam res ad corpus Ordinum delata, praejudicium hoc insigni et solenni actu abolendum statuerunt. At corpus ipsum Ordinum pro dedicatione Mysterii 300 mihi florenos donarunt. Hanc tu causam cladis chartarum, per se paulo post periturarum, olfacere non potuisti. Hactenus igitur vici diversis viis, Deum precor, ut me porro quoque tueatur.

De Philippo Müllero, literarum nostrarum sequestro constituendo, recte mones. Ei ego addo alterum Viennae residentem, Saxonis Electoris agentem Jo. Zeidlerum, dictum Hofmann, ut Lipsia Viennam tuae mittantur. Cogito enim Viennam ire, aut si non eam, iste Vienna ad me mittet. (Ex epistola d. 9. Sept.)

Editus est hoc anno Canon logarithmorum, de qua editione haec occurrunt in Kepleri praefatione ad *Chiliadis Supplementum*, quod anno posteriore prodiit: Chiliada cum demonstratione ut primum perfecta fuit transmisi Lincio tanquam ad Philippum Landgravium Hassiae, sed per ambages itinerum, in quibus libellus haesit in tertium annum usque. Spes interdum affulsit, *Chiliada Logarithmorum* excusum iri cura peritorum, sed ea subinde iterum exstincta fuit. Itaque refrixit etiam apud me studium libelli exornandi. Tandem (autumno 1623) in manus patroni sui illustrissimi perlatus, me penitus ignaro nec quicquam tale opinante, typis mandatus fuit, ut prius ex catalogo nundinarum Francofurtensium, quam ex literis Cels. tuae (quas adhucdum in itinere esse nuper admodum rescivi), quid ageretur perceperim.

In praefatione ad librum quem inscripsit Keplerus *Tychonis Hyperaspistes*, scripta c. finem anni 1624, legimus: Antitychonem Claramontii ante 3 annos editum tardius quidem quam vellem et auditione et oculis usurpavi, tempore tamen opportunissimo, cum, absolutis tandem *Tabulis Rudolphinis*, de earum editione ad Imperatorem retulissem, vacatione interim oculis eorumque morbo parto a studio gravissimo, otioque dato et cognoscendi librum opera lectoris et dictandi, quid super eo videretur.

Schickardus refert (Februario), accepisse se Calendarium Kepleri et „Confessionem" (v. a. 1623) rogatque ut ad quaestionem theologicam quandam respondeat. Hac quaestione motus Keplerus responsionem Martio mense Berneggero transmisit hac addita instructione: „libellum adjectum ubi perlegeris remitte Schickardo eique scribe (nam excludor tempore) rogare me, ut ille Falco (VII. 142) libellum in forma disputationis publice proponat" etc. Septembri nunciat Schickardus, logarithmos esse Marpurgi excusos, vidisse se etiam „vindicias" Kepleri Tychonicas et laetari", ipsum tam fortem *hyperaspistem* nactum. At vidi, addit, in catalogo tantum e nundinis allato, nondum in bibliopoleo. An totae sunt excusae, quod nondum comparent nobiscum? — Die 7. Sept. nunciat Philippus, Chiliada typis excusam esse mittitque 10 exemplaria; pro dedicatione assignat Keplero 50 thaleros et mitti sibi petit institutionem ad usum logarithmorum, quam accepisse se refert Philippus die 23. Aprilis 1625.

Viennam profectus mense Octobri literas dedit Keplerus Baroni Erasmo de Staremberg, qui Lincio d. 4. Nov. respondit: „valde me delectarunt literae tuae, animum pium ac ingenuum, candorem solitum redolentes. Expetis ut in luctu nunc publico animum tuum confirmem. Utinam eo essem animi robore praeditus, ut et me ipsum satis semper erigere et bonos quosque solari possem.*) Tu pro pietate tua singulari satis te contra fortunae quoscunque insultus armare potes praeceptis et exemplis infinitis, imo alios instruere et docere. In ea enim tempora incidimus, ut firmare animum expediat constantibus exemplis. Ceterum gaudeo tibique gratulor a Caesare te clementissime auditum esse, neque de optato successu dubito, si instanter negotium urgeas et fretus Ill. Principis Eckenbergii favore et patrocinio uti fruique eo liceat. Domini Praesulis in Kremsmünster quaestionem, quid facturus sis hoc rerum statu, utrum ex Austria animum translaturus sis, non tanti faciendam existimo, ut inde remora metuenda, dum Caesarem clementem et faventem habeas, magno huic operi ultimam manum imponendi. Perge igitur bonis avibus et desiderata ad finem perducito, quem magni bonique viri exoptant plurimi. — Tuis piis precibus me commendo, idem tu meis inclusus eris. Legatis procerum salutem meo nomine, inprimis D. Hohenfeldero, quem ut pium ac patriae amantem amo plurimum. Deus dirigat consilia et actiones ad Nominis Divini gloriam et patriae jamjam ruiturae et plane collapsae sustentationem. Certe orandum et vigilandum est strenue, nisi divina gratia nobis adsit, verendum, ne omnia corruant; sed in rebus adversis animose agendum et in prospera fortuna animus contrahendus, vento adverso nunc expedit navigare, modo supremus Navarcha velum remosque dirigat. Si Deus pro nobis, quis contra nos? Fortior est Deus ad propugnandum, quam hostis ad oppugnandum. Bono itaque fortique simus animo: fortior est in nobis, quam qui in mundo adversus nos insurgit. Hisce vale divinae tutelae commendatus.“ —

Quae egit Keplerus hoc anno cum Berneggero et Hebenstreitio de edendis Tabulis Rudolphinis, ea leguntur vol. VI. p. 617 et 638. Praeterea disputavit cum Crügero de Epitome Astronomiae Copernicanae et de cometis mensibus Februario et Septembri (cfr. vol. VI. p. 33 ss. et vol. VII. p. 16 ss.). Correctam (Jan. 1625) Wallenstenii nativitatem exhibuimus supra p. 343. —

Codices Pulkovienses haud pauca exhibent studia Kepleri, quae ad praeparandam editionem Tabularum Rudolphinarum pertinent, adscriptis his diebus: die 27. Jan. et 4. Martio correctio motuum Jovis, 13. Junii correctio motuum Veneris; 20. Jan. „Ex epochis Solis et fixarum, ad novilunium creationis verum accommodatis, computatio conjunctionis Jovis cum Asello“, conclusio 5. Martii: „igitur per Ptolemaicas observationes venit ♃ in 7° 3′ 21″ ♑, per Dionysianam in 5° 30′ ♑, siquidem aphelium Ptolemaeo liberum permittamus“; 18. Junii annotat ad observationes Waltheri

*) Res illis temporibus gestas his complectimur: 8. Nov. 1620 pugna ad montem album; Februario 1621 Pragae capite puniti 27 nobiles et cives Bohemi, inter quos Jessenius, rector academiae Pragensis, Keplero veteri amicitia junctus; 1622 pugnae ad Wiesloch, Wimpinam et Hoecstam, Elector Palatinus Fridericus exercitum dimisit; 1623. conventus principum Ratisbonae, Friderico aboleta dignitas electoralis, res gestae Mansfeldi, Tyllii, regis Daniae et Hungarorum, Wallenstenius ab imperatore Ferdinando dux nominatus Friedlandiae.

(VI. 730): „hic dissensus calculi est remora illa, quae me, plurima perplexitate circumventum, per solidos 5 menses exercuit tandemque ad nova consilia circa motuum mediorum speculationem adegit, deprehensa manifesta inaequalitate motuum seculari“. 18. Martii: „tabula synoptica omnium observationum acronychiarum per totum eccentricum ♄ (annis 1582—1611); proba, an anomaliis annorum 1586 et 1600 suae coaequatae recte sint in tabula assignatae.“ Calculus „nullum ostendit in tabula vitium notabile“. His postea adscripsit eadem, quae ad Waltheri observationes. 9.—13. Martii, 28. 30. Junii: „inquisitio proportionis orbium ex periodicis temporibus; inquisitio locorum Saturni complurium“; epochae ♄ ex observationibus Ptolemaicis; 3. Julii: De aequatione seculari ♄; conclusio: „ergo ut hanc hypothesin obtineamus, oportet sub Tychone subtractoriam facere mutationem motus medii centenariorum“.

Decreta ordinum Linciensium: die Herren Verordneten bewilligen dem J. Keppler für sein überraichte Büecher (Epitome) 60 Thaler zu verehren. 24. Febr. Veniam petenti Keplero, ut Viennam proficisci liceat, responderunt: „fiat, wie begert“ 2. Oct. 1624. — Viennae hanc petitionem Keplerus consiliariis imperatoris Ferdinandi tradidit:

Anno 1610 Monats Augusti (vel Aprili, cfr. IV. p. 520) haben Ire Kay. May. vnd Herr Rudolff höchst. gedächtnuss mich mit einem Gnadenbrieff Allergnedigst begabet, In wöllichem mir bey dem Oberreichspfenningampt Augspurg 2333 fl. 20 kr. hauptsumme sampt einer jährlichen pension fünff p. cento hiss zu erstattung der Hauptsumma angeschaffet worden.

Wie dan desshalben ein Befelch an H. Reichspfenningmeister ergangen, das er mir die Hauptsumma gegen einer zalmaisterischen Quittung gleich par, vnd in Verpleibung dessen, hernach die jährliche pensiones gegen meinen aigenen Quittungen bezahlen solle.

Vnd hab Ich damahlen die berührte Quittung von H. Johan Hueber Zahlmaister empfangen vnd Ime dargegen, als vmb die par empfangene Hauptsumma quittirt: wöliche Zalmaisterische Quittung Ich albie beyhanden babe.

Es verlauffen sich also die ausgeplibene Pensiones nunmehr biss Augusti des 1624. Jahres auff 1633 fl. 20 kr.

Thuet bey diesem Ersten posten, Hauptsumma vnd Interesse zusammen 3966 fl. 40 kr.

Weil Ich dan von 1600 in 2000 fl. vmb papir haben muss, vnd in erfahrung kommen, das solche Wahr zu Memmingen vnd Kempten in copia vnd echtem Werth zu bekommen; auch in Hoffnung stehe, das in der Nachparschafft aldorten, nämlich zu Vlm gutte Textschrifften zu behandlen sein werden: also wäre zu befürderung des werkhs, vnd zu verhüettung Irer K. May. Missfallens ob verlengerung desselben sehr nothwendig, das diese nahend 4000 fl. mir an besagten Orten par entrichtet würden.

Ferners bin Ich noch bey K. Rudolff s. g. lebzeitten mit dem damals verfallenen Rest meiner Kay. Hoffbesoldung vnd Lidlohn, in einer summa 2333 fl. 20 kr. auff die Slesische Cammergefälle angewiesen worden: wölcher anweisung halber mir gleichfalls ein Zalmaisterische Quittung zugestellt ist worden, dagegen Ich als vmb einen paren empfang der hauptsumma quitirt habe.

Als hernach auff Kay. Rudolffi ableiben das hinterlassene Kay. Hoffgesind abgefertigt worden, bette ich diese Quittung gern zurückbgegeben, habe aber nichts erhalten, bin also drauff abgefertigt worden.

Es haben auch die Jetzt regierende K. May. in anno 1617 mir Intercessiones an K. Matthiam erthailt, dass mir diser ausstandt einst bezahlt werde, drauff ein weiterer Befelch an die Slesische Cammer ergangen, aber dannenhero von gelt mlr nichts ervolget. Behalte also auch diese Quittung noch in Handen, thuet 2333 fl. 20 kr.

Wann dann Ich zu Nürnberg neue Zifferschrifft güessen lassen muess, auch diss orts sich taugliche Druckher vnd setzer finden: Zumahl dise Stat sich die befürderung der Astronomischen Observationes vnd Werkhe, wie von Anderthalbhundert Jahren hero, vielleicht noch nit zuwider sein lassen würt: als wär Ich gehorsamisten bittend, das abgesetzte Summa Lidlohns mir bey Nürnberg vberschafft, vnd hingegen selbige statt vmb so viel in anderen Anlagen enthebt werde.

Zum vberfluss aber, vnd weil es jetzo nit vmb mein privat interesse, sondern vmb contrahirung Irer K. May. Wort, zu befürderung des werkhs gegeben, vnd an demselben ein allergn. Kay. Gefallen tragen:

Also würt dem Herrn Cammerpräsidenten vnd H. H. Räthen von mir gehorsamlich haimgestellt, ob die für guet achten wolten, das auff vnverhofften fall der verwaigerung vnd nit ervolgung diser zwar so angewiesenen Summen, etwa einem oder anderm Irer K. May. Getreuen Räthen nach Jedes glegenheit, Als nämlich Herrn H. von Vlm, Reichsvizekanzlern, als einen ansehnlich patronen der Künsten, Item H. D. Höhern jetzt anwesenden Nürnbergischen Gesanden commissionsweise auffgetragen würde: das sie mir zu schleuniger ervolgung haider posten nach möglichkeit verhülfflich sein wolten, es sey gleich an haiden fürgeschlagenen oder auch an anderen Orten. Drittens betreffend mein vnder der Nachgevolgten K. May. Herrn Matthias s. g. verdienen, begehr Ich dismahls allain Abraittung vnd bescheinung des Restes.

J. Keppler m/p.

Adscriptum: Fiat. Dekret. Hofzallm. mit Ihme Abraittung vnd die Abraittung an die Hofkammer khomben lassen. 12 November 1624.

In facie aversa: Fiat bevelch an Herrn Reichspfenningmaister Schmidt, dass Er dem Keppler zu befürderung dises dem gantzen Gemainwesen sehr nützlichen werckhs, nit allein die dahin auf das Reichspfenningmeisterambt anno 1610 angewiesene Gnade, so sich sambt dem Interesse nunmehr auf 3966 fl. belauffe, sondern auch noch 2333 fl. 20 kr. seine ausständige K. Rudolfi besoldung, zusamben die völlige 6299 fl. auss den von Nürnberg, Vlm, Memmingen vnd Khempten gebürnuss entrichte vnd bezahle auf Hoffzallmaisterische Quittung. 12. November 1624.

Senatus Noribergensis die 12. Januarii 1625 ad mandatum praefecti aerarii imperialis, ut Keplero solverentur pecuniae, his respondit:

Allerdurchlauchtigister, Grossmächtigister vnd Vnvberwindlichster Römischer Kayser, Auch zu Hungern vnd Böheim König. Eur Röm. Kais. vnd Königl. Mayt. seyen vnser Vnterthenigst, schuldig, gehorsam vnd willigst dienst, demütiglich vnd mit allem fleiss voran berait. Allergnedigister Herr.

Eur Röm. Kays. Mayt Allergn. intercession Schreiben für dero bestellten Mathematicum Herrn Johann Kepler, Ihme zu verlag seiner in Truck zuverfertigen Astronomischen Schrifften 3966 fl. 40 kr. von der Craisshülff alhie gegen gewöhnlicher E. Kay. Mayt. Reichs-Pfenningmaisters quittung herzuschiessen, oder vf künfftige Reichshülff zu anticipiren, haben Wir mit Allervnterthenigster Reverenz empfangen vnd gehorsamist vernommen. Ob wir nun wol nichts liebers wünschen wollten; dann dass es mit vns vnd gemeiner vnser Statt, ihres erschöpfften aerarij vnd Vermögens halber dermassen geschaffen wer, dass E. Kay. Mayt. vnd ermeltem dero Mathematico zu behuef vnd befürderung dessen vorhabenden löblichen intention mit Allergnedigist begerter ansehnlichen hülff möchten erschiesslich sein, so ist es doch an diesem, dass von den Craisshülffen vnd Anlagen dieser Zeit bey vnss nichts vbrig, sondern sonsten schon alles angewiesen. So ist auf die künfftige Reichshülffe auch alberait viel anticipirt worden, der vnaufhörlichen schweren costbahren durchzüg, die Wir bisshero erlitten, vnd deren end wir noch nicht sehen können, wie auch anderer mannichfaltigen vnvermeidenlich vnd merklichen ausslagen, darinnen Wir vnss befinden, zugeschweigen. Gelangt demnach an E. Röm. Kay. Mayt. vnser Allervnth. bitten, Sie geruhen vnss diss falls Allergn. für entschuldigt zuhalten, Vnd diese vnsere wahrhaffte erclerung in vngnaden nit vfzunehmen, Worinnen E. Kay. Mayt. in andere müglichste weg Wir Allervnterth. dienstwillfährigkeit erzaigen können, erkennèn Wir vnss darzu Jederzeit gehorsamist schuldig, vnd bereit, deroselben Vnss vnd gemeine Statt zu Kays. gnaden Allervnterth. empfehlend. Datum 12. Januarij Anno 1625.

E. Kay. Mayt. vnd dess Heyligen Römischen Reichs
Getreue vnterthanen
Burgermeister vnd Rath zu Nürnberg.

1625. Revolutio anni. Natus mihi filius Hildebertus 6. Aprilis Lincii. Baptisatus in aedibus Altensteinii a me conductis a decani Altebrandani capellano. Patrimi: D. A. Schwarz, Seb. Paumaister, D. Stephanus Martrencker, Weisianae haereditatis curator et advocatus. — In Sueviam ivi Aprili et Majo. Accepi a Memmingensibus et Campidunensibus 2000 florenos. Septembri reversus Lincium. Editae notae in . . . *) Obsignata mihi bibliotheca. —

Berneggero scripsit Keplerus:

Jam ab anno apud aulam Caesaris institi, ut ad sumtus mihi Tabularum, quas absolverim, observationumque Tychonis, quarum ab ejus morte custos fui unicus idoneus, aut sua liberalitate Caesar succurreret, aut reliqua mea Rudolphina assignaret. In ista consensum impetravi Caesaris, quia id malui. Aliquid igitur pendent Memmingenses et Campidunenses, at Noribergenses, duplum ejus, id est 4000 pendere jussi, recusarunt. Jussus tamen sum, Augustae quitantias permutare in defalcatione ejus, quod proxime decernetur ab universis, quod equidem brevi fieri necesse est. Augustani aerarii praefecti ut literas Caesaris resignarunt, copias in iis ad Noribergenses desiderarunt, incuria curialium Viennensium omissas. Ita mihi haerendum est hic, donec Vienna suppleatur defectus, et tandem, ubi quitantiam dederint Augustani, nondum persuasum erit Noribergensibus, solum id beneficii, quod in futurum erit mihi cautum.

Interim ego Tubingam in musaeum Maestlini convocavi concilium mathematicorum omnium . . . . (v. vol. VI. p. 617).

Jam tu dispice, cum honestis et necessariis de causis tergiversentur Noribergenses, quamvis admoniti avitae suae gloriae, possitne per vestros Argentinenses mihi subveniri, si nimirum vel ipsi in Noribergensium locum succedere consentiant, a Caesare requisiti, aut Noribergensibus persuadeant per intercessorias, aut si Argentinenses nomen quidem sustineant apud Caesarem, Noribergenses vero, qui nolunt opinionem Caesari petaci praebere pecuniariae copiae, clam mihi dent, aut Argentinensibus vicissim caveant, aut si quid comminisci potes. Literas ad Tampachium postae tradidi, petens exemplar *Hyperaspistis;* nihil respondet. Rogo hujus rei eum admoneas per literas, si forte meae non pervenerint. Chemlino misi *Supplementum Chiliadis* seu de usu. Excusa enim est Chilias me inconsulto et inscio. Schickardus te

*) Libellum sine dubio dicit, quem anno praecedente Schickardo curandum per Berneggerum miserat.

salutat, jam mihi operam impendit examinandis meis de Genealogia Christi rationibus, et cum Rabbinicis suis traditionibus conferendi. Vale. Datae Tubingae 30. Junii.

Hyperaspistes Tychonis prodiit Francofurti anno 1625, epistola dedicatoria data est Viennae Cal. Januariis. In „Appendice" scribit Keplerus, Lincii se pervolitasse Galilaei „Trucinatorem", et postquam Viennam venerit, „quamquam Hyperaspistes ad typographum transmittendus esset", non tamen se intermisisse, quin Trucinatorem hunc ad perlegendum commodato peteret, exque ea lectione prodiisse hanc appendicem — *Supplementum Chiliadis* Marpurgi prodiit c. mensem Majum.

De itinere in Sueviam haec refert Keplerus Crügero: Quas scripsisti ad me literas 3. Apr. 1625. domum reversus ex Suevia mense Augusto accepi, a mea familia asservatas. Eram profectus eodem quo tu scripsisti mense, postquam uxoris partum periculosum (cum et ipsa quadam gangrenae specie in carpo manus, et foetus a multo tempore variis accidentibus infestarentur), exitu felici terminatum spectassem, filioque nato et a parochialibus pontificiis baptisato, nomen Hildeberto dedissem, quem auctorem, egregie de ceremonia Eucharistiae sarta tecta conservanda scribentem, tunc in memoria habebam. Itineris mei causam et successum tibi commemorabo. Literas ad Campidunenses, Memmingenses et Noribergenses habebam, quibus Caesar mihi reliqua mea Rudolphina repraesentari petebat, ut iis sumtibus adjutus tabulas et observationes edere possem. Suevicae urbes, quae promissa Caesari nondum solverant, solverunt mihi. Noribergenses, a quibus mutuum petebatur, quod de contributionibus circuli Francici proxime futuris refunderetur, recusarunt. Variis tamen in utroque itinere remoris aestas abiit. Usus sum et acidiculis Göppingensibus et mensem Tubingae transegi, creber cum Maestlino, Schickardi hospes. . . . . Ex quo sum reversus, nullum non moveo lapidem, ut ad editionem Tabularum veniam. Nam triente recepto assignatorum sumtuum eoque Campiduni collocato, jam de bonis et reditibus in hac provincia sumtus expedio. Sed difficillimam hoc tempore rem tento: quippe reformationis acerbitate summa imis vertuntur. Et audivisti forsan, circumscriptam et mihi bibliothecam, quamvis mihi, aulica functione subnixo, immunitas esset promissa. Verum illam molestiam levatam existimo. Nunc de pecunia agitur, quam debent proceres, eaque non incertissima fretus, papyrum et operas conduxi. Paginas excudam numericas usus typis meis propriis, quibus excudi 4 annorum Ephemeridas. Sed tenet me sollicitum typographi fortuna, qui etsi et ipse obtentu mei operis licentiam habet commorandi, premitur tamen militum alimentis et importunitatibus, onere civico ob domum quam possidet. Quodsi procedant operae, est quo de gratias agamus Numini, sin impediantur diutius, tu in aerumnas hujus provinciae totiusque adeo Germaniae intentis oculis veniam mihi dabis. Jam nunc excurrere cogito ad fusorem Passavium, a quo alloquendo in descensu prohibitus sum, ob pestis suspicionem urbe exclusus cum comitibus omnibus. (Ex epistola d. Lincii d. 1. Maji 1626.)

Intercessit pro Keplero apud Antonium, praesulem in Cremsmunster, Ludovicus de Ulm Baro de Erbach, scribens d. 16. Junii, hesterno die venisse ad se Keplerum referentem, imperii quaestorem tergiversari et solutionem pecuniarum, quas Imperator concesserit, recusare. Petere se, ut Keplero, qui omnes superet doctrina mathematica, solvatur debitum suum et non tantum quaestor ad solutionem impellatur, sed etiam Noribergensium tergiversationes plane praecidantur. Addidit Erbach „extractum auss J. Keplers Supplication, von Augspurg nacher Wien geschickht im Mayen 1625", in quo haec occurrunt: „Weil die Reichs-Pfenning-Ampts Beamte zue Augspurg bey dem Kay. bevelch, dem Kepler Ampts Quittungen auf Memmingen vndt Khempten zuerthailen, darumb bedenckhens tragen, weylen Sy vom 14. Martii einen Kay. bevelch empfangen, vor Contentirung des Eckhstains von der Schwäbischen Kraiss bewilligung niemanden ehtwas zuüberlassen, als hat Kepler ein ausstruckliche declaration ahn das Pfenningsampt ausszuferttigen gepeten, dass durch disen jüngeren bevelch derjenige äliter auff den 5. Decembris datirte, welcher Keplern etwas vom letsten erst khünfftigen Termin auff Memmingen vnd Khempten einraumet, nit cassirt worden, sondern durch den jüngern praesupponirt worden, alss sey der ölltere allberaith exsequirt gewesst.

Anlangendt den andern thail des von Keplern praesentirten Kay. bevelchs, wenden die Beamtete zu Augspurg für, es sey zwar der fränkischen Kraishilff oder nechst künfftigen allgemeinen Contribution drinnen gedacht, aber der Statt Nürnberg geschehe khein ausstruckliche meldtung, es seyen auch copiae Kay. ersuchungsschreiben an Nürnberg, auf welche der bevelch sonsten sich bezogen hette, gar aussen geblipen, desshalben Kepler supplicirt, das durch ein nachfolgendes Kay. Hoff-Cammer-schreiben diser abgang erstattet vnd das Reichs-Pfenning-Ambt ferners ermahnet werde, jme Keplern anbefohlner massen Quittung vom R. Pf. Ambt an Nürnberg pro $3966\frac{2}{3}$ fl. zuertheilen. Es wolle dann die löbl. Hoff-Cammer an deren Quittung statt eine andere gewissere ahnweissung auf etwas alberaith bewilligtes erthailen: dessen ist Kepler zufriden. — Campidunenses confitentur debitum (in literis d. 20. Apr. 1625), quia vero deficiat pecunia, „also haben wir den Kepler mit einer obligation vmb berürte 936 fl. dergestalt versichert, dass er bey vnsern Taxirmaistern die noturft Pappyr bekommen khan". Memmingenses d. 20. Aprilis concedunt 1297 fl. hac ratione, „dass er sie dahin in Verwahrung ligen lassen vnd seins gefallens vber lange oder kurtze Zeit erheben möge".

Keplerus hoc etiam anno cum Hebenstreitio egit de typo Rudolphinarum Ulmam transferendo. Si cum tuis typis, scripsit H. respondens ad literas Kepleri 11. Majo, ad nos ascendere volueris, quam maturrime certiorem me facito. De pensione incolatus hoc habe, me numerare annuos 40 florenos, sed aedes satis sunt ablectae. Die 23. Augusti refert Hebenstreitius, accepisse se Kepleri literas ex urbe „Norica", dolere, Noricam actionem Keplero non successisse. Ulmae accepturum Keplerum Hyperaspistis exemplar. De transmisso „Tacito" filii Kepleri et charta ad tabulas apta diximus vol. VI. p. 639.

Dum praemissa scribimus, accepimus ex bibliotheca Stuttgartiana libellum Ludovici Kepleri, diu frustra quaesitum. Inscriptus est: *Des fürtrefflichen Weltweisen Römers, Cornelii Taciti Historischer Beschreibung das Erste Buch. Welcher massen der Grossmächtigste Kayser Domitius Nero, nachdem die Kriegsmacht in Franckreich, sampt deroselben Landschafft von ihme abgefallen, des Römischen Reichs entsetzet worden, vnd sich selber entleibet, darauff Sergius Galba damahlen in Hispania zum Reich kommen. Wie Anfangs Aulus Vittelius in Teutschland, hernach Salvius Otho zu Rom wider Galbam auffgestanden, vnd demnach derselbe zu Rom ermordet, gegen einander zu Feld gezogen.*

Voller trefflicher Regiments- vnd Kriegs Discursen, diser Zeit nit weniger nutzlich, als von vergleichung wegen der alten vnd newen Welt annemblich zu lesen.

In verständtlicher Hoch Teutscher Sprach in Druck geben durch

Ludovicum Kepplerum,

Johannis Keppleri, Sac. Caes. M. Mathematici

Filium.

Anno MDCXXV.

Gedruckt zu Lintz, bey Johann Blanckhen.

Dedicat Ludovicus libellum suum „der Hochgebornen Frawen Maria Salome, Grafin zu Herbersdorff" etc. Proficiscentem se cum patre Viennam tradidisse ait translationem hanc dominae comiti „als dergleichen teutscher Schrifften Liebhaberin", jam reducem comperisse, matrem hanc translationem filio suo mittendam censuisse „als eine diser Zeit hohen Standes Personen zu practicierung der Regiments- vnd Kriegs Sachen hochnutzlich vnd annemlich". Qua re motum se libellum typis tradidisse, acceptiorem fore ratum typum quam descriptionem. De translatione haec refert: „dass ich als ein Jüngling von so wenig Jahren (annum tum agebat decimum octavum) mich der Aussfertigung vnd Zuschreibung dieses verteutschten Werckleins vnterwinde, dessen hoffe ich guten fug zu haben, dann ob wol die Arbeit nit von mir, sondern von meinem Vattern herruhret, welcher mir anzaiget, dass er eines mals zu Prag am Kay. Hoff, damahlen drey vnterschiedlich Translationes Taciti, ein Wellische, ein Frantzösische, beyde mit Commentariis, vnd eine Teutsche von Wort zu Wort auff gut Schulerisch klappende, zumahl in einer Messe aussgangen, dass er sprech Ich, an diesem ersten Buch einen versuch gethan habe, ob auch allenwegen derjenige weittgreiffende Sinn, welchen der Author gemeiniglich in kurtze verzuckte, gantz Majestätische Wort gefasset, vnd gleichsam verstecket, mit einer guten teutschen vernemlichen dolmätschung, es sey in so wenigen, oder in mehr weitleufftigen Worten, zu erraichen sey. So hab ich mich dieser Arbeit, als meiner aignen anzunemen, Erstlich, weil solche gleich mit vnd neben mir auffgewachsen, also mit mir nahend eines Alters ist. Fürs andere, weil ich nun fast drey Jahr mit deren zugebracht, indem mein Vatter mir dieselbige zu einer Wochentlichen übung in Lateinischer Sprach, oder an statt der teutschen Argumenten fürgelegt, die hab ich müssen aus Teutscher Sprach ins Lateinisch vbersetzen, vnd wann dann er mir mein Version corrigiert gehabt, hab ich müssen des Cornelii Taciti ersten vrsprünglichen Text am Rand darneben schreiben, vmb Erlernung willen der gleichgültigkeit. Drittens, so hat mein Vatter mir sein Recht an dieser Arbeit, ohne jemandes andern Vernachtheilung, für aigen vberlassen, cediert, vnd mir zu dieser Dedication gerathen: Tröstlicher Hoffnung, dieselbige werde bey E. Gn. so auch sonsten, mir zu guter Befürderung, deren ich ins künfftig, nach erlangtem mehrerm Profectu wol bedürfftig, erspriesslich gedeyen: Mir auch eine Anreitzung geben, mich mit meinem ringfugigen Ingenio, auch in andere weg, zu seiner Zeit, vmb die Welt verdient zu machen etc

Datum Lintz den 21. April Anno 1625.

Habemus igitur teste filio librum patris, qui si prius ad manus nostras venisset, integer collectioni nostrae operum Kepleri subjungendus erat. Quia vero in hac vitae Kepleri descriptione locum non aptum invenit, haec tantum ex illo notanda censuimus. Paginis 10 prioribus praemisit Keplerus „eine beylauffige Einlaitung zu besserem Verstandt der nachfolgenden Histori." Recensentur res Romanorum usque ad mortem Neronis et his finem facit Keplerus hujus introductionis: „Wann man alle Röm. Historien durchlieset, wird sich von der Zeit her, als das Röm. Reich in andere Länder ausserhalb Italia erweitert worden, nit finden, dass das gantze Corpus dess Röm. Gebiets in allen seinen Gliedern sich also auff einmal mit aller Macht gerühret vnd erschüttert hette.

Wie nun ein vnbekandtes Thier nit leichtlich zu erkennen ist, wann es still liegt, oder etwa nur einen Fuss oder den Kopff rühret, sondern wann es auffstehet, alle seine Glieder braucht, alle Kräfften anspannet, vnd sein Werck verrichtet, mit reissen, ziehen, tragen, lauffen, jagen, oder kämpffen, da gibt es der Augenschein, was man an eim solchen Thier habe, vnd warzu es erschaffen sey: gleicher gestalt ist es auch heutigs Tags, sonderlich vns Teutschen, vnd wer vnder vns in der Römer Büchern nit gar wol belesen ist, sehr schwer von ihrem gehabten Regiment vnd Republica zu vrtheylen, auss denen Dingen, die bey ihnen zu Friedenszeiten oder etwa in einem Partikular Krieg fürgelauffen: vnd derohalben diese vorhabende Historia von dem inhaimischen Krieg, den sie vnder einander geführt, gantz nutzlich, alle Eygenschafften ihrer Republica zuverstehen."

Haec sequitur duabus paginis „Inhalt der nachfolgenden Histori, vnd Vergleichung deroselben mit den Jüdischen Geschichten: auss dem 4. Buch Josephi, dess Jüdischen Geschichtschreibers, von der Römer Krieg wider die Juden, am 26. Kapitel".

Sequentes 18 paginae exhibent „dess fürtrefflichen Griechischen Philosophi Plutarchi von Cheronea Historische Beschreibung, wie Kayser Nero vmbs Leben kommen vnnd Sergius Galba an sein statt Kayser worden. Zu Ergänzung vnnd besserm Verstandt der nachfolgenden sehr kunstreichen Historien dess edlen Römers Cornelii Taciti auss dem Griechischen ins Teutsche vbersetzt.

Versionis libri I. (a pagina 31 in pag. 88; forma libri est ea, quam dicunt quartam minorem) specimen exhibemus caput primum: Diese Histori wil ich anfahen von dem Jahr, da Sergius Gaiba zum andernmal, vnd T. Vinius Rathmeistere gewest (Vnserer heutigen Jahrzahl im 69sten, nach Christi Himmelfahrt im 39sten)*) dann was sich vor diesem, nach dem Jahr 720 von Erbawung der Statt zugetragen, ist von vielen beschrieben, welche dess Röm Volcks Geschichten noch ohne Schew vnnd mit sonderer Zierde haben erzehlen können. Nach der Meerschlacht bey Actio (zwischen den zwayen Obmannen dess Röm. Reichs Octavio vnnd Antonio, deren jener die Occidentalische, dieser die Orientalische Macht an sich gezogen gehabt) als die Römische Macht an ein ainigen Hern (Octavium Caesarem, hernach Augustum) kommen, ohn welches Mittel dann der Frieden nicht wol hat können widerbracht werden, da haben solche fürtreffliche Köpffe sich dieser Arbeit entschlagen. Die gründliche Warheit ist gleich damit auff viel Weg vertuschet worden, dann erstlich haben sich die gemeinen Scribenten nichts auff das Regiment verstanden, weiln sie daran keinen Theyl mehr gehabt, bald haben sie ein böse Art an sich genommen, einer den Regenten in allem gehofieret, der ander seinen Neyd wider die Herrschafft mitlauffen lassen. Hiemit hat weder ainer noch der ander auff die Nachkommen gesehen, vnd die Warheit schreiben können, dieser durch Feindschafft, jener durch Gutthatten gefesselt vnd verblendet.

Es kann sich zwar der Leser wohl verwahren (adverseris) vnd nit zu bald glauben, wann etwas der Herrschafft zu Gefallen geschrieben worden. Aber wo der Scribent dem Neyd nachgehenget, vnnd vngütlich berichtet, da ist man gemainiglich all zu bald glaubig. Dann wer grossen Herren vngegründte Sachen zu Gefallen schreibet, der gibt sich schuldig einer Sclavischen Vnarth, damit er sich feindselig macht. Wer aber gewohnt ist, vbel zu deutten, der macht jme einen annemmlichen falschen Schein, als geschehe es auss Lieb der Freyhait, vnd der Warheit zu stewr.

Mich belangend, hab ich von den 3 Kaysern, Gaiba, Othone, Vitellio, von denen ich schreiben werde, weder gutes noch böses empfangen. Das kan ich nicht laugnen, dass Kayser Vespasianus mir einen Eingang gemacht zu meinen Ehren, Kayser Titus dieselbige vermehrt, Kayser Domitianus mich noch höher erhoben. Weil ich aber menniglichen mich zu der vnverfälscheten Warheit versprochen, wil ichs auch halten, vnd keinem nichts zu lieb oder zu leyd schreiben. So ich dann das Leben haben werde, wil ich dess Kaysers Nervae vnd Kaysers Trajani Regierung in mein Alter gespart haben, ein weitläuffigere vnd mehr sichere Histori: dann dieser Zeit Wolstandt hat wenig seines gleichen gehabt, da einer seines Gefallens von einer jeden That halten vnnd vrtheylen, auch seines haltens oder gutdunckens davon schreiben mögen. —

*) Alda zu mercken, wann etwas mit zwayen Einschlüssen ( ) oder [ ] vmbfangen, dass solches eintweder dess Dolmetschers correctio textus, oder eine Erklärung, oder ein Zusatz auss Plutarcho, vnd nicht dess Taciti eygner Text seye.

Schickardus d. 7. Sept. scripsit: „Salvum te ad tuos rediisse gaudeo. Tabulam vero, quam atramento perfuderas, nondum succedere (orbis terrae ad Tab. Rud.) invitus audivi. Vereor ut magnitudine sua ad usum sit incommodior." Refert, post Kepleri discessum advenisse Bartschium, „spe tui mecum adhuc offendendi, quo casu suas hasce de globo pagellas ipse obtulisset" (cfr. VII. 478.). Idem nunciat Berneggero (8. Junii): „Versatur Keplerus jam ad mensem in Wirtembergia et me literis interim, sed corpore nondum visitavit. Parat nunc tandem diu promissas Tab. Rudolphi, ad quarum editionem ipsi calculatorem hic inter studiosos nancisci debeo. Ait etiam inter cetera, perstrinxisse me in suo Hyperaspiste, quem nondum vidi. Item editurum quoque logarithmorum usus. Nescio an religionis causa hactenus sit a Caesare appellatus. Hoc subodoror, renovaturum jus civitatis nobiscum in patria Leonberga. Quorsum id spectat facile divinamus." Brevi post idem eidem refert: „Quod Keplerus jam aliquamdiu mecum agat, ex nuperis ipsius literis intellexisse puto. Is conversatione sua occasionem dedit, in mensuram prisci pedis Romani curiosius inquirendi." ....

Observationes aëris anno 1625: Jan. 1.—10. Viennae, 11 ss. et Februario et Martio Lincii, Aprili 18.—20. Passavii, 22. 23. Ratisbonae, 24.—27. Augustae, 27.—30. Campiduni; Majo in Suevia ad Ilaram (Ulmae) et Vilsam, Junio in Würtembergia ad Vilsam, Julio Tubingae, ad Vilsam, Ulmae; Augusto 1.—7. Ulmae, 8.—14. Norimbergae, 15.—20. Ratisbonae, 21. Aschae, 22. usque ad finem anni Lincii. (Mense Julio Tubinga excurrit Keplerus Kirchhemiam equo vectus. Schickardus scribit d. 7. Julii: der Herr des Pferds ist vbel zufriden, klagt dass der lincke vordere Hueff nach abgefallenem Eyssen dermassen abgetriben, dass ers innerhalb 10 Tagen nit beschlagen lassen könnte, vnd fordert für solche Zeit alle Tag sein Rosslohn samt dem Futter vnd zway abgefallenen Eyssen. Hab deswegen dafür müssen Bürg werden. Besorg er werd sich nit vnter 2 Daler herabtreiben lassen.)

In mss. Pulk. unam tantum deprehendimus exercitationem astronomicam, cui adscriptus est dies 22. Decembris: „probantur omnes superiores observationes Mercurii, ut appareat, ex quibus sint epochis."

D e c r e t a o r d i n u m L i n c i e n s i u m: 30. Augusti. Die Besoldung Keppleri ist zu bezallen verwilligt, mit den Interessen aber wird sich Supplikant, biss mehr gelt einkumbt, gedulten. Die 26. Novembris: Kepler Mathematici 500 fl. Invermelte 500 fl. sollen dem Supplikanten, weil dermallen wenig gelt vorhanden, nach vnd nach aus dem Einnehmerambt bezalt werden.

1626. Revolutio anni. Passavium ivi laminarum causa et typorum. Lincii obsessus a rusticis. Novembri cum familia Ratisbonam, ipse Ulmam.

Schickardo scripsit Keplerus Lincio 25. Aprilis: Quae hic geruntur, velim vobis omnibus spectatoribus geri, ut animos ad eadem sufferenda praeparetis, si quando et vestrae visitationis tempus accesserit. Si melancholicus vester has tristes rerum imagines animo concepit, abunde illi fuit incitamentorum ad mortem capessendam. Magnum lenitatis argumentum, quod non ustulamur, sed vivere nobis licet, siquidem vivere licet illi, cui vitae tolerandae subsidia denegantur. Nam pupillis, agricolis et, ut audio in posterum etiam opificibus exire provincia non licebit, nisi cum jactura et bonorum omnium et honestatis intra quidem provincias: nam fama foris premi non poterit. Haec de me meisque dicta nolo, nam adhuc mihi frui licet privilegio conditionis aulicae.

Curiosus aliquis immaturam sparsit famam de libris meis circumscriptis; quae res etsi me in sollicitudinem constituit, sciebam tamen, in umbratilem plagam desituram. Scilicet etiamnum obsignata est bibliotheca mea interdiu.

In summa non Germaniae tantum, sed plerarumque Europae provinciarum perturbatione mirari noli, si etiam mea consilia editionis tabularum perturbentur et huc usque dilata sint. Ego tam sum cupidus editionis, quam Germania pacis, nec minus operae pono in re hac; sed ultra initium nondum processi.

Turbae seditionis rusticanae multum impedimento fuerunt exercitio astronomico, cum incolae Linciani primum a praesidiis providentia ducis, tandem a seditiosis ipsis a die 24. Junii includerentur. Duravit enim obsidio, infesta lue disenterica, incendiis, globis et mutuis assultibus et ademtione commeatus, usque in 29. Augusti. (Ex annotatione ad Ephem. a. 1625.)........

.... Dei praesidio et tutela angelorum obsidionem in 14 septimanas incolumis toleravi, nec fame afflictus sum, etsi de equina nihil degustavi. Ea mihi felicitas contigit inter raros. Cum jam languesceret obsidio, Caesaris exercitibus adventantibus, misi libellum supplicem in aulam, veniam itineris Ulmam et transferendi eo typi petens, qua impetrata cum uxore, liberis, libris, supellectilibus omnibus Novembri discessi Lincio et relicta uxore cum 3 liberis in glacie Ratisbonae, ipse curru conducto cum typis numericis et opere Rudolphinarum veni Ulmam. (E literis ad Berneggerum datis Ulmae 8. Febr. 1627.)

.... Anni 1624 Octobri Viennam ivi, anno 1625 Januario Lincium, Aprili in Sueviam, Septembri reversus sum Lincium turbulentis temporibus ob reformationem*), quam anno 1626 seditio rusticana fuit insecuta et ob-

*) Decretum imperatoris Ferdinandi contra Lutheri fidei addictos in archiducatu Austriae superioris datum est die 10. Oct. 1625, inscriptum: „Reformations-Patent. Ex illo haec excerpsimus: Es bleibt noch allerdings bey der Aussschaffung vnd Fortweisung der Predicanten vnd vncatholischen Schuelmaister, dass sich keiner bey Vermeidung schwerer Leib- vnd Lebensstraff im Lande weder haimblich oder offentlich betretten lasse. Auch weil fürkombt, dass die fürnehmen Burger vnd Handtwercksweiber haimbliche Conventicula vnd gleicher massen verbottnes Postill lesen, Predigen vnd Vnterweisens in Glaubenssachen anstellen, das soll hiemit auch gäntzlich abgeschafft seyn. Weil der Ausslauff zu frembden vncatholischen Predigern starck im Schwang, als solle solches allen vnd jeden gäntzlich abgeschafft seyn, vnd wer darüber betretten, solle ernstlich gestrafft werden. Sie werden ernstlich ermahnt, den Catholischen Gottesdienst vnd Predigt zubesuchen vnd demselben vom Anfang biss zum Ende beyzuwohnen. Es soll sich an den gebottnen Fasttägen männiglich dess Fleischkochens vnd essen gäntzlich enthalten. Es würdt den bürgerlichen Magistraten in allem Ernst aufferlegt, von dato an innerhalb 6 Wochen zuberichten alle Burgerskinder, so der Zeit nit anhaimbs, wo dieselben anjetzo seyn, vnd da sich dieselben bey den vncatholischen Schulen aufhielten, selbige allzugleich inner 6 Monaten abfordern vnd in ein Catholisch Ort schicken sollen, bey Verlierung ihrer Erbgüter vnd gäntzlicher Entziehung derselben. Forderst würdet allen Landtleuten, Herrn vnd Ritterstands, auch Doctoren, Advocaten etc. bey hoher Straff aufferlegt, hinfüro ohne Ihrer Kays. Mtt. Vorwissen vnd Bewilligung keine Kinder zu vncatholischen Schuelen oder zu Studiern zuverschickhen. Demnach J. Kays. Mtt. Intention, dass alle Inwohner in dissem Ertzherzogthumb Oesterreich ob der Ennss sich zu der wahren Catholischen Religion wenden sollen, alss wird denselben zu solcher Bekehrung zwischen Dato vnd nächstkommenden Ostern 1626 ein schliesslicher Termin hiemit peremptorie angesetzt. Gleichwoln I. K. Mtt. niemand hierzu zwingen oder nötigen gedacht, sondern wer ein vermeintliche Beschwer seines Gewissens ihme selbst moviren, vnd sich dissfalls seiner ordentlichen Oberkeit nicht accomodiren will, deme wird jus emigrationis inner berüerten Termin frey gelassen. Wer aber hierzwischen halsstarrig verbleiben, sondern fahrlässig die Termin verstreichen lassen würde, der soll das Land räumen, vnd von allem Vermögen den zehenden Pfenning bezahlen. Weilen kundtlich, dass die Land-Offizier alle der widrigen Religion zugethan, dahero dieselben eben so wol als andere in derselben reformirt vnd corrigirt werden sollen. Dabey dann auch mehrberührte Offizier gewarnet seyn sollen, dass sich keiner weder in haimblichen noch offentlichen Practiken brauchen lassen. Nachdem im Land viel verbottene, gifftige vnd sectische Bücher vorhanden, so ist hiemit allen obvermelten Personen aufferladen, bei vnnachlässlicher Straff solche Bücher inner Monats Frist denen Reformations-Commissarien einzulieffern etc.

sessio Lincii, qua vix soluta Novembri discessi inde et relicta Ratisbonae familia veni Ulmam ibique per annum 1627 incubui typo Tabularum. (Ad Remum 1629.)

Schickardus nunciat fratri Lucae d. 29. Julii: Editio tabularum nonnihil impeditur intestinis motibus rusticorum. Omnia quidem publicationi necessaria Keplerus jam ad manum habet, et cum anno superiori mecum esset, mensa mea per mensem usus, significavit, sibi a Caesare sumtus affatim suppeditatos esse, quibus papyrum emeret ac typothetas remuneretur (nam propriis impensis edere consultius putavit). Hat auch einen ganzen Wagen voll Papier droben zu Kempten bestellt vnd auff der Donaw hinabführen lassen. Item newe Schrifften vnd besondere astronomische Charactere giessen lassen. Illud ex universali fama pridem haud dubie novisti, quod Jesuitarum instinctu Caesar ejus bibliothecam (in qua multi etiam libri controversae religionis) circumscripserit et obsignarit, mathematicos tamen libros, ni fallor, libere potest usurpare.....

Dum Lincii versabatur Keplerus, rediit, omnia colligens ad Tabulas Rudolphinas pertinentia, ad Hipparchum suum, inquirens „latitudinem Lunae in eclipsibus" (22. Martii), deinde ad inquisitionem anno 1622 institutam de longitudine anni tropici, die 22. Junii 1626 addens: „in his paginis hoc sumsi, vernale aequinoctium, quo utitur Ptolemaeus, sequi, autumnale praecedere. Verum animadverti ex tractatione anni Metonici et Calippici, vernale praecedere: itaque omnia mutanda, aestas fit longa d. 186. 18, pro quo Hipparchus, ne parum concludat, usurpavit 187" etc.

Hoc tempore jussus ab ordinibus Linciensibus hoc tradidit judicium Keplerus.

Ehrwürdige Wolgeborne
Edle vnd Gestrenge Herrn, Ehrnveste fürsichtige vnd Weise etc. gnädige vnd gepiettende Herren.

E. Gn. haben mir gnädig anbefehlen lassen, mein gutachten zugeben, was massen die Megiserische Bibliothec zu verwahren.

Hierauff ist diss mein kurze Erclärung, wan man sich bey diser schwürigkhaitt aines feindlichen Brands zubefahren hette, dafür vns Gott behüetten wölle, so wäre der nechste Weg, man schlüege nit allain die Megiserische, sondern auch einer Landtschafft Bibliothec in grosse Fässer, vnd liesse die auff dem Boden stehen, so möchte man die zur Noth walzen oder führen, wohin man wollte.

Wan aber nit auf dise Gefahr, sondern allain auff der Soldaten, so auff demselbigen Gang schiltwachten halten vnd sambt Irem Anhang von Weibern, Kindern vnd Pueben in die nechste Zimmer einlosiret, gewohnlichen Mutwillen zugedenckhen, so wolt Ich der Hoffnung geleben, weil die im Landhauss ligende Rotten nit verendert werden, auch stetigs eine schiltwacht im eingang des Gangs stehet, vnd die Thür zu diser Bibliothec im gesicht hat, Item weil die Knechte bey Tag vnd Nacht vnauffhörlich bey derselben Thür fürübergehen, also das biss dato die Signatur vom Reformations Secretario neben einer Löblichen Landtschafft Secretarii Petschafft auffgedruckht, noch nit abgerissen worden, sollte sich auch füro khaines frevels zu befahren sein, wan allain der Herr Hauptman erinnert wurde, das in disem Zimmer ein solliche Bibliothec sey, mit deren stuckhen einem gemeinen Mann wenig gedienet, vnd an wölcher hingegen nit allain einer Ers. Landtschafft, sondern auch vilen Adelichen Geschlechtern im Röm. Reich vil dran gelegen, vnd in einem vnd anderm Fall Iren recurs hieher haben, das auch die disposition vnter den schrifften vnd Büechern also beschaffen, das sie ausser einer sonderbaren grossen Noth nit ohne grosse vnd schädliche confusion anders wohin zu transferiren seye.

Dabey dan auch E. Gn. diss in Bedenckhen ziehen wöllen, das so bald man sollich Zimmer raumet, die Soldaten strackhs darein ziehen, obschon sie losirung vbrig genug haben, auch die fürgepen oder genge zun Secreten, wölche sie Innen haben, Inen zur Wehr vnd Wacht vil handsamer.

Item wan sie sehen ausstragen, man bringe die Bücher wohin man wölle, werffen sie die Augen drauff, dörfften hernach wol die Ort, dahin man sie verwahret, vnsicher machen, wie Doctori Schiffmannen mit seinen supellectilibus, dahin er seine Bücher in angesicht der Soldaten vbertragen lassen, widerfahren.

Sonderlich wurde es eine grosse Confusion geben, wan man dise Bibliothec in einer Löbl. Landt. Bibliothec vbertrüege, vnd vndereinander mengete, dann in diser ist grosser abgang vnd khain Correspondenz mit dem Catalogo, villeicht auch in der Megiserischen.

Gleichwol aber khönt es nit schaden, wan zway oder drey gutte weitte fässer in der beraitschafft gehalten, vnd von der nähe wegen in den Predigsahl neben den Altar gestelt wurden, dahin man sie, wan ein Noth ausskhäme, oder die defension es erfordern wolte, durch gewisse hierzu avisirte personen zuckhen, vnd so gutt es in der eil müglich, zusamen packhen köndte.

Nit weniger Ich es auch für ein Notdurfft hielte, wan mans im jezigen Zimmer lassen wollte, das ein Naab eingeschrauffet, vnd ein gutt Hangschloss angelegt wurde, entlich auch die Kuchel (wölche sonst den Soldaten nichts nuz ist, vnd seind sie hingegen mit meiner kuchel versehen) besser verrigelt, oder darinnen das Ofenloch vermauert wurde, mit fürwendung, das nit etwa von Pulver schaden geschehe.

Sovil hab Ich auss schuldigem gehorsam zuerinnern nit vnderlassen sollen, E. Gn. hiemit im geringisten nit vorgreiffend.

E. Gn. mich geh. befehlend

E. Gn.

vnderthäniger vnd gehorsamer
Mathematicus
Johann Kepler m/p.

Die 22. Dec. Ulmae observat Keplerus conjunctionem Veneris et Lunae, quae observatio exstat vol. VI. p. 599. — Ad controversias theologicas rediisse Keplerum ex his Besoldi ad ipsum d. 27. Sept. datis literis apparet: Nobilis et undecunque clarissime vir, fautor et adfinis jugiter colende. Remitto quae accepi fragmenta scripti theologici tui, quod contra Catholico-Romanos paras. Placet id (licet fine ac principio carens) nam et ex ungue cognoscere leonem licet. Placet, inquam, eam praecipue ob causam, quod inibi solito candore, remotis controversiarum tricis nostra defendis et captui te accommodas eorum, qui in subtilitatibus novissimorum theologorum haud sunt exercitati. Velim id edi, sed nomen tuum praefigi nolim; haud quidem tui, sed ipsius scripti causa, quod minus gratum nostratibus, ridiculum adversariis erit, cum pro iis propugnes, qui te sacris suis arcent et tantum non haereticum proclamant. Verum pro prudentia tua, Vir Clarissime, judicabis, ego libere perscribo animi sensa

Rumor de mea conversione inopinatus plane fuit; at securos esse jubeo vestrates, quos exinde cognosco salutis meae esse studiosos. Ex animi sensu iis semper soleo respondere, qui me nescio cujus novitatis suspectum habent: antiqua, imo antiquissima mê sequi mälleque cum primitivae ecclesiae doctoribus errare, quam novatorum obscuram diligentiam imitari. Sed puto et firmiter persuasum mihi est, errores, quorum reos agunt Catholico-Romanos nostrates, novos esse nec ex ecclesia primitiva.. Theologi nostri strenue hactenus novos aeque ac veteres oppugnant et inter alios Arndium (quem orco scripto publico addixit D. Cancellarius Osiander), Menzerum, Photinianos...... Frater meus ignarum se plane ait negotii, divisionem bonorum tuorum maternorum concernentis; sibi nil commendatum inquit, sed dedi Bidembachio nostro, qui ut puto ad assessoratum Spiram vocatus est. — Monetariae rei depravatio mores et omnem politiae et oeconomiae rationem pervertit. Res quidem in eum statum restituta est, ut thalerus pro 1 fl. 30 kr. expendatur; sed necdum corruptelae cessant, quas corruptio illa introduxit. Vale.

Quae Besoldus de rumore dicit mutatae fidei, tunc temporis nondum vera erant, sed paucis annis post rumorem illum exitus probavit (cfr. vol. I. p. 188). De re nummaria et similibus haec Besoldus prioribus literis Keplero nunciaverat: „Depravatio monetariae rei omnia nobis commercia deprimit, nec vendi nec emi necessaria, sed cuncta permutari solent..... Nos hic in summa copia annonae esurimus et jam in eo est, ut dissipetur academia nostra, satis alias frequens. Monetae et nummi vel pravitas vel aestimatio incerta eo rem redegit, ut nil vendatur, nil emi possit, sed cuncta permutentur: nonnisi frumento comparabis vinum, nonnisi vino vestes, calceos. Vini novi mensuram, qui hospites studiosos alunt, floreno vel etiam 18 bazis distrahunt. Jam enim incipiunt sentire omnes nummi bonitatem intrinsecam justumque ejus pretium non putativum seu impositilium inspiciendum et ex eo omnium capere ex aequa proportione aestimationem. — In his iisdem literis, datis anno c. 1622, legimus: Silent inquisitiones nunc apud nos, quae mire me turbarunt, quod viderim turbari pios, probos, quodque cognoverim, ex altera parte fanaticos multos sub specie pietatis profanum propositum habere finem. Ego fide amplector omnia, quae consensus piorum Patrum adprobabit, planeque in eo sum totus et porro in eo laborabo, ut sciam, quid de nostris etiam, h. e. Lutheranis novitatibus (ita Catholici loquuntur) sentiant ilii pii patres. —

Ex „observationibus aëris“ in Ephemeride hujus anni deprehendimus, Keplerum Lincio abiisse die 20. Novembris, commoratum Passavii a die 21. in 26, Ratisbonae usque in 8. Decembris et inde Ulmam pervenisse c. diem 9. Decembris. Antequam Keplerus Lincio abiret, filium Ludovicum, tum novemdecim annos natum, in gymnasium Sulzbachianum misit. Inde Tubingam venit filius c. mensem Septembris, quod ex his senatus Tubingensis literis intercessoriis ad Ducem Württembergiae datis apparet, quibus etiam causae emissionis filii Sulzbachium dicuntur.

Durchleuchtiger, Hochgeborner Fürst.

E. F. G. werden Sich Zweiffels frey gnedig erinnern mögen, welcher massen jüngst verwichnen Früeling in Ober Oesterreich ein allgemein scharpffes Edict ergangen und publiciert worden, dass alle der Ortten haussbäblich gesessene Evängelische, bey leiblichen Ayden verbunden sein sollen, Ihre Kindern von den Evangelischen Universiteten, oder andere dergleichen Ortten, nach hauss zuerfordern vnd zue Päbstischer Religion informieren zuelassen: daher gevolgt, dass ettliche guthertzige Landherren in Ober Oesterreich, zue rhümblicher Bezeugung Irer gegen Johanne Kepplero, vortrefflichem vnd weittberüembten Kayserlichen Mathematico, tragender wolgeneigter affection, dessen Sohn, zeigern diss Ludovicum Kepplerum (inscio Patre, damit derselbe mit gutem gewissen schweren khönne, dass Er nicht wisse, an wäss Ortten gemelter sein Sohn Sich vffhallte, vnd daher denselben nicht nach Hauss erfordern khönen [v. s. p. 897]) Herrn Augusti, Pfaltzgravens zue Sultzbach Fürstlichen gnaden, underthenig commendiert, der enden Sich derselbe bey dem Gymnasio zue besagtem

Sultzbach solang vffgehalten, biss von Hochgedachtem Herrn Pfaltzgraven Augusto ermelter junge Keppler (weill seine erlangte profectus nuhnmehr gravius studiorum genus erfordere) de meliori nota verschriben, auch von S. F. G. zue erlangung dero gnedigen Bescheidts, Er zue Fürstlicher Cantzley nach Stuttgarten in gnaden gewisen worden.

Wann dann, gnediger Fürst und Herr, gedachter Johann Keppler nicht allein in diesem E. F. Gn. Hochlöblichem Hertzogthumb Würtemberg erzogen und geporen, sondern auch bei E. F. G. Closter Schuelen und fürstlichem Theologischen Stipendio alhie zue Tübingen zue den studiis mit solchem getrewen Vleiss angehallten worden, dass endlichen E. F. G. in Gott ruhender geliebter Herr Vatter, Christmilten angedenckhens, vff allergnedigstes begeren Herrn Rudolphi Röm. Kay. Maytt. Hochlöblichster gedechtnuss, Ihne ad Professionem Mathematum gnedig dimittiert vnd bewilligt, dabey neben dessen Sohn zue fruchtbarer assequierung dess von E. F. G. vertrösteten gnedigen Bescheidts, vnns vmb gegenwärtige vnderthenige Intercession Instendig ersucht, vnd wir vnns gehorsamblich erinnert, wass gestalt E. F. G. zue würcklicher erhalltung der reinen wahren Religion, ohngeenderter Augspurgischer Confession, von Zeit E. F. G. angetrettener hochl. Regierung, biss Dato, vielen vnderschidlichen Monachis vnd andern Ordensleutten (welche vom Pabstumb ab vnd zue vnserer Religion getretten) die nothwendige Vnderhaltung, in E F. G. Stipendio Theologico alhie, milltigklich widerfahren lassen: vnd aber dieser Ludovicus Kepplerus in weittbeschwerlicheren Exilio versieren thuet, allss derselben kheiner niemalen gewesen, weill Er ja bey seinem Vattern, ohne hochste gefahr seiner wahren Religion vnd daher periclitierung seiner ewigen Seelenseeligkheit nicht sein, noch sumptus necessarios erlangen khan, dabeyneben von dem Allmechtigen mit einem solchen liberali ingenio begabet, dass ohngezweifflete zueversicht zuefassen, Er werde vff erlangte gnedige Hilff seine studia zue gewünschtem glückhlichen endt bringen, vnd successu temporis viel gutes praestiren khönnen: alss haben wir Ihme die gebettene vnderthenige Intercession, perturbato hoc rerum statu, mit fuegen nicht verweigern khönnen, noch sollen, sondern E. F. G. (zue gehorsamer Vollziehung hiebevor mehrmalen allegierten, den 7. Octobris längstverwichenen 1607. Jahrs vnns überschickhten, fürstlichen Recess Punctens) mehrgemelts Ludovici Kepplers nach Tübingen beschehene Ankhunfft vnd in hoc vero exilio betrübten laidigen Zuestandts vnderthenig berichten wollen, gehorsambstes Vleiss bittendt, E. F. G. geruhen offtbenanntem Kepplern die Vnderhaltung in dero fürstlichem Stipendio (E. F. G. gnedigem gefallen nach) ad tempus in gnaden gedeyen, derentwegen auch, gehöriger Ortten, fürstlichen Bevelch aussverttigen zuelassen, damit Er seine wol angefangene studia glückhlich continuiren vnd fruchtbarlich absolvieren möge. Wie nuhn E. F. G. hieran ein Hochrühmblich werckh der barmhertzigkheit erweisen: Allso haben E. F. G. darfür nicht allein Gottes milltreichen Seegen, vnd wolerspriessliche belohnung ohnfelbahr zuegewartten, sondern wirdt auch offtbenannter Keppler solche milltfürstliche gnad mit eyverigem gebett vnd gehorsambwilligsten Diensten vnterthenigst zue verdienen Sich die Tag seines lebens eusserster müglichkheit demütigst bevleissen, inmassen biss vff E. F. G. ervolgende gnedige Resolution wir Ihme Kepplern die Lieferung in dem Contubernio Academico zuereichen verordnet etc.

Datum den 6. Octobris Anno 1626.

E. F. G.

vndertheniger

gehorsamer

Rector, Cancell. DD. vnd Repenten

gemeiner Univ. zue Tübingen.

Recepto Ludovico in „Stipendium Fikleriánum“ pater et filius hoc solenni scripto fidem promiserunt:

Ich Ludwig Käppler, diser Zeit Philosophiae studiosus vnd Vniversitets-Verwandter zue Tübingen, vnd mit Ihm ich Joh. Käppler, Kaiserischer Mathematicus zue Wien, bekhennen offentlich für vns, vnsere Erben vnd Nachkommen, die wir, als vns selbsten zu gegenwertiger Verschreibung crefftiglich verbinden, vnd thun khundt Jedermenniglich mit diser Schrift: Demnach der ehrw. edle, ehrenfeste vnd hochgelarte Herr Superintendent vnd Inspector des bei gemeiner Vniversitet Tübingen milltiglich gestiffteten Stipendii Fikleriani, vff beschehen sollicitiren vnd anhalten, mich Ludwigen in gemelt Stipendium Fiklerianum grossgünstig recipiert vnd angenommen, dergestallt vnd also, dass ich mich darinnen (neben getrewer, vleissiger fortsetzung meiner Studien) eines stillen, eingezogenen gottseeligen Wandels befleissen, vnd bestagtes Stipendii Statutis allerdings gemäss verhalten oder im widrigen fahl (das der Allmechtige gnedig verhüeten wölle) die in gemeltem Stipendio vff mich verwendte sumptus widerumb refundieren vnd erstatten solle: Alss haben wir hierauf ehrngedachten Herrn Superintendenten vnd deren Nachkommen geredt, zuegesagt vnd versprochen, thuen das auch hiemit vnd in Krafft diss Briefs nochmalen wissendt vnd wohlbedächtlich, davern ich obgedachter Ludwig künfftiger Zeitt, auss berührtem Stipendio Fikleriano ohne des Herrn Superintendenten vnd Inspectorn Vorwissen vnd Bewilligung entweichen oder mich sonsten in studiis, vita et moribus, allso vngebührlich verhallten würde, dass Ich in demselben lenger nicht geduldet werden köndte: dass wir alssdann mehrgenanntem Stipendio alles dasjenige, wass vff mich Ludwigen (so lang ich dasselbe genossen) verwendet worden, getrewlich erstatten vnd widerlegen wollen, bei würklicher Verpfendung aller vnd jeder vnserer ligender vnd vahrender, gegenwertiger vnd zuekünfftiger Haab vnd Güetter. Inmassen dann, zue würcklicher Vollziehung desselben, wolgemelte Herrn Superintendenten vnd deren Nachkhommen, vollen Gewallt vnd macht, auch hiemit guet erlangt vnd von vns selbsten freywillig ergeben Recht haben sollen, vff obermelten fahl mein Ludwigs beschehenen entweichens oder fürgangenen vngebührenden Verhaltens, vnd dannenher gevolgten Abschaffens auss benanntem Stipendio, vnsere jetzige vnd künfftig bekhommende Haab vnd Güeter, freies, aigenen willens anzugreiffen, zuverkhauffen vnd damitt in all andere Ihnen gefellige weeg, zuehandlen, zueschalten vnd zuewallten, zuethuen vnd zuelassen, wie vnd wass Sie wollen, immer solang vnd viel, biss ermeltes Stipendium, umb angedeütte, vff mich Ludwigen verwendte Vnderhalltung, vnd wass derselben bey offtgedachtem Stipendio verner anhängig zue guetten benüemen contentirt vnd befridiget worden. Vor welchen allen vnd jeden, weder vnns beede, vnsere Erben vnd Nachkhommen, noch auch vnsere gegenwertige vnd zuekünfftige Haab vnd Güeter, nicht freyen, friden, fristen, schützen, noch beschirmen soll, einige gnad, Freyheit, gebott, verbott, Christlich oder welltlich Gericht, noch Recht, noch sonsten jehzit anders vberall, so jemandt hierwider zue Schutz, Schirmb oder behelff, immer fürwenden vnd erdenckhen khöndte oder möchte, dann Wir vnns derselben aller vnd Jeder, sambt den Rechten, gemeiner Verzyhung widersprechendt, ausstruckhlich verzigen vnd begeben haben, thuen das auch hiemit nochmahlen wissendt vnd wohlbedächtlich, vnd Crafft diss Brievs getrewlich vnd ohne gefehrde. Dessen alles zu warhaffter gezeüghnus vnd Vrkhundt, haben Wir eingangsbenante Vatter vnd Sohn, diese Verschreibung vnd Obligation mit aigen handen vnderschrieben, auch zue noch mehrer becrefftigung Ich Johann Keppler, mein gewohnlich Pettschafft, hieunten offentlich vffgetruckht.

Beschehen zue Tübingen, Mittwochs den 6. Dec. des ablauffenden Sechszehenhundert Sechs vnd zwaintzigisten Jahrs.

Johan Keppler
der Röm. Kay. Mt. vnd einer löbl. Landt. d. Erzh. Oesterreich ob der
(L. S.) Ens Mathematicus m. pr.
Ludovicus Kepplerus
Phil. Stud. Stip. Fikleriani Alumnus m. pr.

Keplerus Ulma haec dat Schickardo, respondens ad Schickardi de filio literas (deperditas):

Cl. Viro D. W. Schickarto S. L. Professori in Academia Tubingensi, Domino amico et hospiti meo charissimo.

A salutato per Mitschelium vicissim salve, amicorum apex. Ex hoc cum didicissem, filiam meam Ludovicam apud vos honesta functione in culina Fickleriana victum tolerare, et gavisus sum impense, et risi effusissime. O fortunam minime caecam, si fortuitum hoc est, multoque quam ego fui oculatiorem; qui toties cum forcipe capillitio ejus dormientis imminebam, praecisurus illud: cum ignorarem, capillitium inservire extergendis olim pediculis, nunc etiam vasis coquinariis et mensariis. O vero argutos vos paterni animi conjectores, si hoc non a fortuna est, sed a vestra providentia. Epistolam ad me primam filius misit latinam quidem: gaudeo; at a sensu tam puerili, ut de potestate judicii ejus sollicitus sim. Veniam denique uno verbo petit, bene hoc sic satis; at exspectabam, ut ad me perscriberet rationes minutas et temporis et pecuniae expensae et debitorum passim contractorum. Nam hic enumeratione peccatorum minutissima opus est, si cupit sanari. Rogo urgeas illum, ut prima occasione id praestet.

Quod me per Mitschelium hortaris, ut ad vos excurram, metus me arresti (sic.) a creditoribus filii mei impedit (non vacat ob ea, quorum causa veni); pecunias ut illi subministretis petenti, nullatenus consentio: judicio puer, temeritate plusquam vir est. Ut vero tecum ille rationes ineat sumtuum necessariorum, id neque tuae occupationes ferre videntur, neque mihi consultum est, qui metuo, ne intercessiones apud te S. Mariae nimium valeant seque contra tua imperia muniant, lacrumis pro filii meo fusis; et praeterea longius absunt aedes. D. M. Flaiderus et verbis et maxime physiognomica proprietate vultus amicum se meum ingenuum et sincerum professus, aedes Ficklero contiguas habitat, et aut minus quam tu aut certe suavius occupatur, poeta cum sit. Primae tamen sint tuae partes deliberationis, num sit is mihi adeundus hic, anne aliqua subsit suspicio corruptelae a commeantibus aut cohabitantibus, si filio meo quotidianum accessum ad illum impetrem, consilii capiendi causa et authoramenti, in omnibus sumtibus faciendis. Si nihil invenis ὕπουλον, vel jam statim meas ad Flaiderum partes age, jam enim excludor tempore a scribendo; sin aliter, interim ergo tu partes illas sustineto apud lotrices, sartores, sutores a praesenti tempore, dum rationum ejus catalogum tuasque literas recipiam.

Scribe etiam de Beckio et de mappa universali bivultia, quod ante semestre petii; nam tuarum hactenus nihil accepi ex quo obsidionem Lincii toleravi. Vale tuamque uxorem et notos omnes saluta. Ulmae 16./26. Dec. 1626.

E. T. Amicus et hospes

Jo. Kepler.

1627. Revolutio anni. Edidi Ulmae Tabulas Rudolphinas. Septembri ivi Francofurtum, Novembri Ulmam, Ratisbonam, Decembri Pragam.

Quae hoc anno Keplerus per literas egit cum Berneggero et Schickardo leguntur vol. VI. p. 619 ss. Ex epistolis ad Berneggerum apparet, Keplerum propositum habuisse, editis Tabulis secedere in locum „eas docendi" in Germania vel extra patriam, paulo post vero mutato consilio scribit, rationes se habere domesticas, quae se arctius alligent Austriae, quamvis nondum securus sit „proposito Caesaris tam minaci", num diutius ibi possit morari. „Hactenus, inquit, sedi Lincii salario suffultus procerum, aulicum in augmenti honorarii parte reputavi nec ursi sollicite; typographiam aliquam introduxi adjuvique pro viribus, opuscula nonnulla excudi. At nunc periit Austria; si revertar, in aulam concedendum erit" (6. Apr.). „Circumspicio occasiones, manendi in Germania superiori, praesertim cum omnes evangelici ex Austria relegentur: metus itaque me habet, ne et ego exulibus accensear, loco gratiae, qua fruebar hactenus. Eundum tamen est Lincium, elocatae pecuniae causa" (1. Oct.). Consilium sibi expetit Berneggeri de distrahendis Tabulis, refert de Hyperaspiste (VII. 156), absolutum typum Tabularum initio Septembris. In epistolis ad Schickardum (scriptis a die 23. Jan. ad 19. Nov.) agit Keplerus de filio Ludovico Tubingae degente, de conficienda tabula orbis Terrae, quam Rudolphinis addere parabat (VI. 628), denique de professione Schickardi (VI. 632 ss). Pluribus disserit Keplerus de filio ejusque ingenio et moribus, sicut etiam de rebus suis domesticis in his ad Schickardum (19. Aprilis) datis literis.

S. P. D. Literis tuis, postridie Paschatis scriptis, quas post decimum accepi diem, causam filii mei summa in ipsum fide egisti. Agnosco et argumenta ab ipso suppeditata. Verum si res ita habet ut schedae ejus referunt, tuque tuum etiam addis testimonium, nihil fuit opus tantis molitionibus. Potuit ille scripta epistola sibi et mihi parcere. Verum nota est mihi hominis contumacia et subdola tergiversatio, cujus quam primum vel levissima me afflat aura, bilis mihi accenditur. Sequor en tuum amici consilium: habes filium, habeto et patrem tuae hic potestatis, atque utinam haberes tam facilem et illum. Etsi non sum adeo hebes quin intelligam, quam inter vos versuram instituatis, utinam non tuo damno. Malim, postquam hoc virus e stomacho dudum ejeci, rem omnem sine fuco detexisses. Nam cur ille scripsit ad sororem, se, postquam a me reversus est, octo florenos a Doctore mutuatum? Cur cistae non meminit? Imo cur ad me rationes suas expensarum non scripsit? Cur nunquam ille characterem assumit filialis in patrem fiduciae literis demonstrandae? Cur illo contumaci silentio locum facit meis suspicionibus, cum sciat rumoribus ad me perferri singula, quae ille seu Tubingae sive alibi factitet? Cur nihil de Doctoris ad meas literas responso renunciavit, literarum suppressarum, expilatae inclusae pecuniae reum se hoc silentio fecit? Cur non occurrit his cogitationibus meis, si innocens est? Cur non parcit parenti? Quicquid subsit, hoc scias, nulla te re magis amicitiam, quae nos inter tenuit hactenus, laedere posse, quam si de tuo aliquid dederis, quod me diutius celes. Cum autem dico, de tuo, ex meo non ex tuo sensu loquor. Nam vagatur animus per memoriam aliarum literarum. Ad argumenta transeo; nam animus, a bile superiori aeger, ut tenerrimus est, ita facile movetur. Filii mei argumentum est: in multos fuisti liberalis, quibus ego potiori nitor jure. Pungit hominem, quod novercae ejus nepotem pecunia nonnulla, sponsor factus, promovi. Velim cogitationes ille suas hic non ad muliebres querelas, ad novercae mores, ad sororis meae insusurrationes, sed ad meam ingenuitatem conformet. Sunt aliquot floreni, etsi nondum expensi, non meae tamen potestatis. Spopondi, praestandum est, etiamsi et mihi et meis omnibus sit esuriendum. Spopondi autem, cum secundiori flatu navigarem. Reddam tamen etiam rationes facti mei (hui quam turpiter filio): non dedi sc. hoc uxori meae, cui ut matris suae locum tenenti obtrectat animus ejus faemia (?) vitiosior, nam scit apprime, eam a me minime delicate haberi, sed misertus sum familiae omni ope destitutae. Haec eleemosyna est, abstineat ille cohibeatque sacrilegas querelas. Aliud tuum argumentum est bonae notae: „haec necessaria sunt, sordide avarus haberis, nisi suppedites". Si possim, inquam. At nunc quidem mihi in breve tempus et ad typos operis, quod sub manibus surgit, prospectum est quadamtenus; ut vel tantillum hinc decerpam in usus filii mei, quod remoram pariat operi, pene alterum id reputo sacrilegium. Fiat quod justum est, etiam si filius, cui jam de victu prospectum, cetera propria industria cogatur acquirere. Ob opus conduxit me Caesar, non ob filium alendum, jamque in eo res est, ut aut hac vice ad finem perducendum videatur opus, aut porro nunquam. Quod igitur attinet posteriora tempora, sic agam: quidquid locationis nomine a fratre meo Christophoro quotannis solvetur sorori meae de praediis meis maternis, id ex dictae sororis meae manibus accipiet meus filius Ludovicus, sic tamen, ut a fratre meo ipse nihil anticipato petat. Mihi vero ceterisque meis liberis Deus, uti spero, prospiciet, etiamsi de 15000 debitorum nihil vel sortis vel usurae nomine, ut nunc sunt perdita tempora, accipiam. Rogo igitur admoneas illum, nihil a patruo suo petat. Scio quam promtus ille sit futurus ad dandum, ut me quam minimo suo impendio a possessione praediolorum detrudat.

Quod sartorem et sutorem attinet, vim ipse mihi facio, ut de commeatu meo, quem hic habeo, tantum decerpam, quo tu libereris molestia. Nova mihi excandescendi causa nascitur: quod jam filius meus creditores suos ad te ablegat. Obsecro sartori sedulo injungas, ne ille efferat in vulgus, te mihi hic operam locare. Habes imperiales quatuor*), eos ut necesse erit distribue, ut maxime importunis de parte aliqua satisfiat. Reliquum mittam, ubi Ratisbonae subsidii quid accepero. (In margine: Miror quibus apicibus literarum mearum existimaveris illum iri laesum. An tenerum theologi animum et ictu fortunae saucium innuis, ut non a punctu tantum, sed etiam ab imaginatione punctus doleat? Aboleo tamen literas et differo ad ipsum scribere, donec solvam debitum.) — Etsi optarim, D. Thummium aegritudine animi vacare, ut compellari possit de opera locanda in debitis Hemmingerianis, quae Stuccardiae colliguntur, delibandis. Mitto D. M. Hemmingeri schedam autographon. Tubinga Stuccardiam crebri commeant nuncii: potest interpellari Doctor ille Stuccardianus.

Die 19. Novembris scribit Keplerus: Cum exacto Septembri Francofurtum

*) Schickardus in margine hujus epistolae haec annotavit: Von disen 4 Dalern hab ich zalt: dem Schneider 3 fl. 16 kr., dem Schuster 2 fl. 14 Bzn. Vmb Stroh 6 kr. Summa 6 fl. 18 kr., diese 18 kr. gehören mir heraus. Item für Brief nach Ulm 2 kr., etlichmal gen Stutgart 2 kr. 2 kr., trinkeld dem Bott 2 kr. Item dem Amos Vogel für den Paker von Vlm 18 kr. Am Jahrmarkt vmb ein schlösslin 4 Bz. Zu Beüchtopfer 1 Bz. 18. Maji 10 kr. Stutgart 2 kr. Vlm 2 kr. Zu hut falz 20 kr. Summa 1 fl. 20 kr.

abirem, filio meo, quem in transitu jusseram me exspectare, 13 florenorum summam, quam deberet diversis, ostendenti permisi Stuccardiae florenos 20, obtestatus eum, ut totam summam tibi traderet, ut cui debeam amplius etiam aliquid. Jam ut eum Eslingae reditum meum exspectantem offendi, negavit te domi tum fuisse seque dixit omnibus, etiam D. Thummio et tibi satisfecisse, documenta omnia literaria in scriniis habere Tubingae. Postquam ad sororem meam veni Rosweldam, didici, illum insuper tres alios florenos ab ea extorsisse. De his igitur 23 florenis exspecto rationes a filio, abs te vero rescriptum, verene tibi sit satisfactum, quod pervelim etiam per idoneum aliquem a D. D. Thummio expisceris. Die 4. Martii 1628 haec dat Keplerus Schickardo: .... Ne tibi fiat injuria, dedi 20 flor. legato Argentinensium. Rogo ut filium meum eo adigas, ut rationes expensorum illorum 23 florenorum manu sua scriptas tibi exhibeat..... De his 20 florenis quod erit residuum id filio meo non aliter permitti velim, nisi quoties schedas attulerit sumtuum notoriorum vel sua manu signatas cum subscripto die, vel ab iis, quibus debet. Ita fiet, ut tu sis tutus a flagitationibus ipsius creditorum. (Cfr. vol. VI. p. 624.)*)

---

*) De vita Ludovici Kepleri haec excerpsimus e „programmate in obitum ejus ab academia Regiomontana publice proposito": Anno 1612. Caustadii in Moravia a vidua Pauritschiana et anno 1613. in civitate Welsensi a Jo. Seidenthalero, cive ejusdem primario, cum sorore educabatur, donec pater, a comitiis Ratisboneusibus redux factus, filium domum revocaret, ut privata partim, partim publica in Linciensi gymnasio informatione feliciter in studiorum cursu progrederetur. Anno 1619. cum patre Ratisbonam, tum 1624 Viennam sese conferens in poëseos ac philosophiae exercitiis, tum et arte sculptoria tam egregios fecit profectus, ut cum emblema quoddam ex instinctu patris a se affabre elaboratum Caesari obtulisset, et gratiam et praemium satis amplum inde reportarit. Anno 1626. ipse ope cujusdam nobilis matronae ipso etiam patre inscio (v. s) sese subduxit ac per avia Ratisbonam primo, hinc Altorffium et non diu post Sultzbachium sese contulit, ubi a Principe Neo-Palatino Augusto gratiose susceptus lectiones publicas in gymnasio per integrum semestre audivit. Inde a Principe commendatitias obtinens Tubingam profectus est ibidemque anno 1627. primum in philosophia gradum obtinuit ac magisterii titulo non diu post (11. Febr. 1629.) est ornatus.

Collegium Medicum hoc testimonio dimittit Ludovicum Tubinga abeuntem:

Decanus, Professores et Doctores Incluti collegii Medici Tubingensis Academiae Benevolo Lectori cum debita honoris et officiorum oblatione.

Qui has exhibebit literas, Humanissimus et Doctissimus Vir Juvenis, Dominus Ludovicus Praga-Bohemus, Magni illius Atlantis et Caesariae Majestatis Mathematici, Domini Johannis Keppleri filius, ante semestre apud nos suum professus nomen in sanctae Hygieiae cultorum receptus est numerum. Interea temporis suum nobis tum studium in colenda pietate ac honestis moribus, cumprimis vero inaffectata illa comitate et candore, tum arte discenda nostra medica, et audiendis lectionibus publicis ardorem et diligentiam pro virili probavit. Et nisi alibi ei occasio minore sumtu studia continuandi oblata esset, libenter eum ut fovimus hactenus, sic deinceps etiam fovissemus. Sed nunc commodis ejus ita flagitantibus bona ipsum dimittimus cum gratia, omnibus bonis et doctis cujuscunque ordinis, qui eum quoquo modo juvare potuerint, sedulo commendamus; non dubitantes, quin erga benefactores suos ita, uti decet, gratum se praestiturus et aliquando ingenti Rei Literariae ac publicae, paternas aemulans virtutes, ornamento cum bono futurus sit Deo. Quo teste haec scripsimus, et sigillo facultatis nostrae insignivimus publico. Tubingae VI. Id. April. Epochae Christianae MDCXXIX.

Medicinae studium aggressus est et ephorus constitutus Jo. Dieterici a Karpffen, dicasterii Würtembergensis praesidis emeriti filii unici, cum quo anno 1630 in Galliam eundum erat. At placuit eidem Basileae subsistere, ubi annum integrum arti medicinali operam dedit. Postea Argentinam progressus (Berneggerus refert Schickardo Aprili 1631, Keplerum juniorem Basileae aeris alieni difficultatibus laborare, in quibus opem suam imploraverit aliquoties. Mense Julio: Kepleri nostri statum, nunc nobiscum agentis, ex ipsiusmet responsione cognosces. Basilienses ob inopinatum ejus abitum iratos sic satis placavi datisque ad rectorem literis promisi, nonnisi solutis Basiliensium debitis omnibus eum ex urbe me dimissurum), cum disputationem solennem instituisset, interim de morte patris certior factus

Keplerum cum Jesuitâ Dilingensi Alberto Curtio per annum 1627 multa egisse de rebus astronomicis, diximus vol. VI. p. 583. Neque vero astronomica tantum tetigisse Keplerum in epistolis suis, sed etiam res ad fidem pertinentes, apparet e responsionibus Curtii, quae supersunt, quum Kepleri epistolas huc usque frustra quaesiverimus. Epistolae Curtii supplent quadamtenus illas Kepleri, quae desiderantur. Die 10. Junii scripsit Curtius: „Quod nuper literis meis addidi, nolim te eo accipere, velut si laqueos conscientiae tuae dispositos velim et secundum amici gratiam atque sententiam etiam de Sacris et salute tua decerni; atque nos non tam infeliciter eruditi sumus, quin uni cuidam subinde laetus sit Deus, quem nemo utique fallit, quisquis affectatas excusatiunculas privatim domi suae comminiscitur.(?) Sed ego te, mi Keplere, cum viderem ita comparatum, ut haud paulo plures naevos in illa tua, seu privata seu alia, quam in nostra et Catholica ecclesia agnoscas, facere aliter non debui, quam ut ad hoc ipsum tribunal conscientiae tuae te reducerem; cui si obsequeris, non erras, quam diu illa non errat.... Si ego suspectus sum, age et utroque silente loquatur scriptura, loquatur antiquitas, loquantur S. S. Patres, loquatur Deus; ego interim taciturnus operiar, quo usque bono Deo placuerit tibi eam mentem injicere, cujus te per inimicum injectae poeniteat.“ Die 25. Junii: ... „Ad appendicem epistolae tuae nec respondere vacat nec tacere sustineo. Cuperem magistrum illum tuum attentius audisse, ad quos loquentes uterque provocavimus, S. Patres, Origenem, Gregorium Nissensem, Ambrosium etc., quibus judicibus causa deciditur; tu quidem causa cadis, nos hic Dilingae in libellis edendis sequimur, quod sancta olim antiquitas praeivit.“ ... Die 19. Julii: Exclusus sum nuper improviso itinere ad Ill. Comitem Helffensteinium, quo minus literis tuis maturius responderem; quam equidem jacturam eo libentius tuli, quod sperarem, posse me ex vicinia et occasione illuc ad vos usque Ulmam excurrere. Sed laborante etiamnum valetudine Comitis, cujus obsequio destinati sumus, missio hactenus impetrari non potuit..... Postremum epistolae tuae desiit in controversiam familiarem, in qua tu scilicet ingenio tuo gratas gratias debes, quod tibi in eo commentario tam luculenter patrocinatum est. Ais, verba Augustini passive accipienda pro ipsa mercede, cui associari olim in coelo cupiamus. Mihi n. de ea commentatione militari aliter non visum, quam ut Augustino ipsum Augustinum interpretem arcessam. Ita igitur ille, quaest. 149 in Exodum: admonemur, inquit, cum merita nostra nos gravant, ne diligamur a Deo, relevari nos apud eum illorum meritis posse, quos diligit etc. Die 26. Augusti: ... „Pergo deinceps ad familiarem controversiam, quae partem epistolae bene magnam verbose et puto meditate conceptam occupavit.

---

ad suos reverti jubebatur. Anno 1632. Genevam se contulit (Berneggerus scribit Octobri 1632. Schickardo: Gratias ago de recte curatis ad me Keppleri literis. Mea enim, qui ipse et hic et apud Basilienses spopondi, scire plurimum interest ubi moraretur. Annum enim et eo amplius nihil quicquam audivi de eo) ibidemque medicis acceptus ptochodochia sedulo visitavit. Hoc per integrum annum continuans, negotiorum quorundam causa (typum „Somnii“ curans) Francofurtum petere cogebatur. Hic in amicitiam Ambstrutteri, regis Angliae legati, assumtus atque ab eodem Georgio Duglassio de meliori nota commendatus, cum eo Regiomontum se contulit et anno 1635 in numerum practiorum suscipiebatur. Hinc vero post aliquod tempus in Italiam cum discessisset, acquisito Patavii Doctoris titulo Regiomontum denuo se recepit. Sociam vitae sibi elegit virginem Mariam, professoris Reimeri filiam (1640), cum qua Hungariam adiens triennio curandis aegris occupabatur. Sed inde Regiomontum revocatus, defuncta priore conjuge (1646), quae eundem 6 liberorum, e quibus filiae duae et unicus filius, paterni nominis haeres, nunc supersunt, patrem fecerat, ad vota secunda transiit, matrimonio sibi anno 1654 jungens virginem Annam von Thorhacken, e qua intra tranquillissimum conjugium filium unum unamque filiam, e quibus superstes haec saltem est, suscepit. — Mortuus est Ludovicus (regum Poloniae et Sueciae, item electoris Brandenburgici medicus et civitatis Regiomontanae physicus ordinarius) die 13. Sept. 1663, filius superstes (chirurgus) obiit Amstelodami.

Initiò decurris originem disputationis: me ultro injecisse tibi curäm sàlutis; ad eam hortationem reposuisse te anceps dilemma, nec censuisse transitionem ob amici gratiam reluctante conscientia faciendam; cum insisterem ego, eam excusationem patrocinari conscientiae tuae non posse, qui haud plures in tua illa Lutherana, quam in nostra et Catholica ecclesia errores agnoscas. Dissimulasti tu scilicet comparationem, quam institueram, et in alteram partem respondisti, etsi aliquàmmulta e nostris placitis et approbes ipse et sequaris, ferri tamen omnia ac tolerari non posse, additum exemplum de S. S. meritis, quae libelli nostri in Satisfactionem pro peccatis offerri posse doceant. Facile fuit, ut condonarem istud amico, de statu quaestionis absilienti. Scripsit de ea quaestione Augustinus mentem atque sententiam, in cujus expositione cum viderem te ingenio tuo plusculum indulgere, Augustini mentem ex ipso Augustino luculenter expressi. Quo testimonio id impetrasse me video, ut propemodum fatearis, te in ea quidem particulari controversiola triumphari. Ego illud mihi non arrogo mi Keplere; velitemur nos pro copia et sapientia quam satis est, interim pro causa meliore pugnet antiquitas, vincat Deus, veritas triumphet. Ceterum in ipso illo Augustini testimonio aliqua etiamnum desiderare te video. Jubeor probare, eam esse mentem Augustini ex circumstantia textus. Quaestione 149. in Exodum ex composito S. Vir probat: „Mosis apud Deum tanquam fidelissimi famuli tantum fuisse meritum per illius gratiam, ut ei diceret Deus, *sine me et iratus ira conteram eos.* Jubeor probare, merita haec amplius quid esse, quam sancta suffragia, quae apud Deum interponantur. Credendum est, inquit Augustinus, quod omnes eleemosynae totius ecclesiae et orationes et opera justitiae et misericordiae succurrant recognoscenti mortem tuam ad tuam conversionem. Jubeor probare, de illis solis loqui Augustinum, quos jam condonatos Deus diligit. Hic tu causam tuam ultro prodidisti, ecquid n. objeceras tanquam piaculum nobis, qui non S. S. tantum merita, sed ordinis etiam et sociorum nostrorum satisfactiones offerre Deo doceamus. Jubeor probare, illum non loqui de necessitate temporis, sed de tota peccatorum summa. Alterum necesse est, aut falli te vehementer, aut fallere, nec licuit mihi ante haec impune suspicari, te in Catholicorum placitis, quibuscum in arenam descendis, adeo hospitem esse et peregrinum. Ecce: offerimus Sanctorum merita, sive eorum qui cum Christo regnant, sive eorum qui nobiscum militant, in satisfactionem prò peccatis nostris, neque sola aut absque Christi meritis pretium et effectum habitura, neque etiam ita comparata, quasi ipsae Christi precationes absque iis non sufficiant, sed quia et aequum est et Sanctis honorificum, ut precationes illae coram Deo non sint inanes etc. . . . . . Vide mihi, quorsum res vestrae et consilia evadant, postquam conculcata ecclesiae àuctoritas, profligata summi praesulis reverentia, quantillum audaciae spatium superest, ut ceterae quoque, quibus ecclesia hactenus stetit, columnae subducantur. Stat pro ubiquitate Thummius, aliter ex adverso Menzerus scripturam intelligit; quid si ex eadem materia Arius, Eutyches et Nestorius pro erroribus his argumenta arcessant? Quid exspectamus? Male tecum agitur, mi Keplere, quamdiu fidei et conscientiae tuae regulam aliam non habes, quàm illi habuere, quos falli et fallere nec tu ipse diffiteris. — Ventum ad μορμολυκεια, quae tute ad marginem epistolae, calamo, ut opinor, tumultuario, excitasti, sive ea appèllatione sacerdotes nostri petuntur; non video, an illud hujusmodi a te exspectari debeat, qui inter Catholicos tot annos versatus intelligere potuisti, inter centones illos et cuculos, inter informes eas tegetes non raro viros ejusmodi latere, quibuscum nec fortunam nec doctrinam suam praedicàntes vestri audeant componere atque comparare; sive de doctrina nostrorum agitur, quibus errores vestri non raro vivis coloribus depinguntur, puto id omne a nostris haud paulo temperantius fieri, quam vestri praecones soleant, qui ex Papa Antichristum, ex Imperatore Draconem Apocalypticum, ex Episcopis carnes bestiae, ex Principibus ossa, ex ceteris nescio quae monstra alia seditiosis clamoribus efformarunt. De reformatione Supranisana non est quod conquueraris; nisi Deus meliori causae propensior fuisset, turbulentiores alios magistros nacti fuissemus Turcas, Tartaros, quos tribules vestri in societatem suam et imperium evocarunt.

Haec mihi tu, mi Keplere, cordate et libere ad te scribenti non invitus ignosces. Amo te et sălutem tuam, non possum tibi blandiri in eă causa, quam video ad interitum tuum spectare; in ceteris admirabor te, in ceteris laudabo, in isto autem salutis tuae negotio rogo, ne ingenio tuo tantum tribuas, ut solum te sine duce, sine comite, verum tangere posse speres, vel in ista luce et societate tot tantorumque siderum errare metuas. — Die 3. Septembris: Nuper jussus sum ex te cognoscere, in quot paginas aut quaterniones scriptio illa Anti-Scaligeriana excurrat? Id spero me proxime illecturum et una, quid ad controversiam nostram reponas, in qua tibi illud persuasum cupio, non me de victoria magis, quam de salute tua dimicare. (Ex ultima, quae superest, epistola Curtii.)

Keplerus Ulmae, quamvis occupatissimus typo Tabularum Rudolphinarum et epistolis ad amicos, filium et familiam, nihilo minus alia quaedam suscepit studia. E Curtii verbis modo citatis apparet, conscripsisse eum tum temporis librum contra Scaligerum, quem p. 273 proposuimus. Epistola ad Terrentium subscripta est: „Ratisbonae mense Decembri 1627. In tabulis Rudolphinis capita quaedam partim corrigenda, partim de novo concipienda erant (24. Maji: „consideratio tabulae prosthaphaereseon“, 28. Maji: „Delineatio anomaliae ad singula minuta aequationis primae“). „In fano Ulmensium altissimo circa solstitium radium Solis per foramen intromisi, ut diametrum apparentem et altitudines Solis dimetirer“ (VII. 645). 6. Novembris: „Constituam nunc epochas mundi a priori“ etc. 23. Dec. in Waldmünchen: De obliquitate eclipticae. Mensura senatui Ulmensi proposita 30. Julii (V. 627 ss.).

Observationes aëris: Ulmae usque in 15. Septembris, 16. ad Vilsam, 17. 18. 19. ad Neccarum, 20. 21. Heidelbergae, a 22. Sept. in 5. Oct. Francofurti, 6.—19. Puzbachii, 20. 21. 22. Francofurti, 23.—26. Moguntiae, 27. Wormatiae, 28.—31. Spirae. Novembri 1. 2. Brusselae, 4.—9. Esslingae, 10.—24. Ulmae, 25.—28. Dillingae, 29. 30. Ratisbonae. Decembri 1.—20. Ratisbonae, 21.—26. per Palatinatum Bavariae, 27. 28. Pilsenae, 29 ss. Pragae. (Quae Keplerus de commoratione Puzbachiana Bartschio refert, leguntur Vol. VII. p. 581.)

Ex libro memoriae amicorum sacrato:

Impensum in dolabram tempus fuit et labor et res.
O curas! Operis quantum o surgentis inane!

Joannes Keplerus, Imp. Caes. Ferdinandi II ordinumque Austriae Supr-Anisanae Mathematicus. Scripsi Ulmae Non. Apr. 1627.

1628. Revolutio anni. Pragae in patrocinium Magnitudinis Fridlandiae transivi. Caesar dedit 4000. Assignata mihi apud Fridlandium 12000. Magnus Hetruriae dux Ferdinandus . . . . dedit. Ratisbonam reversus Majo.

Decembri (1627) Pragae Tabularum exemplaria Imperatori Ferdinando II., cui dedicaveram, exhibui. Imperatoris aula fautores cultoresque mearum artium exhibuit exspectatione mea plures, quorum commendationibus provectus et Caesari opus dedicatum felicissimo successu approbavi dignusque judicatus fui, qui de M[tis] Suae munificentia ditior redderer et exercituum Caesareorum, quos suspectabam, Praefecti Generalissimi Ducis Fridlandiae et Sagani Alberti gratiam consecutus sum. Qui locum quietum Sagani concessit, annuum subsidium reliquae magnificentiae suae consentaneum nuncupavit, proelum etiam promisit, Caesareanis omnibus mirifice approbantibus.*) Igitur semisse anni paulo minus in aula Imperatoris transacto, Majo mense Ratisbonam ad familiam traducendam sum reversus, Junio mense Lincium ad patronos antiquiores, Austriae Supranisanae Ordines. Atque hi et ipsi transitionem hanc meam Saganum collaudarunt et exemplaria libri, quem subsidiis illorum multos per annos usus perfeceram, honorario, quantum a provincia afflictissima nequaquam sperabam, compensarunt. Dispositis itaque rebus meis in illa provincia**), Julio mense Pragam, ibique recepta quam eo praemiseram familia denique Saganum, quod Deus bene vertat, VII. Cal. Augusti perveni...... Initium a me factum est Ephemeridum, editis quatuor in annos 1617, 1618, 1619, 1620. Typos ad hanc editionem idoneos aere meo comparavi, eosdem mecum Saganum attuli. Etsi vero temporum difficultatibus impeditus ab editione sequentium Ephemeridum destiti, computatas tamen habeo in scriniis annorum plerorumque intermediorum. Jam in eo res est, ut proelo Saganum allato tomus primus Ephemeridum ad nundinas Francofurtenses autumnales anni 1629. extrudatur; tomus alter proximo anno sequatur. (Dabantur Sagani Silesiae postridie Nonas Novembris anno 1629.)

Amico Berneggero, qui pecunias pro Tabulis Rudolphinis acceperat, haec dat Keplerus Praga 15. Aprilis: Si filio meo ipsi transmisisti nummos et non amico meo Schickardo, quem ejus inspectorem esse volui, id tu quidem benevole, at ego doleo, eoque rogavi D. Fridium, ut quos ilii dedi 20 florenos et ipse mitteret non filio, sed Schickardo. Sin adhucdum retines, retineto etiamnum et filiae meae Susannae virgini, quae in gynaeceo Durlacensi futura est, petenti concedas aut per cambium transmittas. — De Saganensi mea commoratione ad edendas observationes Tychonis Brahe nihil habebam solidi, nihil tutum aut admodum expetibile, quo te exhilararem. Si fortuna ista patroni hujus duraverit, perfacile tu poteris recipi Rostochium, affectat enim gloriam ex promotione literarum sine discrimine religionis. Sin versa fuerit, facilius ego Argentinam ad te potero pervenire. Mira tua ars eloquentiae, mirus orationis tropus, qui, quod in consilio meo tecum ut opinor culpas, in fortuna mea laudas. Verum scito, me circumagi fatorum machinis, nec mei esse arbitrii aut consilii. Tu si meo loco esses, timidior forte in obsecundando, nihil tamen felicior in reluctando esses etc.

Ex Berneggeri responsione, data d. 25. Junii, qua maxima ex parte agitur de distractis exemplaribus Tabularum, haec excerpsimus: De 6 imperialibus scripsi non ita pridem ad filiam in Durlacensi gynaeceo monuique, per quem eos mittere vellet ostenderet. Sed nihildum accepi responsum. Filius 12 imperiales accepit ipse, nam de Schickardo prius significatum oportuit. D. Lingelshemius (a quo salve plurimum)

---

*) Wallenstenius Praga d. 26. Apr. haec dedit Grabo von Nechern „vnsern Landeshaubtmann des Hertzogthumbs Sagan“: Albrecht von Gottes Gnaden Herzog zu Friedland vnd Sagan, R. K. M. General Obrist Veldhauptmann, wie auch des Oceanischen vnd Balthschen Meeres General. Gestrenger lieber Getreuer. Wir fügen Euch hiermit zu wissen, dass I. K. M. Mathematicus, der Ehrnvest vnd hochgelahrte Johan Kepplerus in Vnser Statt Sagan zu wohnen begehret, welches Wir ihme auch, weil er ein qualificirter vnd hocherfahrner Mann in der Mathematica vnd Astronomia ist, bewilliget haben, derowegen an Euch Vnser bevehl, dass Ihr ihn nicht allein mit einer bequemen Wohnung gegen leidliche bezahlung versehen, sondern auch sonsten in allen die verhülffliche Hand bitten vnd denselben Euch wohl recommendirt sein lassen sollet. Vnd verbleiben Euch mit Fürstlichen Gnaden gewogen. (Praes. Sagan 26. Julii 1628.)

**) Ratisbona discedens c. medium mensem Junium, Keplerus illic apud amicos reliquit partem supellectilium, librorum etc., quam postea Saganum transferri voluit. (Vide infra ad annum 1630.)

et ego scire cupimus, an adhuc animi sit, Merganiae Phaëthontis illius te currui vehendum committere? Si facis, utut intuitu primo minus probabile factum videatur, nec fortunam tamen accusabimus, nec prudentiam tuam, ut qui sciamus, et coelum tibi, filio suo, tuo merito favere et vere te nihil inconsulte, nihil temere suscepturum esse, quippe cum seculi atque magnatum omnium genios possidentem, tum rerum praesentium maxime gnarum, futurarum, si quis alius, providentem. His addit Berneggerus d. 4. Septembris: Habes hic a filia literas, cui nuper 8 Imperiales misi Durlacum, redactos e libri tui distractis exemplaribus omnibus reliquis. Nam priorum pretium filio, quod scis, numeratum est. Eidem filio, vel potius ipsius nomine Schickardo misi nuper 20 florenos, quos monitu filiae tuae a D. Fridio repetii. Mutatio fortunae patroni tui mirifice mutavit hic animos hominum et aliquando meliora sperare, certe exilia nostra non metuere suadet. — Significat his Berneggerus fata Wallensteinii per aestatem anni 1628, frustra occupatum Stralsundum, cujus obsidio finita est initio Augusti, et negotiationes de pace cum Danis. Argentoratenses nimis confidenter res quae tum gerebantur judicasse, ex his Danielis Lipstorpii ad Wilhelmum Schickardum literis, datis Lubecae d. 18. Novembris, apparet: Omnia in pejus ruunt; Germania ubique devastata jam cernitur, academiae sopitae jacent; imo nostrum Rostochium nuper 16. Octobris strategemate securitatis ex improviso occupatum fuit a Duce Friedlandio, dum antiquus eorum capitaneus, qui olim vallorum, murorum, armorum conditionem per annos aliquot exploraverat, deficiens atque in officio Ducis Friedlandii constitutus, praeter spem ullius inferendae injuriae (quia fere centum millia thalerorum contributionis loco pependerant) civitatis exteriora valla adoritur et cum nemo resisteret, dedit se certis conditionibus Friedlandio; ille omnia academiae, civitatis ac religionis privilegia confirmavit quidem, interim vero mille viris occupata tenetur. Studiosi omnes fere propter annonae caritatem aufugerunt, professores et auditoribus et stipendiis hactenus privati fuerunt. Initio mensis Novembris arx die Kremse Duci Friedlando se dedit. Legatos apud Daniae regem habemus, de pace credo recipienda et quaerenda. Alios vero apud Friedlandium et Tilly, qui hodie Boisenburgium convenient, causa quidem nobis ignota.

Jacobus Bartschius c. finem anni ad Keplerum transiit Saganum, eum in calculis adjuturus. —

Ex Ephemeride anni 1628: „20. Jan. Pragae in arce Caesaris, loco idoneo erecto sextante Byrgiano, affabre parato, praesentibus et juvantibus arte peritis observavimus eclipsin Lunae.“ Observationes aëris Pragae usque in finem Aprilis, Majo „per Bohemiam et Palatinatum“, Junio „per Bavariam et Noricum“, Julio „per Noricum, Bohemiam, Lusatiam et Silesiam“. Cum circa S. Jacobi transirem montosa Bohemiae, frumentum adhuc passim in fiore erat, postridie tamen in planitiebus Lusatiae jam falx immittebatur in messem.“ Augusto et Septembri „Sagani ad Boberum“, Octobri et Novembri „in Lusatia et per Silesiam“. 31. Oct. Goerlicii observatio conjunctionis Jovis et Lunae.

Decreta ordinum Linciorum: 3. Julii. Joh. Kepler, wegen recompens vmb die verehrte Tabulas Rudolphinas vnd erlassung seines gehabten dienst.

In die gebetne Erlassung, als auch in die Abraitung wollen die Herrn Verordneten hiemit gewilligt, vnd dem Supplicanten in abschlag zu seiner raissnottdurfft 200 gulden aus dem Einnemer Ambt zu bezallen angeschafft haben. Die 4. Julii: J. Kepler wegen seinen bei der Lanndschafft ligenden gelts. — Fiat vnd sollen dem Supplikanten 61 fl. baar bezalt vnd das ybrig aber, wass vnd so vil sich in richtiger abraitung befinden thuet, ein gebreuchige obligation begerter massen angehendiget werden. — (In bibliotheca Viennensi deprehendimus delegationem caesaream, datam d. 10. Maji 1628, qua jubetur, ut ex aerario aulico Keplero solvatur summa 11817 florenorum.)

Desinunt hoc anno annotationes Kepleri de fatis suis ad „Revolutiones annuas", quas singulis annis praemisimus. Adscriptae vero sunt annis 1629—1636 loca planetarum (horoscopi) et anno 1631 haec addita: N. B. Anno sexagesimo ineunte fere est omnium planetarum idem situs. Nempe ♄, ♃, ☿ quam proxime, ♀ 10 gradibus citerior, ♂ et ☽ in quadrato, illic sequenti, hic antecedenti et capitis in sextili antecedenti. Ad annum 1635: Revolutio anni 64, quo anno ascendens ad □ ♄ ♀ veniet.

1629. Pauca sunt, quae hoc anno deprehendimus scripta a Keplero. Supersunt epistolae tantum ad Berneggerum (literas ad Remum exhibuimus vol. VI. p. 63 ss.) et ad Wallenstenium (VI. 70), quae posteriores nil habent nisi calculos astrologicos, quos ad quaestiones Wallenstenii superstitiosas respondens instituerat Keplerus (d. 3. Jan. petit Wallenstenius „ganz fleissig", ut computet nativitatem regis Hungariae, quae non bene consentiat cum sua ipsius; Februario petit a Keplero, „dieweil er der Zeitt das pre vnter den mathematicis hatt", ut examinet themata imperatoris ejusque filiorum, nec non regis Hispaniae, ab alio astronomo confecta, praecipue thema regis Hungariae, „den mit derselbigen Nativitet fünde ich die meiste Vngelegenheit." Paulo post locum scire cupit, quo eveniat conjunctio ♄ et ♃ anno 1643. Responsiones Kepleri ad has quaestiones datae sunt diebus 17. et 19. Februarii). In Mss. Pulkoviensibus deprehendimus, adscriptis diebus 13. et 14. Aprilis, inquisitionem, „an compendiose possit haberi logarithmus indicis per intervalla", et „quomodo prosthaphaeresis possit computari per mesologarithmos sine tabula indicis?"

Absolutum est hoc anno supplementum Tabularum Rudolphinarum Sagani, inscriptum: *Sportula, genethliacis missa; Responsio ad Bartschium* (d. Sagani postridie Nonas Novembris); *Admonitio ad astronomos.*

Ex epistolis Kepleri et Berneggeri mutuis.

Berneggerus, praemissa relatione de pecunia pro Tabulis Rudolphinis accepta (VI. 625) et de Dasypodii Compendio mathematico (v. s. p. 145), sic pergit: Divinum quendam instinctum interpretor, quod obsequutus fui consilio tuo de non amplius irritanda potentissima impotentissimorum hominum factione (cfr. vol. VI. p. 621). Nam tempora vides, nec potes non audivisse, quid nuper D. Z. acciderit. Excusa pridem sunt aliquot scripti mei folia, quae ne typographo pereant, nondum deposui animum operis absolvendi, si coelo Germanico sua serenitas et veritati libertas redierit. An tamen unquam reditura sit, tu, qui te siderum conscium, ipsarum praesentium calamitatum προῤῥήσει demonstrasti, unus omnium optime nosse potes; et ut animi tui sententiam paucis ad me super hac re perscribere digneris, hoc audacius abs te contendo, quia videor mihi pro necessitudine illa, quae tot annos inter nos intercessit, hoc facere bona cum pace tua posse. Non multos enim habes, opinor, antiquiores me clientes, certe nullum tui amantiorem observantioremque. Vale. Argent. 13/23. Jul. 1629.

Keplerus item exorsus de pecuniis et Compendio mathematico, ad alia Berneggeri quaesita sic respondit: Eclipsis Solis fuit die 15./25. Dec., cujus finis Argentinae spectari potuit et usque Augustam, Oenipontem, Neapolin, Rhegium et usque ad Rheni ripam orientalissimam in Cliviis, Hollandiam, Scotiam, Orcadas. Conditur a mense Octobri Sol atra fuligine, videtur occubiturus in ortu, videtur alter oriturus a meridie, cui necessario lis erit cum illius Phaëthonte hujusque amicis, praesertim si eum spes ex hortis Hesperidum, quod eclipsis portendere videtur, destituerit. Et vos quidem amicos fore puto Solis alterius et nunc altum sapere super ea societate.

Prophetissa puella undecennis nos inter et Odera-Francofurtum Corbusii extrema omnia minatur; fidem illi facit aetas, imperitia puerilis, numerus ingens auditorum.

Specta festivum scribendi genus; epistola non ut veteres cerata, sed plane plumbea, quam meis manibus collectam Goerlicium misi ad proelum. Eam lectam rogo literis Remi jungas, non omissa intima pagina. Et vale, Deo commendatus. — Daham Sagani postridie Cal. Mart. Greg. anni 1629.

Keplerus Berneggero: S. P. D. Clarissime amicissime vir. Görlicium veni 7 milliaribus Sagano epistolae meae causa, quam Rhambanus typographus et custos neglexit mittere Lipsiam et Francofurtum, et „sportulae" causa, quam manibus meis collectam Sagani renuit imprimere ante 3 septimanas.

Dum hic sum, literas accipio meorum, quibus tua in filiam meam munificentia commendatur, omnino cum querela inopinati et poenitentia petitionis. Ego ut tibi gratias agam onus aliud impono: sis filiae maritandae pater. Scribit ad me soror de medico Kirchhemensi Renzio, viduo; vellet hunc legere affinem. At inepta est pronuba et propinat filiae meae deridiculum cum suis praeconiis. Ego conditionem laudo, filiae meae faveo vellemque adjutam; at quid possum absens, ignorata voluntate personae? Et tempus jam elapsum puto. Id si est, aliam ecce conditionem, si tu eam laudaveris. Ille (Bartschius) meus vicinus, collega calculi, coelebs adhuc est suspensisque consiliis connubialibus contemplatur eventum reformationis in Lusatia. Periculosissimus est status provinciolae, Saxone defensionem eminus minitante potius quam parante, siquidem ille viribus, ut metus est, succumbat. Rogo, quem tu illum expertus Argentorati, quibus moribus, sumtibus vixit, quae spes de spe ejus de Argentinensi professione in eventum sinistrum Lusatiae? Male me habet unum, quod anchoram studiorum in astrologia figit, medicinam insuper habet. Si talia scribere potes ad me, qualia ipse satisfactura mihi putas, rogo, scribe ad ipsum: primum negato, consultum abjecta medicina in solam mathesin recumbere, deinde spem illi facito, fore ut meo suffragio adjutus Argentinae in eventum commode degere possit; tum adde, quin ille potius, quod caput est, aperte aggrediatur, dudum ex publica epistola suspectus, filiam meam petat vel te ipso pronubo, qui sis illi vicinus et per literas familiaris. Sapienti sat. Propero domum. Vale. Gorlicii d. 10. Apr. 1629.

Literas Kepleri d. 19/29. Apr. 1629, ex parte vol. VI. p. 626 et supra p. 146 proposuimus. Anxium se esse ait de rebus suis Linciensibus, de mappa nautica etc. et nunciat, misisse se tabulas mathematicas typographo Francofurtensi Tampachio.

Berneggerus Keplero S. P. D. Vix absolvi Bartschianam epistolam, et oppressit me tabellarius Noribergensis, in viam praeceps; itaque neque illam relegere potui, nec binis tuis proximis respondere. Hoc tantum, D. Clutenium dedisse mihi superiori septimana nomine sui principis pro oblato libro tuo Rudolphinarum ἀντίδωρον spe mea majus, sc. aureos Romanos 8, qui constituunt imperiales 10. (ad vol. VI. p. 626 referendum). Scripsi filiae de hac pecunia, nunciavi quoque filio. Sed ista sibi mitti petit, quod hic non opus habeat, magisterio, in quod ei pecuniam hanc destinaveras, pridem obtento. Si quando ad me scribere placebit, oro disertis verbis hujus honorarii memineris, ut bonae fidei meae fidem D. Clutenio facere ostensis literis tuis queam. Vale. Script. ὡς τάχιστα. Arg. d. 14. Maji 1629.

Berneggerus Keplero S. P. D. Quod in Calendario meo notavi, d. 14. Maji Juhani literas ad Te, Vir maxime, simulque ad Bartschium nostrum dedi, quas Eckebrechto tuo Norimbergae traditas in manus certo novi, nec ab eo recte procuratas esse dubito. Quare jam nunc liberatus es, credo, sollicitudine illa, quam postremae tuae prae se tulerant, in quibus quod de missis ad Tampachium tabulis mathematicis scribis, injecisti mihi desiderium illas videndi et in usum nostrae quoque juventutis academicae conferendi; nec omittam, ut primum est occasio, Tampachium ut excusas huc mittat orare. Literas hic habes a filia, quas nuper curandas ad me Durlaco misit. Eo namque familiaritatis, bona cum pace tua, processimus, ut quod amantes solent subinde literis invicem appellemus. Et profecto valde illam amo, tum quia tua est, tum etiam quod in ejus epistolis mirifica quaedam et supra sexum prudentia elucet. Ego jam denuo D. Bartschium de ambienda illa submoneo. Faciet, si sapit, nec vos negabitis, si virtutem hominis suo pretio, quod facitis, aestimare potestis. Certe si res ad votum procedit, jam nunc spem firmam concipio, fore ut olim in hac ipsa urbe in tuorum (quibus et me velim annumeres) amplexu conspectuque quietum et optatum senectutis nidum invenias. Deus et faxit Teque Vir summe publico bono diutissime florentem valentemque servet. Vale. D. 5. Jul. 1629.

Keplerus Berneggero S. P. D. Non equidem fortuna est, quae bonos juvat, non enim coeci hoc est. Bonus et ipse genius est oculatus, ut qui maxime, et videns. Hic nimirum tibi, Clarissime amicissimeque Vir, in mentem dedit, ut literas Bartschio inscriptas mihi mitteres apertas. Condonabis hoc (si etiam fortunam agnoscis) ejus et meo numini, quod hac quidem vice frustra scripsisti. Quod vir ille ex multis indiciis velle videbatur, sic tamen, ut verecundia aut praeposterae actionis aspernatione cohibitus significare quam aperte petere mallet, id jam a tribus mensibus omnibus fere epistolis inculcat. Homo philosophici moris, sat habens, si a verbis expressis abstineat eamque solennem loquendi formam ceremoniis politicis solam reservet, interim circumlocutionibus, quibus nullo opus Oedipo, omnem consiliorum suorum seriem edisserens. Itaque incentivis tuis opus non est. Scripsisti tu ita, ut facile quis alium tuis verbis loquentem animadvertat. Litera, papyrus, encomium ad elegantiam composita, supra familiares vobis mores assurgunt. Praeterea cum hospes adventum suum mihi significet, meum erit illum exspectare, ridiculum enim jam invitare. Causa mihi eadem nunc tenendi silentii, quoad expresse roger, quae prius eliciendi ejus animi sensa, longinqua sc. filiae meae absentia. Ibi metuebam, ne opinione vana delusus meae filiae commoda negligerem conditionesque alias praeterirem, hic cavendum jam mihi, ne bono viro quid promittam (aut quod promissi esset loco, tuam epistolam ad eum mittam), quod fortassis meae potestati non sit: si nimirum interea prospiciatur meae a cognatis resque sit non amplius integra. In causa nunc versantur ista; ut non visam a me petat ipse nunquam visus, impertinens existimat et tamen morae est impatiens, quoad in conspectum venire possit. Destinat nundinas Francofurtenses. Ex tua vero ad illam epistola multa disco etc.

Me tamen horum nihil terret, dum reputo, hominem industrium et laboriosum esse, qui aeque forte facile victum quaerere possit atque locupletior aliquis, sed negligens, hac tempestate bonis suis excidere. Tu igitur si quid habes, quod ei serio significes de professione Argentinensi, alteris literis scribito; argumentis persuasionis ejus rei, quam ipse ultro dudum agit, cum non sit opus, vide igitur, an vere ad spem professionis faciat haec nostra agitata affinitas, et sic tandem non veto quin scribas, cum subolfacias ejus de hac affinitate consilia, videri hoc non parum ad rem etc.

Verum plus est, quod tibi significem, ut omnem consiliorum nostrorum seriem perspicias. Miser ille nuper ad me venit, consilia sua de vitae instituto supra dicto mecum communicaturus, puto, ut spe facta propinquae habitationis viam strueret ad vota sua proxime patefacienda. Atqui ego ilii, quod candor jubebat, ostendi literas D. Thomae Lindenmanni, rectoris Rostochiensis, quibus ex mandato quidem Ducis Fridlandiae (ut qui ducatum

Megalburgicum et cum eo jus patronatus academiae jam in propriis reputat), ex jussu tamen etiam omnium collegarum, vocor ad professionem illam sub iisdem conditionibus, quibus hic sustentor, a Duce praestandis. Ecce inopinatum illi. Hoc enim si praescisset, credo hoc mihi fuisse dicturum, constituisse se patriam periclitantem deserere, studiorum sedem in maritimis quaerere. Jam hoc audito discessit ille a me, ne verbum quidem proferens de filia, literis tamen subsecutis ostendit, se perstare in proposito. Exspecto novam machinam. Ego omnia liberalissime et scribo et facio etiam, quae ad illum juvandum pertinent, sed in generalibus maneo, speciales ejus circumlocutiones dissimulo aut silentio praetereo. Sic enim est moris in Austria, ut pater expressis verbis per idoneos homines rogetur, quibus velut sponsoribus petitor teneatur obligatus, ut nequeat actione sua ante responsum acceptum desistere. Haec hactenus de Bartschio.

Rostochium quod attinet, etsi omni exceptione major est nuncius voluntatis Ducis Fridlandiae, ego tamen primae huic significationi temere non innitor propter alia mandata, paucissimis ante diebus data, quibus mora Sagani contineri videtur. Interim tamen promtitudinem meam ostendi cum his conditionibus: 1) Si princeps ipse a Caesare mihi veniam impetret, 2) si, quod ante annum mihi ex ducatu Mechelburgensi promisit se repraesentaturum, id nunc Rostochii repraesentet, solutionem sc. omnium praetensionum mearum aulicarum ad 12 millia florenorum, ut ei mandatum est a Caesare. In hunc eventum misi literas plenipotentiarias academiae Rostochiensi, ut si forte praedium sit futurum, id academia per procuratorem administret donec veniam. Scio admirabuntur audaciam hanc meam et cachinnos effundent, sed ut conditio est, ita mea consensio respondere debuit. Illi quidem me vocant, pollicentur ea ex continuatione gratiae principis, quae nunc habeo Sagani. At ubi ego Rostochium transivero, Germania migravero. Princeps suae gratiae potestatem habebit, fortuna principis. Quicquid praeter quam nunc est evenerit, redigar ego ad angustias salarii mathematici, procul ero ab aula. Si pax erit ad litus balthicum, necesse est Ducem cum exercitibus abire inde longius, si non erit, ut fere abnuunt omnes, hostem ibi Suecum habebit et Danum et classem Hollandicam.

Sed satis; ad mea propria revertor. Obsecro, quam viam inibo conficiendi has nuptias? Qui ubique est, nuspiam est, certe domi non est. An ullum ego locum deligere potero, quem adire velint amici tam late dispersi? Nihil equidem video, quod potius faciam, quam ut in Te patris vices transferam. Tu filiae meae, imo tuae, scribes, ut significet tibi, sitne vere libera, velitne nubere, si patris voluntas non desit, censeatne se tibi tuto fidere posse tuisque oculis, si tu illi sponsum delegeris, quem propter longinquam absentiam coram sistere non possis, nam a me patre vices meas in te esse translatas. Ad te igitur tanquam ad conscium rerum necessariarum ego remittam petitionem, si quid nondum visa illa petierit apertius. Tu illi addices, tu locum nuptiis deliges, tu meo loco praesens aderis, sive Durlaci consultum principibusque non adversum inveneris, sive Leobergae, cujus oppidi civis sum et quod circumhabitant cognati mei magno numero, plerique inopes, sive denique Argentinae, siquidem huic loco lux aliqua affulgeat a professionis spe. Tu uxorem tuam Durlacum mittes comitante patrima mea, D. Martrencheri uxore, avocatum et conductum filiam meam. Tu sumtus facies, quos ego tibi Francofurto, Lipsia, Campeduno (his enim locis habeo depositas pecunias) submittam aut restituam. Nuptiis peractis videat novus maritus, qua itinerum securitate, quibus compendiis mercem suam transportet Laubanum, si Argentinae jam statim commorari aut nequeat aut nolit. Haec una ratio esto. Quid si vero onus detrectet amicus meus? Quid si multa in hac via dispendia? Tunc secundum esto caput deliberationis, si sponsalia quidem Durlaci te praesente peragantur; filia vero conductu sororis meae et affinis, patruelis meae uxoris, quae fratrem habet concionatorem aulicum, Durlaco per Wirtembergiam et Ulmam transeat Ratisbonam, curatura mea et sua ibi deposita supellectilia. Interea et ego forte rebus meis Lincii curatis Ratisbonam veniam. Anceps locus inter absurdum et commodum nuptiis. Nam noti nostri ex Austria ibi sunt magno numero, at neque meum uxorisve neque sponsorum ibi domicilium, ac ne hospes quidem. Ergo Ratisbonam quidem usque honeste deducta sponsa est, ad inde Saganum per milliaria 53 soror mea illam non comitabitur, vix enim Ratisbonam usque persuasero. Restat solus cum illa sponsus ἀνεχομενος, nisi ego solius hujus conductus causa tantum itineris obvius proficiscar. Saganum, ubi sponsam perduxero, nihil magnopere est, quod locum commendet pro nuptiis. Hospes, peregrinus, pene ignotus et tantum non surdus sum ad idioma vicissimque barbarus habeor. Mos hic est, in aedibus parentum sponsae nuptias instituere triduanas; mihi propria domus nulla, in templo sedes nulla, ex quo ab ejus ostio aberro. Res igitur in sponsum et Lauham recidit contra morem provinciae.

Huc usque scripsi Sagani ante dies plusculos, ex eo Görlicium ivi, curaturus typum *Sportulae*, quam manibus et typis propriis Sagani collectam ante 2 menses huc miseram, typographus vero mihi d. 13. Julii dixerat, hac ipsa hora absolvi ultimae formae correctionem. Epistolae ad Bartschium exemplaria cum Tabulis meis synopticis systematis mathematici accepit Tampachius; scribit, se tuo usum consilio, ad quem jam scribat, velle illas imprimere. Hoc ipso die legi epistolam filiae, quae se accepisse 8 Rhenanos aureos abs te nomine honorarii ab Ill. Principe Luneburgensi per D. D. Clutenium mihi pro oblato exemplari obtenti. Obsecro num haec bona fide geruntur? An tu de tuo addidisti, quod pro tua in me summa benevolentia deesse putasti? Quis enim non pudore confundatur, pro exemplari tantum munus, tanta difficultate temporum accipiens? Et quodnam tempus occupabo, quo Ill. Principi, D. Clutenio, Tibi, propolis meis dignas agam gratias? Sportulam video me debere, modo ne ea vacua potius et indiga et mendicans mitti putetur. Mittam per Francofurtum. Interim me D. D. Clutenio et per illum Illustrissimo commenda. Vale. Scripsi Görlicii d. 12./22. Julii anni 1629.

Keplerus Berneggero S. P. D. Clarissime amicissimeque Vir. Quod Deus O. M. meo meorumque commodo vertat, ad Cal. Sept. filiam meam Susannam, siquidem et ipsa pacta mea rata habeat, Jacobo Bartschio nostro, tuis commendationibus roganti mihi condecorato et promoto, futuram uxorem addixi, actumque de amico Berneggero, ut sive Argentinae, si tempora tulerint, lauream medicam cum solennibus nuptialibus conjunxerit, sive alibi in Suevia festum nuptiale instituerit, Berneggerus patris vices subeat; sed si Argentinae, etiam sumtus de meo quidem eroget, et filiae accedenti in comitatu et sororis et patruelis meae hospitium honestum apud uxorem suam praebeat. Haec paucissimis propter epistolarum et multitudinem et prolixitatem. Bene et feliciter agite et valete.

Sagani d. 4. Sept. anni 1629.

Decretum ordinum Linciorum: J. Keppler Mathematici 210 fl. Interesse. Die Herrn Verordneten wissen sich einicher bestallung gegen dem supplicanten jeziger

Zeit nicht — wol aber der beschehenen Resignation vnd aufkündung zuerinnern. Was aber das Interesse anlangt, will man der Contentirung ehist vnd müglichst gedacht sein.

Datum den 28. Augusti 1629.

1630. Berneggerus Keplero S. P. D. Vir summe. Quae felicitas est mea, filiam tuam, hoc est quantulo minus quam te ipsum, tuam certe tali viro dignam imaginem, in domo mea praesentem habeo. Utinam tam ei bene mecum sit, quam me conspectus ejus alloquiumque delectat, ex quo modestia, pietas et supra sexum prudentia elucet. De nuptiis consilia nostra et ipsa et sponsus perscribent, quem ego, ut infula doctorali felix adeo matrimonium honestet, etiam atque etiam adhortor, etsi levicula ut puto causantem, quo minus obsequatur, sed tamen, ut spes est, obsecuturum. Spem cathedrae mathematicae in academia nostra obtinendae scholarchae nostri fecerunt, cujus promissi fidem scripto quoque ei tradito sancient. Oro summopere, ut undecunque accepta occasione, omissa tamen illius promissi mentione, ad mathematicum nostrum M. Isaacum Malleolum epistolium aliquod exarare digneris, et si vacaverit, etiam ad D. Jo. Schmidium J. C.

D. Habrechtus dissertationem tuam de fundamentis astrologiae nimiopere desiderat Si quod superest exemplum, aere nostro, beneficio tuo, fac quaeso habeamus et Vale. Argent. d. 8./18. Jan. 1630.

Keplerus Berneggero S. P. D. Clarissime amicissimeque Vir. Jam dudum desieram ad meos scribere, quod eos in itinere esse existimarem. Sed quia tabellarius, quem 3. Dec. Lauba dimisimus, hoc demum 15. Febr. ad me venit, narrans inter privata etiam de motibus apud vos publicis deque milite Caesareo numeroso in hibernis per Wirtembergiam, ex eo dubitare coepi, utrum Bartschius noster cum sua seu sponsa seu uxore credere se possit infestis Ulmam versus itineribus. Scribo igitur tanquam ad praesentes vobiscum, sed pauca. Tu vero quod geminis jam monuisti schedulis, id alia effectum do, missis 2 exemplaribus Epistolae Sinensis. Etsi fasciculo valde metuo ob ὄγκον, solatur me tamen fortuna ejus, quem praedicat epistola. Alterum legat Bartschius et cum mea salute det D. Malleolo dicatque quod res est, me consulem quasi quendam in senatu mathematico de quaestione Sinensi referre, ut vota colligam, inter cetera et ipsius ut veterani, seque ipsi meis verbis de meliore nota commendet; alterum ubi tu legeris, D. D. Schmidt cum multo honore praesentato eique Bartschium meum commendato. Si gravitatem in me desiderat majorem, excuset me ipsi paupertas, excusent exempla principum virorum, necessitate fatali expressa; denique adde senarium hunc: eo qua licet, non sanctior, qui qua libet. Nec enim debet esse fortior mea lingua quam bellatorum teutonici alti sanguinis manus. Si liberet temporibus hisce jocari, adderem, me eclipsin Argentinensibus mittere subsidio, ut solent arma usibus bellicis etc. Haec et similia ad D. D. Schmidt scriberem ipsum, nisi parcendum esset fasciculo. Te rogo, referàs.

Quae in meae victum ususque impendis, diligenter consigna, dabo operam ut sis indemnis. Cupio ipsos juvare omnibus copiis, omni fide. Scripsi Tampachio, daret quod coëgit ex meis libris, detracto tamen suo salario. Saepe eadem ad ipsum scribere periculosum est ob metum interceptionis, tibi vero haec de me testanti credet facile. — Jam interpositis paucis de tabulis mathematicis, quae supra pag. 146 leguntur, his finem facit Keplerus:

Chasmata 3, 4, 5. Febr. visa longe lateque, hic, Vratislaviae, in Marchia, Voitlandia, Laubani, Dresdae. Distineor multarum scriptione; ignosce et Vale. Sagani d. 5./15. Febr. 1630.

Berneggerus Keplero S. P. D. Quod felix, faustum fortunàtumque Deus esse jubeat, aliquando tandem ad te, vir summe, viam adfectant, hodie sese itineri commissuri neonymphi nostri, gener cum filia; qui licet epistolae vice fungi queant, pro mea tamen in te veteri observantia et studio nolui eos absque literis ad te meis dimittere, si nihil aliud significaturis, saltem de peractis felicissime nuptiarum solennibus ampliorem facturis fidem. Nam post aegre submotum rivalem, virum quidem illum optimum et optabilem omnino filiae, nisi optabilior alius supervenisset vel potius antevenisset, itemque post dispulsa impedimenta alia, quae fati, munus suum objecta aliqua difficultate commendaturi, morosa benignitas interposuit, nudius decimus (is fuit 2. Martii) ex voto nostro in primario urbis templo Christiano ritu felicibus auspiciis firmatum fuit inter tuos illos matrimonium. Sponso parentis loco magnificus academiae rector, D. Casparus Bitschius J. C. adfuit, et praeterea D. Melchior Sebizius, quo brabeuta in magna lectissimorum hominum frequentia medici doctoratus infula eodem illo mane erat ornatus, et D. Isaacus Malleolus, cui in professione mathematica seu vicarius seu pro re nata successor academici consilii decreto superiore mense designatus erat, et denique frater ejus Fridericus. Ego, prout imperasti, vices tuas qualitercunque sustinui, adjutus ab optimo fratre tuo Christophoro et filio Ludovico. Sponsae cum ornamento tum praesidio fuerunt ornatissimae matronae Margaretha soror et patrima tua D. Marchtrencheri uxor. Mea enim, quam pronubam itidem adesse voluisti, hoc non potuit, secundo partu filiolam nuper enixa, cujus initiatione Christiana solenni testes et quasi sponsores sponsum sponsamque propridie nuptiarum ut adhiberem, et nostrae necessitudinis arctius hoc facto vinculo adstringendae et vero bene de novi matrimonii fructibus ominandi causa faciendum putavi. Reliquus quoque deducentis pompae comitatus ex omnium ordinum lectissimis hominibus adeoque fiore totius reipublicae constitit, unde tanta frequentia, quantam non temere vidimus, undique viae, qua incesseramus, oppletae, ut effusorum ad spectandum hominum numerus grandiusculam aliquam urbem implere posse videretur. Hunc honorem cave putes habitum uni sponso sponsaeque, verum inprimis et Tibi, cujus praesentis exoptatissimo conspectu cum frui nobis haud licuerit, saltem in tuis necessitudinibus imaginibusque, filia inquam sponsa, quae in comitatu femineo velut inter ignes Luna minores effulserat, itemque fratre, sorore, filio, quos aliis alii nutu, digito monstrabant alii, te jucundissime contemplati sumus.

A sacra solennitate digressos convivium excepit, opipare satis, ut temporum conditio ferebat, instructum, ad haec duabus vini nobilioris amphoris ab ampliss. reip. magistratu muneri datis honoratum, et quod caput est, frequentia convivarum ornatissimorum illustre. Nec quicquam ad hilaritatem nisi musica defuit, cui jam pridem est cum publice silentium imperavimus, ne scilicet Hannibalem imitati, dum publicis cladibus illacrimantur alii, soli ridere videamur.

Ceterum hoc nobile neonymphorum invicem amantissimorum par in viam nunc pronum, quando non licet aliis officiis, saltem plenis omine bono votis prosequor, Deum ex animo comprecatus, ut eos per haec infesta itinera sanctorum angelorum suorum praesidio non tutos modo, sed et securos praestet, salvos incolumesque et nunc domum perducat, et olim academiae nostrae restituat, et se et magno illo Kepplero digna sobole beatos omnique maximarum felicitatum genere quam largissime cumulatos efficiat. Tibi vero, Vir summe, de tali genero talique filia, quales ne conceptis quidem votis optare meliores queas, animitus, ut verbo dicam omnia, gratulor.*)

---

*) Berneggerus Schickardum his invitaverat ad nuptias Bartschii: S. P. D. Salve plurimum Excellentissime mi Schickarte.

Quod vides, invitaris ad nuptias egregii viri D. J. Bartschii, medici et mathematici,

Exempla sportulae distribui inter eos, qui et Rudolphinas acceperunt. Sed et Sinensem epistolam dedi, quibus destinasti, qui quidem actis gratiis officiose te resalutant.

Salve et a me iterum iterumque et reip. literariae bono diutissime prosperrimeque vale.

Sinensis epistolae quaeso fac habeam adhuc unum et alterum exemplum, nisi tamen e mercatu Francofurtensi ejus copia fiet. Omnia mirifice placuerunt, praefatio vero supra modum, adeo circumspecte sapienterque perscripta, ut cum verum alioqui mordax nequaquam dissimules, neminem tamen in hisce diversarum partium studiis offendas.

Scrib. Argent. d. 12./22. Martii anni 1630.

Keplerus Berneggero S. P. D. Clarissime vir, amicorum meorum apex. Recepi tandem et generum filiamque meam et tuas literas et totius in iis pompae geminae imaginem luculentam, oratorio stylo, quod ad cumulum beneficiorum accedit, sic delineatam, ut affectus meos cessantibus oculis in rem praesentem adduxeris. Dixit quidam apud comicum, domestica mala esse majora lacrumis, ego feliciori in materia imitabor, tua beneficia superiora agnoscens, quam ut super iis ex dignitate sua meoque affectu possim exclamare. Hoc solum dico edicoque, me neque beneficiis, neque oratione parem esse, qui tecum certem. Quod superest, mihi haec in posterum cura incumbet, ut et quae commodasti conjugibus primo quoque tempore restituam, et de aliqua specie gratitudinis cogitem tam in te quam in affinem tuam, denique in totam academiam; et quia privato beneficio publice me mactasti duxque facti universos in caput meum concitasti non exstinguendum sed honorandum, veluti tribunus ex areopago auctor plebisciti in me honorificentissimi, tibi etiam non privatim tantum, sed publice etiam gratias agam. Adeoque prima haec in proximum octiduum nostra hic erit deliberatio, quae necessaria non esset, si Campidunensis respublica paulo tolerabiliori fortuna uteretur neque in meis pensionibus repraesentandis impediretur. Nam quod eadem utor fortuna Lincii, ejus doloris sensum ad te pervenire nolo.

Clarissimis viris D. D. Sebizio promotori, D. D. Saltzmanno privato conjugum patroni et consultori optimo, D. M. Malleolo mathematico ejusque uxori, D. D. Joanni Schmidt theologo, D. D. Jo. Frid. Schmidt fautori meo singulari benevolentia cognito, D. D. Bitschio rectori, D. D. Lingelshemio mei studiosissimo, et quibus non, plurimum a me salutem adscribo. Et jam ubi ad uxorem tuam ventum, ei fausta omnia ejusque et tuae filiolae Susan-

---

cum filia Keppleri nostri, dotibus animi corporisque sane quam ornatissima virgine tantoque patre omnino digna, propediem hic celebrandas. Etsi autem vel in nomine Keppleri satis ponderis est ad te huc pertrahendum, cui nec gratius (sat scio) nec honorificentius officium ullum praestare potes, oportet tamen ut superpondium aliquod addam precum mearum, quibus, aut vehementer fallor, hoc dabis, ut ne reipublicae huic, ne academiae, ne mihi denique neges desideratissimum tuum conspectum. Audeo etiam sperare summorum virorum Besoldi et Lansii praesentiam. Sed tuam ita spero, ut nihil quicquam dubitem. Sponsus rogavit aut rogabit certe carmen epithalamion, quale si etiam a Lansio impetraris, beneficium duplicaveris. . . . Vale. Argent. 9. Febr. 1630.

Schickardus invitationi non obsecutum esse, apparet ex literis d. 1. Maji, quibus refert, se ab eo tempore, quo „epithalamion" miserit, universam fere Württembergiam obequitasse, scholas visitare jussum.

Berneggerus refert (in literis d. 18. Maji) de nuptiis celebratis absentibus amicis Tubingensibus, absentiam vero Schickardi satis excusatam habet periculis illorum temporum. „Epithalamium" non traditum esse queritur.

nulae precare a me et non multorum dierum filiola Anna Maria ejusque matercula cum multis gratiis, quod ejus vices uxor tua susceptura fuerit, nisi Lucina ipsam impedisset, uti meam impedivit in excipiendis conjugibus et instaurandis secundariis nuptiis. Eaedem gratiae et salutes per tuam ad sororem ejus viduam porro pergent. D. Bartschius meus adeo fessus est a diuturno itinere, ut mea manu habeat opus in adscribenda tibi tuisque salute. Literulas ad filium D. Bartschius existimat non rectius curari, quam si ad D. Schickardum mittantur, cui velim addere literas, si tempus haberem; addo salutem. Vale et prosperare. Sagani d. 6. Maji a. 1630.

Keplerus Berneggero S. P. D. Clarissime amicissimeque vir. Literas tuas 8. Sept. scriptas accepit Francofurti Frid. Bartschius affinis. Eo enim praemiseram illum, ut quidquid tandem Tampachius esset facturus, paratum me ostenderem. Cecidit tamen, quod ex praesenti usu meo esse puto, utinam esset etiam ex studiosorum. Contractum iniit Bartschius cum Tampachio de toto opere, quem confirmavi literis Lipsia missis.

Miror, nunc demum a te mentionem fieri literarum Majo scriptarum. Atqui saepius interea scripsi. De Mappa quod quaeris est illa, quam ante triennium promisi in Tabb. Rud. ad calcem praeceptorum de catalogo locorum.

Synopsin D. Bartschius meus ad me retulit causatus, excudi non posse, nisi etiamnum aliter describatur, praetereaque inutilem juventuti, nisi explanetur; facturus, nisi fallor, idem Euclidi, Papio, Apollonio, Alhazeni, nam impatiens est lector talium. Posset si vellet me absente excudere in typographeio Saganensi, sed puto, meum exspectant reditum.

Gratam amplector hospitalitatem tuam. Deus vos tueatur, patriae meae miseriae misereatur. Nulla conditio quamvis longinqua hac rerum humanarum incertitudine est repudianda. — De Ludovico filio quid scribam non habeo. Nihil ille a me nuperis literis petiit et par erat omnino, quia conditionem est amplexus ne peteret. Est tamen affecto corpore, passus nuper herniam; et oppressa Wirtebergia vereor ut soror mea possit illi submittere quid de meis apud illam. Age igitur, arbitratu tuo utere rursum pater, modo ne indulgeas nimium. Quodsi nil petierit, quidquid residuum erit de 100 (siquidem illos opera Eggoldi acceperis), id serva in usus uxoris tuae, quae loco meae, mater, thalamum nuptiis instaurabit, si prius etiam plures nummos ad hos sumtus submisero.

Lipsiam veni 4./14. Oct., diverti apud alterum Berneggerum meum; nomen illi Philippus Müller, med. licent. et professor. Nunc in procinctu sum iturus Ratisbonam et Lincium indeque ad Ducem et sic Saganum D. V.

Rogat gener meus, ut mittam ad te duo exemplaria Ephemeridum pro te et D. Schmidio. Petet et Remus et filius meus. Scribo igitur Tampachio, mittat quatuor partis Saganensis, dum rescribas tu, num sint Argentinae exemplaria partis Lincensis, quae addi possint, ut sit tomus integer. Vale cum conjuge et liberis, unicamque ecclesiae anchoram, preces ad Deum pro illa et me mecum fortiter arripe.

Lipsiae die 11./21. Oct. anni 1630.

Anno 1630. typis Saganensibus excusa est *Epistola ad Terrentium*, quam absolutam diximus fine anni 1627, et *Ephemeridum* Pars II. et III. In Epistolae ad Terrentium dedicatione (ad Wallenstenium s. d.) legimus: Typographorum nullus cum proclo proprio Saganum ut transiret induci potuit. Itaque ego, ut Ephemeridum exspectationi satisfacerem, hujus et aliorum duorum annorum Ephemeridas Francofurtum ad Moenum praemisi. Postquam Octobri mense operae mihi Praga submissae resque typographica ad meam ipsius curam recidit, occupatis nobis in proclo e longinquo asportando supervenere Calendae et adhuc Ephemeris anni jam ineuntis Francofurto revertens haeret in itinere.

Dedicatio Ephemeridum partis secundae (ad Austriae ordines) data est Sagani Idib. Sept. 1630, illa partis tertiae (Julio scripta ad Wallenstenium) haec habet: Nactus sum collegam ad Opus Ephemeridum continuandum (Bartschium), ... Sagani absolvi tomum hunc Ephemeridum in annos 20. ..... Sed superfuit non minima sollicitudo, quomodo extruderetur opus in publicum. ... Subvenit incommodo (autographum transmittendi in longinquum typographium) Tua benignitas, qui meorum operum promotionem cum utilitate civium Tuorum conjunxisti, Saganum Tuum typographeio locupletandum censuisti. —

Proceribus Lincianis gratias agit Keplerus pro benevolentia, qua acceptus et dimissus fuerit anno 1628, exiisse plenum gaudio, quod retineret nihilominus „Patronos consuetos". „Omnia bona sua secum exportare gloriatus est ille philosophus, ego vero etiam Vestra mecum tunc exportavi, pauculis meis Vestrae tutelae relictis, non equidem ut Vos exspoliarem, sed ut affecta perficerem, perfecta ad vos remitterem: Ephemerides has inquam annorum 8, successive computatas inter curas Tabularum Rudolphi majores interque itinera longinqua et diuturna, domi etiam qua temporum difficultate, quam infandis malis publicis, non lubet meminisse. .... Hanc partem Operis Ephemeridasque nondum editas, nunc vero absolutas hoc ipso tempore, quo ad Vos me cura rerum mearum in provincia relictarum advocat, praemittere volui, ut proxime subsecuturo viam ad gratiam Vestram aperirent absentiaeque biennalis rationes expedirent. —

Ad „revolutionem" anni hoc deprehendimus annotatum: Nata est filia Anna Maria 18. Aprilis Sagani. Baptisata...... Patrimi: Frau Anna Brisin geporne Gellnitzin, Adam Brise, Tschernhausischer Hauptmann zu Hartwigswalden, Agnes Wiserin, Herr Geminus Capelle Ol. Gütterhauptmann.

Keplerus ut distractioni Ephemeridum prospiceret simulque pecunias in Austria superiore mutuo datas (certe usuram) extorqueret, nec non ut ab Imperatore Ferdinando II. tum in comitiis Ratisbonae versante impetraret solutionem pecuniarum jam pridem ipsi promissarum, initio Octobris Sagano discessit relicta ibi familia, eques per Lipsiam (ubi per aliquot dies apud amicum Müllerum commorabatur, certe a 14. usque ad 21. Octobris*)) Ratisbonam pervenit, hinc iturus Lincium. Fessus itinere paucis post adventum diebus aegrotavit et die 5./15. Novembris mortuus est.

De morbo et obitu Kepleri haec refert Ratisbona Tubingam S. Lansius in literis, quas in tabulario regio Stuttgartiensi deprehensas liberaliter cum nobis communicavit tabularii praefectus D. Kausler:

Salve et tu literatorum et amicorum meorum princeps, et quae Fischerus noster non ita pridem de ultimo Keppleri itinere ad amicum quendam scripserat, paucis habe. „Intellexi ex literis tuis, famam demortui Keppleri apud vos percrebuisse. Dixi jam quod scire desiderasti. Fuit nempe, fuit et heu! fuit illa Uranies anima et vixit in

---

*) Superest haec scidula ex libro amicorum memoriae sacrato desumta, quam Keplerus Lipsiae reliquit:

Radices dixere Sophi virtutis amaras.
Dulcis at indultu patrum est academica vita.
O coecos, quantum est peccantis amoris inane!

Joannes Keplerus, Imp. Caes. Ferdinandi II. nec non Ill. Ducis Mechelb. Fridlandiae et Sagani etc., Ordd. Austriae Supr-Anisanae Mathematicus, Scripsi Lipsiae XII. Cal. Novemb. Anno MDCXXX.

terris. Sed habe paulo altius, quae de morte ipsius habeo. Nuperis Comitiis noster Kepplerus manno strigoso (duobus florenis postea illum vendidit), in nostram devenit urbem. Vix triduum hic commoratus calido coepit infestari morbo. Ratus ipse primitus fuerat, se sacro tantum igne ustulari, proinde susque deque suum ferebat morbum. Ubi majore fervore urebatur, adhibuere φλεβοτομιαν qui circa ipsum erant, sed nihil effecerunt. Brevi enim eo redigebatur, ut ardore magis magisque crescente se ipsum nesciverit. Durante morbo non loquebatur (ut fieri assolet) tanquam animi compos. Concionatorum aliquot ipsum adiere, et vivida solatiorum aqua ipsum refecere. Tandem meus Affinis Sigismundus Christophorus Donaverus Minister Evangelicus Ratisbonensis et ipsum agonizantem spiritumque Deo reddentem mascule, ut quidem servum Dei addecet, consolatus est. Factum hoc est 5. die Novembris (1)630 Anno. Nono humatus est in coemeterio Divi Petri extra civitatem. Moris enim non est, ut intra moenia Lutherani sepeliantur. Concionem funebrem habuit antea nominatus meus affinis. Exequiae fuerunt satis splendidae. Textus funebris erat desumtus ex Luc. cap. 11. v. 28. Seelig sind die Gottes wort horen etc. Aedes in quibus vitam finiit sunt N. Hillebrandi. Resculae ipsius, quas secum Ratisbonam attulit, sigillo sunt communitae usque ad adventum ipsius Uxoris, jam viduae. Ita puto me omnes circumstantias commemorasse.“ Haec Fischerus, quibus addo, quod nuper Ratisbonae tanta illum Imperator noster Ferdinandus gratia et clementia prosequebatur lecto decumbentem, ut cum navim conscendisset et jamjam abire voluisset, audita Keppleri adversa valetudine per suos ipsum invisere, eique 30 vel ut alii volunt 25 aureorum ungaricorum valedictionis nomine offerri serio jusserit. In ultimo fere vitae articulo interrogatus, quo medio se tandem salvum fieri credat, confidenter respondebat: *Unico Salvatoris nostri Jesu Christi merito*, in quod scilicet omne refugium, solatium et salutem suam fundatam esse constantissime se testari. Sic omnino petitioni tuae satisfactum puto. Quod restat et pro oblato Musarum etc. salutisque favore, quo me prosequi literis tuis voluisti, me semper habebis mille modis obligatissimum Tuum *S. Lansium*. Scriptum Ratisbonae 24. Jan. 1631.

Gulielmus Schickardus haec dedit Berneggero:

Schickardus Berneggero S. et incolumitatem. Quod siccis oculis vix tibi significare possum, praeclarissime D. Berneggere, amicorum fidissime, dissimulare tamen haud debeo, communem, heu quondam! nostrum Kepplerum, illud mathematici coeli sidus primae magnitudinis, occubuisse ac mortalitatis horizontem subiisse proxima die 5./15. Nov. Ratisbonae ibidemque sepultum pridie lunaris eclipsis, ut nempe coram supra lustraret, quod nobis humi toties monstravit atque praedixit etiam. O quam inaestimabile damnum passae sunt hae literae incomparabilis viri obitu! Ac nisi Bartschius aliquis, conatuum conscius et peritus schedarum haeres semiperfectas inventiones absolvat, fraudabitur posteritas maximo nobilium speculationum proventu. Quis vero Hipparchum edet? Quis observationum protocolla? Ephemerides enim doleo minus, quia e tabulis jam exstantibus a quovis computari possunt, illi vero tot vigiliarum fructus non aeque parabiles. . . . . Velim etiam D. D. Habrechtus Aristarchi nostri obitum resciscat. Valete. Tubingae d. 15. Nov. (v. st.) 1630.

Idem ad eundem: Obsecro, quid habes de statu viduae (Kepleri)? An Sagani persistet, aut Fridlandus gratiam pupillis etiam prorogat, quod equidem defuncti virtus et eruditio mereretur. Item ubi tam diu D. Bartschius, ecquando revertetur ad professionem sibi vobiscum destinatam? Ex reduce aveo scire, quid de posthumis Uranicis sperandum sit (d. 23. Maj. 1631).

Berneggerus respondit: De Kepplerianis rebus vix quicquam scio, nisi quod memini, D. Bartschium pridem scripsisse, ad excudendas observationes Tychonicas et cetera Fridlandium ducem ob mutatum rerum suarum statum sumtus non amplius esse suppeditaturum. Ipse interim suis, ut scribit, sumtibus excudit tabulas logarithmicas. Habeto et exemplum epithalamiorum, quorum aliqua mihi missa inter collegas distribuenda, quod non feci tamen cum aliis de causis, tum ea praecipue, quod perscriptum designati professoris titulum, etsi verum, tametsi aegris oculis antecessorem adhuc vivum valentemque et paucos quosdam alios, huic designationi parum aequos, aspecturos esse scirem. Statuerat ad nos cum suis venire praeterito paschate, suasi ne sine scholarcharum praescitu et consensu id faceret. Significavi etiam, vix spem esse salarii extraordinarii obtinendi, cum etiam ordinaria in hac temporum difficultate aegre solvantur. (Ex lit. d. Argentorati 21. Jun. 1631.)

Schickardus ad Berneggerum: Doleo vicem Keppleri (Ludovici) nostri, quod a suis tam longe dissitis adeo negligitur, et sortem ipsius consolor inclusis literis. Quodsi D. Bartschius esset propior, spero non deforet ipsi. Ceterum accepi exemplar tabularum ejus et valde gratum fuit, inspiciundi copiam fuisse datam, adeoque jam statim remitterem, nisi propter viarum pericula nondum esset satis tutum. Viae undique praedatoribus militibus repletae sunt, ut ne portas quidem oppidi secure liceat egredi, adeo spoliant quosvis obvios in conspectu nostro. Heri syndicum academiae capillis per amnem crudeliter tractum privarunt suo et comitis equo, hodie pharmacopoei ministrum, in suburbano horto plantam pro medicina quaerentem, pallio exuerunt et pileo, taliaque singulis pene horis contingunt. Quomodo autem Tubinga nostra et simul omnis Ducatus Würtembergicus in fidem Caesaris pridie Cal. Julias comiti Fürstenbergio, viginti millibus nos adorienti, dedita sit, ex publica fama procul dubio nosces. Accidit hoc plane praeter meam et plerorumque nostrorum spem. Cum enim hostem trans Nicrum castra metantem et omnia ad oppugnationem expedientem cerneremus, nostros vero cis flumen in aciem disponi, tormenta dirigi, quid aliud nisi rem seriam exspectassem? Amovi ergo paulo ante uxorem atque liberos, ne ipsorum ejulatu animus meus emolliretur, inque aliam urbem Hohenbergicae ditionis transtuli. Ego autem, Deo me commendans, omnem eventum sollicitus exspectavi. Sed gaudeo nunc maxime, bibliothecam mihi salvam mansisse. Nam quod aediculam in horto meo sunt demoliti, quod abegerunt pecora mea, quod alia damna dederunt, id multo aequius fero.

Audio tamen, vestrates male de nobis loqui, quod fortunae cesserimus. Verum annon prudentis est gubernatoris, vasa potius mari immergere, quam certissimum subire naufragium, aut chirurgi, secare pedem potius, quam totum corpus pereat? Vires nostrae multo erant inferiores hostilibus, milites tantum 15000 et equitatus vix subtriplum illorum. Insuper auxilia vicinorum nos destituebant. Ita misere mactandi fuissemus, nisi Deus consilia saniora suggessisset. Vale Tubingae d. 18. Jul. 1631.

Berneggerus ad Schickardum: Monstravi proximam epistolam tuam amicis nonnullis eo fine, ut quam fama sequior de statu rerum vestrarum opinionem in animis nostrorum hominum defixerat, et ipsis et per eos aliis, quantum in me est, exemerim. Etsi namque regium est, ut inquit ille, cum bene facias, male audire, puto tamen interesse publice omnesque bonos in id elaborare debere, ut magnatibus auctoritas et existimatio sua constet. (26. Jul. 1631.)

Ex epistola Petri Gassendi ad W. Schickardum (d. Parisiis Id. Jan. 1631): .... Ceterum haec mihi in mentem flebilem casum revocant, quem tu ad Diodatum scripsisti. Deum immortalem! Igiturne Sol ille clarus literatorum Keplerus sic occubuit, ut aeternae jam tenebrae illustrem adeo vultum obsideant? O! Si querelis foret locus, ut possemus merito jure cum natura expostulare, quod hominem divinissimum nisi immortali, at saltem Hamadryadum non donaverit aevo! Debebat saltem illi Terra annos Nestoreos non pauciores, a quo ipsa animam vitamque immortalem accepisset. Teneriore affectu Luna, quae isto suo Sole exstincto et ipsa pati defectum voluit, tentare visa, num illum, quae olim Dioscurorum charitas fuit, alterna morte redimere posset. Verum quia sic fata tulere, vivat jam saltem anima felix super aethera, cui dum mortalis degeret adeo ingentes admovit scalas, digna illa, quae jam mysteriis penitioribus intersit, digna, quam jam excipiat et compleat tantus ille et tam dulcis sonus, ad quem exaudiendum ipsa sibi viam tanta contentione aperuit. Sed quod ad nos spectat, dignus obitus, quem academiae etiam integrae luctuosis cum vestibus defleant calculoque atro diem notent, nisi quod ille parte sui meliore superstes jubere videtur, ut nemo fletu faxit funera. Potiore certe jure quam ille per docta virum volitabit ora ejusque laudes posteritas, nisi ingrata, conticescet nunquam. Videlicet stuporem creabit, quoties quis labores herculeos incomparabilemque genium viri animadverterit. Quidni? cum admirari quidem, sed consequi non liceat, quantum illius ingenium ceterorum ingeniorum dotibus praecellens aquilae instar supra nubeis volatum jugem tenuerit. Nisi profecto de illo verum non video, quem unquam Minerva artes omnes docuisse dicatur, et Jupiter O. M. admisisse in concilium Deorum. Nobis ea felicitas restat, quod tametsi jacturam tantam reparari non posse sentiamus, gloriosi tamen viri aevo quadam ex parte vixerimus, et cum ego quidem aliquam, tu ipse maximam cum illo societatem habuerimus. Ignosces mihi, si epistolam hisce quasi desideriis capitis tam cari perfundam, quippe non possum non apud te animum meum exonerare. Utinam vero sic possem piis parentare manibus, ut ille quoque intelligeret, quam mihi sit aeternum ipsius recordatio grata futura.

Scribis, restitisse in manibus tuis, quod munusculum ipsi destinaram. Quidquid de illo egeris, scito me gratum habiturum.

Diodatus Genevensis, cum quo multa per literas egit Schickardus, his Keplerum tunc superstitem, postea vero mortuum prosecutus est laudibus: En Gassendi nostri epistola ad Keplerum (VII. 596); cum quo literarii commercii jure congressum sibi licitum esse pollicetur et suae erga ipsum observantiae monumentum edendi occasionem opportunam, a te pro tua benevolentia hoc potissimum exspectans, ut benigna commendatione ad Phoenicem hunc astralem, immortalitate dignissimum, aditum ei praestruas, cui et ego, virtutis et nominis ejus cultor devotissimus, eodem tuo auspicio indigetari, et quis ejus in his publicis turbationibus sit status et ubi nunc degat per te scire etiam atque etiam cupio. Habes et hic adjunctam ejusdem Gassendi observationem eclipsis solaris, ex ejus ad me epistola excerptam; duo libelli ejus exemplaria, tibi et Keplero dicata, nondum habeo, propediem illa exspecto. (Parisiis d. 3. Sept. 1630.) — Luctuosus casus Phoenicis nostri Germani, Magni inquam Kepleri, alium non minus funestum (quem, faxit, avertat Deus) cum horrore mihi praesagit Italici Lyncis Galilaei, praesenti quippe periculo pestis ibi grassantis et cadentis aetatis expositi, de quo jam pridem nihil audivi. Quod superest, vobis Kepleri amicis in id incumbendum esset, ut sacrae defuncti proles, meditationes sc. ejus et scripta ab interitu vindicarentur et ad auctoris famam publicumque bonum fido custodi traderentur sicque quam officiosissime piis ejus manibus parentaretur. (Februario 1631.) Vulgi de Keplero viro incomparabili ante et post obitum male comptos quos memoras sermones, potius spernendos quam advertendos duco, cum erudiri nesciat turba et quae non intelligit, damnat; unde ab imperitis impeti illustrium virorum fatis adscribendum est. Sic olim cum philosophis et nostro seculo cum primariis omnibus scientiarum et veritatis luminibus actum est. (31. Maji 1631.)

Haec sunt, quae aequales de obitu Kepleri scripta reliquerunt. Superest, ut ea quae posterioribus temporibus reperta sunt illis adjungamus.

Sepultum esse Keplerum referunt Ratisbonae in coemeterio S. Petri lapidemque sepulchro impositum ab amicis Ratisbonensibus. Joannes Ostertag, rector gymnasii Ratisbonensis, inscriptionem lapidis ex monumentis literariis Georgii Serpilii, pastoris primarii Ratisbonae (mort. 1723), desumtam hanc fuisse (dubius quidem num fide digna sit) refert: „In hoc agro quiescit vir nobilissimus, doctissimus et celeberrimus Dom. Joannes Kepplerus, trium imperatorum per annos 30, antea vero procerum Stiriae ab anno 1594 usque 1600, postea quoque Austriacorum Ordinum ab anno 1612 usque ad annum 1628 Mathematicus, toti orbi christiano per monumenta publica cognitus, ab omnibus doctis inter principes astronomiae numeratus, qui manu propria assignatum post se reliquit tale Epitaphium:

Mensus eram coelos, nunc terrae metior umbras.
Mens coelestis erat, corporis umbra jacet.

In Christo pie obiit anno salutis MDCXXX. d. V. Nov. aetatis suae sexagesimo."

Pars illa coemeterii ubi Keplerus sepultus est, anno 1633, Ratisbona capta a duce Bernhardo Weimarensi, moenibus et vallis urbis obruta est, ita ut locus quo Kepleri corpus conditum erat plane evanuerit. Anno 1808 princeps Carolus Theodorus episcopus Dalbergus monumentum Keplero sacrum erigendum curavit in loco, „contiguo plane coemeterio, cui ossa Kepleri quondam illata fuere, ita quidem ut novum hoc monumentum a primario Kepleri tumulo vix 70 passibus distet." (Verba haec desumsimus ex descriptione hujus monumenti.)

Ostertag in tabulario Ratisbonensi hunc deprehendit indicem supellectilium etc., quae Keplerus ibi reliquerat.

Inventarium Weylandt dess Edlen, Ehrenvesten vnd Hochgelehrten Herrn Johann Käplers, Röm. Kays. Mayest. auch Ihr Fürstl. Gnaden von Friedtlandt wohlbestellten Mathematici, seel. verlassenschaft. Sub anno 1630. Inventarium. Zu wiessen sey menniglichen, das anheunt Dato den 15ten Monats tage Decembris a. 1630 weylandt des Edlen etc. H. Käplers Mathematici in Hyllebrandts Pylli Handelsman behausung*) seel. liegende verlassenschäft, gemeiner Statt Regenspurg ordnung, herkommen vnd gebrauch nach, in beysein Christoph Stulnners, Christoph Schorffens, beeder Inventierer, vnd Wolffen Schilttenbergers, Inventier-Knechts, inventiert vnd beschrieben worden.

Baarschaft: 22 ganze Reichs Talher. Mehr 11 (2? v. s.) fl. wegen verkaufften Ross, so Hillebrandt Pylli noch bey lebzeiten des verstorbenen seel. empfangen, vnd solches ins künfftige begehrt zu verrechnen.

1 gulden Pfening, wigt 4½ Ducaten. Mehr 1 gulden Pfening, wigt 8 Ducaten. 2 Rosenobl. 1 Schieffnobl. 55 einfache Ducaten. (Davon den Inventierern wegen verrichter obsignation vnd Inventur geben worden 1 Stuckh.) 1 falschen Zickhin (?). 1 gulden gnaden Pfening mit Herzogs von Friedlands büldnus, 4 demanthn, vnd einem anhanden perl. 1 rundt gulden gnaden Pfenig mit dess Pischoffs von Augspurg Wappen.

An Münz 2 fl. (davon dem Cancellisten vnd Inventierern, wegen verrichter obsignation vnd Inventur 1 fl. 20 kr.). 1 schlechten halben Thaler. 1 schlechten Sechspezner.

Silbergschmaidt: Nihil.

Ring: des verstorbnen Herrn seel. sielbern Petschier Ring.

Klaider: 1 schwarz wullen Mantl. 1 schwarz wullen Leibrockl mit rauhem fuetter. 1 schwarz wullen Wames. 1 leinen abgenehet Nachthembdt. 1 wullene Hauben mit rauhem fuetter. 1 braun baar Socken. 1 Fülzhuett. 2 baar Handtschuch. 1 Kampfuetter. 1 Fehleiss. 1 Pusagn (?). 1 alt lederne Gürttl. 15 Schlüessel. 1 Wachsstöckhl.

Rüstung: 1 Wehr sambt dem gheng. 1 Pistohl sambt der Hulffter vnd Pulverflasche. 1 baar Stiffl. 1 baar Sporn.

*) Dominus Carl Woldemar Neumann in libello quem inscripsit: „Das wahre Sterbehaus Keplers, Regensburg 1864", domum, in qua mortuus est Keplerus, ex actis publicis diligentissime pervestigatis eam fuisse demonstravit, quae nunc insignita est numero 104 (D) in via Danubiana. (Donaustrasse.)

Pöttgewandt: 1 barchet- 1 federickhen-Deckpett. 2 leinen Polster. 1 barchet Küess.

Leinengewandt: 1 Leilach. 2 Hemdter. 1 baar Schlaffhosen. 4 Vberschleg. 2 baar Handtegl. 4 Fazenetl. 1 baar strimpff. 3 Stückhel Schlesingisch Tischgewandt. 1 Stückhel Schlayher. 3 dickhe Krägn.

Bücher: 4 in quarto vnd weiss pergament gepundtene Bücher, die Ephemerides novae motuum coelestium intituliert. 57 vneingepundtene ejusd. tituli. 16 vneingepundtene Exemplaria in folio: Tabulae Rudolphinae Johann Kaepleri Mathematici. Herrn Cäplers Vass, darinnen allerhandt Mathematische bücher sollen seyn, befindt sich der Zeit noch vninventiert in Herrn Johann Franckhen des innern Raths alhie gueter verwahrung.

Schulden: Hilleprandt Pylli, Methhendlern alhie, ist man vber das geldt, so er empfangen, wie vorn vermeldt, laut einer sonderbaren specification noch ....

Johann Georg Peüffel Apoteckhn laudt zetls ....

Gegenschulden: Purgermeister vnd Richter, auch Vertretterin der alten Eysenhandlungs Geselschafft der Statt Steyer, laudt einer obligation die Michaëlis a. 628 — 1000 fl. Sambt andern beygelegten zu der sachen gehörige Abschrifften.

Maria Pillin, laudt Schuldscheinls sub a. 1628. 12. Jan. — 22 fl. Darumben befündt sich ein Zetl sub a. 628. d. 10. Juny, so man noch dran schuldig seyn soll 6 fl. 38 kr.

Wolff Helzl, Purger vnd Leinweber der Statt Griesskirchen, laudt obligation d. 12. Febr. 1618 — 50 fl.

Palthauser Greilich, laudt eines Schneinls 6 fl.

Gemeine Landschafft des Erzherzogthumbs Oesterreich ob d. Enns Verordnete, laudt Ambts Recognition 1628. 4. Jul. — 1500 fl.*)

Vom Kays. Rudolpho II. hochlöblichster gedechtnuss Gnadenbrieff, geben Prag den 29. Apr. 1610. — 2000 Reichs Tahler. Darbey Quittung von Johann Hueber, Röm. Kay. May. Rath vnd Hoffzahlmeister, so er Hr. Stephan Schmidt zu sein des Ceplers Handen vnd contentierung vbernehmen vnd empfangen sub a. 1610 d. 26. Aug. 2333 fl.

Ein Anweisungsbriff von Ihr Röm. Kay. Ferdinando II. an die Statt Nürnberg p. 4000 fl., an Vlm: 2000 fl. sub d. 5. Apr 1628.

Ein Anweisungs Copia von Ihr Röm. Kay. May. an Herzog zu Friedlandt sub d. 10. May 1628 — 11817 fl. (v. s. p. 911).

Briefliche Vrkhunden. 3 verpettschierte Schreiben, ains an Carl Gasser seel., dass andre an die Frau Pfefferin. In einem fasciculo mit Hrn. Käplers seel. aigner Handt geschriebne memorialia, verzeichnussen vnd zugeschickhte Missiv.

2 von Herzog von Friedtlandt verschlossene Schreiben, dass eine dem Edlen

*) Vol. XXI. mss. Pulkoviensium hanc deprehendimus Kepleri manu scriptam declarationem: Meinem günstigen Herrn Schweher vbergeb ich bey einer ers. Compania zu Steür laut beiligendem Schuldschein 1000 fl. Auss der Geerhabschafft Truhen gen Hineingebung eines Schuldscheins 531 fl. 25 kr. Auss meinen Handen in Parem 75 fl. Bei Hern von Raggnitz Hauptsumma 175 fl. Interesse von 200 fl. auf 1 Jahr 12 fl. Von 175 fl. — 18 fl. (Hierneben Hern von Raggnitz Brieffe, dass ich Vnkosten fordern soll.)

So quittir ich hiermit Hern Salzochsen pro empfangne Wein, die er mir gut zu machen versprochen, mit 120 fl. Item pro altaussstendigen Hausszinss, den Ime Niednauss zugestelt, 17 fl. Summa 2008 fl.

Hingegen soll er mir zustellen einen Schuldbrieff von einer Er. Landt. in Oesterreich ob der Ens gegen 6 p. Cento 1500 fl. Ein Gravenawerische Quittung vnd Schreiben pro Empfahung Dresderisch Interesse 500 fl. Summa 2000 fl.

Gestrengen Hrn. Reichartn von Wällmerädt, Röm. Kay. Mayt. Hoff-Camer Rath vnd Commissario. Mehr 1 vneröffnet missiv an den Edlen Gestrengen Johann von Pesche, dabey 2 Kraussen, so vorn gesetzt, 12 Reichs Tahler aber seindt nicht gefunden worden.

1 gefertigter Volmachts Schein mit Hern Keplers seel. handt vnterschrifft vnd Pettschafft, wegen 11817 fl. Kays. anforderung, im Halberstättischen einzubringen.

1 quittung p. 100 fl. in Abschlag wegen bey Ihr Herzog von Friedtlandt habender jehrlicher vnterhaltung. Mehr 1 quittung p. 120 fl. von 2000 fl. in einer löblich Landt-Einnember Ambt dargeliehen, mit Barthol. dess 1629ten Jahrs verfallenen Interesse. Ein quittung p. empfang von 2000 fl. in einer löbl. Landt-Einnember Ambt dargeliehenen Hauptsumma eines Jahrs Interesse mit S. Barthol. dess dreyssigsten verfallen 120 fl. Mehr 1 quittung p. empfang 1500 fl., so in einer löbl. Landschafft Einnember Ambt dargeliehener Hauptsumma benantlichen 90 fl. mit S. Barthol. dess 1629ten Jahrs verfallenen eines Jahrs Interesse. Mehr ein quittung etc. p. empfang eines mit S. Barthol. des 30ten verfallnen Interesse 90 fl.

Extractus Raths-Protocolli, d. d. 26. Nov. 1630.

Wegen Herrn Keplers Kays. Mathematici Todtfall vnd Verlassenschafft ist nach Sagan zu schreiben bevohlen worden. In Senatu.

D. d. 16. December. Hildebrand Pylli ist wegen gebetner erstattung der für Herrn Johann Keplers Kays. Mathematicum ausgelegter funeralien vnd anderer vncosten an Herrn Gerolden gewiesen vnd dabey decretirt worden, des seligen ermelts Herrn Keplers hinderlassene sachen zusamen entweder zu gedachtem Herrn Gerold oder Hansen Hallern zueordnen vnd zuverwahrn.

His quae Ratisbonae publica auctoritate consignata sunt subjungimus libellum Kepleri, quem discedens Ratisbona anno 1628 (v. s. p. 910) illic reliquit. Excerpsimus hunc libellum ex relatione societatis historicae Palatinatus superioris, quam supra diximus. Unde socii historici desumserint libellum, non annotaverunt.

Verzaichnuss, wölcher Gestalt Ich Johan Keppler meine vnd den meinigen zugehörige Vahrnuss in anno 1628 den 8.—19. Junii zu Regenspurg bey gutten Freünden behaltweis hinterlassen.

Erstlichen bey Herrn Balthasar Guralden, meinem Herrn Gevattern, damals wohnhafft im Wüncklerischen Haus in der Wallerstrass, einen eingelegten Casten mit aufgesetzten Schreibtisch, darinnen 30 Schubladen vnd ein Einsatzkästlein mit zwaien Schlossen. Ein schwarzes Wagentrüchlein mit seinem Schloss versehen, darinnen 6 Silbergeschmeid, Mir vnd thails meinen zwaien in erster Ehe erzeugten Kindern Susanna vnd Luwigen gehörig, sampt derselben Schatzgeltlein in einem gemahlten Caestlin. Item Silbern gürtl, Ringe, Gnadenpfenninge, Maines Weihs Hochzeitbecher, Perlencranz, dern vnd Iren mit mir erzeugten vieren Kindern Sebald, Cordula, Fridmar vnd Hildebert gehöriges Göltgelt in dreyen verporgenen Schublädlein. Alles zusammengeschätzt vngefähr auf siben Hundert gulden. An dreyen Schuldbrieven viertausend fünfhundert gulden.

Also bey der Frauen Fides, Herrn D. Joh. Oberndorffers seel. Wittib, meiner frawen Gevatterin, in dero hauss gegen dem Bischoffs Hoff über: Erstlich ein eingelegter niederer Casten mit zwaien Schlossen verwahrt, sampt einer alten gelben Truchen, auch mit jrem Schloss versehen, darinnen meiner Tochter Jungfrauen Susanna Kepplerin zugehörige Leibskleider vnd Laingewant, seiden Deckh, Leiwat Stücklein vnd dergleichen. Weil ermelte meine Tochter anjetzo im fürstl. Margrävischen Frauen-Zimmer zu Durlach in diensten, hatt sie vollen Gewalt mit disen zwaien Stückhen durch sich oder einen beglaubten Gewalttrager zuhandlen, die zueröffnen oder gar abzufordern.

Ferners bey ebengemelter frawen D. Oberndorfferin ein breitte grüne, ein schwartze niedere, vnd ein schmale lange Reisstruchen mit Iren dreyen Schlossen, drinnen das mir vnd meiner Hauss frawen gehörige Leingewant, Deckh, fürhenge, Leinwat vnd etwas von Bettzugehörungen.

Drittens bey Hans Hallern, Burgern vnd gewantschneidern etc. meinem gewesten Haussherren, wohnhafft beim Fleischhaus, ein weitter grüner Casten von zwaien Stückhen aufeinander gesetzt, vnd mit Schlossen verwahrt, drinnen mein yberige Bibliothec. Darneben ein Stebich mit Globis vnd mathematischen Instrumenten, vnd was dem zuegehörig. Ein schwartze Truchen mit jrem Schloss versehen, drinnen mein Zin vnd Messgeschirr, Ein Vhr, vnd etliche eisene vnd messene Instrumente, vnd klaine zugehörung zu andern.

Hierinnen hab Ich auch beygelegt die Schlüssel zu den eilff vorerwehnten Schlossen, den Schlüssel aber zu diser Truchen meiner Wirtin Hallerin hinterlassen. In selbigen Hauss ein offen aichen Fass mit allerhand messenen, eisenen, weissblechenen, hölzenen Küchengeschirr.

Viertens bey der Frawen Catharina Kitzingerin Wittib zu Osten in dero vorder Gewölb eingestellt ein Fass mit Bettgewant, von 2 vnd 3 Centner schwer.

Johan Keppler Mathematicus Mpp.

Decreta ordinum Linciensium data anno 1630.

Die 18. Aprilis: Johann Keppler Mathematicus bittet, Ihme die hievor lengest versprochene Interesse pr. 210 fl. sambt noch einem halbjährigen Zinss bey seinen aignen nach Linz abgefertigten Potten zu ybersenden. Verehrt denen löbl. Stenndten 20 Exemplaria seines in druckh geferttigten traktätleins.

Sobald gelt vorhanden, solle die bezallung zuvorvermeltes Interesses erfolgen, vnd wollen auch im ybrigen, der dedicirten Exemplar halber, die Herrn Verordneten, die sich inmitls derowegen bedenckhen, bey denen löbl. Stenndten vnd derselben negsten Zusamenkhunfft inngedenkh sein.

Die 8. Augusti: Johan Keppler Mathematicus zue Sagan pr. 420 fl. Interesse vnd 4500 fl. Capital, derer, Er befürfftig ist.

Einnember solle berichten, ob vnd wass gestalt eine müglichkeit seye, dem Supplicanten an innberüerten seinem Interesse einen Contento zumachen.

Die 9. Augusti: Yber dem abgeforderten Einnemberamts Bericht, Joh. Keppler vnd bezallung seines ausstendigen Interesses betr.

Weil der Zeit, wie gern man dem Supplicanten geholfen hete, khain mittel vorhandten, dieselben aber auff negstkhumbenden St. Martinstag, wegen der auff solche Zeit sich begebende Gefäll, verhoffen ist, alss wirdt sich Supplicant vnbeschwerdt biss dahin zugedulten, vnd sodann widerumb anzumelden wissen.

Haeredes Kepleri eorumque nomine filius Ludovicus aerarium caesareum et ordines Austriacos multis precibus adibant, ut solveretur pecunia debita. In codicibus Viennensibus haec occurrunt monita: die 8. Junii 1632 collegit Ludovicus summam 3180 florenorum, quae restaret numeranda de patris salario; die 20. Julii idem cameram aulicam adit petens ut solvatur: „Summa von Besoldung, Zimmer, Holz, azung vnd verwilligte Gnadengelder, so ihme Jo. Kepler bis End nechst abgewichenen Monats zu bezahlen ausständig verbleibt 12694 fl. 13 kr.

Paulo post Ludovicus his adiit aulicam cameram.

Hochlöbliche Hoffkammer.

Gnädige Hochgepiettende Herrn etc.

Eur Gn. werden sich zweiffels ohn noch wol zu errinnern wissen, dass meinem vielgeliebten Vattern seel. Johan Kepplern, gewestem Kaiserlichen Mathematico anno

1628, wegen seiner ausstände eine anweisung an Ihrer Gn. Herzogen von Fridlandt gnädig ist erthailt worden. Weillen aber wegen resignierung des Generalats (alss welche bald darauff ergangen) von Ihrer Fürstl. Gn. biss dato nichts erfolgt, vnd mein geliebter Vatter seel. vnderdess Todts verfahren: Alss bin Ich gezwungen worden wegen eüsserster Noth, bei Ihrer Kay. Mt. (von deren die schuld originaliter herrühret) vnderthenigst anzusuchen, habe derohalben vor vngefahr 3 Wochen bei Ihrer May. supplicando vnderthenigist angelangt, vnd bin darüber berichtet worden, dass solch mein supplication bei der Hochlöbl. Hoffkammer zu erledigen eingeraicht worden. Weillen aber biss dato Ich keinen Beschaid erfragen können, vnd auss Mangel gelts allhie auff der Zehrung zuligen, wo Ich lang solte wieder verhoffen auffgehalten werden, mir vnmöglich sein würde: alss will Ich deren Tröstlichen Hoffnung geleben, Eu. Gn. werden solch mein vnderthenigstes supplicieren (wofern es noch nicht geschehen) ehist erledigen, vnd zur Expedition befördern. Benebens, weillen Ich mit Herrn Hoffzahlmaister, vmb mehrerer gewissheit willen, wie breuchlich, abrechnen solte, auch zu Vollführung solcher Rechnung einer Copia obbemelter Anweisung vonnöthen hab, alss gelangt an Eu. Gn. mein vnderthenige Bitt, die wollen bei dero Cantzlei mir solche copiam ehist zuliffern gnädige anordnung thun. Wie den Eu. Gn. zu gnädiger gewehrung Ich mich vnderthenig befehlen thue.

Eu. Er. Gn. Gn.

vnderthenīger

Ludwig Kepler

Philosoph. Magr. Medicinae Studiosus.

Has literas haec subsecuta est petitio Lud. Kepleri:

Allerdurchleuchtigister etc.

Wass Eu. Kay. May. verschinene wochen per Decretum, so an dero Hoffcammer-Rath Jo. Bapt. Schellharten abgangen, Allergnädigst mich erinnern lassen, hab Ich gehorsamist vernommen, vnd demselben meinen gegen bericht darüber bereits eingehendiget; welchem nach Ich wegen des lezten punckts (dann der erste ohne das schon richtig) durch beilag Eu. Kay. May. Allergnedigistem Befehl nachzukommen, meine vnderthenigste schuldigkheit erweisen wollen, der allervnderthenigsten Hoffnung, Eu. Kay. May. werden hierumber, neben der selbs billigkheit, auch Utilitatem Reipublicae literariae zu Vermehrung Dero selbs aignen Rhums, wie auch vnsers gel. Vatters sel., ausser vngebührendem rhum zu melden, getrewe Dienste, vnd vnser bisshero, auss mangel der Zahlung vnserer anforderung, aussgestandenes Elendt allergnedigist bedenckhen.

Eu. Kay. May. kan Ich aber nicht verhalten, dass Ich von etlichen dero vornehmen Räthen glaubwürdig berichtet worden, dass Eu. Kay. Mt. in muthmassung stehen, alss ob die Observationes Tychonis Brahei ein solches werckh, mit welchem Eu. Kay. May. Ihnen ein sonderliche Rogatio machen könten, wan sie es alss einen Thesaur in Ihrem Kayserl. Archivo verwahrten; oder alss ob villeicht in denselben etwass, wie auch in meines gel. Vatters seel. Manuscriptis von prognosticis dass hochl. hauss Oesterreich betr. zu finden, welches Eu Kay. Mt. publiciern zulassen bedenkhen tragen wurden. Weillen aber weder in den observationibus Braheanis, noch vnder meines Vatters seel. Manuscriptis dergleichen zu finden, alss werden zweiffelsohn Eu. Kays. Mayt. Geheimer Räthe einer oder zween, so in dem studio Mathematico wol versieret, vnd mit meinem gel. Vatter seel. grosse familiaritet gehalten, mir dessen Zeugniss geben, weil Ihnen wol bekant, das Er mit dergleichen prognosticis (Er habe es den auf begehren seiner superiorum thun müssen) nicht gern vmbgegangen, nicht gern vil darvon geredet, vil weniger geschriben, dahero bemelte hern geheimbe Räthe auss Vertraulichkeit villeicht mehr, das hochlöbl. Hauss Oesterreich betreffent von Ihme erfahren, alss in seinen scriptis zu finden sein möchte. Themata sindt genug vorhanden, aber keine Directiones, vil weniger die Explicationes. Wass aber die publication so wol der Observationum, alss auch meines gel. Vatters seel. Operum anlangen thut, kan Eu. Kays. Mayt. Ich nicht verhalten, das Ich durch vnderschidliche schreiben von vilen vornehmen gelehrten leütthen gewarnet vnd ermahnt worden, selbige in gutter Verwahrung zu halten, weillen sich leüthe finden sollen, welche die Hypotheses Copernici, Tychonis et Keppleri funditus zu eradiciern vnd vmbzustossen sich auffs eüsserste bemühen, vnd Tag vnd nacht dahin trachten, wie sie solche Observationes Tychonis, et Manuscripta parentis mei an sich quocunque praetextu bringen möchten, auch schon durch öffentliche schriften bei der gantzen Republicà literaria sich verdächtig gemacht haben, daher die gantze respublica literaria, alss deren wol bewust, das bemelte Bücher in meiner Verwahrung, von mir die publication derselben embsig begehret, damit sie versichert seyen, dass nicht etwan dieselben supprimirt oder sonsten adulteriert werden möchten.

Alss werden Eu. Kays. Mayt. hoffentlich Vtilitatem totius Reip. literariae Allergnedigist bedenckhen, die publication durch Mich vnd keinen andern, auff der literatorum begehren vnd verlangen (welches Euer Kays. Mayt. Ich hiemit nomine totius Reipublicae literariae vnderthenigst vorgetragen haben will), Dero Kays. liebreichen naigung, so Eu. Kays Mayt. zu den studiis literariis vnd sonderlich dem studio Astronomico tragen, bewilligen, vnd mit denen von mir Allervnderthenigst vorgeschlagenen Mitteln (welches in vorigen Memorialn geschehen) solche allergnädigste anordnung thun, damit Ich vngehindert zum werckh schreitten, vnd meinem Vorsaz nach mit Gottes hülffe Eu. Kays. Mayt. zu sonderbahren Ehren, zum besten dem gemainen nutzen vnd zu erhaltung H. Tychonis vnd meines gel. Vatters seel. Ehr vnd Lob, so sie durch Ihren vnablässigen fleiss erworben, dass werckh absolvieren vnd zu Ende bringen möchte, woron Eu. Kays. Mayt. bei der lieben posteritet nicht weniger Lob vnd danckh verdienen werden, alss dero vorfahren hochseeligisten andenckhens durch Ihre angewendete vnkosten villeicht zu hoffen gehabt, werden auch vil ingenia zu mehrerem fleiss alss bis dato ad studij mathematici exercitia excitiern vnd auffmuntern.

Es können auch meines gel. Vatters sel. manuscripta nicht wol durch einen andern als durch mich publiciert werden, weillen solche noch nicht rain abgeschriben, vnd sich ein anderer nicht wol darauss würde finden können, dan Er da vnd dort allerhandt conceptus inseriert, also fast kein margo an etlichen orthen zu sehen; da Ich hergegen durch zimbliche lange Ybung mir seine handt bekant gemacht, in deme Ich fast all seine opera so getruckt, nicht nur ein, sondern zu drey vnd mehr mahlen, abgeschriben, da Er allezeit wider etwass hinzu gesetzt, und eingeflicket, ehe sie recht in die druckerey gekommen.

Zum andern haben Eu. Kays. Mayt. neulich wegen der observ. Tychonis auff vnderthenigsten der Brahischen Erben Bericht ein Decretum an die Bartschische Erben allergnädigst aussgefertigt, welchem bemelte Bartschische Erben gebührenden allervnderthenigsten schuldigen gehorsam noch nicht haben genüge laisten können, weillen Ich neben meines gel. Vatters seel. manuscriptis, wegen allerhandt obstehenden gefahren, dieselben anderstwohin transferiert gehabt, dass allso Sie selbst jtzo nicht wissen, wo solche bücher zu finden sein möchten. Ich will aber Eu. Kays. Mayt. allervnderthenigst gebetten haben, wofern dergleichen Klagen wider vnss von den Brahischen Erben wider einkommen möchten (welches wir doch nicht hoffen wollen), die Allergnedigste anordnung zu thun, dass vnss Kepplerischen Erben oder mir in specie solche zu beantworten möchte ybergeben werden; dan wir niemahlen gesunnen gewesen, Eu. Kays. Mayt. bemelte observationes alle simpliciter vorzuhalten, dass wir aber dass vnsere suchen vnd begehren, kan vnns Niemandt verdenckhen, dan wir solches jure optimo thun.

Wass aber meines Vatters seel. Manuscripta anlanget, werden hoffentlich Eu. Kays. Mayt. mir nicht zumuthen, dass Ich dieselbigen einem andern zu publiciern anvertrawen soll, sonderlich (wie gemelt) weil ein anderer sich nicht würde darein finden können, da Ich in die 10 Jahr lang mit höchster meiner ander studiorum versaumnuss calculando et describendo meine mühe auch angewendet vnd auch Ich der einige mannlicher Erb darzu, welchem solche manuscripta immediate ex haereditate zustehen.

Will hiemit schliesslichen vmb Gottes vnd der lieben Justitiae willen Eu. Kays. Mayt. allervnderthenigist gebetten haben, die wollen allergnädigst bedenckhen, 1. wass trewe dienste mein gel. Vatter seel. vnd alle seine Voreltern, secundum lineam rectam biss auff meines gross Elter Vatters anhero dem hochl. Hauss Oesterreich in allervnderthenigsten gehorsam gelaistet, 2. dass meinem lieben Vatter seel. nicht nur seine besoldung, so sich tempore Rudolphi auff 500 fl. erstreckt, biss auff 350 bei den successoribus geschmelert; sondern auch theils gar nicht, vil weniger die, den Römischen Kaysern zu Ehren auff publicierung seiner operum von Ihm angewendete vnkosten bezahlt worden, zu geschweigen einiger recompens vor seine gehabte mühewaltung, vnd mit viler verwunderung angewendeten fleiss. 3. vnser bisshero lang aussgestandenes Ellendt vnd armuth, darüber meine beede brüder sampt der Stieffmutter wegen höchster armuth vnd Ellendt das leben eingebüsset, vnd wir auch nichts bessers zu hoffen haben, wo Eu. Kays. Mayt. mit allergnädigstem schleinigem vnnss erfreulichen vnd nützlichem beschaidt dero angebohren milte nach vnss nicht erfreuten: wie ich dan der vnderthenigsten hoffnung gelebe, Eu. Kays. Mayt. werden (weillen sie selbst baldt in wichtigen geschäfften zu verraisen gesonnen, der winter vor der thür, vnd Ich das gelt vmbsonst auff theurem pflaster allhie verzehren müsste) die allergnädigste vnd Ernstliche anordnung thun, damit Ich schleinig mit meinem gutten contento abgefertigt werden möchte.

(Alss werden wir Erben so wol vor Eu. Kays. Mayt. vnd des gantzen hochlöbl. Hauses Oesterreich glückliche Regierung, langes leben vnd incrementum den lieben Gott trewliche bitten; alss auch in andern begebenden occasionen Eu. Kays. Mayt. allen möglichsten vnderthenigsten gehorsam zu erweisen vnnss befleissen. Auch Ich meinem gethanen versprechen nach mich allso verhalten, das Eu. Kays. Mayt., wie auch die gantze Respublica literaria meinen fleiss erkhennen, mein Ehrlich vorhaben loben, vnd mich alss dero gehorsamsten Knecht befinden werden)*).

Eu. Kays. Mayt. zu Gnedigster vnd schleiniger gewehrung mich vnd meine Mitt-Erben allervnderthenigist empfehlende. (Sine die, loco et nomine.)

Ex tabulario Linciensi. Decreta ordinum Linciensium.

Weilland Johann Kepplers witib vnd Erben verehren denen Herrn Verordneten etliche exemplaria Ephemeridum, vnd bitten fürs erste dieselbe zu acceptiren, 2) ihnen die $2\frac{1}{2}$ Jahr ausstendige bstallungsgebur, vnd 3) die noch hinterstellige Interesse auss dem Ambt ervolgen zulassen.

Im Ersten, der beschehenen Dedication halber, das vorhero ybergebene Suppli-

*) Cancellis inclusa superducta sunt.

cieren aufzusuchen, vnd denen löblichen Stendten oder dero Deputirten Ausschuss zue Erledigung fürzubringen; Im anndern vnd dritten wegen der bsoldung, item ausstenndigen Interesse, solle Einnember wievil ainss vnd anders sich in richtiger abraitung befindte, auch was der witib oder denen Erben vermüge Abthaillung davon gehörig sey, berichten. Datum den 4. Februarii 1632.

Ludwig Keppler, Medicinae studiosus, bittet Ihme wegen etlicher vnerledigten Puncten, alss aussstenndigen besoldungsrests, Schultbriefs ervolglassung, vnd offerirten Ephemeridum, aigentliche verabschaidung zuerthaillen, vnd die noch hinterstelligen 64 fl. Interesse Ihme ervolgen zulassen.

Das jüngste anbringen vnd verabschaidung, darauf sich dieses memoriale referiert, herbeyzulegen. Wirdt alsdan ferner bschaidt ervolgen.

Datum 12. März 1632.

Fernere Verbschaidtung, Johann Keppler betreffendt.

Im ersten solle Einnember, wie vil diss orts an der bsoldung noch ausstendig seye, berichten, im annderen bey der Cannzley nachgesucht, vnd gleichfals erindert werden, was auf dergleichen dedicationes für verehrungen vormals gebreuchig gewesen, damit sich die Herrn Verordneten ferners darüber erclären, vnd die gebettene Ausfertigung eines schultbriefs verschaffen mügen. Im letsten ist der Interesserest der 64 fl. mit Ambts gelegenheit zuentrichten verwilliget.

Datum den 13. Maerz 1632.

Ludwigen Keppler betr., so yber eingeholten bericht ferner geben wordten.

Dafern dem verstorbenen Keppler, ehe dann vnd zuvor Er auss dem Landt emigrirt, denn Er hernacher nit mehr in der Löblichen Stennd' diennst oder bstallung gewesen, an seiner besolduug was im ausstandt verbliben, mag dasselbe, wie auch noch 100 fl., so pro dedicatione Ephemeridum hiemit zu einer Verehrung verwilliget seyn, in eine Summa zusammengeschlagen, vnd darumben eine Obligation wie begehrt aussgefertiget werden. Datum den 19. Maerz 1632.

Ludwig Keppler replicirt nochmahlen, vnd bittet vmb ervolglassung der noch hinterstelligen bsoldung, dann 64 fl. Interessen, weilen Er zuverraissen gedenckht.

Es hat bey jüngst vorigen bschaidt nochmahlen sein verbleiben, vnd kan Supplicant wegen der mit Amts gelegenheit bewilligten 64 fl., weilen Er sich selber alhie nit aufgehalten hat, Jemanden anndern an seiner stat gewalt geben, der Abschidt aber mag aussgefertiget werden.

Datum den 6. April 1632.

Ludwig Keppler Medicinae Studiosus p. Bezallung 64 fl. aussstenndigen Interesses, item 2½järiger bsoldungsgebür, vnd dann ervolglassung einer Obligation pr. 100 fl. verwilligtes gnadengelt.

Den Interesse·ausstandt will man, sobald man der soldadesca widerumben auss dem Landt ledig worden, vnd die Aussgaben wass ringer werden, zubezallen verordnen; im annderen, der bsoldung halber, so biss auf des Supplicanten Vatters absterben gesuecht wirdtet, hat es bey vorigen verbschaidungen sein verbleiben. Im driten ist vmb die verehrten 100 fl. eine recognition ohne Interesse zu ertheillen bewilliget.

Datum den 30. Juni 1632.

L. Keppler pr. ervolglassung seines verfallenen Interesses vnd der seinem Vattern schuldig verblibenen bestallungsgebür.

Der Supplicant wirdet mit disem seinem begern, zumahlen sich bei dem Canzley protocoll lauter befindet, das sein Vater selbsten noch im Julio des 1628gisten Jahrs seinen diennst resignirt, allerdings abgewisen.

Datum den 13. December 1632.

L. Keppler bittet, weillen man Ihme 200 fl. Interesse, vnd wegen verehrter Ephemeridum 100 fl., so zusammeu 300 fl. bringet, schuldig sey, Ihme hierumben eine Obligation mit inserierung 6 pro Cento Verzinnsung zuerthaillen.

Fiat auf die jenige Summam, so sich beraith verfallen, eine ambtsgebreuchige recognition ohne Interesse.

Datum 18. Maerz 1633.

L. Keppler cediert per memoriale denen löblichen Stenndten vermüge des Kay. Mandats nit allein von seinem aignen Capital der 1500 fl., sondern auch von seiner geschwistert hauptgueth der 2000 fl., ain Jahrs Interesse, mit diser Condition, dafern bey Irer Mayt. kain genad dissfals zuerlangen, solches ferner nit gültig seyn solle, mit bitt, Ihme vmb das ybrige Interesse eine Obligation ervolgen zulassen.

Zu denen neuen Hilfsmittlssachen zu legen, vnd dise Cession ad notam zu nemmen.

Datum den 20. Maji 1633.

III.

Usque adhuc Joannis Kepleri vitam inde ab incunabulis usque ad extremum diem animo persecuti sumus, et quae quoque aetatis anno ei acciderint, et quem ad modum ejus ingenium creverit et adoleverit, scientia aucta et amplificata sit, referentes. Praeterea libros, quos edidit omnes, observato certo ut editi sunt ordine enumeravimus et ex parte id quoque retulimus, quibus in rebus quoque anno Keplerus versatus sit. Ex maxima deinde epistolarum et missarum et acceptarum copia ea et carptim et copiosius reddita sunt, quae aut ejus res familiares illustrarent, aut cognoscendae ingenii educationi et progressioni majora minorave lumina afferrent.

Restat denique ea, quae observato certo annorum ordine rerum ratione et continuatione quasi careant, colligere et sub uno aspectu ponere; et quidem, nisi forte pertractandae rei natura postulavit, ut ab uno capite transeamus in alterum, hanc certam tractationis seriem quam maxime observabimus, ut primum de ejus familia, tum de amicis et fautoribus, denique de literarum studiis et doctrina disseramus.

De Kepleri familia.

Joannes Keplerus domo natus est quae in Wilae libero municipio aliquantum temporis maxima auctoritate florebat. Avus enim Sebaldus Keplerus et ipse praefuit urbi, et abdicato quoque eo munere haud raro publica et cum aliis municipiis et cum vicina ducis Württembergici civitate commercia procuravit. Et ex publicis ejusdem oppidi codicibus, qui Wilae conservati sunt ex novissimis XVI. seculi annis, clare apparet, saepissime eum legati nomine Stuttgartiam, Heilbronnam, Spiram aliasque in urbes missum civium suorum commoda fortissime defendisse. Fortunam autem habuisse videtur haud parvam, quae, cum sumtuosus et luxus amantissimus esset, sub vitae exitum valde imminuta est, ita ut liberis quos habuit permultos (12) paucissima reliquisse videatur; ex iis quidem, quae de Joannis parentum re familiari satis comperta habemus, angustiores potius res quam opulentiam conjicere licet. (Ex patre plus quam mille florenos, ex matre tria millia florenorum liberis obvenire debuisse, dicit filius Christophorus matre mortua.) Henricus autem Keplerus, Joannis pater, uxorem duxit haud pauperis viri filiam, Guldenmanni, qui in Eltingae pago prope Leobergae urbem sito cauponam idem et praefecturam habuit. Praesertim conjugis dote adjutus Henricus Leobergae et domum et agros sibi paravisse videtur, quos mortuo marito et mater ipsa coluit et liberos quoque (Margaretham, Joannem, Henricum, Christophorum) jam inde a pueris agriculturae assuefecit. Pater enim, cujus animum paternae opulentiae paternaeque in Wilae urbe auctoritatis memoria subiret, cum neque Wilae, qua in urbe matrimonio inito aliquantum temporis habitavit, neque postea Leobergae, neque Elmendingae, quo facta majore fortunae jactura ex Leoberga familiam transtulerat, in suarum rerum angustiis et exiguitate acquiescere posset, primum c. a. 1574 Hispanorum et Austriacorum castra secutus est. Postquam autem a. 1579 domum revertit, adeo non sorte sua et rebus domesticis contentus erat, ut sub annum 1589 iterum patriam relinqueret sine reditu. Cujus de fortuna posteriore ex variis tabulis gentiliciis, quae nobis aditae sunt, nihil compertum est. Hanc paternam vagae liberiorisque vitae cupidinem Henricus filius (natus 1573) a patre accepisse videtur, et quid Keplerus ipse de fratris vita et fortuna dixerit, jam supra (p. 828) retulimus. (Hunc Henricum reliquisse duas filiolas, quibus Joannes noster quantum potuit auxilium ferebat, in historia „judicii matris" dictum est.) Contra Christophori fratris natura ex omnium, quos de eo habemus, nunciorum consensu a patre, fratre alienissima. Bractearii enim artificium doctus cum diutius per Germaniam migrasset et in Württembergico quoque exercitu militasset, Leobergae, ut eandem exerceret artem, consedit ibique vexillariorum magister factus est. Margaretha deinde soror (nata a. 1584), quae domi manebat usque ad a. 1608, a matre honestissime educata esse videtur. Quacum Joannes commercia habuit fraterna eademque, cum jam adultae conditionem frater quaereret honestam, eodem anno matrimonio juncta est cum Georgio Bindero, Heumaden vici pastore, cujus permultos annos matrimonium tenuit felicissimum. Alios denique Kepleri fratres tres invenimus mature defunctos: Sedaldum (nat. 1576), Joannem Fridericum (n. 1579) et Bernhardum (n. 1589). —

Matris suae mores Joannes ipse hisce verbis describit: „Femina moribus aspera, contentiosa, inquietissimo ingenio, quo totum turbat municipium suum sibique auctor est miseriae deplorandae. (v. s. p. 361.)

In rustici filia XVI. seculo aliam ingenii conditionem et institutionem infuisse, quam quae ad res domesticas, opera rustica aut ad ea, quae cauponae rusticanae sunt, negotia necessaria est, quis credat? Liberos itaque, ut jam supra dictum est, agriculturae assuefecit, ceteris in rebus naturam non morata. Joannes quoque, quamvis corpore esset invalido, saepissime morbis vexato, quoad imbecillibus viribus fieri potuit, opus fecit in agris. Nec tamen a matre prohibitus est, quin Elmendingae et Leobergae in ludum literarium iret ibique aut a grammatico aut a pastore singulare pueri ingenium cognitum esse videtur; eundem enim puerum primo eum, qui discendi latini sermonis causa est, ludum frequentasse, postea in scholis, quae Württembergica in civitate adolescentium ad sacerdotia erudiendorum causa monasteriorum in locum constitutae erant, publice institutum et ad academiam praeparatum esse videmus, in quam promotus anno 1589. ibi quoque partim in seminario Tubingensi publica pecunia sustentatus, partim patriae urbis annuis beneficiis adjutus est. Studiosus Joannes aut ipse per se, aut per literas cum matre, fratre, sorore commercia habuit eosque maxima caritate dilexit. Sed cum mater, ipsa legendi, scribendi ignara, in legendis, scribendis epistolis aliorum ope uteretur et plerumque aut amicos, aut filiam Margaretham epistolarum advocaret interpretes et scriptores, rariores epistolae aut in rebus necessariis aut si gravius quid accideret, ad matrem a filio sunt missae.

Quanto autem studio Joannes matri consuluerit, cum funestissima illa implicita esset causa capitali, pag. 361 ss. ex monumentorum fide et auctoritate pluribus enarravimus, eundemque promtissimo animo omnia deseruisse, ut, fratre et sorore ex parte dissentientibus et invitis, filii pietate matrem defenderet, ejusque contentionem unicam fere causam fuisse, cur tormenta aut rogum mater effugeret, ex iisdem clarissime apparet monumentis.

De Kepleri cum fratre, sorore, sororis marito consuetudine post matris causam illam capitalem, nihil certi traditum est: hoc sane maxime mirum, quod Joanni cum Bindero pastore, sororis conjuge, commercium esset nullum. Quamvis enim et ipse eum viseret cum in patria esset matrem in causa capitali defensurus (1621), et filium quoque Ludovicum, qui ab anno 1626. usque ad annum 1629. studiorum causa versatus est Tubingae, admoneret, ut adiret amitam, quae plus semel aliqua pecunia eum adjuvit, tamen de Kepleri propiore cum Bindero societate et commercio nihil compertum habemus.

Brevi postquam Keplerus Gratium vocatus (1594) et doctrinae amplitudine et maxima animi jucunditate permultos comparavit et amicos et fautores, varia animum ejus matrimonii consilia subierunt. Post multa igitur impedimenta multasque moras viduam sibi despondit Barbaram de Mühleck, cujus propinqui diu prohibebant, ne mulier patricia cum plebejo homine iniret matrimonium. Quorum ut patricios spiritus impleret, Stuttgartiam (1596) profectus id potissimum egisse videtur, ut gentis suae nobilitatem, diuturnitate temporum neglectam, depromeret. Quam ad rem quae pertinent, jam supra (p. 691) retulimus, quamquam etiam multa desunt, quibus plana res et aperta reddatur. Consecutus utique est id quod voluit Keplerus et nuptiae Gratii die 27. Aprilis 1597 factae sunt. In matrimonium attulit Kepleri uxor et fortunam satis opulentam, cujus agri erant maxima pars, et Reginam filiam, ex priore matrimonio genitam, cujus educationi ipse consuluit amantissime. Cujus matrimonii primos annos exegerunt felicissimos, cum conjunx et forma et aetate florens viginti tres annos nata (duos ante Keplerum habuit maritos, quorum alter paucis post factas nuptias annis decessit, alter homo nequam fuisse videtur, ut mox fieret divortium) jucundissimam ei redderet vitam praesentem et futuram sperarent liberam et ab inopiae curis vacuam.

Sed brevi post dies laetissimos secuti sunt tristiores. Cum enim Ferdinandus Archidux, qui postea factus est imperator, Styriae imperium suscepisset, primum hoc sibi faciendum putavit, ut Lutheranae fidei in Styria longe lateque diffusae et disseminatae opiniones in terris suis haereditariis opprimeret easque ad exstinguendas et plane delendas Lutheranos et magistros et sacerdotes ejicere optimum ratus est. Et initio quidem Keplerus intactus et inviolatus Gratii remanere posse visus est (cfr. p. 701 s.). Haud ita longe postea vero res Kepleri in pejus versae sunt. Consiliarii forte Ferdinandi (Jesuitae) prius spem aliquam habebant, eum ad catholicam fidem esse transiturum. Quod cum ab homine fidei suae tenacissimo non impetrassent, ipsi quoque eadem, quae paulo ante ceteris ejus provinciae magistratibus, qui fidem Lutheranam profiterentur, poena imposita est asperrima, ut patriam vix partam derelinqueret. Aliam certe causam mutatae Archiducis gratiae nullam animo capere possumus. Primum igitur Keplerus in Württembergia et auxilium et consilium quaesivit, cum apud Tubingenses suos magistros tam gratam esse putaret memoriam suam, ut munus illic sibi prospicerent. Ubi cum nulla spes esset aptum locum ac sedem inveniendi, omnem spem Keplerus resposuit in Tychone. Qui cum jam antea ipsum invitasset ut secum laboraret et a Rudolpho imperatore in Pragae urbem vocatus iterum vocasset Keplerum, ille animo libero ac soluto curis cum familia sua (uxore et privigna) Gratium reliquit, locatis conjugis agris, cum concesso tempore brevissimo eos aequo pretio vendere non posset.

Dissensiones autem, quae brevi postquam Keplerus Pragam venit inter ipsum et Tychonem interfuerunt, supra (p. 727 ss.) accuratius cognovimus; hoc loco tantum dicatur, mulierem quoque virorum discordiis laborasse. Quae cum maxime invita patriam, propinquos, amicos reliquisset, et haud scio an hac sola re esset commota ut maritum peregre euntem sequeretur, quod metus suberat ne, Lutheranis summa imperii iniquitate per Styriae provinciam oppressis, fidem non mutare non posset, Pragae novum locum, novas res ingressa, solam, destitutam, neglectam mulier se credidit. Et Tychonicae quoque familiae commercium et necessarium et multiplex, cum Keplerus Tychonis in domo habitaret, non optimum fuisse videtur, pecunia parva, fructus, qui ex conjugis agris in Styria redirent, adeo non ordine soluti, ut saepissime inopiae timor a familia haud procul abesset. — Tycho quidem familiam, cum res postulabat, semper pecunia adjuvit, sed Danum Baronem, cum in insula sua Huenna princeps esset, imperando, jubendo assuetum, qui natura ipsa altissimos animos ac spiritus ferret, et factus ipsius imperatoris astronomus et familiarissimus etiam magis aleret et augeret animi insolentiam, adulatione et interiore quadam nobilissimorum virorum consuetudine plane corruptum, hunc virum putas erga magistri uxorem semper urbanum se praebuisse et subsidia sua non maxima beneficia ostendisse? Quo factum est, ut quae domi comiter et liberaliter haberi solita est mulier, aegerrime hoc ferret et mox ardentissimum eam patriae desiderium caperet. Quo rerum statu quae usque adhuc maxime tranquilla et contenta fuerat vita saepius turbata est. Huc accedit quod Keplerus non eadem qua Gratii observantia desertam suam uxorem curare poterat, cum et negotia a Tychone mandata et ipsa studia per noctes diesque viri tempus et operam occuparent et maxima astrologiae experientia, cujus fama ex Gratio de eo praecesserat, non minima causa esset, cur non ut voluit uxor totum se illi et liberis suis dedere posset. — Cum enim nobilissimi aulicorum precibus eum vexarent et fatigarent, ut sibi horas poneret et ex natali die vitam praediceret futuram, jam tum coeptus est ex negotio horas ponendi quaestus percipi haud contemnendus: quam artem Keplerus ipse, quamvis de hujus oraculi veritate et certitudine dubitaret omnibusque qui eum quaererent, vaticiniorum dubiam et incertam spem esse diceret, procedente tempore exercuit studiosissime.*)

Quae pecunia adventicia quamvis valde adjuvaret rem familiarem, tamen Kepleri uxor tum demum in rebus et sorte sua acquievit, cum Tychone mortuo (1601) opera inchoata Keplero perficienda mandarentur et brevi post (1602) ipse imperatoris factus esset astronomus, ita quidem ut non ut Tycho aureorum tria millia, sed tantum quadringentos florenos haberet mercedem.

*) Codicum Pulkoviensium uno pene nihil aliud continetur, quam praedicta natalitia, quae partim exercitationis causa composita, partim (circiter septingenta octingentave) sunt exempla eorum, quae ab hominibus diversissimis efflagitata erant. Plurima autem, ne scribendo temporis nimium tereretur, in tabulis ligneis inscripta sunt, ad id ipsum confectis, quarum permultae vacuae sunt literis. —

Styriaca autem haereditate etiam multum negotium, multa molestia exhibita est, cum nunc Keplerus nunc ejus uxor Gratium profecti veterum amicorum auxilio, novorum graviore auctoritate et commendatione uterentur, quaecumque possent ex communi rerum perturbatione conservaturi. Qui enim jam dudum familiae erant amicissimi, agrorum possessores et nobiles, cum fidem profiterentur Lutheranam, haud dubie paucissima effecerunt. Quamvis autem ii, qui modo parti essent familiares et fautores, inter quos praecipuus erat Bavariae cancellarius, Herwartus de Hohenburg, qui Keplerum causamque Keplerianam potentissimo sacerdoti Casali commendavit, sine dubio plura efficerent, tamen verisimile est, minime totam fortunam servatam esse et nonnisi Reginae privignae suam partem obvenisse.

Kepleri, cum esset imperatoris astronomus, officium pecuniam quidem ei attulit minimam eoque minorem, cum imperator ipse tempore illo sempiternis pecuniae angustiis premeretur, ita ut Keplerus vix magna opera, magnis precibus efficeret, ut mercedis partem saltem aliquam extorqueret; contra desiit, Tychone mortuo, alius alicujus adjutor et minister esse. Magis enim quam antea multorum Pragensium habitus est oraculum, apud imperatorem maxima usus est gratia, cui de mathematicis, de instrumentis astronomicis, de astronomia et astrologia, saepius quoque de rebus publicis et coram et literis referret; Pragensium nobilissimi quique maximis muneribus fungebantur ejus et amicitiam et consilium non minus quam imperator ipse appetiverunt, nonnunquam quoque per Keplerum res publicas sub astrologiae specie ad imperatorem delaturi.

Quamvis haec maxima mariti auctoritas, cum uxori quoque lumina aliqua afferret, paullum jucundiorem ei Pragae vitam redderet, tamen curae domesticae minime desierunt, et a muliere, quae domi vitae assueta erat opulentiori („Non assuevit uxor mea fabis victitare“ Keplerus scripsit ad Maestlinum, cum de vita Tubingensi eum interrogaret), mores patrii, res domesticae semper sunt valde desideratae. Huc accedit, quod quae Kepleri de rebus divinis, de Concordiae Formula non simpliciter subscribenda, quaeque cum maxima acerrimorum Lutheranae fidei cultorum offensione de Sacra Coena sententiae essent, a muliere simplici aut parum intellectae, aut ab hominibus immoderatius Lutheranam fidem sectantibus in falsum auctae uxori, ut per eam ipsam mariti animum flecterent, in aures insusurratae sunt. Keplerus ipse quidem bene cavit „subtilitatibus suis“ eam fatigare atque ut domi, ita palam sacro mori Pragae recepto semper indulsit. De studiis vero astronomicis et negotiis astrologicis cum uxore ne minima quidem disseruisse par est. Ex epistola autem post uxoris mortem scripta (v. s. p. 811 ss.) conjicere licet, et de mariti religionibus et de ejus negotiis astrologicis ab hominibus, quibus minime liceret, ei res esse delatas, quibus ita animo sollicitaretur et angeretur, ut de marito maritique officio iniquius judicaret. His et judiciis et verbis Keplerum, cum esset irritabilis, saepe iratum minus comiter ei respondisse probabile est. Parsimoniam quoque conjugis immodicam non justo loco, justo tempore adhibitam aegre tulit: quam ob rem cum uxor maritum, qui neque res familiares satis intelligeret iisque se turbari et interpellari nollet, totum in cogitatione defixum de rebus domesticis consuleret, haud raro iniquiorem illam tulisse repulsam verisimile est.*) Quamvis autem Kep-

*) Libentissime autem tulisse quandoque Keplerum tales interpellationes, testem ipsum habemus in capite XXVII. libri de Stella Nova, ubi, referens dubia sua de „casu“,

lerus, cum maxima animi benignitate et justus esset conjugis virtutum aestimator, ejus gratiam sibi reconciliandi causa quidquid peccaverat eo majore benignitate sanaret et restitueret, tamen quae mollior et offensioni pronior esset mulier acceptarum reprehensionum memoriam non tam facile deponere potuit quam mariti ingenium placabile. Quae dissensiones et dissidia et tempore procedente et majore in dies uxoris aegrotatione aucta sunt, dum Keplerus ipse etiam majoribus minoribusve morbis vexaretur, eam non semper quam valetudine sana haberet animi patientiam et tranquillitatem conservasse non est mirandum.

Quo factum est ut Kepleri res domesticae ejusque cum conjuge commercium saepius turbarentur; omnino autem maritus uxoris, uxor mariti virtutem et bonum animum comprobantes vitam simplicissimam usque ad annum 1611 summa concordia exegerunt. Quo tempore Kepleri uxor morbo graviore simul, simul amisso carissimo infante magnopere commota et afflicta est. Huc accedit quod dissensionibus, quae inter Rudolphum imperatorem et Matthiam fratrem essent, et salario non soluto Keplerianae quoque res turbatae sunt. Praecipue autem Praga a copiis Passaviensibus partim obsessa, partim direpta, mulier aegrotans, quae jam antea aegrotantium et sauciorum cura se supra vires extenderat, tanto morbi impetu afflicta est, ut, qua esset infirma nervorum valetudine, haud diutius resistere posset. Nervosa fehri, aucta in summum furorem, collapsa die 3. Julii anni 1611 decessit.

In epistola dedicatoria „Eclogarum“, scripta mense Aprili anni 1612 ad Tobiam Scultetum, imperatoris consiliarium, his Keplerus prosequitur filiolum et uxorem mortuam: „Praeter publica mala terroresque foris circumstantes etiam domum privatim meam non unum calamitatis genus pervasisse et coram vidisti et mecum ingemuisti. Nam quid gravius, quid acerbius, quid magis luctuosum contingere mihi potuit, quam hoc triennio contigit: qui cum haberem vitae sociam, non dicam charissimam, vulgare hoc est vel esse debet, sed talem, cui publica fama palmam tribuebat honestatis, probitatis, pudicitiae, cum forma et comitate citra litem exemplo rarissimo conjunctae, ut interiora et ab oculis vulgi remota, pietatem in Deum et beneficentiam in egenos jam transeam; cum essent mihi ex illa liberi florentissimi, praecipue puer sexennis, matris adeo similis, ut sive florem corporis morumque suavitatem respiceres, sive notorum faustas ominationes, Hyacinthum diceres matutinum primis veris diebus, odores ambrosios halitu tenerrimo fundentem per conclavia, puer tanta matri charitate connexus, ut utrumque non languere prae amore, sed plane furere dixisses. Hanc tamen conjugem in ipso constitutam aetatis robore vidi saevientium humorum insultibus toto triennio identidem oppugnari, conquassari, paulatim destrui, adeoque non raro de statu rationis deturbari menteque moveri; quam tandem, ubi vix respirare visa est, afflictam consertis inter se morbis charissimorum liberorum, perculsam intime morte puelli, qui dimidium ilii cordis erat, terroribus etiam exercituum et imagine cruentae pugnae in urbe ipsa commissae penitus obstupefactam, denique desperatione meliorum temporum et immortali desiderio amissi dilectissimi pignoris tabescentem,

---

addit: Heri, dum fessus a scribendo animoque intus pulverulento ab atomorum istarum considerationibus ad coenam vocor, apponit mihi uxor mea acetarium. Ergo, inquam ego, si toto aëre confertae volitarent patinae stanneae, folia lactucae, micae salis, guttae aquae, aceti, olei, ovorum decusses, idque ab aeterno duret: futurum est tandem aliquando, ut fortuito tale coeat acetarium? Respondit bella mea: sed non hoc decore, neque hoc ordine. — Miser ego, quid afferrem ad sententiae meae defensionem? Visa est verisimilia dicere etc. —

ultima malorum, contagio febris Ungaricae maculosae (pietatem ulta non temperantis sibi a visitandis infectis) corripuit importansque tristissimum sub Sole melancholicae ἀθυμίας symptoma ad extremum exstinxit, tanta commiseratione popularium, ut essent quae exclamarent in ejus funere, post hanc sepultam in terris non superesse bonam. Quae tristissimi casus imago, quanquam vel hostem barbarum, si spectator fuisset, nedum maritum, communium patrem liberorum perturbare potuisset, tamen, quasi hoc parum esset, accessit ad cumulum miseriarum haec quoque insultantis fortunae malignitas, quod cum totos undecim annos Pragae difficultatem assignati stipendii aulici tolerassem cum conjuge, sollicita de suo matrimonio, melioribus digna, cum a toto triennio discessum ex aula in locum tranquilliorem molitus essem tandemque malis intolerabilibus impendentibus adactus, ut meis prospicerem, violentam eruptionem tentassem, cum jam de loco certus essem, in quo meis rectius futurum spero, in ipso temporis articulo jacturam hanc feci et conjugis et operae, quam illius praecipue recreandae causa sumseram.

Tum res Pragenses in dies Keplero iniquiores sunt factae. Rudolphus enim imperator, a fratribus Hungariae, Bohemiae, Austriae imperia deponere coactus vix procul ab eo erat, ut Pragae captivus haberetur, quique aulicorum usque adhuc Keplero faverant, fortunam aliunde relucentem sectantes jam non eadem qua prius reverentia et officiosa voluntate habuerunt Imperatoris astronomum. Quamvis enim apud Rudolphum imperatorem Kepleri auctoritas et aestimatio maxima esse non desineret idemque ab eo etiamnunc in rebus ad astrologiam pertinentibus consilium, consolationem in rebus adversis et coram quaereret et per epistolas, tamen, cum in dies angustiae pecuniae majores fierent, Keplerus vix omnibus viribus mercedis sibi promissae aliquam partem potuit extorquere. Atque cum defuncta uxore in dies iniquiores et molestiores fierent res Pragenses, occasionem cepit sibi oblatam officium deponendi. Cum enim tempore maxime opportuno ab Ordinibus Austriae Superioris Lincium vocaretur, initio quidem imperator ab amicissimo suo Keplero descri noluit, postremo autem mutata sententia Kepleri cessit precibus, adjunctis gratiae causa duobus beneficiis, altero ut Lincii quoque Keplerus imperatoris astronomus esse non desineret, altero ut pecuniam ei attribueret a fisco solvendam. Quum autem anno demum 1612 Lincium demigraret, factum est ut cum decederet Rudolphus Pragae esset Keplerus.

Idem donec Lincii res familiares composuisset, liberis Susanna et Ludovico in Moraviae provinciae urbe Knustadt apud amicos hospitium prospexit, ubi ludum publicum frequentabant. Lincii autem morum jucunditate et modestia et acerrimo in exsequendis et publicis et privatis negotiis studio mox multos et amicos et fautores sibi comparavit, qui viri derelicti et animum discuterent et exiguas res familiares variis modis augerent. Quorum in numero primos locos tenent Erasmus de Staremberg et Georgius Erasmus de Tschernembel, in discordiis mox de religione ortis clarissimus Lutheranae causae et defensor et propugnator. Matthias imperator, qui Rudolpho successerat, et ipse Keplerum astronomum caesareum esse voluit eidemque mercedem publicam amplius solvendam esse jussit. Quum autem Matthias non minus quam Rudolphus de pecunia laboraret, Keplerus vix accuratissimis et suis et amicorum precibus effecit, ut debitae pecuniae aliquid exprimeret.

Jam cum Pragae esset, et amici et inprimis amicae, quae rei familiaris Keplerum imperitissimum esse bene intelligerent, monendo, suadendo adducere eum conati sunt, ut in secundas nuptias transiret, quorum precibus ipse cessisse et de matrimonio iterum ineundo egisse videtur. Quum autem Kepleri Lincium demigratione ad irritum res cecidisset, amici Lincienses majore studio denuo ei conditionem prospexerunt, non minus quam undecim virginibus viduisve ad matrimonium commendatis. Atque cum inprimis Kepleri amica, uxor Baronis de Staremberg, omni opera niteretur, viro solitario alteram uxorem adducere, postremo mulieri prospere successerunt studia. Quamvis enim privigna Regina, quae anno 1608 cum Ehem quodam matrimonium inierat, a nuptiis cum illa, quam commendavit Starembergia, acrius dissuaderet (v. s. p. 809), tamen Keplerus dum esset Ratisbonae, quam in urbem ab imperatore vocatus erat, ut de instituendis Pastis Gregorianis judicium faceret, plebejam filiam sibi despondit Susannam Reittinger, Efferdingàe opifice arculareo oriundam, educatam in ludo a Starembergia educandarum virginum causa instituto. Erat autem et aetate et forma florens, et simpliciter educata, et cum modesta esset minimeque ambitiosa, ad id maxime idonea, ut Kepleri vitam simplicissimam jucundiorem et hilariorem redderet. Nuptiis brevi post factis Keplerus Lincium rediit cum uxore, quacum usque ad mortem suam felicissimos matrimonii annos peregit, cum liberis ex priore matrimonio genitis mater esset altera, et ipsa septem liberos ederet, quorum quatuor patri superstites fuerunt.

Lincii Keplerus ab anno 1612 usque ad annum 1626 versatus est, ita quidem, ut multum temporis in itineribus et publicis et privatis consumeret. Iter quidem anno 1613 Ratisbonam factum modo memoravimus; saepius autem Viennam et Pragam, ut de studiis suis imperatori et consiliariis aulicis rationem redderet, vel ut consilium suppeteret in rebus ad studia sua pertinentibus, vocatus est, pecuniam quoque ad edendas Ephemeridas et Tabulas Rudolphinas necessariam ipse petiit; quod cum impetrasset, ipse ad ea loca profectus est, quo numerationis causa delegatus erat (Norimbergam, Passavium, Campodunum, Memmingam). Anno deinde 1617 matrem, quae aliquantum temporis Lincii apud filium versata invito eo domum redierat, ut adversariis suis ipsa obstaret, filius est secutus in Württembergiam, ut praesens et adjutus ab amicis (Besoldo, Hillero) juris peritis matris temeritatem corrigeret.

Tum in causa materna omnia optime se composuisse ratus Lincium rediit ad opera astronomica, quae ibi imperfecta reliquerat. Sed quum anno 1620. praeter opinionem ad pejorem partem res vertisset, Septembri idem iterum in Württembergiam iter fecit. Finem anni 1620 et annum 1621 fere omnem cum matris causa in patria versaretur, familiam Ratisbonae reliquit cunctam, excepta maxima filia Susanna, quae genero Ebem amissa uxore Regina res domesticas procuraret.

Quem autem eventum ipsa causa habuerit, jam supra dictum est. Hoc unum liceat nobis addere: Keplerus in libellis de hac causa scriptis inde ab anno 1616 praeter Austriacorum ordinum astronomi titulum semper subscripsit: „S. Caes. Majestatis mathematicus“, annis vero 1620, 1621 „quondam Imperatorum Rudolphi et Matthiae mathematicus“. Quod sine dubio ideo factum est, ut precis suae auctoritatem confirmaret, quum illo tempore „astronomus imperatorius“ non minus valeret, quam apud nos qui aut principis aut publico consilio interest. Ferdinandi autem imperatoris titulum nondum subscribere potuit, cum defuncto Matthia 10. Martio 1619, Ferdinandus excunte demum anno 162[illegible] Keplerum astronomi caesarei nomine ornaret. Breitschwertus quidem, qui de Kepleri vita scripsit et causam matris Kepleri primus huic vitae adjunxit, et ipse opinatur, Kepleri matris in Württembergia inimicos nullam aliam ob rem usque ad annum 1619 causam distulisse, quam quod imperatorii astronomi auctoritate rem suam minus prospere successuram esse sperarent, eosdemque tum demum omnibus viribus in mulierem subito ex accusante ream factam aggressos esse, cum acerrimus mulieris defensor ad simpliciorem Austriacorum ordinum astronomi gradum descendisset.

Brevi postquam Lincium Praga demigravit, alia ei accidit calamitas. Jam anno 1608. dum Stuttgartiae esset a Duce petierat, ut sibi, quondam pecunia publica in Württembergia instituto, cui ob id beneficium in patria munus aliquod sibi oblatum esset obeundum, liceret alibi munus inire, cum in tali rerum Pragensium statu probabile esset, imperatoris officium sese depositurum. Si quidem ipsi in patria idoneum munus traderent, libenter illud se esse suscepturum; aliter alio loco conditionem sibi patere. Quum igitur Dux ipse ejusque consiliarii viro eo tempore jam clarissimo Tubingae munus promtissimo animo promisissent, Keplerus haud ignorans, minus libere de sacris rebus cogitare Stuttgartiae consistorium et Tubingae collegium theologicum, honestum putavit, dissensiones suas non celare easque libello ad Ducem scripto pluribus exposuit. Qui cum a consistorio sententiam postulasset, iniquissimum de re Kepleriana judicium factum est et Keplerus, spe sua deposita patriae inservire, Pragam rediit. (Cfr. p. 784 ss.

Praecipua Kepleri dissensio erat de sacra coena, maximae autem offensioni fuerat, quod et theologos Lutheranae fidei confessores cum causae Calvinianae sectatoribus benignius habere commercium postularet, et Concordiae Formulae sese „sine exceptione" subscripturum negaret. Qui cum Lincium venisset, Lincii sacerdos Hitzler, et ipse Württembergia natus atque sine dubio a collegis Württembergicis de Kepleri falsis opinionibus certior factus, ab eo postulaverat, ut Concordiae Formulae simpliciter subscriberet et revocaret, quae de Sacra Coena dubitavisset, aliter illam ei interdictum iri. Qua de re cum astronomus ad consistorium Württembergicum querelas detulisset, inde, quod minime mirandum, repulsam retulit. Lincii itaque a Sacra Coena prohibitus et quasi nota haeretici affectus erat, quod quidem inprimis familiae causa aegerrime tulit, quam ob rem postea quoque iterum iterumque nitebatur, ut hanc interdictionem a se decuteret. Qua de re quas epistolas Keplerus ad Hafenrefferum et scripserit et ab eodem acceperit, jam supra (p. 854 ss.) traditum est; ex quibus apparet, eundem quam maxime poterat veriori, quam habere se putabant Württembergici theologi, Lutheranae legi propius accedere studuisse, suae ipsius autem sententiae minime oblitum dissensionem suam palam pronunciavisse. Calvinianos enim causamque Calvinianam Lutheranorum in morem simpliciter condemnare procul aberat a viri honestate, Concordiae autem formulae se subscripturum esse profitebatur, si sibi liceret, subscripto nomini ea addere, in quibus ipse dissentiret. Qua de re quid Stuttgartiae consistorium judicaverit, clare apparet ex insolentibus his verbis, quae de causa Kepleriana e consistorio unus ad professorem Tubingensem scripsit: *Betreffend Kepplerum hat man nunmehr mit selbigem Schwindelhirnlin lang gehandlet, aber vergebenlich, und lasst er ihm nit sagen. Man kann doch keiner anderen meinung vmb seines letzköpflins willen werden.*

Dum Lincii erat, Kepleri praecipua opera edita sunt: Astronomiae Copernicanae Epitome, Harmonia, libri chronologici, Ephemerides, Stereometria doliorum, Logarithmi. Tabulae Rudolphinae ibidem editionis causa praeparatae sunt. Quibus tabulis (quarum typos numerales sua pecunia ipse Lincii fundi curavit, charta ad easdem necessaria Campoduni emta) nondum editis, in Austria superiore quae jam diu praeparata erat Lutheranorum orta est insectatio, quam et rusticorum seditio secuta est et diuturna illa (anno 1626) Lincii obsessio, quibus duabus rebus Kepleri et negotia et res domesticae, ut par est, variis modis turbata sunt. Se quidem, scripsit, suamque familiam nunquam in tanta cibi inopia fuisse, ut „carne equina" vescerentur, sed tamen circumsesso oppido et multa necessaria desiderasse, et multa injucunda perpessos esse. Seditione autem profligata cum imperator Lutheranos omnes, ad fidem catholicam sese transituros esse negantes, finibus egredi jussisset, Keplero, qui imperatorii astronomi nomine et auctoritate facile impetrare posset ut hac conditione solveretur, suam suorumque fortunam aut rebus fortuitis aut aulicorum voluntatibus temporaneis detrahere satius esse videbatur. Quum autem simul hoc quoque edictum factum esset, ut Lutheranorum filii omnes catholicos et ludos et ecclesias frequentarent atque Kepleri filius maximus Ludovicus (nat. a. 1607) ea ipsa aetate esset, ad quam edictum illud pertineret, hanc rationem legem fallendi pater est secutus, ut filium sic Lincio summoveret, ut amici puerum clam domo deductum nescio patre in Lutheranorum ludum Sulzbachiae transferrent. Pater itaque, ubi filius esset, interrogatus vera dixit, illum se inscio domo abiisse et loco sibi incognito latere. (Cfr. p. 900.) — Ipse tabularum editionem Lincii et deficientibus operis et in inquieto rerum statu haud facile fieri posse causatus petiit, ut sibi liceret, loco ab hominum turba remotiore, ubi literarum fontes largiores manarent, tabulis edendis praeesse. Quod cum impetrasset, Novembri mense anni 1626. Lincio demigravit Ulmam, familia tunc quoque, ut itinere in Württembergiam facto, in Ratisbonae oppido relicta. Ludovicus filius Sulzbachia clam Tubingam rediit, studia sua ibi perfecturus. Ratisbonam autem omnes res moventes, Ulmam typos Lincii fusos et chartam emtam transtulit. Annum 1627 omnem Keplerus Ulmae in tabulis et corrigendis et edendis consumsit, ita quidem, ut interdum viciniam, Tubingae amicos et in vico Rosswelden, quem in pagum pastor Binderus a. 1620 transgressus est, sororem suam viseret.

Perfecto autem opere cum tabularum parte Francofurtum profectus est, ubi cum librariis de redemtione ageret. Quam in urbem cum proficisceretur eodemque ex oppido rediret, cum alios amicos, tum Landgravium Philippum Marburgii adiit, Susannam filiam Durlaci, Esslingae Baronem de Hohenfelder, quocum Tubingae literis studuit, eundem Lutheranorum insectatione ex Austria expulsum. Ludovicum filium Schickardi amici patrimonio commendaverat et ex Ulma literas partim facetius, partim severius de rebus filii scripsit, non prorsus ex patris voluntate vitam degentis.

Ulma Keplerus per Ratisbonam Lincium rediit, res suas ibi compositurus. Cumque Pragam venisset, ad Imperatorem libellum scripsit, quo tabulas se perfecisse nunciavit et ex perfectis tabulis Ephemeridas, anno 1617. Lincii inchoatas et usque in annum 1620 continuatas, ad finem propositam perficere velle. Postulavit simul residuas pecunias, quae in dies majores fierent, et ad eum locum, quem imperator aptum censeret, se profecturum esse professus est. Eodem ipso autem tempore Wallenstenius Megalopolis dux designatus est, qui, cum Keplerum jam anno 1608. cognovisset, et ipsum et viri scientiam permagni aestimavit. Cum igitur comperisset, qua de re ageretur, Keplerum secum in Silesiam, ducturum et residuas pecunias solvendas curaturum esse pollicitus est. Qua ratione sola cum fieri posse intellexisset Keplerus, ut tranquilliore loco studia simul continuaret, simul fortunas suas et domesticam salutem conservaret, consentiente imperatore munus a Wallenstenio oblatum se suscepturum esse annuit, quamvis hanc conditionem odio non liberam esse bene sciret et de tempore futuro sollicitus esset. Cum uxore igitur et liberis minoribus quum mense Julio 1628 iter incepisset, Saganum migravit, qua in urbe cum familia consedit. Typos autem Lincio aut Ulma transferendos curavit et Sagani Duce adjutore officinam instituit typographicam, cujus ope Ephemeridas perficeret, quarum editionem pollicitus erat, simul Wallenstenii desideriis astrologicis indulgens. Idem cum Keplerum jussisset in Rostochii academia professoris munus suscipere, negavit astronomus, metuens ne suscepto hoc officio residuae pecuniae, quas imperatoris fiscus sibi deberet, ad irritum caderent, praesertim cum Dux solvendas pecunias pollicitus quidem esset, sed nondum curavisset.

Sagani Keplerus usque ad Octobrem mensem anni 1630. versatus est ibique gaudio quoque hoc est affectus, quod filia Susanna, quae tunc Durlaci gubernaticis munere fungebatur, Argentoratensi amico Berneggero auctore cum Jacobo Bartschio, acerrimi studii adolescente (cfr. VII. 478) matrimonium iniret. Idem, qui astronomum jam aliquantum temporis in Ephemeridibus ratiocinandis adjuverat, ipsius et Berneggeri consilio Argentinensis academiae magister designatus est. Mox in eadem urbe nuptiis factis (d. 2. Martii 1630) mariti parentes, qui huic festo diei non interfuerant, Sagani viserunt. Bartschius enim primum soceri opera adjuvare et postea Argentoratum redire voluit, ut ibi munus sibi oblatum inciperet; Ephemeridum quoque et editionem et redemtionem curavit eandemque ob causam, ut ipse cum librariis ageret, Francofurtum profectus est. Uxor autem Sagani apud parentes remansit, tum quoque, cum Keplerus Octobri mense per Lipsiam in Ratisbonae urbem profectus esset, ubi in concilio Germanici imperii principum eo convocato ab Imperatore pecunias debitas efflagitaret. Quo de itinere, Kepleri morte et temporibus ipsam mortem sequentibus jam supra pluribus enarratum est.

Exeunte hac parte Kepleri liberos, quo quisque tempore natus est, enumerabimus.

Priore matrimonio geniti:

1. Henricus, natus die 2. Febr. 1598, mort. d. 3. Apr. ejusdem anni.
2. Susanna, nata Junio mense a. 1599, mort. Julio ejusd. anni.
3. Susanna, nata d. 9. Jul. a. 1602, cum Bartschio matrimonium iniit anno 1630.
4. Fridericus, natus d. 3. Dec. 1604, mort. Februario anni 1611.
5. Ludovicus, natus d. 21. Dec. 1607, mort. Regiomonti a. 1663.

Secundo matrimonio geniti:

6. Margaretha Regina, nata d. 7. Jan. 1615, mortua d. 8. Sept. 1617.
7. Catharina, nata d. 31. Julii 1617, mortua d. 9. Febr. 1618.
8. Sebaldus, natus d. 28. Jan. 1619, mort. festo corporis Christi anno 1623.
9. Cordula, nata die 22. Jan. 1621.
10. Fridmar, natus die 24. Jan. 1623.
11. Hildebert, natus die 6. Apr. 1625.
12. Anna Maria, nata die 18. Apr. 1630.

Quorum liberorum quatuor qui sunt in fine enumerati, paucis tantum annis patri superstites fuerunt et (filii certe) eodem fere tempore, quo mater decessit, mortui esse videntur. (Cfr. Ludovici libellum ad Imperatorem scriptum pag. 931.)

De morte Susannae, quae Bartschio marito a. 1633. defuncto cum Martino Hillero secundas nuptias inierat, nihil certi compertum est.

De amicis et fautoribus Kepleri.

De ea parte quam adhuc tractavimus, epistolarum fontes rari et paucissimi erant, qui in iis solum, quae de Kepleri matre et conjuge priore scimus, largiores manarent. Multa enim non nisi ex brevioribus significationibus iisque collatis cum nunciis hic illic dispersis intelligi, multa etiam conjici tantum poterant. In hac autem parte, qua de Kepleri cum amicis et fautoribus commercio agimus, major quam antea nobis praestat fontium copia et materia, quae inprimis continetur Kepleri epistolis et missis et allatis, quod epistolarum commercium ab ipso Keplero conservatum est. Stuttgartiae et in bibliotheca et tabulario atque Monachii in bibliotheca academica omnes fere conservantur Kepleri epistolae, ipsius manu scriptae, illae ad Maestlinum, hae ad Herwartum de Hohenburg missae; Viennae deinde in imperatoria, et Pulkovae in ea, quae est addita speculae astronomicae bibliotheca permultae reperiuntur et ipsae Kepleri epistolae et epistolarum exemplaria ad multos omnium ordinum homines scriptarum eorumque responsiones, inter quas praecipuum occupant locum Maestlini, Herwarti, Davidis Fabricii, Remi, Crügeri. Quae diximus exemplaria idcirco idem fere quod epistolae manu Kepleri scriptae valere possunt, quod permulta ab ipso Keplero perspecta et ipsius manu correcta sunt. (Keplerus enim qui aut retineret exemplaria aut retentis ipsis literis exemplaria iis mitteret ad quos scripsit, ideo hoc fecit, quod Raimarus Ursus, Tychonis adversarius, id quod jam vol. I. pag. 234 nunciatum est, quadam Kepleri epistola male usus est. „Scribam caute“, inquit, „et retinebo exemplaria“.) Quamvis autem permultae Kepleri epistolae usque ad nostram memoriam manerent (inter quas non omittendae sunt illae, quas continet collectio epistolarum Berneggeri et Kepleri datarum acceptarumque), tamen multae quoque interierunt, haud dubie nunquam descriptae, cum non omni tempore Keplero adjutores praesto essent ad hanc ipsam rem idonei. Desunt quidem epistolae, quas Keplerus ad Jesuitas Curtium, Guldinum, Grienbergerum, Scheinerum scripsit, quasque ad Guilelmum Schickardum usque ad annum 1626. misit, excepta unica epistola a. 1618. scripta, cum omnes anno 1627. a Keplero ad Schickardum Ulma Tubingam missae etiamnunc exstent. Desunt etiam epistolae, quas multas Keplerus ad Besoldum Tubingensem, juris consultum eundemque propinquum misit et de causa materna, et de aliis rebus privatis, cum supersint illius responsiones; interiit quoque pars epistolarum ad Hafenrefferum missarum, haud dubie ad res sacras pertinentium, desunt quoque quae sunt epistolae scriptae ad Anglum Edmundum Bruceum, ad Florianum Crusium, Socinianorum causae sectatorem, ad Eriksonium, Tychonis adjutorem, ad Gringalletum, Geneva oriundum, qui aliquantum temporis Kepleri studia inprimis Ephemeridas valde adjuverat. Desunt denique, quae permultis illis Ulmensis praeceptoris Hebenstreitii epistolis, quaeque Joanni Papio, primum Onoldiae, tum Regiomonti medico, quaeque Ambrosio Rhodio, professori Wittenbergensi aliisque a Keplero sunt rescripta. Quamvis autem et ipsas bibliothecas perscrutantes, et interrogationibus ad singulos et palam factis maxime nisi simus, ut quae deessent reficeremus, tamen et opera et spes est perdita. Sed tamen ex iis quae a viris illis responsa sunt (quaeque maxima ex parte sunt in Hanschii collectione epistolarum Keplerianarum, immo vero ad Keplerum ab aliis scriptarum, cum harum epistolarum, quae excrescunt ad numerum 483, minima pars ipsius sit astronomi) saepius quid Keplerus ipse scripserit conjici et hunc in modum quae non sunt integra restitui possunt.

Primum, ut de literarum forma et specie dicamus, Kepleri manus firma est et fortis et lectu facilis, et munda et a prima epistola posteritati tradita usque ad ultimam eadem immutata. Scribit autem continuo et sine ulla interpellatione, ita ut in longissimis quoque epistolis rarae sint emendationes, in levioribus non minus, quam cum de difficillimis disputat rebus, quae plerumque uno tenore e bucca veniant. Interdum utique fieri potest, ut finito aliquo capite subito exclamet: „Nihil est" aut „Aliter" aut „Haec melius interpretanda" etc., ipse se emendans tanquam opus recenseat alienum, tum ad id unde digressus est revertatur. Sed raro haec fiunt, cum plerumque certus sit et ex inexhausto illo fonte doctrinae, imaginationis, leporis, summae hominum et rerum publicarum cognitione hanc uberrimam depromat copiam pulcherrimis verbis et orationis leni tractu amicis suis traditurus.

Inest autem in epistolis summa rerum varietas. De astronomia quidem inprimis scripsit ad Maestlinum, qui Tubingae fuerat Kepleri magister, ad Tychonem, Galilaeum, Origanum, ad Ambrosium Rhodium, Casparum Odontium, Benjaminum Ursinum, qui tres posteriores aliquantum temporis Keplerum in calculis astronomicis adjuverant, postea astronomiae professorum munera, alter Wittenbergae, alter Altdorfii, tertius Berolini susceperant, ad Crügerum mathematicum, ad Longomontanum Danum, Eriksonium Suecia oriundum, Curtium Jesuitam, quocum de theologicis quoque rebus disseruit, Maginum Bononiensem, ad Remum, quem Leopoldus Archidux suae valetudinis custodem fecerat, ad Davidem denique Fabricium in Frisia orientali pastorem. Ad astrologiam autem eae pertinent epistolae, quas scripsit ad Rudolphum imperatorem, pars earum, quas ad Fabricium, quem modo diximus, ad Wallenstenium, ad Blanchum Italum, ad Homelium Marburgiensem, ad Imperatoris Dapiferum Vickenium nonnullosque alios nobiles dedit. Cum Bavariae deinde cancellario, Herwarto de Hohenburg, cum Calvisio Lipsiae cantore, Deckero Moguntiae clerico, cum Josepho Scaligero partim de astronomia, maxima vero parte de chronologia disseruit, sicut etiam cum Maestlino. De physicis autem, inprimis de magnetis viribus, in iis agitur epistolis, quas ad Herwartum et Nautonierum, de machinatione et variis machinis in iis, quas scripsit ad Anhaltiae civitatis principem, ad Ducem Württembergiae, ad Baronem de Herberstein. De optica Keplerus diutius literarum commercium habuit cum Brenggero, doctissimo Kaufburnensi medico, cum Octavio Pisani Belgio, Harrioto Anglo, cum amico Joanne Papio. De philosophia autem et theologia in iis agitur epistolis, quas ad Zehentmajerum, Florianum Crusium, Pistorium („studiorum inspectorem" Keplero ab Imperatore positum), ad Baronem de Starenberg, inprimis quas ad Hafenrefferum misit. Cum Wackero de Wackenfels, imperatori a consiliis intimis, quocum Pragae multum commercium habebat, per literas de cosmogonia disseruit et de maculis in Sole, de Solis aliorumque astrorum natura. De alchymia agit cum Martino Rulando et Joanne Gerhardo, medicis, de medicina cum Jessenio clarissimo Pragae medico, Brenggero, Papio, Rulando; de terrarum descriptione et describendis tabulis cum Styriae et Austriae Superioris Ordinibus, cum Crügero et Martino Crusio, quocum de historia quoque disserit. Musica deinde et Harmonica in iis epistolis tractata sunt, quas ad Anhaltiae Principem, Herwartum, Joachimum Tanckium et Müllerum Lipsiae professores, Heydonium Anglum, Wackerum misit. De pecunia denique, salario, rebus domesticis scripsit ad Marcum Welserum, aerarii praefectum, ad Herwartum, Mingonium imperatoris medicum, Argentinam ad Berneggerum, spectatae fidei amicum, Ulmam ad Hebenstreitium, Tubingam ad Schickardum, Regiomontum ad Papium (quibuscum de edendis quoque variis libris egit), ad Baronem Joannem Fridericum Hoffmannum et quod jam supra memoratum est, ad Tubingenses Besoldum et Maestlinum.

Ex Kepleri epistolis conjicere licet, quales fuerint et viri mores et cogitandi ratio, quale commercium cum summis, infimis, quidquid sciverit et senserit, quid in literis profecerit, quo denique consilio opera sua confecerit. Semper paratus erat, de maxima rerum varietate, quae ei aut cognitae essent, aut procul abessent ab ejus studiis, si quid interrogatum aut dubitatum esset, cum familiaribus suis non minus, quam cum incognitis, cum simplicibus agri mensoribus et adolescentibus literarum studiosis non minus, quam cum doctissimis hominibus et summis viris per literas disserere. Comiter et liberalissime veritatis et studiorum cupidos adjuvit, et si qui occurrerunt errores, illos correxit. Ipse vero libenter locum reliquit admonitionibus, ingenue fassus errores vel si quid negligentia praetermiserit, nunquam autem ignorantiam suam ambagibus celare voluit et inani verborum strepitu. Quod quidem clarissime elucet ex Kepleri epistolis ad Davidem Fabricium scriptis, cum ejus accuratissimam astronomiae et scientiam et experientiam integre comprobaret eidemque multis in rebus assentiretur, quarum cognitio ipsi Fabricianis partim epistolis aperta est, patientissime Fabricii in explorandis planetarum cursibus ambages sequeretur et veritatem, ex obscura viri explicatione saepissime maxima opera depromtam, ipsi offerret et demonstraret. Plurimum autem se rei peritissimum et sentit et praebet, Fabricio gravissime, modo severius, modo jocosius et facetius, quid peccaverit demonstrans. Fabricius quidem, cum et astronomiae studiosus et astrologiae amantissimus esset, ad Keplerum tanquam oraculum aestimatum innumeras de talibus rebus posuit quaestiones et pueriles, et ineptas, et haud raro ad ipsam magicen et meram superstitionem pertinentes. Quibus superstitiosi viri epistolis quae sunt responsa a Keplero, quaestionum nimia multitudine non defatigato, lectu sunt jucundissima. Fabricius enim iterum iterumque novas affert dubitationes et decies de argumentationis inanitate edoctus, denuo Kepleri in somniis astrologicis auxilium et consilium quaerit, ad priora nova addit etiam magis absurda. Quemcunque autem in modum se vertit et torquet, Keplerus semper aut viri stultitiis repugnat, aut si quid jam antea tractatum denuo attulerit, id ipsum brevibus demonstrare, in dubium vocare, ad risum vel ad absurdum deducere et hoc modo interpellationes, quae in dies magis intolerabiles fierent, rejicere. Sed postremo cum astronomo permultis negotiis occupato aut tempus deesset eadem denuo legendi, aut hominem, cum somniorum suorum nimis amantissimus esset, nullo modo ad rationem reduci posse intellexisset, epistolis cum maximo Fabricii dolore respondere desiit, qui suam in Keplerum indignationem et iram scripto effudit „Prognostico“, quod invenire quidem non potuimus, cujus tamen libelli quae fuerit summa facile colligi poterit ex Kepleri responso, quod Ephemeridum praefationi additum et eodem fere modo quo epistolae compositum est. (Cfr. vol. II. p. 109.)

Haud aliter Keplerus veterem Roeslinum astrologum tractat in „Responso“ suo editione promulgato (vol. I. p. 501 ss.), ubi lepori facetiisque minime temperavit; pariterque dapiferum Vickenium, de quo gravissime conquestus est, quod a se postularet, ut summam superstitionem tractaret (I. 358 ss.); et haud secus Wallensteuium docuit, caecam astrologiae fidem ad errores ducere maximos et haud parum mali efficere posse (v. s. p. 348 s.). —

Ex epistolis Kepleri ad Fabricium datis haec repetenda censuimus, quibus probaremus, quae modo diximus de jocis et facetiis, quibus Keplerus viro superstitioso respondit. Fabricius scripserat, astrologiam se excolere velle et defendere contra inimicos quoscunque. Keplerus respondit: Tu si quid hic praestiteris, laudem tanto majorem quam ego reportabis, quanto propius astrologia ad usus humanos accedit, quanto haec subtilior astronomia. Verum scito, primum atque tu metas ἀκριβείας et virium humani ingenii transscenderis, quo longius in tua persuasione provectus fueris, hoc magis te mihi fore suspectum credulitatis nimiae. Sed heus! Peccavi, ne ferias! Inermis adsum. Cum enim nemini te parciturum ais, cautio mihi est adhibenda, ne et me hostem tibi deligas.“ .... Suda, suda de profectionibus et directionibus, nam et ego sudavi.“ Jam explicat suam „dirigendi“ rationem, quae quum Fabricio non displiceret, his eum laudat Keplerus: „Agnum hic agis, ita es innocens. Placet tibi demonstratio aspectuum, reductionem ad eclipticam approbas, divisionem eccentricitatis Solis admittis, sanitatem recuperas ab astrologica febri, nec quidquam scribis, quod in hac re non eximie probem.“ .... „De inclinationibus confudisti me inter legendum. Velim respiceres ad meas literas priores, quid omnino scripserim. Nam haec quidem, quod tu refutas, plane non scripsi. Probas, conjungi temperamenta inclinationibus et simul immutari. Quasi ego hoc negaverim. Vera dicis, tantum ne dicas, vel temperamenta vel inclinationes naturaliter posse permutari plane contrariis. In hoc enim pervertis meam sententiam, dum scripsi, ut oculus ad album et nigrum, sic animus ad haec πάθη coelestia, intelligis tu ad inclinationem, ad furta etc. Non peto a te, mi Fabrici, ut multa scribas, sed ut ex fundamentis bene collectarum cogitationum. Tu namque, si relegisses mea et tua, vidisses nos hic idem agere. Nimium tu astris tribuis. Tibi Deus ad astra respicit, ut temperamenta formet et inclinationes, mihi animae sublunares ad idem ob idem respiciunt.“ .... „Ridicule desinis: Deus et Satan concurrunt-stultum ergo, omnia ad causas naturales referre. Multa, Fabrici, multa, imo plerasque scientias hujus sententiae tyrannide opprimes. Quid enim? Si hoc verum, num ideo meam sententiam cum tua permutabo, propterea quod tua Dei et Diaboli opus plus indiget, mea illas hyperphysicas plane non excludit? Minime hoc! Potius omnem astrologiam mittamus et mundum sublunarem Deo et Diabolo regendum tradamus.“

„Dissertatiunculam meam (De fundamentis Astrologiae) adoriris, sed oscitanter et infelici auspicio..... Pudet me repetere ex dissertatiuncula. Si tu existimas, te gratum mihi facere me exercendo objectionibus non seriis et in quibus ipse scias solutionem, falleris. Non peto tibi os vincere, sed mentem, animum, sententiam tibi eripere penitus, aut meam tibi cedere, si viceris.“

Ad Fabricii timorem ob instantem „directionem“ quandam, sibi mala et pericula portendentem sic respondit Keplerus: „O te miserum et infelicem, qui tot jam meis instructionibus nondum liberari potes a metu directionis, quin et orandum tibi putas, ne animae noceat. Benefaciat Deus tuae animae, ceterum ut impediat directionem, ne illi noceat, nihil est necesse.“ In epistolis Fabricii de motibus Martis astronomus sanior praeponderat astrologo fere insano, tamen excidit calamo in astrologiam quasi in naturam verso verbum: „cupio abs te cognoscere, cur in tua *genesi* secans eccentricitatis dimidiae 15′ accipiatur?“ Ad haec Keplerus: „Risi te, qui in mea *Genesi* invenis secantem. Abscissores quidem praedicant astrologi, sed ii mihi non placent. Tu vero ex astrologo et astronomo confusus cum *Hypothesi* velles dicere, *Genesi* dixisti ex abundantia cordis.“ —

Fabricius quondam scripsit ad Keplerum: „Copernicum hactenus parce legi, quod obscurus et concisus esset; at nunc magis mihi incipit arridere et solus motus Terrae me prohibet, quo minus ex toto manus ipsi nondum porrigam. Quomodo argumentum Tychonis (Tych. Epist. p. 189) circa motum diurnum ex tormenti globo refutare vis? Hoc totam Copernici hypothesin explodit. Inquire igitur tales hypotheses, quae omnis absurditatis et implicitae contradictionis expertes sint, sic tibi et arti magis consules. Aliud argumentum contra Copernicum: si Terra tali motu moveretur, necesse est omnes in eodem parallelo habitantes saepius unum habere ventum“ etc. Keplerus rite explicat amico objectionem Tychonis, explicationi vero haec addit: „Sic igitur cum habeat hoc negotium ex animi mei sententia, noli a me petere, ut veritatem prodam ad comparandum vulgi favorem. Si consuli arti non potest nisi per fraudes, pereat sane: reviviscet nempe. . . . . Consilium tuum sequar quidem, sed emendatum. Arti consulam, sed non per commendationem ἀτεχνίας perque captationem aurae popularis. Si nihil est tradendum nisi quod vulgo placet, cur astronomiam universam, cur geometriam tradimus, remotissimas a vulgi captu laudisque ideo egenas? Quin potius hoc agam, ita Copernicum in emendatam astronomiam intexam penitus et implectam, adeoque et in physicam, ut vel utrique simul pereundum sit vel supervivendum. Quamquam, si locus est vaticinio, prius ingentem molem librorum polemicorum cum auctoribus, cum ingeniis criticis perituram existimo, quam Aristarchus et Copernicus deserantur. — Objectio tua a ventis plane ventorum naturam imitatur: nihil efficit nisi strepitum etc.

Ultimae denique ad Fabricium datae epistolae his finem facit Keplerus: „Tu procacitatem et hilaritatem meam in scribendo boni consule. Vides, me laudem tuae hypothesi (de Marte) tribuere veritatis circa effectum, tibi vero ingenii, et inprimis laetari super fortuna tuarum speculationum tibique gratulari. Nec si veris coloribus illam depinxi propterea premere illam te volo, quin potius nisi jam impedis partem ex illa faciam Commentariorum meorum, ut petiisti, idque in gratiam eorum, qui privati captus causa aut propter mechanicas effictiones Ptolemaicam formam amant. Pateor quippe, tuam hanc ordinationem captus facilitate longo intervallo post se relinquere Ptolemaicos aequantes. . . . . Si haec ego odoratus fuissem ante 9 menses, lubenter scripsissem de iis. At nunc accusa tua schemata erronea de meo silentio; ex ipsis enim visis et de textu judicavi, qui intricatissima manu perscribitur a te. Vale.

Causam qua motus Keplerus ad Fabricii literas respondere disierit, refert in praefatione ad Ephemeridem anni 1617, ibique pergit seria jocis miscens eadem qua antea ratione. Legatur haec amoena responsio supra p. 841 ss.

Vickenio Keplerus studiose explicat, quae sentiat de astrologia et libris astrologicis Ptolemaei, Cardani aliorumque. Quaerenti vero Vickenio, quid sentiat de „novem horis astrologicis“ et petenti, ut sibi explicet ea, quae Cornelius Agrippa (lib. III. de occulta philosophia) doceat, „nomen genii ex dispositione coelestium elicere“, haec irabundus respondit Keplerus: „Scito, me fundamenta utriusque rei ad unguem tenere; tantum vero abest ut ea tibi aperiam, ut per horae spatium nihil aliud egerim, nisi cogitarim, quibus tibi verbis idoneis meam animi indignationem satis explicem, qui hactenus astronomica rogans, aut certe astrologica ἔντεχνα, jam plane ad tenebricosa ista, ne quid dicam gravius, amicitia nostra statueris abuti. Hoc igitur tibi pro certo habeto, de novem boris ne gry quidem me posthac seu scripto seu oretenus responsurum, non si centum florenis, quos mihi meditareris mittere, me ipsum silentio privarem, aut si etiam in universum renunciandum esset amicitiae nostrae. Nam cui bono scriberem, cum certissimum haberem, te non crediturum quicquid de genuinis et ipsissimis rei fundamentis essem scripturus? Valeas igitur cum hac quaestione semel pro semper in solidum. Altera de genio suum sequitur ordinem vidique talem genesin Caesaris, confectam a Pistorio (cfr. p. 340); at mihi videor famam astronomi et philosophi imminuturus, si tentem imitari exemplum. Vale igitur et cum ista et me missum facito; res tuas tibi babeto, remitto enim et illam tabulam et hunc Agrippae librum, ceteroquin multa eruditione refertum. —

Collectanea ex Responsione Kepleri ad Roeslinum.

De Copernico: D. Röslin helt es wider die Physicam, wider alle eusserliche Sinne, wider alle vernunfft, das die Erd vmbgehe. Antwort: Nit wider alle vernunfft, dann Ich vnd mein anhang haben deren auch einen thail, das bekennet D. Röslin. . . . . Hie maint villeicht D. Röslin, der Himmel selber sey der treiber (planetarum). Antwort: Nain, dann der Himmel hat nit qualificirte hende vnd clawen darzu, das er damit fessele die runde Sternekugeln. Dann ist er so subtil, wie D. Röslin fürgibt, so wird er eben so wenig eine kugel treiben vnd vil weniger, als mich zu Prag ein Wind vber die Bruggen abwähet. Dann ich hab so viel gestudiert vnd erwisen, das zwischen Himmel vnd Erden vil eine grössere verwandnis seye, als Aristoteles vnd mit jhme Röslinus mainet. Ferners irret D. Röslinum, das die Erd vom Himmel tota essentia et loco gescheiden. Antwort: D. Röslinus muss erst den Copernicum fragen, wo er in der Welt daheimen sey. Dann die Erd selber ist im Himmel vnd laufft mitten zwischen Marte vnd Venere daher als gleich in die wet. Sie participirt mit jhnen virtutem magneticam. Hiervon lautet mein Buch de Marte durch vnd durch.

De pluvia. Röslinus: die gute fruchtbare regen kommen von oben herab. Die Erd wird vom Himmel geschwängert. Keplerus: Ist war, sonst wurden die Kühe an Beuchen nass, wann es vber sich regnete. Aber die Materia zu sollichem regen rauchet zuvor von vnden hinauff. Ich hab dise gleichnuss in meim Buch de Stella (II. p. 721) auch geführet. Es will sich aber nit wol Teutsch geben lassen, warin ich mich von D. Röslin schaide. Ist schier ein ding, als wann ein mutwilliges Maidlin sich so sehr ob eim lieblichen Bulerliedlin bewegete vnd kizelte, das sie drüber von ihr selber schwanger würde. Röslinus: die Alchymisten wissen das ein regenwasser einen ätherischen spiritum empfangen hat. Keplerus: das kan ich auss vnerfahrenheit nit vmbstossen. Es folget aber drumb nit, das solliches wasser in aethere gewest, oder nit auss der Erden herfür gedämpfft habe. Dann so viel ich berichts habe, so erkennen die Alchymisten viel einen sterckeren spiritum im Rebensafft, vnd wachset doch derselbige nit von oben herab, sondern von vnden hinauff.

De Cometis. Röslinus: Keplerum lass ich für einen insignem Astronomum bleiben, will mich auch ihme zur Straff vnterworffen haben, wann ichs mit vnserm Cometen nit recht getroffen hab. Keplerus: Ich solte dem

Herrn Doctori für das lob gedanckt haben, so hat es auch einen fehl: Nemblich das ich kein gut Gesicht habe, wie Braheus dasselbig auch geklaget, vnd das ich nit gelegenheit babe frembde Augen zu dingen, daher erfolgt, das ich den Cometen nit nach wunsch observiert, doch so vil mit dem Gesicht zuwegen gebracht, das ich zuerweisen gehabt, Er gewisslich vber dem Mond gestanden sey. Nachmals hab ich auss der vernunfft, auss Geometria, vnd auss meinem *letzen* fundamento von beweglichkeit der Erden so vil zuwegen gebracht, das ich verhoffe, den mangel am Gesicht stattlich ersetzet vnd erwisen zuhaben, das der Comet nit weit von der sphaera Telluris, doch zimblich weit vber dem Mond einen anfang gemacht, vnd der Comet vnd die Erd anfängklich oblique gegen einander geschossen etc. Röslinus: Ich halt darfür, dass es des spitzfindigen dings nit bedürffe, das die Erd sich bewege. Man kan solliches alles eben so wol oder noch besser erhalten ex Tychonis sententia, das die Sonn sich bewege. Keplerus: Wann Ich D. Röslino sagte, so soll Er hingehen, vnd den trajectum Cometae ordinatum erforschen per motum Solis, so würde Er sich entschuldigen, das Er kein Astronomus. Stehet also am Lande, vnd hat mir gut vorzuschreiben, wie Ich schwimmen soll. Mit dem Cometen anno 1577 ist gut ausszukommen gewest, allweil Er vnder die Sonne kommen. Sag mir aber einer ex hypothesi Tychonis, wie es zugehe, das auch der Comet anno 1577 so wol als die zwen vorhabende (1556, 1580) in loco quadrato seines stillstandes vnd verschwindung den grössten motum diurnum gehabt. Was die Planeten anlanget, sag ich schlecht Nein zu D. Röslini fürgeben, Ich habs versucht.

De Astrologia. Röslinus: Was hat sich Kepplerus darob zu verwundern, das mein aussführung (de stella nova anni 1604. Cfr. vol. II. p. 741) war worden etc. Keplerus: Weil ich nun biss an die wort komen, die D. Röslino in betrachtung vnserer alten kundschafft am wehesten gethan, will es die not erfordern mich zu erklären, vnd mein guten Namen in acht zu nemmen. Dann obwol nit ohn, das ich hievor D. Röslins discipulus in astrologia durch etliche gewechselte schreiben worden bin, so hab ich aber seithero auch andere Lehrmaister bekommen, die ich gleich so hoch in acht zu haben schuldig. Weil dann es nach dem gmeinen lauff gangen, das meine Vorgeher nit einerley mainung gewest, hat mir als einem philosopho gebüren wöllen, in jedem stuck demjenigen am maisten anzuhangen, welliches vnderricht Ich der warhait am nechsten gehalten, den andern vnverachtet. Vnder denen ist gewest der Edel vnd Wolgeborn Herr Tycho Brahe, wellicher mit sehr wichtigen argumenten die Astrologiam in genere zimlich starck angefochten. Weil dann solliche seine motiven mir nit allein selber wol eingeleuchtet, sondern auch zu mehrerm nachsinnen anlaittung gegeben: also soll D. Röslin mir nit für vbel haben, das Ich Tychoni gevolgt vnd nunmehr der Astrologiae zum theil vrlaub gegeben, vnd jetzo mit Mund davon rede, wie ich im Hertzen davon halte. Will D. Röslin mit einem Exempel gestillet sein, so nehm er wolermelten Herren Brahe, von dem ich alle die köstliche fundamenta astronomiae restaurandae vel restauratae erhalten, vnd seidhero drauff auffbawe. Nichts destoweniger, vnd weil auch Copernicus vnd Maestlinus mich in jrer mainung, die der Arabischen zuwider, vnderrichtet, vnd mir besser dann Brahe mit der seinigen zuschlagen, bleib ich jhnen anhengig: vnd weil es mir Herr Brahe seliger nit für vbel gehabt, will ich mich zu Herren Röslino eines gleichen versehen. — Röslinus: Ich brauche eine newe weise, die Cometen ausszulegen. Keplerus: Daran ist Herr D. Röslin billich zu loben. Damit aber solliche seine weise desto gewisser werde, muss er mir nit für vbel haben, das ich darüber mit ihme discurrire, vnd etwa das oppositum halte; dann so Er etwa auss dem glaiss führe, wurde solliches ihme dienen wider vmbzukehren, vnd den rechten Weg zu wandern. Röslinus: Ich verlass mich mit meinem Kopff auff Gott, bedarff keiner Enthusiasterey. Ich bedarff keiner sondern letzen Einfälle. Keplerus: Ist wol gethan. Dann wanns der Kopff nit thun mag, wie mich hie geduncket, so thut es Gott, auff wellichen der Kopff sich verlast, so es anderst zutreffen sol. Vnd das ist alsdann der Enthusiasmus, den ich meine. . . . . Hie wird mir anleittung gegeben, auff die gründliche Vrsach zu kommen, warumb ich mein judicium also beygesetzt (II. 741). Es scheinet leichtlich, das Herr D. Röslin als ein alter erfahrner gelehrter Medicus mit vilen Fürstlichen vnd Grävelichen Personen zu conversirn komme, bey denen es der brauch, einer sach mit wenigen worten zu gedenken, vnd halten es nit für reputirlich, in rebus philosophicis einem professori starcke widerparth zu halten: dessen dann D. Röslin gewohnt sein wird. Ich aber hab allhie zu Prag einen bärtern stand, vnd kom ich zu sollichen promptis vnd vividis ingeniis nidrigern stands, deren allzeit albie ein gute anzahl, die mir nit vil Cramantzens machen, sondern fein trocken sagen, wie sie es meinen, wort vmb wort geben, vnd es so lang treiben, biss einer den andern vberwindet. Wann ich mit solchen super astrologicis disputire, da hab ich böss machen, vnd werde also exercirt, das ich sie wol mag meine Lehrmeister nennen, dann wider die astrologiam haben sie materiam dicendi copiosissimam. Soll ich etwas wider sie erhalten, vnd die astrologiam nit gar verlieren, so muss ich mit verwerffung oder beyseittsetzung dessen, so etwas vngewiss, inen vorkommen, vnd die Vorstatt verbrennen, damit ich die Vestung erhalte. . . . . Vnd gebet mir wie den schiedes leutten, das sie von beyden Partheyen straiche bekommen. Dann warlich solliche mit meiner defensione prognosticorum vil weniger zufriden seind, als D. Röslin mit meiner Censur deroselben.

De Chronologia. Röslinus: Keppler erzeigt sich mit der credulitet vil zu geschwind, das er Suslygae Polono (cfr. IV. p. 178) gleich gefolget. Keplerus: Ich müsste mich sehr in den Polacken, den ich nie gesehen, verliebt haben, wann ich ihme citra rationes gefolgt bette, secundum illud si quis amat ranam, ranam putat esse Dianam. Röslinus: Es were Kepplern zu wünschen, das er nit auch falsum begangen bette, da er die alte Historicos vnrecht allegirt. Keplerus: das ist wol ein schlimmer handel, das einer also mit der Warheit ins geschrey kommen soll. Muss gleich beichten, doch mit einer Einred, das nit gnugsamlich bewisen, wann einer auf einigerley weiss die authores vnrecht allegirt, das er darumb falsum begangen. Dann redet er large, die alte Historicos vnrecht allegirn, das ist den ainzigen Tacitum, vnd einen ainzigen locum auss jme etc. (Cfr. vol. IV. p. 191, 380.)

Simili ratione qua cum Röslino egit Keplerus cum medico Feselio in libro, quem inscripsit *Tertius Interveniens*, joca cum seriis miscens. Feselius librum ediderat, quo vanitatem astrologiae demonstravit, simul autem quaedam de astronomia immiscuit, quam penitus ignorabat. Objectiones Feselii contra astrologiam Keplerus partim libenter accepit, partim vero ea defendit, quae ex astrologicis opinionibus servanda esse censuit; praecipue vero in hac disputatione premit Keplerus utilitatem, quam capiat astronomus ex hominum superstitione astrologiam colentium (I. 560). „Wann wir zu der Naturkündung anders wegs nicht gelangen köndten, dann durch lauter Verstand und Weissheit, würden wir wol nimmermehr darzu gelangen." Ad cognoscenda vero naturae mysteria dicit Keplerus haud parum lucis afferre astrologiam, delegans ad libros de Stella nova et de „Fundamentis Astrologiae certioribus". „So hab ich mir auch in diesem Tractätlin zu thun vnd hierüber mich wider etliche Theologos, Medicos vnd Philosophos, welche den Mist (in dem etwan von einer embsigen Hennen ein guts Körnlin, ja ein Perlin oder Goldtkorn herfürgescharret vnd gefunden werden köndte) allzufrühe aussführen vnd ins Wasser schütten wellen, in einen Kampff einzulassen fürgenommen. . . . . Ist dem nicht also, dass der Mensch vnd auch etliche Thiere sich ob der schönen Gestalt des Himmels, Sonn vnd Mond, auch sonderlich bey nächtlicher Weil ob der grossen Menge der Stern vnd ihrer Ordnung erfreuet? Es hat Gott den Menschen die Augen gegeben vnd facultatem sensitivam, dadurch er vber das Licht vnd Wärme, auch die vnterschiedenen Farben, die Grösse, die Klarheit vnterscheiden vnd begreiffen kann. Von den Menschen aber bleiben etliche blos bei der äusserlichen Ergötzlichkeit vnd dem blossen Anschauen. Etliche schwingen ihre Gedanken in die Höhe vnd lernen an dem Gestirn Gott den Herrn vnd Schöpfer erkennen, ihn drüber loben vnd preisen. Etliche begreifen auch den Unterschied zwischen den Planeten vnd vnbeweglichen Sternen; andere erforschen die Form vnd Art ihres Laufs vnd wöllen auch erkündigen, was für Treiber vnd Beweger seyn müssen, welche diese Läuffe verursachen. Noch seynd etliche, die sich gelüsten lassen, zu erforschen die Ordnung, so die Planeten vnter einander haben vnd die geometricas concinnitates et pulchritudines in comparatione tam regionum quam motuum. Endtlich so finden sich auch, die ihr Auffmercken haben, ob auch solche Sterne im Himmel etwas hieniden auff Erden wircken. Wann einer dann solches erlernet, so gibt es ihme Vrsach zu vielen vnterschiedlichen Handtlungen, die er sonsten, wann ers nicht gelernet, wol hette vnterwegen gelassen.

Ja, möcht D. Feselius sprechen, das hette mir ein Bauer vom Schwartzwaldt wol gesagt, vnd hette Kepler zu Prag schweigen mögen. Antwort: Ich habs auch darum nit eingeführt, als ob man es nur allein zu Prag wüste. Es dienet mir aber dieses zu meinem folgenden fürbringen, dasselbige desto besser zu erklären. Dann wie hie die vernünfftige Seel des Menschen von Gott also formirt ist, dass sie alle diese Dinge durch Anschauung des Gestirns entlich ratiocinando erkündigen, vnd sich darnach richten kan, also ist auch die ganze Natur dieser niedern Welt vnd eines jeden Menschen Natur in sonderheit von Gott also formirt, dass sie etliche der oberzehlten Dinge nicht durch ein sichtlich anschauen, sondern durch ein noch zur Zeit verborgenes Aufmerken auf die himmlische Lichtstrahlen begreifen vnd sich darüber erfreuen, stärken, muthig vnd geschäftig machen kann.

Dasjenige aber, welches solche Naturen also begreifen, ist die species immateriata von den himmlischen corporibus, fürs ander ist es die subtilissima geometrica concinnitas binorum inter se radiorum seu lucis seu corporum, ex abstrusissimis geometriae figuratae arcanis petenda, dannenhero auch entlich die eigentliche Vrsachen der Concordantien in der Musica entspringt vnd fast auff gleiche Weiss, doch etwas vnterschiedlich, des Menschen natürlicher Seelenkrafft eingepflanzet ist. Dann was ist doch dasjenige, das zweyen Stimmen gegen einander die Lieblichkeit vnd Concordanz verursachet? Winde dich hin vnd her, dichte vnd trachte wie du wilt, suche nach bey den Pythagoreis oder Aristotelicis, so wirst du die rechte Vrsach nit finden, einer wird den andern widerlegen, vnd ich will dir sie alle widerlegen, wann sie etwas anders angeben als eben die Proportionem vocum auss der eigentlichen Geometria figurata, nemlich auss einem circulo hergenommen, welcher getheilet sey durch die figuras aequilaterales, die sich mit dem circulo oder seinem diametro vergleichen.“ Nullum esse, pluribus explicat Keplerus, in toto mundo corpus, quod a figuris regularibus in circulum geometrice inscriptis ortum suum non deducat, omnes concordantias in musica, nec non radios planetarum (aspectus) inde vim suam accepisse. Hinc sequi, naturam esse Dei imaginem, geometriam vero archetypum pulchritudinis mundi. Monere se Doctorem Feselium, ut haec diligentissime inquirat, quae invenerit vera in vulgum diffundat et qua possit diligentia a superstitione astrologica separet. Se ipsum inde ab annis sedecim observasse aëris mutationes observationesque suas diligenter notasse, unde persuasum habeat, aspectus efficaces cum figuris illis intime conjunctos esse.

Ea quae Feselius contra astronomiam infert, Keplerus refutat demonstrans, illum ignarum prorsus esse hujus scientiae: „Feselius sagt, es sey der Physicae zuwider (astronomiam Copernicanam vel Tychonicam). Ich sage nein darzu, es muss erwiesen werden. Wann Feselius etwas sagt als ein Medicus, so muss ich schweigen, wann ers gleich nit probiert; wann er aber redet als ein Physikus, so bin ich auch einer mit vnd gilt mein Nein so viel als sein Ja, biss ein jeder das seinige probiert. Feselius spottet der ganzen Astronomiä vnd der Erfahrung selber, machets beydes vngläublich, dass die Erde, vnd dass der Himmel vmbgehe, da doch deren eins seyn muss. Setzet, der ganze Himmel sey durch vnd durch mit ganz Krystallinen Himmeln oder holen Kugeln ausgefüllet. Wann ich ybrige Zeit hette, wolt ich jetzo aussrechnen, wie viel Centner der ganze Himmel wol halten würde, wann er lauter Krystall were: damit zu betrachten, ob auch ein solch plackecht corpus in einer Minuten 600000, in einer Secunden oder Pulsschlag 10000 Meylen fürüber schiessen köndte.“ Refutans Feselii rationes contra motum Terrae, ultimam ex S. Scriptura desumtam his oppugnat Keplerus: das ist halt der Handel, so oft D. Feselius vnd andere nit mehr wissen wo auss, so kommen sie mit der H. Schrift dahergezogen, gleich als wann der H. Geist in der Schrift die Astronomiam oder Physicam lehrete vnd nit vil ein höheres Intent hette, zu welchem er nicht allein deren Wort vnd Sprach, den Menschen zuvor kundt, sondern auch deren gemeinen popularischen Wissenschaft von natürlichen Sachen, zu welcher die Menschen mit Augen vnd eusserlichen Sinnen gelanget, sich gebrauchete. Wo wolte man endlich hinaus? Könnte man doch alle scientias vnd sonderlich auch die Geographiam auss dem einigen Buch Hiob vmstossen, wann niemand die Schrift recht verstände als allein Feselius vnd die es mit ihm halten. Besehet nur, wie er die Sprüche anziehe: Ps. 93: *firmavit orbem etc.* Redet dieser Psalm von einem dogmate physico, so zeucht man ihn vergeblich auff die Beschreibung des Reichs Christi, vnd kan alsdann gleich so wol erstritten werden, dass niemal kein Erdbidem nicht geschehe. Also auss dem 75. Ps. zeucht er an: *liquefacta est terra et omnes qui habitant in ea: ergo confirmavi columnas ejus.* So zeige mir D. Feselius, wo seynd die Seulen des Landts, wann diese Wort also Physice müssen verstanden werden, vnd nit also, dass ein allgemein Vnglück das ganze menschliche Geschlecht in ein confusion gestellet, aber Gott Gnad eingewendet habe, dass es sittlich fürüber gerauschet. . . . . Es ist aber gut, dass Feselius kein Astronomus nicht ist, darumb sein Authoritet desto weniger zu bedeuten hat.“

Comparans effectus aspectuum cum „doctrina crisium“ medicorum Keplerus haec affert: „Ich mag mich dieser Experienz mit Warheit rühmen, dass der Mensch in der ersten Entzündung seines Lebens, wann er nicht mehr in Mutterleib bleiben kan, einen characterem vnd Abbildung empfahe totius constellationis coelestis, seu formae confluxus radiorum in terra, vnd denselben biss in sein Grube hinein behalte, der sich hernach in formierung des Angesichts vnd der vbrigen Leibsgestalt, sowol in seinem Handel vnd Wandel, Sitten vnd Geberden spüren lasse. Seine general Eigenschafften lassen sich den schönen vnd genauen, oder weitschichtigen vnförmlichen figurationibus, auch gegen Farben vnd Bewegungen vergleichen. Dieser Character wird empfangen nicht in den Leib, sondern in die Natur der Seelen selbsten, die sich verhält wie ein Punkt, und die nicht nur deren Vernunfft der Menschen theilhafftig ist, sondern sie hat auch eine andere eingepflanzte Vernunft, die Geometriam so wol in den radiis als in den vocibus im ersten Augenblick zu begreiffen. Es ist auch ein wunderlich ding, dass die Natur, welche diesen Characterem empfahet, auch ihre Angehörige zu etwas Gleichheiten in constellationibus coelestibus befürdert. Wann die Mutter grosses Leibs vnd an der natürlichen Zeit ist, so sucht dann die Natur einen Tag vnd Stund zur Geburt, der sich mit der Mutter, ihres Vattern oder Brudern Geburt Himmelshalben (astronomice) vergleichet. Doch lässet es ihme nehmen vnd gehen wie alle natürliche Dinge. So weiss eine jede Natur nicht allein ihren characterem coelestem, sondern auch jedes Tags himmlische Configurationes vnd Läuffe so wol, dass so oft ihr ein Planet de praesenti in ihres characteris ascendentem oder loca praecipua kömpt, sie dadurch vnterschiedlich affectionirt vnd ermundert wird. Endlich gibt es auch die Erfahrung, dass ein jede starcke Configuration für sich selbst die Leute in gemein auffmundert vnd zu einem gemeinen Wesen habilitirt. . . . . Ob es wol nicht ohne Einreden zugehet, so lässt sich doch ein Philosophus mit dem meinsten begnügen, zu Schöpffung eines Philosophischen Wohns, vnd sihet hernach, wie dem vbrigen geschehe.

Wann D. Feselius dise Punkten betrachtet, so soll er auch seinem Galeno vnd fast der ganzen Medicae facultati desto gerner glauben, dass die Natur des Menschens, wann sie in einem newen Werck ist, einen humorem durch ein Kranckheit zu exturbiren, dann zumal auch mit dem Mondt verwandtnuss habe vnd sich mit dessen Lauff verändere, antreibe in dem Werck das sie fürhat, vnd dahero die Dies critici verursachet werden. Ich hab die doctrinam crisium zwar nicht gestudiert, dass ich wüsste der Medicorum experientiam zu des Monds Lauff zu reymen, will aber meine Meynung sagen: Es kömpt der Mondt in 7 Tagen zu dem quadrato des Orts, in 14 zu dem opposito etc. so reymet sich die observatio critica dess 7. 14. 20. 27. nicht vbel, vnd muss die Wirkung von des Mondts Lauff in zodiaco herkommen. Ich geb aber den Medicis zu bedenken, ob ihre observatio auch so gewiss vnd beständig durch alle exempla zutreffe? Dann sie machen solche mit ihrem mannigfaltigen distinquiren vnd mit ihren indicibus, judicibus et intercidentibus eben so wol verdächtig, dass sie nit so gar an diese gewisse Täge gebunden seyn möchten. Wann ein Medicus seiner Patienten crises so fleissig auffgezeichnet hette, so fleissig ich diese 16 Jahr das Wetter auffgezeichnet habe, so wolte ich vielleicht etwas mehrers vnd zur Sachen dienstlichers darauss abnemmen vnd fürbringen können. D. Feselius wölle sich hinder diese partem medicae cognitionis machen, damit wirdt er viel besser Ehr einlegen, als wann er viel guter Sachen mit sampt dem Astrologischen Aberglauben vnterzudrucken sich befleissen wolte.

Was von dem Mondt gesagt worden, das ist auch von allen andern Dingen, die mit des Monds Liecht wachsen vnd abnemmen, in seiner Maass zuverstehen. Hiebey sonderlich der menstruorum zugedencken. Das muss man nicht ansehen wie ein Kalh ein new Thor, sondern gedenken, dass es auch ein Stück sey von demjenigen Bandt, damit Himmel vnd Erden zusammen verbunden vnd dass es nicht materialiter zugehe, sondern dass die Natur, facultas uteri, oder Seel im weiblichen Leib ihr verborgenes Auffmerken auff den Himmel vnd des Monds Liecht habe."

Feselio, canicularium dierum vim in terrestria neganti, assentitur Keplerus et inter alia haec profert: „Ich will zwar keinem Medico fürschreiben, was für Zeiten vnd Qualiteten der Lufft ihme am liebsten seyn sollen, purgationes zu verordnen. Das aber mag ich mit Warheit sagen, dass mir im Augusto das Bier viel ehe sawer wirdt, wann es Regenwetter gibt, dann wann beständige Hitz ist. Ob auch der Wein gern bey nasser Zeit im Augusto vmbstehet, wölle Feselius selber in acht nemen, der sitzet bey einem guten Trunck. . . . . In Astrologia so wol als in Medicina könte man etlicher massen gewisse Effectus praediciren, mit Herzuziehung anderer Vrsachen vnd mit Aussdingung, nicht zwar wie man die Zigeuner vexirt: „Du lang lebst, du alt wirst", sondern wie die Medici aussdingen: wann der Patient gute Diät hält, so wirdt die Krankheit sich auff gewisse Täg so oder so anlassen, es komme dann ein böses Vngewitter darzwischen, das mag auch ein Enderung bringen u. dergl.

Dem Theil der Astrologia, welcher auff lauterm erdichtem Grund beruhet, gönne ich gern den titulum auss Cicerone, das sie sey ein vngläubliche Aberwitz vnd Chaldaisches Vngeheuwer. Alles aber, was in der Astrologia einer Erfahrung gleichsiehet, vnd sich nicht offenbarlich auff kindische fundamenta zeucht, das halte ich für würdig, dass man darauff achtung gehe, ob es sich gewönlich also verhalte vnd zutrage. Vnd wann es dann sich fast zu einer Beständigkeit anlässet, so halte ichs nun ferner für würdig, dass ich der Vrsachen nachtrachte, verwirff es auch nicht gleich ganz vnd gar, wann ich schon die Vrsach nicht völlig erlernen kann."

Feselius astrologiae imperfectionem qua laboret objecerat, dicens: „die Sterne leuchten alle zusammen, darumb köndte der Astrologus nit einen jeden Sternen besonders probieren, was er für eine Krafft habe. Was thuen hie die Astrologi?" Ad haec Keplerus: „Si binden das gantze vermischte Büschlen von aller Sternen Liechtstraalen zusammen, schneiden es ab, vnd werffen es in ein Wasser, lassen es drey Tag vnd drey Nacht aneinander sieden, so fallen die Zasern von einander. Will es D. Feselius nit gläuben, wie soll ich dann ihm gläuben, dass er probieren könne, dass das Rhabarbarum die Gallen aussziehe, da doch aller Vnrath in dess Menschen Leib beyeinander vnd vntereinander vermischet. So wenig ein vnerfahrener Astronomus von der Medicinischen Erfahrung vrtheilen kan, so wenig gebühret es einem Medico, der die Astrologiam physicam nit geübet, dess Astrologi Erfahrung vmbzustossen, vnd darauff die gantze Astrologiam zu verwerffen. Vnd will ich nicht gläuben, dass D. Feselius alle vnd jede simplicia an der Menschen Leiber selber probiert habe, wie müste er so ein grossen Gottsacker gefüllet haben? Sondern er wirdt den Alten glauben etc. Nicht anderst haben die Astrologi vnderschidliche Mittel, hinder die Kräfften der Planeten zu kommen. Sie betrachten die Farb, die Grösse, die Klarheit etc.

Gewiss ist es zwar, dass in den Prakticken vnd sonst mehrern Astrologischen Stücken es nicht bey allen richtig zugehe, sondern nebens auch Geistliche Hurerey, das ist Abgötterey begangen werde, darüber Gott grewlich zürne vnd nicht haben wölle, dass Christen Menschen darmit vmbgeben. Sonderlich wann sie die Prakticken so sehr missbrauchen, dass sie ihnen mehr glauben als Gottes Wort, den Calendern vnd Prakticken zulauffen, was vngefehr getroffen wirdt, für ein Stoicum fatum halten, die Lügen in Windt schlagen vnd vergessen. Vnd muss ich auss eygener Erfahrung bekennen, dass man in gemein bey hoch vnd niedrigen Standts Personen voller Aberglauben, vnd ich nit wisse, ob die Calenderschreiber närrischer oder die begierige Leser. Dann hie will kein Instruction helffen, wann der Calenderschreiber sich auffs beste verwahret, so machen sie doch seine Wort zu oraculis vnd ihn zu einem Abgott. —

Illa in qua tunc hominum ingenia versabantur quaestio, quae sit vera de mundo ratio et doctrina, Keplero, qui statim initio suo judicio uteretur, gravior et antiquior visa est, quam ut in ea disputans aut jocando aut irridendo locum dedisset. Quum enim Fabricius, Röslinus, Feselius aliique, qui veteris doctrinae sectatores essent et ratione Copernicana minime delectarentur, huic novae sententiae contradicerent, Keplerus nonnisi graviter respondit et argumentis demonstravit nihil dubii relinquentibus. Nam rationem Copernicanam „cor et animam meam“ inquit se semper, omnibus locis et modis contra omnes defensurum esse et eos, qui Copernicum aggrederentur, se habituros esse adversarium nunquam defatigandum. Modestius autem Keplerus scribit ad Maestlinum, qui animo quidem ad rationem Copernicanam inclinaret, sed cum inter theologos Tubingenses stare Terram constaret, non aliter quam historice in scholis doctrinam quasi lege vetitam tractare auderet et in libro suo de astronomia (Epitome) variis editionibus emisso doctrinam Ptolemaicam docere non desineret. Keplerus quidem nunquam conatus est, virum, quo antea magistro usus fuerat, sic ad suam sententiam deducere, ut eum palam secum causam Copernicanam defendere vellet, sed in hoc acquievit, ut Maestlinus Kepleri „Prodromum“ praefatione comprobatum in doctorum cognitionem induceret, quin etiam Rhaetici de studiis et operibus Copernici relationem adderet, sed amplius ipse nihil faceret. Satis enim hoc esse duxit, ut Maestlinus, cujus apud Lutheranos in rebus astronomicis summa auctoritas erat, sibi non obsisteret, qui rationem Copernicanam astronomis probabilem reddere et omnium doctorum animos ad eam convertere studeret. „Pythagoreos, inquit, imitemur. Privatim nos qui adit, communicemus illi candide nostram sententiam, publice taceamus. . . . . Nolim te vel in meam vel in ipsius etiam veritatis gratiam inimicos tibi conciliare aut incommodius agere.“ Similia quoque ad Galilaeum scripsit, qui cum accepto Prodromo gratias Keplero ageret, graviter conquestus est, in Italia nefas esse Copernici doctrinam palam profiteri. (Cfr. p. 696.)

Cum Herwarto de Hohenburg utique, summo Kepleri fautore doctrinaeque admiratore, qui Prodromo vix edito Keplerum adiit, a quo de Lucani Pharsaliae loco difficili astrologice tractando interpretationem peteret, alia voce loquitur Keplerus, sed nusquam et nullo modo ab honestate illa et gravitate decessit, quae viri cunctum literarum commercium decent. Statim enim paratus, hanc aliasque ejusmodi quaestiones solvere, ubi deficit interpretatio, aperte ignorantiam suam profitetur, aut veteres scriptores aut recentiores grammaticos et historicos se parum nosse queritur, conjecturas proponit ex ingenii et imaginationis summa copia depromtas, omnibus denique modis quibus potest expedire rem studet. Herwartus autem Keplerianae interpretationis auxilio valde contentus gratias non modo verbis egit, sed etiam retulit cum donorum liberalitate, tum quoque, cum ipse frequentissima hominum consuetudine uteretur, literis commendaticiis ad summos et potentissimos viros, inprimis ad nonnullos Jesuitas (Herwartus ipse erat unus ex Jesuitarum societate), ad Welserum, ad Coloniensem Archiepiscopum aliosque scriptis. Qua Herwarti commendatione valde adjuta est Kepleri res, cum et Pater Casalius, cujus apud Archiducem Ferdinandum summa auctoritas et gratia erat, in Styriaca uxoris haereditate permultum prodesset, et Welserus (aerarii imperialis praefectus) quidquid debitae pecuniae in maximis imperatorii fisci angustiis poterat, Keplero solveret, et Archiepiscopus Coloniensis mathematicum ab Herwarto commendatum adjutorem suum adhiberet, cum eas, quae per Sanctum Imperium Romanum in usu erant et mensuras et nummos in ordinem et aliquam unitatis rationem redigere vellet (Cfr. vol. V. p. 616 ss.), idemque astronomo concederet, ut sidera melius observare posset telescopio eo tempore invento uti, cujus ope ei Jovis satellites conspicere licuit, et Kepleri quoque negotia liberalissimis praemiis honoraret. Keplerum autem cum Jesuitis Deckero de chronologia,, Grienbergero et Guldino de astronomia et mathematica familiarius literarum commercium incepisse idem Herwartus sine dubio auctor erat. Cum Praetorio denique Altdorfiae mathematices professore, cujus de Prodromo judicium Keplero a cancellario missum est (v. s. p. 623 ss.), astronomum et notitiam et familiaritatem habere idem voluit Herwartus, qui etiam de Tychonica hypothesi lunari doctorum quaestiones movit.

Herwarto de ratione Copernicana dubitationes cum Keplerus eximere vellet, aperte et honeste contra eum Copernicanam causam defendit. Quo tempore hoc epistolarum commercium frequentatum est, ecclesia Romana non tanta severitate doctrinam Copernicanam improbavit, quanta postea (1616) eam condemnavit; quam ob rem Herwarto fidei catholicae studiosissimo confessori nulla erat causa, cur doctrinam eam rejiceret. Totum autem Herwarti animum ut rei Copernicanae conciliaret eumque de hujus doctrinae veritate convinceret, nunquam Keplerus potuit efficere.

Quaerente Herwarto judicium Kepleri de Gilberti libro de magnete, is explicans ea, quae ipsi de virtute magnetica visa sint, haec de Copernici hypothesi addit: „Quod ad motum Telluris attinet, facile poteris cogitare, magnopere me probaturum, quae ille (Gilbertus) ad Copernicanam rationem stabiliendam affert, cum Copernicanus et ipse sim. Velim tamen perpendas, ipsum probabilitatem saltem profiteri. Diurnum Terrae motum omnibus machinis adstruit, de annuo suspendit sententiam, forte quia astronomus non est; alias, si bene novi ejus ingenium, mordicus fuisset arrepturus et hunc.“ Ad haec anno 1603 scripta Keplerus redit anno 1607, Herwarto, qui alia ratione planetarum et Solis motum servare conatus est quam Copernicus, aegre admittenti motum Telluris, Copernici rationem pluribus explicat et sic finem facit: „Non adeo absurdum videtur physicis, stare Solem ac moveri Terram. Sententia de circuitu Solis peccat in regulam, quae possunt fieri per pauciora, non debent fieri per plura. Possunt autem salvari phaenomena stante Sole. Sed nec circuitu opus est ad circuitum ceteris conciliandum, cum sola volutione id possit. Denique naturali motui magis est consentaneum, volutione Solis conciliari et inferri ceteris circuitionis necessitatem, dum emanatione virtutis σπάσει vel ἕλξει utatur ad circumvehendos ceteros. At quomodo circuitus Solis conciliet ceteris circuitum, id non ita facile est definire. Nam interdum Sol illis contrarius curreret, quod non fit in volutione Solis et cum eo virtutis, quam intelligentiae et similitudinis causa dico magneticam, debui coelestem dicere. Illa enim virtus in omnibus planetis semper prolectat eodem, nunquam in contrarium."

Anno 1605 Herwartus haec dederat Keplero: Ich befinde, dass der Herr Hypotheses Copernici approbiert. Da wollt ich wohl gern die rationes wissen, durch welche man solche wo nit gar demonstriren, jedoch probabiliter deduciren möchte. Das wollt ich so gern lesen, als ein Sach vnter der Sonnen. Vielleicht wird der Herr ex motu Martis auch ein adminiculum ad probandum motum Terrae gefunden haben. Ich hoffe, der Herr werde in diesen wichtigsten Punkten einmal exclamiren εὕρηκα, εὕρηκα! Keplerus respondit: Magn. Tua delectari videtur, me in sententia permanere. Ego haud gravatim depromo mea argumenta vel contra hostem, tantum abest ut blanditiis opus habeam, neque sequor multum illos, quibus in ore est „odi profanum vulgus et arceo", quin potius ultroneus et importunus intempestivusque adsim perpetim. Tu forte miraris, fieri posse ut Copernicus homini considerato et modice ingenioso probetur. Ego vero ajo, nihil esse per omnes scientias, quod me impediat hoc sentientem, nihil quod vel levissime me absterreret ab hac aperta sententiae meae professione, praeter unicam auctoritatem Sacrorum, a quibusdam male detortam. — Utuntur homines spiritu Dei inspirati linguis cuilibet genti notis, non linguarum sed sententiam communicandi causa, utuntur ad idem intentum etiam conceptibus hominum de rebus naturalibus. Stultissimum nempe est postulatum, ut doceat Deus nos in Sacris, planetas non stare aut retrocedere, si vere stant aut retrocedunt. Nam etsi futurum puto, ut mundus veritatem magis magisque agnoscat tandemque communiter stationes planetarum in Terrae motum conferat, nunquam tamen fieri aliter posse scio, quin his ipsis utamur vocibus, planetas stare, retrocedere. Propterea sapienter factum ab ecclesia Romana puto, quod cum astrologiam judiciariam damnaverit, illam tamen Copernici philosophiam in medio suspensam reliquit.

Jam Keplerus rationes affert physicas, astronomicas et philosophicas, quibus ratio Copernicana defendi possit et his finem facit: „Habes Magn. Vir, quae in praesentia de hac quaestione mihi inciderunt (cfr. vol. II. p. 87—92); quibus bene ponderatis si quid amplius restat dubii, id me acuet, si proponatur, ad negotium tractandum accuratius." Herwartus vero hoc tantum respondit: De motu Terrae will ich mit nächster Gelegenheit wann ich Weyl habe, weiter schreiben. Hanc „occasionem proximam" et otium scribendi non invenit Herwartus usque ad annum 1607, quo Copernicum corrigere conatus est, ut supra diximus.

Num Herwartus Kepleri animum ad fidem catholicam perducere voluerit, ex epistolis, quae pene omnes posteritati traditae sunt, conjicere non licet. Immo vero Keplerus ipse quaestiones de rebus sacris in medium protulit et hic quoque animi sui sinceritatem et integritatem ostendit. Quum enim in Styriae provincia Lutherana fides vexari coepta et Keplerus in eo esset, ut Gratium relinqueret et alio demigraret, haec Herwarto nunciat. Gratii, inquit, ut nunc res se habeant, manere se non posse. Breitschwertii autem falsissima conjectura est, illum Herwarto ut clam ad fidem catholicam transiret admonenti verba illa, quae pag. 701 exhibuimus, respondisse. Hoc unum certum et testimonio confirmatum est, Keplerum, cum Herwartus paratum se diceret eum in comparandis instrumentis astronomicis et in instituenda specula astronomica adjuvare, negavisse, cum sit „habitationis incertus". Sed tamen facile fieri potuit, ut qui Ferdinandi in rebus sacris consiliarii et auctores erant, Keplerum adducere vellent, ut fidem mutaret, qua re sola fieri posset, ut Gratii remaneret. Cujus facti quamvis non aperta testimonia afferri possint, tamen ex toto rerum statu verisimile est, Keplerum ejusmodi cohortationibus et invitationibus perductum esse, ut Herwarto sententiam suam verbis, quae l. c. leguntur, aperiret. Jesuitarum utique permultum interfuisse, ut virum, qualis Keplerus erat, ad suam fidem conciliarent, id cum per se ipsum verisimile est, tum literarum commercio, quod postea cum Guldino et Alberto Curtio Jesuitis frequentavit, ratione satis certa comprobatur. Quibus de literis unam Guldini epistolam invenimus (eamque decriptam), qua ille Keplerum verbis gravibus edocet, quanto sit fides catholica major et potior quam Lutherana, Curtii autem complures exstant epistolae, quibus epistolis respondet Keplerianis; ut ejus animum ad suam sententiam magis inclinaret, contentiones affert, quae inter Lutheranos ipsos tum ortae essent. Quibus duobus Loyolae sectatoribus quae sunt scriptae a Keplero epistolae, in summa quaerendi cura inveniri non poterant, quam ob rem ex responsis ab illis redditis hoc unum conjicere licet, illos Keplerum ad suam fidem adducere voluisse, hunc autem omnibus postulationibus fortissime obstitisse. Quem autem in modum se gesserit, cum ei a Lutheranis et Linciensibus et Tubingensibus objiceretur, clam eum causae Calvinianae favere, supra relatum est. —

Jam cum primum (misso Prodromo) inter Tychonem et Keplerum literarum commercium inchoatum est, in epistolis quae sit justa de mundo hypothesis, haud raro pluribus disputatur. Tycho quidem, quamvis ratio Copernicana ei minime placeret, tamen Ptolemaicam falsam esse bene intelligit et quid in utraque ratione justum sit, hoc modo simul valere posse credit, ut Terra sit immota, Sol circa Terram, circa Solem planetae rotentur. Keplerum itaque, quam in Prodromo exposuerit rationem, eam in doctrinam a se inventam transferre voluit. Contra Keplerus juvenis, tum (1598) nondum inter doctos cognitus, Tychoni, viro clarissimo, qui blandiendo corruptus alium sibi obloqui non consuevisset, fortissimo animo resistere et rationem Copernicanam solam veram praedicare ausus est. Postea quoque, cum Keplerus Pragam demigrasset et ipsi convenissent (1600), inprimis de eadem quaestione a viris et sermonibus hilarioribus disputatum et controversiis acrioribus certatum est. Quum autem uterque in sua opinione obstinatius perseverarent, haec virorum dissensio praeter alias causas graviores Keplerum ut per aliquantum temporis a Tychone discederet permovisse videtur. Certum est, Tychonem a Keplero postulasse, ut rationem Tychonicam argumentis mathematicis probaret, Keplerum autem hoc postulatum recusavisse; quod idem Tychonem moribundum ab astronomo postulasse, Kepleri narratione confirmatum jam supra traditum est. —

Postquam de propiore inter Tychonem et Keplerum necessitudine retulimus, ad hujus mores amplius describendos haec quoque addere liceat, quae ab iis, quibus Kepleri propria natura non accuratius perspecta est, huic vitio haberi possent. Keplerus enim cum et quid justum, quid injustum esset, bene intelligeret, et summo pudore esset, ea quae injusta vel falsa videbantur, magna saepius acerbitate refutavit. Qualium refutationum vestigia et in variis ejus operibus inveniuntur, ita quidem ut ipsi adversarii, quos petit, ab aliis cognosci non possint, et in epistolis compluribus ejusmodi significationes insunt. Qui Kepleri animus irritabilis mirum in modum apparuit tum, cum primum Tychonis consuetudine uti coepisset, ubi Keplerus, cum vehementissime iram in Tychonem effunderet, in aliquantum temporis discordiam et dissidia conflavit, et postea quoque, quum in gratiam cum Tychone rediisset, eadem erupit animi acerbitas, cum ejus uxor a Tychoniana familia se parum aestimari et argenti inopiae parum illum consuluisse conquereretur (v. s. p. 739, 741). Huc accedit, quod in priore illa dissensione Keplerus humilius deprecatus, ut in Tychonis officium et gratiam reciperetur petiit, quae res ipsa quoque parum diligenter judicata de Kepleri fama detrahere possit. Quibus de rebus si quid Keplero objiciatur, facile, credo, refelli poterit. Hic enim primum solus Pragam venit, quales ibi res se haberent, inspecturus. Quo cum venisset, a Barone Hoffmanno et Jessenio medico clarissimo commendatus Tychonem, qui eum plus semel ad se invitaverat et quidquid vellet eum a se impetraturum esse pollicitus erat, ea observantia adiit, quam Tycho crederet professorem Gratiensem, pauperem, patria expulsum decere. Benigne acceptus est et initio quidem summa inter viros erat concordia. Mox autem, cum Keplerus dubitasse videatur, an haec amicitia concors non stabilis foret et diuturna, adjutoribus duobus illis quos modo dixi amicis scriptam fecit pactionem, quam ipse et Tycho subscripserunt. Qua in pactione non modo certa pecunia constituta, sed hoc maxime postulatum est, ut et in negotiis attribuendis Kepleri corporis infirmi et imbecilli debita ratio haberetur, et ei ad studia sua satis otii concederetur. Tycho, qui non assuevisset conditiones accipere a „famulis“ suis praescriptas, pactionem non diligentissime observasse videtur, sed Keplero aegrotanti negotia imposuit, qualia obire aut non assueverat, aut cum primum Tychonis esset socius, certo non exspectaverat, ut epistolas describendas, quarum supra (p. 715) exemplum diximus. Praeterea Keplerus hanc quoque ob causam impatiens erat, quod, ut modo diximus, Tycho iterum iterumque ei instabat, ut suam de Solis et planetarum cursibus conjecturam argumentis astronomicis confirmaret, cum hoc aliisque negotiis Tychoni elaborandis a suis studiis prohiberetur, quae, cognitis Tychonianorum de Marte planeta observationibus, totum ejus animum et implerent et intenderent. Si diem leviori illi epistolae a Keplero descriptae additam cum eo tempore conferamus, quo inter Keplerum et Tychonem dissidia illa acciderunt (epistola mense Martio scripta, Keplerus ineunte Aprili mense profectus est), haec non est incerta conjectura, hanc vel similem epistolam causam fuisse, cur Keplerus ad Tychonem perditas illas literas miserit, quas l. c. diximus. In qua epistola haud dubie scripta erant, qualia Tychonis ad aures venire non solerent. Quod quidem ex iis apparet, quae Tycho Hoffmanno Baroni de lite scripsit et ex verbis quae Keplerus ipse postea revocavit. Quae revocatio sane humillima est et paene desperata. Cujus rei aliquam partem haud dubie exhortationes amicorum habuerunt, qui maxime inviti virum tam excellenti ingenio Praga exire sinerent; sed prima causa, et cur Tychoni amicitiam renunciaverit et cur postea ut in ejus gratiam restitueretur petierit, in Kepleri quales tunc erant conditionibus posita est. Patria enim, domo expulsus, de familia sollicitus in Styria relicta, Keplerus, res suas mox ad meliora versuras esse sperans, Pragam proficiscitur, in itinere febri quartana et ejus corpus infirmum et invalidum vehementer afficitur, et ingenii acumini offunditur caligo („quartana me obscurum facit“ tum scripsit ad Maestlinum) et animus curarum copia sollicitus prorsus affligitur. Talis erat Kepleri habitus, cum ad Tychonem venisset et ibi omnia exspectationibus suis contraria et diversa vidisset. Et morbus quoque quamdiu apud Tychonem erat numquam a viro discessit, cujus sanationi sempiternus Kepleri cum superbo viro usus minime prodesse poterat. Gratio ex urbe nuncii in dies allati sunt iniquiores, ita ut Kepleri et uxor et amici Styriaci, apud Tychonem eum optime se habere rati, minime inde rediturum esse crederent; et Tubingae, ubi munus se nacturum esse speravit, spes erat nulla. Quum autem viri et corpus et animus morbo gravi et diuturno eundem semper in modum vexarentur et affligerentur, quid mirum, si Keplerus patienter cessit et Tychonis iram tali ratione placare studuit, qualis illius moribus, quos certo Jessenius bene perspexit, maxime accommodata esse videbatur. Keplerum autem posthac, dum Gratii per aliquantum temporis, rebus suis domesticis prospecturus, manebat, in Tychonem iram et stomachum evomuisse, non minima causa esse videtur morbi pertinacia, quo liberatus demum est Keplerus jam satis diu Gratio commoratus.

Praeter has duas molestias, quas modo diximus, ex Kepleri et Tychonis epistolis de aliis dissensionibus aut offensionibus ne minimum quidem conjici poterit; immo vero brevi commodissimus inter illos usus et convictus interfuisse videtur, cum et Keplerus plane integer omnes vires in negotiis astronomicis sibi mandatis consumeret, omissis a Tychone haud dubie mandatis iniquioribus et viro indignis, ita ut illi ad propria sua studia satis esset temporis et otii, et Tycho, qui in dies clarius perspiceret, quanti Kepleri et ingenium et industria indefessa essent aestimanda, quanto praestaret ille omnibus quos ad id tempus habuerit ministris, diligenter omnes offensiones fugeret, quae familiaritatem et amicitiam turbare possent. Quale autem inter viros fuerit commercium, Keplerus satis dilucide verbis explanavit, quae praemisimus p. 718, 738, 744.

Per Tychonem et amicos jam antea partos, inprimis Baronem de Hoffmann, Keplerus et Rudolpho imperatori commendatus est, cujus gratiam et favorem mox sibi conciliavit, et ad alios quoque deductus est viros potentissimos, ut ad imperii cancellarium Barvitium et ad Wackherum de Wackhenfels, qui consilio imperatoris intererat. Qui non minus astronomi jucundis moribus, ingeniosis sermonibus, quam summa doctrina capti Keplerum in interiorem suam societatem et amicitiam exceperunt et postea imperatori auctores fuerunt, ut Tychone mortuo (1601) Keplero, conditionibus quidem minus aequis, idem astronomi imperatorii officium traderetur. Mandatum autem ei est, ut ex observationibus Tychonicis novas tabulas astronomicas conficeret, ex commentariis et epistolis selectionem faceret selectaque ederet, simul imperatoris studiis serviret, inprimis ei in quaestionibus astrologicis esset adjutor. Qua in re Keplerus mox in summam imperatoris iniit et amicitiam et fidem, qui non modo de sua genitura Keplerum consuleret, et judicia de illa ab aliis astronomis posita Kepleri judicio traderet, sed etiam eundem propinquis suis multisque aliis hominibus, quin etiam veteribus, ut Caesari, Augusto etc. horas ponere vellet. Neque minus in rebus publicis gravioribus de judicio suo astronomus consultus est, in quo saepius viri summis imperii magistratibus fungentes suadendo Kepleri sententiae sic adessent, ut et imperio et imperatori commodo et saluti esset. Ut in aliis ejusmodi quaestionibus, ita nunc quoque Keplerus talibus vaticiniis astrologicis fidei aliquid abrogare solitus est, refutata hac opinione falsa, res humanas coeli affectionibus esse subjectas, et imperatori nimis superstitioso explicare studuit, talem effectum aut nullum esse, aut si esset, sic esse interpretandum, in certis planetarum collocationibus, aut si cometae aut nova sidera emergerent, aut in gravioribus Solis Lunaeque defectionibus contemplantium animos, ipsis insciis, ex otio et desidia excitari et ad majorem in rebus agendis industriam impelli. Sed ut imperatoris voluntati satisfaceret, qui judicia vellet mere astrologica, Keplerus de certis rebus coelestibus consultus priorum astrologorum sententias affert, ut Ptolemaei, Albumasaris, Cardani, Lucae Gaurici aliorumque, iisque ipsis orationem attribuit, ita quidem ut illam interpretandi rationem se ipsum quoque accepturum fuisse dicat, si aequum et bonum duceret, sed hoc se „lusum", opinionem commenticiam habere. Quamvis autem Keplerus hoc modo imperatoris praecepta effugeret partimque eluderet ideoque ejus studiis nunquam prorsus indulgeret, tamen perpetua apud imperatorem usque ad ejus mortem gratia usus est.

Aliud quoque negotium sibi mandatum incepit Keplerus edendo partimque corrigendo Tychonis opere „Progymnasmata Astronomiae instauratae. Pars prima", in quo additamenta et indices ipse solus elaboravit, sed in praeparandis ad editionem proömio et nonnullis plagulis adjutores habuit Longomontanum, priorem Tychonis ministrum (postea Havniae professorem), et Tengnagelium Tychonis generum, postea Archiducis Matthiae consiliarium. Hic inprimis Keplerum operis socium esse aegerrime tulit, in rebus astronomicis se Keplero non inferiorem esse ratus. Ipse enim et tota Tychonis familia (praecipue ejus vidua) Keplerum putabant hominem sibi alienissimum, qui mortui scriptis per injuriam potitus utilitatem ex edendis illis percipiendam sibi haeredibus imminueret. Quam ob rem Tengnagelius se sine Keplero tabulas conficere posse ratus, Kepleri negotiis non modo obstitit, sed etiam id assecutus est, ut Keplerus invito Tengnagelio Tychonicorum scriptorum quidquam edere vetaretur. Quam rem multarum inimicitiarum causam fuisse facile intelligetur. Keplerus enim, qui hoc sibi ab imperatore mandatum diceret, scripta se traditurum esse constanter negavit, sed tamen Tengnagelio contigit, ut sibi Tychonis instrumenta custodienda darentur, qua re Keplerus aliquantum temporis ab observationibus astronomicis prohibitus est.

Sed eo inimicitiae Tychonis haeredes progressi sunt, ut ad imperatorem deferrent querelam, Keplerum in studiis inanibus tempus terere et hac mora editionem patris sui operum retardari. Contra Keplerus jure dixit, meram quidem observationum Tychonicarum editionem futilem esse, ratiocinationes autem, quibus solis omnium astronomorum usui aptae fierent, multi laboris, operae, temporis esse rem. Hoc quidem initio celavit, se insuper sua studia tractantem et Opticen et suum de Marte librum praeparare. Postremo ab imperatore impetratum est, ut Keplerus jussu imperatorio opera sua proponeret. Cui mandato cum cessisset et quidquid tabularum elaboraverat in medio posuisset, adversarii rei ipsius imperitissimi (Longomontanus enim jam diutius procul a Praga erat), Kepleri negotiis minime contenti ab imperatore impetraverunt, ut illi inspector quasi studiorum nominaretur. Cui muneri Joannes Pistorius electus est, natione Cattus, ad fidem catholicam transgressus et Rudolphi imperatoris in rebus sacris adjutor, qui officium sibi impositum prudentissime tractavit. Brevi enim perspexit viri magnum ingenium, cujus studia ipse inspiceret, et haud dubie ob eam ipsam rem ab imperatore delegatus est, qui, quamquam inimici omnia moliti sunt, tamen Keplerum suum plurimi aestimaret neque eum praeter rem vexari et turbari vellet. Pistorio autem Keplerus libenti animo omnia consilia sua detexit, qui Keplerum ut amicum tractans aperta admiratione maxima viri opera ornavit. Sed cum Keplerus, ut solebat, quondam aperte de controversiis ad res sacras pertinentibus in epistola scripsisset, quae prioris sermonis continuatio esse videtur, potentissimus ille sacerdos catholicus hoc Keplerum rescripsit non intelligere, velle se ut Keplerus theologiam missam faceret. (Cfr. vol. IV. p. 114 ss.)

Képleri Optice anno 1604, de novo sidere liber anno 1606, immortale illud de Marte opus anno 1609 editum est. In quo cum multis observationibus Tychonicis usus esset, ab haeredibus potestatem edendi petere, quin etiam hoc est coactus concedere, ut Tengnagelius operi praefationem adderet. Et quum postéa tabulas Rudolphinas ederet, hujus editionis fructus cum haeredibus dividere debuit. Quibus demum tabulis perfectis Keplerus editionem voluit procurare Tychonicarum observationum, quas etiamnunc in custodia habuit, sed aliis rebus prohibitus est. Postea Curtius Jesuita, de quo supra dictum est, scriptis potitus selectionem „Historia Coelestis" inscriptam anno 1666 edidit.

Qualis Kepleri Pragae fuerit conditio et societas, hic et illic obiter in epistolis dixit, ex quo cognoscere licet, ei ad complures familias illustres liberum aditum patuisse (Matthaeus quidem Wackherus de Wackhenfels filio Kepleri Friderico anno 1604 nato sacris Christianis initiando testis aderat) eundemque insigni sermonis suavitate, facetiarum lepore, amplissima doctrina multum jucunditatis, multum utilitatis amicis suis paravisse. Communicavit enim cum iis de studiis suis et operibus, quoad res communi judicio pateret, aut instrumentis Tychonicis, quae sibi frustra negantibus Tychonicis ad usum concessa erant, in regium hortum eos ad speculam suam convocavit, ubi illis quidquid novi in coelo visu dignum erat, ostendit: novam stellam (1604), Solis maculam, quam falso Mercurium duxit (1608), stellam crinitam, quae anno 1607 in coelo apparuit, varias Lunae Solisque defectiones, aut singulas stellas, quarum de nominibus eos certiores fecit. Sic miranda illis ostendit, quae praebuit camera obscura, hilaritatem et joca conjungens seriis. (Cfr. p. 46.) Amici invicem res novas ei afferebant, quae et facilius et celerius ipsis ex variis partibus venirent, sic Antonii Laurentii Politiani, natione Itali, de parallaxibus librum, quem in suo de nova stella opere acriter recensuit, aut Guilelmi Gilberti de Magnete opus, quod Keplero in suis de planetarum motu quaestionibus (in libro de Marte) evasit utilissimum, eundem vero ad errorem induxit, ut gravitatem cum virtute magnetica conferret sive partim commutarit (quamquam alio loco his ipsis verbis usus est: „similitudinem dico non rem ipsam"). Per eosdem amicos Pragenses primus nuncius ei allatus est de telescopio reperto et clarissimis illis inventis, quae Galilaeus huic ipsi novo instrumento debuit. Hilara Kepleri narratio, qua urbano sermone exponit, quantopere illis inventis sibi a Wackhero nunciatis et hic et ipse rei magnitudinem admirati sint, certo est testimonio, quam inter illos fuerit commercium familiare (cfr. p. 788).

Postquam Archiepiscopi Coloniensis auxilio ipse telescopium bonum accepit, amicos Pragenses Keplerus invitavit ad Lunam et Jovis satellites contemplandos. Jam ante quam ipse observationes coelestes facere posset, amicos de Galilaearum observationum veritate dubitantes variis argumentis refellere studuit, quae partim ex analogia cepit, quam ea quae adhuc coeli cognitio erat afferret, partim ex ingenio et conditione docti viri Italici, quem auctoritatem et gloriam suam falsa relatione facillime refutanda in discrimen vocasse non probabile esset. Publice quoque Galilaeum in „Dissertatione cum Nuncio Sidereo" (II. 487 seq.) defendit, maxime obloquentibus Galilaei in Italia inimicis (quorum in numero Maginus erat, Bononiae professor), neque viri partes reliquit, cum Horkius, qui antea Pragae Keplero magistro usus est, haud dubie suadentibus Galilaei inimicis, ex Bononia de hoc viro ad eum literas misisset, quibus Kepleri certa fides imminui quidem potuit. In Dissertatione Keplerus Galilaeo prorsus assentitur, quamvis tum quidem propriis observationibus ei non liceret Galilaei veritatem et judicare et perspicere, soli confisus ejus honestati et fidei et iis nitens, quae de planetarum motu et natura ipse quaesierat et cognoverat. Qua gravitate et severitate Keplerus juveni occaecato (Horkio) levitatem suam objecerit eundemque, quam indignum et iniquissimum se contra Galilaeum praebuerit, acerrime objurgaverit, vol. II. p. 454 ss. legi poterit. — Initio quidem Keplerus solus erat hujus rei defensor, a multis et ipso Maestlino non intellectus, quum pro Galilaei inventis publice diceret. Quod eo pluris aestimandum est, quum Galilaeus ex anno 1597 omne literarum commercium praecidisset et omnia Kepleri opera usque ad annum 1613 edita neglexisset. Tum demum, cum Keplerus rem Galilaei publice defenderet, literarum commercium denuo restitutum est. Galilaeus enim ipsi tradidit, quidquid novi amplius in coelo detexisset, quas relationes cum suis responsis Keplerus in Dioptrices praefatione edidit, ad quam conscribendam ipsis Galilaei inventis perductus est. Propria quoque observatione nitens iterum ad causam Galilaeam rediit, ut eam confirmaret (Narratio de observatis a se quatuor Jovis satellibus), Pragensibus suis amicis testimonii causa advocatis. —

Et Kepleri libris modo dictis et ejusdem de Galilaei inventis literarum commercio intimi viri mores nobis deteguntur clarissimeque apparet, eum ut in multis aliis rebus, omni inhonestae ambitionis suspicione suique amore vacavisse, incorrupta justitia et veritate imbutum. Admiratione enim omnis invidiae experte refert Keplerus, quam bene Galilaeus de amplificato coelo astronomico meritus sit, simplicitate amabili narrat, quae conjecturae et tentationes allato illorum inventorum nuncio necopinato in animum suum subierint; et statim edoctus de iis, quae etiamnunc obscura et dubia erant, de praesumtis suis opinionibus desistit neque vero, ut vir erat sui ipsius conscius, silentio praeterit, quae ipse jam antea et vera cognoverit et nunc argumentis affirmata habuerit. Omnibus autem qui Galilaeo et inviderent et obtrectarent, acerrime restitit et eos quoque aggressus est, qui cum vero inventore de inventis certaturi essent, ut Onoldium illum mathematicum Simonem Marium, cui facete demonstrat, quod ipse dicat, se primum Veneris phases detexisse, allatorum temporum comparatione ad irritum cadere (II. 469). Postea tamen, cum ipse tranquillius rem cogitaret et aliis instigantibus dubitationes suas temperavit et cum Mario offenso amice rem composuit. — Etiam de primo Solis macularum inventore orta est controversia. Quam inventionem Keplerus amici sui Davidis Fabricii filio Joanni attribuit, hoc joco addito, si ipsius rei ratio haberetur, sibi se hanc gloriam assumere, cum ipse quidem primam Solis maculam vidisset, sed eam falso pro Mercurio habuisset. Keplerus ipse in templo Ratisbonensi frequenti et legatorum illuc ad principum concilium missorum et aliorum hominum conventui, non adhibito telescopio, Solis maculas ostendit, ipsius Solis specie per fenestram apte immissa in aedem luminis paene expertem. Cum Galilaeo denique, Scheinero, Herwarto, Marco Welsero Keplerus de his Solis maculis per epistolas collocutus est, quo ex literarum commercio hoc unum afferimus, Keplerum inde ab initio certum habuisse, illas maculas in ipso Solis corpore esse, quarum ex motibus Solem se movere circa axem suum conjicere liceret, quod ipse jam diu ante inventum telescopium physicis argumentis nitens dixisset. —

Quamdiu Pragae Keplerus erat, ex familiari commercio cum amicis et fautoribus illic partis et hi maximam ingenii voluptatem, et ipse maximam jucunditatem et utilitatem percepit. Quamvis enim fautores hi Pragenses in illis sub Rudolphi imperatoris vitae exitum et publicis coortis motibus et pecuniae angustiis amicum ab omnibus incommodis defendere non possent, tamen omnia fecerunt, ut amico viro vitam Pragae satis bonam et tolerabilem redderent. Quum autem et aegrotante et mortuo Rudolpho in regia multarum rerum commutatio facta esset, novi homines Rudolphi ministris successissent, tum amici quoque Keplero, novam eandemque tranquilliorem et vitae et studiorum sedem quaerenti, non modo non restiterunt, sed etiam impigre id agebant, ut ei conditiones quaererent satis tutas, quae Lincio inventae sunt, in Superioris Austriae urbe. Quo ut vocaretur Keplerus inprimis auctor erat Baro Erasmus de Staremberg, qui et Kepleri in rebus astronomicis summo ingenio justa attribueret, et in quaestionibus sacris eadem cum illo sentiret, et ipsum hominem maximi aestimaret. Huic ipsi plurimum debet, quod benignissime Lincio exceptus mox amplissimam amicorum habuit cognitionem, qui vitam ei jucundam facerent et vitalem. Amicorum enim Pragae relictorum partes susceperunt socii Ordinum Superioris Austriae, praecipue illi qui inter Comites erant et Equites, eundemque non modo astronomorum principem honoraverunt, sed etiam promtissimum studiorum adjutorem et consultorem non minus quam hominem in coetibus jucundissimum. Sed cum amicis quoque Pragensibus multiplex erat Kepleri commercium, non minus epistolis datis et acceptis, quam itineribus publice Pragam factis, quum post Rudolphi mortem jubente Matthia imperatore idem astronomi imperatoris officium retineret. Per amicum deinde Remum Keplerus consiliariis quoque novi imperatoris commendatus mox omnium summam gratiam adeptus est, et variis de astrologia relationibus ad illos missis, et nonnullis opusculorum dedicatis.

Brevi postquam Keplerus Lincium pervenit, cum Argentoratensi professore Matthia Berneggero coeptum est literarum commercium, inde ab anno 1613 usque ad a. 1630 paene perpetuum. Quibus in epistolis plerumque brevissimis maxime agitur de edendis et vendendis Kepleri operibus, partim quoque de Austriacorum nobilium filiis, qui Argentoratum studiorum causa venerunt, a Keplero commendati amico, denique de privatis rebus scribitur, inprimis de ineundo Susannae filiae matrimonio. Eodem quo semper solitus est aperto animo res suas proposuit amico, cum et liberrime de conditionibus diceret sibi allatis, ut aut Bononiae Magini mortui partes susciperet, aut in Angliam veniret, aut Saganum iret a Wallenstenio vocatus, et amicum rogaret, num ex re censeret Argentoratum proficisci, ut illic de tabulis Rudolphinis scholas haberet. In omnibus paene literis Keplerum videmus et auxilium et consilium ab amico petere, raro de studiis aut literis scribit, inprimis cum sua a Berneggeri, historiae et eloquentiae professoris, studiis longius abessent. Eo frequentius amici opera utitur, ut diximus, cum aut cum librariis agit, aut operum suorum quam plurima exempla vendere aut raros libros inspicere vult, cum pecuniam aut exigendam aut liberis tradendam curat. Quae omnia officia ab amico Keplerus minime petiisset, nisi ejus intimum animum et voluntatem officiosam penitus perspexisset, cum ille omnibus Kepleri desideriis se promtissimum offerret, si quid novi mandatum esset, gratias ageret, omnia ex Kepleri sententia curaret, semper paratus et agendo et consulendo amici res juvare. Studiosissime autem matrimonium Kepleri filiae cum Bartschio ineundum tractat, suae domi nuptias apparat, absenti amico laetissime et paene elate nunciat, quid paraverit, quantopere sua cura et diligentia in clarissimi viri filiam adhibita et omnibus Argentorati civibus et professorum collegio comprobata sit. Quo ex virorum usu et commercio si nobis licebit de ipsis conjicere, haec Berneggeri amicitia cumulata, omnis sui amoris nescia, summis nostris laudibus digna est. Ille enim Keplerum non eo sane animo adjuvit, ut homini gratificaretur et imperatoris summo favore et doctissimi viri nomine exornato, sed haec erat intima animi et voluntas et sententia, se artissimis familiaritatis vinculis cum viro esse conjunctum, qui, si res et necessitas postularet, eadem promtissimè praestaret, se viro in rebus molestissimis adesse, cujus ingenium et animus altius assurrexisset, quam qui vitam quotidianam satis intelligeret. Neque minus ipsa Kepleri jucunditate captus lubentissimo animo ejus omnibus respondit optatis.

Kepleri epistolae ab anno 1613 usque ad a. 1615 scriptae plerumque brevissimae nonnisi de rebus privatis, de edendis libris aliisque agunt; posterioris autem temporis epistolae et ipsae ampliores sunt et Kepleri veram naturam et animum nobis detegunt. De Argentoratensi studioso Gringalleto agens, quem negotiorum vellet adjutorem, apertissime scribit et qualis Linciana schola esset, et quomodo ipse ad illius urbis theologos se haberet („sudes sum in oculis theologis hujus urbis“), ne juvenem ad vanas spes excitaret, nudis verbis conditiones suas affert („mensam habebit eandem quam ego philosophicam, pecuniam addam ad vestem necessariam“) et aperte exiguas suas res proponit. („Deseror a Caesarianis fisci procuratoribus, non solvuntur reliqua mea, videtur Astronomiae matri petendum subsidium ab astrologia filia meretricula“). Simul autem non sine aliquo spiritu addit, priores suos administros in variis academiis ad honorata ministeria esse productos. — Anglus ille clarissimus Henricus Wotton, qui circa annum 1620 legati nomine aliquantum temporis in Germania versatus est, Keplero ut in Angliam veniret persuadere studuit. Quam ipsam rem et cur hanc honestam vocationem abnuerit, his verbis amico scripsit: „Mihi haec altera mea patria (Austria) deserenda non est ultro, nisi velim ingratus haberi, aut nisi ingratior, quod diutius ipsis oneri esse pergo, de quo viderint ipsi.“ Quibus verbis dicere vult dissensiones illas et vexationes de rebus sacris in Austria Superiore illo tempore coortas et omnium magistratuum ab „Ordinibus“ institutorum difficultates et res angustas. Postea quoque ad eandem rem rediit, scribens: „Alterius patriae collum laqueis indutum dominatus acerbi periclitari videtur extreme, coitque et constringitur nodus, qui mihi videtur eo reditum intercludere. Etsi quidem nondum ego neque desperavi, neque cessi proposito, demonstrandae meae gratitudinis inserviendique Proceribus jam periclitantibus si potero, neque illi nuncium remiserint. At quia hoc exspectandum tamen est mihi, nunc igitur tempus est, amice, ut omnes benevolentiae, omnes consilii copias advoces ad mihi subveniendum in formando proposito. Flagrare vides incendium belli civilis in Germania, vincere eos, a quorum stat partibus decus imperii, corripi proxima, grassari flammam. An igitur mare transibo, quo me vocat Wotonus? Ego Germanus? Continentis amans, insulae angustias horrens? Periculorum ejus praesagus? Uxorculam trahens et gregem liberorum?“ — De itinere matris causa in Württembergiam facto haec obiter scripsit: „interim mihi lamentabile iter in Wirtembergiam incumbit; de causa itineris adhucdum Gringalletus nescit, utinam ne quid resciscat in transitu Wirtembergiae. Tibi aliquid aperiam: eo visum, quodnam faciam exordium vitae meae describendae, quod tu a me petisti, quod sc. dignum cognitione hominum mihi vero honorificum meisque amicis jucundum auditu sit futurum.“ Berneggero, qui nuncio de Kepleri matris causa aliunde allato (1621) Keplerum invitasset, ut Argentorati suae domi hospes esset, idem respondit haec:

„Fortuna plus quam crudelis inducias non concessit. Nihil quidem periculi corporis, nihil vitae meorum imminet, et vana haec nubila dispellet clarissimus veritatis radius. At perit nobis recula nostra funditus; necdum enim finiri potest processus.“ Nonnullis annis post (1623) de edenda sua „Astronomia Lunari“ haec dat Berneggero: Anne egregium facinus, cyclopicos hujus temporis mores vivis coloribus depingere, sed cautionis causa terris cum tali scriptione excedere inque Lunam secedere? Quamquam quid tergiversari juvabit? Missam igitur penitus faciamus picem hanc politicam nosque in amoenis philosophiae viretis plane contineamus.“

Jam antea Keplerus Berneggerum saepius per literas adierat Austriacorum Nobilium nominè, qui filiis Argentorati hospitium quaerebant. Eidem anno 1624 Lincium reverso cum simile quiddam mandatum esset, non alienum esse videtur, epistolam Berneggero scriptam, cujus exitus vol. VII. p. 141. allatus est, hoc loco addere. Data est Lincii d. 29. Martii et Berneggeri respondet literis d. 14. Februario datis, quibus hic nonnullos de Luna libros affert, quos Keplerus ad Astronomiam Lunarem edendam possit adhibere. Scripsit autem haec: Quas ad me dedisti literas Mütschelinus demum 28. Martii reddidit. Opportunus admodum fuit ejus adventus. Nam eadem hora certior sum redditus, tabellarium Eferdingensem ad vos iturum. Cum igitur Ill. et Gen. D. D. Erasmus senior, L. B. a Starenberg in Riedeck, Wildperg et Lobenstein, Comitatus Schaunburgici et arcis Eferdingae Dominus, in mandatis mihi dederit, G[tis] S[ae] nomine ad te ut scriberem, Mütschelini praesentis de te narratio lucem mihi praetulit, quid abs te spe non irrita pèti posset. Sunt illi quem dixi Baroni filii duo, Joh. Richardus et Georgius Henricus, ille 16, iste 15 annorum, florida uterque adolescentia, luxuriantibus incrementis, indole generosa, ingenio miti et tractabili, moribus incorruptis, ut qui domi in conspectu parentum prudentissimorum et in praesentibus fortunae saevientis insultibus pietatem unice colentium educantur. Magistrum habent virum sedatum, tuarum artium cultorem et sectatorem non infelicem, qui dudum in comitatu Tschernemelii Baronis Galliam vidit. Hos pater, profectus eorum cupidissimus, diutius equidem quam ipse vellet, spe tamen eluctandi prius ex infortunio jam triennali, domi continuit; sed cum videret aetatem ipsis labi, tandem ad vos emittendos statuit, ut ingenii morumque culturam majorem apud exteros interque frequentiam aliquam nobilitatis Germanicae capiant. Cum autem et ab aliis et a me, qui quotidianus ipsius sum hospes, tuas virtutes a multo tempore audisset praedicari, tuaeque eruditionis, affectusque in patriam, in pietatem, in studia honesta experimentum ex monumentis tuis literariis percepisset, rogandum te hoc meo stylo censuit, uti filiis suis cum magistro Fischero et uno ministro probitatis exploratae habitationem in tuis aedibus, a quibus omnem arceri levitatem consentaneum est, victumque frugalem, nobilibus studiosis convenientem (in quo commensales, qui literarum causa praesentes erunt, non recusant sed expetunt) suppedites. Ab ipso vero Generoso parente pretium justum et usitatum, nec enim in praesenti fortuna jactantius aliquid dicit, tempori tamen et bona fide numerandum exspectes. Quamquam vero non dubitat, te spectatae virtutis virum facile consensurum laetaturumque de materia tibi oblata bene de patria merendi, dum in exornandis ejus praecipuae nobilitatis juvenibus operam erogaris, voluit tamen hanc voluntatis suae significationem per me praemitti, et ut filiis suis, post unum mensem sequuturis, paratum sit hospitium, et ut literis occasione proxima rescriptis tuum etiam consensum quam maturrime testeris animosque parentum, incolumitatis suorum prosperitatisque studiosissimorum, primo quoque tempore tranquillos ex hac parte reddas.

Etsi vero magnum hoc ipsi futurum est augurium consilii prospere suscepti, si a tuis aedibus et convictu non excludantur adolescentes, si tamen inopinati quid, quod a Mütschelino non potuerit aperiri, intercesserit, quo minus de tuis aedibus vel convictu consentire possis: petit Generosus Baro, ut alium pro ipsis locum, qui tutus sit a sodalitiis pravis commodusque frugaliter educatis et modico contentis, dispicias et si qua ratione commode poteris praeoccupes, in quem ipsi primo statim adventu suo commigrent. Habere se dicit Argentinae sui studiosissimos, qui si resciscant, obvias hujusmodi conditiones laturi sint, sibi vero eas ob disciplinam domuum, ob mores dominorum et frequentiam juventutis indomitae non astrictam satis minime probari. — Sed adest famulus Starenbergius. . . . .

Ex responsione Berneggeri (d. d. 14. Maji 1624) haec huc pertinent: Felix essem, si hac tam praeclara occasione bene merendi de charissima patria mea deque tam illustri familia, quam prope a puero, hoc est ante annos 28 et 29, cum in Welsensi gymnasio causa studiorum agerem, observare et venerari coepi, uti mihi licuisset. Verum iniqua sors hanc mihi felicitatem negat, eo quod vidua magni illius J. C. Dionysii Gothofredi (mortui anno 1622) quaecunque reliqua habui conclavia sic occupavit, ut ad excipiendum hospitem nullum mihi vacet. Interim inquisivi sedulo de alio hospitio et quamvis nihildum certi constitui, tamen veniant modo Generosi Domini, fallor aut ipsos recte curabo. —

Redimus ad res Kepleri ipsius, quas cum Berneggero per literas egit. Starenbergii filiis Argentoratum petentibus literas dat ad Berneggerum perferendas (d. 20. Maji 1624), nuncians Tabulas Rudolphinas pene absolutas et consilium petens ab amico, qua ratione et quo loco temporibus illis turbulentis typis exprimantur. Berneggerus iterum invitat Keplerum, ut ad se Argentinam transeat, dubius vero est de typographis, quorum „avaritiam et sordes“ timet. Keplerus Ulmam transgressus anno 1626 refert Berneggero, typum operis ibi inceptum esse addens: „Faxit Deus, ne in medio conatu succumbam. Ita quidem sum profectus, ac qui sit reversurus. Ingens tamen vulnus inflictum est Austriae nostrae, ex quo animam agere videtur. Itaque ad omnes casus oportet esse attemperata consilia deliberationesque meas. Tu itaque cum fautoribus aliis subjicite consilia vestra, quonam, si ita ferat usus, me cum grege sex liberorum recipiam?“ Berneggerus tertio invitat Keplerum scribens: „Si incolatu placeat urbem honorare, non dubito te gratissimum omnibus hospitem futurum. Est mihi domus ampla satis cum aëre permeante, tum et horto amoenissimo, ex qua hypocausta duo, cubiculum unum, cellam culinamque separatam, et quod caput est, animum ad omnia hospitalitatis officia promtissimum offero, si veneris; pactus mercedem, qua nulla mihi preciosior: alloquium conversationemque tuam quotidianam.“ Deinde refert, imaginem Kepleri dedicasse se bibliothecae academiae Argentoratensis, „vident illam quotidie, qui istam“. Ad hanc liberalem invitationem quid responderit Keplerus, causas recensens, quibus motus illam non accipere possit etc., id praemisimus vol. VI. p. 620 ss., ubi etiam deprehendes epistolas, in quibus agit Keplerus cum amico de distrahendis tabulis Rudolphinis. De rebus suis privatis deque statu Austriae haec refert Keplerus Aprili mense 1628 amico: „Scito, me circumagi fatorum machinis nec mei esse arbitrii aut consilii. Tu si meo loco esses, timidior forte in obsecundando, nihil tamen felicior in reluctando esses. Praemia mihi decreta a Caesare impediunt me, quo minus Marpurgum, ut Landgravios inter et me convenit, concedere possim. Lincio ejiciuntur patroni mei, aula Imperatoris ambulat, inquieta est. Bohemia absente Caesare me non fert, lex lata de non-romanis exercebitur. Superest ex ditionibus Caesaris unica Silesia, nec illa sine metu nec tuta. Quod autem Fridlandius haec alimenta mihi decrevit, causa est, quia ante triennium me impedivit, ut ad observationes Tychonis imprimendas Noribergenses a Caesare compellati 4000 mihi non solverent.“ Has Pragae datas literas post annum sequebantur literae Kepleri Sagani scriptae: „*Et prodesse volunt et delectare poëtae.* Tu quoque impenso tuo studio mihi commodandi dici non potest quantum me in hac turbulenta mea solitudine recrees. Nimirum et solitudo est, quae me sepositum ab urbibus imperii angit, cum lente et cum sumtu magno commeant literae, et turbae reformationis, me quidem intacto at non aeque neglecto in occulto, exempla tamen et imagines tristes statuunt ob oculos, dum noti, amici, proximi subvertuntur, dum sermonis commercium cum perterrefactis metu intercipitur.“ — In iisdem literis ad „Astronomiam Lunarem“ reversus, scribit: „Sane qui pellimur terris, viaticum hoc conducet peregrinantibus aut migrantibus in Lunam.“ Ea quae Keplerus hinc inde egit cum Berneggero de filia Susanna, praemisimus pag. 913 ss. —

Kepleri verba, quibus in epistola ad Berneggerum missa (Martio mense anni 1624) utitur „quotidianus ipsius sum hospes“, dicere volunt, qualis ejus cum Barone de Staremberg usus fuerit et necessitas. Jam antea dictum est, hunc virum primam causam fuisse, cur ille a Superioris Austriae Ordinibus Lincium vocatus sit, sine dubio uxor etiam Starembergii intercessit pro Susanna Reuttingera Keplero matrimonio jungenda. Quum omnes Kepleri epistolae ad Starembergium datae periissent, solis ex hujus responsis de illa virorum consuetudine aliquid colligi potest. Quo tempore Keplerus Starembergio notus esse coeperit, incertum est, ex hoc autem, quod ille librum de cometis a. 1607. scriptum Baroni dedicaverit, sequitur, ei jam priusquam Lincium transire cogitaverit, cum Starembergio consuetudinem intercessisse. Prima Starembergii epistola anno 1611. ad Keplerum data est, in qua cum amicissime et verissime de Kepleri primae uxoris decessu diceret, jam diutius interiorem inter illos consuetudinem fuisse conjicere licet. Sed quid Starembergius de Keplero judicaverit, ex his elucet verbis: „Sed quid Christianum et philosophum magnum solor, qui ipse praeceptis philosophiae instructus aliis praecepta consolationis dare et praescribere potest? Amoris est hoc in te mei argumentum et indicium singulare. Novi ingenium, pietas eximia mihi tua est perspecta. Cura igitur, mi Keplere, ut liberorum et rei familiaris constituta cura quam primum ad nos redeas salvus et incolumis.“ Haec ad Kepleri promissum pertinent, qui quam maturrime pollicitus esset se Praga Lincium demigraturum et Superioris Austriae Ordinibus officia sua dediturum esse. Anno deinde 1613. Keplerus scripsit suas de rebus divinis opiniones, quarum causa ei cum caecis Lutheranae fidei sectatoribus controversia est nata. Quibus literis duodecimo Aprili ejusdem anni a Starembergio responsum est, qui his verbis incipit: „Video te ut philosophum animi constantiam et firmitudinem etiam in aulicis procellis fluctuantibus retinuisse, neque mei memoriam plane abjecisse. Perge in posterum nos amare, idem de me quoque tibi pollicearis neque quidquam de meo in te amore dubites.“ Starembergium eadem sensisse cum Keplero et cum episcopum Spalatrensem Antonium de Dominis admiraretur fidem catholicam emendaturum, et cum de praedestinationis doctrina dubitaret, reliqua harum literarum verba testantur, eidemque cum illa familia perpetuam interfuisse familiaritatem, ipse testis est Keplerus relato filiae suae baptismo (1615), cujus caerimoniae testes Starembergius et filia nominantur. Teste epistola Starembergiensi, Novembri mense anni 1624. data, Keplerus ejusdem anni autumno Pragam profectus est, ut tam res suas familiares quam tabularum Rudolphinarum editionem urgeret, et inde de Austriacorum Lutheranorum conditione, qualis inter aulicos haberetur, retulisse videtur. Ex Starembergii autem responso clarissime apparet, quae sollicitudines non minus Austriae nobiles quam cives excitaverint, eademque epistola verbis animos commoventibus conditionem nobis praebet optimorum virorum, qui, spe dejecti, de angustissimis fidei suae sociorum rebus bene edocti nusquam salutem, nusquam defendendae oppressionis violentae viam viderent.

Cum aliis quoque superioris Austriae nobilibus et cognitionis et amicitiae vinculis Keplerus erat conjunctus. Exstant quidem duae epistolae a Barone Petro Henrico a Stralendorf ad Keplerum missae, quarum altera Welsae urbe a. 1614, altera Vienna data est (1615). In illa Kepleri consilium petit in construendis telescopiis, quae ex Keplerianae Dioptrices auctoritate conficere voluerit. Altera epistola, qua duabus Kepleri epistolis exeunte anno 1614. scriptis respondetur, Stralendorfius scripsit de rebus Kepleri fratris Henrici (cfr. p. 828). Exeunte epistola Keplero refert de studiis chronologicis: „Tu hos theologastrorum (Calvisii) clamores et rumores (qui utinam in fidei rebus ita se ad antiquitatem componant) unius assis ne aestimaveris, aut quidquam minutum et parvum credito, quod pro veritate suscipitur.“ — Epistola ad Stralendorfium anno 1613. data, qua relato matrimonii iterum ineundi consilio fautorem ad nuptias suas Eferdingam invitat, non minus quam ipsius Stralendorfii literae artiorem virorum familiaritatem nobis ostendunt (cfr. p. 815).

Baroni deinde de Tschernemel Keplerus jam cum Pragae esset notus esse coepit (forte jam Gratii cum illo convenit, si nomen quod (p. 686) profert Keplerus — Tzernem — idem est cum nomine Tschernemel), quam cognitionem in mutua aestimatione positam Lincii quoque non intermisit. — Deinde ex variis Kepleri dictis videre licet, ei cum Baronibus Joergero (fragmentum orationis funebris in Wolfgangium Joergerum natu majorem jam supra (p. 212) allatum est), Schallenbergio, Poltzio de Poltzhügel varium amicitiae interfuisse usum. Hohenfelderianos denique noverat, cum Tubingae studiorum causa essent, quam cognitionem teste Ludovici Hohenfelderi brevissima epistola usque ad annum 1623. continuam servavit. (Cfr. vol. VII. p. 140.) Schallenbergius Keplerum dicit in epistola anno 1617. data „nobile et clarissimum Austriae nostrae astrum diu desideratum, multis mihi nominibus commendatum“; anno 1619. idem scripsit: „Aestuo tui desiderio“, et sub epistolae exitum rogat: „Quaeso porro me quod facis amare perge; noli indignari nugis meis. Rari sunt literati, cum quibus me recreare et animum meum apud quos diffundere possim.“ Ab Helmhardo Joergero praeter literas (p. 794) additas, quibus Keplerum hortatur, ut Superioris Austriae Ordinibus officia dedat, brevissima quoque exstat epistola (d. Viennae d. 13. Dec. 1618), in qua hunc „amicissime Domine Keplere“ alloquitur edocetque „procurator meus habet in mandatis, ut C. florenos solvat, a quo quandocunque vis illos repetere potes“, simulque rogat, ut sibi accuratius scribat de cometis, qui hoc anno apparuerint, et editionem (haud dubie sui de cometis libelli) quam maxime maturet. Literarum reliquiae a Keplero ad H. Joergerum haud dubie eo tempore scriptarum, quo Catholicae fidei confessores Lutheranis acrius adversati et publicata sunt Joergeri praedia Hernalsa, Steyeregga, Kreussbach*), non sunt indignae, quas hoc loco adjiciamus: „Virtutem Horatius poëta cubo comparat, qui ut ternas habet dimensiones sic etiam virtus ad lineamenta cubi trifariam sese porrigit totiesque in duas veluti partes dividitur. Virtus ex una parte supera considerat, ex altera infera, rursumque virtus eadem, vel ea quae sunt ante nos respicit, vel ea quae pone, illic scilicet futura, hic praeterita. Virtus denique tota in dextra dividitur et sinistra. Quam diu igitur Illustris Generositas Tua dextra seu secunda fortuna est usa, virtutis nonnisi dimidium ac vix dimidium sui potuit exserere, restabat, ut sinistra fortuna locum daret alteri dimidio virtutis, quam totam possides, demonstrandae inque conspectum exserendae. Virtutem demonstrasti praecipuam regendis magnis opibus, demonstras nunc etiam carendis. Gratulor illi mentis tuae robori invicto de materia hac sui et excolendi et in apertum proferendi, nec fas esse puto, ut philosophiae cultor super gravi hoc casu virilem animum muliebribus lamentis sibi demulciendum sumat. Vicere qui tuis inhiabant bonis casu suo acerbissimo, vicisti tu casum ipsum: habeant ipsi aliena, tu propria. Quae tu amisisti, vicissim et a successoribus amitti possunt; quae retines, nec cupient extorquere mali, nec poterit quisquam. Mihi ipsi pretium jacturae tanti patrocinii, quod in tuis facultatibus habebam repositum, satis amplum videtur hujus tuae victoriae gloria.“ ....

Ex Kepleri habitatione Gratiensi ejus familiarius commercium cum Styriaco homine nobili, Ludovico de Dietrichstein deducendum est, cujus complures epistolae exstant ab anno 1603 usque ad annum 1606 ad Keplerum scriptae, in quibus ille Keplerum semper „carissime baptismi testis“ (Herr Gevatter) alloquitur, cum anno 1602. baptismo Susannae filiae celebrando adesset testis. In quibus epistolis Dietrichstenius amicissime se offert ad Kepleri uxorem in bonorum redemtione adjuvandam et de ejus arte „hydraulica“ scribit. (Vol. V. p. 639.) In Optice denique (II. 255) Keplerus narrat, Dietrichstenium „Maecenatum suorum praecipuum“ secum saepius de rebus opticis (perspicillis) egisse, qua de laude ille laetissimis verbis gratias agit, „dass sein geliebter Herr Gevatter seiner Person eingedenk gewesen“. Alius quoque Nobilium Styriacorum, Baro Sigismundus de Herberstein hoc loco non est silentio praetereundus, qui Kepleri consilia inprimis in rebus astrologicis quae-

---

*) Hernals, Austriae Superioris et vicus et castellum prope Viennam urbem sita, Joergeri Baronis praedium fiduciarium, in controversiis inter Austriae Lutheranos et Catholicos exortis non parvi momenti res et multorum erat in ore. Ex diuturnis illis actionibus, quas Lutheranorum legati ex Moravia provincia et Austriae Archiducatu missi cum Matthia imperatore ejusque consiliariis anno 1609. Hornae et Viennae habuerunt, exiit tandem illa „Capitulatio“, qua Lutheranis concedebatur, sacra sua publice procurare in „castellis, domibus et possessionibus, quorum dominium et magistratus Ordinibus Augustanae confessoribus essent.“ Quam ob rem Helmhardus Joergerus Baro, qui inter ipsas actiones dixerat, se in Hernalsae castello statim habendas orationes sacras esse curaturum, re vera Cal. Majis anni 1609 sacrorum initium fecit. Idem. Ingerstorfiae in Castello a Geyero de Osterburg, idem Radauae a Barone de Landau factum est. Qui vici omnes cum haud procul ab ipsa Vienna abessent, Lutheranis illius urbis commoda oblata est occasio, sacra Viennae interdicta hic celebrandi, qua data potestate quam plurimum utebantur (decem millia Lutheranorum Viennae habitantium Hernalsae sacris interfuisse dicuntur). Qua re maxime solliciti sacerdotes Catholici (Chleselius episcopus) primum illa castella capitulatione excepta indicaverunt. Quod cum non ex sententia cessisset, Joergerum ob clientelae perfidiam in jus vocarunt, Hernalsae praedium sperantes futurum esse caducum (1614). Qua de re usque ad annum 1619 in judicio certatum est. Tandem haec causa sic est finita, ut cum ipsi Catholici sacrorum emendationem perfecerint, Joergeri praedia publicarentur.

siit ad eamque rem secretario suo Zehentmayero usus est, cujus epistolae supra (p. 703, 710 ss.) carptim additae sunt. A quo pro multis laboribus donatum poculum argenteum Keplerus Maestlino „pro maximis et multifariis laboribus in edendo Prodromo“ dono dedit. (Cum Keplerus transitum in Württembergiam vel ad Tychonem (initio anni 1600.) tentaret, Maestlino describens statum in Styria periculosum, addit: ... „nemo me expelleret, et prudentissimi quique ex ordinibus me amant meaque colloquia ad convivia crebro expètunt“.)

Keplero autem non modo cum Styriacorum et Austriacorum Lutheranorum principibus frequentius erat commercium, sed etiam (ut jam dictum est) cum multis potentissimis aulicorum viris (et Matthia et Ferdinando imperatore), non minus quam cum catholicarum partium ducibus. Sic summa erat viri gratia apud Principem Eckenbergium, Baronem de Mekau, qui Matthiae imperatoris erat aulae magister, apud Abbatem a Kremsmünster. Tobiae Sculteto, Caesarei Palatii Comiti, imperatoris consiliario, inscripsit *Eclogas Chronicas.* In epistola dedicatoria refert causam intermissi studii astronomici amissam uxorem et filium (v. s. p. 795) et dicit virum hunc quasi auctorem libri, qui literariis colloquiis Pragae tunc versans et hortationibus animum prostratum erexerit „ut ad jucunditatem studiorum paulatim respiraret“. In epistola dedicatoria libri *Nova Stereometria Doliorum Vinariorum* legimus: „non diu mihi quaerendi erant, quos dedicatione alloquerer, qui ingenii rectitudine demonstrationum ἀκρίβειαν aequarent, pulchritudinemque earum singulari cupiditate prosequerentur: talem enim Te, Illustrissime Domine de Liechtenstein, mihi praedicavit medicus tuus Joannes Wodderbornius, qui commodum interveniens Tui memoriam mihi praesentia sua renovavit; talem etiam Te, Illustris et Generose L. B. Joergere longo usu cognitum habebam.“ His, quae scripta sunt anno 1614, confirmatur id, quod supra de usu familiari cum Joergero diximus; ex iis, quae anno 1615 addidit praemissis Keplerus, apparet, ipsum cum Lichtenstenio postea itidem arctius conjunctum fuisse. His enim alloquitur sub finem partis primae Stereometriae „Patronos“: „Tractatum (de figuris ab Archimede non tactis) hic inserui, quod et Te L. B. Joergere, et multo maxime Te Ill. D. de Lichtenstein (cujus in hac philosophiae parte exercitationes assiduas facultatemque comparatam egregiam judicandi, ex quo Te primum in praefatione libri sum allocutus, multo nunc rectius et copiosius habeo cognitam et perspectam), ubi tempus ad isthaec cognoscenda vacaverit, ipsos censituros existimo.“

Sub vitae denique exitum Wallenstenii favorem sibi conciliavit, qui jam antea Keplerum in rebus astrologicis consuluerat. Quamque amice deinde cum cancellario Bavariensi Herwarto de Hohenburg versatus sit, et ex iis intelligitur, quae supra dicta sunt, et ex epistolis, quae in voluminibus antecedentibus inveniuntur permultae. Neque minus epistolae ab Joanne Remo scriptae, medico Maximiliani et Leopoldi Archiducum Austriacorum, verissimae nobis imaginem praebent amicitiae, in pura Kepleri et hominis et docti aestimatione positae; eidemque semper summae curae erat, ut permultae suae et aulicorum et sacerdotum catholicorum cognitiones et necessitudines Keplero quam maxime prodessent.

Redeundum nobis est ad Kepleri cum Maestlino magistro usum et societatem. Ineunte quidem literarum commercio, quod inde ab anno 1594 usque ad annum 1620. a Keplero saltem raro remissum, sola Maestlini nimia cautione et anxietate in aliquantum temporis interceptum est, semper Keplerus se praebet discipulum pergratum, studiorum et auxilium et consilium quaerentem, sed postea prorsus res sunt commutatae. Etiam tum quidem semper eorum memor est, quae Tubingae a Maestlino perceperit et didicerit, neque unquam in epistolis „discipulns gratissimus“ subscribere desinit; sed postquam in astronomia maxima illa inventa aperuit, multo liberius se gerit, ipse potius magistrum agit, et veteri et praeceptori et amico explicare studet, quae ex suis inventis in astronomia essent mutanda. Quae conversiones haud raro majores et difficiliores erant, quam quae viro, cui astronomia huc usque culta esset inveterata et penitus insita, satis paterent. Post longiorem quidem scribendi intermissionem Maestlinus in epistola anno 1605 data hanc suam negligentiam excusans scripsit, Keplerum „sublimiora, quam quibus ingenium et eruditio mea satisfacere valeat“ quaesivisse. Et in alia epistola, cum Keplerus se de astronomia Copernicana librum esse editurum nunciasset, haec respondit Maestlinus: „caute agendum puto; de Luna quae scribis non plane intelligo, existimo autem, hic a causis physicis abstinendum esse et astronomica astronomice, per causas et hypotheses astronomicas, non physicas, esse tractanda. Calculus enim fundamenta astronomica ex geometria et arithmetica postulat, non conjecturas physicas, quae lectorem magis perturbant quam informant.“ Idem logarithmos ad usum transferre constanter recusat „indignum enim mathematico judico, niti demonstrationibus, quas ipse nescit. Nam dubium semper esse necesse est, num calculus, qui decies vel centies non fefellit, etiam non aliquando decepturus sit“. Kepleri logarithmorum explicatio vol. III. p. 676 praemissa est, ejusque haec sunt verba extrema: „hac demonstratione percepta non est ut amplius dubites circa logarithmos, nam optio tibi datur vel his uti addendo, vel pro iis multiplicare sinus arcuum“; Maestlinianas autem de suis conjecturis astronomicis dubitationes in epistola refellere studet, quae legitur vol. VI. p. 16.

Ex Kepleri epistolis ab anno 1595—1597 ad Maestlinum missis, in quibus inprimis de Prodromo agitur, haec dicta viro propria nobis excerpenda videntur. Ineunte Octobri mense a. 1595. Keplerus, magistro libelli summa brevibus exposita, literas his verbis finit: „Ego, optime praeceptor, propero; non meo commodo. Nam haec ubi evulgata fuerint, alii forsan plura invenient, quae mihi potuissem reservare. Sed sumus omnes (et ego praesertim) ἐφημεροι. Ego vero studeo, ut haec ad Dei gloriam, qui vult ex libro naturae agnosci, quam maturrime vulgentur; quo plus alii inde exstruxerint, hoc magis gaudebo, nulli invidebo. Sic vovi Deo, sic stat sententia. Theologus esse volebam, diu angebar: Deus ecce mea opera etiam in astronomia celebratur. Quin tandem cum Petro attonitus erumpo: abi a me, quia homo peccator sum. Si unquam, vel hic etiam, de industria voluissem esse astronomus, si non omnia delectationis causa suscepissem, minus mirarer.“ Edito tandem opere Keplerus maximas auxilii gratias Maestlino agens scripsit haec: „Cur meum dicam opusculum, causa obscura et tenuis est. Illi enim ego Semele fui, tu Jupiter. Aut si malis Minervae illud comparare quam Libero: Jupiter ego capite illud gestavi, sed nisi tu Vulcanus cum bipenni fuisses obstetricatus, nunquam ego peperissem. . . . . Quod tandem aliquando elephas meus peperit, Deo devote gratias ago. Faxit is, ut quod ego publice quaero, passim apud sanos et copiose sequatur ex jucundissima speculatione: scilicet ut fides de rerum creatione hoc externo adminiculo confirmetur, conditricis mentis natura cognoscatur majorque nobis quotidie fiat inexhausta illius sapientia.“ In priore epistola cum Keplerus de editionis mora et impensis vires suas superantibus nonnihil dubitasset, de illa Maestlinus se excusaverat. Cui excusationi Keplerus sic respondit: Cum ingens praestiteris mihi beneficium, excusas te mihi, quod majus illud non fuerit quodque tam diu dilatum sit opusculum culpam a te removes. Quasi aut haec culpa fuerit, aut ego beneficentiae tuae arbiter atque legislator existerem; omnino quasi debitum hoc esset. Agnosco sane et reminiscor verba nonnulla meae epistolae. Verum illud te moneo: qui candido scribit animo, eum multa incogitanter scribere et semina suspicionum serere, nec tamen ideo earum teneri. Sane mihi mens alibi non erat eo in loco, quam in sumtibus parce faciendis etc. Quid quaeris? Ego totidem sentio stimulos, quoties tu vel tempus excusas, vel quantum in excusione praestiteris recenses. Obruis me sane nimio mei studio, neque calamo id acquare amplius possum. . . . . Ecce quam operosus es in negotio mendorum. Non sum ego, clarissime Domine Praeceptor, ex eorum numero, qui, nisi ephippium cum equo dones, equum nudum remittunt.“ —

Keplerus quum Gratii instigantibus Nobilibus Styriacis incepisset in astrologiam incumbere, Maestlino anno 1598. de astrologicis suis opinionibus nonnulla scripsit et haec addidit: Optime praeceptor, annon recte ago, si operam do ut doctis et philosophis etiam operationem coeli persuadeam distinctam? Ago itaque ut Jesuitae, qui multa emendant, ut homines catholicos faciant. Imo non ita ago, nam qui omnes nugas defendunt, sunt Jesuitis similes, ego sum Lutheranus astrologus, qui nugis abjectis retineo nucleum. . . . . Nihil rejicio ex astrologia, praeter inutilia domuum numeralium instrumenta et illam arrogantem praesumtionem de speciali praedictione, quasi quem suspensum iri dicamus, ei non aeque coelum generali sub complexu aquarum pericula denotare possit, aut quasi erraverimus mortem alicui praedicentes, qui eo tempore periculoso ex morbo vix evasit. Vides, haec non ad contemtum, sed ad honorem nostri ordinis pertinere.

Jam quid Keplerus de difficillima sua inter Lutheranorum vexationes Gratii conditione, quid de Tychonis ut Pragam veniret invitatione scripserit, quid de studiis apud illum inceptis, quas deinde cum aegrotaret ad Maestlinum miserit epistolas moestissimas, quam ardenter ex incerta Pragensi statu Tubingam in sedem et certiorem et tranquilliorem voluerit transferri, et in prioribus voluminibus et praemissa „vita“ pluribus exposuimus. Neque hoc silentio est praeteritum, quae a vetere et amico et magistro sperabat quam parum fuerint expleta. Quae sola Maestlinus ad miserabiles has preces ac querelas respondit (1600), haec sunt verba: „Utinam prudentiores et in rebus politicis intelligentiores quam me consuluisses, qui vere infantiam hic meam agnosco. Interim turbulentissimum tuum et ecclesiarum vestrarum statum lugemus et ardentissimis suspiriis deploramus.“ Quod responsum omnis solatii expers cum Maestlinus amico dedisset, usque ad annum 1605 diuturno utebatur silentio, quamvis amicissimis et gravissimis verbis eum ad scribendum hortaretur Keplerus. Sic anno 1604. scripsit haec: „Cum perpetuo tuo, Maestline praeceptor optime, silentio meam scribendi diligentiam toties jam expugnaveris, accidit mihi tamen, quod in bello desperantibus, ut tanto magis scripturiam, quanto minus proficio, et in victoriae parte ponam, salutem omnem desperare. Tu si lectis meis Opticis, si lecta conceptione mea de nova stella non permoveris ad scribendum, at saltem ob S. Caes. Majestatem, cui grata sunt hujusmodi scripta quaeque Ipsi varia conquisivi, aliquid scribas. Provocat ad te Röslinus, cujus scriptum jam accepit Sua Caes. Maj., communis haec mathematicorum est materia, quam non attingere desertionis crimen repraesentat." Sub hujus epistolae exitum, qua Keplerus sua de Martis motibus studia refert, haec dixit: „De eclipsibus scripsi ante menses multos, ut et de stella Cygni. Sed nolo te agere, tange unum horum quatuor verbis, qui totidem annorum culpam silentii elues. — Jam demum respondit Maestlinus, gratias agens de honesta nominis sui mentione et in Optica et libro de Nova Stella facta. Excusat silentium diuturnum verbis supra allatis. „Vereor tamen, addit, ne nimium mihi tribuas. Utinam is essem, quem me praedicas. Ego vero meam curtam supellectilem scio. Dominus Deus tibi vitam et vires clementer suppeditet, ut in dies majora et majora in usum reipublicae mathematicae utiliter et laudabiliter rimari et repandere nobisque communicare possis."

Keplerus extemplo ad haec respondit: „Quanto me gaudio tuae affecerint literae, Praeceptor colende, tute ipse aestima, qui toties pulsatus meis importunis literis tandem respondisti." Quid deinde de conditione sua Pragensi scripserit, p. 767 praemisimus. Maestlinum autem denuo silentium observantem Keplerus timere credit, ne quis epistolis suis male utatur. Quam ob rem ei scribit (1606): „Peto, ut respondeas de eclipsi Solis et si vis de aliis, quae olim petebam. Crede mihi, non ero insidiosus, metuis tu semper ne exagiteris, quasi sycophanta sim. In epistolis non requiritur ἀκρίβεια mathematica, cujus tu virtutis auctoritatem praefers omnibus Gratiis et usque ad ingratum mihi silentium propugnas. Aut si quid te offendit in meis Opticis, eam sume scribendi materiam." Jam antea (1601) simili cuidam Maestlini dubitationi responderat: „Obsecro per nostras artes, ne ita plane obmutescas. Ego si scripsi, me publicaturum tuas epistolas (quod meminisse nondum possum), certe poenitet, fidem do, id non futurum." Sed his omnibus cohortationibus amicissimis Maestlinus ad scribendum non est perductus, donec silentio tandem anno 1610. interrupto, cum maxima certe ipsius Kepleri admiratione, cum Horckio juvene collocutus (temerario Galilaei oppugnatore), talem de Kepleri „Dissertatione cum Nuncio sidereo" sententiam profert, ut quid voluerit Keplerus eum minime intellexisse appareat (cfr. Vol. II. p. 461).

Epistolae Keplerianae ab anno 1607. usque ad annum 1616. scriptae, haud dubie paucissimae, omnes ad unam perierunt; exstant autem tria responsa Maestliniana annis 1613. et 1614. data, quibus hic de conficienda Copernici nova editione scripsit simulque a Keplero quaesivit, num quid contra diceret, si huic editioni Prodromus adderetur „quod rei literariae matheseosque studiosis optime consultum judico". De Kepleriano deinde dicit consilio, librum contra Helisaeum Röslinum edendi de quaestionibus chronologicis, alium de Solis maculis aliisque rebus. Ultimae autem epistolae a Keplero et Maestlino datae et acceptae in annos cadunt 1616. et 1620, pene solam ad Epitomen pertinentes, qua quam maxime ipsa astronomia profecerit ejusque regio amplificata sit, Keplerus amico, ejus diuturno silentio non prohibitus, iterum iterumque exposuit, maxima opera nitens, ut virum taciturnum ad respondendum perduceret. Idem suas de rebus sacris sententias a vulgata opinione discrepantes cum amico communicat rationesque affert, cur formulae Concordiae non simpliciter subscripserit. (Cfr. p. 840.) Sed et huic epistolae et longioribus literis anno 1620 (vol. III. p. 676—690), inprimis de nova lunari hypothesi scriptis, nihil est a Maestlino responsum, quem hominem cautissimum et maxime anxium de Keplerianis de rebus sacris dubitationibus nihil responsi habuisse, ex hoc satis poterit intelligi, quod et theologi omnes Tubingenses et consistorium Stuttgartiense acerrime adversabantur Calvinianis, quos condemnare Keplero et injuria et minime ex re Lutherana esse videretur. Sed cur idem in rebus astronomicis eandem cautionem, eandem taciturnitatem praebuerit, altera causa est deficiens rerum a Keplero allatarum intelligentia, altera causa et interpretatio in epistolis inest amicorum Tubingensium, quos Keplerus saepius adierat, ut sua admonitione Maestlinum ad continuandum literarum commercium perducerent. Jam anno 1605. Besoldus scribit: „Si Maestlinus in rerum natura non esset, nobis propius esses. Certum est, te obtinere hic posse professionem philosophicam quamcunque primum vacantem, omnium enim horarum homo clues quique omni servire possit scenae.“ Idem de Maestlino postea (1619) sic judicat: „Maestlinus noster antiquum obtinet, dubitat, timet et cunctatur, nec adhuc aliquid edit. . . . . . Schickardus (qui anno 1618. Tubingam vocatus est) non erit Maestlini collega, utpote qui parem non ferre potest.“ In Besoldi denique literis anno 1626. scriptis verba insunt haec: „— Exemplar Harmonicorum, quod Bidembachio (duci Württembergico a consiliis) destinaras, jam diu est, quod Maestlino (et quidem ex tuo jussu) eoque fine dedi, ut operi praeficeret commendatitiam praefationem; sed multis admonitionibus id impetrare nequivi. Sane, ut tibi quid sentiam in aurem dicam, aut invidia aut aemulatione laborat, aut non placet ipsi audax tuus sed ingenuus omnique laude dignus hic conatus.“ Vix quidem est credibile, hominem illum bonum et candidum, qui temporibus anterioribus cum omnibus suis viribus Keplerum juverit et auxerit, procedente aetate sic mores et animum commutasse, ut invidia quadam et aemulatione per Kepleri gloriam in dies majorem excitata prohiberetur, literarum commercium sic ut antea continuare. Sed tamen a veritate non longissime abesse videtur, hominem annis infirmum (a. 1620. septuaginta annos natum, qui docendi officio jam non ut antea satisfaceret) non habuisse, quid viro doctissimo responderet et, ut sunt senes suspicaces, nonnunquam timuisse, ne dilectissimo suo quondam discipulo, permultis et Tubingensibus et Stuttgartiensibus amicitiis adjuto, contingeret, Tubingae professoris munus adipisci et ipse forte superfluus videretur. Sed utcumque res erit, Keplerus veteri magistro semper se fidissimum praebuit, ei omnia credidit apertissime quae erat editurus, nullo, qualis tum inter viros doctos esset, pravi usus timore de studiis aut inventis scripsit, ejus animum suis sententiis conciliare studuit eumque excitavit, ut amplissimam suam astronomicarum aut chronologicarum rerum experientiam aut ederet aut saltem secum communicaret. Idem cum saepius in Württembergia versaretur, Maestlini sermonem et colloquium ardentissime cupiebat. Nunquam illi maxima Kepleri gratia et aestimatio deerat, ut ex ipsis epistolis apparet, quas omnes „Praeceptori meo colendissimo“ inscribere et „gratissimus discipulus“ soleret subscribere. Quas epistolas Maestlinus maxime aestimavit et diligentissime servavit, ut paucissimis exceptis omnes posteritati traditae sint. Eo magis autem hoc putamus maxime desiderandum, Maestlinum respondendi fuisse parcissimum, cum nemini dubium sit, quin hic uberrimus cognoscendi ingenii Kepleriani fons etiam uberior factus esset, nisi Maestlini taciturnitate Keplerus a frequentiore literarum commercio deterritus esset. Quod ipsum eo minus dubitandum est, cum Keplero proprium esset, cogitationes suas in animo nondum perfectas et maturatas causa quadam extrinsecus accedente, inprimis si amici per literas ei aut dubitationes aut quaestiones afferrent, brevi perscribere, interrogando et contra interrogando eas explanare et sic in animo concoquere, donec ejus ingenio prorsus paterent. Quam Kepleri consuetudinem et ex ipsis epistolis non modo ad Maestlinum datis, sed etiam magis ex illis ad Davidem Fabricium, Herwartum, Remum, Harriotum, Brenggerum scriptis intelligere licet et, ipsis epistolis Keplerianis deficientibus ex responsis a Besoldo, Schickardo, Benjamino Ursino, Hebenstreitio aliisque datis.

Cum longum sit, tam copiose ut adhuc Kepleri reliquum literarum commercium persequi, nobis in eo est acquiescendum, ut in legendas ipsas epistolas lectorem remittamus, quae et in nostrae editionis voluminibus prioribus et in hujus voluminis paginis antecedentibus allatae sunt cunctae. Ex quibus nonnulla verba et dicta eligemus, ea quae in hujus capitis praefatione de Keplero diximus amplius confirmaturi.

Ex epistolis ad Keplerum dum Gratii erat missis praeter Maestlinianas inprimis memorandae sunt theologi epistolae Hafenrefferi, qui semper timet, ne amicus aut nimio Copernici studio a Sacra Scriptura dissentiat aut multis suis catholicorum amicitiis fidei suae jacturam faciat. Postea quoque in omnibus epistolis erga dilectissimum suum discipulum Keplerum se patris instar praebet benignissimum et verissimum Kepleriani summi ingenii, Keplerianorum operum admiratorem. Idem Keplero auctor erat, ut in Prodromo locum quendam deleret, quo studuisse videtur Copernicanam de mundo rationem cum Sacris Literis componere. „Disputationes theologicas quod attinet", scripsit Hafenrefferus (1598), „non dubito quin omnia ita sis explicaturus, ut et vigere Scripturarum analogia et tua florere incolumitas possit. Si fraterno meo consilio, uti firmiter spero, locus aliquis est, porro in ejusmodi demonstrandis hypothesibus nudum mathematicum ages. Quibus monitis si tu, uti certo confido, parueris, nihil dubito quin cogitationes tuae plurimis, uti certe mihi quoque sunt, jucundissimae sint futurae. Sin, quod maximus et optimus avertat Deus, publice istas hypotheses cum Scriptura Sacra conciliare velles et propugnare, certum metuo, ut in dissensiones res isthaec erumpat, quo casu velim ego, me istas cogitationes tuas, in se quidem mathematice consideratas praeclaras et nobiles, nunquam vidisse. Jam dudum enim in Ecclesia Domini plus contentionis est, quam infirmis expediat. Sed nescio, quo me abripiat stylus vel potius fraternus meus in Te amor, qui nisi talis in Te esset qualis est, ardentissimus nimirum et candidissimus, tum liberam stylo licentiam non permisissem. Sed hic idem amor abs Te postulat, ut nimirum strenuum nobis agas mathematicum et quam antea Tibi commendatam esse scio Ecclesiae tranquillitatem constanter foveas. — Quibus de Hafenrefferri dubitationibus Keplerus responso suo timidum amici animum leniit et confirmavit, cum proximae Hafenrefferi literae his inciperent verbis: „Quanquam, amice et frater charissime, omnes quae a te mihi perferuntur literae jucundissimae sunt, proximae tamen singulari quadam et cumulata suavitate totum me repleverunt. Ex iis enim intellexi, te pluris facere Ecclesiae tranquillitatem, quam quoscunque ingeniorum nobilissimos et charissimos foetus. . . . . . Tuos etiam casus, qui ab diversae religionis hominibus varii et satis graves objiciuntur, ex animo doleo. Dabis operam, ut piis precibus et, quam Salvator nobis commendat, serpentina prudentia fortiter illis occurras, ne levi arrepta occasione graviora in te meditentur. Illud autem perplacuit mihi, quod ititantem illum hospitem, dubia itionum causa proposita, aedibus tuis arcere potuisti, memor vestis ovillae, quam lupina subducit rabies. Rogo ut prolixiores ad me scribas, nihil enim mihi accidere possit jucundius." . . . . Cum autem Keplerus posteriori tempore in lites incidisset cum theologis Linciensibus et ad consistorium Stuttgartiense provocasset, Hafenrefferus auctoritate sua illum ad fidem, quam putabat solam esse veram, revocare studiosissime intentus erat, et cum nihil proficeret, exclusioni Kepleri a S. Coena consensit. (Cfr. p. 868 ss.) Ceterum tum quoque Kepleri se ingenium et inventa astronomica magni facere fatetur et suadet, ut quondam catholicus Pistorius, ut Keplerus theologica missa faceret.

Ex prioribus annis haec addere placet.

Keplerus cum ineunte anno 1601. conditiones suas Pragenses parum tutas esse vidisset et amicis Tubingensibus illic se officium appetere scripsisset, Hafenrefferus respondit: „Tua mecum dormit mecumque vigilat incolumitas et salus. Faxit Deus, ut eo tandem loco conquiescas, quo commodissimo exoptari potest.“ Sed idem dubitat, quin amicus in academia munus adipisci possit. Mathematicam enim docere Maestlini esse et de loco in paedagogio vacante tot esse competitores, ut Kepleri spes sit minima. Tychone autem Novembri anni 1601. defuncto, Hafenrefferus vehementissime et cupit et sperat, res Keplerianas Pragae fieri meliores. „Deus faxit, ut spes nostra felici rerum eventu, adimpletis omnium nostrum votis, feliciter comprobetur“.

De Optices exemplo ipsi ab amico misso Hafenrefferus hisce verbis maximas agit gratias: „Inde non tantum constantem erga me favorem et benevolentiam tuam manifeste deprehendi, sed quod et ipse de meo, ut tui amici, erga te studio et quacunque in re pia et honesta inserviendi promtitudine nihil dubitares. . . . . . Semper et Tibi et patriae et rebus mathematicis, et quod tales nostro seculo cultores invenerit, tum mihi quoque, quod in eorundem contubernio et amicorum catalogo esse liceat, sincerissime gratulabor. Interim ut vivas, valeas atque honore nominisque laude cumulatus subinde nobis utilissimos ejusmodi labores proferas, Deum O. M. toto corde precabor, hoc addito voto, ut vel tandem sincerae nostrae religionis liberas habere possis exercitationes.“

Idem cum Keplero per Samuelem filium nonnullas orationes sacras a se habitas misisset (1607) et hic doni gratias egisset, respondit haec: „Quod pro duabus solis oratiunculis tam prolixe mihi gratias agis, meam pro majoribus donis haud obscure flagitas. Eam scias velim animo meo nunquam defuisse, licet epistolae meae rariores non tantas, quantas immortales mecum circumfero, explicuissent.“ —

Ab anno 1586. usque ad anni 1594. exitum Joannes Papius gymnasii Gratiensis rector erat; quo cum Keplerus Aprili anni 1594. venisset, ipsi quoque datum est, hujus docti et eruditi hominis conversatione tres menses frui. (Hanschio auctore Papius anno 1558. in Franciae provincia natus, Schweinfurtii et Ulmae ludis publicis frequentatis, Argentorati primum in theologiam, deinde in medicinae studium incubuit, Basileae amplissimum doctoris gradum adeptus, Heidelbergae in professoris (organi Aristotelis) munus promotus, unde Gratium vocatus est, ubi (ex Peinlichi rectoris auctoritate) dialecticam docuit. Gratio deinde „persecutioni cedens“ Tubingam venit, qua in urbe tres annos arti medicae operam dabat, Tubinga Onoldiam vocatus, ut ipsius Braudenburgiensis Marchionis medicus esset, inde postremo Regiomontum transiit, et ut Borussiae principis saluti consuleret et in illius urbis academia medicinam doceret. Eadem in urbe mortuus est.)

Variae epistolae, ab anno 1596. usque ad a. 1616. datae, quas omnes Papius Keplero scripsit (Keplerianae desunt) pulcherrimo testimonio sunt, quam intima familiaritate viri fuerint inter se conjuncti. Papius enim continuo id agit, ut Kepleri res redderet meliores, quin etiam nuptiis consulit tam diu in suspenso relictis. Idem „suavissimum amicum“ ad praestandam cohortatur in rebus adversis constantiam et ad maximam diligentiae assiduitatem in iis rebus „quae ipsi dignitatem et spes adferent". „Non credis", scribit mortuo Tychone „quantum de te semper sollicitus fuerim. Velim enim te in ejusmodi esse loco, qui doctrinae atque ingenio tuo bonitate respondeat. Utinam in me esset aliqua facultas, praeclarissimos tuos conatus provehendi. . . . . . Quam Cicero virtutem nominat et pro arctissimo amicitiae vinculo ponit, eam ego, clarissime mi Keplere, veram pietatem et doctrinam appello, quosque hac praeditos animadverto, eos sic diligo, ut si redamare me velint, perpetuo ipsos amare cogitem. Haec te mihi quoque hactenus amandi colendique causa fuit et etiamnum est et si tibi placet erit, quam diu vitae hujus usura utrique contigerit". —

Prioribus quidem in literis Papius saepius se sperare dixerat, Deo adjutore olim futurum esse, „ut una simul simus", postea autem cum ei maxima spes esset Regiomontum transeundi, ipse non deposita hac exspectatione scribit: „in Monte Regio fortassis facultas dabitur, praeclarissima tua studia atque liberalissima liberalitate aliqua exornandi atque recreandi." Quum Regiomontum venisset, Papius et iter et urbis conditiones descripsit. Mathematici munus vacare nunciat, his additis: „Stipendium est 200 aureorum Rhenensium. Utinam haberemus principem, quocum de hujusmodi rebus conferre liceret; augmento impetrato te ad nos invitarem." Quod cum sperare non posset, amicissimum suum Keplerum mox propius se esse accessurum, iterum iterumque, quamquam procul absens, ei et auxilium offert et fert, cum saepius, ut saltem officiosam suam voluntatem praeberet, Keplero ejusque familiae dona mitteret. Neque minus maximae ei curae est, ut idem in literis proficeret; adhortatur enim amicum, ut inchoatum de Marte opus perficeret ab eoque sperat „novas theorias planetarum, ut nobis Copernici theoriae non tantum facessant amplius negotium"; de variis Optices locis difficilioribus quaerit interpretationem. Quum Keplerus eidem videndi naturam explicavisset, exclamavit haec verba: „Agnosco sane et grata mente agnosco, te primum et solum nobis medicis et philosophis veram videndi rationem commonstrasse; dignissimum ego te, ita me Deus amet, judicarem aurea corona, quae tui corporis pondus aequet." — Eundem fere in modum omnes quae sunt secutae epistolae scriptae sunt, pulcherrimae amicitiae continuae, amoris, admirationis testes; in ea inprimis epistola Papius ex intimo animo dixisse videtur, qua Kepleri uxoris mortem verissimis verbis dolet. Quae ipsa epistola et sequentes vol. VI. p. 26 ss. allatae, nonnulla ex epistola a. 1611. scripta supra p. 796 suppleta sunt. Ultimum ad Keplerum scripsit Papius a. 1616., et quum ille Papio per Crügerum amicum a. 1623. libellum misisset, Papium „nonnullos ante annos" decessisse responsum est. (Mortuum esse refert Hanschius a. 1622.)

Inter eos, quibuscum Keplero literarum quidem sed minus amicitiae erat usus, saepius jam Christianus Severini Longomontanus dictus est, diutius Tychonis in Dania, paullum temporis in Bohemia adjutor, cujus cognitum est nomen edita „Astronomia Danica", qua in conscribenda prorsus rationes est secutus Tychonianas. Idem cum minus Kepleri studia et opiniones comprobaret, hoc praecipue aegerrime tulit, quod Keplerus et Tychonis astronomiam emendare vellet et de ratione Copernicana se destiturum esse constanter negasset. Dicit quidem eum in epistola a. 1604. data „amicum veteri necessitudine conjunctum", sed de ejus studiis iniquissime judicat ejusque conatum emendandae Tychonicae theoriae lunaris „superfluam curiositatem" compellat. (Epistolam hanc praemisimus vol. III. p. 443.)

Cui injustae et minus urbanae interpellationi Keplerus maxima moderatione respondit et non modo in refellendo adversario multo inferiore egregiam animi servavit tranquillitatem, sed etiam pluribus cogitationes suas et rationes explicavit, a Longomontani judicio longe remotas, quae aliis hominibus, quam qui hic, „domesticus“ quondam Tychonis, et haeredes erant (quorum forte et causa et nomine scripsit), non solum de maxima Kepleri studiorum sinceritate ejusque humanitate persuaderent, sed etiam summa hujus maximi ingenii afficerent admiratione. Responsio Kepleri legatur vol. III. p. 32 ss., cui epistolae a Longomontano anno demum 1610. responsum est; usque ad id tempus se non respondisse scribit, „quod peculiare nihil continebant praeter excusationem tuam“. Ceterum prorsus alium ac antea se praebet et quid Keplerus de astronomia optime meruerit, lubentissime confitetur. De Academiae Pragensis restitutione sese comperisse scribit sibique maximum futurum esse gaudium, si illic Keplero docenda mathematice tribueretur.

Tychonis qui erant prius adjutores, Joannes Eriksen, Ambrosius Rhodius, Joannes Müllerus, qui Keplerum apud Tychonem et noverant et maximi aestimaverant, postea quoque antiquam in Keplerum fidem et amicitiam observaverunt, cujus rei sunt testimonio frequentissimae illae ad Keplerum ab illis scriptae epistolae (Kepleri ipsius literae non exstant). Veterem suam societatem et amicitiam Keplero in memoriam revocant eundemque de negotiis suis, etiam de variis rebus publicis edocent, ut Eriksen, qui tum in Belgia erat, de Ostendes urbis obsessione scripsit (1601): „dicunt, Archiducem Albertum plus quam decem auri milliones in obsidione impendisse, nec tamen adhuc quid tanto hiatu dignum effectum“. Iidem amicum qualis sua suorumque conditio, quae sint negotia, quid profecerit in astronomia interrogant, ab eoque aut opera aut astrologica judicia petunt. Quibus petitionibus si non statim cessit Keplerus, modo de diuturniore silentio conqueruntur, modo veteris suae eum admonent amicitiae, quam erga se eum integram servaturum et continuato literarum commercio praestiturum esse ipsi et sperent et ardentissime cupiant. Sic Rhodius scripsit anno 1605: „Quam ego firmiter teneam vestrorum memoriam quamque unice votis meis expetam vestram vel literis vel coram experiri benevolentiam, ipse quidem sancte possum affirmare, et literae dudum a me scriptae jam praesentes testantur. Quam vos contra mei abjeceritis memoriam vel ex eo constat, quod tabellio nullas vestrum literas, imo ne salutem quidem afferret. Tuli id animo aegerrimo, qui jam amiserim amicos eos, quos ego merito primos habebam, atque hoc quidem molestius, quod cum Limnaei Jenensis, Pitisci Heidelbergensis, Maestlini, Praetorii coram in peregrinatione mea assecutus sim amicitiam, interim Kepleri mei amiserim, quam et primam et maximam volebam.“ Cui epistolae cum brevi post a Keplero responsum esset, Rhodius his verbis et laetitiam et gratias maximas suas exprimit: „Erant mihi tam gratae et tam jucundae tuae proximae literae, quam quae et gratissimae et jucundissimae. Erant nimirum benevolentiae amicissimae plenae“ etc. Idem exorta anno 1607. in Bohemia pestilentia sollicitus haec scribit: Tui inprimis ac tuorum vicem anxie dolebam. Nimium enim verebar, ne publicum illud maximum malum vos quoque privatos compellaret. Spero et certo confido, angelum illum interfectorem jussu divino vobis pepercisse. Anno 1614. idem Rhodius haec: Quamquam ego jam ab aliquot annis nullas neque ad te dedi neque a te accepi literas, scias tamen, tui apud me memoriam esse quotidianam, qua non solum recordor veteris illius nostrae amicitiae, sed inprimis tuorum ingeniosissimorum scriptorum, quibus rem mathematicam, si quis alius, ad ipsum fastigium usque promoves.

Ex Mülleri epistolis initium tantum literarum anno 1608. scriptarum adjiciamus: „Admodum laetatus sum, mi amantissime Keplere, visis tuis et perceptis literis, quae auro mihi quovis cariores fuere. Officii mei fuisset, te crebrioribus literis interpellare, sed multitudine officiorum obstrictus id neglexi.“

Brevibus quoque ipsius Kepleri adjutores enumeramus, Ursinum, Odontium, Gringalletum, qui postea quoque quamquam a magistro procul absentes continua amicitia ei dediti erant, quod ex magna epistolarum frequentia apparet.

Ex eo deinde literarum commercio, quod Keplero ab anno 1604. usque ad a. 1608. intererat cum Kaufburnensi medico Joanne Georgio Brenggero, optime est intelligendum, quantum ipse aliorum opera et merita aestimaverit, quam promtissimum animum aliorum obtulerit institutioni. Agitur autem in epistolis de Kepleri Optice. Astronomus enim a medico de variis rebus ad medicinam pertinentibus edocetur, neque quid ille contra certas dixerit optices rationes respuit, sed aut se ad defensionem parat, aut ad erroris professionem descendit. Procedente literarum commercio, magis magisque astronomus perspicit, quam bene mathematicam medicus sciat, quin eo progressus est, ut suum de Marte opus ante ipsam editionem ab illo perlectum se voluisse scriberet. „Nihil enim dubito, te multa moturum, qua es ingenii dexteritate, ad quae respondens ego clariorem textum sim facturus. . . . . Tuam censuram ante excusionem operis aliquo sumtu redimerem. Nam quam in tuo stylo mirificam perspicuitatem exosculor, ea mihi et naturali vitio et materiae insolentia deerit.“ Posteriore quoque epistola Keplerus eadem optavit: „utinam ex eo, quo feriatos dies egerunt praela Voegelini (typographi), tu commentarios habuisses, sic enim lucidiores prodituros esse spero.“

Keplerum ad Nicolaum Vickenium „S. C. Maj. Dapiferum“ epistolas et dedisse et ab eo accepisse, jam supra dictum est et hoc loco unum hoc addemus, Keplerum semper aut si de variis rebus astronomicis quaereret Vickenius aut de astrologia dubitaret, libentissime et partim, ut solebat, diligentissime respondisse, quam ob rem nonnunquam ab amico laboris praemia data sunt. (Vickenius anno 1611. ex Wolfenbuttelia „ut animum meum tibi benevolum ex parte tantum declararem“, duos linteorum Silesiacorum fasciculos misit et brevi se plures missurum esse pollicitus est.) Quamvis autem ipse ex viri ut videtur potentissimi et locupletissimi consuetudine et amicitia permulta speraret eaque jure posset sperare, tamen ad hoc nunquam descendit, ut illius nimio astrologicarum nugarum studio diligentius respondendo indulgeret (v. I. p. 364).

Quam promto animo Keplerus adolescentes quoque, quorum studium nosset, et re et consulendo adjuverit, testes sunt epistolae ad Hafenrefferum minorem (Samuelem) theologi filium scriptae. Qui jam ex Gratio, quo cum Nobilis filio custos rectorque venerat, Keplerum per literas adierat, Pragaene ipso adjutore simile munus habere posset, sed brevi post Tubingam rediit, ibi Maestlinianas de mathematice et astronomia scholas frequentatum. Inde missis Maestlini thesibus, quas in futura disputatione defensurus esset, a Keplero auxilium et consilium petiit. Qui, quamvis ipsi persuasum esset, theses, quin totam ipsam dissertationem (De motibus planetarum) a Maestlino compositam esse, tamen comiter ex parte quidem Samuelem primum operis auctorem habet: „perspecto ingenio tuo (nam fidem praefationis tuae secutus theses te inter et Maestlinum ex aequo partior) cupio tua familiaritate uti. Ac si mihi satis perspectus est juvenum ardor, non alia tibi vota esse puto: de parente agitur. Ad hunc igitur scripsi prolixius.“ Quibus verbis Keplerus id egit, ut juvenis totum animum astronomiae studio conciliaret, et haud dubie simul sibi spem fecit, fore ut suus laborum esset adjutor; pergit enim his: „Spero a Maestlino suppetias hujusmodi (v. s. p. 770), nam truncum nodosum, quo utebar ex concessu Noribergensium (Odontium), remisi academiae suae Altdorffinae. Nisi fallor Maestlinus jam pridem hoc tecum.“ Clarioribus Keplerus utitur verbis exeunte hac epistola, quae loco dicto allata sunt. Quid autem patri scripserit, ex illius responso, supra pag. 779 obiter tradito, aliquantum apparet. Is enim indignabundus scripsit haec: „Ad filium meum Samuelem quod attinet, tu naenias ipsius nimium justo attollis. Tiro ille est et tironem appellando nimium dixisse puto, nam et ipse ego in mathematicis tiro sum, praeceptorem tamen illius agere bona cum conscientia queam. Sed jam ad id accedo, quod dicam avaritiae mihi adscribis, quam sectando liberorum studia et salutem negligam. Ea in re, quia primus mihi haec objicis et quia quotidiana praxis per Dei gratiam me iis, quibus notus sum, satis purgat, nihil adjiciam amplius. Quodsi vero putas, ejusmodi juvenilia ingenia, quale filio meo jam est, omnis generis vitiorum ac scelerum periculis haeresibusque objectanda, sic enim nobiliora praeclare probatum iri, nihil celabo, mihi meorum liberorum parenti longe aliam mentem esse. Nam opus et labor est, ut pietatem colant, si maxime pravis exemplis non corrumpantur. Sed interim gratias ago pro amico in me meosque affectu.“ —

Superiore jam loco commemoratum est, talem fuisse Kepleri naturam, ut cogitationes vix natas brevibus perscriberet amicorumque et exspectata et gravissime postulata contradictione ad eas amplius meditandas et pertractandas perductum se vellet. Quam intimam cogitandi et sentiendi societatem, qualem Keplerus speraret ex amicis, apud Maestlinum ab a. 1605. in dies minorem fuisse vidimus. Davidi deinde Fabricio Keplerus a. 1608. ipse scribere desiit, cum ejus sempiterna rerum saepius dictarum ruminatione et perpetuis somniis et nugis astrologicis prorsus esset defatigatus. Herwartus de Hohenburg quidem usque ad annum 1609. in chronologicis studiis Kepleri auxilium et petierat et invenerat, praeterea de astronomia quaestiones ei proposuit et de tabularum arithmeticarum editione Kepleri consilium postulavit (anno 1610. hae tabulae editae sunt; cfr. Vol. IV. p. 527), quibus rebus Keplerus ipse ad amplius quaerendum excitus est. Cum autem edito Herwarti magno opere chronologico (1612) rariores et causae et occasiones essent literarum commercium eodem quo adhuc modo continuandi, huic quoque amico eodem fere tempore quo Fabricio literas Keplerus mittere desiit. Brenggero denique et Harrioto inprimis de optice scribere solitus est et modo tam diu scripsit, quamdiu Keplerianum ipsius optices studium et ardor non resedit et languit (ab a. 1605. usque ad a. 1609.). Quum hoc modo Keplerus ad id redactus esset, ut ipsis veterrimis suis propinquis et amicis de studiis scribendi causa et occasio abesset, omnem novos homines cognoscendi oblatam occasionem arripuit, ut pariter atque antea, partim in aliis literarum regionibus, cum amicis cogitationes suas communicaret. Sic Kepleri cum Berneggero epistolarum ortum est commercium, quod quidem, ut supra vidimus, ex minore parte ad literas pertinuit. De chronologia (de anno, quo Christus est natus, definiendo, aliisque de rebus) Calvisio, Zieglero, Scaligero ab anno 1607. usque ad a. 1610. scripsit, de iisdem rebus Deckero ab a. 1610. usque ad a. 1614. misit epistolas, quos ipsos intra annos et Harmonia et Ephemeridum pars et Rudolphinae tabulae a Keplero scriptae sunt. Quo ex epistolarum commercio nihil hic est addendum, quum pene omnes epistolae ad ipsa studia Kepleri chronologica pertineant. Crügerus deinde anno 1609. Keplerum adierat „quamvis de facie ignotum“, allato excusandi causa Papio illius amico; sed anno demum 1615. a Keplero ei responsum est, Straussio monente Crügeri discipulo. Tum Keplerus, postquam se de negligentia excusavit et majorem rei culpam in domesticas suas res contulit et in demigrationem illo tempore ex Praga Lincium factam, Crügeri quaestionibus libenter acceptis eundem adhortatur, ut inchoatum literarum commercium quam diligentissime continuaret, quam admonitionem ille maximo gaudio secutus est. Brevi amicitia tam intima facta est, ut non modo studia pertractanda, libros edendos inter se communicarent, sed etiam omnes res domesticas, sive pecuniae angustias, sive liberorum natum et mortem, sive alias res per literas tractarent, ita ut in Maestlini locum Crügerus successisse videretur. Qui quum per aliquot annos silentium servaret, astronomus Remum interim adierat, quocum non minus aperte de studiis suis scripsit, addito quondam de diuturno Crügeri silentio hoc joco: „etiam Crügerus meus ut vetulus equus in lacunam procubuit.“ Sed anno 1623. epistolarum commercium iterum diligentissime receptum maxima ex parte ad Epitomen et cometas pertinuit. (Cfr. Vol. VI. p. 28 ss. Vol. VII. p. 13 seq.) Crügerus scripsit Aprili 1623, petens: „tu vir humanissime resumtum hoc primum literarum officium ne fastidies, sed paucis respondere digneris ob communem Uraniam.“ Cui epistolae Julio mense a Keplero responsum est: „Quo magis nos omnibus deliciis literariis spoliat bellum Germaniae funestissimum, hoc mihi gratiores fuere tuae literae, memoriam deliciarum, veluti quondam Epicuro gravissimis calculi doloribus afflictato, mihi sic fatum patriae gementi doloresque et metus impendentes perhorrescenti, ex longinquo refricantes. Blande me demulcet tuarum literarum lectio, dignus omnino es, cui vicissim benigne et delicate faciam.“ In responso (Sept. 1623) Crügerus rogat Keplerum, ne apertam suarum opinionum a Keplerianis discrepantium explicationem aegre ferret, „incolumi hoc semper licuit amicitia“, simulque ab eo renovandum et continuandum prioris amicitiae statum petit, quod eo magis se speraturum scribit, quod Keplerus dixerit, Papio mortuo ipsum (Crügerum) in Germania septentrionali esse unum, quocum de studiis epistolarum commercium habere possit.

Refert Keplerus recuperato amico fata sua per annos proximos, matris causam forensem et quae interea profecerit in literis. Epistolae inde datae et acceptae sunt usque ad annum 1626. Keplerus accurate respondet ad Crügeri quaestiones de variis rebus astronomicis, referens simul, quae opera ediderit quaeque edenda in proposito habeat, petit vicissim, ut amicus ipsum in calculo motuum planetarum adjuvet: „cum desertus sim a sociis omnibus, cum Maestlinus consenuerit nec ullis machinis vel ad unicam epistolam scribendam adigi possit, vehementer abs te peto, uti me aliqua oneris parte subleves observationesque planetarum Ptolemaicas tam ex ipsius tabulis, quam ex Prutenicis computatas ad me mittas“ etc. Petenti Crügero, „tabellarium, si potes, nunquam huc literis vacuum dimitte“, respondit Keplerus: „O nullum gravius probrosiusque mihi unquam impendeat servitium! Pareo ecce perquam lubens epistolamque tuam a calce retexo et a capite, gratiae namque utrumque obsident aditum. . . . . . Epistolam tuam ad Nagelium (cabbalistam) aliqua cum ira legi, adeo te negligentem esse famae decorisque tui, qui cum palmam hoc temporis obtineas acuminis mathematici, non reserves existimationem tuam censurae potius mearum lucubrationum, sed in certamen hoc lutulentissimum te demiseris. . . . . Hac te particula indignationis meae justissimae impertiri volui, ne solus doluerim. Sed tamen et recreatus nonnihil fui progressus in lectione rescripti tui, quippe in quo multa Crügero digna." Deinde rediens ad studia sua et quas novas in motibus planetarum constituerit rationes recensens, pergit: „Maestlinus ridere solitus est meos labores, dum omnia, etiam in Luna, ad causas physicas traduco. At, Hercle, hae sunt meae deliciae, laborum solatia et gloriatio praecipua, quod successerit mihi. Quantum ego, Deus bone, laborum hausi! Quoties hypotheses Lunae immutavi ut eclipses tuerer! Neque tamen unquam successit felicius, quam postquam hypotheses istas a priori constitui." . . . . Crügerus responsionem suam his incipit: „Beasti me deliciis tuarum literarum, quibus ego reddere pares, ut maxime velim, non possum, tenuitatis meae mathematicae sat mihi conscius." . . . . Deinde se excusans, quod contra Nagelium scripserit, pergit: „Egone, qui destituor observationibus, otio, ingenio tantae moli pari, summorum hoc tempore astronomorum censeam labores, quos longe sequor et vestigia semper adoro? Si dubia in tuis vir humanissime scriptis deprehenderem, jam pro coepta inter nos sincera amicitia in sinum tuum effundere non formidarem. Et satis jam audacter tua benevolentia utor, et audaciorem ea me facit in dies." Haec sequuntur quaestiones astronomicae, ad quas Keplerus respondit epistola bene longa, astronomica tractans. — In ultima quae exstat epistola (a. 1626) refert Keplerus, quid ad edendas Tabulas Rudolphinas paraverit, quo earundem causa itinera fecerit, usum se esse „acidiculis" Göppingensibus, per mensem Tubingae transegisse: „creber cum Maestlino, Schickardi hospes. Verum ille jam aetate fessus, iste promtus, acer, sed laboriosissima professione distentus, nihil admodum in praesens ad artem contulerunt." —

Remus quoque in prima epistola (1611) scribendi excusationem affert, „quod facie ignotus has tibi insinuo literas" et statim de literis et studiis quaestiones movet, quibus Keplerus (1612) copiosius respondit. (Cfr. vol. VI. p. 53 ss.) Quo in epistolarum commercio, quale nobis proditum est, cur major hinc inde sit sex annorum lacuna (Octobri mense anni 1618. proximae datae sunt literae), causa non ex interruptis, sed ex amissis epistolis repetenda est. Inde perpetuae scriptae sunt usque ad annum 1620, ex quo desunt nonnullae usque ad anni 1628. finem, ubi Remus scripsit, compluribus epistolis a se datis non responsum esse; cui epistolae Keplerus anno 1629. respondet, illius literas haud dubie periisse, cum inde ab anno 1624. a Remo sibi epistola data esset nulla. Keplerus narrat amico fata sua ab anno 1620. et immiscet iis, quae de studiis suis refert et de libris editis edendisque, nuncium eorum, quae praeteritis annis evenerunt notatu digniora in rebus publicis, quamvis minus apertum se praebet apud virum catholicum et medicum Archiducum Austriacorum, quam in conversatione cum amicis Papio et Crügero. Ceterum Remi et familiaritates in Italia et frequentiores cum variis catholicorum principibus necessitudines cum Keplerus ad hoc sibi utiles fore crederet, ut et opera sua in Italia commendarentur et ipse ad edenda nova opera adjuvaretur, Remus lubentissime auxilium suum pollicitus rationes et vias affert, quae ut ad propositum perveniret, ipsi essent sequendae; haud raro vero laetiora tempora eum sperare jubet. Quamvis Keplerus illo tempore, quo cum Remo per epistolas conversabatur, variis curis esset sollicitus, tamen semper paratissimus est, cum illo de literis agere et altius cum eo descendit in quaestiones de harmonia, Lunae theoria, variis de mundo rationibus et multis rebus aliis, quas ille saepe breviore tantum significatione strinxerat. Cum sic Keplerus omnibus Remi dubitationibus et percontationibus totum se dederet, hic Kepleri officiosae voluntati maximas gratias agit, summo ejusdem ingenio maximas laudes tribuit: „Indica, per quas vias tibi inservire queam, me habebis semper promtum et paratum. Dignus sane es, ut pro Coryphaeo et patre nostro jam ab omnibus mathematicis habearis.“

In eo denique epistolarum commercio, quod inter Keplerum et Vincentium Blancum (Bianchi) intererat, qui nomine Comitis Alerani sibi imposito non minus generis antiquitate quam suis meritis et honoribus superbiret, inprimis quidem de rebus scriptum est astrologicis, a Blanco in medium propositis. Sed Keplerus Blanco ex altiore quodam loco et elatiore rerum contemplatione respondet eundemque somniorum astrologicorum nimis studiosum ad modum et veritatem reducere studet. Idem cum Blancus saepius et immodestius generis nobilitatem afferret, Keplerus jocose ei rescribit, se quoque majores habere nobiles (cfr. vol. VII. p. 472) et haec subjungit: „Ipsa philosophia, quae hactenus rusticano habitu mecum conversabatur, postquam intellexerit, ad quantae nobilitatis virum mihi posthac futura sit internuncia, honestiorem hodie togam induit.“ Prius cum Blancus de Kepleri conditione effusius scripsisset, responderat Keplerus, erravisse eum si singulares honores et dignitates sibi attribueret, literas unice se tractare, „humanitatem in ceteris colo, in me quod hic jactem non invenio. Voluntas mihi promta est gratificandi omnibus, nec ut flectar vel hymnis opus est vel supplicationibus“. De illius quaestionibus astrologicis haec: „Video inquit Exc. Tuam articulos exigere temporum a directione. Animum quidem implere possunt astra, eventus ipsos sola praestare non possunt, sed excitant hominem inque vigilia seu excubiis constituunt, ut occasiones praetereuntes arripiat. Non inficior, praeclaram esse constellationem (in themate Blanci), solent tamen ejusmodi constellationes interdum hoc efficere, ut homo nimium appetendo se ipsum voluntate privet earum rerum, quas habere potest.“ Similiter nimias Blanci de aspectuum gravitate etc., opiniones ad justum modum reducere studet, semper eum delegans ad cogitationes in operibus suis expositas; simul autem data hac occasione opportuna ad majorem operum suorum in Italia promulgationem Blanci auxilium rogat, neque singulares suas celat de Copernicana hypothesi sententias, quas divulgandis per Italiam librorum suorum nonnullis maxime obfuturas esse optime vidit. In ultima quae servata epistola est (data 13. Jan. 1620), Keplerus nimis humane gratias agit ob missum libellum, a Blanco scriptum de verbis obscuris Petri cultri manubrio inscriptis. Quem levissimum libellum Keplerus „stupendae doctrinae documentum“ dicit. —

Ex amplissimo Kepleri epistolarum commercio nos ea attulimus, quibus viri ingenium, natura et mores optime illustrari existimavimus. Permultae quidem exstant aliae Kepleri epistolae, quae non minus ampliori morum explicationi servire possint. Sed exempli gratia quae adhuc data sunt sufficiant, quique et Kepleri ipsa opera voluminibus antecedentibus collecta et praefationes iis additas diligentius perlustrabunt, ipsi multa invenient, quae hanc adumbrationem supplere possint.

Restat denique brevibus exponere, quale fuerit Kepleri cum aequalibus commercium. Qua de re ex epistolis paucissima manant, cum illae, quas scriptas esse certissimum est, et a Keplero et ab amicis conservatione dignae non sint habitae. Ex una autem epistola quae servata et vol. I. p. 296 addita est, nihil gravius colligi potest. Data illa est ad Keplerum ab aequali, M. Christophoro Ortholfo, qui tum (1595) Hirsaviae praeceptor erat, eodem quo Keplerus anno, nonnullis modo mensibus ante Tubingae ad doctoris gradum promotus. Qua de re ex quo haurire aliquid possimus, solus fons sunt tentamina, quibus astrologicas Cardani aliorumque astrologorum formulas, quas cum in Styria ex officio quasi astrologiam tractaret assumendas esse credebat, ad suam vitam, suam fortunam exigere et comparare conatus est. Quo in libello anno 1597. scripto de Kepleri cum amicis et aequalibus consuetudine haec legimus partim sana mente conscripta partim sane profecta quasi ex mente astrologicis superstitionibus perversa: Crusio par diligentia minutula, labore longe inferior, judicio major. Laborabat ille colligendo, hic (sc. Keplerus) separando, ille rastrum, hic cuneus. Mercurius in septima (sc. domo) celeritatem et laboris odium, quia is quoque velox est, Sol in sextili Saturni diligentiam et tenacitatem. Haec duo sunt in homine *) contraria, perpetuo poenitere tempus amissum et tamen amittere sponte. Mercurius enim jocis et lusis deditum facit et delectationibus ingenii in rebus levioribus. Crusio vero Mercurius in statione est et in oppositione Saturni. Credo Mercurium, quo liberior sit radiis aliorum, hoc minus corruptum significare judicium, ut et ascendens. Exempli gratia si Mercurium adspicit Saturnus, infrigidat, ut hebescat ingenium, si Jupiter, humectat et calfacit; illic igitur omnia trahuntur ad lucri studium, hic omnia ad honorum. Si Mars adspicit, ut mihi, nimium terret; praecipitat igitur ingenium et ad iram rapit, ad lusus, ad varietatem, inde ad historias, ad bella, ad audaciam, ad πολυπραγμοσυνην, quae omnia nato adjacent, ad contradicendum, ad impugnandum, ad reprehendendos omnes ordines, ad criticos mores. Nam notabile, quicquid homo iste fecit in studiis, facere in conversationibus, impugnare, insultare, lacessere malos mores cujusque hominis. Id etiam Ortholpho commune. Si Luna Mercurio juncta, ingenium est humidum, simplex, bonum, ut Maegerlini. Nota: Sol significat, quae a ceteris significantur planetis, itaque etiam ad Solem est in ingenio respiciendum; sic et ascendens, nam significat corporea instrumenta. Unde in Maegerlino Jupiter in ortu, Luna cum Mercurio simplicem facit. Ita et in affine Simone Luna, Venus, Sol, Jupiter conjuncti, simplicem.

Ab ineunte aetate fuerunt huic homini adversarii aliqui. Primus quem memoria teneo Holpius (Leobergensis. Cfr. p. 135 s), imo omnes consodales, Molitor, Wielandus Mulpronnae, et Tubingae Köllinus (cfr. p. 673), Bebenhusii (sic) Braunbaum, Mulpronnae Ziegelheuserus.

Recenseo diuturnos. Tubingae Huldericus, Seifferus, Ortholphus, Adelbergae Lendlinus, Mulpronnae Spangenbergius, Rebstock, Huselius, Tubingae Cleberus, Dauberus, Lorhardus, cognatus Jaegerus (cfr. p. 679) Jo. Regius, Murarius (cfr. p. 684), Speidelius (p. 691), Zeilerus, Jo. Molitor frater, Crellius socer, plerique aequales, reliqui forte in causa. Itaque animus ejus exercetur in cogitationibus contra adversarios. Unde? An quia virtuti, profectui, honoribus, felicitati semper aemuli? An quia Sol et Mercurius in septima?

Holpio mecum de eruditionis opinione occulta contentio. Is me manifeste oderat, mecum bis pugnavit, semel Leobergae, semel Mulpronae. Postquam ibi locus superior mihi cessit, rediimus in gratiam; desperavit enim restitutionem cumque prius semper metueret, jam facto quod metuerat odisse simul atque metuere desiit. (Amicitiam restitutam testatur „Lessus" in obitum patris

*) Keplerus in hoc libello semper fere de se loquitur quasi de tertia persona: „homo iste".

Holpii, l. c.) Molitori eadem occulti odii causa, sed praetextus juris erat: olim (1586. Cfr. p. 673) ipsum atque Wielandium prodideram, ego vero ipsis eram supplex, ut et Ziegelheusero. Köllinus me non oderat, sed ego ipsum potius. Semel enim inita mecum amicitia, perpetuo mecum contendit; ego quidem ipsi nunquam malefacere studui, sed oderam ipsius conversationem. Causa justa fuit, quia quoad affectum plus quam amatoria fuit, quoad opera pura, nullo contaminata flagitio. Non alia cum ullo acrior aut diuturnior contentio. Braunbaumium ex amico mihi reddidit infensum ipsumque mihi pariter mea morum et ludendi lascivia, ex quo orta fuit utrimque injusta permutatio(?), qua una re vehementissime offendor. Huldericum a me abalienavit primum non servata fides et mea temeritas in exprobrando. (Restitutam cum hoc quoque amicitiam testatur „Elegia" supra p. 130 proposita.) Seifferi odium sponte suscepi, quia oderant ipsum et reliqui ipsumque lacessivi nulla provocatus injuria. Ortholphus me oderat ut ego Köllinum, cum ego ipsum contra amarem; sed multiplex haec fuit contentio. Nam et ipsius aemulabar industriam, et judicium pene invidebam, et exardescebam contra illius maledicentia et suspicacitate. — Universos saepe in me concitavi mea culpa; Adelbergae proditione, Mulpronnae defensione Graeteri, Tubingae silentii violenta rogatione; Lentlinum inepta scriptione, Spangenbergium temeraria correctione, cum is praeceptor esset. Cleberus falsa suscepta suspicione me ut rivalem oderat, cum antea impense amarat, inde accessere mea oris petulantia et illius morositas, unde saepius in me irruit, colaphos intentans. Rebstockium stimulavit mei laus ingenii, dein levitas, quia in meum parentem probra conjecit; hoc ego ulturus in superiori, plagas accepi. Huselius etiam meis obstitit incrementis; in hos nulla mea exstat injuria. Cum Daubero fuit occulta simultas et aemulatio, utrimque pene aequalis, propensior tamen ipse ad injuriam. Lorhardus mecum non communicavit, aemulabar ipsum ego, sed hoc nec ille scivit nec quisquam alius; tandem quia Dauberus mihi postponebatur, quem ipse praetulit, me odisse coepit et nocuit mihi, erat enim superior. Postea mea protervitate apud cognatos Mehringenses subinde in reprehensionem incurri.

Quae denique Keplerus de inimicis in Styria, rectore gymnasii et ordinum secretario Speidelio refert, leguntur supra p. 684 et 691. His finem facit relationis de inimicis: „Ultimo Crellium religio a me dividit, sed fidem fregit etiam; hinc ipsi irascor. Faxit Deus, ut iste sit ultimus.

Itaque causae partim in me, partim in fortuna. In me ira, intolerantia taediosorum, proterva vexandi libido ut et jocandi, denique censoriae praesumtiones, cum neminem non reprehendam. In fortuna hoc est, ut ipsum comitetur invidia. Illius causa est quadratum Mercurii et Martis, Luna in triangulo Martis, Sol in sextili Saturni, hujus causa est Sol et Mercurius in VII. (sc. domo).

Kepleri literarum studia et doctrina.

Keplerus a parentibus primum in Leobergensem ludum literarium, tum in majorem ejusdem urbis scholam missus est, ubi et latinae linguae rudimentis et aliis quoque institutus est literis, quantum illis temporibus in Württembergiae scholis doctae sunt. Tredecim annorum puer, qui bona esset indole, primum in Adelbergae seminarium inferioris ordinis (in quo adolescentes ad ineunda sacerdotia educari solent) exceptus est, deinde postquam illic per duos annos commoratus est, in Mulifontanum coenobium, superiorem ludum, transmigravit, quo loco tres annos degit. Tum 18 annos natus studiorum causa Tubingam venit, qua in urbe per quatuor annos et sex menses in illo Tubingensi collegio (Stift) philosophiae, mathematicae, theologiae studuit; anno 1591. post examina optime peracta Augusti mensis die undecimo ad summos magistri gradus promotus est. In magistrorum modo promotorum ordine, qualis tum et etiam multo post constitutus est, secundum Keplerus obtinet locum*).

Adelbergae inprimis lingua latina exercita et in ipsis habendis scholis adhibita est; graeca deinde lingua incepta et rhetorice quoque, musica et arithmetices elementa docta sunt. Eadem studia Mulifontii quoque tractata sunt, quibus accesserunt geometriae elementa. In mathematica quam vitiosa et imperfecta fuerit institutio, testis est Maestlinus, qui in praefatione „Astronomiae Epitomae“ praemissa haec dicit: „Juvenes scholis coenobiorum praeficiuntur, qui in reliqua politiori literatura optime, sed in hac philosophiae parte haud sufficienter versati, adolescentulos in mathematum fontibus non ea, quae fieri debet, dexteritate imbuere et expedire possint.“

In academia Tubingensi mathematice et astronomia a Maestlino professore, lingua graeca et rhetorice doctae sunt a Martino Crusio, clarissimo annalium scriptore et graecae et neograecae linguae peritissimo. De philosophia, poëtice, dialectica, physica Georgii Liebleri, Georgii Burkhardti, Erhardii Cellii, Viti Mülleri, Michaelis Ziegleri scholae auditae sunt; theologica denique studia, quae Keplerus sub exitum anni 1591. incepit, Jacobo Heerbrandio, Stefano Gerlacho, Matthia Hafenreffero, Georgio Sigwarto ducibus sunt exercita.

Singula quaeque de studiis Keplerianis afferre non potuimus, cum de his ipsis temporibus paene omnia literarum monumenta desint, exceptis iis, quae ex libello astrologico, quem supra excerpsimus, desumta infra proponemus. Quam ob rem ex iis tantum quae postea Keplerus et dixit et scripsit de illis conjicere licet. De praeceptoribus Kepleri Tubingensibus, quos modo diximus, ea tantum afferre possumus, quae in literis profecerunt et de nonnullis quidem, quale postea cum Keplero fuerit usus et commercium.

Scholae quidem Maestlinianae et geometriam (Euclidis, Archimedis, Apollonii) et astronomiam amplectebantur, ita quidem, ut in scholis suis astronomicis „Epitomen“ suam secutus sit, quae prorsus in doctrina Ptolemaica niteretur; Copernicanam autem doctrinam quamvis in publicis quidem scholis aut parum aut non attigisse videatur, tamen non dubitandum est, quin in electorum auditorum interiore societate eam attulerit et quam maxima gravitate exposuerit. Trigonometriam Maestlinus haud dubie Copernico (Op.

---

*) Vetere quodam „magistrorum libro“ hic est magistrorum tum creatorum ordo: 1. Joh. Brentius, 2. Joh. Keplerus, 3. Andr. Amptmann, 4. Joh. Hornius, 5. Henr. Dettelbach, 6. Tob. Tauber, 7. Fr. Lindenfels, 8. Dav. Crafft, 9. Conr. Haselmajer, 10. Georg Conradi, 11. Joh. Dürr, 12. Balth. Elsenhainz, 13. Bernh. Neher, 14. Jac. Bernheuser, 15. G. Belser. Ex testimonio deinde, quod in „Tubingensis Collegii“ tabulario inest et in Gruneri „Vita Kepleriana“ additum est et paene nonnisi optimas notas *A* praebet, videre licet, quae et qualia studia Tubingae Keplerus anno 1590. tractaverit: ethicen, dialecticam, graecam et hebraicam linguam, astronomiam, physicam. De doctrinis mere theologicis praeter „Conciones“ in testimoniis ex anno 1592. traditis et mentio deest et laudatio. Conciones quidem testimonia optima, *A* et *a* praebent.

Revol. lib. I.) aut Rhaetico duce docuit. Regiomontani quoque, Rheinholdi, Peuceri de operibus, de Tychonis libro de stella nova anni 1572. vel de cometis idem discipulos suos certiores fecit; Keplerus quidem neque dum Tubingae erat, Tychonianorum operum ullum viderat, neque postea, quum anno 1596. Prodromum ederet, eorum accuratiorem habebat cognitionem. Quo in libello quamvis Tychonem „astronomum omni celebratione majorem" dicat, tamen eidem, quum libellum suum mitteret, haec scribit: „tuorum operum ad nos nihil perfertur, quaeque de te sciebam, ex Maestlino didiceram". Neque minus sphaericam trigonometriam Maestlinus modo discipulorum potiores docuisse, sed in docendo parum successisse videtur. Keplerus quidem postea quoque maximam operam dedit, ut hanc scientiam sibi planiorem redderet et quae omissa erant, opera Lansbergii et Pitisci diligenter pertractando reparavit. Et in astronomicis quoque studiis Keplerus, quum relicta academia Gratii munus sibi oblatum iniret, parum profecerat; scribit enim anno 1595. ad Maestlinum, cui cogitationes suas dijudicandas proponit: „Multa reperies ex falso profecta judicio; alicubi haerentem videbis propter Copernicanae astronomiae inopiam"; eundem Maestlinum rogat, ut se de nonnullis dubitationibus edoceat, quae animum suum de Mercurii eccentricitate subierint: „Nisi tu mihi dixeris, nunquam ego didicero. An ego forte erro in computatione? Quanta igitur est in Prutenicis? Quomodo capienda? Quanta in maxima digressione eccentri, quanta commutationis?"

Martinus Crusius (qui 81 annos natus anno 1607. decessit) per Maestlinum anno 1599. a Keplero petiit, ut sibi et astronomica et astrologica quaedam de certis constellationibus afferret, quas ad edendum suum Homericum commentarium adhibere posset; quae si ipse attulisset, Crusius se Kepleriani nominis cum honore mentionem esse facturum pollicitus est. Quod quidem fieri Keplerus vetuit, quum timeret, ne Herwartus Monacensis, qui ipsi praeterea perpetuis suis de Lucano quaestionibus et consultationibus maximam molestiam exhiberet, in his quoque rebus auxilium suum concupisceret. De mandato ipso haec scribit: „negotium vastissimum, molestissimum et nullius utilitatis in me rejecisti, honesto astrologiae praetextu." Cujus rei si Maestlinus partem astronomicam suscipiat, se astrologicam pertractaturum esse. Quod cum Maestlinus respuisse videatur, Keplerum et ipsum denegasse verisimile est. Ex duabus autem epistolis, annis 1596. et 1597. a Crusio ad Keplerum missis, quae supra (p. 698) commemoratae sunt, videre licet, astronomum magistro de locorum nominibus et aliis ejusmodi rebus nonnulla communicasse.

Erhardus Cellius anno 1596. „Imagines" edidit „professorum, qui in academia (Tubingensi) vivunt", addita eorum vita paucis versibus descripta. De Crusio dixit: „Nunc ultra septem profitetur lustra Tubingae, quidquid habet Latium, Graecia quidquid habet. Thucydides, Cicero, Sophocles, Basilius, Homerus, Rhetores atque alii Crusio cura libri. Idem exercitium declamandique palaestram dirigit et lima perpolit omne sua." De Burkhardto deinde haec: . . . „Cum Rhetorica logicem magno explicat usu." De se ipso: „Virgilium et reliquos vates explano Latinos, explico Romanos non minus historicos. Grata mihi semper fuit Oratoria: traxit inque suum semper dia Poesis opus." De Müllero: „Dissertantes logica pugnando palaestra laurigeros Sophiae duxit in omne genus. Post illi Latiae commissa professio linguae, et commissa pari lingua Pelasga modo. Hinc locus Hailandi (v. s. p. 137)

Vito datur: Ethicus ergo.“ De Zieglero denique haec scripsit: „Acri ingenio Physicen judicioque docens. Sed quoque Grajorum docet e Demosthene linguam et dissertantis dirigit ora gregis, in Logicis, Physicis, in Moribus inque Mathesi.“ Zieglerus, qui a. 1597. Lieblero successit, qui quum Keplerus in academiam veniret 63 annos natus erat, Cellio auctore has Tubingae habuit scholas: „de Cicerone, de Aristotele, de Virgilio. Theologus bonus est, bonus estque politicus, idem physicus, orator philosophusque bonus.“

Quibus cum modo dictis viris quale postea fuerit Keplero commercium, haud satis compertum est. Cellium propinquum suum esse quondam dicit, Opticen Burkharto misit, qui a. 1605. academiae rector eundem librum senatui tradidit. Per Vitum Müllerum et de Pythagoraeorum de mundo doctrina et de Plutarchi „De Lunae facie“ libello edoctus est, qua de re ipsi Besoldo amico dissertationem „de Luna“ composuit, quam hic Müllero praesidente defenderet. Quo in opusculo Keplerum Copernicanae doctrinae defensorem exstitisse ex hoc colligi potest, quod quum Prodromum editurus esset, ad inducendum hunc adolescentis libellum, qui Copernici opinionibus faveret, amplissimorum Tubingae professorum et auctoritatem et commendationem sibi quaereret: „carmine vel prosa, ut libet. De aliis academiae juratis metuo, ut velint aliquid contra receptam sententiam (h. e. contra Ptolemaicam rationem) largiri, quod in disputatione illa mea M. Müllerus demonstravit.“ Quam ad disputationem quum postea quoque Keplerus saepius redierit, haud procul a vero aberrabimus, si ab eadem contendimus posteriora Kepleri de Pythagoraeorum doctrina studia repetenda esse et Mülleri quamquam inscia et invita auctoritate Keplerum ipsum ad accipiendam illam de mundo rationem perductum esse. In libello quidem de Galilaei inventis edito (II. 485 ss.) dicit haec: „Consentaneum est, si sunt in Luna viventes creaturae, qua in materia mihi post Pythagoram et Plutarchum jam olim a. 1593. Tubingae scripta disputatione ludere placuit, illos ingenium suae provinciae imitari.“ Et in nota secunda ad „Somnium“ adscripta legitur: „Exstat apud me charta pervetus, tua Besolde manu exarata, cum theses c. 20 de coelestibus apparentiis in Luna ex meis disputationibus a. 1593. concepisses easque D. Vito Müllero, tunc disputationum philosophicarum ordinario praesidi, disputaturus de iis, si ipse annuisset, exhibuisses. Quo quidem tempore Plutarchi opera mihi nondum visa erant. Postea incidi in Luciani libros historiae verae, graece scriptos, quos ego libellos mihi delegi, ut linguam addiscerem, adjutus jucunditate audacissimae fabulae. Haec mihi prima fuere vestigia itineris in Lunam, posterioribus temporibus affectati. Graetii primum a. 1595. Plutarchi libellum sum nactus exque eo Pragae anno 1604. multa in Opticam transtuli“ (cfr. vol. II. p. 270 ss.). Jam eandem ipsam disputationem alius quoque operis causam et fontem fuisse verisimile est, quod Keplerus fautori suo Wakhero de Wackhenfels composuit. Scribit enim: „Condidi in ipsius (Wackheri) gratiam astronomiam novam, quasi pro iis, qui in Luna habitant, planeque geographiam lunarem.“ Quibus de operibus nihil fere restat, quam quod in „Somnium“ suum recepit.

Redeamus ad Kepleri magistros. De Lieblero nihil usquam apud Keplerum occurrit. Cognitae sunt et ejus „Epitome philosophiae naturalis ex Aristotele“ et tres Liebleri Aristotelici disputationes „de Anima“, cujus theses defensae sunt anno 1593. a Wolfgango et Ludovico de Hohenfelder, quibuscum fratribus, ex nobili Austriae genere ortis, et in academia et postea quoque perpetuum amicitiae commercium habuit. Ziegleri deinde nomen semel apud Keplerum invenitur, qui quum anno 1600. per Maestlinum mandata daret (I. 56), inter hos homines interiorem familiaritatis societatem interfuisse verisimile est. Scripsit idem disputationem physicam de Visu anno 1596. minori Hohenfelderorum fratri Marco.

Transeuntes ad theologiae professores, Herbrandi et Sigwarti nomina a Keplero nullo loco relata videmus. Quorum alter, qui erat Tubingensis coenobii inspector (antea a Würtembergia ad Concilium Tridentinum delegatus) et a. 1598. 77 annos natus a munere recessit, in Kepleri eruditionem theologicam minus valuisse videtur, alterum contra, Sigwartum, aetate integra, qui et theologicis disputationibus concionandique exercitationibus praeesset et ipse in urbis prima ecclesia sacerdotium teneret, in adolescentis studia theologica majus momentum habuisse verisimile est. Gerlachius Tubingensis coenobii primus erat custos, postquam ab anno 1573. usque ad annum 1578. et Constantinopoli et in compluribus Graeciae oppidis commoratus est, de quo Cellius haec: .... „multo Patriarchis junctus ab usu, hic cum multa agitans religione super .... Augustae Carolo data quae confessio, Graece conversam dictos fecit habere patres." Ex epistola a Keplero ad Gerlachium missa (Vol. I. p. 295) videre licet, hunc virum de adolescente literarum studiosissimo patrio amore curavisse.

Theologorum denique Tubingensium natu minimus erat Matthias Hafenrefferus, qui vix decem annis Kepleri aetatem superaret, 31 annos natus coenobii factus ephorus, cujus officium praecipuum prophetarum erat interpretatio. Quo cum viro usque ad ejus mortem (a. 1619) perpetuam eandemque intimam Keplerus habuit amicitiam. Ex literarum autem commercio, quod inter illos interfuit, de quo ineunte (quum inde ab anno 1594. usque ad annum 1607. Kepleri desint responsa) alterius tantum epistolae traditae sunt, clarissime elucet, hoc falsum esse, quod a recentioribus dictum est, in Würtembergia Keplerum haud dubie nullum sacerdotium obtenturum fuisse, quum in ipsa academia a doctrina illic recepta dissensisset. Hafenrefferus quidem, toto animo fidei suae addictus, sic ut scripsit ad discipulum suum scribere non potuisset, si etiam tum de Kepleri opinionibus haereticis suspicatus esset. (Cfr. vol. I. p. 23 seq.) Quod etiam magis apparebit, si epistolas virorum priores cum illis ab anno 1618. et datis et acceptis contulerimus, in quibus de rebus sacris maxima cum gravitate agitur. Immo vero Keplerus sic Tubinga Gratium discessit, ut cum illis viris, qui ipsum theologiae studiis imbuissent, et summam concordiam et amicitiam non mutatam teneret. Ipse quidem, suscepto munere quod ipsi Gratii oblatum erat, scripsit, ad obeundam functionem illam astronomicam „extrusum" se esse auctoritate praeceptorum, adiisse hanc multum protestatum, „se ad aliud vitae genus, quod splendidius videretur, nequaquam cedere". Quae idem confecto Prodromo ad Maestlinum scripsit p. 974 legantur.

Quibus ex dictis et bonis illis testimoniis, quae Keplero de „concionando" data jam supra attulimus, hoc sequitur non dubitandum, in Württembergia Keplerum academia derelicta sacerdotium sine ulla dubitatione obtenturum fuisse, nisi tum juveni egentissimo opportuna occasio esset oblata, in gymnasio Gratiensi modicum munus adipiscendi.

Aliter utique res se habet de iis, quae de ratione Copernicana judicaverit. Sed haec opinio Kepleriana tum demum in lucem prodiit, quum ille academiam reliquisset, et haud dubie, cum in ipsa academia esset, a praeceptoribus theologicis parvi est habita. Maestlinus enim, qui et ipse (quod supra dictum est) sententiam suam veram palam profiteri non auderet, edito demum Kepleriano Prodromo perductus est, ut eam celare desineret (cfr. vol. I. p. 26). Eundem autem non sine causa quid sentiret dissimulasse et minus libere dixisse, ex Hafenrefferi theologi epistolis luce clarius apparet. Scribit etiam Maestlinus brevi post editum Prodromum ad Keplerum haec: „Nostros theologos nonnihil offendit Prodromus, auctoritate tamen principis nostri, cui principale schema dedicatum est (vol. I. p. 74), moti in medio relinquunt. D. Hafenrefferus semel atque iterum (jocose quidem, licet jocis seria etiam intermixta videantur) me adortus et mecum disputaturum se esse testatus est, quam diu veritas scripturae sacrae esset perstitura. Haud ita pridem in publica concione dixit: „Deum summum creatorem Solem non suspendisse in medio mundi ut laternam in medio atrii.“ *)

Quae modo diximus hic afferenda esse nobis visa sunt, ut et qualis Maestlini Tubingae fuerit conditio illustremus, et quibus dubitationibus motus et antea et postea (nam quae praefatur Prodromo, haec plurimum dissentiunt a ceteris Maestlini scriptis) prohibitus sit, quo minus palam Copernicanum se profiteretur, quum Keplerus et Gratii et Pragae Copernici doctrinam publice sic defendere posset, ut lutheranae et catholicae fidei studiosissimi neque resisterent neque minarentur.

Praeter ea, quae semper Tubingae tractabat studia, Keplerus saepius poëticen exercebat. Jam supra quidem horum poëmatum nonnulla, quae cuncta certis occasionibus facta sunt, attulimus et hoc loco addere liceat, postea quoque ingenii venam nunquam defecisse. Testimonio sunt pulcherrimus ille exeunte Prodromo hymnus (I. 185), epigrammata deinde, quae de oculo (II. 125), de Nova Stella (II. 612, 719), de lumine (II. 292), de Tychone (III. 143. VIII. 138.) composuit, et illud, quod a. 1607. ad celebrandas Caspari Dornaueri nuptias Goerlitzae fecit (ab hoc ipso editum).

In libello, quem supra (p. 987) diximus partimque excerpsimus, non tantum exponitur, qui usus et familiaritas fuerit Kepleri cum sociis studiorum Mulifontii et Tubingae, sed etiam qualis Kepleri indoles et ingenium fuerit, quales morum proprietates, idque tanta diligentia et accuratione factum est, ut eo ipso addito omnia adhuc dicta non modo suppleantur sed optime conficiantur. Vol. V. p. 476 ss. hic libellus, cujus nonnisi exstat fragmentum, allatus est in annotatione, quae his Harmoniae verbis addita est: „Si jam de eventu studiorum meorum loquar, quid quaeso porro invenio in coelo, quod ad illum vel leviter alludat? Philosophiae partes non contemnendas a me vel de novo erutas, vel emendatas, vel plane perfectas esse, fatentur periti: at mea hic sidera fuere non Mercurius in angulo septimae, in quadrato Martis, sed Copernicus, sed Tycho Braheus, sine cujus observationum libris omnia, quae nunc a me sunt in clarissima luce collocata, sepulta jacerent in tenebris. Non Saturnus dominus Mercurii, sed Caesares Augusti Rudolphus et Matthias, Domini mei. Non planetarum hospitium, Capricornus Saturni, sed Austria superior, Caesaris domus ejusdemque Procerum petenti mihi promta liberalitas exempli non usitati. Hic ille angulus est, non thematis occiduus, sed terrarum, in quem Imperatoris Domini mei concessu ex aula nimium inquieta me

*) Qua ratione Keplerus hoc dictum suum in usum verterit, legatur vol VI. p. 314.

recepi et in quo per hosce annos, jam ad occasum vitae vergentes, harmonica ista et quae alia sub manibus habeo cnitor. Frustra ex themate genethliaco causas quaeret astrologus inventarum a me anno 1596. proportionum inter orbes coelestes, anno 1604. modum videndi, anno hoc 1618. causarum, ob quas cuilibet planctae contigit tanta eccentricitas, nec minor nec major, annis intermediis demonstratae physicae coelestis modorumque quibus moventur planetae verorumque motuum ipsorum, denique fundamentorum efficaciae coelestis in haec inferiora metaphysicorum. Non influxerunt ista cum charactere coeli in flammulam illam facultatis vitalis nuper incensae inque actum productae, sed partim intus in penitissima animae essentia latebant, partim alia via, per oculos nimirum, introrsum recepta sunt. Sola et unica thematis genethliaci opera fuit ista, quod et emunxit illos ingenii judiciique inguiculos et instigavit animum ad laborem indefessum auxitque desiderium sciendi. Breviter: non inspiravit animum, non ullam dictarum facultatum, sed excivit.“ —

Illo igitur in libello Keplerus priorum rationes astrologicas diligenter secutus ex planetarum ipso nascente configurationibus non modo fortunam suam, qualis posteriore tempore futura sit, sed etiam et morum et ingenii proprietates deducere conatus est. Utitur autem mere priorum astrologorum sermone et verbis, quae ad literam accipere non licet (naturam sibi v. c. „caninam“ tribuit etc.). Initio quidem, omissis astrologicis terminis et significationibus haec de natura et moribus suis et ingenio profert: „Homo iste hoc fato natus est, ut plerumque rebus difficilibus tempus terat, a quibus alii abhorrent. In pueritia fuit metrorum rationem aggressus ante aetatem. Conatus est scribere comoedias, psalmos elegit prolixissimos, quos mandavit memoriae. Grammaticae Crusii omnia exempla ediscere tentavit. In carminibus initio operam dedit ἀκροστιχίσι, gryphis, anagrammatismis; postquam hos ex suo merito contemnere potuit convalescente judicio, aggressus est varia et difficillima lyricorum genera, scripsit melos Pindaricum, scripsit dithyrambica, materias complexus est insolentes: de Solis quiete, ortu fluminum, Atlantis prospectu in nebulas. Aenigmatis delectatus fuit, sales salsissimos quaesivit, allegoriis ita lusit, ut quae sunt minutissima persequeretur et crinibus traheret. In imitando verba fere singula retinere studuit translata ad suam materiam. In problematis scribendis paradoxa illi placuere: gallicam linguam prae graeca discendam, studia literarum esse signum interitus Germaniae. In opponendo nunquam quicquam quod non ita censeret attulit. In describendis suis inventis semper aliud intulit in mundum quam fuit in exemplari. Mathemata prae ceteris studiis amavit. In philosophia textum Aristotelis ipse legit, quaestiones conscripsit in Physica, Ethica fere neglexit, sic et Topicis neglectis Analytica posteriora sumsit. Sed Planerus illi hic placuit. In Physica Scaligerum suspexit; in libro quarto Meteororum inhaesit praecipue disputando. In Theologia statim initio de praedestinatione incepit et in Lutheri sententiam de servo arbitrio incidit; et mirum, annorum tredecim scripsit Tubingam, ut mitteretur illi disputatio de praedestinatione, unde in disputatione quidam eum ita vexavit: Bachant, hast auch tentationes de praedestinatione! Postea Lutheri sententiam ejus libelli missam fecit et se ad sanitatem cum Hunnio composuit. Verum statim controversias alias Calvinisticas aggressus se medium interposuit, tali modo persona Dei conficta, quem ignoramus qualis sit, sic in verba *coenae* hebraismum inducendo. Cum aliquando contendit, ante Christum et ab antiquissimis ignoratam esse resurrectionem, illo duxerunt illum certamina partium, huc loci obscuri sacrarum literarum. Etiam gentibus non omnimodam damnationem propositam existimavit, motus speculatione misericordiae divinae. In mathesi multa rimatus est quasi non sint inventa, quae post jam ante inventa vidit. Horologium coeleste confinxit, novam theoriam et inprimis quinque corpora, difficilia omnia. In historiis hebdomadas Danielis aliter explicavit (cfr. vol. VII. p. 803 ss.), novam Assyriacae monarchiae historiam scripsit (IV. 133 ss.), Calendarium Romanum investigavit (VIII. 268 ss.). In omni genere professionum disputando inhaesit, lectiones extrahens. Sic etiam chartas exiguas a se scriptas asservavit, libros quoscunque oblatos tanquam utiles olim futuros mordicus retinuit. Tempus minimum dilabi aegre tulit, abstinuit hominum consortio contra cupiditates suas. Tenax in re pecuniaria nimium, in oeconomia rigidus, minutissimorum censor, quibus omnibus tempus extrahitur. Laboris interea pertaesissimus, adeo ut sola cupiditate retineatur. Et tamen pulchra sunt quae appetiit omnia veritatemque ut plurimum fuit consecutus."

Jam astrologum agens ex planetarum locis has dicit animi et morum ortas esse qualitates: „Mercurius in septima celeritatem et laboris odium, Sol in sextili Saturni diligentiam et tenacitatem significant. Haec duo sunt in homine contraria: perpetuo poenitere tempus amissum et tamen semper amittere sponte. ☿ enim jocis et lusui deditum facit et delectationibus ingenii in rebus levioribus. Nam in pueritia fuit lusui deditissimus, ut adolevit alia animum delectabant. Cum autem tenacitas pecuniae a lusu absterret, saepe secum ludit. Mars praecipitat ingenium et ad iram rapit, ad lusus, varietates, inde ad historias, ad bella, ad patranda, ad audaciam, ad πολυπραγμοσύνην, ad contradicendum, impugnandum, ad reprehendendos omnes ordines, ad criticos mores; haec omnia „nato" adjacent. Sed adest etiam simulandi, fallendi, mentiendi libido; Mercurius hoc efficit, a Marte stimulus. Sed duo stimulationes has impediunt: metus infamiae et singularis earum, etiam optime et cautissime institutarum infelicitas. Est omnium maxime verae laudis cupidus et omnis generis infamiarum impatiens; sinistros rumores leviculos vel maxima pecunia redimeret, et paupertatem fugit tantum ob infamiam (hoc necesse est a Jove esse); „infelicitas" pudorem elicit et confundit. Et nota, homini qui aliud judicat et tamen semper scribendo pergit, significatur hoc a ☿ in □ ♂; Mercurius liber judicium purum, sed quadratum Martis praecipitat hoc et adigit, ut non exspectet judicium: hinc illius tam crebra poenitentia. — Quod multa incipit nova prioribus imperfectis, causae naturales hae sunt: 1) taedium laboris, sive ardor subitus et non durabilis; nam quamvis est laboriosissimus, tamen est laboris osor acerrimus; laborat autem propter cupiditatem sciendi et amorem fingendi et fictorum. 2) Causa alia in fortunae arbitrio est vel potius in conditione naturae. Nam impossibile est, ut omnia ejus incepta tam multa succedant, atque etiam ex ardore omnia sibi facilia persuadet, quae sunt tamen in opere difficillima aut longissimi temporis. 3) Quamvis absterrere ipsum deberet, quod priora sunt imperfecta, cupiditas tamen nova tractandi longe fortior est. Cupiditatis hujus illecebrae sunt vita scholastica et umbratilis; nam si difficili onere functionis distineretur, non posset indulgere cupiditati huic speculandi, ut nec tum, si egestate premeretur. (Cupiditatem hanc existimo significari a Mercurio veloce, orientali in VII.) Sed accenditur ut plurimum haec cupiditas exemplis aliorum et ipsa difficultate rerum (quod proprie

Martis est). Est autem amor veri, pulchri, honesti, laudis, gloriae nutrimentum et finis hujus cupiditatis. Porro ex illa cupiditate hoc sequitur, ut prius aliquid incidat dicendum, quam perpendi possit quam bonum sit. Hinc hallucinatur perpetuo in sermone, hinc ne quidem epistolam bene scribit ex tempore. Modica vero correctione adhibita, omnia fiunt optima. Bene quidem loquitur et bene scribit, quamdiu nihil premit nisi quod praemeditatus olim fuerat. Sed loquenti, scribenti perpetua intercurrit cogitatio de novis vel verbis vel rebus vel modis loquendi aut argumentandi, vel de novo consilio, vel de reticendo illo ipso, quod loquitur. Imaginatio et reminiscentia unius ex alio esse videtur a ☽ et ascendente cum stellis plurimis, cum tamen memoria, qualis in aliis, nunquam fuit bona, h. e. quae species ex sola auditione aut lectione retineret. Tantum enim illorum et tantisper meminit, dum unum prius notum alterius recordandi causa est et cum illo cohaeret. Haec causa est plurimarum parenthesium in sermone, dum omnia, quae ipsi simul incidunt, propter fortissimam commotionem omnium cogitatarum specierum in memoria, sic etiam efferre loquendo cupit. Ex eo taediosa aut certe perplexa et minus intelligibilis efficitur ejus oratio. Notandum autem, supra etsi dixi, esse cupiditatem hanc vivam in otiosa vita, non tamen verisimile exstinctum iri in negotiosa. Nam ne sic quidem, quamvis perpetuo occupatissimus, abstinet a cupiditatibus suis, quin potius omissa honestissimae functionis necessaria cura eo abit, quo fertur ipsius animus, ut reprehensionem non effugeret, nisi promta eruditione extemporanea satisfaceret utcunque functioni suae. Summa: etsi functioni invigilat, fit hoc tamen cum illis impedimentis, quae dixi. Nunquam enim ipsi deest materia cupiditati, ardori, scrutandi studio difficilia. Et millia simul incidunt, quibus explicandis, cum tempore nullo circumscribi possit, magis impeditur cura in officio quam incuria. Et sane si fors ipsum in militiam intulisset, fortis omnino fuisset: adest ira, industria doli, vigilantia, assultus repentini, nec fortasse deesset felicitas. . . . . Optimum est, ubi jungitur industria ingenio. Et hic optime habent omnia, nisi Martis radius quadratus illam nimiam auget praecipitantiam et multarum rerum inceptionem.“ —

Jam recensitis „adversariis“, quos habuit Adelbergae, Mulpronae, Tubingae et Gratii pergit: „Habet homo iste naturam undiquaque caninam; est instar catelli domestici delicati. Corpus est agile, aridum, bene proportionatum. Victus utique idem, delectatur rodendis ossibus, duris panis crustis, est vorax sine ordine, ut quodcunque obversatur oculis arripiat; parum potat, contentus est vilissimis. Mores simillimi. Superioribus (ut canis domesticis) perpetuo sese insimulat, ex aliis pendet per omnia, illis ministrat, illis non irascitur, si reprehendatur, omni modo studet redire in gratiam. Per se omnia rimatur in disciplinis, in politia, in re domestica, et vilissimas operas. Est in perpetuo cursu et quoslibet quidlibet agentes consectatur idem agendo et excogitando. Est impatiens conversationis et crebro in aedes ventitantes non secus salutat ac canis. Ubi quis ei minimum eripit murmurat, ardet ut canis. Est tenax, insectator quorumlibet prave agentium, latrat scilicet. Est et mordax: dicteria pungentia habet in promtu. Plurimis igitur exosus est et ab iis vitatur, sed superiores carum habent, non secus ac domestici bonum canem. Horret balnea, tinctiones, lotiones ut canis. Summa: ei infrenis temeritas inest a quadrato Mercurii et Martis, Luna in triangulo Martis.

Hactenus fere de temeritate, audacia, ira, cupiditate deque iis, propter quae ut plurimum solet reprehendi. Dicendum jam est de iis affectibus et moribus, ob quos in aliquo censu est, cujusmodi sunt probitas, religio, fides, honestas, elegantia. Laudatus est ob indolem bonam in pueritia a praeceptoribus, quamvis tum pessimorum esset morum inter aequales. Adulta jam juventute opinionem habet pietatis, moderationis, industriae, ob quam boni ei favent. Est ille quidem per se religiosus ad superstitionem usque. Puer decem annorum, cum primum legere sacra potuit, exemplum Jacobi et Rebeccae sibi in ineundo conjugio proposuit, legis praecepta servare voluit, doluit, sibi ob jam admissam vitae impuritatem negatum esse prophetiae honorem. Cum quid sceleris patravit, expiatione certa usus est, qua rite administrata credidit se poenis eximi; erat autem quarundam concionum recitatio. Preces vespertinas si noctu somno praeventus omisisset, mane cum matutinis conjungebat. A Deo maxima et optima quaeque petere instituit, uti temporali se auxilio patefaceret, quo aeternum auxilium credere possit. De religione cupide in vulgus disserit. Tum autem virtutis studiosissimus est, itaque vita ejus caret insignibus maculis, nisi quae ex ira et lascivis, itaque inconsideratis jocis proveniunt, quia illa adhuc regnant apud ipsum. Senes amat et colit, gratitudinem verbis et opere exercet atque etiam ostentat. Moderationis studiosus est, quia causas rerum diligenter expendit. Nam quod non probat, ibi et ipse arma crepat. Ex eo fit, ut ne Deum quidem existimet simpliciter damnaturum gentes Christo non credentes, ex eo pacem inter Lutheranos et Calvinistas suadet, erga Papistas aequus est et aequitatem eam omnibus commendat. — Unde ista? Unde nisi ex Jove et Venere cum Sole connexis?“ etc.

Huic Kepleri judicio de ingenio suo et moribus adjungenda est confessio ipsius non astrologica, sed plane naturalis et sincera, quam postea (anno 1619) ad Vincentium Blancum scripsit: „Non omnia possumus omnes. Neque ego ordinem tenere possum: extemporaneus sum ego, confusus, si quid ordinatum a me proficiscitur, decies id repetitum est. Interdum error calculi ex properatione commissus longissimo tempore me remoratur. Possem sane infinita effundere, nam etsi deest lectio, superest imaginatio; at non placeo mihi in confusaneis talibus, taedet pigetque; eoque vel abjicio vel reservo, donec revideam, id est donec nova scribam, quod plerumque fit. Peto etiam a vobis amicis, ne me totum damnetis in pistrinum calculationum mathematicarum, tempus mihi ad speculationes philosophicas indulgeatis, delicias meas unicas. Suum cuique pulchrum: alii tabulae et materia genesium, mihi flos astronomiae, politia motuum et ornatus placent.“ —

Liber, quo edito Keplerus in astronomicorum scriptorum ordinem iniit, Prodromus est dissertationum cosmographicarum, continens Mysterium cosmographicum. Cujus libri Maestlinum magistrum jam supra dictum est aliquam habuisse partem, eundemque editioni codicis a Gratio ad eum missi praefuisse, senatui Tubingensi librum commendasse et tironem praefatione sua commendaticia ad doctos introduxisse. Hujus autem libri Maestlinus ita socius erat et particeps, ut numeros ex Copernico et Tabulis Prutenicis et conferret et restitueret, nonnullas quoque figuras a Keplero minus bene descriptas corrigeret; cetera ipsius Kepleri sunt. Jam Tubingae adolescens ingeniosus illa Pythagoraeorum cogitatione valde delectatus est, qua hujus mundi et ordo et species numeris et formis describeretur. Iis autem, quae a Maestlino audierat de Copernico, statim in adolescente excitata cogitatio et cupiditas est, doctrinam Copernicanam, quae ei statim unice vera videretur, cum illis Pythagoraeorum cogitationibus connectendi. „Adeo delectatus sum Copernico, ut non tantum crebro ejus placita in physicis disputationibus candidatorum defenderem, sed etiam accuratam disputationem de motu primo, quod Terrae volutione accidat, conscriberem." Cogitasse se inquit hanc Terrae volutionem ex physicis „aut si mavis, metaphysicis" demonstrare. Eadem studia de Platonica et Pythagorica philosophia Gratii quoque diligenter sunt continuata, ubi de munere ad tractandas suas quaestiones satis temporis relinquebatur; quibus studiis ad id Keplerus adductus est, ut non modo clare perspiceret, quantopere etiam multo post Copernicum philosophia Aristotelica, quae regnaret sola, disciplinae procedenti obstiterit, sed etiam satis intelligeret, Copernicum doctrinam suam in Pythagorae eorumque qui Pythagorae successerint philosophia fundavisse et exstruxisse. Sic imaginem Prodromi (volumini I. additam) sphaeram dicit planetariam „Copernicopythagoraeam". Postquam autem variis modis conatus est, planetarum in cursibus et motibus aequalitatem quandam et harmoniam constituere, ita quidem ut duos planetas novos, „quos forte ob exilitatem non videamus", alterum inter Mercurium et Venerem, inter Martem et Jovem alterum intercalaret, iterum Pythagoraeorum in animum ejus subiit doctrina, quae corpora quinque regularia cum ipsius mundi structura et conformatione connecteret. „Cosmica" Proclus ea dixit eodemque auctore „Euclidis geometria universa Pythagorica est et directa in quinque regularium schematum cognitionem".

Qua de sua cogitatione, haec quinque schemata regularia ipsius mundi fundamenta et conditiones ponendi, ipse dicit haec: „Si quis philosophicas istas rationes sine rationibus et solo risu excipere atque eludere voluerit, propterea quod novus homo sub finem seculorum, tacentibus philosophiae luminibus antiquis, philosophica ista proferam, illi ego ducem, auctorem et praemonstratorem ex antiquissimo seculo proferam Pythagoram, cujus multa in scholis mentio, quod, cum praestantiam videret quinque corporum, simili plane ratione ante bis mille annos, qua nunc ego, Creatoris cura non indignum censuerit ad illa respicere, atque rebus mathematicis physice et ex sua qualibet proprietate accidentaria censitis res non mathematicas accommodaverit. Terram enim cubo aequiparavit, quia stabilis uterque, coelo icosaëdron dedit, quia utrumque volubile, igni pyramida, quia haec volantis igniculi forma, reliqua duo corpora inter aërem et aquam distribuit, propter similem utrinque cum vicinis cognationem. Sed enim Copernicus illi viro defuit, qui prius quid esset in mundo diceret; absque eo non fuisset, dubium non est, quin quare esset invenisset, atque haec coelorum proportio tam nota nunc esset quam ipsa quinque corpora, tam item recepta quam hoc temporum decursu invaluit illa de Solis motu deque quiete Telluris opinio."

Rerum autem summa erat, haec quinque corpora sic inter planetas distribui, ut eorum dimensiones cum planetarum distantiis congruerent. Longum est Kepleri omnes has cogitationes metaphysicas persequi, quarum ope ad hanc distributionem pervenit. Nobis sat est ipsum libellum attulisse et hoc addere, Keplerum corpora sic distribuisse, ut radii globorum et in iis descriptorum et circa ea circumscriptorum cum planetarum, corpori cuique attributorum, maximis et minimis distantiis, quales Copernicus statuerat, quodammodo congruerent. Differentias autem, quae inter Copernicanos et suos numeros intercederent, ad illius in ratiocinando indiligentiam et observationum imperfectionem reduxit. „Copernici intentum in astronomia versatur, hoc est utrum nonnihil in veram orbium proportionem peccet parum ipsi curae est, modo numeros ex observationibus eos constituat, qui sint ad demonstrandos motus planetarumque loca computanda, quantum fieri potuit, maxime apti."

Qui liber Keplerianus dignissimus erat, qui doctorum omnium animos in se converteret, non modo ob rei ipsius proprietatem et novitatem, sed etiam quod cogitatio illa rationes geometricas ad coelestium siderum motus adhibendi ingeniosissime in eo exposita et doctrina Copernicana primum publice explicata et defensa esset. In eodem omnium postea inventorum Keplerianorum fundamenta et prima semina insunt, Keplerus denique ipse, quamvis libellum juvenilem, imperfectum, immaturum laborem dicat, tamen postea quoque cogitationibus in eo contentis gloriatus est. Quibus causis libellus ipse accuratius nobis cognoscendus est, praesertim cum Keplerus viginti quinque annis post primam editionem denuo librum additis multis annotationibus ederet et quasi supplementi causa cum „Harmonia“ sua conjungeret. Editio prima anno 1596. in lucem prodiit, secunda anno 1621, quamvis in Harmonia, anno 1619. edita, inscriptum sit: „Accessit *nunc* propter cognationem materiae Prodromus seu Mysterium cosmographicum.“ Quae annotationes editioni alteri adscriptae quantum in literis Keplerus profecerit tam clare tamque dilucide exposuerunt, ut excusatione vix opus sit, si priorem editionem sequentes operis ipsius epitomen hoc loco afferimus.

Statim primo capite de quaestione illa agitur, utrum doctrina Copernicana cum Scriptura Sacra consentiat necne, sed haud dubie adhortationis Hafenrefferianae memor, hanc quaestionem accuratius exponere minus commodum esse censuit, quum alioquin se haud ambiguum Copernici defensorem praebeat et argumenta sua clarissime exponat. In annotatione autem (ed. secundae) de Pontificiali illo anni 1616. decreto disserit, ex quo „liber Copernici suspensus est donec corrigatur“, et haec verba extrema in „donec explicetur“ immutanda esse arbitratur. In suis de Marte, de astronomia Copernicana libris et in Harmonia satis a se doctrinam Copernicanam defensam esse et ipsos theologos explicatione illa contentos futuros, dummodo aliquid sanae mentis et aliquam astronomiae cognitionem attulerint.

In interpretanda hypothesi Copernicana Keplerus a medio Solis loco argumentatur, sed in editione altera hanc explicationem correxit: „Nondum sciebam, quod postea in commentariis Martis demonstravi, anomaliam orbis magni (terreni) seu commutationis, quae retrogradationes causatur, restitui ad ipsum verum Solis motum et locum“, et paulo post: „Copernicus eccentricitates computavit velut a centro orbis magni, per hos vero 25 annos, ex quo libellum hunc edidi, sic est a me constituta astronomia, ut eccentricitates omnes ad ipsissimum Solis centrum ceu veram mundi basin referantur.“ Quos Copernicus tribuit Terrae tres motus (supra p. 567), Keplerus observanter refert in editione prima, in secunda vero se corrigit, dicens: „imaginationi huic (motus non integri orbis, sed orbiculi coelestis, Terrae globum proxime ceu nucleum includentis) ansam praebuit Copernicus, seu servire voluerit captui, sive re vera et ipse haeserit in perplexitate rei. Utut se res habeat, motus iste re vera motus non est, quies potius dicenda. Terrae globus, dum annuo motu circumfertur circa Solem, tenet interim axem volutionis suae sibi ipsi semper parallelum in diversis sitibus, . . . propter continuitatem diurnae convolutionis circa hunc axem, quae illum tenet erectum, ut fit in turbine incitato et discursitante.“

Jam Keplerus ea inquirit, quae in mundo sensibus incurrunt; sphaeram, inquit, omnium esse nobilissimum corpus, curvum ad mundi ornatum adhibitum esse, proxima hoc sequi corpora, planitiebus inclusa. Lineas vero et superficies planas ipsas, „ut infinitas ordinisque incapaces, e mundo finito, ordinatissimo, pulcherrimo ejiciamus." „O male factum"! exclamat Keplerus in annotatione. „Imo revocavi in Harmonicis. Cur autem ejiciamus? An quia infinitae et proin ordinis minime capaces? Atqui non ipsae, sed mea illius temporis inscitia, communis mihi cum plerisque, ordinis illarum minime capax erat. Itaque lib. I. Harmonicorum (vol. V. p. 80 ss.) et delectum aliquem inter infinitas docui et ordinem in his pulcherrimum in lucem protuli. Nam cur lineas nos ex archetypo mundi eliminemus, cum lineas Deus opere ipso expresserit, motus scilicet planetarum?"

Ad caput XII, quo sectiones monochordi paucis tanguntur, annotat auctor: „Hic sunt ipsissima principia mei operis Harmonici eaque non tantum opinationum, quae posterioribus temporibus corrigendae fuerint, sed etiam verissima rei ipsius. Omnis enim philosophica speculatio debet initium capere a sensuum experimentis, hic vero, quae sensus auditus testetur de numero vocum cum una aliqua consonantium, emendatissime et plene expressum habes. Mirum est equidem, cum tot ex antiquo exstiterint scriptores harmonicorum, nuspiam penes ipsos occurrere observationem hanc de numero sectionum harmonicarum plane fundamentalem et quae recta ad causas ducit, cum tam sit obvium cuilibet, id in chorda quacunque extensa, cujus spatium subjectum circino dividi possit, simplici applicatione rei durae, ut cultri aut clavis ad chordam, manu una, et percussione partium ejus interstinctarum cum plectro in manu altera, experimentari. Itaque summa fuit ista felicitas in principio speculationis tendenti ad opus Harmonicum scribendum, quamvis tunc quidem nondum id animo destinaveram. Causa autem, cur septem ordine voces usque ad diapason cum ima suscepta consonent, est ista, quia chorda septies harmonice dividi potest."

Concordantias „perfectas" (octavam, quartam et quintam) deduxerat Keplerus a quadrato et triangulo cubi, tetraëdri et octaëdri, „imperfectas" a decangulo dodecaëdri et icosaëdri. Ad haec annotat postea: „Jucundum est, primos inventionum conatus, etiam errantes, intueri. Ecce causas genuinas et archetypicas concordantiarum, quas manibus versabam, coecutiens velut absentes anxie quaesivi. Figurae planae sunt causae concordantiarum se ipsis, non quatenus fiunt solidarum figurarum superficies. Frustra ad solida respexi in constituendis harmonicis motuum proportionibus. Figurae planae ex una parte dividunt circulum harmonice, ex altera parte congruunt in figuras quinque solidas. Ergo et harmonica circuli divisio et quinque figurae in uno tertio, in figuris scilicet planis conveniunt."

Ad verba: „Divisio fidis nec in circulo fit, nec angulis utitur, sed in plano per rectam lineam perficitur. Possunt tamen nihilominus et concordantiae et aspectus habere commune quid, quod eadem utrinque causatur" — annotat Keplerus: „Hic paragraphus complectitur totam fere dispositionem Harmonicorum meorum. Nam commune illud geometricum, tanquam causam archetypicam, praemisi libro I. (De figurarum regularium, quae proportiones harmonicas pariunt, ortu, classibus etc.) et libro II. (de figurarum regularium congruentia), quid vero illud causetur in musica, explicavi libro III. (De ortu proportionum harmonicarum deque natura et differentiis rerum ad cantum pertinentium), quid in aspectibus, libro IV." (De configurationibus harmonicis radiorum sideralium in Terrâ earumque effectu in ciendis meteoris aliisque naturalibus.)

De Copernici ratione, motus planetarum ad centrum orbis Terreni referendi, haec dicit Keplerus: „Ante omnia retexendi numeri Copernici atque accommodandi sunt ad praesens negotium. Etsi sine dubio centrum totius universi in corpore Solis constituit, tamen, ut calculum juvet compendio et ne nimium a Ptolemaeo recedendo diligentem ejus lectorem turbet, distantias planetarum computavit non a centro Solis, sed a centro Terrae, quasi illud esset universitatis centrum, cum tamen illud a Sole tanto semper intervallo distet, quanta est quovis tempore Telluris maxima eccentricitas." Haec confirmans in annotatione revocat Keplerus lectores ad Commentaria Martis additque: „quia ad declinandos errores necesse fuit, fundamentum veluti mundi in ipsum Solis centrum reponere, hinc adeo factum, ut loca zodiaci, quibus planetae fiunt altissimi et humillimi, non jam amplius apogaeorum et perigaeorum nomen retinere possent, sed proprie et significanter indigetarentur a me aphelia et perihelia."

In corrigendis Copernici numeris Keplerus, ut scopum assequatur, liberalis est praecipue in Luna, cujus numeros vel ad Terrae orbem addit vel rejicit, uti proposito suo commodum videtur. „Nec hercle scio, inquit, quorsum magis inclinent cosmographicae vel etiam metaphysicae rationes." In ed. II[a] dicit: „At jam in lucem prolatis contemplationibus harmonicis decisa est controversia libro V. Harmonicorum. Primum enim corporibus ipsis quinque ademtae sunt proportiones orbium ex parte: ultima sc. et absolutissima orbium proportio communis est facta et corporibus et harmoniis (Harm. V. cap. 9. prop. 48), quo nomine nihil ex solis corporibus in hanc vel illam partem de Luna disputari potest. Constat ex omnibus illius libri axiomatibus et propositionibus, ultimam limitationem proportionis diastematum fieri necessariam propter motus planetarum, ut sc. inter extremos motus esse possint harmoniae certae. Si hoc, nulla igitur potest haberi ratio Lunae Terram circumcursitantis, ut quae nihil confert ad incitandum vel retardandum ullius planetae motum."

Rejiciens „orbes adamantinos" in coelo dubius est, num planetis tribuat virtutem, „moderantem cursus intellectu proportionum geometricarum"? Pondus certe nullum planetas impedire, quo minus circa centrum currant, nec esse ullum punctum, ullum centrum grave. Ad haec in ed. II[a] annotat: „Audire velim physicos, quid contra dicere possint. Nam ab his 25 annis nemo quod sciam exstitit, qui illud excuteret. At me candor solus movet ut ipse excutiam. Corpora planetarum in motu suo non sunt consideranda ut puncta mathematica, sed plane ut corpora materiata et cum quodam quasi pondere, hoc est in quantum sunt praedita facultate renitendi motui extrinsecus illato pro mole corporis et densitate materiae. Nam quia omnis materia ad quietem inclinat in loco illo in quo est, hinc adeo fit ut virtus Solis motoria pugnet cum hac inertia materiae. Vide Comment. Martis et Epit. Astr. lib. IV. In Epit. libro I. demonstravi, falsum esse hoc physicorum axioma, quod gravia quaerant ullum centrum ut tale, falsissimum quod centrum totius mundi, verum, sed per accidens, quod centrum Telluris appetant, non quam id punctum est, sed quia corpus Telluris appetunt, quod cum sit rotundum, ex eo fieri, ut appetentia ista feratur versus medium et sic versus centrum, adeo quidem, ut si Terra figuram haberet distortam sensibiliter, gravia non versus unum undique punctum tensura fuerint."

His adjungimus quaedam ex iis, quae Keplerus de gravitate dicit in Introductione ad Comment. Martis: 1) Si duo lapides in aliquo loco mundi collocarentur propinqui invicem extra orbem virtutis tertii cognati corporis, illi lapides coirent loco intermedio, quilibet accedens ad alterum tanto intervallo, quanta est alterius moles in comparatione. 2) Si Luna et Terra non retinerentur vi aliqua, Terra ascenderet ad Lunam parte $^1/_{54}$ intervalli, Luna descenderet ad Terram partibus c. 53 intervalli ibique jungerentur. 3) Si Terra cessaret attrahere ad se aquas suas, aquae omnes elevarentur et in corpus Lunae influerent. 4) Orbis virtutis tractoriae, quae est in Luna, porrigitur usque ad Terras et prolectat aquas sub zonam torridam, quippe in occursum suum quacunque in verticem loci incidit, insensibiliter in maribus inclusis, sensibiliter ibi, ubi sunt latissimi alvei oceani aquisque spatiosa reciprocationis libertas. Quo facto nudantur litora zonarum et climatum lateralium et si qua etiam sub torrida sinus efficiunt reductiores oceani propinqui. Itaque aquis in latiori alveo oceani assurgentibus, fieri potest, ut in angustioribus ejus sinibus, modo non nimis arcte conclusis, aquae praesente Luna etiam aufugere ab ea videantur; quippe subsidunt, foris subtracta copia aquarum. Celeriter vero Luna verticem transvolante, cum aquae tam celeriter sequi non possint, fluxus quidem fit oceani sub torrida in occidentem, quoad impingit ad contraria litora curvaturque ab iis. Dissolvitur vero discessu Lunae concilium aquarum seu exercitus, qui est in itinere versus torridam, quippe desertus a tractu qui illum exciverat, impetuque capto, ut in vasis aquaticis, remeat et assultat ad litora sua eaque operit. Gignit impetus iste per absentiam Lunae impetum alium, donec Luna rediens fraena impetus bujus recipiat moderetur que et una cum suo motu circumagat. (Conferantur cum praemissis literae Kepleri ad Herwartum datae vol. III. p. 455.) 5) Sequitur, si virtus tractoria Lunae porrigitur in Terras usque, multo magis virtutem tractoriam Telluris porrigi in Lunam et longe altius. 6) Leve nihil est absolute, quod corporea materia constat, sed comparate levius est, quod rarius est. Rarum vero dico non illud tantum, quod porosum est et in multas cavitates dehiscit, sed in genere quod sub eadem loci amplitudine, quam occupat gravius aliquod, minorem quantitatem materiae corporeae concludit. 7) Levia non fugiunt ad superficiem usque mundi, dum feruntur sursum, aut non attrahuntur a Terra; minus enim attrahuntur quam gravia et sic expelluntur a gravibus, quo facto quiescunt et retinentur a Terra loco suo. 8) (Ex „Somnio.“) Aestuum maris causae videntur esse corpora Solis et Lunae, trahentia aquas maris vi quadam magneticae simili.*) Trahit vero et corpus Terrae aquas suas, quam nos gravitatem dicimus. Quid impedit igitur, quin dicamus, Terram etiam lunares aquas trahere, sicut Luna trahit terrestres? — Habes his paragraphis summam theoriae gravitationis, qualem hodie tenemus; ratio qua Keplerus motum planetarum per Solis motum circa axem suum probare studet, legitur in Comm. Martis capitibus 33 ss. et 57, nec non in Epitomes libro quarto.

Caput XX. Prodromi inscriptum est: „Quae sit proportio motuum ad orbes“, ad quam inscriptionem annotatur in ed. secunda: „Etsi in hoc capite

*) Saepius diximus, Keplerum eo tempore, quo priora sua opera (Opticam, Comment. de Marte) scripsit, magno studio Gilberti librum de magnete legisse. Hinc orta est vox „vis magnetica“, qua utitur passim pro voce „vis tractoria“, quamquam saepius addit: „similitudinem dico, non rem ipsam“. Quia vero axioma illud physicorum de „inertia“ corporum ad verbum assumsit, minime respiciens ad alteram significationem, qua „corpus omne perseverat in statu suo quiescendi vel movendi uniformiter in directum, nisi quatenus a viribus impressis cogitur statum illum mutare“ (Newton, Phil. nat. Princ. math. I. ax. 1.), nihil habuit quo explicaret motum planetarum circa Solem nisi vim illam „magneticae similem“ ex Sole emanantem et in planetas influentem. Hinc defectus ille in astronomia Kepleriana, quem Newtonius explevit ingeniosissime.

nondum assecutus sum quod quaerebam, pleraque tamen principia, quae mihi jam tum naturae rerum videbantur consentanea, certissima et totis his 25 annis utilissima sum expertus. . . . . Si pro voce *anima* (textus: aut motrices animae, quo sunt a Sole remotiores, hoc sunt imbecilliores, aut una est motrix anima in orbium omnium centro, scilicet in Sole, quae ut quodlibet corpus est vicinius eo vehementius incitet etc.) vocem *vim* substituas, habes ipsissimum principium, ex quo physica coelestis in Comment. Martis est constituta et libro IV. Epitomes exculta. Olim enim causam moventem planetas absolute animam esse credebam, quippe imbutus dogmatibus Julii Caes. Scaligeri de motricibus intelligentiis. At cum perpenderem, hanc causam motricem debilitari cum distantia, lumen Solis etiam attenuari cum distantia a Sole, hinc conclusi, vim hanc esse corporeum aliquid, si non proprie, saltem aequivoce; sicut lumen dicimus esse aliquid corporeum, id est speciem a corpore delapsam, sed immateriatam."

Hanc vim censet cum distantia debilitari plane ut lucem, „cujus debilitationis mensura ex sententia opticorum ex circulorum proportione petenda sit". Haec lex in Optica Kepleri aliter et quidem rectissime exprimitur (II. 133): *sicut se habent sphaericae superficies, quibus origo lucis pro centro est, ita habet densitas lucis radiorum in angustiori ad illam in laxiori sphaerica superficie.* Ad hunc Optices locum, quasi „plane in eundem modum demonstratum" ablegat Keplerus lectorem Cap. 33. Comment. Martis, ubi de circulorum perimetris, non de sphaericis superficiebus loquitur, ut lapsus calami in libro de Marte assumendus videri possit, nisi cap. 37 iterum ad circulos rediisset. In annotatione editionis secundae dicit: „Hic error incipit, sic autem debui colligere: proportionem periodorum duplam (h. e. quadratam) esse distantiarum proportionis; non quod hoc verum esse teneam, est enim ejus tantummodo sesquialtera" (h. e. quadrati ad cubum). Comparat auctor in hoc capite motus periodicos planetarum cum distantiis Copernicanis, computans dimidium differentiae temporum periodicorum planetarum binorum se invicem subsequentium, colligensque numeros per proportiones. Hac operatione propius se censet ad veritatem accessisse. Concedit hoc Keplerus censor, monet autem, accidisse, „ut medium arithmeticum appropinquaret medio proportionis sesquialterae plus quam medium geometricum seu proportionis duplae". Quae quum Keplerus juvenis aliter aggressus sit et iidem provenirent numeri qui prius, et his finem faciat verbis: „certum est, duo ista theoremata forma quidem differre, sed re vera coincidere et niti eodem fundamento, quod tamen quo pacto fiat, investigare hactenus nunquam potui", ad haec annotat Keplerus senior: „quia nimirum incedebam vagis gressibus flexiloquorum verborum, non lege arithmetica. . . . . Sepeliendus est hic processus non errans tantum, sed si etiam plane legitime procedat, quia proportio periodorum non est dupla proportionis distantiarum mediarum, sed perfectissime et absolutissime ejusdem sesquialtera. Hoc igitur alterum et praestantissimum secretum auctarii loco nunc accedat Mysteriis hisce Cosmographicis, quo in vulgus enunciato lubet nunc universos tam theologos quam philosophos elata voce ad censuram dogmatis Aristarchici convocare. Attendite viri religiosissimi, profundissimi, doctissimi. Si verum dicit Ptolemaeus . . . . . tunc nulla est constans et identica per omnes planetas proportio motuum ad orbes. Si verum dicit Tycho Braheus . . . . tunc est quidem eadem proportio temporum ad orbes, sed motus non ab eodem centro dispensatur, motus enim quinque planetarum circa Solem dispensatur a Sole, motus vero Solis circa Terram dispensatur a Terra; at sic Sol planetarum, Terra vero Solis motor constituitur. Si denique Aristarchus .... tunc binorum quorumcunque planetarum orbes inter se proportionem talem habent, quae duas tertias complectatur proportionis periodorum, et motus tam Telluris quam ceterorum quinque ex unico fonte solaris corporis dispensatur. Hic nulla plane est exceptio, proportio est munitissima ex utroque latere; ex parte quidem sensus testantur astronomorum observationes quotidianae cum omni subtilitate sua, ex parte vero rationis astipulatur nobis Aristarchus in generalibus, in specie vero causae suppetunt evidentissimae, posita specie immateriata corporis solaris, cur proportio (ratio) debeat esse nec simpla, nec dupla, sed plane sesquialtera. Causae etiam suppetunt, cur Sol potius Terrae ut planetarum ceterorum, quam Terra Solis motor esse possit, denique naturalis rationis lumen dictat, digniorem et magis archetypicam esse speciem operum Dei, si motus omnes ab uno fonte fluant, quam si plerique quidem ab uno illo fonte, fontis vero ipsius ab alio ignobiliore fonte."

„Accedat vero formatio ipsa proportionis orbium seorsim ante motus facta per quinque figuras et per harmonias. Nam si Braheus verum dicit, locum ista non habent nisi adscito circulo aliquo Telluris inter orbes Martis et Veneris per imaginationem circumducto, et Deus non rei ipsius, sed imaginationis potius curam habuit, distorquens opus ipsum mundanum, ut operis imaginatio pulchra esse posset, cum tamen infinitae aliae similes imaginariae species (ut stationum et retrogradationum) careant tali ornatu: at si verum dicit Aristarchus, tunc ornatus iste invenitur in re, species vero imaginariae omnes, nulla excepta, permittuntur necessitatibus legum opticarum."

„Hisce perpensis spero vos aequos dogmatum censores fore, nec hostes vos gesturos ornatus operum divinorum exquisitissimi. Valete."

Scripsit haec Keplerus mense Octobri 1621, legem vero ipsam, qua Copernici de mundo rationem „theologis et philosophis" ut jam firmissime stabilitam et demonstratam probat, invenit anno 1618. eamque inventionem ipse refert in Harmoniae libro quinto scribens: „Inventis veris orbium intervallis per observationes Brahei plurimi temporis labore continuo tandem, tandem genuina proportio temporum periodicorum ad proportionem orbium

— — sera quidem respexit inertem,
Respexit tamen et longo post tempore venit;

eaque, si temporis articulos petis, 8. Martii hujus anni 1618. animo concepta, sed infeliciter ad calculos vocata eoque pro falsa rejecta, denique 15. Maji reversa novo capto impetu expugnavit mentis meae tenebras, tanta comprobatione et laboris mei septendecennalis in observationibus Braheanis et meditationis hujus in unum conspirantium, ut somniare me et praesumere quaesitum inter principia primo crederem."

In Prodromi prima editione pergit jam Keplerus inquirens causas „defectus" numerorum suorum ex corporibus regularibus deductorum, comparatis Copernici numeris, errorem putat ita demonstrari posse, ut neque motus neque orbes relinquere necesse sit. Quare mutato calculo alios deprehendit numeros, quibus „in remotis a Terra planetis ad medias distantias proxime acceditur, in vicinis (Marte et Venere) motoria distantia utrinque vicinior est Terrae quam Copernicana media". In ed. II[a] monet Keplerus: „Supervacua jam porro est haec conjectatio. Vera enim proportione inventa, in qua defectus plane nullus, quid mihi opus est falso defectu? Nec corpora seu figurae solae formant intervalla planetarum, nec motuum talis in individuo est proportio.

Ita utrumque in errore versabatur." Exclamat auctor juvenis: „Quid si aliquando diem illum videamus, quo haec inventa conciliata erunt!" „Vidimus", respondet censor, „post 22 annos et gavisi sumus, saltem ego, puto et Maestlinus et plurimi alii, qui librum quintum Harmonices sunt lecturi, participes erunt gaudii." Ad quaestionem dubiam: „Quid si hinc ratio eccentricitatum elici possit?" monet: „Ita somniabam de veritate, opinor bono Deo inspirante. Elicita est non hinc quidem, sed ex harmoniis ratio eccentricitatum, sed tamen mediante hoc invento; nec illud ante fieri potuit, quam hoc emendatum haberetur. Nam libro quinto Harmonicorum capite tertio ponitur inter principia demonstrationis haec sesquialtera proportio." His finem facit aestimator operis sui juvenilis: „Ceterae errantium numerorum ad veritatem allusiones fortuitae sunt, nec dignae quae excutiantur; jucundae tamen mihi recognitu, quia monent, quibus maeandris,. quorum parietum palpatione per tenebras ignorantiae ad pellucens ostium veritatis devenerim. . . . . Vides, lector studiose, libello hoc semina sparsa esse omnium et singulorum, quae ex eo tempore in astronomia nova et vulgo absurda ex certissimis Brahei observationibus a me constituta et demonstrata sunt. Itaque spero, te jocum meum libro quarto Harmonicorum non iniqua censura flagellaturum" (vol. V. p. 262).

Ex iis, quae adhuc allata sunt et inprimis ex Kepleri verbis modo dictis hoc ne in minimam quidem dubitationem vocari poterit, Keplerum cogitationem illam in primo suo opere expositam in omnibus quoque posterioribus libris semper secutum esse eandemque primam causam fuisse, cur de Harmonia librum scripserit. Nam non modo ut astronomicas rationes statueret, ad Tychonicas observationes accuratius cognoscendas adductus est, sed (quod ei praestantius omnium quaestionum videretur praemium) ut ex cognitione inde depromta certa argumenta afferret ad demonstrandam illam in rerum natura harmoniam, quam veteres Pythagoraei, Plato, Ptolemaeus frustra conati sunt detegere. Neque quidquam antiquius habuit quam hoc, ut mathematices et astronomiae ope demonstraret, rerum universitatem, oculis nostris perspicuam, harmoniae vinculo inter se connexam eaque ipsa harmonia Creatorem mundi et ornatum, congruentiam et aequalitatem fundare voluisse. Keplerus igitur, quum auxiliis adjutus a Tychone traditis diligenter exquireret, quem in modum planetarum et justae distantiae et veri motus pervestigari possent, ad hunc duplicem pervenit exitum. Veros invenit planetarum cursus et his inventis se quales in natura harmoniae leges valeant detexisse credidit. Cum integro animo neque opinione praejudicata ad propositum contenderet, mox perspexit, observationes Tychonicas, quas accuratissimas esse quo certo haberet, a Copernicana, quae circulos adhiberet, ratione discrepare. Quamvis differentia, quam inter Martis calculatum et observatum locum animadverterat, minima esset neque plus quam octo scrupula prima efficeret, Keplero tamen satis magna videbatur, ut multos per annos conferret et variis modis suas aliorumque conjecturas sic immutare et aequare studeret, ut observatio et calculatio inter se consentirent. Sed maxima diligentia et assiduitate et incorrupta animi integritate et mira illa, qualis Kepleri erat, ingenii mobilitate opus erat, ut experimentis innumeris frustra factis, quaecumque ipsi mira imaginandi facultas offerre poterat, indefesso studio iterum denuo quaerere et scrutari inciperet, donec tandem ratio unice vera inventa et errores prospere excussi essent. Et haec via unice vera e l l i p s i s est. Varia illa experimenta, quorum ope modo adbibita Tychoniana modo Copernicana ratione, modo „vicaria" conjectura ab ipso excogitata quaestionis summam difficultatem frangere vellet, varii denique errores, qui ad ipsam quidem veritatem deducere non possent, sed ut res veritati propius accederet et ad emendandam astronomiam via aperiretur evitari non possent, omnia haec contenta sunt immortali illo Kepleri opere, quod jure Novam Astronomiam dixit et, hac nova astronomia ex Martis planetae observationibus deducta, amplius inscripsit: „Physica coelestis tradita commentariis de motu stellae Martis.“ Cur autem ipsius Martis stellae motus et cursus investigaret, auctores erant Tycho ejusque administri, qui anno 1600, cum Keplerus Pragam veniret, in hujus sideris observationibus versabantur. „Divina dispositione accidisse puto, quod eodem tempore ego advenerim, quo tempore Marti ille erat intentus, ex cujus motibus omnino necesse est nos in cognitionem astronomiae arcanorum venire, aut ea perpetuo nescire.“ Jam anno 1602. Keplerus in cogitationem incidit, pro figura circulari figuram ex longo rotundam (ovalem) verum Martis cursum judicandi; quod cum anno 1604. falsum esse intellexisset, postremo post innumera eademque irrita experimenta verum Martis circuitum ellipsin esse invenit. Quamvis autem opus ipsum anno 1605. paene confectum esset et ineunte anno 1606. Keplerus amicis operis confectionem nunciare posset, tamen et imperatorii fisci inopia et impedientibus haeredibus Tychonianis ita retardata editio est, ut typus exeunte anno demum 1608. incepta anno 1609. perficeretur. In vol. III. praefatione dictum est, in plus mille paginis arcte scriptis (Pulkoviensium codicum voluminis XIV) et calculationes ad edendum librum necessarias et varias illas Kepleri ambages esse contentas; eodemque loco et de operis origine et de literarum de illo commercio plura sunt allata.

Caput operis quinquagesimum octavum, quo prima lex Kepleriana explicatur, ab hoc versu Virgiliano incipit:

Malo me Galatea petit, lasciva puella,
Et fugit ad salices et se cupit ante videri.

Atque interpretandi causa haec addit Keplerus: „Quod toto hoc opere spectavi, ut physicam invenirem hypothesin, quae non tantum distantias efficeret observatis consentaneas, sed etiam aequationes itidem probas, quas ex „vicaria“ hypothesi coacti sumus mutuari, idem per hanc etiam verissimam hypothesin tentans falsa methodo, rursum de rerum summa trepidare, rursum accusare coepi verissimas distantias et librationem planetae de crimine, cujus falsa mea methodus erat rea. Quid multis? Ipsa veritas et rerum natura repudiata et exulare jussa, per posticum se furtim rursum recepit intro et sub habitu alieno a me recepta fuit. . . . . Non erat opus, aequationes ex ellipsi de novo computare, sciebam, ultro facturas officium. De distantiis solummodo sollicitus eram, ne forte ex ellipsi desumtae negotium mihi facesserent. At quamvis hoc accideret, paratum erat mihi latibulum, incertitudo 200 particularum in distantiis. Itaque ne hic quidem valde haesi. Multo vero maximus erat scrupulus, quod pene ad insaniam usque considerans et circumspiciens invenire non poteram, cur planeta, cui tanta cum probabilitate, tanto consensu observatarum distantiarum libratio in diametro tribuebatur, potius ire vellet ellipticam viam aequationibus indicibus. O me ridiculum! perinde quasi libratio in diametro non possit esse via ad ellipsin. —

Capite proximo, praemissis theorematibus de ellipsi, alteram prodit legem suam de areis, quam his contra obsectiones salvat: „Si quis de veritate rei dubitet, diffisus subtilitati et perplexitati argumentationis, res ipsa prius innotuit per experientiam in hunc modum. Constitui ad singulos gradus anomaliae eccentri pro distantiis ab N (foco ellipsis) lineas diametrales, singulas etiam ordine ad summam priorum adjeci. Collectis omnibus summa fuit 36000000, ut par est. Comparatis igitur singulis summis cum totali (proportione), praecisissime prodiit idem in secundis etiam scrupulis, quod prodibat, si dimidiam eccentricitatem in sinum anomaliae eccentri multiplicassem et cum area circuli, quae valeret itidem 360 (nomen artificiale temporis restitutorii), comparassem...... Cum igitur constaret de re ipsa, postea impulsus sum ad inquirendam ex principiis semel susceptis ipsam etiam causam rei, quam hoc capite quam potuit fieri artificiosissime et clarissime (proprietates dicit ellipseos) lectori detexi. Quod, nisi causae physicae initio a me susceptae loco principiorum probae essent, nunquam in tanta subtilitate inquisitionis consistere potuissent. Si quis putat, obscuritatem hujus disputationis ex mei ingenii perplexitate oriri, ei ego culpam hanc hactenus fatebor, quod haec intacta relinquere noluerim, quantumvis obscurissima nec valde necessaria ad astrologiae exercitium, quem unicum finem plerique statuunt hujus philosophiae coelestis. Ceterum quod materiam attinet, rogo hujusmodi aliquem, ut Apollonii Conica legat: videbit, esse quasdam materias, quae nulla ingenii felicitate ita tradi possint, ut cursoria lectione compehendantur. Meditatione opus est et creberrima ruminatione dictorum."

De immanibus suis laboribus ad constituendam veram planetarum theoriam conatibusque diversissimis saepius dicit Keplerus in libro suo. Amico Fabricio scripsit: „Narras periculum valetudinis ex computationibus contractum. Post festum venio, medicinam tamen suadeo. Abstineas a constituenda hypothesi Martis, jam enim est constituta. Ego tantum insumsi laboris, quantum sufficit vel decem mortibus, et pervici per Dei gratiam pervenique eo, ut contentus esse possim meis inventis et quietus. Antequam acquiescerem inventis, quiescere omnino non potui; ex praesenti igitur quiete argumentare de meis inventis." (E literis d. d. 10. Nov. 1608.)

Inquisitioni veri itineris planetarum accedit inquisitio causae moventis, quam ut supra dictum est Keplerus reponit in Solem eamque comparat cum vi magnetica, qua vehantur planetae, quos itidem facit magnetes. „De Terra non est dubium, probavit id Gilbertus." Hanc opinionem demonstrare conatus in subsidium vocat volutionem Solis circa axem, quam volutionem citius trimestri spatio perfici statuit, verisimile esse hoc fieri circiter triduo, „sin autem mavis diurnum Soli tempus praescribere, ut diurna Telluris conversio vi quadam magnetica dispensetur a diurna globi solaris conversione, haud equidem repugnaverim." Hanc opinionem paucis annis post rejicit deprehenso motu macularum in superficie Solis, dicens: „imbecilliores sunt istae conjecturaeceduntque jure optimo experientiae, quae a 26 ad 30 dies dicit." Ceterum etiam vim magneticam non absolute veram esse censet. „Sufficit mihi exemplo magnetis demonstrasse possibilitatem rei in genere. De re ipsa in specie ambigo. At vero si nulla plane materialis et magnetica facultas absolvere potest munia illa planetis commissa, accersatur ergo m e n s (vereor dicere rationale principium hujus librationis, ne discursus rationis subintelligatur), quae ex contemplatione diametri Solis crescentis in cognitionem veniat distantiarum, quas conficit, et praesideat facultati seu animali seu naturali sic accommodandi sui globi in situ parallelo, ut debito modo a solari virtute impellatur et respectu Solis libretur." — Hanc Solis vim, quam modo dicit „mentem", modo „animam", modo „facultatem animalem", speciem, archetypum, imaginem etc., deprehendimus in omnibus fere libris a Keplero conscriptis. In **Optica** (1604) locuturus de luce Solis his initium facit: „Cum Solis in mundo incredibilis ac prope divina vis sit, a Sole enim omnis motus et vita et conservatio et ornatus coelestium et terrestrium, adeo ut quo propius contempleris, hoc plura in illo uno invenias miracula: decere philosophum arbitror, omnes naturae thesauros rimari ad dogmata tanto miraculo convenientia proferenda." .... Solis materiam dicit simplicissimam esse et maxime unam et purissimam, quare „non obstante summa densitate, Solis corpus pellucidum esse aequum est". Hanc perspicuitatem tribuit Keplerus „soli suae propriae luci, non alienis, neque perspicuum ideo erit Solis corpus". Pergit: „Quia Solis officium in mundo hoc est, quod cordis in animali (nam et planetarum motus ex Sole dispensari in parte astronomiae physica probabo), ut vitam scilicet huic aspectabili mundo dispenset: *animam* quoque tanti muneris administram, seu malis *facultatem vitalem* in corpore Solis inesse necesse est." In libro de Stella Nova (1606), in quo suavissima oratione multa tangit non ad astronomiam facientia, ut divisionem zodiaci et nomina imaginum in coelo stellato, mundi immensitatem, astrologiam (quae in illa sint retinenda, quae rejicienda), rationes philosophorum de „casu" etc., legimus: „Fixae pro loco sunt et quiescunt, Sol pro motore est et tuetur mediam mundi stationem immobilis; nisi quod physicis rationibus consentaneum effeci, corpus ipsius converti in suo spatio, ut hac conversione *speciem immateriatam*, motricem, per amplitudinem mundi circumagitet, quam sidera errantia omnia sequantur, ut quodque propius ita celerius. — In Responsione ad Roeslinum (1609) haec deprehendimus: „In meiner Astronomia nova ist erwisen, das die Sternekugeln ebensowol etwas gleich einer schwäre haben, dadurch sie nit zum lauff, sondern vilmehr zum stillstehen verursachet werden. Soll nun dise proprietas vnd diss stillstehen vberwunden werden, so gehört ein beweger darzu, ein *species immateriata*, versans in actu motus, welliche alle Sternkugeln, so dero nahen mit ihr herumbführe." In Tertio Interveniente (1610): „die Sternkugeln werden getrieben per speciem immateriatam Solis, in gyrum rapidissime circumactam. Item werden sie getrieben von ihrer selbst eygnen Magnetischen Krafft, durch welche sie einhalb der Sonnen zuschiffen, andertheils von der Sonnen hinweg ziehlen. Die Sonn aber allein hat in ihr selbst ein *virtutem animalem*, durch welche sie informiert, liecht gemacht vnd wie ein Kugel am Drähstock beständiglich vmbgetrieben wirdt, durch welchen Trieb sie auch ihre speciem immateriatam ad extremitates usque mundi diffusam in gleicher Zeit herumbgehen macht, vnd also successive alle Planeten mit herumb zeucht. Mehrere scientia animalis wirdt zu den himmlischen bewegungen nicht erfordert." — In Harmonia (1619): „*Anima* totius mundi videtur (si est talis aliqua) in centro mundi, quod mihi Sol est, residere." Porro: „Qualis in Sole visus, qui oculi sint, aut quis instinctus alios percipiendi angulos (quos formant lineae a terminis diurnorum arcuum orbium planetariorum ductae in centrum Solis, quibus formari opinatur Keplerus planetarum harmoniam) etiam sine oculis aestimandique harmonias motuum, ad mentis vestibulum quacunque porta ingredientium, quaecunque denique *mens* ista in Sole, conjicere non facile est Terram incolentibus. Utcunque tamen se habeant ista, certe circumpositio illa sex orbium primariorum circa Solem hanc a me confessionem extorquet, non tantum exire in totum mundum ex Sole, ut a foco vel oculo mundi, lucem, ut ex corde vitam et calorem, ut a rege et motore motum omnem, sed vicissim etiam in Solem colligi ex omni mundana provincia jure regio hos veluti reditus harmoniae desiderabilissimae, imo confluentes eo species motuum binorum *mentis* alicujus opera in unam harmoniam colligari; denique in Sole curiam, palatium et praetorium seu regiam esse totius regni naturae...... Si qua mens ex Sole prospicit harmonias istas, illi desunt adminicula motus et stationum diversarum sedis suae, ex quibus nectat ratiocinationes et discursus, intervallis planetarum dimetiendis necessarios." — In Epitome (1618—1621) sic loquitur Keplerus: „*Animam* in corpore Solis inesse magnum argumentum ducitur a materia corporis ejusque illuminatione, quae videtur esse qualitas orta ab informatione animae valentissima. Animam autem potius statuendam esse puto, quam formam inanimam, quia ex macularum in Sole ortu et discussione exque illuminatione inaequali partium ejus diversarum diversis temporibus apparet, non unam continuam et perpetuo uniformem esse energiam in omnibus corporis solaris partibus. Ipsa etiam lux cognatum quid est animae .... itaque corpus Solis, in quo lux insidet originaliter, consentaneum est anima praeditum esse, quae inflammationis illius auctor, custos et continuatrix sit. Nec aliud suadere videtur Solis officium in mundo, ut sicut omnia illuminaturus lucem est sortitus in suo corpore, sic omnia calefacturus calorem, omnia vivifacturus vitam etiam ipse corporalem, omnia moturus principium et ipse motus et sic animam in se habeat. Ad motus vero munia nihil opus est mente. Nam plaga, in quam volvitur Sol, est a primo rerum exortu, constantia vero volutionis et periodici temporis dependet a proportione constanti potentiae motricis ad contumaciam materiae. Ipsa prensatio corporum planetariorum, quos Sol rotatus circumagit, corporalis est virtus, non animalis, non mentalis. Virtus sui corporis eo ipso, quod est species corporis, una cum corpore Solis rotatur instar rapidissimi vorticis, totam circuitus amplitudinem, ad quantamcunque pertingit, aeque celeriter pervagans „atque Sol angustissimo suo spatio circa centrum se convertit". — Alio loco Epitomes, quo motus planetarum ut prius in Astronomia nova et Harmonia per „filamenta" (vel „fibras") magneticis similia attrahentia et repellentia explicare studuit, quaerenti opponenti respondit: „In corpore Solis admitto animam, praefectam turbinationi Solis totiusque motus mundani dispensatricem, nec simpliciter negavi ne de corporibus quidem planetarum animas singulas, turbinationi quidem corporum praefectas. Sufficere videtur species ista, ut lucis, ut caloris, sic etiam si placet animae solaris, una cum luce et calore emissa et penetrans eo etiam, unde lux et calor excluduntur, sc. in fibras corporum internas." In libro, quem inscripsit Keplerus Tychonis Hyperaspistes (1619) haec affert de planetis: „Motus omnes tribui globis ipsis lucentibus, quibus restat nihil aliud quod eos impellat nisi natura (coelestis illa quidem sectae) causaeque partim insitae mobilibus, partim a motore globo extrinsecus accedentes; naturales utraeque, quarum inter se contentione mutua fit necessitate geometrica, ut passio illa, quam circumgyrationem dicimus, corporibus illis imprimatur uniformiter difformis, semper scilicet in aphelio tarda, semper in perihelio velox, certa utrinque mensura.

His quae ex Kepleri variis libris desumsimus, quibus vim motricem in coelo explicaret, adjungimus ea, quae in libro de Marte tentavit ad adstruendam hypothesin de vi motoria Soli insita et illa, qua planetae huic vi resistant.

Rationibus irrefutabilibus demonstratum esse a se contendit, planetarum moras in orbitis suis esse in ea proportione, in qua illorum distantiae sint a puncto, quod pro centro mundi assumitur. (Optionem semper dat lectori, utrum Copernicum an Tychonem sequi velit, ne ecclesiae auctoritas libro suo promulgando obstet.) Causam vero „debilitationis et intensionis“ motus residere debere in ipso suscepto mundi centro, a quo distantiae computentur. „Hinc intelligimus, quod planetae pene ratione staterae seu vectis moveantur. Nam si planeta, quo longior a centro, hoc difficilius (utique tardius) a centri virtute movetur, perinde est ac si dicerem, pondus quo longius exeat ab hypomochlio, hoc reddi ponderosius; non se ipso, sed propter virtutem brachii sustentantis in hac distantia. Utrinque namque, et hic in statera seu vecte et illic in motu planetarum, haec debilitas sequitur proportionem distantiarum.“ Centrum vero mundi esse Solem et Copernicus et Tycho adstruunt, eique competit virtus motrix, sicut Soli tribuendus est fons vitae („quae vita in motu siderum spectatur“) et lucis et caloris. Ut autem vis e Sole effluens in motus planetarum circulares agat, necesse est, ut Sol „in suo spatio convertatur“, qua conversione „species“ ista vel vis orbiculariter circumfertur. „Si quis ex me quaerat, quale corpus Solis esse putem, a quo haec species motrix descendit, ei suadeo, ut inspiciat magnetem, cujus virtus residet in universo corpore, cum ejusdem mole crescit, cum comminutione illius diminuitur et ipsa. Ita in Sole virtus movens tanto videtur fortior, quod verisimile sit, corpus ejus esse totius mundi densissimum.“ Ad modum magnetis virtutem planetas moventem ex Sole propagari in orbem et partibus remotioribus illius orbis esse imbecilliorem. Neque vero in Sole esse ullam vim attractoriam (accederent enim ad Solem usque ad plenam conjunctionem), sed tantum directoriam, et cum Sole converti vim illam motricem, „per omnia planetarum diastemata diffusam“. „Perbellum equidem attigi exemplum magnetis, omnino rei conveniens, ac parum abest quin res ipsa dici possit.“

Si planetae sola hac vi Solis moverentur, motus eorum essent plane aequales, quod non convenit cum experientia, ab omnibus astronomis unanimiter probata. Hanc motus inaequalitatem oriri censet Keplerus ex vi quadam planetis insita, quam comparat cum ea vi, qua navis per gubernaculum „decenti modo“ religato trans flumen trajicit. „Virtus ex Sole in mundum per speciem egressa rapidus quidam torrens est, qui planetas omnes ab ortu in occasum rapit, se ipso non aptus corpora ad Solem adducere vel ab eo longius propellere. Necesse est, ut planetae ipsi ceu quaedam cymbae peculiares virtutes motrices, quasi quosdam vectores habeant, quorum providentia non tantum accessus ad Solem et recessus a Sole, sed etiam declinationes latitudinum administrant et quasi ab una ripa in aliam, a septentrione inquam in austrum et contra, flumen hoc (se ipso solum eclipticae tractum sequens) trajiciunt.“

Inquisiturus, qualis sit vis illa planetis insita, haec praemittit „axiomata“: 1. planetae corpus natura inclinatum est ad quietem in omni loco, in quo solitarium ponitur, 2. vis ex Sole planetam transponit de loco in locum secundum longitudinem „zodiaci“, 3. si non mutaretur distantia planetae a Sole, iter ex hac transpositione erit circulare, 4. tempora periodica planetae, in duabus per vices distantiis a Sole toto ambitu permanentis, sunt in dupla proportione distantiarum, 5. virtus nuda et solitaria in ipso planetae corpore residens non est sufficiens transportando de loco in locum suo corpori, 6. accessus tamen planetae ad Solem et ab eo recessus oritur ex virtute, quae est propria planetae.

His innixus axiomatibus et observationum testimonio demonstrat Keplerus, planetam neque circulo eccentrico neque epicyclo iter suum circa Solem perficere posse. „Si planeta suas justas distantias a Sole lege circuli ordinatas depromeret ex memoria, depromeret indidem etiam tanquam ex tabulis Prutenicis aut Alphonsinis aequales arcus eccentrici, decurrendos inaequalibus temporibus et decurrendos vi extranea ex Sole, et sic praesciret memoriter id, quod extranea et bruta ex Sole virtus esset effectura. Quae omnia sunt absurda. Mensura descensus in diametro epicycli neque tempus est, neque spatium eccentrici confectum, neque angulus ad Solem. Tribuitur virtuti, quae planetae propria est, cognitio epicycli imaginarii ejusque effectuum in ordinandis distantiis a Sole; tribuitur et cognitio futurae celeritatis et tarditatis, quam causaturus sit motus communis ex Sole, quia hic necessario ponitur eadem intensio et remissio imaginaria motus epicycli imaginarii, quae motus veri eccentrici, quae sunt incredibiliora quam priora.“ His et aliis quas affert rationibus motus rejicit Keplerus circulos eccentricos et epicyclos et eo devenit, ut dicat, motus planetarum confici „figura ovali“ (cap. 44), unde per longas ambages et accuratius respiciendo ad observationes Tychonis cap 58. ad ellipsin pervenit, cujus proprietates capite 59 demonstrantur. Ut planetarum motum ellipticum demonstret, redit ad flumen et remum ex capite 39; flumen jam circulariter fluens assumitur, simul autem objicitur, distinguendum esse inter vim „materialem“, qualis sit illa fluminis et remi, et vim, quae planetas moveat, „immateriatam“. „Flumen est species immateriata virtutis in Sole magneticae. Quin igitur et remus de magnete quippiam habeat? Quid si ergo corpora planetarum omnia sunt ingentes quidam rotundi magnetes? De Terra non est dubium, probavit id Guilelmus Gilbertus.“ Polorum horum magnetum alter Solem sequitur, alter a Sole fugit, axis manet perpetuo sibi parallelus, „nisi quatenus successu seculorum ab aliis ad alias fixas nutum suum transfert“ (quo „nutu“ aequinoctiorum retrocessus efficitur). Fieri posse, censet Keplerus idque pluribus rationibus stabilit, ut motus planetarum hac ratione explicetur, paulo post autem ait, „de re ipsa in specie ambigo“. Terrae enim axin ineptum esse ad librationem, quae certis rationibus firmata sit, perficiendam. „Accersatur ergo m e n s (vereor dicere r a t i o n a l e, ne discursus rationis subintelligatur), quae ex contemplatione diametri Solis crescentis in cognitionem veniat distantiarum quas conficit, et praesideat facultati seu animali seu naturali sic accommodandi sui globi in situ parallelo, ut debito modo a solari virtute impellatur et respectu Solis libretur simulque consilio utatur ad librationis tempora restitutioni periodicae non plane aequanda et sic ad transferendas apsides.“ Huic vero „menti“ haud paucae se opponunt rationes, quare tandem dubius rem relinquit dicens: „nulla harum causarum nec adeo mente in universum stante acquiescamus in natura, quae cum alia omnia expedita dedit, tum etiam motus apheliorum luculentam occasionem ostendit.“ Ad finem demonstrationis geometricae ellipsis (cap. 59) addit: „Si quis putat, obscuritatem hujus disputationis ex mei ingenii perplexitate oriri, ei ego culpam hanc hactenus fatebor, quod haec intacta relinquere noluerim, quantumvis obscurissima nec valde necessaria ad astrologiae exercitium, quem unicum finem plerique statuunt hujus philosophiae coelestis. Ceterum, quod materiam attinet, rogo hujusmodi aliquem, ut Apollonii Conica legat: videbit esse quasdam materias, quae nulla ingenii felicitate ita tradi possint, ut cursoria lectione comprehendantur. Meditatione opus est et creberrima ruminatione dictorum. —

Praeter ea, quae ex Kepleri de Marte opere allata sunt, ut duarum attractionis et gravitatis legum fundamenta, transitus a viso ad verum Solis locum, Keplerianae denique leges prima et secunda, ex maxima operis copia haec addere liceat. Bipartita eccentricitate, observationibus geocentricis ad heliocentricas translatis ipsam Solis theoriam emendavit ejusque eccentricitatem constituit, neque minus apsidum planetarum lineas easdemque nodorum circumscripsit. Amplius pervestigando hoc quoque expedivit, qualis esset planetarum orbium in eclipticam inclinatio (latitudo heliocentrica), Solis et Martis parallaxes a Tychone false computatas correxit et hoc modo propius accessit ad eas, quae verae sunt, planetarum a Sole distantias, quae quidem a Kepleri demum successoribus perfectioribus instrumentis et auxiliis, quae ipsi non adessent, accuratius sunt constitutae. Mentione quoque dignum est Keplerianum, quod dicitur, „Problema", quo in solvendo permulti versati sunt mathematici. Hoc est: „Data area partis semicirculi datoque puncto diametri, invenire arcum et angulum ad illud punctum, cujus anguli cruribus et quo arcu data area comprehenditur", vel: „aream semicirculi ex quocunque puncto diametri in data ratione secare. Mihi sufficit credere, solvi a priore non posse propter arcus et sinus ἑτερογένειαν. Erranti mihi quicunque viam monstraverit, is erit mihi magnus Apollonius." Aliter: „Data anomalia media (tempus artificiose denominatum ejusque mensura area) quaeratur anomalia coaequata (apparentia arcus a planeta descripti quasi ex Sole"). De vocibus „aequatio optica, physica, anomalia media, eccentri et coaequata", quibus hoc loco Keplerus utitur, haec dat Fabricio: Anomalia media a me dicta est numerus morarum, eccentri anomalia est arcus itineris, coaequata est angulus visionis ex Sole. Ego, mi Fabrici, si astronomiam de novo traderem, sic ut mihi non esset opus loqui cum antiquis, uterer vocibus aliis: dicerem moram, arcum, angulum, circulum; arcus elliptici nomen, morae mensuram, circuli aream.

Omnia ea, quae modo diximus, nova, inopinata, inaudita erant. Keplerus, profectus a falsis conditionibus, ipsi ab ea, quae tum erat, astronomia allatis, perversas et falsas eas esse demonstravit, et apparentiis coelestibus indefesso studio ad collationem adhibitis et inventis mira imaginatione novis ingeniosisque rationibus, quas ad examinandas res et traditas et ab ipso excogitatas adhiberet, cuncta denique accuratissimae calculationi subjecit. Neque prius discessit ab incepta ratione, quam vitiosam eam esse ratiocinando demonstrasset et hoc modo tandem post varios errores et permultas ambages pervenit ad propositum. Quae sunt a Keplero expedita, astronomiam totam in novam eamque meliorem permutarunt et etiam nunc omnis cognitionis astronomicae habenda fundamenta sunt. Assentiamur igitur Delambrio, qui maximas laudes, maximos honores illi et fortissimo et sagacissimo astronomo attribui jubet, qui coelestium motuum leges, cum alia deesset via, invenerit ratiocinatione. —

Neque vero Keplerus id solum egit, ut astronomiam in novam atque magis idoneam formam redigeret, cujus studii fructus in eo, de quo adhuc disseruimus, opere exposuit, sed etiam ut investigaret, quae in corporum coelestium motu symmetria et harmonia inesset. Itaque quo tempore observationes Tychonis examinabat, nunquam desiit meditari, quo modo motus coelestes ad geometriam possent referri, quam opinionem jam in Prodromo suo expresserat, neque vero omnibus numeris absolutam, nondum enim ei tum licebat, illarum observationum quasi fundamento niti. Igitur jam anno 1599. in literis ad Maestlinum magistrum et ad Herwartum fautorem suum datis esse sibi in animo ait de mundi harmonia librum conscribere. Saepe se esse meditatum, quomodo ad illustrandas res naturales geometria posset adhiberi. Versari geometriam circa proportiones et analogias: proportiones figuras geometricas inter se conferre, quarum quum sit numerus infinitus, omissis ceteris paucas, quae „pulchrae" cognominari possent, retinendas esse; analogiarum esse, res ipsas, ad quas plana et corpora regularia pertinerent, comparare. „Pulchras" illas proportiones et in figuris planis inveniri et auribus in musica percipi: quae enim in musica ponerentur septem vel octo intervalla, ea respondere figuris regularibus circulo inscriptis. Hac comparatione Timaei Platonici et Pythagoraeorum admonitus ad illos digreditur, eaque de causa illos docet harmonias suas non recte probavisse aut exposuisse, quod nulla geometriae ratione habita suas de musica opiniones arithmetica fulcire conati essent. Ad has, quae in geometria et musica deprehendantur, harmonias Keplerus tertium addit aspectus, quorum et ipsorum octo tantum efficaces censet esse, qui et ipsi figuris regularibus in circulo inscriptis efficerentur, et quorum efficaciam ab ipso contendit usu cognitam esse; namque per multos annos de ea re observationes a se institutas esse.

Haec cogitata in duabus illis epistolis quas commemoravimus satis incomposite proferuntur; nonnulla vero (de quibus vol. I. p. 197—203 et vol. V. p. 20—29 comparanda sunt) pluribus explicata sunt. Anno 1607. autem Herwarto de studiis a se in harmonias impensis denuo mentionem faciens de argumento quatuor partium, in quas opus suum esset divisurus, copiosius loquitur. Neque vero se ait arduum hoc opus aggressurum esse, priusquam astronomiam, quam tum maxime elaboraret, ad finem perduxisset. Adjicit, se Herwarto gratificantem etiam Ptolemaei harmoniam ab illo secum communicatam denuo interpretaturum et annotationibus illustratam editurum esse. (Cfr. vol. V. p. 30 ss.)

Ab anno 1607. usque ad annum 1618. in Kepleri epistolis nullam Harmoniae mentionem factam invenimus; sed fragmentum ex manuscriptis Pulcov. (scriptum die 24. Jan. 1614), quod vol. V. p. 71 communicavimus, in quo harmonica chordarum divisio cum geometrica circuli divisione secundum proportiones rationales facta comparatur, documento est, eum etiam hoc temporis intervallo his rebus operam navavisse. Paulo priusquam Harmonia typis exscripta est (1619), Keplerus cum Guilielmo Schickarto, pastore tum (1617) Nürtingensi, postea (1618) professore Tubingensi, arctiorem iniit societatem, isque nonnullas figurarum ad illustrandum opus necessariarum ligno et cupro excudendas suscepit. Ceterum epistolarum ab iis inter se missarum perpaucae ad nos pervenerunt, ut de extremis Kepleri studiis in illo opere collocatis nihil inde colligere possimus. Exscribi typis harmonia coepit mense Junio anni 1618, finita est mense Martio anni 1619. Ptolemaei harmoniam ei non addidit, id quod initio sibi proposuerat; nos eam ex manuscripto (vol. V. p. 335—412) operi ipsi adjunximus.

Continet igitur Harmonia, cujus argumentum jam breviter exponemus, studii viginti annorum fructum. Quum proportiones harmonicas ex figuris et corporibus regularibus proficisci existimet, Keplerus primis duobus libris harum rerum rationem explicat, praemissis quibusdam definitionibus et thesibus decimi libri Euclidis, quas vol. V. p. 9. breviter explicavimus. Conficit autem primi libri inquisitionibus, his tantum circuli partitionibus in sequente disputatione utendum esse: 1. divisione in duas, 2. in tres, 3. in quatuor, 4. in quinque, 6. in sex aequales partes earumque dupla, quibus insuper accedunt „stellae" ad pentagonium et decagonium regulare pertinentes. Nobis recentioribus, quippe qui has res prorsus alio modo contemplari consueverimus, Kepleri hujus materiae tractatio non facilis est perspectu; nos vero nimis a proposito aberraremus, si rationem ejus hoc loco illustraremus, quamquam etiam hic in explicando et amplificando Euclidis decimo libro miram rerum mathematicarum perspicientiam prae se fert. Ad construendum heptagonium regulare algebra utitur, id quod apud Keplerum rarissime occurrit, Justi Byrgii secutus rationem „mechanici Caesaris et Landgravii Hassiae, qui in hoc genere ingeniosissima et inopinabilia multa est commentus". Nos eam vol. V. p. 472 modo nunc usitato proposuimus. — In prooemio libri secundi, qui ad Euclidis librum duodecimum et tertium decimum se applicat, Keplerus haecce praefatur: „Cum originem harmonices ejusque effectus in toto mundo praestantissimos explicandos sumserimus, quomodo de congruentia figurarum*), quae sunt proportionum harmonicarum scaturigines, verba nulla faciamus . . . cum hic figurarum effectus intra geometriam intraque architectonices partem illam, quae circa archetypos versatur, sit quaedam velut imago et praeludium effectuum extra geometriam extraque mentis conceptus in ipsis rebus naturalibus et coelestibus, cum proprietas haec congruentiae, quae in structuram et corporationem aliquam exit, talis sit, ut vel ipsa mentem speculatricem invitet ad aliquid etiam foris faciendum, creandum, corporandum, utque latens inde ab aeterno in superbenedicta mente divina per idearum ordines tanquam bonum summum, sui communicativum, contineri in sua abstractione non potuerit, quin in creationis opus prorumperet Deumque creatorem efficeret corporum sub iisdem figuris conclusorum."

Delectu habito corporum discernuntur quinque regularia Euclidis corpora, „quibus addi possunt congruentiae stellarum duodecim planorum pentagonicorum". (Cfr. vol. V. tabulam paginae 119 subjunctam inque ea figuras literis Ss et Tt signatas), et tredecim corpora Archimedea, „perfectae in solido congruentiae gradus inferioris". Notandum est, Keplerum viam hic praeivisse Gallis Cauchy et Poinsot in construendis ad certam legem corporibus multiplanis.

Libro tertio Keplerus ea refert, quae ipsi lectione scriptorum de musica Graecorum et inter recentiores praecipue Vincentii Galilaei innotuerunt. „Ab annis viginti in hoc elaborandum mihi censui, ut hanc mathematices physicesque partem illustriorem redderem, inventis causis talibus, quae ex una parte et judicio aurium satisfacerent in constitutione consonantiarum ceterorumque concinnorum numero, nec ultra id, quod aures ferunt, excurrerent, ex altera vero parte clarum et apertum discrimen statuerent inter numeros, qui formant intervalla musica, interque alienos ab hoc negotio; quae denique respectu tam archetypi, quam mentis, quae archetypo utitur ad conformandas illi res, cognationem cum intervallis haberent eoque verisimilitudine clarissima niterentur." Proponens universum systema musicum concordantias sonorum semper refert ad sectiones circuli per latera figurarum regularium, intermiscens explicationes rerum minus perspicuarum. Explicat v. c. qui fiat, ut „chorda pulsata chordam aliam non pulsatam secum in sonitum trahat"; pro aëre moto assumit „speciem immateriatam", haec autem subjungit explicationi suae non plane rejiciendae: „Haec mihi videtur causa mirabilis hujus experimenti; qui me felicior est indagine mentis, ei palmam dabo." Pluribus agit de „differentiis intervallorum", de monochordo, de „diagrammate, h. e. chordarum seu vocum denotatione moderna per lineas et literas alphabeti", ubi de ortu signi literam *C* denotantis scite disserit. His finem facit disputationis suae: Astronomus

---

*) Voce *congruentiae* Keplerus eam intelligit figurarum regularium conjunctionem, ut et angulum solidum conficiant et aliis figuris regularibus adjectis is angulus claudi possit.

ego sicut de figuris regularibus disputo nón tam geometrice (nisi ubi illa adhuc incompleta visa est), quam astronomice et metaphysice, sic etiam de cantus proportionibus scribo non tam musice, quam geometrice, physice, denique ut prius astronomice et metaphysice: quia sicut corporibus quinque regularibus ex geometria, sic etiam proportionibus totoque apparatu harmonico ex musica opus habeo ad explicandas causas proportionis orbium coelestium eccentricitatumque et motuum in apsidibus. Artem vero componendi cantus nequaquam profiteor. —

Quarto deinde libro Keplerus propius ad propositum suum accedens varias planetarum inter se positiones, quales a Terra conspiciuntur, ad superioris disputationis rationem accommodare studet. Hoc autem fere modo eam rem aggreditur. Et humanae menti et aliorum animalium animis innatam esse quantitatis notionem. Geometriam ab aeterno in Dei, creatoris mundi, mente latere, atque ab illo humanae menti ingeneratam esse facultatem res harmonicas ab ipso creatas ita percipiendi, ut creatoris quandam effigiem in iis agnoscant. Hanc facultatem cum alias apparere, tum in inferioribus animi viribus, cum sensibus arctissime conjunctis. Licet enim per se sensus ad perfectissimam rerum intuitionem nequeant evehi, tamen exempli gratia auditum naturali quodam instinctu sonorum harmonia concitari. Hanc concitationem inexplicabili quodam modo intus propagari, eoque fieri, ut homo harmoniae imaginem animo receptam in motus transvertat, qui seu cantu edito, seu corpore agitato etiam extrinsecus animadverti possint. Eodem vero modo harmonias etiam superiorem animi indolem afficere eam ipsam, quam modo commemoravimus, geometricarum rationum percipiendarum facultatem excitantes. Quum igitur duo radii in conspectum cadant a duobus sideribus (planetis) proficiscentes, quorum ea sit positio, ut arcus ea conjungens latere figurae regularis in circulo inscriptae terminetur, animum naturali quodam instinctu percipere, quam harmonica sit illorum radiorum natura, eumque arcum ab alio discernere non eodem mòdo confecto, et quamquam ipse sibi ejus rei non possit reddere rationem, tamen harmoniae effectum, a speculo repercussae imaginis instar in animum influentem, sentire eoque concitari atque delectari. Neque vero humanus tantum animus, ait, hoc modo harmonicis radiis afficitur, sed etiam „anima, philosophis dicta natura sublunaris, per totum. Telluris, alumnae nostrae, corpus diffusa inque aliqua certa parte non aliter quam anima humana in corde radicata, ex quo ceu foco, fonte vel penetrali per speciem sui exit in circumfusum Terris oceanum et superfusum undique aërem. Quemadmodum vero qui melodo suaviter canenti auscultat, is laetitia frontis, voce, plausu manuum pedumve ad melodiae mensuram attemperato testatur, se quod est in melodia harmonicum percipere et approbare, non aliter natura sublunaris commotione insigni et evidenti viscerum Telluris, ad illos potissimum dies, quibus sidera radiis suis harmonice configurantur in Terris, testatur, se non minus instinctu quodam naturali valere ad percipiendum proportiones angulorum harmonicas, quam pollet facultate naturali, vitalis nostrae simili, ad corpus Telluris officinasque subterraneas in montanis certis harmoniarum temporibus calefaciendas exagitandasque, ut illae magnam vaporum copiam exhalent, ex qua per antiperistases frigoris superni omnis generis meteora conformantur.“

His autem principiis, id quod et antea plus semel notavimus et per hanc occasionem repetitum volumus, etiam astrologia Kepleri nititur, cujus rationem in eodem illo quarto libro exponit. Ceterum ut multis aliis locis ita etiam hic circumscribit ejus notionem ideoque exempli causa in quarto capite dicit: „Oculi, quorum objectum sunt lux et radii lucidi, nullum faciunt idoneum judicium harmonicae radiationis binorum planetarum. Nec est ratiocinativa facultas. Etsi enim ex observationibus astronomicis per oculos administrandis ratio invenit et computat, qui quovis tempore sint aspectus, id tamen non agit naturaliter, quippe non apud omnes promiscue homines, sed voluntarie, apud paucos astronomiae singulariter deditos.“

Sub finem quarti libri, postquam secundum rationem ab ipso probatam a circuli sectione profectus certum atque finitum aspectuum numerum efficacem esse docuit, efficaciam eorum denuo tractat et in ea persistit sententia, multorum annorum observationibus (quas vol. VII. p. 618—653 collectas exhibuimus) evidentissime sibi demonstratum esse, aspectus illos etiam ad mutandam tempestatem valere. Hanc autem efficacitatem non alio modo explicare potest, quam „non ratiocinativam quandam“, ut ipse ait, in Terra vigentem ponens facultatem, quam cum anima hominum aut bestiarum instinctu confert: „Quod est bovi stimulus, equo calcar, militi tympanum et classicum, auditoribus oratio incentiva, turbae rusticorum modulatio ad fistulam, utriculos et panduram, hoc est universis, praecipue vero in unum congregatis, configuratio coelestis idoneorum planetarum, ut et singuli in suis meditationibus operisque incitentur, et universi ad conspirandum sociandasque dexteras promtiores fiant... Quod animam Terrae tribuerem, movit me praecipue hoc, quod formatrix facultas est in visceribus Terrae, quod in gemmis et fossilibus exprimit quinque corpora regularia: nam de opifice testatur opus. Quibus addat, qui Copernicum sequitur, volutionem globi Telluris diurnam, perpetuam et aequabilissimam, quam inter hujus animae munia rectissime accensebit. Quid quod et sensus quidam vel tactus vel auditus Telluris globo inesse videtur, argumento hoc, quod constanti traditione confirmatur, si quis lapillum in hiatus montium conjiciat aut in lacum montanum, e vestigio tempestates excitari. . . . Relucet in anima Telluris imago quaedam circuli zodiaci sensibilis totiusque adeo firmamenti, vinculum sympathiae rerum coelestium et terrestrium, relucent multo maxime in illa archetypi omnium ipsius muniorum omniumque motuum, quibus corpus suum quocunque sensu moveat. Sic in hominis animam influit totius zodiaci sensilis figura, recens a partu incensam, inque illam inolescit penitus et signat loca omnia, quae planetae sub fixis, quae ortus, occasus aut medium coeli obtinuerunt. Prae reliquis vero rebus astronomicis multo maxima necessitudo intercedit harmoniis radiosis cum ortu primo et formatione hujus vitalis in homine facultatis.“

Ab hac quaestione ad aliam ejus similem transgressus Keplerus refert, quam vim harmonica planetarum positio tempore natali infantis ad ejus animum animique facultates sibi habere videretur, quaeque necessitudo videretur intercedere inter matris et infantis recens nati constellationes natalicias. Ejus rei postquam testes se ipsum et matrem commemoravit (conf. vol. V. p. 261), his verbis finem ejus expositionis facit: Haec ego de anima disputavi non equidem hoc consilio, ut philosophiae divinae studiosos avocem a lectione metaphysicorum auctorum, sed ut haec ex mea professione exque intimo hujus operis Harmonici penu depromta, necdum tacta ab iis, quod sciam, considerationibus illorum veluti supplementi loco adjicerem, unde ab iis, qui post me sese huic contemplationi physicae dedituri, auctores dictos lecturi, nostra haec veluti experimenta cum illorum ratiocinationibus collaturi et utrumque ad alterius limam liberrima rationis censura exacturi sunt (quod fateor a me hac vice factum esse minime), haec metaphysicae scientiae pars denique illustrior et locupletior omnibusque numeris absolutior constitui possit."

Eas quas modo retulimus Kepleri opiniones non praetermittendas esse existimavimus. Qui enim viri vere magni vitam vult conscribere, ei ne infirmitates quidem atque errores ejus licet silentio praeterire, majora enim sunt ejus merita, quam quae illarum commemoratione eleventur. Ceterum admonemus lectores conclusionis quarti libri a nobis citatae, ubi experimenta tantum se ait proferre neque cupere, ut tanquam opus plane perfectum „lima liberrima rationis censura" examinentur. Quae experimenta arctissime conjuncta sunt cum cunctis Kepleri studiis in astrologiam impensis. Quum enim non solum muneris ejus esset, eam exercere, sed etiam saepe, ut aut res ad vitam necessarias sibi compararet aut amicorum vel fautorum alicui gratum faceret, ad eam confugere cogeretur, semper, quo magis tolerabilem hanc, quam vitare non posset, occupationem sibi faceret, in eo elaborabat, ut astrologiam multis erroribus purgaret et rationalibus finibus circumscriberet et in philosophicam quandam formam redigeret. Accedit quod studia philosophica, quae illo tempore vigebant, semper circa ejusmodi subtilitates versabantur, et quod rerum naturalium scientia etiam tum quodammodo in incunabulis erat. Et petrificationes quidem tum naturae lusus censebant esse, aut cum partubus monstruosis vel vitiis corporalibus ex matris gravidae imaginatione ortis comparabant. Vel homines nequaquam fatui tempestates et procellas a magis et mulieribus veneficis conflari credebant, neque Keplerus ipse aliorum auctoritati fidem habens dubitat, quin lapilli in hiatus montium aut lacus montanos conjecti in iis locis tempestates concitent. Vapores autem ex terra orientes et nebulae a montibus pendentes et alia ejusmodi sudor quidam terrae existimabantur. Bestiolas infimi generis in pelle aliorum animalium degentes et plantas parasiticas inexplicabili quadam vi generabili naturae putabant procreari, eademque ratione monstrorum marinorum velut balaenarum et serpentium marinorum originem explicandam esse. Qui Cardani, Portae, J. C. Scaligeri aliorumque opera legerit, ei non mirandum videbitur, si Keplerus, quippe qui neque haberet, unde verum disceret, neque ipse eas res perscrutari posset, et ipse talibus erroribus implicitus eosque argumentis philosophicis confirmare conatus est. Si praeterea reputaveris, quantopere Keplerus ingenii lusui indulgere et ubique analogias indagare solitus sit, satis dictum videatur ad explicandam et partim excusandam earum opinionum novitatem, quae sub finem quarti et initio quinti libri perscribuntur.

Ceterum magnopere erraverit, qui credat, easdem quae in quarto libro etiam in ultimo Harmoniae libro quaestiones contineri. Hic enim Keplerus mundi harmoniam animo suo observans, quam inde a Prodromi sui conscriptione non omiserat, sed in omnibus operibus astronomicis posterioribus tanquam summum studiorum suorum finem primo loco posuerat, astronomiae usus adminiculis proportiones motuum et distantiarum planetarum, quas observationibus computaverat, cum harmoniis musicalibus comparando consequi studet. Quem ad finem quamquam ne hac quidem via pervenit (neque enim id omnino perfici posse videtur), tamen mirum tulit laboris praemium; nam per haec studia immortalem suam tertiam legem invenit, quae proportiones illas simplicissime exprimit et Newtonii de gravitatione doctrinae quasi fundamentum putanda est. Rejicit in illo libro Keplerus sententiam ab ipso propositam, quam diu veram existimaverat, ad corpora regularia ratus referendas esse planetarum orbitas, numerum autem eorum etiamtum ex illis censet pendere. Contra ea novis inquisitionibus inductus eam sibi proponit quaestionem, quomodo numeris a Tychone inventis, ab ipso correctis, ad probandam suam de harmonia mundi opinionem optime possit uti. Itaque quum a compluribus principiis liceret exordiri, ea omnia examinavit, si quod eorum quam maxime idoneas proportiones suppeditaret. Tempora circuituum planetarum circa Solem non harmonicas praebent proportiones, distantiae a Sole, motus quotidiani, temporis spatia, quibus arcus ejusdem magnitudinis emetiuntur, non constanti sunt magnitudine, sed quovis temporis momento mutantur ideoque nulli sunt usui; eae autem quaestiones omnes comparatione numerorum huc pertinentium, qui vario modo conjunguntur, copiose illustrantur. Restat, ut rationes motuum planetarum, quales a Sole contemplanti se ostendunt, examinentur. Hac autem quaestione Keplero haec confici videntur: 1. „his motuum proportionibus expressa esse genera cantus mollis et duri.“ 2. Motus quotidianos planetarum in apheliis et periheliis quodammodo singulis intervallis musicis respondere; Saturno tribuit quasi tertiam majorem, Jovi tertiam minorem, Marti quintam, Terrae semitonium, Veneri diesin, Mercurio octavam cum tertia minori. 3. Quum autem hi motus non eodem tempore fiant, cum systemate musico, quod quaeritur, parum congruunt. Ideo motus planetarum proximorum inter se comparandi et ad intervalla musica referendi sunt. Sed rarissime accidit, ut duo, rarius ut tres planetae eodem tempore in aphelio aut perihelio versentur; quatuor planetae seculis, quinque myriadibus demum annorum interpositis eo perveniunt; ut vero omnes sex sic conveniant, id „longissimis aevi spatiis interseptum et nescio, an penitus impossibile sit, bis contingere per exactam evolutionem, potiusque principium quoddam temporis demonstret, a quo omnis mundi aetas defluxerit“. Vario autem modo instituta hac motuum planetarum comparatione colligit inde, „planetarum motus extremos neque omnes ad unum systema naturale seu scalam musicam perfectissime accommodatos esse, neque, qui ad systema tensionis ejusdem accommodati erant, omnes illos loca illius naturali ratione divisisse seu successionem concinnorum intervallorum naturalem effecisse, deprehensum sit“. Deinde 4. binorum planetarum motus cum harmoniis conferuntur, eorumque contemplatio his finitur verbis: „apparet, hanc mutuam cessionem esse valde bonam“. Postremo 5. adhibitis corporibus regularibus et lege de distantiae atque circuitus temporis rationibus, numeri inde confecti cum harmoniis comparantur. Et quamquam ne haec quidem comparatio plane ex voto cedit, tamen ea putat Keplerus confici, quibus acquiescere possit.

„Itaque maneo inquit in politia harmonica motuum hic usurpata et toto hoc capite confirmata. Veruntamen hoc exemplo vos, quotquot in hujus libri lectionem incidetis mathematicis disciplinis et summae philosophiae cognitione imbuti, omnes provoco: agite strenui, vel unam ex harmoniis passim applicatis convellite, cum alia aliqua permutate et experimini, num tam prope astronomiam accessuri sitis, vel contendite rationibus, num melius et convenientius aliquid motibus coelestibus astruere, dispositionem vero a me adhibitam in parte vel toto destruere possitis. Quidquid ad gloriam pertinuerit Conditoris et Domini nostri, id aeque vobis per meum hunc librum licitum esto, ac ipse licentiam mihi sumsi ad hanc horam usque, mutandi passim illa, quae prioribus diebus oscitanti cura vel properanti ardore praepostere concepta deprehendere potui.“

In appendice Harmoniae adjuncta Keplerus Roberti de Fluctibus de Microcosmo et Macrocosmo librum amicorum quorundam rogatu percensuerat suumque cum illius opere comparaverat. Ibi quum parum secundum de illo tulisset suffragium, Robertus tanta acerbitate ei respondit, ut Keplerus alio scripto, quod *Apologiam* inscripsit, respondere cogeretur (V. 413 ss). Haec Apologia non ea tantum de causa digna est, quae legatur, quod obscuriores nonnulli harmoniae loci in ea magis illustrantur, sed etiam quod in ea sicut in aliis ejus libris polemicis ipsius auctoris cum mira in disputando ingenii acies et doctrinae humanitas et animi modestia, tum justa, ubi immerito se lacessitum existimat, suorum meritorum conscientia et fiducia pulcherrime elucet. Quum in scriptis polemicis Germanica lingua compositis (contra Roeslinum vol. I. p. 501 ss. et Feselium I. 547 ss.) populari usus dicendi genere salibus et facetiis scite condire soleat argumentationem, in „Apologia“ solius doctrinae armis impugnat adversarium, ut suo jure his verbis finem facere possit: „Etsi crebris injuriis irritatus causam habuissem passim excandescendi, spero tamen, nihil in te, nihil in honorem vel dignitatem tuam dictum esse gravius, nihil quod cum acerbitate tua conferri possit; sales vero et joci disputatorum sunt embammata.“

Missa facientes jam quae huc usque descripsimus opera Kepleri de Marte et Harmonia, hoc tantum addimus, in libro, quem Dr. Apelt edidit anno 1849. inscriptum „Johann Kepplers Astronomische Weltansicht“, ea quae in Harmonia occurrunt musica comparata cum motibus planetarum scite et diligenter explicata esse, quantum ex Kepleri obscurioribus verbis colligere potuit auctor. Quare ablegamus lectorem ad Apelti librum, non ignorantes, ea quae proposuimus ex Harmonia, non satisfactura esse iis, qui propius perspicere vellent ea quae habet liber quintus. Sed sine notis (sonorum signis) plane nequit sententia Kepleri exprimi, iisque additis nimium excrevisset haec de studiis Kepleri relatio.

Transeamus ad aliud Kepleri opus majoris momenti, ad Opticam, quam anno 1604. in publicum emisit. Quae in praefatione ad hoc opus diximus hic repetenda esse censemus: Tycho prorsus ignorabat veram refractionum causam, ita ut refractionem aliam Soli, aliam Lunae, aliam stellis fixis tribueret. Keplerus, superveniens Tychonis studiis, quid his deesset brevi intellecto, cum neque priores scriptores neque aequales satisfacerent, rem ipsam aggressus nova jecit fundamenta et opticae quam nunc habemus parens evasit. Quae priores (Alhazenus Arabs et qui hunc secutus est ducem Vitellio) vagis verbis, re non demonstrata sive prorsus falsa ponentes prodiderant, Keplerus rite conjunxit, demonstravit plurimosque errores abjecit. Qui restant errores et quae plane omissa sunt, nemo Keplero crimini faciet qui perpenderit, novam fere conditam esse ab eo scientiam et hic quoque virum destitutum fuisse auxiliis fere omnibus, quae posterioribus suppeditabant experientia et facilior aditus ad penetralia rerum naturae, observationibus et perfectioribus adjuvantibus instrumentis, praesertim tubis opticis. Quid multa? Fundamentum praebuit haec Kepleri Optica Newtonio ad excolendam hanc scientiam ejusque et sectatoribus et adversariis, qui experientia et subtiliori usi mathematica longius progressi sunt et propius ad verum accesserunt.

Jam anno 1600. refert Keplerus Maestlino, scripsisse se mense Julio „Paralipomena in librum secundum Optices Vitellionis“ illique summam libri indicat. Variis vero causis impeditus rem aliquantisper abjecit et anno demum 1602. ad hoc „negotium“ rediit, initio minus scientiae opticae intentus, quam iis, quae ad astronomiam et praecipue defectus Solis Lunaeque pertinebant. Mox vero mutata sententia „spinosam optices doctrinam suscepit et plus de

Paralipomenis ad Vitellionem quam de astronomiae parte optica" erat sollicitus. „Locus imaginis mihi negotium facessebat; vici. Natura lucis rimanda fuit: hanc tractavi mediocriter. Oculus secundus erat, perlustravi anatomos. Refractiones metiendae: hic haereo. Deus bone! Quam occulta ratio!" Haec ex epistola ad Herwartum data mense Majo 1603. summam exhibent eorum, quae continent capita I.—VI. Opticae Kepleri, capita VII.—XI. astronomica tractant, quae ex parte jam anno 1598. mente conceperat.

Ex opere ipso haec excerpenda censuimus partim nova, partim antiquiora in melius versa vel primum rite demonstrata. Definitiones lucis, coloris, opaci, pellucidi etc. ad modum Euclidis, Pisani vel Vitellionis (majore ex parte in propositionum forma cum demonstrationibus) praemittuntur; luci tribuitur infinita celeritas; densitas lucis in contraria est ratione sphaericarum superficierum, quibus origo lucis centrum est. Demonstratio theorematis: „repercussus fit ad aequales angulos ad latus alterum" absolvitur componendo motum in perpendicularem et parallelum, adhibito motus globuli aquam oblique ferientis exemplo, sicut etiam libra, ubi deprehendimus quasi parallelogrammum virium, quale hodie in usu est physicis.

Figuram lucis Solis per aliquod foramen in locum obscuratum intromissae aggressus, a nemine dicit Keplerus legitime demonstratum esse, cur ille „radius" circulari forma appareat. Causam hujus apparentiae inquirens hoc experimento usus est. Ex angulis libri („qui esset loco lucentis corporis") fila per foramen multangulum in pavimentum circa foraminis terminos circumduxit; singula fila ex angulis libri ducta imitabantur in pavimento figuram foraminis, omnia vero simul sumta figuram libri. Patuit itaque, concurrere ad problema demonstrandum figuram lucentis corporis, in Sole itaque rotunditatem; tale quid priores astronomos observasse in Solis defectibus, specie Solis deficientis per angustum foramen recepta. „Demonstratio vero hujus theorematis cum auctores fugeret, factum est, ut theoremati sine limitatione credentes in magnum errorem inciderent." Observationes enim eclipsium cum coelo non consensisse. Quam ob causam Keplerus demonstrationem legitimam instituit, progressus a lucente puncto et fenestra majuscula ad figuram lucentis corporis quamcunque et fenestram in punctum permutans. Quibus rite demonstratis concludit: „Figura radii in pariete confunditur ex lucentis inversa et fenestrae directa figura." Ad figuram speciei solaris in eclipsibus transiens demonstrat: „cornua non ut in coelo acuta, sed in obtusum reducta apparent" et: „diameter Lunae in hujusmodi radio (specie) minor apparet, digiti ecliptici pauciores, quam in coelo." His immiscet Keplerus demonstrationem apparentiarum in „camera clausa" Portae, „quam artem is primus, quod sciam, tradidit Magiaeque naturalis non minimam partem fecit. Sed experientia contentus demonstrationem non addidit."

In „fundamentis Catoptricae", quam capite III. aggreditur Keplerus, queritur, quod optici a sensu petant, quod et ipsum demonstrandum sit, unde multi errores trabant originem. „Supplendus igitur et hic locus, dispellendae nebulae, ut Sol veritatis clarius elucescat." Quae Euclides eumque secuti Alhazenus et Vitellio de speculo plano ejusque effectibus proferant, ea esse partim plane falsa, partim nimis obscura contendit Keplerus. Ad „veram demonstrationem" praemittit propositiones (potius definitiones) de imagine, visione et oculo, quas capite V. repetit et pluribus explicat; hinc transit ad specula plana, sphaerica convexa et concava, quae verbo tantum attingit, dicens: „in concavis idem (ut in convexis) demonstratur in contrarium. Nam contrariorum idem est judicium, ceteris paribus.“ Hoc praecipue caput sicut sequens „de refractionum mensura“, partim etiam caput primum spectant epistolae Brenggeri medici et Kepleri responsiones, quas Opticae praemisimus (vol. II. p. 37—66), quae haud parum luminis afferunt operi Kepleri et dignae sunt quae diligenter inspiciantur.

Inquirens refractiones diversimode rem aggressus est. Quaerit an ascendant imagines in proportione sinuum inclinationis? Respondit: minime, nam eadem esset ratio ascensus in omnibus mediis. „An ergo primum in perpendiculari radiatione exaltentur in proportione mediorum, inde magis magisque ascendant in proportione sinuum inclinationum? Nihil; nam calculus ab experientia discrepat.“ Nodum Gordium dicit hanc refractionis theoriam et redit ad analogiam, comparans ea quae in speculis contingunt cum iis, quae in aqua ad illorum similitudinem contingere consentaneum esset. Hac quoque ratione re non succedente ad experimenta et mensuram transiit Keplerus, primum inquirens concavum speculum et tale ejus punctum diametri, „a quo radii omnes in superficiem egressi repercuterentur in meros parallelos“, qua speculatione ad conicas sectiones deductus est, quibus singularis destinatus est paragraphus, eam praecipue ob causam notandus, quod novam hic rationem deprehendes, sectiones conicas in plano (mechanice) describendi. Has sectiones suum in scopum inquirens per „regulam falsi“, eo pervenit, ut repeteret, quod initio quaerendum instituerat: „quaesitum fuit, qualisnam esset superficies aquae una et continua, quae exceptas ab aliquo propinquo puncto radiationes omnes et divergentes in plagas varias refractione facta prohiberet divergere, sed parallelos porro mitteret. Parabola esset an hyperbola an ellipsis, diu fuit dubitatum. Pro parabola faciebat aequidistantia, quam parabola repercussu exhibet, pro hyperbola loquebatur anatomica experientia in oculi consideratione.“ (Lentem crystallinam formam habere dicit cap. V. sphaeroidalem in anteriori parte, conoides-hyperbolicam a posteriori.) „Deum immortalem! Quantum mihi temporis et operae perdidit haec inquisitio!“ Tandem missa hac intricata speculatione haec proponit theoremata: 1. Lux quo obliquior incidit, hoc majori angulo refringitur. 2. Cum lux obliquius incidit, major fit resistentia ab eodem medio. 3. Refractionum anguli crescunt majoribus rationum incrementis, quam obliquitas incidentiae. 4. Lucis tenuis et lucis densioris nulla est differentia refractionis, ceteris paribus. 5. Refractiones crescunt circa horizontem praecipitatis incrementorum proportionibus. 6. Angulorum incidentiae secantes concurrunt ad mensuram refractionum, qui constituuntur ad superficiem in medio densiori. Ad hanc propositionem monet Keplerus: „in genuina hujus rei causa directe et a priori demonstranda haereo.“ *Dic quibus in terris et eris mihi magnus Apollonius.* „Magnus ille Apollonius“ exstitit Willebrordus Snellius, qui paucis post annis veram refractionum legem invenit scriptamque reliquit non plane absolutam. Keplerum autem hac suppositione haud multum a scopo aberrasse testis est tabula refractionum, ad legem suam falsam constituta in auxilium vocatis observationibus Tychonicis.

Residua hujus capitis (IV.) pars exhibet considerationem eorum, quae priores de refractionibus tradiderunt, Maestlinus, Rothmannus, Tycho, Vitellio; vestigia dubia persequitur Keplerus, quae significant, veteribus scriptoribus refractiones plus minusve cognitas fuisse. Lectio veterum uberrima Keplerum adjuvit haec inquirentem: Plinium dicit (Hist. nat. II. 13), Cleomedem, Ptolemaeum („conjectura imbecilliori“), Proclum Lycium („non plane ridicule referam"), Proclum Diadochum („obscurum quid referri potest" —), Martianum Capellam („satis scrupulose expressit refractionem horizontalem" —), Antonium Mariam („forsan hinc est, quod existimavit, altitudines poli in omnibus Italiae locis decrevisse"), Alhazenum, Bernhardum Waltherum. Praeterea adjuncta est inquisitio observationis Hollandorum, qui in „alto septentrione (lat. 76°) haerentes in glacie anno 1596. Solem 17 diebus ante legitimum tempus conspexerunt". De halonibus, pareliis, iridibus scite quidem, sed nimis concise in annotatione tantum agitur.

Capite quinto Keplerus agit „de modo visionis", praemittens „oculi anatomen", quam cum libris medicorum celeberrimorum Plateri et Jessenii, tum institutioni Jessenii, amici sui, acceptam refert. Visionis modum his innixus subsidiis describit, „sane a nemine hactenus, quod ego sciam, eousque pervestigatum et deprehensum. Itaque rogo mathematicos, ut diligenter ista considerent, quo vel tandem certi quid de nobilissima hac functione in philosophia exstet."

Keplerus autem rem tanta sagacitate, subtilitate et ingenii foecunditate tractavit, ut nemo inde ab ejus tempore huc usque exstiterit, qui meliora traderet et omnes ad unum in eo consentiant, ne minimum quidem posse mutari vel in melius verti eorum, quae Keplerus hic de visu tradiderit, atque ut huc usque inconcussa stet ipsius de modo videndi ratio. Dignus est paragraphus iste (II. 232—269) ut ab initio ad finem diligentissime pervolvatur, cum fundamentum praebeat scientiae opticae, quantum et ad physicam et ad astronomiam pertinet.

Pars Opticae Kepleri secunda (II. 269—398) astronomiae et praecipue theoriae defectuum Solis Lunaeque destinata est. Inquiruntur veterum et recentiorum observationes circa stellarum lucem, Lunae phases, defectus, maculas, de illustratione mutua Lunae et Terrae, errrores illorum deteguntur et in melius vertuntur, nova quoque haud pauca de his apparitionibus afferuntur. Ex his notamus disputationem „de rubore Lunae deficientis", theoriam parallaxium, modum observandi defectus et diametros Solis et Lunae, instrumentum in hunc usum a Keplero inventum etc.

Lunae theoriam plurimum agitasse Keplerum saepius diximus; quae his studiis per longam annorum seriem profecit, congessit in libro, quem ad edendum ex parte praeparatum neque vero absolutum reliquit, quem inscripsit „Hipparchum". Multa etiam partim nova partim in melius versa deprehendimus in „Astronomia Lunari vel „Somnio", quem librum filius Ludovicus edidit post obitum patris. Uterque liber supplementum Opticae (partis secundae) habendus est, innixum speculationibus physicis et astronomicis, interjectis temporibus captis. Prior exstat in nostra editione vol. III. p. 509—717, cum aliis de eadem re studiis, ex codicibus Pulkoviensibus desumtis, posterior initio voluminis hujus octavi (p. 27—123). Reformatam ibi deprehendimus Tychonicam theoriam lunarem, causas Tychonicae „variationis" investigatas, novam eclipsium theoriam, quam transsumsit Keplerus in Tabularum Rudolphinarum introductionem.

His quae de Optica Kepleri retulimus adjungenda sunt ea, quae invento tubo optico Keplerus conscripsit et conscripta edidit titulo inscripto Dioptrice. Ipse quidem Keplerus suis ipsius observationibus nihil novi in coelo detexit, priore tempore instrumento illo destitutus, postea, cum nactus esset tubum opticum, observationes tantum Galilaei auctoritate sua confirmans.

Modus metiendi refractiones, qui in exordio Dioptrices proponitur, fundamentum est novae a Keplero physicis traditae doctrinae, nostris quoque temporibus opticis usitatus, quem modum tanti esse momenti censuit rector Ratisbonensis Ostertag, ut schema illud (II. 528) inscribendum censuerit monumento, quod in Kepleri memoriam Ratisbonae erigendum proposuit. Hoc „problema" sequuntur theoremata et problemata, e quibus haec praecipui sunt momenti: Refractione radiorum Solis per vitrum triangulare (prisma) oriuntur colores iridis. Concursus radiorum per lentem convexam refractorum rite demonstratur et demonstrata referuntur ad oculum et modum visionis. Ea quae in Optica de visione tradita sunt, hic accuratius et firmioribus innixa fundamentis proponuntur. „Crystallinus humor oculi est lens convexa, forma hyperbolae; retiformis tunica est papyri vice et pinguntur in ea visibilia pictura reali. Visio est sensio affectae retiformis spiritu visivo plenae. Haec pictura seu illustratio est passio aliqua, non tantum superficiaria, sed etiam qualitativa, penetrans in spiritus. Quemadmodum omnis sensus externus perficitur receptione et impressione, passione scilicet, cum imprimitur ei quod sentit species rei externae, quae passio sensio dicitur, sic etiam intus in cerebro est aliquid, quicquid sit, quod communis sensus dicitur, cui imprimitur species instrumenti visorii affecti, hoc est picti a luce rei visibilis. Quae igitur accidunt instrumento extra sedem sensus communis, ea per speciem immateriatam, delapsam ab instrumento affecto seu picto et traductam ad limina sensus communis, illi sensui communi imprimuntur. Sed impressio haec est occultae rationis nec tuto dici potest, speciem hanc introferri per meatus nervorum opticorum sese decussantium. Obscurum est, an nervi optici serviant speciei affecti instrumenti traducendae intro in cerebrum, an potius sint alii aliqui spiritus subtiliores corporeo isto per retiformem sparso, qui meatu corporeo non indigentes per totum corpus libere spatientur membrorumque affectiones excipientes cerebri facultati, quae communis sensus dicitur, communicent. Forte sic est, ut transferatur haec species affecti instrumenti a retiformi in cerebrum per meatum quidem nervi optici, non tamen quatenus is est aliquis corporeus meatus, sed quatenus is ab ipsa sede sensus communis usque in nervum opticum (retiformem) est spiritu plenus et sic continuatio spiritus sit causa transeuntis affectionis ab oculo in cerebrum. Instrumento utroque similiter affecto, videmur speciem unam videre, at dissimiliter affectis vel pictis intus duorum oculorum tunicis retiformibus, duo nobis pro uno repraesentantur visibilia. Nam si similis est affectio, passio etiam similis erit in sensu communi, uno et eodem existente, vestigium enim, ut sic dicam, quod dexter oculus sua affectione imprimit sensui communi, imprimit et sinister sua. Aliter in dissimili affectione: nam duo sunt instrumenta, quodlibet affectum peculiariter, duae igitur fient impressiones et sic duae ejusdem rei sensiones."

Pluribus deinde agit Keplerus de presbytis et myopibus, de oculis sanis et morbidis causamque scite refert in formam et locum lentis crystallini et in „musculorum" oculi constitutionem. Inde transit ad „usum lentium respectu oculi", qualis earum sit usus presbytis, qualis myopibus, denique docet, innixus geometricis demonstrationibus, qua ratione lentes sint conjungendae 1) ut duobus convexis majora et distincta sed everso situ visibilia appareant (tubus Keplerianus seu astronomicus); 2) ut minora, sed recta et distincta appareant; 3) ut tribus convexis visibilia erecta, distincta et majora appareant; 4) problema: „visibilia lente cava et convexa pingere majora sed eversa"; 5) „cava lente proxime oculum posita, quaecunque lens majori circulo convexa in una certa remotione a cava distinguit visibilia et auget" (tubus Galilaei). —

Eodem anno, quo Optica Kepleri emissa est, elucebat stella illa nova in Serpentario, quae oculos ut astronomorum ita omnium hominum doctorum indoctorumve ad se traxit. Conspecta est a die 2./12. Octobris anni 1604. usque ad initium anni 1606, quamquam neque primus exortus neque ultima apparitio certo fuerit constituta. Omnes admiratione capti novi hujus et mirandi spectaculi explicationem quaerebant rei improvisae, causam efficientem et astrologicam vim et significationem. Keplerum quoque, astronomum imperatoris, adierunt summi et inferiores, ut diceret sententiam suam, quam paucis pagellis in publicum emisit brevi post primam apparitionem stellae. Respondit ad quaestiones de significationibus astrologicis more suo, verbis usus priorum astrologorum et rem ad joca vertens: „Er bedeutet den Buchdruckhern grosse Vnruh vnd zimlichen Gewinn, dann fast jeder Theologus, Philosophus, Medicus vnd Mathematicus wird mit seinen Gedanckhen ans liecht khommen wollen."

Gravius et accuratius aggreditur rem in libro latino, quem anno 1606. in publicum emisit inscriptum: De Stella Nova in Pede Serpentarii. Undique collectis nunciis de observatione stellae iisque ex arte examinatis et ponderatis, suas ipsius observationes accuratissimas subjungit comparatque cum illis indeque colligit stellae novae longitudinem 17° 40′ ♐, latitudinem 1° 56′ sept., „paulo minorem, ob refractionem in altitudine 19°". Ad observationes Fabricii haec annotat, quibus ea quae supra retulinus de usu familiari Kepleri et pastoris Frisii supplemus: „Vir equidem talis in astronomicis, penes quem post exstinctam cum auctore Brabeo diligentiam observandi coelestia omnis in observando stat auctoritas, quam palmam illi quantum ad me, qui confuso visu multum impedior, cedo libenter. Adde etiam in rimandis planetarum motibus sagacissimum ingenium inque contemplando studium indefessum. Quod astrologica attinet equidem fateor, virum illum auctoritati veterum et cupiditati praedictionum, ubi haec duo conspirant, alicubi succumbere et quodam quasi enthusiasmo praeter rationem abripi; verum ista cum ingenti doctorum virorum turba communia habet."

Illis quas modo diximus observationibus et comparatione suarum cum aliis astronomum se praebet Keplerus non modo imbutum praeceptis astronomiae practicae, sed etiam cautum, sincerum liberumque omni opinione praejudicata. Eundem se praebet in iis quae sequuntur, diligentissime inquirens loca planetarum circa tempus quo primum illuxit nova stella et loca stellarum fixarum in constellationibus Serpentarii, Serpentis et Scorpionis, qualia a Ptolemaeo et Tychone prodita sunt, quamquam ipsi quoque sicut Tychoni instrumenta quibus utebantur imperfecta loca stellarum ad gradus tantum integros et graduum minuta exhibuerunt.

Ex iis quae hic et postea affert ex libris astronomicis, uberrima Kepleri elucet lectionis copia. Non tantum Ptolemaeum et Copernicum et Tychonem penitissime novit, sed etiam graecorum latinorumque (cum veterum tum recentiorum) scripta diligenter perscrutatus est, ut Aratum, Avienum, Firmicum, Manilium aliosque multos. Similiter in sequentibus capitibus doctissimum se praebet et versatissimum scrutatorem librorum philosophicorum et poëticorum, cum disserit de distantia, luce, magnitudine stellae novae atque vel testes adducit vel refutandos censet Aristotelem, Plutarchum, Plinium, Jul. Caes. Scaligerum, Virgilium, Pontanum, Weidnerum, quorum dicta etiam discutit in capitibus, in quibus examinat varias opiniones de „causis efficientibus" ortum novae stellae; sic Pici, Mirandulae comitis, sententiam de astrologia pluribus inquirit, suam quidem de vi aspectuum in naturam sublunarem firmiter tenens, in multis vero cum Pico consentiens. Capite 27. deprehendimus astronomum disputantem „de casu" et dictum illud de uxoris acetario, quod pag. 938. praemisimus. Ibidem occurrit inter seria hilara narratio lusus, quo in adolescentia quondam delectatum se esse dicit: „chartas lusorias aequali cum literis nominis mei numero singulas singulis inscripsi literis; inde coepi miscere chartas et ad seriem earum identidem respicere, si quando sensus aliquis prodiret. Dii Deaeque Epicureae omnes perdant hunc casum, qui mihi nunquam ne eminus quidem ostendere potuit, quod ad sententiam aliquam alluderet, cum plurimum temporis eriperet. Itaque chartas meas Aetherioni Epicureo tradidi in Apirum transportandas, feruntque ibi illas adhuc inter atomos volitare confusissime, nulliusdum sensus certas."

Subjunxit Keplerus libro de stella nova inquisitionem de anno Christi natali, quam vol. IV. p. 175 ss. praemisimus, adjunctam ceteris de chronologia scriptis Kepleri. In hac quoque studiorum suorum parte strenuum se praebet defensorem eorum, quae vera esse cognovit, indefessum in inquirendis chronologorum et historicorum libris, versatissimum in libris sacris et grammaticum satis eruditum. De auctoritate, qua usus est, cum ab imperatore Ratisbonam vocaretur, ut judicium ferret de instituendis Pastis Gregorianis, prius diximus, auctoritate autem, qua nostris quoque temporibus utitur in chronologorum libris, vere eum dignum esse sufficiet si dicamus, primum a Keplero demonstratum et jam ut verum acceptum esse, aeram Christianam hodie usitatam erroneam esse Christumque natum ad minimum quinque annis ante annum, quem dicimus primum aerae Christianae. —

Tabulae Rudolphinae, quas ut conficeret Keplerus ab imperatore Rudolpho inter alia mandata acceperat, absolutae sunt anno demum 1626, vicesimo quinto ex quo observationes Tychonis Keplero traditae sunt. Usus est ad has tabulas iis, quae intermedio tempore nova in astronomia invenerat, eaque ut etiam usum logarithmorum in calculis astronomicis et ex „Hipparcho" suo Lunae theoriam emendatam in „praeceptis", quae sunt numero 209 praemissa, explicat. Tanto meliores et accuratiores sunt hae tabulae iis, quae antea in usu fuerant, ut statim initio ab omnibus astronomis maximo acceptae fuerint gaudio et maxima in auctorem gratia. Solae in usu erant per seculum decimum septimum et tum demum exoleverunt, cum astronomi, melioribus quam antea adhibitis instrumentis et calculo astronomico in melius verso, accuratioribus observationibus usi novas conderent tabulas easdemque innixas fundamentis a Keplero positis.

Verbo tantum dicimus Kepleri „Stereometriam doliorum", ex praefatione nostra ad hunc librum haec repetentes: „viam ingressus est singularem, innixus quidem veteribus mathematicis, ut Archimede et Apollonio, sed maxima ex parte sui ingenii confisus ususque subsidiis, novasque vias et rationes pandens aequalibus et posteris." —

Omnia quae adhuc tractavimus Kepleri opera id habent commune, quod eorum auctor astronomum doctissimum in iis se exhibet, qui non modo astronomiae historiam omnesque ejus virtutes et vitia, recentioribus inquisitionibus investigata, accuratissime noverit, sed etiam totum ejus usum atque rationem penitus perspectam habeat, quique in libro de Martis motibus partimque in

Harmonia etiam in errores, quibus astronomiae nova jacturus fundamenta implicitus erat, non dubitet inducere lectores („ut tanto melius constet, cur hanc potissimum viam iverim“). Epitome Astronomiae Copernicanae vero, ad quam nunc transimus, id habet novi, quod in ea Keplerus magistri agit partes et quod summa ingenii vi excogitaverat idem mira solertia tironibus tradere instituit. Qui liber tanta compositus est perspicuitate atque evidentia, ut iis qui ejus de Marte vel de Harmonia librum perlegerunt, summam moveat admirationem; neque dubium est, quin ea res ipsi mira sit visa, quippe qui modo joco modo serio soleat de agnato obscuritatis vitio conqueri (velut Brenggero amico scribit: „quam in tuo stylo mirificam perspicuitatem exosculor, ea mihi naturali vitio saepe deest“). Quin etiam tanta est illius Epitomes praestantia, ut sine magno labore in compendium astronomiae ad hujus aetatis usum possit converti, atque sine dubio majori usui foret quam multi ejusmodi libri, quos proximis triginta annis librarii magna hominum discendi cupiditate impulsi vulgaverunt. In ea elementa astronomiae, qualem Keplerus eam de integro fundaverat, luculentissime exponuntur et res ab eo inventae legesque ab eo statutae cum reliqua astronomica disciplina apte conjunguntur. Alienum a nostra ratione id unum est, quod eam catechetico more composuit, quamquam illius temporis lectoribus ea forma nequaquam nova fuit. Ideo, quum tota materia in interrogationes et responsa dirimatur, saepe accidit, ut interrogationes nimis longe repetantur. Ceterum plurimarum disciplinarum elementa tum eodem modo tradi solebant, eamque formam ut eligeret quum aliis rebus tum ea causa Keplerus videtur adductus esse, quod ipse ex Maestlini libro eadem ratione conscripto quondam astronomiam didicerat. Quid, quod vel typis ligneis, quos Maestlinus ad suam Epitomen illustrandam faciendos curaverat, uti in animo habuit. Neque vero est, quod doleamus, Maestlinum Keplero roganti eos non permisisse: illis enim figuris adhibitis hic ad multorum inveteratorum astronomiae errorum censuram aberrare coactus esset. Kepleri figurae, quamquam a xylographo parum commode expressae partimque tam male redditae, ut nonnullae lineae et literae ad sententiarum intellectum prorsus necessariae aegre agnoscantur, tamen Maestlini figuris multo meliores et aptiores sunt. Atque hoc aliisque externis epitomes Keplerianae vitiis (perangustum enim est paginarum spatium, quod ad Maestlini opus accuratissime accommodatum est, literae tenues et saepe pessime expressae, charta vilis et subfusca vel subcaerulea) factum esse videtur, ut neque tum quot par erat lectores nacta sit, et recentioribus paene ignota manserit. Nos multas illas figuras pulchrius et purius exprimere studuimus, optime nos adjuvantibus egregio nostro amico Kellero, professore picturae linearis in schola reali Stuttgartiana et Allgaiero et Sigle inclitis xylographis Stuttgartianis, qui etiam ceteras hujus libri tabulas ligno exprimendas curaverunt. Imago titulo sexti voluminis, quod Epitomen et majorem partem Tabularum Rudolphinarum continet, adjuncta secundum Kepleri exemplar a Kellero professore delineata et a Dertingero Stuttgartiano chalcographo excusa est.

Epitomes argumentum jam vol. VI. pag. 4—13 copiosius retulimus, ideoque supervacaneum est hoc id loco repetere. Id unum adjiciatur, earum rerum, quibus hoc Kepleri opus a similibus scriptis et ejusdem et prioris et subsequentis temporis differt iisque praestat, non posse summam confici: omnibus enim partibus novum atque unicum est, ut Kepleri Optica et liber de Marte conscriptus, ideoque nullam omnino licet comparationem instituere inter illud et debilia eorum studia, qui aut veterem astronomiam a restitutore atque instauratore ejus artis defendere aut Tychonis placita Copernicanis anteponere conati sunt. —

Anglus Jeremias Horroccius, Kepleri astronomiae addictissimus (qui anno 1641. 3. Jan. „praematura morte juvenis" obiit sub aetatis annum 22.), quem laudant in astronomiae historia versati ad unum omnes in mathematica et astronomia versatissimum et libero sinceroque judicio praestantissimum, haec de Kepleri Epitome et aliis operibus scripta reliquit: „Legant studiosi, qui veritatem quaerunt, Kepleri Astronomiam Physicam in Commentariis de motu Martis et Epitomen ejus Astronomiae Copernicanae, et non dubito quin exinde jucundissimum solidae philosophiae thesaurum captaturi sint, divinissima verae sapientiae varietate florentem, nectar et ambrosiam suavissime spirantem. . . . . . Successit (Tychoni) divinissimum Kepleri ingenium, viri ad abdita naturae enucleanda nati, qui ex Tychonis observationibus astronomiam novam condere aggressus est eamque feliciter absolvit editis Tabulis Rudolphinis, quibus nunquam pares Sol adhuc vidit. Et quidem in omnibus adeo erudite astronomica tractavit, ut semper mihi persuasum fuerit, eum omnia habere, qui habet Keplerum."

His verbis Angli, praestanti juvenis ingenio, adjungimus dictum recentioris hominis docti (Franco-Galli M. Bertrand), qui in extremo libello, quo de Keplero exposuit, haecce scripsit: „Keplerus quum ad literarum studium se conferens mera ratiocinatione arcana naturae pervestigare posse sibi videretur, brevi, quo erat ardenti et sincero veritatis studio, id tantum pro certo habebat, quod probare posset. Igitur semper paratus erat mutare sententiam et quas maxime fovebat opiniones remittere, si re diligentius pensitata sententiam suam argumentis stabilire non posset. Verum quum non intermissa inquisitione confirmabatur id, quod statuerat et animo praeceperat, laetus explorata veritate exsultabat gaudio et ardentibus verbis animi commotionem aperiebat. Jam vero dignitate illa et gravitate, qua oratio ejus assurgit vigetque, alienissimus erat a vanitate et fastu illo, quem prae se ferre solet vulgus novas res invenientium. Nam ut in inquirendis rebus elato audacique erat animo, ita re bene gesta modestia utebatur ovansque laetitia Deo soli honorem deferebat. Erat magnus et generosus hominis animus liber ab omni ambitione et inanitate, ut neque honores neque plausus captaret, atque adeo non se praeponebat iis, quibuscum per literas colloquebatur, hominibus oblivione jam obrutis, ut semper se praeberet verecundum et summa observantia prosequeretur Maestlinum praeceptorem quondam suum, cujus quidem unica laus sit talem habuisse discipulum. Nec vir summus, qui maximis rebus inventis inclaruerit, aut ubi descendebat a fastigio cogitationum suarum cum angustiis necessitatibusque vitae conflictaturus, aut ubi laudes suas videbat vel ignorari vel impugnari, unquam conquerebatur, sine fremitu et aegrimonia, suis ut necessarium victum compararet, qualiacunque sibi mandata negotia simpliciter suscipiens.

Legibus Keplerianis tanquam firmissimo et stabilissimo fundamento nititur nostrorum temporum astronomia, ad earundem immutabilem aeternamque normam omnis astrorum motus compositus est. Illo nemo mortalium aut plura scripsit aut majora detexit, sed idem quam longa quamque aspera via tantas res assecutus sit, pauci sciunt. Cujus ex libris, quos multos scripsit, nullus ad summam illam veterum scriptorum laudem pervenit, nec ii hodie nisi raro leguntur. Verum enim vero gloria viri sempiterna est et in ipso quasi coelo inscripta, quam nec imminuent aut obscurabunt ullae disciplinae progressiones

66*

et stellae errantes perpetuo suo constantique cursu omni posteritati omniumque seculorum memoriae prodent."

In extremo opere nostro satius duximus aliorum de Keplero referre judicia, quam quod ex his ipsis viri operibus a nobis editis redundaturum erat ipsi concludere. Amplius enim triginta annorum operam et laborem in eo consumsimus, ut ea, quae opere nunc ad finem perducto continentur, colligeremus et quendam in ordinem redigeremus. Quid mirum igitur, si dubitavimus sententiam ferre de eo viro, qui tot per annos continuo animo oculisque nostris sit obversatus? Poterat enim fieri, ut Kepleri operum editor idemque interpres non videretur is esse, cujus incorruptum integrumque esset judicium. Quas suspiciones ut evitaremus, maluimus alios nostro nomine facere loquentes.

Restat, ut nulla alia re nisi admiratione summi viri ad suscipiendum et perficiendum opus arduum impulsos nos esse profiteamur. Accipiatur igitur ut debitae viro venerationis signum et testimonium, quumque ei abhinc octo menses in oppidulo natali collocata sit statua aerea, literarum hoc nostrum monumentum ne illo videatur indignius esse magnopere optamus.

Mense Februario MDCCCLXXI.

Dr. Frisch.

Index rerum et auctorum.

Prior numerus volumen significat, secundus paginam.
(Ex indicibus Kepleri ad Opticam et Epitomen ipsius Kepleri verba huc translata sunt)

A.

Abenezra, v. Abrah.
Ablae Ephemeris IV. 358.
Abila IV. 349.
Aboasar, v. Albumasar.
Abrahamus Ben Ezra de nominibus stellarum II. 629.
„ ejusd. Initium sapientiae II. 811.
„ „ Sphaera V. 40.
„ de Arzachele III. 507.
„ de anni longitudine III. 698. IV. 24.
„ de eclipticae obliquitate VI. 109.
Academia Petropolitana I. 59. III. 516.
Academiarum ratio docendi VI. 305.
Academiis quid accommodatum VI. 305.
Acetarium Kepleri II. 713. VIII 939.
Achilles v. Tatius.
Acini malorum granatum cur rhombici VII.720.
Acosta, de Indiis I. 348. 617. II. 48, 40?, 745. VI. 156. VIII. 64.
„ de crepusculis VII. 542.
Acronychia loca III. 25, 63 s. 174, 253, 273 ss. 377. VI. 486.
Acta Eruditorum Lips. IV. 658.
Actiacae pugnae annus IV. 182, 374.
Adami natura IV. 29.
„ creatio VII. 13.
Adam, Eva, Cain etc. comparati cum corporibus regularibus V. 69. VI. 322.
Adamantis figura VII. 728.
Additamentum, quid VI. 249 s.
Additio cossica VI. 714.
Adelardi interpretatio Euclidis I. 205.
Adelmus (Ademarus), auctor vitae Carol. M., de Mercur. in Sole vis. II. 108, 461, 777, 799.
Adlerus, procurator fodinarum Illiriacarum II. 815.
Adlerus, Portae tradit Prodromum Kepleri V. 633.
Admonitio ad Astronomos, 1629. VII. 589—594.
„ de Sacra Coena v. Unterricht vom h. Sakrament.
Adrianus, v. Romanus. Metius.
Aegyptiorum annus qua ratione investigatus.
„ astronomia I. 249.
„ historiae VII. 753 s.
„ hypothesis de mundo I. 270 ss. VI. 562.
Aegyptus observationibus astronomicis praecipue apta IV. 162.
Aelii Galli expeditio in Arabiam IV. 183.
Aeneas Silvius de cometa a. 1456. VII. 132.
Aequalitas numerorum I. 111.
Aequandi modus III. 348. VI. 571.
Aequans, circulus III. 40. 49. 56. VI. 68. 414. 420. 441. 455. 463. 581.
„ Ptolemaei I. 153. 181. II. 336. III. 39. 56. 181 s. 267. 298. VI. 68. 370. 414. 420 441. 566. 581. VII. 285.
Aequantes Ptolemaei et Copernici comparati VIII. 229.
Aequatio (astronom.) quid III. 183. VI. 422.
„ cui usui VI. 423.
„ eccentrici III. 184.
„ luminis VI. 477. 587.
„ menstrua III. 1. VI. 467. 472 ss. 584.
optica VI. 422.
physica VI. 66. 422. 571. VII. 465.
secularis VI. 674. 733.
solis III. 432. VI. 435. VII. 496.
„ temporis II. 9. 428. VI. 78 s. 250. 359. 435. 571. VII. 465. 490.
„ „ causa ejus physica VI. 360. 371. 436. 571.

Annotatio Kepleri (in indice Epitomes) de titulis aequationum. „Quando composita est aequatio ex suis partibus, — physica et optica —, ut VI. 423, tunc valent tituli et usus eorum, ut in astronomia usitata (422 s.) et hic usus valet etiam fol. 436. 467. 472. 474. At cum usus est partis physicae, ex plano computatae, ad constituendam demum anomaliam mediam, ut fol. 420, tunc titulorum est ratio contraria, ut fol. 473 aperte monitum et discrimen utriusque usus ob oculos positum."
Aequationes Ptol. dubiae III. 432.
„ Lunae VI. 584 v. Luna.
Aequationum computandarum ratio Kepleri III. 320 ss. 350 ss. 432.
„ Solarium inaequalitas III. 432.
Aequator = Aequinoctialis, quid III. 428. VI. 192.
Aequatoris divisionis initium VI. 203.
„ altitudo quomodo deprehendatur VI. 218.
„ et eclipticae sectiones loca mutant VI. 204.
Aequinoctiale punctum quid II. 521.
Aequinoctium bis eodem die II. 219. III. 431. VI. 102.
„ Constantini VI. 494.
„ Hipparchi v. Hipparch.
„ quomodo computetur VI. 602.
„ num a Ptolemaeo rite observatum? III. 431.
„ a Sinis observatum VII. 679.
„ vernale, quo die initio sec. XVII. IV. 37.
Aequinoctia et solstitia Hipparchi VI. 528.
Aequinoctiorum praecessio et anticipatio distinguendae VI. 527.
„ praecessio I. 44, 85, 117, 121, 442, 591. II. 521. III. 388. IV. 112. VI. 45, 68 ss. 251, 273, 356, 358, 520. 523, 715. VII. 455, 672. VIII. 605.
„ praecessionis causa VI. 520.
„ „ computatio VI. 601 ss.
„ observationes veterum VI. 104.
Aër quid I. 161. VI. 145 s.
„ colores stellarum in horizonte causatur I. 642.
„ quid faciat in flammam et sanguinem. II. 64.
„ num Lunae incrementa percipiat VIII. 119.
„ refractionum causa II. 47. 176 ss. 298. VI. 148.
„ scintillationum stellarum causa II. 294, 680, 682. VI. 157.
„ Lunae vide Lunae aër.
Aëris et aetheris discrimen II. 89. 176, 207 ss. 420, 520. VI. 145 ss. 170, 184, 312.
„ altitudo I. 347, 422. II. 50, 177, 212, 420, 694. III. 459. VI. 145 ss. 152. 184. VII. 67. VIII. 46.
„ „ ex refractionibus inquisita II. 207.
Aëris et aquae densitates compar. II. 207, 493. VI. 312.
„ calor (resp. frigus) I. 315, 334, 421, 614. II. 207.
„ claritas aestivis diebus, unde II. 290, 292.
„ color I. 589. II. 142, 292, 477. VI. 145.
„ densitas diversa II. 47, 218. VI. 145. VIII. 118.
„ figura circa Terram VI. 147.
„ materia qualis II. 201, 207.
motus II. 218.
mutationes in diversis regionibus I. 339.
natura I. 315, 325, 334, 421, 542, 615.
pondus II. 50, 207. VI. 147.
splendor II. 141, 318.
„ status annis 1617—1629. Ex Ephemeridibus Kepleri VII. 618—653.
„ umbra II. 299.
„ vis in apparitionibus VI. 146, 285, 487, 502.
Aera Aegyptiorum III. 508. IV. 227.
„ Alexandri IV. 145.
„ Alexandrinorum IV. 147.
„ Antiochena IV. 147.
„ Arati VI. 494.
„ Calippi IV. 51, 147, 418. VI. 494, 527.
„ Chaldaeorum IV. 148.
„ Christiana cur in Tab. Rud. accepta VI. 603.
„ Christiana a Keplero mutata IV. 225, 294 et vol. IV. passim. (Vide aera Dionysiana).
„ Dhilkarnaim IV. 147.
„ Dionysiana II. 801. IV. 52, 54, 118, 225 etc. VI. 54, 494.
„ Graecorum IV. 146.
„ Hipparchi VI. 494, 527.
„ Judaeorum (Contractuum) IV. 33, 51, 148, 239.
„ Juliana IV. 33 ss. 51, 225, 294 etc.
„ Nabonassaris IV. 133. 462.
„ Persarum IV. 139.
„ Philippi Maced. IV. 146.
„ Romana v. Juliana.
„ Seleucidarum IV. 148.
„ Turcarum IV. 33.
Aerae in Tab. Rudolphinis quales VI. 603.
Aerarum usualium synopsis IV. 505.
Aerarii imperatorii tenuitas I. 72 s. et alibi pass.
Aesculapius, constell. Serpentarii II. 663.
Aestas quando longissima VI. 435.
Aestatis et hiemis causae I. 421. III. 103. 388.
„ „ „ longitudo III. 432. IV. 35. VI. 78, 263, 434 s.
„ nomen unde VI. 263.
Aether quid II. 292, 319, 420, 493, 701. VI. 145.
„ supra aërem, vide aër.
„ num cometas producat II. 296. VI 146.
Aetheris tenuitas VI. 145, 312, 338.
„ inquinationes VI. 146.
„ substantia variat VI. 489. 502, 511 ss.

Aethiopes cur nigri VI. 30, 123.
Affectus v. animae aff.
Afri apud Arnobium quales II. 49.
Africa circumnavigata ab Aegyptiis VII. 786.
Agerius, med. Argent. VI. 622 s. 625.
Agesianax poëta VIII. 77.
Agricola, Rudolfus, philosophus Frisius, mort. 1485. V. 253.
Agricolarum regulae astronomiae II. 626. IV. 17.
Agriensis (Erlau) clades I. 436, 658. VII. 38, 125.
Agrippa, Corn., astrologus I. 364.
Agrippas Bithynus pleiades a Luna occultari vidit II. 322.
Aimoin v. Annonius.
Alba, Jos., liber Ikkarim II. 746.
Albategnius Aractens. astron. II. 438.
„ utitur aera Antiochena IV. 147.
„ aequationes Solis aequales hodiernis prodit III. 432.
„ de Alexandriae et Babylonis distantia VI. 557.
„ de eclipticae declinatione III. 54, VI. 521.
„ „ fixarum sphaerae magnit. I. 27.
„ „ Lunae diametro II. 348.
„ „ „ eccentricitate III. 543.
„ „ „ phasibus II. 279, 282, 358.
„ „ planetarum sphaeris I. 27. V. 395. VI. 693.
„ „ Ptolemaei eclipsibus I. 412.
„ „ Solis apogaeo III. 507.
„ „ „ diametro II. 344.
„ „ „ eccentricitate II. 220. 336.
„ „ „ eclipsi II. 311.
„ „ stellarum lumine II. 293.
„ „ Terrae ambitu VI. 134.
Alberici Chronicum II. 315, 422, 789.
Alberti Austriae archid. nativitas I. 356.
„ „ vita VII. 6.
Alberto „ dedicat Keplerus librum de cometis VII. 6, 45 ss.
Albinovanus, poeta IV. 87.
Albis fluvius II. 212.
„ num Casurgis Ptolemaei III. 733.
Albumasar (Aboassar) de aspectibus II. 643, 811.
„ de elementis II. 633.
„ „ stellarum nominibus II. 630.
„ „ zodiaci divisione I. 442. II. 627.
Albumasaris cabala II. 634.
„ opera II. 811.
Alchabitius de zodiaco I. 441. II. 626.
Alchabitii opera II. 811.
Alcinous de philosophia II. 485.
Alcmani dictum VIII. 97.
Aldebaran et Antaris fixarum distantiae II. 221.
Alerani v. Blanchus.
Alexander M. IV. 146, 147, 148.
Alexandriae ab insula Rhodo et a Syene distantia II. 221. VI. 134.
„ ab Carthagine distantia VI. 557.
Alfraganus de eclipticae obliquitate VI. 84.
„ de sphaera fixarum I. 27.
„ „ sphaeris planetarum I. 27. V. 395.
„ „ Terrae ambitu VI. 134.
„ „ zodiaco I. 441. II. 626.
„ ed. a Golio et Christmanno II. 811. VI. 84.
Algebrae denominatio unde V. 103.
Algebraicarum et geometricarum determinationum discrimen V. 106.
Alhazenus, de imaginis reflectae loco II. 165 ss.
„ de refractione II. 170, 176. 181. 222.
„ „ visionis modo II. 264.
Alhazeni Optica II. 399 et pass. vol. II.
Alliaco, Petrus de, de aequinoctii tempore IV. 24. VI. 104.
„ ejusd. comparatio astrologiae cum theologia II. 727. 831.
Almamon (Almeon) rex Arabum, de ecl. decl. VI. 83 s., 229.
Almicantarat, quid VI. 209.
Alpetragius, de mundo I. 261.
Alpetragii astronomia I. 337. II. 84.
Alphonsus Rex I. 195. II. 301. III. 507. VI. 669. VII. 753.
Alphonsi praefatio in tab. Alphonsinas VI. 669.
Alphonsinae v. Tabulae.
Alphonsinorum (astronomorum) nona sphaera I. 117. VI. 519.
„ motus fixarum I. 120. VI. 519, 523.
„ apogaeum Solis III. 507.
Alsarquel (?) II. 789.
Alpium aër, altitudo II. 212.
Alsatiae laudes VI. 62.
Altitudo stellae, quid VI. 214.
„ „ minuto temporis sensibiliter variabilis VII. 217.
„ meridiana stellarum VI. 217.
„ stellae quomodo invenienda VI. 226.
„ poli, aequatoris VI. 134, 217.
„ „ „ constans VI. 220.
Altobellus, de stella a. 1604. II. 582, 585, 618.
Altogradus, orator Lucensis Pragae VII. 446.
Ambergerus (Hamberger) I. 40. 42.
Ambergensis typographus I. 515, 663. II. 580. 723.
Ambrosius de paschate IV. 47.
Ambstrutterus legat. regis Angliae VIII. 907.
America unde incolis repleta VII. 799.
Americae gentes IV. 29 s. VII. 755.
„ detectio VIII. 119 s.
Amicitia, comp. cum proport. harmon. V. 200.
Ammianus Marcellinus de caligine prodigiosa II. 314.
Ammon ab Ammanseck, nob. Styrus IV. 125 s. VI. 19.
Amphiscii. VI. 267, 298.
Amphora Rom. V. 592 ss.
Amplitudo ortiva VI. 224 s.
Amrami filius de Lunae lumine II. 273 s.
Amurathae Turcae diploma VI. 609.
Anabaptistae II. 709.

'Ἀνακλᾶσθαι, quid II. 130.
Analogiarum cultor Keplerus v. Keplerus.
Anatolius de aequinoctio IV. 25.
Anaxagoras de Luna I. 160. II. 272.
„ de Terra VII. 736.
„ „ coelo VIII. 116.
Anaximander de Sole II. 269.
Anaximenes de Terra VII. 736.
Ancyrae lapis IV. 191, 243, 326.
Andersonius de stereom. Kepl. IV. 652, 664.
Angeli I. 11, 615.
„ an sphaeras moveant VI. 339 s.
Angelorum officia V. 61.
Anglia non locus libere philosophandi II. 74.
Angliae hiems I. 339.
„ res politicae I. 535. V. 469.
Angulus comutationis VI. 578.
„ visorius II. 167, 262 ss. 491.
Anguli inter eclipticam et meridianum VI.277 s.
„ solidi V. 115. VI. 141.
„ trisectio V. 110.
„ sphaerici VI. 199.
„ inter verticalem et circulum declin. computatio VI. 224.
Anima hominis I. 98, 101, 345, 599. V. 136 ss.
„ motrix pro vi motrice I. 174 ss. 349. II. 270. III. 200. VI. 177 ss. 343, 392.
mundi, v. Mundi, Terrae anima.
planetarum III. 176, 200.
Solis II. 270. VI. 343, 392.
„ subterranea, sublunaris v. Terrae anima.
„ vegetativa plantarum V. 224.
Animae affectus V. 185 ss.
„ facultates V. 224, 339, 350.
„ aspectibus moventur I. 402, 537 ss. II. 638 ss. 718 ss. V. 232, 260. et pass.
„ immortalitas a Plutarcho defensa VIII. 101. 121.
„ instinctus V. 222.
„ et mentis diversitas VIII. 100.
„ cognatae cum luce et flamma VI 344.
Animadversiones Kepleri contra Laur. Politianum. Fragmentum. II. 825—828.
Animal generis neutrius I. 486. VII. 711. VIII. 18.
Animalium ortus mirabilis VIII. 64.
Annales Constantinopolitani II. 314.
„ Francici II. 787, 797. IV. 266.
Annius Viterbensis de Philone et Josippo IV. 213, 226.
Aunonius (Ammonius, Aimoin, Haimo) e soc. Benedicti sec. XI. de eclipsi Solis II. 314.
„ de Mercurio in Sole II. 322, 431, 797 ss.
Annotationes editoris Op. Kepleri quales I. XIII.
„ Kepleri ad Prodromi edit. II. I. 93.
„ „ „ Opticam II. 133.
Annuli in geometria quid IV. 576. V. 526.
„ dimensio IV. 582 ss. V. 542 s.
Annus, Christi nativitatis etc. I. 512. II. 617, 709. IV. 179 et pass. cfr. De Christi vero anno natali.
Annus, Confusionis IV. 81. 295. VI. 606. VIII. 272, 331.
Anni Aegyptiorum IV. 25, 28, 164, 227, 300, 417. VI. 30, 55, 88, 437, 607 ss.
„ Aethiopici VI. 610
„ Arabum IV. 51. VI. 493, 607 ss.
„ Armeniorum IV. 30. VI. 610.
„ Attici IV. 30, 92, 94 s.
„ bissexti, unde denominatio VI. 437.
„ caniculares IV. 24, 29. VIII. 275.
„ Christianorum ecclesiastici II. 800. IV. 15. VI. 493.
„ civiles VI. 246, 437, 527.
„ climaterici VIII. 297.
„ Danielis VII. 807.
„ Dionysiani v. aera Dion.
„ Graecorum IV. 33, 418. VIII. 331.
„ Gregoriani IV. 25 et pass. VI. 247, 437.
„ „ perfectio VI. 604.
„ „ cur non in Tab. Rud. recepti VI. 604.
„ Incarnationis II. 801.
„ Jubilaei IV. 32, 119.
„ Judaeorum IV. 20, 31, 51, 148, 228, 406, 417. VI. 493.
„ Juliani IV. 25, 34, 81, 164, 217 etc. VI. 246. 437, 494, 528, 604.
„ „ cum tropicis comparati VI. 247, 527 s.
„ „ commoditas VI. 527, 604.
„ „ diversae formae VI. 604.
„ lunares IV. 33, 95, 418. VI. 493. VIII. 269.
„ „ Graecis unde I. 249.
„ „ cum solaribus conjuncti VII. 807.
„ lustrales IV. 209.
„ Macedonum IV. 418.
„ Mexicanorum IV. 418.
„ nativitatis Christi an justi VI. 495. et IV. pass.
„ Persarum IV. 30, 418. VI. 437. 607. VII. 673.
„ Platonici v. Aequin. praec.
„ politici VI. 246, 437.
„ „ lunares VI. 493.
„ Popiliani IV. 81. VI. 606.
„ Romani IV. 81, 228. VI. 30. VIII. 268 ss. 331.
„ „ et Aegyptiaci turbatio VI. 525.
„ siderei VI. 246, 273 ss
„ „ quantitas VI. 274. VII. 422. VIII. 262.
„ Sinarum quomodo restituendi VII. 673 ss.
„ solares politici VI. 246, 437.
„ solaris ad lunarem proportio unde I. 143. VI. 367.
„ tropici VI. 246, 273 ss.
„ „ inaequales VI. 432, 437, 526.
„ „ longitudo VII. 422.
„ Turcarum VI. 493, 609. VII. 673.
„ vertentes v. trop.
„ ad diem proportio I. 583. VI. 359.
„ divisio in partes 2 inaequales IV. 163.
„ fatales Keplero II. 400.

Anni, gallicani initium II. 800.
„ inaequalitas IV. 35. VI. 55.
„ initium II. 322, 790. IV. 227, 299 ss.
„ intercalares IV. 226, 295. VI. 437. VII. 673.
„ longitudo dierum365 unde nata VIII.275.
„ magnitudo II. 20, 312, 420. III. 67, IV. 23. VI. 78 ss.
„ magnitudo apud Ptolemaeum justo longior uno die VI. 89.
„ ad mensem proportio, unde VI. 366.
„ qualitates astrol. I. 443.
„ revolutio (astrol.) v. Revolutio.
Annum Julianum veterem Keplerus in epochis Tabularum Rud. retinet VI. 542. 604.
Annorum initia diversa, occasio fallendi chronol. II 800 s. VII. 757.
„ rationes variae VII. 758.
Anomalia, quid III. 122, 408. VI. 419. vide etiam planet. anom.
„ annua VI. 435.
„ coaequata III. 59, 294. VI. 420, 473 s.
„ commutationis I. 118. VI. 448, 692.
„ eccentri VI. 420.
„ latitudinis Lunae VI. 465.
„ media III. 58, 183, 408. VI. 419.
„ vera III. 183.
Anomaliae quot. VI. 419.
Anomaliarum computatio III. 81, 114.
„ denominationes III. 408. VI. 566, 580.
„ mensura sin. versus III. 392.
„ usus in tabulis astronomicis VI. 423.
Anonius v. Annonius.
Antares a Marte tectus III. 440. VI. 91.
Antecedentia, consequentia signorum VI. 203.
Antichthon I. 357. II. 274.
Anticipatio v. Aequin.
Antilogarithmus, quid III. 720. VI. 567.
Antiochia Ptolemaei VI. 557.
Antipodes VI. 297.
Antipodes qui negarit VI. 306.
Antiquis a dogmatibus non leviter recedendum VII. 268.
Antiquorum mores cum iis recentiorum comparati VII. 761.
Antiscii VI. 267, 298.
Antoeci VI. 297.
Antonius Augustinus de drachma V. 592.
„ v. Maria.
„ de Domini Archiep. Spalatiens I. 659. V. 61, 470. VIII. 855 s. 862. 886.
„ Kremsmünsteri abbas, fautor Kepleri VI. 62, 398. VIII. 871.
Antonini itinerarium VI. 557.
Apelius, typograph. Lips. VIII. 8.
Apelles, de maculis Solis v. Scheinerus.
Apelt de Keplero III. 451. VIII. 1019.
Apertio portarum (astrol.) VIII. 325.
Aphelium III. 418. VI. 416
„ pro apogaeo I. 157. VI. 416, 433.
Apheliorum motus III. 251. VI. 427.
Aphetae, quid I. 294, 314.
Apianus, laudatus III. 234.
„ ed. Gebri astronomica II. 409.
„ de insula Taprobane III. 458.
„ de horologio artificiali I. 193.
„ de dist. Tolosae et Noribergae VI. 558.
„ ed. Vitellionis Optica II. 399.
„ long. invenit ope magnetis II. 812.
Apiani cosmographia I. 668. II. 812. III. 457 s, 476. VI. 25, 109. VIII. 586.
„ Astrolabium VI. 555.
„ charta Bavariae VI. 641. VIII. 837.
„ globus Monachii I. 79. II. 812.
„ Opus Caesareum III. 234. 476.
„ mss. incendio pereunt VI. 108. VII. 680.
„ de fixarum latitudine VI. 109.
Apis, Aegyptiorum idolum VI. 258.
Apum cellae V. 115, 122. VI. 178. VII. 719. VIII. 71.
Apocatastases planetarum cum Sole VI. 492.
Apogaeum VI. 66, 416.
„ vagum III. 104.
Apogaeorum motus, unde III. 108, 308, 387.
Apollodorus de Castore et Polluce VIII. 104.
Apollonius num astronomus I. 230, 264, 267, 275, 283.
„ de conicis sect. II. 79, 175, 185 ss. 282, 355, 362. III. 401 ss. VI. 408 ss.
„ de corporibus sphaerae inscriptis IV. 607.
„ de mundo I. 232, 264.
„ de planetarum stationibus I. 235, 264. III. 422. VI. 445.
Apollonii problema geom. I. 264 s. VI. 445, 574.
„ coni superficiei defin. II. 282.
Apollophanus, philosophus II. 738.
Apologia Harmoniae contra Fluddium V. 413—468.
„ **Brahei contra Ursum** I. 236—276.
Praefatio editoris I 217 ss.
Notae editoris I. 277—287.
Apostolorum acta IV. 432.
Apotome V. 9, 70. 88.
Apparentiae VI. 120.
Apparitiones planetarum, v. Plan.
Apsides I. 167. V. 279. VI. 406.
Apsidum motus sub fixis I. 271 ss. VI. 380, 427.
„ „ causa physica et incertitudo VI. 374, 381 s.
„ linea VI. 416.
Aquae natura VI. 129.
„ color II. 56, 418.
„ „ cum terreno comparatus VIII. 57.
„ densitas II. 72. V. 433.
„ passiones V. 215.
„ refractio II. 56, 62, 72, 75, 137.
„ repercussio II. 287, 496.
„ superficies gibba VI. 129.
„ cur appareant altiores litoribus VI. 131.
„ minus lucis repercutiunt quam terrae. II. 417 s. (cfr. II. 287.)

Aquae salitae non concrescunt I. 339.
„ gutta VII. 717.
Aqueus humor oculi II. 231, 238.
Aquapendente v. Fabricius Hier.
Aquilae cur sublimia petant. II. 227.
Aquilo, ventus VI. 190.
Aquilonius de visu II. 416
„ Opticam Kepleri ignorat II. 416. V. 258.
Arabes signa zodiaci appellant Lunae mansiones VII. 680.
„ de Terrae dimensione V. 44.
„ „ long. media III. 345.
„ „ elementis V. 455.
Aracta urbs Albategnii II. 438. VI. 557.
Aractensis v. Albategnius.
Aranea oculi II. 232.
Aratus de constellationibus II. 630, 662, 763.
„ Eudoxum et Metonem sequitur in carminibus VI. 292.
„ de fixis II. 632.
Arati Phaenomena II. 824.
„ „ Interpr. Germanici et Ciceronis II. 833. VI. 292.
Arato celebrata enneakaidecaëteris VI. 494.
Arbaces Assyrius VII. 778 ss.
„ Keplero Phul S. Scripturae VII. 780.
Archelaus Herodis filius IV. 233, 321.
Archetypi coelestium VI. 304, 310, 316 ss., 323, 325, 329, 360, 367, 440, 516.
Archeus Paracelsi V. 440.
Archilochus, de Solis defectu II. 311.
Archimedes, de angulo visorio II. 263.
„ de Aristarcho I. 57, 65, 250, 262. II. 344. VI. 53, 432, 567.
„ circuli mensura III. 93, 321, 497. IV. 556. V. 503, 624.
„ de conoidibus II. 175. IV. 558, 568.
„ „ cylindro IV. 559
„ „ ellipsi III. 93, 345, 353. IV. 558.
„ „ Eudoxo I. 261 s.
„ „ globi (sphaerae) mensura III. 401, 497. IV. 566 ss. V. 624.
„ solstitia observavit VI. 104.
„ de statera VI. 406.
„ „ Terrae ambitu II. 416.
Archimedis opera:
De arenae numero I. 57, 65, 90. II. 263, 416. VII. 717.
De Aequiponderantibus VI. 406.
„ analemma II. 78.
„ automaton coeleste I. 82.
„ Problema de corona aurea: I. 80. II. 806. V. 608.
„ de Pythagorae harmonia V. 396.
„ quadratura paraboles V. 542.
Archimedis Messekunst 1616. V. 497-613.
Notae V. 814—648.
Archimedea corpora V. 123. VI. 321.
Arcticus, antarticus circulus, polus VI. 190, 196, 209 s. 216.
Arcturus II. 51. IV. 163.
Arcturi ortus et occasus VI. 288, 296.
Arcus diurnus, nocturnus VI. 226.
„ ῥητοί, ἄλογοι V. 71.
„ latitudinarius VI. 498.
Arearum lex v. Kepl. leges.
Arenae numerus v. Archim.
Argelandri Uranometria II. 751.
Argentinenses librum Kepleri de Nova Stella per fraudem typis exprimunt I. 663. II. 723.
„ qui emerunt Tab. Rudolphinas VI. 622.
Argentinensium lites I. 533, 664.
„ horologium I. 82, 193.
„ turris I. 666. VII. 618.
Argoli Ephemerides VII. 658.
Argumentum menstruum VI. 470.
„ „ latitudinis VI. 478.
„ inclinationis VI. 425.
Argyrus, Isaac, obs. aequinoctium IV. 24.
Ariolorum ars I. 632.
Arietis constellatio VII. 680.
„ initium VI. 541.
Arim urbs, a Judaeis et Saracenis pro medio mundi celebrata VI. 192.
Aristarchus, cum Copernico comparatus I. 57. 65, 262. II. 290. VII. 273.
„ a Cleantho accusatus VII. 744. VIII. 80.
„ diagrammatis Hipparchici inventor III. 515.
„ de loco Terrae in mundo VI. 432.
„ „ planetarum ordine VI. 353.
„ „ proportione diametrorum Solis et Lunae I. 63, 262. VII. 72. VIII. 111.
„ „ prop. orbis Terrae ad fixarum sphaeram VI. 53.
„ „ Solis diametro II. 344.
Aristarchi aetas, scripta I. 57, 65, 250. III. 515, 698.
„ ratio de mundo I. 27, 57, 65, 178, 250. III. 147, 172, 462. V. 121. VI. 53, 316, 432, 567. VIII. 82.
Aristobulus, de paschate IV. 47.
Aristophanes de Luna IV. 95.
Aristoteles de Aegypt. astronomia I. 250.
„ de aëris altitudine II. 212.
„ „ „ qualitate I. 161. II. 207, 316, 698.
„ „ anni longitudine IV. 95, 98, 157.
„ antichthona Pythagoraeorum explodit II. 274. VII. 733 ss
„ de aquae colore II. 418.
„ astronomos audiendos censet super motibus coelestibus VI. 338.
„ de Calippi astron. I. 257. III. 176, 463. VI. 305, 339.
„ de calore I. 421. II. 144, 207, 699.
„ „ cantu V. 194.
„ „ Chaldaeis II. 322.
„ „ circulari motu VII. 170, 222.
„ coelum inalterabile dicit II. 694.
„ de coeli et sublunarium conjunct. I. 595.
„ de colore II. 151 s. VIII. 58.

Aristoteles de cometis II. 297, 685, 692, 721. IV. 145. VII. 12, 77, 105, 131.
„ num Copernico assentiretur, si viveret I. 113.
„ Democritum refutat de modo visionis II. 258.
„ de disciplinis theoreticis VIII. 147.
„ discipulos suos ad astronomiam ablegat VI. 305.
„ de elementorum combinatione II. 632.
„ contra Empedoclem de visione II. 261.
„ de eclipsibus VII. 742. VIII. 90. 112.
„ de enharmonio V. 187.
„ Euclidem sequitur in Opticis II. 164.
„ Eudoxi discipulus III. 431.
„ de Eudoxi astronomia I. 250 ss. III. 176, 463. VI. 305, 339.
de fortuna et casu II. 707.
„ geometria etc. I. 306.
„ gravi et levi VI. 165. VII. 739 ss.
„ „ humido II. 133.
„ „ infinito III. 317. VIII. 152.
„ „ instrumentis, quae motum planetarum repraesentant VII. 741.
„ „ intelligentiis v. planet.
„ „ iride, pareliis etc. II. 524. VIII. 115.
„ Jovem refert tegisse Geminorum stellam II. 321.
„ a Keplero lector optatur Harmoniae VI. 306.
„ de lapide ad Aegospot. VII. 17, 176, 628.
„ „ libra II. 138, 401.
„ „ lignis putrescentibus II. 144.
„ Lunae motus plantarum vitae comparat VI. 306.
„ de Luna I. 160. II. 274, 276, 282, 322, 498. VI. 361. VIII. 89.
„ „ Lunae phasibus VII. 742.
„ „ mathematica I. 306. V. 218. VIII. 148 ss.
„ rerum mathemat. imperitus I. 252.
„ de mathematicis et philosophis VII. 211.
„ mentem comparat tab. rasae V. 220.
„ Martem a Luna tectam vidit II. 322, 430.
„ de motu I. 258. II. 132, 336. III. 176. VI. 165 ss. VII. 168 ss. 177, 735.
„ de motu circulari VII. 170, 222.
„ „ motuum proportione ad orbes I. 173. VI. 304, 316, 337. VII. 180.
„ „ motus causa VI. 339.
„ „ mundo I. 123, 136, 250 s. 414, 595. II. 699. VI. 339.
„ „ mundi ortu VI. 304.
„ mundum aeternum dicit I. 136. III. 176. V. 121, 339. VI. 339.
„ de musica V. 27 s. 187.
„ naturam elementarem annexam dicit motibus coeli VII. 182.
„ de numero V. 214. VIII. 152.
„ „ oculis II. 242, 262, 325.
„ „ Olympi altitudine II. 212. VI. 152.
„ „ opaco II. 133, 135.
Aristoteles orbes assumit in coelo solidos I. 268. III. 176. VI. 404.
„ de pellucido II. 41, 133.
„ physicorum coryphaeus VI. 179.
„ de planetarum motu I. 136, 258. II. 336, 701. V. 286. VI. 75, 316. VIII. 180.
„ „ „ orbibus I. 258 ss. V. 404. II. 677, 825. VI. 339.
„ „ „ retrogradationibus II. 337.
„ planetis intelligentias tribuit I. 252. III. 176. VI. 339.
„ de presbytis et myopibus II. 256, 540.
„ Pythagoraeorum hyp. de mundo taxat I. 250 s. II. 273 s. III. 150. V. 82. 120. VI. 313. VII. 733 ss.
„ de Pythag. numeris V. 449.
„ „ quantitatibus VIII. 157.
„ „ reverberatione caloris II. 100.
„ „ scintillatione II. 678.
„ „ sectionibus conicis II. 282.
„ „ siderum celeritate II. 336.
„ Solem negat calidum esse II. 633.
„ de Solis corpore II. 269.
„ „ „ loco in mundo VI. 313. VII. 734 ss.
„ „ „ deficientis specie II. 153.
„ „ „ motu II. 334.
„ „ stellarum diametris II. 210.
„ „ „ locis in diversis regionibus VII 743.
„ **de Terrae motu. In linguam Germanicam versus a Keplero** VII. 733—750.
„ tempore terrae motus aëris tranquillitatem observat. VII. 642.
„ de Terrae figura VII. 741.
„ Terrae tribuit facultatem genetricem II. 699.
„ de Terrae magnitudine VII. 743.
„ Thaletis refert sent. de Terra VI. 537. VII. 735.
„ de Timaei animae definitione V. 138.
„ trajectionibus II. 684.
„ ventis II. 207, 210.
„ ventorum altitudine VII. 222.
„ via lactea II. 524.
„ „ visione II. 146 ss. 164, 229, 257, 261, 267, 325, 336, 524.
Aristotelis auctoritas I. 178. II. 37, 146.
„ audacia in comminiscendis planetarum orbibus VI. 565.
„ astronomia non contra Keplerum et Braheum VI. 304.
„ Dei motus in coelo dispensantes I. 590. III. 177, 200. VI. 339.
„ discipuli de coelo II. 694. III. 177.
„ elementa I. 423. II. 632.
„ errores I. 260. 598. II. 164. 261. VI. 305. VII. 745 ss.
„ idem et alterum I. 423, 572.
„ locus de Pythagoraeis I. 287.

Aristotelis meteorologia destructis sphaeris coelestibus damnum patitur II. 521.
„ observationes II. 321 s.
„ Opera: passim, v. c.
„ „ de Anima II. 146, 402. V. 362.
„ „ „ Animalibus I. 641. II. 498. VI. 120.
„ „ „ Audibilibus V. 40, 144.
„ „ „ Categoriis VIII. 151 ss.
„ „ „ Coelo I. 123, 129, 173, 249 s. 258, 576. II. 322, 812. III. 150. VI. 305, 313, 316. VII. 731 ss.
„ „ Mechanica II. 138, 337, 401. III. 395.
„ „ Metaphysica I. 252, 423, 572 III. 200. IV. 98. V. 337 ss. VI. 305. 337. VII. 117. VIII. 147 ss
„ „ Meteorologia I. 595. II. 50, 210, 524, 687. VIII. 116.
„ „ Oeconomica IV. 513.
„ „ Physica I. 596. VI. 305. VIII. 147 ss.
„ „ de Sensilibus II. 135, 258, 261.
„ „ „ Visione II. 146 ss.
„ principia rerum I. 376.
„ qualitates quatuor I. 572. II. 632.
„ topicorum usus VII. 169.
Aristotelicorum mores VII. 213.
Aristoxenis musica V. 180.
Arithmetica, pars geometriae V. 21.
„ ad astronomiam pertinens I. 25. VI. 121.
„ logistica VII. 409 ss.
Armillae II. 219. 223. III. 432. VI. 102.
„ zodiacales VI. 276.
Arminiani VII. 128.
Arndius, Jo. (theol.) VIII. 887. 900.
Arnobius de Afris II. 49.
Arnoldi historia acad. Regiomont. VI. 15.
Artemidorus de somniis I. 393.
„ de cometis VII. 77.
Arteriarum pulsus, mensura II. 334. III. 459.
Arthusius (Artus), Gotthard, nat. Dantisci a. 1570, ab anno 1595 collega et ab 1618 conrector scholae Francofurti ad Moenum VII. 14, 78.
Artusius Bonon., de arte compositoria V. 31, 192, 195.
Arzachel. Alsarquelus II. 789. III 432, 507, 698. VI. 83, 108, 229.
„ condidit tabulas Toletanas VI. 108, 557.
As, mensurae cujusvis denominatio V. 591.
As ejusque partes quomodo adhibitae in Tab. Rudolphinis VI. 677 s.
Ascensiones, quid VI. 228 ss.
Ascensionum usus VI. 548.
Aschavium VI. 534 VIII. 871. 874.
Asiatici timidi et serviles VII. 778.
Aspectus, quid I. 292, 371, 402, 428 et pass. II. 503, 592. V. 234. VI. 489. VII. 12 s.
„ efficaces quales I. 365, 385, 582. II. 642. V. 242 ss. 381. VI. 489 s.
„ harmonici I. 141, 146, 309, 600. III. 319. V. 234 ss.
Aspectus incitant naturam sublunarem I. 172. 389, 428. III. 319. V. 251, 430. VI. 178 s.
„ cum Lunae phasibus comparati VI. 490.
„ Lunae num efficaces I. 605.
„ medicorum VI. 490.
„ meteora cient I. 201. II. 592.
„ novi a Keplero prioribus additi II. 642, 508 ss V. 245, 473.
„ octilis VI. 466, 490.
„ trioctilis VI. 466, 490.
Aspectuum causae et formatio I. 141 ss. 378, 402, 590. II. 642. V. 230.
„ comparatio inter se I. 141 s. 365. II. 590. V. 240.
„ comp. cum fig. geometricis I. 141 s. 322, 365, 428. II. 590, 644. V. 13, 234 ss.
„ comp. cum musica I. 141, 292, 336, 429, 601. II 590 s. 624, 644. V. 236, 245 ss. 385 ss.
„ computandorum ratio VI. 491.
„ doctrina num vana I. 306 ss. II. 503, 591. V. 28, 61, 240 ss. VI. 489.
„ latitudo I. 365.
„ numerus I. 201, 292, 294, 309, 364, 428. II 586, 590, 642. VI. 490.
„ qualitas I 322, 353, 371. II. 592.
„ varietas perpetua I. 405, 456. II. 602, 707.
„ vis astrologica I. 357, 377, 537, 563. II. 592 ss. 641 ss. V. 295. VI. 489.
„ „ „ in homines I. 606, 637. V. 260 s. 265.
„ „ „ unde I. 309.
Assyriorum historia IV. 89. VII. 769 ss.
„ reges VII. 775 ss.
Asterismi v. Stellarum imag.
Astrorum vis astrolog. I. 637. V. 59.
Astrolabium VI. 122.
Astrologia I. 71, 293, 403, 561, 563. II. 579.
„ de futuris conting. rejicitur I. 562, 578.
„ imperfecta I. 580.
„ a Keplero reformata I 292, 318, 401, 531, 578. II. 68, 503 et pass. V. 250 s.
„ contra Picum defensa II. 637 ss.
„ „ Feselium defensa I. 543 ss.
„ Lucani I. 61. IV. 73 ss.
„ Luciani II 630.
„ astronomiae dicitur mater vel filia I. 560. II. 657. VI. 666 s. 670.
„ cum astronomia et medicina comparata I. 563, 579, 608, 616.
„ de revolutionibus planetarum VI. 493.
„ motum Terrae non curat I. 583.
„ num detectis satellibus Jovis levior II. 503.
„ quaestionaria VII. 126.
„ num S. Scripturae contraria I. 578.
„ „ politica respicere debeat I. 393, 406, 435, 550, 578, 613, 635.

Astrologia num theologiae adversaria I. 632.
" " vera an falsa I. 392 s., 622 ss. II. 635. VI. 289.
Astrologiae fundamenta Kepleri I. 417—438.
Dedic. Petro Wock. I. 419.
Astrologiae Keplerus addictus v. Kepleri astr.
" capita I. 578 ss. V. 263.
" laudes I. 313, 549 ss.
" origo II. 735.
" pars non rejicienda I 606. II. 586. VIII. 322.
" principia naturalia I. 645.
Astrologica experientia I. 313 ss.
" vis conjunctionum II. 586.
Astrologici termini I. 292 ss.
Astrologicum judicium catholici cujusdam II. 583 s.
" judicium de stella Magorum IV. 347.
Astrologi famosi II. 749.
" vires planetarum quomodo cognoscant I. 586 s.
" de zodiaci signorum effectibus II. 628.
Astrologorum conditio difficilis II. 749.
" errores I. et II. pass. IV. 22. V. 251 ss. VIII. 323, 335 ss.
" judicium de stella nova II. 617 ss.
" lites de nominibus signorum II. 629 ss.
" praedictiones parvi habitae I, 419. II. 740.
" praedictiones de trigono igneo II. 617.
Astronomia Lunaris Opus Kepleri v. **Somnium.**
Astronomia Nova Kepleri tradita Commentariis de motibus stellae Martis **1609.** III. 135—442.
Praefatio editoris III. 3 ss. Dedicatio Imp. Rudolph. III. 137 ss. Epigrammata III. 140 s. Introductio Kepleri 146 ss. Tengnagelii praefatiuncula III. 145.
Judicium aequalium de hoc opere III. 13.
Praeparatio Kepleri II. 106. III. 16. VIII. 214.
Quo pretio venalis III. 495.
Non publice venalis III. 9, 32, 495.
Quo tempore elaborata II. 583, 673, 828. III. 2 ss. 55, 96, 125, 245.
" " absoluta II. 34, 83. 583. III. 11.
Sine Tengnagelii consensu edi nequit II. 84. VIII. 759.
Tubingensi senatui manuscripta offertur ad custodiendum II. 34. III. 56. VIII. 759.
Duci Württ. et senatui Tubing. tradita VIII. 782.
Manuscriptum operis Pulkovae III. 14. VI. 534.
" Rudolpho oblatum II. 83.
Typus et forma III. 13.
Quae contineat II. 84.
Astronomia, quid. III. 171. VI. 119.
" Copernici v. Copern.
" feminae comparata cunctanti etc. VI. 397.
Astronomia inductionibus locum dat VII. 175.
" medicis utilis I. 616.
" et Optica junctae II. 121, 262.
" parvi habita III. 209.
" physica II. 686. III. pass.
" reformata I. 591. III. et VI. pass.
" cum S. Scriptis comparata VI. 184.
" veterum I. 249 ss. III. 148.
" " errat VI. 385, 440, 447, 449 ss, 455 ss., 500.
Astronomiae aetas II. 629. VI. 530.
" alae geometria et arithmetica I. 25. II. 127. VI. 119.
" anima et vita harmonia motuum VI. 357.
" certitudo quanta I. 164 ss.
" Copernicanae compendium VI. 353.
" divisio v. partes.
" fines VI. 119, 308 ss. 570, 666.
" harmonia duplex I 201.
" historia I. 250 ss. VI. 666 ss.
" " sec. XVI. VIII. 563 ss.
" munus duplex I. 248.
" nobilitas confirmata I. 98. II. 501.
ortus III. 171.
partes I. 248. II. 127. VI. 119, 125.
pars optica v. Optica.
" perfectioni quid desit. I. 164. VI. 530. VII. 179.
" praecisio quanta II. 300, 494, 675.
" scopus III. 171. VI. 184, 307.
" sphaericae initium VI. 127 s.
" subsidia I. 264.
" subtilitas I. 164.
" theoricae subjectum et partes VI. 308.
" usus VI. 667. VIII. 321.
Astronomicae observationes vitiatae II. 262 ss.
Astronomi veteres de Luna III. 542.
veteres num fide digni IV. 88.
" de declin. eclipticae VI. 83.
" " motu Terrae VI 185.
officium I. 64, 240 ss. 264. II. 837.
" ad vulgi captum se accommodant VI. 184.
Astronomorum admonitio II. 288, 349, 353 s., 371, 381.
" diei initium VI. 258.
" dubia de stella Cygni II. 762.
" " " tempore, quo contigit conj. magna 1604. II. 647.
" hypotheses I. 238 ss. II. 335. VI. 692.
" modus, inquirendi loca stellarum II. 323. 362.
" mores III. 38.
" sectae III. 147. VI. 353.
" veterum et recentiorum comparatio I. 164 s.
" visionis modus II. 261.
Asymptoti hyperbolae IV. 575. V. 524.
Athanasius patriarcha V. 41.
Atheniensium diei initium, unde VI. 258.
Athos montis umbra VIII, 93.

Atlas mons II. 292. VI. 123.
Attici anni v. Anni.
Atticorum tribuum numerus IV. 157.
„ mysteriorum ortus V. 145.
Attractiva vis Solis comp. cum luce et magnete VI. 344 ss.
Auditus cum visu comparatus II. 150.
„ consonantias confirmat. V. 145.
Auges, v. Aux.
Auguria VII. 30.
Augustinus de aeternitate II. 701.
„ de antipodibus VI. 306.
„ de anno IV. 158.
„ de civitate Dei II. 583.
Augustus in Gallia IV. 184.
Augusti correctio calendarii IV. 295. VI. 525.
„ breviarium IV. 250, 332.
„ census IV. 247, 332.
„ dies nativus dubius VIII. 331.
„ familia IV. 242, 326.
„ monetae V. 593.
„ nativitas IV. 73. VI. 606. VIII. 331.
Augustus comes Anhaltinus de musica I. 203.
„ „ de arte aquaeductoria V. 644.
„ Luneburgensis dux VI. 622.
Aulae Viennensis rationes IV. 126. V. 57. VI. 62.
Aulberus VIII. 836.
Aurae coelestis qualitates VII. 256.
Aureus numerus v. Num.
Aures dissonantiis offenduntur V. 436.
„ tuas num videre possis II. 237.
Auriga, stella II. 764.
Aurum diaphanum II. 74, 76.
„ fulmineum (Schlaggold) I. 348.
„ cum glaciei globo comparatum VII. 593.
Auri et argenti compositio V. 593, 608.
Austria superior IV. 553. V. 499. VI. 619.
„ „ altrix et benefactrix Kepleri VI. 397.
„ „ quanta VI. 272.
Austriae mensurae V. 570, 590 ss.
„ dolia V. 500 ss.
„ domus fata VII. 134 s.
„ vallis II. 496.
„ vindemia a. 1617. VII. 619.
„ infer. Ordines Keplero mandant tabulam geogr. conficiendam I. 19 VIII. 686.
„ superioris mala publica VIII. 897, 971 s
„ sup. Ordines Keplero pecuniam concedunt pro Calendariis a. 1619, 1620 et 1623. VIII. 870, 883.
„ „ „ pro aliis scriptis a. 1623 ss. IV. 519 ss. VIII. 885, 887, 889, 896, 911, 916, 931 s.
„ „ Keplero mandant tabulam geogr. conficiendam VI. 641 ss.
„ „ num in titulo Rudolphinarum nominandi VI. 645.
„ „ Ordinibus dedicat Keplerus Epit. VI. 115, 397. Ephemerides VII. 525.
Austriacae familiae ornamentum VII. 778.
Automata coelestia VI. 121.
Autumni denominatio unde VI. 263.
Aux, vox unde VI. 416.
Auszug aus der Messekunst Archimedis, v. Archimed. Messek.
Avenrodan v. Averroes.
Aventini annales Bojorum I. 58.
Averroes de columnis Herculis VI. 83.
„ de Luna I. 160 II. 498.
„ de Mercurio in Sole II. 322, 777, 786.
Avicenna de planetarum motu III. 178, 463.
„ „ „ motoribus VI. 341.
Avienus de constellatione Serpentarii II. 663, 824.
Aves ominosae VII. 30, 114.
Axioma philosophicum III. 300.
Axis Terrae, v. Terrae ax.
„ globi usus in refract. II. 245.
„ mundi VI. 189 s.
Azimuth VI. 203, 209.
Azimuthales circuli v. Circ. verticales.
Azophus, astrologus VI. 108. VII. 680.

B.

Babylon nova et vetus VI. 557.
Babylonis regum tabula IV. 103.
„ annales IV. 131, 418.
Babylonii Graecorum praeceptores in astronomia I. 249.
Babylonici regni fines VII. 779.
„ „ historia VII. 769 ss.
Babyloniorum mos, mortuos extra portas vulturibus projicere IV. 168.
Bachazek, rector acad. Pragensis II. 804. VIII. 41.
Bachmayer, pastor, Tab. Rud. revidendas in se suscipit VI. 636, 678.
„ calculum eclipsium a. 1625. in Ephem. Kepleri inserit VII. 552.
Bachmayero donat Keplerus Rudolphinas VI. 636.
Baco, Robertus de magnete II. 812.
„ de aera Christiana IV. 413, 415.
„ Verulamius VIII. 665.
Baculus astronomicus I. 196. II. 520.
Badovere de detectione tubi optici II. 450.
Bainbridgius, prof Oxoniensis ed. Ptolemaeum IV. 661. (VI. 91. VIII. 146.)
Balsora num eadem quae Babylon VI. 557.
Balticum mare II. 213.
Barbavaria de Kepleri libris in Italia prohibitis I. 195.
„ de Kepleri Ephemeridibus VII. 448 ss.
„ tabulas astr. construit VII. 452, 570 s.
„ de Nepero VII. 451.
Barberini (Urbanus VIII) Galilaei fautor, postea ei infensus II. 571.
Barlaam de Ptolemaei Harmonia V. 40 ss., 397, 403, 410.
Barlaami codex I. 383.
„ logistica V. 392. VII. 409.

Baronius historicus IV. 180, 222, 290, 333.
Baronii error in chronol. Christi. IV. 234, 248.
Barretus, Lucius v. Curtius VI. 583.
Barros, scriptor hist. Lusitanus de eclip. ⊙ a. 1507. VI. 627.
Bartschius Laubae natus, Kepleri gener, prof. math. designatus Argent. II. 431, 816. VII. 478. VIII. 896, 913 ss. 944.
„ Kepleri adjutor in computandis Ephemeridibus VII. 566 ss. VIII. 911, 944.
„ ed. Admonitionem Kepleri de phaenom. anni 1631. II. 431. VII. 589.
„ ed. Ephemerides II. 431. VI. 69. VII. 478, 581 ss.
„ organa meditatur astronomica VII. 583.
„ Somnium Kepleri edendum suscepit VIII. 24.
„ moritur VII. 302. VIII. 945.
Bartschii praefatio in Ephemerid. anni 1630. VII. 586.
„ tabulae logarithmicae VII. 301 s. VIII. 923.
Barvitius, Caesaris consiliarius fautor Kepleri II. 14, 79, 81. III. 35. IV. 177. VIII. 758.
„ judicium Kepleri de trigono igneo pro Imp. Rud. petit. I. 439.
Barvitio dedicat Keplerus Silvam Chronologicam IV. 177.
Basilii Hexameron I. 596, 668.
Basis latitudinis VI. 277.
„ trianguli VI. 132 s. 199.
Bassantin Jac., Scotus, priores astronomos transscripsit VIII. 604.
Batavi mathematici I. 344. III. 83, 87.
Batavorum navigationes in septentrionem (Solis apparitio praematura) II. 44, 214, 412, 501, 520, 812, 815. VI. 148, 257. VII. 245 s. VIII. 41.
„ denominationes vocum in scala musica. V. 165.
„ res contra Hispanos gestae I. 534. II. 740. VIII. 13.
Bathori Sigismundi genesis I. 323, 338.
„ „ res gestae II. 809. VIII. 337.
„ Stephani genesis I. 340.
Bauhini theatrum math. II. 36, 399.
Bavariae dux v. Maximilianus.
Bayerus, Augustanus, de stella in Cygno II. 751, 762, 770, 824, 835.
„ num de maculis Solaribus scripserit II. 776.
„ stellas in capite Serpentis describit II. 662 ss.
Bayeri epistola ad Welserum de stella in Cygno II. 770, 835.
„ Uranographia II. 662, 751, 770, 776. V. 50.
„ tabula stellarum VIII. 666.
Beckius Tubingae in se suscipit chartam nauticam ad Tab. Rud. sculpendam VI. 627 ss.
Beda consignat eclipsin Solis a. 664. II. 314.
„ de aequinoctio IV. 25, 47.
„ „ anni initio II. 800.
„ „ paschatis tempore IV. 43.
Begerus, Reutlingensis civis, de Faulhaberi cometa IV. 173.
Belgae v. Batavi.
Belgradum a Turcis obsessum VII. 131 s.
Bellarmini ingenium V. 480.
Bellum Batavum I. 534, 665. II. 740.
„ Hungaricum II. 809.
„ Judaicum IV. 385, 474 et passim.
„ rusticanum a. 1626. VI. 619, 674. VII. 641 s.
Belochus, Assyrius VII. 779.
Beloti judicium astrol. de eclipsi 1621. VIII. 19.
Benachia seu Benatica (Benatek), Brahei domicilium I. 47, 72, 101, 232. II. 12 (in exemplari liter. Kepl.) II. 393. III. 24. V. 30. VI. 672.
Ben Ezra v. Abrahamus.
Bergenses Tab. v. Tabulae.
Bericht vom Geburtsjahr Christi 1613. IV. 201—269.
cur conscriptus IV. 120, 169, 204, 283.
in latinum versus IV. 279.
Berneggerus, prof. hist. et orat. Argentin. Kepleri amicus IV. 121.
„ de Dasypodii compendio mathematico VIII. 145.
„ Galilaei opus de Mundi systemate edidit IV. 121.
„ Gringalletum Keplero commendat. I. 660.
„ de Harmonia Ptolemaei et comment. Porphyrii IV. 126 s.
„ Kepleri „Bericht“ imprimendum curat IV. 121 ss.
„ Kepleri effigiem Tab. Rud. praefixam cupit. VI. 623.
„ Kepleri filiae Susannae nuptias conciliat VIII. 913 ss.
„ Keplero Heronis opuscula mittit IV. 123.
„ „ edendum commendat opus musicum IV. 126.
„ Keplero pecunias pro Tab. Rud. procurat VI. 622 ss. VIII. 910—913.
„ Keplerum invitat Argentinam VI. 619.
„ de Plutarcho restituendo VIII. 24.
„ Roeslinum monet de errore in opticis commisso I. 498. II. 412.
„ Schickardum ad nuptias Bartschii invitat VIII. 918.
„ de Tab. Rudolphinarum editione VI. 617 ss.
Berneggeri epistolae v. Kepleri Epist.
„ lites cum Scioppio VI. 621.
Bernhardus Silvestris de stellis II. 629.
Berosus de Luna II. 272, 419.
„ de chronologia IV. 104 ss. VII. 755, 806 s.
„ Pseudo-Berosus IV. 29. VII. 777.
Bertrand, M., judicium de Keplero VIII. 1027.

Besoldus Christoph., Prof. jur. Tubing. I. 188. II. 35 s., VI. 637.
„ fidem mutat I. 188. VIII. 900.
„ affinis Kepleri I. 188. II. 35.
„ astrologiam daemonum dicit inventum II. 35.
„ disputationem Kepleri de Luna defensurus dicitur I. 14. VIII. 40.
„ de dedic. Harmoniae V. 54.
„ de Maestlino, Schickardo II. 35. V. 54.
„ de Kepleri matris re forensi VI. 15. VIII. 362 s. 845.
„ de Kepleri scripto theolog. VIII. 884, 899.
„ Opticam Kepleri Würt. duci tradit. II. 35.
„ de theologis Tubing. VIII. 884.
Besoldi judicium de Kepleri astrologia II. 35.
„ effigies V. 53.
„ frater VIII. 900.
Bessarionis bibliotheca V. 59.
Betele radix VIII. 117.
Bethlen Gabor, Transsilv. princ. VIII. 873.
Bethsaida, Julia denominata IV. 190, 241.
Beyerlinck, laudatio funebris Alberti Archid. VII. 6.
Beyerus, de circuli quadratura II. 571. V. 615.
„ de Kepleri Stereometria V. 614 s.
Beyeri stereometria IV. 635, 665. V. 615.
„ canon segment. circuli V. 615.
Biblia v. Script. S.
Bidembachius, consil. Württb. V. 54. VIII. 362, 557, 872, 900.
Bileam VII. 30, 115.
Binder, pastor, Kepleri affinis, de matre Kepleri VIII. 362. 367.
Binomium, bimediale Euclidis V. 9, 70, 88.
Bissextilis annus, unde VI. 437.
Bitschius, J. C. Argentin. VIII. 918 s.
Blaeu v. Jansonius.
Blancanus VII. 281.
Blanchus (Comes Alerani) V. 58 ss.
„ Kepleri ingenium admiratur VII. 468.
Blanchi genesis VII. 472.
„ dirigendi ratio VII. 475 s.
Bockenhofer, bibliop. Argent. VI. 622.
Boczkayus v. Botschkai, rex Hung. annis 1605—1606. VIII. 766.
Bodinus de Archimedis problemate V. 605.
„ de antiquitate Chaldaeorum VII. 769 s.
„ „ Dario VII. 805.
„ „ fluiditate et humiditate I. 542.
„ „ proportione harmonica comp. cum rebus politicis V. 195 ss.
„ „ medietatibus et similitud. V. 209.
„ „ nummis V. 592 s.
Bodini historia Indiae II. 212. (215.)
„ liber de republica V. 11, 195 ss. 605.
Boëthius de harmoniis II. 587, 590, 595. V. 31.
Boëthii arithmetica II. 587. V. 30. VII. 281.
Boëthus ap. Plutarchum II. 707. V. 30.
Bohemia hieme frigidior Dania II. 213.
Bohemiae collium origo Albis VIII. 69.
Bohemiam astrologi Leoni tribuunt I. 488.
Bohemorum turbae VII. 130 ss. 710. VIII. 355 s.
Bolides II. 684.
Bolidum motus Keplerum inducunt ad assumendum cometarum motum rectilineum VII. 275.
Bollensium thermarum fossilia II. 271. VII. 730.
Bonifacius contra Virgilium, Salisburg. episcopum I. 58.
Bonfridus VIII. 682.
Bononiae academicorum mores VIII. 791.
„ professores contra Galil. II. 452 s.
Borellus, de inventore tubi opt. II 572.
Borussia paucos habet librorum emtores V. 627.
Bosco Jo., de Sacro VIII. 650.
„ de anno (ed. Rheticus) I. 8. (ed. Reinh.) II. 811.
„ „ concilio Nicaeno IV. 48.
„ „ Sphaera II. 811.
„ „ stellarum nominibus II. 629.
Bossius Mediolanensis VI. 636.
Boswell, legatus Angl., Gilberti librum posthumum Grutero edendum committit II. 74 s.
Botschkai, Hungarus I. 664. II. 809. VIII. 766. 775.
Braheus, Tycho I. 100 s., 190. II. 760. III. 34, 54, 193, 465, 592. VIII. 742.
„ aequandi temporis ratio II. 96.
„ aequationem Lunae dicit prosthaphaeresin eccentri VI. 472.
„ aequantem in Luna adhibet III. 40.
„ de aequante Ptolemaei VI. 569.
„ aequinoctium bis uno die obs. II. 219.
„ aequinoctii tempus incertum dicit I. 431.
„ de aequinoctiorum praecessione VI. 541.
„ „ aëris et aetheris diff. II. 176 ss.
„ „ „ altitudine II. 208. VIII. 644.
„ „ „ refractione II. 176 ss. VIII. 644.
„ aeram Julianam praefert Gregorianae VI. 605.
„ aetherem materiatum esse dubitat VI. 146.
„ altitudinem stellae polaris observat I. 47. VI. 333.
„ de anomalia fixarum IV. 111.
„ „ „ aequata VI. 473.
„ antiquorum dogmatum fautor VII. 268.
„ de Aristotelicis philosophis VII. 157 s. 213.
„ de arte spagyrica III. 453.
„ astrologiae quid tribuerit I. 525. II. 726, 742.
„ astronomiae reformationem incepit I. 103. III. 138.
„ astronomorum phoenix II. 54. III. 38.
„ Augustae Vind. observat stellas I. 43. 190. II. 375.
„ in Bohemia I. 47, 191. III. 38, 218. V. 20, 30.
„ Calendarium Gregorianum cur acceperit IV. 23.
„ de centro visionis II. 265.

Braheus Chimiae operam dat I 641. V. 425.
„ de Christierni et Crameri literis I. 225.
„ „ cometa a. 1577. I. 45, 119, 190 s. II. 686. VI. 59. VII. 26, 111, 157, et pass.
„ „ cometa anni 1580 II. 768.
„ „ cometarum cauda II. 295. VII. 111, 145 s.
„ „ „ colore II. 296.
„ „ „ distantia I. 279. VII. 50.
„ „ „ illuminatione II. 295.
„ „ „ motu I. 119. II. 340, 695. VII. 169, 223, 237.
„ „ „ parallaxi VII. 157.
„ cometarum observatione destruit orbes solidos in coelo III. 200. VI 146.
„ cometarum vim astrologicam negat. I. 525.
„ de cometis librum cur typo serius mandaverit I. 278.
cometis viam circularem assignat. VII 50.
commentus est nihil VII. 214.
constans in veritate VI. 671. VII. 214.
„ Copernici hypothesi non addictus I. 47. II. 672. III. 450.
„ „ eccentricitates falsas dicit I. 43.
„ „ numeros corrigit I 366.
„ de Copernici hypothesi I. 43 s. 113, 118, 192. III 40, 464. VII. 285.
„ corpora regularia Kepleri ad suam hypothesin de mundo applicanda censet I. 44. 100.
„ de Craigii „Capnurauiae restinctione" I. 232, 279.
„ dierum anni diff. h. 1. 5' ponit. VI 250.
„ Duncanum Scotum increpat ob hyp. suam propalatam I. 224.
„ eclipses magnas non observavit II. 6.
„ „ quas observaverit et computaverit I. 46, 225. II 14, 29, 288 ss. 302, 316 ss., 343, 349, 357 ss., 378 ss. VII. 542.
„ eclipses varias comparandas censet ad corrigendos locorum meridianos I. 45 s.
„ de eclipticae initiali puncto VI. 541.
„ eclipticae obliquitatem nimiam ponit III. 54. VI. 545.
„ „ „ quomodo invenerit VI 278.
„ de eclipticae obliquitatis mutatione dubius est III. 54. VI. 90, 229, 437.
„ fide dignus auctor VII. 209, 214, 247.
„ fixarum de convolutione II. 294, 419.
„ „ latitudinem mutari deprehendit I. 122. III. 426 IV. 35. VI. 521.
„ „ loca per Venerem constituit VIII. 638.
„ „ „ unde numeret VI. 524.
„ „ motum annuum ponit 51". III. 246. VI. 526.
„ de fixarum numero II. 765. VI. 568, 640, 671 s.
„ „ „ parallaxi I. 47.
Braheus de fixarum scintillatione II. 294, 419.
„ fixas censet gyrari II. 419.
„ „ denominat secundum Mercatorem II. 662 s. [737. V. 326.
„ fixis et planetis tribuit incolas II. 591.
„ Geggingae sidera observat II. 50. 375.
„ de Gemmae Frisii observationibus II. 742. VII. 243.
„ geometriae peritus VII 270.
„ in Germaniam transit I. 100. II. 602 s.
„ de globi bombardici celeritate VI. 170, 540.
„ Guilielmo, Hassiae Landgravio, addictus VII. 224.
„ de Hagecii observationibus VII. 238, 288 s.
„ „ Hemmingo I. 668.
Herwarto mittit Progymnasm. III. 691.
Hipparcho comparatur II. 309.
in Huenna insula I. 190.
„ de hypothesi mundana sua etc. I. 219 s. 224, 240. VII. 285.
„ de ignis elemento II. 208.
„ de inaequalitatis secundae planetarum causa III. 193.
„ inventionum suarum parcus III. 23, 38.
„ „ „ gloriam sibi vindicandi cupidus I. 45. V. 632.
„ Kepleri Prodromum laudat I. 43, 45.
„ de Kepleri sinceritate dubius I. 232.
„ Keplerum Benathicam invitat. I. 47, 100 s. III. 38. 210. VI. 671.
„ „ Caesari commendat. I. 54. III. 38.
„ „ putat imaginari in coelo orbes reales I. 46, 121, 127.
„ „ in partes suas traducere cupit I. 44. 100. III. 193, 465. VIII. 742.
„ „ increpat ob nimiam in Ursum laudem collatam I. 219 s. VI. 671.
„ „ monet ut contra Ursum et Craigium scribat I. 231 s cf. 279.
„ Keplero auctor astrologiae parum tribuendi I. 525.
„ „ libros suos mittit I. 225.
„ „ pars fati dicitur III. 210.
„ a Keplero defensus II. 206, 324 et pass. praecipue vol VII.
„ ejus de Keplero judicium VIII. 727.
„ „ „ „ testimonium VIII. 730.
„ lacunam dicit in loco stellae novae 1572. II. 692.
„ de Liddelio I. 224 s.
„ Lunae lucem in eclipsibus Veneri tribuit II. 289, 303.
„ de Lunae aequationibus VI. 390. 472.
„ „ „ diametro I. 46 II. 9, 122, 154, 288, 309, 354, 427. III. 674. VII. 489. VIII. 64.
„ „ „ distantia a Terra VI. 328.
„ „ „ eccentricitate III. 543 s.
„ „ „ latitudine VI. 529, 588.
„ „ „ motus inaequalitate III. 45, 312. VI. 364.

Braheus de Lunae motu horario II. 369. III. 535 ss.
" " " octantibus VI. 466.
" " " variatione III. 312, 535 ss. 545 ss. 652 ss. 680. VI. 14. 475 (v. Lunae variatio).
" Lunam observat v. Lunae diam. II. 288, 291, 308, 322, 347.
" " " conjunctam cum Palilitio II. 322.
" " in conjunctione cur minuat II. 288, 309 s.
" de Lutetiae Parisiorum alt. poli VI. 555.
" Maestlini obss desiderat et laudat I. 45, 188, 225. VII. 280. VIII. 648.
" Maestlino mittit Progymn I. 45.
" " dono dedit instrumentum astronomicum I. 68.
" Maestlinum ad respondendum monet [I 45, 225.
" de Magino I. 224.
" " Marte quid profecerit a. 1600. III 210.
" Martis motus adhibet ut probet veritatem hypoth. Copernici vel Ptolemaei I. 192.
" " parallaxin inquirit I. 192 III. 88, 219, 474. VI. 326. VII. 271.
" de Martis latitudine III. 422.
" " " motibus I. 43, 192. VI. 456.
" " " nodis III. 225.
" Mercurium saepe se observasse dicit I. 47.
" de meridianorum differentia I. 45 s.
" morosus in quos VII. 214.
" de motuum celeritate VI. 333, 436 s., 476, 479.
" de mundi magnitudine II. 675.
" de Nolthii observationibus VII 248 s. 289.
" de observationibus suis I 43, 190, 225. VII. 247.
" " , aliorum VII. 267.
" " , veterum II. 211. 220.
" observator palmarius VII. 277.
" orbium in coelo soliditatem negat I. 44, 182. II. 677. III 149, 177, 204. VI. 312. VII. 236, 276, 286.
" in operibus edendis occupatissimum se dicit I. 43, 45.
" in optica quid profecerit II. 122.
" parallaxes docet computare II. 328. III. 474. VIII. 282.
" de Patricio I. 225.
" non pertinax in suo sensu VII. 214 s.
" planetas comparat metallis etc. III 453.
" de planetarum diametris II. 816.
" " " eccentricis I. 43. III. 256.
" " " orbibus v. orbium.
" planetarum motus quomodo indagaverit I. 366. III. 204 s.
" " . theoriam non ad finem perduxit VI. 565.
" Pragam a Caesare vocatus I. 47, 70, 191.
" prosthaphaeresi utitur in calculo II. 358, 439.
Braheus Ptolemaeum sequitur in definienda eccentricitate Terrae VI. 433.
" de Ptolemaeo I. 43. VI. 527. VII. 285.
" " refractione II. 30, 122, 176, 214, 520 et passim. VII. 244.
" refractiones in fixis, Sole, Luna num aequales assumserit II. 198, 214. 403. III. 289. VI. 64, 154, 540. VII. 230. VIII. 641.
" " deprehendit ante lectum Vitellionem II. 223.
" " metitur II. 176, 223, 522. VI. 149.
" refractionum causas falsas affert II. 177 ss.
" de Regiomontani cometa VII. 250 ss.
" " Regiomontani ratione parallaxis inveniendae VII. 158, 283.
" de Regiomontano I. 225. VII. 256. 283.
" cum Regiomontano comparatus VII. 249, 256.
" Regiomontanum sequitur in definienda eccentricitate Terrae VI. 433
" Roeslinum suam mundi hypothesin pro ipsius venditare queritur I. 224.
" Rostochi II. 316, 602. VII. 225.
" cum Rothmanno disputat de refractione II. 176 ss.
" " " de Copernico I. 47. VI. 540.
" Rudolphi imp. genesin (astrol.) confecit VIII. 340.
" S. Literarum auctoritate motus contra Copernici hyp. I. 48.
" Saturnum observat I. 43.
" de Saturni dist. a Sole II. 675. VI. 333.
" " B. Sculteto II 605. VII. 289.
" " serpente immani II. 676.
" Solis diametrum metitur II. 6, 343, 435.
" " eccentricitatem duplicat II. 336. 343. III. 66. VI. 432 s., 565.
" " motum constantem dicit VI. 603.
" " parallaxin falsam prodit III. 219. VI. 326, 545. VII. 271, deceptus a discipulis III. 219. VII. 271.
" " a Terra distantiam prodit 1150 semid. II. 370.
" sphaerarum numerum minuit III. 432. VII. 272.
" de Stadii Ephemeridibus III. 473.
" " stella nova a. 1572. I. 44. II. 576, 620, 686, 692, 702, 726, 747, 828. VII. 145.
" stellam novam in Cygno non annotavit II. 278, 755 ss.
" " polarem ad Copernici hypothesin probandam non aptam invenit I. 47.
" de stellarum novarum origine I. 652. II. 501, 692, 828.
" stellis tribuit incolas II. 591.
" de stellis in Serpentario II. 664.

Braheus Tabulas Rud. cur non absolverit VI. 615.
„ Tabularum Rudolph. primus auctor a Keplero dicitur VI. 541, 603, 640, 671.
„ Tabularum Rudolph. nominis auctor VI. 545.
„ Terrae aërem usque ad Lunam prorogari dicit II. 208
„ „ eccentricitatem quantam assumserit VI. 432 s.
„ de Terrae loco in mundo VI. 332.
„ Terrae motum annuum negat, diurnum assumit I. 44. III. 458. VII. 285.
„ „ orbem annuum Copernici variabilem dicit III 485.
„ de Terrae umbra II 384.
„ theologos est reveritus VII. 285.
„ de Urso, Raymaro I. 219 ss.
„ Ursum pro judice accusat I. 232.
„ Venerem affirmat illuminare Lunam II. 289.
„ „ adhibet ad anni siderei longitudinem definiendam VI. 275.
„ „ conspicit prope Solem. I. 192, 644. II. 292, 419.
„ de Veneris apogaeo et eccentricitate I. 44, 47.
„ „ via lactea I. 652.
„ „ visu II. 265.
„ a vulgo sinistre taxatus VI. 671.
„ de Walthero I. 225. II. 225.
„ Wandesburgi I. 44 ss., 191. II. 367. III. 38. VI. 556. VII. 225.
„ de Werneri obss. I 225.
„ „ Winkleri obss. VII. 289.
„ Witebergae a. 1599. I. 48, 234. IV. 70. VII. 225.
„ Wockii amicus I. 420.
Brahei adversarii II. 206, 324.
„ aequationum menstruarum calculus VI. 472.
„ aequatio temporis VI. 359.
„ aequivocatio VII. 275.
„ ἀκυρολογίαι VII. 171, 196, 270.
„ apologia contra Craigium I. 279.
„ armillae VI. 172.
„ astrologia qualis VI. 671.
„ auctoritas, quae VII. 277.
„ calculus Lunae II. 288. eclipsium II. 302, 315 ss. 348, 359 ss. 373, 379 ss.
„ candor VII. 214, 226.
„ cautiones in observando II. 265.
„ collimandi ratio II. 266.
„ contradictiones nullae VII. 213 237, 256.
„ diagramma (figura) sensus duplicis VII. 194, 219, 270.
„ diarium anni 1573. III. 551.
„ dies natalis VII. 283.
„ diligentia II. 5, 122. III. 258. V. 425. VI. 120, 671. VII. 215, 244, 277.
„ dioptrae II. 265.
„ dirigendi modus (astrol.) VII. 475 s. VIII. 296, 339.
Brahei discipuli I. 655. II. 763. VI. 640. VIII. 31, 43. [526.
„ „ in Martis calculo errant III. 81, 219. [526.
eclipsium calculus qualis II. 439. IV.
epicycli in Lunae theoria VI. 581.
epistola ad Clavium II. 309, 316.
„ „ Herwartum I. 232.
„ „ „ Bar. Hoffmannum Jan. 1600 VIII. 715. Mart. 1600. VIII. 727. Apr. 1600. VIII. 728.
„ „ „ Jesseniuma. 1600. VIII. 728.
„ „ „ Keplerum v. K. ep.
„ „ „ Liddelium I. 227.
„ „ „ Maestlinum I. 44. II. 367.
„ „ „ Peucerum I. 48, 192.
„ „ „ Rothmannum I. 226, 278. II. 266. III. 453.
„ „ „ Wilhelmum Hassiae Landgravium II. 265 s. III. 485.
„ „ „ N. N. Jan. 1600. VIII. 715.
„ Epitaphium III. 453.
„ epochae motuum etc. VI. 541 s.
„ errores imputati VII. 193, 195 s., 201. 216, 270.
„ familia nobilissima VII. 164, 212.
„ fictio infelix VII. 193.
„ filia Elisabetha nupsit Tegnagelio II. 811. VIII. 739, 741.
„ fixarum catalogus I. 370, 504. II 128, II. 128, 765. V. 49 s. VI. 568, 672. VII. 225. VIII 640.
„ „ „ mancus II. 664.
„ globus coelestis I. 50. II. 663, 824.
„ haeredes I. 343, 369 s. II. 596, 811. III. 11 ss. 63, 444, 519. VII. 513.
„ „ Tabularum Rudolph. editarum socii VI. 621 s.
„ „ praefationem in Tab. Rud. agitant praefigere VI. 623, 644.
„ „ Tabulas Rud. dedicant Imp. Ferdinando VI. 662 s.
„ hallucinatio VII. 201, 271.
„ horologium II. 359. VII. 218.
„ humanitas et discendi cupido VIII. 43.
„ hypocyclus in Luna VI. 584.
„ hypothesis de mundo I. 27, 44 ss., 64, 113, 178, 266 ss., 524. II. 6 ss., 293, 331 ss., 677. III. 40, 50, 147 ss., 450, 485. V. 275. VI. 309, 353 s. 448 VII. 180, 221, 271 ss. VIII. 611 ss.
„ inaequalitatum menstruarum in Luna calculus VI. 466.
„ industria II. 520. VII. 230.
„ inventiones in optica II. 122.
„ instrumenta I. 190, 344, 369. II. 265 s., 342, 359, 656, 755 s., 760. III. 50, 125, 450. VII. 208, 218, 225, 303, 305.

Brahei instrumentorum cum Landgravianis comparatio II. 265 s. VII. 305.
„ instrumentorum divisio VIII. 646.
„ itinera VII. 225.
„ laudes I. 113. II. 5 s. 494. III. 138, 149. VI. 111. VII. 164. VIII. 43.
„ longitudo anni siderei VIII. 262.
„ Lunae theoria I. 370. II 6 s., 14, 398. III. 13, 33, 45, 47, 183, 544 ss., 558. V. 30. VI. 14, 57, 364, 366, 474 s., 569, 584, 693. VII. 225.
„ „ locus prope verus VI. 474.
„ Lunaria a Keplero reformata I. 370. II. 714. III. 543 ss., 691—717. VI. 62, 475.
„ manuscripta I. 191, 370. II. 127, 756. VI. 615 s. VII. 215, 229.
„ „ Basileae deprehensa VIII. 715.
„ Martis theoria VI. 312, 456.
„ mors VII. 164, 225. VIII. 138, 742.
„ nasus I. 278. VIII. 646.
„ nomenclatura VI. 466, 472 ss. VII. 221.
„ observandi ratio II. 265. III. 47, 67. V. 50.
„ „ „ digitos eclipt. II. 348.
„ „ „ inclinationes II. 357.
„ „ „ tempora II. 358.
„ „ „ Lunae locum II. 359.
„ „ „ Solis diametrum per rimam II. 344.
„ in observando subtilitas et fides, quales I. 47, 190, 192, 194. II 5, 266, 324, 342, 494, 520, 765. III. 50, 63, 67, 104. 218, 258. VI. 120. VII. 203 ss., 214, 225, 231, 238, 277, 305.
„ observationes acronychiorum planetarum I. 43.
„ „ aequinoctiorum II. 219.
„ „ antiquiores III. 556, 560 s.
„ „ cometae a. 1577. VII. pass.
„ „ „ „ 1580. II. 768. VII. 259.
„ „ „ „ 1590. VII. 229.
„ „ Cygni constellationis II. 766 ss.
„ „ eccentricitates veras produnt I. 169. VI. 54
„ „ eclipsium II. 303, 316, 348, 363. III. pass.
„ „ fixarum II. 765 ss., 834. VI. 640. VII 456.
„ „ cum Hipparchi observationibus comparatae IV. 23.
„ „ Keplerus edendas suscepit I. 191. VI. 38, 50, 57, 64, 615 ss.
„ „ Lunae II. 266, 309, 322, 347. 349, 358. III. 47. VI. 364, 436, 477, 479.
„ „ Martis I. 43, 192. II. 336. III. 72, 81, 211, 217 ss., 225 ss., 235 ss., 246 ss., 253 ss., 270 ss., 286 ss., 329, 497. VI. 456.
Brahei observationes Mercurii I. 47. II. 755.
„ „ omnimodae I. 43, 190, 370. II. 5, 127, 324. VI. 615.
„ „ perpensae II. 349, 358, 367, 373, 379, 384, 392 s.
„ „ circa refractiones II. 203, 209, 213 s., 223, 225, 403.
„ „ Saturni I. 43, 352.
„ „ Solis I. 56. II. 203, 342 s., 435. VI. 433.
„ „ stellae novae 1572. VI. 570.
„ „ „ polaris alt. VI. 333.
„ „ Veneris I. 340. II. 292 s., 419.
„ de observationibus suis judicium VIII. 646.
„ observationum editio v. Historia coelest.
„ „ editio promissa I. 225 VII. 228 s.
„ „ protocollum I. 192. II. 127, 765, 834. VI. 615.
„ opera I. 190 s., III. 50. VIII. 611 s.
„ „ **Epistolae** I. 191, 196, 223 s., 243, 279, 286. II. 176 III. 268, 485, 564. IV. 111. VI. 24, 64, 540. VII. 225 VIII. 642. Epistolarum tom. II. non editus VII. 225.
„ „ **Historia coelestis** I. 191, 196. II. 29, 291, 409, 419 s., 435, 438 etc. III. 93, 466, 497.
„ „ **Mechanica** I. 191, 223, 225. II. 127, 265. III. 268, 485. VI 121, 276, 615. VII. 225, 305, 703 VIII. 646.
„ „ **Meteorologia** I. 194.
„ „ **Progymnasmata** I. 191. II. et III. pass. VI. 474, 511, 521, 524 ss., 529, 542, 589. 602 ss. VII. 145, 157. VIII. 641. quando conscripta VI. 568. VII. 192. 225.
„ „ Progymn. appendix a Keplero addita I. 191. II. 288, 418. III. 297, 493, 693. VI. 433, 568 ss.
„ „ mendae in textu III. 701.
„ „ Progymn. tom. III. non scriptus VII. 212, 225, 259.
„ „ **De stella nova 1572.** I. 191. VI. 568. VIII. 611 s.
„ opes VIII. 43.
„ parallaxium et refractionum calculus II. 225, 328.
„ „ tabulae II. 225, 330, 434.
„ poëmata III. 141, 453.
„ principium numerandi in ecliptica VI. [524.
„ problema VI. 46.
„ refractionum tabula II. 180, 200 ss, 403 s. VI. 150, 154, 540. [444.
„ salarium Pragae I. 70, 190. II. 5. III.

Brahei schema ad eclipsium solarium demonstrationem aptum VI. 511.
„ „ pseudographum VII. 194, 196, 211, 219, 270.
„ sextans II. 266, 569, 619. VI. 276.
„ spirae in planetarum orbibus III. 36, 40. 109, 149, 173. VI. 356.
„ stellarum nomina II. 666.
„ studia III. 210. VI. 671. VII. 225.
„ symbolum III. 144, 453.
„ systema, v. hypoth.
„ temporis aequatio VI. 79.
„ theoria fixarum VI. 521, 526.
Braheanae astronomiae status II. 128.
Braheani v. Brahei haeredes vel discipuli.
Braheanis dedicat Keplerus Hyperaspisten VII. 163.
Braheus, Ericus VII. 164. VIII. 742.
„ Otto II. 431, 828. VIII. 746.
Bramer de Byrgio et de instrumento „perspectivo" II. 834. VII. 298 s.
Brechtler, Büchsenmaisterey V. 597 ss.
Breitschwertus, vita Kepleri I. 7. VIII. 668.
„ Hagenlochum secutus falso affirmat, Keplerum Magstadii natum VIII. 761.
Breitschwerti error de Herwarto VIII. 959.
Brenggerus, medicus II. 37.
„ de aëris altitudine II. 50.
„ „ astrologia II. 586 s. VII. 13.
„ „ Batavorum navigatione II. 44, 412 s.
„ „ Bayeri Uranologia II. 663.
„ „ J. Bruno II. 588, 592.
„ „ cometis II. 704 s. VII. 10.
„ conjunctionum magnarum effectum comparat cum magnetis vi II. 586.
„ de consonantiis et aspectibus II. 586 s., 591.
„ Copernici de mundo hypothesin aversatur II. 592. VII. 11 s.
„ de cordis calore II 57, 64.
„ „ eclipsium observatione II. 50, 58.
„ „ Finckio mathematico II. 587, 592, 596.
„ Gilberti librum de magnete laudat II. 589.
„ de imaginis loco in speculis II. 37 ss., 53, 60.
„ „ Kepleri chronologia IV. 120.
„ „ „ libro de stella nova II. 586.
„ „ „ musica II. 586 s.
„ „ „ observatione Mercurii falsa II. 787.
„ „ „ Optica II. 37 ss.
„ „ libra II. 48.
„ „ luce II. 48 s., 61, 65.
„ „ mundo II. 588.
„ „ nutritione corporis II. 830.
„ „ oculis II. 53 s., 829.
„ „ rationibus harmonicis II. 586 s., 591, 596.
„ „ refractione II. 44 s., 56. 62.
„ „ speculis II. 37 ss., 62, 65.
„ „ stellarum natura II. 588, 592.
Brenggerus de stella nova in Cete II. 589.
„ „ „ „ „ Cygno a. 1602. II. 756.
„ „ „ „ „ Serpentar. 1605. II. 51, 585 ss., 621, 657, 699.
„ „ visu II 53 s.
Brenggeri epistola ad Bayerum II. 756.
„ „ ad Keplerum v. Kepleri Ep.
„ observationes II. 58 s., 587, 657.
Brentii explicatio catechismi VIII. 511.
Briggius de Kepleri geometria II. 405 ss.
„ „ Stereometria IV. 659 ss.
„ „ Logarithmis VII. 311.
Briggii logarithmi VII. 296, 310.
Brosamer, Phil., medicus imperat. VIII. 749.
Brucaei obs. eclipsis 1584. III. 564.
Brüning, in consist. Stuttg., de Kepleri fide, ad Osiandrum VIII. 865.
Brunowsky astronomus stellam novam anno 1604 observat II. 582, 597, 617.
Brunnius VI. 632.
Brunus, Jordanus de mundo II. 490, 500, 568, 588, 688. VI. 137. VIII. 665.
„ prunis tostus II. 591, 596.
„ stellas fixas dicit Soles, planetas vero Lunas II. 500.
Bruni Acrotismus II. 568.
„ nonangulum V. 112, 472.
„ poëma de Universo II. 568. VIII. 665 s.
„ versus de Copernico VIII. 665.
Brutius, Kepleri cultor II. 490, 568.
„ de Galilaeo II. 568.
„ „ Magino II. 568. III. 450.
„ „ mundo II. 490, 501, 568. III. 6.
Bucephalus II. 521.
Buchananus VII. 156.
Budaeus de pede Romano V. 595.
Büttner de stella nova 1604. II. 703, 830.
Bulderus, medicus I 420, 657.
„ provocat Keplerum ut scribat theoriam Lunae III. 518.
Bulla pontificis contra astrologiam I. 551.
„ „ „ Copernicum I. 56.
„ „ de Calendario Greg. IV. 5.
Buntingus chronologus de diluvio, quo anni tempore inceperit VII. 764.
„ de eclipsibus etc. II. 277, 312, 422, 789. VII. 76. VIII. 277.
„ Ptolemaei observata computat I. 346. VI. 46.
„ de Severiani consulatu III. 693.
„ „ Solis obscuratione prodigiosa II. 419. 694.
„ „ solstitio VI. 105.
Burckhardus, G., rector Tubingensis II. 15.
„ J.C., affinis Maestlini I. 8. 295. VIII. 682.
Burghausen Nic. a-, praeses camerae Silesiacae IV. 373, 521. VIII. 796, 830.
Burgi v. Byrgius.
Busaeus de Calendario Greg. IV. 6.
Buscho, v. Bosco.

Bussole VI. 206, 300.
Buxdorfius Basileae VI. 67.
Byrgius, Justus I. 196. II. 278, 769 s., 278.
„ fractionibus utitur decimalibus V. 547.
„ logarithmorum inventor II. 439, 834. VII. 298.
„ machinam Kepleri fabricandam suscipit II. 80. V. 639.
„ machinas fabricat astron. I. 226.
„ Pragae versatur c. a. 1597. I. 219.
„ num prosthaphaeretici calculi inventor II. 439.
„ septangulum computat V. 104.
„ stellam incognitam in Antinoo reperit II. 278, 754.
„ de stella nova a. 1600. II. 278, 769.
„ „ „ „ a. 1604. II. 597, 656, 754.
„ testis Keplero observati Mercurii II. 805.
„ Ursi, R., praeceptor I. 217, 219.
„ apud Wilhelmum Hassiae I. 226
Byrgii arithmetica II. 834. III. 497. V. 472.
„ globus coelestis II. 278, 754, 769.
„ problemata trigonometrica etc. III. 105, 335, 497, 681. V. 109, 506.
„ sextans VII. 565.
„ tabulae arithmeticae I. 324. VII. 298, 306.

C.

Cabala II. 631.
Cadentiae in musica V. 193.
Caesar, Cajus I. 529. IV. 190, 241, 325, 330, 380, 457.
„ Julius, IV. 12, 295.
„ „ de noctium longitudine in Britannia II. 501.
Caesaris fata et acta I. 406. IV. 75, 82, 295.
„ Lib. I. de bello gallico germanice versus a Keplero (frag.) VIII. 205 ss.
„ ordinatio Calendarii IV. 26, 91, 165, 295. VI. 528. VIII. 272.
Caesar Octavianus (Augustus) IV. 184 s., 295. VI. 494, 604.
Caesarea, urbs IV. 184, 241, 325.
Caesius, de cyclo Lunae I. 430.
Caesii prognostica I. 454.
Calculi compendium VII. 306.
Calculus abbreviatus II. 820. VII. 306.
„ algebraicus I. 244. VII. 416.
„ astronomicus IV. 20.
„ centrobarycus IV. 650.
„ eclipsium incertus I. 397, 404.
„ infinitorum IV. 549.
„ prosthaphaereticus II. 358, 375, 438 s. III. 52. VI. 39.
„ sexagenarius I. 197. VIII. 253.
Calendae IV. 91. VI. 294, 604.
„ Idus, Nonae, quid significent VIII. 269.
Calendaria a Keplero ex officio scribenda I. 100, 291.
Calendaria Keplerus cur omiserit scribere I. 291. 646.
Calendarium Kepleri 1595. I. 295.
„ „ **1598.** I. 392—400.
„ „ **1599.** I. 401—409.
„ „ **1605.** et **1619.** I. 291.
„ „ **1624.** igni traditum I. 661. VIII. 886 s.
Calendaria gentium variarum IV. 510 ss.
„ moderna de Canicularibus VI. 295.
„ veterum I. 441.
Calendarium Aegypt. Romae perversum VI. 88.
„ Gregorian. a Clavio defensum IV. 5. VIII. 653.
„ „ „ Lutheranis cur non receptum VIII. 652.
„ Romanum VI. 247 s., 258, 288 ss., 295.
„ Sinense VI. 56. VII. 669 ss.
Calendarii Gregoriani commendatio IV. 6 ss.
„ „ introductio IV. 3 ss. VI. 295.
„ Juliani emendatio IV. 4, 295.
„ „ „ ab astronomis sec. XVI. desiderata VIII. 604 s.
„ „ errores IV. 15, 295.
Calendariographi I. 645. VII. 27.
Calendariorum usus et abusus I. 621, 623, 634 s.
Calidum I. 421. II. 57. 143 ss.
Caligo prodigiosa anno caedis Caesaris II. 780. VI 146, 513. VII. 109.
„ „ a. 1547 II. 292, 694. VI. 146. 513. VII. 25, 109.
Calippus Aristoteli auctor in astronomicis I. 257. VI. 339.
„ de motus causis II. 827. V. 104. VI. 337.
„ „ mundo I. 251. III. 176.
Calippi periodus IV. 51, 147, 418. VI. 493 s. VII. 674.
„ sphaerae I. 257 ss., III. 176. VI. 337, 339.
Callisthenes de Chaldaeorum antiquitatibus VII. 754.
Calor lucis, v. Lucis calor.
„ animantium, unde II. 144.
„ cordis, v. Cordis.
„ radians I. 569.
„ in materia tempore excitatur II. 145.
„ Solis v. Solis calor.
„ subterraneus animae Telluris testis VI. 178.
„ et humectatio comp. I. 427.
Calvini sectatores I. 32.
Calvisius, Sethus I. 384. IV. 172.
„ contra calend. Gregor. IV. 5.
„ Josephum IV. 303, 517.
„ Keplerum IV. 172, 277, 374 ss., 517.
de musica I. 375, 379, 384. V. 42, 195.
„ ad Scaligerum scripsit de chronologicis IV. 397.
Calvisii epist. ad Kepl. de Vero Nativit. Christi anno IV. 172, 270.
„ „ „ v. Kepleri epistolae.
„ „ „ Reusnerum IV. 522.
„ opera I. 384, 664 s., IV. pass.

Calwae acad. Tubingensis a. 1594. I. 7.
Camelopardali II. 227.
Camera obscura I. 570, 588. II. 50, 160, 402.
Camerarius ed. Ptolemaeum I. 204. II. 420.
„ de cometa anni 372 a. Ch. IV. 145.
„ „ „ „ 1477. VII. 251.
„ „ numeris Pythagorae V 131.
Camillus, Gloriosus, de cometis VII. 155.
Campanarum tinnitus puritatem aëris denotat VII. 646.
Campanus de concilio Nicaeno IV. 48.
„ „ inveniendis circulis positionum VI. 220.
„ „ motu planetarum II. 520. VI. 352, 562.
„ „ de septangulo etc. V. 102, 112.
Campani comment. in Euclidem I. 148, 205. VI. 429, 567.
Campidunenses numerant summam ab imperatore dictam ad ed. Tab. Rudolph. VI. 617. VIII. 892 s.
Canalis inter Oderam et Havilam I. 364.
Canariae insulae VI. 192.
Candalla ed. Euclidem I. 150, 206.
„ de pondere auri etc. V. 605.
„ „ septangulo V. 102, 107.
Candela super papyrum ardere videtur II. 252.
Candida cur majora appareant nigris II. 268.
Canentium habitus diversi V. 150.
Canicula v. Procyon.
Caniculares v. Dies, Anni.
Canis major, v. Syrius.
„ minor, v. Procyon.
„ instinctus II. 638.
„ et Venus in lusu talorum II. 714.
Canon v. Tabulae.
Canones Pueriles Kepleri 1620. IV. 483—504.
„ quare conscriptae IV. 173 s.
Canopus II. 221. VI. 134.
Cantus concinnus V. 134, 174.
„ durus et mollis I. 379. II. 595. V.
„ figuratus V. 190, 290. [159 ss., 382.
„ genera veterum V. 160, 182, 381 ss.
„ mensura V. 178, 228, 418.
„ species cum animae affectibus comparatae V. 186, 355.
„ Turcarum et Hungarorum V. 174.
Capella, Martianus, ed Encyclopaediam I. 270, 287. II. 221.
„ „ refractionem attingit II. 221.
„ de eclipsi ☉ II. 311, 420.
„ „ „ Mercurio et Venere circa ☉ I. 287. II. 520. VI. 352.
Capelli, Jac., Epochae IV. 117, 119.
Capillorum scintillatio II. 231.
Capitolinus, refert de eclipsi II. 314.
Capitulatio inter Austriacos Cathol. et Lutheranos VIII. 972.
Capivaccius, prof. Patav. II. 829.
Capnuraniae restinctionis refutatio Kepleri I. 279—281.
Capra, Balth. de circino proportionali II. 572.
Caprae, B., tirocinia astron. VI. 57.
Caput et cauda Draconis, unde denominatio VI. 464. VII. 487. v. Lunae nodi.
Capita Arietis et Librae VI. 518.
Carbunculi lux II. 144.
Cardanus, Hieron., astrologus I. 649, 656.
„ aeri frigus tribuit II. 207.
„ de aphetis I. 294.
„ „ Archimede I. 90.
„ „ Aristot. mechanica II. 138, 401.
„ auctorem Centiloquii Hermetem dicit II. 816.
„ de automatis I. 89.
„ „ conj. magna 1583. II. 636.
„ Christi nativitatem computat II. 420.
„ de circuli sectione et sinuum secantiumque ratione III. 335, 497.
„ de cometis II. 296, 419. VII. 14, 27, 111, 250, 257.
„ „ Fracastorio I. 260.
„ „ lapidibus de coelo delapsis VII. 18.
„ „ libra II. 138 s., 401.
„ „ Lunae splendore et rubore in eclipsibus II. 25, 301, 420.
„ ignem inter Terram et coelum negat I. 541.
„ Lutherum cum Mahomete comparat I. 446.
„ de Magellani navigatione I. 337.
„ medium coeli dicit Cor coeli I. 362.
„ planetarum apogaeo mutato mutari censet rationem hemisphaerii bor. et merid. VII. 756.
„ de Ptolemaei Harmonia I. 142. V. 59.
„ „ septangulo V. 102, 471.
„ sonorum numeris V. 26.
„ „ triangulo igneo I. 446.
„ „ Venetorum bellis II. 609.
Cardani aphorismi astron. I. 649. III. 595.
„ ars magna (arithmet.) I. 656. II. 443.
„ astrologia VIII. 595.
„ de astrologia dubia I. 670.
„ centum geniturae I. 362. V. 484. VIII. 595.
„ comment. in Ptolemaeum I. 358, 656. II. 419. VII. 14, 250.
„ dirigendi ratio I. 294, 259.
„ genesis I. 656.
„ „ Christi II. 420.
„ „ Lutheri I. 446. V. 263, 484.
„ lucerna III. 418.
„ observationes infidae I. 650.
opera I. 656. V. 484. VIII. 594 s., 598.
opus de proportionibus V. 471.
„ „ rerum varietate I. 260, 656.
„ „ Subtilitate I. 89, 656. II. 25, 138, 401. III. 497. V. 471. VIII. 598.
„ Supplem. Almanach I. 656. II. 301. V. 484. VIII. 594.
Cardinalia puncta VI. 197.

Cardines mundi VI. 206 s.
„ temporum VI. 528. [VIII. 604.
Carelli Placentin. Ephemerides VII. 502.
Carinthiae montes II. 149.
Carolus, Cliviae dux VII. 127.
Caroli M. Vita II. 108, 322, 797, 799
„ „ res gestae II. 732.
„ Burgundi fata VII. 131, 251.
Carolus V. imperator, Messanae VIII. 584.
Caroli V. abdicatio I. 99, 101.
„ „ cometae VII. 34, 121, 251.
„ „ horologium I. 82, 89, 99.
„ „ res gestae anno 1544. VIII. 9.
„ VII. munificentia in Hanschium I. 59.
Carrio de Manilio IV. 87.
Carthagine sacrae literae detectae VIII. 100.
Casalius Ferdinandi secretarius de eclipsi 1605. III. 726.
Casalio Keplerus commendatus I. 61, 653, 655 II. 79. VIII. 753, 767.
Casaubonus de Nautonnerio III. 457.
„ in Anglia V. 470.
Casauboni exercitationes etc. IV. 522 s..
Caselius de Liddelio I. 226 s.
Cassellis refractiones quales II. 304. VI. 65.
Cassellanae observationes cometae a. 1580. VII. 259.
Casserius anatomus II. 37, 400.
Cassiopeia II. 702.
Castelfranc v. Nautonnier.
Casurgis, fluv. III. 733.
Casus, quid II. 706 ss.
Catalogus locorum in Tabulis Rud. VI. 554.
Catastrophe, quid I. 535.
Catharina II. Russiae imperatrix, emit manuscripta Kepleri I. 59.
Catholicae fidei addicti Copernici hypothesin accipere prohibentur VII. 151, 276.
Catholicorum liga a. 1606. et 1609. V. 616. VIII. 779.
Catoptrica II. 68, 164 ss., 184, 517.
Cattiterographia Scaligero id quod typographia VI. 638.
Catullus II. 711.
Cavalerii opera IV. 656 s.
Cedreni calculus II. 314, 422.
Celeritas motus primi in systemate Tychonico VI. 170.
Cellius, Kepleri affinis I. 53. II. 15.
Censorinus de aequinoctii sidere IV. 91.
„ de anno Graecorum IV. 156, 178, 282.
„ „ Olympiadibus IV. 99, 227.
„ Rom. calendarium constituit VI. 88, 603.
„ temporum supputator diligens IV. 296, 374. VI. 88.
Census Rom. in Syria v. Quirinius.
Centrum sphaerae I. 161. II. 271 s. VI. 164.
„ cur petant gravia I. 161. VI. 163 s.
„ Solis et mundi num idem III. 268. VI. 341, 355.
Centri praestantia VI. 313 ss.
Cerebri conformatio II. 229.
Cerebelli animalium facultas VI. 311.
Ceres, Terrae domina VIII. 100.
Cestii clades IV. 381 ss.
Cetus v. Mira ceti.
„ monstrum maris VII. 30, 115.
Chabriae pugna IV. 165 s.
Chaja, Rabinus, de aequinoct. anticipatione VI. 83. 108.
Chaldaei de Sole VI. 311 s.
Chaldaeorum anni dispositio VIII. 269.
„ astrologia I 320, 387, 537, 540.
„ diei initium VI. 257.
„ observat. II. 77, 322. III. 431. VII. 755.
„ regnum idem cum.Babylonico VII. 769.
„ solstitium VI 528. VIII. 276.
Changtscheu urbs sinensis VII. 681.
Charta geographica Rudolphinis subjuncta VI. 626 ss. ex Jansonio desumta VI. 681.
Chartae geographicae VI. 122.
Chasmata, quid I. 340. II. 53, 305, 687, 695. VI. 257. VII. 13, 27.
Chemlinus, typographus VI. 618. VII. 308 s.
Chemnizius contra Calend. Greg. IV. 5.
„ de numero paschatum in Evangelio IV. 436.
Chersonesus aurea III. 152.
Cherubim in templo VII. 811.
Chilias v. Logarithmus. [142 ss.
Chordae divisio harmonica I 139 ss., V. 25 ss.
Chordarum motus aeque tensarum V. 137.
„ nomina apud veteres V. 172.
Choroides v. Oculus.
Chorus in comoediis V. 402.
Christianae scholae de astronomia VII. 168.
Christiani in Asia et America II. 724.
„ veteres damnant astrologiam VI. 668.
Christianorum aera v. Aera.
„ mores II. 745.
Christianus v. Longomontanus.
Christiernus de Urso I. 225, 230.
Christmannus ed. Alfragani astr. II. 811. V. 44.
„ Brahei momus dicitur a Keplero II. 324, 431.
„ contra Braheum. II. 432. III. 78.
„ Keplerum petit, ut observationes suas ipsi communicet II. 433.
„ Lansbergii trigonometriam reprehendit II. 415.
„ refractiones negat. II. 206, 412, 432.
Christmanni epistola ad Fabricium II. 432.
„ „ „ Keplerum II. 433.
„ observationes solares II. 412, 415, 431.
„ trigonometria II. 431.
Christus, quo anno baptizatus IV. pass.
„ „ „ natus I. 512. II. 709, 801 ss. IV. pass. VI. 495.
„ „ „ passus II. 800. IV. pass.
De Christi vero anno natalitio 1606. (Silva Chronologica.) IV. 175—200.
Cur conscripta II. 709, 830. IV. 114, 204, 282.

Cur libro de Stella Nova subjuncta I. 663. II. 577, 610. IV. 114
Unde inscriptio „Silva" I. 512. II. 803. IV. 102. 120, 375, 442 s.
A Calvisio taxata IV. 374 ss.
Tacitum falso citat I. 529. IV. 193.
De Vero Anno, quo aeternus Dei filius humanam naturam assumsit 1614. IV. 279—368. v. Bericht v. Geburtsjahr etc.
Cur conscriptum IV. 172, 277.
Manuscriptum Keplerus Berneggero mittit IV. 125.
Chronicum Mansfeldense v. Mansf.
Chronologia a mundi ortu a Keplero concinnata IV. 131—153, 205. VII. 754 ss.
„ S. Scripturae IV. 65 ss., 104, 219, 228, 487 ss., VII. 754 ss. VIII. 214 ss.
„ a quibus tractata IV. 4 ss.
„ cui usui II. 803 s. IV. 219 ss., 221, 285.
Chronologica Opera Kepleri IV. 1—543.
Chronologicus locus VI. 496.
Chrysermi fabula VIII. 116.
Chrysostomus de Christi nat. II. 802. IV. 118.
Chymia gemmis lumen tribuit VI. 482.
Chytraeus de horologio Turriani I. 82, 193.
„ „ Vita Caroli V. I. 193.
„ „ tempestate a. 1592. I. 647.
Cicero de anno Graecorum IV. 97, 159. 513.
„ Archimedis et Posidonii automate [coelesti I. 82.
„ astrologia I. 562.
„ casu II. 713.
„ „ Divinatione I. 381, 645. II. 713. VII. 753. VIII. 332.
„ „ harmonia I. 375. V. 212.
„ latine discit loqui apud criticos sec. XVI II. 732.
„ de Mercurio I. 343.
„ „ mundo I. 68, 110, 122, 381.
„ „ Officiis I. 419.
„ otium quaerit philosophicum I. 104.
„ sidus aequinoctii dicit perturbatum VI. [289.
„ de voce „signum" II. 632.
„ „ Xenophonte VII. 806.
Cicindularum lux II. 144.
Ciconiae, cur collum surrigant II. 227.
Ciliares processus II. 231, 540.
Ciliorum usus II 228.
Cimbricae nobilitatis studia VII. 163.
Cimbricus aër qualis VII. 215.
Cineres ex montibus ardentibus Solem obscurant VI. 513.
Circulus VI. 341. VIII. 196.
„ coni sectio II. 187. IV. 575.
„ corporatus IV. 568.
„ curvitatis mensor (osculator) II. 175, 402. III. 115. IV. 643. V. 582 VI. 416.
„ deferens auges et nodos VI. 401 s.
„ figura infinitaugula V. 236.
„ globi maximus et minor III. 171. IV. 561. VI. 135, 189, 198.
Circulus harmonice divisus I. 139, 143. II. 590. V. 32 et passim.
„ illuminationis Lunae et Terrae II. 274. VI. 364, 366, 469, 474, 483.
„ mensor, metator v. curvitatis.
„ ex metallo tinniens V. 32.
„ in 7 partes geometrice dividi nequit I. 381.
„ quomodo insit animae V. 223, 260.
„ semimeridianus inferior, quis VII. 260.
„ trinitatis imago. v. Trinit.
„ verticalis primarius VII. 240.
Circuli area I. 196, 338, 344. II. 506, 814. III 323, 497. IV. 523, 557. V. 512 ss., VI. 420, 475. 477.
„ circa ellipticam planetarum orbitam descripti usus VI. 417.
circumferentia V. 503 s.
declinationum VI. 209.
diameter V. 22 s.
dierum naturalium VI. 209, 253.
divisio V. 369. VI. 201 s.
domorum coelestium (astrol.) VI. 210.
genesis VI. 141
inclinationis, quid VI. 425.
perfectio V. 369. VI. 372.
„ planetarum III. 315 ss.
„ plani usus VI. 402, 414, 417 s., 436.
„ polares VI. 195.
„ positionum VI. 209 s., 220.
„ quadratura v. circuli area
„ sectiones cum chordarum sectionibus comparatae V. 139 ss., 369.
„ in sphaera VIII. 196.
„ tropici ex Terra orti, paralleli praecipui, eorum praerogativa VII. 182.
„ usus in physicis VI. 417.
„ verticales VI. 209 s.
Circulorum inclinationes VII. 171.
„ in sphaera materiali distinctio VI. 197 ss.
„ maximorum officium in distantiis stellarum VII. 173.
„ „ „ „ diurnis motibus VII. 186.
Citrium, corpus geom. IV. 585. V. 544.
Civilitas in philos. disceptationibus II. 473.
Civitatum distributio astrologica I. 446. 635.
Claramontius, Caesennas, scripsit Antitychonem VII. 18, 149 ss.
„ autodidactos VII. 284.
„ inter Galilaei accusatores nominatur VII. 157.
„ a Galilaeo commendatus VII 211.
„ contra Kepleri Hyperaspistem scribit VI. 626 s, VII. 155 ss., 584.
„ de muniis politicis suis VII. 290.
„ „ sede sublunari cometarum VII. 155 s.
„ „ tubo optico VII. 287.
Claramontii Antitycho et Apologia excerpta VII. 280 ss.
„ opera varia VII. 149, 157.

Claudianus de Archimedis automato I. 82, 89.
Clausulae in musica V. 193.
Clavis astronomiae III. 58, 326.
„ in musica V. 166.
Clavichordium, claviarium I. 199 s. V. 166.
Clavius de calculo prosthaphaeretico II. 358, 439.
„ de calendario Greg. I. 189. IV. 5, 15. VI. 109, 605. VIII. 653.
„ „ coni trunco IV. 569.
„ „ dolii figura IV. 603. [427.
„ „ eclipsibus II. 78, 309, 315 ss., 423,
„ contra Maestlinum I. 189. IV. 6.
„ moriens Galilaei inventionibus motus veterem astronomiam rejicit VI. 117.
„ de octogoni area V. 96.
„ contra Scaligerum IV. 93.
„ Tychonis opera non vidit. II. 427.
„ contra Vietam IV. 13.
Clavii astrolabium II. 815.
„ Comment. in S. Boscum II. 316, 423, 426, 811. [473.
„ „ „ Theodosium II. 815. III.
„ error in Emendat. calendarii VIII. 277.
„ Geometria practica I. 177. IV. 569. 603. V. 96, 110, 606.
„ opera VIII. 659.
„ trisectio anguli V. 110.
„ tabula cubica V. 606. [744.
Cleanthus contra Aristarchum VI. 185. VII.
Clearchus, de Luna VIII. 76 ss.
Cleberus, past. V. 481 s.
Clemens, papa, contra Vietam IV. 49.
„ de Card. de Cusa et J. Bruno I. 196.
Clementis canones IV. 25.
Cleombrotus II. 312.
Cleomedes, de Canopo II. 221.
„ „ Hipparcho III. 736.
„ „ Lunae lumine II. 273 s., 288, 300, 311, 419.
„ „ „ eclipsis mira apparitione II. 218.
„ „ luce communicata II. 293.
„ „ motu II. 334.
„ „ Mundo II. 216, 419.
„ „ Plinii loco II. 219, 415.
„ „ refractione II. 216 ss., 415.
„ „ Solis eclipsi II. 311, 313.
„ „ „ magnitudine VII. 92.
„ „ stellarum distantia II. 221.
Cleomedis Meteora II. pass.
„ locus explicatus II. 210, 216.
Cleostratus annum Graec. correxit IV. 419.
Clepsydrae Hipparchi II. 220.
Cleselius Melchior v. Khleselius.
Clima septimum VI. 291.
Climata, quid I. 629. VI. 260 ss.
„ quid varient in apparitionibus VI. 507.
Climatum nomina II. 420. VI. 262.
„ temperatura diversa VI. 196.
„ usus VI. 262.
Clivia VII. 127. VIII. 912.
Clutenius, Joach., prof. Argentorati, principis Luneburg. consiliarius VI. 617 s., 623, 625. VIII. 913, 916.
Cluverus de Taprobane III. 458.
Coelestis aurae qualitas VII. 256.
Coelestium motus qualis VII. 236.
Coelum illuminatur a Sole I. 589.
„ an novi quid generet II. 684. VI. 305. VII. 183.
Coeli color I. 588. II. 95, 493.
„ divisio in domos (astrol.) I. 293, 745.
„ facies I. 399. II. 689.
„ figura VI. 136 ss, 144.
„ magnitudo vulgo quanta VI. 123.
„ materia I. 507. II. 176, 588, 693 ss., 701. VII. 109.
„ mediatio VI. 277. [II 584.
„ et stellarum comparatio cum ecclesia
„ vis astrologica I. 401. II. 646, 719.
Coelorum harmonia I. 375.
„ numerus secundum Biblia I. 586 s.
Cogitabundorum oculi II. 239.
Coignetus de eclipsi 1605. II. 426. III. 734.
„ de metiendis doliis V. 582.
Coigneti circinus prop. V. 606.
Coimbrae obs. ecl. 1560. II. 315, 698.
Colbius, prof. Tub. V. 48.
Collectanea e Codicibus Pulkoviensibus VIII. 143—358.
Collimandi ratio II. 265.
Colonia Bohemica (Kollin) II. 108. VIII. 773.
Coloniensis marca V. 600.
Color, quid II. 134, 148, 418.
Colores aëris, aquae, v. aër etc.
„ iridis I. 425, 570, 642. II. 51 s., 134, 296, 306, 682.
„ Lunae in eclipsibus II. 306.
„ luce dealbantur II. 145.
„ lucis diversi gradus I. 588. II. 149, 418.
„ noctu an luceant II. 135.
planetarum I. 425, 570, 641.
plantarum I. 641.
prismatici II. 530 s.
quomodo luceant II. 149.
radiant in orbem II. 141.
„ radiorum refractorum II. 67.
„ reflectuntur I. 425.
„ stellarum fixarum I. 570, 641.
„ superficierum I. 425. II. 143.
Colorum comparatio cum sonis I. 200.
„ genera I. 642. II. 134 s.
„ ordo in iride II. 296.
„ origo II. 67, 135.
„ terminus nigrum II. 134. VIII. 57.
Columbus II. 493, 501.
Columella de solstitio VI. 105, 528. VIII. 277.
Columna Jesuitica Parisiis I. 664.
Columnae Herculis destructae VI. 83.
Columnare corpus VI. 140.
Coluri VI. 197, 228, 273, 520, 528.
Cola Siculus VIII. 63.
Comerellus, mercator Ulmensis affinis Kepleri VI. 622 ss.

Comes Natalis VIII. 116.
Cometa a. 431 a. Ch. VII. 133.
„ a. 372 a. Ch. I. 665. IV. 145. VII. 76, 131.
„ Alexandri M. II. 739. VII. 124. VIII. 304.
„ Mithridatis II. 296, 739. VII. 124. VIII. 304.
a. 13 a. Chr. IV. 425. VII. 77.
a. 60 p. Ch. VII. 33, 120.
Josephi a. 69. VII. 33, 120, 817.
Mahometis a. 594. VII. 124. VIII. 304.
„ a. 837. II. 704.
„ „ 839. II. 315.
seculi XI. II. 296, 419.
a. 1268. II. 419.
„ 1456. VII. 131.
„ 1497. II. 828. VII. 131.
„ Regiomontani a. 1472. II. 695, 828. VII. 14 ss., 104, 131, 237, 250, 257 s., 278.
„ Regiomontani et Pontani idem VII. 14 ss., 237, 249, 251 s.
„ a. 1475. nullus II. 695, 828. VII. 14, 237, 249 s.
„ 1477. VII. 251, 258.
„ 1491. VII. 258.
„ 1531. VII. 124.
„ 1532. VII. 124, 249.
„ 1538 s. VII. 124.
„ „ 1556. I. 517 ss., 663. VII. 27 s., 34, 111, 121, 131, 256. VIII. 606.
„ „ 1558. VII. 124. VIII. 606.
„ „ 1569. VII. 34, 122, 124, 131.
„ „ 1577. I. 10, 114, 119, 188, 524, 665. II. 124, 295, 339, 686. VI. 59. VII. 26 ss., 50. 111. 113, 131, 220, 225, 228, 278. VIII. 641 s.
„ „ 1580. I. 511, 514, 519, 520 s., 663, II. 124, 704. VII. 259 s. VIII. 649.
„ „ 1582. VII. 124 s.
„ „ 1585. II. 704. VII. 124, 135, 220, 225, 229, 232 s., 237, 257.
„ „ 1590. I. 489. VII. 124, 229, 232, 237.
„ „ 1593. VII. 124.
„ „ 1596. I. 514, 521. II. 297, 693. VII. 38, 124 s.
„ „ 1598. I. 298, 301.
„ „ 1607. I. 489, 520 s. II. 60, 523, 603, 606. V. 55. VII. 3 ss., 23—41, 52 s., 122 s, 133.
Cometae anni 1618. I. 119, 488, 493 VII. 3 ss., 75, 233, 262. 265, 472.
„ cometae tertii figura VII. 82, 279.
„ „ „ cauda longa ultra 70° VII. 84 s.
Cometa anni 1625. VII. 637.
„ a Jove tectus II. 321.
Ausführlicher Bericht vom Cometen des Jahrs 1607. 1608. VII. 23—41. Sero impressum I. 520. II. 523. 573. VII. 45.
De Cometis, libelli tres 1619. VII. 43—137.
Proömium Editoris VII. 3—22. Dedic. VII. 45 ss., 107 ss., 117.
quando typis traditi II. 523, 573. VII. 6 s., 520.
Cometae, quid I. 326, 341, 343. II. 296, 523, 685, 704. VI. 59, 124, 147. VII. 25 ss., 109 s.
„ bisectio I. 520, 665. II. 601. IV. 145. VII. 76, 131, 136.
„ num calefaciant II. 523.
ceratiae II. 297, 704. VII. 111.
quomodo coelestes VII. 156, 276.
quovis coeli loco apparent II. 695.
„ Copernici hypothesin firmant VII. 106.
„ an deflagrent. II. 297.
„ declinationis causa II 295 ss.
„ densiores aethere II. 296, 523.
„ effigies artificiosa II. 297, 419. VI. 59. VII. 274.
„ quomodo evanescant II. 296, 695. VII. 110.
„ num flammae VII. 27, 111.
„ illustrantur a Sole I. 343. VII 26, 110.
„ plerique supra Lunam II. 523, 721. VII. 25, 109.
quidam Lunae sphaeram trajiciunt I. 695.
mutatio speciei II. 297.
pellucidi II. 296, 523. VII. 26, 110 s.
„ num pestilentes, II. 297. VII. 27, 112.
„ Plinii immobiles II. 692.
„ num redeant II. 685.
„ num e Solis maculis oriantur II. 475.
„ Solis radiis dealbantur VII. 26.
„ num in Terram incurrant VII. 27, 112.
„ unde oriantur II. 692, 780.
Cometarum caudae I. 326, 351, 520. II. 295 s., 332, 523, 695, 704. VI. 146. VII. 26 s., 79 ss., 110, 235, 252, 262, 274. VIII. 605.
„ „ cur curventur VII. 26, 110, 274, 278.
„ color I. 326. II. 296.
„ densitas, materia I. 520. II. 292, 296, 523. VII. 27, 112.
„ distantia a Terra II. 677. VII. 25 s., 150 ss.
„ figurae variae I. 520. II. 704.
„ genera II. 704.
„ lumen II. 295, 705.
„ motus I. 119, 196, 514, 519, 665. II. 339, 573, 686, 695. III. 28. VI. 312. VII. 11, 25, 103 ss., 110, 168 s., 251.
„ „ apparens per parallaxin tortuosus VII. 174 s.
„ „ causae VII. 274.
„ „ probant, materiam coeli non esse solidam II. 677. VI. 146, 312. VII. 106
„ „ rectilineus probabilis VII. 225 et pass.
„ „ uniformis VII. 236.
„ nomina varia II. 695, 704.

Cometarum numerus VII. 11, 26, 110.
„ ortus II. 475, 598, 695. VII. 7, 11 ss., 19, 25 s., 110, 220, 275.
„ parallaxes II. 60. VI. 58. VII. 19, 66 ss., 92 ss., 150 ss., 239.
„ physiologia VII. 109 ss., 168 s.
„ significationes astrol. I. 405, 488, 516, 630. II. 721, 739. VII. 11 s., 28 ss., 119 ss., VIII. 304, 316 ss.
„ spiritus et intelligentiae VII. 8, 11 s.
Cominaeus de regum consuetudinibus VII. 778.
Comitia v. Ratisbonae.
Comma, quid I. 375. V. 36, 156.
Commandinus ed. Archimedis op. II. 264, 416. III. 401.
„ „ Pappum IV. 651.
„ „ Serenum II. 417.
Commensurabilia, quae VII. 327.
Commentaria de motibus stellae Martis v. Astronomia Nova.
„ de motibus planetarum reliquorum Keplerus perfecta domi premit I. 103.
Commutatio, i q. parallaxis VI. 448, 497.
Commutationis anomalia VI. 448.
Comofratta, Cardinalis, de ecl. 1605. III. 727.
Compassus II. 812.
Compositoriae artis musicae leges V. 193.
Conchois II. 46. III. 93, 324. V. 110.
Concilium v. Nicen. Constantiae.
Concinnum, quid V. 174.
Conclave Ignatianum, satyra contra Copernicum VIII. 41.
Concordantiae musicae v. Consonantiae.
Confessio Bohemica VIII. 793.
Configuratio v. Aspectus.
Congius V. 593.
Congruentia, quid V. 10, 115 ss.
„ cum harmoniis comparata V. 138.
Congruentiae et demonstrabilitatis discrimen V. 138.
„ „ scibilitatis discrimen V. 238.
Conjunctio magna (et maxima) quid I. 108. II. 636. VI. 206, 495. VII. 704.
„ tempore Christi II. 636. 708. IV. 204, 257, 282, 347. VII. 701.
„ anno 1504. VI. 730.
„ annis 1524, 1544, 1563, 1583. II. 637, 641, 709, 729. VII. 703 s. VIII. 9.
„ annis 1603 et 1604. I. 459, 474 II. 97, 111, 585 s., 617 s., 637, 647, 705. IV. 204, 282. VII. 701 ss, 712.
„ a. 1623. I. 489. II. 729. VII. 685 ss.
Conjunctionum magnarum effectus astrologici I. 475. II. 586, 637 ss., 706, 722, 728, 809. V. 69. VII. 761 s.
„ effigies I. 108. II. 637.
„ „ tempus aegre ab astrologis constituitur II. 647.
Conjunctio ♃ et ♂ quid valeat II. 585 s.
Conjunctiones Lunae, Solis vel planetarum inter se et cum fixis I. 458, 646 s. II. 111, 321 s IV. 297. VI. 492.
Conjuratio in Anglia a. 1606. I. 665. II. 67.
Connubiorum leges V. 199.
„ finis I. 558
Conoides etc. IV. 565, 574. V. 526 ss.
Conradini Suevi genesis comparata cum avi genesi II. 646.
Consequentia v. Sign.
Consideratio observationum Regiomontani et Waltheri. Op. Kepl. msct. VI. 725—774.
Consistorium Würt. de Kepleri fide.
„ a. 1609. VIII. 783, 792.
„ „ 1611. VIII. 804.
„ „ 1612. VIII. (807, 866), 868 s.
„ „ 1615. VI. 20.
Consonantiae I. 140, 144, 380. II. 586 ss, V. 25, 134 ss.
„ et identisonantiae discrimen V. 140.
„ adulterinae I. 144. V. 174.
„ cum aspectibus comp. v. Asp.
„ suaves auribus, cur V. 24, 134.
Constantiae concilium II. 831.
Constantinopoli incendium I. 300.
Constellatio v. Stella, Planeta.
Consules Rom. ad annorum seriem adaptati IV. 181, 228, 296.
Contarini, de ecl. 1605. III. 727.
Continentes in magnetem vim directoriam exercent III. 389.
„ olim non per maria divisae VII. 763.
Conus umbrae v. Umbra.
„ visorius II. 234.
„ „ diurno Solis motu descriptus II. 362.
Coni corpus IV. 565. V. 522.
„ conjuncti IV. 593. V. 549.
„ sectiones II. 155, 185 ss., 282, 364 ss. IV. 568 ss. V. 523 ss. VI. 268.
„ „ ad Opticam adhibitae II. 175, 188 ss.
„ sectionum constructio mechanica II. 187. V. 525.
„ superficies curva II. 282. IV. 560. V. 517.
„ truncus IV. 569. V. 539.
„ trunci cum cylindris conjugati IV. 613 ss. V. 559.
„ „ maximi et minimi IV. 624 s.
Convergentia radiorum II. 531.
Conymbria, v. Coimbra.
Cooriens punctum VI. 281, 285, 289 ss.
Copernicus astronomus VI. 669. VIII. 564 ss.
„ de aequante III. 181.
„ aequationem menstruam dicit prosthaphaeresin secundi epicycli VI. 472.
„ aequinoctiorum praecessionem inaequalem assumit VI. 541. VIII. 568.
„ Apollonii theoremata accipit I. 266.
„ Aristarchus dicitur redivivus II. 290. III. 462.

Copernicus Aristarcho num hypothesin suam debuerit VII. 273.
„ astronomicum calculum incertum esse queritur I. 165, 167 s.
„ Avenrodani nomen in Averroem mutat II. 786.
„ de Capellae astronomia I. 271 s.
„ catholicus VII. 276.
„ de conjunctione corporali Solis cum Venere II. 777.
„ „ conjunctione Lunae cum fixa II. 322.
„ divitiarum suarum ignarus I. 119. III. 234.
„ de eccentricitate Veneris etc. I. 156.
„ de eclipticae initiali puncto VI. 541.
„ eclipticae obliquitatem maximam assumit 23° 28' vel 27'. VI. 229. [VI 521.
„ „ „ mutatam unde deducat
„ emendatus a Keplero, v. Keplerus.
„ de gravitate I. 161. VIII. 567.
„ „ hypothesibus astronomicis I. 246.
„ inaequalitatem secundam motuum planetarum aufert III. 194.
„ de inclinationis argumento III. 234.
„ latitudinem planetarum libratilem fingit III. 234.
„ de Luna I. 239. II. 7. 521. III. 544, 674. VI. 479. VIII. 571.
„ „ Lunae a Terra distantia III. 544. VIII. 105, 573.
„ Lunam et Venerem conjunctos observat. II. 322.
„ Mariae (Domin.) discipulus VI. 543.
„ de Marte III. 66, 98 et passim.
„ Mercurium raro observavit I. 47, 168. VIII. 577.
„ Mercurii obss. a Walthero mutuatur I. 171. VIII. 577.
„ de Mercurii motu I. 19, 163.
„ mortuus est a. 1543. I. 57.
„ numeros accipit sine delectu I. 166, 409.
„ observationes astronomorum priorum quomodo adhibuerit I. 167. III. 255 s.
„ A. Osiandro refert de studiis suis astronomicis I. 246.
„ opus suum de Revolutionibus amicorum hortatu edit I. 57.
„ „ Paulo III inscribit I. 57, 118, 506.
„ de planetarum celeritate II. 673. VI. 346.
„ planetarum eccentricitates a Ptolemaeo mutuatur I. 166.
„ de planetarum motibus etc. I. 151 ss. III. 108 etc.
„ planetarum orbes solidos assumit III. 181, 464.
„ de planetarum orbium figura VI. 402. 425, 665.
„ „ „ „ magnitudine I. 23, 151 ss.
„ Plinii locum commentatur I. 272.
„ polum Terrae libratilem facit VI. 521.
Copernicus de Ptolemaeo ejusque observationibus I. 122, 163, 521. II. 777. III. 181, 193, 234, 242, 256.
„ Romae astronomiam docet VI. 543.
„ Saturnum observat VI. 731,
„ Solem non in ipsissimum mundi centrum ponit VI. 315, 336, 355, 431.
„ Solis apogaei motum inaequalem statuit VI. 434.
„ sphaeras veterum dejicit VI. 519.
„ de stellarum fixarum motu VI. 525.
„ Terrae orbis eccentricitatem ignorat I. 121. VI. 455 s.
„ de Terrae orbis magnit. I 63. VI. 431.
„ Terrae motum triplicem tribuit I. 114, 119, 166, 169, 263. II 273, 334 s. III. 447. V. 394, 521. VI. 428.
Copernici adversarii taxantur I. 40, 56 s., 506. III. 153. VIII. 703.
astronomia VIII 566 ss. et aliâs pass.
circulus in Veneris theoria VI. 456.
coeli sex I. 109. [VI. 83.
corolla planetariorum motuum intorta
eccentrus eccentri superfluus VI. 456.
epicycli I. 116, 120. III. 66, 708.
„ „ rejiciendi VI. 40, 414 s. 456, 581, 697.
„ „ in Luna VI. 584.
„ epistola ad Osiandrum a. 1540. I. 246.
„ errores I. 183. III. 88, 388. VI. 355, 697.
„ hypothesis astronomis accepta I. 40 ss., 81, 538. II. 116, 672. VI. 185.
„ „ Catholicis vetita I. 41. VII. 151, 156.
„ „ comparata cum aliorum hypothesibus I 49, 64, 113 ss., 178, 240, 250 ss., 538. II. 293, 335, 672 s. III. 149, 175, 182, 193. V. 275. VI. 229, 316, 353 ss., 441, 519, 565, 581. VII. 271 ss.
„ „ consiliariis Caesaris non contra fidem catholicam videtur V. 59.
„ „ correcta, prohibita, ab inquisitione I. 56, 118 (506) 662. V. 8.
„ „ explicata et defensa I. 112 ss. II. 86, 290, 331 ss., 520, 673. III. 66, 174 ss., 255 et pass. V. 8, 59 ss, 275 ss., 405. VI. 309, 315, 355 ss., 428 ss., 443.
„ „ stabilita in Kepleri *Somnio* VIII. 41 ss. [337 s.
„ „ in Euclidis Optica tradita II.
„ „ Galilaei inventionibus probata II. 116, 464 ss., 501 ss., 778. V. 327. [pass.
„ „ a Keplero correcta I. 118. VI. 309, 454 et pass.
„ „ „ Magino Ptolemaicae adaptata I. 240.
„ „ peripateticis ingrata I. 81.

Copernici hypothesis principia VI. 309, 336.
" " Prodromo quasi firmata I. 124 s.
" " a Pythagoraeis defensa I. 250. III. 193. VI. 185.
" " cum S. Scriptura conciliata I. 10, 118, 506. II. 335, III. 153 ss. VI. 184.
" " sensu probata II. 520 s.
" " theologis aliis accepta, aliis ingrata I. 37, 506. II. 472. III. [153.
" " virtus praecipua VI. 441.
" " vulgo absurda I. 505, 513. V. 275. VI. 670.
" opus de Revolutionibus orbium coelest. I. 8, 57 etc. VIII. 566 ss.
" " initio non prohibitum I. 57.
" orbis magnus, quid VI. 431. VIII. 582.
" tabulae II. 330, 385. VI. 669 s.
Copula luminarium vera et visibilis VI. [507.
Cor Leonis, v. Leo.
" mundi, v. Sol.
Cordis calor II. 49, 57 s., 144. V. 432.
" cum Sole comparatio II. 679.
Cornea tunica v. Oculi tunicae.
Cornelius, v. Gemma.
Corpus, quid I. 122. VI. 139 s.
" quatenus diversum ab homine I. 101.
" inter Terram et Lunam positum quando quiescat VIII. 48.
Corporis cum anima comparatio I 98, 101.
" motus III. 178.
" nutritio II. 830.
Corpora Archimedea I. 197. V. 123 ss. VI. 321. VII. 719. VIII. 177 s.
" columnaria etc. IV. 559. V. 520. 535 ss.
" curta et aucta VIII. 178 ss.
" pyramidalia VII. 721.
" regularia I. 11 ss., 124, 197. V. 82, 120, 270 ss. VI. 318 ss.
" " in 2 classes distributa I. 127. VI. 318.
" " " creatione mundi a Creatore respecta I. 106 II. 501.
" " Euclidis Elementorum finis II. 337. V. 82.
" " cum planetarum orbibus comparata I. 11 ss., 125. V. 121, 274 ss., 301, 399. VI. 67, 321 s.
" " a Proclo cosmica appellantur II. 489. V. 120. (VI. 318.)
" rhombica V. 122 s. VI. 321. VII. 719.
" " Jovialibus adaptata II. 505. VI. 67, 361.
" rotatione sectionum conicar. orta IV. 575. VI. 526.
Corporum capacitates comparatae V. 557 s.
" genesis VI. 140, 318.
" regul. numerus I. 109, 124, 126. VI. 321. VIII. 177.
" " nobilitas I. 126. [321.
" " et orbium proportio I. 5 s., VI.
Corraducius, Procancellarius, fautor Kepleri I. 232. II. 582, 617. III. 45. VIII. 721, 727, 732.
Cosinus a Günthero pro sinu compl. usurpatus VI. 567.
Cosmographia v. Gemma, Apianus etc.
Costa, v. Acosta.
Crabbius v. Krabbius.
Crabtraeus III. 513.
Crabtraei obss. Jovis VI. 651 s.
Craftius, consul Ulmens. V. 55. VI. 639. VIII. 883.
Craigius I. 232, 279, 337.
" refutatur a Keplero I. 279 s.
Cramer, de Liddelio I. 227.
" " Tychonis hypothesi I. 224 ss.
Crameriauae aedes v. Kepleri habitatio.
Crapnerus, legat. Bavar. II. 814.
Crateres montium VI. 513.
Crato contra astrologos I. 650, 670.
Creare, quid II. 685.
Creationis lusus VI. 334.
Creberus (stipendiarius Tub., postea pastor Lombacii in Würt.) Rhaetici trigonometriam describit I. 8.
Crellius V. 481 s.
Cremsmünsteri abbas Kepleri fautor VI. 62, 398. VIII. 871, 892.
Crepuscula II. 50, 201. VI. 154.
Crepusculorum altitudo et causae II. 142, 177, 218, 310. VI. 154 ss.
" colores I. 200.
" inquisitio VI. 259 s.
" varietates VI. 156, 260, 285 s.
Crestinus de stella anni 1604. II. 619 s., 670.
Cribri exemplum VI. 354.
Crises medicorum I. 608. VI. 490.
Criticus mensis, v. Mensis.
Croesus VIII. 18.
Crügerus bibliopola August. IV. 548. V. 48 s., 51. VI. 20 ss., 641. VIII. 847.
Crügerus, med. et mathematicus Dantisci I. 659 s. VI. 51.
" de cometis VII. 13 ss., 250, 257.
" Copernici hypothesin non admittit VII. 13.
" de eclipsium theoria VI. 37.
" " Kepleri affini V. 627. VI. 24, 28.
" " " logarithmis VII. 302.
" " " prognostico a. 1618. I. 659, 662.
" " " Stereometria V. 627.
" libros mathematicos in Borussia non emi dicit V. 627.
" de longitudine locorum VI. 24.
" " Longomontano VI. 37.
" " Magini numero mystico VI. 46.
" " Nagelio IV. 173. VI. 28, 32, 37.
" pedis Culmensis longitudinem Keplero nunciat V. 597.
" Ptolemaicas obss. computandas in se suscepit neque vero praestitit VI. 51.
" de Straussio VI. 15.

Crügeri epistolae ad Keplerum, v. Kepl. epist.
„ libri I. 659. VI. 29, 51. VII. 13.
„ vaticinium politicum I. 659.
Crusius, Martinus, prof. Tubingensis Homerum commentatur IV. 72 s. [875.
„ Keplerum dicit pulchrum juvenem VIII.
„ „ monet, ut antiquitates Styriae conquirat VIII. 699.
„ Florianus I. 660. VI. 72. (V 477.)
„ Berneggeri Argentorat. amicus I. 660.
„ in Gallia peregrinatur VI. 73.
„ de Gringalleto I. 660. VI. 19. VIII. 838.
„ „ Kepleri Calendariis I. 661.
„ „ „ Harmonia V. 63.
„ Keplerum laudibus effert VI. 73.
„ Lincii moratur a. 1615. V. 477. VIII.
„ de monstro Herrenalsensi V. 66. [837.
„ apud Papium triennium moratur VI. 27. VIII. 837.
„ de Ursino VIII. 838.
Crusii epistolae, v Kepleri epist.
Crystalli forma VII. 730.
„ gravitas et refractio II. 72.
Crzistanovik de eclipsi 1605. II. 828.
Cubus, primum corporum I. 11, 129 ss., IV. 564. V. 271, 522. VI. 141. 318.
Cubi duplicatio (problema Deliac.) I. 80, 104. V. 622.
„ genesis VI. 318.
„ sectio V. 520.
Cucomoria (Culomoria) I. 598, 668. VIII. 63.
Culus mundi I. 339.
Cuno, de horologiis I. 82.
Cunstadt in Moravia VIII. 804, 906, 940.
Cupri pretium V. 53.
Curio, Basil. I. 343.
Curiositas, quae laudabilis VI. 307.
Curtatio, quid VI. 426
Curtius, Albertus (Lucius Barrettus) jesuita Dilling., cum Keplero per epist. versatur VI. 583. VIII. 907 ss.
„ Kepleri ellipsin cum Ptolemaei aequante conciliare studet VI. 581.
„ Keplero mittit Terrentii epist. VII. 669 s.
„ Keplerum ad fidem cathol. transire haud obscure hortatur VIII. 907 ss.
„ „ monet de Scaligeri libro de aequin. anticipat. VIII. 274.
„ de Tab. Rudolph. editione VI. 583, 616. 637 ss.
„ Tab. Rudolph. a Keplero dono accipit VI. 70.
„ Tychonis Historiam coelestem edit I. 191. VI. 583, 616.
Curtius, Jacobus, procancellarius imperii I. 223, 226. V. 597, 623.
Curtii, J., epistola ad Tychonem I. 223 s.
Curvum ad mundi ornatum adhibitum I. 122 s. [VI. 317.
Curvi et recti ratio I. 11, 122. V. 624.
Cusanus, Cardinalis, Copernici praecursor I. 196. VIII. 665.
„ de curvi et recti ratione I. 122.
„ lineam rectam dicit circulum infinitum II. 595.
„ stellis comites tribuit II. 490, 509.
„ Terram mobilem dicit I. 196.
Cusani bibliotheca IV. 112 s.
Cuspiniani historia IV. 185.
Cyclus sexagenarius VII. 679
Cycli varii III. 689. IV. 21, 51, 143, 406. VI. 493 ss.
„ tempestatum I. 430.
Cydias, de eclipsibus II. 311. [nova.
Cygni constellatio II. 762 s., 833. v. Stella
Cylinder IV. 559, 570, 610, 613. V. 520, 535.
Cyprus expugnata VII. 35, 122.
Cyri deprecatio II. 734.
„ initium IV. 105.
Cyri-Paedia V. 198.
Cyrillus de paschate IV. 50.
Cyrenius v. Quirinius.
Cysatus de Martis diametro VI. 64 s.
„ de typo Ephemeridum Kepleri VII. 452.

D.

Daemonis vox unde VIII. 43.
Dalbergus princ., monumentum Kepleri Ratisbonae erigit VIII. 925.
Danaus in Graecia IV. 148.
Daniae aër et refractiones VII. 215.
Daniel propheta IV. 138 V. 69. VII. 115, 702, 803 ss., VIII. 303 ss.
Danti calend. emend. IV. 4.
Dantisci longitudo VI. 34, 46, 556.
Danubius II. 212.
Darius IV. 138 s. VII. 805.
Dasypodius, Conrad, prof. math. Argentorat. (mort. a. 1600) edit Euclidis opera. I. 147, 205. V. 31, 39. VIII. 145.
„ Peuceri Hypotyposes edit VIII. 594.
Dasypodii descriptio horologii Argentorat. I. 193.
„ Opera VIII. 145, 609.
Davidis Psalmi I. 97. VI. 311.
Decangulum V. 98 s. VI. 490.
Deckerius IV. 523.
„ de Christi anno natali IV. pass.
„ „ Kepleri chronologia IV. 440, 523.
„ contra Scaligerum IV. 447 ss.
Deckerii epistolae v. Kepl. ep.
Declinatio plani, quid VI. 218.
„ punctorum eclipticae VI. 221, 228 ss.
Declinationis causa VI. 229, 231.
„ Solis usus VI. 548.
Declinationum circuli v. Circuli.
Decretum pontificis contra Copernicum I. 56 s.
Dee, Joannes, de stella a. 1572. VII. 145.
Deferens v. circulus.
Dejoces Medus VII. 785 s.

Delambre, hist. de l'Astronomie I. 188, 277. III. 484, 496, 501. VI. 48.
Deliacum problema v. Cubi duplic.
Delphini tractatus de fluxu et refl. maris VIII. 606.
Del Rio I. 551. II. 584. V. 557.
„ „ de Culomoria VIII. 64.
Demetrii Phalerei statuae IV. 95, 157.
„ „ vita et mors IV. 149.
Demler, Anastas., prof. jur. Tub. VIII. 674.
Democritus de mundo II. 490. VII. 736.
„ Solem dicit lapidem candentem VI. 311.
„ de visione II. 258, 402 (149).
Dempster, Thomas VII. 281.
Densitas corporum II. 134.
„ planetarum VI. 330 s.
Descensiones, quid VI. 231 s.
Descriptio figurae V. 85.
Deutsch, vox, unde derivanda VII. 789.
Deus in creatione geometriam secutus est I. 381, 640. V. 277 ss.
„ causa prima motuum VI. 177 s.
Dei qualitates VI. 140.
„ signa hominibus data II. 735 ss.
Dhilcarnaim IV. 148.
Diacentrum VI. 418.
Diagonios VI. 141.
Diagoras, Deum negans II. 712.
Diagramma in musica V. 165.
Dialogus Kepleri de Calendario IV. 10-57.
Diameter virtuosa III. 313.
Diametri circuli ratio ad circumferentiam IV. 556 s. V. 504. VI. 134.
„ „ comparatio cum lateribus figurarum regul. V. 139, 513.
„ planetarum verae et visae VI. 326, 483, 498, 511.
Dianae festum IV. 160.
Diaphani causae II. 76.
Diaphragma II. 560.
Diatyposis systematis mathem. v. Tabulae synopticae.
Didacus a Stunica, Copern. doctrinam commentario in librum Job suscipit I. 56, 193.
Didrachma Augusti V. 592.
Dies quid VI. 247.
„ amissa in Terrae circumnavigatione I. 337 s. IV. 40. VI. 299.
„ artificialis VI. 247, 253.
„ caniculares I. 616. VI. 291 ss.
„ critici I. 608. VII. 499.
„ intercalaris VI. 437.
„ lunaris II. 497. VIII. 49.
„ mala in S. Scriptura, quid I. 557.
„ naturalis VI. 247, 253.
„ „ mensura temporum VI. 570.
Dierum circuli v. Circuli.
„ distributio inter planetas VI. 259.
„ initium IV. 38. VI. 248, 258, 299, 435.
„ mensura I. 411. VI. 249 s.
„ varietas VI. 250 s., 255.
Diesis, quid I. 200, 375, 379. V. 36, 155.
Dietrichstenius, L. B. II. 255, 416. V. 632, 634. VIII. 745, 749.
Dietrichstenii filius mortuus I. 313.
Differentia ascensionalis VI. 276 s.
Digiti ecliptici II. 78, 163, 495. VI. 501, 505.
Dibelium; dibelios VI. 418.
Dillingana observatio cometae VII. 84, 92 ss.
Diluvii historia VII. 755.
Diesis I. 263. VI. 336.
Diodatus, pastor Genev., amicus Schickardi et Gassendi VII. 595.
„ de Keplero et Galilaeo VIII. 924.
Diodorus Siculus in Aegypto VII. 754.
„ „ de cometa a. 372 a. Ch. VII. 131.
„ „ „ obs. Metonis II. 76.
„ „ „ Taprobane insul. III. 151.
„ „ citatus IV. 158 s., 165.
Diogenes Laërtius de aequinoctiis VI. 105.
„ Anaxagorae tribuit Lunae cum Terra comparationem I. 160. VIII. 116.
„ de Aristotele III. 431.
„ de Lino et Musaeo astronomis I. 249.
„ „ Philolao I. 250.
„ „ Sole II. 269.
„ „ Thalete I. 249.
Dio Cassius de cometa a. 13. a Ch. VII. 77.
„ „ „ Herode etc. IV. 182 ss.
„ „ „ Vesuvii incendio VI. 513.
Dionis loca citata II. 734. VI. 513, 525.
„ auctoritas IV. 375 s.
Dionysius Abbas de anno Graec. IV. 158, 161.
„ Areop. de tenebris tempore passionis Christi VI. 513.
Dionysii Areopagitae epistola ad Polycarpum II. 738.
Dionysius Halicarn. de Solis defectu II. 312.
„ „ „ Troja capta IV. 99.
„ mathematicus IV. 149.
„ „ observat Martem a. 272. a. Ch. VI. 91, 534, 758 ss.
Dionysii aera v. Aera.
„ errores chronologici IV. 118, 179, 267.
Dioptrae VI. 188.
„ Hipparchi II. 265.
Dioptrarum ratio, varietas et vitia II. 265 s.
Dioptrice Kepleri 1611. II. 515—567.
praefatio editoris II. 449 ss.
„ Kepleri II. (462), 519 ss.
dedicatio Ernesto archiepiscopo II. 517.
quo tempore scripta II. 461, 468, 517.
propositiones cur continuo numero scriptae V. 84.
Dioptrices scientia a Keplero inventa II 517.
Directiones astrologicae I. 294, 316 ss., 358, 366, 583, 607. VIII. 338.
„ astrologiae pars nobilissima VIII. 295.
Dirigendi (astr.) modus I. 294, 366.
Discurs von der grossen Conjunction 1623. VII. 685—713.
Dedic. W. Wilhelmo palatino VII. 687.

Discus Terrae, quid III. 524. VI. 503.
Disputatio Kepleri de Luna v. Kepleri diss.
Dissertatio cum nuncio sidereo 1610. II. 485—506.
praefatio editoris II. 449 ss. dedicatio Juliano Medices II. 487. Ad lectorem admonitio II. 488.
quando edita II. 451.
quae contineat II. 451 s.
Florentiae furtim excusa II. 459 ss.
Dissonantiae in cantu V. 192.
Distantia quo adminiculo videatur II. 167, 325.
„ curtata, quid VI. 426.
„ oculorum v. Oculor.
„ a vertice VI. 214, 220.
Distributio membrorum hominis (astrol.) I. 621, 670.
Divergere, quid II. 531.
Divergentes motus VI. 516.
Diversitas aspectus epicycli i. q. parallaxis VI. 472, 497.
Divinationes gentium II. 734.
Divisio rerum in tria VI. 202.
„ curtata VII. 306.
Doctrinae sphaericae et theoricae discrimen VI. 211.
Dodecaëdrum v. corpora reg. VI. 138.
„ auctum, i. q. stella dodecaëdrica I. 197, 310. V. 272. VI. 324.
Dodecaëdri genesis VI. 319.
Dodecatemorium, i. q. signum zodiaci I. 361. VI. 204 s., 526 s.
Doldius I. 56.
Dolium Heidelbergense V. 577, 588.
Dolii Austriaci praestantia IV. 602 ss., 629 ss. V. 560 ss.
„ „ fabricatio V. 560.
„ „ mensura IV. 553, 635. V. 565.
Doliorum figura varia IV. 555, 612. V. 500, 562 ss.
Dolor, quid II. 146.
de Dominis, v. Antonius.
Domus coeli (astrol.) I. 293, 361, 627. VI. 210, 252.
„ „ quomodo indagentur VI. 718.
Domuum circuli VI. 210.
Donaverus, minist. Ratisbon. VIII. 922.
Doppelmaier de Praetorio I. 66.
„ de Wernero I. 70.
„ „ Eckebrechto VI. 629.
Dornavius, rector Gymnasii Goerlicensis, medicus (mort. 1632) VII. 8.
Dou, Petri, geodaesia V. 615.
Drachma V. 591 ss.
Drake, Fr. I. 337, 339, 350.
Dracones volantes (v. globi ignei) II. 695. VII. 140.
Drani campi VIII. 64.
Drebbelii motus perpetuus II. 785.
„ (Drubler) ab imperatore Rudolpho Pragam vocatur V. 645.
Dresdae bibliotheca I. 291.
Dresdae theatrum artificiale II. 241. VII. 730.
Drublerus, Belga, v. Drebbelius.
Duererus, Albertus II. 769.
„ de latere septanguli V. 107.
„ „ ovali linea III. 100, 344.
Duglassius, Ge. VIII. 907.
Duncanus v. Liddelius.
Durandus IV. 48.

E.

Eberhardi, ducis Württembergiae, edictum de inquisitione capitali VIII. 561.
Eberus Paulus (theologus celeber tempore Melanchthonis) conscripsit catalogum cometarum VII. 257 s.
Eccentricitas, quid VI. 417.
„ aequantis, quid III. 73.
bisecanda III. 56 ss., 258. VI. 66, 433.
diversa I. 136.
Mercurii insolens I. 162 s.
mutabilis rejicitur I. 114 s., 120. III. 73.
„ orbium planetarum Copernici I. 121.
„ refertur ad Solem I. 121.
Eccentricitatis causae I. 136. V. 300. VI. 307, 372, 378 s. [416, 453.
Eccentricus planetarum II. 335. VI. 401, 414,
„ Ptolemaei cum Copernicano comp. I. 180. III. 51, 186. VI. 454.
Eccentrus eccentri VI. 455 s.
Eccentricus locus, quid VI. 422, 426.
Eccentricorum motuum calculus VI. 416, 418, 420, 423, 425 ss., 449 s., 459.
Ecclesia romana astrologice taxata II. 585.
Ecclesiasticorum opiniones de mundi ratione III. 156. [606.
„ imperitia in gubernandis civitatibus II.
„ „ in conficiendis calendariis I. 550.
Echinus V. 272, 277. [IV. 22.
Eckardus fidelis I. 486, 659.
Eckebrecht, mercator Norimbergensis, Kepleri amicus VI. 622, 629. VIII. 913.
„ chartam Kepleri nauticam Normb. exsculpendam curat VI. 628 s.
Eclipses, quid II. 297 ss. III. 67. VI. 496.
„ astronomiae nobilissima pars II. 228.
Eclipsium apocatastasis VI. 513. VII. 676.
„ calculus I. 408. III. 697. IV. 526. VI. 532 s.
„ computandarum praecepta fallunt I. 434. II. 381.
„ doctrina I. 410 ss. II. 128, 297 ss., 320, 340 ss. III. 520 ss., 632. VI. 327, 465, 496 ss, 592 s. VII. 457 et pass.
„ defectus quantitatem metiendi ratio II. 348.
„ duratio, initia et fines incerta II. 281. III. 47. VI. 500, 510, 593. VIII. 46.
„ numerus in anno VI. 506.
„ observandarum ratio II. 103, 129, 153, 161, 340 ss. III. 736 ss. 678.

Eclipsium significationes (astrol.) I. 320, 354, 397, 430 s., 466. VII. 606.
„ termini VI. 506.
„ usus ad comput. long. locorum VI. 51, 299, 514, 555.
„ usus alius II. 359 s. III. 696. IV. 297. VI. 515.
Eclipsis Lunae VI. 496, 511.
„ παραδοξος II. 298 ss.
„ a Plutarcho relata II. 290. [131.
„ probat Terrae rotunditatem VI.
„ „ ante Chr III. 693. IV. 104, 136, 144 s., 150, 403, 462. VI. 66. VII. 680.
„ „ p. Chr. a. 1 s. I. 512. IV. 116, 189, 237, 321, 378.
„ „ a. 926. II. 301.
„ „ „ 1460. II. 360.
„ „ „ 1471. VII. 258.
„ „ „ 1507. VI. 627.
„ „ 1569. II. 301, 303.
„ „ 1572. II. 348. III. 550.
„ „ 1573. III. 551.
„ „ 1576. III. 554.
„ „ 1577. III. 556, 558.
„ „ 1578. III. 560.
„ „ 1580. II. 101, 302 s, 420.
„ „ 1581. III. 562. [III. 561.
„ „ 1584. III. 564.
„ „ 1587. III. 565.
„ „ „ 1588. II. 302 s., 362. III. 567. VII. 542. VIII. 6.
„ „ „ 1590. I. 415. II. 96, 213, 374. III. 570.
„ „ „ 1591. I. 415. II. 266. III. 571.
„ „ „ 1592. II. 348. III. 574, 576.
„ „ „ 1594. III. 577.
„ „ „ 1595. I. 415. II. 59, 358. III 578, 580.
„ „ „ 1596. III. 581.
„ „ „ 1598. I. 46, 396, 404, 408, 415. II. 24, 101, 286, 302, 358. III. 582, 587. VI. 556.
„ „ „ 1599. I. 404, 415. II. 29, 286, 302. III. 589.
„ „ „ 1601. I. 434. II. 286, 348, 360. III. 592, 689, 733.
„ „ „ 1602. I. 434. II. 359. III. 595.
„ „ „ 1603. II 266, 286, 302, 348, 357, 360, 384. III. 596, 599, 733.
„ „ „ 1605. I. 465. II. 102 s., 498. III. 601, 603, 733. VI. 25.
„ „ „ 1607. III. 604.
„ „ „ 1609. III. 605, 606.
„ „ 1610. II. 114, 464. III. 608.
„ „ 1612. III. 608. VI. 57.
„ „ 1613. II. 113. III. 609.
„ „ „ 1616. III. 611, 638, 640, 724. VI. 555. VII. 491.
„ „ „ 1617. III. 615, 636, 640. VI. 555. VII. 507, 509.
Eclipsis Lunae a. 1618. VII. 515.
„ „ „ 1619. III. 617, 618, 633, 640, 689. VI 58 s., 63. VII. 519.
„ „ „ 1620. III. 332, 623, 625. VI. 482. VII. 452, 524. VIII. 3 ss.
„ „ „ 1621. III. 627. VII 529.
„ „ „ 1622. nulla VII. 523. [695.
„ „ „ 1623. III. 628. VII. 536, 691,
„ 1624. III. 629. VII. 540 ss.
„ 1625. III. 631. VII. 552.
„ 1626. nulla, cur VII. 553.
„ 1627. VII. 557.
„ 1628. VII. 565.
„ 1629. VII. 572.
„ „ „ 1630. VII. 574.
„ „ „ 1631. VII. 587.
„ „ „ 1632. VII. 600.
„ „ „ 1633. nulla VII. 601.
„ „ „ 1634. VII. 605.
„ „ „ 1635. VII. 611.
„ „ „ 1636. VII. 617.
„ „ Luna et Sole supra horizontem existentibus I. 397. II. 95 s., 213. VI. 148.
Bericht von Finsternissen des Jahrs 1620. Ulm 1621.
Opus Kepleri VIII. 3—20.
Dedic. J. Frid. Duci Württ. VIII. 4.
Eclipsium Lunae catal. III. 550 ss. VI. 28, [37.
„ „ formae tres VI. 498.
Eclipses Solis VI. 496, 503 ss. [VI. 511.
„ „ annulares II. 78, 316. III. 53.
„ „ matutinae II. 315, 320.
„ „ quomodo computandae VI. 706.
„ „ quem colorem producant II. 320.
„ „ quibus Terrae partibus prius appareant VI. 505, 512.
„ „ totales II. 310 ss.
„ „ „ Keplero causa Opticam scribendi II. 96.
Eclipsis Solis tempore Romuli II. 312
„ „ „ Thaletis I. 596. II. 312.
„ „ „ Xerxis II. 312, 422. IV. 141.
„ „ a. ante Chr. 431. II. 312.
„ „ „ „ „ 382. IV. 145.
„ „ „ „ „ 340. IV. 145.
„ „ „ „ „ 219. IV. 150.
„ „ „ „ „ 192. IV. 151.
„ „ „ „ „ 190. II. 313. IV. 151.
„ „ „ „ „ 189. II. 313. IV. [151.
„ „ „ „ „ 180. I. 415.
„ „ „ „ „ 104. seu potius 100. II. 314. IV. [153.
„ „ „ „ „ 39. IV. 80.
„ „ tempore Hipparchi II. 313, 421.
„ „ p. Chr. 32. (Phlegontis) IV. 435.
„ „ „ „ 59. II. 314. [VI. 684.
„ „ „ „ 100. (circ.) II. 314, 317 s.
„ „ „ „ 113. VIII. 110. [696.
„ „ „ „ 237. II. 314.
„ „ „ „ 360—840. II. 82 s., 314.

Eclipsis Solis p. Chr. 878. II. 315.
„ „ „ „ 957. II. 315.
„ „ „ 1133—1241. II. 315.
„ „ „ 1415. II. 315. VI. 708.
„ „ „ 1416. II. 96.
„ „ „ 1485. II. 83, 315.
„ „ „ 1497. VI. 555.
„ „ „ „ 1506(7). VI. 627.
„ „ „ „ 1530. II. 315.
„ „ „ „ 1540. II. 103.
„ „ „ „ 1544. I. 398. II. 422 ss., 315. III. 737. VIII. 8.
„ „ „ „ 1553. II. 699.
„ „ „ „ 1560. II. 309, 315, 423 ss., 698, 829. III. 737. VI. 70, 556. VIII. 10.
„ „ „ „ 1562. II. 427.
„ „ „ „ 1567. II. 316 ss., 426 ss. III. 737. VI. 70, 511. VIII. 12.
„ „ „ „ 1569. II. 301, 303.
„ „ „ „ 1579. I. 398. III. 737. VI. 513. VIII. 14.
„ „ „ „ 1588. II. 385.
„ „ „ „ 1590. I. 415. II. 320, 355, 374, 389, 438, 445. III. 358, 737. VIII. [14.
„ „ „ „ 1593. II. 385.
„ „ „ „ 1595. II. 386.
„ „ „ „ 1598. I. 46, 225, 396, 408 ss. II. 16 ss., 318, 320, 356, 363, 388, 696. III. 538, 737. VI. 512 s., 533. VIII. [15.
„ „ „ „ 1599. II. 316, 385.
„ „ „ „ 1600. I. 56. II. 5, 129, 154, 343, 352, 391, 435 ss. III. 537, 737.
„ „ „ „ 1601. I. 434. II. 101 s., 266, 309, 316, 353, 395. III. 533, 536, 737. VII. 545. VIII. 16.
„ „ „ „ 1603. II. 266, 316.
„ „ „ „ 1605. I. 465. II. 103 ss., 288, 353 s., 427, 438, 696, 829. III. 533, 538, 726 ss., 737. IV. 92, 112. VI. 511, 556. VII. 469, 489. VIII. 16, 64, 342.
„ „ „ „ **Epistola de Solis deliquio 1605.** III. 726—746.
„ „ „ „ 1607. II. 107.
„ „ „ „ 1608. III. 533.
„ „ „ „ 1612. II. 475. 784. VI. 60, 67. VII. 457 ss.
„ „ „ „ 1614. VI. 512. VII. 468 s. VIII. 17.
„ „ „ „ 1617. VII. 505 s., 508.
„ „ „ 1618. I. 488. VII. 513 ss.
„ „ „ „ 1619. I. 488. VII. 517 s.
Eclipsis Solis p. Chr. 1620. VII. 523.
„ „ „ „ 1621. III. 737. VI. 28. VIII. 7 ss.
„ „ „ „ a K. computata VI. 33, 504, 556. VII. 529.
„ 1622. VII. 533.
„ 1623. VII. 535 ss., 691,
„ 1625. VII. 549 ss. [695.
„ 1626. VII. 553.
„ „ 1627. VII. 557 s.
„ „ 1628. VII. 562.
„ „ 1629. VII. 572.
„ „ „ „ 1630. VII. 575, 596, 682.
„ „ „ „ 1631. VII. 586.
„ „ 1632. VII. 597.
„ „ 1633. VII. 601.
„ „ 1634. VII. 606.
„ „ 1635. VII. 609.
„ „ „ 1636. VII. 613.
„ „ imago in pariete II. 162.
Eclipsium Solarium catalogus Kepleri 80 annorum VIII. 3. [(cfr. VI. 38).
„ „ genera VI. 511.
Ecliptica, quid. III. 427. VI. 193, 497.
„ media III. 427, 448.
„ temporaria VI. 522, 550.
Eclipticae declinatio (obliquitas) III. 54. VI. 42, 68, 83 ss.
„ „ unde VI. 229.
„ „ num mutabilis I. 117. III. 429. VI. 36, 68 ss., 228, 358, 519, 523, 545, 548, 593 ss., 618.
„ „ quomodo inveniatur VI. 229.
declinationis causa, mensura VI. 228 s., [358.
ascensiones VI. 233 ss.
limites III. 427. VI. 425.
motus spiralis III. 429.
„ nodi VI. 425.
„ nomen VI. 193, 497, 541.
„ poli VI. 80, 193, 519, 523.
„ punctum initiale VI. 541.
„ puncta coorientia VI. 281, 285.
Eclipticus locus III. 214.
Ecliptici loci reductio ad locum orbitae Martis III. 214 ss.
„ termini Lunae VI. 500.
Eclogae Chronicae 1615. IV. 369—482.
„ ad typum paratae IV. 123.
„ eorum, quae illis insunt, enumeratio IV. 172.
„ cur conscriptae IV. 278.
Ederus, typographus Ingolstadiensis VII. 452.
Edom i. q. Idumaea VI. 543.
Effabilis i. q. jam rationalis V. 86.
Efferdinga pagus IV. 548.
Eggoldus VIII. 920.
Eginhardus, scriptor vitae Caroli M. II. 798 s.
Ehem, Phil., Kepleri gener II. 108. VIII. 776.
Ehinger IV. 173.
Eichleri Calendarium et descriptio cometae a. 1607. II. 831. VII. 7 s.

Eichleri filius, Kepleri amanuensis III. 8. VIII. 766.
Einhorn, subpraefectus Leobergensis, de matre Kepleri refert ad consilium supremum Stuttg. VIII. 365 et inde pass.
Eisen, Caesaris consiliarius II. 474.
Eisengrein, director camerae Württ. I. 78, 79, 302.
Eisenschmid ed. tabulas log. Kepleri et Bartschii VII. 301.
" de his tabulis narratio VII. 301 s.
Electiones astrologicae I. 323. VII 497.
Electorum conventus Norimbergae VIII. 336.
Elementa I. 541. II. 633. V. 121.
Elementarium motus regulares VII. 176, 222.
Elementorum numerus V. 456.
Eleusina sacra IV. 418.
Ellipsis proprietates geometricae III. 401 ss., 502. VI. 408 s., 470.
" apparens in globo VI. 484.
" centrum, foci VI. 408, 416.
" constructio II. 187. VI. 564.
" ovidi comparata III. 156, 344 ss.
" planetarum orbis (Kepleri lex I) II. 836. III. 401 ss. VI. 401 ss., 694.
" planum et circumferentia III. 345 ss. IV. 558. V. 513. [189.
" ad refractionum mensuram inepta II.
" elliptica sectio mensura motuum planetariorum (K. lex II) III. 405 ss. VI. 68. 406 s., 476.
Ellipses ab umbra Solis descriptae in plano II. 362 ss.
" num in Lunae theoria necessariae VI. 44.
Elongatio a meridiano, quid. VI. 223, 252.
Elzuphius III. 507, 698. IV. 24.
Elysium VIII. 100.
Emdschochius I. 8 s., 14, 19. VIII. 682, 685.
Emersio siderum e Solis radiis VI. 283 s., 552.
Empedocles de eclipsibus II. 311. VIII. 82, de figura Terrae VII. 735. [84, 87.
" luce II. 146, 148.
temporis initium negat. VII. 754.
" de visione, defensus II. 261. [42.
Empedoclis fabula apud Diog. Laërtium VIII.
Enenkelius, Lib. Baro I. 658. VIII. 844.
Enharmonium I. 383. V. 187.
Enneagoni ratio ad circulum III. 496. V. 111.
Enslinus, cancell. Württemb. I. 193. II. 755, [835.
Epactae, num certae IV. 51.
" pro aureo numero IV. 19.
Epagomenae VI. 437.
Ephemeriae Judaeorum IV. 442 ss.
Ephemerides Kepleri 1617—1630. VII. 441—666.
Praefatio editoris VII. 443.
ann. 1617 et 1618. dedic. imperat. Matthiae VII. 479, 511.
" 1620 " Nepero VII. 520.
" 1621—1628 " Procer. Austriae VII. 525. [567.
" 1629—1636 " Wallenstenio VII.
Ephemerides in annum 1617 Imperatori Ferdinando a. 1616 in mss. oblatae VI. 665.
" annorum 1617 et 1618 editae perverso ordine II. 401. VI. 20 s. VII. 481. VIII. 847 ss.
" computatae ad meridianum Uraniburgicum v. Uranib.
" excerptae II. 109, 775, 785. III. 493. V. 473 ss.
" in Italia desiderantur V. 59 s.
" num Ingolstadii typis excusae VII. 452 s. (cfr. VIII. 4.)
" typis Kepleri propriis excuduntur VII. 584. VIII. 4.
" retardantur temporum difficultate VI. 534. VII. 311, 444, 480, 584.
Ephorus, de cometa a. a. Chr. 372. I. 665.
Epicurus, de casu II. 711. [VII. 76.
" Pythagoraeorum ultimus I. 260.
" temporis initium negat. VII. 754.
Epicuraei philosophi de ortu novae stellae II. 706. [581.
Epicycli, Brahei III. 182, 192, 674. VI. 454,
" Copernici I. 116, 120, 181. III. 182, 192, 674. VI. 472.
cum eccentricis comparati I. 211.
Hipparchi III. 674.
motus inaequalis veteribus VI. 370.
" Ptolemaei I. 120. II. 336. III. 176 s., 674. V. 394. VI. 356, 441, 454, 529.
" rejecti VI. 309.
" situs circa punctum aequalis motus
Epimenidis dictum VIII. 98. [III. 267.
Epiphanius de anno Christi natal. et passione Chr. IV. 107, 462. VIII. 221.
" " cyclo Judaico IV. 405, 419, 452. VI. 258.
Episcopus communis Arabiae et Taprobanae III. 152.
Episcopi significantur stellis fixis II. 584.
Epistola Kepleri de Solis deliquio v. eclipsis.
Epitomarum astronomicarum scriptores VI. 115.
Epitome Astronomiae Copernicanae 1618—1622. VI. 113—530.
Inscr. Austriae ordd. 115, 397.
" Prooemium editoris VI. 3—111.
" ab amicis taxata VI. 303.
" a typographo etc. misere habita VI. 20. VII. 448.
" comparatur cum Aristotelis libris de Coelo etc. VI. 304.
" cur forma quaestionum et responsionum exhibita VI. 116. VIII. 1026.
" Romae et Florentiae prohibita I. 195. VI. 58.
" praecursor tab. Rud. VI. 672.
" quomodo et quando conscripta II. 401. VI. 3 ss., 397 s., 641. VII. 516, 520.
" typi fata VI. 21 ss., 115, 303, 397 s.
" quo pretio vendita VI. 58.

Epitomes error correctus VI. 593.
Epochae vox, unde (v. Planetarum loca) VI. [541.
Equitator v. Auriga.
Eratosthenes, de cubi duplicatione I. 80.
„ de eclipticae obliquitate VI. 36, 52. 55, 90, 101, 229, 521, 529.
„ „ terrae ambitu II. 313. V. 41. VI. 134.
Eratosthenis auctoritas dubia Keplero VI. 90.
„ descriptio aequatoris VIII. 289.
Ercker de pondere auri et argenti V. 605, 609.
Eriksen, astrologiae addictus I. 304, 356.
„ Brahei amanuensis I. 304, 655. II. 432, 770.
„ Fabricium visitat in Frisia II. 432, 770. III. 61. [76.
„ Harioto refert de Kepleri studiis II. 67 s., Kepleri amanuensis VIII. 749, 764. Londini de ecl. ⊙ 1605. I. 656. III. 534,
„ stellam in Cygno observat II. 771. [728.
Ernestus, Coloniae episcopus, de dimensione Terrae, cum Keplero agit V. 44.
„ de ponderibus et mensuris Kepleri judicium petit V. 93, 616 ss. VIII. 764, 766.
„ Kepleri Dioptricam typis excudendam curat. II. 479.
„ Keplero tubum opticum commodat II. 459, 468. VIII 787.
„ „ solatium affert curis afflicto II. 518. VIII. 789.
Esdrae libri auctoritas VII. 818.
Espichius, med. Argentin. VI. 622, 625.
Esslingensis senatus Keplero prospicit in itinere VI. 646.
Etesiae I. 354. II. 218. VI. 197, 207, 291, 296.
Euclides Copernici sententiam in opticis profitetur II. 337.
„ de corporibus regularibus I. 124, 148, 205.
„ laudatus I. 372.
„ Pythagoraeus II. 337.
Euclidis arithmetica V. 9.
„ Catroptrica (ed. Pena) II. 41, 402, 519. VI. 567.
„ doctrina magni habita II. 524.
„ elementa comment. Proclus V. 80. Campanus I. 148, 205. VI. 562.
„ elementorum finis corpora regularia
„ „ liber X. V. 81 ss. [V. 82.
„ error in catoptricis II. 38, 164, 524.
„ geometria pythagorica II. 337. V. 82.
„ musica (harmonia) I. 142, 147, 205.
„ Optica II. 276, 337 s., 344, 402, 438. III. 310. V. 278, 287. VI. 429 s., 443, 447, 449, 567.
Euctemon IV. 88.
Eudoxus, auctor Aristoteli in astronomicis
„ de fixis stellis VI. 292. [I. 252.
„ „ planetarum motibus V. 404. VI. 337.
„ „ solstitiis IV. 91, 162.
„ philosophus Pythagoricus I. 260.
„ Solem moveri affirmat I. 251.
Eudoxi cyclus Lunae I. 441. VI. 105.
Eudoxi diametrorum Solis et Lunae ratio I. 262.
„ doctrina motuum I. 252. III. 176.
„ orbes II. 827. III. 176 VI. 339.
„ phaenomena VIII. 282.
„ sphaera I. 252, 257. VI. 528.
Euler, Kepleri manuscripta commendat imperatrici Russiae I. 59.
Euripides de Polyxena VII. 727.
Europa in S. literis dicitur insula VIII. 120.
Europae incolae, ex Asia trajecti VII. 756,
Europaei feroces et immites VII. 778. [770.
Eurus, ventus II. 210.
„ „ lentus, unde VII. 620.
Eusebius de anno Christi natali VIII. 222.
Eusebii error in numeratione annorum VIII.
„ chronologia VII. 753. [223.
„ dictum VI. 306.
Evangelistarum tempora IV. 223, 291.
Everhardus ed. Gemmae astrolabium II. 423.
„ de conjunctione a. 1604. II. 618, 811.
„ „ longit differ. inter Romam et Norimbergam VI. 555.
„ moritur I. 344.
Everhardi ephemerides VII. 499.
Eversionis locus per lentem II. 544.
Ezechias rex II. 738. VII. 783.

F.

Faber, Stapulensis, de harmonicis V. 30.
„ Sebastianus, cancellarius Württembergensis VIII. 362, 377, 836.
Fabricius, Davides, pastor in Frisia orient. (astrologus et astronomus) I. 304 s., 342. II. 95, 109, 602, 656, 726.
„ interemtus I. 305. VIII. 843 [III. 63.
„ aëris altitudinem non ubique eandem
„ de aphetis I. 314. [censet I. 347.
„ Braheo mittit observationes in Frisia habitas II. 278.
„ num apud Braheum versatus sit I. 305. II. 98, 598, 600.
„ de Byrgii tabulis I. 324.
„ Calendarium suum Keplero mittit II. 603.
„ cum Christmanno per literas agit de illius trigonometria II. 432.
„ de Christmanno II. 431. III. 97.
„ „ cometa anni 1607. II. 603.
„ „ cometarum cauda I. 351.
„ „ „ ortu I. 343. II. 686.
„ „ Conj. magna a. 1604. I. 344.
„ „ Copernici hypothesibus II. 116. III. 113.
„ „ eclipsi Lunae annorum 1598 et 1605 Keplero refert II. 101 ss.
„ „ fluxu et refluxu maris II. 116.
„ „ Frischlino I. 315.
„ „ Frisiae calamitatibus I. 321.
„ „ fulminibus I. 320.
„ hiatum assumit in loco stellae a. 1572. II. 109, 598, 686,

Fabricius in Hollandiam proficiscitur I. 344.
„ de Hollandorum observationibus II. 413.
„ „ inclinationibus I. 315, 328 s.
„ Keplerum ad restaurandam astron. instigat III. 61, 63.
„ „ fatigat quaestionibus suis II. 109. III. 105.
„ „ hortatur, ut fidei Luth. adhaereat III. 478.
„ „ praevenire vult in edendis tabulis VII. 447.
„ „ visitare vult Pragae I. 305. VIII. 742.
„ Kepleri genesin expetit I. 310 ss.
„ „ judicium magni habet II. et III. pass.
„ „ librum de astrologia taxat I. 333 s.
„ „ „ „ Marte „ III. pass.
„ „ „ „ stella nova accipit II. 597, 602.
„ „ Opticam laudat II. 95.
„ „ theoriam Martis laudat et impugnat III. 61 s., 384.
„ „ libro de Marte suam hypothesin adjungendam petit III. 133.
„ a Keplero laudatus et refutatus I. 304 s. 309 s. II. 109, 112 ss., 602, 656 s., 693, 785 ss., III. 61 ss.
„ de Luna VII. 489. VIII. 64.
„ „ Lunae efficacia astrologica I. 328.
„ „ halonis Lunae diametro II. 100.
„ Lunae theoriam emendasse se putat II. 112.
„ Lunam censet aliter nudis oculis aliter per telescopium conspici in eclipsibus II. 112.
„ de maculis solaribus II. 785.
„ „ Magellani itinere I. 337.
„ „ Martis loco et theoria III. 95, 384. VI. 414.
„ „ „ via ovali III. 95. VI. 16.
„ „ Mercurii vi astrologica I. 340.
„ „ motibus I. 349, 357. II. 110.
„ „ Mercurio in Sole viso II. 106 ss.
„ „ nubium altitudine I. 323, 347.
„ in observando diligentissimus I. 304. II. 656, 753.
de planetarum motu III. pass.
„ vi in astrologia I. 329 ss., 335,
profectionibus (astrol.) I. 316. [348 s.
refractionibus II. 99, 105, 413, 432.
revolutionis vernalis vi astrol. I. 318.
Sculteti astronomia I. 337.
signorum coeli vi astrol. I. 313.
Solis vi inflammatoria I. 332.
„ „ stella nova in Cassiopeia I. 361. II. 598, 686.
„ „ „ „ „ Ceto I. 305, 358, 504. II. 278, 597 s., 603, 693. [770.
„ „ „ „ „ Cygno II. 597, 752 s.,
„ „ „ „ Serpentario I. 504. II. 582, 597 s., 619, 656, 685, 726, 740.
„ „ stellarum calore I. 325. [III. 727.
Fabricius de stellarum novarum natura et ortu II. 598, 685.
„ tabulas cupit ad promovendam astrologiam II. 111.
„ de mora Kepleri in conficiendis tabulis Rudolphinis II. 109 ss., VI. 640.
„ Terrae motuum causas explicat I. 326.
„ theologus de coelo II. 598, 685.
„ de transitibus (astrol.) I. 319.
„ „ trigono igneo II. 732.
„ „ tormento Tychonis III. 458.
„ „ Urso I. 235.
„ „ ventis I. 321, 339.
„ „ vaporibus ex montibus I. 327.
Fabricii angustiae astrologieae I. 356. II. 105.
Ephemerides VII. 447.
epistolae ad Keplerum v. Kepl. ep.
filius. v. Joannes.
„ genesis I. 342, 356.
„ instrumenta astron. III. 98.
„ manus intricata I. 304. III. 86, 451.
„ modestia I. 341. II. 602.
„ observationes I. 323, 340. II. 95 s. 103, 107, 112, 597 ss., 603, 657, 753. III. 95, 238 s., 586, 727.
„ prognostica vel Calendaria II. 109. III. 610. VII. 489.
„ quaestiones variae I. 352.
„ ratio literas scribendi I. 304.
„ tractatus de stella anni 1604. I. 504. II. 103, 599, 602, 657. III. 727.
Fabricius v. Laurentius.
„ Hieron. (Aquapendente) de visione II. 36, 226, 399.
„ Johannes, Dav. filius I. 351, 775. ad Keplerum literas dat. III. 127, 452.
„ maculas Solis detexit II. 775, 782, 785.
„ Paulus, medicus et astr. Viennensis, de eclipsi a. 1596. II. 316, 423.
Facies hominis, cur erecta II. 227.
Facultas formatrix in aëre et Terra VI. 178.
„ vegetabilis et animalis VIII. 118.
„ vitalis in anima hominis V. 260.
„ „ „ „ „ cum Terrae anima comparata V. 266.
Falko, Tubing. theologus, Keplero auctor scribendi libellum chronologicum VII. 141 s.
Faulhaberus, architectus Ulmensis IV. 173. V. 627.
„ Keplerum juvat in conficiendis mensuris Ulmensibus V. 628.
„ de numeris IV. 173.
Felgenhauer IV. 173 s., 483.
Felium oculi lucentes II. 231.
„ terga hirsuta scintillantia II. 231.
Fenestrae frigore pertusae VII. 723.
Ferdinandus II. imperator I. 100.
ejus genesis VII. 532.
„ archidux in Styria I. 39, 100, 299, 660. II. 592. [922.
„ Keplero aegrotanti donum mittit VIII.

Ferdinandus rex Bohemiae et Hungariae I. 101. VII. 512.
„ Tabularum editionem maturandam esse censet, Keplero summam florenorum 6200 apud urbes imperiales assignat VIII. 358. [101.
Ferdinandi archiducis nuptiae Gratio I. 39,
„ imper. decretum contra Lutheranos VIII. 897.
„ reditus ex Italia in Styriam pertimescitur I. 300.
Ferdinando imperatori Keplerus inquisitionem de aequinoctiorum praecessione tradit VI. 87 ss.
„ Keplerus Rudolphinas dedicat VI. 663 s.
Fernelius Medicus I. 652.
„ de arteriis et corde II. 57, 144. [829.
„ „ humoribus et tunicis oculi II. 257,
„ altitudinem poli Lutetiae Parisiorum tradit VI. 555.
„ de medicina moderna I. 248.
„ Terrae ambitum metitur I. 652.
Ferrariae incendium I. 299.
Fersius, de aera Dionysiana (ab Hanschio „Jechius" dicitur) IV. 117.
Feselius, medicus, contra astrologiam I. 545 s., 666 ss. V. 245.
„ „ astronomiae ignarus I. 588 ss.
„ „ de Marchione Friderico I. 666.
Festorum Christianorum ordo IV. 34.
Fibrae magneticae v. magnes.
„ corporum motus causantes VI. 176 s.
Ficklerus, Jo. Bapt., electoris Maximil. praeceptor, Kepleri affinis I. 60, 70. IV. 84. VIII. 698.
Fickleri stipendium I. 60. VIII. 902.
Fidenae clades I. 492.
Fidium sectiones v. Chordae.
Figulus Nigidius apud Lucanum IV. 72 ss.
Figurae geometricae in fossilibus. Vide fossilia.
„ „ sunt aeternae I. 371.
„ „ quid faciant ad consonantias I. 144, 372, 601. V. 21 s., 71 et pass.
„ ad Harmoniam cupro et ligno incisae V. 48 s.
regulares I. 372, 621.
„ in circulum inscriptae VI. 202.
„ aspectus definiunt VI. 490.
„ regularis definitio V. 84.
„ scibiles I. 601.
Figurarum harmonicarum demonstratio, congruentia, classes V. 89 ss., 94, 112.
„ area V. 513, 555 s.
„ compositio, discrimina, generatio, sectio VI. 140 s.
Filiorum geniturae parentum genituris cognatae II. 587, 646. V. 265.
Finaei opera VIII. 594.
Finckius, Thomas, mathem. II. 36, 587, 592, 596.
Finckii geometria rotundi II. 587.
Finiti et infiniti comparatio II. 691.
Finsternissen, Bericht von —, v. Eclipsis.
Fiolx nomen unde desumserit K. in Somnio VIII. 41.
Firmamentum I. 587. II. 683. (vid. raquia).
Firmicus Maternus II. 643. IV. 24, 73.
Fischerus, magister filiorum Starembergii I. 345. VIII. 968.
„ de morte Kepleri VIII. 921.
Fischlini memoria theologorum Württemb. VI. 19. VIII. 807.
Fixae, v. stellae.
Flaiderus VI. 627 s. VIII. 903.
Flamma, quid II. 58.
„ in quibus materiis II. 270 s.
Flammae et cordis calor comparati II. 64 s., 144, 271. V. 265, 432.
Flectere, id quod Graecis vox καμπτειν II. 130.
Florentinus Jacobus de magnete II. 639.
„ Brahei globum confecit II. 824. VIII. 641.
Flores plantarum cur numerum quinarium in foliis habeant I. 377. VII. 729.
Fludd (de Fluctibus), Robert V. 17 ss.
„ scribit contra Marinum Mersennaium VII. 584.
Libri ejus a Keplero refutati V. 331—334, 413—468.
Fluddii responsa V. 17, 18, 488 ss.
Flussates, Franc. (Foix) Candallae comes, Episcopus Arensis. v. Candalla.
Fluviorum fontes, libramenta II. 212, 414. VI. 128.
Fluxus et refluxus maris I. 64, 422, 430, 598. II. 116. III. 151, 455. V. 255. VI. 180, 362. VII. 176. VIII. 38, 46, 61 s, 118.
Focus sectionis conicae II. 186.
„ speculi II. 50, 66.
Foecunda, i. q. tangens trigon.
Forma quantitatum abstractarum VI. 140.
Formae proprium VI. 313 s.
Foscarini, e soc. Carmelitanorum, liber prohibitus I. 56, 193. VI. 60.
Fossa (canalis) a mediterraneo ad rubrum mare VII. 786.
Fossilia mira II. 271, 700. V. 254. VI. 178.
Fracastorius de Eudoxi sphaera I. 253 ss.
„ de Hipparcho falsa refert I. 260.
„ „ planetarum motu I. 259. II. 84. III. 304. VI. 306, 693.
Fracastorii Homocentrica I. 286. VI. 68.
Fractio decimalis (Byrgio tributa inventio) V. 547.
Frankius, Frisiae Cancellarius I. 326, 339, 341 s. III. 76, 106.
Freherus, de auctore vitae Caroli M. II. 108, 799.
„ de Carlo M. V. 598.
Freigii Cyclopaedia V. 39.
Friderici II. Rom. Imp. genesis comparata Conradini genesi II. 646.
Fridericus Daniae Rex num in titulo Rudolphinarum nominandus VI. 645.
„ Marchio Badensis I. 549, 666. II. 606. ei dedic. Tertius Interven. I. 549.

Fridericus Württemb. Dux. I. 193. II. 20, mort. II. 795. Keplerus ei offert artificium suum astronomicum I. 74 ss., 302. Opticam II. 35. [643 s.
„ item artificium suum hydraulicum V.
„ artibus alchymistarum deditus II. 835.
Friderici, Würt. Ducis decretum de Keplero Gratium vocato VIII. 678.
„ literae ad Maestlinum VIII. 689.
Fridius, legatus Argentor. VI. 623 s., 637. VIII. 910.
Frigus i. q. privatio caloris I. 315, 325. VII. 723.
„ in montibus unde I. 644.
„ noctium unde II. 673. VII. 630.
„ in Peru I. 339, 350.
„ reflexum I. 569.
Frischlinus, poeta et professor Tubingensis. Carmen de horologio Argentoratensi
„ de aëris calore I. 315. [I. 193.
Frischlini astronomia I. 315.
„ genesis (astrol.) I. 315.
Frisiae calamitates I. 312. II. 751. III. 64.
in Frislandia fama de America VIII. 120.
Frisius, v. Gemma.
Frodoardus, de Lunae eclipsi a. 926. II. 301.
Frodoardi Chronicum II. 420.
Frontis fornix, cui fini II. 228. [missum.
Frontispicium Tab. Rudolph. vol. VI. prae-
„ „ explicatum VI. 531.
„ Prodromi explicatum I. 102.
Frueburgum I. 47.
Frueburgi Warmiae longitudo VI. 559.
Frugum in Terra diversitas VIII. 97.
Frumenti etc. pretium Tubingae a. 1599. I. 53.
Fuchsius, Capitaneus, Mario refert inventum tubum opticum II. 471, 474.
Fugger, Phil. Ed., VIII. 764.
Fulmina, quid 320, 339.
„ unde I. 348.
Funccius de eclipsi Solis 1544. II. 315.
Funccii chronologia II. 423.
Fundamenta Astrologiae, v. Astrologia.
Fusorum stereometria IV. 592 ss.
Fuxius, medicus I. 670.
„ astrologiae partem medicis necessariam censet I. 623.

G.

Gabelkofer, secretarius, Gratio vinculis traditur ob fidem Luth. I. 54. VIII. 708,
„ Advocatus Stuttg. VIII. 447. [712.
„ medicus Stuttg. VIII. 538.
Gabriel, princ., v. Bethlen Gabor.
Galaxia, v. via lactea.
Galenus de diebus criticis I. 608, 618.
„ de oculo II. 227.
„ de vi aspectuum I. 618.
„ opticis terminis utitur non ad leges opticas II. 524.
Galenus a Pena dicitur vir in opticis primus II. 574.
Galeni hymnus V. 268. VI. 117.
Galilaeus, Galilaei II. 571.
„ de adversariis suis II. 457. [277.
aestimator idoneus observationum VII.
Antitychonem cur laudet VII. 271.
contra „Apellem“ VI. 59.
„ Braheum VII. 195, 270 ss., 277.
„ Grassium VII. 150 ss., 275.
„ de cometis II. 419. VI. 58. VII. 19, 149 ss.
„ Copernico addictus I. 36, 40, 64. II. 503, 571.
„ cur contra Copernici hypothesin loquatur VII. 272 s.
„ in Copernici hypothesin non publice transit anno 1597. I. 40. II. 571. VIII. 696.
„ de fixarum lumine dubius VI. 482.
„ furti arguitur a Brutio II. 568.
„ geometra VII. 277.
„ Guiduccii nomine edit librum contra H. Grassium VII. 150, 277.
de Lunae superficie I. 160. II. 495, 569.
„ „ colore II. 499, 570.
„ „ montibus II. 499, 569.
„ „ „ eclipsi 1610. II. 114. a. 1611. II. 465.
„ Jovis satellites primum tubo conspicit 7. Jan. 1610. II. 471.
„ „ Medicaea dicit sidera I. 110, 195. II. 451, 487.
„ de Jovis satellitum distantia a Jove II. 571.
„ „ eclipsibus Jovialium satellitum VI.
„ Jovi tribuit aërem II. 571. [503.
„ a Keplero defensus et laudatus II. 488 ss., 509 ss.
„ Kepleri lusum de cometis in Optica non intelligit II. 419. VII. 274.
„ Keplerum laudat, qui primus sibi fidem praebuerit II. 457.
„ de Kepleri Prodromo I. 40.
„ Kepleri opinionem visi Mercurii in disco Solis rejicit II. 787.
„ de maculis solaribus II. 783, 785.
„ Medicaeorum cliens. II. 451, 457, 487.
„ Maginum Bononiae visitat. II. 453.
„ munus pro inventionibus suis a magno Hetruriae duce accipit II. 457.
„ Lunae aërem tribuit VIII. 118.
de orbibus solidis in coelo VII. 276.
„ Paduanis philosophis II. 457. [571.
„ planetarum corporibus II. 466, 500,
„ Ptolemaicam hypothesin refutatam censet tubo optico VII. 273.
„ Saturnum „tergeminum“ observat II. 463.
„ Solis maculas observat VII. 268.
„ de stellarum lumine II. 466.
„ „ „ magnitudine per tubum visa II. 499.

Galilaeus testes producit inventionum suarum Hetr. Ducem, Julium Medices, alios II. 457.
„ de tubis opticis II. 114, 450, 457, 494 ss.
„ tuborum opticorum multiplicationem invenire docet II. 494, 568 s.
„ de tuborum opticorum usu VII. 466.
„ Veneris phases detegit II. 464. VI. 352.
„ nomine Guiducci librum de cometis edit VI. 58. VII. 148.
Galilaei adversarii II. 457.
„ circinus prop. II. 471.
„ inventiones in coelo cum iisdem S. Marii comparantur II. 471.
„ dialogus, v. mundi syst.
„ Ephemerides satellitum ♃ II. 482.
„ epistolae ad Keplerum v. Kepleri epist.
„ „ ad Welserum II. 776, 585. VI. 57.
„ „ „ Julianum Medices legatum Ducis Hetruriae II. 454, 462, 464, 466. VIII. 789.
„ „ „ Mariam Christianam II. 571.
„ „ „ Pisanum II. 482.
„ fides in dubium vocata II. 451 ss.
„ „ defensa II. 488 ss.
„ industria cum Brahei industria comparata II. 494.
„ literae transpositae (griphi) II. 462 ss.
„ manuscripta II. 482. [570 s.
„ mundi systema vel Dialogus etc. II.
„ observationes astronomicae II. 449 ss. 465, 495. III. 608. VI. 52. VII. 268, 273, 593.
„ opera ed. Florent. II. 457, 786.
„ oscitatio VII. 273.
„ Nuncius Sidereus II. 450 ss., 486 ss.
„ il Saggiatore (trutinator) VII. 152 ss. 270 ss. VIII. 62.
Galilaeus, Vincentius, de musica II. 401. V. 7, 157, 163, 189, 194, 359.
Galienus II. 716.
Gallicanae ecclesiae pascha quando celebratum IV. 430.
Gallina v. Cygnus.
Gallorum res politicae I. 534, 664. II. 741.
„ fata anno 1560. VIII. 11.
Gallucii opera VIII. 664.
Gamundensis lacus VII. 641.
Garnetus, Jesuita, in Anglia I. 665.
Gassendus eclipsis Solis a. 1630. observationem mittit Keplero VII. 596.
„ Hortensium monet, ne nimis acriter Tychonem aggrediatur VII. 546.
„ de Kepleri Ephemeridum subtilitate
„ „ „ obitu VIII. 923. [VII. 658.
„ Linerei observationes edit II. 420.
„ Mercurium in Sole observat VII. 595.
„ planetis aërem tribuit VII. 547.
„ Saturni a Luna occultationem describit Keplero VII. 596.
„ de Solis diametro VII. 547. Eadem Jovis VII. 597.
Gassendi vita Brahei I. 190. III. 451, 465.
„ epistola ad Keplerum et Schickardum VII. 595 s.
Gasserus, medicus, de auctore libri de magnete II. 812.
„ de Copernico et Rhetico I. 57, 192.
Gaugamela IV. 166.
Gauricus, Lucas, astrologus VIII. 594.
„ de Venetorum imperio II. 610.
Gaza, Theod., de anno Attico IV. 95, 156.
Gazulus, de circulorum positionum computatione VI. 220.
Geber, Arabs, num vocis Algebrae origo II. 193, 409.
„ de via lactea II. 278.
Gebhardt, Henr. Ludov. IV. 485.
Geburtsjahr Christi, v. Bericht vom — IV. 204 ss.
Gegginga, v. Brahe.
Gelenius latine vertit Josephum IV. 235.
Gellius v. Sascerides.
Geminus de ortu siderum VI. 289.
„ de mensibus Graecorum IV. 155, 163.
„ „ stellarum vi in tempestates VII. 502.
Gemma, Cornelius II. 416. de eclipsibus II. 290, 301, 316, 348, 424, 429. III. 550
„ „ de cometis VII. 232, 243.
„ „ „ Plutarchi loco II. 290.
„ „ „ Solis prodigiosa caligine II. 85, 292, 315. VI. 513.
„ „ „ spiritu in mundo agente II. 601.
„ „ „ stella nova a. 1572. II. 296. VIII. 587.
„ „ „ visione II. 260.
Gemmae, Corn. Cosmocritica II. 260, 290, 416, 426, 601.
Gemma, (Frisius) Reinerus II. 419. VIII. 586.
„ ed. Apiani cosmographiam II. 419. III. 457.
„ de eclipsibus II. 153, 315, 344, 402, 423. III. 737. VIII. 8.
„ „ magnete II. 812.
„ refractiones negat. II. 520, 573.
„ de Solis obscuratione prodigiosa 1547. II. 292.
„ „ Taprobane III. 458.
Gemmae, R. annulus astronomicus II. 419. VIII. 586.
„ astrolabium II. 423.
„ baculus astronomicus II. 520.
„ radius astronomicus II. 344, 402.
Gemmae lucentes II. 145. V. 257. VI. 482.
Genebrardus, historicus VII. 753, 758 s.
Generatio naturalis ante et post lapsum Adami I. 558.
„ spontanea VI. 178.
„ Terrae II. 700.
„ animalium et plantarum comparatae
Generationis leges V. 187. [I. 378.
Genesareth, lacus II. 584.

Genesis i. q. thema astrologicum, vel genitura.
Geneses natorum tempore multorum aspectuum V. 261. [733.
„ principum Austriacorum compar. VIII.
Genethliacae et geomanticae demonstrationes, vel quasi VII. 244.
Genii tutelares I. 319, 338, 364. V. 265.
De Gentium Origine (Kepleri scriptum e mss. Pulkov.) VII. 788—802.
Geographiae anima est astronomia VI. 119.
„ munus VI. 134.
Geographorum certitudo VI. 556.
Geomantia I. 338.
Geometria archetypus pulchritudinis in mundo I. 306, 601. II. 504, 643.
„ et arithmetica alae quasi astronomiae I. 25. VI. 119.
„ astronomiae baculus I. 197.
„ menti divinae coaeterna V. 222. VI. 317.
Geometriae cum algebra comparatio V. 105.
„ fundamenta VIII. 186 ss.
„ laudes II. 504.
„ objectum rationalia et irrationalia I 197.
„ partes duae V. 21.
„ elementa, quomodo tironibus tradenda VIII. 191.
„ thesauri duo I. 140, 145.
„ vestigia in mundo I. 381. II. 586.
Geometrae provocati, v. Kepl.
Geometrici etc. termini germanice traditi V. 506 s., 611.
Geometricum theorema de sect. conicis IV. 598.
Georg. March. Brandenb., administratoris episcop. Argent, genesis I. 323.
Georgius, Hassiae princeps, Keplerum invitat in Hassiam VII. 582.
Gephyrandus, circuli quadraturam tentat. II. 506, 572. [761.
Gerhardus, medicus Donauverdae III. 6. VIII.
„ Cremonensis ed. Arzachelis Tabulas VI. 557.
„ ex Arabicis planetarum hypothesibus suam desumsit VI. 565.
Gerlachius, prof. Tubing. I. 295. VIII. 681.
Germania Arieti subjecta creditur (astrol.) III. 138.
Germanorum migrationem in Indiam vaticinatur Keplerus VII. 801.
„ et Hipanorum comparatio VIII. 46.
„ denominatio ventorum VI. 206 ss.
„ origo VII. 789.
Germanici interpretatio Arati II. 824, 833.
Gerstenbergius, Cancell. Sax. IV. 172.
„ petit a Keplero judicium de Reusneri et Calvisii chronologia IV. 417. 522.
Geryon i. q. Saturnus II. 461.
Gessnerus de Pachymerio V. 41.
Ghevara, de speculis VII. 195.
Gieswald ed. logarithmos Byrgii VII. 299.
Gilbertus, Anglus I. 652 s. II. 74.
„ continentes lingulam magneticam declinare putat III. 389.
Gilbertus Copernicum sequitur III. 307, 447.
„ de fixis et mundo I. 319. II. 490, 568, 589, 688.
„ Keplero argumenta suppeditat ad amplectendam Copernici hypothesin I.
„ a Keplero laudatur II. 221. [243.
„ magnetem ad inveniendum meridianum adhibet I. 346.
„ magneticam vim corpoream III. 103, 389,
„ mundum infinitum dicit II. 490, 568. VI. 169.
„ de Petro Peregrino II. 812.
„ „ poli libratione II. 220.
„ Terram magneti comparat. II. 589. III. 307, 387. VI. 375.
„ de vacuo II. 75.
Gilberti opus de Magnete I. 652. II. 74. III. 444 s. VI. 306, 375. VIII. 54, 665.
„ „ „ mundo sublunari I. 653. II. 74 s.
Gisius, Tiedemann, episcopus Culmensis, Copernici libros editos desiderat I. 57.
Glacies levior aqua V. 605. [VIII. 583.
Gladovii Reichshistorie VII. 146.
Glareanus de pede Romano V. 595.
„ „ musica V. 45.
Glareani Comment. in Harmoniam Ptolemaei III. 24. V. 29.
Globus, v. sphaericum.
„ igneus in Alsatia visus VII. 261.
„ „ „ Austria „ VII. 631.
„ „ Coloniae „ VII. 77.
„ „ Lincii „ VII. 634, 642.
„ „ Pragae „ VII. 40. [261.
„ „ Tubingae „ VII. 18, 77, 140,
„ in Terra inclusus num causa inclinationis axis Terrae III. 418. VI. 376, 389.
„ vitreus ad refractionem demonstrandam II. 239 ss., 297.
Globi stereometria IV. 561 ss. V. 518 ss.
„ bombardici motus VI. 182.
„ „ projecti a Terra trahuntur III. 152.
Globuli in vase conclusi et pressi mutantur in rhombos VII. 720 s.
Gnomon, quid VI. 173.
Gnomonicorum circuli VI. 210.
Gnomonices doctrina VI. 218, 268.
Gödelmann, Dr. jur., comes Palatinus I. 503, 662., vertit vitam Caroli a Chytraeo conscriptam I. 193.
„ suadet Keplero ut librum de stella nova regi Angl. mittat II. 607.
„ patrimus Ludovici Kepleri VIII. 776.
Gödelmanno dedicat Keplerus Resp. ad Röslinum I. 503.
Göpel, medicus, de ecl. 1605. II 829. III. 727.
Gössendorf, prope Gratium VIII. 691.
Göthe, de coloribus et Kepleri Optica II. 401.
Gogavia (Gogavinus) ed. Ptol. Harmoniam et Quadripart. I. 204. V. 6, 31, 39, 392.
Gomer, Cimbrorum auctor VII. 163.

Gothofredus, Dionys. VIII. 969.
Gracchus, Sempronius IV. 327.
Gradus, mensura V. 44. VI. 203.
Graecia nobilissima olim pars Europae VI. 197.
Graeci in astronomia a Babyloniis instituti I. 249.
„ quot numerent fixas insigniores VI. 137.
„ quomodo anni longit. definiant VI. 274.
„ „ ortus et occasus siderum adhibuerint VI. 288.
Graecorum annus IV. 33, 156, 163, 419.
„ divisio zodiaci VIII. 276.
„ bella VII. 131.
„ intercalandi ratio IV. 154.
„ calendarium VIII. 270.
„ denominationes chordarum V. 172.
„ mensura syllaborum V. 178.
„ navigationes in septentrionem VIII. 99.
„ venti VI. 206 s.
Grando, unde II. 100.
Grassius (Sarsius) jesuita. Libra astr. VII. 150 ss.
„ de cometa Regiomontani VII. 278.
„ „ cometis VII. 148, 287.
„ „ Kepleri sententia de cometarum motu VII. 275 ss.
Gratium, urbs II. 10, 359 ss. III. 457. (v. Kepl.)
Gratii lues 1598. II. 24.
„ et Lincii long. diff. VI. 299.
Gratiensis scholae rector Kepleri Prodromum insuper habet I. 92.
Gratiensum ordinum testimonium de Keplero [VIII. 735.
Gravia ad centrum Terrae feruntur I. 161. VI. 129, 163, 181.
Gravium et levium doctrina I. 26, 161, 506 s. III. 459. VI. 163.
„ motus qualis VI. 182.
Gravitas, quid II. 87. III. 151 s. VI. 129.
„ comparata cum vi magnetica VIII. 47.
„ in Terra et Luna VIII. 47 s., 50.
Gravitatis causa VI. 405.
„ et levitatis principia VI. 372.
Gregoras Ptolemaei Harmoniam supplevit I. [383.
Gregorius XIII., pont. max. Calendarium reformat IV. 4 ss.
Gregorii Theologi orationes IV. 128.
Greisla, magister VI. 616.
Gretzerus, jesuita VIII. 794.
Grevenstein VIII. 19.
Grienbergerus v. Grünberger.
Gringalletus, Sabaudus, Kepleri amanuensis et socius studiorum 1617—20. III. 519. VI. 20 s., VII. 520. VIII. 766, 847, 873.
„ Kepleri effigiem Berneggero tradit VI. 21. VIII. 875.
„ Keplero commendatus a Crusio I. 661. VIII. 838.
„ a Keplero laudatus III. 519.
„ Keplero scribit de Calend. 1617. impresso I. 661.
„ „ „ de Ephemeridum a. 1620 typo VII. 453, 478.
Gringalletus Logarithmos Neperi inquirit VII. 520.
Groenlandia Graecis non cognita VIII. 119.
Groenlandiae nebulae II. 215, 414.
„ nomen, unde VI. 196.
Grotius, Hugo, ed. Avieni paraphrasin Arati II 824.
„ „ in Gallia VI. 619.
Grotii Limenheuretica III. 455.
Grünbergerus Jesuita, mathematicus I. 60. V. 605. VI. 60.
„ catalogum fixarum Brahei publici juris facit II. 784. VI. 672.
Gruneri vita Kepleri VIII. 668.
Gruppenbach, typographus Tubing. I. 14, 29, 31.
Gruter, Rector Rotterdami, ed. Gilberti librum posthumum II. 74 s.
Grynaeus ed. Ptolemaei Almagestum II. 834.
Guarimbertus de eclipt. obliq. VI. 109.
Guido Aretinus de cantus proportionibus I. 204. V. 420.
Guidubaldus v. Ubaldus.
Guiduccius v. Galilaei.
Guilielmus, Hassiae Landgravius v. Wilhelmus.
Guisianorum Gallorum factiones VII. 135.
Guldinus, e Soc. Jesu IV. 647. VIII. 690.
„ de Calendario Gregoriano IV. 6.
„ Cavalieri geometriam cum Kepleri Stereometria comparat IV. 656.
„ de Claramontii Apologia VII. 156.
„ cometam a. 1618. observat VII. 20.
„ de Kepleri stereometria IV. 647 ss.
Guldini epist. ad Keplerum VIII. 960.
„ opus de centro gravitatis VI. 647 ss.
Güntherus, mathematicus Oxoniensis, denominationem Cosinus adhibuit VI. 567.
Güntheri tabulae VII. 307, 310.
Guntherus, medicus Brunsvicensis, de conjunctione magna II. 830.
„ stellam novam cometam appellat II. 703.
Guraldus, tutor Ammonii filii IV. 127. VI. 20.
„ ordd. Carniae secret. I. 303.
„ Balthas., Ratisbon. Sebaldi Kepleri patrimus VIII. 870, 927.
„ Guraldi uxor VIII. 878.
Gurcensis de cometa a. 1472 VII. 258.
Guttur ad cantum aptum V. 230.
Gysius, v. Gisius.

H.

Habermanni preces IV. 22.
Habermehl, artifex V. 597.
Habrecht, prof Argentinensis de cometis I. 662. VII. 19, 82 s., 103 s., 112, 145.
„ de globo igneo VII 140, 261.
„ Kepleri nominis cultor VI. 618, 622 s., 625. VIII. 917, 922.
Haereditatum distributio arithmeticis legibus conformis V. 206.
Hafenreffer, Matth., theologus Tubing. I. 189.

Hafenreffer de anno Christi natali IV. 516.
„ de astrologia I. 37.
„ „ Copernici hypothesi I. 37. VI. 560.
„ „ Kepleri Admonit. de S. Coena VIII.
„ „ Kepleri Calendario I. 295. [858.
„ „ „ fide VIII. 857 s., 865 s.
„ „ „ harmonia evangel. VIII. 858.
„ „ „ hypothesibus I. 37.
„ „ „ Optica II. 34.
„ Prodromum censet dilucidiorem faciendum additis notis I. 23 s.
„ de Rhetici narratione, Prodromo addenda I. 24.
„ „ Stella Nova II. 34.
Hafenrefferi examen theol. Calvin. VIII. 793.
Hafenrefferus, Sam. filius Matthiae II. 835.
Hafenrefferi, S., dissertatio, praeside Maestlino II. 797, 835 s.
„ . epistolae v. Kepl. ep.
Hafniensis academia celebris VII. 164.
Hagecii obss. cometae 1577 vitiosae VII. 238, 246 s., 266, 288 s.
Hagenlochus Keplerum Magstadii natum falso dicit (I. 665). VIII. 761.
Hainzelius, August. Vindel. consul, stellas observat quadrante Tychonico VIII.
Halleii cometa II. 828. VII 4. [615 s.
Halones II. 69, 101, 211, 524, 574.
Haly Ben Rodoan, de cometa II. 296, 419.
Hammer-Purgstall, vita episcopi Khleselii I. 660.
Hammon v. Jupiter.
Hannibal, A. (Reichshofrath) VIII. 750.
Hanschius, Michael I. 59.
„ edidit Dialog. Kepleri latine vers. IV. 9.
„ . editor epist. Kepleri I. 6.
Hanschii epistola ad astronomos de Kepleri Hipparcho III. 516.
„ vita Kepleri. cit. IV. 4. VII. 146, 447. (VIII. 516).
Hanseaticae civitates II. 724.
Hariotus I. 67.
„ de coloribus II. 72.
„ „ Gilberto II. 74.
„ Kepleri Optica II. 74.
„ metiendo angulo solido IV. 661.
„ ratione ponderum II. 71, 74. V. 605.
„ „ rebus publ. in Anglia II. 74.
„ „ refractione II. 71, 74.
Harioto malum ex astrologia conflatum II. 68.
Harm, de eclipsi Solis a. 1605. II. 428, 828.
Harmonia aspectuum, v. Aspect. [(696).
„ archetypica V. 217.
„ **Evangelistarum Kepleri** IV. 206, 268, 410, 438. VI. 73. VIII. 856, 858.
Harmoniae, quid I. 144. II. 590. V. 63 s., 217 ss., 428.
„ corporibus regul. adaptatae I. 146, 639. V. 273 ss.
„ motuum coelestium I. 143. V. 61, 261 ss., 311. VI. 342, 515.
„ . in mundo I. 600. V. 428.
Harmoniae musicae I. 140, 379 ss., 600. V. 24 et pass.
„ quibus insint rebus V. 213.
„ sensiles, quibus opus habeant mediis V. 214.
„ unde oriantur V. 419. VI. 489.
„ vox aequivoca V. 422, 428.
Harmoniarum et aspectuum cognatio II. 592, 643. V. 475.
causae I. 144. II. 590. V. pass.
genera V. 64, 213 ss.
„ perceptio V. 64, 222.
„ termini V. 225.
Harmonicae divisiones chordarum I. 140. II. 644. V. 10, 142 ss.
„ proportiones II. 587. V. 10 s., 128 ss., 146, 213 ss., 273. VI. 515.
„ rationes in planet. motibus II. 643. VI. 366, 433.
Harmonice Mundi, opus Kepleri 1619. V. 75—334.
„ dedicata regi Angliae Jacobo V. 77—79. (cfr. V. 54, 57, 469).
praefatio editoris V. 3—74.
irritat theologos V. 60.
quo pretio vendita V. 7, 55 s.
„ cum Ptolemaei harmonia comparata V. 31, 268.
„ quando incepta et absoluta I. 101, 197 ss., 370 ss., 429. V. 57 s., 268, 327, 415. VI. 26. VIII. 856, 1013.
„ senatui Tubing. et Ulmensi oblata V. 54.
„ titulis diversis inscripta V. 7.
Harmoniae editio remorat Ephemeridum edit. VII. 520.
„ fundamentum I. 143. V. 71.
„ lectores V. 57, 270.
„ libri quarti compendium V. 377.
Harmonices appendices V. 328—412.
Harpocrates II. 748.
Harpocration de Prytania IV. 96.
Harprecht, professor Tubing. II. 788.
Harraeus, Franc. IV. 248, 335.
Hartmannus, J., L. B. VIII. 844.
Hartmann ed. Pisani perspectivam II. 153.
„ G. tormentorum diametr. metitur V. 606.
Hasdalius, Mart. II. 572. VIII. 799.
Hassiacae obs. v. Snellius.
„ „ refractionum II. 212 s. VII. 245.
Hastiludia Gratii nive impedita II. 592.
Haydones VIII. 766.
Hayus de horologio singulari VIII. 773.
Hebdomades septuaginta Danielis VII. 803—837. (ex mss. Pulkov.)
Hebenstreit Rect. gymn. Ulm. de cometa 1618. IV. 173. VII. 21, 78, 83, 142.
„ de Kepleri Canon. Puer. IV. 174.
„ „ „ Harmonia V. 54.
„ „ „ typo Rudolphinarum Ulmam transferendo VI. 638.
Hebenstreitii epigramma in libellum Kepleri VIII. 20.

Hecate tergemina IV. 98.
Hecates penetrale VIII. 102.
Hecataeus de hyperbor. insula II. 525.
Hecla mons ignivomus VIII. 30, 42.
Hegira vox quid significet VIII. 307.
Hegulontius v. Heydonus.
Heilandi professoris Tubingensis laudes VIII. [137.
Hein, Jo. VIII. 883.
Helbig, thema Wallenstenii edit I. 386.
Heldus, Matth., Caroli V. procancellarius VI. 621.
Helicis domunculae structura VIII. 71.
Heller ed. Epitome Astrol. I. 368.
Hemisphaerii australis et septentrionalis diversitas quoad motum siderum VI. 215.
Hemminga, Sixtus ab, astrologus I. 607, 668.
Hemmingerus VI. 634. VIII. 905.
Hemskerkenius nauta Batavus II. 412.
Henischius prof. August. II. 757.
„ de cometa a. 1607. VII. 10.
„ commentatur Proclum II. 419, 757.
„ de scintillatione fixarum II. 419.
„ „ stella nova in Cygno (ad Welserum) II. 757.
Hennerus, cons. ducis Württ. II. 35.
Henricus de Hassia, theolog. de magnete II. 639, 812.
Henricus IV. Galliae rex I. 664.
Heptacosias, v. Logarithmi.
Heraclitus de animis in inferno VIII. 101.
„ „ Solis loco I. 261.
„ „ Terrae radicibus VI. 123.
Herbersdorff comes VIII. 807.
„ comitis conjux VIII. 894.
Herberstenius, Bernardinus, magister equitum III. 449. VIII. 752.
„ Sigism. Baro, capitaneus Styriae I. 97, [102, 338.
Herberstenii itinerarium VI. 558.
Herberstenio capitaneo dedicat Keplerus Prodromum I. 97.
Herberstenius frater capitanei Kepleri fautor I. 194, 303.
„ Keplero dona dat pro nativitatibus I. 48, 194, 304. VIII. 704, 710, 712.
„ Kepleri astrologiae deditissimus I. 303.
Hercules Olympiades instituit IV. 164. VI. [104 s.
Herculis aetas IV. 24.
„ constellatio II. 662.
„ labor primus VIII. 116.
Herlicius Pomeran. astrologus I. 344. II. 621, 623 s., IV. 173.
„ de conj. magna I. 345. II. 809.
„ „ cometis II. 621, 809. VII. 78, 82.
„ „ domibus coeli I. 366.
„ Keplerum laudat II. 624.
„ de stella nova II. 604, 617, 621.
Hermes trismegistus I. 377. II. 816. V. 462. VI. 72.
„ „ de numeris V. 132, 361.
„ „ „ horarum numero VI. 257 s.
Hermetici i. q. fratres Roseae crucis V. 425 ss.
Hernals, v. Herrenals.
Herodes rex Judaeorum II. 726. IV. 180 ss., 223, 229 ss. IV. 291, 303 ss., 324 ss., 343, 425 ss., 454 ss.
Herodes Antipater, Tetrarcha IV. 291, 305, 428, 433. [427, 454.
„ Archelaus IV. 233, 240, 291, 323, 339 s.,
Herodotus de Aegyptiorum historia VII. 753.
„ „ anni longitudine IV. 153.
„ „ historia Nini, Medorum IV. 89. VII. 780, 805.
„ „ Solis eclipsi II. 312.
Herodoti auctoritas IV. 95, 106, 141 ss.
Heronis Pneumatica I. 440. II. 632. IV. 124. V. 632.
Herrenals arx Jörgeri prope Viennam, Lutheranorum refugium VIII. 357, 856, 858, 972.
„ Herrenalsense monstrum V. 66.
Herrenberga incendio consumta VIII. 47.
Herspachius, Casparus, Coloniae observat cometam 1618. VII. 81.
Herwartus. Bavariae cancellarius, Jesuitarum socius I. 58, 70. V. 616.
„ de anni inaequalitate II. 76 s.
„ „ astrologia II. 583. V. 20.
„ „ Bavariae principe II. 81 s., 84, 583.
„ „ bibliotheca Monacensi II. 81.
„ de Brahei Lunaribus II. 427. III. 691.
„ „ „ observationibus II. 756.
„ Chronologus I. 60. II. 76, 790. IV. 121, 251, 337, 425, 473, 527.
„ de Copernico II. 84. III. 449.
„ consulum seriem emendat. IV. 120.
„ de eclipsibus I. 412, 415. II. 82, 84, 426 (319), 825 (699).
„ „ Gilberto III. 449.
„ Kepleri auctoritatem inter doctos praesagit I. 73. [473, 524 ss.
„ de Kepleri chronologia II. 583. IV.
„ Kepleri eclipsium computat. cupit II. 82. III. 23, 691. IV. 525.
„ de Kepleri editione operum Tychonis VIII. 742 s., 747.
„ Kepleri fautor I. 58, 61, 73, 653 s., III. 31, 444. IV. 126.
„ de Kepleri Harmonia V. 20.
„ Kepleri judicium petit de Brahei Lunae theoria III. 454, 697. VIII. 623.
„ „ „ „ de quaestionibus chronolog. IV. 478, 527.
„ „ „ „ de Copernico et Gilberto III. 444 s. 449.
„ „ „ „ de eclipsibus II. 84 s., 417, 699, 825.
„ „ „ „ de Lucani loco I. 60. V. 72 s.
„ „ „ „ de tabulis suis arithm. IV. 527.

Herwartus Kepleri judicium petit de Urso I. 234.
" de Kepleri libris conscribendis II. 76 ss. III. 449, 704.
" " " Optica II. 77, 82, 427.
" " " planetarum theoria II. 76. III. [698.
" " " Prodromo I. 61.
" " " prognostico III. 449.
" " " ratione diametrum orbis terreni metiendi I. 67.
" " " rebus domesticis in Styria I. 653. III. 449.
" " " salario I. 73, 653. II. 756. VIII. 742, 746, 750.
" " " simultatibus cum haered. Tychonis VIII. 747 s.
" " " libro de stella nova II. 81, 583.
" " " transitu ad Tychonem I. 73.
" Keplero mittit librum Ursi I. 234.
" " " locum ex Abenezra III. 698.
" " " munus pro judicio de Lucano I. 61.
" " " munus pro Optica II. 82s.
" " " obss. cometae 1618. VII. 82.
" " " obs. eclips. Romae habitae a. 1616. III. 611.
" " " observationem Mercurii in Sole II. 431, 789.
" " " Ptolemaei harmoniam I. 205. II. 816. V. 6, 39, 146, 269, 392.
" " " scripta de Stella nova II. 94 s., 756.
" " nunciat Braheum in Bohemia esse I. 70. II. 427. V. 20.
" Keplerum commendat Barwitio VIII. 743. [753.
" " " Casalio I. 653 s. VIII.
" " " And. Hannibali VIII. 750. [750.
" " " Pistorio I. 653. VIII.
" num Keplerum ad fidem cathol. transducere voluerit VIII. 959.
" de Lansbergio I. 61, 65.
" " Luna pellucida II. (319), 426 s.
" " " juxta Solem visa II. 84s., 92, 829 (699).
" magnete II. 812 s. V. 41.
" Mercurio in Sole viso II. 789 s.
" musica V. 45.
" planetarum motuum restitutionem perdifficilem censet II. 76 s.
" de Portae pneumaticis V. 632.
" " Procopio III. 449.
" " Ptolemaei Harmonicis edendis IV. 126. V. 39.
" " " observationibus III. 692.
" " Quirinii censu IV. 251, 337, 425.
" " scriptore vitae Caroli M. II. 789 s.
" " stella nova in Cygno II. 755.
Herwartus de veterum observationibus II. 77. III. 692 s.
Herwarti chronologia IV. 121, 251, 268, 337,
" epistolae v. Kepl. ep. [516.
" epistola ad Menhardum II. 756. III. 692.
" manuscripta I. 65. IV. 665.
" tabulae arithmeticae IV. 527.
" uxor mortua I. 655.
Herwarto dedicat Keplerus libellum II. de Cometis VII. 107 s.
" " " Lunaria I. 345. III. 708.
Herwartus curator Esslingensis I. 29, 33.
Hesiodus de Lunae vi in plantas VIII. 322
Hesiodus de ortu Arcturi IV. 164. VI. 296.
Hesiodi regulae astrologicae I. 441. II. 626.
" dictum VIII. 98.
Hesperus v. Venus.
Hettlerus, praec. I. 10.
Heurnii praxis medica V. 591. [51.
Hevelius, possessor mss. Kepleri I. 58 s. VI.
" de incendio, quo ipsius libri omnes exceptis mss. Kepleri perierunt I. 59.
" " Kepleri Hipparcho III. 516.
" " " logarithmis VII. 302.
" ed. Horoccii libellum astron. III. 516.
" tabulam addit Crügeri trigonometriae VI. 51.
Heydonus vel Hegnlontius, Anglus I. 375.
" de Kepleri Optica et theoria Martis I. 368.
" astrologiam defendit I. 369.
" de stella nova II. 604.
Hiems diversa in locis maritimis et continentalibus I. 339.
" unde denominetur VI. 263.
Hieronymus Eusebium latine vertit IV. 415.
" Danielem interpretatur VII. 804 ss.
Hierosolyma expugnata a Herode, Pompejo, Tito IV. 182 ss., 308, 376 ss. VII. 817.
Hierosolymarum et Pembae in Congo diff. long. VI. 299.
Hilderici logistica astron. VIII. 609.
Hilech i. q. Apheta I. 294.
Hillerus, Matth., J. C. VIII. 390, 441, 941.
Hillerus, Mart. VIII. 945.
Hillinger de mensuris V. 597.
Hipparchus astronomus II. 422. III. 512.
" aequinoctium obs. II. 219, 359 s. III. 431 s. VI. 50, 528. VIII. 263.
" analemmati Archimedis diffidit II. 78.
" anni quantitatem definit III. 512. IV. 34. 51, 163. VI. 80, 274, 527. VIII. 263.
" catalogum fixarum conficit II. 763. III. 512.
" clepsydris observat diametros Solis et Lunae II. 220.
" eclipsin Solis observat II. 313.
" de eclipticae obliquitate secund. Eratosthenem VI. 36, 83, 90, 229.
" de Lunae diametro variabili II. 317, 347. VIII. 111.
" Lunae a Terra distantiam colligit per

eclipsis ☉ observationem 71 et 83 semid. II. 313. VIII. 105.
Hipparchus Lunae theoriam constituit II. 313, 398. IV. 542, 736.
„ num novas excogitarit hypotheses astronomicas I. 260 s. III. 512.
„ de polo mundi VIII. 284.
„ num refractiones observarit II. 220.
„ Solis diametrum visam negat variari II. 317, 344.
„ de solstitiis VI. 297, 528. VIII. 277.
„ Terrae eccentricitatem ponit 4200. VI. 434. VIII. 277.
Hipparchi aequatio Solis III. 432.
„ aequinoctia VI. 102 s., 434, 602.
„ astronomia dubia I. 260 s.
„ diagramma III. 512 ss., VI. 497. (fig. 91).
„ dioptrae II. 265, 317, 347.
„ eccentrici orbes I. 260.
„ liber de anni magnitudine III. 698.
„ opera III. 512.
„ periodus VI. 494.
„ theoremata de eclipsibus VI. 592.
Hipparchus Kepleri III. 520—549. [509 ss.
Prooemium editoris III.
„ cur non absolutus III. 512, 517 s. VI. 3.
„ dicitur pars altera Opticae II. 362, 398, 439. III. 536.
„ Imperatori Matthiae oblatus III. 517.
„ quae contineat II. 474. III. 221, 225, 518. VI. 3, 38. VII. 678.
„ quando et quomodo elaboratus III. 30, 125 s., 474, 496, 518, 738. V. 43.
„ VI. 54, 398, 593. VII. 678.
„ „ tubi optici ope reformandus II. 494.
Hipparchi error VI. 593.
„ pars ad Tab. Rud. translata II. 439. III. 512. VII. 678.
Hippocrates de diebus canicularibus etc. I. 608, 619. VI. 292. VIII. 322.
Hirci oculorum II. 228.
Hirschvogel, Aug., pictor Norimb. († 1560) chartam confecit Austriae sup. VI. 641.
Hispali Luna prope Solem visa II. 84 ss., 699.
Hispalensis epitome Astrologiae I. 368.
Hispani in America VI. 152.
Hispanorum detectiones II. 730.
Historiae medii aevi comparantur cum recentioribus II. 730.
Historici varii de Mercurio in Sole viso II. 797.
Historia coelestis v. Brahei opera.
Hizlerus, Daniel, pastor primarius Lincii, Keplerum a S. coena excludit VI. 19 s., 72. IV. 517. VIII. 807, 942.
„ criminis rebellionis accusatur VI. 34. VIII. 807. [VIII. 807.
„ postea Abbas Bebenhusanus VI. 633 s.
Hoeberg, prope Horbam, i. q. Heuberg II. 214.
Hoefelderus v. Hohenfelder.
Hoer, Dr. VIII. 766.
Hoffmann, J. F., L. B. imper. consiliarius, Kepleri fautor VIII. 707, 717, 727, 729. Hortatur Keplerum ad iter Pragam capessendum I. 101. VIII. 729.
„ instruit Keplerum instrumentis astr. I. 344. II. 760. III. 221. VIII. 749.
„ Keplerum cum Tychone conciliat VIII. 729. [716.
Hoffmanni epistola ad Braheum a. 1600. VIII.
„ vita ab ipso descripta II. 833. VIII. 800.
Hoffmannus, Petrus, Witteberg., petit a Keplero promotionem ad munus mathematicum VI. 19.
Hofmannus, v. Zeidler.
Hohenfelderi, nobiles Austriaci Tubingae studiis operam dant I. 14, 188, 209. VI. 117. VII. 140. VIII. 682.
Hohenfelderus expulsus ex Austria Esslingae moratur VIII. 146, 943.
Hohenlohe, comes, refert terrae motum in Hollandia I. 327.
Hollandi v. Batavi.
Holpii pastoris laudes VIII. 135.
Holzwurm, geographus VIII. 834.
Homelius Prof. Lips. II. 605. VIII. 605.
„ Kepleri astrologiam increpat ab Arabica discrepantem I. 304.
„ dissuadet Keplero Pragam proficiscendi VIII. 709.
Homerus de Aethiopis VI. 123.
„ „ eclipsibus II. 311.
„ dicit Terram εὐρυστερνον. VI. 122.
„ de ventorum nominibus VI. 209.
„ cit. VIII. 92, 98, 100, 102.
Homerum, petit Crusius, Keplerus pro astronomicis dictis pervolvat IV. 72.
Homero magnes num cognitus fuerit V. 42.
Homo, ex anima, mente et corpore compositus VIII. 100.
„ animal sociabile II. 227, 728.
„ creationis finis I. 128.
„ Dei imago II. 504, 722.
„ microcosmus dicitur V. 64, 467.
„ cum Terra comparatur I. 395. II. 676.
Hominis character in partus momento a planetis implantatum I. 581 ss., 607. II. 646.
„ facultates coelestium motuum perceptrices I. 606. II. 722.
„ genesis comparata cum anni revol. I. 401, 607.
„ cum harmoniis cognatio I. 600 ss. II. 722 ss. V. 69. et passim.
„ natura cum coeli natura comparata I. 322.
Homines extra modum oculati II. 456, 500.
Homines ore carentes et odore viventes VIII. 98.
Hominum arbitrium librum, princeps animae facultas I. 626. [V. 618.
„ corporis membrorum proportio I. 375.

Hominum facultas sensitiva I. 345, 600.
„ fortunae causae I. 626.
„ longitudo num prius major fuerit V. 598.
„ manus dextra et sinistra VI. 215.
„ naturae diversae I. 599. II. 41, 541.
„ progressus II. 502, 730 s.
„ propagatio in Terra VI. 215. VII. 755.
„ vita a sideribus num dirigatur I. 619. V. 265.
„ „ et mores diversi faciunt ad diversam oculorum aciem II. 541.
Homocentrica Fracastori I. 255. VI. 306.
Hondius, geographus II. 441.
„ de meridd. diff. inter Huennam et Gratium II. 367, 374.
„ „ „ „ inter Huennam et Hamburgum II. 367.
„ „ „ „ inter Huennum et Rostochium III. 564.
„ „ „ „ inter Romam et Norimbergam VI. 555.
„ quomodo chartas suas adornaverit III. [455.
Honteri rudimenta geogr. III. 458.
Hopperus ed. Arati Phaenomena II. 824.
„ Cleomedem II. 216, 415 (219).
Horae aequinoctiales VI. 248.
„ planetariae VI. 259.
„ temporales VI. 257.
Horarum denominatio, unde VI. 258.
Horarius v. Lunae motus.
Horatius virtutem cubo comparat VIII. 972.
Horizon, quid II. 324. VI. 127, 187 ss.
„ visibilis et rationalis VI. 187 s.
Horizontis divisio VI. 203, 206.
Horizontum per diversas anni partes differentia VI. 333.
„ effectus in eclipsibus VI. 507.
Horkius, Martinus II. 452 s., 462.
„ de Galilaei inventionibus, fama Bononiae, morbo II. 453 ss.
„ Galilaei instrumentum furtim experitur II. 453, 456.
„ contra Galilaeum scribit „Peregrinationem" II. 454.
„ Keplero praesens recenset causas, cur contra Gal. invectus fuerit II. 458.
„ a Keplero increpatus II. 453 s., 570.
„ „ „ apud Galilaeum excusatur II. 455 s.
„ Maestlinum contra Galilaeum praeoccupat II. 461.
„ de Magini speculis II. 400.
„ apud Maginum versatur II. 453.
Horkii epistolae v. Kepleri ep.
Horologium Achaz VI. 68.
„ Argentoratense II. 82, 193.
Horologia coelestia Archimedis, Posidonii Turriani etc. I. 82.
„ Bohemica, Germanica, Italica VI. 258.
Horologia portatilia VIII. 586.
„ solaria VI. 210.
Horologiorum usus VI. 430.
Horoscopus, astrol. I. 293. VI. 718.
Horroccius, Jeremias, astron. Anglus III. 513 ss. VI. 109 s., VIII. 1027.
„ de Copernico VI. 109.
„ „ Hipparchi diagrammate III. 515.
„ „ Kepleri hypothesi VI. 582. VII. 547.
„ „ „ observat. et speculationibus harmonicis III. 514. VI. 560. VII. 547.
„ Keplerum corrigit VI. 110.
„ „ omnibus praefert astronomis III. 513. VI. 110 s.
„ contra Lansbergium et Hortensium VII. [547.
„ de Lunae theoria VI. 562.
„ „ Solis parallaxi VI. 560 s. VII. 549.
„ „ „ diametro appar. VII. 548.
„ „ Tabulis Rudolph. VI. 651 ss. VII. 548.
„ „ Tychone VI. 111. VII. 547.
Horroccii theoremata de eclipsium calculo III. 718 s.
Horstius, medicus V. 484. [265.
„ Keplero explicat anatomiam foetus V.
„ typographus Ulmensis VI. 628.
Hortensius, Martinus, mathem. Amstelod. VII. 543.
„ de Claramontio VII. 545.
„ Lansbergii opera edit. VII. 543.
„ de Solis diametro appar. VII. 544.
„ contra Tychonem VI. 111. VII. 544.
Hostius (Hoste) mathematicus Gallus V. 597.
Huberus, Pet., Ulmensis VI. 623.
Huenna, insula (hod. Hveen), Tychonis domicilium et observationum locus I. 190.
„ passim dicitur ad locorum constituendam longitudinem II. 367, 374. III. 564. VI. 542, 556, 633.
Hues, Rob. (Husius) math. Anglus de conficiendis globis VI. 66. VIII. 664, de declinatione eclipticae VI. 84.
Huldenrici nuptiae a Keplero elegia celebratae VIII. 130.
Hulsius, Levinus, de mensuris V. 597 ss., 627.
Humidi definitio Aristotelica I. 542. II. 133.
Humores in oculo, v. oculus.
Humoris causa Luna I. 422.
Hungarici motus a. 1604. II. 616, 741, 809.
„ et Turcici cantus dissoni V. 11, 174 s.
Hungarorum bella et turbae a. 1456. VII. 132.
Hunniades VII. 132.
Hunnichius, rector Stettinensis VI. 29.
Hunnius, theologus Wittebergae I. 657. III. [478.
Hurteri hist. Ferdinandi cit II. 811.
Huss II. 831.
Huttonius partem logarithmorum Kepleri recudendam curavit VII. 303.
Hydragogorum observatum VI. 128.
Hydrographia VI. 119, 514.
Hymnus ad Joannem Baptistam, nomina dat vocibus musicae I. 203.
Hypaugi planetae, quando VI. 487.
Hyperaspistes Tychonis 1625. VII. 161—279.

Praefatio editoris VII. 149 ss.
Index VII. 159 s.
Dedicatio Braheanis VII. 163 ss.
Appendix VII. 270 ss.
Notae editoris VII. 280 ss.
Hyperaspistes cur scriptus VII. 166.
Hyperbola, sectio conica IV. 575. V. 524.
„ via umbrae solaris II. 363 ss. VI. 268.
„ constructio v. coni sect
„ obtusissima est linea recta II. 186, 595.
Hyperbolae usus ad refractiones metiendas II. 191, 538.
Hyperbolica forma lentis oculi II. 232 ss., 538.
„ superficies II. 193.
„ corpora IV. 578 ss.
Hyperbolicum speculum II. 193.
Hypotenusa i. q. Secans.
Hypothesis astronomica I. 239 ss. VI. 120.
„ geometrica I. 238.
„ physica (de planet. motu) III. pass. VI. 309, 337, 400.
Hypothesium astr. aequipollentia et comparatio I. 178, 238, 249 ss. II. 293, 337. III. 64 ss, 175 et pass.
„ historia I. 249.
Hypsicles IV. 607.

I.

Jacobus Florentinus de magnete, v. Florentinus.
„ rex Angliae, quae in ecclesiasticis rebus statuit I. 370, 665.
„ „ dicitur doctissimus inde ab Alphonsi temporibus II. 607.
„ num Kepleri astrologiae sit gratus II. 68.
Jacobi liber de sagarum examine II. 608.
Jacobo regi inscripsit Keplerus Harmoniam V. 77, 469.
„ mittit Kepl. librum de Nova Stella II. 607.
Jacobi (patriarchae) oves I. 332. II. 638.
Jacobus, tabellarius I. 91 s. [987.
Jaegerus, Kepleri cognatus V. 481 s. VIII.
„ eum in Styriam comitatus est I. 296.
Jamblichus de harmoniis V. 419. [VIII. 679.
Jansonius de stella in Cygno II. 752, 769.
„ de eclipsi Lunae 1598. III. 584.
„ globos coelestes sculpsit II. 769. III. 584.
„ Tychonis discipulus, a Keplero ob fidem observ. laudatus II 769.
Jansonii mappa universalis VI. 681.
Januarii dies 7. Scaligero cardo anni Dionysiani IV. 161.
Jani templum clausum IV. 194, 215, 341.
Japheti stirps Europam implevit VII. 770,
Japonensium legati Romae VII. 772. [789 ss.
Jaurinum recuperatum I. 300.
Icosaëdrum v. corp. reg.
Icosaëdri proprietas VI. 137.
„ genesis VI. 320.
Idololatria, unde orta VII. 773.
Idumaea VI. 543.
Idus mensium, unde IV. 155.
Jecchius v. Fersius.
Jechoniae captivitas num terminus annorum 70 captivitatis Judaeorum IV. 104.
Jesaias, propheta, Homero comparatus II. 311.
„ „ de astrologia in Babylonia II. 629.
„ „ citatus IV. 33, 166 s., 418.
Jessenius, medicus II. 415. VIII. 718.
„ amicus Tychonis et Kepleri VIII. 723 ss.
„ de eclipsi 1598. II. 318, 388, 696.
„ „ nasu trunco II. 228.
„ „ oculi tunicis II. 231.
„ „ Urso I. 217.
„ „ visu II. 257.
Jessenii anatomia II. 226. [451.
„ oratio in mortem Tychonis I 217. III.
Jesuitae in Anglia et Gallia I. 664 s.
„ num Keplerum ad fidem cathol. adducere voluerint VIII. 960.
Jesuitarum columna Parisiis I. 664.
Jesus Syracides de anno Lunari IV. 33.
Jezdegird VI. 109.
Ignis pro Sole apud Pythagoraeos I. 250 ss. V. 325. VI. 313. VII. 743.
„ num elementum I. 541.
„ in corde I. 541. II. 58. 64s.. 144, 679 s.
„ perpetuus sub terra II. 814.
„ non sine materia consistit II. 683 s.
„ sursum cur surgat II. 522. VII. 749.
Ignes fatui II. 684.
Ignita urunt violentius quo densiora sunt II.
Illuminationis circulus v. circ. [269.
Imago (opt.) quid II. 166.
„ in aëre pendula II. 240, 683.
„ per globum aqueum visa II. 241.
„ in oculo II. 166, 257 ss.
„ in tenebris II. 240.
Imaginis locus in speculis II. 37 ss., 68, 164 ss., VIII. 106 s.
„ ortus II. 240.
„ et picturae discrimen II. 250.
„ specularis propria VIII. 108.
Imagines in mediis densis II. 181 ss., 239.
„ stellarum, v. stellae.
„ astrologicae I. 322.
Imbres lapidum, sanguinis, cinerum I. 323. VI. 513. VII. 18.
Imperatorum Rom. series IV. 297.
Imperatoris Romani vis politica IV. 12.
Inaequalitas, v. Solis, Lunae, planetarum inaeq.
Incidentia, emersio in eclipsibus VI. 499 s., 510.
Incidentiae scrupuli v. eclipses.
Inclinatio (astrol) quid I 315, 324 s., 329.
Inclinatio (astron.) quid III. 228 ss. VI. 425.
„ Copernici III. 447.
„ Ptolemaei VI. 458 s.
„ in Luna VI. 464, 478.
„ eclipsium II. 354 ss.
„ plani in gnomonica VI. 219.

Inclinatio in optica II. 528.
„ eccentrici Ptolemaici III. 40.
„ cum latitudine comparata III. 42. VI.
„ pro lat. adhibita VI. 425. [450, 576.
„ magnetica II. 813.
Inclinationis planetarum causa VI. 522.
„ investigatio III. 42, 413.
Index motus planetarum, quid VI. 449.
Indicantia sidera VI. 289.
Indorum annus Lunaris IV. 418.
„ declinatio eclipticae quanta VI. 84.
Induciae inter Rud. II. et Turcas VI. 610.
Inertia corporum I. 161. III. 151. VI. 180, 341. VII. 748.
Infanticidium Herodis II. 726. IV. pass.
Infinitum, quid VIII. 152 s.
„ corpus II. 691. VI. 139.
Ingolstadii cometa a. 1618. obs. VII. 82 ss.
Inquisitio Romana contra Galilaeum II. 571.
Inscriptio figurae in circulum V. 85.
Instinctus animalium I. 640. V. 222 ss.
Institutiones Mathematicae; liber Kepleri imperfectus VIII. 145—161, 175—195.
Instrumenta astron. (v. Brahe, Kepl.) VI. 121.
„ „ cur magna I. 592.
„ „ oculum imitantur I. 591 s.
„ „ quomodo a Tychone divisa [VII. 305.
„ musicalia V. 359.
Instrumentum ad metiendum cursum navis III. 318.
„ ad describendam conchoiden II. 48.
„ eclipticum Kepleri II. 340 ss., 351 ss.
Insulae Asiae meridionalis olim connexae VII. 799.
Intelligentiae stellarum, v. stellae.
„ motrices Aristotelis VI. 339, 372.
Intercalatio in anno Juliano IV. 225 s., 295.
Interrogationes (astrol.) I. 325.
Intervalla v. planet.
Intervalla in musica V. 22 ss., 35, 129, 151, 177, 396, 420.
Inundatio a. 1524. astrol. praedicta I. 666. II. 727.
Jocherus VII. 452.
Joecheri lexicon eruditorum, passim.
Joerger, Helmhard, liber baro, patri Wolffgango succedit IV. 123 s.
„ Keplerum Lincium invitat VIII. 794.
„ a Viennensibus Keplerus junior dictus VIII. 812.
Joergeri praedia publicata VIII. 972. [553.
Joergero dedicat Keplerus Stereometriam IV.
„ Imperator Rudolphus jubet, ut Keplero pro Astr. Nova 400 florenos numeret III. 9.
Jörgerus, Wolfgang, mortuus VIII. 212 s.
Joestelius num calculum prosthaphaereticum invenerit II. 358, 439, 835.
„ de aequinoctiorum praecessione VII.
„ observat eclipsin 1600. I. 56. [456.
„ de Solis eccentricitate VII. 454.
Joestelius de stella nova in Serpentario II. 604.
„ „ „ „ „ Cygno II. 770.
Joestelii epistola v. Kepl. ep.
Joffrancus v. Offucius.
Johannelli, Vincent. VII. 471.
Johannes Baptista II. 801. IV. pass. VI. 495.
„ Fridericus, Württ. dux II 835. Ei inscribit Keplerus „Phaenomenon singulare" II. 795, item libellum de Eclipsibus VIII. 4. Adit eum in judicio matris: vide Kepleri epistolae. Decretum Johannis Frid. de inquisitione maleficorum VIII. 560.
Johannes de Saxonia de aequinoctiis VI. 109.
Johannis de Saxonia astrologia I. 359.
„ G. March. Brand. genesis I. 323.
Jordanus Nemorarius de libra II. 138, 401.
Jornandus de eclipsibus II. 314.
Josephus, Christi pater IV. 338 ss.
„ historicus IV. 516. VII. 753.
„ de Caesare IV. 306.
„ „ Nabatena VI. 543.
„ de Herode rege IV. 181 ss., 241 s., 306 s.
„ quibus mensibus usus sit IV. 403.
„ de Nerone IV. 402. De Terrae divisione inter Noae posteros VII. 795 s.
Josephi vita IV. 298, 384, 516.
„ auctoritas IV. 181, 226, 298. VII. 753.
„ error in Cyri historia VII. 805.
„ historia taxata IV. 105
„ „ Judaeorum IV. 348 et pass.
„ „ Romanorum IV. 232.
„ et auctorum Rom. consensus IV. 240.
„ ratio numerandi annos Olympiadum IV. 301.
„ „ „ regum initium IV. 420.
„ operum germanica translatio typis hebraicis excusa IV. 213.
„ ed. Dindorf IV. 513.
Josippus, historicus dubius IV. 213, 226, 298.
Josuae miraculum II. 738. III. 153.
Jovius, Paulus, de horologio Turcae a Ferdinando dono dato I. 83, 193.
Iphitus Olympiadas instituit I. 254, 287.
Irides II. 51 s., 69 s., 101, 211, 524, 574. VI. 59. VIII. 115.
„ humoris comites II. 296.
Iridis colores I. 200, 425. II. 134, 296, 301, [530 s.
„ colorum ordo II. 296.
„ secundae causa VIII. 115.
Irradiatio, quid III. 523.
Isidorus de cometarum significationibus VII. [132.
Islandia VIII. 30, 41 ss., 119.
Itali Galilaei obtrectatores II. 452 ss.
„ mathematici provocati a Keplero contra Laur. Politianum de parallaxi II. 670.
„ cujusdam mathematici judicium de Keplero V. 59.
Italicus aër et refractiones II. 219. VII. 215.
Juba, Mauritaniae regis filius IV. 295.
Jubal i. q. Apollo V. 129.
Jubilaeum Lutheranum a. 1617. II. 401.

Judaei, Judaeorum historia etc. II. 717, 744. IV. pass. VII. 781.
Judaei Burgavienses VI. 67.
Judaeorum modus, tempus paschatis inveniendi IV. 39.
„ historia VII. 812 ss.
„ cabala II. 631.
„ diei initium VI. 258.
„ numerus fixarum VI. 137.
„ sectae IV. 150.
Judicum edicta a Bodino ad harmonias redacta V. 204 s.
Judicium Kepleri de Calendario Imperatori traditum IV. 58—64.
Judicium Kepleri de Trigono igneo Imperatori traditum I. 439—450.
Judicium Kepleri de Sutorii et Roeslini prognostico VIII. 300—320.
Judicium Kepleri de motu Veneto II. 609.
Judithae historia IV. 134. VII. 785.
Julius Capitolinus de eclipsi anni 237. II. 314.
Julius II., pontifex max. II. 610.
Julia, Augusti filia IV. 190, 241, 327, 331, 379.
Juliacensis successio VII. 127.
Julianus annus, v. annus, aera.
Julias urbs condita IV. 190, 240, 324 s.
Julianus Medices, legatus Pragae, Keplero mittit Galilaei „Nuncium" II. 454, 487.
Juliano dedicat Keplerus „Dissertationem cum nuncio sidereo" II. 487.
Julii Friderici ducis Würtemb. peregrinatio in septentrionem VIII. 43.
Jupiter cometam tegit II. 321.
„ fixas tegit II. 321. VI. 94.
„ prope Lunam conspectus a. 1284. I. 477.
„ num maleficus, beneficus (astrol.) I. 132, 322.
„ magnitudine insolita visus a. 1619. VII. 623.
„ a Marte tectus II. 321, 431.
„ Marti, Saturno conjunctus quid significet I. 349, 437, 482.
„ Saturnum rarissime tegere potest. II. 321.
„ Saturno conjunctus I. 345. II. 111. 727 ss.
„ vitae significator (astrol.) I. 314.
„ volvitur circa axem II. 503.
„ Wallenstenio bona ominatur I. 388.
Jovis aequationes III. 59.
„ Ammonis templum VI. 195.
„ aphelii locus VI. 441.
„ apsides immobiles VI. 387.
„ colores I. 426.
„ custodia Pythagoraeis quid I. 251. VI. 313. VII. 734.
„ diameter visibilis II. 647. VI. 64.
„ distantia a Sole VI. 440.
„ „ „ Terra II. 503.
„ eccentricitas VI. 317, 440.
„ incolae II. 502 s.
„ inclinatio et latitudo VI. 449 ss.
„ loca observata II. 648 ss. VI. 734 ss.
Jovis motus diurnus, medius, app. II. 647 s., 708. VI. 440.
„ „ periodicus VI. 440.
„ nodi II. 729. VI. 449.
„ nomen gentibus Deus VI. 317.
„ „ Alcmani aër. VIII. 97.
„ observationes I. 323, 345. II. 103, 603, [753.
„ retrogradationes VI. 442 ss.
„ satellites I. 110. II. 449 ss.
„ „ num astrologiam vanam reddant II. 502 s.
„ „ Brandenburgica sidera dicuntur a Mario II. 470.
„ „ eclipsati VI. 163, 503. [526.
„ „ incolis Jovis inserviunt II. 502,
„ „ Kepleri figuras non turbant I. 160, 209. II. 505. VI. 67.
„ „ a Keplero observati II. 510 ss.
„ „ cum Luna comparantur II. 501, 503. VI. 361. [506, 571.
„ „ magnitudinem visam variant II.
„ „ a Mario non primo visi II. 470.
„ „ Medicaea dicuntur sidera a Galilaeo I. 195. II. 451. [II. 403.
„ „ in Terram quomodo agant (astrol.)
„ „ veritatem hypotheseos Copernicanae testantur II. 527.
„ satellitum distantiae a Jove et periodica tempora II. 471, 503, 526. VI. 361.
„ „ motus testimonio sunt motus Jovis circa axem VI. 359.
„ stationes VI. 446.
„ theoria adhibita ad demonstrandam constantem obliquitatem eclipticae VI. [94.
„ vis astrologica I. 448, 573 s.
Jovi tribuitur pyramis I. 130.
Justinus de cometa II. 296.
Justitia distributiva et commutativa V. 199.
Jus talionis V. 204.

K.

Kaerius geographus belgicus VII. 470.
Kaestneri hist. math. cit. II. 439, 572. IV. 173. V. 615.
„ dissert. de loco Kepleri VI. 538. [669.
„ fabula de Kepleri miseria refutata VIII.
„ de Kepleri logarithmis VI. 51. VII. 297.
Kandelberger, Styriacorum agens I. 54. VIII. 712.

Keplerus

de acetario mulieris II. 713.
aegrotat I. 55, 296, 346 s., 351, 622. II. 762. III. 34, 46, 95.
de aequante VIII. 229.
de aequatione temporis VI. 78 ss.
aequinoctia Ptol. et Hipparchi taxat VI. 50.
de aequinoctiorum praecessione VI. 78 ss., 356, 358, 519 ss.
aëri tribuit frigus I. 315.

Keplerus

de aëris altitudine II. 207 s. VII. 67.
aëris mutationes observat I. 602, 647. VII. 526, 618 s.
de Albategnii astronomia VI. 693.
algebra raro utitur IV. 530.
allegoriarum et analogiarum amans I. 128, 474. II. 184, 187. V. 254, 262. VIII 63.
amanuensi indiget II. 808. III. 60, 519. VI. 15, 19, 641. VII. 480.
de anima harmoniarum capaci V. 251, 362 et pass.
animam corporum mundanorum quo sensu finxerit II. 638 s. VI. 392 s.
Anisae (i. e. Euus) moratur a. 1616. VIII. 832, [836.
de annorum longitudine VI. 78 ss.
Autitychoni cur responderit VII. 166
Antonii de Dominis placita amplectitur VIII. [855 s.
de aphetis I. 314.
Apiani studia astron. deplorat III. 234.
de Apollonii hypothesibus astronomicis I. 264 ss., 782.
Archimedem imitatur et emendat III. 321. IV. 556 ss.
de Archimedis mensura anguli visorii II. 263 s.
Aristotelis theoremata de visione taxat II. 146 ss.
Aristoteli tribuit judicium incorruptum in astronomicis II 693. VII. 104.
Aristotelem refutat Platonem impugnantem V. 218.
de Aristotelis astronomia I. 173, 257. VI. 304 ss., 313, 316. [339 ss.
" " aliorumque planetarum motoribus VI.
Aschavii (Aschae, hodie: Aschbach, Aschau) moratur a. 1619. VI. 534.
" a. 1625. VII. 639.
aspectus aliquos sibi periculosos timet I. 34.
" cum cousonantiis comparat II. 590 ss., 644.
aspectuum numerum auget I. 141, 294, 309 ss. 364 s. II. 506, 590.
de aspectuum vi I. 172, 306 ss., 371, 402 et inde pass. II. 301 ss., 584, 592, 641 ss V. 241 ss., 474. VIII. 335 ss.
" " latitudine I. 365.
" astrologia I. 19, 292 et inde pass. II. 68, 637 ss., 813. V. 69. VII. 244, 471 ss., 697 s. VIII. 669, 680.
astrologiam dicit altricem astronomiae I. 560. II. 657. VI. 620.
" defendit contra Picum Mirandulanum II. 637 ss.
astrologus qualis et qua causa I. 133, 292 ss., 474 ss., 504 ss., 557 ss. II. 578 ss., 592 ss., 609, 623 s., 637 ss.
de astrologico judicio theologi cujusdam II. 584. [343.
" " " Rudolphi imp. VIII.
contra astrologorum errores I. 364. 392 ss., 431, 446, 550. II. 68. VIII. 323,
de astrologorum munere VIII. 811. [335 ss.

Keplerus

astronomiae restaurator. Passim.
astronomiam suam quibus superaedificet fundamentis VI. 306 s., 693 s.
" cum Aristotelis sententia de mundo comparat VI. 304 s.
" a. 1591. Maestlino duce aggreditur II. [762.
de astronomia in Austria I. 104.
" astronomiae subtilitate I. 164 ss.
" astronomicis hypothesibus I. 238 ss. II. 825 et alibi passim.
" astronomorum veterum et recentiorum meritis II. 501.
" " officio I. 64.
" " salariis I. 561.
ab astronomis provocatus ut judicium ferat de temporis aequatione VI. 571.
astronomos admonet de Solis eclipsi a. 1605. II. 288, 353. III. 726.
Item ad accurate observandas eclipses II. 349.
astronomos, praecipue Galilaeum et Marium provocat, ut Lunae et Solis orbem rite constituant VII. 516.
Augustae moratur a. 1617. VII. 620. a. 1625. VII. 637.
Augustanam confessionem firmiter tenet I. 69.
Augusti nativitatem pro imp. Rudolpho ponit VI. 606. VIII. 331.
Augustinum legit de civ. Dei II. 583, 701.
de aulae difficultatibus III. 494.
Austriae proceribus refert de Tabulis Rudolphinis VI 640 ss. VII. 525 s.
de Austriae statu calamitoso I. 104 s.
" automatibus astronomicis I. 82 ss. III. 235.
Baiersdorfi prope Gratium moratur a. 1598. [II. 28.
de Barbavaria VII. 528.
" Baronii et J. C. Scaligeri librorum auctoritate IV. 222.
" Bartschii Ephemeride ad a. 1629. VII. 568.
" " moribus quaerit ex Berneggero VIII. 913.
Barwitii auctoritate Maestlinum ad scribendum permovere studet II. 14.
de Batavorum navigatione II. 214, 412.
bellum germanic. super religione vaticinatur VIII. 855.
Benatikam venit Febr. a. 1600. I. 72, 101. II. 393. VI. 672.
Benatica discedit c. Apr. 1600. VIII. 728.
" " 1. Jun. 1600. VIII. 731.
Berneggero dono dat epitomen VI. 21.
Besoldi affinis et praeceptor II. 35.
de Blanchi dirigendi ratione VII. 476.
" Blanchi genesi VII. 472.
Blancho mittit lib IV. Harmoniae V. 58.
Blaubyram venit VI. 629.
Bodini locum de arithmetica politica commentatur V. 195 ss.
in Bohemia, v. Pragae, Benatika.
Bononiam vocatur in Magini locum VIII. 662.
Brahei amanuensis munere fungitur in literis describendis VIII. 715, 961.

Keplerus
Brahei astronomiam emendat III. VI. pass. VIII. 626 ss.
de Brahei catalogo fixarum V. 49. VIII. 640.
„ defensor I. 236 ss., 279 s. II. 206, 324 ss. III. VI. VII. passim. VIII. 626.
„ „ haeredibus I. 369.
Brahei haeredibus suspectus III. 444, 701.
„ hypotheses et observationes recenset et taxat I. 49, 103, 113, 270, 281 s. II. 5, 77, 121 s., 494. III. 47, 103, 147, 173 ss, 204 ss., 474. VII. 270 ss.
„ „ cum Röslini et Ursi comparat I. 223.
de Brahei instrumentis II. 760. VII. 66, 305
Brahei instrumentis caret a. 1605. II. 664.
„ instrumentorum curam suscipit I. 369. III. 50. [III. 38.
„ judicium de prodromo expetit I. 42.
„ lacunas in fixarum catalogo supplendas censet II. 664.
de Brahei Lunae theoria VI. 14. VIII. 626.
Brahei manuscripta pignoris loco retinet VI. 616.
„ Martis parallaxis deprehendendae modum taxat III. 219, 474. VII. 271.
„ motum concomitantiae explicat VII. 276.
„ observationes celare fidem dat III. 38. V. 49.
„ „ curandas recipit I. 369. VI. 615.
„ „ edendas propositum habet VI. 616, 663. VII 215.
„ „ editas cupit I. 225. IV. 111.
„ observationum testis et custos VII. 215.
„ opera edenda sibi proponit I. 191. III 50.
„ „ non ipse conspexit ante annum 1597. I. 43. VIII. 698.
„ progymnasmata cum appendice edit I. 191. II. 288, 418. III. 35, 50, 495, 701, 725. VI. 568. VII. 216.
de Brahei studiis et ingenio VIII. 738, 744.
Braheum corrigit VII. 194 s. 270 ss.
, dicit magistrum suum VII. 166.
, „ Phoenicem astronomorum I. 420 s. III. 58. VI. 661. VII. 164.
, „ seculi sui Hipparchum II. 309.
, „ „ „ monarcham I. 42.
, imitatur in astrologicis II. 749.
, Wittebergae visitandum in animo habet IV. 70.
apud Braheum II. 762. III. 38, 46. VI. 615, 674.
„ „ se excusat ob laudes nimias in Ursum collatas I. 220 ss.
Braheo, astronomo succedit I. 101. II. 748.
cum Braheo convenire cupit IV. 70. [VI. 615
„ „ disputat de ♂ latit. maxima III. 422.
„ „ „ „ usu motus Solis app. vel medii ad explicandas inaequalitates planetarum III. 160.
Braheo pollicetur contra Ursum se scripturum I. 232, 235.

Keplerus
Braheo quid operae praestiterit VI. 615.
cum Braheo pactum init I. 72. VIII. 721 ss.
Braheo, Othoni, verba memoriae causa scripsit (Stammbuchblatt) VIII. 746.
Brandusii s. Brundisii [hodie Brandeis] moratur II. 108. III. 455. VIII. 773.
de Briggii logarithmis VII. 310.
„ Jordani Bruni mundis infinitis II. 500.
„ Byrgii logarithmis II. 834. VII. 298.
cum Byrgio disputat de ♂ III. 129.
Brusselae (i. e. Bruchsal) moratur a. d. 1. in 3. Nov. 1627. VII. 647.
cabbalam geometricam instituit I. 378.
de calamitatibus publicis in Austria VI. 619, 621. VIII. 897, 971 s. in Styria I. 39, 53, 69, 303.
calculationibus parum delectatur II. 813. III. 511. VI. 26, 27.
calculatorem Tubinga requirit III. 60. VI 15, 619.
calendaria et nativitates scribere molestissimam dicit servitutem I. 71.
„ sua non extra limites Styriae efferri dicit I. 409.
de calendariorum scriptoribus I. 550, 645.
calendarium a. 95. Tubingam mittit I. 7, 295.
de Calippi astronomia I. 256 ss.
„ Calvinistis I. 32. VIII. 784, 792.
contra Calvinistas (liber deperditus) VIII. 814.
Campiduni moratur a. 1625. VII. 637.
de Capellae astronomia II. 420 s.
in carcere a. 1589. VIII. 672.
de Cardano I. 358, 649.
„ Censorino VI 38, 50.
in Charitinis a. 1621. (forte: Zabergäu, Güglingae) VII. 626.
de charta geogr. Austriae inferioris et superioris conficienda I. 19. VI 24, 641 s. VIII. 834 s.
Christmannum refutat II. 324.
Chymiae expers II. 75.
Ciceronis epist. et Caesarem legit I. 61.
de Clavii obss. eclipsium a. 1560, 1567. II. 319, 427.
Coloniam [Collin] Bohemorum abit a 1606. ob pestem II. 108. VIII. 773.
cometam praedicit a. 1599 et 1618. I. 405, 488. II. 809.
de cometarum cauda VII. 235, 274.
„ „ loco in coelo VII. 212, 220 s., 232 s., 250. 254.
„ „ natura I. 298, 341. II. 295 s., 574, 695. VII. 25 ss., 168 ss., 274.
„ „ significatione astrol. I. 516. II. 606 s. VII. 27 ss.
cometas paucos conspexit I. 196. VII. 3.
„ anni 1618. descriptos Caesari mittit VI. 57.
Cometis motum tribuit rectilineum I. 119, 196, 514, 519. 665. II. 339, 686. VII. 3, 50, 275.

Keplerus
de concionatoribus VIII. 815.
„ conditione quaerenda I. 51. VI. 619 ss.
„ Copernici adversariis VIII. 41.
„ „ erroribus astron. VII. 454.
„ „ hypothesi a pontifice max. damnata VII. 151, 156.
Copernici hypothesin emendat et defendit I. 15, 64, 106 ss., 151, 164, 506, 525, 594. II. 86 s., 116, 335, 472, 503, 520, 591. III. et VI. pass. VII. 50, 276.
„ „ cum Ptolemaei, Brahei et sua comparat VI. 580 ss.
„ „ vulgo per fraudem acceptam facere proponit I. 38, 41 s., 513.
„ „ probare vult mathematicis VIII. 696, 703.
„ „ „ „ ex Brahei obss. III. 38.
„ „ „ „ per obss. altit. stellae polaris I. 42 (47), 63.
Copernico addictos multos recenset II. 472.
de creatione II. 684 ss.
„ creationis epocha astron. VI. 29 s.
a creditoribus urgetur I. 299.
Crügero explicat verba obscura in prognostico a. 1619. I. 659.
„ fata sua refert II. 400.
Crügerum increpat in certamen cum Nagelio descensum VI. 32.
„ increpat silentem VI. 61.
Curtii hypothesin de motu planet. cum sua comparat VI. 581.
Dasypodii compendium mathematicum recudendum et locupletandum in animo habet VIII. 146.
a Dasypodio frustra petit Harm. Ptol. III. 24.
desertum se queritur a „suis“ I. 296.
de determinatione geometrica et algebraica V. 105. [VII. 647.
Dillingae moratur a. d. 25. in 28. Nov. 1627.
de disputandi inter doctos ratione II. 473.
Dissertationem suam furtim Florentiae excusam aegre fert II. 459 ss. [618 s.
de divisione numerorum et mensurarum V.
donum accepit a Bavariae duce II. 5, 82.
ab Ernesto, archiep. Colon. V. 616.
a Friderico, duce Württ. II. 110. VIII. 783. [102, 304.
„ Herberstenio pro nativitatibus I. 48,
„ Herwarto I. 61. II. 5.
„ Jörgero VIII. 971.
ab ordinibus Austriae v. Austr.
a Rudolpho, pro dedic. Optices II. 5, 81.
„ senatu Ulmensi V. 55, 630. VI. 643.
„ „ Esslingensi VI. 646.
„ „ Tubingensi V. 54. [I. 102, 662.
ab ordin. Styriae pro dedic. Prodromi
a Philippo, Landgr. Hass., pro dedic. Chiliadis logar. VII. 308.

Keplerus
Dresdae visitat theatrum artif. II. 241.
Dresdam vel Fribergam proficisci meditatur a. 1610. II. 481.
de Drubleri (Drebbelii?) inventione V. 645.
Durlaci moratur a. 1627. VIII. 943.
ecclesiae harmoniam a Jacobo Angliae rege constitutam cupit I. 370.
ecclesiasticum munus obire se posse negat I. 51.
eclipses quomodo observaverit I. 513.
„ Lunae computat et consiliariis Caesaris a. 1622. exhibet VI. 37.
„ Solis totales ad restaurandam astronomiam desiderat III. 737.
eclipsin a. 1544. refert ab avo observatam II. 422.
„ a. 1607. observare obliviscitur II. 107.
eclipsium digitos metitur singulari ratione II. 349.
„ obss. a Maestlino petit II. 14, 16.
„ theoriam dubiam censet VI. 37.
de eclipsium vi astrolog. I. 320, 354. [520.
eclipticae declinationis causam explicat VI.
Efferdingae nuptias celebrat 30. Oct. 1613. IV. 548.
„ ecl. ☽ observat a. 1613. III. 609.
effigiem suam Berneggero per Gringalletum mittit VI. 21. VIII. 875.
effigies Kepleri VIII. 875. Praefixa vol. VIII.
Ephemerides ann. 1617. et 1618. Lincii, ann. 1619. et 1620. Ingolstadii, ann. 1621 ss., Sagani impressae VII. 453.
„ ipse Francofurtum transfert a. 1619. VI. 534. [554.
„ suas cum illis Origani comparat VII.
„ meditatur scribere annorum 80 ab a. 1583. III. 495. VII. 443.
de epistola sua ad Scaligerum IV. 473.
epistolas suas cur describendas curaverit I. 234, 304.
Epitomen Astr. Cop. Prodromo inniti dicit
„ cur conscripserit VI. 117. [I. 103.
cum Ernesto, archiep. Colon. convenit Pragae ca. Dec. 1605. V. 616. Aug. et Sept. 1610. II. 452, 459.
errorem fatetur in obs. ☿ II. 110.
Esslingae versatur ca. 4.—9. Nov. 1627. VI. 635. VII. 647.
Euclidis librum X. explicandum censet Harmonia sua V. 84.
de Euclidis Optica II. 41, 164.
„ Eudoxi astronomia I. 252 ss.
Europae tabulae reformationem aspirat VI. 33.
de Evangelicorum statu in Austria VI. 621.
Fabricio, cur non porro responderit III. 125.
„ demonstrat usum tab. parallacticae III. 96.
„ librum mittit de stella nova germanicum II. 597.
„ Martis theoriam explicat III. 64 ss. VI. 16.
„ Opticam dono dat II. 439.
„ publice respondit II. 109, 685, 785.

Keplerus
Fabricium in Martis theoria laudat III. 95, 504. VI. 16.
„ monet ut astrologiam cum meteorologia conferat I. 306.
„ „ de astrol. divinationibus I. 515.
Fabricii tractatum de stella nova in germ. linguam vertit II. 600.
de Fabricii morte I. 305.
de fatis suis v. Kepleri fata.
Ferdinando archiduci eclipsin a. 1600. describit II. 5.
„ imperatori „victori" se comparat [VI. 87 s.
Fickleri affinis I. 60 s.
de fide sua VIII. 840, 854 s.
„ Fluddii harmonia V. 331.
Frankii, cancell. Frisici genesin scribit I. 343.
Francofurti moratur a. 1627. a 22. Sept. in 5. Oct. et 20—22. Oct., ad distrahendas Tab. Rudolph. VI. 621. VII. 581, 646.
Francofurtum eum profecturum dicit Tengnaglius III. 145.
„ Jun. a. 1621 proficiscitur ad typum Epitomes I. 105. VI. 23, 398, 563.
Galilaei censuram Prodromi expetit I. 41.
„ griphos frustra tentat solvendos II. 462 ss., 511.
de Galilaei inventionibus II. 451, 454, 490ss., [525 s.
„ „ lite cum Grassio (Sarsio) VII. 270 ss.
Galilaei nuncium sidereum accipit Apr. 1610. II. 487.
Galilaeum cupit socium studiorum I. 42. II. [489.
„ monet, ut Copernicum publice profiteatur I. 41.
„ „ ut observet stellam polarem I. 42.
Galilaeo Prodromum mittit I. 36.
Galilaeum, Vincent., de musica legit II. 401.
de genesi (nativit.) NN. VIII. 328 ss.
genesin suam cum matris genesi comparat III. 319. V. 261 s.
„ „ „ primogeniti gen. I. 298. II. 646. (VII. 471.)
„ Augusti ponit VIII. 331 s. VI. 606 s.
„ Regis Sigismundi Fabricio mittit I. 323.
„ Wallenstenii depingit I. 386 s. VIII. 343 ss.
geometras provocat ad quadraturam conchoidis III. 324.
Gerlachio mittit Calend. a. 1595. I. 295 ss.
de Germaniae turbis VI. 88. VIII. 336.
„ Gilberto Anglo (v. Gilbertum).
Gilberti libro de magnete confirmatur in assumenda hypothesi Copernicana I. 243.
Göppingae usus est acidulis a. 1625. VI. 49.
Görlicii observat ♃ d. 31. Oct. 1628. VII. 649.
„ versatur a. 1629. VII. 651. VIII. 913, [916.
Gratii historias profitetur VII. 751.
„ inspectorum optima voluntate fruitur VIII. 708.
Gratio discedere meditatur I. 9, 51, 69. VIII. 706, 713.

Keplerus
Gratio ejicitur, 27. Sept. 1598. I. 39 (311), sed a principe excipitur, ibid. VIII. 764. iterum ejectus 7. Aug. 1600. I. 54, 312. II. 416.
„ discedit Pragam a. 1600. I. 71, 101. II. 4.
Gratium proficiscitur a. 1594, ibique usque ad a. 1600. moratur, professor mathematum I. 7 ss., 53, 106. III. 209.
„ Praga discedit haereditatis causa, a. 1601. III. 5, 39, 45. VI. 671. VIII. 739.
„ „ a. 1605. I. 352, 653. II. 583.
Gringalleto dono dat Epitomen VI. 22.
Güglingae versatur ob matris causam forensem 1620—21. VIII. 362.
de Hafenrefferi theologia I. 38.
Hariotum cupit in Opticis praeceptorem II. 67.
Harmoniam regi Angliae destinat I. 370.
Herwarto gratias agit ob multa benefacta II. 83.
„ Optica sua dono misit II. 4.
„ schemata ad Martis Comm. pertinentia misit V. 45. [II. 583.
„ refert de studiis, vita et fide I. 69.
ab Herwarto consilium petit de nova vitae ratione ineunda I. 72.
ad Herwartum scribit de Tychonis hypothesi [I. 281.
Hipparchum imitatur III. 513.
horologium coeleste ex machina argentea non ad votum perfecta construendum censet I. 78—88.
de horologiorum astronomicorum subtilitate [I. 84 ss.
in Hungariae fines transgreditur I. 39, 311. II. 266, 416.
de hypothesibus novis in astronomia I. 64, 112, 238, 249 ss. III. 68. VI. 13 ss., 693.
hypothesin suam de ♂ comparat Fabricianae III. 130.
„ suam de motu planetarum simplicissimam dicit III. 113.
de Jacobo Angliae rege I. 370. II. 607.
„ Jesuitis VIII. 220.
infinitum impugnat rationibus metaphysicis [VI. 57.
ingenii sui conscius V. 68. VIII. 371.
de ingenio et moribus suis I. 53. III. 519. V. 261, 476 ss. VIII. 987 s.
Ingolstadii moratur Febr. a. 1621. VII. 452. VIII. 881.
Ingolstadium transfert typos ad Ephemerides a. 1621. VIII. 4.
instrumentis idoneis destitutus I. 67. 233, 344. II. 652, 664, 760. III. 221. VI. 53.
Joannem Fridericum Ducem Württ. supplex adit pro matre v. Kepleri ep.
Jovis satellites observat 30. Aug. — 9. Sept. 1610. II. 452, 510 ss.
„ „ censet „Mysterium cosmographicum" confirmare I. 209. II. 505.
de iride libellum non absolvit II. 524, 574.
judiciorum astrol. suorum brevitatem excusat II. 748.

Keplerus
in Kinga arce (Köngen) a. 1621. VIII. 880.
de laboribus suis in constituenda ratione corporum regularium et orbium planetarum I. 109.
Leobergensem se dicit civem I. 75. VIII. 371, 801, 803. [VIII. 833.
Libros coëmit pro ordinibus Linciensibus
„ omnes a se editos dicit Copernicanos I. 195. V. 59. VI. 58.
„ a se editos recenset I. 103. II. 783.
„ meditatur: de aequationibus secularibus VI. 674, 725,
„ de anni magnitudine II. 312, 420,
„ Brahei observationes edendas VI. 621,
„ Cosmographiam I. 62, 106, 110, 197,
„ Diatyposin systematis matheseos VIII. 146,
„ de eclipsibus I. 56, 408, 410. III. 549 ss.,
„ „ planetis reliquis excepto Marte I. 103. III. 326, 511, 513.
Limnaeo, prof. Jenensi, mittit Prodromum; quaerit de rebus Tychonis I. 100, 194.
Lincium proficiscitur Jun. 1611. I. 364. IV. 518.
„ transire constituit IV. 518. VI. 55, et transit init. Maji a. 1612. II. 400. IV. 371. VIII. 807; de quo transitu cum Procer. Austr. sup. paciscitur IV. 519.
Lincii a communione excluditur VI. 19.
„ observat eclipsin Lunae 15. Juni 1620. VIII. 5. [582.
„ inter turbas bellicas VI. 50, 619. VII.
„ typographiam introducit IV. 548. VI. 621.
linguae Gallicae minus peritus III. 733.
Lipsiae moratur, Phil. Mülleri hospes, Oct. 1630. VIII. 920.
literis occultis usus est VIII. 741, 809.
locum quaerit, quo editis tab. Rud. eas docere posset VI. 619 ss.
Londinum a rege Jacobo vocatur VI. 22.
in Lusatia peregrinatur aestate 1607. II. 106. III. 125.
Maestlini consilium petit in turbis Styriacis I. 39, 51. [VIII. 64.
„ theses astron. taxat. II. 797 s., 835.
Maestlinum adit petens eclipsium observationes II. 14 s.
„ item typos ligneos ad Epitomen VI. 16.
„ frustra ad scribendum invitat II. 14, 754. III. 50, 60.
„ laudat praeceptorem V. 327. VI. 398.
„ visitat II. 401. VI. 49.
Maestlino Chiliadem logarithmorum typis excudendam mandat VII. 307.
„ dono dat poculum argenteum I. 48.
„ „ „ libros suos I. 33, 295, 409. II. 15 (788), 836. IV. 117.
„ gratias agit pro labore in edendo Prodromo I. 32, 48.

Keplerus
Maestlino Lunae theoriam proponit Tubingae VI. 398. [I. 233.
„ refert de epistola sua ad R. Ursum
„ „ de Harmonia sua I. 197.
„ „ „ libris ad Cal. Greg. pertinentibus IV. 8.
„ „ „ statu rerum in Styria I. 299 s.
„ „ „ Epitome Tubingae VI. 398.
„ „ „ logarithmis III. 676 s. VII. 299.
„ „ „ Lunae maculis VIII. 66.
Magini tabulis utitur VII. 455, 609.
de Magini speculo II. 43.
cum Magino agit de edendis Ephemeridibus VII. 444 ss.
Maginum instigat ad tab. astron. condendas III. 44.
„ sequitur in constituendis tabulis aequationum VI. 587.
a magistratu Gratiensi ad studium medicinae vocatur v. infra.
Manu se infelicem dicit II. 461.
S. Marium alloquitur in Ephemeridibus de stellarum lumine II. 115. [472 s.
„ consolatur de annot. in Dioptricam II.
Martis nodos quomodo investigaverit III. 226.
„ parallaxin constituit III. 222. [VIII. 717.
„ theoriam primum adit II. 77. III. 50.
mathematicam quando adortus sit II. 813. III. 37.
de mathematicis Europaeis II. 836. [146.
Matthiae Imp. mortem num praedixerit VII.
medicinae operam dare constituit I. 51, 55, 72. suadentibus quibusdam Proceribus Styr. VIII. 719. [849.
Mingonio refert de Ephemeridibus suis VIII.
Moguntiae versatur a d. 23. in 26. Oct. 1627. VII. 646. [II. 812.
Monachii inspicit bibliothecam a. 1596. I. 79.
„ chronologica agit Apr. 1621. VI. 398.
Mulpronnae observat a. 1588. eclipsin Lunae II 303.
multatur in vindictam contemti ministerii Gratio I. 52.
myops („hebeti visu") II. 266, 449 s, 500, 664. VI. 55. VII. 75, 82, 456.
negotiis obrutus I. 61. III. 60, 126.
Neoburgi versatur a. 1623. VII. 688.
de nobilium amicitia I. 342. [173.
nominis sui literas transponit II. 713. IV.
Norimbergae hospes Eckebrechti 1625. VI. 629.
contra novationis crimen se defendit VI. 307.
obscurum in scribendo se dicit I. 415. III 32, 49, 519. (V. 479.)
de observationibus et instrumentis a. 1604. I. 344. II. 664.
in Optica veram videndi rationem proponit II. 112 s., 226 ss.
Passavii versatur a. 1616. VIII. 832, a. 1617. VII. 620, a. 1625. VII. 637, 1626. VII. 643.

Keplerus

pecuniam mutuatur ad iter in Styriam perficiendum I. 296.
„ Stuttg. et Tub. mittit I. 12, 296.
„ Linciensi aerario mutuo dat VIII. 833.
perspicillis (specillis) utitur in obss. stellis II. 476.
philosophicam professionem quamcunque quaerit I. 51.
Pilsenae moratur, Dec. 1627. VII. 647.
planetarum theoriam consiliariis Caesaris exhibet V. 6 s. VII. 443.
de politicis rebus II. 606, 616, 724, 730 ss. VII. 133 ss. VIII. 335 ss., 343.
„ „ „ imperatorem Ferdinandum alloquitur VI. 664 s. [896.
„ „ „ in Austria Sup. a. 1625. VIII.
Pragam ad Braheum proficisci cupit VIII. 708, et proficiscitur, vocatus a Caesare, a 1600. I. 54 s. 101. VIII. 715 ss., 734 ss.
„ evocatur Lincio a Caesare, a. 1617. VI. 20. VIII. 847.
Pragae moratur ab a. 1600—1612. I. 54, 71. II. 4, 14, 400. III. 34.
„ a Dec. 1627—Apr. 1628. VII. 647 s.
„ habitat in aedibus Cramerianis IV. 118.
„ „ „ „ rectoris Bachatii VIII. 41.
„ disputat de astrologia I. 527 s.
„ observat cometam a. 1607. VII. 63.
„ „ Solis diametrum VIII. 48.
Praga discedit ob pestem a. 1606. II. 835.
„ „ Lincium pergens, a. 1612. II. 572. IV. 371 ss.
„ „ Saganum pergens, c. mens. Maj. a. 1628. VII. 648 s. [606 s.
de principum et theologorum erroribus II
procellam praedicit I. 614.
Proceribus Austriae super. refert de conficiendis Tab. Rud. et de charta geogr. Austr. sup. VI. 639 ss.
„ „ Epitomen astr. transmittit VI. 397 s.
cum illis paciscitur de transitu suo Lincium IV. 519.
Prognostica s. Calendaria quae et quando scripserit I. 71, 291, 453.
et cui fini I. 292, 410.
„ cur scribere desierit I. 292, 646. II. 108.
de Prognostico suo a. 1618 I. 658, 660 s.
Ptolemaei Almagesto similem fore Hipparchum suum dicit III 518.
Putzbachii apud Phil. Hassiae Landgr. versatur a d. 6. in 19. Oct. 1627. VII. 646.
et ibi maculas Solis observat VII. 581.
ad Rami dictum respondet III. 136.
Ratisbonae versatur a. 1613, ad Comitia a Caesare vocatus et ibi maculas Solis observat II. 110, 400. IV. 4, 9, 124, 548. VII. 594.

Keplerus

Ratisbonae versatur a. 1617. propter mortem privignae II. 401.
„ „ a 1620. familiam eo transferens VI. 28.
„ „ „ 1621. VI. 398. VII. 450, 625. VIII. 878 s.
„ „ „ 1625. VII. 637, 639.
„ „ 1626. VI. 619. VII. 643, familiam ibi relinquens.
„ „ „ d. 29. Nov. in 20. Dec. 1627, Ulma Pragam revertens, et ibi responsiosionem ad Terrentium scribit VII 582, 647. 681.
„ „ „ 1628. ad familiam Saganum traducendam VII. 582.
„ obiit die 5/15. Nov 1630. VIII. 921.
Rossweldae sororem visitat 1627. VI. 635.
Rostochium vocatur ad profess. matheseos VIII. 915.
de Sacra Coena scribit VIII. 124 ss., 712 ss.
a Sacra Coena exclusus a. 1612. IV. 517. VI. 19. VIII. 807, 855 ss.
Saganum proficiscitur, edend. obss. Tychonis causa VI 64, 624.
ibique moratur ab a. 1628—1630. VII. 525, 582, 649.
salarium a camera Silesiaca extorquere studet a. 1611 s. IV. 520 s. VIII. 801 s.
de Jos. Scaligeri ratione scribendi VI. 759.
Schekel montem in Styria ascendit a. 1601, observandae rotunditatis Terrae causa I. 321. II. 287.
Schickardo petenti libellum chronolog. excudendum mittit VII. 141 s.
de schola Linciensi VI. 19.
in scriptoribus classicis versatissimus V. 5.
„ S. Scriptura multum versatus I. 587. IV. 65 ss.
de S. Scripturae locis contra motum Terrae I. 594. II. 473. III. 153.
Selevicii in Moravia ecl. ☽ observat Maj. a. 1612. III. 608. VIII. 807.
septimestris partus IV. 443. VIII. 672.
de Sitii libro contra Galilaeum VIII. 799.
Spirae versatur a. d. 28. in 31. Oct. 1627. VII. 646.
Stirae (i. e. Steyr). moratur a. 1616. VIII. 836.
de studiis suis II. 41. VII. 469. VIII. 705.
„ „ „ apud Tychonem III. 210.
studiorum rationem reddit imperatori Ferdinando VI. 87 s.
Stuttgartiam venit Gratio a. 1596. I. 24.
„ „ Praga a. 1609. VIII. 782.
Stuttgartiae moratur VI. 22. ibique observat eclipsin ☽ 9. Dec. a. 1620. III. 625. VI. 28. VIII. 6
„ moratur a. 1621. VII. 529.
ibique Epitomen astron. Copern. absolvit
in Styria, v. Gratium. [VI. 398.

Keplerus

sui conscius VI. 304. VII. 126.
systema mundi suum explicat VI. 71, 308 ss.
thema astrolog. (v. genesis) suum et Fabricii inter se comparat I. 342.
de themate revolutionis mundi I. 318.
theologus esse volebat I. 14.
de theologia et theologis I. 31 s., 51, 118. II. 606, 685. IV. 115. V. 60. VI. 19.
Tubingae versatur, literarum studio deditus, ab a. 1589—94. I. 106, 296. III. 209. VIII. 673 ss.
" " " 1617. de forma tab. Rud. deliberans V. 415. VI. 617.
" " " 1620. VI 22, 398.
" " " 1621, et logarithmorum calculo insidiatur VI. 22. VII. 299.
" " " 1625, per unum mensem Schickardi hospes VI. 49.
Tubingam redire cupit Gratio I. 55 s.
" " " Ulma a. 1627. VI. 630.
tubum opticum adhibere cupit ad reformandum Hipparchum suum II. 494.
" " non adhibet in observando ☉ diametro VII. 543
" " qualem possederit II. 454, 782 s.
de Tychone, v. Brahe.
in Tychonimastigas II. 206, 324.
typos ad Ephemeridas et Tab. Rud. proprios habet VI. 619, 657, 665.
" ligneos ad Epitomen a Maestlino frustra petit, v. Maestl. [II. 80.
" " Opticam Pragae sculpendos curat
Tzernemelium visitat a. 1616. VIII. 832, 836.
Ulmae versatur, Apr. 1621. VIII. 4, librum de eclipsibus' a. 1625. duci Würt. dedicans VII. 638, Tab. Rud. typum curans a. Dec. 1626 — Nov. 1627. V. 632. VI. 619 ss. VII. 643 ss.
" ibique Solis diametrum et altitudines in templo dimetitur, 21. Jun. 1627. VII. 645.
" atque vas parat, normam mensurarum et ponderum Ulmens. V. 627 ss.
Ulma proficiscitur Francofurtum a. 16.—22. Sept. 1627. VII. 646.
cum Urso convenit I. 237.
Ursum dicit auctorem consuetudinis retinendi exemplar epistolarum a se datarum
" nimium laudat I. 220, 233. [I. 234, 304.
contra Ursum scripturus est et scripsit I. 232, 236. III. 34.
uxorem in Styriam mittit, haereditatis causa a. 1603. I. 654. II. 79. III. 449. [813.
de uxoris Barbarae ingenio et moribus VIII.
viaticum accipit Gratium profectus I. 7, 296.
" " a proc. Linc. IV. 519.
Viennam proficiscitur a. 1600. VI. 672. VII. 14.
" " a. 1616. VIII. 832.
Viennae moratur ab Oct. 1624. ad Jan. 1625. VI. 48 s. VII. 636 s. VIII. 885, 896.

Keplerus

vinum emit Lincii IV. 553.
virgam mensoriam rite construit V. 570 ss.
visu debilis, v. myops.
de vitae ratione ineunda Herwarto refert I. 71 s.
vitae suae partem describit I. 311. V. 476 ss.
Walderbachium ad generum proficiscitur a. 1617. II. 401.
de Wallenstenii fatis et superstitione VIII.
" " opibus VIII. 356, 358. [348 ss.
Welsii moratur, Feb. 1614. VIII. 822.
Wilae natus VIII. 670, 761.
Wittebergam proficisci meditatur IV. 70.
Wormatiae versatur 27. Oct. 1627. VII. 646.
In Württembergiam proficiscitur a. 1596. I. 24, 100. VIII. 688 ss.
" " a. 1617. I. 661. II. 401. VII. 620.
" " Sept. 1620. VI. 398, 563. (VII. 625.) VIII. 362, 438.
" " Apr. 1621. VII. 626. VIII. 362.
" " Maj 1625. VII. 638.
" " transire meditatur a. 1600. VIII. 737.
Württembergiae principibus officia sua offert VIII. 801 ss.

Kepleri

admonitio ad astronomos de eclipsi Solis a. 1605. II. 288, 353. III. 726 ss.
" de Harmonia V. 320.
" ad bibliopolas, Harmoniae praefixa I. 196. V. 8.
" " theologos de Copernici astronomia I. 177 s.
aequales V. 477 ss.
aerarum variarum synopsis IV. 505 ss.
affinis Cellius I. 53.
" Dantiscanus v. Kepleri uxoris frater.
amici et fautores I. 104. VIII. 940, 945 ss.
amanuenses I. 661. II. 83, 92, 510, 617. III. 8. VI. 19. VIII. 764 s., 821.
Animadversiones in librum Laur. Politiani II. 825—828.
annotationes ad Brahei literas I. 189.
" ad Dioptricam II. 469, 473.
" " Prodromum I. 24, 93, 103 ss.
astrologia I. 291 ss. ad finem. II. 609, 616, 705 ss V. 234 ss. VI. 489 ss., 717 s. VIII. 669 s., 987 s.
astrologicae opiniones de eclipsibus VIII. 9 ss.
astronomiae reformatae initia II. 836. III. 6 ss.
astronomiam reformatam concupiscunt Europaei et Indi. VIII. 358.
autographon vol. II. praefixum.
avus Sebaldus II. 315, 422. VIII. 670 s.
" maternus VIII. 699.
avia, medicinae popularis studiosa V. 262. VIII. 502, 671.
bibliotheca Lincii obsignata a. 1625. VI. 50, 626 s. VIII. 891, 898.
de Braheo judicium VIII. 718.
cum Braheo lites VIII. 727 ss., 741.
" " necessitas VII. 166.

Kepleri
cum Braheo pactum VIII. 721 ss.
calculi exempla II. 817. III. 464 ss.
calculus algebraicus III. 198, 466. V. 104.
camera obscura VIII. 45.
cantio VIII. 710.
carmen de Sacra Coena VIII. 713.
„ in Astr. Nov. III. 143 [VIII. 821.
„ invitatorium ad legatum regis Angliae
chronol. studia II. 800. IV. passim. VII. 751 ss.
„ Maestlino missa VI. 14 s.
cognati Mehringenses V. 482. VIII. 988.
de cometarum motu opinio falsa I. 119, 196. VII. 3 et pass.
confessio a. 1623. VIII. 883 s. [(fragm.) VI. 725 ss.
Considerationes observationum etc.
controversiae cum Braheo et Braheanis I. 343, 369. III. 6, 11, 35, 444, 453 s., 705.
corpus quale I. 385. VIII. 820, 830, 875.
cosmographia I. 62, 106, 110.
deliberatio de mora Bohemica VIII. 718 ss.,
dialogismus cum Sarsio VII. 275 s. [712.
Diatyposis systematis mathematices (desideratur) VIII. 146.
diligentia in dubium vocata II. 77. [295.
de directionibus scriptum (e cod. Pulk.) VIII.
dirigendi modus (astrol.) I. 295, 316 s., 335. 353 ss. VI. 719. VII. 475 s. VIII. 339.
disputandi modus I. 505, 516, 527. II. 488. IV. 206 ss.

Kepleri
Dissertatio de Luna a. 1593. Tubingae scripta I. 14, 188. II. 497, 569. V. 3. VIII. 23, 40.
„ **de motu primo.** Tubingae conscripta I. 106. Inserta libro I. Epitomes et Astr. Novae I. 110.
disputatio cum theologo Augustanae confessionis de motu Terrae VIII. 41.
doctrina VIII. 988 ss.
dubia de formula concordiae VIII. 859.
effigies v. Keplerus.
Elegia in obitum Brahei. VIII. 138. (III. 54, 451.)
„ in obitum Heilandi VIII. 137.
„ de nuptiis Huldenrici VIII. 130.
„ in obitum Holpii VIII. 135.
epistolae qua ratione scriptae V. 479. VIII. 946, 977.
Epistolarum collectio v. Hansch.
epigramma ad librum de stella nova II. 612,
„ in Copernici osores VIII. 41. [719.
„ ad logarithmos VII. 318.
de lucis repercussu II. 292.
„ oculis II. 125.
„ Maestlino VIII. 46.
„ „ studiis Tychonis III. 145.
„ in Mercurium in Sole visum II. 807.
„ ad Prodromum I. 96, 193 s.
„ in Wackheri filiam mortuam II. 807.

Kepleri epistolae ad	**Epistolae ad Keplerum**
Albertum, archid. Austriae (ded. libelli I. de cometis) Linc. Maj. 1619. VII. 45.	
Anonymum Dresdensem, Pragae, Dec. 1610. II. 476 s.	
„ s. l. et a (fragm.) III. 14, 503. IV. 166 ss.	
„ medicum, Pragae. Majo 1607. I. 384.	
„ Nobilem, Prag. Dec. 1604. II. 831 ss.	
„ „ a. 1611. VIII. 343 s.	
„ „ Grat. Aug. 1594. VIII. 681.	
Anonymam feminam c. a. 1612. VIII. 811 ss.	
Augustum princ. Anhaltinum, Prag. 1607. I. 203. V. 645 ss.	Augustus Anh., Crosnae 1607. I. 203. V. 644 s.
avum, Leob. Jul. 1593. VIII. 829.	Bachmayer, Moeringae Apr. 1628. VI. 636.
Bartschium, Sag. Nov. 1619. VII. 581.	Barbavaria, Mediol. Mart. 1619. VII. 450.
Barvitium (ded. Silvae chron.) Prag. Sept. 1606. IV. 177.	„ „ Oct. 1619. VII. 450 s.
	Bartschius, Argent. 1625. VII. 478.
Berneggerum, Lincii s. d. 1613. IV. 122.	
„ Lincii Mart.—Jul. 1613. IV. 121—124.	
„ Ratisbonae Oct. 1613. IV. 124.	
„ Welsii Febr. 1614. IV. 124.	
„ Lincii Maj. et Dec. 1614. IV. 125.	
„ „ Feb.—Apr. 1615. IV. 126 s.	
„ „ Apr. 1616. IV. 127.	Berneggerus, Argent. Dec. 1616 (deest) VI. 19.
„ „ Febr. 1617. I. 660. VI. 19.	
„ „ s. d. c. Oct. 1617. VI. 20 s.	
„ „ Aug. 1620. VI. 21. VIII. 874.	
„ Ingolstadii Sept. 1620. VIII. 874.	
„ Ratisbonae Febr. 1621. VI. 21. VIII. 878.	
„ Tubingae Maj. 1621. VIII. 879.	
„ s. l. Aug. 1621. V. 18. VI. 21. VIII. 879.	

Kepleri epistolae ad

Berneggerum, s. l. Aug. 1623. VIII. 884.
„ Lincii Dec. 1623. VIII. 23, 884.
„ „ Mart. 1624. VII. 141s. VIII. 24,968.
„ „ Maj.1624.VI.617.VII.142.VIII.887.
„ Tubingae Jun. 1625. V. 648. VI. 617 s.
„ Ulmae Febr. 1627. VI. 619.
„ „ Apr. 1627. VI. 620 s. VIII. 875.
„ „ Maj. 1627. VII. 156.
„ Frankof. Oct. 1627. VI 621.
„ Ulmae Nov. 1627. VI. 622.
„ Pragae Mart. 1628. VI. 623.
„ „ Apr. 1628. VI. 624. VIII. 910.
„ Sagani Mart. 1629. VI. 625. VIII. 24, 146, 912.
„ Görlicii 10. Apr. 1629. VIII. 913.
„ Sagani 29. Apr. 1629. VI. 626. VIII. 146.
Görlicii Jul. 1629. VIII. 146, 914 s.
„ Sagani Sept. 1629. VIII. 916.
„ „ Febr. 1630. VIII. 146, 917.
„ „ Maj. 1630. VIII. 919.
„ Lips. Oct. 1630. VIII. 146, 920.
Besoldum, Pragae Jun. 1607. II. 788. (V. 54.)
„ a. 1619. (deest). VIII. 363.
Beyerum, Linc. Jan. 1617 (deest) V. 615.
Blanchum, Lincii Apr. 1616. VII. 468.
„ Lincii Nov. 1618. V. 58. VII. 471.
„ „ Mart. 1619. V. 60 s. III. 519. (VI. 20.) VII. 21, 472 ss.
„ „ Apr. 1619. V. 62. VII. 475.
„ „ Jan. 1620. V. 62.
T. Braheum, Gratii Dec. 1597. I. 42.
„ s. d. [1598]. I. 220 ss.
„ Prag. 1600. VIII. 729.
„ Grat. Jun. 1600. (deest) I. 231.
„ Prag. Oct. 1600. VIII. 734.
Brahei haeredes (ded. Hyperasp.), Vienn. Jan. 1625. VII. 163.
Brenggerum, c. ann. 1604. (deest) II. 37.
„ Pragae Jan. 1605. II. 40—53, 585.
„ „ Oct. 1607. III. 31. (II. 89.) (VII. 10.)
„ „ Nov. 1607. III. 32. II. 589 ss., 829, 53 ss., IV. 120. (VII. 11.) VIII. 776.
„ „ Apr. 1608. (III. 32.) II. 592 ss., 830, 60 ss., 787. VII. 12 s.

Epistolae ad Keplerum

Berneggerus, Argent. Febr. 1624. VII. 141. VIII. 24.
„ Argent. Mart. et Maj. 1624. VII. 142.
„ „ Jul. 1624. VI. 617.
„ „ Jul. 1625. VI. 618.
„ „ Jul. 1626. VI. 618, 621.
„ „ Febr. 1627. VI. 619, 621.
„ „ Oct. 1627. VI. 622.
„ „ Febr. 1628. VI. 623.
„ „ Mart. 1628. VI. 624.
„ „ Jun. 1628. VI. 625. VIII. 910.
„ „ Sept. 1628. VI. 625. VIII. 911.
„ „ Maj. 1629. VIII. 913.
„ „ Jul. 1629. VI. 625. VIII. 145, 912.
„ „ Jan. 1630. VIII. 917.
„ „ Mart. 1630. VIII. 918.
Besoldus, Tubingae Feb. 1605. II. 35.
„ Tubingae Mart. 1606. VIII. 770.
„ „ Sept. et Nov. 1618. V. 54.
„ „ Apr. 1619. VIII. 362.
„ „ Jun. et Aug. 1619. V. 54. VIII. 363.
„ „ Jul. 1622. VIII. 900.
„ „ Apr. 1623. VIII. 884.
„ „ Mart. 1626. V. 54.
„ „ Sept. 1626. VIII. 899.
Beyerus, Frankof. Sept. 1608.
„ Frankof. Sept. 1616. V. 614 s.
„ „ Apr. 1617. II. 571 s. V. 615.
Blanchus, Venet. Dec. 1615. VII. 468.
„ Venet. exeunte a. 1615. VII. 471.
„ „ Apr. 1616. V. 58.
„ „ Aug. 1618. V. 58.
„ „ Jan., Febr. et Mart. 1619. V. 59 ss. VII. 472, 475.
„ „ Jan. 1620. V. 62.
Braheus, Wandesburgi Apr. 1598. I. 43 s., 219 ss. VIII. 698.
„ Benachiae Dec. 1599. I. 223 ss., 46 s.
„ „ Jan. 1600. VIII. 716.
„ Pragae Aug. 1600. I. 231 s. VIII. 732.
Brenggerus, Kaufburnae Dec. 1604. II. 37 ss., 44 ss., 48 ss., 585.
„ Sept. 1607. II. 53 s., 56 ss., 586 ss., 757, 829. IV. 120.
„ Oct. 1607. II. 60, VII. 10 s. III. 31 s.
„ Mart. 1608. III. 32. II. 60 ss., 591 s., 787, 830. VII. 11 s.
„ Jun. 1608. (III. 32.) II. 596, 830, 65 s. 788. VII. 13.
Briggius, Oxoniae Mart. 1625. II. 405. IV. 659 s. VII. 311.

Kepleri epistolae ad

Brutium, Pragae Sept. 1603. (deest) III. 6.
Calvisium, Pragae s. d. 1607. IV. 375 ss.
„ Pragae Sept. 1607. IV. 382.
„ Nov. 1607. IV. 383 s, 403 ss.
„ Jan. 1608. IV. 385 ss., 404.
„ Nov. 1608. IV. 392 ss., 407.
„ „ s. d. IV. 401 ss., 409.
„ „ Oct. 1610. IV. 413 ss.
„ Lincii Jan. 1614. IV. 172, 270.
Cameram aulicam, s. l. Aug. 1608. III. 9 s. et Vienn. 1624. VIII. 889.
Coignetum, s. l., c. a. 1606. VIII. 773 s.
Commissarios Caesaris, s. a. [1628?] Ulmae VI. 644 s.
Consiliarios aulicos, Grat. Aug. 1594. VIII. [680.
Consilium ecclesiast. Gratiense, Grat. Jan. 1597. VIII. 690.
Consist. Stuttgart. Linc. Aug. 1612. VIII. 869.
Crügerum, Lincii Mart. 1615. II. 400 s. VI. 23.
„ Lincii Jun. 1616. VI. 24. (V. 627.)
„ „ Mart. 1619. VI. 26.
„ „ Jul. 1623. VI. 28 (II. 828.) VII. 14 s., 251 s.
„ „ 18. et 28. Febr. 1624. VI. 29, 32 s. IV. 173. I. 659 ss. VII. 16 s.
„ „ Sept 1624. VI. 37 ss. (I. 661. III. 518, 451, 500.) VII. 18.)
„ Viennae Dec. 1624. VI. 49.
„ Lincii Maj. 1626. VI. 49. VII. 19, 156.
Crusium. Omnes perierunt.
Curtium. Omnes perierunt.
Dasypodium (deest) III. 24.
Deckerium, Pragae Sept. 1607. IV. 441.
„ Pragae Oct. 1607. IV. 449 ss.
„ „ Nov. 1608. IV. 459 ss.
Eichlerum, Prag. Jan. 1608. II. 831.

Epistolae ad Keplerum

Brutius, Flor. Aug. 1602. II. 568. VIII. 756.
„ Patavii Aug. 1603. II. 568. VIII. 756.
„ Venetiis Nov. 1603. II. 568. III. 6. VIII. 756.
Budowitz a Budowa (s. l. et d.) 1605. VIII. 769.
Bulderus, Treboniis Jul. 1608. III. 518.
Calvisius, s. l. [Lips.] Maj. 1607. IV. 374 ss.
„ Aug. 1607. IV. 382.
„ Sept. 1607. IV. 383.
„ s. d. 1607. IV. 385 ss., 404 s.
„ Febr. 1608. IV. 391 ss., 404, 407.
„ Jan. 1609. IV. 401 ss., 409.
„ Dec. 1610. IV. 416.
„ Oct. 1613. IV. 172, 270, 517.
Casalius, Jul. 1606. III. 726 s.
Christmannus, Heidelb. Apr. 1604. II. 433. VIII. 760.
Consistor. Stuttg. Sept. 1612. VIII. 868 s.
Crügerus Dantisci a. 1609. (deest). VIII. 790.
„ Mart. 1610. VI 23.
„ Sept. 1615. VI. 24. VIII. 831.
„ Apr. 1616. VI. 24. V. 627.
„ Aug. 1616. VI. 26.
„ Apr. 1623. VI. 28. VII. 14 (250).
„ Sept. 1623. VI. 29 (15). VII. 16 (250).
„ Jul. 1624. VI. 15, 36 ss. VII. 18 (250). (I. 662.)
„ Apr. 1625. (desunt) VI. 49. VII. 19.
Crusius, Martinus, Tub. Jun. 1596. VIII. 698.
„ „ „ Apr. 1597. VIII. 699.
„ Florianus, Argent. Oct. 1616. VIII. 837.
„ Jan. 1617. VI. 72.
„ Mart. 1617. I. 660 s. (VI. 20.)
„ Maj. 1617. VI. 20, 21.
„ Rastenbergae. Jan. et Febr. 1619. VI. 72.
„ „ Oct. 1619. V. 63 ss. (VI. 73.)
„ Genevae. Maj. 1621. VI. 73.
Curtius, Wiesensteigae 1627. VI. 583.
„ „ Dillingae 1627. VI. 637. VIII. 907 s.
Cysatus, Ingolst. Febr. 1621. VII. 452.
Dasypodius, Argent. Dec. 1599. VIII. 145, 709.
Deckerius, Mogunt. Sept. 1607. IV. 440.
„ Olomucii Oct. 1607. IV. 441 ss.
„ „ Nov. et Dec. 1607. IV. 458 ss.
„ Gratii Maj. 1614. IV. 522 s.
„ Viennae Sept. 1614. IV. 523.
Dietrichstein., L. B., Sept. et Oct. 1603. VIII. 755.
„ Jul. et Oct. 1604. II. 416. V. 639.
„ Febr. 1605. V. 639.
Dornavius, s. l. et a. VII. 8.
Eichlerus, Görl. Maj. 1607. III. 8.
Enenkelius, Vienn. Sept. 1616. VIII. 844.

Kepleri epistolae ad

Ernestum, Archiepisc. Colon. (ded. Dioptric.) s. l. Jan. 1611. II. 517.
senatum Esslingensem, Ulmae 1627. VI. 646.
Fabrum, Cancell. [1617] (s. l.) VIII. 377.
Davidem Fabricium. Pragae Jul. 1602 (deest) I. 305. II. 432.
„ Pragae Oct. 1602. III. 64 ss., 12. I. 306 ss.
„ „ Dec. 1602. I. 312 ss. (I. 235, 328.) (II. 95.) II. 413 s., 752. III 72 ss.
Fabricium, Pragae Jul. 1603. I. 324 ss., 328. III. 77 ss. (I. 196. II. 96 s. 414, 433, 752.)
„ Pragae Febr. 1604. I. 342. III. 87 ss., 12 s. (II. 97, 752)
„ „ Dec. 1604. I. 446. III. 95 s. (II. 97. 439, 597, 753.)
„ „ Oct. 1605. II. 600 ss. I. 346 ss. II. 97 s. III. 99 ss., 458 ss. (VI. 540.) III. 474.
„ „ Aug. 1607. I. 357. II. 106, 603. III. 108 ss., 475.
„ „ Nov. 1608. II. 98. 107 ss. I. 357. III. 125 ss., 462, 506.
„ Lincii Oct. 1616. (Ex Ephemeridibus a. 1617. II. 109, 785 s.
Joh. Fabricium, Pragae Nov. 1608. III. 452.
Ferdinandum, Austr. Archid. Gratii 1600. II. 5 ss. (435). Imper. (ded. Tab. Rud.) [1627.] VI. 663 s.
„ (fragm.) VI. 87 ss.
Fersium, Pragae Dec. 1607. IV. 118 ss.
Fluctibus, Rob. de —, s. l. Aug. 1621. V. 413 s.

Epistolae ad Keplerum

Eriksen, Prag. Jun. 1601. VIII. 741.
„ Daventriae Sept. 1601. I. 304.

D. Fabricius, Pragae Jun. 1601. I. 305.
„ Resterhaviae Mart. 1602. II. 431. III. (12), 61, 478.
„ „ Apr. 1602. II. 432.
„ „ Maj. 1602. III. 61. II. 413, 751. (I. 315.)
„ „ 11. Aug. 1602. III. 62. I. 306 ss. (II. 751.) II. 413. (432, 95. III. 12.)
„ „ 15. Aug. 1602. I. 312, 322. (II. 95.)
„ „ 26. Aug. 1602. II. 751. I. 312.
„ „ Oct. 1602. I. 312 (235). II. 752.
„ Auricae 8. Oct. 1602. I. 312. II. 752.
„ Esenae 14. Nov. 1602. I. 312. III. 70. II. 752. [III. 71.
„ 18. Nov. 1602. I. 312, 324. II. 95.
„ „ 18. Dec. 1602. I. 324. II. 96, 752. III. 71.
„ „ 9. Febr. 1603. I. 323, 326. II. 96. III. 72, 75.
„ „ 11. et 20. Febr. 1603. I. (323), 326 ss., 328. II. 96, 414. III. 75 s.
„ „ 20. Febr. 1603. III. 76.
„ „ Mart. 1603. I. 338. II. 432 s. (II. 96). III. 76.
„ „ Maj. 1603. I. 324, 340. III. 76. (II. 433.)
„ „ Jun. 1603. I. 341. III. (77), 84 ss.
„ „ Jul. 1603. III. 85. I. 341 s. II. 96, 752.
„ „ Aug. 1603. I. 341, 344. III. 86.
„ „ Jan. 1604. I. 341 ss. II. 97. III. 86.
„ Ostelae Nov. 1604. II. 597. III. 94. (II. 97, 753.)
„ „ 14. Jan. 1605. I. 346 s. II. 597 s. III. 97.
„ Aurici 26. Jan. 1605. II. 98, 433. III. 458.
„ Ostelae Feb. 1605. I. 351 s. II. 599, 753. III. 98. (II. 101.)
„ „ Apr. 1605. I. 351, 356 s. II. 95, 102 s. (II. 599.) III. 98 (474).
„ „ Oct. et Dec. 1605. II. 103, 599.
„ „ Jan. 1606. III. 108. (II. 105, 602.)
„ Jan. 1607. III. 108 ss. (475).
„ Apr. 1607. II. 105, 602. III 116 ss.,
„ Jun. 1607. III. 123. (II 106, 602.) [123.
„ Mart. 1608. II. 106, 603. III. 125 ss.
„ Aug. 1608. II. 107.
„ Oct. 1608. I. 357. II. 107, 603.
„ „ Mart. 1609. II. 108, 589, 603. I. 357 s., 662 (504).
Joh. Fabricius, Witeb. Mart. 1608. III. 452.
Falko, Tubingae 1624. VII. 142.

Fersius (Jechius), Dresdae Oct. 1607. IV. 117.
Freherus, Francof. Sept. 1612. VIII. 808.

Kepleri epistolae ad

Fridericum Ducem Württ., Stuttg. Febr. 1596. I. 74 ss.
„ s. l. et a. (c. a. 1603) V. 643.
Galilaeum, Gratii Oct. 1597. I. 41 s.
„ Prag. Aug. 1610. II. 454.
„ „ Sept. 1610. (Dissertat.) II. 489 ss.
„ „ Oct. 1610. II. 458, 572.
„ „ c. Dec. 1610. II. 460, 461.
„ „ Jan. 1611. II. 467 s. (460).
„ „ s. d. Apr.? 1611. II. 469. VIII. 799.
Gebhardtum s. l. Maj. 1620. (dedic. Canon. Puer.) IV. 485.
Georg. Frid. March. Bad. Prag. Oct. 1607. II. 606. [I. 549.
„ Prag. Jan. 1610. (dedic. Tert. Interv.)
Gerhardum, Prag. Jan. 1604. (III. 6.) VIII. 761.
Gerlachium, Grat. Oct. 1594. I. 295.
„ Prag. Jul. 1609. IV. 8.
Gerstenbergerum, Prag. Aug. 1610. IV. 417.
Gödelmannum (ded. Resp. ad Roeslin.) Prag. Sept. 1609. I. 503.

Güntherum, Lincii Dec. 1623. VII. 310 s.
Guldinum, s. l. et d. VIII. 67.
Matth. Hafenrefferum, Gratii Jan. 1595. (deest) I. 7 s., 295.
„ Gratii c. Febr. 1598 (deest) I. 37.
„ Prag. Aug. 1610. VIII. 792.
„ Linc. Nov. 1618. VIII. 854 ss.
„ „ Apr. 1619. VIII. 858 ss.

Sam. Hafenrefferum, Pragae Nov. 1606. II. 798, 804, 835 s. (III. 8.)

Hariotum, Pragae Oct. 1606. II. 67 s.
„ „ Aug. 1607. II. 72 s.
„ „ Sept. 1609. II. 75.
Herberstein, Sigism. Frider. (dedic. Prodromi) [Gratii] Maj. 1596. I. 97 s.

Herwartum, Gratii Sept. 1597. I. 60. IV. 73 ss.
„ Gratii Dec. 1597. I. 61. IV. 80 ss.
„ „ Mart. 1598. I. 62 ss. II. 812 ss.
„ Dec. 1598. I. 67 ss. IV. 85 s.
„ Jan. 1599. IV. 86. I. 412 ss. (I. 70.)
„ ca. Apr. 1599. (deest) I. 284.
„ ca. Maj. (deest) I. 284, 415.
„ Aug. 1599. (deest) (V. 20).
„ Sept. 1599. I. 70 s. V. 20 ss.
„ „ Dec. 1599. II. 815. V. 30. (I. 70. III. 23.
„ „ Jul. 1600. I. 70 s. II. 815. III. 23 ss.
„ Pragae Dec. 1601. (deest) III. 691.

Epistolae ad Keplerum

Galilaeus, Patavii Aug. 1597. I. 40.
„ „ Aug. 1610. II. 457.
Gassendus, Parisiis Aug. 1630. VII. 596.

Gerhardus, Donauverd. Nov. 1604. VIII. 761.

Gerstenbergerus, Aug. 1610. IV. 417.
Gringalletus, Lincii Oct. 1617. I. 661.
„ Brunae Morav. Febr. 1620. VIII. 813.
„ Wesenuffer, Jul. 1620. VIII. 873.
„ Augustae Sept. 1620. VII. 453.
„ Argent. Oct. 1620. VIII. 875.
Güntherus, Lond. Febr. 1622. VII. 310 (deest).

M. Hafenrefferus, Calwae Nov. 1594. I. 7, 295.
„ Tubing. 16. et 24. Jun. 1596. I. 23 s.
„ Apr. 1598. I. 37.
„ Aug. 1598. I. 38.
„ vere et Nov. 1601. VIII. 739 ss.
„ Jan. 1605. II. 34.
„ Jan. 1607. IV. 516. VIII. 779.
„ „ Febr. 1619. VIII. 857.
„ Teinaci Jul. 1619. VIII. 865 s.
Sam. Hafenreffer (filius), Tub. Oct. 1606. II. 835.
„ Tub. Jan. 1607. (II. 837.)
Hagenlochus, Ratisb. Oct. 1604. VIII. 761.
Hariotus, Londini Dec. 1606. II. 71 s.
„ „ Londini Jul. 1608. II. 73 s.
Hebenstreitius, Ulmae a. 1617. VIII. 848.
„ Ulmae Oct. 1619. IV. 174.
„ „ Maj.—Sept. 1620. IV. 174. V. 54.
„ „ Mart. 1621. IV. 174.
„ „ Mart.—Oct. 1622. VIII. 883.
„ „ Maj. 1624. VI. 638 s.
„ „ Aug. 1625. VI. 639.
Herwartus, Monachii, aestate 1597. IV. 73. (I. 60.)
„ „ Oct. 1597. I. 60. IV. 79.
„ „ Mart. 1598. I. 61. II. 812.
„ „ Oct. 1598. I. 67. (IV. 84. II. 814.)
„ Jan. 1599. IV. 86. (I. 70, 412.)
„ Mart. 1599. IV. 87. I. 415.
„ Maj. 1599. I. 284. II. 427 (814).
„ Jul. 1599. I. 70, 284.
„ „ Aug. 1599. V. 20. I. 70.
„ „ Sept. 1599. V. 30.
„ „ Dec. 1599. II. 814. (V. 30.) I. 71.
„ „ Mart. 1600. III. 23. I. 71.

Kepleri epistolae ad

Herwartum, Pragae ineunte a. 1602. (deest) III. 692.
„ Pragae c. Aug. v. Sept.? 1602. (deest) III. 692 (III. 11), 28. II. 754.
„ „ Oct. 1602. II. 77, 755. IV. 88. III. 28, 71, 693 ss.
„ „ Nov. 1602. III. 11, 698 ss. (29). II. 755, 789, 77.
„ „ Jan. 1603. I. 653 ss. (II. 790). II. 78 (755, 790). III. 445 ss. V. 632 s.
„ „ Apr. 1603. (dedic. Transform. Lunarium Tych.) III. 708 s.
„ „ Maj. 1603. (I. 654.) II. 78. III. 30. IV. 449 s., IV. 89.
„ „ Jul. 1603. I. 655. II. 79. III. 703(12).
„ c. Sept. 1603. II. 79.
„ „ Oct. 1604. (deest) (II. 81).
„ „ Dec. 1604. II. 81.
„ „ Febr., Mart. et Apr. 1605. II. 83 ss.
„ „ Jan. 1606. IV. 90 ss. (I. 655) II. 583. III. 30. V. 616.
„ „ Jun. 1606. IV. 524. (II. 583) III. 30. IV. 473.
„ „ Jan. 1607. III. 454. IV. 473. V. 30 ss.
„ „ Apr. 1607. II. 584. III. 456. IV. 474, 525 s. V. 39 s.
„ „ 13. Nov. 1607. (ded. Libelli II. de Cometis) VII. 107.
„ „ 24. Nov. 1607. III. 30 s. IV. 476 ss. V. 41. VII. 9.
„ „ Oct. 1608. (V. 45.) III. 31. IV. 527 ss. II. 417.
„ Nov. 1608. (deest) IV. 529.
„ „ Dec. 1608. (V. 45.) IV. 529 s., 478.
„ „ c. Febr. 1609. (deest) IV. 530.

Heydonum (Hegulontium), Pragae Maj. 1605. I. 369. (V. 5.) III. 37.
„ Pragae c. Aug. 1605. II. 604.
Hoffmannum, L. B., (dedicat. Stellae in Cygno) (s. d.) 1606. II. 760.
„ Petrum, Linc. Apr. 1615. VI. 19, 71.
Hohenfelderum, Ludov., s. d. (fragm.) VII 140 s.

Horkium, Pragae Aug. 1610. II. 454.

Jacobum, Angliae regem, s. l. et d. II. 607.
„ Linc. Febr. 1619. (ded. Harmon.) V. 77 s
Jansonium, Pragae Feb. 1604. II. 753.
Jechium, v. Fersium.
Jörgerum (ded. Stereom. Dol.), Linc. Dec. 1613. IV. 553 s. et Jul. 1615. IV. 572.
„ s. l. et d. c. a. 1619. VIII. 972.
Johannem Fridericum, duc. Württemb. Linc. Mart. 1608. (dedic. Mercurii in Sole) II. 795.

Epistolae ad Keplerum

Herwartus, Jun. 1600. I. 71.
„ „ Jul. 1600. I. 73. III. 28.
„ „ Dec. 1601. I. 73. III. 691.
„ „ initio a. 1602. III. 692.
„ „ Jun. 1602. II. 755.
„ Jul. 1602. II. 755 s. III. 692.
„ „ Sept. 1602. III. 28 (11), 692. II. 755, 76.
„ „ Oct. 1602. (III. 29.) III. 697. II. 789.
„ „ Nov. 1602. I. 653. III. 444, 703. II. 42, 427, 755, 790. V. 632.
„ „ Dec. 1602. II. 756.
„ „ Febr. 1603. III. 29, 444, 449. IV. 89.
„ „ Apr. 1603. III. 703 (12).
„ Jun. 1603. I. 654. III. 12, 703.
„ Nov. 1603 I. 655. III. 704.
„ Jan. et Nov. 1604. II. 81.
„ Jan., Mart. et Apr. 1605. II. 82 ss.
„ Aug. 1605. IV. 89. (II. 583.)
„ Nov. et Dec. 1605. V. 616. IV. 90.
„ „ Maj. 1606. III. 30. IV. 473, 523 s.
„ „ Nov. 1606. II. 583. III. 454. IV. 473.
„ „ Jan. 1607. III. 454. V. 30.
„ „ Mart. 1607. II. 583. III. 456. IV. 473, 525. V. 38. VIII. 633.
„ Apr. 1607. V. 41.
„ „ Oct. 1607. III. 457. IV. 476, 526. V. 40. VII. 9. VIII. 633.
„ „ Jan. 1608. IV. 478 (523). V. 45.
„ „ Sept. 1608. II 417. III. 31. IV. 527. (V. 45.)
„ „ Nov. 1608. (V 45.) IV. 527 ss.
„ „ Dec. 1608. (V. 45.) IV. 478, 529.
„ „ Jan. et Mart. 1609. IV. 481, 530.
„ „ Jun. et Aug. 1609. II. 790. IV. 530.
„ „ Dec. 1609. VIII. 787.
„ „ Apr. 1611. (IV. 481.)
Heydonus, Febr. 1605. I. 368. II. 604.

Hoffmannus, L. B., Prag. Dec. 1599. VIII. 709.
„ Prag. Dec. 1611. VIII. 800.
„ Petr. Prag. c. Apr. 1615. (VI. 71.)
Hohenfelderus, Lud., a. 1623. VIII. 971.
Homelius, Mart, Oct. 1599 VIII. 709.
Horkius, Bonon. Jan 1610. II. 400. VIII 790.
„ Bonon. Mart. 1610. II. 453. VIII. 790.
„ „ Apr. 1610 II. 453. VIII. 791.
„ „ Maj et Jun 1610. II 453.
„ Lochov. Dec. 1610. II. 454.
Jessenius, Prag. Nov. 1617. VIII. 850.
Jörgerus, Liber Baro, Linc. Dec. 1610. VIII. 794.
„ Vienn. Dec. 1618. VIII. 971.
Jöstelius, Dresdae Dec. 1604. II. 439, 604.

Kepleri epistolae ad

Joh. Frid., Stuttg. Maj. 1609. VIII. 782, 784.
„ Prag. Mart. 1611. VIII. 802.
„ Linc. s. d. [1617]. VIII. 371.
„ „ Sept. 1617. VIII. 380.
„ [Stuttg.] Nov. 1617. VIII. 384.
„ Linc. Jun. (?) et Aug. 1620. VIII. 421, 437.
„ Gugling. Oct.-Dec. 1620. VIII. 438 s, 452.
„ Ulm. Apr. 1621. (ded. lib. de ecl.) VIII. 4.
„ Gügl. Maj. et Jun. 1621. VIII. 489 ss.
Julianum Medíces (dedic. Dissertat.) s. l Maj. 1610. II. 487.
„ s. l. Oct. 1610. II. 570.
Khleselium episcopum (ded. lib. de Chr. anno nat.) Mart. 1614. IV. 281.
Krabbium (desunt) II. 810
senatum Leobergensem, Jan. 1616. VIII 363 s.
Liechtenstein, Maximil. de (ded. Stereom. Dol.) Linc. Dec. 1613. IV. 553 s. et Jul. 1615. IV. 572.
Limnaeum 1598. (deest) I. 194.
Longomontanum, Pragae Jun. 1600. (deest) VIII. 738.
„ Pragae 1605. III. 32, 704 ss.
Ludovicum filium Prag. Jan. 1624. VIII. 885.
Maestlinum, Gratii Oct. 1594. (deest) I. 7.
„ Gratii Jan. 1595. I. 7 s.
„ „ Maj. 1595. I. 9.
„ „ Jul. 1595. (deest) I. 19.
„ „ 3. et 30. Oct. 1595. I. 9 ss., 19 s.
„ Stuttg. 13, 23, 25. Apr. 1596. I. 21 s.
„ „ Jun. 1596. I. 24, 29.
„ Gratii Jan. et Febr. 1597. I. 28 s.
„ „ Apr. et Sept. 1597. I. 31 ss., 78 s., 211 s. IV. 6 ss.
„ Mart. 1598. I. 79, 297 ss. II. 16 ss.
„ „ Jun. 1598. I. 7.9 ss., 38, 213, 299. II. 23.
„ „ Aug. 1598. I. 89 s. II. 24 ss.
„ „ Dec. 1598. I. 39, 91 s., 233, 409 ss. IV. 65 ss.
„ „ Febr. 1599. I. 48, 92, 220. II. 29. IV. 70 s.
„ „ Aug. 1599. (I. 93.) I. 302 s., 51 s., 197, 234. IV. 72 s. II. 412, 815 s.
„ „ Nov. 1599. I. 54.
„ „ Sept. 1600. I. 54 s. praefixa vol. II.
„ Pragae Dec. 1600. I. 55.
„ Febr. et Dec. 1601. III. 46 ss. (II. 13.)
„ Jan. 1604. II. 14 (754). (III. 54)
„ Dec. 1604. III. 55 s. II. 14.
„ „ Mart. 1605. II. 15, 582, 754. III. 56 ss.
„ Mart. et Jun. 1606. III. 60. VIII 770.
Lincii Febr. 1613. (deest) II. 784.
„ c. init. a. 1614. (deest) II. 785.
Maj. 1616. VI. 13 s. (IV. 548.)
Sept. 1616. VI. 15. II. 29 s.
„ „ Dec. 1616 II. 31 ss. III. 723 s. IV. 128. VI 16 s.
„ „ Apr.-Maj. 1620. III. 676 ss. (VII. 299).
Maginum, Gratii Jun. 1601. III. (5), 37 ss.

Epistolae ad Keplerum

Köllinus, Blabyr. Febr. 1589. VIII. 673.
Krabbius, Wolfenbut. Jan. 1610. II. 810.
„ „ Oct. 1610. II. 810.
Lansius, Tub. Jan. 1615. VIII. 831.
Limnaeus, Jenae Apr. 1598. I. 194.
Longomontanus, Pragae Aug 1600. VIII. 738.
„ Rostoch. Maj. 1604 III. 32, 443.
Lyserus, Dresd Jan. 1601. VIII. 739.
Maestlinus, Calwae Nov. 1594. I. 7. VIII. 682.
„ Calwae Febr. 1595. I. 8. VIII. 685.
„ Tubing. Mart. 1596. I. 20.
„ „ Apr. 1596. I. 22, 171.
„ Nov. 1596. I. 24, 211.
„ „ Mart. 1597. I. 30, 211. VI. 560.
„ „ Maj. 1597. I. 78.
„ „ Jul. 1597. I. 78.
„ „ Nov. 1597. I. 37, 79.
„ „ Apr. 1598. I. 79.
„ „ Maj. 1598. I. 213, 301. II. 20 s.
„ „ Jul 1598. I. 88, 232, 302. II. 24. IV. 65.
„ „ Jan. 1599. I. 47, 92, 234. (II. 28). IV. 70. VIII. 214.
„ „ Apr. 1599. I. 50, 93, 234. (IV. 72). II. 29. VIII. 216.
„ „ Jun. 1599. (IV. 73.)
„ „ Jan. 1600. I. 53, 93.
„ „ Oct. 1600. II. 12 s. (I. 55, 302.)
„ Febr. 1605. II. 15, 582, 754. III. 56.
„ Sept. 1610. II. 461 s.
„ Apr. 1613. II. 784. IV. 120. VIII. 823.
„ „ Jul. 1613. II. 784. I. 498. IV. 121. VIII. 823,
„ „ Maj. 1614. II. 785. VIII. 824.
„ „ Oct. 1616. VI. 15 s. IV. 128, II. 29, 30. I. 498.
„ „ Mart. 1620. (III. 676.) VII. 299.
Maginus, Bonon. Jan. 1610. III. (5) 494.

Kepleri epistolae ad

Maginum, Pragae Febr. 1610. III. (5), 494.
„ „ Mart. 1610. (II. 453.) III. 495. VII. 443 s.
„ „ Maj. 1610. VII. 446.
Malcotium, Lincii Jul. 1613. II. 782 ss.
Marium, Simonem, Pragae Nov. 1612. (III. 518.) II. 473 ss. VII. 447.
Matthiam Imper., Linc. Oct. 1612. VIII. 806.
„ Linc. Mart. 1613. (ded. Teutscher Ber.) IV. 203. [511.
„ „ 1616 et 17. (ded. Ephem.) VII. 479,
Maximilianum, Archiducem Austr., a. 1606. s. d. et l. II. 605.
„ Bav. Ducem, s. d. et l. c. a. 1604. II. 117.
Mingonium, a. 1617. VIII. 848.
Molinarem, Prag. Febr. 1605. VIII. 765 s.
Joh. Müllerum, Prag. 1602. (desunt) VIII. 746.
Ph. Müllerum s. d. et l. V. 68 ss. VI. 74 ss.
Nautonnerium, Pragae Febr. 1606. III. 457 s. 733 s. [VII. 520.
Neperum (ded. Ephem.) Linc. Jul. 1619.
Norimbergensem (vel Ratisbonens.) senatum Linc. Apr. 1620. VIII. 877 s.
Odontium, Gratii Aug. 1605. III. 444. IV. 109 s.
„ Pragae Sept. 1606. VIII. 626.
Origanum, Ratisb. Nov. 1621. VII. 448 ss.
Papium, Pragae c. Jul. 1606. (deest) II. 36.
„ Pragae 1607. VIII. 776.
„ „ c. a. 1616. (deest) VI. 27.
Philippum, Hassiae Landgravium, Dec. 1623. VII. 304 s.
„ (ded. Chiliad.) s. l. et d. ca .a. 1624. VII. 318.
O. Pisanum, Linc. Dec. 1613. II. 482.
„ Linc. Apr. 1618. II. 482 ss.
Pistorium, Pragae Jun. 1607. IV. 114 ss. III. 444. [III. 9 s.
Praefectum curiae imper., Pragae Aug. 1608.

Epistolae ad Keplerum

Maginus, Bonon., Febr. 1610. III. 495.
„ Apr. 1610. VII. 445 s.
„ Maj. 1610. II. 453. VII. 446.
Malcotius, Bruxellis Dec. 1612. II. 782. VIII. 826.
„ Romae 1614. VIII. 826.
Margaretha Binder, soror Kepleri (deest) Oct. 1618. VIII. 362.
Marius, Sim., Onoldiae c. a. 1612. (deest) VII. 447.
„ Aug. 1613. II. 475. VIII. 824 s.
Mingonius, Viennae Sept. et Nov. 1617. V. 57. (VII. 471.) VIII. 848.
„ Maj. 1618. VIII. 851.
„ Jun. 1618. V. 57. VIII. 851.
Müllerus, Joh., s. l. Jun. et Oct. 1602. VIII. 746
„ Valle Joach. Jan. 1608. VIII. 779 s.
„ Ph., Lips. Aug. 1622. V. 66 ss. VI. 73 s.
Odontius, Pragae Jul. 1605. (IV. 109). VIII. 769.
„ Altorf. Aug. 1606. VIII. 623.
„ „ Nov. 1611. VIII. 825.
„ „ Sept. 1623. III. 14. VI. 637.
Origanus, Francof. Jul. 1602. VIII. 747.
„ Francof. 1605, 1609. VII. 447 s.
Ortholphus, Hirsavii Jun. 1595. I. 296.
Papius, Tub. Maj. 1597. VIII. 691.
„ Onold. Jun.—Oct. 1599. VIII. 709.
„ „ Aug. et Nov. 1602. VIII. 747.
„ Regiom. Aug. 1606. II. 36.
„ „ 1607. VIII. 776.
„ „ Febr. et Jun. 1610. VIII. 791.
„ „ Sept. 1611. VI. 26. VIII. 796.
„ „ Aug. 1615. VI. 27. VIII. 831.
„ Neodomi, Jul. 1616. VI. 27.
Philippus, Hass. Landgr., Butzbachii, Jun. 1623. VII. 303 s.
„ Sept. 1624. VII. 308.
„ Apr. 1625. VII. 308.
„ Jan. 1627. VII. 309.
Pisanus Octav, Antw. Oct. 1613. II. 481. VIII. 826.
„ s. d. a. 1614. II. 482. VIII. 827.
„ Jan. 1618. II. 482.
„ Maj. 1618. II. 484.
Pistorius, Friburgi Mart. 1607. IV. 114.
„ Jul. 1607. IV. 117.

Kepleri epistolae ad

Principis familiarem N N. s. l. et d. VI. 304 ss.
Proceres Austriae Super., Pragae Jun. 1611.
„ Linc. Jul. 1613. IV. 9 s. [IV. 518.
„ „ Maj. 1616. VI. 639.
„ „ Aug. 1617. (ded. Epitom.) VI. 115 s.
„ „ s. d. [1618.] VIII. 834 s.
„ Francof. Jul. 1621. (dedic. Epit.) VI. 397 s.
„ Linc. a. 1626. VIII. 898.
„ Sagan. Sept. 1630. (ded. Ephemer.) VII. 525.
„ Austr. Super. et Infer. Linc. Jan. 1616. (ded. Archim.) V. 498.
„ Styriae, Gratii Aug. 1594. VIII. 679.
„ „ (dedic. Prodromi) Grat. Maj. 1596. I. 97.
„ „ (dedic. Prodr. ed. II^ae^) Francof. Jun. 1621. I. 102 ss.
„ „ Grat. Apr. 1597. VIII. 689.
„ „ „ Sept. 1597. (dedic. Calend.) I. 392 s.
„ „ „ Sept. 1598. (dedic. Calend.) I. 401.
Rectorem senatus Tub., Tub. Jun. 1590. VIII. 674.

Remum, Pragae Mart. 1612. VI. 53 ss. (III. 518. IV. 9.)
„ Lincii Dec. 1618. VI. 56 s. (V. 55.) VII. 19.
„ „ 4. Aug. 1619. VI. 58 ss. I. 195. II. 573. V. 55.
„ „ 31. Aug. 1619. V. 56. I. 658. (I. 195. II. 427, 475, 574.) VI. 21, 61 s., 534. VII. 20, 456.
„ „ Oct. 1619. V. 57. VI. 62. II. 428, 574. I. 658 (305.). (III. 518) VII. 20, 465 s.
„ Sagani Mart. 1629. VI. 63 ss. (II. 403.)

Roeslinum, inde ab a. 1593. (I. 504, 514).

Roffenium, Pragae Maj. 1617. VIII. 662, 848.

Rudolphum, Imp., Pragae 1603. I. 439 s. V. 638. VIII 327, 331, 333, 335.
Pragae Dec. 1603. II. 648. (cfr. I. 345.)
Jul. 1604. (dedic. Opticae) II. 121.
Prag. Maj. 1606. de motu Veneto II. 609.
„ „ Sept. 1606. (dedic. Libri de Nova stella) II. 615.
„ „ Mart. 1609. (dedic. Astron. Novae) III. 137 s.

Epistolae ad Keplerum

Proceres, Austr. Sup. Jun. 1611. IV. 519.
„ Austr. Oct. 1613. VIII. 821.
„ „ Maj. 1616. VI. 643.
„ „ Dec 1616. V. 614.

Rechbergerus, Vien. Dec. 1618. VIII. 854.
Rector Tub., Jan. 1605. II. 34.
Regina Ehem, privigna Kepl., Pfaffenhof., Sept. 1612. VIII. 809.

Remus, Romae Dec. 1611. VI. 51 s.
„ Viennae Oct. 1618 VI. 56. VII 669.
„ Insprughi Mart. 1619. VI. 57. V. 55. VII. 19. [VII. 19.
„ Viennae Jul. 1619. VI 58. (I. 195.)
„ „ Aug. 1619. VI. 60 s. I. 195. V. 55 s. (I. 658.) VII. 19, 299.
„ „ Oct. 1619. VI. 62. (534.) (II. 574.) V. 56. I. 658. (I. 305.) II. 428. VII. 20, 462 ss.
„ Savernae Jun. 1620. VII. 467.
„ Rubeaqui Dec. 1628. VI. 63 ss. (II. 403.)

Rhodius, Wittebergae s. a. II. 439.
„ Mart. et Maj 1602. I. 657. II. 834.
„ Maj. 1605. VIII. 981.
„ Jan. 1606. VIII. 769.
„ Sept. 1624. VI. 616.

Röslinus c. a. 1593. (I. 514.)
„ 27. Jun. 1599. et 28. Sept. 1600. IV. 72. VIII. 301. [848.
Roffenius, Bonon. Mart. 1617. VIII. 661 s.,
Rollenhagius, Magdeb. Febr. 1602. I. 657.
Rulandus, Ratisbon. Febr. 1607. VIII. 778.
Rutilius, Stuttg. 1613—1625. III. 723.

Kepleri epistolae ad

Rudolphi Imp. haeredes, Pragae Oct. 1612. IV. 520.
„ Lincii Dec. 1614. IV. 521.
Scaligerum Jos., Pragae Jul. 1605. IV. 94 ss.
„ Pragae Jul. 1606. IV. 102.
„ „ Oct. 1607. IV. 102 ss.
Schickardum, Tub. 1617. (desunt) VIII. 852.
„ Lincii Mart. 1618. V. 49 ss.
„ „ Dec. 1618 (deest) (V. 53.)
„ „ c. Jun. 1620. (deest) V. 53.
„ Güglingae Nov. 1620. (deest) (VI. 22.)
„ 1622. (deest) VII. 300.
„ Maji (?) 1623. (deest) II. 758.
„ 1624. (deest) VII. 300.
„ „ Apr. 1626. VI. 626.
„ Ulmae 26. Dec. 1626. VIII. 903 s.
„ „ Jan.—Mart. 1627. VI. 627 s.
„ „ Apr.-Nov. 1627. VI. 633 ss. VIII. 904 ss.
„ Pragae Mart. 1628. VI. 636.

Schleicherum, Ulmae Nov. 1627. V. 630.
Barth. Scultetum, Pragae Febr. 1605. II. 605.
Tob. Scultetum (dedic. Eclog.) Pragae Apr. 1612. IV. 371.
Senatum Tub., Jun. 1590. et Maj. 1596. VIII. 674, 688.
„ eccl. Grat. Jan. 1597. VIII. 690.
„ Tub., Pragae Dec. 1604. VIII. 759.
Serarium, Gratii Aug. 1605. III. 734. IV. 110.
Sibyllam, duciss. Würt., Pragae. Mart. 1611. VIII. 801.
Starembergium, L. B., Pragae Dec. 1607. (ded. lib. de cometis) VII. 117.

Strahlendorfium, Efferd. Oct. 1613 (IV. 548.) VIII. 815.
„ Linc. Dec. 1614. et Jan. 1615. (desunt) VIII. 828.
Sternbergium (ded. Prognost.), Pragae Oct. 1604. I. 453.
Tanckium, Prag. Maj. 1608. I. 375 ss.

Theolog. collegium Tubingense, Febr. 1594. VIII. 677.

Ulmensem Magistratum, Ulmae Jul. 1627. V. 627 s. VI. 643.

Ursinum (omnes perierunt.)

R. Ursum, Gratii Nov. 1595. I. 218. (233.)
Uxorem Barbaram, Gratii Maj. 1601. VIII. 740.
Vickenium, Pragae Febr. 1610. VII. 453 ss.
„ Pragae Mart. 1610. (I. 364, 367.) VII. 455.

Epistolae ad Keplerum

Rudolphus Imp., Prag. Apr. 1600. IV. 519.
Schallenberg, Georg, Leobaci, Jan. 1617. I. 660. VIII. 850.
Scheinerus, Ingolst. Apr. 1615. VIII. 832.
Schele, Aurici Dec. 1605. (Jan. 1606.) III. 727.
Schickardus, Nurtingae Jan. 1618. V. 48 s.
„ Nurtingae Mart. 1618. V. 51 s.
„ „ Oct. 1618. V. 52 s. VII. 140.
„ „ Jan. 1619. V. 53. VII. 21.
„ Tub. Febr. 1620. VIII. 876.
„ „ Jul. 1820. V. 53.
„ „ Oct. 1620. VI. 21.
„ „ Nov. 1620. VI. 22.
„ „ Apr. 1623. II. 758. (VI. 23.)
„ „ Jun. 1623. II. 758.
„ „ Sept. 1623. VII. 300.
„ „ Febr. 1624. VI. 563. VII. 142, 300.
„ „ Sept. 1624. VIII. 887.
„ „ Sept. 1625. VIII. 896.
„ „ Febr. 1627. (deest) VI. 632.

Senatus Tub., Jan. 1605. II. 34 s.
„ „ Sept. 1609. VIII. 782.

Serarius, Mog. Jun. 1605. III. 734. IV. 109.
„ Mog. Jan. 1606. IV. 110.
„ „ Aug. 1606. IV. 112 s.
Starembergius, Eferd. c. a. 1607. VII. 7.
„ Linc. Jul. 1611. VIII. 797, 970.
„ s. l. Apr. 1613. VIII. 822.
„ s. l. Maj. 1616. VIII. 836.
„ Lincii Nov. 1624. VIII. 888, 971.
Strahlendorf, Vien. aestate 1614. VIII. 827.
„ Vien. Jan. 1615. VIII. 828.
Straussius, Tub. Sept. 1616. VI. 15.
„ Tub. Nov. 1618. VII. 79.

Tanckius, Lips. Dec. 1607. VII. 7. I. 375.
„ Lips. Jan., Febr., Mart. 1608. VII. 8 s.
„ „ Apr. 1608. I. 375. VII. 9.
„ „ Nov. 1608. II. 791. VII. 9.
„ „ Apr. 1609. II. 791. VII. 9.
Taxis, Gerhardus de, Viennae Nov. 1624, Bitschin Dec. 1624. VIII. 346.
Tengnaglius, Pragae 1604. II. 811.
Ursinus, Pragae Oct. 1609. II. 572.
„ Pragae Maji 1612. VIII. 808.
„ „ Dec. 1613. VIII. 809.
„ Linc. Febr.—Nov. 1614. VIII. 821, 830.
„ Sobieslav. Dec. 1614. VIII. 822.
Ursus, Prag. Maj. 1597. I. 219.
Uxor Barbara, Prag. Maj. 1601. VIII. 739.
Venetus quidam, Maj. 1610. VIII. 790.
Vickenius, Lipsiae Dec. 1605. II. 604.
„ Halberstadii Dec. 1609. VII. 453.

Kepleri epistolae ad

Vickenium, Pragae Febr. 1611. I. 358 ss.
„ „ c. Jul. 1611. I. 364 s. II. 471 s.

Virdungum 1603. et 1604. desunt. III. 6.
Wackherium [1611.] dedic. „Nivis“ VII. 717.
„ [Pragae 1612] II. 776.
„ Lincii c. a. 1618. II. 401. I. 661. V. 45. VII. 468.
Wallensteniuṁ, Sagani Febr. 1629. VI. 70.
„ Sagani Jul. 1630. (dedic. Ephemer.) VII. 567.
„ „ (dedic. Epist. Terrentii) 1630. VII. 670.
Wok, Petr., s. l. et d. [1601.], dedic. Fundam. Astrol. I. 419.
Wolfgangum, Wilh., palat. Neoburg. (dedic. Discursi) Linc. Febr. 1623. VII. 687.
Zehentmayerum (omnes perierunt).

Zieglerum, Pragae Febr. 1606. II. 427, 828 s. III. 518.
„ Pragae Oct. 1606. IV. 112 s.

Kepleri

epitaphium VIII. 925.
error in calculo Martis III. 495 s. VII. 281.
excusatio de correctione loci unius in Saggiatore VII. 273.
expurgatio ad Tychonem de Urso. I. 220 s.
familia VIII. 934– 944. nobilis VII. 291, 472.
fata I. 28 s, 37, 39, 48 ss., 69 ss., 100 ss., 310 s., 653 s. II. 4, 12, 79, 109, 400, 607. III. 4 ss., 34, 46, 210, 444. IV. 372. V. 49 s., 616, 632. VI. 397 ss., 619, 626, 664 s. VII. 45, 301, 581 s.
filiae et filii VIII. 944.
filia Susanna major nat. et mort. a. 1599. I. 52. II. 816. VIII. 297, 705 s. ejusdem genesis I. 303. II. 646. VIII. 297.
„ Susanna minor, nat. a. 1602. II. 401, 816. III. 34. V. 56. VIII. 745.
„ „ dotanda V. 56. VIII. 927.
„ „ in gynaeceo Durlac. VI. 624. VIII. 927, 943 s. [917 s.
„ „ Bartschio nupsit a. 1630. VIII. 913.
„ „ secund. nuptias cum Hillero iniit VIII. 945.
„ Margaretha, nat. a. 1615., mort. a. 1617. V. 45. VI. 26. VIII. 830, 847.
„ Catharina, nat. a. 1617., mort. a. 1618. V. 45. VI. 26. VIII. 847, 851.
„ Cordula, nat. a. 1621. VIII. 878.
„ Anna Maria, nat. 1630. VIII. 944.

Epistolae ad Keplerum

Vickenius, Halber. Jan. 1610. I. 363. VII. 453.
„ „ Febr. 1610. VII. 455.
„ Wolfenbuti Jan.—Jul. 1611. I. 358, 364. II. 471.
Virdungus, Brinitzi Aug. 1603. VIII. 145.
„ Hornae Febr. 1604. (III. 6.) VIII. 760.

Wallenstenius, s. l., Jan. et Febr. 1629. VIII. 912.

Welserus Marc., Augustae Oct. 1612. II. 776.
„ Augustae Jul 1613. II. 776. VIII. 824.
„ „ Febr. 1614. IV. 548.

Zehentmayerus, Guttenhag. Nov. et Dec. 1598. I. 303. VIII. 703 s.
„ Guttenhag. Mart.—Oct. 1599. I. 304. VIII. 710 ss.
„ „ Jul. et Aug. 1600. I. 304. VIII. 712.
Zieglerus, Moguntiae Jan. 1606. IV. 112. II. 427. (III. 518.)
„ Mog. Aug. 1606. IV. 112.
„ „ Sept. et Oct. 1607. VII. 9 s.
„ „ Jan. 1609. VII. 10.
Zuccarus, Venetiis Apr. et Maj. 1610. II. 452.

Kepleri

filius Henricus, nat. et mort. 1598. I. 332. II. 816. VIII. 699.
„ Fridericus, nat. 1604., mort. 1611. II. 82, 400, 816. III. 96. IV. 372, 517. VIII. 758, 801.
„ Ludovicus, nat. 21. Dec. 1607., mort. 1663. VIII. 24, 775, 944.
„ „ cum Margaretha sorore Caustadii (Morav.) et Welsii educatus a. 1612 s. VIII. 804, 906.
„ „ patris epistolas describit VI. 61 s.
„ „ a patre Biblia dono accipit a. 1624. VIII. 885.
„ „ Tacitum edit a patre germanice versum a. 1625. VI. 639. VIII. 893 s.
„ „ in gymnas. Sulzbach. mittitur inscio patre a. 1626. VIII. 900, 906, 943.
„ „ academiam Tubing. adit a. 1626. VIII. 900.
„ „ et ibi in stipend. Ficklerian. recipitur VIII. 902.
„ „ Schickardo inspectore utitur VI. 624 ss.
„ „ „Somnium“ patris edidit a. 1634. I. 58. VIII. 25 ss. [920.
„ „ ejus vita ulterior et mors VIII. 906 s.,
de filio Ludovico epistolae et judicium VI. 627 s., 632 ss. VIII. 903 ss., 943.
et filii Ludovici scriptum solenne de stipend. Ficklerianο VIII. 920.

Kepleri
filii Ludovici literae ad aerarii imper. praesides VIII. 928 s.
" " " ad imperatorem, de patris manuscr. VIII. 929.
filius Sebaldus, nat. 1619. VI. 26. VIII. 869.
" Fridmar, nat. 1623. VIII. 883.
" Hildebertus, nat. 1625. VI 49. VIII. 891.
frater Christophorus, stannarius II. 31. VIII. 362 ss., 905., Regiomonti aegrotat VIII. 776, Dantisci versatur VI. 32.
" Henricus VIII. 387 ss. 429, 501, 828 s.
" " sacra Romana suscipit VIII. 430, 829.
fratris Henrici filiae VIII 557.
frater Johannes Fridericus VIII. 429.
fratres VIII. 673.
gener (privignae maritus), Ph. Ehem, Walderbachii II. 108 s., 401.
genitura (horoscopus vel nativitas) astrol. I. 34, 310. II. 646, 816. III. 319. V. 261, 476 ss. VII. 471.
" a Röslino conscripta VIII. 294.
habitatio Lincii a. 1625. VIII. 891.
" Pragae in foro boario a. 1602. VIII. 745.
" " in collegio Wenzeslai (a. 1604). VIII. 758.
" " apud Bacchatium rect. (a. 1607.) II. 804. VIII. 41.
" " in aedibus Cramerianis (in parte „Altstadt") inde ab Oct. 1607. IV. 118. V. 44 (41). VIII. 775, 885.
" Ratisbonae VII. 448.
" Ulmae VI. 619, 628.
hymnus I. 185. cf. carmen, epigramma, poëma.
hypothesis vicaria in libro de Marte III. 68 ss., 241 ss., 321.
" de motu planetarum III. 195.
hypotheses Sinensium VII. 678.
instrumentum ad angulos metiendos I. 19, 67.
" ad declinat. magnetis definiendam II. 813.
" " eclipses observandas II. 318, 340 ss., 362, 435 ss., 550.
inventiones II. 130 ss., 226 ss., 309 ss., 351 ss., 528 ss, 836. III. 520 ss., 679. VII. 677 s. VIII. 112.
itinera ad urbes imperiales pro edendis Tabulis Rud. VI. 49, 63.
judicium astrol. de Hungaria VIII. 335.
laudes I. 499. II. 15. III. 513. IV. 207. V. 59.
leges: prima (arearum) III. 110, 115, 321, 401. V. 280. VI. 39, 564. VIII. 1006.
" secunda (ellipsium) II. 836 III. 56 ss., 77, 92 ss., 337, 401. V. 278. VI. 402. VIII. 1005.
" tertia (proportio mot. period. et dist.) I. 177 s. V. 279. VI. 74 s., 337, 350. VII. 380. VIII. 229 ss., 1003, 1017.
tertiae legis causae VI. 350 ss.
quo tempore eam K. invenerit V. 279. VIII. 851.
lessus in funere **Holpii** VIII. 135 s.

Kepleri
libri ab exteris conquisiti VI. 399.
" in Italia prohibiti I. 195. VI. 58.
" " " raro inveniuntur V. 59.
lites cum Braheanis v. Kepleri controv.
" " ecclesiasticis Lincianis IV. 517. VI. 19. VIII. 807.
lusus cum tesseris et chartis II. 713.
" de arte navigandi et volandi II. 502.
" " cometis effigiendis II. 297, 419.
" " corporibus regul. I. 73 ss., 101 s., 193.
" fortuna et casu II. 713.
" Jovis incolis II. 502.
" maguete, telegrapho II. 109.
" numeris V. 154, 187.
" opticus VIII. 45, 108.
" de planetarum qualitatibus V. 412.
" " Veneris phasibus II. 465.
machina aquaeductoria II. 80, 95 s. IV. 547. V. 632 ss.
" coelestis I. 22, 74 ss., 189, 301 s. [472.
majores Henricus et Fridericus equites VII.
manus VIII. 946. Cfr. autogr. vol. II. praefixum.
manuscriptorum fata I. 58 ss.
manuscripta conservata Monachii I. 60.
" conservata Pulkovae (Petropoli) I. 58 s.
" " Stuttgartiae I. 7.
" " Viennae I. 59, 209.
" ed Hanschius I. 59.
mater I 36, 50. II. 16, 401, 661. VIII. 362, 672.
" filium Joh. visitat a. 1602. Pragae VIII. 502.
" " " " a. 1616. Linc. II. 31. VI. 21. VIII. 362, 367.
matris judicium VIII. 359—562. I. 661. VI. 15, 21 s, 28, 397, 563. VII. 307.
" mores V. 261. VIII. 361.
" nativitas III. 319. V. 261.
matrimonium (v. uxores).
modestia III. 38, 519. VII. 468.
mors 15. Nov. 1630. VIII. 921 s.
nomen literis transpositis II. 713. IV. 173, 483, 485, 504.
nuptiae cum Barbara Mülleria 27. Apr. 1597. VIII. 689 ss.
" cum Susanna Reuttinger 30. Oct. 1613. IV. 124, 548, 552. VIII. 809 ss.
observandi modus I. 6 s., 513. II. 7, 294, 318, 495, 804. III. 222, 238, 724. VII. 305. VIII. 45.
observationes I. 345. II. et III. pass. VII. 63 ss. VIII. 62, 72, 745, 749 et pass.
observatorium quale I. 67.
obtrectatores I. 92. III. 513. VI. 88.
occupationes nimiae I. 61. IV. 92, 219.
oratio funebris in obitum W. Jörgeri (fragm.) VIII. 212 s.
oratio de motu Terrae (fragm.) VIII. 266.
pactio cum Milleris V. 633 ss.
" " Gringalleto VI. 19.
" " Proceribus Austr. sup. IV. 519.
pater Henricus VIII. 361, 366, 671.

Kepleri
peroratio ad Opticam II. 398.
de pecuniis ex aerario publico ipsi solvendis petitio, a. 1624. VIII. 889.
„ pediculis jocus VI. 534.
de pluvia jocus I. 511.
poëma ad Imp. Matthiam a. 1612. VIII. 805 s.
„ in nuptias Dornavii (deest) VIII. 779.
praeceptores VIII. 989.
praedictionum fata I. 453, 646.
preces pro Austriae salute I. 101, 103.
privigna Regina I. 40, 51 s., 364, 653 s. II. 108, 400. III. 452. V. 482. VIII. 691, 706, 719, 751, 753, 777, 809s., 847, 849.
propositiones geometricae II. 243, 322. III. [526.
„ opticae II. 239 ss.
ratio libros conscribendi III. 10, 512, 519.
„ themata genethliaca conficiendi I. 292, 316 s, 353 ss., 371, 389, 409 s. V. 261 ss.
res pecuniariae VIII. 669, 751, 878.
salarium I. 7, 69, 72, 367, 653, 660 s. II. 78 s., 84, 756. III. 9 s., 30, 519. IV. 371, 519, VI. 61, 621, 641. VII. 480. VIII. 782, 806 s., 885, 889.
sermo qualis VI 470.
simultates cum Tengnaglio VIII. 746 s., 761 s.
socer Jobst Müllerus I. 654. II. 24. V. 482. VIII. 691, 719, 751.
socii studiorum Tubingae VIII. 987 ss.
soror Margaretha III. 60. VI. 632, 635. VIII. 362 ss.
sororius VI. 630. VIII. 367 ss., 425, 936.
studia astrologica (ex mss. Pulk.) VIII. 294—358, 669 s.
„ astronomica (ex mss. Pulk.) VIII. 226—293, 787, 830, 845, 883 ss., 896.
„ „ differuntur difficultate pecuniaria VII. 454.
„ chronologica IV. 3 et pass. VII. 751 ss. (ex mss. Pulk.)
„ histor. et philologica (ex mss. Pulk.) VIII. 199—225. [198.
„ mathematica (ex mss. Pulk.) VIII. 145—
superstitionis exemplum I. 303.
supellectilia, Ratisb. relicta VIII. 925 ss.
symbolum II. 671, 828. III. 453.
uxores: prior Barb. Müller I. 24, 34, 364, 653 s. II. 400. IV. 372, 517, 547. VIII. 689 ss., 936, 939.
„ prioris bona in Styria I. 55, 654. II. 79, 400. III 449 s.
„ altera Susanna Reuttinger II. 400. IV. 124. 547 s. VI. 26. VIII. 28, 931, 941.
„ ejus frater Dantisci degens V. 627. VI. 24, 26, 28, 32. VIII. 831.
vaticinia de rebus politicis I. 300, 447 ss., 483 ss., 557. II. 726 ss.
velitatio cum Sarsio (Grasso) de cometarum motu rectilineo VII. 275 s.
versus de astrologiae vanitate VIII. 348.

Kepleri
versus ad mensuram Ulmensem V. 630.
„ memoriales in libros amicorum II. 828. VIII. 746, 878, 909, 921.
„ „ historici VIII. 211 s.
„ de rebus physicalibus III. 501.
de vi magnetica sententia quomodo intelligenda I. 196. VIII. 1007.
vita VIII. 667—1028.
votum pro inventione in Prodr. I. 109.
cum Wallenstenio conversatio astrologica VIII. 912.
Keplero astronomi infensi ob dejectam Ptol. auctoritatem VI. 88.
„ planetae qui infesti I. 319, 340.
„ Terrae motus „cor et anima" II. 116.
„ triginta floreni furtim ablati; in epist. ad Maestl. Sept. 1600. vol. II. praefixa.
Khleselius, episcopus Viennens. (Melchior) I. 660. VIII. 848, 972.
Khleselio dedicat Keplerus librum de anno natali Christi IV. 281.
Kirwitzer (Pantaleo) de eclipsi Solis Cochinchinae visa VI. 627.
Klopfingerus, medicus VI. 73.
Klügelii lexicon mathem. I. 188. V. 9.
Koellinus V. 481 s. VIII. 673.
Krabbius (Krabbe, Crabbe) astrologus Brunsvic. II. 670, 703, 706, 733, 749.
„ de stella nova anni 1604. II. 809 s.
„ contra Keplerum se defendit II. 810.
„ observator eclipsium III. 579, 587, 589, 592. [456.
„ observator temerarius II. 621, 647. VII.
Kraetzmayerus Stuttgartiensis I. 92.
Krafft, academiae Petropol. socius I. 59.
Kraus, advocatus Stuttgartiensis, amicus Kepleri VIII. 447.
Krausler, Gratii bibliothecarius I. 291.
Kresslinus, Georg., astrologus Onoldinus, Noribergae edit Calendaria etc.; petit a senatu summam 4000 fl. ad edendas tabulas astron. VI. 637.
Krügerus, v. Crügerus.
Krypsis planetarum VI. 486.
Kulsnerus, typogr. VII. 309.
Kurnerus VI. 624.

L.

Lactantius de Terrae fundamento VI. 123, 184.
Laertius (v. Diog.) de astronomia Thaletis VIII. 280.
Lalande de Keplero II. 443.
Lange, Hevelii gener, vendit Hanschio mss. Kepleri I. 59.
Langius, Ericius, cum Urso (servo?) Tychonem visitat I. 217, 226.
„ medicus Heidelberg. I. 622, 670.
Langjahr VIII. 824.
Lansbergius, pastor et astronomus I. 65.

Lansbergius Kepl. theoriam falsam dicit III. [477.
„ a Keplero laudatur III. 235.
„ ab Horroccio taxatus III. 513. VI. 651. VII. 548.
„ „ Hortensio maximi habitus VII. 543.
„ observat declinat. ecl. III. 97, 103.
Lansbergii Apologiam ed. filius VII. 546.
„ Cyclometria V. 615.
„ hypotheses de mundo I. 61, 64 s.
„ libri VIII. 664.
„ triangulorum doctrina I. 65. II. 19, 415, 433, 813. III. 235, 414, 477.
„ Uranometria III. 477, 514 s.
Lansius, Steph., Austriac. VIII 878, 921.
Lansius, prof. Tubing. V. 47. VI. 627. VIII. 362, 884, 919.
Lansii epigramma in Kepleri imaginem aeri incisam VIII. 876.
Lanz, Joh., Ingolstad. VII. 452.
Lapis ex aëre I. 323. VII. 18, 628. VIII. 116.
Lapides cur sudent pluviis ingruentibus V. 433.
Lasantius, monetarum inspector V. 606.
Latini scriptores de planetis III. 192. VI 445.
„ „ vocem ἀνακλᾶσθαι interpretantur voce frangi II. 130.
Latinae et Graecae linguae comparatio III. [146.
Latitudo in coelo VI. 275 ss., 450.
„ in sphaera materiali VI. 209.
„ in Terra VI. 135, 218, 298.
„ loci cum poli altitudine comp. VI. 218, 224.
„ et inclinatio quo differant III. 228. VI. 450, 576.
„ planetarum in astrol. I. 335, 352, 356.
„ stellarum variabilis I. 336. III. 426. VI. 83, 292, 521.
Latitudinis hypothesis physica III. 415 ss.
„ circuli VI. 209. [VI. 382 ss.
„ maximae termini III. 422.
Lauba s. Laubanum in Lusatia VII. 478. VIII. 916 s.
Laurembergius, med. Rostochii III. 582.
Laurentius Politianus, medicus Paduae, de parallaxibus II. 93, 456, 670 s., 825.
„ de nova stella II. 670 s., 809.
„ a Keplero refutatus II. 825 ss., VII. 166.
Lauterbachius scripsit Ephemerides Gratii III. 550.
Lavaterus, Ludov., de cometis VII. 18 s.
Lazii, Wolfg. (med. prof. Viennae, imp. Ferdin. I. medicus primarius, mort. 1565.) mappa Austriae VI. 641. [146.
Lectores librorum mathematicorum rari III.
Leges civitatum comparatae cum harmoniis V. 197.
Leibfridii carmen ad tab. aeneam in Prodromum I. 33, 74, 193.
Lemma, quid I. 375, 379. V. 36, 156, 429.
Lendlinus V. 481.
Lens cava et convexa II. 240, 532 ss.
„ hyperbolica II. 479 s.
Lentem convexam Keplerus a Florentinis sibi confici petit II. 461.
Lentes conjunctae II. 480, 549 s., 554 s.
„ Portae II. 492.
„ „ num ad constructionem tubi optici conduxerint II. 492.
Lentis crystallinae in oculo officium II. 238 s.
„ et oculi distantia II. 548, 553.
„ figura ad tubum opt. apta II. 479.
„ pars media II. 560.
Lentium conjunctio ad tubum opt. II. 549 ss.
„ effectus II. 535 ss.
Leonis cor a Venere tectum I. 69.
„ cordis latitudo VI. 529.
Leopoldus, archidux Austriae VI. 58.
„ Pragam occupat II. 400.
„ chymiae et matheseos cultor VII. 19.
Leopoldo tradit Keplerus Harmoniam V. 55, 57.
Leovitius, Cyprianus, mathematicus electoris Ottonis Henrici II. 422. VIII. 603.
„ de conjunct. magnis II. 422, 618, 651, 703.
„ de eclipsibus II. 315.
Leovitii Ephemerides II. 811. III. 694.
Leucippus, de mundo II. 490.
Leunclavii (Loewenklau) hist. Turcica VI. 609.
Levana dicitur Luna a Judaeis IV. 420.
Levania insula VIII. 32 s. [VIII. 44.
Levia v. gravia.
Levi Rabbi de visu II. 264, 416.
„ „ liber: defensiones Dei VI. 66, 534.
„ „ de modo observandi VI. 108.
Lexell, acad. Petropol. socius, mss. Kepleri edenda suscipit neque vero propositum absolvit I. 59.
Libella nautica v. compassus.
Liber naturae VI. 121, 515.
Libri mathematici vulgo contemti II. 518.
Librae leges II. 48, 68 ss., 138 ss. VI. 406.
„ „ ad astronomiam adhibitae III. 388 ss. VI. 404 ss., 694.
Libratio planetarum I. 115 ss. VI. 380 s. 403, 406, 417.
Licetus, Fortunio, de cometis VII. 154.
Lichtenberger, astrologus II. 726. V. 69.
„ de conj. magna 1484. I. 448.
„ eclipses describit II. 82 s., 314.
„ observat conjunct. ♃ et ♄ VI. 729.
Lichtenbergii Prognosticum VIII. 19, 314.
Lichtensteinio, L. Baroni, dedicat Keplerus Stereometriam IV. 553.
Liddelius, Duncanus, Brahei hyp. pro sua venditare videtur Braheo I. 224.
„ de Brahei hypothesi I. 226 s.
Liddelii epistolae ad Tychonem I. 227.
Lieblerus, prof. Tub. VIII. 989.
Liebleri disp. de anima I. 188. VIII. 991.
Liga catholicorum a. 1609. VIII. 779.
Lignorum putridorum lux II. 145. VIII. 118.
Lilius, Aloisius, Calendarii reformator IV. 4. VIII. 656.
Lilybaeum promontorium VI. 557.
Limites planet. III. 418, 427. VI. 71, 425, 649.
Limnaeus, prof. Jenensis, de Kepleri Prodromo I. 100, 194.

Linacrus interpretatur Procli Sphaeram II. 415.
Lincium a Bavaro occupatum a. 1620. I. 661. VIII. 874.
„ a rusticanis obsessum a. 1626. VI. 619. VII. 642.
„ nubilosum, unde VII. 87.
Lincii schola VI. 19.
Linciensium fata VI. 50, 619. VII. 582.
Lindelauff, mercator VI. 62.
Lindenmann, rector Rostoch. VIII. 914.
Linea, i. q. aequator VI. 192, 213.
„ meridiana I. 346. VI. 220.
„ motus visi planetarum, quid VI. 442.
„ recta conicis sectionibus comparata II. 187. V. 524.
Lineae effabiles, ineffabiles V. 86.
„ in mundo I. 124, 126.
„ termini figurarum VI. 140.
„ trigonometricae VI. 199.
Linearum demonstrabilium diversi gradus V. 86 ss.
Linereus, math. Par. II. 301, 420.
Lingelshemius, Argentin., fautor et studiosus Kepleri VI. 618 s. VIII. 24 s., 911, 919.
Linguarum ortus et cognatio VII. 756, 768.
Lingulae magneticae motus tres VI. 175.
„ magneticae directio in polum ubi VI. 192.
„ „ usus suspectus VIII. 54.
Linsenmannus, Felix II. 828.
Linus astronomiae in Graecia fundator I. 249.
Lipaugia II. 280.
Lipsiensium professorum judicium de cometis [VII. 7 s.
Lipsius de Julia IV. 379.
Lipstorpius, Lubec., de rebus Rostochii gestis VIII. 911.
Literatorum coetus taxati II. 572.
„ mos latine loquendi I. 91.
Livia Augusti uxor IV. 240.
Livius de Sulp. Gallo I. 667.
„ Solis deliquium memorat II. 313.
Livii historica cit. IV. pass.
Lixivium II. 788.
Locorum distantia quomodo reperiatur VI. 300.
Loesch, artifex horolog. V. 648.
Loffrancus v. Offucius.
Logarithmi quid III 676. VI. 567.
„ logistici VI. 501, 592.
„ a Byrgio inventi neque publicati II. 439, 834. VII. 298.
„ „ Nepero inventi VI. 567. VII 295 s., 520.
„ „ Gunthero et Briggio emendati VII. 307, 310.
„ dicuntur a Keplero felix calamitas VI. 56. VII. 520. (III. 519)
„ calculum faciliorem reddunt I. 177. V. 260. VII. 307.
„ renovandas exigunt Tabulas Rudolph. III. 519. VI. 56 s.
Logarithmi Maestlino, Remo, Philippo Landgr. explicati a Keplero III. 666 s. VI. 61. VII. 307.
„ a Remo in calculis astr. adhibiti VI. 65.
Logarithmi tabularum Rudolphinarum („Heptacosias") VII. 411—436 III. 719 s. VI. 45. VII. 90, 145,
„ in Epitome VI. 419, 563 [301, 310.
„ tab. Rud. et Chiliadis comp. VII. 302 s.
Logarithmorum calculus mercatorum arithmeticae comparatur VII. 416.
„ constructio VI. 61. VII. 296 ss., 520.
„ praxis VIII. 170 s. [419.
„ usus dicitur artificium Neperianum VI.
„ „ explicatus VII. 306 ss., 346 ss. [408.
„ **Chilias 1624.** VII. 317—345. 390—
„ **Supplementum 1625.** VII. 346—389.
Proömium editoris VII. 295 ss.
Praefatio Kepleri VII. 319 s.
Quando typis exsculptum etc. VII. 300, 307 ss., 319 s.
Supplementi inscriptio VII. 301.
Chilias et Suppl. dedic. Philippo Landgr. VII. 301. 308, 318.
Chiliadis forma VII. 301.
„ tabulae Bartschii VII. 436.
„ Eisenschmidii VII. 301.
Logistica sexagenaria I. 197. III. 720.
Λογοι I. 197.
Lollius, Caji Caesaris rector IV. 244 s. 327 ss., 380.
Londini conjuratio a. 1606. I. 665. II. 67.
Longitudo astronomica VI. 275 ss.
„ in sphaera materiali, quid VI. 209.
„ in Terra VI. 209, 236, 514, 553.
„ media III. 345. VI. 417.
„ eccentrica, quid VI. 426.
Longitudinis locorum in Terra differentia quomodo investigetur VI. 298 s.
„ locorum incertitudo VI. 554 s.
Longomontanus, Christ. Severini, Brahei calculator III. 466, 725. VI. 569, 592, 671. VII. 165, 482. VIII 715.
„ Brahei defensionem contra Craigium scripsisse dicitur I. 279.
„ „ Lunaria concinnat I. 370. II. 14, 101. III. 50, 493, 552 ss. VI. 569, 592. VII. 454. VIII. 627.
„ „ obss. servat I. 367, 370. VI. 671.
„ Braheo tribuit inventionem calculi prosthaphaeretici II. 438 s.
„ eclipsin observat a. 1599. II. 441.
„ Hipparchi diagramma ad suas de Luna hypotheses adhibet III. 515.
„ de hypothesium certitudine III. 109 s.
„ Kepleri studia, Brahei theoriam convellentia, increpat III 32, 443. VI. 35.
„ Keplerum sequitur in Lunae theoria III. 66, 674.
„ a Keplero testis observationum Brahei provocatur VI. 671.
„ Martis theoriam tractat III. 81, 210, 218.
„ meridianorum diff. per eclipsin computat III. 589.
„ Ptolemaei observationes suspectas habet VI. 38, 603, 760.

Longomontanus, de temporis aequatione VI. 571.
Longomontani Astronomia Danica III. 466, 515. VI. 29, 35 s., 571, 671.
Lorhardus V. 481.
Lovanii et Viennae diff. meridian. II. 424 s.
Lucanus de umbra Arabum VI. 267.
Lucani Pharsalia I. 60 s. IV. 73 s, 83 s., 89. VI. 195.
Lucas Evangelista de Christo nato II. 803. IV. 180, 192, 195 ss., 223 ss., 286, 290 ss., 348 ss.
„ de Quirini censu IV. 251 s., 334.
Lucae verba dubia IV. 195, 247, 259, 272 etc.
Lucernae sphaericae III. 418.
Lucianus, de Luna II. 465, 496.
„ de nominibus stellarum II. 630 s.
Luciani liber de astrologia II. 630.
„ Historia vera VIII. 40.
Lucidus, Joannes, mathem. Venet. de emend. temporum IV. 118
Lucida diffunduntur in visu II. 266.
Lucifer v. Venus.
Lucius, Decanus Waiblingens. I. 28, 33.
Lucretii versus I. 99.
Ludi olympici, v. Olympiades.
Ludolphi a Coellen problemata V. 83, 470.
Ludovicus, v. Kepleri filius.
Ludovici Pii vita II. 314.
Lumen animalium et gemmarum proprium VI. 482.
„ et illuminatio adjuvat motum stellarum III. 308, 547 s., 657 ss., 680 s. VI. 359 ss., 387 s.
„ stellis unde VI. 482.
„ particeps quantitatis et motus VI. 347.
„ vox quid significet in Hipparcho Kepleri III. 523.
Luminis motus comparatus cum motu cordis arteriarumque II. 679.
Lumine minuti, aucti planetae VI. 487.
Luminaria, i. q. Sol et Luna.
Luna animarum mortuorum sedes VIII. 103.
„ antichthon dicta I. 250. II. 9, 274. VII. 744. VIII. 102.
„ ad anni long. inquirendam adhibita VI. 274.
„ astronomis et aliis utilis VIII. 117.
„ casei similis Luciano II. 496.
„ causa physica praedictionum I. 422.
„ crescens, decrescens quomodo cognoscatur VI. 484.
„ crispa lusciosis II. 255, 266.
„ eclipsata cum Sole visa I. 397. II. 95, 213, 218. VI. 148.
„ fixas et planetas tegit II. 112, 266, 322. III. 692. IV. 150. VI. 56 s., 92 s., 514, 728.
„ fluxus et refluxus marium causatur I. 64, 422, 430. II. 116. III. 151, 455. VI. 180, 350, 362. VIII. 46.
„ harmoniis Kepleri non adjungenda I. 160.
Luna humorum rector I. 422, 430, 612. VIII. 118.
„ illuminat Terram VIII. 55, 61.
„ illuminatur a Sole et Terra II. 51, 85, 288 s, 303, 569. VI. 485 s., 512. VIII. 55.
„ „ a fixis vel planetis II. 25, 303.
„ juxta Solem visa II. 84 s., 92 s., 291, 699. VI. 488.
„ lumine proprio caret II. 273, 288 ss., 300 ss. VI 485.
„ magistra astronomiae VI. 327, 392, 515.
„ movetur vi Solis et Terrae II. 8. III. 306, 312 ss., 547. VI. 359 ss.
„ „ „ luminis Solis VI. 462.
„ nova die novilunii conspicua VIII. 55.
„ „ et vetus eod. die visa II. 291. VI. 488. VIII. 64.
„ observata per tubum II. 495 s., 512, 525. VI. 485.
„ num pars a Terra aversa conspici possit VI. 388.
„ „ pellucida II. 285, 288.
„ planeta secundarius dicitur VI. 315, 327, 366.
„ plena et nova quam diu II. 279.
„ pavonis caudae, aequiparata II. 495.
„ VIII. 62., it. pumici II. 496. VIII. 38.
„ Solis radios quomodo repercutiat VIII. 105 s., 109 s.
„ Solem num tegat I. 46. II. 96, 288.
„ num sphaeram intus habeat convertibilem III. 549. VI. 25, 389.
„ cum Terra comparata I. 159, 571. II. 285 s., 498, 525. VI. 166, 306, 327, 361 s., 485. VIII. 46.
„ gentilibus purgatorium II. 287. VIII. 101, 121.
Lunae num aër circumfusus II. 112, 319, 418, 498. III. 610. VI. 512, 706. VIII. 64 s.
„ aequans III. 49.
„ aequatio menstrua qualis VI. 390, 584. VII. 485.
„ aequationes II 7 s., 49. III. 47, 545. VII. 470, 526, 547, 678.
„ aequator VIII. 33.
„ aetas, quomodo cognoscatur (regula Plinii) II. 277, 417. VI. 483 s, 489.
„ anomaliae s. inaequalitates III. 312, 674. VI. 364, 462, 466, 532, 580, 584. VII. 483.
„ anomaliarum causae VI. 387 s.
„ anni et cycli VI. 493 s. VIII. 33.
„ apogaeum menstruum VI. 388, 468.
„ apogaei motus III. 427. VI. 581. VII. 516.
„ apsidum motus celerior quam in planetis VI. 388.
„ aqua I. 571. II. 525. VIII. 56.
„ aspectus s. configurationes cum planetis et Sole valent in morbis et aëris mutat. I. 434, 602. VII. 496 s.

Lunae axis volutionis VIII. 53 s.
„ calor VIII. 61.
„ centrum quomodo deprehendatur II. 670.
„ colores in eclipsibus II. 24 s., 288, 300 ss. 499, 570, 696. III. 625. VI. 148, 502. VII. 542. VIII. 112 s.
„ conditio inferior VI. 306.
„ cornua quorsum astronomis utilia II. 284. VI. 485.
„ corpus quale, v. superficies.
„ cycli v. anni.
„ densitas III. 460.
„ diameter apparens I. 46 II. 9, 154, 163, 276 (285), 288, 309, 418, 475. III. 47. 53, 533, 647. VI. 327, 461, 706. VII. 488. VIII. 53, 64.
„ num amplietur tubo optico VII. 235.
„ observatu difficilis II. 266, 344 s.
diameter vera VI. 328.
dies II. 497. VIII. 33, 38.
dimidiatae sectio est linea recta II. 283.
directio (astrol.) I. 356.
discus cur planus appareat II. 276, 283.
disci ad Terrae discum proportio VI. 328, 485 s.
„ distantia a Terra II. 7, 285, 313, 378. III. 54, 542. VI. 327 s, 461. VII. 72, 224. VIII. 45, 82.
„ eclipses v. Eclipses.
„ evagatio ab ecliptica, quanta VIII. 55.
„ evolutiones (ἐξελιγμοί) quomodo computandae VI. 710.
„ facies II. 272.
falcatae species est ellipsis II. 282 s., [495.
fibrae magneticae VII. 677 s.
horarius, v. motus horarius.
illuminatio II. 272 ss. VI. 348. VIII. 86.
„ „ successiva VI. 166.
„ „ in eclipsibus II. 288, 302 ss., 497. VI. 148. [364 s.
„ „ quid faciat ad motum Lunae VI.
illuminationis circulus II. 78, 274.
incolae II. 286 s., 497, 785. VIII. 38, 55, 63, 67, 71.
incolis qualis Terra appareat VIII. 35.
„ quales eveniant eclipses VIII. 37.
latitudo III. 48, 659. VII. 486.
„ in eclipsibus II. 369 s. III. 665. VI. 500, 589 s.
„ „ falsa a Copernico posita I. 239.
„ „ menstrua VI. 477. 588.
„ visibilis II. 368, 380 s.
latitudinis motus VI. 392, 465. VII. 486.
locus prope verus VI. 474, 586.
„ fictus, unde VI. 588.
loci computatio II. 359. III. 700. VI. 588.
„ longitudo a Sole II. 368. VII. 483.
„ lumen (v. illuminatio) II. 282, 288, 499.
„ „ in visu ampliatur II. 266 s., 272.
„ „ aheneum s. rubor in eclipsibus II. 288, 300, 418, 499, 570.

Lunae lumen pallidum in eclipsibus, unde II. 281, 303. VI. 501.
„ maculae, quid II. 272, 277, 284 ss. 418, 475, 491, 495, 511 s., 525. VI. 166, 485. VIII. 56 s. 104.
„ „ cum Terrae vallibus comparatae II. 495 s.
montes VI. 361, 485. VIII. 38, 61.
„ in eclipsi solari conspecti II. 475.
„ majores terrenis II. 285 s. 499, 569.
mora in tenebris II. pass. VI. 499.
motus annui causa VI. 367.
„ circa axem II. 681. III. 418. VI. 362, 388. VIII. 53.
„ „ diurnus VI. 463.
„ „ eccentrici calculus VI. 470 s. VII. 516.
„ „ horarius I. 414. II. 673. III. 526, 535 s., 650 VI. 465, 476 s., 500, 509.
„ „ horarii varietates proportiones harmonicas formant V. 288. VI. 476 s.
„ „ inaequalitas explicata VI. 364 ss., 465.
„ „ inconstantia quomodo a veteribus explicata II. 7 s. III. 542 s.
„ „ nondum plane cognitus VI. 363.
„ „ qualis et quantus II. 272, 673. III. 460, 535. VI. 463 s.
„ „ cur non retrogradus I. 116. VI. 448.
„ noctes, quales VIII. 35.
„ nodorum motus III. 533. VI. 464 s., 588. VII. 487.
„ observationes II. 266, 278, 292, 318, 322, 345 ss. [363.
„ non plane calculis consentiunt VI.
orbis eccentricitas III. 541. VI. 40, 65, 463. VII. 483 s., 677.
ejus causae VI. 388.
orbis num ellipticus III 650. VII. 677.
„ inclinatio III. 428. VI 45, 464, 509.
„ medium proport. inter globum Terrae et orbem Solis VI. 328, 332, 515.
„ „ quantus a planetis visus II. 503.
„ „ Solis orbis imaginem gerit VI. 367.
„ „ num Terrae orbi accensendus an omittendus in planetarum ordine et regul. corp. I. 158 ss.
„ ortus et occasus VI. 486 s. [VI. 590.
„ „ „ „ hora quomodo computanda
„ parallaxis II. 7, 329, 669 s. III. 45 s. VI. 327, 509, 706. VII. 489, 516, 528.
„ partes lucidae et obscurae, quid II. 495. VI. 166, 485.
„ „ extremae num pellucidae II. 78, 319.
„ peripheria per tubum obs. II. 475, 497.
„ phasis prima II. 290 ss.
„ phases II. 276 ss. VI. 466, 483, 490.
„ phasium lineae II. 282.
„ et planetarum differentia III. 428.
„ προσνευσις (Ptolemaei) cum variatione comparata III. 662 ss., 685 s. VI. 472.
„ punctum aequatorium menstruum VI. 469.

Lunae, Solis et planetarum motus quales appareant ex Lunae superf. visi VIII. 34.
„ superficies qualis I. 159, 571. II. 51, 273, 285, 496, 569. III. 306. VI. 166. VIII. 38, 56, 62, 67 ss.
„ et Terrae mutua attractio III. 151, 686.
„ theoria apud veteres II. 7. III. 542. VI. 581.
„ „ a Tychone reformata v. Brahe.
„ „ „ Keplero reformata I. 345, 414. II. 6 s., 112 et pass. III. 45, 47, 53, 511 ss., 655 ss. VI. 14, 25, 42, 54, 359 ss., 461 ss., 562, 580 s. VII. 526 s., 677.
„ „ tab. Rud. accommodata VI. 647 ss.
„ „ pro eclipticae inclinatione immutabili pugnat VI. 92.
„ theoriae Kepleri, Copernici et Brahei inter se comparatae VI. 479. VIII. 117.
„ umbra et semiumbra II. 280, 308 ss. III. 528 ss.
„ variatio II. 9. III. 45 ss., 312, 535, 545, 653, 656 ss., 685 ss., 710. VI. 14, 364, 474 ss., 585. VII. 485, 527. VIII. 112, 838.
„ „ cum inaequalitate menstrua temporanea comparatur VI 474.
„ „ ad planetas translata III. 96.
„ variationis causae III. 312, 686. VI. 475, 585.
„ „ nomen unde VI. 477.
„ „ quantitas non certe cognita VI 477.
„ et Veneris conjunctio VI. 599.
„ vis astrologica I. 328, 338, 422, 605 ss. II. 640. VIII. 297.
„ „ calfaciendi et humectandi I. 571.
„ „ in Terram et Terrae soboles I. 422 s., 571. VIII 97.
„ „ magnetica III. 547.
„ „ in morbis I. 608.
„ zonae VIII. 34.
„ i. q. dies VI. 493.
Lunam inter et Terram quid intersit II. 208.
Lunaria Tychonis a Keplero reformata III. 691—707. (Ex mss. Pulkov.)
Lunatio VI. 465 s.
Lunicolae, v. Lunae incolae. [470.
Lunula ellipseos III. 81, 401. VI. 409, 456,
Luneburgensis dux rector Academiae Tubing. I. 31. II. 20.
„ dux Augustus VI. 622.
Lupus a λυκος derivatur II. 226.
Lusciosorum visus II. 268.
Lusitanorum(Magellani)circumnavigatioTerrae et unius diei amissio I. 338 s.
Lutetianae nuptiae (Bluthochzeit) I. 430, 658.
Lutherus de Calend. reform. IV. 5 s., 510.
Lutheri genesis a Cardano posita V. 263, 484.
„ ingenium V. 480. [VIII. 305 s.
„ cum Muhamete comparatio I. 446.
Lutheranorum persecutiones in Styria I. 39, 54 ss., 304. II. 416.
Lutheranorum persecutiones in Austria VI. 621. VIII. 971 s.
„ scripta contra Calendarium Gregorianum IV. 5.
„ secessio a sede Romana II. 731.
„ unio a. 1608. I. 666. VIII. 779.
Lux
animali cognata facultati II. 271. VI. 344.
attenuatur cum discessu a centro I. 174, 176. II. 132 III. 309. VI. 348.
colorata II. 135 ss. VI. 347.
colores dealbat II. 145. III. 303.
cometarum II. 295.
communicata II. 49, 141, 293, 417. VIII. 58,
duplici respectu consideranda II. 135. [109.
effluit infinitis rectis lineis II. 131, 148.
„ in momento II. 132. III. 103. VI. 347 s.
motuum planetarum fortasse vehiculum I. 13.
„ „ virtuti comparata III. 302.
nigra facilius inflammat quam alba II. 145.
in potentia, quid II. 134.
in superficie non haeret, sed intus agit I. 426. II. 141. VI. 348.
a superficie corporum afficitur II. 133 s.
Lucis
actio in oculum II. 146.
analogicum motus II. 151.
calor I. 425, 567. II. 48 s., 57 ss., 143 ss.
colores II. 135 ss.
densitas II. 73, 142.
differentia tenuioris et densioris nulla in refractione II. 197.
encomium II. 131.
figuratio II. 49. 152 ss.
motus I. 567. II. 66, 132, 137. III. 303.
„ num se ipso fieri possit II. 151.
natura I. 176, 425, 568. II. 49, 130, 135, 153 ss III. 303. VI. 347 (species immateriata a superficie Solis delabens).
passiones in medio pellucido II. 142, 151.
proprietates II. 135, 143, 145.
radii, quid II. 132. VI. 347.
radii convergunt, divergunt II. 531.
„ repercussi, refracti II. 66, 141.
radiorum qualitas II. 142.
repercussus (reflexio) I. 425, 567. II. 37, 130, 136, 141 s., 151, 184, 273. VII. 274. VIII. 109.
„ diversus ab aquis et a terris II. 287, 417 s. VIII. 57.
species quatuor II. 49, 135, 141, 273.
a tenebris divisio in creatione mundi IV. 130.
varietates I. 568.
Lucis vis astrologica I. 349.
„ vis calfaciendi et humectandi I. 423, 571.
„ „ destructoria II. 145.
Lycophrontis lusus II. 713.
Lycosthenes de eclipsi Solis 1485. II. 315, 423, 799 s.
Lydiati tractatus de variis anni formis IV. 5, 110, 113. VIII. 220 ss.
Lynceus quidam ex promontorio Lilybaeo pro-

spexisse dicitur ad portum Carthaginensem VI. 557.
Lyncei II. 785.
Lysanias IV. 124. 259, 349.
Lysimachiae interitus IV. 150.

M.

Macchabei IV. 152, 443.
Macedonum regnum III. 696.
Macellama, astronomus VI. 83.
Machinamenta optica II. 196, 252.
„ ad delineandas sectiones conicas II. 187. V. 525.
Macrobius, quo tempore vixit I. 273.
„ de anima mundi V. 361.
anno Graecorum IV. 97, 156.
harmonia Ptolemaei V. 340 ss., 411 ss.
Herode IV. 196.
Luna II. 273. VI. 361.
„ Platonis mundo I. 273.
„ refractionum causa errat II. 181.
„ Somnium Scipionis commentatur I. 273. V. 340, 348, 362, 382, 397, 411.
„ de sono V. 340.
„ „ visu II. 261.
Maculae solares a Jo. Fabricio primum conspectae II. 110, 775 s.
„ solares a Keplero observatae II. 475. IV. 208. VII. 581, 594. VIII. 826.
„ „ „ „ pro Mercurio habitae II. 106, 110, 775, 785. VI. 514.
„ nubibus Terrae comparatae; forte cometarum materia II. 475.
„ testantur Solis turbinationem VI. 343. VII. 581, 744. VIII. 56.
Macularum solarium materia VI. 307, 514.
de Maculis solar. Kepleri liber deperd. (?) VIII. [826.
Maecenas de magis I. 651.
Maegerlinus V. 478.
Maestlinus, Michael,
professor math. Tub., Kepleri praeceptor I. 6 s., 188. III. 242. VIII. 651.
anxius animo I. 25, 53, 79. II. 12.
de Arcturi ortu et occasu VI. 288.
„ Aristarcho I. 65.
„ astrologia I. 188, 301. II. 506, 572. V. 475.
„ astronomiae incertitudine I. 48, 167.
Brahei literis cur non responderit I. 234.
a Braheo laudatus I. 188.
de Braheo I. 50, 192.
contra Calend. Greg. et defensorem ejus Clavium I. 30, 189. IV. 5, 15. VIII. 652.
de cometa a. 1577. I. 10, 114, 188. II. 686. VIII. 648, cui circularem assignat viam VII. 50.
„ cometa a. 1580. I. 521. II. 832. VII. 259.
„ Copernico I. 26 s., 48, 50, 56, 106, 166.
Copernici opus Revolutionum edendum sibi proponit I. 19, 56.
Maestlinus
inter Copernicum et Ptolemaeum fluctuans VIII. 649 ss.
de decreto inquisitionis contra Copernicum I. 56 s.
„ diebus artificialibus I. 188. VI. 250.
eclipses paucas observavit II. 15.
de eclipsibus II. pass. III. 550 ss., 560 s., 583.
eclipsis quantitatem aestimat exacte II. 348.
de Epitomis astronomiae variis VIII. 650.
„ Galilaei inventionibus II. 461 s.
„ de Herwarti Chronologia IV. 120 s.
ab Herwarto monitus ut Keplero respondeat II. 754 s.
horarum numerum deducit a gallinaceorum cantu VI 258.
instrumentum astronomicum accipit a Tychone I. 68.
Jovem vidit a ♂ tectum II. 321, 431.
Kepleri Calendarium et Opticam Tubingae distribuit I. 295. II. 15.
„ de Copernici numeris dubia tollit I. 166.
„ in Styria fata queritur II. 12.
„ sensa aegre capit I. 20, 37, 211. II. 15, 461. III. 56.
„ ingenium magni habet I. 23, 78. II. 15, 438. III. 209.
de Kepleri libris et hypothesibus I. 301. II. 572. VI. 16, 49.
„ machina argentea I. 77 s., 301 s.
„ matre I. 50.
„ matrimonio I. 25.
„ „ problemate geometrico II. 29.
„ „ ratione eclipses observandi II. 438.
Keplero auctor ut astronomiam amplecteretur et Copernicum sequeretur I. 106, 114. III. 209. VI. 398.
„ mittit Brahei literas I. 48, 232.
Keplerum a nimia subtilitate in astronomicis revocat I. 167, 213. VI. 16, 35.
„ obsecrat, ne epistolas suas publicet II. 13.
logarithmorum fundamentum non capit III. 676. VII. 299.
de long. diff. inter Romam et Norimb. VI. 555.
„ Lunae aëre, aqua, corpore II. 418, 498. VIII. 64, 118.
„ „ diametro app. metienda II. 13.
„ „ latitudine invenienda II. 368.
„ „ luce II. 289, 418.
„ „ motu horario III. 535.
„ „ novae illuminatione a Terra II. 289.
„ „ superficie etc. I. 159. II. 498. 784.
Lunam Terrae comparat II. 498, 784.
Martem a Luna tectum observat II. 322.
de Martis inaequali motu I. 170.
melancholicus ob filium II. 13, 755.
de Mercurii motibus I. 171.
„ Mercurio in Sole viso II. 784 s., 797.
mortuus falso dicitur II. 755.
in observando varie impeditus II. 15, 20, 393.
Olympiadum ordinem restituit VII. 760.
de optica Vitellionis II. 13.

Maestlinus
de parallaxibus II. 381, 388.
planetarum distantias computat, ad Prodr. pertinentes I. 20, 155 s. III. 38, 185.
politicarum rerum expers I. 53.
de Prodromo Kepleri I. 20, 25 et pass.
Prodromo quid addiderit I. 20 ss., 56, 211 s.
Prodromum Tubingae imprimendum curat I. 24 ss, 100.
„ senatui Tubingensi commendat I 22 s.
„ Copernici operi, quod edendum sibi proposuerat, adjungendum censet I. 56.
de Prutenicis tabulis I. 21.
„ Ptolemaei observationibus I. 172.
„ Ramea professura I. 37.
„ refractionibus I. 209. II. 30, 225.
Rhaetici Narrationem Prodromo Kepleri subjungit I. 20, 25, 27. III. 209.
„ trigonometriam a Keplero petit I. 7.
de Röslino I. 498. IV. 121. VI. 16.
in scribendo segnis I. 45, 56, 225. II. 12 ss., 788 s. III. 49. VI. 30. VIII. 976.
de Solis altitudine deprehendenda II. 22, 99.
„ „ diametro II. 344.
„ „ figura et maculis II. 784 s.
„ „ radio deficientis II. 153.
Solem et Lunam in lunari eclipsi simul conspicit II. 213. (cf. 225.) III. 570.
de stella in cauda Ursae majoris II. 754, 764.
„ „ nova in Cygno II. 754.
„ „ „ a. 1572. II. 704. VIII. 647.
„ „ „ a 1604. II. 582, 618, 620.
„ stellis a veteribus omissis II. 754, 764.
„ tabula aenea Prodromo adjungenda I. 73 s.
„ Terrae motu circa axem VI. 169, 540, 550.
theologos Tubingenses offendit, motum Terrae astruens I. 37.
de pretio frumenti etc. Tubingae I. 53.
„ Urso I. 232 ss.
„ Veneris motibus I. 170. II. 431. VII. 569.
Venerem observat II. 225, tubo opt. usus II. 785.
„ et Martem observat conjunctos II. 321. VII. 569.
visus acie singulari praeditus II. 226, 500.
de zonis I. 188.
Maestlini
chronologica studia IV. 70, 120, 128, 270, 425, 441, 517. VI. 15.
dissertatio de climatibus etc. I. 188.
„ de eclipsibus I. 170. 188. II. 19, 96, et pass. III. 570.
„ „ motibus planetarum II. pass. III 533, 601. V. 475. VIII. 64.
Ephemerides I. 170. III. 217, 473. VIII. 649.
Epitome Astronomiae I. 209 (163). II. (375), 420. III. 233, 476. VI. 16, 540, 550. VIII. 650.
liberi I. 39, 55, 301 s. II 13, 755. III. 623.
genesis I. 312.
habitus corporis VIII. 46.
manuscripta I. 6 s.
Maestlini
observationes II. pass. III. 533, 550 ss.
„ diametrorum ☉ et ☽ II. 349.
„ per filum VII. 169, 242 s., 280.
„ inclinationum in eclipsibus II. 354.
oratio de Christi anno nat. I. 529. IV. 121, 270, 517.
problemata astronomica II. 349, 354, 368.
scripta astronomica VIII. 648 s.
Maestlini socer I. 8, 295. VIII. 682.
Magellanica continens VI. 196.
de Magis judicium Maecenatis I. 651.
Magorum de Graecia dictum II. 312.
„ astrologia II. 708 s. IV. 257, 347.
Magica ceremonia VIII. 45.
Maginus, Joh. Ant.
astronomus Bononiensis I. 65, 277. III. 5. VIII. 660.
astrologiae deditus VIII. 661.
de Astronomia nova Kepleri III. 37, 494.
aulae Pragensi offensus IV. 112.
cum Braheo per literas agit I. 224. III. 37.
de Brahei hypothesi I. 224. III. 494.
„ conjunctione magna II. 618, 647.
„ Copernico I. 65, 284. VIII. 660.
„ Ephemeridibus cum Keplero edendis VII. 445 ss.
furti literarii arguitur a Mario I. 368. VII. [447.
inter Galilaei adversarios II. 452.
Horkii praeceptor II. 452.
„ scriptum contra Galilaeum impedit II. [453.
de Jovis satellitibus II. 460.
Kepleri epistolam edit in Suppl. Eph. VI. 672. VII. 482. [555.
de longit. diff. inter Romam et Norimb. VI.
opinioni Dominici Mariae de mutatione altitudinum poli assentitur II. 415.
Martem observat, locum computat III. 211, 501.
Martis theoriam ex Kepleri Astron. nova desumtam Ephemeridibus suis adjungit VI. 672. VII. 570.
orbes reales in coelo assumit I. 224.
de Origano VII. 445, 446 s.
Prodromum Kepleri accipit II. 568. III. 450, 494.
de speculis I. 569. II. 43, 57, 400.
„ stella nova a. 1604. II. 582, 597, 618.
„ Taprobane insula III. 458.
Magini
et Copernici hypothesium comparatio I. 240.
dirigendi (astrol.) modus I. 366.
eclipsium calculus quid peccet II. 381.
epistolae ad Kepl. (VII. 482.) v. Kepl. ep.
„ ad Galilaeum II. 400.
Ephemerides II. 788 III. 234. V. 372. VII. 446. VIII. 661.
Ephemeridum Supplementa I. 366. III. 5, 37, 451, 500. VI. 28 ss., 587, 672. VII. 444, 482, 493, 570, 676.
error num in long. Venetiarum VII. 446.
hypotheses astronomicae seu de mundo I. 64 s. 223, 240, 284 s. VIII. 660.

Magini
Italiae descriptio VII. 445.
de Naibodae Comment. I. 366.
numerus mysticus III. 40, 451. VI. 47.
opera I. 277. VIII. 660 ss.
Primum Mobile I. 277. II. 669. VI. 545. VII. 446, 455.
tabula secundorum mobilium I. 277. III. 37.
Magini theoricae I. 65, 277.
Magirus, prof. Tubingensis II. 788. V. 48.
„ opticam Kepleri accipit II. 35.
Magiri theorema geom. demonstrat Kepl. I. 35.
Magnes ferrum trahens non ingravescit I. 159, 161.
Magnetis declinatio II. 812 s. III. 445. VI. 175. VIII. 54.
„ inclinatio V. 43. VI. 175.
„ lingula VI. 175, 192. VIII. 54.
„ natura II. 591, 639, 812 ss. III. 307. VI. 345 ss., 361, 371, 374 s.
„ poli II. 812.
„ theoria VI. 345.
„ usus II. 639. VI. 299.
„ vis permeat materiam non ferream I. 161.
„ „ porrigitur in rectum III. 103.
„ „ cum vi aspectuum comparata II. 589s.
„ species immateriata I. 569, 598.
Magnetica sympathia II. 590.
Magnetica virtus in planetis I. 119, 196, 355, 590. II. 589. III. 37, 102 s., 157, 319 ss., 418. VIII. 1007.
„ virtus in Terra III. 462 s. VI. 174, 363 s.
„ „ „ Sole III. pass. VI. 344, 347. VIII. 1007.
„ de ea Keplerus dubius est III. 392.
Magneticae fibrae VI. 344, 347, 375 ss., 401 ss.
Magneticarum fibrarum inclinatio VI. 379.
Magneticus axis Martis III. 102.
„ meridianus II. 813.
Magnitudinum genesis VIII. 186 ss.
Magnus Orbis i. q. Terrae orbis.
Magog Ezechielis VII. 789.
Mahometanorum regni duratio II. 733, 744.
Mahometis annus natalit. dubius VIII. 302 s.
„ genesis I. 446. VIII. 305 ss.
Mahometes III. imperator Turcar. VII. 127.
Majer, Thom., Austr. superioris agens IV. 127.
Majestatis lex in Bohemia VIII. 779.
Malaspina de ratione diam. ad periph. V. 107.
Malcotius de maculis Solis II. 782.
„ opera Kepleri magni habet ib.
Maldivae insulae residuum Taprobanae III. 151. VII. 602.
Malleolus, mathematicus Argentinensis I. 666. VI. 622 s. VIII. 917 ss.
„ de stella nova 1604. II. 597.
Malleolorum ictus Pythagoram ad theoriam musicae duxere V. 129, 421.
Malum, Keplero corpus geometricum IV. 576, 584. V. 544.
„ granatum VII. 720.
Manardus de astrologia I. 620, 669.
Manassis aetas IV. 404.
Manilii Astronomica II. 629, 647, 664, 690. IV. 87. VI. 607.
Mansfeldium, chronicum I. 352.
Manus dextra, sinistra VI. 215.
Manuscripta v. Kepleri, Brahei, Maestlini mss.
Mappa geographica ad Tab. Rud. v. Tab. Rud.
„ „ Austriae infer. I. 19.
„ „ „ super. VI. 641 s.
Marca, pondus V. 594, 600.
Marcellinus, v. Ammianus.
Mare Caspium VII. 775. VIII. 99.
„ pater rerum poëtis VI. 123.
„ septentrionale VIII. 99 (120).
Maris fluxus, v. fluxus.
„ inundatio 1603. II. 648.
„ motus Terrae volutionem probant VI. 180.
„ proles VII. 30.
„ superficies curva VI. 127 ss.
„ in terras vis destruens III. 151.
Maria, Dominicus, Copernici praeceptor II. 220, 415, 816. VI. 543. VII. 475.
„ de alt. poli variata II. 220. III. 445. VI. 220. VIII. 235.
Mariae, Dominici, dirigendi modus VII. 475.
„ viriginis canticum IV. 256 s., 345.
Marianus Cremonensis, de septangulo V. 107.
Mariana Hispanus, de tempore pass. Christi IV. 481.
„ „ de mensuris V. 621.
„ Scotus, de anno Christi natali IV. 180.
Marinus Tyrius, de dimensione Terrae V. 41.
Marius, Simon,
mathematicus Onoldinus II. 469.
circuli proportionalis inventionem Galilaei pro sua venditat II. 471.
fixas dicit circulares apparere per tubum opt. II. 470.
geom. demonstr. se insuetum dicit I. 368.
inventiones quas sibi tribuerit II. 467, 470 s., 786.
Jovis satellitum circuitus numeris satis certis exhibet II. 467, 471, 475. VI. 353, 361.
de Jovis satellitum eclipsibus, intervallis et nominibus VI. 361, 503. VIII. 825.
Kepleri annotationes in Dioptrica aegre fert II. 472.
cum Keplero convenit Ratisbonae 1613. II. 475. VIII. 825.
de Mercurii phasibus II. 470. VI. 352.
„ planetarum magnitudine II. 467, 470.
cum Reinholdo se comparat II. 470.
de Solis maculis II. 476.
„ stella nova in Cygno II. 758.
„ „ „ anni 1572. II. 109. VI. 56.
„ stellarum scintillatione II. 470.
Terram immobilem statuit II. 467. [471.
Tychonis systema se invenisse contendit II.
Venerem corniculatam vidit II. 467, 470, 784.
Marii epistola ad Keplerum v. Kepl. epist.
„ „ ad Vickenium I. 367 s. II. 467, 471.
„ Mundus Jovialis II. 470, 758. VI. 353.

Marii observationes II. 470. III. 596, 608.
„ Prognostica II. 470 s., 651. V. 474. VII. 490.
„ Tabulae directionum etc. I. 367 s. II. 471. III. 23 s. VII. 447.
„ eas a Magino descriptas Marius dicit I. 368.
Marnius, librarius IV. 114.
Mars, Ares Graecorum, idem cum Baal Babyl. VII. 775.
Mars planeta
ad astronomiam restaurandam solus inter omnes planetas aptus III. 326.
fixas et Jovem tegit II. 321, 431.
a Luna, Venere tectus II. 321 s.
magnitudine prodigiosa visus II. 338.
num in umbram Terrae incidere possit II. 320.
Martis
aphelium III. 70. VI. 441.
apheliorum motus III. 251.
apogaeum a. 1585. III. 210.
„ mobile III. 81.
color rubeus I. 316, 425 s. 642.
conjunctio cum Sole corporalis III. 234.
diameter apparens VI. 64, 326. VII. 592.
distantia a Sole III. 98, 366 ss., 382. VI. 440.
eccentricitas I. 43. III. passim. VI. 440.
inaequalitates motuum I. 170, 366 s., III. 65, 173 s., 209 ss., 241 ss.
inclinatio III. 228 ss., 413 ss. VI. 450, 529.
latitudo III. 415 et pass. VI 91, 193, 449 s.
loca a. 1625. cum Prutenicis Tab. non consentiunt VI. 670 s.
„ 12 eccentrica et acronychia III. 241, 253.
motus a Keplero restituti, fundamentum astronomiae recentioris vol. III. VII. 493.
„ orbes solidos non admittunt VI. 312.
„ periodicus VI. 440.
„ secundum Braheum pani quadragesimali comparati III. 173.
motuum tabula a Braheo computata III. 211.
nodorum investigandorum ratio III. 225, 412,
„ motus VI. 449.
observationes variae I. 170, 367. II. 648 ss., 708, 789. III. 84, 88, 94, 98, 119, 147, 211, 217 s., 220 ss., 226 ss., 288 ss., 329 ss., 370 ss., 379 ss. VI. 725 ss.
„ Regiomontani et Waltheri VI. 742 ss.
oppositionum tabella III. 212.
orbitae poli circellum describunt c. polos ecl. III. 419.
parallaxis III. 88, 219, 419. VI. 41, 326, 508. VII. 271.
phases VI. 486. VII. 273.
obss. Ptolemaicae inquiruntur III. 426 ss.
satellites Keplerus ex grypho Galilaei falso autumat II. 462, 506.
splendor, scintiliatio II. 101, 466.
stationes VI. 446.
theoria ad probandam inclinationem eclipticae adhibita VI. 90 s.
Martis vis astrologica I. 319, 333. III. 137.
Marsilius Maximil., e soc. Jesu, de cometa anni 1618. VII. 80.
„ Ficinus „de vita coelitus comparanda“ I. 620, 669.
Marsilii Fic. Comment. in Plotinum II. 816.
Maris et feminae symbolum I. 377 s.
„ „ „ qualitates diversae II. 633 s.
Martellerus VI. 635.
Martianus v. Capella.
Martinizius, Bohemiae cancellarius, obss. Tychonicarum editioni prospexit VI. 616.
Martius, Romanis primus mensis VIII. 270.
Martius mensis periculosus senibus I. 638. [918.
Martrenkeri uxor, Kepl. patrima VIII. 915,
Maseres, Franciscus, ed. Kepleri logarithmos VII. 303.
Materiae inter Solem et Terram, refractionum causa III. 561.
Materiae inertia I. 161. VI. 167.
„ natura frigida et gravis I. 541.
„ proprium I. 137. VI. 313.
„ symbolum in geometria VI. 314.
Mater Kepleri v. Kepl.
Maternus v. Firmicus.
Mathematica causae naturalium, cur I. 136.
Mathematicus libellus captu difficilis II. 519.
Mathematicorum judicium de Cal. Gregoriano IV. 14 ss.
Mathesis quibus utatur animi facultatibus [V. 341.
„ subjectum VIII. 149.
Matthias (Archidux) Calvinistis favet VIII. 337.
„ (Imp.) vocat Keplerum ad comitia Ratisbonam IV. 4, 548.
„ a Röslino laudatus IV. 170.
„ Ferdinandum Archiducem adoptat VII. [511.
„ moritur VII. 134.
Matthiae lites cum fratre Rudolpho VII. 127 s., 512.
„ mortem num Keplerus praedixerit VII. 146.
„ thema astrologicum et fata VII. 135. VIII. 331, 344.
„ dedicat Keplerus Ephemerides annorum 1617 ss. VII. 479, 511.
„ item librum de Christi nativit. IV. 203.
„ „ Roeslinus lib. de Chr. nat. II. 170.
Matutini temporis amoenitas, unde II. 673.
Mauritius, Hollandiae princeps II. 769.
„ Hassiae Landgr. donat Maximiliano globum Byrgii II. 770.
Maurusiorum inscriptio IV. 149.
Maurolycus utitur literis in arithmetica VIII. 585.
Maurolyci opera astron. VIII. 584.
„ optica VIII. 585.
„ terrae dimetiendae ratio VIII. 584.
Maximilianus, archid. Austriae I. 493, 660.
Maximiliano Keplerus librum de stella a. 1604. tradit II. 605.
Maximilianus II. Imp. astrol. praedictiones invertit I. 645, 670.
Maximil. Bav. Dux mathematicis parum delectatur II. 583.

Maximiliano Bav. Duci tradit Keplerus Opticam II. 82, 117.
Maxima et minima v. Coni trunci.
Maximus, Martyr, de computo eccl. IV. 448.
Meckau (Meggau), nobilis Austr. imper. camerarius I. 658 ss. VI. 62. VII. 480. VIII. 806.
Mecometria, v. Nautonnier
Mediatio coeli VI. 191, 277.
Medicaea sidera v. Jovis satell.
Medici laudant Kepleri Opticam I. 581.
„ cum astrologis comparantur I. 549 ss.
Medicorum praxes obscurae et dubiae I. 631, [646.
„ salaria V. 205.
Medietates harmonicae V. 195 ss.
Medina, de arte navigandi II. 812.
Media proportionalia III. 299, 341. VI. 324 ss.
„ „ tria mundum absolvunt VI. 515.
Medium primum VI. 327, secundum VI. 324, tertium VI. 331.
Medium coeli I. 292 s., 362. VI. 252.
Medii aevi mores etc. II. 730.
Megasthenes de radice indica VIII. 96.
Megisseri bibliotheca VIII. 898.
Meibomius VII. 768.
Meister, annales Goerlicenses II. 605.
Melanchthon Martem conspicit magnit. prodigiosae II. 338.
„ praefatur Reinholdi editionem sphaerae Sacro Bosci II. 811.
Melanchthonis dies natalis VI. 738.
Melchior, episc. Viennensis v. Khleselius.
Melissus, de mundo II. 490.
Memhardus, rector scholae Linciensis I. 55. IV. 122 s. VI. 27.
„ ad Berneggerum de Keplero VIII. 807.
Memmingenses Keplero numerant summam ab imperatore imperatam ad ed. Tab. Rudolphin. VI 617.
Memoria artificiosa I. 340. Mulierum IV. 292.
„ comp. cum coeli effectu astrol. II. 647 V. 257 s. [VI. 93.
Menelaus de conj. Lunae cum fixis II. 322.
Menhardus Joh., registrator Pragae I. 61. II. 756. III. 692, 698.
Meninx cerebri II. 229.
Meniscus, quid II. 563.
Mens Platonica, diversa ab anima V. 251.
„ num sit in Sole V. 323 ss. VI. 344.
Mentis munia in motu III. 157, 318. VI. 178, 341 ss., 521.
Mensis, quotuplex VI. 465.
„ criticus VI. 465.
„ denominatio unde IV. 420. VIII. 269
„ periodicus, synodicus VI. 465 s.
„ sextilis in Augustum conversus IV. 295.
„ technicus VI. 469.
„ vacuus, plenus VI. 467.
Menses Aegyptiaci IV. 510.
„ Judaici II. 802. IV. 403.
„ Graeci IV. 154.
„ Romani V. 617. VIII. 272, 332.

Menses variarum gentium IV. 510 s.
„ cur habeant 30 dies VI. 367.
Mensium Persicorum nomina diversa VI. 609.
„ nomina latina unde VIII. 270.
Mensorum inita subtilitas V. 575.
Menstruationis vis astrol. I. 611.
Mensurae inaequalitas in civitatibus V. 617.
„ duae in astronomia VI. 317, 325 s.
„ variae inter se comparatae V. 507, 589 ss., 601 ss.
De Mensurarum Aequatione, Judicium Kepleri V. 616—627.
Mentzerus, theol. prof. Giessens. VIII. 793, 865, 884, 900, 908.
Mercator, geographus II. 824. VI. 555.
„ chronologus II. 789. IV. 355.
„ poli magnetici locum designat II. 816.
„ de eclipsibus II. 316, 423, 426. VI. 70.
„ „ Frisiorum navigatione in Americam VIII. 120.
„ „ Mercurio in Sole viso II. 431.
Mercatoris Chronologia II. 422, 426. VII. 813 ss.
„ globus II. 662 s., 824.
„ tabulae geographicae II. 812 s. VI. 555, 641.
Mercurius
a Braheo observatus I. 47.
„ Cicerone sanctus dicitur I. 343.
„ Copernico nunquam conspectus I. 168.
„ Fabricio observatus II. 107, 110.
crux astrologorum I. 171.
difficilis obs. II. 505 III. 326. VII. 595.
in Sole visus I. 542. II. 106 ss., 322, 495 VII. 40.
Mercurius in Sole 1609. II. 793—808.
Dedic. duci Württ. II. 795.
Florentiae furtim excus. II. 461, 468.
Errorem libri concedit Keplerus II. 106, 110, 787. VI. 514. VII. 594.
quando impress I. 514, 663. II. 108.
trismegistus dicitur falso VII. 595.
ventos num concitet I. 171 s.
Mercurii
aphelium, ubi VI. 454 s.
apogaeum VI. 455.
conjunctio cum Sole II. 804.
„ cum Venere II. 321.
diameter apparens VII 595.
distantia a Sole I. 15, 163. VI. 455.
„ a Terra VII. 595.
eccentricitas I. 15, 163. III. 39. VI. 455.
elongatio maxima I. 350. II. 95. VI. 453 s.
inclinatio orbis I. 350. III. 39. VI. 458, 529.
latitudo I. 343, 349 s. II. 788. VI. 96, 453, [458.
motus diurnus II. 650. VI. 453.
„ periodicus VI. 453.
motuum varietas I. 16, 22, 163, 171, 349. II. 110. IV. 86. VI. 46, 56, 453.
nodi II. 111. VI. 458. [VII. 494.
nodorum progressio, unde VI. 529.
observationes I. 47. II. 95, 107, 110, 650. VI. 772 ss.

Mercurii
orbis ellipticus III. 111.
„ corporibus regularibus adaptatus I. 12, [162 s.
perigaeum duplex I. 163. III. 39.
phases II. 470. VI. 352, 454.
scintillatio II. 101.
stationes etc. VI. 453 ss.
theoria I. 12, 21 s, 349 s. II. 108, 110. VI 96, 452 ss.
transitus (astrol.) Keplero infestus I. 319, 340. II. 96.
vis astrologica I. 171. II. 650.
Merentias astrologus IV. 113.
Meridiana linea sub polo I. 346.
Meridianus, quid VI. 191.
„ sphaerae armillaris VI. 201.
„ quomodo inveniatur VI. 23, 191, 220 ss.
„ primus in Terra VI. 191 s.
„ in gnomonicis VI. 210.
„ per Huennam et Romam IV. 41. VI. 23.
Meridianorum diff. per eclipses inventa I. 45. II. 358, 374. 426. III. 589. VI. 514.
„ numerus VI. 191.
Meridies, vox unde VI. 191.
Merkius, conrector scholae Ulmensis VI. 638.
Merlini (Merulae?) Cosmographia III. 456.
Mersennus, Marinus, monachus Gallus (1588—1648) Fludii adversarius VII. [584.
Mertelius IV. 127.
Mese, Meson, quid V. 9. 86.
Mesolabum I. 307. V. 594, 622.
Mesologarithmus, quid VI. 567.
Messahalla, de planetarum vi astrol. II. 640, 816. IV. 113.
Messis in Lovonia, Bohemia, Austria etc. 1602. I. 318.
Metallorum densitatis proportio ad planetas VI. 331.
Metaphysica VI. 121.
„ oppositio inter idem et alterum VI. 318.
Metator v. circulus curvitatis.
Metatrices II. 43, 54.
Metemptosis VI. 527.
Meteora et Meteorologica I. 172, 315 ss., 435, 513. VII. 18, 40, 642.
„ (aëris statum) Keplerus observat longo annorum serie VII. 447. (cf. p. 618 ss.)
Meteorologia astronomiae subordinata VI. 119.
Meteorologiae fundamenta II. 720.
„ cum musica comparatio I. 668. V. 248 s.
Metius, Adrian, a Keplero inventor tubi optici dicitur II. 484.
„ Tychonis obss. Uraniburgi interfuit I. [194.
Metii libri VIII. 664.
Meton, num fidus observator II. 76. IV. 88.
„ heliotropium constituit VIII. 276.
Metonis cyclus IV. 51, 96, 143, 159, 419.
„ sententia de Canicula VI. 292.
Metopoides i. q. ellipsis III. 77, 80.
Metrodorus de mundo VIII. 85.
Microcosmus, quid V. 64, 332.
Milbergerus, pastor VIII. 856.
Milichius, Witebergae prof. (amicus Melanchthonis) III. 464.
Millefels, eques Malthensis, alchymista VIII. [761.
Milleri, artifices August. V. 633 ss.
Milliare Germanicum cum Italico et cum stadio comparatum VI. 134.
Mimnermus de eclipsibus II. 311.
Minerval, v. Serarius.
Mingonius, medicus Caesaris VII. 471.
„ Kepleri Ephemerides in Italia vendendas curat VIII. 848.
„ pro Kepleri salario intercedit V. 57. VIII. 848.
Minuta circuli VI. 203.
Mira Ceti I. 305, 358, 504. II. 278, 589, 597, 603 s., 693, 699.
Miraei vita Alberti Archiducis VII. 6.
Miracula, cui fini II. 708.
Mirandula v. Picus.
Missilium motus quales VII. 176, 222.
Mitschelius VIII. 903.
Mittelburgius, Paul IV. 48.
Miverius de refractione II. 99.
„ de Sole praemature viso II. 215.
„ Lansbergii defensor II. 415, 433. III. 97.
Mizaldus poëta et medicus de cometarum origine, de fulmine VIII. 602.
„ de nucleis malorum I. 614.
„ „ Regiomontani observationibus VII. 14, 250, 257.
Mizaldi carmina I. 668.
„ cometographia VII. 257.
Mnemon, Lampsaci tyrannus IV. 513.
Mobilium et immobilium in mundo proportio VI. 332.
Modus in cantu, quid V. 179.
Moletii opera VIII. 609.
Molae conceptio I. 511.
Molitor V. 481.
Mollerus Joh., de Urso I. 217 s.
„ Albinus, de stella a. 1604. II. 703, 706, [830.
Monachii res artificiosae II. 814.
Monachus, histor. II. 322.
Monarchiae Danielis VIII. 310.
Monamotapa I. 488 II. 661. VI. 195.
Monochordium V. 39, 142 ss.
Monochordii rationes applicatae ad sectiones zodiaci I. 139, 379 ss. II. 644.
„ sectio I 382. V. 163.
Mondsfinsterniss, Opus Kepleri, v. Eclipsis Lunae.
Monstra I. 559. II. 724. V. 66.
Montes Lunae in Africa II. 221. VI. 489.
Montium altitudo II. 212, 285. VI. 129 s., 152.
„ colores e longinquo I. 589.
„ umbrae II. 285 s.
Montucla de Guldino IV. 651.
„ de Maria de Bologne VI. 543.
Morae, v. Lunae, planetarum.
Morborum causae (astrol.) V. 260.
Mores hominum num in pejus vergant VII. 762.
Mortuorum sors VIII. 100 s.

Moschingerus Keplero promittit operam suam in aula VI. 62.
Mosoch (Mesech), Moscov. auctor. VII. 789 s.
Moscovita I. 300.
Moses II. 131, 269, 629. VI. 325, 334.
Mosis auctoritas in historiis VII. 755.
Motor, v. planet. motor.
Motoriae facultates I. 590. III. 116 ss., 300 ss., 418. V. 250 ss. VI. 344 ss, 371 ss., 376 ss.
Motrices animae v. animae.
Motus in Europa II. 740.
De Motu Veneto, judicium Kepleri astrologicum II. 609 s.

Motus
quid II. 333. VI. 169.
circularis III. 177 s. VI. 164, 175, 338, 340, [372.
compositus VI. 175.
concomitantiae Tychonis VII. 221, 276, 285.
in consequentia III. 172.
corporum quibus causis inflectatur II. 137 ss.,
diurnus VI. 168 ss., 214, 432.
diurni visi veris aequales VII. 227.
finitus finitorum VII. 222.
gravium ad centrum VI. 163 ss.
horarius VI. 500, 504.
„ fictus VI. 465.
in latum principia VI. 382.
magnetici VI. 375, 379.
musculorum III. 177.
octavae sphaerae I. 591.
perpetuus I. 507. II. 814. III. 177.
„ num magnetis vi fieri possit II. 639.
physicus II. 137, 674. III. 459.
primus, secundi III. 171. VI. 125, 168 ss., 214.
projectilium cum Terrae motu comparati VI. 378.
proprius VI. 169, 308. [172.
puncti in Terrae superficie II. 673. VI. 170,
scaphae, remis et temone directae, comparatur Terrae motui III. 387. VI. 362, 383 s.
simplex, prutenicis tabulis quid III. 115.
vectis et staterae cum Terrae motu comparati VI. 373 ss.
tarditas et velocitas arguit locum in mundo VII. 213.
species arguunt differentias mobilium VII. [222.
Terrae v. Terrae motus.
trepidationis I. 117, 195. III. 431, 508. VI. 109, 519.
uniformis et difformis VII. 236.
violentus III. 152. VI. 164, 175, 378.
Motus visus pro vero habitus II. 333 s.

Motuum
apocatastasis I. 186 s. VI. 492.
coelestium causae physicae III. 195, 418 s. VI. 177 s., 337, 372 s., 392, 472.
„ regularitas perpetua II. 694.
„ cum sonis harmonicis et distantiis planetarum comparatio I. 143, 382. III. 172. V. pass. VI. 515.
et eccentricitatum planetarum comparatio I. 166, 169.

Motuum
exempla in Terris VI. 338.
finis, quis VI. 305 s., 359, 372.
harmoniae ex corp. regul. deductae V. 21.
molendinorum cum planet. mot. comp. VI. [350.
principia duo VI. 522 s.
Motuum species III. 171. VI. 336.
Müller, Joannes, v. Regiomontanus.
Müllerus Joh., amanuensis Tychonis, posthac mathematicus electoris Brandenburgici I. 364. VII. 143. VIII. 739, 741, 746, 779 s.
„ Marx, prior maritus Barbarae Mülleriae VIII. 689, 691.
Müller, Vitus, prof. Tubing. de Luna I. 8, 14, 34, 188. II. 569. mort. VI. 632. VIII. 40, 989 s.
„ Nicolaus, prof. Groning., ed. Copernicum I. 19. II. 415. VIII. 566.
„ „ Mariam (Dominicum) Copernici dicit adjutorem II. 415.
„ Philippus, prof. Lips. II. 481. III. 35. VI. 48. VIII. 920.
„ „ ei dedicat Bartschius „Admonitionem“ etc. VII. 589.
„ „ de cometa a. 1618. VII. 82 ss., 103, 144 s.
„ „ „ Crügeri lite cum Nagelio VI. 73.
„ „ „ Kepleri Epit. et Harmonia V. 66. VI. 73.
Mülleria, Barb. a Mühleck, v. Kepleri uxor.
Münsterus, de dist. locorum I. 20, 189.
„ ed. Sphaeram Abrahami Hisp. V. 40.
Multiplicatio curtata VII. 306.
Mundus Jovialis v. Marius.
„ laternae comparatus VI. 311, 314, 560.
„ ratione conformatus Plutarcho II. 270.
„ trinitatis imago I. 11, 106, 122 s. II. 131. VI. 140, 143, 310, 334.
„ vulgo, quid VI. 122.
Mundi anima II. 270. V. 61, 251 ss. VI. 310 et pass. VIII. 1008.
aetates VI. 496. VII. 754 ss.
centrum VI. 160 ss.
comparatio cum animali II. 601, 676.
„ corpora inter se comparata II. 501. VI. 324 ss.
„ creatio I. 184, 186, 423. IV. 128 s.
„ creationis tempus diversis auctoribus diversum VI. 652. VII. 764.
„ facultas formatrix II. 601, 701. VIII. 71.
„ figura I. 123. II. 131. VI. 140.
„ immensitas II. 490, 500, 504, 568. III. 152.
infinitas negata II. 500, 687 ss.
initium et finis I. 184. VII. 754 ss.
magnitudo I. 68. II. 672, 676. VI. 332 s.
partes praecipuae VI. 310 ss.
partium proportio VI. 331 s.
perfectio I. 151. II. 672 s. VI. 310.
„ poli VI. 190, 519.

Mundi principium VI. 523.
„ systema v. Copern. etc. et hypotheses.
Mura fluvius II. 287.
Murarius, adversarius Kepleri V. 481 s.
Murium agrestium in Germania ingens copia a. 1617. VII. 620. [I. 59.
Murr, Norimberg., de Kepleri manuscriptis
Murrius I. 29, praec. scholae Grat. VIII. 684.
Musaeus inventor sphaerae I. 249.
Musica artificialis et naturalis V. 417.
„ cum aspectibus et motibus comparata I. 139 ss., 197 ss., 372, 379, 429. II. 587, 644. V. 132. et pass.
„ cum geometria comparata V. 24.
„ vetus et recens comp. I. 248, 374. V. 24 ss.
Musicae theoria I. 379 ss.
Musteraka VI. 109, 605.
Mütschelinus III. 689. VI. 619. VIII. 24, 968.
Myops II. 256, 540.
Myritii cosmographia V. 597.
Mysterium Cosmographicum v. Prodromus.
Mysteriorum in Graecia tempora IV. 96, 97.
Mysticorum aenigmata taxat Keplerus V. 425.

N.

Nabataea VI. 195, 543.
Nabonassar III. 449, 695. IV. 103 ss. VII. 782 ss.
Nabonassaris aera IV. 103 ss., 133.
Nabonnidus VII. 806.
Nadir VI. 188, 209.
Nagelius de cometa a. 1618. I. 662. IV. 173. VII. 85.
„ astron. Brah. oppugnator VI. 28, 35.
Nagelii scripta et lites I. 661 s. IV. 173. VI. 28 ss.
Naibodus commentatur Ptolemaeum I. 366.
Narratio de Jovis satellitibus, libellus Kepleri 1611. II. 507—514.
Nascentium geneses plerumque similes genesibus parentum II. 646.
Nasus ad distinctum visum utilis II. 228.
Nasu trunco homines II. 228.
Nativitates i. q. geneses.
Natura simplicitatem amat I. 113. VI. 168.
Naturae facultates II. 638 ss. V. 250.
Naumachia Augusti IV. 244, 327.
Nautarum nomina siderum II. 630.
„ observandi ratio II. 324.
„ rationes, loca in mari distinguendi III. 318, 455.
Nautica acus vel rosa vel pyxis v. Compassus.
Navigatio in oceano tuta II. 502.
Navis motus v. motus scaphae.
Nautonnier, Guil., de arte navigandi (Mecometria) III. 455 ss., 733. VIII. 54. [607.
Neandri elementa doctrinae sphaericae VIII.
Neapoli observatur eclipsis a. 1605. II. 696.
Neapolis Nemetum schola, contra Calend. Gregorianum IV. 5.
Nebucadnezaris somnium II. 708.
„ historia IV. 135 ss. VII. 785 s.
Nebulae a Sole dispelluntur VII. 26, 110.
Nebularum guttae prodigiosae II. 215.
Nebulosae convolutiones in coelo II. 500, 526.
Necho, Aegyptiorum rex VII. 786.
Nellingensis praesul VIII. 828 s.
Neoburgici comitis filii genesis I. 354.
„ comitis legati observant eclipsin a. 1605. Keplero monstrante VIII. 45.
Neperus, Baro Merchistonius, logarithmorum inventor VI. 563, 567. VII. 295.
„ de usu logarithmorum VII. 521. Ejus canon I. 177. III. 676. V. 51. VI. 563. VII. 295 ss.
Neperi filius Robertus edit patris logarithmos VII. 295 s.
Nepero dedicat Keplerus Ephem. a 1620. VII. 520.
Nerlichius, typographus Lips. VII. 8.
Neronis acta et fata IV. 199, 381 ss. VII. 33, 121.
Nervus opticus II. 233, 539.
Neumann, de domo qua Keplerus obiit VIII. 925.
Neupronneri Ulmenses IV. 123.
Nicenus cyclus IV. 471.
Nicenum concilium de paschate IV. 17, 25, [47, 51.
Nicias, dux Atheniensis VIII 322.
Nicomedis conchois v. conchois.
Nicri fontes II. 214.
Nidenaus VIII. 740, 777, 810 s., 926.
Niewieschinsky, Boruss. V. 627.
Nigrum, colorum terminus I 643. II. 134.
„ fortiter illustratum spargit radium rubrum I. 425.
Nigri et candidi vis in lumen II. 268.
Nigra cur facilius inflammentur quam alba II. 145, 268.
Nigidius Figulus I. 60. IV. 73. VI. 607.
Nihilum, quid VII. 717.
Nili fontes II. 221.
„ cursus metae VII. 182.
Nimrodi historia VII. 768 ss. VIII. 308.
Ninus num idem cum Nimrodo VII. 771.
Nini epilaphium VII. 771.
Nitri fabricatio VII. 141.
Nix Sexangula 1611. VII. 715—730.
Nives in regionibus montanis V. 257.
Nivium cumulatarum (Lauvinen) vis I. 564.
Noae filii VII. 788 s.
Nobilium auctoritas in civitate V. 206 s.
Nolthenius s. Nolthius de cometa a. 1577. VII. 248 s., 289.
Nomenclatura astron. a Keplero mutata III. 51, 123. V. 279.
Nonagesimus VI. 240, 508.
Non—ens V. 107.
Nonius de arte navigandi III. 454 s.
Nonii opera VIII. 601.

Nonnemannus, Argentin. IV. 127.
Norimbergenses negant Keplero summam 4000 flor. solvendam VI 617.
Norici elevatio supra mare II. 212.
Norumbega in America septentrionali (hodie Nova Brunsvigia) VIII. 119.
Novae Zemblae refractiones (v. Batav.) II. 214. VII. 245.
Nova in coelo turbant naturam sublunarem V. 257.
Novationis vitium VI. 306 s.
Novilunium paschale IV. 17, 52 ss.
„ paradoxon II. 279, 699.
„ anno 1. Juliano IV. 296.
Nox artificialis, quid VI. 253.
Noctes intra polares VI. 256 s. VIII. 99, 120.
Noctium frigiditas, unde II. 673.
„ claritas inaequalis II. 316.
Nubes, cur pendeant in aëre I. 347. II. 210.
„ avium, cicadum, cinerum VI. 513.
„ cur aestate glaciantur II. 100.
Nubium altitudo I. 323, 347. III. 152.
„ „ quomodo metiatur I. 347. VI. 153.
Nubeculae in coelo a Galilaeo congeries stellarum inventae II. 500.
Numa Pompilius auctor pontificatus IV. 12.
„ annum Atticum Romae introduxit IV. 96.
Numae correctio calendarii VIII. 271.
Numerabilia in mundo I. 139, 142.
Numeratio denaria V. 514, 547, 617.
„ in signorum consequentia etc. VI. 203.

Numerus

aureus IV. 17 ss., 50 ss. VI. 494.
duodenarius I 134, 197. VI 202, 367. VIII. 250.
geometrarum sermo V. 86. VI. 120.
infinitus VI. 139. irrationalis, surdus V. 86
orbium planetariorum e corporibus regul. desumtus I. 110.
platonicus VII. 311.
quinarius I. 144, 377, 429 VIII. 71.
senarius, sexagenarius I. 107 ss., 130 ss., 197. V. 149. VI. 204.
septenarius II. 116. ternarius V. 149.
memerus 360. VI. 204, 360. VIII. 250.
666 a Faulhabero etc. in vaticinium abusus IV. 173, 486 ss.
720 VI. 325, 360.
Numeri astronomo sacri I. 134, 197.
„ figurati I. 111. VIII. 161 ss.
„ in Joannis Apokalypsi VII. 699.
„ musicales I. 380 ss. V. 391 et pass.
„ primi V. 392.
Numerorum nobilitas I 107, 110.
„ nobilium origo I. 134.
proprietates V. 363. VIII. 156 s.
relatio ad mundum I. 10, 111.
theoria VIII. 165 ss.
„ progressio per 10, unde V. 617.
Nummus in fundo vasis II. 46, 56, 209, 217.
Nummi Macedonici IV. 147 s.
Nummorum vilitas in Würtemb. VIII 900.
Nuncius sidereus v. Galilaei.

O.

Oberleitner, Carolus, edidit Kepleri mss. e tab. Vien. III. 9. VIII. 807.
Oberndorfer, medicus Gratiensis, postea Ratisb. VIII. 691, 878, 927, de Maestlini libro de Cal. Gregoriano I. 30.
Obliquatio VI 450
Observationes v. Brahe, Keplerus, Snellius.
„ quomodo instituendae II. 323. III. 66. VI. 120.
„ in septentrione num pejores VII. 215.
„ utrum subtiliores fieri possint II. 477, 675.
Observationum cautiones, ratio, vitia II. 208, 262 ss., 279 ss., 309.
„ certitudo, qualis II. 477, 670 ss. III. 88, 100. VI. 333. VII. 203 s.
Observatorium quale Keplerus construendum censuerit I 68.
Oby, fluvius II. 217. [283.
Occidere, oriri in astronomia, quid VI. 213 s.,
Occultationes siderum mutuae II. 321.
„ sub Solis radios VI. 283 ss, 487, 552.
Oceanus, monstrorum pater VI. 178. VII. 30, 115.
Oceani litora raro nivibus operta II. 213.
„ motus III. 151. VI. 129.
„ partes VI. 128.
Octaëdrum I. 131 ss. V. 271.
„ cubo cognatum VI. 320.
Octaëdri genesis VI. 320.
Octantes VI. 466.
Octava in musica V. 158.

Oculus

lucis attenuationem, densitatem sentit II 169.
camerae obscurae compar. I. 570. II. 235 s.
distantias comparat II. 169 s., 491.

Oculi

axis II. 537.
cur bini II. 167, 226 ss., 325, 540.
„ videant imaginem simplicem II. 242, 325, 524, 539, 574.
cogitabundorum II. 239.
colores diversi II. 230.
conformatio II. 167 s., 228, 254 s.
etymologia II. 226.
humores et tunicae II. 167 ss, 226 ss., 237 ss., 254, 259 s., 538, 701, 829 s.
nutritio II. 257.
partium icones II. 229.
piscium II. 169.
pupilla II. 479.
sani rationes II 510. VIII. 104.
scintillationes II. 112, 231.
similitudo cum caepa II. 229.
cur sublimes II. 227.
Oculo cur interdum uno utamur II. 262.

Oculum tangentia cur non videantur II. 151.
Oculorum diversitas II. 540 s.
„ distantia inter se II. 167 s., 228.
„ deceptiones I. 247. III. 153, 193. VI. 180 s.
Odontius, Kepleri minister III. 8, 14. IV. 109.
„ professor math. Aitorfii VIII. 623.
„ de Marii observationibus VIII. 825.
„ Tabulas Rudolph. commendat senatui Norimbergensi VI. 637.
„ quaestiones de Luna Keplero mittit VIII. 623.
Odoratus cum visu comparatus II. 149.
Oechslin, v. Taurellus.
Offucius, de aspectibus I. 371, 657. II. 642.
Ogygia insula VIII. 98.
Ohm, Martin, prof. Berolin. I. 291.
Olei therebinthini pondus II. 72, 74.
Oliva, corpus geometricum IV. 578, 588, 601.
Olympus mons I. 347. II. 50, 212. IV. 227. VI. 152.
Olympici ludi instituti IV. 164, 419, 505. VI. 528. VIII. 276.
Olympiadum ordo et origo I. 254, 286. IV. 28, 31, 98, 227, 300, 505. VII. 760. VIII. 288.
Ὁμαλοκίνησις, i. q. motus medius III. 115.
Onufrius V. 41.
Opacum, quid II. 135.
Opinianus VIII. 120.
Optica Kepleri 1604.
dedic. Rudolpho imp. II. 121.
praefatio Kepleri II. 127 ss.
„ editoris II. 3 ss.
quo tempore et cur scripta I. 341, 370. II. 3 ss., 77, 121. III. 35, 67, 75.
notae Kepleri ad Opticam II. 133.
explicata II. 36, 101 et pass.
laudata II. 36, 95, 427. III. 518.
medicis grata I. 581. II. 36. V. 258.
obscura quibusdam II. 517.
parallaxium doctr. emendat II. 328, 420ss.
ad parallelogr. virium alludit II. 138 s.
tubi opt. rationem num explicet II. 492. 517.
quibus dono data II. 4, 15, 34, 81 s.
ejus pars altera promissa II. 354, 358, 362, 371, 395 s., 439.
Optica astronomiae pars II. 127. VI. 119.
„ ad magiam adhibita II. 525.
„ qua methodo docenda II. 78 ss.
„ probl. et axiomata II. 10 ss., 180, 187 ss., 215, 229 ss., 239, 484, 528 s., 564. VI. 131, 143 ss.
„ quaestio de coloribus I. 645.
Opticae Kepleri errata correcta II. 81 s., 418, 439. III. 441, 533. VII. 704.
„ „ inventiones cum Galilaei invent. comparatae II. 490 ss.
„ studia languent II. 246, 261.
„ nomenclatura nova II. 130, 280, 417.
Opticae utilitas II. 127 s., 520.
Opticum artificium II. 153, 252, 262, 292, 494, 569. VIII. 61.
„ problema Pisani II. 481.
Oracula IV. 155.
Orbis magnus I. 111, 117. VI. 431 s., 438 s., 441, 515.
„ magni usus VI. 438, 442.
„ terreni ad planetarum orbes ratio I. 68 et pass. VI. 515.
Orbes deferentes nodos VI. 401.
„ solidi in coelo negantur I. 46, 160, 247, 589. II. 519, 677. III. 149, 177. V. 398. VI. 309, 312, 340, 385, 402.
„ reales Röslini I. 229, 507.
„ restituentes I. 258.
„ revolventes Aristotelis VI. 339.
Orbium coelestium spissitudo I. 14, 181 s.
„ „ numerum et motum quaerit Keplerus I. 106 ss.
„ restitutionem quaerit Keplerus I. pass. II. 505. III. pass. VI. 312, 350, 402 et pass.
Origanus Astronomus Francofurtensis I. 658.
„ de Brahei theoria Solis VI. 603.
„ Astrologia I. 293 s., 366.
contra Calend. Greg. IV. 5.
de conj. magna II. 618.
eclipses computat I. 434. II. 441.
eclipsin a. 1626. falso indicat VII. 554 ss.
„ de long. diff. inter Romam et Norimb. VI. 555.
„ „ Stadii Ephemeridibus III. 473.
„ Terram mobilem statuit VI. 180, 540.
Origani Ephemerides I. 295, 366, 658. II. 441, 811. III. 473. VI. 540, 603. VII. 444 ss., 492. [608.
„ „ cum Kepl. comparatae VII. 554,
„ tabulae aequationum I. 658. VI. 587.
„ hypothesis de mundo VIII. 663.
Orion II. 500, 689. VI. 137.
Orlandus, musicus V. 186, 194.
Orosius, de Augusti censu IV. 215.
Orpheus in orco astronomorum studiis comparatur a Rhaetico I. 197.
Ortelius VIII 120.
Ortholphus, praeceptor Hirsaviensis V. 478.
„ de Kepleri praedictionibus astrologicis I. 296.
Ortus et occasus cosmicus, heliacus etc. VI. 283 s., 429 ss.
Osculator, v. circulus.
Osiander, Andr, Copernici opus Norimbergae typis excudendum curat I. 245, 286. III. 136.
„ de Danielis prophetia VII. 834.
„ „ hypothesibus astr. I. 286.
Osiandri epistolae ad Copernicum et Rhaeticum I. 246.
„ praefatio in Copernici opus I. 245. III. 109, 136.
„ Harmonia Evangeliorum IV. 522.

Osiander, Andreas, cancell. Tubing. I. 78.
„ Lucas, contra Cal. Greg. IV. 5.
„ „ de Kepleri opere argenteo I. 78.
Osius, Gratiensis VIII. 691.
Ostertag, rector scholae Ratisbonensis, de epitaphio et rebus Kepleri VIII. 924
„ Kepleri monumento quid inscribendum censuerit VIII. 1023.
Otho, Valent., auctor operis Palatini de triangulis I. 8. III. 24. VI. 567. VII. 306.
„ imperator I. 632.
Overallus, Londin., Calvisio mittit Ptol. canonem IV. 517.
Ovidius cit. I. 538. II. 227, 334, 806. IV. 244, 327, 458 s. VII. 770. VIII. 270.
Oviformis figurae dimensio V. 505.
„ „ quadratura III. 344 s.
Ὄψις quid sit Euclidi II. 164.

P.

Pachmarius, Cremsensis IV. 127.
Pachymerius, de magnète V. 41.
Paduanus, de Calendarii reformatione IV. 4, 6. VIII. 608.
Pagninus (ordinis Dominici, mort. 1541) interpres Danielis VII. 805 s.
Palatinum opus v. Otho.
Palilia VIII. 270.
Palilicium II. 322. VIII. 573.
Palmerius Pisanus de cometa a. 1472. VII. [258.
Palpebrae, cui usui II. 228.
Panaetius, de astrologia II. 645, 816.
Papirius Cursor IV. 146.

Papius,
medicus, Kepleri amicus I. 9. VIII. 979.
de Aequaependentis et Casserii anatomia II. [36.
de Fl. Crusio VIII. 837.
Kepleri liberis dona misit VIII. 773.
de Kepleri et Risneri Optica II. 36.
„ „ theologia VI. 27.
„ „ uxoris morte VI. 26. VIII. 796.
„ „ et sua conditione Gratii VI. 27.
„ „ vitae ratione ineunda I. 9.
Keplero suadet ut ad Tychonem transeat VIII. 709.
de mathematicis in Brandenb. II. 36.
Papii epigramma in Keplerum II. 37. [27.
„ disputatio de stibio et de visu II. 36. VI.
Papium mortuum nunciat Crügerus VI. 28.
Pappenhemius, dux Bavarorum, tumultum agrestium Austriac. exstinxit VI. 619.
Pappus inventor calculi centrobaryci IV. 651.
„ de superficie sphaerica VI. 140.
Pappi propositiones et problemata geometrica III. 501, 687. IV. 607. V. 80, 110. VI. 140, 407.
„ trisectio anguli V. 110.
Parabola, in usum refractionum et reflexionum adhibita II. 175, 190.
Parabolae area IV. 558. V. 517.
Paracelso pes truttae signum sanitatis V. 122.
Paradeiser I. 312.
Paradisi locus VI. 72, 652.
Paralipomena ad Vitellionem, v. Optica Kepl.
Parallactica tabula Kepleri II. 330, 434.
„ tabula Brahei, v. Brahei.
„ doctrina insidiosa VII. 200.
Parallacticae doctrinae scriptores VII. 167.

Parallaxis,
quid II. 326, 668.
altitudinis VI. 282, 507. VII. 234.
annua s. orbis II. 331. III. 66. VI. 448, 577. VII. 49.
demonstratio popularis VII. 260.
horizontalis III. 520. VI. 497.
longit. et latit. II. 328 ss. III. 91, 704. VI. 507 s., 700. VIII. 262.
Lunae II. 326. III. 521. et inde pass. VI. 282, 497. VII. 172.
„ a Sole III. 522. VI. 508.
planetarum VI. 54, 282, 508, 577.
a Politiano „paralapsis" dicta II. 670.
quotidiana (diurna) II. 326 ss. VI. 282, 437, 508. VII. 49.
pro refractione usurpata I. 170. II. 522.
refractionibus cognata VI. 282.
species a loco in coelo VII. 234.
stellae a. 1604. nulla II. 669.
stellarum fixarum nulla I. 47, 592. VI. 282.
ex parallaxi portentosa calculus altitudinis VII. 247 s.
Parallaxium calculus VI. 508, 700. VIII. 260. [203 s.
„ effectus in altit. sideris detegenda VII.
„ demonstrationis processus varii VII. 183 ss., 219, 231, 240, 259, 263 s, 287.
„ „ error detectus VII. 200.
„ „ ratio Regiomontani VII. 205 ss., 254 s., 283.
„ investigatio VIII. 260.
„ usus I. 592. II. 326 ss., 668. III. 91, 520 ss., 704. VII. 172.
Paralleli (sc. circuli) VI. 200, 209, 261.
Parallelogrammum, parallelepipedum VI. 140 s.
Parcae VIII. 103.
Parelia, Paraselenes II. 100, 211, 254, 574. VII. 465.
Parmenides II. 502. VIII. 86.
Pars Keplero i. q. gradus VI. 203.
Pars fortunae (astrol.) I. 322. VIII. 303.
Partes frumenti etc. (astrol.) I. 434 s., 455.
Particula exsors VI. 468, 470 ss., 586 s.
Pascha, quando celebrandum I. 340 s. II. 801. IV. 17 ss., 350, 405. VI. 494.
Passavienses milites Pragae a. 1611. IV. 517. VIII. 356.
Passio, in rebus physicis quid V. 215.
Passiones planetarum VI. 481 ss., 496.
Patavini philosophi, quales II. 457.
Paterculus de hist. Jud. IV. 190 ss.

Paterculus de paliliis VIII. 270.
Patricius, Franciscus,
philosophus italus I. 228.
de Brahei hypothesi I. 225.
„ astronomicis hypothesibus I. 247. II. 826.
„ planetis eorumque orbibus I. 247, 337.
cum ratione insanit III. 172.
de fluxu et refluxu maris III. 455.
stellas dicit flammulas II. 679, 683.
de Zoroastri astronomia I. 250.
Patriarcharum aetas VII. 760.
Patrum ecclesiasticorum ratio chronologica IV. 222, 224, 261, 289, 293, 352 ss., 430.
„ „ sententiae de Terra III. 156.
Pauli apostoli liber naturae I. 97.
„ „ vaticinium II. 744.
„ Veneti peregrinatio VI. 558.
Paulus III. pontifex maximus VII. 276.
„ V. „ „ II. 610.
„ Middelburgensis, de Calendario VI. 109.
Peckham, s. Pisanus, de perspectiva II. 36, 152, 402.
„ de specie Solis rotunda II. 153.
Pecunia luxus parens VII. 762. Ejus pretium sec. XVII. II. 722. VIII. 559.
Pedicula in inquisitionis carceribus VI. 534.
Pediculorum generatio II. 700 s. VI. 178.
Peinlich, rector gymn. Gratiensis, de Kepleri fatis VIII. 734 ss. [701.
Pellucidum, quid II. 50, 133, 147, 149 s.,
„ refractionem causatur tota soliditate II. 46 ss., 66, 71, 133.
Pellucidi et perspicui differentia II 147.
Pelluciditatis causae II. 74 ss., 147. VI. 145.
Pena, Joannes,
mathematicus gallus II. 519, 573 s.
de aëre et aethere II. 208, 519 s., 573.
„ cometis II. 523.
Copernico fidem negat. II. 521, 573.
edit Euclidis Opticam et Harmoniam I. 205. II. 402, 450, 519.
de Galeno II. 574.
„ motu planetarum II. 520, 573.
refractiones siderum negat II. 520, 522 s., 573.
„ cum parallaxibus falso permutat II. 522.
sphaeras coelestes pellucidas negat. II. 519 ss.
de stellarum fixarum motu II. 521.
vera cum falsis miscet in praefatione in Euclidis Optica etc. II. 519 ss.
de via lactea II. 524.
„ visu II. 524, 574.
Penicillorum axis, quid II. 536.
Pentagonum V. 99 s.
Penumbra II. 280, 417. III. 516, 523. VI. 503. VII. 466.
Percius, Anglus, fautor Harioti II. 67.
Percii conjuratio I. 665. II. 67.
Peregrinatio v. Horkius.
Perfectionistae VIII. 887.
Perihelium et aphelium pro perigaeo et apogaeo a Keplero indigetatum I. 157. VI. 433.
Periodus 800 annorum II. 636. VI. 495.
Peripatetici philosophi refutati II. 146. 290.
„ „ de motu stellarum VII. 181.
Perioeci VI. 297. Periscii VI. 267.
Perpendiculum in trigonometria VI. 199.
Persei epigramma I. 80.
„ Macedonis clades III. 693, 696.
Persae Solem adorant VI. 307, 312.
Persarum monarchiae IV. 139 s.
Persii versus Kepleri symbolum II. 671, 828.
Perspectivae fundamenta VII. 279.
Perspicilli usus et theoria II. 45, 255 s., 492, 517, 532 ss.
„ duobus oculis aptati constructio II. 481 s.
Peruanum clima I. 339, 350. II. 498.
Peruanorum triscaidecas dierum VIII. 120.
Peruani montes II. 212.
Pes Linciensis V. 540.
„ Romanus V. 44, 592, 597.
Pedis longitudo e gradus longit. elicita V. 621.
Pes truttae V. 122.
Pesting mons III 724.
Pestis Pragae a. 1606. II. 108, 835. IV. 114.
„ „ a. 1599. I. 101.
„ Resterhaviae a. 1602. I. 321.
„ Stuttgartiae et Tubingae a. 1594. I. 7.
„ Tubingae a. 1634. V. 47.
„ num a cometis VII. 27, 112.
Petavii doctrina temporum a Keplero taxata IV. 153 ss.
„ Uranologium III. 513.
Petrus de Medina de acu magnetico II. 812, 814.
„ „ Alliaco v. Alliaco.
„ Peregrinus Maricurtensis, de magnete II. 812, 815.
Peucerus, ejusque scripta I. 366. VIII. 592 s.
„ filius, de Proclo II. 431.
Pezenas de doliis IV. 658.
Pfaffenhofen, domicilium Reginae Ehem VIII. 811.
Pfautzius, prof. Lips. I. 58.
Pfisterus, Tubing. VII. 300.
Pfleidereri, prof. Tubingensis, diss. de Kepleri Stereometria doliorum IV. 651 ss.
Phaenomena, quid VI. 120
Phaenomenon singulare v. Mercurius in Sole.
Phaleraeus, v. Demetrius.
Phandlerus V. 63. VI. 73.
Pharaonis somnium II. 708.
Pharisaeorum acta IV. 255, 343.
Pharmacopoeorum pondera V. 591.
Pharnaces de Lunae lumine II. 300.
Phavorinus (Favorinus), philos. temp. Adriani de astrologis I. 624.
Pherorae uxor IV. 255, 343.
Philippus, Herodis filius IV. 188, 231, 378.
„ II. Hisp. rex VII. 34, 121.
„ III. „ „ I. 356.
„ Landgr. Hassiae de instr. astr. VII. 30

Philippus, Landgr., Kepleri logarithmos ad typum procurat VII. 300 ss.
„ a Keplero calculi compendium petit VII. 304. Ejus instrumenta astron. VII. 581, 594.
Philippo dedicat Lud. Keplerus „Somnium" VIII. 28.
Philo, de musica V. 29.
Philonis historici libri dubii IV. 213, 226.
Philolaus, de mundo I. 250, 262.
Philoponus, contra Proclum V. 324.
Philosophia qualis in Italia II. 457.
Philosophiae ingenium VII. 212.
Philosophi de mundi generatione II. 701.
comparati cum astrologis I. 646.
a Romanis urbe pulsi VI. 306.
de stella nova 1604. II. 706 s.
„ „ astrologia I. 595, 625 ss.
„ „ optica II. 524.
Philosophorum antiquorum nimia auctoritas II. 37.
„ discipuli, diversi a magistris II. 693.
„ secta peculiaris II. 687.
Philosophicae transactiones Londinenses I. 58.
Φορα, quid VI. 336.
Photiniani VIII. 900.
Physica scientia I. 568. VI. 119.
„ contemplatio Keplero in astronomia dux III. 547.
Physicae rationes in locando cometa VII. 203.
Physici contra Terrae motum I. 509.
„ de stella nova 1604. II. 706.
„ non creduli esse debent II. 524.
Physiognomicus instinctus V. 225.
Piazzi stellarum catalogus II. 751.
Piccolomini, archiepiscopus, philos. Aristotelicus VIII. 606.
ejus stellarum figurae II. 757.
„ stellas fixas literis signat VIII. 606.
Pictorum artificium, remota aëris colore caeruleo repraesentandi II. 292.
„ errores in delineandis figuris constellationum II. 662, 757.
Pictura in optica, quid II. 250.
„ per lentes et in oculo inversa II. 251, 258, 536.
„ „ globum vitreum II. 239 ss.
„ rerum in oculo II. 233, 258.
Picturae et imaginis discrimen II. 250.
Picus, Mirandulae comes (1463—1494) contra astrologos I. 431, 658. II 578, 629 s., 635 ss. V. 245, 252, 259. VII. 753.
„ de conjunctionibus magnis II. 637.
„ „ imaginum in coelo nominibus II. 630.
„ Keplero auctor, ut astrologiam accuratius taxaret V. 252.
„ de Messahala II. 640. Contra Ptolemaeum II. 642.
„ „ musica II. 643.
„ „ Panaetio et Plotino II. 645, 816.
Pici libros contra astrologos Keplerus edendos in animo habet V. 266.
Pieronius Florentinus de poli altitudine Romae VI. 64.
„ cum Keplero eclipsin a. 1628. observat VII. 565.
Pifferi tabulae astronomicae II. 783 s.
Pighius, de calendario romano VI. 109.
„ contra Stöfleri vaticinium I. 666.
Pilatus in Judaea IV. 189.
Pimander, de octonario V. 132.
Pindarus de defectibus Solis II. 311.
Pinguedinis ex Terra ortae causa II. 700.
Pinnacidia Tychonis VII. 305.
Pisanus, Johannes, v. Peckham.
Pisanus, Octav., Keplerum literis adit, ejus Opticam et Galilaei inventiones laudans II. 481 s.
„ planiglobii construendi nova ratio VIII. 826.
„ problemata optica Keplero proponit II. 481 s
Piscatorii tab. geographica VI. 556.
Piscium vesica, cui usui V. 432.
Pistorius, Joannes,
theologus II. 569. III. 444.
astrologus VIII. 340.
de anno Christi natalitio IV. 114, 117.
„ Galilaeo II. 477.
inspector studiorum Kepleri II. 569. III. 444. IV. 109.
inventionem tubi optici vaticinatur II. 494.
Kepleri judicium de Scaligero Serario tradit IV. 109.
„ opus de Marte Imperatori commendat III. 30.
de Kepleri pneumaticis V. 632. De ejusd. theologia IV. 117.
commendationibus suis efficit, ut Keplero a Caesare 100 Thaleri pro dedicatione Opticae donati sint II. 81.
de Kepleri operibus IV. 117.
Pistorio Keplerum commendat Herwartus I. 653.
Pitatus Veronensis, profess. math, de Calend. reform. IV. 4.
Pitati, Almanach novum VIII. 603.
„ laus Venetiarum VIII. 603.
Pithoei, Jur. Cons., bibliotheca II. 787.
Pitiscus, Barth., Grunbergensis, de inventore calculi prosthaphaeretici II. 439.
Pitisci trigonometria II. 439. III. 660, 725. V. 506. VIII. 664.
„ thesaurus mathem. VII. 306.
Planerus, prof. Tubing. V. 477.
Planeri disputatio logica I. 188.
„ „ medica II. 830.
Planetae
aucti vel minuti lumine vel numero quid VI. 481, 487.
circulos describunt maximos in sphaera coelesti III. 318.
circa Solem feruntur I. 112 ss. II. 464, 520. VI. 352.

Planetae
corpora sunt gravia I. 161, 507.
" " magnetica III. 105 et pass.
" num sint simplicia II. 588, 591.
" " tenebrosa II. 464.
domini nativitatum non sunt I. 626.
errantes cur dicantur VI. 124, 369.
faciem num mutent I. 424. VI. 486.
gemmis aliisque corporibus aequiparantur I. 75, 426, 642. VI. 375.
globum num intus habeant separatum III. 418. VI. 376, 385 s.
hypaugi, quid VI. 481, 487.
magneti comparati VI. 375.
metallis densitate cognati VI. 331.
moventur per speciem immateriatam Solis I. 569, 590, 598. III. 304. VI. pass.
inter Jovem et Martem, inter Venerem et Mercurium I. 107.
orientales, occidentales a Sole s. vespertini, matutini, quando VI. 481.
primarii, secundarii VI. 315, 322, 359 ss.
ad quietem inclinati natura I. 507, 590. III. 305.
cum Sole et Luna comparati I. 571.
in Solem non agunt vi tractoria ob exilitatem suam VI. 377.
superiores, inferiores V. 412. VI. 322 s., 438 ss.
tardi, veloces, qua ratione VI. 481.
Terrae similes II. 503. VI. 143.
volvuntur circa axem II. 503, 681. VI. 143, 359, 385 s.

Planetarum
accessus ad Solem III. 173.
anomalia III. 37, 174 et pass. VI. 369, 419 ss.
anomaliae in tabulis VI. 423.
apocatastases VI. 492, 709 s.
apogaea, ubi III. 428.
apparitiones VI. 486 s.
apsidum motus I. 167. VI. 380 ss., 441.
arcus diurni VI. 515, 593.
astrologica consideratio I. 132, 147, 172, 297, 316 ss., 371 et pass. II. 637, 721 s s. V. 234 ss., 408. VI. 489 ss.
axis inclinatus III. 416.
calfaciendi facultas I. 426 s., V. 412.
calor I. 426 s. II. 144.
celeritas II. 336. III. 304 s.
celeritatis et tarditatis causae VI. 373 ss.
circuli ficti VI. 400.
configurationes harmonicae V. 231 ss.
colores I. 423 ss., 641 s. II. 294. VI. 482.
conjunctiones VI. 448, 709.
corporum interna natura VI. 374.
corporum et densitatis proportio II. 470. V. 284. VI. 328 ss., 350.
diametri apparentes, verae II. 816. VI 64 s., 326, 329 s., 449, 561. VII. 592.
" " tubo optico invento minores exhibentur VII. 592 s.
distantiae a Sole I. 13, 114 s., 150 ss. V. 282 ss., 399. VI. 65, 317.

Planetarum
distantiae a Sole per ellipsin demonstratae III. 407 ss.
" comp. cum harmoniis V. 15, 284, 390 ss.
" num a corporibus regularibus desumendae I. 15, 124. V. 276. VI. 317 ss.
dominia I. 316 ss., 387, 626. VI. 259.
domus, quomodo distributae I. 293 et pass. V. 411.
eccentrici, quid VI. 416.
eccentricitates I. 121, 136, 162. III. pass. VI. 65, 417.
" ex harmoniis deductae V. 300 ss.
ad eclipticam reductio, quid III. 214.
emersionum et occultationum causae varietatis VI. 487 s.
exaltationes V. 411.
fibrae internae VI. 375 s.
et fixarum stellarum discrimen VI. 124, 369.
humectandi facultas I. 426 s. V. 412.
inaequalitas i. q anomalia.
incolae II. 502, 505, 591, 737.
inertia I. 507, 590. III. 305, 315. VI. 338, 341, 372, 374 s.
intelligentiae I. 160, 176, 252 ss., 319, 508. III. 68, 176, 318, 395 s. VI. pass.
latitudines VII. 495.
limitum motus VI. 385 s., 427.
locus eccentricus VI. 422, 425 s., 448.
" eclipticus III. 214.
" verus et visus VI. 442, 507.
loca initio mundi I. 184, 186, 213. VI. 29 s. 530, 541, 618.
" computandi regula generalis VII. 569 s.
lux propria I. 424. II. 293.
" a Sole I. 644. VI. 482.
" quatenus a Keplero adhibita ad explicationem eorum virium astrologicarum II. 638.
magnetica natura I. 590. II. 591. III. 387, 396. VI. 345, 374 ss.
mens v. intelligentiae.
moras in arcubus orbitarum metiuntur areae triangulorum III. 336 s. VI. 410 ss.
motus, secundum Braheum pani quadragesimali similes III. 173.
" ad Chronologiam adhibendi I. 170 s.
" cum cantu harmonico comparati I. 143, 379 ss. III. 172. V. 370 ss.
comparati inter se VI. 336.
cribri motui comparati VI. 354.
directus VI. 442.
diurni inaequales, cur V. 277.
eccentrici VI. 440.
extremi VI. 307.
" harmonici I. 140, 143, 160, 201, 384. II. 673. V. 15, 45, 282 s., 399 ss., 418. VI. 65, 304 ss., 433, 570.
" horarii VI. 337.
" inaequales II. 335. III. 108, 149, 173, 397. VI. 369.
" invariabiles I. 247. III. 171. VI. 371.

Planetarum
motus, a Keplero restituti III. et VI. pass. VII. 492 ss.
„ in latum III. 48. VI. 369.
„ num a luce dependeant V. 454.
„ medii V. 278, 283. VI 440.
„ medii ex obss. Regiom. et Walth. VI. 617.
molarum motui comp. VI. 350.
„ navis motui comp. III. 314, 387. VI. 383 s.
secundum Penam II. 520.
proprii VI. 308.
retrogradus II. 337. VI. 441 ss.
„ staterae vel librae motui comparati III. 388 s. (cfr. II. 138). VI. 341, 373, 404 s.
„ a Solis revolutione dependent I. 160, 590. II. 673. III. V. pass. VI. 343.
„ triplices VI. 369.
„ veri, visibiles II. 323. VI. 369, 439.
„ cum voce humana comparati V. 299 s.
„ in eandem plagam cum Sole I. 138. VI. 343.
nodi et limites III. 418, 427. VI. 71, 315, 354 s, 425, 449.
nodorum et limitum motus VI. 427, 529.
nomen, unde VI. 369.
numerus I. 11, 124, 572. V. 394, 399. VI. 315 ss.
orbitae quales (v. Kepl. lex).
„ corporibus regul. adaptatae I. pass. V. 275 s.
„ cum bombycis aedicula comp. V. 302, 384. VI. 401.
„ eccentricae I. 114.
„ cum fixarum sphaera comp. I. 475, 509.
„ invariabiles III. 432. [II. 672 s.
„ libratio III. 234.
orbitarum diametri VI. 440.
„ eccentricitas optice probata II. 520.
„ proportio I. 93, 173 ss. V. pass. VI. 316 s., 333, 515. VIII. 48.
„ reductio ad eclipticam III. 214 ss.
ordo I. 591. V. 394. VI. 315 ss., 322. VII. 743.
„ in Ephemeridibus Kepleri VII. 494 s.
motuum et distantiarum ratio I. 106 ss.
„ rite constituta v. Kepl. lex tertia.
„ causae I. 507, 590, 598. II. 591. III. 48, 57, 69, 108, 149, 300, 304, 307, 313 ss., 387, 711. VI. 39, 337 ss.
periodica tempora I. 110, 143. V. pass. VI. 337, 350.
radiationes harmonicae V. 210 et pass.
satellites II. 491, 505.
scintillatio II. 101, 294, 679.
species immateriatae descendunt ad Terram I. 571. [V. 392.
sphaera prima Purbachio i. q. deferens nodos
stationes etc. II. 337. III. 193. VI. 442 s.
„ quomodo cognoscantur III. 422.
„ nullae re vera III. 193. VI. 336, 442.

Planetarum
theoria a Keplero fabricata VIII. 245 ss.
umbra II. 320.
vires motrices peculiares I. 247. III. 313 ss.
volutiones circa axem quid efficiant VI. 360 s.
Planetariorum systematum nodus communis VI. 315, 354.
„ „ mensura VI. 317.
Plana gnomonicorum VI. 210, 218.
Plantae lucem appetunt I. 569.
Plantarum colores etc. I. 641. II. 638.
„ facultates et ortus VII. 727. VIII. 97.
Platerus, prof. Basil., de partibus corporis humani II. 229, 415, 541.
„ Keplero dux in anatomia oculi II. 226.
„ de oculorum situ II. 227.
„ „ „ tunicis II 229 ss.
„ „ „ lente cristallina II. 232, 259 s.
Plato
de Aegyptiorum historia VII. 753.
„ animae facultatibus V. 220, 351.
Deum dicit ἀει γεωμετρειν I. 124.
de harmoniis apud hominem I. 375. V. 208 s.
„ mathematica V. 218.
„ Mercurii et Veneris facie mutata I. 261.
„ mundo I. 381.
„ „ ad exemplar 5 regul. corporum exornato I. 101, 106. II. 501.
„ numeris V. 131.
„ oraculo Apollinis I. 104.
parem primum feminae, imparem viro comparat I. 376, 378.
de planetarum ordine et motu I. 271, 272.
„ puero autodidacto V. 218.
„ siderum natura VIII. 101, 121.
„ Solis et Lunae vi ad vitam humanam I. 615, 669.
„ speculis VIII. 87.
„ tonorum mensuris I. 200, 376. V. 26 ss.
Platonis
Atlantica II. 501.
dialogi V. 218.
errores in harmonia I. 376. V. 27.
lex philosophandi VII. 276.
de legibus liber I. 669.
principia rerum I. 376.
speculatio harmonica Christianae fidei analoga V. 136.
Timaeus I. 122, 200, 375. V. 26, 220 etc.
Platonici de mundi anima et ortu V. 251. VIII. 158.
„ de mathematica I. 306.
„ „ Sole VI. 312.
Plejadum numerus II. 500.
Plenilunium perfectum nunquam visum II. 279.
„ metallorum fusioni adversum I. 422.
Plenilunia, quae ecliptica VI. 497.
Plenivolvium VI. 485, 591. VIII. 23, 36 ss.
Plieningerus pseudon. pro Röslino IV. 5.
Plinius de aestatis longitudine II. 802.

Plinius
Alexandriae et Carthaginis distantiam prodit 1629 vel 1792 milliaria VI. 557.
astrologiae non addictus II. 623.
de astronomis veteribus VIII. 289.
Aristotelis sententiam de cometis non intelligit II. 685. VII. 105.
de Caniculae ortu VI. 295.
„ Capellae astronomia I. 271 s.
cardines calendarum falsos ponit VI. 528.
de casio monte VI. 64.
„ cometis II. 297, 677, 692, 704 s. VII. 121.
„ Hipparcho II. 763.
„ Luna eclipsata et Sole simul visis II. 218.
„ „ veteri et nova II. 291.
„ Lunae phasibus II. 277, 284, 417.
„ „ lucentis de noctu aetate II. 277. VI. 489.
Martem dicit inobservabile sidus III. 66, 138.
de ortu stellarum VI. 283.
„ planetarum ordine I. 271.
„ Pythagorae astronomia I. 249. V. 395.
„ sideribus indicantibus, sc. tempestatis mutationem VI. 289. VIII. 323.
„ solstitiis VI. 105, 528.
„ statuis Phaleraeo positis IV. 157.
„ stellis novis II. 677, 692.
„ Stesichori et Pindari astrologia II. 311.
„ Taprobanae regis legatis VI. 215.
„ Thaletis astronomia II. 312.
„ virgine Vestali VII. 727.
Plinii historja nat. I. 511. II. 218.
„ locus obscurus explicatus II. 277, 417. VI. 489.
„ serpens ingentis magnitudinis I. 662. II. [675.
Plinii, Caji, mors VIII. 42.
Plotinus de aspectibus II. 642, 645, 710, 816.
Plurs, oppidum in Veltelino obrutum I. 490, 658. V. 265. VII. 129, 711.
Plutarchus
de animis mortuorum VIII. 103.
„ anno Attico IV. 98, 155.
„ Chabriae pugna ad Naxos IV. 165 s.
„ eclipsibus II. 314, 317 s., 696. IV. 95 s. VIII. 90.
„ enharmonio V. 382.
„ gloria Atheniensium II. 92, 290.
„ hominis natura VIII. 85.
„ insulis Transthulanis II. 501.
num de insulis Azoribus, Groenlandia et terra Laboratoris verba fecerit VIII. 40.
Lunae corpus terrestre dicit II. 273, 287, 290. VI. 381. VIII. 85.
de Lunae facie liber, Somnio Kepleri adjunctus VIII. 76—123.
„ Lunae diametro II. 318. VIII. 102.
„ „ illuminatione II. 92, 273.
„ „ luce propria II. 300 s.
„ „ maculis et motu II. 287. VIII. 102.
Lunae pelluciditatem negat II. 273, 311.
de Lunae rubore deficientis II. 301.
„ „ substantia VIII. 101 s.
Plutarchus
de mundo VIII. 85.
„ placitis philosophorum II. 685, 736.
„ Philolao I. 250.
Proconsul in Epiro II. 491.
de providentia VIII. 84.
„ purgatorio VIII. 40, 101.
reflexione VIII. 88.
Sole II. 270, 273. VIII. 85.
Solis circulo flammeo VI. 511 s.
„ speculis VIII. 87.
„ tenebris diurnis II. 311.
„ tetracty V. 131.
Pluviae, unde I. 327. V. 252, 433.
„ continuae in zonis torridis II. 28.
„ sanguinis etc. VII. 628. (v. imbres).
Poëmander Hermetis VI. 72.
Poenarum varietas V. 205 ss.
Poëtae Kepleri laboribus non alludunt IV. 73.
Poëtarum lusus de ortibus et occasibus siderum VI. 289.
Polhaim, Baro de VI. 117. VIII. 848.
Politiarum formae cum proportionibus comparatae V. 197 ss.
Polus mundi borealis nulla stella insignitus VII. 680.
Poli
aequatoris et eclipticae III. 428 ss. VI. 193 ss., Terrae III. 429. VI. 214 s., 217. [217.
„ spiras describunt III. 429.
altitudo quid VI. 217.
„ Alexandriae II. 221.
Aractae VI. 558.
Augustae Vind. II. 50, 375.
Aurici II. 103.
„ Backnangii III. 558.
„ Bovebergae III. 589.
„ Goerlizii III. 556.
„ Grüningae III. 589.
„ Gratii II. 10.
Kaufburnae II. 50, 59.
Lutetiae Paris. VI. 555.
Monachii II. 813.
Oeniponti VI. 63.
Ostelae II. 103.
Patavii VI. 63.
„ Pragae I. 421. II. 59. III. 54, 556. VI. 51, 220.
„ Resterhavii III. 577.
„ Rhodi II. 221.
„ Romae III. 447. VI. 63.
„ Tubingae II. 50, 375.
„ Uraniburgi (Huennae) II. 372. VI. 65. VII. 231.
Venetiarum VI. 63.
Viennae VI. 51. VII. 465, 603.
Wandesburgi III. 583.
Zemblae novae II. 214.
geographis i. q. latitudo loci VI. 218.
„ num certa VI. 555.
„ „ variabilis II. 220. III. 445. VI. 220.
eclipticae mobiles III. 426 s. VI. 521.

Poli
Terrae mobiles I. 117, 121,
magnetici distantia a polo Terrae II. 812.
mundi VI. 189 s.
physici in coelo nulli VI. 427.
" " " veteribus VI. 339.
Polorum arctici et antarctici nomina, unde VI. 190.
Polares v. circuli.
Politianus v. Laurentius.
Polybius de imperiis VIII. 306.
Polycarpus de nova stella 1604. II. 604.
Folzius Kepleri fautor I. 658. II. 788.
de Ponderibus et mensuris, appendix ad Stereometriam Kepleri V. 589 ss.
Pondo i. q. Pfund V. 590.
Pondera aquae, olei etc. comparata II. 71. V. 609.
" fluidorum et solidorum quomodo invenienda V. 606 s.
" varia V. 601.
Pontanus de Serpentarii constellatione II 663.
" de meteoris II. 824.
" " cometa a. 1456. VII. 131.
" " " a. 1472. VII. 15, 250 s., 257.
Ponti aër II. 316.
Pontificem Max. dicit Keplerus Jovem Romanum I. 299.
Pontifices M. et Veneti comparantur (astrol.) II. 609.
" successores Caesaris in ordinando Calendario IV. 12.
Pontificum Romanorum auctoritas decrescens VII. 778.
Popilianus annus v. Anni.
Poppaeae mathematici VI. 89.
Porphyrius de chordarum motibus V. 137 s.
Porphyrii comment. in Harmoniam Ptolemaei I. 142, 147, 205. IV. 126. V. 30 s., 39 s., 137 s., 422.
" comment. a Keplero latine versus V. 328, 488.
" magia et theologia II. 525.
Porta, Jo. Baptista,
de frigore reflexo I. 569, 667.
lentium multiplicatione II. 492.
" vi combustoria II. 537, 555, 710.
magnete III. 389, 445, 501.
perspicillis II. 256.
refractione II. 240, 416.
" speculo parabolico II. 43.
" num tubum opticum descripserit II. 492.
" de visionis modo II. 260 s.
Portae
camera obscura v. Camera.
Magia naturalis I. 667. II. 260, 402, 492, 525, 710. III. 389, 501. V. 632. VIII. 749.
error in Magia nat. a Keplero deprehensus V. 632.
Optica II. 255, 416.
Physica VIII. 607 s.
Portae Pneumatica V. 632. [255.
" probl. opticum correctum II. 240 s., 252,
Portenta, somnia etc. per allegorias sunt explicanda II. 737.
Posidonius Cleomedi auctor in astronomicis II. 221.
" de Canopo II. 221.
" " Luna II. 273, 288, 417.
Posidonii automaton coeleste I. 82.
Positionum anguli chorographici VI. 300.
" circuli, v. circuli.
" regula VI. 424.
Possevinus a Clavio defensus IV. 6.
" Suslygae disput. commendat IV. 179.
Posta I. 56. VI. 53, 626. VIII. 799, 891.
Praecessio v. aequinoct.
Praetorius, Joannes, prof. Altorfensis I. 66.
" de Copernici hypothesi I. 66.
Praetorii calculus II. 756. VII. 306.
" dubia et quaestiones de Tychonica theoria lunari III. 30. VIII. 623, 625 s. (cf. IV. 526.)
" " de Kepleri modo diametrum orbis terreni metiendi I. 66.
" judicium de Prodromo I. 61, 66.
" observatio stellae in Cygno II. 756.
Pragae artifices, quales II. 461.
" incendium II. 684.
" meridianus VI. 556.
" et Ostelae meridianorum diff. II. 102.
" turbae bellicae II. 400.
" typographi desiderantur VII. 45.
Pragensis academia I. 367. II. 415. VIII 981.
Pragenses homines literati, quales I. 527.
Pratensis medicus Havniensis III. 552, 723. VIII. 612.
Prechlerus med. D. de Keplero II. 37.
Prensationis facultas VI. 344, 347, 363 s., 374.
Presbytes II. 256, 540.
Primum mobile quid et num aequabiliter moveatur VI. 570.
Principes et theologi lutherani II. 606. V. 469.
Prisma, corpus geometricum VI. 141.
Prismatis usus in refractionibus (colores) II. 530.
Pristlei historia opticae II. 416.
Privolvae, quid VI. 591. VIII. 33, 49.
Problema Deliacum v. Cubi duplicatio.
Problema Keplerianum III. 411, 505. VIII. 1012.
Problemata astronomica II. 363 ss. III. 40, 74, 260.
" geometrica I. 55. II. 29, 196. III. 25, 83, 93, 114, 335 ss., 411. IV. 601, 625, 631, 641. VI. 576. VII. 96.
Proclus
philosophus platonicus V. 324, 452.
de aequinoctiis VI. 108, 524.
" circulo polari II. 220, 415.
contra Aristotelis sententiam de anima V. 219 ss.
cometam a Jove tectum refert (?) II. 321.

Proclus
corpora regularia dicit cosmica II. 489. V. 82, 120.
de decade Pythagorica V. 131.
„ generatione animalium VII. 176.
„ harmoniis V. 128, 211.
„ Hipparchi ratione diametros Solis et Lunae metiendi II. 220.
„ Lunae diametro II. 317.
„ mathematicae generibus V. 219 ss.
„ „ excellentia V. 422.
„ mundi anima V. 251, 260.
„ planetis I. 27.
„ refractione, conjectura Kepleri II. 221.
„ Sosigenis obs. Solis II. 317.
„ Timaeo V. 211. [415.
„ Ursae stellae circulo quotidiano II. 220,
Procli
comment. in Euclidem V. 20, 80 s, 211, 219 s.
hymnus in Solem V. 324, 362, 423.
hypotyposes astronomicae I. 27. II. 221, 317, 426. V. 452.
paradigmata I. 184.
Procli sphaera II. 220, 415.
Procopius de Solis facie mira III. 449.
Procyon stella IV. 163. VI. 291 s.
Procyonis (caniculae) ortus VI. 437.

Prodromus dissertationum cosmogr. 1596. 1621.
I. 95—187.
annotationes ad edit. secundam I. 103.
dedicatio ad Styriae proceres I. 97.
ejus argumentum et summa I. 3 ss.
praeparatio ad Prodr. 1, 7, 10 ss., 100.
corrigitur in Harmonia V. 146, 276.
dissertationum Kepleri cosmographicarum praecessor I. 62.
in Italiam mittitur I. 36. V. 633.
num turbetur Galilaei in coelo inventis II. 464, 489, 505.
quo pretio venditus I. 31.
Pythagoram imitatur I. 97, 101.
studiorum Kepleri exhibet successus III. 209. eorum fons I. 102 s.
taxatus ab astronomis I. 49, 61, 102 s.
Prodromi errores: in Kepleri notis pass.
Proëmptosis VI. 527.
Προηγεισθαι quid II. 338. III. 172. [607.
Profectiones (astrol.) I. 294, 316, 319, 356,
Prognostica Kepleri, v. Calendaria.
Prognost. in a. 1600. fragm. VIII. 733.
„ in a. 1604. fragm. VIII. 321—326.
Prognosticum in a. 1602. v. Astrologiae fun-
„ in a. 1605. I. 451—472. [dam.
„ „ annos 1618 et 1619. I. 479—494.
Prognostica ab astronomo postulata eique necessaria I. 420, 550, 561.
„ cui usui I. 634 s.
„ qualia infida I. 635 s.
Prognosticorum multitudo nimia I. 550.
Progressio arithmetica in generationibus VII. 766.
Progymnasmata, v. Brahei opera.
Promissor (astrol.) I. 294. VIII. 298.
Prometheus num Chaldaeus VII. 770.
Prophatius, de obliquitate eclipticae III. 54. VI. 66, 229, 534.
Prophetissa Corbusii VIII. 912.
Propinqua cur aegre conspicantur II. 239.
Proportio
absoluta V. 70 et pass. VI. 74.
ad logarithmos adhibita VII. 322 ss.
divina I. 140, 145, 377. II. 594. V. 90. VI. 143. V. 723.
harmonica I. 197 ss, 373. II. 592 ss. V. 80. 195 ss. VI. 515.
ineffabilis, irrationalis VI. 342.
multiplex V. 129.
reduplicata VI. 74.
reflexa Cardani V. 102, 471.
sesquialtera V. 279. VI. 67, 74 s.
simplex VI. 74. [V. 201.
Proportionis et rationis voces comparatae
„ harmonicae et corporum regularium cognatio V. 273.
Propositiones geom. II. 243. III. 526.
Proserpina VIII. 100 s., 120 s.
Prosneusis vel nutus Lunae cum variatione comparata III. 663 ss., 681, 685 s. VI. 472.
Prosperi libelli VIII. 878 s.
Prosthaphaeresis v. Aequatio et Calculus prosthaphaereticus.
„ aequinoctiorum VI. 524.
„ eccentricitatis I. 164. VI. 472.
„ nodorum Lunae VI. 479.
„ obliquitatis VI. 524.
„ orbis v. parallaxis.
„ „ tabulae VI. 577 s.
„ „ denominationes variae VI. 577.
Prosthaphaereses planetarum condendi nova ratio Kepleri VIII. 241.
Protocollum obss. Tychonis v. Brahei observationum protoc.
Protoplastae V. 68 s.
Pruckner ed. Ptolemaei Quadripartitum (et Firmici Materni Astron.) I. 204.
Prudentius de Galieno II. 716.
Prunmeisteri Viennensis epigrammata in Hyperaspisten VII. 165.
Prunus, figura geom. IV. 578 ss.
Prutenicae v. Tab. Prut.
Prytania IV. 96 s
Ptolemaeus
de aequatione maxima III. 293.
aequinoctia observat III. 431. IV. 25, 112. VI. 38, 55, 107, 525, 602.
aequinoctium bis eodem die observat II. 219, 415. III. 431.
„ num uno die postposuerit VI. 55, 88 s.
de aequinoctii praecessione I. 122. VI. 88 ss.
Alexandriae et Babylonis distantiam prodit VI. 557.
anomaliae voce quid significaverit VI. 419.

Ptolemaeus
de Apollonii theoremate I. 264 s. VI. 445.
Arietis principium quale constituerit VI. 717.
de Aristarchi aetate I. 57, 262.
„ aspectibus I. 141, 371. II. 642 s. V. 234.
ejus de astronomia merita I. 243.
de astronomorum officio VII. 492.
astronomiae recentiori necessarius III. 250.
de Canopo II. 221.
„ circulis in coelo, ab ipso assumtis VI. [337 s.
„ climatibus VI. 261.
„ conjunctionibus II. 640.
Cygni constellationem describit II. 764.
de dioptris Hipparchi II. 78, 265, 347.
„ distributione civitatum (astrol.) I. 445.
eccentricitatis Solis bisectionem animadvertit III. 326. [403.
eclipsin allegat ex a. 127 Nabopol. IV. 103,
eclipses qua ratione computaverit II. 78, 381. III. 670. VI. 35.
ejus eclipsium theoria II. 78.
de eclipsium colore (astrol.) II. 420.
„ „ vi astrologica I. 320.
„ eclipticae obliquitate III. 54. VI. 36, 229, 521.
„ emersione siderum e Solis radiis II. 293. VI. 552.
„ fixarum motu VI. 526.
„ harmoniarum generibus V. 208, 329.
harmonias cum aspectibus jungit II. 643.
de Hipparcho I. 260. II. 359. III. 513.
„ Hipparchi obs. eclipsis II. 313.
„ catalogum stellarum correxit II. 763.
Idumaeae situm describit VI. 543.
de inaequalitate prima planetarum III. 192,
„ Jovis vi astrologica I. 132. [241.
latitudines locorum quomodo deprehendit II. 220. [344.
luminarium diametros falsas prodit II. 317,
Lunae motus falsos proponit I. 243.
de Lunae eccentricitate I. 243. II. 7. III. 542.
„ „ inaequalitate III. 313, 544.
„ „ diametro visibili II. 274 s., 347. VI. 35.
„ „ motibus etc. III. 670 ss. VI. 584, 697. VIII. 117.
„ Martis motu et theoria III. 98, 107, 251, 426 s., 430 ss., 508. VI. 91, 534 ss., 758 ss.
„ Mercurio I. 163. II. 322. III. 39. VI. 456.
„ mundi magnitudine II. 673. VI. 333.
„ musica I. 379. V. 132 s., 171, 179, 339 ss.
num observationes suas Hipparchi demonstrationibus accommodaverit II. 220.
parallaxes annuas neglexit VII. 49.
de planetarum apheliorum locis VI. 441.
„ „ latitudine III. 40, 233, 422, 449.
„ „ motibus III. 192, 199, 250, 422. VI. 337, 370, 565 s.
„ „ natura VII. 168. et ordine I. 250.
poli altitudines quomodo constituerit II. 220. VI. 555.

Ptolemaeus
Pythagoraeorum harmonias corrigit V. 132.
refractiones siderum num noverit II. 219 s.
de Saturni motu VI. 334, 731.
Serpentarii constellationem describit II. 662 ss.
de signorum zodiaci distributione II. 633.
Solem cum Venere et Mercurio corpor. jungi negat I. 261. II. 777.
Solis apogaeum ponit in 5½° ♊ III. 251.
„ eccentricitatem inquirit III. 89, 251.
„ motu medio utitur ad indagandos planetarum motus III. 174.
de stellarum ortu et occasu I. 113.
tabulas suas accomodavit anni formae Aegyptiacae VI. 605.
de Taprobanae insulae loco III. 458.
„ ternarii praestantia I. 129.
„ trigono igneo (astrol.) I. 445.
„ Veneris loco I. 250, 261.
„ „ et Mercurii librationibus I. 115.
„ „ nodis VI. 458.
„ veterum astronomia I. 250.
„ „ observationibus II. 211.
„ via lactea II. 278, 692, 764.

Ptolemaei
abacus (tabula) fixarum II. 763. III. 438.
aetas VI. 89.
Almagestum (Magnum Opus) I. 66, 250. II. 219, 415, 784. III. pass. VI. 337, 668. VIII. 105, 117, 826.
Almagesti Basileae editi sphalma II. 765, 834.
anni longitudo VI. 55.
armillae II. 219 s., 415.
astrologica I. 294, 358 ss. VI. 668, 719.
auctores in astronomicis I. 168.
canon mathematicus IV. 317, 517.
centiloquium II. 641, 707, 816.
chronologia III. 692.
circuli deferentes I. 120. VIII. 117.
Copernici (Aristarchi), Brahei hypotheses de mundo comparatae I. 112 ss., 178, 246. II. 335 ss., 673. III. 147, 170 ss., 232, 257. V. 394 ss. VI. 336, 353 ss., 581 ss. VII. 49 s.
epicycli V. 404. VI. 455, 565, 581.
epigramma I. 96.
errores II. 220, 336, 381. III. 422. VI. 88.
Geographia III. 458. VI. 220, 543, 555.
geometricum theorema V. 104.
Harmonia a Cardano nunquam visa V. 59. (I. 142.)
„ a Gogavino latine versa V. 30 ss., 60, 392.
„ „ Keplero edenda I. 133, 197. II. 816. IV. 126. V. 329. VIII. 1013.
„ „ „ taxata I. 146 s. V. 212, 328 ss.,
„ cum Pythagorica comparata V. 395 s.
„ a Wallisio edita I. 197.
Harmonicorum liber III. a Keplero in lat. translatus et notis illustratus V. 335—412.
Harmoniae exemplar Keplerus a Herw. accipit V. 6, 31.

Ptolemaei
instrumentorum fides qualis III. 431.
liber de hypothesibus VI. 91.
„ „ Judiciis Astrorum (Quadripartitum) I. 146, 204, 295, 351, 363. II. 420. VIII. 668.
Magnum Opus, v. Almagestum.
methodus indagatae parallaxeos ⊙ suspecta [VII. 271.
Monobiblon I. 129.
observationes II. 415. III. 258, 430 s., 693. VIII. 263.
„ num fide dignae I. 120, 172, 350. III. 250, 390, 430 ss, 514, 692. IV. 112. VI. 30, 38 s., 55, 91, 95, 107, 441, 450, 458, 525 ss.
orbes solidi II. 677. V. 405.
de physiologia coelestium sententia VII. 168.
proportionum theoria VI. 75. VIII. 371 ss.
punctum aequalitatis I. 246. III. 267 s.
ratio, loca apogaei et eccentricitatem inveniendi III. 507.
sphaerarum numerus III. 432.
spirae in motibus planetarum III. 109.
Ptolemaei musica schemate expressa V. 387.
Ptolemaeus Philadelphus I. 262.
„ Philometor, Philopator I. 262.
„ Soter IV. 149.
Pulkoviensia manuscripta v. Kepleri mss.
Pulmonum officium II. 144.
Pulsus arteriarum metitur minutum secundum II. 334. III. 459. VI. 248, 337.
Punctum aequatorium Lunae VI. 469.
„ mathematicum III. 150. VI. 140.
„ nullum grave est I. 159, 161.
Puncta Solis cardinalia II. 628. VI. 197.
„ eclipticae coorientia VI. 281.
Pupula dea VIII. 100.
Purbachius, Georgius (Peurbach), astronomus I. 209. IV. 24. VI. 117.
„ eclipsin Lunae observat 1460. II. 360.
„ eclipticae obliquit. statuit 23° 28'. VI. 229.
„ de epicyclorum motu III. 177.
„ Lunam eodem die novam et veterem videri posse dicit II. 291.
„ num orbes solidos in coelo admiserit VI. 339.
„ de planetarum motibus III. 176 s., 463. VI. 565.
Purbachii theoricae I. 163, 209. II. 274, 402, 417. III. 463. V. 274. VI. 117, 339. VIII. 587.
Purgatorium animarum II. 287. VIII. 40, 101 s., 121.
Putredo quid II. 144, 700.
Putzbachii Kepl. versatur a. 1627. VII. 581.
„ observata eclipsis Solis VI. 34. VII. 529.
Pyramis IV. 559. V. 521.
„ in cubo inscripta I. 137.
„ visoria II. 167.
Pyramides in Aegypto ad obs. Solem adhibitae IV. 162.

Pythagoras
de animis heroum II. 742.
cantus theoriae primus auctor V. 129, 421.
de corporibus regularibus I. 101, 106, 125, 134. II. 464, 489. V. 82, 120. VI. 318.
Keplero auctor ad amplectenda in astronomia corpora regul. I. 125. V. 3 ss.
mentem ex numeris componit V. 361.
numerum imparem mari, parem feminae comparat I. 378. V. 188.
Romanis auctor anni Attici IV. 31.
de siderum musica s. sphaerarum ordine I. 47, 249. V. 395.
silentium philosopho dignum censet II. 456.
Vesperum et Luciferum eandem stellam esse dicit II. 502.
Pythagorae theorema I. 80. II. 806.
„ doctrina de motu Terrae prohibita I. 56.
„ tetractys V. 130 ss, 361.
Pythagoraei
de harmoniis V. 129 ss.
„ cometis II. 685. VII. 105.
Copernico praeiverunt I. 57, 250. V. 82, 121. VII. 744.
de Lunae materia II. 273 s.
„ mundo I. 250 ss. II. 526. V. 82. VII. 733.
mundum Deum faciunt II. 712.
de musica V. 28, 129 s., 212, 372.
„ numeris V. 130 ss.
„ siderum musica III. 172.
„ Sole I. 250. III. 150. VI. 311, 313.
„ Solis loco I. 250 s. III. 150. VI. 313. VII. 733, 743 ss.
Pythagoraeorum ἀντιχθων II. 274. VII. 733.
Pytheas Massilius de polo mundi VII. 680.
Pyxis nautica VI. 206, 300. VIII. 42.

Q.

Quadranguli signorum (astrol.) VI. 205.
Quadrans coeli VI. 511.
„ instrumentum astron. VI. 133, 220.
Quadrati genesis VI. 318.
Quantitates a Deo conditae I. 10, 109, 111, 123.
„ duplici ratione considerandae I. 197.
Quantitatum symbolisatio V. 223.
„ proprietates V. 81. VIII. 150 ss.
Quantum, quid sit VIII. 150.
Quarta in musica, unde V. 157.
Quassatio VI. 164, 176.
Quies materiae propria III. 459. VI. 341.
Quinarii praestantia in plantis I. 429.
Quindecangulum V. 33, 101. VI. 270.
Quinta essentia V. 120.
Quirinius, Sulpic., C. Caesaris rector I. 529. IV. 191, 245, 329, 380, 474, 476.
„ Consul IV. 248, 425.
Quirinii census IV. 192 ss., 247 ss., 331 ss., 425, 428 ss.
Quivira I. 350.

R.

Rabbini de numero fixarum II. 500.
„ scriptores VII. 733.
Radenicius, Joachim (math. prof. Regiomont. mort. 1603), eclipsin obs. a. 1598. II. 441. III. 583.
Radius in canone sinuum VI. 199.
„ Solis II. 148 s., 152 ss., 342 s.
Radii figura in pariete II. 157.
„ lucis, quid II. 132 s.
„ lucidi tinguntur mediis coloratis II. 531.
„ rotundi, cur II. 153.
„ via ad retiformem tunicam II. 236, 538.
„ astronomici constructio et usus VI. 745.
„ „ usus infidus VII. 254.
Radix v. Thema.
Rudullus Waywoda VIII. 766.
Raketuli VII. 275.
Raleigh, W., Harrioti fautor II. 67.
Ramus, Petrus,
philosophus Parisiensis VIII. 611.
de Copernico III. 453. VIII. 565.
„ Euclidis Elementis I. 93, 193. V. 81 ss., [122.
„ horologiis artificiosis I. 82, 193.
„ hypothesibus astronomicis I. 35. III. 70, 136, 453.
„ inventoribus in mathematicis I. 80.
a Keplero dicitur inconsideratus magister V. 122.
Risnero auctor edendae Opticae II. 399.
Rami discipuli in Kepleri sententiam transeunt I. 193. V. 122.
„ professura I. 35, 37. III. 136.
„ Scholae Mathematicae I. 35, 80, 193. III. 136, 453. V. 81.
„ liber contra Aristotelem damnatur VII. 291. [VI. 558.
Ramusii, Jo. Bapt., lib. Navigat. Arabicarum
Rangiferi VIII. 42.
Ranzovius Brahei cultor I. 191. VII. 164.
„ Ursi patronus I. 217.
Raquia i. q. firmamentum I. 587. II. 683, 694. VI. 334.
Rarum, quid III. 152.
Rasch, Joh., pro Calend. Gregoriano IV. 6.
Rastenberga in Austria VI. 72.
Rationalium et irrationalium discrimen I. 307. II. 593. V. 86.
Rationalitas logarithmorum VII. 298.
Rationes harmonicae, v. proport.
Ratisbonae comitia IV. 4, 9, 124, 548.
Rauscherus VI. 630, 632.
Rebstock V. 481.
Rechpergerus, medicus VI. 57.
Rectae projectio in sphaera VII. 279.
Rectangulum VI. 140.
„ quadrantis VI. 471, 476.
Reductio visi loci ad eclipticam III. 66. VI. 426, 491, 500.
Reformationis jubilaeum in Württemb. II. 401.

Refractio (lucis)
a Keplero inquisita II. 176 et pass.
per aërem calefactum II. 522. [149 s.
aëris altitudinem astronomis patefacit VI.
aetheris tenuitatem probat II. 520. VI. 312.
ascensionis rectae VI. 281 s.
astronomica a Tychone primum accuratius inquisita II. 176.
causa crepusculi et iridis I. 200.
num causa curvationis caudae cometicae VII. 278.
contra Feselium defensa I. 593.
cristalli et vitri II. 97, 238 ss., 479, 528 ss. VII. 245.
declinationis VI. 282.
demonstrata ex eclipsibus VI. 148.
diversis locis et tempor. diversa II. 211 ss., 304. VII. 215, 244 s.
latitudinis et longitudinis VI. 281 s.
„ nulla VII. 239.
in Luna primum a Braheo deprehensa II. 522.
major et minor unius loci quam alterius diverso respectu VII. 245.
in maritimis regionibus constantior quam in mediterraneis II. 99.
in Mercurio et Venere I. 170. II. 105 s.
nodus gordius Catoptricis II. 184.
a Pena et Gemma negata II. 520, 523.
non variatur distantiae varietate II. 197 s. VII. 234 s, 245.
proportione secantium angulorum incidentiae augetur secundum Keplerum II. 198.
Solis, Lunae et stellarum fixarum diversa secundum Braheum II. 198, 214, 403 s. III. 220, 289. VI. 154, 540.
stellas altiores facit VI. 227, 281.
Refractiones
in longum et latum distribuendi compendium II. 225.
Harrioti diversorum mediorum II. 71.
in Aegypto II. 218 s.
„ Hassia II. 212 s.
parallaxibus contrarium efficiunt II. 523. VI. 282. VII. 245.
parallaxium observationes an vitient VII. 190, 219, 228, 242.
in plano et sphaerico dimensae II. 199 s.
qua altit. desinant VI. 26, 149, 282.
quando observandae sint II. 214.
sphaeras veterum destruunt II. 519.
a veteribus neglectae II. 218.
Refractionis
angulus ex angulo incidentiae inquisitus II. 75, 197 ss., 529. VI. 149.
causa II. 56, 178 ss., 196 ss., 522. VI. 65, 148.
certitudo apud Braheum VII. 230.
constantia II. 218 ss.
correctio VI. 281 ss.
effectus VI. 148, 281.
genera varia II. 252 ss.
historia II. 176, 218 ss. III. 217. VII. 229.
impugnatores II. 206, 209, 225, 523.

Refractionis
incrementa circa horizontem II. 198.
mensura II. 33, 71 ss., 176 ss., 200 ss., 403, [528.
„ in Lunae deliquio II. 304.
„ ex sectionibus conicis II. 188 ss.
natura II. 244, 272.
quantitas VII. 190, 209, 244. VI. 149.
et reflexionum cognatio II. 44.
superficies (planum) II. 170.
tabulae II. 200 ss.
terminus II. 245.
theoria II. 30, 45 ss., 181 ss., 196 ss., 528 ss. VI. 149 s.
„ per analogiam explicata II. 184.
usus II. 176, 207 ss., 218, 519.
varietas II. 211 s., 403. VI. 65, 153.
Reges Asiae etc. astronomiam colunt III. 737.
„ „ raro conspiciuntur VII. 778.
Regina, Kepleri privigna, v. Kepl. priv.
Regiones circa polos et tropicos VI. 195 s.
Regionum in Terra diversa temperatura I. 629.
Regiomontanus
Albategnii obss. edit II. 438.
Aristotelis placitis addictus VII. 283.
de aspectuum reductione VII. 501.
calendarii emendandi causa Romam abit I. 656. VI. 745.
cometas sublunares censet VII. 283.
de cometarum parallaxi VII. 206 s., 283.
„ eclipticae obliquitate VI. 545.
„ Lunae eclipsi a. 1460. II. 360.
„ „ inaequalitate III. 544.
„ „ diametro visa II. 7. VI. 584.
„ „ phasibus II. 358.
„ Mercurii et Veneris ordine I. 26.
„ Ptolemaei theoria Lunae I. 243. VI. 584.
Ptolemaei musicam (harmon.) editurus dicitur I. 142.
refractiones respicit in obss. II. 223 s.
Solis et Veneris dist quomodo dimensus fuerit II. 223.
de temporis aequatione VI. 79.
Regiomontani
acumen VII. 206.
cometa a. 1472. I. 656. II. 695, 828. VI. 29, 33. VII. 14 ss., 250 s.
dirigendi (astr.) modus I. 353, 359, 657. VI. 220, 719. VIII. 339.
Ephemerides I. 656.
Epitome in Ptolemaeum I. 26.
observationes planetarum VII. 236.
et Waltheri obss. locorum planetarum VI. 617. VIII. 577.
eas ed. Snellius VI. 725, Keplerus inquirit VI. 725 – 774.
problemata 16 ad inveniendam parallaxin VII. 253.
regula astronomica VI. 235.
tabula directionum I. 189, 358 s., 657. VI. 545 s., 700. VII. 501.
„ primi mobilis VI. 233, 545, 555. VII. 501.
Regiomontani
torquetum, ed. a. 1544. II. 222. 415. III. 447. VII. 14, 16, 251.
vita I. 656.
Regius Jo., rector scholae Gratiensis V. 481 s. VIII. 684, 687.
Regni praesidium est auctoritas VII. 778.
Regula falsi I. 244. III. 26, 43, 65, 243, 478.
Reichardus, ling. arabic. peritus VIII. 876.
Reichelt, prof. Argentorat. VII. 302.
Reinhardus, cantor Schneebergae I. 384.
„ monochordum construxit I. 375, 382.
Reinholdus, Erasmus,
astronomus I. 189. VI. 669. VIII. 587 s.
num astrologiae deditus VI. 670.
de aequatione Solis maxima III. 293.
Albategnio vim facit in temporibus definiendis III. 694.
astronomiae studium commendat I. 419.
de calculo numerorum logisticorum VII. 409.
Copernici numeros emendat I. 20 s., 166. VI. 670.
num Copernico addictus VI. 670. VIII. 589.
de eclipsibus II. 153, 402.
„ eclipticae declinatione VI. 545.
„ Lunae apparitione prima II. 290.
„ „ circulo illuminationis II. 274.
„ „ latitudinis motu visibili II. 381 ss.
„ „ lumine II. 281, 288.
„ „ maculis II. 276, 285.
„ „ materia II. 273.
„ „ motibus III. 535 VIII. 588.
„ „ phasibus II. 276.
„ „ rubore deficientis II. 300.
„ parallaxibus II. 381.
„ Plinii regula II. 277.
„ Posidonii sententia de Luna II. 273.
Reinholdi
Theoricarum Purbachii editio I. 189, 209. II. 273, 290, 300, 402, 417. III. 344, 463. VI. 670. VIII. 587.
Comment. in Purb. a Keplero laudatus VIII. [275.
in Mercurii theoria error I. 171.
S. Bosci Sphaerae editio II. 811. VIII. 588.
planetarum iter ovale III. 344. VIII. 588.
Ptol. lib. I. Almagesti editio I. 189. VIII. 588.
Tabulae Prutenicae, commentarius in Copernicum I. 20 s., 189. VI. 670 et pass. VIII. 589.
parallaxium II. 328.
emersionis siderum VI. 552.
latitudinum Lunae II. 381.
primi mobilis VI. 80. 233, 545.
„ directionum I. 189. VI. 546. VIII. 589.
„ tangentium VIII. 589.
Remonstrantes in Belgia VII. 128.
Remus, Quietanus
(Ruderauf, Ruderavius), medic. archid. Maxim., Leopoldi et Imp. Matthiae V. 55. VI. 51 ss., 60, 70.
in catholicam fidem transit V. 55. VI. 71.
de Calendario et Chronologia VI. 52.

Remus
de cometa 1607. V. 55. VII. 7.
" " 1618. I. 658. VII. 19, 77, 142.
" cometarum ortu VII. 19.
" Copernici hypothesi VI. 52, 68.
" eclipticae obliquitate VI. 68.
" eclipsibus II. 428. III. 615, 623. VI. 58 ss. VII. 456 ss., 563.
" Galilaeo V. 56. VI. 52, 58.
" de iridibus et halonibus II. 574.
" Kepleri Astronomia Nova VI. 51.
" " Ephemeridibus VI. 56 ss.
" " Epitome I. 195. VI. 56, 60.
" " Harmonia V. 55. VI. 60.
" " libris cometicis I. 658.
" " " in Italia prohibitis I. 195. VI. 58.
" " lunari hypothesi VI. 56, 65.
" " prognostico a. 1619. I. 658.
" " Tabulis Rudolphinis VI. 64, 68 s.
Keplero mittit ducatum pro Harmonia V. 56.
" nunciat Fabricium et Wackherium mortuos I. 305. V. 56.
a Keplero petit observationes Tychonis II. 403. VI. 52.
Keplerum promovere studet VI. 57 s., 62.
de logarithmis V. 55. VI. 61. VII. 299.
" Lunae motu VI. 52. VII. 19.
" " parallaxi VII. 528.
" montium altitudine VI. 64.
" planetarum diametris et parallaxibus VI. 64, 69, 329 s. VII. 592.
" proportione globorum coelestium V. 56. VI. 65, 329.
" Ptolemaica anni longitudine VI. 52.
" refractionibus II. 403. VI. 64 s.
Romae in carcere inquisitionis VI. 534.
in sectionibus conicis non exercitatus II. 574.
de Snellii obss. Hassiacis VI. 56.
" Solis distantia a Terra VI. 56, 58.
" " declinatione maxima VI. 68.
" stella anni 1572. VI. 56.
tabulas Rudolph. emit VI. 623.
de Tengnagelii adversa fortuna VI. 52.
" Terrae ambitu VI. 63.
" Terrentio in China VI. 56. VII. 19, 669.
" tubo optico (Sirturo) VI. 52, 56.
Remi
modus dirigendi (astrol.) VI. 52.
nativitas VI. 58.
observationes VI. 52.
Prognosticum Wallenstenii VI. 70.
Renzius, med. Kirchhem. VIII. 913.
Rescalea nobilis Milanensis I. 195.
Reschalius, rector Prag VIII. 758.
Responsio Kepleri ad J. Bartschium a. 1629. VII. 581—585.
Responsio Kepleri ad Calvisium a. 1614. IV. 270—278.
Responsio Kepleri ad Röslinum a. 1609. I. 501—542.
Dedicatio ad J. G. Gödelmannum I. 503.
Retina (retiformis tunica) II. 231, 236 s., 538. VIII. 104.
" infundibulo comparata II. 231, 236.
Retinae centri locus II. 236.
" color II. 237, 538.
Retrogradatio planetarum I. 118, 519. VI. 441 ss.
Reuberi scriptores Germanici II. 108.
Reuschle, dissert. de vita Kepleri I. 196.
Reusnerus, prof. historiae Jenensis IV. 417, [522.
Reutter, Herm. I. 46.
Reuttingerus (s. Reutlingerus), civis Efferdingensis, pater secundae uxoris Kepleri II. 400. IV. 124, 547. VIII. 809.
Reverberatio radiorum Solis II. 100.
Revolutio (astron.) VI. 336.
" anni (astrol.) I. 316 ss., 402 ss., 455, 581 s., [633.
" pro apocatastasi VI. 492.
Revolventes v. orbes.
Rhaetiae Alpes II. 212.
Rhambanus, typogr. Görlic. VIII. 913.
Rheticus, Georg. Joach.,
Copernici discipulus I. 8.
astronomiae baculum dicit geometriam I. 125, 196.
Copernicum cum Ptolemaeo et Regiomontano comparat VIII. 579.
de Copernici subtilitate I. 167 s
Dom. Mariam Copernici praeceptorem fuisse narrat II. 415. VI. 543. VIII. 580.
de hypothesibus astronomicis VII. 545.
Mercurium et Jovem mutasse eccentricitatem negat I. 22, 172.
de Martis motibus III. 138.
" planetarum latitudine et ordine I. 65. III. 234.
a senarii sanctitate ad numerum planetarum argumentatur I. 107.
Rhetici
Borussiae encomium I. 27 s. VIII. 583.
editio libelli Sacro Bosci de anni ratione I. 8.
Ephemerides I. 8, 167.
Epistola ad Schonerum i. q. Narratio.
Genius familiaris III. 138.
Narratio etc. I. 8, 25, 57, 106, 113, 174. II. 778. III. 234, 476. VI. 521. VIII. 579 ss.
" ad Copernicum intelligendum commendatur I. 112.
" Kepleri Prodromo a Maestlino adjuncta I. 20, 25, 27 s. VI. 540.
" " cur huic editioni non adjuncta I. 25.
Opus de triangulis I. 8. VI. 567. VII. 306. VIII. 682.
Rhodius, Ambrosius, Brahei amanuensis I. 657. II. 348, 834.
" de cometa a. 1618. VII. 78 ss., 142.
" " eclipsi a. 1601. II. 348.
" " Joestelii opere astronomico II. 439.
" Kepleri amanuensis VIII. 764.
" de Kepleri astrologia I. 657.
" " " calendariis VIII. 769.

Rhodius de stella in Cygno II. 834.
„ de Tab. Rud. editione VI. 616.
Rhodi aër; dist. ab Alexandria II. 218, 221.
Rhodigini antiquae lectiones II. 41, 400.
Rhombicum ad coelum relatum VI. 67, 361.
Rhombici et Rhomboidis ortus VI. 140 s., 320s.
Rhombi dodecaëdrici genesis VI. 319 ss.
„ in pyxide nautica VI. 206. VIII. 42.
Riccioli de Stadii Ephemeridibus III. 473.
„ de sententiis veterum de Terrae forma VI. 537.
Ridderhusius, Bremensis I. 344. III. 123.
Ridelius Gratii I. 10.
Rieger, medicus Wirtzb. obs. ecl. 1567. VI. [70.
Ringelberger, astrologus I. 338.
Ripensis obs. eclips. II. 441. III. 575.
Risnerus ed. Opticam Alhazeni et Vitellionis II. 210, 222, 399.
Rittelius (Rutilius, Rüttelius), affinis Kepleri Stuttgartiae, refert vel observat eclipses III. 552, 583, 592, 723. VI. 70. VII. 541. VIII. 6.
„ dicitur a Keplero negotiator in judicio matris VIII. 377.
Robertus Lincolnensis de aequinoctiis VI. 109.
Rodulphus, capitaneus Glogoviens. VIII. 830.

Röslinus, Helisaeus,
medicus et astrologus I. 497.
alchymiam dicit physices anatomiam I. 663.
de aspectibus I. 511, 536 et pass.
Brahei hypoth. laudat I. 228. IV. 170.
contra Cal. Greg. scripsit (?) IV. 5.
a Braheo increpatur I. 224.
de Christi anno nat. IV. 204 ss., 514 s.
„ chronologia sua et Kepleri I. 499, 529, 663. IV. 72, 170, 283.
„ coeli natura I. 507, 590.
„ cometa anni 1577. I. 665.
„ „ „ 1580. I. 514. II. 809. VII. 259. VIII. 316.
„ „ „ 1607. I. 498 s.
„ cometarum significatione I. 499, 514 ss. II. 740. VIII. 316.
„ conjunctione magna II. 809.
contra Copernicum I. 229, 505 s., 523, 538 s.
de elementis I. 541, 590.
cum Feselio comparatur I. 549 s., 635.
instrumentorum astronomicorum ignarus I. 662.
Kepleri amicus I. 499. IV. 207. VII. 232.
Keplerum invitat ad solvendum probl. opticum I. 498. II. 520.
„ laudat I. 229, 499, 511 s., 520. II. 399. IV. 170, 206, 515.
„ increpat ob errorem in cit. historicis I. 529, 665 s. IV. 513 ss.
a Keplero praeceptor dicitur I. 505, 514.
„ „ refutatus I. 503 ss. II. 740. IV. 201 ss.
cum Maestlino per literas egit I. 229, 521, 665.
ad Maestlinum provocat de stella nova II. 399. III. 55.
imper. Matthiae fausta praedixit IV. 170, 205.

Röslinus
imper. Matthiae dedicat librum suum chronologicum IV. 170, 203, 207.
de mundi magnitudine I. 509 s.
„ observationibus astronomicis I. 662.
optices ignarum se profitetur I. 498.
de planetarum natura I. 590 ss.
„ pluvia I. 511.
„ scribendi ratione in discept. inter viros literatos I. 229. 516 s.
„ stella in Leone I. 504.
Sutorii prognosticum complet VIII. 300.
de Urso (Raimaro) I. 229, 504, 663.

Roeslini
„Diskurs“ I. 228, 498, 665.
chronologia, a Keplero taxata I. 498. IV. pass.
epistolae ad Keplerum v. Kepl. epist.
hypothesis de mundo I. (64, 224), 228 (498).
judicium de nova stella a. 1604. I. 497, 503 ss., 666. II. 399, 741, 809. IV. 204.
„ de prodromo Kepleri VIII. 301.
liber de cometis IV. 204, 207.
„ „ itinere Batavorum II. 412. 520. IV. 169, 205, 283.
ignorantia in astronomicis I. 228, 663. IV. 170.
Prodromus diss. cosmographicarum I. 499. IV. 120, 169, 205 ss.
Prognostica I. 530, 533, 535. II. 832.
Tabulae chronologicae IV. 205.
Tractatus meteorastrologiphysicus I. 499. II. 809. VIII. 315.
Theoria nova coel. meteor. I. 665.
vaticinia a Keplero taxata I. 514 ss., 663. II. 740.

Roeslini versus contra Keplerum IV. 515.
Roffenius, prof. Bonon. II. 460. VIII. 661.
Rollenhagius pastor Magdeburg. Braheo mittit librum R. Ursi I. 226.
„ Braheum putat ab Urso veneno interfectum I. 657.
„ Kepleri laudat „fundamenta astrologica“ I. 657.
Rollenhagii epist. ad Braheum a. 1601. VIII. 742.
„ filius ed. Lucianum VIII. 40.
Romae conditae annus IV. 132.
„ inundatio II. 610.
„ meridianus VI. 555 ss.
„ observata ecl. Lunae 1616. III. 611.
Romana historia Appiani et Josephi comparatae IV. 185 ss., 305.

Romanorum
annus IV. 155. VI. 288. VIII. 268 ss.
auspicia I. 632.
diei initium VI. 258.
imperii vicissitudines VIII. 308.
mathematici ex urbe ejecti I. 550.
mensurae V. 502, 591.
mores II. 717. IV. 198.

Romanus, Adr., de Calend. Gregoriano IV. 6.
„ de Coigneto III. 734.
„ „ subtensis circuli II. 594.
Romani, Adriani, meth. polygonorum I. 309.
„ „ cyclometria III. 58, 323, 496. IV. 557, 647. V. 624.
„ „ Ideae math. pars pr. III. 496. IV. 647.
Romuli correctio calendarii VIII. 270.
Rosa nautica v. Pyxis nautica.
Rosae crucis fratres I. 660. V. 17, 19, 459, 492. VI. 72.
Rosenbergica schola II. 572.
Rosswurmii nativitas I. 340.
Rotae per aquam motae V. 645.
Roth, prof. Tubing. VIII. 689.
Rothmannus,
astronomus Hassiae landgravii I. 196, 286.
Copernico addictus I. 47, 243, 285.
in Copernici hyp. quid mutandum censuerit I. 240, 285.
Copernicum defendit contra Tychonem VIII. [643.
de aëre et aethere II. 177, 208, 403.
„ aequinoctiorum praecessione I. 285.
„ Brahei symbolo III. 453.
„ cum Braheo disputat de mundo I. 243.
„ „ „ „ de refractionibus II. 176s.
Braheum hortatur, ut librum suum de Cometis edat I. 278.
de Brahei et Landgravii instrumentis II. 266.
cometas a. 1580, 1585 observat. VII. 232, 259.
de diebus artificialibus I. 285.
„ loco stellae polaris I. 47.
orbes reales rejicit I. 285.
prosthaphaeretico calculo utitur II. 439.
Prutenicas tab. a coelo aberrare dicit I. 285.
de refractione II. 46, 177, 180, 198, 212 ss.
„ sphaerarum coelestium materia II. 403.
„ studiis suis Tychoni refert I. 285.
Ursum dicit impurum nebulonem I. 226.
Venerem observat II. 414.
Rothmanni Astronomia et Organon I. 285.
„ epistolae ad Braheum I. 226, 240, 243, 278, 285. II. 266, 403.
„ manuscripta I. 286. II 439.
Ruderauf v. Remus.
Rudolphus, Imperator.
Carolo V. comparatur I. 101. quoad nativitatem VIII. 340. [809.
bellum contra Turcas gerit a. 1604. II. 616,
haeres Moscovitae nominatur I. 300.
Kepleri judicium de Galilaei inventionibus petit II. 490.
Kepleri studia optica probat II. 121.
Keplero tradit Galilaei „Nuncium Sidereum“ II. 451, 490.
a Keplero petit explicationem Lunae macularum II. 491.
Keplero assignat 400 flor. ad edendam Astr. Novam III. 9.
„ dono dat 2000 thal. IV. 520. VII. 480.
Keplerum ad Braheum vocat I. 101. II. 121.
Rudolphus
Keplerum magni habet IV. 519.
Rudolphi angustiae pecuniariae VIII. 734.
„ auctoritas crescens I. 300.
„ „ diminuta VII. 127.
„ dissidiae cum fratribus VII. 127. VIII. [779.
„ epistola ad Jörgerum III. 9
„ fata VIII. 340.
„ fratres quid mente agitarint VIII. 337.
„ genesis VIII. 338 ss.
„ haeredes Keplero negant solutionem doni fratris IV. 520.
„ ingenium I. 101.
„ mors I. 104. II. 400. IV. 371.
„ res gestae in Hungaria a. 1604. II. 616, 809.
Rudolpho Keplerus dedicat Astronomiam Novam III. 137.
„ Librum de stella nova II. 615.
„ Opticam II. 121.
„ Augusti nativitatem exponit VI. 607. VIII. 331.
Rudolphinae v. Tabulae.
Rufach, s. Rubeacum VI. 69 s.
Rufinus, Josephi interpres IV. 188.
Rulandus, Martinus, medicus tractatum ed. de peste VII. 8. VIII. 778.
Rupertus, Abbas IV. 48.

S.

Sabbathi celebratio, quo tempore dubia IV. 39. VI. 299.
Sabbathum Judaeorum in Indiis. ib.
Saboris automaton coeleste I. 89.
Sacrificiorum antiquitas VII. 761.
Sagani imprimuntur Ephemeridum Kepleri pars secunda et tertia VII 525, 566.
Sagae VIII. 46.
Sagarum examen I. 338. II. 608.
Sagitta, i. q. sin. vers. VI. 199.
Sagittarius VII. 680.
Saliani annales IV. 128.
Salmanassar S. Scripturae Ptolemaeo Nabonassar VII. 760, 782.
Salmanassaris res gestae VII. 781 s.
Salomo, num contra astrologiam edixerit I. 578.
Salomonis dictum I. 557.
Salsa cur non gelu congrescant I. 339.
Saltzmann VIII. 919.
Samiae philosophiae denominatio unde II. 526.
Sandbeckh, Dan. VII. 250.
Sanguinis calor, circulatio II. 65, 144.
Sanritter ed. Tabulas Alphonsi VI. 558.
Santini, Galilaei amicus II. 460.
Sapientiae liber de mundi dispositione II. 586.
Sardanapali nomen et interitus VII. 777 s.
Sarpi, Paulus II. 610.
Sarsius v. Grassius.
Sarus, periodus dierum vel annorum VII 679.

Sascerides, Gellius, Brahei domesticus I. 190.
„ eclipsin Lunae 1594. observat III. 577.
„ Martem obs. Patavii 1591. III. 211.
„ ad Maestlinum scribit de Brahei Progymn. I. 190.
Satellites v. Jovis, planet. satell.
Sattlerus, Basiliensis, de aspectu 30°. II. 506.
Sattleri astrologia II. 572.
Saturninus, Syriae praeses IV. 192, 248, 250, 333, 425.

Saturnus
ab astrologis Judaismo praeficitur II. 744.
Apparentius (Phaenon) a Plutarcho dicitur VIII. 99.
Geryoni comparatur II. 461, 463.
a Jove tectus II. 321.
cum Jove conjunctus II. 111.
Judaeis nomen habet a quiete VI. 259.
Cananaeis Moloch VIII. 120.
a Luna tectus II. 322, 382. VII. 596.

Saturni
annulus pro satellitibus habitus (II. 461 ss.) V. 398. VI. 315. VII. (596), 744.
aphelii locus VI. 441.
„ „ in Tab. Rud. falsus VII. 584.
circuitum observat Braheus I. 43
diameter visa II. 647, 816. VI. 329 ss.
distantia a Terra et motus I. 169 ss. II. 675.
„ a Sole VI. 328 s., 440.
eccentricitas et aphelium I. 346. III. 125. VI. 440 s.
inclinatio et latitudo VI. 449 ss.
loca observata I. 169, 323, 340, 345, 352. II. 648 ss. VI. 725 ss.
locus computatus II. 439.
lux II. 466.
motus diurnus II. 647 ss. VI. 440.
„ inaequalis causa I. 183.
„ medius et apparens anno Jul. 40. II. 708.
„ cum Terrae motu comp. VI. 351.
nodorum locus VI. 449.
orbis comp. cum corporibus regul. etc. II. 672, 674. III. 678. VI. 322 ss.
retrogradationes et stationes VI. 446 s.
vis astrologica I. 297, 325, 329, 349, 388, 564, 669.
Saurau, Honorius de, Kepleri fautor I. 299.
Sauterus I. 22, 24. [VIII. 703.
Saxirupii epigramma in Astron.Novam III.141.
„ „ in Epitomen VI. 118.
Saxonius, mathematicus Altorfii VI. 637.
Saxum de coelo delapsum VII. 176 s.
Scalae, Josephi, medici et mathematici Siciliensis (1556—1585) Ephemerides II. 413.
Scala musica V. 149 ss., 172.
„ „ cum planetarum motibus comparata V. 290 ss.

Scaliger, Jul. Caesar,
philosophus et poëta Ripensis (1484—1558), miles et medicus celeber editis „exercitationibus exotericis adverssus Cardanum“ I. 2. V. 479. VIII. 673.

Scaliger
de aestu maris VI. 376.
„ differentia luminis et lucis II. 148.
„ geometriae partibus V. 21.
de magnetis directione II. 813.
„ motricibus orbium intelligentiis I. 176. III. 177, 463 VI. 339.
„ mundi creationis tempore I. 184.
pullis gallinaceis innatam dicit ideam milvi V. 260.
de scintillationis stellarum causis II. 679.

Scaliger, Josephus,
nat. Agini 1540, mort. Lugd. Bat. 1609.
de Alexandro cornuto IV. 147.
„ anno Attico IV. 94 ss., 473, 513.
„ Augusti nativo VIII. 333.
„ Christi baptisati IV. 407.
„ anni ecclesiastici initio II. 800. IV. 95.
Aristotelis locum explicat IV. 513.
de Assyriorum historia IV. 89.
astronomiae minus peritus VII. 748.
de caligine prodigiosa 1547. II. 419, 694.
contra Calend. Gregor. IV. 5, 93.
de Censorino VI. 50.
„ chronologia et historia Judaeorum IV. 167, 182. VII. 805 s.
„ Cyclo lunari II 290.
„ tempore conditi mundi VII. 753, 757, 764.
de Danielis hebdomatibus VII. 807 ss.
„ diebus exemtis IV. 97 s, 513.
contra Herodotum IV. 95.
de Ilii capti tempore IV. 99.
Josephi textum pervertit IV. 234.
a Keplero defensus IV. 446, 451.
de Ionula Turcarum VIII. 303.
„ perfidia typographorum II. 791.
„ periodis Sarorum VII. 679.
contra Plutarchum IV. 98.
de scriptoribus de aequinoctiis VI. 109.
de typographiae inventione II. 476, 731.

Scaligeri
Cyclometria IV. 93.
disput. chronologica anno 1608. IV. 166 s.
Chronologiae canones isagog. VII. 679.
catalogus regum Babyl. IV. 103, 403, 462.
Diatriba de Aequinoctiis a Keplero taxata (ex mss. Pulk.) VIII. 273—293.
eruditio laudata II. 290.
Opus de Emendatione temporum II. 290, 419, 694, 800. III. 507. IV. 93, 113 etc. VI. 558, 610, 759. VIII. 333.
Scandinavia, vox, ab Ascenas Mosis VII. 789.
Scarlatina insula i. q. Huenna I. 194.
Schaefferus, Zach., prof. hist. Tubing. VI. 628.
Schaefferi eulogium Schickardi V. 48.
„ disputationes VIII. 793.
Schaerer, pastor, contra Feselium medicum, astrologos impugnantem I. 548, 669.
Schafhaeutl, prof. et director bibl. univ. Monachiensis editori Operum Kepleri concessit mss. Herwartiana (cfr. I. 70.)

Schallenberg, Georg de, Calend. Kepleri sibi expetit I. 660. VIII. 850.
Schebelii versio Euclidis germanica VIII. 798.
Scheibelius, de Brahei epistolis II. 403.
„ de Kepleri epistola ad Scultetum II. 605.
„ „ „ Tertio interveniente I. 546.
„ libro Coigneti III. 734.
„ Offusio I. 657.
recenset editiones tab. Alfonsin. I. 195.
„ de sphaera J. Saerobusci II. 811.
Scheinerus, Christoph., (1595—1650), Jesuitarum socius, mathemat. et confessionarius archiducis Austriae.
de maculis solaribus ad M. Welserum scripsit ficto nomine Apellis II. 776.
„ ecl. Lunae 1612. III. 608. VI. 60.
tubum astronomicum confecit secutus Kepleri praeceptum in Rosa Ursina II. 574.
Scheineri Sol ellipticus VII. 466. VIII. 832.
„ Tractatus de Oculo VII. 546.
Schekel mons tempestates et ventos a Styria retinet I. 404. II. 287, 292, 496.
„ „ pluvias indicat I. 348.
ab ejus vertice prospectus I. 321.
Schele, Frisiae orient. secretarius I. 351, 356. II. 602.
„ de eclipsi Solis 1605. III. 97, 727.
„ epigramma in Fabricium scripsit III. 727.
„ epist. ad Tychonem VIII. 742.
Schellhart, camerae aulic. consil. VIII. 929.
Schemata sunt literae geometrarum genuinae II. 518.
Schickardus, Wilhelmus
professor Tubingensis, Kepleri amicus V. 46 s.
Avenezrae dictum latine vertit VI. 109.
Besoldi effigiem aeri insculpsit V. 53. [48.
Brahei catal. fixarum a Keplero expetit V.
de cometa anni 1618. VII. 21, 85 s., 140.
„ „ „ 1625. VII. 637.
„ Copernici hypothesi VII. 292.
figuras ad Kepleri harmoniam delineavit V. 7, 48 ss.
fratri Lucae refert de Tab. Rudolph. et Keplero VI. 627. VIII. 893.
„ „ rebus suis VI. 632.
„ „ Württemb. calamitosis V. 47.
globum coelestem (concavum) conficit V. 52.
de globo igneo Tub. conspecto VII. 18, 77, 140, 261, 292.
„ Hebenstreitii errore VII. 21.
Kepleri tab. geogr. sculpendam promittit VI. 628.
Epitomes typo prospicit VI. 21 s.
„ eruditionem et ingenium maximi facit V. 52.
„ filii Ludovici inspector VI. 624 ss.
„ genealogiam Christi examinat VI. 618.
libros dono accipit V. 48, 52.
„ logarithmorum msct. Marburgum mittit VII. 300.
„ mortem Berneggero nunciat VIII. 922.
Schickardus
a Keplero laudatus II. 401. VII. 18, 85.
„ „ visitatus Nürtingae et Tubing. II. 401. V. 48, VI. 49.
machinam construit arithmeticam VII. 300.
in mechanicis versatus V. 48.
de Maestlino V. 53. VII. 300.
„ perspectiva VII. 279, 292.
„ trigonometria V. 48 s.
„ stella in Cygno II. 758.
„ voce *aux* VI. 563.
Schickardi
epistolae ad Berneggerum VIII. 880, 896, 923.
„ ad Keplerum, vid. Kepl. ep.
libellus de globo igneo VII. 140, 292.
receptio in senatum Tubing. VI. 630 ss.
Schickardus, Henricus, architectus I. 193.
Schillerus II. 782, 784.
Schillingus I. 51.
Schindelius, obs. aequinoct. 1416. IV. 24.
Schmidius, C., Argentin. VI. 623.
Schönbergius, Cardinalis, editionem operis Copernici efflagitat I. 57.
Schoenborn, de Cal. Juliano reformando IV. 4. VIII. 605.
Schoner, Lazarus,
ed. Rami Scholas math. I. 193.
de distantia inter Romam et Norimb. VI. 555.
Episc. Ernesto tradit judicium de mensuris V. 616.
lecto Kepleri Prodromo usum corporum reg. in mundo agnoscit I. 193. V. 82.
de mensurarum fundamento V. 621 s.
cubi ad sphaeram rationem quaerit V. 625.
de progressione octonaria V. 625.
Schoneri, Joh., editio obss. Regiomontani et Waltheri I. 209, 225, 245. II. 415. VII. 14 s., 250, 283.
„ descriptio et usus „radii astron." VI. 745.
Schonerus, Andr., Johannis filius, de Gnomonica VIII. 607.
Schooten, Fr. a, ed. Opera Vietae III. 478.
Schoper s. Super, mercator Venetus V. 60.
Schorndorfia, incendio conflagrata V. 47.
Schott, Casp., de Magini speculis II. 400.
Schrank, Franz Paula de, edit epistolas Kepleri ad Herwartum I. 60.
Schreckenfuchsius Ptol. Quadripartitum edit I. 204. II. 834.
„ Abrahami Hispani sphaeram vertit V. 40.
„ astronomorum priorum opera edit VIII. 602.
Schreiber, Hier., Noribergae observat eclipsin anno 1540. II. 103.
„ de Osiandri praefatione ad opus Copernici I. 245. III. 136.
Schuler, Keplero ad manus II. 597, 617. III. 240.
Schwalbachius, de cometa a. 1618. VII. 78, 142.
Schwalbius, medicus Görlicensis II. 605.
Schweiggerus I. 30.

Schwenterus prof. Altorfii VI. 637.
Sciametria, pars Hipparchi Kepleriani III. 520.
Sciathericum, instrum. astron. VI. 122.
Sciatherica varia VI. 210, 268.
Sciendi sitis et metae VI. 306.
Scientiae geometricae gradus V. 86 ss.
Scientiarum progressus II. 730 ss.
Scintillatio, unde II. 210, 294, 679. VI. 157, 482.
„ argumentum lucis propriae I. 424.
Scintillationes oculorum et capillorum II. 231.
Scioppius contra Scaligerum IV. 110.
„ „ Berneggerum VI. 621.
Scire, scibile, quid in geometricis I. 307. V. 85.
Sclerotis, oculi tunica II. 230.
Scorpionis constellatio I. 539. II. 634, 661 ss. III. 440 s.
„ cordis color I. 642.
„ cor Lunae conjunctum II. 266.
Scotorum fata a. 1560. VIII. 11.
Scriptor Gallicus, auctor vitae Caroli M., de Mercurio in Sole viso II. 108, 111, 322, 787 ss., 797 ss.
Scriptores veteres de chronologia sacra IV. 222.
„ recentiores historiarum universalium VII. 751.
Scriptura Sacra contra astronomos et astrologos I. 578, 632.
„ Sacra de motu Terrae I. 594. II. 335, 473. III. 153. VI. 184.
„ „ „ mundo VI. 123, 305.
„ „ „ numero coelorum I. 587.
Sc. Sacrae translationes variae VII. 805 ss.
Scrupula ecliptica varia VI. 499, 501.
„ partes gradus VI. 203 s.
„ latitudinis Lunae VI. 478.
„ menstrua in Luna VI. 469.
„ proportionalia VI. 449.
Scrupulorum usus VI. 471.
Scultetus, Abr., prof. theol. Heidelb. edidit Sphaericorum libros I. 337, 652.
„ sermonem contra astrolog. I 561 s., 649.
„ Bartholomaeus, Görlicensis consul et astronomus, Braheo amicitia conjunctus II. 605. VII. 289.
„ observat cometam a. 1577. II. 605. VII. 246, 289.
„ „ eclipsin 1577. III. 556.
„ Tob., observat Jovis satellites II. 513.
Sculteto B. ortum novae stellae 1604. nunciat Keplerus II. 605.
ei dedicat Kepl. „Eclogas chron." IV. 371.
Scytharum numeratio V. 617.
Sebastianus, rex Lusitanorum VII. 28, 113.
Sebizius VIII. 918 s.
Sec, Jo. mercator Welsensis V. 60.
Secans VI. 199. VIII. 584.
Secantes angulorum incidentiae concurrunt ad mensuram refractionum II. 198. VI. 150.
Sectae astrologorum Plinii VI. 294.
Sectio aurea v. prop. div.
Sectiones harmonicae I. 110, 197 ss. V. pass.
Sectionum harmonicarum causa I. 144.
Sector circuli IV. 558. V. 514. VI. 412.
Seculi XVI. laudes II. 730.
Secunda horae II. 334. VI. 248, 337.
Sedeciae tempora inquisita IV. 104.
Seditio rusticana in Austria I. 19, 189. VI. 619, 674. VII. 641 s.
Seepachius VIII. 749.
Segethus, Thomas, Britannus II. 502, Keplero tradit Galilaei Nuncium sidereum II. 487.
„ adest observ. Jovis Kepleri II. 511 s.
„ versus addit Kepleri „Narrationi" II. 513, 572.
Seiffartus, Matth., Tychonis discipulus II. 804. III. 238. VI. 70.
„ Matth., ephemerides computat III. 705 s. VIII. 45.
„ „ Keplerum in observando adjuvat II. 804. III. 95, 238.
„ mortuus est hydropsi VIII. 45.
Seifferus V. 481.
Selimus Turca Cyprum expugnat a. 1570. VII. 35, 122.
Semicirculus VI. 141.
Semidiametrorum lunarium tabula Tychonis II. 309.
Semiramis VII. 771 ss. Ejus successores VII. 775 s.
Semita S. Jacobi i. q. via lactea.
Semitonium I. 200. V. 155.
„ num duplex V. 429.
„ Platonicum V. 376, 426, 429.
Sems, Joh., geodaesia V. 615.
Seneca de cometa bisecta VII. 76 s. [129 s.
„ „ cometae eventibus VII. 33, 120 s.,
„ „ futura orbis novi detectione II. 501.
„ „ mundo I. 101. II. 738.
„ Stoicus philosophus VII. 130.
„ de Thaletis mundi figura VI. 537.
Sennacheribi res gestae VII. 783.
Sensio, quomodo perficiatur II. 539. V. 138.
Sensuum facult finitae II. 143.
Sensuum analogia et definitio II. 147, 149, 539. V. 138.
Senum querelae VII. 761, 763.
Septanguli regularis constructio I. 306, 600 s., V. 70, 101 ss., 471.
Septentrionis denominatio, unde VI. 190.
Septimana biblica, quid VII. 807.
Septuaginta interpretes IV. 150. VII. 805.
Sequadrus, sesquadrus aspectus I. 322, 428. V. 474.
Serarius, soc. Jesu IV. 109.
„ de Coigneto III. 734.
„ „ Lydtati tractatu IV. 110.
„ Scaligeri adversarius IV. 102, 109, 473.
Serarii Minerval. IV. 102, 473, 110.
„ judicium de libro de Stella nova expetit Keplerus IV. 114.

Serenus de cylindri sectione I. 263. II. 283, 417. V. 523.
Serpens in Norwegia III. 450.
Serpentarii et Serpentis constellatio II. 661 ss.
Serpilius, pastor Ratisb. VIII. 924.
Sethus v. Calvisius.
Seusius, secretarius Elect. Saxoniae II. 477, 481. V. 66, 68.
Seusii carmen nuptiale ad Keplerum VIII. 821.
„ versus in Kepleri Opticam II. 125.
„ „ „ „ Astron. Novam III. 141.
Severini, v. Longomontanus.
Sexagenaria divisio, sexangulum VI. 204.
Sextans, instrumentum Tychonis II. 619. VI. [276.
„ Hoffmannianus III. 221. II. 597.
Sextarii romani divisio V. 591.
Siberus, mag. postarum Lips. VI. 626.
Sibylla, vidua Friderici Würt. ducis VIII. 801.
Sicca cur minus pellucida II. 76.
Siccitatis causa astrologica III. 450. VII. 129.
Siclus templi, Judaeorum numisma IV. 252, 338. V. 616.
Siderocratis opera VIII. 610.
Sidonii fluxum maris cum Luna redeuntem observant IV. 418.
„ de Sole VI. 311 s.
Sidus aequinoctii Ciceronis VI. 289.
Sidera cur circa horizontem majora II. 210.
„ indicantia tempestates VI. 289.
„ Brandenburgica vel Medicaea v. Jovis satellites.
Siderum altitudo a centro Terrae quomodo metienda II. 324 ss. [333 s.
„ motus an oculis comprehendantur II. 323,
Siderari, i. q. sidere afflari VI. 289.
Sigersdorf, rector Dillingae VI. 70.
Signa astrologica in Calendariis I. 621.
„ brevium descensionum II. 619, 652.
„ masculina et feminina I. 443. II. 633.
„ in S. Scriptura I. 634 s.
„ urbium (astrol.) I. 338.
Signorum
consequentia, antecedentia VI. 203.
denominationes astrol. I. 295, 443. II. 632 s.
distributio inter planetas I. 313, 440, 536, 583.
initia VI. 203, 519.
Signifer, i. q. zodiacus.
Significator, quid I. 294.
Sigwartus, prof. theol. Tub. VIII. 989.
Sigonius, de republ. Hebraeorum II. 802.
Silesia, celebris doctorum virorum frequentia VII. 583.
Silesiaca camera Keplero non solvit assignatam pecuniam IV. 520. VIII. 801 s.
Silva Chronologica Kepleri IV. 175-200. v. Christi annus nat.
Simon, affinis Kepleri V. 478.
Simplex, quid VI. 338.
Simplicius de Ptolemaei loco I. 129.
Simus Ptolemaeum defendit VIII. 604.
Sinarum calendarium, astronomia VII. 671 ss.
Sinarum murus VII. 607. Origo VII. 680.
Sinus, sin. compl., versus VI. 199, 404.
Sinuum arcuum 1°—90° summa III. 335, 390.
„ canones varii V. 51, 506.
Sipho Kepleri, v. Kepleri mach. aquaeduct.
Sirius, sidus indicans VI. 289.
„ Sole major VI. 72.
Sirii diameter apparens II. 466, 500.
„ ortus apud Aegyptios VI. 274 s.
„ „ Graecis celebratus VI. 291.
Sirturus de tubi optici inventore VI. 56.
Sisseck monasterium II. 814.
Sitius, contra Galilaeum II. 469. VI. 52, 54. VIII. 799.
Sixtus ab Hemmingen v. Hemminga.
„ V. pont. max. de Clavio IV. 5.
Sleidanus, de quatuor Monarchiis, commentatur a Keplero VII. 751—787.
Sleidani vita VII. 751.
Smelcius VIII. 809.
Snellius, Willebrord,
mathematicus Belgicus IV. 656.
et Adrianus Rom. provocantur a Keplero ad solutionem probl. geom. IV. 625.
de aequationibus secularibus VI. 674.
de Arzachele III. 507.
ed. Lud. a Ceulen problemata V. 83, 470.
de Euclide V. 83, 471.
„ eclipsi a. 1460. II. 439.
„ Gebro II. 409.
geometrarum decus dicitur IV. 601.
de Ant. Maria et Magino II. 415.
„ polorum altitudine decrescente II. 415.
obss. Hass. edit I. 196, 209. IV. 656. VI. 725.
Snellii Eratosthenes Batavus VI. 63, 556.
Sociniani I. 660. VII. 128.
Socrates de musica V. 212.
Socratis morituri dictum V. 254.
Sol
auctor temporum VI. 228. [VI. 347.
auro vel lapidi candenti similis II. 269.
centrum mundi III. 301. VI. 310, 314.
cometarum caudas format VII. 110.
cor mundi I. 174. II. 504. VI. 311.
fixis comparatus II. 500.
et Luna cur appareant aequales II. 323.
„ „ simul visi in eclipsi ☽ I. 397. II. 95, 213, 218 s. VI. 148.
Lunae conjunctus auget aestus maris VIII. 61.
lucentium corporum archetypus II. 131.
materia circumfusus lucida II. 318, 698. VI. 155, 511. VIII. 6, 112.
motu diurno describit in pavimento sectiones conicas II. 362 ss.
movetur circa axem, v. Solis motus.
mundi pars quo censu II. 269. VI. 328.
in oculo, i. q. iris.
pellucidus quo sensu II. 270.
Persis Deus VI. 307, 312.
planetas movet, trahit, pellit I. 11, 174, 508. II. 269. III. 149, 304 ss. V. 326. VI. 311, 342, 374, 376 et pass.

Sol
planetarum rex I. 174. VI. 228.
planetariorum motuum scopus I. 615. VI. 383.
philosophis Pythagoricis ignis I. 251. VII. 745.
quiescens Copernico quomodo moveri videatur II. 337.
cur nunquam retrogradus VI. 448.
per tubum opticum inspectus nocet oculis II. 777, 782.

Solis
aequans II. 336. III. 19, 24, 39.
aequatio maxima III. 432. VI. 434. VII. 482.
actio in Terram V. 256.
altitudinis inveniendae ratio II. 99, 815.
anima (species immateriata, mens) I. 174 ss. 183, 508, 569 et pass. II. 270. III. 108, 300 et pass. V. 251, 323, 349. VI. 179, 343 ss., 392, 401.
anomalia VI. 435.
apogaei locus Ptolemaeo III. 433.
„ motus VI. 434. VII. 482.
apparitio praematura v. Batavi.
axis conversionis directio III. 305.
calor VI. 311. per annum varius I. 421, 537 ss. VI. 404.
„ in Luna II. 497. VIII. 38.
centrum orbium planet. nodus III. 424. VI. 383.
„ immobile VI. 310, 355.
„ origo lucis II. 271.
conjunctio cum planetis agit in aëris mutationes I. 647.
cyclus VI. 494.
deficientis cornua obtusa II. 162, 266, 309.
densitas II. 269. III. 307. VI. 330, 343
diameter apparens I. 46. II. 343. III. 53, 318, 533, 647 et pass. VI. 325, 431 ss., 498. VII. 483, 543 ss.
„ apparens in camera obscura II. 98.
„ „ comp. cum lunari II. 345 ss.
„ quanta in fixis appareat II. 681. VI. 333.
„ quomodo observanda II. 340 ss.
„ major justo visa II. 319. VII. 543.
„ a veteribus observata II. 344.
„ vera cum diam. lunari comparata VI 327.
„ „ „ sphaera fixarum comp. VI. 332 ss.
„ „ „ diam. Terrae comparata II. 674.
diametri proportio ad mundum VI. 332.
distantia ab apogaeo Lunae VI. 468.
„ a Terra II. 370, 671, 674, 778. III. 225, 318. VI. 58, 326 ss., 498. VII. 483.
„ „ „ Keplero mutanda detecto tubo optico VII 593.
„ „ „ quomodo exstruatur III. 291.
„ „ „ non immensa VIII. 119.
„ „ fixis I. 508. II. 672.
eccentricitas dimidianda II. 336. III. 66, 284 ss. VI. 42, 65. VII. 216, 482.
eccentricitatis inquirendae ratio III. 272 ss.
„ num olim major fuerit I. 346. II. 220. VI. 50.
exhalationes VI. 307.
facies occidentis a. 1601. II. 212.

Solis
figura globosa VI. 143.
„ radii per fenestram immissi II. 162.
„ oviformis (elliptica) in ortu et occasu II. 209. VI. 148. VII. 543.
filamenta (fibrae) magnetica III. 157, 304 et passim. VI. 376 ss.
flammulae VI. 307, 514.
incolae harmoniarum coelestium participes V. 46, 61, 324, 349.
locus (motus) apparens, medius III. 73, 149, 174, 193 ss., 699. VII. 482.
„ in mundo II. 131. V. 324. VI. 313 ss.
„ verus III. 65, 195 ss.
lumen cum fixarum lumine comparatum II. 269 s., 293, 500. VI 335.
„ cum vi motrice cognatum I. 13, 176. III. 302, 308. VI. 347 s., 360.
„ Terrae virtutem motoriam fortificat VI. 360, 390.
maculae v. Maculae.
magnitudo II. 474. VI. 325.
„ cum Mercurii orbe comparata I. 159 s.
magnitudinis concinnandae causae VI. 325, [327.
materia II. 269.
mens, num sit diversa ab anima V. 323 ss. VI. 344.
motus ex obss. Hipparchi, Ptolemaei, Hipparchi et Albategnii comparantur cum Tychonicis VIII. 262.
„ annuus inaequalis VI. 431, 465.
„ apparens, unde II. 334. III. 153.
„ circa axem I 160, 508, 570, 590. II. 468, 503, 673, 777, 780, 828. III. 6, 108, 156. 304 ss., 426. VI. 143, 179, 309, 316, 336, 342 ss., 561. VII. 744.
„ efficit „viam regiam" VI. 522. VII. 582.
„ diurnus VI. 434.
„ medius, quid III. 73. VII. 482.
simplex et compositus VI. 525 s.
„ a Keplero inquisitus VIII. 243 ss.
motuum apparentiae VI. 429.
obscuratio prodigiosa II. 292, 780. IV. 218. VI. 146, 513.
observatio per vitrum II. 99.
parallaxis II. 331, 671. III. 103, 474, 520 s., 678. VI. 41, 326, 497, 508, 545. VII. 271, 482.
praestantia inter corpora mundana I. 11. II. 504. III. 301. VI. 310 s., 325, 343, 376.
proportio ad fixarum sphaeram et planet. orbes I. 154 ss. II. 672. III. 678. VI. 326 ss., 332, 334, 498, 520.
radii num calefaciant directi II. 48.
„ colores destruunt VII. 11, 26, 110.
„ num cometarum caudas efficiant VII. 26.
„ oblique incidentes formant ellipsin II. 355 ss.
„ per hiatus nubium descendentes VIII. 119.

Solis
radii per rimulam intromissi cur semper praebeant speciem rotundam II. 152 ss.
„ quando colorentur II. 52.
refractiones II. 209, 214, 428. III. 67. VI. 148, 229. VII. 245.
splendor flammeus in eclipsibus totalibus VI. 511.
vis ab aliis aliter explicata II. 639.
„ animalis, vide Solis anima.
„ astrologica I. 320, 335, 349 II. 640.
„ calefactoria I. 333, 421, 431, 598. II. 48, 100.
„ motoria I. 160, 174, 349, 590, 615. II. 836. III. 36, 68 ss, 151 s., 300, 392. V. 61 s., 323, 349. VI. 343 ss., 374 ss.
„ „ comparata luci I. 174. III. 70, 307 s. VI. 343 s., 347 s.
„ „ „ vi magneticae III. 57, 304, 311, 457. VI. 344 ss. VII. 748.
„ „ „ remo navis et torrenti III. 314. VI. 383 s.
Solenander, Reinerus, medicus, de ♂ ⊙ et ☽ cognoscenda II. 788.
Solimannus Turca I. 300.
Solinus de Asiae gentibus IV. 29.
„ de anno Graecorum IV. 155.
„ „ Roma condita IV. 300.
Solipeta, solifuga, termini magnetis VI. 344 s., [401.
Solon annum instituit lunarem IV. 95.
Solstitia IV. 91, 162. VI. 264, 289.
„ in octavis signorum VI 294, 297, 528.
Solstitiales circuli, i. q. tropici, unde VI. 195.
Somnium seu Astronomia Lunaris, Kepleri Opus posthumum VIII. 21—75.
Dedicatio Duci Württ. VIII. 28.
Notae Kepleri VIII. 40 ss.
„ quo tempore concinnatum II 417. VIII. 23 s.
Somnia I. 338, 393. II. 736.
Sonus, quid I. 200, 568. V. 215, 445.
„ gravis, acutus etc. V. 149.
„ quomodo in gutture conformetur V. 230.
Soni celeritas I. 568.
„ in coelo nulli V. 286.
„ stabiles et mobiles in musica V. 393.
Sonorum rationes I. 139 ss. V. pass.
Sophocles de oraculis II. 736.
Sosigenes auctor aerae Julianae II. 426. IV. 165, 295. VI. 105.
„ de diametri Solis ad lunarem ratione II 311, 317, 344.
Sosigenis astronomia VIII. 292.
Sosorum numerus VII. 678.
Sothis (canis major) Aegyptiis Deus IV. 163.
Spartani cum Judaeis cognati IV. 148.
Spate, presbyter, de stella nova II. 617.
Spagyrica ars III. 453.
Species immateriata rerum naturalium (v. Solis, Terrae) I. 568 s., 598. VI. 347 s.
„ lucis in oculis II. 146.
Specillum, v. Perspicillum.
Specklin, de mensuris V. 597 ss., 627.
Spectaculum opticum II. 169 s., 239, 241, 250, 260, 287, 297, 302, 683.
Spectra nocturna I. 338.
Speculum concavum II. 38, 492. VI. 314, 344, 347.
„ convexum II. 38, 168, 172.
„ hyperbolicum II. 193.
„ parabolicum II. 175.
„ planum II. 164 ss.
„ vitreum, metallicum II. 240.
Speculorum fabrica II. 492.
„ theoria II. 37 ss., 136 s., 168 ss., 217. VIII. 106 s. [684.
Speidelius secretarius Gratiensis I. 10. VIII.
„ Kepleri matrimonio restitit V. 482.
Sphaera Alphonsinorum nona VI. 518.
„ decima Ptolemaei I. 117.
„ fixarum Copernico immobilis VI. 336 s.
„ „ quanta II. 672. VI. 332 ss.
„ materialis (instrumentum astron.) VI. 122, 186, 189.
„ octava, undec. I. 117, 591. VI. 518, 591.
„ recta obliqua, parallela VI. 213 ss., 298.
Sphaerae inventor VIII. 289.
„ Ptolemaei comparatae sonis musicalibus V. 390.
„ pellucidae in coelo negantur II. 519 ss.
„ projectio in planum II. 664.
Sphaerarum ratio ad invicem VI. 333.
„ mobilium ordo VI. 315.
„ numerus veterum III. 432. VI. 146, 518 s. VII. 272.
Sphaerica doctrina VI. 125, 211 ss., 303.
„ superficies, centrum ejus III. 310. VI. 142, 317, 321, 407.
Sphaericum prima figurarum I. 11. II. 131. VI. 140 ss.
„ imago trinitatis I. 11, 122, 639. II. 131. V. 223. VI. 140, 310, 314. VII. 745.
„ immobile, cur VI. 142.
Sphaerici et globi discrimen VI. 142.
„ ortus VI. 141.
Sphaeroides IV. 565, 594.
Spicae Virginis loca etc. II. 51. VI. 93, 149.
Spinola, Hispanorum dux I. 665.
Spirae in motu Martis ap. Braheum III. 173.
„ poli terreni III. 429.
Spiritus (in nervis) lucis vectores II. 146.
„ et materiae discrimen V. 63.
„ mundi supranaturalis VII. 8, 12 s., 30,
„ visorii munia II. 233, 257, 268. [114.
Sportula, genethliacis missa. Supplementum Tabularum Rudolphinarum VI. 717—721.
Stadia, quanta VI. 63, 134.
Stadius, Georgius I. 106, 195.
„ Joannes I. 195, 363.
„ de Calendarii reformatione IV. 4.
„ „ eclipsi a. 1572. III. 550.
„ „ Ptolemaei dirigendi modo I. 360.
Stadii Ephemerides I. 195, 363. II. 302. III. 217, 473. VI. 555.

Stadii opera VIII. 604.
„ Tabulae Bergenses I. 195. III. 473.
„ filius, Hieronymus, edidit patris Ephemerides I. 363.
Stanislaus, Polonus, de eclipsi 1605. IV. 112.
Starembergius, Erasm. de, Kepleri fautor VIII. 940.
„ de Kepleri uxoris morte et transitu Lincium VIII 797.
„ filios duos studiorum causa Argentinam mittit VIII. 968.
„ patrimus Margarethae Kepleriae VIII. 830.
Starembergii epistola ad Keplerum, librum de Cometis expetentis VII. 7.
Starembergio dedicat Kepl. libellum tertium de cometis VII. 117.
Starembergicum gynaeceum Eferdingae IV. 548. VIII. 809, 820.
Staterae (librae) ratio et mensura adhibita ad motus planetarum III. 300, 390. VI. 342, 373, 404.
Stehenbokia VIII. 809.
Stella, Tilemannus II. 316, 423. VIII. 10, 12.
„ cadens, volans I. 334. II. 684. VI. 124, 157. VII. 275.
„ figura geometrica I. 145, 147. V. 118 ss., 272. VIII. 1014.
mutabilis in Ceto v. Mira Ceti.
„ nebulosa, quid II. 526.
„ polaris, utilis ad firmandam astron. Copern. I. 42 ss., 63 ss., 233. VI. 53, 333.

Stellae fixae

earum denominatio unde II. 629 ss.
num calefaciant I. 423. II. 143, 633. [285.
in quot classes a veteribus divisae VI. 275,
infra horizontem versantes videntur, cur II. 222.
interdiu visae II. 291 s.
latitudines num mutent I. 122. II. 220. III. 426 ss. VI. 521 ss., 717.
lucem propriam num habeant VI. 482.
a mundi locis diversis inspectae, quales appareant II. 689. VI. 137.
in mundo quomodo dispositae VI. 136 ss.
nocte lusciosis confusae apparent II. 268.
per nubes currere videntur II. 333. VI. 181.
cum planetis comparatae I. 124. II. 681. VI. 124.
refracte visae II. 209. VI. 157.
num rotentur circa axes II. 294, 680. VI. 482.
„ a Sole illustrentur II. 681. VI. 482.
„ Soli comparandae II. 500. VI. 334 s.
Terrae comparatae II. 591.

Stellarum

actio astrologica I. 340, 349, 566, 584. II. 210, 588, 719.
ab aequinoctiis promotio, quomodo inquirenda II. 223.
altitudo, num ad tempora eruenda apta VII. 254.
anomalia IV. 111.
anima v. intelligentia I. 319. II. 719.
ascensio et declinatio VI. 280.

Stellarum

colores II. 294.
diametri apparentes II. 210, 676. III. 450. VI. 335.
distantia a Terra II. 672 ss., 688 ss. VI. 159, 331.
„ a se invicem II. 323, 690. VI. 136 ss.
„ refractione variata II. 209 ss.
distinctio in classes tres VI. 214.
emersio et occultatio VI. 273 ss., 429 ss.
exortus, signum mutationis aëris I. 431. VI. 289.
imaginum situs eversio, unde VI. 225 s.
longitudo et latitudo VI. 276.
lumen II. 293 s., 500. VI. 482.
magnitudo et dispositio II. 681, 690. VI. 137.
„ minuitur tubo opt. II. 499.
mora supra horiz. investigata VI. 226 s.
motus II. 521. VI. 519, 526.
„ apparentes II. 333. VI. 429.
natura cum terrestri comparata II. 588.
numerus II. 500, 526. VI. 136.
ortus et occasus VI. 213 ss., 283 ss.
parallaxis v. ibi.
refractio cum solari comparata VI. 540.
scintillatio II. 680. VI. 540.
situs seu locus aestimatus II. 323 ss.
sphaera, quo censu in mundo VI. 311.
„ num finita II. 672 ss., 688.
„ immobilis VI. 316, 336.
„ laternae et speculo comparata VI. 311, [314.
sphaerae crassities VI. 334.
„ proportio ad planetarum orbes VI. 331 ss.

Stella nova

In Cassiopeia 1572, exstincta a. 1574.
Braheo causa astronomiam amplectendi II. 577. (VI. 570.) VIII. 611.
a Brenggero visa II. 589. [703.
ejus claritas et color I. 474. II. 296, 589,
compar. cum stella a. 1604. I. 474. II. 589 ss., 702 et pass.
bullam fuisse dicit Kepl. I. 341.
ejus dist. a planetis II. 707.
Fabricio mundo coaeterna I. 341.
„ lumine privata, non exstincta II. 686.
hiatum reliquit in loco apparitionis I. 652. II. 598, 686, 692.
ejus magnitudo apparens I. 474. II. 620, 686, 702.
Mario a. 1618. nondum exstincta VI. 56 s.
materia quali II. 296, 692.
num ex materia galaxiae I. 652. II. 687.
„ mota in linia recta II. 340, 688.
ejus scintillatio II. 702.
„ signific. astrol. II. 725, 737.
In Cygno 1602. I. 504. II. 751 ss.
astronomis quatenus utilis II. 762.
astronomum magnum significavit VI. 570.
num cometa II. 757.
quando disparuerit II. 758. (cfr. II. 751.)
ubi et a quibus conspecta fuit II. 597, 751 ss., 770, 772. VII. 143.

Stella Nova
ejus locus in coelo et magnit. app. II. 692, 751.
num vere nova II. 762 ss.
De Stella Nova in Cygno, Kepleri opus 1606. II. 759—772.
In Serpentario, 1604—1606 I. 473. II. 577 ss. IV. 282.
astrologice considerata I. 475, 524, 532. II. 583 ss., 603 ss., 705 ss. VII. 712.
ejus color, lumen et scintillatio II. 583 ss., 598 ss., 620, 678 ss., 702.
comparata cum rege I. 474. II. 703.
„ cum stella Magorum IV. 204, 282, 347.
„ „ cometis II. 619, 702 ss.
ejus diameter apparens I. 474. II. 600, 620, 688.
de die num visa II. 619.
ejus distantia a Terra II. 668 ss.
cui fini incensa II. 734.
ejus locus in coelo I. 474. II. 587 ss., 597 s., 603 ss., 621, 655 ss., 677, 688.
„ magnitudo II. 676.
„ materia II. 682 ss., 692.
„ „ num olim exstiterit II. 684.
cum planetarum dimens. comparata I. 474. II. 583, 600, 620, 702.
num Terrae appropinquaverit II. 687.
ejus ortus, unde et quo tempore I. 473. II. 588 ss., 600 ss., 687 ss., 705 ss., 757.
„ parallaxis negata II. 621, 668 ss.
prope planetas omnes I. 474. II. 622.
theologis aliis miraculum II. 699, aliis non nova II. 598, 685.
cum trajectionibus comparata II. 695, 700.
typographis significat occupationes II. 723.
ex via lactea num exorta II. 589, 692.
pro Venere habita II. 619.
ubi visa et non visa II. 661.
Gründlicher Bericht vom newen Stern 1604. I. 473—478.
furtim excusus I. 515, 527. II. 723. IV. 204.
Stella nova in pede Serpentarii. 1606. II. 611—770.
dedic. Rudolpho Imp. II. 615.
index capitum II. 613.
epigramma Kepleri II. 612.
liber in duos partes dissectus, cur II. 577, 830.
cur sero prodierit II. 615.
cap. 29. quando conscriptum II. 734.
cap. 9. correctum V. 248.
Stellae novae Braheo ex via lactea oriuntur I. 652. II. 687, 692.
„ „ num olim observatae II. 828.
Stereometria Doliorum, 1615. IV. 551-646.
dedic. Lichtenstenio et Joergero IV. 553.
in linguam Germ. versa IV. 550. (vid. Archimedis Messkunst.)
quo tempore et cur conscripta IV. 548, 572.
a Welsero librario Augustano commendata IV. 548, 572.
Sternbergio dedicat Keplerus Calendarium a. 1605. I. 453.
Stesichorus II. 311.
Stevinus, de numeris et mensuris V. 616 ss.
Stevini, exercitat. Mauritianae VIII. 795.
Stifelii series arithmetica conjuncta seriei geometricae VII. 298.
Stirpium calor II. 145.
Stoeflerus, Joh., Astronomus I. 666.
„ de Calendarii correctione VI. 109.
„ diluvium vaticinatur I. 537, 666.
„ de duodecim domibus (astrol.) I. 431.
„ „ long. diff. inter Romam et Norib. VI. 555.
„ Maestlini praedecessor I. 83.
„ in mechanica expertus VII. 85.
„ de novilunio anni I. Juliani IV. 296.
Stoefleri elucidat. fabricae astrol. VIII. 795.
„ Ephemerides I. 367, 666.
„ expurgatio contra Tanstetterum I. 537.
„ horologium I. 83.
Stolle, Byrgii amanuensis II. 805, 837.
Storckius VIII. 874.
Straboni Sol exstiguitur oceani undis VI. 123.
Strabonis geographia II. 414. VI. 557.
Strada, Lud., quaestor Argentin. VI. 625.
Strahlendorf, Henricus, consistorii Imp. praeses VII. 319. VIII. 883.
Straussius, II. 400. VI. 15 s., 32. VIII. 838.
„ de cometa anni 1618. VII. 79.
„ Maestlino a Keplero commendatus VI. 13.
Stromaier, medicus, nativit. Wallenstenii a Keplero petit VIII. 348.
Struve, dir. speculae Pulkov. III. 736. VIII. 343.
Stuer, astrologus I. 657.
Sturmius, Hubertus VIII. 792.
Stuttgartiae pestis a. 1594. VIII. 683.
Styriae calamitates ob fidem Augustanam I. 39 s., 51 ss., 69, 299 ss. II. 416.
„ proceribus dedicat Keplerus Prodromum I. 97 ss, 102.
„ valles cum maculis Lunae comp. II. 495.
Subtrahendi compendium VII. 420.
Subvolvani VI. 591. VIII. 33, 49.
Succini gravitas et refractio II. 71 s.
Suenderus VIII. 766.
Suetonius de Augusto IV. 87 s.
Suetonii auctoritas in historia Romana IV. 379.
Suevia altior Norico II. 212.
„ Wallenstenii exercitu obruta VI. 624.
Sulpicius eclipsin praedicit I. 565, 667.
„ Verulanus de Lucano VI. 195, 543.
Sulzbachiana ecclesia VIII. 810, 900.
Superciliorum usus II. 228.
Superficies corporum densorum II. 134.
„ rectae num e mundo ejiciendae I. 124, 126.
„ repercussus seu refractionis II. 170.
Superficiei Terrae partes VI. 127 s.
Susanna, vide Kepleri filia.
S. Susanna, cardinalis V. 55.
Suslyga, Polonus, de Chronologia I. 529, 665. II. 709. IV. 107, 113 s., 177 ss., 420, 430.

Sutor ante tab. Apellis II. 782.
Sutorius, Paulus, vaticinatur mortem sultani Mahometis I. 526. (665.)
Sutorii prognosticum VIII. 300—320, 761.
Syenes et Alexandriae distantia VI. 134.
Syllae fabula VIII. 98 ss.
Syllabarum mensura V. 178.
Sylvester, Bernh., de nova stella II. 629, 811.
Sympathia, quid I. 355.
Synaugeia, quid II. 281, 307.
Syncellus, Georgius IV. 105.
Syndel, doctor, obs. alt. poli Pragae III. 54.
Syracides, de Lunae usu ad dies festos IV. 419.
Syrtium causae III. 151.

T.

Tabacum VIII. 117.
Tabula
aequationis temporis explicata VI. 572 s., [680 s.
„ seu prosthaph. expl. VI. 422 s.
aequinoctiorum prosthaphaeresis VI. 712.
altitudinis montium VI. 130.
„ stellarum in Serpentario II. 665.
anatomica oculi cur omissa II. 229.
anguli inter eclipticam et horizontem; cum adscriptus gradus eclipticae oritur, seu alt. nonagesimi, pertinet ad VI. 241. Est adjuncta tabulae ortus Solis inter medias asc. obl. (K.) VI. 244 s.
„ inter eclipticam et meridianum pertinet ad VI. 236, 277, 280. Est adjuncta tab. declin. inter medias asc. rectas; intelligitur autem angulus is, qui spectat punctum aequinoctii propius (K.) VI. 242 s., 677 ss.
ascensionum obliquarum pertinet ad VI. 240 s. ad alt. Lincianam 48° 16′ VI. 244 s.
„ rectarum pertinet ad VI. 234. Et nota, quod bina conjuncta signa habent singulas quidem columnas integrorum graduum asc. rectae, sed communem minutorum, gradibus adhaerentium (K.) VI. 242 s. (cfr. VI. 546 s)
aurei numeri VI. 686.
Brahei distantiarum Solis a Terra III. 256, [485.
„ fixarum I. 369 s.
„ oppositionum Martis III. 253.
„ refractionum II. 403 s.
circuli arcuum et segmentorum IV. 645. V. 509, 515.
conversionis temporum VI. 607.
cylindrorum etc. V. 558.
declinationis eclipticae VI. 712, pertinet ad VI. 231, est inserta inter medias asc. rectas (K.) VI. 242.
doliorum capacitatum V. 566, 569, 585, 588.
pro exortibus siderum et loco Solis VI. 291.
foecunda i. q. tab. tangentium.
geographica Austriae I. 19.

Tabula
globi segmentorum V. 533.
hebdomatica Hegirae VI. 685.
hexacontadon VII. 409, 436.
locorum et ortus Canis maj. et min. VI. 293.
logarithmorum (Chilias) VII. 390—408.
„ in tabulis Rud. VII. 301, 433—436.
„ Bartschii VII. 301, 436.
Longomontani et Lansbergii I. 65. III. 514.
aequationum Lunae VI. 587, 691.
Martis acronychiorum locorum III. 253 s.
„ apheliorum III. 251.
„ motuum III. 55, 96.
„ oppositionum III. 241.
mensurarum omnimodarum V. 603.
parallactica Kepleri II. 330, 434. VII. 522. Explicata VI. 699.
periodorum historicarum praecipuarum II. 636.
planetariorum motuum I. 173 s., 180. V. pass.
„ orbium proportionis secundum Ptolemaeum per Copernici correctiones VI. 333, 561.
ponderum aquae etc. II. 71. V. 601, 609.
vol. I. praemissa (cfr. I. 73 ss., 193, 214.)
refractionum II. 71, 204 s., 403 s., 409.
Solis loci medii et visi loci Martis III. 212.
distantiarum Solis et Terrae III. 295 s.
scrupulorum menstruorum VI. 587.
stellarum in Cygno II. 766.
„ in Scorpione et Serpente II. 665 ss.
synoptica operis de Marte III. 158.
temporis semidiurni seu horae occasus Solis in sept. signis, in meridionalibus vero temporis seminocturni seu horae ortus Solis. Pertinet ad VI. 257, inserta est inter medias asc. obl. (K.) VI. 244 s.
ad usum virgae mensoriae V. 572.
Tabulae
Alphonsinae I. 195 et pass.
astronomicae III. 44, 51 s. VI. 121.
earum constructio II. 664.
Bergenses I. 195. VIII. 604 s.
chronologicae Kepleri IV. 63 ss., 100, 199 s., 425 s., 468, 487 ss., 505 ss.
electionum rejectae I. 636.
geographicae num fidae VI. 555.
intervallorum planetarum I. 151, 156 s., 173 s., 180. V. 283 ss.
Lunares Kepleri III. 707—717.
causa dissid. cum Tychonicis III. 706.
quae de iis cum Herwarto egit Keplerus III. 691 ss.
Prutenicae ed. a Reinholdo I. 189 et pass.
earum aequandi temporis modus VI. 573.
errores I. 164. III. 147. VI. 670 s.
Rudolphinae 1627. VI. 615—721.
dedicatio Imp. Ferdinando Kepl. VI. 663.
„ „ „ Braheanorum VI. 662.
praefatio VI. 666 ss.
de editione earum, qua forma, quo tem-

Tabulae
pore, loco I. 101. VI. 616 ss., 655 ss. VII. 311. VIII. 358:
epistolae Kepleri et amicorum de illis VI. 617 ss.
errores typographici VI. 624, 633, 636.
Braheum sequuntur quoad epochas et merid. Uranib. VI. 542.
Brahei auctoritate nomen acceperunt VI. 121, 671.
Hipparchi Kepleriani summam continent II. 439. III. 512. VII. 678.
de illis narratio Teutonica (desideratur) VII. 371. VIII. 117.
quo numero expressa exemplaria VI. 620.
„ pretio venditae VI. 69, 621, 643.
retardatur editio earum sumtibus defic. II. 128. III. 12, 519. IV. 111. VI. 25, 38, 49, 617.
„ editio inventis logarithmis III. 519. VI. 88. VII. 522.
retardationis et impedimentorum excusatio VI. 664.
solstitium in Rud. diversum a Prut. IV. 163.
Styriae proceribus commendatae I. 105.
eas imitari minantur Galli vel Belgae VI. 620, 622.
Tabularum Rud. Praecepta II. 441, 834. VI. 531—611, 677—721. VII. 409—432, 531, 551, 569, 610.
„ Appendix („Sportula") astrol. VI. 717 ss.
Tabula geogr. Rud. addita („mappa nautica") VI. 628, 681 s. VII. 584, 610. VIII. 920.
„ aeri incisa, praefixa vol. VI. (cfr. VI. 531.)
Tabulae synopticae systematis math. Kepleri VIII. 146.
„ trigonometricae variae V. 506.
Tacitus de Augusti censu IV. 194.
„ de eclipsi a. 59. II. 314.
„ mathematicis I. 632.
„ Ptolemaeo VI. 89.
„ Silano IV. 181, 301.
„ vitiose a Keplero citatus I. 529. IV. 191, 210, 380, 441, 475, 513.
Taciti Histor. libri I. **translatio in ling. germ. a. Joh. Keplero,** edita a filio Ludovico a. 1625. VIII. 893—895. (cf. VI. 639.)
„ fides in historia belli Judaici IV. 401 s.
„ **nomina propria** in Annal. et Germania **explicata a Keplero** VIII. 199 ss.
Taisnerus de magnete II. 639, 812.
„ poëta VIII. 606.
Talbot, comes Anglus, de ecl. 1605. III. 728.
Tampachius Gottfrid, typographus Frankof. IV. 125. VII. 304. VIII. 146. (Sumtibus Tampachii prodierunt: Prodromi ed. secunda, Tertius Interveniens, Eclogae Chronicae, Harmonia, Apologia pro Harmonia. Tab. Rudolphinas distraxit.)
Tangens circuli et sphaerae VI. 133, 151.
Tangens circuli dicitur „foecunda" II. 813. VI. 199, 747.
Tangentium usus in trigonometria VIII. 589.
Tanckius, prof. med. Lipsiae, Kepleri libros de Cometa et Mercurio in Sole Lipsiae typis tradit I. 375. II. 791. VII. 6 ss.
„ Keplero librum Reinhardi de musica mittit I. 375.
„ de stella nova a. 1604. II. 604.
„ „ typographorum perfidia II. 791.
Tanckii epigramma in Kepleri libros de cometis VII. 48.
Tanstetterus contra Stöflerum I. 537, 666.
„ ed. Vitellionis Opticam II. 399.
Taprobane III. 151, 458. VI. 192. VII. 602.
Tarsus oculi II. 228.
Tartalea ed. Jordanum de ponderositate II. 401.
Tartaria montosa, silvosa II. 217.
Tatius, Achilles, de cometis II. 704.
„ „ de Homero IV. 73.
„ Hermetis filius V. 132.
Taurelli astronomia I. 337, 652.
Tauri, signi, denominatio et qualitas II. 633.
Taxis, Gerh. de, cum Keplero agit de nativitate Wallenstenii VIII. 345 ss.
Telegraphia per magnetem II. 109, 639.
Temperamenta hominum varia I. 322, 331.
Tempestates a. 1186, 1187. I. 649. a. 1552. I. 405. ab a. 1595—1609. I. 7, 318, 340, 354 s., 395, 404, 432, 454, 467, 586, 604. II. 603 s., 648, 682, 720 s. III. 450. V. 29.
„ ab a. 1617—1629. VII. 618 ss.
„ vere et falso praedictae a Keplero I. 453, 467 ss., 613.
Tempestatum mutationes, unde I. 355, 604 s. V. 233, 235, 252 s. VI. 289.
Tempus politicum, quid VI. 437.
Temporis initium (creationis epocha) I. 184 s. IV. 128. VI. 29 s., 531. VII. 764.
„ ratio numerandi VI. 413.
Tempora aequatoris VI. 203.
„ in musica V. 417.
„ i. q. tempestates anni VI. 263.
Temporum apokatastasis VI. 492.
„ computus a Christo, quando inceperit IV. 225.
„ notatio in eclipsibus II. 362.
„ veterum cum modernis comparatio VI. 289 s.
„ reductio in diversis locis numeratorum VI. 554 ss.
Tenebrarum et frigoris comparatio II. 135.
„ diurnarum testes II. 311.
Tengnagelius, Franz. Gansneb
gener Tychonis I. 370. II. 607, 770, 811.
Astronomiae Novae Kepleri edendae quasi judex II. 84. III. 114, 444. IV. 111.
in Bohemiam venit VIII. 715.
epistolam ad Angliae regem promittit pro Kepleri Harmonia V. 56.
Fabricium visitat II. 432. III. 12, 61.

Tengnagelius
fidem Catholicam amplectitur II. 84, 811.
Keplero infestus I. 343. III. 11 et pass.
„ testis obs. satellitum Jovis II. 513.
„ „ „ stellae novae II. 618, 656, 822.
a Keplero informatur de Urso I. 282 ss.
Longomontanum certiorem facit de Kepleri studiis III. 443.
mathematicus non vult dici III. 12, 703.
Tabularum Rud. curator et director constitutus VI. 662. [705 s.
tabulis Tychonis conficiendis impar. III. 444,
Tengnagelii fortuna adversa II. 811. VI. 52.
„ praef. in Astron. Novam III. 145. V. 56.
Tengnagelius, Seb., bibliothecarius VI. 62.
Termini ecliptici pro ☽ et ☉ VI. 500, 506.
„ geometrici germanice redditi V. 611.
Terra
altior mari VI. 131.
animali comparata I. 354. V. 254.
aquis innatare censetur etc. VI. 122, 537.
quomodo coelo conjuncta I. 597 s. II. 589 s.
cordi comparata VI. 171.
in creatione qualis VI. 129. [360.
domicilium mensurantis creaturae VI. 327,
globus praestantissimus post Solem II. 505.
cum Luna comparata VIII. 89, 111.
a Luna inspecta qualis appareat VIII. 37, 58.
Lunae motum infert III. 306. VI. 360 ss.
magnes dicitur III. 387 et pass. VI. 174, 375 ss.
mensura reliquorum corporum coelestium VI. 317, 329 s.
quo censu inter partes mundi VI. 310.
planetarum medius VI. 322, 325.
resplendescit minus quam aqua II. 287.
sphaerica, cur VII. 749.
Terrae
ambitus VI. 63, 134. VIII. 45.
„ dimensus ab Eratosthene II. 313. VI. 134. a Posidonio, Ptolemaeo, Albategnio, Alphragano VI. 134, a Clavio VI. 133, a Fernelio I. 652.
„ metiendi Kepleri ratio (II. 287). V. 43 s.
anima (facultas animalis) I. 292, 354 et pass. II. 145, 270, 588, 638, 700, 720. V. 232, 250 ss. VI. 171 ss., 340 ss.
„ aspectibus commovetur I. 355, 402, 428s., 455, 476, 542, 639. V. 259.
„ diversa ab humana VI. 179.
aphelium mutabile VI. 376, 434.
axis immobilis VI. 171, 189, 376.
„ inclinatus VI. 268 ss., 521.
„ sibi parallelus in circuitu Terrae I. 119, 121, 262. VI. 171, 229.
„ successu temporis reclinatur VI. 173, 376, 520.
„ idem cum mundi axe VI. 163.
„ quo dirigatur VI. 174, 376.
calor II. 145.
centrum num immobile VI. 520.
circulus illuminationis II. 276.
diametri comparatio cum solari II. 474.
Terrae
diametri computatio VI. 174.
discus III. 524. VI. 503.
distantia a Sole I. 63, 121 et pass. II. 276. VI. 64, 326.
eccentricitas VI. 433 s.
exhalationes corpus minuunt VII. 12.
facultas animalis meteora gignit II. 588, 720.
„ formatrix I. 429, 456. II. 271, 601, 700. V. 254. VI. 178. VII. 726 s.
„ geometriae capax V. 254. VI. 178.
„ motrix II. 8. VI. 171.
figura a diversis diversa assumitur VI. 122, 537. VII. 734 ss.
„ ovalis V. 41 s.
„ sphaerica demonstrata VI. 127 ss.
num globus inclusus sit, motum dirigens III. 418. VI. 376.
et hominis comparatio I. 402. (cfr. Terrae anima.)
locus in mundo I. 128. II. 504, 689. VI. 138, 159 ss. VIII. 82.
lumen num Lunam calefaciat VIII. 38, 61.
Lunae Solisque orbium ratio VIII. 103, 122.
ut materiae propria est inertia ad motum VI. 174 s.
meditullium Judaeis Hierosolyma VI. 122.
motus in variis regionibus I. 300, 313, 326, 492. IV. 127, 377. VI. 34. VII. 18, 625 s., 635, 646. VIII. 15.
motuum causae naturales I. 327. VII. 28.
de Terrae motionibus VIII. 234.
motus annuus stabilitur I. 112 ss., 506, 594. III. V. et VI. pass. VII. 748.
„ „ in quam plagam, quantus VI. 432.
„ „ num S.-Scripturae repugnet I. 594. II. 473. III. 153. VI. 184.
„ diurnus I. 117, 121. II. 525. VI. 168 ss., 359, 432. VII. 677.
„ „ duplex VI. 432.
„ „ cum globi bombardici motu comparatus VI. 170, 540.
„ „ ex navigatione probatur VI. 180.
„ „ turbinis motui comparatus VI. 172.
„ diurni effectus VI. 360 s.
„ horarius II. 673.
„ cum Lunae motu comp. I. 159. II. 525.
„ secundum Penam II. 521, 573.
„ quadruplex, falso pro duplici I. 114, 119.
„ triplex, quo sensu I. 117, 263. II. 334. VI. 163, 520.
orbis annuus eccentricus III. 273.
„ „ puncti instar I. 63, 65. VI. 333, 431, 443.
„ „ variabilis I. 44. III. 24.
„ annui eccentricitas mutabilis I. 115, 120.
„ „ „ quomodo inquiratur III. 272.
penumbra II. 280. III. 523.
perihelium, aphelium ubi III. 427. VI. 433.
poli num moveantur I. 117. VI. 189 s.
respiratio qua ratione tribuenda V. 255. [129s.
rotunditas quomodo observanda I. 321. VI.

Terrae
species immateriata III. 306, 313 ss. VI. 392.
superficies qualis VI. 127 s. [VII. 677.
superficiei inaequalitatis causae VIII. 69.
umbra II. 297 ss., 304 s., 497. III. 520 ss.
et Veneris etc. orbium comparatio I. 151.
vis motrix augetur a Solis lumine VI. 359.
" " eadem est qua Luna maria trahit VII. 677.
" tractoria III. 150 s. VI. 363, 377. VIII. 61.
Terra Nova VIII. 119. [48.
Terra in „Somnio“ Keplero „Volva“ VIII. 33,
Terrentius in China VI. 56. VII. 669.
Terrentii Epistolium 1630. VII 667—683.
Dedic. Wallenstenio VII. 670.
Tertia dura, mollis II. 586. V. 158 ss.
Tertius Interveniens 1610. I. 547—651.
" dedicatus Marchioni Badensi I. 549.
" ejus index I. 552.
Tertullianus de antipodibus VI. 306.
Tesserarum lusus I. 476. II 712.
Testamenti veteris historiae IV. 290 ss.
Testudo, instrumentum musicale V. 149.
Tetrachordum, quid V. 169.
Tetractys V. 130 s.
Tetraëdri genesis et ordo I. 130. V. 119 ss.
Teuffeliani, Pragae VIII. 808.
Thales in Aegypto I. 249.
" eclipsin praedixit I. 249. II. 312.
" quid in astronomicis praestiterit I. 249.
" de Lunae illuminatione II. 272.
Thaletis astronomia VIII. 288.
" inventio geometrica I. 80.
Thebith de motu trepidationis I. 195.
Thebithii declinatio eclipticae VI. 83.
Thema astrologicum (i q. Genesis) quomodo conficiatur I. 293. VI. 717.
" revolutionis mundi (anni) I 318, 635.
Themitis filiae V. 199.
Theodoricus v. Winshemius.
" theologus Ulmensis VI. 630.
Theodosius de Sphaera III. 214. 473.
Theologi de Copernico I. 506. III. 153 ss. VII. 276.
" contra astrologiam I. 551.
" de Kepleri Harmonia V. 60.
" " " Prodromo I. 37.
" " cometarum et stellarum novarum ortu II. 685, 699, 707 s. VII. 13.
" non audiendi in astronomia II. 473
" " ferunt Ptolemaei Deos in coelo VI 340.
" " apti ad Prognostica scribenda I. 550. II 747.
Theologorum auctoritas nimia in historia christiana IV. 435.
" et philosophorum fines diversi I. 631.
Theologia Porphyriana II. 525.
Theon de progressu fixarum VI. 108.
" de Hipparcho III. 736.
" " Lunae rubore II. 300.
" Ptolemaeum commentatur II. 300, 313. III. 670, 736. VIII. 111.
Theon de tenebris in eclipsibus II. 300, 311.
Theophili epistola synodalis IV. 47.
Theophrastus I. 430. II. 414.
Theoria octavae, nonae etc. sphaerae VI. 518 ss.
Theoriae, instrumenta manuaria astronomorum VI. 122, 397, 452.
" planetarum, Lunae et Solis III. 39, 106. VI. 438 ss., 452 ss., 461 ss. VII. 482 s.
Theorica doctrina unde denominetur VI. 125,
Theosophorum sententiae V. 489 ss. [397.
Theudas Judaeus IV. 340.
Thevetus de Terrae figura V. 41, 43 s.
Thogorma, Japeti nepos VII. 789.
Thoth, mensis nomen, unde IV. 163.
Thucydides de eclipsi Solis II. 312.
" de noviluniis IV. 96, 159.
Thuiscones (Ascenas) Keplero vocem Teutsch sonare videtur VII. 789.
Thule VI. 196 VIII. 119.
Thummius VI. 632, 635. VIII. 905 s. 908.
Tibelinus, Germanorum Deus, deriv. a Tubal. VII. 789.
Tiberii fata IV. 242, 326, 328.
Tilemannus, v. Stella.
Tilner, de die novissima IV. 173, 483 ss.
Timaeus, de anima mundi V. 138, 251, 361.
Timaei adhortatio V. 270.
Timocharis observationes II. 322. VI. 98.
Tiridates IV. 382, 387 s., 393.
Titi res gestae IV. 387.
Toga virilis IV. 242.
Tonitrua I. 320, 345.
Tonus major, minor I. 200. V. 25, 155.
Tonus Dorius, Phrygius, Lydius V. 182 s. 360.
Toni et soni diversitas V. 420.
Tonorum musicalium numeri V. 24 ss., 142 ss.
Topica non sunt frivola VII. 182.
Torporlaei-diclides trigon. VI. 46 s.
Trajectiones a chasmatis diversae II. 695.
" prope Terram oriuntur II. 684, 700. VI.
Transitus (astrol.) I. 319. [124.
Transsilvaniae turbae VII. 127.
Trapezuntii versio Almagesti II. 834.
Tremor radiorum Solis, unde VI. 172.
Treviris eclipsis observata II. 698.
Triangulum VI. 141. VIII. 176.
" aequatorium VI. 422.
" Pythagoricum IV. 524.
Trianguli sphaerici solutio II. 375. VI. 199. VIII. 197 ss., 226 ss.
Triangulorum doctrina VIII. 192.
Tridentinum concilium VIII. 13.
Trigonus s. Triangulus (astrol.); ejus 4 species II. 506, 617 ss., 624, 632, 726 s. VI. 205, 495.
Trigonorum series II. 635. VII. 760.
De Trigono Igneo v. **Kepleri Judicium.**
Trigonometria IV. 527 s. V. 50. VI. 47, 199.
Trinitas divina corporibus et coelo comparata I. 106. VIII. 158.
Trinitatis imago sphaericum I. 122 s., 639. V. 223. VI. 143, 314. VII. 745.

Trisectio, quinisectio etc. arcus taxata V. 108 s.
Trismegistus v. Hermes.
Trojae captae tempus IV. 99, 160, 165.
Tropici circuli VI. 194 s.
Tropica puncta, tropae VI. 194 s., 247.
Trümmeria, vidua, Kepleri manuscripta vendit Russiae imperatrici I. 59.
Tubal VII. 789.
Tubingae calamitates bellicae V. 47. VIII. 923.
„ horizon non aptus ad observandum II. 15, 214.
Tubingensis collegii medici testimon. Ludov. Kepleri VIII. 906.
„ senatus pro Ludovico Kepl. intercedit apud ducem Würt. VIII. 900.
Tubus opticus
quo tempore inventus II. 449 ss., 476, 517, 572.
Ernesti, archiep., Keplero concessus II. 452, 510, 513.
Galilaei II. 450, 491, 554 ss. VII. 592.
Kepleri vel tub. astron. II. 450 ss., 476, 492, 549, 574.
Scheineri II. 550, 574.
Philippi Hass. sine vitris VII. 594.
Pisani, duobus oculis aptus II. 481.
Terrae et Lunae cognationem testatur VI. 361.
Tubi optici
ampliatio, quanta, quomodo cognoscenda II. 483 s., 491 ss., 560, 568. VI. 67. VII. 235, 287 s.
fabrica, forma et theoria II. 478, 490 ss.
usus II. 461, 495, 499, 511. VI. 65 s., 335, 343, 352, 361, 449, 514, 561, 485. VII. 592. 594.
Tumulus cujusdam e familia Jul. Caesaris effossus in monasterio Sisseck II 814.
Turbae in Germania etc. II. 725. VII. 707 ss.
„ num Germaniae c. annum 1612. timendae VIII. 337 s.
Turbinis motus VI 172 s., 176. VII. 748.
Turca a. 1595. regionem infra Viennam vastat I. 7.
Turcarum bella cum Imperatore II. 616, 809.
„ cantus V. 174 s.
„ imperium ruere videtur II. 731, 733, 744.
„ invasio pertimescitur a. 1596 seq. I. 34, 300. VII. 772.
„ Luna dimidiata in vexillis et turribus, unde VIII. 303.
„ progressus civiles II. 730.
„ regnum cur validissimum VII. 779.
Turpinus, historicus I. 542.
Turriani horologium I. 82, 99, 193.
Turris Babylonica VII. 768.
Tycho, v. Braheus.
Typographiae inventio II. 476, 731.
„ utilitas II. 731 s. IV. 222, 289.
Typographorum excessus I. 550.
„ negligentia etc. II. 791. V. 413. VI. 73.
Tyriorum superstitiones VIII. 120.
Tyrus obsessa IV. 105.
Tzernembl, Tschernemel, Tzernem, L. B. Austr. V. 614. VIII. 836, 968.
„ auxilium petit contra rusticanos I. 19.
„ Keplerum hortatur, ut conficiat chartam geogr. Austriae I. 19.
„ a Keplero visitatus VIII. 832, 836.
„ Keplero addictus VIII. 971.
Tzeschlinus, Dr. VIII. 776.
Tzetzes (Joannes, poëta et grammaticus Constantinopolitanus c. m. sec. XII.) II. 76.

U.

Ubaldus, Guido, de mechanicis II. 138, 401.
Ulm, Baro de Erbach, solutionem debiti aulici Kepleriani petit VIII. 892.
Ulmensis magistratus Keplerum Ulmae versantem adjuvat VI. 643.
Ulmenses complures Argentorati causa studiorum degunt VI. 622.
Ulmensium mensurae V. 627 ss.
Umbra simul cum Sole visa II. 237.
„ a Jove projecta VI. 503.
„ Terrae, qualis II. 297 ss. III. 520 ss. [298.
„ „ et Lunae VI. 497 ss.
Umbrae conus VI. 497.
Umbrarum ratio in div. Terrae locis VI. 267 s.,
„ observatio in Aegypto IV. 162.
Umbras contra Solem projicere, problema II. 530.
Uncia Romana V. 591 s.
Undecangulum V. 108.
Unio evangelicorum a. 1608. I. 666. VIII. 779.
Unitas Pythagoraeorum V. 130.
„ num inter numeros censenda VIII. 155.
„ cossica I. 244.
Unterricht vom H. Sakrament ss. Opusc. Kepleri Prag. 1617. VIII. 124—129.
Uracum incendio conflagrat V. 47.
Uraniburgum (cfr. Huenna, Braheus).
Uraniburgi meridianus Braheo et Keplero primus VI. 542, 556 s.
„ Tub. et Gratii meridianorum differentia II. 358, 367, 374, 380. VI. 556.
Uranometria v. Bayer, Argelander.
Urbanus VIII. pont. max. II. 571.
Urinale (vitrum) adhibitum ad demonstrationem modi videndi II. 238 s., 250.
Ursa septentrioni nomen dedit VI. 190. VII. 134.
Ursae minoris constellatio, Cynosura, Vigiles VIII. 281, 290.
Ursinus, Benj., mathematicus II. 572.
„ Galilaei librum „de iis quae sub aqua accidunt“, latine vertit VIII. 808.
„ Keplero ad manus VII. 520. VIII. 766, 821, 830; testis observationum Jovis II. 452, 510, 513, 572. VII. 447.
„ a Keplero accipit „diatyposin systematis mathematici VIII. 146.
„ de cometa a. 1618. VII. 81, 143 s.
„ „ stella in Cygno VII. 143.

Ursini logarithmi VI. 56, 567. VII. 301, 520.
„ cursus mathematicus VI. 47. VII. 298.
„ versio Procli Hypotyposeon VIII. 146.
Urstisius, Purbachium commentatur VIII. 610.
Ursus, Raimarus,
astronomus caesareus I. 217, 504.
ejus liber de astronomicis hypothesibus I. 217, 236.
quae Apollonio tribuerit I. 218, 264. III. 450.
apud Braheum I. 194, 223, 226, 230 ss.
de Byrgii schemate Copernicanae hyp. I. 219.
Kepleri literas praemittit libro de astron hypothesibus I 219.
de Kepleri Prodromo I. 219.
Erici Langii minister I. 217, 226.
musicam veterum nobiliorem putat moderna V. 27.
pervertit sententiam Copernici, Ptolemaei et Apollonii I. 264 ss.
plagiator I. 217 ss. [439.
prosthaphaeretici calculi inventor Clavio II.
Ursi
aequatio stochastica IV. 631, 665.
carmen ad Braheum I. 223, 277.
„ contra Braheum I. 278. VIII. 774.
chronologia I. 219, 277.
Fundamentum Astronomicum I. 217 s. II 439.
hypothesis de mundo I. 64, 228.
de hypothesibus error I 238.
liber igni traditus I 232.
sententia de mundo Brenggero accepta II. 592.
lites cum Braheo I. 217 ss., 230 ss.
Utilo, Bojorum rex I. 58.
Uvea in oculo, cur aspera, ejus usus, situs II. 168, 230 s., 238.

V.

Vaccae partus monstrosus I. 559.
Vacuum, quid VI. 139.
„ causa pelluciditatis Harioto II. 74 s.
Vaihingae incendium II. 401. V. 53. VII. 141.
Valeria Romanorum III. 458
Valeriola de astrologia I. 577, 667.
Valesius de Kepleri corpore VIII. 830.
Vallae interpretatio Procli, Cleomedis, Aristarchi II. 221, 415, 420. III. 515. VI. 108.
Valles in Terra cum Lunae maculis comparantur II. 497.
„ inferni Plutarchi VIII. 101.
Valva palpebrarum cui usui II. 168.
Vaporum et aëris differentia I. 161. II. 208.
„ altitudo varia II. 26.
„ duplex ratio I. 327 s. II. 180.
„ natura VII. 719.
Variatio v. Lunae var.
„ horizontalis i. q. parallaxis diurna.
Varietas in coelo perpetua I. 405 s.
Vari clades IV. 193, 195.
Varus, Syriae praeses IV. 248.
Varus quidam oculorum acie excell. praeditus II. 456 VI. 557.
Vaticiniorum discrimen I. 393.
Vectis v. statera.
Venetiae Bohemicae i. q. Benatica I. 47.
Venetiarum laudes VIII. 603.
Veneti quidam de Jovis satellitibus II. 452.
Venetorum lites cum pontifice max. II. 609.
„ bellum contra Turcas VII. 122.
„ specula II. 40.
Venti, quid II. 207, 326.
„ unde I. 172, 321, 326, 354. VII 620, 644.
„ num praedicendi I. 171 s., 355.
„ circulariter progrediuntur II. 207.
Ventorum plagae et nomina VI. 206 ss.
„ altitudo, quanta VII. 222.
„ qualitates I. 355, 646. II. 76.
Ventriculi motus comparatus motibus planetarum VI. 177, 385, 392.
Venus
ad anni long. definiendam adhibita VI. 275.
auro aut electro similis I. 426. II. 465, 469.
dimidiata quando appareat VI. 454, 486.
an cometas illuminet II. 295.
de die visa, pro cometa habita I. 300.
- II. 293, 619.
an Lunam illuminet II. 289.
cum Luna conjuncta visa VI. 56, 599, 626, 630, 701. VII. 669.
„ Marte et Mercurio conjuncta II. 321, 431, 791. IV. 80, 86 VII. 570.
observata in horizonte haerens a Landgr. Wilh. II. 213. VII. 245.
„ magnitudine insolita II. 294, 338.
refractione loco movetur I. 170. II. (213), 222. VII. 245.
Soli conjuncta II. 97 s. VI 561.
„ „ qualis appareat II. 777.
in Sole visa qualis III. 516. VII. 593.
Solis particulam tegere potest II. 97, 321, 431. VI. 513. VII. 592, 595.
pro stella nova a. 1604. habita II. 619.
stellas fixas tegit I. 69. II. 321, 431.
quando Vesperus, quando Lucifer dicatur II. 502. VI. 487.
umbram projicit II. 293, 619. III. 310.
Veneris
aphelium VI. 454.
calculus incertus ad 6 vel 7 minuta VII. 593.
claritas II. 293.
diameter apparens VI. 326, 453, 458. VII. 595.
„ apparens cur tam parum varietur apud Ptolemaeum VII. 273.
distantia a Terra, Sole II. 778. VI. 455.
eccentricitas I. 44. III. 30. VI. 455, num mutabilis I. 47.
„ minor solari I. 47.
„ veteribus insensibilis VI. 455.
elongationes maximae VI. 453 s., 486.
inclinatio orbis II. 781. VI. 458.
latitudo I. 317, 340. VI. 193, 453, 458,
lux II. 293 s., 465, 469,

Veneris
maculae VI. 359.
motus II. 98, 465. VI. 359. VII. 493.
„ circa Solem II. 293.
„ diurnus, periodicus VI. 453.
motuum diversitas I. 170, 183.
nodi II. 781. VI. 458, 513.
observatio Fabricii II. 105.
„ Regiomontani et Waltheri VI. 763 ss.
parallaxis VII. 493.
phases II. 293, 461 ss., 469 s., 472. V. 408. VI. 352, 513. VII. 593.
„ probant circuitum circa Solem II. 778. VI. 352 s., 454, 486. VII. 273.
refractio insolita II. 213. VII. 245.
scintillatio II. 101, 294. VI. 359.
et Solis (Terrae) motus comparati I. 377. II. [778.
stationes etc. VI 453, 457 ss.
Veneris theoria I. 170. VI. 452 ss.
Ver, unde denominetur VI. 263.
Vera, Gerh., navigationem Batav. in septentrionem describit II. 412.
Vergiliae VI. 275. [VI. 194.
Versus memoriales ad signa zodiaci II 625.
„ „ ad imagines in coelo VI. 275.
„ melici de Sole VI. 315.
Verulamius de augmento scientiarum III. 517.
Vespasiani res gestae IV. 199, 386, 401.
Vesperus v. Venus.
Vesuvii montis eruptio VI. 513.
Veteres in numeris annorum non consentiunt IV. 289.
„ distantias stellarum aestimando observant II. 211.
„ errarunt in observationibus VI. 293, 441.
„ de planetarum natura et inaequalitatibus quid senserint VI. 370 ss., 445.
Veterum observationes Martis III. 430 ss.
„ ratio reducendi planetas ad eclipticam a Keplero corrigitur III. 214 s.
„ theoriae planetarum rejectae VI. 563 s.
Via lactea II. 500, 524, 526, 692, 765. VI. 138.
„ ubi appareat ut ellipsis VI. 138.
„ num materia stellarum novarum II. 501,
„ regia VI. 522 s. [692.
Victorius edit Hipparchi librum III. 512.
Vickenius de stella a. 1604. II. 604.
„ astrologiam colit I. 358.
„ ejus credulitas a Kepl. increpata I. 364.
„ Keplero mittit Sim. Marii literas I. 367.
Vieta de algebra veterum III. 478. [II. 471.
„ „ Calend. Gregoriano IV. 6.
„ „ Copernico III. 478.
„ geometra per excellentiam III. 245.
Vietae Apollonius Gallus III. 478.
„ de Clavio judicium VIII. 659.
Cyclometria III. 496.
opus de aequationibus III. 27.
problemata geometrica V. 111.
„ Keplerus proponit probl. geometricum solvendum III. 25.
Vietorum instinctus geometricus IV. 612.
Vigiliae sacrae VI. 258.
Vihepeck, Doctor II. 81 s. IV. 92.
Villalpandus de mensuris V. 522, 591 s, 605,
Vindeliciae hiems II. 213. [615.
Vindemiae I. 318, in Austria IV. 553. VIII. 822. Ad Rhenum et Nicrum II. 629, 722. VII. 620.
Vinum sublimatum II. 64.
Vinorum vectio trans Alpes V. 502.
„ proprietates VIII. 118.
Virdungus de S. ab Hemminga I. 668.
„ de Dasypodio VIII. 760.
„ „ Marte III. 6.
Virgae mensoriae constructio, theoria et usus IV. 553, 603 ss., 633. V. 570 ss
Virgilius, episcopus Salisburgensis de antipodibus I. 58. VI. 306.
P. Virgilius Maro, Keplero auctor vocis „repercussus" II. 130.
„ de Sole II. 786. III. 153. VI. 289, 293.
„ „ Orione VI. 124. De Didone VIII. 121.
„ „ stellarum nominibus II. 629.
„ „ visus deceptionibus VI. 180.
Virgilii loci alii citati I. 106. II. 655, 664, 699, 721, 739, 760. III. 399. IV. 84. V. 362. VI. 156. VII. 722. VIII. 43, 112.
Virgula aurea I. 338.
Viride promontorium VI. 192.
Virium compositio III. 314.
Vischerus, procurator Maximil. archiducis II.
Visio, quid II. 166, 538. V. 258. [605.
„ in aëre et aqua II. 169.
„ confusa, distincta II. 149, 235, 241, 255, 309, 537.
„ directa et obliqua s. lateralis II. 236 s.
„ diversorum-diversa II. 309.
„ geminata unius rei II. 241, 255.
„ puncti II. 235.
„ vitiata, erronea I. 247. II. 113, 262 ss.
Visionis angulus, v. angulus.
„ modus I. 588. II. 50, 166, 226 ss.. 232 ss., 257 ss., 325, 499, 524, 538. III. 304. VIII. 104.
„ „ ignoratus hactenus II. 232.
Visus ad evidentia rapitur II. 240.
„ capite everso II. 168.
„ errores II. 166, 259, 326, 333 s. VI. 429. VIII. 65, 105.
„ objecta quae II. 167 s.
„ plus quam hemisphaerium complectitur II. 237, 333.
„ ad propinqua et remota II. 239.
„ latitudo II. 325.
„ cum odoratu comparatur II. 149.
„ praestantia II. 477.
Visu quomodo utantur astronomi II. 262, 266.
Visurgis II. 212 s.
Vita, quid VIII. 298.
Vitellio,
Opticus II. 399.
aërem caeruleum dicit II. 292.
Cleomedem sequitur II. 209.

Vitellio
de eclipsi Solis totali II. 311.
„ effigie Solis per foramen intromissa II. 152 s.
Euclidis Opticam excerpsit II. 337.
de imaginis loco correctus II. 164, 241.
„ Lunae illuminatione II. 274, 279, 281 ss.
„ luce propria II. 288, 418.
„ maculis II. 285.
„ pelluciditate II. 288.
„ „ phasibus II. 276, 279.
„ rubore deficientis II. 301.
Luna visa in Solis eclipsi II. 288, 311.
„ motu II. 334. de reflexione II. 164 s.
„ refractione globi notatus II. 246.
„ „ astron. II. 74 s., 176, 182, 208, 222, 225, 522.
„ refractionum causis II. 181.
„ Solis radio rotundo II. 152.
„ speculis II. 39, 165, 185, 402.
„ stellarum luce II. 293.
„ superficie repercussus, refractionis II. 170, 402.
„ umbrae terrenae figura II. 297.
„ visionis modo II. 54, 145, 226, 233 ss., 257, 261, 334 ss., 402, 524.
„ visus erroribus II. 334 s.
Vitellioni quae desint II. 129.
Vitellionis errores in refractione II. 39, 181, 209, 210, 522.
errores de visione II. 226, 231, 233, 236.
opus de Optica II. 3, 399, 402.
propos. astron. examinatae II. 208 ss.
refractionum anguli examinati II. 181.
„ tabula refractionum aquae 180, 199 s.
„ textus restitutus II. 210.
Vitreus humor II. 232, 237.
Vitrum coloratum ad obs. Solem II. 97.
„ digito affrictum sonat V. 445.
Vitruvius de libramento aquae II. 212.
„ „ ventis VI. 206.
Vitruvii astronomia qualis I. 271 s.
„ sententia de proportionibus membrorum corporis et figuris architectonicis I. 200.
Vogelinus, mathem. III. 473.
„ de cometa a. 1532. VII. 249.
„ G., medicus Constantiensis I. 192.
„ typographus III. 30.
Vogesi montes II. 212.
Voigt, curiae Würtemb. assecla IV. 8.
Volandi ars II. 502, 732.
Volckersdorf, L. Baro, VIII. 42. (IV. 485.)
Volva i. q. Terra VI. 591. VIII. 33, 48.
Vorticium motus VI. 164.
Vox humana num instr. imitanda VIII. 45.
Voces naturales, imperfectae I. 140, 144, 198.
Vocum concordantia II. 644 s. V. 156 ss.
„ intervalla, unde I. 200.
Vulgus quales astrologos censeat II. 749.
Vulgi opiniones de Terra, coelo etc. VI. 122 s.

W.

Wackherius a Wackenfels, Matthaeus Imperatoris Rudolphi consiliarius, Kepleri fautor.
J. Brunum crematum Keplero nunciat II. 596.
de Galilaei inventionibus in coelo II. 451, 466, 489, 501.
lector et cultor Harmoniae Kepleri IV. 126.
de Luna II. 417, 496. [V. 57.
mundos innumerabiles defendit II. 490.
Nautonneri librum Keplero tradit III. 733.
Nihili amans VII. 717.
patrimus Friderici Kepleri VIII 758.
Scaligeri studiosissimus IV. 94, 102.
stellis fixis tribuit planetas II. 490.
de visu II. 233, 477.
volutionem Jovis circa axem affirmat II. 503.
Wackherii filia mortua II. 110, 807.
„ mors V. 56.
Wackherio dedicat Kepl. lib. de Nive VII. 717.
Waganus nob. juvenis I. 219, 233.
Wagenmannus, bibliopola Noriberg. VI. 20.
Wagnerus, pastor Neosol. VIII. 857.
Waisius VI. 619.
Walch, J. P., sculpsit chartam geogr. Tab. Rud. additam VI. 628.
Walderbach, domicil. Philippi Ehem II. 401.
Walkenstenius Argentoratensis II. 36.
Wallenstenius, Dux. a Remo laudatus VI. 69.
„ praefectus oceani VII. 670.
„ a Keplero judicium petit astrologicum VI. 70. VIII. 347.
„ Keplerum Saganum vocat VII. 582. VIII. 909 s.
„ in Württembergia VI. 624.
Wallenstenii genesis I 293, 386 ss. VIII. 343 ss
„ genesis comparata cum genesi Imp. Ferdinandi VIII. 355.
„ annotationes ad genesin suam I. 390 s.
„ laudes VII. 567, 582, 670 s.
„ superstitio VIII. 354.
Wallenstenio inscribit Keplerus „Responsionem ad Epist. Terrentii" VII. 670.
Wallisius ed. Ptolemaei Harmoniam I. 197.
„ ed. Horroccii opera III. 513. [V. 488.
Waltherus, Bernh., de conjunctione Saturni et Lunae II. 322, 382.
„ de eclipsi Solis II. 315, 422.
„ „ refractione II. 222, 225, 412. VI. 769 ss.
„ „ tempore aequinoctii IV. 24.
Waltheri diligentia I. 209. II. 225.
„ observationes I. 166, 171, 209. II. 225, 382, 415. VI. 617, 725 ss. VII. 14.
„ „ quid doceant VII. 236.
„ „ a Copernico adhibitae I. 166.
Walter, scriba Erici Langii I. 226, 230.
Warner, Waltherus, ed. Harioti opera II. 67.
Ween i. q. Huenna.
Wegelinus, a Keplero taxatus VIII. 794.
Wehe de Faulhaberi cabbala IV. 173.

Weidleri historia astronomiae citata I. 8, 286, 668. II. 399, 415 s., 438, 811. III. 473, 476. VI. 534, 543.
Weidneri poëma de stella a. 1604. II. 663, 703, 711, 824.
Weinrichus, decanus ord. theologici Lips. VII. 8.
Wein-Visier-Büchlein, v. Archimedis Messekunst.
Weistritz, vita Brahei I. 190. VIII. 646.
Welperus, prof. Argent. Tab. Rud. emit VI. 623 s.
„ de cometa a. 1618. VII. 78, 83, 143, 623.
Welserus, Matthias, aerarii imp. praefectus II. 79. III. 31.
„ Matth., Moguntiae apud Jesuitas IV. 109.
„ „ Kepleri fautor I. 655.
„ Marcus, Horkii et Sitii libellos contra Galilaeum Keplero legendos concedit II. 454.
„ „ Brutii amicus VIII. 756.
„ „ Scheineri epistolas de maculis solaribus typis tradit II. 776.
„ „ mortuus est a. 1614. IV. 572.
Wenzelinus s. Wenzin, electori Coloniensi a consiliis V. 616.
Wenzeslaus, Boh. rex I. 477. VII. 778.
Werlinus, typogr. Tubing. VI. 21, 629 s.
Wernerus, Joannes, mathematicus Noribergensis I. 70, auctorem geographiae Ptolemaei alium fuisse censet quam Ptolem. astronomum VI. 557.
„ de diff. long. inter Romam et Noribergam VI. 555.
„ observat declinationem stellae polaris VI. 109.
Werneri observationes I. 70, 73.
Wernherus, stud. Tubing. II. 828.
Wickneri tabulae VIII. 607.
Widemann, medicus Augustanus V. 638.
Widmarius, Andr., rector Bremensis, motus Solis restitutionem molitur I. 352.
Wielandius V. 482.
Wildanum, arx in Styria II. 287.
Wildius, typogr. Tubing. VI 22.
Wilensis Senatus intercedit apud senatum Tubing. pro stipendio Keplero solvendo VIII. 673, 676.
Wilhelmus, Hassiae Landgravius, de Brahei hypothesi de mundo II. 589.
Byrgium laudat II. 834.
„ coeli observator sedulus I. 196. II. 769. VII. 239. VIII. 644.
„ fixarum latitudinem variabilem deprehendit I. 122.
„ a Keplero et Tychone laudatus II. 769. VIII. 641.
„ de refractionibus VII. 215.
„ „ Rothmanno I. 286.
„ Rudolfo Imp. mittit Byrgii globum II. 770.
„ Ursi, R., patronus I. 217.
„ Venerem observat stationariam II. 213.
„ mortuus est a. 1592. VII. 225.
Wilhelmi Landgr. experimentum contra motum Terrae VI. 540.
„ epistola ad Tychonem I. 286 II. 221.
„ horologium I. 82, 193.
„ instrumenta II. 266. [641.
„ observationes ed. Snellius I. 196. VIII.
„ „ cometae a. 1585. VII 229.
„ „ erroneae VII. 242, 260.
„ „ refractionum II. 213, 221. VII. 245.
Wilhelmi Zelandini horologium I. 89.
Willerius, bibliop. August. VIII. 849.
Wincleri obss. cometae a. 1577. falsae VII. 249, 289.
Winfried, episcopus I. 58.
Winshemii, Theodorici, astronomia VI. 117.
„ logistica astronomica I. 197. VIII. 608.
Wittichius, Brahei discipulus, num calculum prosthaphaereticum invenerit. II. 375, 439.
„ Brahei divisionem arcuum sibi arrogat. VIII. 646.
„ observat eclipsin Solis III. 565.
Wock, Petrus, gubernator domus Rosembergicae I. 419 s., 657.
Woddernornius medicus Lichtensteinii IV. 554.
„ contra Horkium II. 460.
Wolfgang, Wilhelm, palatinus Neoburgensis mathematicorum studiorum fautor. Ei dedicat K. „Discursum" II. 600. VII. 687.
Wolfius, Christianus, de Kepleri problemate dolia dimetiendi IV. 658.
Wotonius, legat. regis Angl. VIII. 874, 967.
Wuotius, studiosus I. 19.
Wurmius, professor Stuttgartiensis, de anno Christi natali IV. 513.
„ parallaxibus II. 442.
Württembergicae mensurae V. 596 s.
Württembergicarum monetarum valor varius
Wurzius I. 10. [VIII. 559.

X.

Χειμών IV. 393.
Xenocrates de mundo VIII. 101.
Xenophanes de figura Terrae VII. 735.
Xenophontis historia Cyri VII. 805.
Xerxes rex VII. 776.
Xerxis classis disjecta IV. 393.
„ transitus in Graeciam IV. 166.
Xiphilini historia romana IV. 381 ss. [146.
Xylandri editio operum Plutarchi VIII. 108 ss.,

Y.

Yao rex Sinarum VII. 671.
„ num sit Jon, Japeti filius VII. 678.
Ὑπολείπεσθαι, quid II. 338. VI. 468.

Z.

Zabarella, de aëris temperatura I. 566, 614, 667, 669.
Zabracus, Assyrius, auctor Pythagorae mundi hypotheseos dicitur I. 250.
Zach, de Harioti manuscriptis II. 67
Zacharias, pontifex Romanus, contra episcopum Virgilium I 58.
„ pater Joh. Baptistae, num summus pontifex VI. 495.
Zehentmayer, secretarius Baronis de Herberstein I. 194. VIII. 703.
„ expetit a Keplero astrologica I. 303.
„ de Kepleri „cantione“ etc. VIII. 710.
„ laudat Kepleri eruditionem et ingenium VIII. 711.
Zeidlerus, dictus Hofmann, Electoris Saxoniae agens Viennae VI. 48 s.
Zeilerus, Kepleri inimicus V. 481 s.
Zelandinus, Guilelmus I. 89.
Zelkingius, Baro VII. 7.
Zellerus, Imp. Rudolphi camerarius VI. 72.
Zelstius V. 616.
Zeni, Veneti, navigatio in Estotilandiam (hodie Canada) VIII. 120.
Zenith II. 324. VI. 188, 209.
Zeno V. 216.
Ziegelheuserus V. 481.
Zieglerus, Mich., prof. Tubing. I. 56, 188. VIII. 682, 989 s.
Ziegleri dissert. de Visu I. 188.
Zieglerus, Jacobus, mathematicus, de cometa anni 1472. VII. 14, 237, 250.
Ziegleri, Jac., commentaria in Plin. VII. 250.
„ „ „monumenta“ VII. 14, 250.
Zieglerus, Reinhardus, Jesuita Moguntiae, cum Keplero per literas egit; v. Kepl epist. IV. 109.
„ de cometa anni 1607. VII. 9 s.
„ „ eclipsibus II. 427, 828. IV. 112.
„ „ iride insolita II. 71. IV. 112 s.
„ Kepleri opera laudat III. 518. IV. 112 s.
„ Keplero mittit Clavii geometriam IV. 112.
„ „ „ „ librum contra Scalig. VII. 10.
Zieglerus a Keplero quaerit quaedam astronomica IV. 111.
„ de parhelio a. 1606. II. 574.
„ Tabulas Rudolph. expetit VI. 638.
Zimmermannus superintendens ecclesiae Gratiensis † a. 1598. I. 30, 299, 301. VIII. 687, 689.
Zimmermanni filius I. 30.
Zingiber II. 134, 141.
Zodiacus, quid VI. 192.
„ cur in 360° divisus II. 626. VI. 325.
„ cui usui in astrologia V. 231.
„ dividitur in triplicitates (astrol.) I. 444. II. 625. VI. 205.
„ „ in 12 signa I. 139, 295, 365, 440, 536. II. 625. VI. 202.
Zodiaci et aequatoris sectiones retrocedunt VI. 519.
„ denominatio I. 440. II. 631 s. V. 231. VI. 193, 541. VIII. 251.
„ divisio, unde I. 139 ss., 441. II. 625 ss. VI. 202 ss.
„ Sinarum VII. 680.
latitudo VI. 193.
origo I. 135 ss., 440. II. 625 s. IV. 162.
„ signorum vis astrologica I. 443, 536. II. 645. VII. 680.
„ „ motus II. 631. VI. 204.
„ „ nomina unde I. 442. II. 629 ss. VI. 194.
Zonae VI. 196 s., 261 s., 265, 297. [196.
„ coloribus diversis in globis insignitae VI.
Zonarum comparatio cum anni tempestatibus VI. 264 s.
„ latitudines V. 519. VI. 272.
„ latitudinum causae VI. 270 s.
Zoroaster VI. 72.
Zoroastri astronomia I. 250.
Zucchius (Zuccus, Zuccarus), a confess. cardinalis A. Ursini, Keplero Antitychonem tradit VII. 281.
„ tubum opticum Lincium fert a. 1623. VIII. 67, 72.
„ de Galilaeo II. 452.
Zuckmesser, cubicularius et mathematicus Ernesti archiepiscopi II. 518, 572 s.
Zwingeri theatrum II. 812.

Errata.

Vol. I.	pag. 654,	lin. 5	ab infra	lege Pater pro Peter.
	„ 59,	„ 29	„ „	„ Carolo VI. pro VII.
Vol. II.	„ 416,	„ 3	„ „	„ 1598 pro 1599.
Vol. III.	„ 30,	„ 6	„ „	„ Vol. VIII. 623 ss. pro: finem hujus vol. In Epist. Conspectu dele: ad Crügerum 18. Febr. 1624 . . . . . 659, 662.
	„ 449,	„ 4	„ „	„ uxori pro uxoris.
	„ 440,	„ 2	„ „	dele voc. si.
Vol. V.	„ 112,	„ 23	a supra	lege Ss, Tt in typis aeneis praemissis et infra lib. V. cap. I.
	„ 276,	„ 2	ab infra	„ perfecta pro perfeeta.
	„ 486,	„ 2	„ „	„ $\frac{9859}{10000}$ pro $\frac{9859}{1000}$.
Vol. VI.	„ 245,	col. ult.		lege 48° 16′ pro 48° 15′.
	„ 492,	„ 19	a supra	„ 4°0 bor., ♀ 10°0.
Vol. VII.	„ 481,	„ 11	ab infra	„ causas habes.
Vol. VIII.	„ 25,	„ 1	a supra	„ 1633 pro 1632.
	„ 776,	„ 14	„ „	„ 30 pro 31.
	„ 881,	„ 18	„ „	„ Origano pro Odontio.
	„ 893,	„ 24	ab infra	„ 11. Maj. 1624.
	„ 941,	„ 3	„ „	„ 1621 pro 1622.

Lightning Source UK Ltd.
Milton Keynes UK
UKHW010059260119
336225UK00012B/1061/P